ESTRATÉGIA COMPETITIVA

Tradução da 2ª edição norte-americana

Dados Internacionais de Catalogação na Publicação (CIP)
(Câmara Brasileira do Livro, SP, Brasil)

Estratégia competitiva / Robert E. Hoskisson...
[et al.]. – São Paulo: Cengage Learning, 2018.
Outros autores: Michael A. Hitt, R. Duane
Ireland, Jeffrey S. Harrison

1. reimpr. da 1. edição de 2009.
Título original: Competing for advantage
2. ed. americana
Bibliografia
ISBN 978-85-221-0730-8

1. Administração de empresas 2. Competitividade
3. Globalização 4. Planejamento estratégico
I. Hoskisson, Robert E. II. Hitt, Michael A.
III. Ireland, R. Duane. IV. Harrison, Jeffrey S.

09-10608 CDD-658.4012

Índices para catálogo sistemático:

1. Administração estratégica: Planejamento:
   Administração de empresas   658.4012

ESTRATÉGIA COMPETITIVA

Tradução da 2ª edição norte-americana

Robert E. Hoskisson
ARIZONA STATE UNIVERSITY

R. Duane Ireland
TEXAS A&M UNIVERSITY

Michael A. Hitt
TEXAS A&M UNIVERSITY

Jeffrey S. Harrison
UNIVERSITY OF RICHMOND

TRADUÇÃO:
Roberto Galman

REVISÃO TÉCNICA:
Felipe Borini
Doutor em Administração pela Universidade de São Paulo (USP) e docente da Escola
Superior de Propaganda e Marketing (ESPM) – Núcleo de Estudos em Gestão Internacional (Negi)

CENGAGE

Austrália • Brasil • México • Cingapura • Reino Unido • Estados Unidos

CENGAGE

Estratégia competitiva – Tradução da 2ª edição norte-americana

Gerente Editorial: Patricia La Rosa

Editora de Desenvolvimento: Danielle Mendes Sales

Supervisora de Produção Editorial: Fabiana Alencar Albuquerque

Produtora Editorial: Monalisa Neves

Título original: Competing for advantage
2th edition
ISBN 13: 978-0-324-56832-4
ISBN 10: 0-324-56832-0

Tradução: Roberto Galman

Revisão Técnica: Felipe Borini

Copidesque: Bete Abreu

Revisão: Cintia da Silva Leitão
Erika Sá

Diagramação: Alfredo Carracedo Castillo

Capa: Ventura Design

© 2008, 2004 Cengage Learning Edições Ltda.

Todos os direitos reservados. Nenhuma parte deste livro poderá ser reproduzida, sejam quais forem os meios empregados, sem a permissão, por escrito, da Editora.
Aos infratores aplicam-se as sanções previstas nos artigos 102, 104, 106 e 107 da Lei nº 9.610, de 19 de fevereiro de 1998.

Esta editora empenhou-se em contatar os responsáveis pelos direitos autorais de todas as imagens e de outros materiais utilizados neste livro. Se porventura for constatada a omissão involuntária na identificação de algum deles, dispomo-nos a efetuar, futuramente, os possíveis acertos.

A editora não se responsabiliza pelo funcionamento dos links contidos neste livro que possam estar suspensos.

> Para informações sobre nossos produtos, entre em contato pelo telefone
> **0800 11 19 39**
> Para permissão de uso de material desta obra, envie seu pedido para
> **direitosautorais@cengage.com**

© 2010 Cengage Learning.
Todos os direitos reservados.

ISBN-13: 978-85-221-0730-8
ISBN-10: 85-221-0730-0

Cengage Learning
Condomínio E-Business Park
Rua Werner Siemens, 111 – Prédio 11 – Torre A – Conjunto 12
Lapa de Baixo – CEP 05069-900 – São Paulo – SP
Tel.: (11) 3665-9900 – Fax: (11) 3665-9901
SAC: 0800 11 19 39

Para suas soluções de curso e aprendizado, visite **www.cengage.com.br**

Impresso no Brasil
Printed in Brazil
1. reimpr. – 2018

Para meu pai, Claude W. Hoskisson, um grande exemplo de honestidade e trabalho árduo.
Robert E. Hoskisson

Para minha família. Amo todos vocês.
Michael, Papai, Papai Hitt e PaPa

Para minha adorada esposa, Mary Ann. Você dedicou ao longo dos anos uma grande parte de si a mim e a nossos filhos. Somos abençoados por sua virtude e bondade. Eu a amo.
R. Duane Ireland

Para Marie, pela pureza de seu coração e por sua disposição em proporcionar-me um lugar nele.
Jeffrey S. Harrison

Sobre os autores

ROBERT E. HOSKISSON

Robert E. Hoskisson ocupa a Cátedra W. P. Carey de Administração na W. P. Carey School of Business da Arizona State University. Obteve o diploma de doutorado na University of California-Irvine. Os temas de pesquisa do professor Hoskisson concentram-se em governança corporativa, aquisições e transferência de controle acionário, diversificação internacional, privatização e estratégia cooperativa. Ele atuou em diversos conselhos editoriais de publicações como *Academy of Management Journal* (editor consultor e editor convidado para uma edição especial), *Strategic Management Journal* (atualmente editor associado), *Journal of Management* (editor associado), *Journal of International Business Studies* (atualmente editor consultor), *Journal of Management Studies* (editor convidado para uma edição especial) e *Organization Science*.

Foi coautor de diversos livros, incluindo *Strategic Management: Competitiveness and Globalization*, 8ª edição (Cengage/South-Western), *Understanding Business Strategy* (Cengage/South-Western) e *Downscoping: How to Tame the Diversified Firm* (Oxford University Press). Também atua com o editor consultor para uma série de textos em nível de graduação sobre tópicos de administração estratégica para a Oxford University Press. As pesquisas do professor Hoskisson foram reproduzidas em numerosas publicações, incluindo *Academy of Management Journal, Academy of Management Review, Strategic Management Journal, Organization Science, Journal of Management, Journal of Management Studies, Academy of Management Executive e California Management Review*.

O professor Hoskisson pertence à Academy of Management e é membro-fundador do Hall da Fama do Academy of Management Journal. Ele recebeu em 1998 um prêmio pela Contribuição Acadêmica Excepcional para a Competitividade, outorgado pela American Society for Competitiveness. Também recebeu o Prêmio William G. Dyer conferido a ex-alunos que obtiveram distinção pela Marriott School of Management da Brigham Young University. Recentemente completou três anos de atuação como representante especial no Conselho de Curadores da Academy of Management e pertence atualmente ao Conselho Diretor da Strategic Management Society.

MICHAEL A. HITT

Michael A. Hitt é professor titular de Administração e ocupa a Cátedra Joe B. Foster de Liderança Empresarial na Texas A&M University. Concluiu o doutorado na University of Colorado e participou como autor ou coautor de diversos livros e capítulos de livros. Suas publicações recentes incluem quatro livros: *Downscoping: How to Tame the Diversified Firm* (Oxford University Press), *Strategic Management: Competitiveness and Globalization* (Cengage/South-Western), *Understanding Business Strategy* (Thomson/South-Western) e *Mergers and Acquisitions: Creating Value for Stakeholders* (Oxford University Press).

Seus numerosos artigos aparecem em publicações como *Academy of Management Journal*, *Academy of Management Review*, *Strategic Management Journal*, *Journal of Applied Psychology*, *Organization Science*, *Journal of Management Studies* e *Journal of Management*, entre outros. Também atuou nos conselhos editoriais de diversas publicações, incluindo *Academy of Management Journal*, *Academy of Management Executive*, *Journal of Applied Psychology*, *Journal of World Business* e *Journal of Applied Behavioral Sciences*. Além disso, o professor Hitt atuou como editor consultor (1988-1990) e editor (1991-1993) do *Academy of Management Journal*. Participou como coeditor de edições especiais do *Strategic Management Journal*, *Academy of Management Review*, *Journal of Engineering and Technology Management* e *Academy of Management Executive*. Atualmente é coeditor do *Strategic Entrepreneurship Journal*.

Foi presidente da Academy of Management e atualmente é presidente da Strategic Management Society. Recebeu em 1996 o Prêmio de Contribuição Acadêmica Excepcional para a Competitividade e em 1999 o Prêmio pela Contribuição Intelectual Excepcional para Pesquisas sobre Competitividade, ambos conferidos pela American Society for Competitiveness. Ele integra o Hall da Fama do *Academy of Management Journal* e é associado à Academy of Management e à Strategic Management Society. Recebeu o diploma de doutor *honoris causa* outorgado pela Universidad Carlos III de Madri por sua contribuição para o campo de estudo.

R. DUANE IRELAND

R. Duane Ireland ocupa a Cátedra Foreman R. e Ruby S. Bennett de Administração na Mays Business School, da Texas A&M University, onde atuou previamente como titular do Departamento de Administração. Obteve seu doutorado na Texas Tech University. Antes de atuar na Texas A&M University, ocupou posições na University of Richmond, na Baylor University e na Oklahoma State University.

O professor Ireland se interessa por temas de pesquisa relacionados às disciplinas de empreendedorismo e administração estratégica. Ele é coautor de aproximadamente 12 livros, incluindo *Strategic Management: Competitiveness and Globalization* (8ª edição), *Entrepreneurship: Successfully Launching New Ventures* (2ª edição) e *Understanding Business Strategy*. Seus trabalhos têm sido publicados em diversas revistas especializadas, incluindo *Academy of Management Review*, *Academy of Management Journal*, *Administrative Science Quarterly*, *Journal of Management Studies*, *Decision Sciences*, *Human Relations*, *Business Horizons*, *British Journal of Management*, *Journal of Business Venturing* e *Entrepreneurship: Theory & Practice*. Trabalhando com colegas, participou como editor convidado de edições especiais de *Academy of Management Review*, *Academy of Management Executive*, *Strategic Management Journal*, *Journal of Business Venturing* e *Journal of Engineering and Technology Management*. Também ocupou várias posições editoriais, incluindo mandatos como membro de conselhos editoriais de *Academy of Management Review*, *Academy of Management Journal*, *Academy of Management Executive*, *Journal of Management*, *Journal of Business*

Venturing e *Entrepreneurship: Theory & Practice*. Além disso, completou em ocasiões anteriores mandatos como editor associado do *Academy of Management Executive*, como editor consultor de *Entrepreneurship: Theory & Practice* e como editor associado do *Academy of Management Journal*. Atualmente ocupa a posição de editor designado do *Academy of Management Journal*. Também atuou como membro do Conselho Diretor da Academy of Management.

O professor Ireland recebeu em 1999 o Prêmio pela Contribuição Intelectual Excepcional para Pesquisa sobre Competitividade outorgado pela American Society for Competitiveness. Pertence à Academy of Management. Dois de seus estudos foram premiados na categoria Melhor Monografia do *Academy of Management Journal* (2000) e do *Academy of Management Executive* (1999).

JEFFREY S. HARRISON

Jeffrey S. Harrison é titular da Cátedra W. David Robbins de Administração Estratégica na Robins School of Business da University of Richmond. Anteriormente à sua atual função, atuou como professor da Cátedra Fred G. Peelen de Estratégia de Hospitalidade Global na Cornell University. Atuou em diversos conselhos editoriais, incluindo as publicações *Academy of Management Journal* e *Academy of Management Executive*.

O Dr. Harrison possui interesse em pesquisas sobre administração estratégica e ética empresarial, tendo conhecimento especializado particularmente nas áreas de fusões e aquisições, diversificação, alianças estratégicas e administração de *stakeholders*. Grande parte de seus trabalhos tem sido veiculada em publicações acadêmicas de prestígio como *Academy of Management Journal*, *Strategic Management Journal* e *Journal of Business Ethics*. Foi autor e coautor de inúmeros livros, incluindo *Foundations of Strategic Management* (4ª edição), *Strategic Management of Organizations and Stakeholders* e *Mergers and Acquisitions: A Guide to Creating Value for Stakeholders*. Também prestou serviços de consultoria e de treinamento de executivos para muitas empresas em uma ampla gama de temas relacionados à estratégia, ao empreendedorismo e a outras áreas da administração.

Sumário

PARTE I: PENSAMENTO ESTRATÉGICO

CAPÍTULO 1: O QUE É ADMINISTRAÇÃO ESTRATÉGICA? ... 3

O cenário competitivo ... 5
    Globalização de mercados e setores ... 6
    Avanços tecnológicos ... 7
    O surgimento da administração estratégica como disciplina de administração ... 9
    Primeiras influências sobre o conceito de estratégia ... 10
    Administração estratégica moderna ... 12
Três perspectivas sobre criação de valor ... 13
    O modelo da Organização Industrial (I/O) de retornos acima da média ... 13
    O modelo fundamentado em recursos de retornos acima da média ... 14
    O modelo orientado aos *stakeholders* de comportamento responsável
    e de desempenho da empresa ... 19
O pensamento estratégico e o processo de administração estratégica ... 21
    O pensamento estratégico ... 23
    O processo de administração estratégica ... 26
Resumo ... 27
Questões éticas ... 29
Referências bibliográficas ... 30

CAPÍTULO 2: LIDERANÇA ESTRATÉGICA ... 35

Líderes estratégicos individuais e influências sobre suas decisões ... 37
    Estilo de liderança estratégica ... 38
    Critério gerencial e distorções decisórias ... 39
Equipes da alta administração ... 42
    Heterogeneidade da equipe da alta administração ... 43
    O CEO e o poder da equipe da alta administração ... 44
    Processos de sucessão dos executivos ... 46
Principais responsabilidades e ações para a liderança estratégica ... 49
    Assegurar que a empresa esteja bem posicionada economicamente ... 51
    Adquirir, desenvolver e gerenciar os principais recursos ... 53
    Desenvolver e gerenciar relacionamentos com *stakeholders* externos ... 57
    Determinar e comunicar a orientação estratégica ... 59

Supervisionar a formulação e a implementação de estratégias específicas 62
Estabelecer controles equilibrados 63
Resumo 65
Questões éticas 66
Referências bibliográficas 68

PARTE 2: ANÁLISE ESTRATÉGICA

CAPÍTULO 3: EXAME DA ORGANIZAÇÃO INTERNA: ATIVIDADES, RECURSOS E CAPACIDADES 77

Análise interna e criação de valor 79
    Condições que influenciam a análise interna 80
    Criação de valor 82
Recursos, capacidades e competências essenciais 83
    Recursos 83
    Capacidades 87
    Competências essenciais 89
Criação de competências essenciais 90
    Quatro critérios de vantagem competitiva sustentável 90
    Análise da cadeia de valor 94
    Terceirização 97
    Quando as competências essenciais perdem seu valor 98
Desempenho da empresa 98
    Objetivos e poder dos *stakeholders* 99
    Medidas do desempenho empresarial 100
    Equilibrando o desempenho dos *stakeholders* 104
    Desenvolvimento sustentável 104
Resumo 105
Questões éticas 107
Referências bibliográficas 108

CAPÍTULO 4: ANÁLISE DO AMBIENTE EXTERNO: CONCORRÊNCIA E OPORTUNIDADES 113

Os ambientes geral, setorial e competitivo 114
Análise do ambiente externo 116
    Sondagem 117
    Monitoramento 118
    Previsão 118
    Avaliação 119
Segmentos do ambiente geral 119

    O segmento demográfico 120
    O segmento econômico 122
    O segmento político-legal 123
    O segmento sociocultural 124
    O segmento tecnológico 125
    O segmento global 126
Análise da indústria 128
    Ameaça de novos entrantes 129
    Poder de negociação dos fornecedores 133
    Poder de negociação dos compradores 133
    Ameaça de produtos substitutos 134
    Intensidade da rivalidade entre concorrentes 134
    Empresas que fornecem bens e serviços complementares 137
    Interpretação das análises setoriais 137
Análise dos concorrentes diretos 138
    Grupos estratégicos 138
    Compreensão dos concorrentes e de suas intenções 139
Resumo 142
Questões éticas 143
Referências bibliográficas 144

PARTE 3: CRIAÇÃO DE VANTAGEM COMPETITIVA

CAPÍTULO 5: ESTRATÉGIA NO NÍVEL DE NEGÓCIOS 151

Lógica econômica e estratégia no nível de negócios 153
    Tipos de estratégia no nível de negócios 153
    Atendimento ao cliente 154
    Estratégia e estrutura 157
Estratégia de liderança em custos 159
    Execução bem-sucedida da estratégia de liderança em custos 159
    Uso da estrutura funcional para implementação da estratégia de liderança em custos ... 163
    Riscos competitivos da estratégia de liderança em custos 164
Estratégia de diferenciação 165
    Execução bem-sucedida da estratégia de diferenciação 165
    Uso da estrutura funcional para implementação da estratégia de diferenciação 169
    Riscos competitivos da estratégia de diferenciação 170
Estratégias de enfoque 171
    Estratégia de enfoque na liderança em custos 171
    Estratégia de enfoque em diferenciação 172
    Uso da estrutura simples ou da estrutura funcional para implementação
        das estratégias de enfoque 173

Riscos competitivos das estratégias de enfoque 173
Estratégia integrada de liderança em custos/diferenciação.. 174
    Execução bem-sucedida da estratégia integrada de liderança em custos/diferenciação .. 175
    Uso de uma estrutura flexível para implementação da estratégia integrada
        de liderança em custos/diferenciação 176
    Riscos competitivos da estratégia integrada de liderança em custos/diferenciação........ 178
Resumo 179
Questões éticas 181
Referências bibliográficas... 183

CAPÍTULO 6: RIVALIDADE COMPETITIVA E DINÂMICA COMPETITIVA 187

Um modelo de rivalidade competitiva 190
Análise dos concorrentes 191
    Mercados comuns 192
    Similaridade de recursos 193
Impulsionadores de ações e respostas competitivas 194
Rivalidade competitiva 196
    Ações estratégicas e táticas 196
Probabilidade de ataque 197
    Incentivo do pioneiro 197
    Tamanho organizacional 199
    Qualidade 200
Probabilidade de resposta 201
    Tipo de ação competitiva 202
    Reputação do participante 203
    Dependência do mercado 204
Dinâmica competitiva 204
    Mercados de ciclo lento 205
    Mercados de ciclo rápido 207
    Mercados de ciclo padrão 208
Resumo 210
Questões éticas 212
Referências bibliográficas... 213

CAPÍTULO 7: ESTRATÉGIA COOPERATIVA 217

A importância da estratégia cooperativa 218
    Alianças estratégicas nos mercados de ciclo lento 220
    Alianças estratégicas nos mercados de ciclo rápido 221
    Alianças estratégicas nos mercados de ciclo padrão 222
    Tipos de alianças e outras estratégias cooperativas 222
Estratégias cooperativas que ressaltam a diferenciação ou reduzem custos 224
    Alianças estratégicas complementares 225

    Estratégias cooperativas em rede 227
Estratégias cooperativas dirigidas a forças no ambiente externo 229
    Alianças de resposta competitiva 230
    Alianças para redução da incerteza 230
    Estratégias cooperativas para redução da concorrência 231
    Associações e consórcios 232
Estratégias cooperativas que promovem crescimento e/ou diversificação 233
    Alianças estratégicas de diversificação 233
    Franquias 234
    Estratégias cooperativas internacionais 235
Riscos competitivos das estratégias cooperativas 236
Implementação e gerenciamento das estratégias cooperativas 238
Resumo 241
Questões éticas 242
Referências bibliográficas.. 244

CAPÍTULO 8: ESTRATÉGIA EM NÍVEL CORPORATIVO 249

Níveis de diversificação 251
    Níveis de diversificação reduzidos 251
    Níveis de diversificação moderados a elevados 252
Razões para a diversificação 254
Diversificação e a estrutura multidivisional 256
Diversificação relacionada 257
    Vínculo operacional: compartilhando atividades 258
    Estrutura multidivisional cooperativa para implementação
    da estratégia limitada relacionada 259
    Vínculo corporativo: transferência de competências essenciais 261
    Uso da estrutura de unidade de negócios estratégica para implementação
    da estratégia relacionada vinculada 262
    Poder de mercado por meio de concorrência em multimercados e integração vertical 263
    Vínculo operacional e vínculo corporativo simultâneo 265
Diversificação não relacionada 266
    Alocação eficiente do mercado de capitais interno 267
    Reestruturação 268
    Uso da estrutura multidivisional competitiva para implementação da
    estratégia de diversificação não relacionada 269
Diversificação com valor neutro: incentivos e recursos 271
    Incentivos para a diversificação 271
    Recursos e diversificação 274
Diversificação com redução do valor: razões gerenciais para a diversificação ... 275
Resumo 278
Questões éticas 279
Referências bibliográficas.. 280

CAPÍTULO 9: ESTRATÉGIAS DE AQUISIÇÃO E REESTRUTURAÇÃO 287

A popularidade das estratégias de fusão e aquisição 288
    Fusões, aquisições e disputas pelo controle acionário: quais são as diferenças? 289
Razões para as aquisições 290
    Aumento do poder de mercado 290
    Superação das barreiras à entrada 292
    Redução dos custos e riscos associados ao desenvolvimento de novos produtos 293
    Maior rapidez para lançamento no mercado 294
    Aumento da diversificação e reconfiguração da esfera de ação competitiva da empresa 294
    Aprendizado e desenvolvimento de novas capacidades 295
Problemas para ter sucesso na aquisição 295
    Dificuldades de integração e incapacidade para obter sinergia 296
    Avaliação inadequada do alvo 298
    Endividamento grande ou excessivo 298
    Diversificação excessiva 299
    Gerentes muito focados em aquisições 300
    A empresa se torna muito grande 301
Aquisições eficazes 301
Reestruturação 303
    Redução do tamanho (*downsizing*) 304
    Redução da esfera de ação 305
    Aquisições alavancadas 305
    Consequências da reestruturação 306
Resumo 308
Questões éticas 309
Referências bibliográficas 310

CAPÍTULO 10: ESTRATÉGIA INTERNACIONAL 315

Incentivos para a adoção de uma estratégia internacional 317
    Maior tamanho do mercado 317
    Retorno do investimento 319
    Economias de escala, de esfera de ação e de aprendizagem 319
    Obtenção de recursos e de outras vantagens relacionadas à localização 320
Estratégia internacional em nível corporativo 321
    Esfera de ação internacional: presença em escala mundial ou regionalização 322
    Estratégia multidoméstica 324
    Estratégia global 326
    Estratégia transnacional 328
Estratégia internacional no nível de negócios 329
Escolha da modalidade de entrada internacional 332

Exportação 333
Licenciamento 334
Alianças estratégicas 335
Aquisições 336
Nova subsidiária controlada integralmente 337
Dinâmica da modalidade de entrada 338
Consequências da competitividade estratégica 338
Diversificação internacional e retornos 339
Diversificação internacional e inovação 340
Riscos em um ambiente internacional 341
Complexidade do gerenciamento de empresas multinacionais 342
Resumo 343
Questões éticas 345
Referências bibliográficas 347

PARTE 4: MONITORAMENTO E CRIAÇÃO DE OPORTUNIDADES EMPRESARIAIS

CAPÍTULO 11: GOVERNANÇA CORPORATIVA 357

Separação entre controle acionário e gerenciamento 360
Contratação gerencial 362
Diversificação do produto como exemplo de um problema de contratação gerencial ... 363
Custos da contratação gerencial e mecanismos de governança 364
Concentração do controle acionário 366
Acionistas institucionais 367
Ativismo dos acionistas 368
Conselho de administração 369
Independência do conselho 370
Eficácia do conselho de administração 371
Remuneração dos executivos do alto escalão 372
Um mecanismo de governança complexo 373
A eficácia da remuneração dos executivos 374
Mercado para o controle corporativo 375
Táticas defensivas dos executivos 377
Governança corporativa internacional 379
Governança corporativa na Alemanha 379
Governança corporativa no Japão 380
Governança corporativa global 382
Mecanismos de governança, gerenciamento dos *stakeholders*
e comportamento ético 383
Resumo 384
Questões éticas 386
Referências bibliográficas 387

CAPÍTULO 12: EMPREENDEDORISMO ESTRATÉGICO 395

Empreendedorismo estratégico e inovação 396
    Inovação 397
    Empreendedores 398
    Empreendedorismo internacional 399
Inovação interna 401
    Inovações incrementais 401
    Inovações radicais 402
Implementação da inovação interna 403
    Equipes multifuncionais de desenvolvimento do produto 405
    Facilitação da integração e da implementação 406
    Criação de valor por meio de inovação interna 407
Inovação por meio de estratégias cooperativas 407
Inovação por meio de aquisições 409
Criação de valor por meio de empreendedorismo estratégico 409
Resumo 411
Questões éticas 412
Referências bibliográficas... 413

CAPÍTULO 13: FLEXIBILIDADE ESTRATÉGICA E ANÁLISE DAS OPÇÕES REAIS ... 419

Análise das opções reais 421
    Tipos de opções reais 422
    Finalidade e importância da análise das opções reais 425
    Determinantes de valor para opções reais 431
Avaliação das opções reais 433
Requisitos para a implementação das opções reais 435
Resumo 436
Questões éticas 437
APÊNDICE: REGRAS DETALHADAS PARA AVALIAÇÃO 439
Referências bibliográficas... 452

ÍNDICE ONOMÁSTICO 455

ÍNDICE REMISSIVO 485

Prefácio

Nossa análise da administração estratégica é diferenciada sob diversos ângulos importantes. O livro contém um tratamento pormenorizado de diversas perspectivas, incluindo a economia da organização setorial tradicional, a visão baseada em recursos e a perspectiva orientada aos *stakeholders*. Essas três perspectivas formam a base sobre a qual se constroem outras importantes ideias e ferramentas para o desenvolvimento de estratégias. O efeito final é um método integrado que demonstra como as empresas podem ser simultaneamente éticas e eficientes, responsáveis socialmente e lucrativas, atentas a diversos grupos de interesse e capazes de manter um desempenho financeiro elevado a longo prazo.

Outra característica distintiva deste livro é que as estratégias e os métodos para implementá-los são tratados no âmbito dos mesmos capítulos. Por exemplo, as estruturas organizacionais requeridas para a implementação de cada uma das estratégias no nível de negócio são discutidas no capítulo sobre estratégias empresariais. Essa abordagem proporciona aos alunos um entendimento mais completo das implicações organizacionais da seleção de uma determinada estratégia. Também descrevemos padrões de rivalidade competitiva e de dinâmica competitiva porque esses fenômenos ocorrem à medida que as empresas implementam estratégias empresariais para competir em seus mercados escolhidos. O capítulo no qual esses tópicos importantes são examinados discute concisamente e de modo abrangente a dinâmica competitiva nos mercados de ciclo lento, rápido ou padrão.

Para assegurar que nossas descrições dos conceitos básicos de gerenciamento estratégico sejam precisas e atualizadas, baseamo-nos, em grande parte, em pesquisas acadêmicas atuais e clássicas usando como orientação a literatura sobre economia, finanças, marketing, ética empresarial, empreendedorismo e psicologia social, além de administração estratégica. Igualmente, para atender nosso propósito de oferecer percepções argutas e análises contemporâneas, usamos numerosos exemplos atuais da mídia impressa sobre negócios para exemplificar como as empresas fazem uso dos conceitos aqui apresentados a fim de atingir metas múltiplas e, especialmente, melhorar o desempenho da empresa. Abordamos os temas críticos contemporâneos: liderança estratégica, governança corporativa, ética empresarial, rivalidade competitiva e dinâmica competitiva, empreendedorismo estratégico e opções reais.

Este livro também incorpora integralmente os conceitos de globalização e de mudança tecnológica. A globalização crescente e o avanço tecnológico acelerado no século XXI tornam o processo de gerenciamento estratégico muito desafiador para os gerentes. Essas tendências criam um nível elevado de complexidade e turbulência durante o processo de desenvolvimento da estratégia e também aumentam a necessidade de rapidez ao se tomar decisões estratégicas. Integramos temas associados à globalização e à mudança tecnológica nos capítulos ao longo do livro. Para enfatizar sua importância, também discutimos globalização e avanço tecnológico em um capítulo distinto sobre estratégia internacional.

Adicionalmente, por ser o processo de administração estratégica mais eficaz quando ancorado em práticas éticas, as questões éticas são apresentadas no fim de cada capítulo. Essas questões desafiam os leitores a considerar práticas de gerenciamento estratégico específicas de um capítulo no âmbito de um contexto ético.

Partes do processo da administração estratégica

O Pensamento Estratégico constitui o fundamento para o uso eficaz da administração estratégica e, como tal, é o primeiro dos temas deste livro. Em seguida, na Parte 2, focalizamos os princípios e as técnicas da Análise Estratégica. Na Parte 3, examinamos o tópico Criação de Vantagem Competitiva. Essa discussão mostra como as empresas criam vantagem competitiva desenvolvendo e implementando estratégias eficazes de nível empresarial, em cooperação, em nível corporativo e internacional. Na Parte 4, Monitoramento e Criação de Oportunidades Empresariais, enfatizamos a tendência importante em direção a uma maior governança corporativa surgida na era pós-Enron. Tendo em vista que uma governança corporativa mais intensiva tende a tornar as empresas mais conservadoras, integramos a essa seção uma discussão sobre empreendedorismo estratégico. Finalizamos com um capítulo sobre opções reais que flui naturalmente do empreendedorismo estratégico. A integração desses tópicos nos permite mostrar como uma maior governança pode criar, por sua vez, uma necessidade para as empresas identificarem e explorarem ativamente as oportunidades empresariais.

Parte 1 – Pensamento estratégico

O pensamento estratégico e a liderança estratégica resultante são contribuições importantes para um processo de administração estratégica eficaz. Discutimos no Capítulo 1 o pensamento estratégico e seu elo com a administração estratégica eficaz. Esse relacionamento é crucial no atual ambiente competitivo, caracterizado pela globalização e pelo maior avanço tecnológico. O Capítulo 1 também examina o surgimento da administração estratégica como uma disciplina. Alguns dos primeiros trabalhos importantes na área são analisados, o mesmo ocorrendo com as ideias contemporâneas proeminentes no campo.

Três perspectivas fundamentais que influenciam o pensamento estratégico são introduzidas no Capítulo 1. O modelo de Organização Industrial (I/O) de criação de valor, que se baseia na economia da organização setorial, focaliza como as forças competitivas no ambiente externo da empresa moldam a estratégia que ela adota. O modelo de criação de valor da visão fundamentada em recursos (RBV) concentra-se em como a estratégia é moldada pelos recursos, capacidades e competências básicas diferenciados e que possuem valor. O modelo orientado aos *stakeholders* de comportamento responsável e de desempenho por parte da empresa vislumbra a empresa no centro de uma rede de grupos de interesse. De acordo com esse modelo, as empresas que reconhecem as necessidades dos *stakeholders* e que gerenciam eficazmente os relacionamentos com um conjunto amplo desses grupos apresentam maior probabilidade de alcançar desempenho elevado a longo prazo. O primeiro capítulo termina com uma discussão sobre os principais elementos do pensamento estratégico e como ele pode ser integrado eficazmente ao processo de gerenciamento estratégico. Esse processo é descrito em detalhe, e o modelo de administração estratégica descrito no Capítulo 1 proporciona uma diretriz para o restante do livro.

Tendo em vista o importante papel desempenhado pelos gerentes no processo de gerenciamento estratégico, o Capítulo 2 usa um modelo abrangente para descrever como os gerentes, sendo líderes estratégicos, incentivam um melhor pensamento estratégico em toda a organização. O capítulo inicia com uma discussão de líderes estratégicos individuais, seus estilos de tomada de decisão e os fatores que influenciam suas decisões estratégicas. Passa a discutir em seguida as equipes de alto escalão, incluindo a influência da heterogeneidade da equipe, o poder da equipe e os processos de sucessão dos altos executivos. O restante do capítulo explica as principais responsabilidades e ações da liderança estratégica, as quais incluem assegurar que a empresa esteja bem posicionada economicamente, gerenciando o relacionamento com os *stakeholders* externos, determinando a orientação estratégica, supervisionando a formulação e a implementação de estratégias específicas e estabelecendo controles equilibrados.

Parte 2 – Análise estratégica

Na Parte 2 do livro nos concentramos no modo como as empresas analisam seu ambiente externo e sua organização interna. Após os gerentes serem orientados para o pensamento estratégico e compreenderem os princípios da liderança estratégica eficaz, os resultados dessas análises proporcionam a informação e o conhecimento necessários para a obtenção de vantagens competitivas por meio da seleção e utilização de determinadas estratégias.

A ênfase do Capítulo 3 concentra-se na análise interna e a finalidade consiste em identificar os recursos, as capacidades e as competências básicas que podem auxiliar uma empresa a conquistar vantagens competitivas. Enquanto o Capítulo 4 focaliza aquilo que uma empresa poderia fazer conforme indicado pelo ambiente externo, esse capítulo concentra-se naquilo que uma empresa pode fazer conforme indicado por seus recursos, capacidades e competências básicas.

A visão baseada em recursos da empresa constitui a estrutura teórica subjacente para as discussões no Capítulo 3. São descritos os quatro critérios que as empresas adotam para identificar as competências básicas: valor, raridade, imitação imperfeita e impossibilidade de substituição. Examinamos também a cadeia de valor em termos de atividades principais e de apoio para mostrar como as empresas determinam aquelas atividades por meio das quais podem ou não conseguem criar valor. Essa análise também oferece informação que indica quando uma empresa deve terceirizar a um fornecedor uma atividade na cadeia de valor. Finalmente as empresas são aconselhadas a permanecerem flexíveis para que suas competências básicas não se transformem em rigidez específica (*core rigidity*). Uma compreensão obtida a partir da análise estratégica constitui o fundamento necessário para se focalizar as estratégias que as empresas podem usar para criar vantagens competitivas.

O Capítulo 3 termina com um exame detalhado do desempenho da empresa sob perspectivas múltiplas. São descritas as demandas e as necessidades dos diversos *stakeholders*, bem como seu poder para influenciar a empresa. São introduzidas diversas medidas do desempenho da empresa, incluindo avaliações financeiras e não financeiras. O capítulo encerra com uma discussão sobre desempenho sustentável.

O Capítulo 4 examina as diferentes ferramentas que a empresa utiliza para analisar as três partes (o ambiente geral, o ambiente setorial e os concorrentes) de seu ambiente externo. A empresa, ao estudar seu ambiente geral, consegue identificar oportunidades e ameaças. O modelo I/O oferece o fundamento que as empresas adotam para estudar os setores. A principal finalidade do estudo dessa parte do ambiente externo consiste em determinar o potencial de lucratividade de um setor ou de um seu segmento. A análise dos concorrentes, a parte final do ambiente externo da empresa, proporciona informações que permitem à empresa ter mais conhecimento sobre seus concorrentes e a respeito das ações e respostas que cada concorrente poderia adotar ao competir em diferentes mercados.

Parte 3 – Criação de vantagem competitiva

Nos capítulos da Parte 3 discutimos simultaneamente a formulação e a implementação, componentes do processo de gerenciamento estratégico que são estudados separadamente em outros livros. Nosso tratamento conjunto das ações de formulação e implementação é abrangente e integrado. Por exemplo, nosso estudo sobre as estratégias no nível de negócios no Capítulo 5 inclui análises de liderança em custos, diferenciação, enfoque em liderança em custos, em diferenciação e estratégias integradas de liderança em custos/diferenciação. Após explicarmos as características de cada estratégia, descrevemos a estrutura organizacional específica que as empresas combinam com cada tipo de estratégia no nível de negócios. Dessa maneira, relacionamos a formulação (isto é, a seleção de uma estratégia no nível de negócios) à implementação (isto é, a estrutura organizacional apropriada combinada com cada estratégia no nível de negócios). Essa configuração importante e diferenciada de unir estratégia e estrutura é mantida nos capítulos remanescentes da Parte 3.

O Capítulo 6 também focaliza a estratégia no nível de negócios ao descrever padrões de rivalidade competitiva entre empresas individuais, bem como padrões de dinâmica competitiva entre todas as empresas que concorrem em um setor. Uma razão importante para a empresa compreender a rivalidade competitiva e a dinâmica competitiva consiste em aprender como prever as ações que os concorrentes podem adotar contra elas, bem como o modo pelo qual o concorrente poderia retaliar contra a ação competitiva de determinada empresa. O capítulo examina os fatores que são importantes para a rivalidade competitiva (por exemplo, conscientização, motivação e capacitação como impulsionadores do comportamento competitivo de uma empresa) e as dimensões da dinâmica competitiva (por exemplo, os efeitos dos diversos ritmos de reação competitiva em diferentes mercados). Portanto, no todo, a análise da rivalidade e da dinâmica no capítulo ressalta as influências que exercem sobre as ações competitivas e as respostas competitivas de uma empresa.

O Capítulo 7 trata das estratégias cooperativas. As estratégias cooperativas – como alianças estratégicas, *joint ventures* e estratégias em rede – têm se tornado cada vez mais importantes no cenário competitivo do século XXI. Uma razão primordial para isso é que poucas empresas (ou nenhuma) possuem os recursos necessários para desenvolver internamente ou adquirir de fontes externas todos os recursos necessários para a criação de valor. A estratégia cooperativa é outra trajetória que as empresas seguem quando obtêm acesso a novos recursos e capacidades e os desenvolvem, assim como exploram os já existentes. Esse capítulo examina estratégias que surgiram em resposta aos desafios e às oportunidades criados pela globalização e pelo avanço tecnológico. O capítulo também explica os riscos associados às estratégias cooperativas, incluindo contratos inadequados, oportunismo e deturpação das competências por parte dos sócios. Os métodos relevantes para o gerenciamento das alianças estratégicas também são examinados para explicar como o risco é gerenciado quando a empresa coopera com outras para criar valor.

O Capítulo 8 inicia nossa discussão da estratégia em nível corporativo. Interessados nos negócios nos quais a empresa diversificada pretende concorrer – e no modo como gerenciará seu portfólio de negócios –, discutimos nesse capítulo as quatro principais estratégias em nível corporativo. Essas estratégias variam de uma com relativamente pouca diversificação (uma única atividade) a uma com diversificação substancial (diversificação não relacionada). Além disso, são descritas as estruturas organizacionais específicas requeridas para implementar de modo bem-sucedido cada estratégia em nível corporativo.

A análise da estratégia em nível corporativo e da diversificação é ampliada no Capítulo 9, no qual discutimos fusões e aquisições. Fusões e aquisições têm sido populares por muitas décadas e tendências recentes indicam que sua popularidade tem pouca probabilidade de diminuir nos próximos anos. Embora muitas fusões e aquisições fracassem, algumas efetivamente dão certo. O Capítulo 9 apresenta as razões que explicam o fracasso, bem como aquelas que contribuem para o sucesso de fusões e aquisições. Os métodos relevantes de reestruturação (redução do tamanho, redução da esfera de ação e aquisições alavancadas) também são discutidos nesse capítulo. Empresas bem-sucedidas reestruturam seu portfólio de negócios conforme necessário. A reestruturação pode ser iniciada para lidar com o fracasso de fusões e aquisições ou para ajustar o portfólio de negócios da empresa em resposta a oportunidades que surgem em seu ambiente externo.

O Capítulo 10 examina as estratégias internacionais em nível corporativo e de empresa. Analogamente aos capítulos anteriores da Parte 3, descrevemos as estruturas organizacionais necessárias para implementação de cada uma das estratégias em nível corporativo. Também discutimos algumas das implicações da implementação de estratégias no nível de negócios em determinado país. Uma empresa, após selecionar uma estratégia internacional, precisa decidir que modalidade de entrada adotar ao implementar a estratégia escolhida. Exportação, licenciamento, alianças estratégicas, aquisições e a criação de uma nova subsidiária integralmente controlada são modalidades que as empresas analisam ao entrar em mercados. Também discutimos as consequências da diversificação internacional e os riscos políticos e econômicos concomitantes.

Parte 4 – Monitoramento e criação de oportunidades empresariais

A governança corporativa, o empreendedorismo estratégico e a análise das opções reais são examinados na Parte 4, a seção final do livro. A governança corporativa – tendo em vista o ambiente pós-Enron e os desafios com os quais muitas empresas se defrontam – constitui um tópico muito importante, que justifica um capítulo separado. Portanto, o Capítulo 11 descreve os principais mecanismos de governança corporativa e como podem ser utilizados eficazmente para assegurar que as ações dos agentes da empresa (os principais tomadores de decisão) estejam alinhadas com os interesses dos controladores (proprietários). O capítulo examina os grandes investidores institucionais, os conselhos de administração e a remuneração da diretoria como mecanismos de governança relevantes e indica como podem ser usados eficazmente no atual ambiente de negócios. Discutimos ainda as tendências de governança corporativa internacional, além da necessidade de demonstrações contínuas de comportamento ético por parte de executivos graduados e membros do conselho de administração da empresa.

A combinação entre o exame no Capítulo 11 dos mecanismos eficazes de governança corporativa com o estudo no Capítulo 2 de práticas bem-sucedidas de liderança estratégica resulta em um tratamento abrangente de como o processo de administração estratégica pode ser empregado para se obter uma vantagem competitiva de maneira ética. Além de fundamentar a análise da governança corporativa e da liderança estratégica eficazes nas atuais pesquisas, oferecemos diversos exemplos de empresas específicas para ressaltar a compreensão de como esses princípios podem ser aplicados com sucesso nas atuais organizações empresariais.

Embora a governança corporativa seja importante, a governança crescentemente rigorosa pode criar um processo de gerenciamento estratégico mais conservador, em particular na seleção e implementação das estratégias da empresa. Uma abordagem muito conservadora do processo de administração estratégica aumenta a necessidade de as empresas se empenharem agressivamente na identificação e no aproveitamento das oportunidades empresariais. O Capítulo 12 enfatiza, de modo correspondente, as ações que as empresas podem realizar para criar oportunidades empresariais e gerenciá-las estrategicamente a fim de obter e manter uma vantagem competitiva. O empreendedorismo é praticado nas empresas existentes para renovar as atuais vantagens competitivas e aumentar simultaneamente a capacidade da empresa de criar novas vantagens competitivas visando ao sucesso futuro. Examinamos ainda como as estratégias cooperativas e as estratégias de fusão e aquisição podem ser usadas de forma mais empreendedora para criar vantagens competitivas.

O último capítulo se concentra em como gerenciar oportunidades empresariais em um ambiente de incerteza usando ferramentas de opções reais. Esse capítulo, novo nesta edição de Estratégia Competitiva, possui valor significativo para os leitores interessados na compreensão de todos os aspectos do processo de gerenciamento estratégico. Escrito por Jeff Reuer e editado pelos autores, o novo capítulo oferece métodos atualizados para planejamento e controle do valor de projetos de empreendedorismo potencial. O uso bem-sucedido desses métodos aumenta a flexibilidade da empresa ao tomar decisões no âmbito de um contexto de ambientes tecnológicos, de produto e de mercado incertos.

Agradecimentos

Somos gratos à equipe da Cengage Learning por trabalhar com dedicação neste projeto e a nossos alunos e colegas (incluindo muitos revisores) que ofereceram opiniões valiosas ajudando-nos a melhorar a qualidade geral do livro. Reconhecemos especialmente a dedicação de nossas famílias, por nos oferecerem apoio e incentivo, e a de nossas instituições acadêmicas por nos permitirem levar adiante este e outros projetos editoriais. Seríamos omissos se não agradecêssemos igualmente as centenas de autores que citamos neste volume por contribuírem consideravelmente para o campo de estudos por meio de suas observações pertinentes e pesquisas rigorosas. Somos gratos, em particular, a Jeffrey Reuer por suas observações sobre opções reais. Este livro reflete o trabalho de numerosos especialistas com o propósito comum de descobrir e disseminar resultados valiosos de pesquisas que ajudam a fomentar a compreensão e aperfeiçoam o processo de gerenciamento estratégico. Esperamos sinceramente que tenhamos apresentado a matéria de um modo que seja útil para os alunos do curso de Administração e para outros que estão interessados em aprender a como ajudar uma empresa a executar a Estratégia Competitiva.

Robert E. Hoskisson
Michael A. Hitt
R. Duane Ireland
Jeffrey S. Harrison

PARTE 1
PENSAMENTO ESTRATÉGICO

CAPÍTULO 1
O que é Administração Estratégica?

CAPÍTULO 2
Liderança Estratégica

Parte I

PENSAMENTO ESTRATÉGICO

Capítulo 1
O que é Administração Estratégica?

Objetivos de aprendizagem

O estudo deste capítulo deve proporcionar-lhe o conhecimento da administração estratégica necessário para:

1. Descrever o cenário competitivo do século XXI e explicar como a globalização e as mudanças tecnológicas o moldaram.
2. Usar o modelo de organização industrial (I/O) para explicar como as empresas podem auferir retornos acima da média.
3. Usar o modelo com base em recursos para explicar como as empresas podem auferir retornos acima da média.
4. Explicar a perspectiva orientada aos *stakeholders* e como o gerenciamento eficaz desses *stakeholders* pode levar a um desempenho superior e a um comportamento responsável por parte da empresa.
5. Definir pensamento estratégico e explicar como é usado para orientar a tomada de decisões durante o processo de administração estratégica.
6. Descrever o processo de administração estratégica.

Os executivos das empresas defrontam-se com um mundo cada vez mais complexo e em transformação. Tecnologias que avançam rapidamente em áreas como comunicação e transporte têm resultado em níveis sem precedentes de intercâmbio e conscientização globais. Essas tendências — combinadas com mudanças econômicas, sociais e políticas ocorridas na Ásia, na Europa Oriental, na América Latina, no Oriente Médio, na África e em outras regiões — têm criado um mercado interconectado globalmente caracterizado por concorrência acirrada. A administração estratégica é uma disciplina que surgiu em resposta à necessidade de modelos mentais e ferramentas de planejamento estratégico para auxiliar os executivos a orientar suas empresas neste ambiente global de negócios desafiador. Preocupa-se principalmente com as ações que as organizações empreendem para obter vantagem competitiva e criar valor para a organização e seus *stakeholders*.

A **vantagem competitiva** surge da formulação e da execução bem-sucedidas de estratégias que são distintas e criam mais valor que as estratégias dos concorrentes.[1] Quando uma empresa é capaz de conquistar uma vantagem competitiva, normalmente essa vantagem pode ser sustentada somente por um período limitado.[2] Uma **vantagem competitiva sustentável** (denominada daqui em diante vantagem competitiva) somente torna-se possível após terem cessado ou fracassado os esforços dos concorrentes para reproduzir a estratégia de criação de valor. A velocidade com que os concorrentes são capazes de adquirir as aptidões necessárias para reproduzir os benefícios da estratégia de criação de valor de uma empresa determina por quanto tempo a vantagem competitiva se sustentará.[3] As empresas precisam compreender como explorar uma vantagem competitiva caso pretendam criar mais valor do que os concorrentes, o que então pode resultar em retornos maiores para aqueles que investiram dinheiro e outros recursos na empresa.[4] Quando uma empresa obtém retornos maiores do que os dos concorrentes, isso indica que as estratégias que a empresa está seguindo estão resultando em vantagem competitiva.

O **processo de administração estratégica** (conforme ilustrado posteriormente neste capítulo, na Figura 1.6) é o conjunto integral de compromissos, decisões e ações necessários para uma empresa criar valor e obter retornos superiores àqueles dos concorrentes.[5] O processo envolve, em sua forma mais simples, analisar a empresa e seu ambiente e, em seguida, usar as informações para formular e implementar estratégias que resultem em vantagem competitiva. Portanto, o processo de administração estratégica é usado para adequar as condições de um mercado e de uma estrutura competitiva em mudança constante aos recursos, capacidades e competências básicas em contínua evolução na empresa. Os líderes estratégicos orientam o processo de criação de estratégias, auxiliam a organização a adquirir e desenvolver os recursos necessários, gerenciam relacionamentos com os principais *stakeholders* organizacionais e desenvolvem controles organizacionais adequados a fim de assegurar que o processo seja bem-sucedido no sentido de obter os resultados almejados pela empresa. As responsabilidades dos líderes estratégicos eficazes serão discutidas no Capítulo 2.

Este capítulo introduz diversos tópicos. Examinamos inicialmente algumas das principais características de cenário competitivo do século XXI que formam o contexto no qual as estratégias são elaboradas e executadas. Apresentamos em seguida um histórico conciso dos principais eventos e das ideias básicas que desempenharam um papel importante na criação do campo de estudos denominado atualmente *administração estratégica*. As primeiras ideias estabelecem o fundamento para uma discussão dos três principais modelos que indicam os elementos estratégicos necessários à seleção das ações estratégicas para a criação de valor. O primeiro modelo (organização industrial – I/O) indica que o ambiente externo é o principal determinante das estratégias de uma empresa. A base desse modelo consiste em identificar e concorrer de modo bem-sucedido em um setor atrativo (isto é, lucrativo).[6] O segundo modelo (fundamentado em recursos) propõe que os recursos e as capacidades diferenciadas de uma empresa representam o elo crítico para a criação de valor.[7] O terceiro modelo (orientado aos *stakeholders*) indica que a vantagem competitiva a longo prazo é uma função da solidez dos relacionamentos de uma empresa com os *stakeholders* e da forma como esses relacionamentos são gerenciados.[8] Explicações detalhadas neste e nos próximos três capítulos mostram que, por meio do uso combinado desses modelos, as empresas obtêm os elementos estratégicos de que precisam para formular e implementar estratégias.

A última seção deste capítulo inicia com um exame das características de *pensamento estratégico* e de como os líderes estratégicos podem incentivar esse tipo de pensamento em suas empresas. O pensamento estratégico descreve os aspectos mais criativos da administração estratégica.[9]

O processo de administração estratégica, da forma como será analisado neste livro, é descrito em seguida detalhadamente. Ações estratégicas eficazes empreendidas no contexto de planos de formulação e implementação cuidadosamente integrados resultam no desempenho almejado pela empresa.[10]

O cenário competitivo

O fracasso de empresas é razoavelmente comum. Nos Estados Unidos, o número de empresas submetidas ao processo falimentar foi em média superior a 41 mil por ano na década finda em 2005.[11] Além disso, em virtude de os dados sobre novas empresas e falências tenderem a ser incompletos, o número real de companhias que encerram suas atividades pode ser na realidade superior a essa cifra. Thomas J. Watson Jr., ex-presidente do conselho de administração da IBM, alertou, em uma ocasião, as pessoas para se lembrarem de que "corporações não são essencialmente necessárias e que o sucesso — na melhor das hipóteses — representa uma conquista sem permanência no tempo que sempre pode fugir ao controle".[12]

Ainda mais comum do que as empresas que fracassam completamente são aquelas que deixaram de ser competitivas devido a uma inaptidão em realizar as mudanças necessárias para o sucesso contínuo. A indústria automobilística constitui um exemplo do modo pelo qual as mudanças no ambiente global têm influenciado as empresas. Após a Segunda Guerra Mundial, as três grandes empresas automotivas — General Motors (GM), Ford e Chrysler — ostentavam uma posição dominante no setor. No entanto, os aumentos do preço da gasolina no início da década de 1970 ajudaram a incentivar uma tendência orientada a automóveis menores e mais eficientes nos Estados Unidos.[13] Essa tendência foi acompanhada por um aumento considerável da qualidade dos automóveis fabricados pelos japoneses das marcas Toyota, Honda e Datsun (atualmente Nissan).[14]

As três fabricantes de automóveis nos EUA foram lentas para reagir a essas mudanças, acarretando uma redução considerável de sua participação de mercado. Em um esforço para recuperar o terreno perdido, elas celebraram algumas *joint ventures* com empresas automotivas japonesas e de outras nacionalidades. Atualmente as *joint ventures* são comuns entre todas as principais empresas automobilísticas ao redor do globo.[15] Também ocorreram diversos casos de substituição no alto escalão administrativo e no conselho de administração, sendo que uma das primeiras reconfigurações profundas ocorreu no conselho da GM.[16] A Chrysler, sob a liderança de Lee Iacocca, suplantou seu estado quase falimentar e decidiu realizar uma fusão com a empresa alemã Daimler-Benz.[17] Nesse ínterim, diversas empresas iniciaram a penetração no grande mercado norte-americano e em outros mercados com marcas bem-sucedidas, como as coreanas Hyundai e Kia. As principais companhias japonesas também lançaram marcas para concorrer com os automóveis de luxo, como BMW, Cadillac e Mercedes Benz. Lexus, Acura e Infiniti são atualmente marcas importantes nos Estados Unidos e em outros países.[18] Além disso, empresas como BMW, Toyota, Honda e outras estabeleceram uma base industrial importante nos Estados Unidos e companhias norte-americanas expandiram de modo idêntico suas operações produtivas ao redor do globo, incluindo operações de grande porte na América Latina, na Ásia e em outras regiões.

As forças globais que agem no setor impuseram enormes percalços ao desempenho das grandes fabricantes dos EUA. Com estoques de grande vulto, a Divisão Chrysler da Daimler-Chrysler teve um prejuízo de aproximadamente 1,5 bilhão de dólares no terceiro trimestre de 2006.[19] A companhia, sob pressão crescente do conselho de administração para uma recuperação acelerada, lançou um programa para um corte de custos de 1.000 dólares em cada veículo produzido.[20] A Ford também teve um trimestre ruim, arcando com um prejuízo de 5,8 bilhões de dólares, sendo que a diretoria alertou sobre a possibilidade de um desempenho pior no futuro. Alan Mulally, o CEO recém-nomeado da Ford, afirmou que não estava surpreso com as más notícias e que estava enfrentando o problema com "olhos bem abertos".[21] O prejuízo de somente 115 milhões de dólares que a GM teve no terceiro trimestre foi alardeado pelo CEO Rick Wagoner como um "progresso significativo" e prova de que a companhia estava se recuperando, apesar da preocupação dos analistas com relação ao custo do plano de saúde dos empregados, a liquidez e o maior endividamento.[22] Enquanto isso, a Toyota divulgava aumentos nas vendas e nos lucros na América do Norte, e a Kia investiu 1 bilhão de dólares em uma nova fábrica na Geórgia.[23]

As transformações no setor automobilístico são resultado da globalização e das mudanças rápidas ocorridas no campo da tecnologia. As empresas dos EUA, em particular, não têm sido capazes de acompanhar essas tendências. Elas têm sido lentas na adoção de uma maneira de pensar global e têm demonstrado incapacidade para realizar todas as mudanças tecnológicas necessárias para manter-se competitivas. Examinaremos em seguida essas tendências para a globalização e a mudança tecnológica acelerada.

Globalização de mercados e setores

A natureza fundamental da concorrência em diversos setores do mundo está se alterando.[24] Uma das mudanças mais importantes é o aumento contínuo da globalização dos mercados mundiais.[25] A **globalização** pode ser definida como a interdependência econômica crescente entre países conforme se reflete no fluxo de bens e serviços, no capital financeiro e no conhecimento que atravessa fronteiras nacionais.[26] Relativamente livre de limitações artificiais, como as tarifas aduaneiras, a economia global expande-se significativamente e torna mais complexo o ambiente competitivo de uma empresa.[27] Por exemplo, espera-se que em 2008 o valor dos bens importados pelos Estados Unidos seja maior do que o valor de todas as receitas auferidas pelo governo federal.[28] Nos mercados e setores globais, o capital financeiro pode ser obtido em um mercado nacional e usado para adquirir matérias-primas em outro. Um equipamento industrial comprado em um terceiro mercado nacional pode ser usado em seguida para fabricar produtos que são vendidos em um quarto mercado. Portanto, a globalização aumenta o conjunto de oportunidades para as empresas que concorrem no século XXI,[29] sendo um indutor fundamental das economias das empresas no atual panorama competitivo.[30] Embora a maioria das grandes empresas dos EUA concorra em certo grau nos mercados internacionais, nem todas estão respondendo agressivamente às oportunidades dos mercados globais.[31]

A globalização contribuiu para a **hiperconcorrência**, a rivalidade extremamente acirrada entre empresas. O termo é empregado frequentemente para captar as realidades do cenário competitivo do século XXI. Conforme mostrado na Figura 1.1, a hiperconcorrência resulta da dinâmica das ações estratégicas entre empresas atuantes globais e inovadoras. Trata-se de uma

Figura 1.1: Mudanças no cenário competitivo

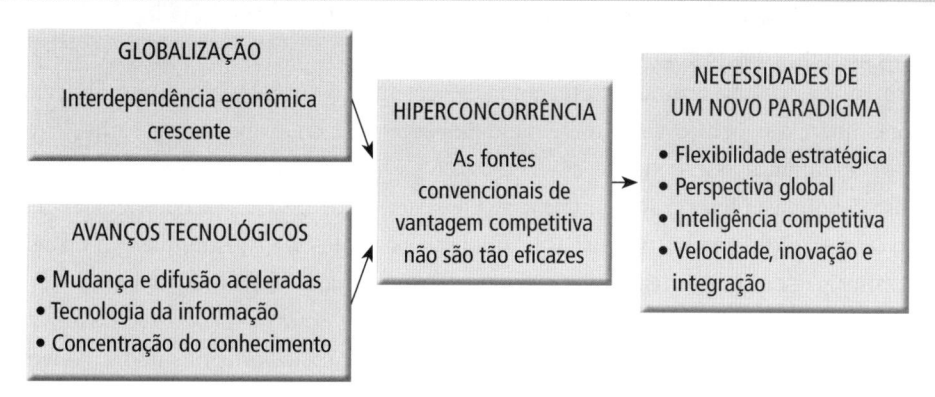

- **GLOBALIZAÇÃO**
  Interdependência econômica crescente

- **AVANÇOS TECNOLÓGICOS**
  - Mudança e difusão aceleradas
  - Tecnologia da informação
  - Concentração do conhecimento

→ **HIPERCONCORRÊNCIA**
As fontes convencionais de vantagem competitiva não são tão eficazes

→ **NECESSIDADES DE UM NOVO PARADIGMA**
- Flexibilidade estratégica
- Perspectiva global
- Inteligência competitiva
- Velocidade, inovação e integração

---

condição de competição rapidamente crescente baseada no posicionamento preço/qualidade, na concorrência para criar um novo *know-how* e estabelecer a vantagem do pioneirismo e na concorrência para proteger ou invadir estabelecidos mercados geográficos ou de produtos.[32] Em um mercado hipercompetitivo, as empresas muitas vezes desafiam agressivamente seus concorrentes na expectativa de melhorar sua posição competitiva e, no final, seu desempenho.[33]

Em parte, devido à globalização e à hiperconcorrência, está se tornando difícil para as empresas sequer reconhecer ou determinar as fronteiras de um setor. Considere por exemplo como os avanços nas redes de computadores e as telecomunicações interativas estão dificultando a definição do setor televisivo. O futuro próximo pode fazer que as redes de televisão tradicionais dos EUA — ABC, CBS, NBC e HBO — concorram não somente entre si, mas também com empresas envolvidas principalmente com telefonia (AT&T), transmissão de TV a cabo (Cox), transmissão por satélite (DirectTV), software para computador (Microsoft), produtos eletrônicos de consumo (Sony) e outros.

Avanços tecnológicos

A mudança tecnológica acelerada também se encontra associada à hiperconcorrência.[34] Três categorias de tendências tecnológicas estão alterando significativamente a natureza da concorrência. A primeira é o ritmo crescente de mudança e difusão tecnológicas. O ritmo de avanço da tecnologia e a velocidade com a qual novas tecnologias tornam-se disponíveis aumentaram consideravelmente ao longo dos últimos 15 a 20 anos. Considere, por exemplo, que o setor de telefonia precisou de 35 anos para penetrar em 25% de todas as residências nos Estados Unidos em comparação a 26 anos para a televisão, 22 anos para o rádio, 16 anos para computadores pessoais e apenas sete anos para a internet.[35] Algumas evidências sugerem que são necessários somente 12 a 18 meses para que as empresas reúnam informações sobre as atividades de pesquisa e desenvolvimento de seus concorrentes e tomem decisões subsequentes sobre produtos.[36] Os menores ciclos de vida dos produtos resultantes da difusão acelerada de novas tecnologias aumentam a competitividade de uma empresa em termos de ser capaz de introduzir rapidamente no mercado novos bens e serviços. Na realidade, quando os produtos tornam-se, em certo grau, indistintos devido à ampla e rápida difusão de tecnologias, a velocidade de colocação no mercado pode ser a fonte principal de vantagem competitiva.[37] Por exemplo, aproximadamente 75% da margem bruta do produto durante o ciclo de vida de um computador pessoal comum é auferida ao longo dos primeiros 90 dias de vendas.[38]

Outro fator associado à mudança tecnológica acelerada é o desenvolvimento de tecnologias inovadoras que extinguem o valor da tecnologia existente e criam novos mercados.[39] Algumas pessoas se referiram a esse conceito como inovação *schumpeteriana*, referindo-se aos trabalhos do famoso economista Joseph A. Schumpeter. Ele sugeriu que essa inovação originava-se de um processo de destruição criativa no qual as tecnologias existentes são substituídas por novas tecnologias. Outras pessoas referem-se a esse resultado como *inovação radical ou dominante*.[40] O desenvolvimento e o uso da internet para o comércio constitui um exemplo de tecnologia inovadora.[41]

Uma segunda categoria de tendências tecnológicas que estão influenciando a concorrência são as mudanças consideráveis na tecnologia da informação ocorridas em anos recentes. Computadores pessoais, telefones celulares, inteligência artificial, realidade virtual e bancos de dados de grande abrangência (por exemplo, Lexis/Nexis) são exemplos de como a informação é usada diferentemente como resultado do desenvolvimento tecnológico. Uma consequência importante dessas mudanças é que a capacidade para o acesso e uso de modo eficaz e eficiente da informação tem se tornado uma fonte significativa de vantagem competitiva em praticamente todos os setores.[42] As empresas estão formando redes eletrônicas que as conectam aos clientes, empregados, vendedores e fornecedores.[43] A internet proporciona uma infraestrutura que permite a disponibilização de informações a computadores em qualquer lugar.[44] O acesso a quantidades significativas de informações a um custo relativamente baixo cria oportunidades estratégicas para um conjunto de setores e empresas. Os varejistas, por exemplo, usam a internet para oferecer muitos privilégios aos clientes nas compras em diversos locais. A influência sempre presente do *e-business* está criando uma nova cultura, conhecida como *e-cultura*, que afeta o modo como os gerentes lideram, organizam e pensam, bem como desenvolvem e implementam estratégias.[45]

Por fim, a concentração crescente do conhecimento está influenciando consideravelmente o ambiente competitivo. O conhecimento (informação, inteligência e especialização) constitui a base da tecnologia e de sua aplicação. No cenário competitivo do século XXI, o conhecimento representa um recurso organizacional importante e constitui uma fonte valiosa de vantagem competitiva.[46] Como resultado, muitas companhias se empenham para transformar o conhecimento acumulado de cada colaborador em um ativo da corporação. Algumas pessoas argumentam que o valor dos ativos intangíveis, incluindo o conhecimento, está crescendo proporcionalmente ao valor total dos acionistas.[47] A probabilidade de uma empresa conseguir criação de valor no atual ambiente empresarial aumenta para a empresa consciente de que sua sobrevivência depende da capacidade para captar inteligência, transformá-la em conhecimento utilizável e difundi-la rapidamente por toda a organização.[48] As empresas que aceitam esse desafio deslocam seu foco de meramente obter informação para utilizá-la a fim de obter uma vantagem competitiva sobre empresas concorrentes.[49] No Capítulo 6 discutiremos mais detalhadamente essa tendência de maior rivalidade.

Muitas implicações estão associadas ao ambiente hipercompetitivo resultante da globalização e dos avanços tecnológicos. Por exemplo, a maneira tradicional de encarar a competitividade provavelmente não resultará em vantagem competitiva.[50] As fontes convencionais de vantagem competitiva, como economias de escalas e orçamentos de propaganda vultosos, não são tão eficazes como eram no passado.[51] Os gerentes precisam adotar um novo paradigma que valorize a velocidade, a inovação e a integração ao lado dos desafios que surgem das condições em alteração constante.[52] A concorrência global aumentou sob diversos aspectos os padrões de desempenho, incluindo qualidade, custo, produtividade, tempo decorrido para lançamento do produto e eficiência operacional.[53] Além disso, esses padrões não são estáticos; são rigorosos, exigindo o aperfeiçoamento constante da empresa e de seus colaboradores. As empresas, à medida que aceitam os desafios impostos por esses padrões crescentes, melhoram suas capacidades e os colaboradores aperfeiçoam individualmente suas aptidões. Desse modo, no cenário competitivo do século XXI, somente empresas capazes de alcançar, ou mesmo exceder, os padrões globais desenvolvem vantagem competitiva.[54]

Além disso, para obter um desempenho elevado, as empresas precisam ser capazes de adaptar-se rapidamente a mudanças em seu cenário competitivo. Essa adaptação requer que desenvolvam flexibilidade estratégica, um conjunto de capacidades usadas para responder a várias demandas e oportunidades existentes em um ambiente competitivo dinâmico e incerto (no Capítulo 13, examinaremos mais detalhadamente o gerenciamento da flexibilidade estratégica). Portanto, as empresas flexíveis estrategicamente sabem como lidar com a incerteza e seus correspondentes riscos.[55] Nas palavras de John Browne, ex-CEO da British Petroleum: "Uma companhia, a fim de gerar valor extraordinário para os acionistas, precisa aprender melhor do que seus concorrentes e aplicar esse conhecimento em todos os seus ramos de negócio de modo mais rápido e mais amplo do que os competidores".[56] A aprendizagem contínua proporciona à empresa conjuntos de aptidões novos e atualizados que lhe permitem adaptar-se a seu ambiente à medida que depara com mudanças.[57] O pensamento estratégico descrito posteriormente neste capítulo pode ajudar uma empresa a se manter flexível estrategicamente. A liderança estratégica eficaz, tópico do Capítulo 2, é essencial para o pensamento e a flexibilidade estratégicos.

As mudanças descritas nesta seção não ocorreram todas simultaneamente. O panorama estratégico contemporâneo teve origem em diversas décadas de transformações econômicas, sociais, tecnológicas e políticas consideráveis. O campo da administração estratégica nasceu da necessidade de os gerentes lidarem eficazmente essas mudanças. Um histórico conciso da origem intelectual do campo é apresentado na próxima seção. Esse histórico atuará como uma base conceitual para o desenvolvimento dos conceitos de administração estratégica encontrados neste e em outros capítulos.

O surgimento da administração estratégica como disciplina de administração

Muitas das tendências e influências competitivas descritas na seção anterior começaram a formar-se após a Segunda Guerra Mundial. A época acarretou, em termos específicos, desafios gerenciais associados aos grandes avanços tecnológicos, especialmente em comunicações e transporte, bem como concorrência nacional e global em escala crescente. Mudanças aceleradas nas áreas econômica, social, tecnológica e política criaram um ambiente empresarial sujeito à turbulência. Além disso, a dimensão e a complexidade das empresas fizeram que elas se tornassem difíceis de gerenciar. Especialistas e empresas de consultoria reconheceram que o sucesso organizacional dependia de a organização posicionar-se de modo bem-sucedido em um ambiente externo cada vez mais difícil.[58]

Em meados do último século, muitas escolas de Administração ofereciam em sua grade uma disciplina denominada Política Empresarial, uma matéria de conclusão de curso que pretendia ajudar os alunos a examinar problemas empresariais complexos e de nível elevado por meio da integração do conhecimento obtido das várias disciplinas da Administração.[59] No final, o American Assembly of Collegiate Schools of Business (atualmente denominado Association to Advance Collegiate Schools of Business) tornou o curso de Política Empresarial um requisito para inclusão de uma faculdade nesta instituição. Igualmente, a principal entidade acadêmica de Administração, a Academy of Management, formou uma Divisão de Política e Planejamento Empresarial para apoiar pesquisas acadêmicas e o ensino da disciplina. O curso de Política Empresarial, conforme normalmente era ensinado, usava casos envolvendo empresas para desafiar os alunos a desenvolverem políticas que resolveriam problemas empresariais por meio de uma abordagem integrada e multifuncional. O tema Política Empresarial, entretanto, foi considerado mais um curso do que um campo de estudo.[60] Externamente à área acadêmica, empresas de consultoria — como o Boston Consulting Group — desenvolveram ferramentas para orientar os executivos de primeira linha a dirigirem suas empresas.

Primeiras influências sobre o conceito de estratégia

Em 1962, Alfred Chandler, um historiador da Administração, publicou um livro considerado um dos mais influentes no direcionamento dos primeiros estudos sobre Política Empresarial. Chandler definiu estratégia como a "determinação das metas e objetivos a longo prazo de um empreendimento e a adoção de medidas e a alocação de recursos necessários para executar essas metas".[61] Sua definição incluía a noção de que uma empresa deve estabelecer metas, estratégias para alcançá-las e um plano de implementação (alocação), porém não abordava o papel essencial que a estratégia desempenha ao relacionar a empresa com seu ambiente. Pouco tempo depois, Igor Ansoff discutiu estratégia em termos de esfera de ação do produto-mercado, vetor de crescimento, vantagem competitiva e sinergia.[62] A definição de Ansoff, com seu tratamento dos fatores de mercado, está mais orientada para o ambiente externo. Ele também introduziu a ideia de que os objetivos da empresa devem tentar equilibrar as demandas conflitantes dos vários *stakeholders* internos e externos, incluindo acionistas, gerentes, empregados, fornecedores e vendedores. Ele dividiu os objetivos em duas categorias, econômica e social, sendo que os objetivos sociais atuavam como fatores limitantes dos objetivos econômicos.

Nessa mesma época (1965), Edmund Learned, C. Ronald Christensen, Kenneth Andrews e Willian Guth publicaram um livro clássico sobre o processo da estratégia. Esses autores definiram estratégia como "o padrão de objetivos, finalidades ou metas e políticas e planos fundamentais para atingir essas metas, descritas de um modo que defina em que ramo a empresa atua ou deve atuar e o tipo de companhia que é ou deve ser".[63] Eles identificaram os quatro componentes do desenvolvimento da estratégia como sendo "(1) oportunidade de mercado, (2) competências e recursos corporativos, (3) valores e aspirações pessoais e (4) obrigações devidas a segmentos da sociedade distintos daqueles dos acionistas".[64] Esse tratamento do conceito de estratégia prefigurou a importância de uma abordagem econômica da formulação da estratégia (oportunidade de mercado), bem como a importância dos recursos e das capacidades e um reconhecimento de obrigações assumidas com diversos *stakeholders*. Conforme discutiremos posteriormente neste capítulo, a economia da organização setorial, a visão baseada em recursos e a perspectiva orientada aos *stakeholders* atuam como fundamentos teóricos deste livro. Seu terceiro componente, valores e aspirações pessoais, encontra-se igualmente incorporado à nossa discussão de liderança estratégica no Capítulo 2.

Diversos outros conceitos também foram importantes para o desenvolvimento da literatura inicial sobre administração estratégica moderna. Um dos mais importantes é o reconhecimento de que organizações são sistemas que dependem de seus ambientes externos para sua sobrevivência.[65] A dependência surge da necessidade de transações com *stakeholders* externos a fim de que recursos como matérias-primas, suprimentos, maquinário, receita de vendas e capital a longo prazo sejam obtidos. Conforme I. C. MacMillan escreve: "Assim, todas as organizações dependem do ambiente para a provisão de certos insumos que em seguida são transformados pela organização em produtos, os quais, por sua vez, são usados para se conseguir mais insumos".[66] Jeffrey Pfeffer e Gerald Salancik observaram que a dependência da empresa de *stakeholders* externos também lhes confere um certo grau de controle sobre a empresa.[67] Associado à perspectiva de sistema e à dependência de recursos existe o reconhecimento de que a formulação da estratégia contém processos racional-dedutivos e políticos.[68] Consequentemente, além das estratégias de base econômica, as empresas devem desenvolver estratégias políticas para lidar com os *stakeholders* — como acionistas, associações e sindicatos de empregados, concorrentes e fornecedores — que podem facilitar a realização de metas bem definidas.[69]

As ideias de Henry Mintzberg também influenciaram significativamente o campo da política empresarial.[70] Ao definir estratégia como "um padrão em um conjunto de decisões", ele desafiou a suposição subjacente de que as estratégias são sempre um reflexo de planos deliberados concebidos anteriormente de decisões organizacionais específicas.[71] Ele argumentou, como alternativa, que as organizações aprendem por meio de um processo de tentativa e erro. Essa perspectiva mostra-se coerente com a visão de que as empresas podem e devem aprender com seus *stakeholders* externos. A importância dos processos de aprendizagem organizacional para o sucesso estratégico tem sido amplamente reconhecida.

Em outro trabalho importante, Michael Jensen e William Meckling contribuíram para a visão de que os gerentes atuam como agentes para proprietários e acionistas.[72] A teoria da agência argumenta que os problemas de agência existem quando gerentes empreendem ações que atendam a seus melhores interesses em vez daqueles dos acionistas. A popularidade dessa teoria parece ter influenciado os estudiosos da administração estratégica e os executivos das empresas para manterem seu foco nos retornos dos acionistas como critério básico para o sucesso da empresa.

Outro avanço significativo foi proposto por Oliver Williamson, que examinou a eficiência da atividade econômica no interior dos mercados e entre eles, e nas hierarquias organizacionais.[73] A **economia dos custos de transação** indica que as empresas posicionam-se melhor adquirindo os recursos necessários por meio de uma transação de mercado, a não ser que existam condições específicas que façam que sua criação interna resulte em mais eficiência.[74] Se existirem muitos fornecedores potenciais de um recurso que a empresa necessita, então pode ser usado um mecanismo de mercado. Porém, quando existe somente um pequeno número de fornecedores, ocorre um risco muito maior do qual tentarão obter a máxima vantagem de sua situação. Essa situação pode fazer que uma empresa desista de uma transação de mercado preferindo internalizar a organização dos fornecedores por meio da integração vertical.

Administração estratégica moderna

Os primeiros trabalhos realizados no campo da *política empresarial* foram fragmentados. No final da década de 1970, era crescente o interesse no tópico e a expressão administração estratégica começou a substituir política empresarial. A nova designação era mais ampla em seu escopo e implicava que o foco em simplesmente estabelecer políticas empresariais para integrar estratégias funcionais não era uma solução suficiente para os desafios estratégicos com que os executivos se defrontavam.[75] Em maio de 1977, teóricos e profissionais especializados no tópico reuniram-se na University of Pittsburgh para partilhar ideias. Nessa reunião, Dan Schendel e Charles Hofer, os organizadores da conferência, apresentaram um modelo das atividades fundamentais no processo de administração estratégica.[76] O modelo incluía formulação de metas organizacionais, análise ambiental, formulação de estratégias, avaliação de estratégias, implementação de estratégias e controle estratégico. A premissa geral subjacente a esse modelo era que as estratégias mais eficazes da empresa eram aquelas que melhor se "enquadram" na situação ambiental. A **perspectiva determinista** de formulação de estratégias argumenta que as empresas devem adaptar-se a seus ambientes porque as características ambientais determinam quais estratégias serão bem-sucedidas.[77]

O determinismo ambiental foi contestado por Jay Bourgeois ao afirmar que "a estratégia de uma empresa não pode ser prevista nem é predestinada; as decisões estratégicas tomadas pelos gerentes não podem ser consideradas como sendo o resultado de forças deterministas em seus ambientes... a própria natureza do conceito de estratégia supõe, pelo contrário, um agente humano que é capaz de empreender ações que tentam diferenciar uma empresa específica das concorrentes".[78] O princípio de **atuação** significa que as empresas não precisam submeter-se inteiramente às forças ambientais porque conseguem, em parte, criar seus próprios ambientes por meio de ações estratégicas.[79] Essas ações poderiam incluir a formação de alianças e *joint ventures* com *stakeholders*, investimento em tecnologia de ponta, propaganda e *lobby*.[80] A realidade é que a adaptação e a atuação são ambas importantes para a previsão e a adaptação a tendências e influências sobre as quais a empresa não possui controle ou que seriam muito onerosas para influenciar. Por outro lado, as empresas também podem influenciar seus ambientes de um modo que as torne mais bem adaptadas para o sucesso organizacional.

Você encontrará todos os primeiros passos em administração estratégica neste livro. Nosso modelo do processo de administração estratégica é abrangente, pois inclui todas as atividades que foram identificadas como sendo importantes nos primeiros trabalhos significativos, como fixação de metas, orientação externa, desenvolvimento e gerenciamento de recursos internos, formulação e implementação de estratégias, estratégias políticas, custos de transação, teoria da agência, importância e papel dos *stakeholders* externos e aprendizagem organizacional.

Três perspectivas sobre criação de valor

Com início na década de 1980, à medida que o campo da administração estratégica principiou a ampliar-se e desenvolver-se, três perspectivas ganharam maior impulso como formas abrangentes para organizar as ideias e atividades básicas associadas à administração estratégica: a economia da organização industrial (I/O), a visão fundamentada em recursos e a abordagem orientada aos *stakeholders*. Essas três perspectivas atuam como uma base para grande parte do conteúdo deste livro.

O modelo da Organização Industrial (I/O) de retornos acima da média

O processo de administração estratégica é dinâmico, pois mercados e estruturas competitivas em mutação constante precisam ser coordenados com os elementos estratégicos em constante evolução de uma empresa.[81] A partir dos anos de 1960 até a década de 1980, o ambiente externo era considerado o principal determinante das estratégias que as empresas selecionavam para ser bem-sucedidas.[82] Coerente com essa visão determinista, o modelo de organização industrial (I/O) com retornos acima da média especifica a influência dominante do ambiente externo sobre as ações estratégicas de uma empresa. O modelo explica que o setor no qual a empresa opta por competir exerce uma influência maior no desempenho de uma empresa do que as escolhas que os gerentes fazem no interior de suas organizações.[83] Acredita-se que o desempenho da empresa seja determinado principalmente por um conjunto de características setoriais, incluindo economias de escala, barreiras à entrada no mercado, diferenciação do produto e grau de concentração das empresas no setor.[84] Examinaremos essas características setoriais mais detalhadamente no Capítulo 4.

O modelo I/O, alicerçado na economia, possui quatro suposições básicas. Primeiro: supõe que o ambiente externo imponha pressões e limitações que determinam as estratégias que resultariam em retornos acima da média. Segundo: supõe que a maioria das empresas que concorre em um setor ou segmento setorial específicos controle recursos relevantes estrategicamente similares e efetive estratégias similares com base nesses recursos. Terceiro: supõe que os recursos empregados para implementar estratégias sejam em grande parte transferíveis entre as empresas. Em virtude da mobilidade dos recursos, quaisquer diferenças de recursos que poderiam ocorrer entre as empresas serão de curta duração. Quarto: supõe que os responsáveis pelas decisões organizacionais sejam racionais e estejam comprometidos com uma atuação que preserve os melhores interesses da empresa, conforme demonstrado por seu comportamento orientado à maximização do lucro.[85] O modelo I/O desafia as empresas a identificarem os setores mais atraentes para competir.[86] Em virtude de se supor que a maior parte das empresas possui recursos estrategicamente relevantes similares que são transferíveis entre as companhias, a competitividade pode ser aumentada apenas quando as empresas identificam o setor com o potencial mais elevado de lucros e aprendem a usar seus recursos para implementar a estratégia exigida pelas características estruturais do setor.[87]

Na década de 1980, o trabalho de Michael Porter atraiu muita atenção de teóricos e profissionais que adotam a administração estratégica.[88] Porter ressaltou a importância da teoria econômica na qual grande parte do campo da administração estratégica já se baseava.[89] O estágio inicial de desenvolvimento da administração estratégica reflete-se em um de seus primeiros livros, *Estratégia Competitiva*: "Estratégia competitiva é uma área de importância fundamental para os gerentes, dependendo de uma compreensão aguçada de setores e concorrentes. No entanto, o campo estratégico tem oferecido poucas técnicas analíticas para obter esse entendimento e aquelas que surgiram ressentem-se da falta de amplitude e abrangência".[90]

Os livros e artigos de Porter ajudaram a preencher a lacuna. Ele ofereceu uma descrição das forças que determinam a natureza do nível da concorrência em um setor, bem como sugestões sobre como usar essa informação para desenvolver vantagem competitiva. O modelo das cinco forças (explicado no Capítulo 4) indica que a lucratividade de um setor (isto é, sua taxa de retorno do capital investido em relação a seu custo de capital) é função da interação entre fornecedores, compradores, rivalidade competitiva entre empresas atuando presentemente no setor, substitutos do produto e empresas com potencial para entrar no setor.[91] Uma empresa, ao usar essa ferramenta, possui o desafio de compreender o potencial de lucro do setor e a estratégia necessária para estabelecer uma posição competitiva defensável tendo em vista as características estruturais do setor. Normalmente, o modelo sugere que as empresas conseguem auferir retornos acima da média, fabricando produtos padronizados ou prestando serviços padronizados a custos inferiores àqueles dos concorrentes (uma estratégia de liderança em custos) ou ainda fabricando produtos diferenciados pelos quais os clientes estão dispostos a pagar um preço elevado (uma estratégia de diferenciação, descrita detalhadamente no Capítulo 5).

Conforme mostrado na Figura 1.2, o modelo I/O sugere que retornos acima da média são auferidos quando as empresas implementam a estratégia ditada pelas características dos ambientes geral, setorial e competitivo. As companhias que desenvolvem ou adquirem as aptidões internas necessárias para a implementação das estratégias exigidas pelo ambiente externo têm possibilidade de obter sucesso ao passo que aquelas que não procedem dessa forma têm probabilidade de fracassar. Portanto, esse modelo sugere que características internas e não os recursos internos e as capacidades diferenciadas da empresa são os principais determinantes dos retornos.

Resultados de pesquisas justificam o modelo I/O. Eles indicam que aproximadamente 20% da lucratividade de uma empresa é determinada pelo setor ou pelos setores em que opta por atuar. Entretanto, essas pesquisas também mostram que 36% da variação do lucro poderia ser atribuída às características e ações da empresa.[92] Os resultados das pesquisas indicam que o ambiente e as características da empresa desempenham um papel na determinação de sua lucratividade. Portanto, existe provavelmente uma relação recíproca entre o ambiente e a estratégia da empresa que afeta seu desempenho.[93] Conforme as pesquisas indicam, a concorrência bem-sucedida exige que uma empresa acumule um conjunto de recursos e capacidades únicas dentro de um setor ou de setores nos quais ela compete.

O modelo fundamentado em recursos de retornos acima da média

Em um sentido geral, a questão básica da administração estratégica é o motivo pelo qual algumas empresas desempenham melhor do que outras. Antes do modelo I/O e de outras abordagens econômicas terem se tornado as respostas favoritas a essa indagação, conforme observado acima, grande parte das primeiras iniciativas focalizou as competências da empresa.[94] Competências

Figura 1.2: O modelo I/O de retornos acima da média

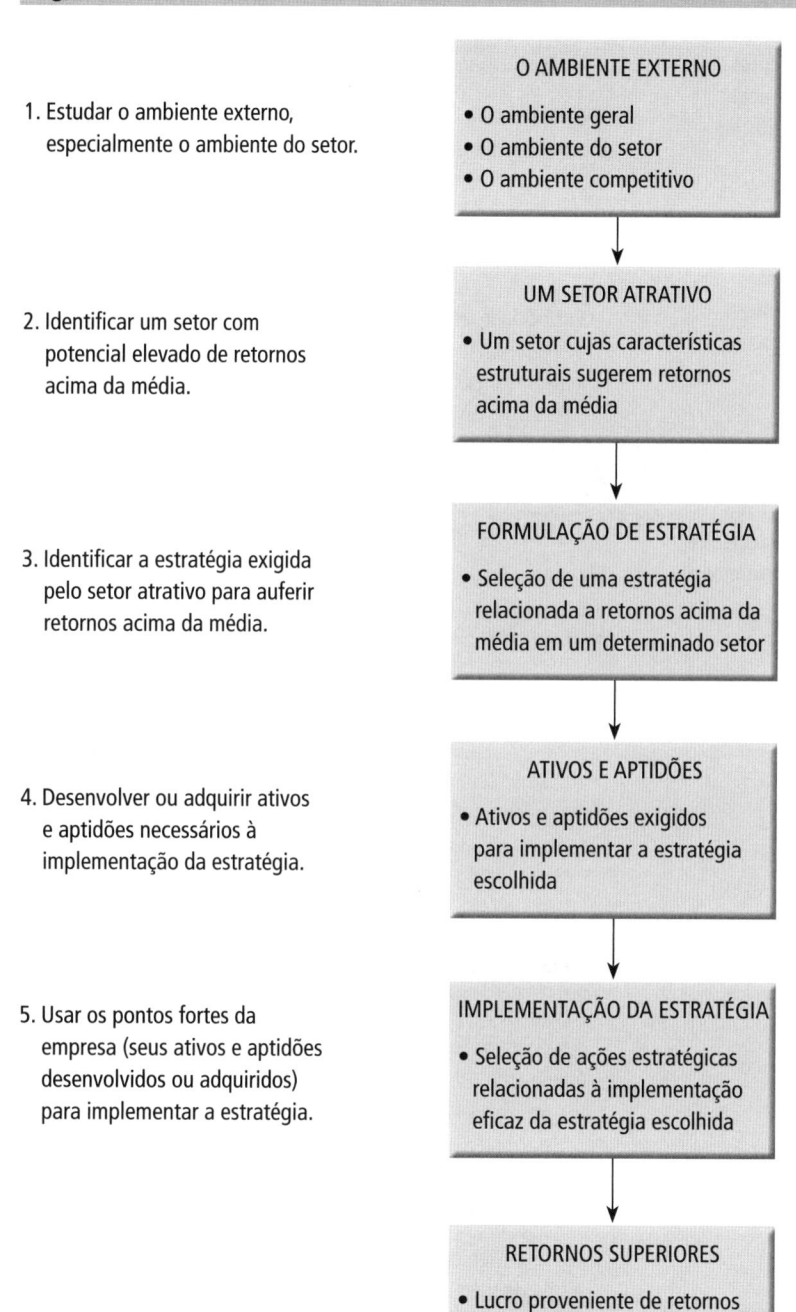

1. Estudar o ambiente externo, especialmente o ambiente do setor.

O AMBIENTE EXTERNO
- O ambiente geral
- O ambiente do setor
- O ambiente competitivo

2. Identificar um setor com potencial elevado de retornos acima da média.

UM SETOR ATRATIVO
- Um setor cujas características estruturais sugerem retornos acima da média

3. Identificar a estratégia exigida pelo setor atrativo para auferir retornos acima da média.

FORMULAÇÃO DE ESTRATÉGIA
- Seleção de uma estratégia relacionada a retornos acima da média em um determinado setor

4. Desenvolver ou adquirir ativos e aptidões necessários à implementação da estratégia.

ATIVOS E APTIDÕES
- Ativos e aptidões exigidos para implementar a estratégia escolhida

5. Usar os pontos fortes da empresa (seus ativos e aptidões desenvolvidos ou adquiridos) para implementar a estratégia.

IMPLEMENTAÇÃO DA ESTRATÉGIA
- Seleção de ações estratégicas relacionadas à implementação eficaz da estratégia escolhida

RETORNOS SUPERIORES
- Lucro proveniente de retornos acima da média

distintas são atributos da empresa que lhe permitem implementar uma estratégia melhor do que as outras empresas.[95] Uma das primeiras competências identificadas como fonte de desempenho contínuo foi a capacidade de gerenciamento geral.[96] Em virtude de sua influência sobre as decisões da empresa, gerentes gerais de alta qualificação tendiam a ser associados a um

Figura 1.3: O modelo fundamentado em recursos de retornos acima da média

1. Identificar os recursos da empresa. Estudar seus pontos fortes e seus pontos fracos em comparação com os dos concorrentes.

RECURSOS
- Insumos utilizados no processo produtivo de uma empresa

2. Determinar as capacidades da empresa. O que as capacidades permitem que a empresa faça melhor do que seus concorrentes?

CAPACIDADES
- Capacidade de um conjunto de recursos integrado para desempenhar de modo integrado uma tarefa ou atividade

3. Determinar o potencial dos recursos e capacidades da empresa em termos de uma vantagem competitiva.

VANTAGEM COMPETITIVA
- Capacidade que uma empresa tem de suplantar seus concorrentes

4. Identificar um setor atrativo.

UM SETOR ATRATIVO
- Um setor com oportunidades que podem ser exploradas pelos recursos e capacidades da empresa

5. Selecionar uma estratégia que melhor permita à empresa utilizar seus recursos e capacidades existentes no ambiente externo.

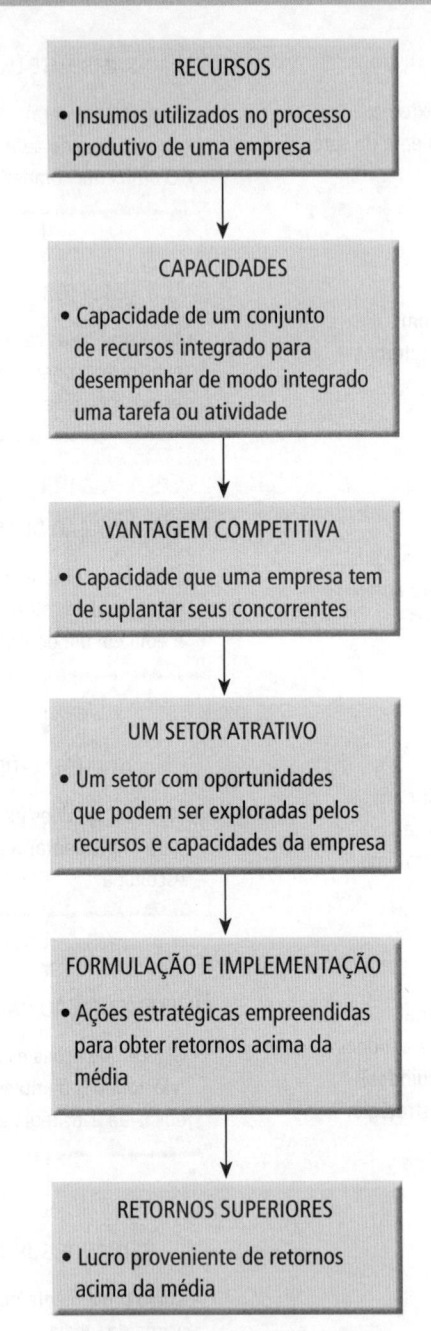

FORMULAÇÃO E IMPLEMENTAÇÃO
- Ações estratégicas empreendidas para obter retornos acima da média

RETORNOS SUPERIORES
- Lucro proveniente de retornos acima da média

desempenho mais elevado das empresas.[97] Grande parte dos primeiros trabalhos foi dedicada a determinar como definir um gerente de alta qualificação.

Nessa mesma época, Edith Penrose publicou um livro no qual argumentava que as empresas poderiam ser entendidas como uma estrutura administrativa que une e coordena as atividades de diversos grupos e indivíduos bem como um conjunto de recursos.[98] A estrutura administrativa prefigurou a importância da perspectiva orientada aos *stakeholders* que será discutida na próxima seção. A segunda perspectiva dessa autora, a visão baseada em recursos, tornou-se até mais importante no campo da administração estratégica.[99] Essa visão encontra-se relacionada estreitamente ao método das competências distintas porque os recursos atuam como a base para o estabelecimento das competências. Outra contribuição pioneira para essa literatura considerou os recursos como sendo importantes devido a sua capacidade para facilitar a implementação de uma estratégia de mercado para o produto coerente com a perspectiva I/O.[100]

O modelo fundamentado em recursos supõe que o conjunto de recursos e capacidades únicas de uma empresa — e não as características estruturais do setor em que opera — exerce a principal influência sobre a seleção e o uso de sua estratégia ou de suas estratégias.[101] As capacidades evoluem e precisam ser gerenciadas dinamicamente visando à criação de valor.[102] O modelo também supõe que ao longo do tempo as empresas adquirem recursos diferentes e desenvolvem capacidades únicas. Portanto, nem todas as empresas que concorrem no âmbito de determinado setor possuem os mesmos recursos e capacidades. Além disso, o modelo supõe que os recursos podem não ter muita mobilidade entre as empresas e que as diferenças de recursos representam a base da vantagem competitiva.[103]

Recursos são insumos utilizados no processo produtivo de uma empresa, como máquinas e equipamentos, as aptidões dos empregados, patentes, ativos financeiros e gerentes talentosos. Em geral, os recursos de uma empresa podem ser classificados em três categorias: recursos físicos, humanos e de capital organizacional. Eles podem ter natureza tangível ou intangível, conforme descrito em detalhe no Capítulo 3.

Recursos individuais isoladamente podem não gerar uma vantagem competitiva.[104] As vantagens competitivas são formadas, em geral, por meio de combinação e integração de conjunto de recursos. Uma **capacidade** origina-se de recursos que permitem a uma empresa executar uma tarefa ou uma atividade de modo integrado. As capacidades evoluem ao longo do tempo e precisam ser gerenciadas dinamicamente para que a empresa obtenha um desempenho superior.[105] As capacidades, em função do uso contínuo pela empresa, tornam-se mais consolidadas e mais difíceis de ser compreendidas e imitadas pelos concorrentes. Uma capacidade, como fonte de vantagem competitiva, "não deve ser muito simples a ponto de ser facilmente imitada e não tão complexa para desafiar a orientação e o controle internos".[106]

A Figura 1.3 mostra o modelo fundamentado em recursos com retornos superiores. Em vez de concentrar-se no acúmulo dos recursos necessários para o uso bem-sucedido da estratégia imposta pelas condições e limitações no ambiente externo (modelo I/O), a visão baseada em recursos indica que os recursos e as capacidades únicos de uma empresa proporcionam a base para uma estratégia. A estratégia escolhida deve permitir à empresa o uso eficaz de suas vantagens competitivas para a busca de oportunidades em seu ambiente externo.

Nem todos os recursos e capacidades de uma empresa possuem o potencial para ser uma vantagem competitiva. Esse potencial é concretizado quando os recursos e as capacidades são valorizados, raros, onerosos para imitar e insubstituíveis.[107] Os recursos são valorizados quando permitem a uma empresa valer-se de oportunidades ou neutralizar ameaças em seu ambiente externo. São raros quando poucos (ou nenhum) concorrentes atuais ou potenciais os possuem. Recursos são onerosos para imitar quando outras empresas não conseguem obtê-los ou possuem uma desvantagem de custo de obtenção em comparação com a empresa que já os possuem. E são insubstituíveis quando não possuem equivalentes estruturais.

Os recursos e as capacidades tornam-se competências básicas quando esses quatro critérios são atendidos. Competências básicas são recursos e capacidades que atuam como fonte de vantagem competitiva para uma empresa em relação a seus rivais. As competências básicas, frequentemente relacionadas às aptidões de uma empresa em termos de funções organizacionais (por exemplo, as aptidões de distribuição do Wal-Mart são superiores àquelas de seus concorrentes), quando desenvolvidas, incentivadas e aplicadas em todas as áreas da empresa, contribuem para os retornos acima da média.

As competências gerenciais são importantes na maioria das empresas.[108] Por exemplo, provou-se que eram de grande importância para o ingresso bem-sucedido em mercados estrangeiros.[109] Essas competências podem incluir a capacidade para organizar e gerir eficazmente operações complexas e distintas e a capacidade para criar e comunicar uma visão estratégica.[110] As capacidades gerenciais são importantes em termos da capacidade de uma empresa para aproveitar seus recursos. Por exemplo, o Centro de Pesquisas em Palo Alto, desenvolvido pela Xerox nos anos de 1970, foi o local de origem do computador pessoal (PC), da impressora a *laser* e da ethernet, tecnologias exploradas subsequentemente por outras empresas. Em virtude de os gerentes da Xerox não terem vislumbrado o potencial de criação de valor dessas tecnologias, não se empenharam para explorá-las comercialmente. Os efeitos dessa falta de previsão são indicados pelo fato de que a divisão da Hewlett-Packard que produz e vende impressoras a *laser* possui uma receita superior à receita total da Xerox.[111]

Outro conjunto de competências importantes é relacionado ao produto, tal como a capacidade de uma empresa para desenvolver produtos inovadores e reconfigurar produtos existentes para satisfazer as preferências dos clientes, que estão sempre mudando.[112] As empresas também precisam desenvolver continuamente suas competências para se manterem atualizadas. Esse desenvolvimento requer um programa sistemático orientado à atualização de aptidões anteriores e ao desenvolvimento de novas aptidões. Tais programas são especialmente importantes nos ambientes sujeitos a mudanças rápidas, como aqueles que existem nos setores de tecnologia avançada. Portanto, o modelo fundamentado em recursos sugere que as competências básicas constituem o fundamento da vantagem competitiva de uma empresa e de sua capacidade para obter retornos acima da média.

Conforme observado anteriormente, as pesquisas indicam que o ambiente setorial e os recursos internos de uma empresa afetam seu desempenho ao longo do tempo.[113] O setor é formado por *stakeholders* como clientes, fornecedores e concorrentes que influenciam a natureza e o nível da concorrência. Os recursos internos de uma empresa são influenciados por relacionamentos com aqueles *stakeholders* externos e também vinculados diretamente a *stakeholders* internos como colaboradores e gerentes. As competências mais importantes residem em grande parte nas pessoas — o conhecimento que possuem e os sistemas que gerenciam — em vez de em objetos inanimados. A perspectiva orientada aos *stakeholders* proporciona uma estrutura para o entendimento de como as empresas podem gerenciar simultaneamente relacionamentos com *stakeholders* internos e externos para criar e manter vantagem competitiva. Essa perspectiva é bem adequada à época moralmente turbulenta em que vivemos por estar baseada em um fundamento moral bem como econômico.

O modelo orientado aos *stakeholders* de comportamento responsável e de desempenho da empresa

Em 1984, Edward Freeman propôs um processo de administração estratégica que atentava para muitas das preocupações que os estudiosos haviam considerado como sendo importantes naquela ocasião. Denominado método orientado aos *stakeholders*, incluía a análise externa como um meio para ajudar as empresas a lidarem com um ambiente cada vez mais turbulento. De acordo com Freeman: "O ambiente empresarial dos anos 80 e posteriores é complexo, para dizer o mínimo. Se a corporação se propõe a enfrentar de modo bem-sucedido os desafios propostos por esse ambiente, deve começar a adaptar os processos gerenciais estratégicos integradores que focalizam a atenção dos dirigentes externamente como um procedimento rotineiro".[114]

Sob a perspectiva orientada aos *stakeholders*, a empresa pode ser visualizada como uma vinculação entre contratos sociais e formais com seus *stakeholders*.[115] *Stakeholders* são indivíduos e conjuntos de pessoas que podem afetar — e são afetados — os resultados estratégicos que uma empresa obtém e que possuem demandas exigíveis em relação ao desempenho de uma empresa.[116] Essas demandas materializam-se por meio da capacidade dos *stakeholders* de não realizar atos essenciais à sobrevivência, à competitividade e à lucratividade da empresa.[117] A dependência da empresa de *stakeholders* externos é coerente com uma visão sistêmica da empresa.[118] No entanto, a teoria dos *stakeholders* também indica que as empresas podem alterar seus ambientes por meio do gerenciamento eficaz dos relacionamentos com *stakeholders* externos.[119] Nesse sentido, a perspectiva do grupo de interesse integra os processos de criação de estratégias políticas e econômicas.[120] Além disso, a abordagem por *stakeholders* é coerente com a visão de que as organizações podem aprender com seus ambientes.[121]

Conforme ilustrado na Figura 1.4, os grupos que possuem interesse primordial para a empresa podem ser classificados em pelo menos três grupos: os *stakeholders* que atuam no mercado de capitais (acionistas e os principais provedores de capital para uma empresa), os *stakeholders* nos mercados de produtos (os principais clientes, fornecedores, comunidades onde a empresa possui atividades e sindicatos que representam os empregados) e os *stakeholders* organizacionais (todos os colaboradores de uma empresa, incluindo os que atuam na área administrativa). Além desses principais *stakeholders*, outros grupos podem ser importantes dependendo do setor e da situação da empresa. Podem incluir uma variedade de entidades oficiais e administrativas em nível estadual, regional ou federal, bem como diversos *stakeholders* secundários, como ativistas, grupos de defesa, organizações não-governamentais.[122] *Stakeholders* secundários não devem ser desprezados, porém, a não ser que seus objetivos possuam relação íntima com as operações ou os objetivos de uma empresa, provavelmente não devem receber muita importância no processo de planejamento estratégico.[123]

A abordagem orientada aos *stakeholders* da administração estratégica apresenta grande pertinência com um dos principais problemas com o qual os dirigentes se defrontam atualmente — falta de confiança geral nas corporações e em seus gerentes.[124] Os escândalos corporativos reduziram a confiança entre *stakeholders* e na sociedade em geral e resultaram simultaneamente em um maior número de leis e regulamentação, como a Lei Sarbanes-Oxley nos Estados Unidos.[125] Sociedades em todo o mundo estão exigindo uma melhor atuação ética e a visão dos

Figura 1.4: Os três *stakeholders*

Grupo de Interesse → Pessoas que são afetadas pelo desempenho de uma empresa e que possuem demandas sobre esse desempenho

STAKEHOLDERS QUE ATUAM NO MERCADO DE CAPITAIS
- Acionistas
- Principais provedores de capital (por exemplo, bancos)

STAKEHOLDERS NO MERCADO DE PRODUTOS
- Principais clientes
- Fornecedores
- Comunidades em que a empresa exerce atividades
- Sindicatos

STAKEHOLDERS ORGANIZACIONAIS
- Empregados
- Gerentes
- Outros colaboradores

stakeholders possui um componente moral.[126] Esses grupos reconhecem que as empresas possuem obrigações com um público muito amplo e que devem tratar todos os seus *stakeholders* de modo confiável.[127] No entanto, essa visão não avança a ponto de afirmar que todos os *stakeholders* devem receber a mesma prioridade, atenção ou consideração nas decisões estratégicas.[128] Além disso, não pretendia ser originalmente um modelo de responsabilidade social. A perspectiva orientada aos *stakeholders* tem relação, desde seu início, com o gerenciamento eficaz e eficiente da empresa.[129]

As pesquisas apoiam a ideia de que as empresas que gerenciam eficazmente o relacionamento com *stakeholders* apresentam melhor desempenho do que as demais.[130] Essas pesquisas indicam que os relacionamentos com os *stakeholders* podem ser gerenciados de modo a criar vantagem competitiva (Figura 1.5). A vantagem competitiva pode originar-se de diversas fontes.[131] Uma empresa que possui excelente relacionamento com *stakeholders*, com base na confiança e no cumprimento mútuo de metas, apresenta maior possibilidade de obter conhecimento interagindo com esses grupos, o que pode ser usado para tomar melhores decisões estratégicas.[132] A capacidade de uma empresa para criar valor e obter retornos elevados fica comprometida quando líderes estratégicos deixam de reagir de modo apropriado e rápido no ambiente competitivo global complexo.[133] A **inteligência estratégica**, a informação que as empresas obtêm de sua rede de *stakeholders*, também pode ser usada para auxiliar uma empresa a lidar com situações competitivas visivelmente complexas.[134]

As evidências indicam que a confiança pode ser uma fonte de vantagem competitiva, apoiando desse modo o compromisso organizacional de tratar os *stakeholders* de maneira justa e respeitosa.[135] Empresas com reputação de confiabilidade atraem clientes, fornecedores e parceiros de negócios.¹³⁶ Isso pode ressaltar o desempenho da empresa ao aumentar o número de transações empresariais atrativas entre as quais a empresa pode selecionar. Consequentemente, a empresa pode considerar mais fácil adquirir ou desenvolver recursos competitivos. Por exemplo, investidores podem preferir comprar ações de uma empresa com reputação confiável.¹³⁷ Além disso, os empregados podem preferir empregadores conhecidos por tratarem bem seus colaboradores.¹³⁸ Além das vantagens relacionadas aos recursos, os custos de transação associados à assinatura e à efetivação de acordos são menores porque existe menos necessidade de salvaguardas e cláusulas prevendo contingências nos contratos.¹³⁹ Evidentemente um relacionamento excelente com *stakeholders* pode ressaltar a implementação de estratégias porque as pessoas possuem mais compromisso com um modo de agir quando acreditam que exerceram alguma influência sobre a decisão de levá-las adiante, mesmo se isso não for exatamente aquilo que desejariam que fosse feito pela empresa.¹⁴⁰

O comportamento responsável em relação aos *stakeholders* como autoridades da área de regulamentação do governo, consumidores e empregados pode resultar em ativos intangíveis que amortecem e protegem uma empresa de ações negativas como regulamentação adversa, processos legais e penalidades, retaliação dos consumidores, greves, retirada intempestiva de negociações e comentários negativos na mídia impressa.¹⁴¹ Evitar essas consequências reduz despesas, mas também diminui os riscos associados à variação dos retornos. A redução pode aumentar o valor dos papéis emitidos por uma empresa porque, em um mercado eficiente, espera-se que os investidores considerem simultaneamente os fluxos de caixa e os riscos futuros quando avaliarem um valor mobiliário (título ou ação) emitido pela empresa.¹⁴²

Uma empresa pode ser vista, em um sentido abrangente, como um conjunto de atividades mercadológicas ou uma rede de relacionamentos.¹⁴³ As três visões que examinamos nesta seção refletiram cada uma dessas abordagens diferentes. As atividades no mercado são entendidas por meio da aplicação do modelo I/O. O desenvolvimento e o uso efetivo dos recursos, das capacidades e das competências de uma empresa são compreendidos por meio da aplicação do modelo fundamentado em recursos. O gerenciamento eficaz dos relacionamentos reflete-se no modelo orientado aos *stakeholders*. As organizações que alcançam maior sucesso aprendem a como integrar apropriadamente a informação e o conhecimento obtidos pela utilização de cada modelo. Por sua vez, a integração apropriada dos resultados advindos do uso de cada modelo constitui a base para determinar a orientação estratégica da empresa e para selecionar e implementar suas estratégias. A próxima seção examinará o pensamento estratégico e descreverá o processo de administração estratégica que forma a base deste livro.

O pensamento estratégico e o processo de administração estratégica

A administração estratégica incorpora um processo e uma modalidade de pensamento relativos à empresa e a seu ambiente. A expressão "pensamento estratégico" tem sido empregada de formas muito diversas a ponto de quase ter perdido seu significado. As pessoas a empregam algumas vezes para significar "pensamento a longo prazo", ao passo que outras podem considerar que simplesmente signifique "pensamento sobre estratégia". Neste livro, associaremos a expressão aos

Figura 1.5: O modelo de comportamento responsável e de desempenho da empresa orientado aos *stakeholders*

1. Examinar o ambiente da empresa, especialmente grupos e indivíduos que exercem influência nos resultados.

ANÁLISE AMBIENTAL
- O ambiente geral
- O ambiente setorial
- A organização interna

2. Determinar que grupos de interesse externos devem receber consideração especial durante o planejamento estratégico.

PRINCIPAIS *STAKEHOLDERS*
- Grupos que detêm poder ou que sob outros aspectos sejam de interesse para a empresa

3. Obter informação detalhada sobre os principais grupos de interesse dentro e fora da empresa.

INTELIGÊNCIA ESTRATÉGICA
- Informação sobre as necessidades e aspirações dos *stakeholders*
- Informação sobre oportunidades para criação de valor

4. Usar a informação obtida em combinação com informação sobre *stakeholders* internos para criar e implementar planos.

ESTRATÉGIAS EQUILIBRADAS
- Estratégias para criação de valor que consideram os interesses de um amplo conjunto de *stakeholders*

5. Gerenciar o relacionamento com *stakeholders* internos e externos para otimizar a criação de valor.

RELAÇÕES EXCELENTES COM *STAKEHOLDERS*
- Confiança e cooperação
- Conhecimento compartilhado
- Menor número de respostas negativas

RETORNOS DO DESEMPENHO
- Retornos elevados a curto e a longo prazos
- Comportamento responsável por parte da empresa

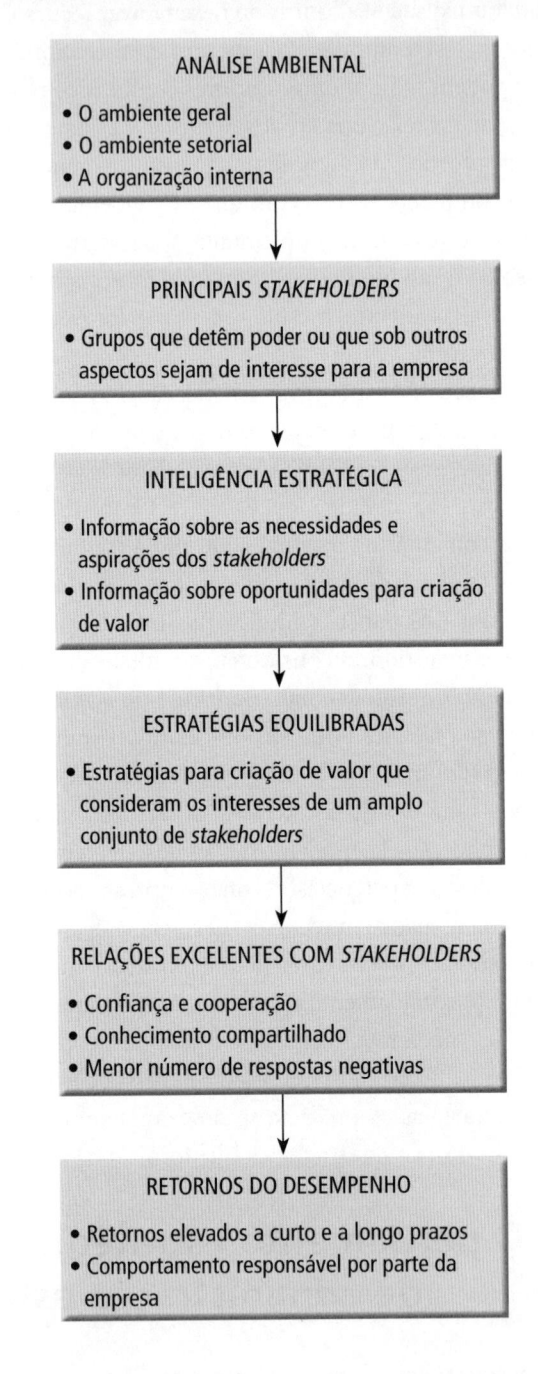

aspectos mais criativos da administração estratégica que resultam em novas estratégias e em mudanças organizacionais. Elementos do pensamento estratégico devem ser incorporados aos processos associados à administração estratégica. Discutiremos inicialmente o pensamento estratégico e, em seguida, o processo de administração estratégica.

O pensamento estratégico

Uma das características mais essenciais das empresas que têm mantido níveis elevados de desempenho é sua capacidade de inovar e promover mudanças em suas estruturas, sistemas, tecnologias, produtos e serviços para permanecer à frente de seus concorrentes. Toyota no setor automobilístico, Intel em microprocessadores, Nucor em aço, Southwest Airlines e mesmo o conglomerado britânico Virgin Group continuam a ser bem-sucedidos devido a sua capacidade de inovar e transformar-se. Isso não significa dizer que essas empresas não passem por períodos de dificuldade ou não cometam erros, mas parecem ter uma capacidade surpreendente para recuperar-se inúmeras vezes. O alto escalão dessas empresas pensa em termos estratégicos. O pensamento estratégico concentra-se em metas, é abrangente, aproveita as oportunidades, considera diversos horizontes de tempo e é orientado por hipóteses.[144]

A expressão organizacional empregada para um sonho que desafia e energiza uma empresa é intenção estratégica.[145] Os líderes estratégicos têm oportunidades para sonhar e para agir e os mais eficazes proporcionam uma "visão" (a intenção estratégica) para obter a ajuda de outras pessoas a fim de criar a vantagem competitiva de uma empresa. Intenção estratégica é o aproveitamento dos recursos, das capacidades e das competências básicas de uma empresa para cumprir suas metas no ambiente competitivo.[146] Existe intenção estratégica quando todos os colaboradores e níveis de uma empresa estão comprometidos em alcançar um critério de desempenho específico (e relevante). A intenção estratégica terá sido bem formada quando os colaboradores acreditarem na capacidade de sua empresa de superar os concorrentes. O sucesso de uma companhia também pode ser fundamentado em um entendimento arguto e profundo da intenção estratégica de clientes, fornecedores, parceiros e concorrentes à medida que a empresa tenta posicionar-se em relação a esses *stakeholders*.[147]

O pensamento estratégico também é abrangente pois vê a empresa como um sistema que pertence a um outro, maior.[148] Os decisores tomam decisões reconhecendo e compreendendo integralmente a interdependência das partes constituintes da empresa e de como geram uma interface com partes de seu ambiente externo. O pensamento estratégico, nesse contexto, pode ser usado de maneira eficaz apenas quando as ações de todas as partes da empresa estiverem integradas para apoiar a continuidade da intenção estratégica escolhida previamente.

No sentido do pensamento estratégico, aproveitar oportunidades significa que uma empresa se vale de oportunidades não previstas à medida que elas surgem. O Virgin Group, sob a liderança de Richard Branson, é muito conhecido por apoiar uma cultura de aproveitamento de oportunidades em suas empresas. Esse pensamento levou o grupo a atuar nas áreas de cartões de crédito, telefones celulares, produtos eletrônicos que refletem um "estilo de vida" e refrigerantes. Além disso, o grupo inaugurou a primeira loja de departamentos voltada para veículos. No âmbito de suas principais empresas, atuantes no setor de transporte, a Virgin adotou inovações do tipo poltronas extralargas (assentos duplos) que se transformam em leitos duplos para os passageiros de primeira classe que estão viajando juntos e introduziu na Inglaterra um novo trem de passageiros de alta tecnologia denominado Pendolino.[149]

Quando as pessoas consideram o pensamento estratégico, pensam frequentemente em termos de longo prazo. Gerentes, em especial nos Estados Unidos, são acusados de se concentrar de modo predominante no curto prazo.[150] O pensamento estratégico realmente inclui pensamento a longo prazo, que é caracterizado pelo entendimento de que o sucesso de hoje não garante o sucesso no futuro, pois todas as vantagens competitivas podem ser imitadas no final (esse aspecto é discutido em mais detalhes no Capítulo 3). No entanto, o pensamento estratégico não deixa de levar em consideração o passado ou o presente. Além de explorar fontes de vantagem competitiva que podem conduzir à criação de valor no futuro, orienta-se ao aprendizado do que ocorreu no passado e à determinação daquilo que a empresa deveria fazer agora para valer-se de suas atuais vantagens competitivas.[151] Em resumo, leva-se em consideração o passado, o presente e o futuro.

Por último, o pensamento estratégico é um processo sequencial no qual ideias criativas são geradas, avaliadas cuidadosamente e, caso aparentem ser razoáveis, são implementadas. O teste de hipótese ocorre inicialmente em dois estágios. No primeiro, durante a avaliação inicial de uma ideia, uma empresa coleta informações no interior da organização, com os *stakeholders* externos e a partir de análises de forças ambientais. Se a ideia for para um novo produto ou serviço, os profissionais de marketing podem realizar pesquisas para testar como o mercado o aceitará. Além disso, os especialistas em finanças podem conduzir análises a fim de determinar o valor presente líquido ou a taxa de retorno interna que a ideia pode gerar. A análise de opções reais, discutida no Capítulo 13, também pode fazer parte do processo de avaliação. Todas essas informações são usadas em seguida para testar a ideia a fim de constatar se faz sentido sob uma perspectiva estratégica. O segundo estágio do teste de hipótese envolve a implementação efetiva da ideia. Frequentemente as empresas tentarão realizar algo em escala menor para ver se conseguem bons resultados antes de partir para uma implementação organizacional total. O Virgin Group, por exemplo, experimenta continuamente ideias em escala limitada antes de investir muitos recursos nessas possibilidades. Na realidade, o negócio de cartões de crédito da Virgin teve início em uma determinada área e atualmente espalhou-se ao redor do mundo.[152]

As empresas conseguem incentivar o processo de pensamento estratégico de diversas maneiras. Primeiro, os gerentes de alto escalão precisam ser defensores da mudança, abraçar a ideia, em vez de protegerem o *status quo*.[153] É muito comum as inovações surgirem das áreas operacionais de uma organização em vez de se originarem de um departamento de "inovação".[154] Consequentemente, a segunda maneira pela qual a empresa pode incentivar o pensamento estratégico consiste em ter disponíveis sistemas e processos de modo que essa "erupção" possa ser captada quando surgir. Empresas bem-sucedidas, como a fabricante de arcos de solda Lincoln Electric ou a subsidiária de entretenimento da Disney, utilizam algumas vezes processos simples como reunir e levar em consideração sugestões dos colaboradores. Por outro lado, a Target e a Procter & Gamble estão usando ferramentas de alta tecnologia — como mapas especializados de suas redes de inovação — para incentivar o pensamento estratégico. Com base na análise e na cartografia das redes sociais, esses mapas permitem que se visualize quem se encontra na base de clientes, na cadeia de suprimentos e sob a esfera de influência da empresa.[155]

As empresas também treinam seus gerentes e colaboradores utilizando métodos e processos associados ao pensamento estratégico.[156] Para atingir esse objetivo, algumas vezes fazem reuniões em locais externos ou contratam consultores que ofereçam treinamento para atingir essa finalidade. Além disso, é importante que os líderes estratégicos fomentem um clima que permita ou mesmo encoraje a aceitação de riscos. Todas essas ideias encontram-se associadas à liderança estratégica e ao incentivo de uma cultura de inovação, que é o tópico do Capítulo 2.

Figura 1.6: O processo de administração estratégica

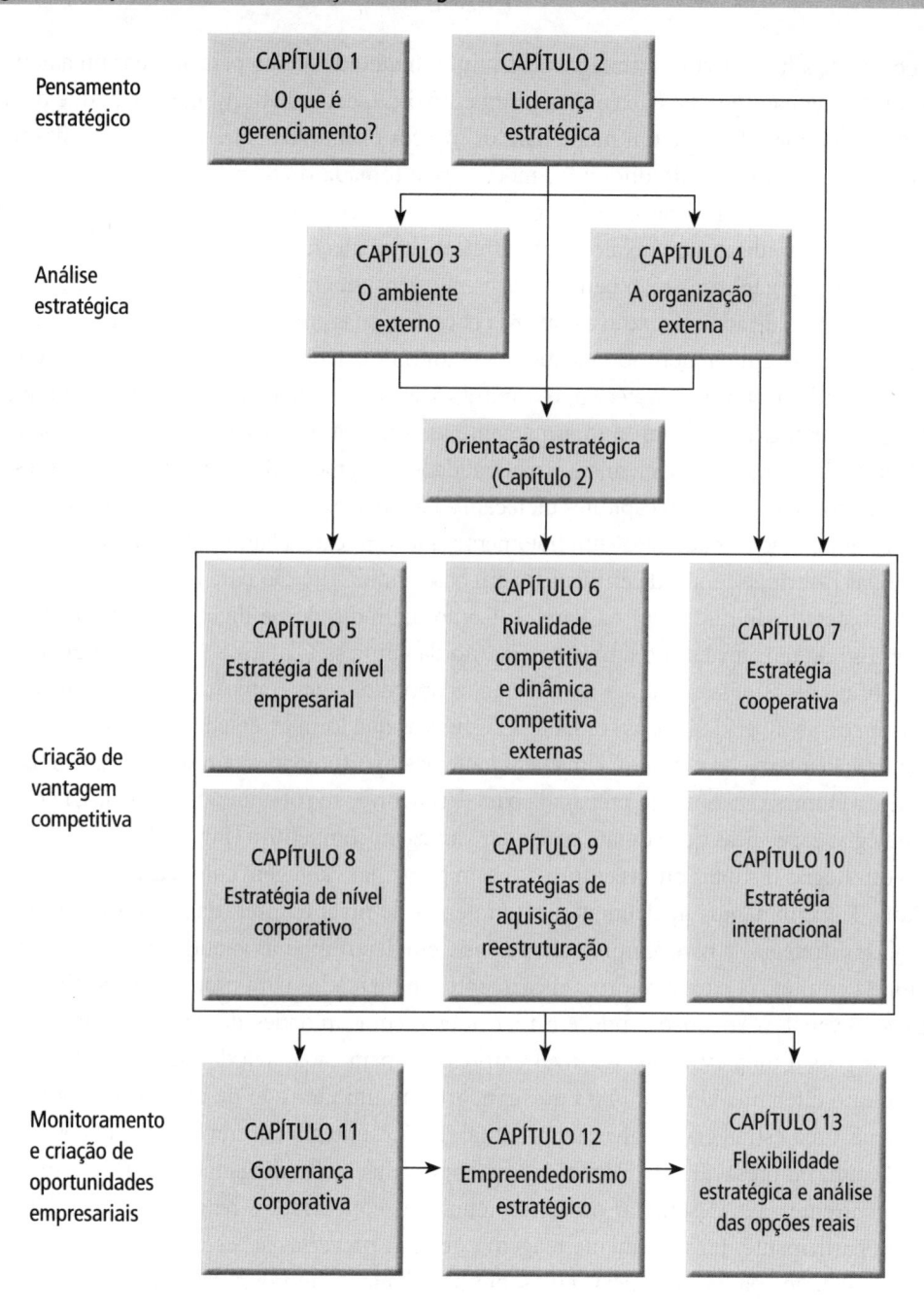

Pensamento estratégico
- CAPÍTULO 1 — O que é gerenciamento?
- CAPÍTULO 2 — Liderança estratégica

Análise estratégica
- CAPÍTULO 3 — O ambiente externo
- CAPÍTULO 4 — A organização externa

Orientação estratégica (Capítulo 2)

Criação de vantagem competitiva
- CAPÍTULO 5 — Estratégia de nível empresarial
- CAPÍTULO 6 — Rivalidade competitiva e dinâmica competitiva externas
- CAPÍTULO 7 — Estratégia cooperativa
- CAPÍTULO 8 — Estratégia de nível corporativo
- CAPÍTULO 9 — Estratégias de aquisição e reestruturação
- CAPÍTULO 10 — Estratégia internacional

Monitoramento e criação de oportunidades empresariais
- CAPÍTULO 11 — Governança corporativa
- CAPÍTULO 12 — Empreendedorismo estratégico
- CAPÍTULO 13 — Flexibilidade estratégica e análise das opções reais

As empresas também precisam oferecer flexibilidade suficiente em seu processo de administração estratégica para permitir a incorporação de novas ideias com potencial elevado à medida que são introduzidas.[157] O Capítulo 12, que trata de empreendedorismo estratégico, também mostra maneiras de atrair novas ideias.

O processo de administração estratégica

O processo de administração estratégica constitui um método lógico para auxiliar uma empresa a responder bem aos desafios do cenário competitivo do século XXI. A Figura 1.6, que delineia o processo, também fornece um mapa para os tópicos examinados neste livro. O pensamento estratégico, conforme foi discutido, é o meio para a tomada de decisões pelo qual a empresa usa o processo de administração estratégica para moldar seu presente e influenciar seu futuro enquanto se empenha em criar valor e obter retornos financeiros elevados.[158]

Os líderes estratégicos, sendo pensadores estratégicos, são responsáveis por estabelecer e utilizar um processo de administração estratégica eficaz em suas empresas.[159] Em virtude de os líderes estratégicos serem os motivadores que orientam o desenvolvimento e o uso subsequente do processo de administração estratégica, o Capítulo 2 examina a liderança estratégica e também a orientação estratégica por estar tão intimamente associada à liderança estratégica. A orientação estratégica reflete-se na visão, na missão, na finalidade e nas metas de longo prazo da empresa. As discussões nos dois primeiros capítulos oferecem a base para um tratamento detalhado do processo de administração estratégica — um tratamento que se inicia na Parte 2 deste livro.

As duas principais fontes de elementos com base em informação para o processo de administração estratégica são discutidas na Parte 2. Conforme indicado na Figura 1.6, esses elementos originam-se de uma análise do ambiente externo da empresa (Capítulo 4) e de sua organização interna (Capítulo 3). Essas análises identificam as oportunidades e ameaças no ambiente externo e os recursos, as capacidades e as competências básicas que formam coletivamente ou constituem a organização interna da empresa. Uma vez ciente das oportunidades, ameaças e vantagens competitivas, a empresa encontra-se preparada para desenvolver sua orientação estratégica, bem como as estratégias específicas que adotará para criar vantagem competitiva (Figura 1.6).

As estratégias distintas que as empresas usam para criar vantagem competitiva são discutidas na Parte 3. Examinamos inicialmente as estratégias de nível empresarial (Capítulo 5). O foco central da estratégia de nível empresarial consiste em determinar as vantagens competitivas que a empresa empregará para concorrer eficazmente em mercados para produtos específicos. Uma empresa diversificada concorrendo em mercados e com unidades de negócio para múltiplos produtos possui uma estratégia de nível empresarial para cada área de mercado relacionada a um produto diferente. Uma empresa que concorre em um mercado de um único produto possui apenas uma estratégia de nível empresarial. Essa estratégia descreve em todos os casos as ações de uma empresa que são elaboradas para aproveitar sua vantagem competitiva em relação aos concorrentes. No desenrolar da concorrência, os concorrentes reagem às ações e reações de cada participante. Eles realmente reagem e tentam prever as ações de cada um deles. Portanto, a dinâmica da concorrência representa um elemento importante quando uma empresa seleciona e usa estratégias.[160] A rivalidade competitiva e a dinâmica competitiva são discutidas no Capítulo 6. As estratégias cooperativas, examinadas no Capítulo 7, também são importantes para a dinâmica competitiva. A tendência para a cooperação reflete a importância crescente da formação de parcerias visando a compartilhar e desenvolver recursos competitivos.[161]

A estratégia em nível corporativo (Capítulo 8), adotada por organizações diversificadas, preocupa-se em determinar os negócios em que a empresa pretende competir além do modo pelo qual os recursos devem ser alocados entre esses negócios. Estratégias de fusão e aquisição (Capítulo

9) representam a principal maneira que as empresas diversificadas adotam para criar vantagens competitivas. Estratégias internacionais (Capítulo 10) também são empregadas como fonte para criação de valor e obtenção de retornos acima da média. As diversas estruturas organizacionais necessárias para apoiar o uso das estratégias examinadas nos Capítulos 5 a 10 estão incluídas nos respectivos capítulos. Portanto, as estruturas organizacionais de cada empresa que devem ser usadas para apoiar eficazmente o uso de cada estratégia específica de nível empresarial são apresentadas no Capítulo 5. Os Capítulos 6 a 10 apresentam o mesmo tipo de análise de ajuste entre estratégia e estrutura que as empresas usam para criar vantagem competitiva quando adotam uma estratégia cooperativa, em nível corporativo, de fusão e aquisição e internacional.

Conforme se aplica a todas as ações organizacionais, as estratégias precisam ser monitoradas para a avaliação de seu sucesso. A governança corporativa (Capítulo 11) preocupa-se em certificar-se de que decisões e ações estratégicas eficazes e apropriadas estão ocorrendo na empresa. A governança reflete os valores da empresa e é usada para assegurar que as ações da companhia estejam alinhadas com os interesses dos diversos grupos (especialmente dos acionistas). Quando os acionistas fazem exigências no sentido de uma melhor governança corporativa,[162] as organizações veem-se diante do desafio de satisfazer os interesses desses grupos tentando simultaneamente concretizar os resultados da criação de valor e obter retornos acima da média.

A governança da empresa, apesar de ser muito importante, pode resultar em decisões estratégicas cautelosas, chegando a evitar riscos. Em virtude de uma governança rigorosa poder limitar as iniciativas para identificar oportunidades empresariais, existe uma tensão natural entre a necessidade que a empresa tem de ordem (conforme representada pela gestão) e também de algum caos (comumente resultando da busca de oportunidades empresarias). O Capítulo 12 examina a necessidade de a empresa buscar continuamente oportunidades empresariais — aquelas às quais a empresa pode empenhar-se para ser bem-sucedida ao competir em seus mercados escolhidos. O Capítulo 13 contém uma ferramenta útil para avaliar novos empreendimentos bem como manter flexibilidade estratégica. A análise de opções reais examina as possibilidades reais que as empresas possuem após a decisão de concretizar um investimento em especial.[163] Elas têm o direito, mas não a obrigação de levar adiante a opção, que aumenta a flexibilidade estratégica no futuro reduzindo ao mesmo tempo os riscos percebidos.[164]

Quase todas as decisões estratégicas possuem dimensões éticas principalmente porque estão relacionadas ao modo como uma empresa interage com seus *stakeholders*.[165] Especialmente no cenário competitivo turbulento e muitas vezes ambíguo do século XXI, aqueles que tomam decisões estratégicas são desafiados para reconhecer como suas decisões afetam o mercado de capitais, o mercado de produtos e os *stakeholders* organizacionais. Consequentemente, cada um dos capítulos propõe "Questões Éticas" para estimular a discussão de temas éticos. A maior parte das questões não possui respostas precisas, porém deve facilitar o exame das dimensões éticas dos tópicos estratégicos.

Resumo

- A administração estratégica surgiu em resposta à necessidade de modelos mentais e ferramentas de planejamento para auxiliar os executivos a orientar suas empresas neste ambiente global de negócios desafiador. Preocupa-se principalmente com as ações que as organizações empreendem para obter vantagem competitiva e criar valor para a organização e seus *stakeholders*.

- O ambiente competitivo é caracterizado pela globalização e pelos avanços rápidos na tecnologia. A globalização pode ser definida como a interdependência econômica crescente entre países conforme se reflete no fluxo de bens e serviços, no capital financeiro e no conhecimento que atravessa fronteiras nacionais. As três categorias de tendências tecnológicas que estão alterando a natureza da concorrência são o ritmo de mudança e difusão tecnológicas, transformações na tecnologia da informação e aumento da concentração do conhecimento.

- O modelo de organização setorial (I/O) com retornos acima da média explica a influência dominante do ambiente externo sobre as ações estratégicas de uma empresa. O modelo especifica que o setor no qual a empresa opta por competir exerce uma influência maior no desempenho de uma companhia do que as escolhas que os gerentes fazem no interior de suas organizações.

- O modelo fundamentado em recursos supõe que um conjunto de recursos e capacidades únicos de uma determinada empresa representa a principal influência na seleção e no uso de sua estratégia ou de suas estratégias. Recursos são insumos utilizados no processo de produção de uma empresa, como máquinas e equipamentos, as aptidões dos empregados, patentes, ativos financeiros e gerentes talentosos. Recursos e capacidades concretizam seu potencial competitivo quando são valorizados, raros, onerosos para imitar e insubstituíveis.

- A empresa pode ser visualizada, sob a perspectiva orientada aos *stakeholders*, como um vínculo dos contratos formais e sociais com seus *stakeholders*. *Stakeholders* são indivíduos e conjuntos de pessoas que podem afetar — e são afetados — os resultados estratégicos que uma empresa obtém e que possuem demandas exigíveis em relação ao desempenho de uma empresa. A perspectiva orientada aos *stakeholders* postula que os relacionamentos com esses grupos podem ser gerenciados de um modo a criar vantagem competitiva.

- O pensamento estratégico está associado aos aspectos mais criativos da administração estratégica. É focalizado intencionalmente, abrangente e se vale das oportunidades; considera diversos horizontes de tempo e é orientado por hipóteses. O pensamento estratégico é o meio de tomada de decisões por intermédio do qual a empresa usa o processo de administração estratégica para moldar sua influência atual e futura, empenhando-se para obter simultaneamente criação de valor e retornos financeiros elevados.

- O processo de administração estratégica é o conjunto integral de compromissos, decisões e ações exigidos para uma empresa criar valor e obter retornos superiores aos de seus concorrentes. Envolve analisar, em sua forma mais simples, a empresa e seu ambiente e usar em seguida a informação para formular e implementar estratégias que resultem em vantagem competitiva. Portanto, o processo de administração estratégica é usado para ajustar as condições de um mercado e de uma estrutura competitiva em mutação constante aos recursos, às capacidades e às competências básicas em evolução constante de uma empresa.

Questões éticas

1. Qual é a relação entre ética e os *stakeholders* da empresa? Por exemplo, sob uma perspectiva ética, que informações a empresa deve revelar a cada um de seus *stakeholders* e como isso varia entre esses grupos?

2. As empresas defrontam-se com desafios éticos, talvez mesmo dilemas éticos, quando tentam atender as expectativas de curto e de longo prazos dos *stakeholders* no mercado de capitais?

3. Que tipos de temas e desafios éticos as empresas encontram quando concorrem internacionalmente?

4. Que responsabilidades éticas a empresa possui quando obtém retornos acima da média? Quem deveria tomar as decisões relativas a esse tema e por quê?

5. Como as considerações éticas devem ser incluídas nas análises do ambiente externo da empresa e em sua organização interna?

6. O que os executivos de alto escalão devem fazer para assegurar que o processo de administração estratégica de uma empresa conduza a resultados coerentes com os valores individuais?

Referências bibliográficas

1. SIRMON, D. G.; HITT, M. A.; IRELAND, R. D. Managing firm resources in dynamic environments to create value: Looking inside the black box. *Academy of Management Review*, no prelo; BARNEY, J. B.; MACKEY, T. B. Testing resource-based theory. In: KETCHEN JR., D. J.; BERGH, D. D. (eds.). *Research Methodology in Strategy and Management*, 2ª. ed., Londres: Elsevier, 2005. p. 1-13.
2. LEI, D.; SLOCUM, J. W. Strategic and organizational requirements for competitive advantage. *Academy of Management Executive*, 19(1), 2005. p. 31-45; DOUGLAS, T. J.; RYMAN, J. A. Understanding competitive advantage in the general hospital industry: Evaluating strategic competencies. *Strategic Management Journal*, 24, 2003. p. 333-347.
3. SHIMIZU, K.; HITT, M. A. Strategic flexibility: Organizational preparedness to reverse ineffective strategic decisions. *Academy of Management Executive*, 18(4), 2004. p. 44-59; TEECE, D. J.; PISANO, G.; SHUEN, A. Dynamic capabilities and strategic management. *Strategic Management Journal*, 18, 1997. p. 509-533; BONABEAU, E.; MEYER, C. Swarm intelligence. *Harvard Business Review*, 79(5), 2001. p. 107-114; ABELL, D. Competing today while preparing for tomorrow. *Sloan Management Review*, 40(3), 1999. p. 73-81.
4. MCGAHAN, A. M.; PORTER, M. E. The emergence and sustainability of abnormal profits. *Strategic Organization*, 1, 2003. p. 79-108; POWELL, T. C. The philosophy of strategy. *Strategic Management Journal*, 23, 2002. p. 873-880; POWELL, T. C. Competitive advantage: Logical and philosophical considerations. *Strategic Management Journal*, 22, 2001. p. 875-888.
5. RUMELT, R. P.; SCHENDEL, D. E.; TEECE, D. J. (eds.). *Fundamental Issues in Strategy*, Boston: Harvard Business School Press, 1994. p. 527-530.
6. SONG, M.; CALANTONE, R. J.; ANTHONY, C. Competitive forces and strategic choice decisions: An experimental investigation in the United States and Japan. *Strategic Management Journal*, 23, 2002. p. 969-978; NAIR, A.; KOTHA, S. Does group membership matter? Evidence from the Japanese steel industry. *Strategic Management Journal*, 22, 2001. p. 221-235; MCGAHAN, A. M.; PORTER, M. E. How much does industry matter, really? *Strategic Management Journal*, 18 (summer special issue), 1997. p. 15-30.
7. SIRMON, D. G.; HITT, M. A. Managing resources: Linking unique resources, management and wealth creation in family firms. *Entrepreneurship Theory and Practice*, 27(4), 2003. p. 339-358; BARNEY, J. B. Strategic management: From informed conversation to academic discipline. *Academy of Management Executive*, 16(2), 2002. p. 53-57; BARNEY, J. B. Is the resource based "view" a useful perspective for strategic management research? Yes. *Academy of Management Review*, 26, 2001. p. 41-56.
8. WALSH, J. P. Taking stock of stakeholder management. *Academy of Management Review*, 30, 2005. p. 426-438; FREEMAN, R. E.; MCVEA, J. A stakeholder approach to strategic management. In: HITT, M. A.; FREEMAN, R. E.; HARRISON, J. R. (eds.). *Handbook of Strategic Management*, Oxford: Blackwell Publishers, 2001. p. 189-207; POST, J. E.; PRESTON, L. E.; SACHS, S. *Redefining the Corporation: Stakeholder Management and Organizational Wealth*. Stanford: Stanford University Press, 2002.
9. LIEDTKA, J. M. Strategy formulation: The roles of conversation and design. In: HITT, M. A.; FREEMAN, R. E.; HARRISON, J. R. (eds.). *Handbook of Strategic Management*, Oxford: Blackwell Publishers, 2001. p. 70-94.
10. MANKINS, M. C.; STEELE, R. Turning great strategy into great performance. *Harvard Business Review*, 83(7), 2005. p. 64-72; EPSTEIN, M. J.; WESTBROOK, R. A. Linking actions to profits in strategic decision making. *Sloan Management Review*, 42(3), 2001. p. 39-49.
11. 2006, American Bankruptcy Institute. Filing Statistics. http://www.abiworld.org/AM. 20 dez.
12. Filing statistics. *American Bankruptcy Institute*, http://www.abiworld.org/AM, 20 dez. 2006; LOOMIS, C. J. Dinosaurs. *Fortune*, 3 mai. 1993. p. 36-46.
13. CHOZICK, A. Toyota lifts profit outlook, invests in fuel efficiency. *Walt Street Journal*, 8 nov. 2006. p. A3.
14. From Datsun to Nissan. *BBC News*, http://news.bbc.co.uk/l/hi/business/1136490.stm, 25 jan. 2001.
15. SEGRESTIN, B. Partnering to explore: The Renault-Nissan alliance as a forerunner of new cooperative patterns. *Research Policy*, 34, 2005. p. 657-677; ZINELDIN, M.; DODUROVA, M. Motivation, achievements and failure of strategic alliances: The case of Swedish auto manufacturers in Russia. *European Business Review*, 17, 2005. p. 460-470; BRIODY, E. K.; CAVUSGIL, S. T.; MILLER, S. R. Turning three sides into a Delta at General Motors: Enhancing partnership integration on corporate ventures. *Long Range Planning*, 37(5), 2004. p. 421-430.
16. TREECE, J. B. The board revolt. *Business Week*, 20 abr. 1992. p. 31-36.
17. BANSAL, P.; AIREY, D.; GEPP, A.; HARRIS, C.; MENARD, Y. *Daimler Chrysler: Post-merger news*. Londres: Richard Ivey School of Business Case Collection, 25 set. 2003.
18. WEBSTER, S. A. New models position Lincoln to chase Cadillac. *Knight Ridder Tribune Business News*, 9 jan. 2006. p. 1.
19. BOUDETTE, N. E. Chrysler sees '07 gain in U.S. share. *Wall Street Journal*, 17 out. 2006. p. A10.
20. BOUDETTE, N. E.; POWER, S. Chrysler enlists Mercedes officials in bid to cut manufacturing costs. *Wall Street Journal*, 20 out. 2006. p. A3.
21. MCCRACKEN, J. Ford posts $ 5.8 billion loss, warns of more woes. *Wall Street Journal*, 24 out. 2006. p. A3.
22. STOLL, J. D.; POWER, S.; CHOZICK, A. Pressure mounts as car makers continue to bleed. *Wall Street Journal*, 26 out. 2006. p. A3.
23. CHON, G. Kia's new U.S. plant advances sales push in North America. *Wall Street Journal*, 23 out. 2006. p. B2; CHOZICK, A. Toyota lifts profit outlook. *Wall Street Journal*, 8 nov. 2006. p. A3.
24. BELDERBOS, R.; SLEUWAEGEN, L. Competitive drivers and international plant configuration strategies: A product-level test. *Strategic Management Journal*, 26, 2005. p. 577-593; CASTROGIOVANNI, G. J. Organization task environments: Have they changed fundamentally over time? *Journal of Management*, 28, 2002. p. 129-150; TAPSCOTT, D. Rethinking strategy in a networked world. *Strategy & Business*, 24 (third quarter), 2001. p. 34-41.

25. GUPTA, A. K.; GOVINDARAJAN, V. Cultivating a global mindset. *Academy of Management Executive*, 16(1), 2002. p. 116-126.
26. GOVINDARAJAN, V.; GUPTA, A. K. *The Quest for Global Dominance*, São Francisco: Jossey-Bass, 2001.
27. CHANG, S. J.; PARK, S. Types of firms generating network externalities and MNCs' co-location decisions. *Strategic Management Journal*, 26, 2005. p. 595-615; VOELPEL, S. C.; DOUS, M.; DAVENPORT, T. H. Five steps to creating global knowledge-sharing systems: Siemens' ShareNet. *Academy of Management Executive*, 19(2), 2005. p. 9-23; SETH, A.; Song, K. P.; PETTIT, R. R. Value creation and destruction in cross-border acquisitions: An empirical analysis of foreign acquisitions of U.S. firms. *Strategic Management Journal*, 23, 2002. p. 921-940; McKENDRICK, D. G. Global strategy and population level learning: The case of hard disk drives. *Strategic Management Journal*, 22, 2001. p. 307-334.
28. MANDEL, M. Can anyone steer this economy? *Business Week*, 20 nov. 2006. p. 56-62.
29. KHANNA, T.; PALEPU, K. G.; SINHA, J. Strategies that fit emerging markets. *Harvard Business Review*, 83(6), 2005. p. 63-76; TRENT, R. J.; MONCZKA, R. M. Pursuing competitive advantage through integrated global sourcing. *Academy of Management Executive*, 16(2), 2002. p. 66-80.
30. EISENHARDT, K. M. Has strategy changed? *MIT Sloan Management Review*, 43(2), 2002. p. 88-91.
31. CARPENTER, M. A.; FREDRICKSON, J. W. Top management teams, global strategic posture, and the moderating role of uncertainty. *Academy of Management Journal*, 44, 2001. p. 533-545.
32. MCNAMARA, G.; VAALER, P. M.; DEVERS, C. Same as it ever was: The search for evidence of increasing hypercompetition. *Strategic Management Journal*, 24, 2003. p. 261-278; D'AVENI, R. A. Coping with hypercompetition: Utilizing the new 7S's framework. *Academy of Management Executive*, 9(3), 1995. p. 46.
33. FERRIER, W. J. Navigating the competitive landscape: The drivers and consequences of competitive aggressiveness. *Academy of Management Journal*, 44, 2001. p. 858-877.
34. D'AVENI, R. A. Corporate spheres of influence. *MIT Sloan Management Review*, 45(4), 2004. p. 38-46; FERRIER, W. J. Navigating the competitive landscape; HITT, M. A.; KEATS, B. W.; DEMARIE, S. M. Navigating in the new competitive landscape: Building competitive advantage and strategic flexibility in the 21st century. *Academy of Management Executive*, 12(4), 1998. p. 22-42; BETTIS, R. A.; HITT, M. A. The new competitive landscape. *Strategic Management Journal*, 16 (special summer issue), 1995. p. 7-19.
35. HAMMONDS, K. H. What is the state of the new economy? *Fast Company*, set. 2001. p. 101-104.
36. HILL, C. W. L. Establishing a standard: Competitive strategy and technological standards in winner-take-all industries. *Academy of Management Executive*, 11(2), 1997. p. 7-25.
37. HAMMONDS, K. H. How do fast companies work now? *Fast Company*, set. 2001. p. 134-142; Eisenhardt, K. M. Strategy as strategic decision making. *Sloan Management Review*, 40(3), 1999. p. 65-72.
38. KARLGAARD, R. Digital rules. *Forbes*, 5 jul. 1999. p. 43.
39. GILBERT, C. The disruptive opportunity. *MIT Sloan Management Review*, 44(4), 2003. p. 27-32; CHRISTENSEN, C. M.; JOHNSON, M. W.; RIGBY, D. K. Foundations for growth: How to identify and build disruptive new businesses. *MIT Sloan Management Review*, 43(3), 2002. p. 22-31; Christensen, C. M. *The Innovator's Dilemma*, Boston: Harvard Business School Press, 1997.
40. AHUJA, G.; LAMPERT, C. M. Entrepreneurship in the large corporation: A longitudinal study of how established firms create breakthrough inventions. *Strategic Management Journal*, 22 (special issue), 2001. p. 521-543.
41. ANDERSON, P.; ANDERSON, E. The new e-commerce intermediaries. *MIT Sloan Management Review*, 43(4), 2002. p. 53-62.
42. FERGUSON, G.; MATHUR, S.; SHAH, B. Evolving from information to insight. *MIT Sloan Management Review*, 46(2), 2005. p. 51-58.
43. AMIT, R.; ZOTT, C. Value creation in e-business. *Strategic Management Journal*, 22 (summer special issue), 2001. p. 493-520.
44. EINHORN, B.; ELGIN, B.; HOF, R. D.; MULLANEY, T. The great Internet race. *Business Week*, 13 jun. 2005. p. 54-56.
45. KANTER, R. M. *e-volve: Succeeding in the Digital Culture of Tomorrow*, Boston: Harvard Business School Press, 2001.
46. INKPEN, A. C.; TSANG, E. W. K. Social capital, networks, and knowledge transfer. *Academy of Management Review*, 30, 2005. p.146-165; DENISI, A. S.; HITT, M. A.; JACKSON, S. E. The knowledge-based approach to sustainable competitive advantage. In: DENISI, A. S.; HITT, M. A.; JACKSON, S. E. (eds.). *Managing Knowledge for Sustained Competitive Advantage*, São Francisco: Jossey-Bass, 2003. p. 3-33.
47. SMITH, K. G., COLLINS, C. J.; CLARK, K. D. Existing knowledge, knowledge creation capability, and the rate of new product introduction in high technology firms. *Academy of Management Journal*, 48, 2005. p. 346-357; WARNER, F. The drills for knowledge. *Fast Company*, set. 2001. p. 186-191; SIMONIN, B. L. Ambiguity and the process of knowledge transfer in strategic alliances. *Strategic Management Journal*, 20, 1999. p. 595-624.
48. ETHIRAJ, S. K.; KALE, P.; KRISHNAN, M. S.; SINGH, J. V. Where do capabilities come from and how do they matter? *Strategic Management Journal*, 26, 2005: p. 25-45; ANAND, V.; GLICK, W. H.; MANZ, C. C. Thriving on the knowledge of outsiders: Tapping organizational social capital. *Academy of Management Executive*, 16(1), 2002. p. 87-101; ROSENKOPF, L.; NERKAR, A. Beyond local search: Boundary-spanning, exploration, and impact on the optical disk industry. *Strategic Management Journal*, 22, 2001. p. 287-306.
49. KURATKO, D. F.; IRELAND, R. D.; HORNSBY, J. S. Improving firm performance through entrepreneurial actions: Insights from Acordia Inc.'s corporate entrepreneurship strategy. *Academy of Management Executive*, 15(4), 2001. p. 60-71; KAYWORTH, T. K.; IRELAND, R. D. The use of corporate IT standards as a means of implementing the cost leadership strategy. *Journal of Information Technology Management*, IX(4), 1998. p. 13-42.
50. PROBST, G.; RAISCH, S. Organizational crisis: The logic of failure. *Academy of Management Executive*, 19(1), 2005. p. 90-105.
51. WOLPERT, J. D. Breaking out of the innovation box. *Harvard Business Review*, 80(8), 2002. p. 77-83.
52. YU, L. Does knowledge sharing payoff? *MIT Sloan Management Review*, 46(3), 2005. p. 5; VALIKANGAS, L.; GIBBERT, C. M. Boundary-setting strategies for escaping innovation traps. *MIT Sloan Management Review*, 46(3), 2005. p. 58-65.
53. SANTOS, J.; DOZ, Y.; WILLIAMSON, P. Is your innovation process global? *MIT Sloan Management Review*, 45(4), 2004. p. 31-37.
54. ROBINS, J. A.; TALLMAN, S.; FLADMOE-LINDQUIST, K. Autonomy and dependence of international cooperative ventures: An exploration of the strategic performance of U.S. ventures in Mexico. *Strategic Management Journal*, 23, 2002. p. 881-901; SUBRAMANIAM, M.; VENKATRAMAN, N. Determinants of transnational new product development capability: Testing the influence of transferring and deploying tacit overseas knowledge. *Strategic Management Journal*, 22, 2001. p. 359-378.
55. HARRIGAN, K. R. Strategic flexibility in old and new economies. In: HITT, M. A.; FREEMAN, R. E.; HARRISON, J. R.

(eds.). *Handbook of Strategic Management*, Oxford: Blackwell Publishers, 2001. p. 97-123.

56. GRATTON, L.; GHOSHAL, S. Beyond best practice. *MIT Sloan Management Review*, 46(3), 2005. p. 49-55.

57. UHLENBRUCK, K.; MEYER, K. E.; HITT, M. A., Organizational transformation in transition economies: Resource-based and organizational learning perspectives. *Journal of Management Studies*, 40, 2003. p. 257-282.

58. SCHENDEL, D. E.; HOFER, C. W. *Strategic Management: A New View of Business Policy and Planning*, Boston: Little, Brown and Company, 1979.

59. GORDON, R. A.; HOWELL, J. E. *Higher Education for Business*, Nova York: Columbia University Press, 1959. p. 206.

60. HOSKISSON, R. E.; HITT, M. A.; WAN, W. P.; YIU, D. Swings of a pendulum: Theory and research in strategic management. *Journal of Management*, 25, 1999. p. 417-456.

61. CHANDLER, A. D. *Strategy and Structure: Chapters in the History of the American Industrial Enterprise*, Cambridge: MIT Press, 1962. p. 16.

62. ANSOFF, H. I. *Corporate Strategy: An Analytic Approach to Business for Growth and Expansion*, Nova York: McGraw-Hill, 1965.

63. LEARNED, E. P.; CHRISTENSEN, C. R.; ANDREWS, K. R.; GUTH, W. D. *Business Policy: Text and Cases*, Homewood: Irwin, 1965. p. 17.

64. Ibid., p. 21.

65. ACKOFF, R. *Redesigning the Future*, Nova York: Wiley, 1974; MARCH, J.; SIMON, H. *Organizations*, Nova York: Wiley, 1958; BARNARD, C. I. *Functions of the Executive*, Cambridge: Harvard University Press, 1938.

66. MACMILLAN, I. C. *Strategy Formulation: Political Concepts*, St. Paul: West Publishing Co., 1978. p. 66.

67. PFEFFER, J.; SALANCIK, G. R. *The External Control of Organizations: A Resource Dependence Perspective*, Nova York: Harper & Row, 1978.

68. Ibid. KATZ, D.; KAHN, R. L. *The Social Psychology of Organizations*, 2ª. ed., Nova York: Wiley, 1978; THOMPSON, J. D. *Organizations in Action*, Nova York: McGraw-Hill, 1967.

69. MACMILLAN. *Strategy Formulation*. p. 110.

70. MINTZBERG, H. Managerial work: Analysis from observation. *Management Science*, 18, 1978. p. B97-B110; MINTZBERG, H. Patterns in strategy formation. *Management Science*, 24, 1971. p. 934-948.

71. MINTZBERG. Managerial work. p. B110.

72. JENSEN, M.; MECKLING, W. Theory of the firm: Managerial behavior, agency costs and capital structure. *Journal of Financial Economics*, 3, 1976. p. 305-360.

73. WILLIAMSON, O. E. *Markets and Hierarchies: Analysis and Antitrust Implications*, Nova York: The Free Press, 1975.

74. TSANG, E. W. K. Behavioral assumptions and theory development: The case of transaction cost economics. *Strategic Management Journal*, 27, 2006. p. 999-1011.

75. SCHENDEL; HOFER. *Strategic Management*.

76. Ibid.; HOFER, C. W.; SCHENDEL, D. E. *Strategy Formulation: Analytical Concepts*, St. Paul: West Publishing Co., 1978.

77. HREBINIAK, L. G.; JOYCE, W. F. Organizational adaptation: Strategic choice and environmental determinism. *Administrative Science Quarterly*, 30, 1985. p. 336-349.

78. BOURGEOIS III, L. J. Strategic management and determinism. *Academy of Management Review*, 9, 1984. p. 589.

79. SMIRCICH, L.; STUBBART, C. Strategic management in an enacted world. *Academy of Management Review*, 10, 1985. p. 724-736.

80. HARRISON, J. S.; ST. JOHN, C. H. Managing and partnering with external stakeholders. *Academy of Management Executive*, 10(2), 1996. p. 46-60.

81. IRELAND, R. D.; MILLER, C. C. Decision-making and firm success. *Academy of Management Executive*, 18(4), 2004. p. 8-12.

82. ARGYRES, N.; MCGAHAN, A. M. An interview with Michael Porter. *Academy of Management Executive*, 16(2), 2002. p. 43-52; HOSKISSON; HITT; WAN; YIU. Swings of a pendulum.

83. BOWMAN, E. H.; HELFAT, C. E. Does corporate strategy matter? *Strategic Management Journal*, 22, 2001. p. 1-23.

84. SHAMSIE, J. The context of dominance: An industry-driven framework for exploiting reputation. *Strategic Management Journal*, 24, 2003. p. 199-215; SETH, A.; THOMAS, H. Theories of the firm: Implications for strategy research. *Journal of Management Studies*, 31, 1994. p. 165-191.

85. SHAMSIE. The context of dominance.

86. BACKMANN, J. W. Competitive strategy: It's O.K. to be different. *Academy of Management Executive*, 16(2), 2002. p. 61-65.

87. FELDMAN, L. F.; BRUSH, C. G.; MANOLOVA, T. Co-alignment in the resource-performance relationship: Strategy as mediator. *Journal of Business Venturing*, 20, 2005. p. 359-383.

88. PORTER, M. E., *Competitive Advantage*, Nova York: The Free Press; PORTER, M. E., The contributions of industrial organization to strategic management. *Academy of Management Review*, 6. p. 609-620.

89. SCHENDEL; HOFER. *Strategic Management*; CHRISTENSEN; BERG; BOWER; HAMERMESH; PORTER. *Business Policy*.

90. PORTER, M. E. *Competitive Strategy*, Nova York: The Free Press, 1980. p. ix.

91. PORTER. *Competitive Advantage*.

92. MCGAHAN, A. M. Competition, strategy and business performance. *California Management Review*, 41(3), 1999. p. 74-101; MCGAHAN; PORTER. How much does industry matter? p. 15-30.

93. HENDERSON, R.; MITCHELL, W. The interactions of organizational and competitive influences on strategy and performance. *Strategic Management Journal*, 18 (summer special issue), 1997. p. 5-14; OLIVER, C. Sustainable competitive advantage: Combining institutional and resource-based views. *Strategic Management Journal*, 18, 1997. p. 697-713; STIMPERT, J. L.; DUHAIME, I. M. Seeing the big picture: The influence of industry, diversification, and business strategy on performance. *Academy of Management Journal* 40, 1997. p. 560-583.

94. BARNEY, J. B.; ARIKAN, A. M. The resource-based view: Origins and implications. In: HITT, M. A.; FREEMAN, R. E.; HARRISON, J. S. (eds.). *Handbook of Strategic Management*, Oxford: Blackwell Publishers, 2001. p. 124-188.

95. HITT, M. A.; IRELAND, R. D. Corporate distinctive competence, strategy, industry and performance. *Strategic Management Journal*, 6, 1985. p. 273-293.

96. GORDON, R. A.; HOWELL, J. E. *Higher Education For Business*, Nova York: Columbia University Press, 1959.

97. BENNIS, W. G.; THOMAS, R. J. Crucibles of leadership. *Harvard Business Review*, 80(9), 2002. p. 39-45.

98. PENROSE, E. T. *The Theory of the Growth of the Firm*, Nova York; Wiley, 1959.

99. ACEDO, F. J.; BARROSO, C.; GALAN, J. L. The resource-based theory: Dissemination and main trends. *Strategic Management Journal*, 27, 2006. p. 621-636; BARNEY; ARIKAN. The resource-based view.

100. WERNERFELT, B. A resource-based view of the firm. *Strategic Management Journal*, 5, 1984. p. 171-180.

101. TENG, B. S.; CUMMINGS, J. L. Trade-offs in managing resources and capabilities. *Academy of Management Executive*, 16(2), 2002. p. 81-91;

102. LEE, C.; LEE, K.; PENNINGS, J. M. Internal capabilities, external networks, and performance: A study on technology-based ventures, *Strategic Management Journal*, 22 (special issue), 2001. p. 615-640; MARKIDES, C. C. A dynamic view of strategy. *Sloan Management Review*, 40(3), 1999. p. 55-72; ABELL. Competing today while preparing for tomorrow.

[103] BANSAL, P. Evolving sustainability: A longitudinal study of corporate sustainable development. *Strategic Management Journal*, 26, 2005. p. 197-218.
[104] PRIEM, R. L.; BUTLER, J. E. Is the resource-based "view" a useful perspective for strategic management research? *Academy of Management Review*, 26, 2001. p. 22-40.
[105] WINTER, S. Understanding dynamic capabilities. *Strategic Management Journal*, 10, 2003. p. 991-995; BLYLER, M.; COFF, R. W. Dynamic capabilities, social capital, and rent appropriation: Ties that split pies. *Strategic Management Journal*, 24, 2003. p. 677-686.
[106] SCHOEMAKER, P. J. H.; AMIT, R. Investment in strategic assets: Industry and firm-level perspectives. In: SHRIVASTAVA, P.; HUFF, A.; DUTTON, J. (eds.). *Advances in Strategic Management*, Greenwich: JAI Press, 1994. p. 9.
[107] LADO, A. A.; BOYD, N. G.; WRIGHT, P.; KROLL, M. Paradox and theorizing within the resource-based view. *Academy of Management Review*, 31, 2006. p. 115-131; DE CAROLIS, D. M. Competencies and imitability in the pharmaceutical industry: An analysis of their relationship with firm performance. *Journal of Management*, 29, 2003. p. 27-50; BARNEY, J. B. Is the resource-based "view" a useful perspective?. p. 1; BARNEY, J. B. Looking inside for competitive advantage. *Academy of Management Executive*, 9(4), 1995. p. 56.
[108] IRELAND, R. D.; HITT, M. A.; VAIDYANATH, D. Alliance management as a source of competitive advantage. *Journal of Management*, 28, 2002. p. 413-446; WRIGHT, P. M.; BOSWELL, W R. Desegregating HRM: A review and synthesis of micro and macro human resource management research. *Journal of Management*, 28, 2002. p. 247-276.
[109] MADHOK, A. Cost, value and foreign market entry mode: The transaction and the firm. *Strategic Management Journal*, 18, 1997. p. 39-61.
[110] KUEMMERLE, W. Go global-or not? *Harvard Business Review*, 79(6), 2001. p. 37-49.
[111] Xerox. *Standard & Poor's Stock Report*, http://www.standardandpoors.com, 21 set. 2002; Xerox CEO Mulcahy says company still seeks profitability in 4th period. *Wall Street Journal Interactive*, http://www-wsj.com/articles, 21 ago. 2001.
[112] AHUJA; LAMPERT. Entrepreneurship in the large corporation; ARORA, A.; GAMBARDELLA, A. Domestic markets and international competitiveness: Generic and product specific competencies in the engineering sector. *Strategic Management Journal*, 18 (summer special issue), 1997. p. 53-74.
[113] HAWAWINI, G.; SUBRAMANIAN, V.; VERDIN, P. Is performance driven by industry- or firm-specific factors? A new look at the evidence. *Strategic Management Journal*, 24, 2003. p. 1-16.
[114] FREEMAN, R. E. *Strategic Management: A Stakeholder Approach*. Boston: Pitman Publishing, 1984. p. 249.
[115] JENSEN, M. C.; MECKLING, W. H. Theory of the firm: Managerial behavior, agency costs and ownership structure. *Journal of Financial Economics*, 3, 1976. p. 305-360.
[116] JONES, T. M.; WICKS, A. C. Convergent stakeholder theory. *Academy of Management Review*, 24, 1999. p. 206-221; Freeman, *Strategic Management*, p. 53-54.
[117] SHARMA, S.; HENRIQUES, I. Stakeholder influences on sustainability practices in the Canadian Forest products industry. *Strategic Management Journal*, 26, 2005. p. 159-180; DONALDSON, G.; LORSCH, J. W. *Decision Making at the Top: The Shaping of Strategic Direction*, Nova York: Basic Books, 1983. p. 37-40.
[118] ACKOFF. *Redesigning the Future*; MARCH; SIMON. *Organizations*; BARNARD. *Functions of the Executive*.
[119] FREEMAN. *Strategic Management*.
[120] HILLMAN, A.; HITT, M. A. Corporate political strategy formulation: A model of approach, participation, and strategy decisions. *Academy of Management Review*, 24, 1999. p. 825-842; MACMILLAN. *Strategy Formulation*.
[121] MINTZBERG. Managerial work.
[122] EESLEY, C.; LENOX, M. J. Firm responses to secondary stakeholder action. *Strategic Management Journal*, 27, 2006. p. 765-781.
[123] WALSH. Taking stock of stakeholder management.
[124] WADDOCK, S. A.; BODWELL, C.; GRAVES, S. B. Responsibility: The new business imperative. *Academy of Management Executive*, 16(2), 2002. p. 132-148.
[125] MARDEN, R.; EDWARDS, R. The Sarbanes-Oxley axe. *CPA Journal*, abr. 2005. p. 6-10.
[126] PHILLIPS, R.; FREEMAN, R. E.; WICKS, A. C. What stakeholder theory is not. *Business Ethics Quarterly*, 13, 2003. p. 481.
[127] FREEMAN, R. E. The Wal-Mart effect and business, ethics, and society. *Academy of Management Perspectives*, 20(3), 2006. p. 38-40; HILL, C. W. L.; JONES, T. M. 1992, Stakeholder-agency theory. *Journal of Management Studies*, 29. p. 131-154.
[128] PHILLIPS; FREEMAN; WICKS. What stakeholder theory is not.
[129] WALSH. Taking stock of stakeholder management; POST; PRESTON; SACHS. *Redefining the Corporation*.
[130] HILLMAN, A. J.; KEIM, G. D. Shareholder value, stakeholder management, and social issues: What's the bottom line? *Strategic Management Journal*, 22, 2001. p. 125-139; BERMAN, S. L.; WICKS, A. C.; KOTHA, S.; JONES, T. M. Does stakeholder orientation matter? The relationship between stakeholder management models and firm financial performance. *Academy of Management Journal*, 42(5), 1999. p. 488-506; WADDOCK, S.; GRAVES, S. B. The corporate social performance-financial performance link. *Strategic Management Journal*, 18, 1997. p. 303-319; PRESTON, L. E.; SAPIENZA, H. J. Stakeholder management and corporate performance. *Journal of Behavioral Economics*, 19, 1990. p. 361-375.
[131] JONES, T. M. Instrumental stakeholder theory: A synthesis of ethics and economics. *Academy of Management Review*, 20, 1995. p. 404-437; DONALDSON, T.; PRESTON, L. E. The stakeholder theory of the corporation: Concepts, evidence, and implications. *Academy of Management Review*, 20, 1995. p. 65-91.
[132] ARGENTI, R. A.; HOWELL, R. A.; BECK, K. A. The strategic communication imperative. *MIT Sloan Management Review*, 46(3), 2005. p. 83-89; HART, S. L.; SHARMA, S. Engaging fringe stakeholders for competitive imagination. *Academy of Management Executive*, 18(1), 2004. p. 7-18.
[133] MAHONEY, J. T.; MCGAHAN, A. M. The field of strategic management within the evolving science of strategic organization. *Strategic Organization*, 5(1), 2007. p. 1-21.
[134] NUTT, P. Expanding the search for alternatives during strategic decision-making. *Academy of Management Executive*, 18(4), 2004. p. 13-28; MACCOBY, M. Successful leaders employ strategic intelligence. *Research Technology Management*, 44(3), 2001. p. 58-60.
[135] HANSEN, M. H.; HOSKISSON, R. E.; BARNEY, J. B. Competitive advantage in alliance governance: Resolving the opportunism minimization-gain maximization paradox. *Managerial and Decision Economics*, 2007; DAVIS, J. H.; SCHOORMAN, F. D.; MAYER, R. C.; TAU, H. H. The trusted general manager and business unit performance: Empirical evidence of a competitive advantage. *Strategic Management Journal*, 21, 2000. p. 563-576.
[136] RINDOVA, V. P.; WILLIAMSON, I. O.; PETKOVA, A. P.; SEVER, J. M. Being good or being known: An empirical examination of the dimensions, antecedents, and consequences of organizational reputation. *Academy of Management Journal*,

48, 2005. p. 1.033-1.049; FOMBRUN, C. J. Corporate reputations as economic assets. In: HITT, M. A.; FREEMAN, R. E.; HARRISON, J. S. (eds.), *Handbook of Strategic Management*, Oxford: Blackwell Publishers, 2001. p. 289-312; BARRINGER, B. R.; HARRISON, J. S. Walking a tightrope: Creating value through interorganizational relationships. *Journal of Management*, 26, 2000. p. 367-403.

137. BARNETT, M. L.; SALOMON, R. M. Beyond dichotomy: The curvilinear relationship between social responsibility and financial performance. *Strategic Management Journal*, 27, 2006. p. 1.101-1.122.

138. GARDNER, T. M. Interfirm competition for human resources: Evidence from the software industry. *Academy of Management Journal*, 48, 2005. p. 237-256; TURBAN, D. B.; GREENING, D. W. Corporate social performance and organizational attractiveness to prospective employees. *Academy of Management Journal*, 40, 1996. p. 658-672.

139. HANSEN; HOSKISSON; BARNEY. Competitive advantage in alliance governance; WILLIAMSON. *Markets and Hierarchies*.

140. STINGLHAMBER, F.; DE CREMER, D.; MERCKEN, L. F. Support as a mediator of the relationship between justice and trust. *Group and Organization Management*, 31, 2006. p. 442-468; HEGTVEDT, K. A. Doing justice to the group: Examining the roles of the group injustice research. *Annual Review of Sociology*, 31, 2005. p. 25-45; CHEN, C. C.; CHEN, Y. R.; XIN, K. Guanxi practices and trust in management: A procedural justice perspective. *Organization Science*, 15, 2004. p. 200-209.

141. GARDBERG, N. A. Corporate citizenship: Creating intangible assets across institutional environments. *Academy of Management Review*, 31, 2006. p. 329-346; HARRISON; ST. JOHN. Managing and partnering with external stakeholders; CORNELL, B.; SHAPIRO, A. C. Corporate stakeholders and corporate finance. *Financial Management*, 16, 1987. p. 5-14.

142. MACKEY, A.; MACKEY, T. B.; BARNEY, J. B. Corporate social responsibility and firm performance: Investor preferences and corporate strategies. *Academy of Management Journal*, forthcoming, 2007; BROMILEY, P.; MILLER, K. D.; RAU, D. Risk in strategic management research. In: HITT, M. A.; FREEMAN, R. E.; HARRISON, J. S. (eds.). *Handbook of Strategic Management*, Oxford: Blackwell Publishers, 2001. p. 259-288; GRAVES, S. B.; WADDOCK, S. A. Institutional owners and corporate social performance. *Academy of Management Journal*, 37, 1994. p. 1.035-1.046.

143. LAVIE, D. The competitive advantage of interconnected firms: An extension of the resource-based view. *Academy of Management Review*, 31, 2006. p. 638-658; MAKHIJA, M. Comparing the resource-based and market-based views of the firm: Empirical evidence from Czech privatization. *Strategic Management Journal*, 24, 2003. p. 433-451; DOUGLAS, T. J.; RYMAN, J. A. Understanding competitive advantage in the general hospital industry: Evaluating strategic competencies. *Strategic Management Journal*, 24, 2003. p. 333-347; HARRISON; ST. JOHN. Managing and partnering with external stakeholders.

144. LEIDTKA, J. M. Strategy formulation: The roles of conversation and design. In: HITT, M. A.; FREEMAN, R. E.; HARRISON, J. S. (eds.). *Handbook of Strategic Management*, Oxford: Blackwell Publishers, 2001. p. 70-93.

145. HAMEL, G.; PRAHALAD, C. K. *Competing for the Future*, Boston: Harvard Business School Press, 1994. p. 129.

146. HAMEL, G.; PRAHALAD, C. K. Strategic intent. *Harvard Business Review*, 67(3), 1989. p. 63-76.

147. HITT, M. A., PARK, D.; HARDEE, C.; TYLER, B. B. Understanding strategic intent in the global marketplace. *Academy of Management Executive*, 9(2), 1995. p. 12-19.

148. ACKOFF. *Redesigning the Future*.

149. About Virgin, http://www.virgin.com/aboutvirgin/allaboutvirgin/thewholestory, 23 dez. 2006.

150. HARRISON, J. S.; FIET, J. O. New CEOs pursue their own interests by sacrificing stakeholder value. *Journal of Business Ethics*, 19, 1999. p. 301-308.

151. NEUSTADT, R.; MAY, E. *Thinking in Time: The Uses of History for Decision Makers*, Nova York: The Free Press, 1986. p. 251.

152. About Virgin.

153. LUNDQUIST, G. The missing ingredients in corporate innovation. *Research Technology Management*, 47(5), 2004. p. 11-12.

154. HAMEL, G. *Leading the Revolution*, Boston: Harvard Business School Press, 2000.

155. ZOLH, R. Recognizing tomorrow's hot ideas today. *Business Week*, 25 set. 2006. p. 12.

156. LUNDQUIST. The missing ingredients.

157. CHEN, J.; ZHOU, Z.; ANQUAN, W. A system model for corporate entrepreneurship. *International Journal of Manpower*, 26, 2005. p. 529-536.

158. BONN, I. Improving strategic thinking: A multilevel approach. *Leadership and Organizational Development Journal*, 26, 2005. p. 336-354.

159. HUTZSCHENREUTER, T.; KLEINDIENST, I. Strategy-process research: What have we learned and what is still to be explored. *Journal of Management*, 32, 2006. p. 673-721; HITT, M. A.; IRELAND, R. D. The essence of strategic leadership: Managing human and social capital. *Journal of Leadership and Organization Studies*, 9(1), 2002. p. 3-14.

160. KETCHEN, D. J.; SNOW, C. C.; STREET, V. L. Improving firm performance by matching strategic decision-making processes to competitive dynamics. *Academy of Management Executive*, 18(4), 2004. p. 29-43.

161. EVANS, P.; WOLF, B. Collaboration rules. *Harvard Business Review*, 83(7), 2005. p. 96-104.

162. FELTON, R. F.; WATSON, M. Change across the board. *McKinsey Quarterly*, http://www.mckinseyquarterly.com, set. 2002; SONNENFELD, J. A. What makes great boards great. *Harvard Business Review*, 80(9), 2002. p. 106-113.

163. TRIGEORGIS, L. *Real Options*, Cambridge: MIT Press, 1997.

164. REUER, J. J.; LEIBLEIN, M. J. Downside risk implications of multinationality and international joint ventures. *Academy of Management Journal*, 43, 2000. p. 203-214.

165. EHRENFELD, J. R. The roots of sustainability. *MIT Sloan Management Review*, 46(2), 2005. p. 23-25; TREVINO, L. K.; WEAVER, G. R. *Managing Ethics in Business Organizations*, Stanford: Stanford University Press, 2003.

Capítulo 2
Liderança estratégica

Objetivos de aprendizagem

O estudo deste capítulo deve proporcionar-lhe o conhecimento de administração estratégica necessário para:

1. Definir liderança estratégica e descrever a importância dos executivos de alto escalão como recursos da empresa.
2. Discutir as características dos líderes estratégicos eficazes e os fatores que influenciam sua capacidade de tomar decisões estratégicas produtivas, incluindo critério gerencial e distorções decisórias.
3. Definir equipes de executivos da alta administração e explicar seus efeitos no desempenho da empresa.
4. Descrever os fatores que influenciam a capacidade dos altos executivos de serem líderes estratégicos eficazes.
5. Descrever os processos que asseguram a uma empresa estar bem posicionada economicamente e identificar as características de uma estratégia bem definida.
6. Explicar como os líderes estratégicos adquirem, desenvolvem e gerenciam recursos para criar uma ou mais vantagens competitivas.
7. Descrever como os líderes estratégicos gerenciam o relacionamento com *stakeholders* externos a fim de reduzir a incerteza e ampliar a criação de valor.
8. Discutir o papel da liderança estratégica ao determinar e comunicar a orientação estratégica da empresa.
9. Discutir a importância e o uso dos controles organizacionais.

Líderes estratégicos conseguem influenciar consideravelmente o desempenho da empresa.[1] CEOs lendários como Jack Welch na General Electric, Sam Walton no Wal-Mart e Akio Morita na Sony conduziram suas organizações para que alcançassem maior sucesso comparativamente a seus diversos concorrentes de peso e, no entanto, usaram abordagens muito distintas. Jack Welch era conhecido por criar metas difíceis para seus subordinados e penalizá-los quando não desempenhavam bem. Ele conduziu gerentes a níveis elevados de sucesso ou acelerou seu desligamento da empresa, julgando que lhes estava fazendo um favor ao ajudá-los a identificar alguma outra oportunidade profissional na qual pudessem destacar-se.[2] Sam Walton adotou um tratamento positivo e cuidadoso para a área de varejo, considerando os clientes como soberanos e se referindo aos empregados como "associados". Ele também se valeu de uma abordagem não-convencional do mercado, instalando lojas amplas em áreas rurais e as estocando por meio de centros de distribuição localizados perto de grupos de lojas. Embora atualmente consideremos essas características rotineiras na administração de uma empresa, elas não eram normais nos primeiros tempos do Wal-Mart.[3] Akio Morita deu grande ênfase à inovação e adotou uma perspectiva global e orientada para o futuro. Ele é aclamado como um diplomata cuja visão ampla do papel do Japão na economia mundial ajudou a Sony e outras companhias japonesas a alcançarem níveis elevados de sucesso nos mercados internacionais.[4]

Apesar dessas abordagens diferentes, todos esses líderes foram visionários ou voltados à transformação: estabeleceram uma visão clara daquilo que desejavam alcançar. Também eram agentes de transformação, fazendo que outros transformassem em realidade suas ideias. A liderança estratégica eficaz é um requisito para a administração estratégica bem-sucedida. Liderança estratégica é a capacidade de prever, vislumbrar, manter flexibilidade e delegar poder para outros a fim de criar mudança estratégica conforme se faça necessário. A liderança estratégica, por ser de natureza multifuncional, envolve gerenciar por meio de outras pessoas, lidando com a mudança e gerenciando todo um empreendimento em vez de uma subunidade funcional. Em virtude da complexidade e da natureza global desse cenário, os líderes estratégicos precisam aprender a influenciar de maneira eficaz o comportamento humano em um ambiente incerto. Expressando-se verbalmente ou por exemplo pessoal, e por meio de sua capacidade de vislumbrar o futuro, os líderes estratégicos eficazes influenciam comportamentos e pensamentos daqueles com os quais trabalham.[5] A liderança voltada para a transformação envolve motivar os seguidores a fazerem mais do que o esperado, ampliar suas capacidades e colocar os interesses da organização acima de seus próprios.[6]

Este capítulo inicia focalizando líderes estratégicos individuais — as características pessoais que os tornam eficazes e a influência em sua capacidade para a tomada de decisões estratégicas eficazes. Examinamos em seguida as equipes formadas por executivos de alto escalão e a influência nas organizações, bem como os fatores associados à sucessão dos executivos. O restante do capítulo discute os seis componentes básicos da liderança estratégica eficaz: assegurar que a empresa esteja bem posicionada economicamente; adquirir, desenvolver e gerenciar os principais recursos; desenvolver e gerenciar relacionamentos com *stakeholders* externos; determinar e comunicar a orientação estratégica; supervisionar a formulação e a implementação de estratégias específicas; estabelecer controles equilibrados. Essas atividades influenciam o valor criado por uma empresa e seu desempenho econômico.

Líderes estratégicos individuais e influências sobre suas decisões

Nem todos os gerentes estão preparados para se tornar líderes estratégicos eficazes. Além disso, pode ser que as aptidões de liderança estratégica recaiam em uma hierarquia, na qual os gerentes precisam dominar competências de nível inferior antes de realizar a sintonia fina das competências de nível superior, conforme observado no gráfico a seguir extraído do livro *Good to Great*, de Jim Collins (Figura 2.1).[7]

- *Nível 1: Indivíduo Altamente Capacitado.* As competências mais básicas para se tornar um indivíduo capaz são o desenvolvimento de capacidades e uma ética de trabalho bem fundamentada.

- *Nível 2: Membro que Contribui para a Equipe.* A pessoa precisa ser capaz de trabalhar bem em equipe e oferecer contribuições úteis para a concretização das metas estipuladas.

- *Nível 3: Gerente Competente.* Após as duas competências de nível inferior terem sido dominadas, o gerenciamento competente origina-se da capacidade de organizar pessoas e recursos a fim de se cumprir os objetivos organizacionais.

- *Nível 4: Líder Eficaz.* Nem todos os gerentes competentes são líderes eficazes. Liderança supõe a capacidade de articular uma intenção estratégica clara e motivar os seguidores a alcançar níveis elevados de desempenho.

- *Nível 5: Executivo Nível 5.* São pessoas com disposição firme para conduzir suas empresas a um patamar de excelência. Frequentemente são humildes, atribuindo o sucesso à equipe que formaram em vez de se concentrarem em suas próprias realizações pessoais. Um líder nível 5 também pode ser denominado líder transformacional.

O conceito de hierarquia de competências é atraente. As pessoas não serão capazes de realizar uma boa contribuição para a equipe até terem alcançado certo nível de competência pessoal. De modo idêntico, ambas as competências de nível inferior parecem ser essenciais para que o indivíduo se torne um excelente gerente ou líder. Além disso, em virtude de o gerenciamento competente ser definido como a capacidade de organizar pessoas e recursos a fim de cumprir objetivos, parece razoável que os líderes eficazes também precisem ter essas competências. Observe que os boxes de nível inferior na Figura 2.1 são maiores do que aqueles no topo. Isso é um reflexo do número de pessoas que possuem essas competências. Indivíduos capacitados são comuns em comparação com o número de executivos nível 5.

Um CEO que poderia ser considerado justificadamente um executivo nível 5 é Doug Conant, da Campbell Soup Company. Em seis anos, ele transformou a empresa de uma marca antiga e "adormecida" em uma companhia com um dos melhores desempenhos no setor, elevando em 100% o preço das suas ações. Ele se concentrou na dinamização da equipe de trabalho, cortando

Figura 2.1: Hierarquia de nível 5

Nível 5: Executivo nível 5

Nível 4: Líder eficaz

Nível 3: Gerente competente

Nível 2: Membro que contribui para a equipe

Nível 1: Indivíduo altamente capacitado

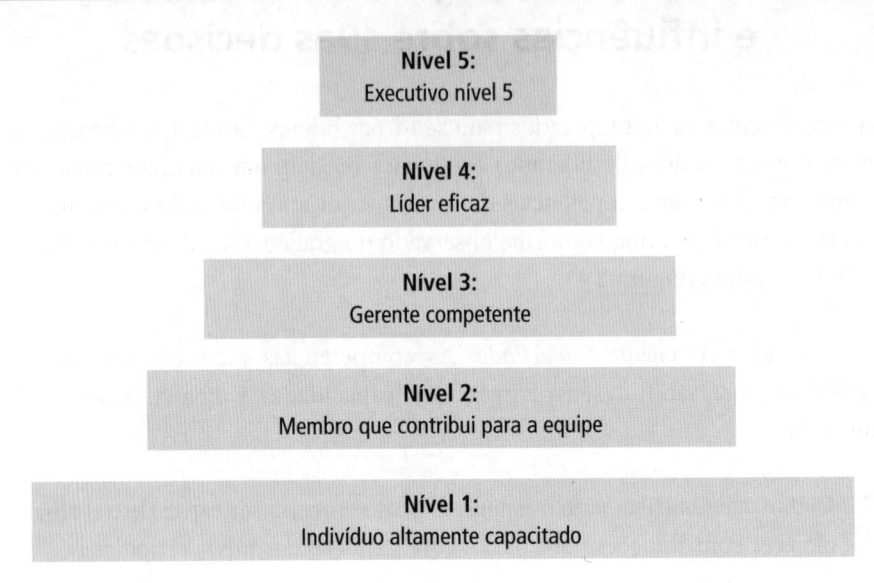

Fonte: baseado em J. Collins, 2001, *Good to Great: Why Some Companies Make the Leap... and Others Don't*, Nova York: Harper Business.

custos e empenhando-se para inovar. Dispensa elogios e admite ter errado dizendo simplesmente: "Posso fazer melhor". Durante sua permanência na Campbell, enviou mais de 16 mil notas manuscritas de agradecimento, com base na filosofia de que as pessoas devem ressaltar o que está certo em vez de sempre apontar defeitos. O presidente do conselho de administração da Campbell afirmou: "Ele é um líder extraordinário que age com máxima integridade. As pessoas aceitam suas opiniões e acreditam nele".[8]

Estilo de liderança estratégica

Os líderes estratégicos diferem no modo como orientam o processo de administração estratégica. O CEO estabelece o quanto deverá existir de participação dos dirigentes nas decisões estratégicas e o modo como as decisões são implementadas.[9] Alguns CEOs adotam o método muito tradicional de "comando", fazendo reuniões com membros do alto escalão administrativo para obter informações, mas decidindo individualmente as estratégias e determinando aos subordinados que as executem. Um estilo voltado mais para a colaboração implica elaborar simultaneamente estratégias e planos de implementação com membros do alto escalão da empresa. Em outras organizações, o CEO pode delegar a subordinados a maior parte das responsabilidades da criação de estratégias, alocando recursos e atribuindo responsabilidade por utilizá-las bem.[10] A propriedade de vários estilos de tomada de decisão tende a variar dependendo da situação competitiva. Nas situações em que são exigidas decisões rápidas, como em emergências ou mudanças inesperadas no ambiente empresarial, uma abordagem mais direcionada pode ser mais apropriada. No entanto, em geral, um estilo mais participativo resultará em melhores decisões porque os gerentes partilham e analisam um número maior de informações relevantes.[11]

A implementação também pode ser mais fácil e bem-sucedida porque os gerentes se consideram parte das decisões que estão empenhados em implementar.[12]

A formação cultural e funcional dos altos executivos também pode influenciar o modo pelo qual são tomadas as decisões estratégicas.[13] Existe um debate contínuo a respeito de ser apropriado adequar a formação dos gerentes com a situação competitiva na qual liderarão. Por exemplo, pode ser apropriado para gerentes com formação na área de produção e operações administrar empresas que tentam alcançar posições de custo baixo devido ao foco interno em eficiência e engenharia.[14] Alternativamente, empresas que buscam diferenciar seus produtos podem precisar de alguém com treinamento em marketing ou pesquisa e desenvolvimento (P&D) devido à necessidade de inovação e de entendimento do mercado. As estratégias de crescimento podem exigir uma pessoa com formação sólida em marketing, com disposição para assumir riscos e com tolerância elevada pela ambiguidade.[15] No entanto, essas mesmas características podem ser inapropriadas nas situações em que ocorre uma reviravolta. Também existem algumas evidências de que a mudança e a inovação estratégicas são mais prováveis quando um gerente é mais jovem e possui menos tempo de organização, mas tem boa formação acadêmica.[16] Não existe uma fórmula definitiva para adequar um líder estratégico a uma situação competitiva. Deve-se compreender que a eficácia da liderança estratégica pode depender, em parte, do grau de perfeição com que a formação e as competências de um determinado líder são compatíveis com os desafios enfrentados pela empresa.

Critério gerencial e distorções decisórias

O critério gerencial e as distorções decisórias também podem influenciar a eficácia das decisões estratégicas. Pelo fato de essas decisões pretenderem auxiliar uma empresa a desenvolver uma ou mais vantagens competitivas, o modo como os gerentes adotam um critério (amplitude de ação) torna-se importante para o sucesso da empresa.[17] Gerentes muitas vezes usam seu critério ao tomar decisões estratégicas, incluindo aquelas associadas à implementação de estratégias.[18] Os executivos de alto escalão precisam ser orientados à ação; assim, as decisões que tomam devem levar a empresa à ação. No entanto, são limitados por alguns fatores que influenciam o critério que utilizam quando tomam decisões. Alguns desses fatores encontram-se associados ao ambiente externo, como a estrutura do setor, o ritmo de crescimento do mercado no principal setor em que a empresa atua e o grau em que os produtos podem ser diferenciados. Considere, por exemplo, que os gerentes de uma empresa que produz uma *commodity* básica encontrem-se razoavelmente limitados para determinar como poderiam alterar seu produto a fim de torná-lo mais atraente para o mercado. Características da organização, incluindo dimensão, idade, recursos e cultura, também podem influenciar o critério utilizado. Por exemplo, culturas organizacionais consolidadas podem exercer um efeito considerável nas decisões que são tomadas. Por último, o critério é influenciado pelas características individuais do gerente, incluindo o compromisso com a empresa e seus resultados estratégicos, tolerância pela ambiguidade, aptidão para trabalhar com pessoas diferentes e níveis de aspiração (Figura 2.2).

Além do critério gerencial, as distorções na tomada de decisão podem exercer um efeito considerável nas decisões estratégicas.[19] Os gerentes estratégicos tendem a apoiar-se em um conjunto limitado de heurísticas, ou "regras práticas", quando tomam decisões estratégicas.[20]

Figura 2.2: Fatores que afetam o critério gerencial

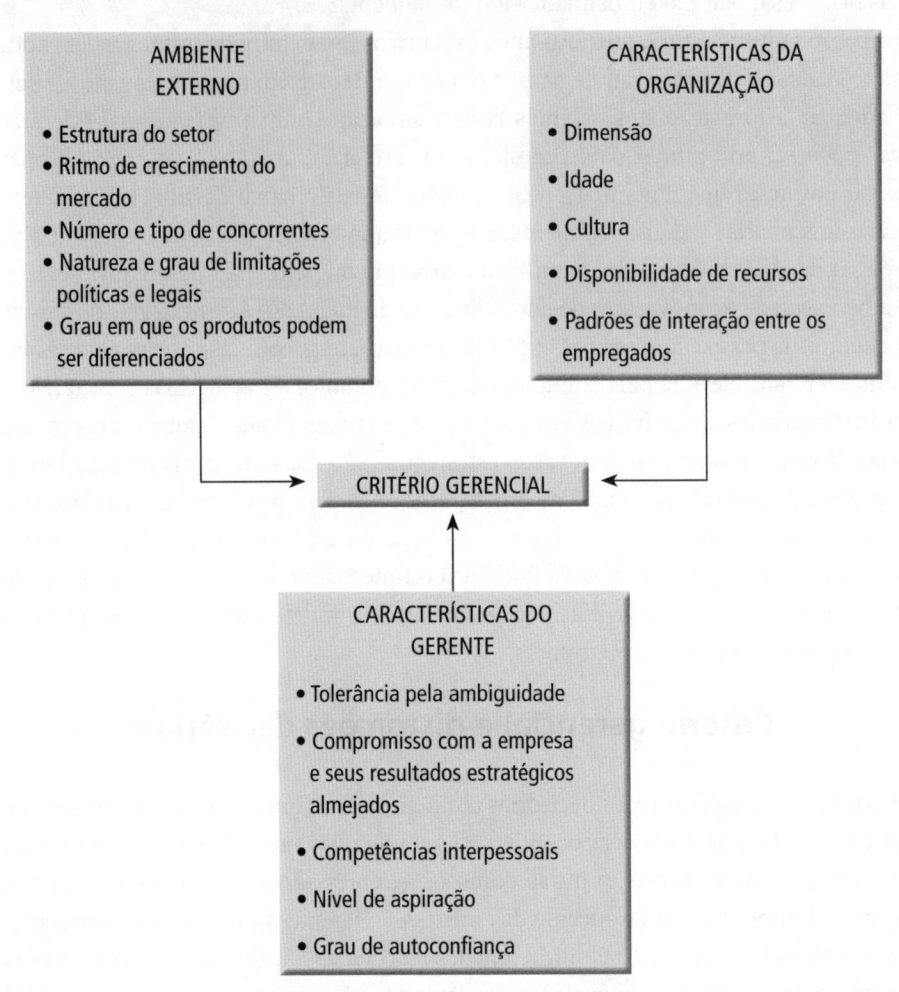

AMBIENTE EXTERNO
- Estrutura do setor
- Ritmo de crescimento do mercado
- Número e tipo de concorrentes
- Natureza e grau de limitações políticas e legais
- Grau em que os produtos podem ser diferenciados

CARACTERÍSTICAS DA ORGANIZAÇÃO
- Dimensão
- Idade
- Cultura
- Disponibilidade de recursos
- Padrões de interação entre os empregados

CRITÉRIO GERENCIAL

CARACTERÍSTICAS DO GERENTE
- Tolerância pela ambiguidade
- Compromisso com a empresa e seus resultados estratégicos almejados
- Competências interpessoais
- Nível de aspiração
- Grau de autoconfiança

Fonte: Adaptado de S. Finkelstein e D. C. Hambrick, 1996: *Strategic Leadership: Top Executives and their Effects on Organizations*, St. Paul, MN: West Publishing Company.

Essas heurísticas ajudam os gerentes a simplificar aquilo que de outro modo poderia ser um ambiente de decisões muito complexo e incerto. No entanto, a heurística também pode resultar em decisões subótimas.[21] Embora dezenas de distorções potenciais nas tomadas de decisão tenham sido mencionadas na literatura que descreve as pesquisas,[22] cinco parecem ter maior potencial para influenciar as decisões estratégicas:[23]

- *Dependência de Ideias Preconcebidas.* Os executivos trazem consigo algumas ideias preconcebidas a qualquer processo de decisão. Algumas delas existem em função de suas experiências anteriores ao passo que outras são baseadas em informações a respeito das quais podem ter lido ou ouvido, independentemente de terem alguma validade empírica real. As crenças sobre causalidade são especialmente importantes para as decisões estratégicas, isto é, como variáveis de decisão importantes se combinam. Por exemplo, os executivos podem acreditar que ações estratégicas específicas trarão determinados resultados para a empresa. A experiência, sem margem de dúvida, representa um recurso valioso para o executivo; no entanto, ideias preconcebidas podem fazer que as decisões não atribuam importância à informação que poderia conduzir a conclusões diferentes.[24] Estereótipos também se enquadram nessa categoria, isto é, quando os executivos possuem noções preconcebidas sobre a capacidade ou o comportamento potencial dos indivíduos com base em variáveis como gênero, nacionalidade, religião ou raça. Manter um estereótipo pode fazer que um executivo despreze as aptidões, a formação e o desempenho individuais de uma pessoa que está sendo considerada para uma posição estratégica e, portanto, escolha um indivíduo que não liderará tão eficazmente.

- *Foco em Objetivos Limitados.* Os executivos também tendem a focar em um número limitado de metas em vez de pensar em termos amplos a respeito de outros objetivos válidos.[25] Por exemplo, um foco predominante em controles orçamentários pode levar os gerentes a se concentrar em alvos de desempenho críticos selecionados.[26] Uma concentração excessiva no retorno dos acionistas ou no retorno do patrimônio líquido pode resultar em decisões de amplitude limitada, pelas quais a empresa empreende ações que trazem benefícios financeiros imediatos, prejudicando ao mesmo tempo seu desempenho a longo prazo.[27] Também pode conduzir a uma negligência e a um relacionamento menos favorável com *stakeholders* importantes para a competitividade da empresa, como clientes, fornecedores, as comunidades em que as empresas operam ou mesmo os empregados.[28]

- *Exposição a Alternativas de Decisão Limitadas.* Em uma iniciativa para simplificar os processos de decisão, os executivos tendem a limitar o número de alternativas para atingir uma determinada meta.[29] Em vez disso, apoiam-se na intuição para suplementar a racionalidade.[30] O problema é que, ao se empenhar para acelerar os processos de decisão, podem não considerar alternativas viáveis ou mesmo potencialmente bem-sucedidas.

- *Insensibilidade às Probabilidades dos Resultados.* Frequentemente os tomadores de decisão não entendem, não confiam ou não usam valores de probabilidade para orientar os processos de decisão, isto é, tendem a ser mais influenciados pela magnitude dos resultados das decisões do que pela probabilidade de que ocorrerão.[31] Também podem considerar como sendo únicas certas situações de decisão e, portanto, atribuir um peso menor à informação que, sob outros aspectos, poderia auxiliá-los a avaliar a probabilidade de sucesso.[32] O perigo associado a esse viés é que, com base nos retornos potenciais elevados que poderiam concretizar-se, os líderes estratégicos farão que suas empresas passem por situações improváveis de serem bem-sucedidas.

- *Ilusão de Controle.* À medida que os decisores abordam uma situação de decisão específica, eles podem acreditar que possuem mais controle sobre os resultados dessa decisão do que realmente possuem.[33] Esse viés manifesta-se nos executivos que avaliam probabilidades menores de insucesso, o que está relacionado ao viés anterior. No entanto, também resulta uma sensação de que podem usar suas aptidões profissionais para resolver problemas que ocorrem durante a implementação de uma decisão.[34] Esse problema encontra-se relacionado ao excesso de confiança ou de otimismo.[35] Consequentemente, esse viés pode conduzir a decisões inapropriadas desde o início e a um planejamento inadequado para a implementação dessas decisões.

A arrogância, que pode ser definida como orgulho excessivo, conduzindo a uma sensação de invencibilidade, consegue ampliar os efeitos de cada uma dessas distorções potenciais.[36] Os CEOs tendem a atrair muita atenção da mídia e podem ganhar prêmios e obter outros tipos de reconhecimento público.[37] Pesquisas realizadas indicaram que, quando os CEOs começam a acreditar nos relatos elogiosos da mídia impressa de negócios e a julgar ser improvável que cometam erros, apresentam uma probabilidade maior de tomar decisões estratégicas inapropriadas.[38] Os executivos do alto escalão precisam ter autoconfiança, mas também devem atentar para que esta não atinja o ponto de arrogância. Talvez seja esse o motivo pelo qual alguns dos mais importantes líderes empresariais da atualidade exibem um grau de humildade incomum.[39]

A conscientização da existência de distorções nas tomadas de decisão pode ajudar os líderes estratégicos a suplantá-las pelo menos parcialmente. Por exemplo, os líderes podem proporcionar um ambiente aberto para tomada de decisões receptivo a novas perspectivas e que desafie as suposições e estratégias existentes. Os problemas associados à negligência de probabilidades anteriores podem ser equacionados por meio da análise de opções reais (Capítulo 13). Além disso, os líderes estratégicos conseguem resolver problemas associados a distorções nas decisões cercando-se de uma equipe formada por altos executivos com visões divergentes e formações distintas.

Equipes da alta administração

Na maioria das empresas, os desafios organizacionais complexos e a necessidade de informações relevantes, conhecimento e aptidões para vencer esses desafios resultam na necessidade de equipes de executivos proporcionarem liderança estratégica. A qualidade do pensamento estratégico e as decisões estratégicas subsequentes feitas pelo conjunto dos altos executivos afetam a capacidade da empresa de inovar e realizar mudanças estratégicas eficazes.[40] Os executivos de alto escalão constituem um recurso importante para as empresas que se empenham em adotar de modo bem-sucedido o processo de administração estratégica.[41]

Uma equipe de altos executivos é composta pelo CEO e por outros dirigentes importantes responsáveis por determinar a orientação da empresa, formular e implementar sua estratégia. Por exemplo, uma equipe pode incluir um diretor de operações e uma variedade de outros dirigentes de alto nível que representam as principais unidades de negócio ou áreas funcionais da empresa, bem como os membros do conselho de administração.[42] As decisões resultantes do pensamento estratégico praticado pelo alto escalão influenciam o modo como a empresa é estruturada, a natureza de suas estratégias e se cumprirá suas metas. Portanto, um elemento importante do sucesso organizacional é possuir uma equipe de altos executivos com grande competência gerencial e habilidade para tomar decisões.[43]

Diversos fatores influenciam a capacidade das equipes de altos executivos de exercerem uma liderança estratégica eficaz, incluindo a heterogeneidade da equipe, o poder da equipe e os processos de sucessão dos executivos.

Heterogeneidade da equipe da alta administração

A função dos executivos de alto nível é complexa e requer um conhecimento amplo das operações da empresa, assim como das três principais partes do ambiente externo da empresa — os ambientes geral, setorial e competitivo. (O Capítulo 4 analisa esses ambientes detalhadamente.) A complexidade e o poder dominante das forças ambientais, bem como a necessidade de administrar uma grande variedade de relacionamentos com *stakeholders* exigem a formação de uma equipe de altos executivos com uma ampla variedade de qualidades, capacidades e conhecimento.[44] Isso normalmente requer uma equipe heterogênea de altos executivos composta por pessoas com formação funcional, experiência e nível acadêmico distintos. Quanto mais heterogênea for uma equipe de altos executivos — quanto mais variados forem a especialização e o conhecimento no âmbito da equipe —, maior sua capacidade de proporcionar liderança estratégica eficaz para a formulação de estratégias.

Bill Gates, antes de se desligar da Microsoft, reuniu uma equipe de líderes para reestruturar e revigorar a companhia.[45] O CEO Steven Ballmer prometeu solenemente que a Microsoft abrirá mão de sua competência histórica na criação de *softwares* que demandam um longo processo de elaboração, optando por maior flexibilidade em seus produtos, incluindo maior uso da abordagem baseada na *web* em todos os seus *softwares*. Uma equipe heterogênea de executivos graduados está trabalhando com Ballmer, entre eles J. Allard, vice-presidente corporativo de projetos e desenvolvimento. Allard é considerado um "pensador avançado" que tem a mente voltada para algo muito além do Windows como a próxima inovação da empresa. Por exemplo, ele liderou a criação do *player* de música digital Zune, que precisou de apenas oito meses para ser desenvolvido e lançado no mercado. Steven Sinofsky, vice-presidente sênior responsável pelo Windows, é um grande especialista em computadores orientado a detalhes que recentemente passou um outono em Beijing, na China, trabalhando em projetos de marketing e de P&D. Craig Mundie, diretor de pesquisas e estratégia, iniciou a carreira desenvolvendo sistemas operacionais na Systems Equipment Corporation. Ele continua atuando em diversos comitês nacionais que lidam com temas de tecnologia e passou algum tempo trabalhando diretamente com Bill Gates em projetos de pesquisa e incubação antes de sair do emprego anterior. Lisa Brummel, vice-presidente sênior de recursos humanos, realizou mudanças fundamentais em resposta ao descontentamento dos colaboradores. Ao todo, 21 executivos formam o alto escalão da Microsoft, um reflexo da dimensão e da diversidade da companhia e de seus produtos.[46]

Os membros de uma equipe heterogênea de altos executivos beneficiam-se com a discussão sobre os diferentes cenários que os componentes da equipe propõem. Em muitos casos, essas discussões aumentam a qualidade das decisões da equipe, especialmente quando resultam em uma síntese a partir dos diversos cenários individuais.[47] Contar com membros de especialização marcante nas principais funções e atividades empresarias básicas também é importante para a eficácia de uma equipe de altos executivos. Em um setor de alta tecnologia, pode ser importante para uma equipe de executivos graduados possuir conhecimentos especializados de P&D, particularmente quando estiverem sendo implementadas estratégias de crescimento.[48] Equipes heterogêneas de altos executivos têm demonstrado algumas vezes propensão para empreender ações e apresentar reações competitivas mais intensas do que equipes mais homogêneas.[49]

A maior heterogeneidade nas equipes da alta administração também se encontra associada positivamente à inovação e à mudança estratégica.[50] A heterogeneidade da equipe pode incentivar os membros a "pensar além dos limites tradicionais" e, portanto, a ser mais criativos na tomada de decisões.[51] "Pensar além dos limites tradicionais" significa, essencialmente, "pensar além dos modelos mentais usuais que moldam a maneira como as pessoas enxergam o mundo".[52] Portanto, as empresas que precisam alterar suas estratégias têm maior probabilidade para fazê-lo caso possuam equipes de altos executivos com formação e especialização diversificadas. Uma equipe com diversas áreas de especialização possui maior probabilidade de identificar mudanças ambientais (oportunidades e ameaças) ou mudanças no interior das empresas que exigem uma orientação estratégica diferente.[53] As pesquisas também indicam que uma maior heterogeneidade entre os membros da equipe de executivos graduados promove o debate, conduzindo muitas vezes a melhores decisões estratégicas, as quais resultam, por sua vez, em melhor desempenho da empresa.[54]

Após uma decisão ser tomada, o próximo desafio consiste em criar um nível de coesão entre os membros da equipe que facilitará a implementação eficaz da mudança. Um dos grandes desafios com o qual os líderes estratégicos se defrontam é a integração das diversas opiniões e comportamentos de uma equipe heterogênea em um modo comum de pensamento e comportamento.[55] Em geral, quanto mais heterogênea e maior for a equipe de dirigentes, mais difícil será para a equipe implementar estratégias eficazmente.[56] Planos estratégicos abrangentes e de longo prazo podem ser prejudicados por dificuldades de comunicação entre os altos executivos que possuem formações e aptidões cognitivas diferentes.[57] Como resultado, um grupo de executivos de primeira linha com formações distintas pode inibir o processo de tomada de decisões caso não seja gerenciado eficazmente. Nesses casos, as equipes de altos executivos podem fracassar ao examinar de modo abrangente as ameaças e oportunidades, resultando em decisões estratégicas subótimas.

O CEO Daniel Vasella, presidente do conselho de administração da Novartis, formada pela fusão entre as empresas farmacêuticas suíças Sandoz e Ciba-Geigy em 1996, administra uma das maiores companhias farmacêuticas do mundo.[58] O médico Vasella, que anteriormente exercia a prática clínica, transformou o conglomerado suíço de atuação antes restrita em um inovador agressivo ao formar uma equipe de altos executivos plena de energia porém diversificada. Um analista observou: "Embora os altos executivos da Novartis sejam dotados de personalidades fortes distintas, 'alinhamento', seu termo usado frequentemente, ressoa como verdade em seu trabalho de equipe. (...) No entanto, cada membro da equipe possui responsabilidade e perspectiva distintas".[59]

O CEO e o poder da equipe da alta administração

O Capítulo 11 discute o conselho de administração como um mecanismo de gestão para controle da orientação estratégica de uma empresa e para representar os interesses dos diversos grupos, especialmente aqueles formados por acionistas.[60] Nesta seção, focalizamos as características que dão ao CEO e à equipe de executivos graduados poder em relação ao conselho e a influência que essas características podem exercer sobre o quanto de liderança estratégica proporciona o conselho. Uma premissa subjacente é a de que o desempenho mais elevado é obtido quando o conselho de administração estiver envolvido mais diretamente na determinação da orientação estratégica da empresa.[61] Os conselheiros, entretanto, podem deparar com dificuldades para indicar as ações estratégicas de CEOs e equipes de altos executivos poderosos.[62] Seu poder relativo constitui, pelo menos parcialmente, uma função de vínculos sociais ou empresariais com conselheiros e sua permanência como membros da equipe.

Não é incomum um CEO poderoso nomear para o conselho alguns membros que não pertencem aos quadros da companhia, mas com os quais possui afinidades, tais como amigos, parentes ou presidentes de companhias com as quais a empresa possui negócios. Os CEOs também podem nomear para membros do conselho de administração executivos que pertencem à equipe da alta administração e respondem diretamente ao CEO.[63] Em ambos os casos, o CEO pode exercer um controle importante sobre as ações do conselho. Westphal e Zajac formularam a seguinte "pergunta básica": "Se os conselhos são um mecanismo eficaz de controle dos executivos... ou se representam uma 'ferramenta administrativa',... uma concordância automática com as iniciativas dos dirigentes... e muitas vezes abrem mão para a diretoria executiva de seu principal domínio de autoridade para tomada de decisões, que inclui o direito de contratar, demitir e remunerar os altos executivos".[64]

A Xerox representa um exemplo de um gigante em um setor que tropeçou, ao menos em parte, devido a um conselho ineficaz. Há alguns anos, após resultados financeiros medíocres, uma sucessão rápida de CEOs e acusações de irregularidades contábeis, o conselho da empresa foi criticado por "adormecer na direção".[65] Em resposta, a empresa realizou alterações substanciais, sendo que mais da metade de seus 11 membros do conselho foram nomeados entre 2003 e 2006.[66] O conselho inclui presentemente três mulheres (incluindo a CEO Anne Mulcahy), dois membros minoritários, um diretor de uma faculdade de Administração e representantes de uma ampla gama de setores.

Apesar dos exemplos de grande visibilidade de má gestão nas empresas com desempenho ruim, laços estreitos entre membros do conselho e CEOs nem sempre resultam no menor envolvimento dos membros do conselho em decisões estratégicas. Na realidade, as pesquisas mostram que os vínculos sociais entre o CEO e os membros do conselho podem aumentar o envolvimento dos membros do conselho nas decisões estratégicas. Portanto, relações consolidadas entre o CEO e o conselho de administração podem acarretar resultados positivos ou negativos para as empresas, dependendo de como essas relações são gerenciadas.[67] O aspecto importante consiste em reconhecer e precaver-se contra os riscos.

Outra maneira de o CEO adquirir poder em relação ao conselho consiste em atuar como presidente deste.[68] Essa prática, conhecida como dualidade do CEO, tem se tornado mais comum nos Estados Unidos. Embora varie em função do setor, a dualidade ocorre com mais frequência nas empresas de maior porte. No entanto, um maior ativismo dos acionistas fez que a dualidade do CEO fosse contestada e combatida nas empresas americanas e europeias. A dualidade tem sido criticada por causar mau desempenho e resposta lenta em algumas empresas.[69]

Historicamente, uma estrutura de liderança independente do conselho, na qual pessoas distintas ocuparam as posições de CEO e de presidente do conselho, foi considerada um fator que ressaltava a capacidade de um conselho para monitorar as decisões e ações dos executivos de alto escalão, particularmente quanto ao desempenho financeiro da empresa.[70] Coerente com essa visão, as duas funções são sempre distintas na Grã-Bretanha. O modelo britânico, entretanto, também pode resultar em problemas, particularmente em lutas de poder e confusão a respeito da liderança da empresa.[71] A teoria da parceria sugere igualmente que os altos executivos querem fazer aquilo que é certo para os acionistas da empresa e que reduzir o número de interferências por meio de suas ações aumentará o potencial de lucro da empresa.[72] Sob essa perspectiva se esperaria que a dualidade do CEO facilitasse decisões e ações eficazes. Nesses casos, a maior eficácia obtida por meio da dualidade do CEO resulta da pessoa que deseja desempenhar bem e almeja ser o melhor gestor possível dos ativos da empresa. Em virtude da orientação e das ações positivas dessa pessoa, a gestão adicional e os custos de coordenação resultantes de uma estrutura de liderança independente do conselho seriam desnecessários. Esses argumentos demonstram que não existe uma resposta definitiva em relação à influência da dualidade do CEO sobre a tomada de decisões estratégica.

Uma influência adicional sobre o poder do CEO e de outros membros da equipe da alta administração é o tempo de permanência na organização. CEOs com muito tempo de empresa — na equipe de direção e na organização — exercem uma influência maior sobre as decisões do conselho.[73] Disso resulta que CEOs com maior influência podem empreender ações que atendam seus melhores interesses, cujos resultados aumentam a remuneração que recebem da companhia.[74] Sabe-se que a longa permanência nos quadros da empresa restringe a amplitude da base de conhecimentos de um executivo. Tendo em vista as perspectivas limitadas associadas a uma base de conhecimentos restrita, os executivos do alto escalão que exercem funções há muitos anos na empresa desenvolvem menos alternativas para avaliação ao tomar decisões estratégicas.[75] No entanto, gerentes com muitos anos de casa também podem ser capazes de exercer um controle estratégico mais eficaz, evitando, desse modo, a necessidade do envolvimento dos membros do conselho porque o controle estratégico eficaz em geral produz maior desempenho.[76]

Os conselhos de administração, para tornar as empresas mais sólidas, devem desenvolver um relacionamento eficaz com a equipe dos executivos graduados da empresa que faça sentido em uma determinada situação competitiva.[77] Especificamente, o grau relativo de poder mantido pelo conselho e pelos membros da equipe da alta administração deve ser examinado à luz da situação. A abundância de recursos no ambiente externo de uma empresa e a volatilidade desse ambiente podem afetar o equilíbrio de poder ideal entre conselhos de administração e equipes de altos executivos.[78] Por exemplo, um ambiente volátil e incerto pode criar uma situação em que um CEO poderoso tenha necessidade de atuar com presteza e uma equipe diversificada de altos executivos poderia criar menos coesão entre os membros da equipe e evitar ou deter um passo estratégico necessário.[79] Ao desenvolverem relações de trabalho eficazes, conselhos, CEOs e outros membros do alto escalão são capazes de atuar em consonância com as melhores expectativas dos *stakeholders* da empresa.[80]

Processos de sucessão dos executivos

A escolha de executivos para o primeiro escalão, especialmente CEOs, constitui uma decisão organizacional importante com implicações importantes para o desempenho da empresa.[81] Muitas empresas usam sistemas de análise de liderança para identificar pessoas com potencial de liderança gerencial e estratégica. Os mais eficazes entre esses sistemas avaliam as pessoas no âmbito da empresa e obtêm informações valiosas sobre as capacidades de dirigentes de outras empresas, particularmente seus líderes estratégicos.[82] Com base nos resultados dessas avaliações, são realizados programas de treinamento e desenvolvimento para os atuais gerentes em uma tentativa de pré-elecionar e moldar as aptidões das pessoas que podem tornar-se os líderes do futuro. O programa de desenvolvimento de dirigentes para efetivação do "talento em dez passos" da General Electric, por exemplo, é considerado um dos mais eficazes no mundo.[83]

As organizações selecionam líderes estratégicos de dois tipos de mercado de trabalho em nível executivo: interno e externo.[84] Um mercado de trabalho interno é formado pelas oportunidades para a ocupação de posições gerenciais em uma empresa, e um mercado de trabalho externo consiste de oportunidades de carreira para executivos em organizações distintas daquela para a qual trabalham no momento.

No passado era comum as companhias demonstrarem preferência por pessoas da própria organização para preencherem posições da alta administração devido a um desejo de continuidade e a um compromisso contínuo com a visão, a missão e as estratégias escolhidas pela empresa.[85] Na realidade, algumas pessoas consideram que a sucessão externa para a função de CEO constitui "um evento extraordinário para as empresas (e) usualmente é considerada como indicador preciso de que o conselho de administração deseja a mudança".[86] Considere-se que a empresa obtém diversos benefícios quando pessoas de dentro da organização são escolhidas como novos CEOs. Em virtude de sua experiência na empresa e com o ambiente setorial no qual concorre, as pessoas que pertencem ao quadro da empresa estão familiarizadas com produtos, mercados, tecnologias e procedimentos operacionais da companhia. A seleção interna também produz índices de rotatividade menores entre o pessoal existente, sendo que muitos possuem conhecimento específico sobre a empresa. Também conhecido como conhecimento privativo da empresa e muitas vezes fonte de vantagem competitiva, o conhecimento específico sobre a empresa inclui itens como "rotinas, processos, documentação ou segredos industriais e comerciais únicos".[87]

Portanto, quando a empresa estiver desempenhando bem, a sucessão interna é preferível porque supõe-se que a escolha interna mantém na empresa o conhecimento importante necessário para manter o desempenho elevado. No entanto, para que uma promoção interna a uma posição executiva ocorra de modo bem-sucedido, as empresas precisam desenvolver e implementar programas eficazes de sucessão dos executivos que ajudem a desenvolver gerentes de modo que um deles estará preparado no final para ascender ao topo.[88]

Tendo em vista o sucesso impressionante da General Electric ao longo de mais de 20 anos e de seu programa de desenvolvimento de executivos altamente bem-sucedido, uma pessoa dos quadros da empresa, Jeffrey Immelt, foi escolhida para suceder Jack Welch.[89] Na IBM, de modo similar, Samuel Palmisano, também pertencente aos quadros internos da empresa, foi selecionado para substituir Louis Gerstner, que, fato interessante, não pertencia aos quadros da companhia quando foi indicado para ser CEO. Gerstner foi selecionado para mudar a orientação estratégica da empresa, que apresentava problemas à época de sua contratação. Como o desempenho da IBM estava melhorando, os investidores não desejavam uma mudança significativa na orientação estratégica, mesmo à luz do desempenho muito inferior ao esperado no final de 2002. Comentando o desempenho da empresa naquela ocasião, o novo CEO Palmisano observou que havia sido um "ano difícil, muito difícil". No entanto, ele também afirmou que a liderança técnica da IBM seria o alicerce para os avanços esperados em 2003 e mais adiante. A declaração de Palmisano foi reforçada pelo fato de que a IBM ocupava uma posição de liderança mundial em termos de novas patentes por ocasião de sua nomeação.[90]

Em virtude de cenários competitivos mutáveis e de graus variados de desempenho, um número crescente de conselhos de administração tem contratado pessoas de fora da organização para suceder aos CEOs.[91] As empresas muitas vezes contratam uma assessoria de recrutamento de executivos (os *headhunters*) para ajudar a identificar e recrutar candidatos promissores. Muitas vezes existem razões válidas para selecionar uma pessoa fora dos quadros da empresa. Por exemplo, as pesquisas indicam que os executivos cujas carreiras decorreram em uma determinada empresa podem se tornar "acomodados no comando".[92] A longa permanência trabalhando em uma empresa parece reduzir o número de ideias inovadoras que os altos executivos são capazes de desenvolver para lidar com as condições enfrentadas por suas companhias. Em virtude da importância da inovação para o sucesso de uma empresa no atual cenário competitivo, a incapacidade de inovar ou criar condições que estimulem a inovação em toda a organização constitui um aspecto negativo em um líder estratégico. A base de conhecimento variado e as redes sociais que desenvolveram enquanto trabalhavam para outras organizações constitui outra razão para contratar no mercado de trabalho externo.[93] Combinações únicas de conhecimentos diversificados podem criar sinergia como base para o desenvolvimento de novas vantagens competitivas.

A Figura 2.3 mostra como a composição da equipe de executivos graduados e a sucessão do CEO (mercado de trabalho executivo) podem interagir para afetar a estratégia. Por exemplo, quando a equipe de altos executivos for homogênea (seus membros possuem experiência funcional e formação acadêmica similares) e um novo CEO for selecionado nos quadros da empresa, a estratégia atual da companhia provavelmente não mudará. Por outro lado, quando um novo CEO for selecionado externamente à empresa e a equipe de altos executivos for heterogênea, existe grande probabilidade de que a estratégia será alterada. Quando o novo CEO origina-se dos quadros da empresa e uma equipe de alto escalão heterogênea estiver atuando, a estratégia pode não mudar, mas a inovação tem probabilidade de continuar. Uma sucessão com um CEO externo e uma equipe de altos executivos homogênea cria uma situação mais ambígua.

Figura 2.3: Efeito da sucessão do CEO e da composição da equipe da alta administração sobre a estratégia

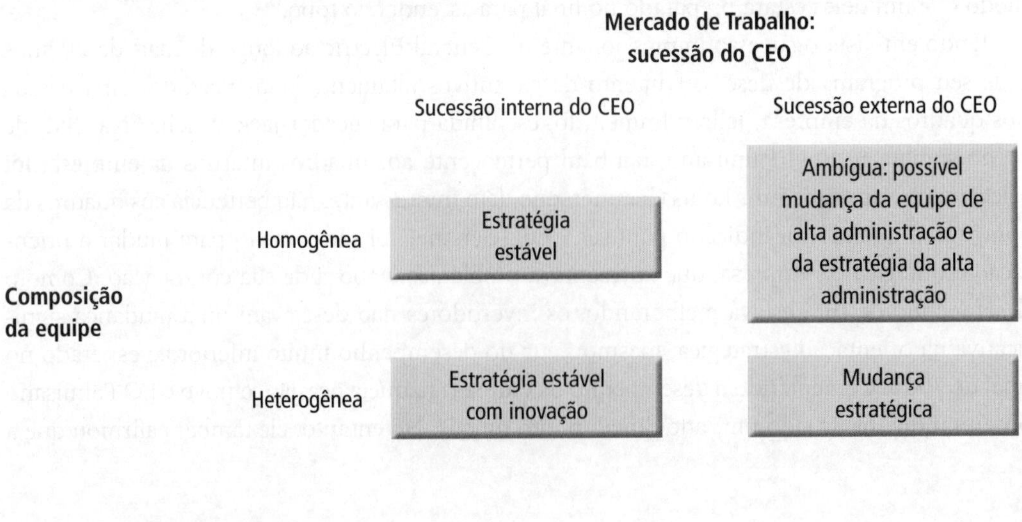

		Mercado de Trabalho: sucessão do CEO	
		Sucessão interna do CEO	Sucessão externa do CEO
Composição da equipe	Homogênea	Estratégia estável	Ambígua: possível mudança da equipe de alta administração e da estratégia da alta administração
	Heterogênea	Estratégia estável com inovação	Mudança estratégica

Tendo em vista a necessidade de perspectivas de direção variadas em um mercado cada vez mais competitivo, infelizmente algumas empresas ainda relutam em ocupar seus cargos de alto escalão com pessoas que poderiam contribuir para a discussão com uma visão diferente.[94] Os grupos minoritários e as mulheres, em particular, estão subrepresentados nas posições mais elevadas das principais organizações com fins lucrativos.[95] A partir de uma perspectiva com base em recursos, isso é deplorável porque sinaliza que algumas empresas não estão aproveitando os recursos que possuem. A visão orientada aos *stakeholders* indica que uma empresa que cria um "telhado de vidro" para alguns de seus membros com relação a seu potencial de promoção está perdendo a oportunidade de incentivar o relacionamento com diversos segmentos da sociedade.

Apesar disso as mulheres estão progredindo — de modo lento, porém firme — no sentido de conseguirem mais nomeações para as posições de alto nível nas empresas, particularmente em determinados setores.[96] Por exemplo, no setor de entretenimento, as mulheres ocupam cerca de um terço das posições executivas mais graduadas nos estúdios cinematográficos.[97] Esse fenômeno faz sentido sob um ponto de vista estratégico porque mulheres representam aproximadamente metade do público de filmes. Em outros setores, as CEOs Anne Mulcahy (da Xerox), Brenda Barnes (da Sara Lee) e Meg Whitman (da eBay) representam exemplos de mulheres que romperam a barreira do gênero. Além disso, as organizações estão começando a utilizar os talentos administrativos potenciais das mulheres tornando-as membros dos conselhos de administração corporativos. Essas nomeações adicionais indicam que a capacidade das mulheres de representarem as melhores expectativas dos *stakeholders* e especialmente dos acionistas nas empresas ao nível do conselho de administração está sendo mais reconhecida.

Principais responsabilidades e ações para a liderança estratégica

A responsabilidade básica pelo pensamento estratégico e a liderança estratégica eficaz que pode resultar desse pensamento competem à equipe de alto escalão e, em particular, ao CEO. A liderança estratégica é uma forma de liderança extremamente complexa — porém fundamental. As estratégias não podem ser formuladas e implementadas para se obter retornos acima da média, a não ser que os líderes estratégicos exerçam de modo bem-sucedido diversas responsabilidades estratégicas importantes.

Conforme descrito no Capítulo 1, o modelo de economia da I/O, o modelo fundamentado em recursos e o modelo orientado aos *stakeholders* visualizam o processo de administração estratégica sob pontos de vista diferentes. Os três modelos também proporcionam visões diferentes relativas às principais responsabilidades dos líderes estratégicos. A partir de uma perspectiva econômica, os executivos graduados possuem a responsabilidade primordial de assegurar que as estratégias da empresa conduzam a um desempenho econômico acima da média monitorando o ambiente externo e posicionando a empresa segundo um padrão mais eficiente em termos de sua orientação estratégica, estratégias e planos de implementação.[98] De acordo com a visão baseada em recursos, os altos executivos possuem como principal responsabilidade

Figura 2.4: Modelos de administração estratégica e liderança estratégica eficaz

Cenários de liderança estratégica eficaz	Responsabilidades dos líderes estratégicos	Tarefas de liderança estratégica associadas ao processo de gerenciamento estratégico	Resultados da empresa
Economia I/O: Assegurar que as estratégias resultem em retornos acima da média.	Posicionar a empresa economicamente	Determinar e comunicar a orientação estratégica	Vantagem competitiva
Modelo fundamentado em recursos: Adquirir, desenvolver e gerenciar recursos para criar vantagem competitiva.	Adquirir, desenvolver e gerenciar recursos	Supervisionar a formulação e implementação de estratégias	Criação de valor mais elevado
Modelo orientado aos *stakeholders*: Desenvolver e gerenciar relacionamentos com *stakeholders* para criar valor.	Estabelecer e gerenciar relacionamentos com *stakeholders*	Estabelecer controles equilibrados	Melhor desempenho da empresa

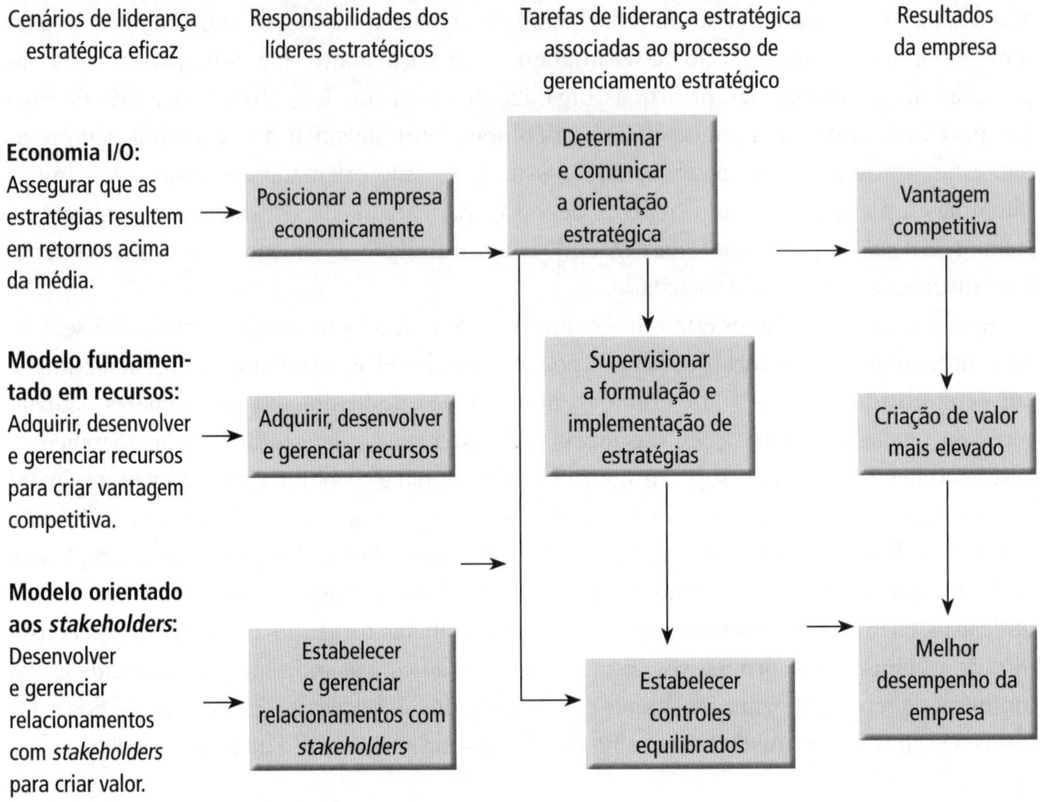

assegurar que suas organizações adquiram, desenvolvam e utilizem recursos que conduzam à efetivação de vantagem competitiva.[99] Por fim, o método orientado aos *stakeholders* atribui aos executivos graduados responsabilidade básica para gerenciar os relacionamentos com públicos importantes a fim de facilitar a criação de valor.[100]

Essas três perspectivas refletem as diversas responsabilidades e tarefas associadas à liderança estratégica. Elas enfatizam aspectos diferentes das funções de um líder estratégico, porém na realidade os altos executivos possuem todas as responsabilidades indicadas em cada um dos métodos, embora possam atribuir-lhes uma prioridade diferente. Conforme ilustrado na Figura 2.4, as responsabilidades dos líderes estratégicos traduzem-se em tarefas específicas associadas ao processo de administração estratégica. Essas tarefas incluem determinar e comunicar a orientação estratégica, facilitar e supervisionar a formulação e implementação de estratégicas específicas e estabelecer controles equilibrados para assegurar que a empresa esteja realizando aquilo que é necessário para mover-se na direção desejada. Essas ações, quando executadas de modo apropriado, resultam no estabelecimento de vantagem competitiva, na criação de maior valor para a empresa e seus *stakeholders* e, por último, no desempenho financeiro acima da média.

Os líderes estratégicos possuem grandes responsabilidades de tomadas de decisão que não podem ser delegadas.[101] O restante deste capítulo discute algumas dessas responsabilidades mais importantes, usando como orientação as responsabilidades e tarefas indicadas na Figura 2.4.

Assegurar que a empresa esteja bem posicionada economicamente

O modelo econômico I/O baseia-se na ideia de que o desempenho econômico é determinado pelos ambientes geral, setorial e competitivo de uma empresa e pelo grau de excelência com que a empresa implementa a estratégia exigida por esses ambientes (veja o Capítulo 1). Consequentemente, a liderança estratégica envolve selecionar setores e segmentos de setores nos quais competir e responder às mudanças que ocorrem nesses ambientes. Líderes estratégicos eficazes adotam o pensamento estratégico que faz que a empresa e seu ambiente estejam continuamente alinhados.[102] O julgamento individual desempenha um papel importante na aprendizagem e na análise das condições externas da empresa.[103] Conforme afirmou Dan DiMicco, CEO da gigante do aço Nucor: "Recebo um salário não para olhar o passado, mas para vislumbrar o futuro".[104]

Outra maneira de encarar a responsabilidade de posicionamento que cabe aos líderes estratégicos consiste em afirmar que eles devem definir claramente a estratégia de uma empresa, que é uma manifestação da intenção estratégica. A intenção estratégica foi definida no Capítulo 1 como o modo pelo qual uma empresa utiliza seus recursos, capacidades e competências básicas para cumprir suas metas no ambiente competitivo.[105] Infelizmente, o termo "estratégia" assumiu tantos significados a ponto de poder significar quase tudo. Por exemplo, algumas empresas podem definir sua estratégia em termos de como tratam as pessoas ao passo que outras podem referir-se a mercados ou produtos específicos. Hambrick e Fredrickson propõem que estratégia é "o conceito nuclear, integrado e orientado externamente de como atingiremos nossos objetivos".[106] A visão que possuem tem coerência com nossa definição no Capítulo 1 de que estratégia é um conjunto integrado e coordenado de compromissos e ações criados para valer-se das capacidades básicas e obter uma vantagem competitiva. As principais finalidades de uma empresa, refletidas em sua missão e em suas metas, são tratadas separadamente da estratégia de uma empresa. Em vez disso, a estratégia se torna um veículo para concretizar as finalidades da empresa. Configurações organizacionais como tipo de estruturas, processos, sistemas de reconhecimento e políticas funcionais também apoiam a estratégia, porém não a definem. Líderes estratégicos usam as ferramentas de análise estratégica, incluindo a análise de setores, mercados, concorrentes, pontos fortes e pontos fracos internos para ajudá-los a determinar a estratégia da empresa.[107]

Os cinco elementos importantes que identificam a estratégia de uma empresa são: espaço de atuação, meios para o crescimento, diferenciadores, efetivação e a lógica econômica que une todos os elementos (Figura 2.5). Espaço de atuação tem relação com a esfera de ação da empresa, que é a amplitude das atividades de uma empresa em termos de produtos, mercados, regiões geográficas, tecnologias básicas e estágios de criação de valor. Definir a área de atuação constitui o ponto de partida para todo planejamento e administração estratégica.[108] Empresas como Siemens AG, Sony e General Electric possuem uma esfera de ação ampla devido ao seu envolvimento em uma gama de setores ao redor do mundo. Por outro lado, a Frontier Airlines foca sua atenção exclusivamente no transporte aéreo na região Oeste dos Estados Unidos. O McDonald's possui grande esfera de ação geográfica, porém a maior parte de suas receitas origina-se de uma tecnologia específica — preparação e venda de *fast-food*.

Meios para o crescimento também são importantes para o entendimento da estratégia de uma empresa. Alguns dos meios comumente usados são desenvolvimento interno, *joint ventures*, licenciamento, franquias e aquisições. A General Electric realizou ao longo dos anos aquisições frequentes para ampliar a esfera de ação de suas unidades de negócios, bem como muitas *joint ventures* para entrar em novos mercados (como o chinês). No entanto, atualmente o foco da companhia concentra-se com mais ênfase no crescimento interno por meio de inovação.[109] A Quiznos usou franquias para se tornar uma das redes de restaurantes de maior crescimento nos Estados Unidos.[110] O Starbucks, por outro lado, cresceu rapidamente por meio de desenvolvimento interno e não pela concessão de franquias.

Figura 2.5: Os cinco principais elementos da estratégia

LÓGICA ECONÔMICA
Como obteremos retornos acima da média?
- Os menores custos por meio de escala, esfera de ação ou reprodução de vantagens?
- Preços elevados devido a características de atendimento e de conhecimento privativo?

ESFERA DE ATUAÇÃO
Onde seremos ativos (e com que ênfase?)?
- Que segmentos de produto?
- Que segmentos de mercado e áreas geográficas?
- Que tecnologias básicas?
- Que estágios de criação de valor?

EXECUÇÃO
Qual será nossa velocidade e sequência de passos?
- Velocidade de expansão?
- Sequência de iniciativas?

MEIOS DE CRESCIMENTO
Como cumpriremos as metas?
- Desenvolvimento interno?
- *Joint ventures*?
- Licenciamento/franquias?
- Aquisições?

DIFERENCIADORES
Como triunfaremos?
- Imagem ou confiabilidade do produto?
- Customização ou estilo diferenciado?
- Preço?

Fonte: baseado em D. C. Hambrick e J. W. Fredrickson, 2005, Are you sure you have a strategy? *Academy of Management Executive*, 19(4):54, reproduzido de 15(4).

Diferenciadores ajudam uma empresa a determinar como se espera que conquiste clientes no mercado. A Southwest Airlines atrai clientes por meio de preços muito reduzidos e por manter pontualidade. O McDonald´s atrai consumidores oferecendo qualidade confiável e localizações convenientes. Uma empresa como a General Electric possui um problema mais difícil para definir um diferenciador consistente para seu grande número de unidades de negócios. Na realidade, em empresas diversificadas é melhor permitir ao alto escalão de cada empresa distinta determinar como conquistará clientes. No entanto, mesmo empresas tão grandemente diversificadas como a General Electric podem tentar estabelecer capacidades básicas que diferenciam diversas unidades de modo similar. Por exemplo, a General Electric enfatiza a identificação de meios inovadores para satisfazer as necessidades dos clientes. De acordo com o CEO Jeffrey Immelt: "Para a GE, a imaginação em ação é mais do que um *slogan* ou um bordão. É uma razão para existir".[111]

Execução relaciona-se com a aplicação da estratégia no decorrer do tempo e com a sequência de passos que a empresa dará para efetivá-la. É especialmente importante devido à velocidade com que o ambiente competitivo se modifica.[112] Por exemplo, a Microsoft tem sido criticada por ser algumas vezes lenta para reagir às mudanças em seus mercados.[113] No entanto, agir rapidamente no mercado também não é garantia de sucesso. Considere que o Yahoo! Inc. entrou cedo no mercado chinês, mas, devido a uma série de passos errados, hoje a companhia se empenha para sobreviver nesse mercado.[114] Os líderes estratégicos precisam assegurar que tudo esteja organizado à medida que executam uma estratégia. Como exemplo, a Boeing teve de resolver problemas com seus sindicatos antes de produzir seu 787 Dreamliner, que exigiu alterações substanciais nos processos de fabricação da empresa.[115]

A lógica econômica de uma estratégia opera em conjunto com os outros quatro elementos. Sob uma perspectiva econômica, uma estratégia é malsucedida a não ser que seus elementos conduzam a retornos acima da média. A Sun Microsystems possuía excelente reputação devido à sua capacidade de inovação, porém teve prejuízo durante anos seguidos.[116] Por outro lado, Michael Dell tornou sua empresa de computadores a maior vendedora de PCs adotando como foco a venda direta aos consumidores de máquinas de custo reduzido combinadas com processos de fabricação altamente eficientes.[117] Quando tudo se une, os resultados podem ser excepcionais. O caso Dell, entretanto, também ilustra um dos principais temas deste livro — a necessidade da reavaliação constante da estratégia em um ambiente externo em transformação constante. À medida que os consumidores passaram a exigir produtos com tecnologia de ponta e melhor atendimento, a Dell perdeu a liderança para sua rival, a Hewlett-Packard.

Adquirir, desenvolver e gerenciar os principais recursos

O método fundamentado em recursos focaliza a atenção no valor dos recursos organizacionais para alcançar vantagem competitiva. Os líderes estratégicos são responsáveis principalmente por assegurar que suas empresas adquiram e desenvolvam os recursos de que necessitam para ter sucesso competitivo. As competências básicas, mencionadas brevemente no Capítulo 1, são recursos e capacidades que atuam como fonte de vantagem competitiva para uma empresa em relação a seus concorrentes. As empresas desenvolvem e utilizam competências básicas em diversas áreas funcionais. Os líderes estratégicos precisam certificar-se para que as competências da empresa sejam enfatizadas nas ações de implementação da estratégia. A Intel, por exemplo, possui competências básicas de agilidade competitiva (capacidade de agir de diversas maneiras competitivamente relevantes) e velocidade competitiva (capacidade de agir com presteza ao deparar com pressões ambientais e competitivas).[118] Outras empresas desenvolveram excelentes capacidades de determinar e satisfazer as necessidades de seus clientes.[119] Empresas com competências básicas em P&D tendem a ser reconhecidas no mercado devido à natureza importante da inovação em muitos setores.[120]

Grande parte do Capítulo 3 descreve os recursos organizacionais e seu potencial como fonte de vantagem competitiva. No entanto, dois recursos — capital humano e cultura organizacional —, por possuírem relação tão íntima com a liderança estratégica, são discutidos brevemente nesta seção.

Gerenciar o Capital Humano. A capacidade de gerenciamento do capital humano ou o conhecimento e as aptidões de toda a equipe de colaboradores de uma empresa constituem as aptidões mais importantes do líder estratégico.[121] No século XXI, o capital intelectual, incluindo a capacidade de gerenciar o conhecimento e criar e comercializar a inovação, afeta o sucesso de um líder estratégico.[122] Líderes estratégicos competentes também estabelecem o contexto pelo qual os *stakeholders* (empregados, clientes e fornecedores) podem desempenhar com eficiência máxima.[123] Carey e Ogden ressaltam que "quando uma empresa de capital aberto está sujeita a um vácuo de liderança, seja qual for a razão, os efeitos de disseminação são sentidos intensamente dentro e fora da organização. Internamente, uma empresa possui probabilidade de estar sujeita a uma crise de moral, confiança e produtividade entre os colaboradores e, de modo similar, os acionistas podem entrar em pânico quando uma companhia perde a direção e se preocupam com a segurança e o futuro de seu investimento".[124] A essência da questão da liderança estratégica é a capacidade de gerenciar de maneira eficaz as operações e os empregados a fim de manter um bom desempenho ao longo do tempo.[125]

Os empregados são considerados, sob a perspectiva do capital humano, como um recurso de capital que exige investimento.[126] Esses investimentos são produtivos, pois grande parte do desenvolvimento da indústria nos EUA pode ser atribuída à eficácia de seu capital humano,[127] resultando na convicção de que em muitas empresas atualmente "à medida que a dinâmica da concorrência se acelera, as pessoas talvez sejam a única fonte verdadeiramente sustentável de vantagem competitiva".[128] A importância crescente do capital humano sugere um papel significativo para as atividades de gerenciamento dos recursos humanos da empresa.[129] Sendo uma atividade de apoio (veja o Capítulo 3), as práticas de gerenciamento de recursos humanos facilitam os esforços das pessoas para selecionar de modo bem-sucedido e usar as estratégias da empresa.[130]

Identificar o capital humano necessário para administrar bem uma organização constitui um desafio que muitas empresas tentam resolver empregando mão de obra temporária. Outras organizações tentam melhorar suas técnicas de recrutamento e seleção. Resolver o problema, no entanto, exige mais que contratar empregados temporários; requer assumir compromissos eficazes com as metas organizacionais. Admitir pessoas de desempenho elevado também não é suficiente; um líder estratégico precisa formar uma equipe organizacional que se dedique a tornar realidade a intenção estratégica da empresa.[131]

A experiência internacional tem se tornado cada vez mais essencial para o desenvolvimento necessário dos líderes estratégicos.[132] Em virtude de praticamente todo setor ter como alvo os mercados estrangeiros em crescimento acelerado, um maior número de empresas está exigindo "competência global" de seus gerentes graduados.[133] Portanto, as companhias que tentam aprender a competir de modo bem-sucedido na economia global precisam identificar oportunidades para seus futuros líderes estratégicos trabalharem em outros países.[134] Quando corporações multinacionais investem nas economias emergentes também demonstram a sensatez de investir em capital humano nas subsidiárias estrangeiras.[135] Além disso, em virtude de a capacidade gerencial internacional estar se tornando importante, o gerenciamento da "impatriação" (transferência de empregados estrangeiros para trabalhar no país-sede de uma empresa internacional permanente ou temporariamente) tem se tornado uma maneira importante de criar competência global.[136]

Programas de treinamento e desenvolvimento eficazes aumentam a probabilidade de que um gerente se torne um líder estratégico bem-sucedido. Esses programas têm se tornado importantes à medida que o conhecimento tornou-se um fator mais integral para a conquista e a manutenção de uma vantagem competitiva.[137] Além disso, eles proporcionam conhecimento e aptidões, compartilham um conjunto de valores básicos comuns e oferecem uma visão sistemática da organização, promovendo dessa forma a visão estratégica e a coesão organizacional da empresa. Os programas também contribuem para o desenvolvimento das capacidades básicas.[138] Adicionalmente, ajudam os líderes estratégicos a melhorarem aptidões importantes para realizar outras tarefas associadas à liderança estratégica eficaz, tal como determinar a orientação estratégica da empresa, utilizar e manter as competências básicas da empresa e desenvolver uma cultura organizacional que apoie práticas éticas. Portanto, formar capital humano é vital para a execução eficaz da liderança estratégica.[139]

Líderes estratégicos precisam adquirir as aptidões necessárias para ajudar o desenvolvimento do capital humano em suas áreas de responsabilidade. Esse desafio é importante, tendo em vista que a maioria dos líderes estratégicos precisa aperfeiçoar sua capacidade de gerenciamento de recursos humanos.[140] Por exemplo, empresas que valorizam os recursos humanos e possuem planos de reconhecimento voltados aos empregados obtiveram retornos maiores quando lançaram suas ações no mercado.[141] Quando os investimentos em capital humano são bem-sucedidos, o resultado é uma equipe de trabalho capaz de aprender continuamente. A aprendizagem e o aproveitamento contínuos da base de conhecimento em expansão da empresa encontram-se vinculados ao sucesso estratégico.[142]

Programas que alcançam resultados excepcionais no treinamento dos futuros líderes estratégicos tornam-se uma vantagem competitiva para a empresa. O sistema de treinamento e desenvolvimento dos futuros líderes estratégicos na General Electric é abrangente e considerado entre os melhores existentes,[143] podendo ser, de modo correspondente, uma fonte de vantagem competitiva para a empresa.

Assegurar uma Cultura Organizacional Eficaz. Uma cultura organizacional é formada por um conjunto complexo de ideias, símbolos e valores básicos compartilhados por toda a empresa e que influencia o modo como os negócios são conduzidos. Há evidências de que uma empresa pode desenvolver competências básicas em termos das capacidades que possui e do modo como estas são utilizadas para gerar ações estratégicas. Em outras palavras, pelo fato de a cultura organizacional influenciar o modo como a empresa conduz seus negócios e ajudar a regular e controlar o comportamento dos empregados, pode ser uma fonte de vantagem competitiva.[144] Portanto, moldar o contexto no interior do qual a empresa formula e implementa suas estratégias, isto é, criar a cultura organizacional, constitui tarefa fundamental dos líderes estratégicos.[145]

Uma cultura organizacional muitas vezes incentiva (ou desencoraja) a busca de oportunidades empresariais, especialmente nas grandes empresas.[146] As oportunidades empresariais representam uma fonte importante de crescimento e inovação;[147] portanto, um papel primordial dos líderes estratégicos consiste em incentivar e promover a inovação por meio da prospecção de oportunidades empresariais.[148] Uma maneira para fazer isso consiste em investir em oportunidades como opções reais, isto é, oportunidades que geram opções para a realização de investimentos adicionais válidos no futuro, caso a situação o exija.[149] Por exemplo, uma empresa pode comprar um terreno não por desejar a opção de construir nele no futuro. O Capítulo 12 descreve de que maneira grandes empresas usam o empreendedorismo estratégico para identificar oportunidades empresariais e obter vantagens em função do pioneirismo. O Capítulo 13 descreve o método das opções reais. Empresas de pequeno e médio porte também dependem do empreendedorismo estratégico quando se propõem a desenvolver inovações como base para a obtenção de retornos acima da média. Em empresas de todos os tamanhos, o empreendedorismo estratégico tem mais possibilidade de ser bem-sucedido quando os colaboradores possuem uma orientação empreendedora. A orientação empreendedora da empresa é caracterizada por cinco dimensões: autonomia, inventividade, aceitação de riscos, proatividade e agressividade competitiva.[150] Essas dimensões, combinadas entre si, influenciam as ações que uma empresa realiza em seu empenho para ser inovadora e lançar novos produtos.

A autonomia permite aos colaboradores empreenderem ações que estejam livres das limitações organizacionais e permite a indivíduos e grupos orientarem seus procedimentos. A liberdade para a inovação "reflete a tendência de uma empresa de participar e apoiar novas ideias, a inovação, a experimentação e os processos criativos que podem resultar em novos produtos, serviços ou processos tecnológicos".[151] Culturas com tendência para a inovação incentivam os empregados a pensarem mais adiante do conhecimento, das tecnologias e dos parâmetros existentes a fim de identificar meios criativos para agregar valor. A aceitação de riscos reflete uma disposição por parte dos empregados e de sua empresa para a aceitação de riscos quando buscam identificar oportunidades empresariais. Esses riscos podem incluir a aceitação de níveis elevados de endividamento e a alocação de grandes quantidades de outros recursos (por exemplo, pessoas) a projetos que podem não ser finalizados. A proatividade descreve a capacidade de uma empresa de ser líder de mercado e não um ator secundário. Culturas organizacionais proativas utilizam constantemente processos para prever necessidades futuras do mercado e satisfazê-las antes que os concorrentes aprendam a como atendê-las. Por fim, a agressividade competitiva representa a propensão de uma empresa para empreender ações que lhe permitam superar seus rivais de modo constante e substancial.[152]

Mudar a cultura organizacional de uma empresa é mais difícil do que mantê-la, mas os líderes estratégicos eficazes reconhecem quando a mudança se faz necessária. Mudanças incrementais na cultura da empresa são usadas normalmente para implementar estratégias.[153] Mudanças mais importantes e algumas vezes até mais radicais na cultura organizacional são usadas para apoiar a seleção de estratégias que diferem daquelas que a empresa implementou historicamente. Independentemente das razões para a mudança, moldar e reforçar uma nova cultura exige comunicação e resolução de problemas eficazes, seleção das pessoas certas (aquelas que possuem os valores desejados pela organização), avaliações de desempenho eficazes (estabelecer metas e medir o desempenho individual em relação às metas que se enquadram nos novos valores básicos) e sistemas de reconhecimento apropriados (premiar os comportamentos desejados que refletem os novos valores básicos).[154]

Os fatos indicam que mudanças culturais têm sucesso quando o CEO, outros membros do alto escalão e gerentes de nível médio as apoiam ativamente.[155] O CEO Myron "Mike" Ullman III conduziu a J.C.Penney à adoção de uma estratégia envolvendo uma reviravolta bem-sucedida apesar da maior concorrência no varejo praticada pelas lojas de departamentos.[156] No centro da estratégia havia um programa chamado "Triunfando Juntos" que incluía o fomento a uma cultura de honestidade, comunicação aberta, pensamento criativo e aceitação de riscos. Uma conferência sobre liderança realizada durante dois dias em Dallas reuniu todos os gerentes de lojas da companhia que foram incentivados a considerar-se CEOs de suas próprias lojas. Outras mudanças mercadológicas e operacionais reforçaram um conjunto de princípios orientadores. Após obter resultados financeiros que eram a "inveja dos concorrentes", a equipe de Ullman desenvolveu em seguida "um plano de longo prazo para levar a Penney de uma posição de 'mudança de direção' para a de uma companhia focada em crescimento — com a finalidade de conquistar liderança no setor varejista no intervalo de cinco anos".[157] Vemos nesse exemplo a prova de uma mudança bem-sucedida da cultura de uma organização relacionada ao empenho para desenvolvimento de capital humano. Esses dois aspectos da liderança estratégica são essenciais para o desenvolvimento de vantagem competitiva. Também é importante o gerenciamento das relações com os principais *stakeholders* externos à organização.

Desenvolver e gerenciar relacionamentos com *stakeholders* externos

Henry Mintzberg, um dos mais influentes e pioneiros autores que abordaram o tema da liderança executiva, observou CEOs de diversos setores para analisar como atuavam.[158] A partir de suas observações, ele estipulou que os altos executivos representam diversos papéis nas organizações (Quadro 2.1). Alguns dos papéis que ele identificou — como o papel da liderança na motivação e orientação dos subordinados, o papel informacional da disseminação de informações para os gerentes ou o papel da tomada de decisão relacionada à alocação de recursos — concentram-se principalmente na organização interna. Discutimos nesta seção os papéis associados ao gerenciamento de relações com os principais *stakeholders* externos.

O que é marcante na lista de Mintzberg, partindo da perspectiva de um grupo de interesse, é o fato de a maioria dos papéis poder ser aplicada diretamente ao desenvolvimento e gerenciamento de relações com os *stakeholders* externos. Por exemplo, o principal executivo, sendo uma figura de destaque porém sem autoridade real, atua como um líder legal e simbólico da empresa, comparecendo a eventos públicos e assinando documentos importantes como contratos vultosos e outros acordos envolvendo *joint ventures*. Sendo um elo, o líder estratégico ocupa o centro de uma rede de *stakeholders* com responsabilidade de manter um relacionamento excelente com aqueles *stakeholders* mais influentes para o sucesso competitivo da empresa.[159]

A maioria dos papéis de gerenciamento da informação e de tomada de decisão também pode ser aplicada diretamente ao gerenciamento eficaz dos *stakeholders*. Os executivos de primeira linha que criaram relacionamentos excelentes com os *stakeholders* externos conseguem ser mais eficazes como monitores de eventos importantes no ambiente externo.[160] A informação obtida dos *stakeholders* pode ajudar os líderes estratégicos a tomarem decisões relativas à estratégia de uma empresa e às inovações que propiciarão um futuro bem-sucedido.[161] Um líder estratégico, sendo um porta-voz, comunica-se com os *stakeholders* externos formados por clientes, fornecedores e membros da comunidade. Líderes estratégicos também ajudam a negociar acordos com *stakeholders* existentes e potenciais. Por exemplo, é normal um CEO envolver-se no desenvolvimento de contratos importantes ou nas negociações que conduzem a uma aquisição.

Muitos dos benefícios associados a um gerenciamento eficaz dos *stakeholders* (conforme indicados no Capítulo 1) dependem de ações e atitudes da equipe da alta administração e especialmente do CEO. Um CEO que incentiva um excelente relacionamento com os principais *stakeholders* pode ajudar a organização a obter informações mais precisas relativas ao ambiente externo que podem aperfeiçoar o planejamento e a tomada de decisões.[162] Além disso, as empresas detentoras de melhor reputação devido a um excelente relacionamento com os *stakeholders* podem ter a vantagem de atrair clientes e parceiros de negócios, oferecendo-lhes um leque contendo um maior número e melhores opções estratégicas para serem escolhidas.[163] Igualmente, uma relação de confiança entre os altos executivos e os *stakeholders* externos pode ajudar a facilitar a aquisição de recursos valiosos e a reduzir os custos de transação associados a salvaguardas e contingências contratuais que poderiam ser necessárias em outras circunstâncias.[164] À medida que o mundo dos negócios se torna cada vez mais complexo e as empresas se tornam mais interdependentes, o papel de liderança no gerenciamento dos *stakeholders* externos assume uma importância estratégica mais relevante.[165]

Quadro 2.1: Papéis dos gerentes segundo Mintzberg

INTERPESSOAL
- Figura de destaque – líder legal e simbólico
- Líder – motiva e orienta os subordinados
- Contato – atua no centro de uma rede de relacionamentos

INFORMACIONAL
- Monitor – obtém informações estrategicamente relevantes
- Porta-voz – comunica-se com *stakeholders* externos
- Disseminador – comunica-se com *stakeholders* internos

DECISÓRIO
- Empreendedor – toma decisões relacionadas às inovações
- Administrador de problemas – resolve crises
- Alocador de recursos – provê recursos adequados para as principais áreas
- Negociador – estabelece acordos com *stakeholders*

Esta seção enfatiza as responsabilidades dos executivos graduados na criação e no gerenciamento do relacionamento com *stakeholders* externos. A seção anterior, apoiada na visão com base em recursos, enfatizou o papel estratégico que os altos executivos desempenham na aquisição, no desenvolvimento e no gerenciamento dos recursos internos, especialmente o capital humano e a cultura organizacional. Embora discutidas separadamente, essas duas perspectivas se sobrepõem, conforme ocorre com os papéis desempenhados pelos líderes estratégicos. Por exemplo, sob uma perspectiva com base em recursos, os relacionamentos com os *stakeholders* são recursos estratégicos que podem ajudar uma empresa a adquirir outros recursos e a desenvolver vantagem competitiva.[166] A abordagem orientada aos *stakeholders* também inclui o gerenciamento dos *stakeholders* externos e internos.

O posicionamento econômico encontra-se relacionado às outras duas perspectivas. Por exemplo, o gerenciamento dos *stakeholders* externos está intimamente associado ao monitoramento que ocorre à medida que os líderes estratégicos posicionam suas empresas em seus respectivos setores. Igualmente, a posse de determinados recursos e aptidões posiciona uma empresa em relação a seus concorrentes. As responsabilidades associadas às três abordagens resultam em orientação e formatação estratégicas e na implementação de estratégias específicas (Figura 2.4).

Determinar e comunicar a orientação estratégica

A orientação estratégica de uma empresa define sua imagem e seu caráter ao longo do tempo considerados como parte do contexto formado pelas condições nas quais opera. De modo idêntico à estratégia de uma empresa, ela surge da intenção estratégica e é uma função dos recursos e das capacidades que uma empresa possui ou pretende possuir, bem como daquilo que deseja realizar para seus *stakeholders*. O CEO é o principal arquiteto da orientação estratégica, embora a maioria dos altos executivos obtenha dados de muitas pessoas de dentro e de fora da organização.[167] As pesquisas mostraram que possuir uma orientação estratégica eficaz e reforçá-la pode afetar de modo positivo o desempenho conforme avaliado por crescimento nas vendas, lucros, números de empregados e patrimônio líquido.[168]

A orientação estratégica reflete-se na missão, na visão, na finalidade, nas metas a longo prazo e nos valores da empresa, que tendem a ser interrelacionados. Na realidade, algumas vezes a declaração de missão inclui muitos desses fatores, como a declaração de missão da Novartis reproduzida no Quadro 2.2. A Novartis possui quatro divisões representando produtos

---

Quadro 2.2: Missão da Novartis

FINALIDADE
Nossa missão é descobrir, desenvolver e comercializar produtos inovadores que curem doenças, amenizem o sofrimento e melhorem a qualidade de vida da população. Desejamos proporcionar a nossos acionistas um retorno que reflita nosso desempenho excepcional, remunerando adequadamente aqueles que investem em ideias e trabalham em nossa empresa.

ASPIRAÇÕES
Desejamos ser reconhecidos por exercer um impacto positivo na vida das pessoas com nossos produtos, atendendo necessidades e mesmo superando expectativas externas. Empenhamo-nos por um crescimento sustentável do lucro, classificando-nos no quartil superior do setor e assegurando o sucesso empresarial a longo prazo. Desejamos criar reputação por oferecermos um ambiente de trabalho excitante no qual as pessoas podem concretizar suas ambições profissionais. Empenhamo-nos para oferecer um ambiente motivador no qual são incentivadas a criatividade e a eficácia e onde são aplicadas tecnologias de ponta. Além disso, queremos contribuir com a sociedade por meio de nossa contribuição econômica e dos benefícios ambientais e sociais de nossos produtos e por meio de um diálogo aberto com nossos *stakeholders*.

Fonte: http://www.novartis.com.br/_sobre_novartis/missao.shtml, acessado em 24 de abril de 2009.

farmacêuticos, medicamentos genéricos, vacinas e insumos para diagnósticos e produtos para a saúde do consumidor.

Uma missão estratégica elaborada cuidadosamente deve ajudar a empresa a definir a esfera de ação de suas operações, bem como suas finalidades únicas.[169] No que se refere à esfera de ação, a Novartis definiu seus negócios em termos de função para os clientes. Os produtos e serviços da companhia curam doenças, aliviam o sofrimento e melhoram a qualidade de vida. Normalmente as finalidades são definidas em termos daquilo que uma empresa pretende fazer para determinados *stakeholders*. Por exemplo, uma empresa pode almejar obter retornos elevados para os acionistas ou oferecer um ambiente no qual exista motivação para os colaboradores. No exemplo da Novartis, além daquilo que a companhia pretende realizar para seus clientes, ela aspira ajudar os empregados a concretizar ambições profissionais e contribuir para a sociedade e o ambiente. Os valores corporativos de abertura, inovação e sucesso financeiro também se encontram na declaração de missão. Observe também que a Novartis incluiu o conceito de sustentabilidade em sua declaração de missão. Desenvolvimento sustentável, o conceito de que uma empresa pode e deve operar sem influenciar adversamente seu ambiente, tem ganhado importância nos últimos anos.[170]

A visão de longo prazo ideal possui duas partes: uma ideologia básica e um futuro vislumbrado. A ideologia motiva os empregados por meio da herança da empresa e o futuro vislumbrado incentiva os colaboradores a pensarem além de seu esquema usual.[171] "Metas ambiciosas" promovem níveis mais elevados de desempenho pessoal e organizacional.[172] A visão da Novartis reflete-se por um desejo de ser reconhecida por exercer um efeito positivo nas vidas de clientes, colaboradores, ambiente e sociedade. Essa visão é elaborada a partir de um longo histórico de sucesso nas ciências da saúde. A Novartis também deseja permanecer no quartil superior de seu setor com base no crescimento do lucro. Atingir essa meta a longo prazo exigirá um nível muito elevado de motivação por parte de gerentes e empregados. A companhia precisará continuar inovando e se transformando a fim de permanecer competitiva em seu setor volátil e altamente competitivo.

Embora o exemplo da Novartis seja particularmente abrangente, não é incomum encontrar muitos dos componentes da orientação estratégica em uma declaração de missão estratégica. Por outro lado, algumas vezes a orientação estratégica não se encontra em uma declaração escrita ou encontra-se dividida em uma variedade de declarações com nomes e finalidades diferentes. Designações também são usadas de diversas maneiras. O mais importante é que a empresa possua uma orientação estratégica bem definida e que comunique a orientação a *stakeholders* internos e, em certo grau, externos. Relatórios anuais, discursos, comunicados de imprensa, sessões de treinamento, reuniões e comentários feitos por executivos representam todos os veículos para comunicar a orientação estratégica.[173]

Stakeholders internos — incluindo executivos, gerentes e empregados — precisam conhecer a orientação estratégica para se guiar nos processos de tomada de decisão. A empresa também pode comunicar certos elementos de sua orientação estratégica aos *stakeholders* externos para que saibam o que podem esperar dela. Obviamente os investidores usam essas informações para prever o desempenho futuro da empresa. No entanto, clientes, comunidades, fornecedores, sócios em empreendimentos, grupos que defendem causas especiais e reguladores podem beneficiar-se do entendimento daquilo que a empresa valoriza e de como conduz os negócios. Na esteira de escândalos corporativos recentes, esse elemento da orientação estratégica tem recebido atenção significativamente maior.

Estabelecer Valores e Práticas Éticas. As declarações de missão referem-se muitas vezes aos valores associados a práticas éticas. Além disso, códigos de ética são criados frequentemente para reforçar esses valores. Por exemplo, a United Technologies possui um código de ética com 24 páginas com base nos valores de confiança, respeito e integridade.[174] No entanto, a afirmação de valores e os códigos de ética não são uma garantia de que gerentes e colaboradores agirão eticamente.[175] O abominável "Código de Ética" de 64 páginas alegadamente publicado pela Enron Corporation inicia com uma declaração do CEO Kenneth Lay: "Sendo diretores e empregados da Enron, Corp., suas subsidiárias e companhias coligadas, somos responsáveis por conduzir os negócios das empresas de acordo com todas as leis aplicáveis e de forma moral e honesta".[176] O oportunismo gerencial pode explicar o comportamento e as decisões dos principais executivos da Enron, empresa na qual os acionistas perderam quase todo o valor de suas ações durante os procedimentos de falência da companhia. A falência foi precipitada por sociedades formadas pelos executivos da Enron que não foram incluídas no balanço patrimonial.[177] A reputação da Arthur Andersen, os auditores da Enron, também foi abalada a ponto de não ser possível preservá-la, resultando por fim na revogação da autorização concedida pelas autoridades para que atuasse na área de auditoria independente.[178] Mais recentemente, um grande escândalo envolvendo lavagem de dinheiro e propinas no conglomerado alemão Siemens AG afetou a capacidade de seu CEO Klaus Kleinfeld reestruturar a companhia.[179]

Empresas éticas incentivam e capacitam as pessoas em todos os níveis organizacionais a agirem efetivamente quando empreendem aquilo que é necessário para implementar as estratégias da empresa. Como consequência, práticas éticas e o julgamento no qual são baseadas criam o "capital social" na organização, pois aumentam a "predisposição positiva disponível nos indivíduos e grupos" participantes da organização.[180] Portanto, embora o "dinheiro motive, ele não inspira" como o capital social consegue.[181] Alternativamente, quando práticas antiéticas crescem em uma organização, tornam-se uma doença contagiosa.[182] Empresas que foram consideradas adeptas de comportamentos éticos inapropriados, tais como praticar fraude ou maquiar resultados financeiros, observam seu valor corporativo global no mercado acionário diminuir aceleradamente.[183]

Para influenciar corretamente o julgamento e o comportamento dos empregados, as práticas éticas precisam moldar o processo de tomada de decisão da empresa e ser parte integrante da cultura da organização. As pesquisas provaram que uma cultura baseada em valores representa o meio mais eficaz para assegurar que os empregados se comprometam com as exigências éticas da empresa.[184] As evidências também indicam que os valores dos gerentes são importantes para moldar os valores culturais de uma empresa.[185] Consequentemente, as empresas devem empregar líderes estratégicos éticos — líderes que incluem práticas éticas como parte de sua visão de longo prazo da empresa, que desejam fazer aquilo que é certo e para quem honestidade, confiança e integridade são importantes.[186] Líderes estratégicos que apresentam essas qualidades inspiram os empregados quando trabalham com outros para desenvolver e apoiar uma cultura organizacional na qual as práticas éticas constituem as normas comportamentais esperadas.[187] Os altos executivos, além de representarem um bom exemplo, também podem instituir um programa formal para gerenciar a ética. Esses programas, que funcionam de modo muito parecido com sistemas de controle, ajudam a inculcar valores em toda a organização.[188]

Outras ações que os líderes estratégicos podem empreender para criar uma cultura organizacional ética incluem: (1) estabelecer e comunicar metas específicas a fim de descrever os padrões éticos da empresa (por exemplo, elaborar e divulgar um código de conduta); (2) revisar e atualizar o código de conduta com base em contribuições de pessoas de toda a empresa e de outros *stakeholders* (por exemplo, clientes e fornecedores); (3) divulgar o código de conduta para todos os *stakeholders* a fim de informá-los a respeito dos padrões e das práticas éticas da empresa; (4) desenvolver e implementar métodos e procedimentos a serem usados para pôr em prática os padrões éticos da empresa; (5) criar e utilizar sistemas de premiação explícitos para reconhecer atos de coragem (por exemplo, premiar aqueles que usam canais e procedimentos adequados para informar a respeito de comportamentos inaceitáveis) e (6) criar um ambiente de trabalho no qual todas as pessoas são tratadas com dignidade.[189] A eficácia dessas ações aumenta quando são empreendidas simultaneamente, fazendo que dessa forma se apoiem.

Supervisionar a formulação e a implementação de estratégias específicas

Líderes estratégicos são responsáveis por assegurar que estratégias apropriadas sejam formuladas e implementadas com sucesso. Descrevemos anteriormente neste capítulo as responsabilidades dos líderes estratégicos sob três perspectivas. Cada uma delas resulta em uma visão ligeiramente diferente, porém interrelacionada, da formulação e implementação da estratégia. A economia da I/O indica que a estratégia baseia-se na avaliação do ambiente externo e no posicionamento otimizado da empresa nesse ambiente. A implementação envolve o desenvolvimento de estruturas, sistemas e programas para reforçar a posição.[190] A visão com base em recursos focaliza a obtenção e o desenvolvimento de recursos e capacidades valiosos e únicos, difíceis de ser imitados pelos concorrentes, resultando em vantagem competitiva. Os planos de implementação envolvem fazer o uso otimizado daqueles recursos e capacidades, além de apoiá-los.[191] A perspectiva orientada aos *stakeholders* conduz a estratégias que tentam valer-se dos relacionamentos com *stakeholders* a fim de criar valor. A implementação envolve atividades como obtenção de informações prestadas por *stakeholders*, avaliação de suas necessidades e desejos, integração desse conhecimento às decisões estratégicas, gerenciamento eficaz dos *stakeholders* internos e formação de relacionamentos interorganizacionais com *stakeholders* externos.[192] Os Capítulos 5 a 10 discutem a natureza específica dessas estratégias e como são implementadas.

A orientação estratégica também influencia as estratégias específicas de uma empresa. Por exemplo, a missão de uma empresa define sua abordagem básica da estratégia em nível corporativo e pode conter indicações a respeito dos recursos e aptidões que formam a base para suas estratégias de nível de negócios. A orientação estratégica atua como um guia para determinar muitos aspectos do processo de implementação da estratégia de uma empresa, incluindo motivação, liderança, empowerment dos empregados e estrutura organizacional.[193] No caso da Novartis, a companhia está concretizando sua missão ao transformar sua sede na Basileia (Suíça) em um local de trabalho ultramoderno e de desempenho elevado para facilitar a pesquisa e incentivar a comunicação e a colaboração.[194]

Após os líderes estratégicos terem orientado o estabelecimento da orientação estratégica, das estratégias e dos planos de implementação da empresa, sua responsabilidade final consiste em criar sistemas de controle organizacional a fim de assegurar que os planos sejam executados e para medir seu sucesso.

Estabelecer controles equilibrados

Controles organizacionais têm sido considerados desde longa data como parte importante dos processos de implementação da estratégia.[195] Definidos como "procedimentos formais e fundamentados em informações... usados pelos gerentes para manter ou alterar padrões nas atividades organizacionais", os controles ajudam os líderes estratégicos a criar credibilidade, demonstrar o valor das estratégias para os *stakeholders* da empresa e promover e apoiar a mudança estratégica.[196] De modo mais importante, os controles oferecem os parâmetros de acordo com os quais as estratégias devem ser implementadas, bem como as ações corretivas a serem empreendidas quando forem exigidos ajustes relacionados à implementação.

O Capítulo 11 (sobre governança corporativa) discute os controles organizacionais em detalhe, porém nesta seção examinamos brevemente os controles financeiros e estratégicos porque os líderes estratégicos são responsáveis por sua elaboração e seu uso. Os controles financeiros se concentram em resultados financeiros a curto prazo. Em contraste, o controle estratégico foca o conteúdo das ações estratégicas, e não seus resultados. Algumas ações estratégicas podem ser corretas, porém resultados financeiros inadequados ainda podem ser consequência de condições externas, como uma recessão na economia, ações inesperadas do governo nacional ou de governos estrangeiros ou catástrofes naturais.[197] Portanto, uma ênfase em controle financeiro gera muitas vezes decisões gerenciais com mais ênfase no curto prazo e na aversão a riscos porque os resultados financeiros podem ser causados por eventos que estejam além do controle dos gerentes. Alternativamente, o controle estratégico incentiva os gerentes de escalão inferior a tomarem decisões que incorporem níveis moderados e aceitáveis de risco porque os resultados são partilhados entre os executivos de nível de negócios que elaboram as propostas estratégicas e os executivos de nível corporativo que as avaliam.

Balanced Scorecard. O Balanced Scorecard é uma ferramenta que os líderes estratégicos podem usar para constatar que estabeleceram controles financeiros e controles estratégicos para avaliar o desempenho de sua empresa.[198] Essa técnica é mais apropriada para uso ao se lidar com estratégias de nível de negócios, mas também pode aplicar-se a estratégias em nível corporativo.

A premissa subjacente do Balanced Scorecard é que as empresas comprometem suas possibilidades futuras de desempenho quando os controles financeiros são enfatizados à custa dos controles estratégicos,[199] pois controles financeiros oferecem informações a respeito de resultados alcançados por ações passadas, porém não comunicam os impulsionadores do desempenho futuro da empresa.[200] Portanto, o excesso de ênfase nos controles financeiros poderia incentivar um comportamento organizacional que acarreta como resultado final o sacrifício do potencial de criação de valor a longo prazo por ganhos de desempenho a curto prazo para a empresa.[201] Um equilíbrio apropriado entre controles financeiros e controles estratégicos, em vez de uma ênfase exagerada em qualquer um deles, permite que as empresas monitorem eficazmente seu desempenho.

Quatro perspectivas se integram para formar a estrutura do Balanced Scorecard (Figura 2.6): financeira (relacionada a crescimento, lucratividade e risco sob o ponto de vista dos acionistas), do cliente (relacionada ao valor que os clientes percebem ter sido criado pelos produtos da empresa), dos processos empresariais internos (com foco nas prioridades em vários processos empresariais que criam satisfação para clientes e acionistas) e de aprendizagem e crescimento (relacionada às iniciativas da empresa para criar um clima que apoie a mudança, a inovação e o crescimento). Desse modo, o uso da estrutura de avaliação equilibrada permite que a empresa compreenda como é vista pelos acionistas (perspectiva financeira), como os clientes a consideram (perspectiva do cliente), os processos que precisa enfatizar para empregar de modo bem-sucedido sua vantagem competitiva (perspectiva interna) e o que pode fazer para melhorar seu desempenho a fim de crescer (perspectiva de aprendizagem e crescimento).[202] A Porsche usou uma abordagem do Balanced Scorecard para promover a aprendizagem e a melhoria contínua, mantendo ao mesmo tempo uma posição de liderança no mercado entre as fabricantes de carros esportivos.[203]

Figura 2.6: Controles estratégicos e financeiros em uma estrutura do *Balanced Scorecard*

Perspectiva	Critérios
Financeira	• Fluxo de caixa • Retorno do patrimônio líquido • Retorno do ativo
Cliente	• Avaliação da capacidade para prever as necessidades dos clientes • Eficácia das práticas de atendimento ao cliente • Porcentagem de pedidos repetidos • Qualidade da comunicação com os clientes
Processos Empresariais Internos	• Melhoria na utilização dos ativos • Aumento do moral dos empregados • Alteração do índice de rotatividade
Aprendizagem e Crescimento	• Melhorias na capacidade de inovação • Número de novos produtos em comparação com os concorrentes • Aperfeiçoamento das aptidões dos empregados

As empresas usam critérios diferentes para conhecer sua posição em relação às quatro perspectivas de avaliação (Figura 2.6). Esses critérios devem ser estabelecidos com base naquilo que a empresa está tentando realizar e em sua orientação estratégica. A empresa deve selecionar o número de critérios que lhe permitirão possuir simultaneamente um entendimento estratégico e financeiro de seu desempenho sem preocupar-se com um número excessivo de detalhes.[204] Diversos critérios de desempenho, como aqueles associados às perspectivas financeira e do cliente, bem como às perspectivas puramente internas, serão discutidos no Capítulo 3. Evidentemente os critérios estão, com frequência, interrelacionados.[205]

Líderes estratégicos desempenham um papel importante na determinação de um equilíbrio apropriado entre controles estratégicos e controles financeiros para sua empresa. Isso é válido para empresas que atuam em um único ramo de negócios e também para corporações diversificadas. Um equilíbrio adequado entre os controles possui relevância, pois "a criação de riqueza nas organizações onde ocorre liderança estratégica é possível porque esses líderes realizam investimentos apropriados para a viabilidade futura (por meio do controle estratégico) mantendo ao mesmo tempo um nível adequado de estabilidade financeira no presente (por meio do controle financeiro)".[206] Na realidade, a maior parte da reestruturação corporativa tem como finalidade fazer que a empresa focalize novamente suas principais linhas de atuação, permitindo que os principais executivos restabeleçam o controle estratégico de suas unidades de negócio distintas.[207] Portanto, os controles estratégicos e os controles financeiros apoiam o uso eficaz da estratégia da empresa em nível corporativo.

Resumo

- A liderança estratégica eficaz constitui um pré-requisito para o uso bem-sucedido do processo de administração estratégica. Liderança estratégica gera a capacidade de prever eventos, vislumbrar possibilidades, manter flexibilidade e dar condições para que os outros criem mudança estratégica.

- As aptidões para liderança estratégica enquadram-se em uma hierarquia na qual os gerentes precisam dominar as aptidões de nível inferior antes de realizar a sintonia fina das aptidões de nível superior. Os executivos nível 5 dominaram todas as aptidões.

- Os líderes estratégicos diferem no modo pelo qual dirigem o processo de administração estratégica. Um método tradicional de "comando" limita a participação dos gerentes nas decisões estratégicas ao passo que um estilo mais em colaboração implica elaborar simultaneamente estratégias e planos de implementação com membros do alto escalão da empresa. O estilo apropriado depende da natureza da situação competitiva.

- Os altos executivos são limitados por alguns fatores que influenciam o nível de critério que possuem quando tomam decisões. Alguns desses fatores encontram-se associados ao ambiente externo, como a estrutura do setor, o índice de crescimento do mercado no principal setor da empresa e o grau em que os produtos podem ser diferenciados.

- Os gerentes estratégicos se apoiam algumas vezes em heurísticas, ou "regras práticas", quando tomam decisões estratégicas. Essas heurísticas ajudam os dirigentes a simplificar aquilo que sob outras condições seria um ambiente de decisões extremamente complexo e incerto, porém também podem conduzir a decisões subótimas. O conhecimento das distorções na tomada de decisões, o uso da análise de opções reais e a formação de uma equipe da alta administração heterogênea podem ajudar os decisores estratégicos a reduzir os efeitos negativos das distorções decisórias.

- Uma equipe de executivos graduados é composta pelo CEO e por outros executivos de primeira linha responsáveis por determinar a orientação da empresa, formular e implementar suas estratégias. A qualidade do pensamento estratégico e as decisões estratégicas subsequentes tomadas por uma equipe de altos executivos afetam a capacidade da empresa de inovar e empenhar-se para uma mudança estratégica eficaz.

- A complexidade e a força dominantes das forças ambientais, bem como a necessidade de gerenciar uma grande variedade de relacionamentos com *stakeholders*, exigem a formação de uma equipe de executivos graduados heterogênea composta por pessoas com base funcional, experiência e formação acadêmica diferentes. Quanto mais heterogênea for uma equipe da alta administração, com experiência e conhecimento variados, mais capacidade possui para proporcionar liderança estratégica eficaz na formulação de estratégias.

- Um desempenho mais elevado é atingido pela empresa quando o conselho de administração encontra-se envolvido mais diretamente na determinação de uma orientação estratégica para a empresa. No entanto, os conselheiros podem encontrar dificuldade para orientar as ações estratégicas de CEOs e equipes de executivos graduados poderosos. O poder relativo dos altos executivos é, pelo menos parcialmente, uma função de laços sociais ou empresariais com conselheiros, seu tempo de permanência como membros da equipe da alta administração e se o CEO atua também como presidente do conselho.

- As organizações selecionam líderes estratégicos em dois tipos de mercado de trabalho — interno e externo. O uso de mercado interno ou externo depende, em parte, da necessidade de mudança na organização.

- Os seis componentes básicos da liderança estratégica eficaz incluem assegurar que a empresa esteja bem posicionada economicamente, o gerenciamento de recursos básicos, o desenvolvimento e a continuidade de um relacionamento eficaz com os principais *stakeholders*, a determinação de uma orientação estratégica (incluindo o estabelecimento de valores e práticas éticas), a supervisão da implementação e formulação de estratégias específicas e o estabelecimento de sistemas de controle organizacional equilibrados.

- A orientação estratégica reflete-se na missão, na visão, na finalidade, nas metas a longo prazo e nos valores da empresa que podem estar interconectados. Existem diversos meios, como relatórios anuais, discursos e comunicados de imprensa para divulgar a orientação estratégica.

- Um equilíbrio eficaz entre os controles estratégico e financeiro permite o uso flexível das capacidades básicas, porém no âmbito dos parâmetros indicados pela posição financeira da empresa. O Balanced Scorecard constitui uma ferramenta que os líderes estratégicos usam para criar um equilíbrio entre os controles estratégico e financeiro da empresa.

Questões éticas

1. Quais são os temas éticos que influenciam o critério gerencial? O atual ambiente empresarial alterou a influência da ética sobre o critério gerencial? Em caso afirmativo, de que maneira?

2. Existe uma diferença entre a visão atual que os *stakeholders* possuem de um líder estratégico ético e a perspectiva no início da década de 1990 dessa mesma categoria de líder?

3. O que um CEO recém-nomeado proveniente do mercado de trabalho executivo externo deve fazer para entender o clima ético de uma empresa? Qual é a importância do empenho do CEO para compreender esse clima?

4. Os líderes estratégicos éticos são mais eficazes do que os líderes estratégicos desprovidos de ética? Em caso afirmativo, por quê? Em caso negativo, por que não?

5. Suponha que você esteja trabalhando em uma organização que acredita possuir uma cultura desprovida de ética. Que ações você poderia empreender para mudar essa cultura a fim de torná-la mais ética?

6. A redução do tamanho (*downsizing*) corporativo é ética? Em caso negativo, por que não? Se o *downsizing* corporativo é ético, o que os líderes estratégicos podem fazer para atenuar os efeitos negativos associados à redução do número de empregados da empresa?

Referências bibliográficas

1. READY, D. A. How storytelling builds next generation leaders. *MIT Sloan Management Review,* 43(4), 2002. p. 63-69.
2. Leadership styles at GE and Canon. *Strategic Direction,* 22(1), 2006. p. 15-20; BARNES, R. Executives who didn't survive Jack Welch's GE are now running 3M, Home Depot. *Knight Ridder Tribune Business News,* 24 abr. 2004. p. 1.
3. TONG, C. H.; TONG, L-I. Exploring the cornerstones of Wal-Mart's success and competitiveness. *Competitiveness Review,* 16(2), 2006. p. 143-149.
4. GRECO, J. Akio Morita: A founder of Japan, Inc. *The Journal of Business Strategy,* 20(5), 1999. p. 38-39.
5. GREEN, S.; HASSAN, F.; IMMELT, J.; MARKS, M.; MEILAND, D. In search of global leaders. *Harvard Business Review,* 81(8), 2003. p. 38-45; PETERS, T. J. Leadership: Sad facts and silver linings. *Harvard Business Review,* 79(11), 2001. p. 121-128.
6. HITT, M. A.; MILLER, C. C.; COLELLA, A. *Organizational Behavior: A Strategic Approach,* 2ª. ed., Nova York: Wiley, 2008; VERA, D.; CROSSAN, M. Strategic leadership and organizational learning. *Academy of Management Review,* 29, 2004. p. 222-240.
7. COLLINS, J. *Good to Great: Why Some Companies Make the Leap... and Others Don't.* Nova York: Harper Business, 2001.
8. CARTER, A. Lighting a fire under Campbell: How Doug Conant's quiet, cerebral style got things bubbling again. *Business Week,* 4 dez. 2006. p. 96.
9. BOURGEOIS III, L. J.; BRODWIN, D. R. Strategic implementation: Five approaches to an elusive phenomenon. *Strategic Management Journal,* 5, 1984. p. 241-264.
10. CARPENTER, M.; FREDRICKSON, J. Top management teams, global strategic posture, and the moderating role of uncertainty. *Academy of Management Journal,* 44, 2001. p. 533-545; SLATER, S. F. The influence of style on business unit performance. *Journal of Management* 15, 1989. p. 441-455.
11. L. MARKOCZY. Consensus formation during strategic change. *Strategic Management Journal,* 22, 2001. p. 1.013-1.031; KNIGHT, D.; PEARCE, C. L.; SMITH, K. G.; OLIAN, J. D.; SIMS, H. P.; SMITH, K. A.; FLOOD, P. Top management team diversity, group process, and strategic consensus. *Strategic Management Journal,* 20, 1999. p. 446-465.
12. CHEN, H.; DUH, R. R.; & LIN, J. C. The determinants of implementation stages of balanced scorecard. *International Journal of Management and Decision Making,* 7(4), 2006. p. 1; TAPLIN, I. M. Strategic change and organizational restructuring: How managers negotiate change initiatives. *Journal of International Management,* 12, 2006. p. 284-301.
13. HITT, M. A.; DACIN, M. T.; TYLER, B. B.; PARK, D. Understanding the differences in Korean and U.S. executives' strategic orientations. *Strategic Management Journal,* 18, 1997. p. 159-167; MICHEL, J. G.; HAMBRICK, D. C. Diversification posture and top management team characteristics. *Academy of Management Journal,* 35, 1992. p. 9-37; SLATER, S. F. The influence of style on business unit performance. *Journal of Management,* 15, 1989. p. 441-455; THOMAS, A. S.; LITSCHERT, R. J.; RAMASWAMY, K. The performance impact of strategy-manager co-alignment: An empirical examination. *Strategic Management Journal,* 12, 1991. p. 509-522.
14. GOVINDARAJAN, V. Implementing competitive strategies at the business unit level: Implications of matching managers to strategies. *Strategic Management Journal,* 10, 1989. p. 251-269.
15. GUPTA, A. K.; GOVINDARAJAN, V. Business unit strategy, managerial characteristics, and business unit effectiveness at strategy implementation. *Academy of Management Journal,* 27, 1984. p. 25-41.
16. WIERSEMA, M. F.; BANTEL, K. A. Top management team demography and corporate strategic change. *Academy of Management Journal,* 35, 1992. p. 91-121; BANTEL, K. A.; JACKSON, S. E. Top management and innovations in banking: Does the composition of the top team make a difference? *Strategic Management Journal,* 10, 1989. p. 107-124; GRIMM, C. M.; SMITH, K. G. Management and organizational change: A note on the railroad industry. *Strategic Management Journal,* 12, 1991. p. 557-562.
17. ROWE, W. Creating wealth in organizations: The role of strategic leadership. *Academy of Management Executive,* 15(1), 2001. p. 81-94; FINKELSTEIN, S.; HAMBRICK, D. C. *Strategic Leadership: Top Executives and Their Effects on Organizations,* St. Paul: West Publishing Co., 1996. p. 26-34; HAMBRICK, D. C.; ABRAHAMSON, E. Assessing managerial discretion across industries: A multimethod approach. *Academy of Management Journal,* 38, 1995. p. 1.427-1.441; HAMBRICK, D. C.; FINKELSTEIN, S. Managerial discretion: A bridge between polar views of organizational outcomes. In: STAW, B.; CUMMINGS, L. L. (eds.). *Research in Organizational Behavior,* Greenwich: JAI Press, 1987. p. 369-406.
18. WHITTINGTON, R. The work of strategizing and organizing: For a practice perspective. *Strategic Organization,* 1, 2003. p. 117-125; WRIGHT, M.; HOSKISSON, R. E.; BUSENITZ, L. W.; DIAL, J. Entrepreneurial growth through privatization: The upside of management buyouts. *Academy of Management Review,* 25, 2000. p. 591-601; WALLER, M. J.; HUBER, G. P.; GLICK, W. H. Functional background as a determinant of executives' selective perception. *Academy of Management Journal,* 38, 1995. p. 943-974; RAJAGOPALAN, N.; RASHEED, A. M.; DATTA, D. K. Strategic decision processes: Critical review and future directions. *Journal of Management,* 19, 1993. p. 349-384.
19. DAS, T. K.; TENG, B. S. Cognitive biases and strategic decision processes: An integrative perspective. *Journal of Management Studies,* 36, 1999. p. 757-778. SCHWENK, C. R. Strategic decision making. *Journal of Management,* 21, 1995. p. 471-493.
20. KAHNEMAN, D.; SLOVIC, P.; TVERSKY, A. (eds.). *Judgment under Uncertainty: Heuristics and Biases,* Nova York: Cambridge University Press, 1982; TVERSKY, A.; KAHNEMAN, D. Judgment under uncertainty: Heuristics and biases. *Science,* 185, 1974. p. 1.124-1.131.
21. KAHNEMAN; SLOVIC; TVERSKY. *Judgment under Uncertainty.*
22. BAZERMAN, M. H. *Judgment in Managerial Decision Making,* 3ª. ed., Nova York: Wiley, 1994; HOGARTH, R. M. *Judgment and Choice: The Psychology of Decision,* Chichester: Wiley, 1980.
23. DAS; TENG. Cognitive biases and strategic decision processes; MARCH, J. G.; SHAPIRA, Z. Managerial perspectives on risk and risk taking. *Management Science,* 33, 1987. p. 1404-1418.
24. SCHWENK, C. R. Cognitive simplification processes in strategic decision-making. *Strategic Management Journal,* 5, 1984. p. 111-128.
25. MARCH; SHAPIRA. Managerial perspectives.
26. HOSKISSON, R. E.; HITT, M. A.; HILL, C. W. L. Managerial risk taking in diversified firms: An evolutionary perspective. *Organization Science,* 2, 1991. p. 296-314.

27. Devan, J.; Millan, K.; Shirke, P. Balancing short and long-term performance. *McKinsey Quarterly*, (1), 2005. p. 31-33.
28. Walsh, J. P.; Nord, W. R. Taking stock of stakeholder management. *Academy of Management Review*, 30, 2005. p. 426-438; Post, J. E.; Preston, L. E.; Sauter-Sachs, S. *Redefining the Corporation: Stakeholder Management and Organizational Wealth*, Stanford: Stanford University Press, 2002.
29. March; Shapira. Managerial perspectives; Fredrickson, J. W. The comprehensiveness of strategic decision processes: Extension, observations, future directions. *Academy of Management Journal*, 27, 1984. p. 445-466.
30. Fredrickson, J. W. An exploratory approach to measuring perceptions of strategic decision constructs. *Strategic Management Journal*, 7, 1986. p. 473-483.
31. Shapira, Z. *Risk Taking: A Managerial Perspective*, Nova York: Russell Sage Foundation, 1995.
32. Kahneman, D.; Lovallo, D. Timid choices and bold forecasts: A cognitive perspective on risk taking. *Management Science*, 39, 1993. p. 17-31.
33. Durand, R. Predicting a firm's forecasting ability: The roles of organizational illusion of control and organizational attention. *Strategic Management Journal*, 9, 2003. p. 821-838; Langer, E. J. Illusion of control. *Journal of Personality and Social Psychology*, 32, 1975. p. 311-328.
34. Shapira. *Risk Taking*; Vlek, C.; Stallen, P. J. Rational and personal aspects of risk. *Acta Psychologica*, 45, 1980. p. 273-300.
35. García, D.; Sangiorgi, F.; Urosevic, B. Overconfidence and market efficiency with heterogeneous assets. *Economic Theory*, 30, 2007. p. 313-336; Lowe, R. A.; Arvids, A. Overoptimism and the performance of entrepreneurial firms. *Management Science*, 52, 2006. p. 173-186.
36. Hiller, N. J.; Hambrick, D. C. Conceptualizing executive hubris: The role of (hyper-) core self-evaluations in strategic decision making. *Strategic Management Journal*, 26, 2005. p. 297-319.
37. Wade, J. B.; Porac, J. F.; Pollock, T. G.; Graffin, S. D. The burden of celebrity: The impact of CEO certification contests on CEO pay and performance. *Academy of Management Journal*, 49, 2006. p. 643-660.
38. Hayward, M. L. A.; Rindova, V. P.; Pollock, T. G. Believing one's own press: The causes and consequences of CEO celebrity. *Strategic Management Journal*, 25, 2004. p. 637-653.
39. Collins. *Good to Great*.
40. Markoczy. Consensus formation; Iaquito, A. L.; Fredrickson, J. W. Top management team agreement about the strategic decision process: A test of some of its determinants and consequences. *Strategic Management Journal*, 18, 1997. p. 63-75.
41. Castanias, R.; Helfat, C. The managerial rents model: Theory and empirical analysis. *Journal of Management*, 27, 2001. p. 661-678; Gunz, H. P.; Jalland, R. M. Managerial careers and business strategy. *Academy of Management Review*, 21, 1996. p. 718-756.
42. Goll, I.; Sambharya, R.; Tucci, L. Top management team composition, corporate ideology, and firm performance. *Management International Review*, 41(2), 2001. p. 109-129.
43. Beer, M.; Eisenstat, R. The silent killers of strategy implementation and learning. *Sloan Management Review*, 41(4), 2000. p. 29-40; Christensen, C. M. Making strategy: Learning by doing. *Harvard Business Review*, 75(6), 1997. p. 141-156; Hitt, M. A.; Keats, B. W.; Harback, H. E.; Nixon, R. D. Rightsizing: Building and maintaining strategic leadership and long-term competitiveness. *Organizational Dynamics*, 23, 1994. p. 18-32.
44. Cusumano, M. A.; Gawer, A. The elements of platform leadership. *MIT Sloan Management Review*, 43(3), 2002. p. 51-58; Pegels, C.; Song, Y.; Yang, B. Management heterogeneity, competitive interaction groups, and firm performance. *Strategic Management Journal*, 21, 2000. p. 911-923; Athanassiou, N.; Nigh, D. The impact of U.S. company internationalization on top management team advice networks: A tacit knowledge perspective. *Strategic Management Journal*, 20, 1999. p. 83-92.
45. Green, J. The soul of a new Microsoft. *Business Week*, 4 dez. 2006. p. 57-66.
46. Microsoft Senior Leadership Team, http://www.microsoft.com/presspass/exec/leadership/default.mspx, 12 dez. 2006.
47. Markoczy. Consensus formation; Knight, D.; Pearce, C. L.; Smith, K. G.; Olian, J. D.; Sims, H. P.; Smith, K. A.; Flood, P. Top management team diversity, group process, and strategic consensus. *Strategic Management Journal*, 20, 1999. p. 446-465.
48. Bunderson, J. Team member functional background and involvement in management teams: Direct effects and the moderating role of power and centralization. *Academy of Management Journal*, 46, 2003. p. 458-474; Markoczy. Consensus formation; Daellenbach, U.; McCarthy, A.; Schoenecker, T. Commitment to innovation: The impact of top management team characteristics. *R&D Management*, 29(3), 1999. p. 199-208; Datta, D. K.; Guthrie, J. P. Executive succession: Organizational antecedents of CEO characteristics. *Strategic Management Journal*, 15, 1994. p. 569-577.
49. Hambrick, D. C.; Cho, T. S.; Chen, M. J. The influence of top management team heterogeneity on firms' competitive moves. *Administrative Science Quarterly*, 41, 1996. p. 659-684.
50. Werther, W. B. Strategic change and leader follower alignment. *Organizational Dynamics*, 32, 2003. p. 32-45; Wally, S.; Becerra, M. Top management team characteristics and strategic changes in international diversification: The case of U.S. multinationals in the European community. *Group & Organization Management*, 26, 2001. p. 165-188; Boeker, W. Strategic change: The influence of managerial characteristics and organizational growth. *Academy of Management Journal*, 40, 1997. p. 152-170.
51. Tomie, A. Fast Pack 2000. *Fast Company on-line*, http://www.fastcompany.com, 1 mar. 2000.
52. Magretta, J. The behavior behind the buzzwords. *MIT Sloan Management Review*, 43(4), 2002. p. 90.
53. Wally; Becerra. Top management team characteristics; Tihanyi, L.; Daily, C.; Dalton, D.; Ellstrand, A. Composition of the top management team and firm international diversification. *Journal of Management*, 26, 2000. p. 1.157-1.178; Wiersema, M. F.; Bantel, K. Top management team demography and corporate strategic change. *Academy of Management Journal*, 35, 1992. p. 91-121; Bantel; Jackson. Top management and innovations in banking.
54. Distefano, J. J.; Maznevski, M. L. Creating value with diverse teams in global management. *Organizational Dynamics*, 29(1), 2000. p. 45-63; Simons, T.; Pelled, L. H.; Smith, K. A. Making use of difference, diversity, debate, and decision comprehensiveness in top management teams. *Academy of Management Journal*, 42, 1999. p. 662-673.
55. Simsek, Z.; Veiga, J. F.; Lubatkin, M. H.; Dino, R. H. Modeling the multilevel determinants of top management team behavioral integration. *Academy of Management Journal*, 48, 2005. p. 69-84.
56. Finkelstein; Hambrick. *Strategic Leadership*, p. 148.
57. Barsade, S.; Ward, A.; Turner, J.; Sonnenfeld, J. To your heart's content: A model of affective diversity in top management teams. *Administrative Science Quarterly*, 45, 2000. p. 802-836; Miller, C. C.; Burke, L. M.; Glick, W. H. Cognitive diversity among upper-echelon executives: Implications for strategic decision processes. *Strategic Management Journal*, 19, 1998. p. 39-58.

58. Novartis, http://www.novartis.com/about_novartis/en/structure.shtml, 18 nov. 2006; The top 25 managers: Daniel Vasella. *Business Week*, 14 jan. 2002. p. 58.
59. KOBERSTEIN, W. Executive profile: Novartis inside out. *Pharmaceutical Executive*, nov. 2001. p. 36-50.
60. FILATOTCHEV, I.; BISHOP, K. 2002, Board composition, share ownership, and "underpricing" of U.K. IPO firms, *Strategic Management Journal*, 23: 941-955.
61. TIHANYI, L.; JOHNSON, R. A.; HOSKISSON, R. E.; HITT, M. A. Institutional ownership and international diversification: The effects of boards of directors and technological opportunity. *Academy of Management Journal*, 46, 2003. p. 195-211; TAYLOR, B. From corporate governance to corporate entrepreneurship. *Journal of Change Management*, 2(2), 2001. p. 128-147; JUDGE JR., W. Q.; ZEITHAM, C. P. Institutional and strategic choice perspectives on board involvement in the strategic decision process. *Academy of Management Journal*, 35, 1992. p. 766-794; PEARCE II, J. A.; ZAHRA, S. A. The relative power of CEOs and boards of directors: Associations with corporate performance. *Strategic Management Journal*, 12, 1991. p. 135-154.
62. KASSINIS, G.; VAFEAS, N. Corporate boards and outside stakeholders as determinants of environmental litigation. *Strategic Management Journal*, 23, 2002. p. 399-415; GOLDEN, B. R.; ZAJAC, E. J. When will boards influence strategy? Inclination times power equals strategic change. *Strategic Management Journal*, 22, 2001. p. 1.087-1.111.
63. CARPENTER, M.; WESTPHAL, J. Strategic context of external network ties: Examining the impact of director appointments on board involvement in strategic decision making. *Academy of Management Journal*, 44, 2001. p. 639-660.
64. WESTPHAL, J. D.; ZAJAC, E. J. Who shall govern? CEO/board power, demographic similarity, and new director selection. *Administrative Science Quarterly*, 40, 1995. p. 60.
65. BOYLE, M. The dirty half-dozen: America's worst boards. *Fortune*, 14 mai. 2001. p. 249-252; veja também LAVELLE, L. The best & worst boards. *Business Week on-line*, http://www.businessweek.com, 7 out. 2002.
66. Xerox board members, http://www.xerox.com, 6 dez. 2006.
67. WESTPHAL, J. D. Collaboration in the boardroom: Behavioral and performance consequences of CEO-board social ties. *Academy of Management Journal*, 42, 1999. p. 7-24.
68. Ibid.; ROBERTS, J.; STILES, P. The relationship between chairmen and chief executives: Competitive or complementary roles? *Long Range Planning*, 32(1), 1999. p. 36-48.
69. COLES, J.; SEN, N.; MCWILLIAMS, V. An examination of the relationship of governance mechanisms to performance. *Journal of Management*, 27, 2001. p. 23-50; COLES, J.; HESTERLY, W. Independence of the chairman and board composition: Firm choices and shareholder value. *Journal of Management*, 26, 2000. p. 195-214; BOYD, B. K. CEO duality and firm performance: A contingency model. *Strategic Management Journal*, 16, 1995. p. 301.
70. DAILY, C. M.; DALTON, D. R. CEO and director turnover in failing firms: An illusion of change? *Strategic Management Journal*, 16, 1995. p. 393-400.
71. LORSCH, J. W.; ZELLEKE, A. Should the CEO be the chairman? *Sloan Management Review*, 46(2), 2005. p. 71-81.
72. ALBANESE, R.; DACIN, M. T.; HARRIS, I. C. Agents as stewards. *Academy of Management Review*, 22, 1997. p. 609- 611; DAVIS, J. H.; SCHOORMAN, F. D.; DONALDSON, L. Toward a stewardship theory of management. *Academy of Management Review*, 22, 1997. p. 20-47.
73. CARPENTER, M. A. The implications of strategy and social context for the relationship between top management team heterogeneity and firm performance. *Strategic Management Journal*, 23, 2002. p. 275-284; WESTPHAL, J. D.; ZAJAC, E. J. Defections from the inner circle: Social exchange, reciprocity and diffusion of board independence in U.S. corporations. *Administrative Science Quarterly*, 1997. p. 161-183.
74. COMBS, J. G.; SKILL, M. S. Managerialist and human capital explanations for key executive pay premiums: A contingency perspective. *Academy of Management Journal*, 46, 2003. p. 63-73.
75. RAJAGOPALAN, N.; DATTA, D. K. CEO characteristics: Does industry matter? *Academy of Management Journal*, 39, 1996. p. 197-215.
76. JOHNSON, R. A.; HOSKISSON, R. E.; HITT, M. A. Board involvement in restructuring: The effect of board *versus* managerial controls and characteristics. *Strategic Management Journal*, 14 (summer special issue), 1993. p. 33-50.
77. LAWLER III, E. E.; FINEGOLD, D.; BENSON, G.; CONGER, J. Adding value in the boardroom. *MIT Sloan Management Review*, 43(2), 2002. p. 92-93.
78. BOYD. CEO duality and firm performance.
79. CARPENTER, M.; FREDRICKSON, J. Top management teams, global strategic posture, and the moderating role of uncertainty. *Academy of Management Journal*, 44, 2001. p. 533-545.
80. SCHNEIDER, M. A stakeholder model of organizational leadership. *Organization Science*, 13, 2002. p. 209-220.
81. SORCHER, M.; BRANT, J. Are you picking the right leaders? *Harvard Business Review*, 80(2), 2002. p. 78-85; WALDMAN, D. A.; RAMIREZ, G. G.; HOUSE, R. J.; PURANAM, P. Does leadership matter? CEO leadership attributes and profitability under conditions of perceived environmental uncertainty. *Academy of Management Journal*, 44, 2001. p. 134-143; CHARAN, R.; COLVIN, G. The right fit. *Fortune*, 17 abr. 2000. p. 226-238.
82. KAKABADSE, A.; KAKABADSE, N. Dynamics of executive succession. *Corporate Governance*, 1(3), 2001. p. 9-14.
83. CHARAN, R. GE's ten-step talent plan. *Fortune*, 17 abr. 2000. p. 232.
84. HOSKISSON, R. E.; YIU, D.; KIM, H. Capital and labor market congruence and corporate governance: Effects on corporate innovation and global competitiveness. In: COHEN, S. S.; BOYD, G. (eds.). *Corporate Governance and Globalization*, Northampton: Edward Elgar, 2000. p. 129-154.
85. SHEN, W.; CANNELLA, A. A. Will succession planning increase shareholder wealth? Evidence from investor reactions to relay CEO successions. *Strategic Management Journal*, 24, 2003. p. 191-198.
86. FINKELSTEIN; HAMBRICK. *Strategic Leadership*, p. 180-181.
87. MATUSIK, S. F. An empirical investigation of firm public and private knowledge. *Strategic Management Journal*, 23, 2002. p. 457-467.
88. CAREY, D. C.; OGDEN, D. *CEO Succession: A Window on How Boards Can Get It Right When Choosing a New Chief Executive*, Nova York: Oxford University Press, 2000.
89. SHEPARD, S. B. A Talk with Jeff Immelt: Jack Welch's successor charts a course for GE in the 21st century. *Business Week*, 28 jan. 2002. p. 102-104.
90. Speeches, IBM's annual stockholders meeting, http://www.ibm.com, 30 abr. 2002.
91. GREINER, L.; CUMMINGS, T.; BHAMBRI, A. When new CEOs succeed and fail: 4-D theory of strategic transformation. *Organizational Dynamics*, 32, 2002. p. 1-16.
92. MILLER, D. Stale in the saddle: CEO tenure and the match between organization and environment. *Management Science*, 37, 1991. p. 34-52.
93. ANAND, V.; GLICK, W. H.; MANZ, C. C. Thriving on the knowledge of outsiders: Tapping organizational social capital. *Academy of Management Executive*, 16(1), 2002. p. 87-101.
94. ASHKANASY, N. A.; HARTEL, C. E. J.; DAUS, C. S. Diversity and emotion: The new frontiers in organizational behavior research. *Journal of Management*, 28, 2002. p. 307-338.

95. POWELL, G. N.; BUTTERFIELD, D. A.; PARENT, J. D. Gender and managerial stereotypes: Have the times changed? *Journal of Management*, 28, 2002. p. 177-193; FOLEY, S.; KIDDER, D. L.; POWELL, G. N. The perceived glass ceiling and justice perceptions: An investigation of Hispanic law associates. *Journal of Management*, 28, 2002. p. 471-496.
96. HELFAT, C. E.; HARRIS, D.; WOLFSON, P. J. The pipeline to the top: Women and men in the top executive ranks of U.S. corporations. *Academy of Management Perspectives*, 20(4). p. 42-64; STANLEY, A. For women, to soar is rare, to fall is human. *New York Times*, http://www.nytimes.com, 13 jan. 2002.
97. ENSHER, E. A.; MURPHY, S. E.; SULLIVAN, S. E. Reel women: Lessons from female TV executives on managing work and real life. *Academy of Management Executive*, 16(2), 2002. p. 106-120.
98. IRELAND, R. D.; HITT, M. A. Achieving and maintaining strategic competitiveness in the 21st century: The role of strategic leadership. *Academy of Management Executive*, 19(4), 2005. p. 63-77, publicado originalmente em 12(1), p. 43-57; CANNELLA JR., A.; PETTIGREW, A.; HAMBRICK, D. Upper echelons: Donald Hambrick on executives and strategy. *Academy of Management Executive*, 15(3), 2001. p. 36-52; LEI, D.; HITT, M. A.; BETTIS, R. Dynamic core competencies through meta-learning and strategic context. *Journal of Management*, 22, 1996. p. 547-567.
99. GOVE, S.; SIRMON, D.; HITT, M. A. Relative resource advantages: The effect of resources and resource management on organizational performance, trabalho apresentado na Strategic Management Society Conference, Baltimore, 2003.
100. HARRISON, J. S. *Strategic Management of Resources and Relationships*, Nova York: Wiley, 2003; FREEMAN, R. E. *Strategic Management: A Stakeholder Approach*, Boston: Pittman.
101. FINKELSTEIN; HAMBRICK. *Strategic Leadership*, p. 2.
102. FARJOUN, M. Towards an organic perspective on strategy. *Strategic Management Journal*, 23, 2002. p. 561-594.
103. SHOOK, C. L.; PRIEM, R. L.; McGEE, J. E. Venture creation and the enterprising individual: A review and synthesis. *Journal of Management*, 29, 2003. p. 379-399.
104. BERFIELD, S. Most inspiring steel boss. *Business Week*, 18 dez. 2006. p. 61.
105. HAMEL, G.; PRAHALAD, C. K. Strategic intent. *Harvard Business Review*, 67(3), 1989. p. 63-76.
106. HAMBRICK, D. C.; FREDRICKSON, J. W. Are you sure you have a strategy? *Academy of Management Executive*, 19(4), 2005. p. 51-62, reimpressão do n. 15(4).
107. Ibid.
108. ABELL, D. F. *Defining the Business: The Starting Point of Strategic Planning*, Englewood Cliffs: Prentice Hall, 1980.
109. GE, http://www.ge.com/en/product/, 13 dez. 2006.
110. *Nation's Restaurant News*, jun. 2006. p. 1.
111. GE, http://cwcdn.geimaginationatwork.com/@v=092520050111 @imaginationatwork/flash.html, 13 dez. 2006.
112. EISENHARDT, K. M.; BROWN, S. L. Time pacing: Competing in markets that won't stand still. *Harvard Business Review*, mar./abr. 1998. p. 59-69.
113. GREEN. The soul of a new Microsoft.
114. EINHORN, B. How Yahoo missed out on the mainland. *Business Week*, 18 dez. 2006. p. 54.
115. HOLMES, S. Boeing and labor: Frayed relations. *Business Week*, 18 dez. 2006. p. 124-125.
116. Most unlikely turnaround. *Business Week*, 18 dez. 2006. p. 69.
117. Worst reaction time. *Business Week*, 8 dez. 2006. p. 76.
118. BURGELMAN, R. A. *Strategy Is Destiny: How Strategy-Making Shapes a Company's Future*, Nova York: The Free Press, 2001.
119. ETHIRAJ, S. K.; KALE, P.; KRISHNAN, M. S.; SINGH, J. V. Where do capabilities come from and how do they matter? A study in the software services industry. *Strategic Management Journal*, 26, 2005. p. 25-45.
120. DUTTA, S.; NARASIMHAN, O.; RAJIV, S. Conceptualizing and measuring capabilities: Methodology and empirical application. *Strategic Management Journal*, 26, 2005. p. 277-285.
121. HITT; MILLER; COLELLA. *Organizational Behavior*; HITT, M. A.; IRELAND, R. D. The essence of strategic leadership: Managing human and social capital. *Journal of Leadership and Organizational Studies*, 9, 2002. p. 3-14; OXMAN, J. A. The hidden leverage of human capital. *MIT Sloan Management Review*, 43(4), 2002. p. 79-83.
122. DENISI, A. S.; HITT, M. A.; JACKSON, S. E. The knowledge--based approach to sustainable competitive advantage. In: JACKSON, S. E.; HITT, M. A.; DENISI, A. S. (eds.). *Managing Knowledge for Sustained Competitive Advantage*, São Francisco: Jossey-Bass, 2003. p. 3-33; TEECE, D. J. *Managing Intellectual Capital: Organizational, Strategic and Policy Dimensions*, Oxford: Oxford University Press, 2000.
123. POST, J. E.; PRESTON, L. E.; SACHS, S. Managing the extended enterprise: The new stakeholder view. *California Management Review*, 45(1), 2002. p. 6-28; KETS DE VRIES, M. F. R. *Life and Death in the Executive Fast Lane*, São Francisco: Jossey-Bass, 1995.
124. CAREY; OGDEN. *CEO Succession*.
125. DAILY, C. M.; McDOUGALL, P. P.; COVIN, J. G.; DALTON, D. R. Governance and strategic leadership in entrepreneurial firms. *Journal of Management*, 28, 2002. p. 387-412; MACCOBY, M. Making sense of the leadership literature. *Research Technology Management*, 44(5), 2001. p. 58-60.
126. LENGNICK-HALL, C. A.; WOLFF, J. A. Similarities and contradictions in the core logic of three strategy research streams. *Strategic Management Journal*, 20, 1999. p. 1.109--1.132.
127. HITT, M. A.; BIERMAN, L.; SHIMIZU, K.; KOCHHAR, R. Direct and moderating effects of human capital on strategy and performance in professional service firms: A resource-based perspective. *Academy of Management Journal*, 44, 2001. p. 13-28.
128. SNELL, S. A.; YOUNDT, M. A. Human resource management and firm performance: Testing a contingency model of executive controls. *Journal of Management*, 21, 1995. p. 711-737.
129. WATSON, W.; STEWART, W. H.; BARNIR, A. The effects of human capital, organizational demography, and interpersonal processes on venture partner perceptions of firm profit and growth. *Journal of Business Venturing*, 18, 2003. p. 145-164; CALIGIURI, P.; DI SANTO, V. Global competence: What is it, and can it be developed through global assignments? *Human Resource Planning*, 24(3), 2001. p. 27-35; ULRICH, D. A new mandate for human resources. *Harvard Business Review*, 76(1), 1998. p. 124-134.
130. McWILLIAMS, A.; VAN FLEET, D. D.; WRIGHT, P. M. Strategic management of human resources for global competitive advantage. *Journal of Business Strategies*, 18(1), 2001. p. 1-24; PFEFFER, J. *Competitive Advantage through People*, Cambridge: Harvard Business School Press, 4, 1994.
131. GRATTON, L. *Living Strategy: Putting People at the Heart of Corporate Purpose*, Londres: Financial Times/Prentice Hall, 2001.
132. YAN, A.; ZHU, G.; HALL, D. T. International assignments for career building: A model of agency relationships and psychological contracts. *Academy of Management Review*, 27, 2002. p. 373-391.
133. CALIGIURI; DI SANTO. Global competence.
134. McCALL, M. W.; HOLLENBECK, G. P. *Developing Global Executives: The Lessons of International Experience*, Boston: Harvard Business School Press, 2001.

135. FEY, C. F.; BJORKMAN, I. The effect of human resource management practices on MNC subsidiary performance in Russia. *Journal of International Business Studies,* 32, 2001. p. 59-75.

136. HARVEY, M. G.; NOVICEVIC, M. M. The influences of inpatriation practices on the strategic orientation of a global organization. *International Journal of Management,* 17, 2000. p. 362-371; HARVEY, M. G.; BUCKLEY, M. R. Managing inpatriates: Building a global core competency. *Journal of World Business,* 32(1), 1997. p. 35-52.

137. NOE, R. A.; COLQUITT, J. A.; SIMMERING, M. J.; ALVAREZ, S. A. Knowledge management: Developing intellectual and social capital. In: JACKSON, S. E.; HITT, M. A.; DENISI, A. S. (eds.). *Managing Knowledge for Sustained Competitive Advantage: Designing Strategies for Effective Human Resource Management,* Oxford: Elsevier Science, 2003. p. 209-242; BARTLETT, C. A.; GHOSHAL, S. Building competitive advantage through people. *MIT Sloan Management Review,* 43(2), 2002. p. 34-41; DE CAROLIS, D. M.; DEEDS, D. L. The impact of stocks and flows of organizational knowledge on firm performance: An empirical investigation of the biotechnology industry. *Strategic Management Journal,* 20, 1999. p. 953-968.

138. HOLLENBECK, G. P.; MCCALL JR., M. W. Competence, not competencies: Making a global executive development work. In: MOBLEY, W. H.; DORFMAN, P. W. (eds.). *Advances in Global Leadership,* Oxford: Elsevier Science, 2003. p. 101-119; SANDBERG, J. Understanding human competence at work: An interpretative approach. *Academy of Management Journal,* 43, 2000. p. 9-25.

139. HITT, M. A.; KEATS, B. W.; YUCEL, E. Strategic leadership in global business organizations. In: MOBLEY, W. H.; DORFMAN, P. W. (eds.). *Advances in Global Leadership,* Oxford: Elsevier Science, 2003. p. 9-35; LEE, J.; MILLER, D. People matter: Commitment to employees, strategy and performance in Korean firms. *Strategic Management Journal,* 20, 1999. p. 579-593.

140. CROSS, R.; PRUSAK, L. The people who make organizations go or stop. *Harvard Business Review,* 80(6), 2002. p. 105-112.

141. WELBOURNE, T. M.; CYR, L. A. The human resource executive effect in initial public offering firms. *Academy of Management Journal,* 42, 1999. p. 616-629; PFEFFER, J.; VEIGA, J. F. Putting people first for organizational success. *Academy of Management Executive,* 13(2), 1999. p. 37-48.

142. BARTLETT; GHOSHAL. Building competitive advantage through people.

143. COLLINGWOOD, H.; COUTU, D. L. Jack on Jack. *Harvard Business Review,* 80(2), 2002. p. 88-94.

144. GUPTA, A. K.; GOVINDARAJAN, V. Knowledge management's social dimension: Lessons from Nucor steel. *Sloan Management Review,* 42(1), 2000. p. 71-80; FIOL, C. M. Managing culture as a competitive resource: An identity-based view of sustainable competitive advantage. *Journal of Management,* 17, 1991. p. 191-211; BARNEY, J. B. Organizational culture: Can it be a source of sustained competitive advantage? *Academy of Management Review,* 11, 1986. p. 656-665.

145. GOVINDARAJAN, V.; GUPTA, A. K. Building an effective global business team. *Sloan Management Review,* 42(4), 2001. p. 63-71; GHOSHAL, S.; BARTLETT, C. A. Linking organizational context and managerial action: The dimensions of quality of management. *Strategic Management Journal,* 15, 1994. p. 91-112.

146. ARDICHVILLI, A.; CARDOZA, R.; RAY, S. A theory of entrepreneurial opportunity identification and development. *Journal of Business Venturing,* 18, 2003. p. 105-123; KURATKO, D. F.; IRELAND, R. D.; HORNSBY, J. S. Improving firm performance through entrepreneurial actions: Acordia's corporate entrepreneurship strategy. *Academy of Management Executive,* 15(4), 2001. p. 60-71.

147. BROWN, T. E.; DAVIDSSON, P.; WIKLUND, J. An operationalization of Stevenson's conceptualization of entrepreneurship as opportunity-based firm behavior. *Strategic Management Journal,* 22, 2001. p. 953-968.

148. ELENKOV, D. S.; JUDGE, W.; WRIGHT, P. Strategic leadership and executive innovation influence: An international multi-cluster comparative study. *Strategic Management Journal,* 26, 2005. p. 665-682.

149. MCGRATH, R. G.; FERRIER, W. J.; MENDELOW, A. L. Real options as engines of choice and heterogeneity. *Academy of Management Review,* 29, 2004. p. 86-101; VASSOLO, R. S.; ANAND, J.; FOLTA, T. B. Nonadditivity in portfolios of exploration activities: A real options analysis of equity alliances in biotechnology. *Strategic Management Journal,* 25, 2004. p. 1.045-1.061.

150. LUMPKIN, G. T.; DESS, G. G. Clarifying the entrepreneurial orientation construct and linking it to performance. *Academy of Management Review,* 21, 1996. p. 135-172.

151. Ibid., p. 142.

152. Ibid., p. 137.

153. SIMS, R. R. Changing an organization's culture under new leadership. *Journal of Business Ethics,* 25, 2000. p. 65-78.

154. BURGELMAN, R. A.; DOZ, Y. L. The power of strategic integration. *Sloan Management Review,* 42(3), 2001. p. 28-38; FUCHS, P. H.; MIFFLIN, K. E.; MILLER, D.; WHITNEY, J. O. Strategic integration: Competing in the age of capabilities. *California Management Review,* 42(3), 2000. p. 118-147.

155. GOFFEE, R.; JONES, G. Getting personal on the topic of leadership: Authentic self-expression works for those at the top. *Human Resource Management International Digest,* 14(4), 2006. p. 32; AXELROD, B.; HANDFIELD-JONES, H.; MICHAELS, E. A new game plan for C players. *Harvard Business Review,* 80(1), 2002. p. 80-88; HORNSBY, J. S.; KURATKO, D. F.; ZAHRA, S. A. Middle managers' perception of the internal environment for corporate entrepreneurship: Assessing a measurement scale. *Journal of Business Venturing,* 17, 2002. p. 253-273; DUTTON, J. E.; ASHFORD, S. J.; O'NEILL, R. M.; HAYES, E.; WIERBA, E. E. Reading the wind: How middle managers assess the context for selling issues to top managers. *Strategic Management Journal,* 18, 1997. p. 407-425.

156. Best retail revival. *Business Week,* 18 dez. 2006. p. 64.

157. ULLMAN III, M. E. To our shareholders. *J. C. Penney, Inc. Annual Report,* 2005. p. 3.

158. MINTZBERG, H. *The Nature of Managerial Work,* Nova York: Harper & Row, 1973.

159. FREEMAN. *Strategic Management.*

160. FARJOUN, M. Towards an organic perspective on strategy. *Strategic Management Journal,* 23, 2002. p. 561-594.

161. FRIED, V. H.; BRUTON, G. D.; KERN, D. The entrepreneurial CEO as "coach/player". *Journal of Private Equity,* 9(3), 2006. p. 35-41; KAPLAN, S.; BEINHOCKER, E. D. The real value of strategic planning. *MIT Sloan Management Review,* 44(2), 2003. p. 71-76.

162. FREEMAN, R. E.; EVAN, W. M. Corporate governance: A stakeholder interpretation. *The Journal of Behavioral Economics,* 19, 1990. p. 337-359.

163. FOMBRUN, C. J. Corporate reputations as economic assets. In: HITT, M. A.; FREEMAN, R. E.; HARRISON, J. S. *Handbook of Strategic Management,* Oxford: Blackwell Publishers, 2001. p. 289-312; FOMBRUN, C.; SHANLEY, M. What's in a name? Reputation building and corporate strategy. *Academy of Management Journal,* 33, 1990. p. 233-258.

164. WILLIAMSON, O. E. *Markets and Hierarchies: Analysis and Antitrust Implications,* Nova York: The Free Press, 1975.

165. HARRISON, J. S.; ST. JOHN, C. H. *Foundations of Strategic Management,* 3ª. ed., Mason: Thomson/South-Western, 2004.

166. LAVIE, D. The competitive advantage of interconnected firm: An extension of the resource-based view. *Academy of Management Review*, 31, 2006. p. 638-658.
167. FORD, R. C. Darden restaurants CEO Joe Lee on the importance of core values: Integrity and fairness. *Academy of Management Executive*, 16(1), 2002. p. 31-36; BEAMISH, P. W. Sony's Yoshihide Nakamura on structure and decision making. *Academy of Management Executive*, 13(4), 1999. p. 12-16; HODGETTS, R. M. Dow Chemical's CEO William Stavropoulos on structure and decision making. *Academy of Management Executive*, 13(4), 1999. p. 29-35.
168. BAUM, J. R.; LOCKE, E. A.; KIRKPATRICK, S. A. A longitudinal study of the relation of vision and vision communication to venture growth in entrepreneurial firms. *Journal of Applied Psychology*, 83, 1998. p. 43-54.
169. IRELAND, R. D.; HITT, M. A. Mission statements: Importance, challenge, and recommendations for development. *Business Horizons*, 35(3), 1992. p. 34-42.
170. KASSINIS, G.; VAFEAS, N. Stakeholder pressures and environmental performance. *Academy of Management Journal*, 49, 2006. p. 145-159.
171. LEVIN, I. M. Vision revisited. *Journal of Applied Behavioral Science*, 36, 2000. p. 91-107; J. COLLINS, C.; PORRAS, J. I. Building your company's vision. *Harvard Business Review*, 74(5), 1996. p. 65-77.
172. KERR, S.; LANDAUER, S. Using stretch goals to promote organizational effectiveness and personal growth. *Academy of Management Executive*, 18(4), 2004. p. 134-138; HITT; IRELAND. The essence of strategic leadership; IRELAND, R. D.; HITT, M. A.; CAMP, S. M.; SEXTON, D. L. Integrating entrepreneurship and strategic management actions to create firm wealth. *Academy of Management Executive*, 15(1), 2001. p. 49-63; THOMPSON, K. R.; HOCHWARTER, W. A.; MATHYS, N. J. Stretch targets: What makes them effective? *Academy of Management Executive*, 11(3), 1997. p. 48-59.
173. GOFFEE, R.; JONES, G. Getting personal on the topic of leadership: Authentic self-expression works for those at the top. *Human Resource Management International Digest*, 14(4), 2006. p. 32-40.
174. *Code of Ethics*, Hartford: United Technologies, 2006.
175. STEVENS, J. M.; STEENSMA, H. K.; HARRISON, D. A.; COCHRAN, P. L. Symbolic or substantive document? Influence of ethics codes on financial executives' decisions. *Strategic Management Journal*, 26, 2005. p. 181-195.
176. *Enron Code of Ethics*, jul. 2006; The Smoking Gun, http://www.thesmokinggun.com/graphics/packageart/enron/enron.pdf, 15 dez. 2000.
177. FOREST, S.; ZELLNER, W.; TIMMONS, H. The Enron debacle. *Business Week*, 12 nov. 2001. p. 106-110.
178. FELDMAN, E. A basic quantification of the competitive implications of the demise of Arthur Andersen. *Review of Industrial Organization*, 29, 2006. p. 193-212.
179. ESTERL, M. Corruption scandal at Siemens may derail restructuring drive. *Wall Street Journal*, 18 dez. 2006. p. A1, A14.
180. ADLER, P. S.; KWON, S. W. Social capital: Prospects for a new concept. *Academy of Management Review*, 27, 2002. p. 17-40.
181. STEWART, T. A. Right now the only capital that matters is social capital. *Business 2.0*, dez. 2001. p. 128-130.
182. ANAND, V.; ASHFORTH, B. E.; JOSHI, M. Business as usual: The acceptance and perpetuation of corruption in organizations. *Academy of Management Executive*, 19(4), 2005. p. 9-23, reimpressão do n. 18(3); BRASS, D. J.; BUTTERFIELD, K. D.; SKAGGS, B. C. Relationships and unethical behavior: A social network perspective. *Academy of Management Review*, 23, 1998. p. 14-31.
183. WALLACE, W. The value relevance of accounting: The rest of the story. *European Management Journal*, 18(6), 2000. p. 675-682.
184. TREVINO, L. K.; WEAVER, G. R.; TOFFLER, D. G.; LEY, B. Managing ethics and legal compliance: What works and what hurts. *California Management Review*, 41(2), 1999. p. 131-151.
185. PETRICK, J. A.; QUINN, J. F. The challenge of leadership accountability for integrity capacity as a strategic asset. *Journal of Business Ethics*, 34, 2001. p. 331-343; MAYER, R. C.; DAVIS, J. H.; SCHOORMAN, F. D. An integrative model of organizational trust. *Academy of Management Review*, 20, 1995. p. 709-734.
186. ROBERTSON, C. J.; CRITTENDEN, W. F. Mapping moral philosophies: Strategic implications for multinational firms. *Strategic Management Journal*, 24, 2003. p. 385-392; SOULE, E. Managerial moral strategies: In search of a few good principles. *Academy of Management Review*, 27, 2002. p. 114-124; MILTON-SMITH, J. Ethics as excellence: A strategic management perspective. *Journal of Business Ethics*, 14, 1995. p. 683-693.
187. LEINICKE, L. M.; OSTROSKY, J. A.; REXROAD, W. M. Quality financial reporting: Back to the basics. *CPA Journal*, ago. 2000. p. 69-71.
188. COHEN, J. R.; PANT, L. W.; SHARP, D. J. An examination of differences in ethical decision-making between Canadian business students and accounting professionals. *Journal of Business Ethics*, 30, 2001. p. 319-336; WEAVER, G. R.; TREVINO, L. K.; COCHRAN, P. L. Corporate ethics programs as control systems: Influences of executive commitment and environmental factors. *Academy of Management Journal*, 42, 1999. p. 41-57.
189. MURPHY, P. E. Corporate ethics statements: Current *status* and future prospects. *Journal of Business Ethics*, 14, 1995. p. 727-740.
190. HREBINIAK, L. G.; JOYCE, W. F. Implementing strategy: An appraisal and agenda for future research. In: HITT, M. A.; FREEMAN, R. E.; HARRISON, J. S. (eds.). *Handbook of Strategic Management*, Oxford: Blackwell Publishers, 2001. p. 433-463.
191. BARNEY, J. B. Looking inside for competitive advantage. *Academy of Management Executive*, nov. 1995. p. 49-61.
192. BARRINGER, B. R.; HARRISON, J. S. Walking a tightrope: Creating value through interorganizational relationships. *Journal of Management*, 26, 2000. p. 367-404.
193. CROTTS, J.; DICKSON, D. R.; FORD, R. C. Aligning organizational processes with mission: The case of service excellence. *Academy of Management Executive*, 19(3), 2005. p. 54-68.
194. Novartis, Basel campus project, http://www.novartis.com/about_novartis/en/campus.shtml, 18 nov. 2006.
195. GITTELL, J. H. Paradox of coordination and control. *California Management Review*, 42(3), 2000. p. 101-117; KIRSCH, L. J. The management of complex tasks in organizations: Controlling the systems development process. *Organization Science*, 7, 1996. p. 1-21.
196. SHIELDS, M. D.; DENG, F. J.; KATO, Y. The design and effects of control systems: Tests of direct and indirect-effects models. *Accounting, Organizations and Society*, 25, 2000. p. 185-202; SIMONS, R. How new top managers use control systems as levers of strategic renewal. *Strategic Management Journal*, 15, 1994. p. 170-171.
197. LAVERTY, K. J. Economic "short-termism": The debate, the unresolved issues, and the implications for management practice and research. *Academy of Management Review*, 21, 1996. p. 825-860.
198. KAPLAN, S. R.; NORTON, D. P. The strategy-focused organization. *Strategy & Leadership*, 29(3), 2001. p. 41-42; KAPLAN, S. R.; NORTON, D. P. *The Strategy-Focused Organization: How Balanced Scorecard Companies Thrive in the New Business Environment*, Boston: Harvard Business School Press, 2000.

[199] BECKER, B. E.; HUSELID, M. A.; ULRICH, D. *The HR Scorecard: Linking People, Strategy, and Performance,* Boston: Harvard Business School Press, 2001. p. 21.

[200] KAPLAN; NORTON. *The Strategy-Focused Organization.*

[201] KAPLAN, S. R.; NORTON, D. P. Transforming the balanced scorecard from performance measurement to strategic management: Part I. *Accounting Horizons,* 15(1), 2001. p. 87-104.

[202] KAPLAN, S. R.; NORTON, D. P. The balanced scorecard – measures that drive performance. *Harvard Business Review,* 70(1), 1992. p. 71-79.

[203] GUNKEL, J. D.; PROBST, G. Implementation of the balanced scorecard as a means of corporate learning: The Porsche case, Cranfield: European Case Clearing House, 2003.

[204] MISCHE, M. A. *Strategic Renewal: Becoming a High-Performance Organization,* Upper Saddle River: Prentice Hall, 2001. p. 181.

[205] CHO, H. J.; PUCIK, V. Relationship between innovativeness, quality, growth, profitability and market value. *Strategic Management Journal,* 26, 2005. p. 555-575.

[206] ROWE. Creating wealth in organizations.

[207] HOSKISSON, R. E.; JOHNSON, R. A.; YIU, D.; WAN, W. P. Restructuring strategies of diversified business groups: Differences associated with country institutional environments, 2001; JOHNSON, R. A. Antecedents and outcomes of corporate refocusing. *Journal of Management,* 22, 1996. p. 437-481; HOSKISSON, R. E.; HITT, M. A. *Downscoping: How to Tame the Diversified Firm,* Nova York: Oxford University Press, 1994.

PARTE 2
ANÁLISE ESTRATÉGICA

CAPÍTULO 3
Exame da organização interna: atividades, recursos e capacidades

CAPÍTULO 4
Análise do ambiente externo: concorrência e oportunidades

Capítulo 3
Exame da organização interna: atividades, recursos e capacidades

Objetivos de aprendizagem

O estudo deste capítulo deve proporcionar-lhe o conhecimento da administração estratégica necessário para:

1. Explicar a necessidade de as empresas estudarem e compreenderem sua organização interna.
2. Definir criação de valor e discutir sua importância.
3. Descrever as diferenças entre recursos tangíveis e intangíveis.
4. Definir capacidades e discutir como são desenvolvidas.
5. Descrever os quatro critérios usados para determinar se os recursos e as capacidades constituem competências essenciais.
6. Explicar como a análise da cadeia de valor é usada para identificar e avaliar recursos e capacidades.
7. Definir terceirização e discutir as razões para seu uso.
8. Discutir a importância de evitar que as competências essenciais se tornem fatores de rigidez.
9. Explicar diversos métodos para avaliar o desempenho da empresa e a maneira como as empresas podem usar diversas medidas para equilibrar as demandas dos *stakeholders* e ressaltar a criação de valor.

Conforme discutido no Capítulo 1, a tecnologia em evolução acelerada e a globalização crescente tornam cada vez mais difícil para as empresas desenvolverem uma vantagem competitiva que pode ser sustentada por um período longo.[1] Por exemplo, uma organização pode desenvolver um novo processo que diminui em 10% o custo de produção e constatar logo em seguida que um concorrente desenvolveu uma nova tecnologia que é superior ao novo processo elaborado. Ou, então, uma empresa pode criar um novo produto com algumas características muito atraentes, porém sua inovação é suprimida rapidamente por um novo produto exportado por uma empresa de uma região muito distante do mundo. Essas não são circunstâncias incomuns, mas sim um reflexo da realidade com que se defrontam os atuais decisores estratégicos.[2] Como resultado, a vantagem competitiva tende a ser associada a recursos intangíveis difíceis de imitar em vez de qualquer produto ou tecnologia. Por exemplo, embora um determinado produto ou serviço possa ser fácil de imitar ou superar, a capacidade de produzir produtos ou serviços de ponta é mais difícil de ser realizada pelos concorrentes. A Nokia atribui grande parte de seu sucesso ao "Nokia Way", que envolve a ênfase no aprendizado contínuo e uma organização homogênea e em rede que permite tomadas de decisão rápidas. Novas ideias são incentivadas e aceitas. Cerca de um terço da equipe de colaboradores da Nokia dedica-se à pesquisa e ao desenvolvimento.[3]

Os recursos da empresa proporcionam um alicerce para a criação de estratégias. A posse de um conjunto de recursos único e valorizado coloca a empresa em uma posição sólida para desenvolver vantagem competitiva, resultando na criação de riqueza para acionistas e outros grupos de interesse.[4] O processo de administração estratégica ajuda uma empresa a identificar e usar de modo bem-sucedido fontes de vantagem competitiva ao longo do tempo.[5] Este capítulo mostrará como as empresas criam valor e obtêm recursos valiosos quando alavancam suas competências essenciais únicas a fim de aproveitar as oportunidades no ambiente externo.

Ao longo do tempo, os benefícios da estratégia de criação de valor de qualquer empresa podem ser repetidos por seus concorrentes. Em outras palavras, todas as vantagens competitivas possuem vida limitada.[6] A questão da imitação não é *se* ocorrerá, mas *quando*. Em geral, a sustentabilidade de uma vantagem competitiva é função de três fatores: (1) o ritmo da obsolescência das competências essenciais causado por mudanças ambientais, (2) a disponibilidade de substitutos para a competência essencial e (3) a possibilidade de imitação da competência essencial.[7] O desafio em todas as empresas consiste em gerenciar eficazmente as atuais competências essenciais e desenvolver simultaneamente novas competências.[8] Michael Dell, CEO e presidente do Conselho da Dell Inc., afirmou em uma ocasião: "Nenhuma vantagem (competitiva) e nenhum sucesso são permanentes. Os vencedores são aqueles que continuam avançando. A única constante em nosso ramo é que tudo está mudando. Temos de nos posicionar à frente do jogo".[9] Suas palavras provaram ser proféticas, pois a Dell atualmente empenha-se para retomar o primeiro lugar em vendas de PCs da rival Hewlett-Packard.[10]

Examinaremos no Capítulo 4 os ambientes geral, setorial e competitivo. As empresas, cientes das realidades e condições desses ambientes, possuem uma compreensão melhor das oportunidades no mercado e dos bens e serviços por meio dos quais essas oportunidades podem ser aproveitadas. Neste capítulo, focamos na empresa. Uma empresa, por meio da análise de sua organização interna, determina aquilo que pode fazer, isto é, as ações permitidas por seus recursos, capacidades e competências essenciais únicos. Conforme discutido no Capítulo 1, as competências essenciais constituem a fonte de vantagem competitiva de uma empresa. A magnitude dessa vantagem competitiva é função principalmente do caráter único das competências essenciais em comparação com aquelas de seus concorrentes.[11] Compatibilizar o que uma empresa pode fazer com aquilo que poderia fazer (uma função das oportunidades e ameaças existentes no ambiente externo) permite que a empresa desenvolva intenção estratégica, dedique-se à sua missão estratégica e selecione e implemente sua estratégias. A Figura 3.1 indica as consequências resultantes das análises dos ambientes interno e externo.

Examinamos diversos tópicos neste capítulo, iniciando com a importância e o desafio de estudar a organização interna da empresa. Discutimos em seguida o papel dos recursos, das capacidades e das competências essenciais para a criação de vantagem competitiva sustentável.

Figura 3.1: Resultados das análises organizacionais externa e interna

Estudando o ambiente externo, as empresas identificam	Estudando o ambiente interno, as empresas identificam
• o que *poderiam* optar por *fazer*	• aquilo que *podem fazer*

Estão incluídas nessa discussão as técnicas que as empresas utilizam para identificar e avaliar recursos e capacidades e os critérios de seleção das competências essenciais entre eles. Recursos, capacidades e competências essenciais não possuem um valor inerente, porém criam valor quando a empresa consegue usá-los para desempenhar certas atividades que resultam em vantagem competitiva. Discutimos de modo correspondente o conceito de cadeia de valor e examinamos quatro critérios para a avaliação das competências essenciais que geram vantagem competitiva.[12] O principal objetivo da análise dos recursos internos e da avaliação da cadeia de valor consiste em criar uma vantagem competitiva que conduza a um desempenho superior da empresa. A seção final deste capítulo examina as dimensões do desempenho da empresa sob o ponto de vista financeiro e dos grupos de interesse. Avaliar o desempenho da empresa constitui parte essencial da análise interna.

Análise interna e criação de valor

As decisões que os gerentes tomam em termos de recursos, capacidades e competências essenciais da empresa influenciam significativamente seu desempenho.[13] Tomar essas decisões – identificar, desenvolver, direcionar e proteger recursos, capacidades e competências essenciais – pode parecer ser relativamente fácil. Porém, na verdade, trata-se de uma tarefa difícil como qualquer outra com a qual os gerentes se envolvem; além disso, encontra-se cada vez mais internacionalizada e relacionada ao sucesso da empresa.[14] A pressão sobre os gerentes para levar adiante apenas as estratégias que ajudam a empresa a obter os lucros trimestrais esperados pelos analistas de mercado pode reduzir a capacidade que possuem de fazer avaliações objetivas e precisas do potencial a longo prazo dos recursos da empresa.[15] Reconhecer suas competências é essencial antes de a empresa poder tomar decisões estratégicas importantes, incluindo aquelas relativas à entrada ou saída de mercados, ao investimento em novas tecnologias, à instalação de capacidade produtiva nova ou adicional ou à formação de parceiros estratégicos.[16]

O desafio e a dificuldade para tomar decisões eficazes são indicados pelas evidências preliminares, sugerindo que metade das decisões organizacionais fracassa.[17] Algumas vezes são cometidos equívocos à medida que a empresa analisa sua organização interna. Os gerentes poderiam, por exemplo, optar por enfatizar recursos e capacidades que não criam uma vantagem competitiva. Quando ocorre um erro, os decisores precisam ter a confiança para admiti-lo e empreender ações corretivas.[18] Mesmo assim, uma empresa consegue crescer por meio de erros bem-intencionados — a aprendizagem gerada quando as pessoas cometem e corrigem erros pode ser importante para a criação de novas vantagens competitivas.[19] Além disso, as empresas podem aprender com o fracasso resultante de um erro, isto é, podem aprender o que não fazer quando buscam obter vantagem competitiva.[20]

Condições que influenciam a análise interna

Na economia global, os fatores tradicionais – como custo de mão de obra, acesso a recursos financeiros e matérias-primas e mercados protegidos ou regulados – continuam a ser a fonte de vantagem competitiva para as empresas em alguns países, porém em grau menor do que ocorria anteriormente.[21] Uma razão importante para esse declínio é que as vantagens criadas por essas fontes podem ser repetidas por meio de uma estratégia internacional (veja o Capítulo 10). Por exemplo, os fabricantes de automóveis japoneses superaram as vantagens relativas que as empresas automobilísticas norte-americanas costumavam possuir, como menores custos de transporte e importação, instalando linhas de montagem nos Estados Unidos. O fluxo de recursos relativamente livre na economia global facilitou essa tendência. Consequentemente, as pessoas que analisam o ambiente interno da empresa devem adotar um paradigma global, definido como a capacidade de estudar um ambiente interno de um modo que não dependa das suposições relativas a um único país, cultura ou contexto.[22]

Mudanças significativas no potencial de criação de valor dos recursos e das capacidades de uma empresa podem ocorrer na economia global em transformação constante.[23] Em virtude de essas mudanças afetarem o poder e a estrutura social de uma companhia, pode surgir a inércia ou a resistência à mudança. Muito embora essas reações possam acontecer, os decisores não devem negar as mudanças necessárias para assegurar a criação de valor por parte da empresa. A negação constitui um mecanismo de oposição inconsciente usado para bloquear e evitar o início de mudanças penosas.[24] Pelo fato de algumas pessoas apresentarem tendência marcante de resistência às mudanças necessárias para enfrentar ambientes competitivos, o envolvimento de indivíduos e grupos no processo de tomada de decisão torna-se importante ao se fazerem mudanças na capacidade de criação de valor de uma empresa.[25] (Reveja o Capítulo 2 para relembrar a importância das equipes heterogêneas de altos executivos.)

Poucas empresas conseguem tomar continuamente as decisões estratégicas mais produtivas a não ser que mudem rapidamente. Um desafio básico para o desenvolvimento da capacidade de mudar rapidamente é incentivar uma estrutura organizacional na qual a experimentação e a aprendizagem são esperadas e encorajadas.[26] As demandas da concorrência no século XXI exigem que os executivos repensem conceitos anteriores sobre a empresa e a concorrência. Por exemplo, a Polaroid Corporation procurou adaptar-se a uma mudança tecnológica significativa, passando a operar imagens digitais em substituição às analógicas. Os gerentes da Polaroid precisaram obter um entendimento diferente de seu mundo competitivo e das capacidades existentes na empresa, bem como das novas capacidades que se tornaram necessárias. A empresa teve de ultrapassar a trajetória de seu *know-how* em imagens analógicas de modo a poder concentrar-se no desenvolvimento e no uso das capacidades exigidas pelas imagens digitais.[27] A história da Polaroid ilustra claramente a importância de os gerentes poderem orientar a empresa em um ambiente competitivo novo. No entanto, conforme mencionado anteriormente, os dirigentes da Polaroid não tiveram sucesso nessa iniciativa.[28]

Para facilitar o desenvolvimento e o uso das competências essenciais, os gerentes precisam ter coragem, autoconfiança, integridade, capacidade de lidar com a incerteza e a complexidade e disposição para fazer que as pessoas sejam responsáveis por seu trabalho e eles próprios tenham de demonstrar responsabilidade. Desse modo, as decisões difíceis relativas a recursos, capacidades e competências essenciais são caracterizadas por três condições: incerteza, complexidade e conflitos intraorganizacionais (Figura 3.2).[29]

Os gerentes deparam com a incerteza a partir de uma série de fontes, incluindo aquelas das novas tecnologias de propriedade da empresa, mudanças rápidas nas tendências econômicas e políticas, transformações nos valores sociais e mudanças nas exigências dos clientes.[30] A complexidade resulta da dependência que as empresas têm uma da outra e do número de fatores que influenciam o desempenho da companhia. Além disso, a incerteza do ambiente aumenta a complexidade e a série de questões que a empresa precisa examinar quando estuda sua organização interna. Vieses sobre como lidar com a incerteza afetam as decisões sobre os recursos e as capacidades que se tornarão a base da vantagem competitiva da empresa. O Capítulo 2 examinou diversos vieses que tendem a influenciar as decisões estratégicas. Por fim, os conflitos intraorganizacionais surgem muitas vezes quando são tomadas decisões sobre quais competências essenciais apoiar, bem como de que maneira incentivá-las.

Uma característica importante da análise de recursos eficaz é a visão de que as empresas são aglomerados de recursos, capacidades e competências essenciais heterogêneos que podem ser usados para criar uma posição de mercado exclusiva.[31] Essa visão sugere que as empresas individuais possuem pelo menos alguns recursos e capacidades que outras companhias não detêm – pelo menos não na mesma combinação. Os recursos são a fonte de capacidades, algumas das quais conduzem ao desenvolvimento das competências essenciais da empresa.[32] A Figura 3.3 ilustra as relações entre recursos, capacidades e competências essenciais e mostra como as empresas usam os quatro critérios de vantagem competitiva sustentável e a análise da cadeia de valor para identificar fontes de valor e, no final, vantagem competitiva e competitividade estratégica. A Figura 3.3 proporciona um esboço dos tópicos discutidos em grande parte do restante deste capítulo.

O paradigma necessário para a economia global exige que os decisores definam a estratégia de sua empresa em termos de uma posição competitiva única em vez de estritamente em termos de eficácia operacional. Michael Porter, por exemplo, argumenta que a busca por produtividade, qualidade e rapidez usando algumas técnicas gerenciais — gerenciamento da qualidade total

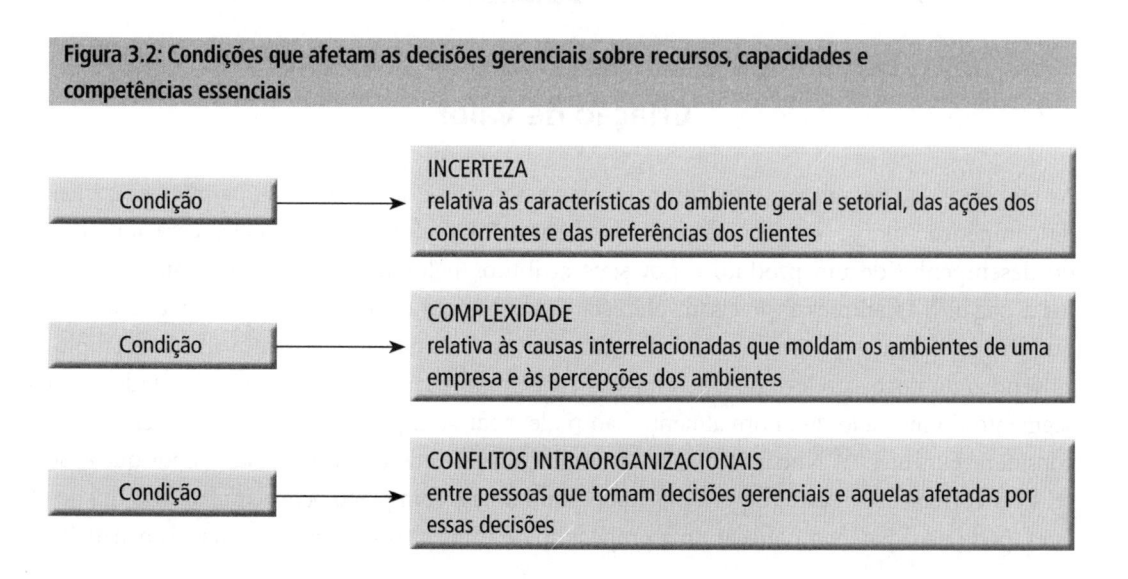

Figura 3.2: Condições que afetam as decisões gerenciais sobre recursos, capacidades e competências essenciais

Condição → **INCERTEZA**
relativa às características do ambiente geral e setorial, das ações dos concorrentes e das preferências dos clientes

Condição → **COMPLEXIDADE**
relativa às causas interrelacionadas que moldam os ambientes de uma empresa e às percepções dos ambientes

Condição → **CONFLITOS INTRAORGANIZACIONAIS**
entre pessoas que tomam decisões gerenciais e aquelas afetadas por essas decisões

(GQT), *benchmarking* (comparação dos produtos, serviços e práticas empresarias entre os mais fortes concorrentes ou empresas reconhecidas como líderes), concorrência baseada no tempo e reengenharia – resultou em eficiência operacional, porém não gerou estratégias sustentáveis sólidas.[33] Conforme discutido no Capítulo 1, a criação de valor ocorre quando a empresa satisfaz as exigências de eficiência operacional de seu ambiente externo enquanto utiliza simultaneamente suas próprias capacidades para estabelecer uma posição estratégica viável.

Figura 3.3: Componentes da análise interna que conduzem à vantagem competitiva e à criação de valor

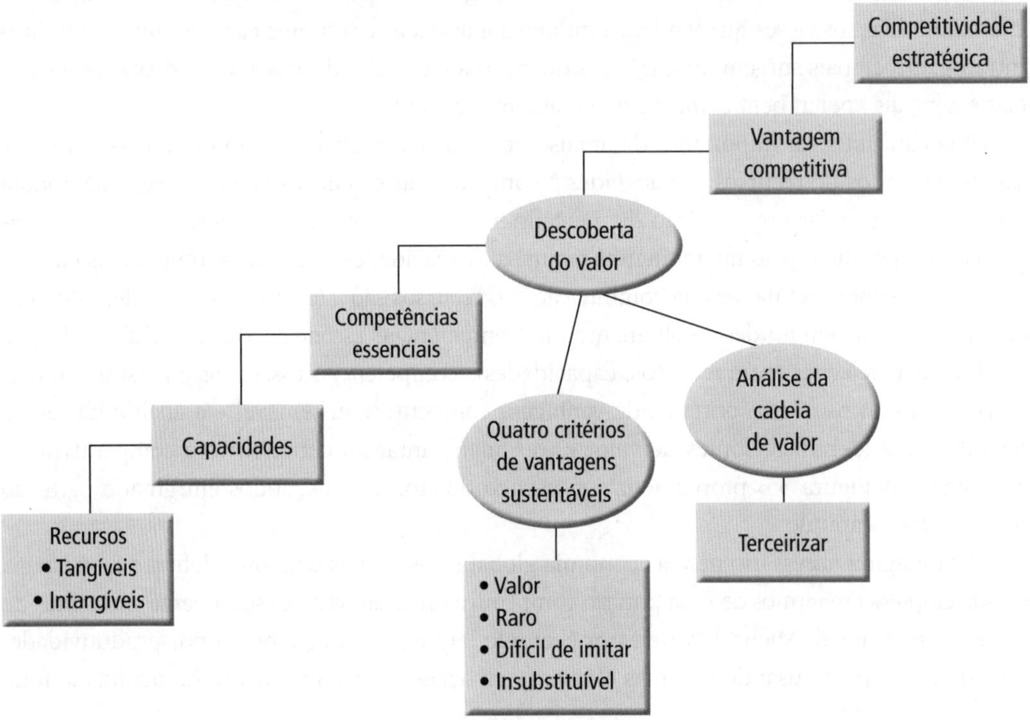

```
                                              Competitividade
                                                estratégica
                                                    |
                                              Vantagem
                                              competitiva
                                                    |
                              Descoberta
                              do valor
                            /          \
                Competências             \
                essenciais                \
                                      Análise da
                                      cadeia
            Capacidades           Quatro critérios    de valor
                                  de vantagens
                                   sustentáveis
                                                      Terceirizar
    Recursos
    • Tangíveis
    • Intangíveis                   • Valor
                                    • Raro
                                    • Difícil de imitar
                                    • Insubstituível
```

Criação de valor

As empresas, ao se valerem das competências essenciais e atenderem os padrões exigentes da competição global, criam valor para os clientes.[34] O valor é medido pelas características do desempenho de um produto e por seus atributos pelos quais os clientes estão dispostos a pagar.[35] As empresas precisam oferecer um valor aos clientes que seja superior àquele que os concorrentes proporcionam a fim de criar uma vantagem competitiva. Por exemplo, as vendas do novo jato leve de cinco lugares da Eclipse Aviation (um produto orientado a um segmento do mercado que normalmente não pode arcar com jatos mais caros) estão crescendo consideravelmente.[36] A Nucor Steel fabrica produtos básicos de aço a um custo menor que o de seus concorrentes. Um carro esportivo Lamborghini típico, com preço bem acima de 100 mil dólares, pode não aparentar oferecer uma proposição de valor para seus clientes, mas os benefícios de possuir esse tipo de carro superam o custo para alguns consumidores e as vendas têm aumentado consideravelmente.

No final das contas, criar valor é a fonte do potencial de uma empresa para obter retornos acima da média. Aquilo que a empresa pretende com relação à criação de valor afeta sua escolha da estratégia de nível de negócio e sua estrutura organizacional.[37] O valor é criado pelo custo reduzido de um produto, por suas características diferenciadas ou por uma combinação de custo reduzido e diferenciação elevada em comparação com as ofertas dos concorrentes (veja o Capitulo 5). Uma estratégia de nível de negócio mostra-se bem-sucedida apenas quando sua aplicação for alicerçada no uso das atuais competências essenciais da empresa que serão necessárias para usar de maneira produtiva a estratégia de nível de negócio orientada para o "amanhã". Portanto, empresas bem-sucedidas examinam continuamente a eficácia das competências essenciais atuais e futuras.[38]

Houve uma época em que o processo de administração estratégica preocupava-se em grande parte com a compreensão das características do setor no qual a empresa competia e, com base nessas características, determinava como a empresa deveria posicionar-se em relação aos concorrentes. Essa ênfase nas características do setor e na estratégia competitiva possivelmente atribuiu importância menor ao papel dos recursos e à capacidade da empresa de criar vantagem competitiva. No atual cenário competitivo, as capacidades básicas, bem como a posição do produto no mercado, constituem as fontes mais importantes de vantagem competitiva da empresa.[39] As competências importantes básicas de uma empresa, além de sua análise dos ambientes geral, setorial e competitivo, devem orientar sua seleção de estratégia. Clayton Christensen refere-se da seguinte maneira a esse tema: "Estrategistas bem-sucedidos precisam obter uma compreensão profunda dos processos de concorrência e de avanço e dos fatores que apoiam cada vantagem. Somente desse modo serão capazes de perceber quando as vantagens antigas estão condenadas ao desaparecimento e o modo como novas vantagens podem ser criadas em substituição".[40] As empresas, ao enfatizarem as competências essenciais na formulação de estratégias, aprendem a concorrer principalmente com base nos recursos específicos que possuem e que diferem daqueles de seus concorrentes.

Recursos, capacidades e competências essenciais

Recursos, capacidades e competências essenciais são as características que determinam o fundamento da vantagem competitiva. Os recursos constituem a fonte das capacidades de uma empresa. As capacidades, por sua vez, são as fontes das competências essenciais de uma empresa, que constituem um alicerce das vantagens competitivas. Conforme mostrado na Figura 3.3, combinações de recursos e capacidades são gerenciadas para criar competências essenciais. A seguir, definimos e oferecemos exemplos dessas unidades estruturais básicas da vantagem competitiva.

Recursos

Amplos em termos de aplicações, os recursos cobrem um espectro de fenômenos individuais, sociais e organizacionais.[41] Em geral, qualquer recurso, considerado individualmente, não gera uma vantagem competitiva, que usualmente é criada por meio da junção única de diversos recursos.[42] Por exemplo, a Amazon.com combinou recursos de atendimento e de distribuição para criar suas vantagens competitivas. A empresa iniciou como uma livraria *on-line* despachando pedidos diretamente aos clientes. Tornou-se de grande porte em curto período de tempo e estabeleceu uma rede de distribuição por meio da qual conseguia enviar muitos produtos diferentes para milhões de clientes. Em comparação com o uso de recursos combinados pela Amazon, as companhias com instalações tradicionais como a Toys "R" Us e a Borders depararam com dificuldades para estabelecer uma presença *on-line* eficaz. Essas dificuldades as levaram a desenvolver parcerias com a Amazon, que administra atualmente a presença *on-line* e o despacho de produtos em nome das empresas, incluindo a Toys "R" Us e a Borders, companhias que se concentram atualmente nas vendas em suas lojas. Acordos como esses são úteis para empresas com instalações tradicionais que não estão acostumadas a despachar tantos produtos diferentes diretamente para as pessoas.[43]

Uma parte dos recursos de uma empresa é tangível, enquanto outra parte é intangível. Recursos tangíveis são ativos que podem ser observados e quantificados, como equipamento industrial, unidades de produção e estruturas hierárquicas formais. Recursos intangíveis incluem ativos que se encontram enraizados na história da empresa e que se acumularam ao longo do tempo. Em virtude de estarem inseridos em padrões únicos de rotinas, os recursos intangíveis são difíceis de ser analisados e imitados por concorrentes. São exemplos de recursos intangíveis o conhecimento, a confiança entre gerentes e empregados, as ideias, a capacidade de inovação, a capacidade gerencial, as rotinas organizacionais (a maneira diferenciada com que as pessoas trabalham juntas), a capacidade científica, a reputação da empresa por seus bens e serviços e o modo como interage com as pessoas (empregados, clientes e fornecedores).[44]

Recursos Tangíveis. Os quatro tipos de recursos tangíveis são o financeiro, o organizacional, o físico e o tecnológico (Quadro 3.1). Na condição de recursos tangíveis, os ativos financeiros de uma empresa e a condição de suas unidades de produção e da maquinaria são visíveis. O valor de muitos recursos tangíveis pode ser estabelecido por meio de demonstrativos financeiros, porém essas demonstrações não indicam o valor de todos os ativos de uma empresa por não levarem em consideração alguns recursos intangíveis.[45] Desse modo, cada uma das fontes de vantagens competitivas da empresa via de regra não se encontra refletida plenamente nos demonstrativos financeiros. Os valores dos recursos tangíveis também sofrem limitação porque são difíceis de alavancar – uma empresa em geral não consegue obter negócios ou valor adicionais com base em um recurso tangível. Por exemplo, um avião é um recurso tangível, porém "não é possível usar o mesmo avião em cinco rotas diferentes ao mesmo tempo. Não é possível designar a mesma tripulação para cinco rotas diferentes simultaneamente. E o mesmo se aplica ao investimento financeiro feito na aeronave".[46]

Embora os ativos industriais sejam tangíveis, muito dos processos para uso desses ativos são intangíveis. Portanto, a aprendizagem e os processos potencialmente exclusivos associados a um ativo tangível – como equipamento de fabricação – podem possuir atributos intangíveis únicos como qualidade, práticas de gerenciamento *just-in-time* e processos de fabricação únicos que se desenvolvem ao longo do tempo e criam vantagens competitivas.[47]

Quadro 3.1: Recursos tangíveis

Recursos financeiros	■ A capacidade da empresa de obter empréstimos ■ A capacidade da empresa de gerar fundos internos
Recursos organizacionais	■ A estrutura hierárquica formal e os sistemas de planejamento, controle e coordenação da empresa
Recursos físicos	■ Sofisticação e localização da unidade de fabricação e do equipamento da empresa ■ Acesso a matérias-primas
Recursos tecnológicos	■ Posse de tecnologia, como marcas, patentes, *copyrights* e segredos industriais

Fontes: Adaptado de J. B. Barney, Firm resources and sustained competitive advantage, *Journal of Management*, 1991, nº 17, p. 101; R. M. Grant, *Contemporary Strategy Analyses*, Cambridge, U.K.: Blackwell Business, 1991, p. 100-102.

Recursos Intangíveis. Os três tipos de ativos intangíveis são pessoas, inovação e reputação (Quadro 3.2). Conforme indicado acima, os ativos intangíveis, em comparação com os tangíveis, representam uma fonte de competências essenciais superior e mais poderosa.[48] Na realidade, na economia global, "o sucesso de uma corporação reside mais em suas capacidades intelectuais e sistêmicas do que em seus ativos físicos. (Além disso,) a capacidade de gerenciar o intelecto humano – e convertê-lo em produtos e serviços úteis – está se tornando rapidamente a aptidão executiva fundamental da nossa época".[49]

Existem algumas provas de que o valor dos atos intangíveis está se elevando em relação ao valor dos tangíveis. John Kendrick, um economista muito conhecido que se dedica ao estudo dos principais motivadores do crescimento econômico, detectou um aumento geral na contribuição dos ativos intangíveis para o crescimento econômico dos EUA desde o início dos anos 1900: "Em 1929, o índice de capital empresarial intangível em relação ao capital empresarial tangível mostrava a proporção de 30% para 70%. Em 1990, essa proporção era de 63% para 37%".[50]

Pelo fato de os recursos intangíveis serem menos visíveis e mais difíceis para os concorrentes compreenderem, comprarem, imitarem ou substituírem, as empresas preferem depender deles em vez de apoiar-se nos recursos tangíveis como base para suas capacidades e competências essenciais. Na realidade, quanto mais inobservável (isto é, intangível) for um recurso, mais sustentável será a vantagem competitiva baseada nele. Os outros benefícios dos recursos intangíveis é que, diferentemente da maioria dos recursos tangíveis, seu uso pode ser alavancado. Com recursos intangíveis, quanto maior as redes de usuários, maior o benefício para cada parte.[51] Por exemplo, partilhar conhecimento com empregados não diminui seu valor para qualquer pessoa específica. Pelo contrário, duas pessoas partilhando seu conjunto de conhecimentos individuais muitas vezes podem ser alavancadas para criar conhecimento adicional que, embora seja novo para cada uma delas, contribui para melhorias no desempenho da empresa.[52]

O recurso intangível de reputação constitui uma fonte importante de vantagem competitiva para empresas como Coca-Cola, General Electric e Southwest Airlines. Conquistada principalmente por meio das ações, bens e serviços e comunicações com seus grupos de interesse, uma reputação de criação de valor é um produto de anos de maior competência no mercado conforme percebida pelos grupos de interesse.[53] Uma reputação indica o nível de percepção que uma empresa foi capaz de criar entre os *stakeholders* e o grau em que dedicam grande estima à empresa.[54] Uma marca bem conhecida e muito valorizada é uma aplicação da reputação como fonte de vantagem competitiva. A marca Harley-Davidson, por exemplo, possui tal distinção a ponto de enfeitar uma edição limitada da boneca Barbie, um restaurante popular na cidade de Nova York e uma linha de colônias L'Oréal. Além disso, a divisão de vestuário da Harley--Davidson gera para a empresa uma receita anual superior a 100 milhões de dólares e oferece uma ampla gama de itens de vestuário, de jaquetas de couro preto a itens para crianças.[55]

Quadro 3.2: Recursos intangíveis

Recursos humanos	■ Conhecimento ■ Confiança ■ Capacidades gerenciais ■ Rotinas organizacionais
Recursos de inovação	■ Ideias ■ Capacidade científica ■ Capacidade de inovar
Recursos de reputação	■ Reputação junto aos clientes ■ Marca ■ Percepções de qualidade, durabilidade e confiabilidade do produto ■ Reputação junto a fornecedores ■ Para interrelações e relacionamentos eficientes, eficazes, de apoio e mutuamente benéficos

Fonte: Adaptado de R. Hall, The strategic analyses of intangible resources, *Strategic Management Journal*, 1992, 13: 136-139; R. M. Grant, *Contemporary Strategy Analysis*, Cambridge, Reino Unido: Blackwell Business, 1991, p. 101-14.

A reputação de uma empresa possui interrelação com seu capital social. O capital social de uma empresa são os seus relacionamentos com outras organizações (por exemplo, fornecedores, órgão do governo), que contribuem para a criação de valor.[56] Relacionamentos eficazes permitem que as empresas tenham acesso a recursos de parceiros que complementam ou suplementam sua base de recursos. O acesso a esses recursos as auxilia a criar maior valor. Uma reputação positiva ajuda as empresas a estabelecerem alianças com bons parceiros. E os bons relacionamentos com outras organizações contribuem para uma reputação positiva.

Os decisores possuem o desafio de compreender integralmente o valor estratégico dos recursos tangíveis e intangíveis de sua empresa. O valor estratégico dos recursos é indicado pelo seu grau de contribuição para o desenvolvimento de capacidade, competências essenciais e, no final, vantagem competitiva. Por exemplo, sendo um recurso tangível, atribui-se às instalações de distribuição um valor monetário no balanço patrimonial da empresa. No entanto, o valor real das instalações depende de diversos fatores, como sua proximidade a matérias-primas e clientes, mas também de fatores intangíveis como a maneira pela qual os empregados integram suas ações internamente e com outros *stakeholders*, incluindo fornecedores e clientes.[57]

Capacidades

Os recursos tangíveis e intangíveis, como fonte de capacidades, representam uma parte importante da trajetória para o desenvolvimento de vantagem competitiva (conforme mostrado anteriormente na Figura 3.3). As capacidades são o conhecimento que a empresa possui para mobilizar recursos que foram integrados propositalmente para atingir um estado final desejado.[58] Sendo o fator de adesão que une uma organização, as capacidades surgem ao longo do tempo por meio de interações complexas com recursos tangíveis e intangíveis. Fundamentais para a formação de vantagens competitivas, elas baseiam-se muitas vezes no desenvolvimento, na transferência e no intercâmbio de informação e de conhecimento por meio do capital humano da empresa.[59] Em virtude de uma base de conhecimento estar alicerçada em ações organizacionais que podem não ser compreendidas explicitamente por todos os empregados, a repetição e a prática aumentam o valor das capacidades de sua empresa.

A base de muitas capacidades reside nas aptidões e no conhecimento dos colaboradores de uma empresa e, frequentemente, em sua especialização funcional.[60] Daí decorre o valor do capital humano para o desenvolvimento e uso das capacidades e, no final, as competências essenciais não podem ter seu valor exagerado. As empresas compromissadas com o desenvolvimento contínuo das aptidões de seu pessoal são as que possuem maior probabilidade de manter uma vantagem competitiva por mais tempo do que aquelas empresas que não possuem tais compromissos. Os benefícios educacionais e o treinamento dos colaboradores podem exercer efeitos positivos imediatos nos níveis de aptidão dos empregados e gerentes, bem como novas ideias conduzindo à inovação tecnológica. Igualmente, candidatos a emprego são atraídos para empresas que possuem excelente reputação com relação ao tratamento dispensado aos colaboradores, o que pode aumentar a qualidade dos recursos humanos da empresa.[61] A revista *Fortune* publica anualmente uma lista das melhores empresas dos EUA para se trabalhar. Recentemente, a Genentech, a Wegmans Food Markets e a Valero Energy figuraram no topo dessa lista.[62] Um reconhecimento como esse pode aumentar a eficácia de um programa de recrutamento. O BP, um dos maiores grupos petrolíferos do mundo, é muito ponderado quanto ao modo como trata seus empregados. A companhia especificou seis valores que orientam as decisões: incentivar a capacidade humana; tratar os colaboradores de modo justo e respeitoso; proporcionar expectativas claras; permitir que muitos empregados sintam-se incluídos; usar o mérito nas decisões de seu pessoal; remunerar os empregados com base em seus papéis no grupo e em suas contribuições.[63]

Líderes empresariais globais incentivam cada vez mais a visão de que o conhecimento que o capital humano possui insere-se entre as capacidades mais importantes de uma organização e consegue, no final, estar na raiz de todas as vantagens competitivas.[64] Porém, as empresas também precisam ser capazes de utilizar o conhecimento que detêm e disseminá-lo entre suas unidades operacionais.[65] Por exemplo, foi sugerido que "na era da informação tudo é de importância secundária, porém o conhecimento é básico. O valor de uma companhia origina-se não de objetos materiais, mas de conhecimento, *know-how*, ativos intelectuais, competências – todos fazendo parte das pessoas".[66] Em função dessa realidade, o desafio da empresa consiste em criar um ambiente que permita às pessoas ajustarem suas peças de conhecimento individuais em um todo a fim de que, coletivamente, os empregados possuam o maior conhecimento organizacional possível.[67]

Algumas organizações, para ajudá-las a desenvolver um ambiente no qual o conhecimento importante seja amplamente partilhado, criaram uma nova posição executiva de alto nível ocupada por um diretor para a área de aprendizagem. A criação desse cargo ressalta a crença em uma empresa de que o "sucesso futuro dependerá das competências que tradicionalmente não foram gerenciadas ou avaliadas de forma ativa – incluindo a criatividade e a rapidez com que

Quadro 3.3: Exemplos de capacidades das empresas

ÁREAS FUNCIONAIS	CAPACIDADES	EXEMPLOS DE EMPRESAS
Distribuição	Uso eficaz de técnicas de gerenciamento da logística	Wal-Mart
Recursos humanos	Motivação, *empowerment* e retenção de empregados	AEROJET Starbucks
Sistemas de informação gerencial	Controle eficaz e eficiente dos estoques por meio de métodos de coleta de informações no ponto de venda	Wal-Mart
Marketing	Promoção eficaz de marcas de produtos	Gilette Ralph Lauren McKinsey &Co.
	Atendimento eficaz ao cliente	Nordstrom Norwest Solectron Corporation Norrell Corporation
	Merchandising inovador	Crate & Barrel
Administração	Capacidade de visualizar a moda futura	Chanel
	Estrutura organizacional eficaz	PepsiCo
Produção	Conhecimentos de projeto e fabricação que resultam em produtos confiáveis	Komatsu
	Qualidade do produto e do projeto	Toyota
	Produção de motores automotivos tecnologicamente sofisticados	Mazda
	Miniaturização de componentes e produtos	Sony
Pesquisa & Desenvolvimento	Desenvolvimento de soluções sofisticadas para controle de elevadores	Motion Control Engineering Inc.
	Capacidade tecnológica excepcional	Corning
	Transformação rápida da tecnologia em novos produtos e processos	Chaparral Steel
	Tecnologia digital	Thomson Consumer Electronics

novas ideias são aprendidas e compartilhadas".[68] Em geral, a empresa deve gerenciar o conhecimento de um modo que apoiará seus esforços de criação de valor para os clientes.[69]

Conforme ilustrado no Quadro 3.3, as capacidades muitas vezes são desenvolvidas em áreas funcionais específicas (como produção, P&D e marketing) ou em uma parte de uma área funcional (por exemplo, propaganda). As pesquisas indicam a existência de uma relação entre as capacidades desenvolvidas em áreas funcionais específicas e o desempenho financeiro da empresa em nível corporativo e de unidade de negócios,[70] indicando a necessidade do desenvolvimento de capacidades em todos os níveis.

Competências essenciais

Conforme definidas no Capítulo 1, as competências essenciais são recursos e capacidades que atuam como fonte de vantagem competitiva de uma empresa em relação aos concorrentes. Elas diferenciam uma companhia competitivamente e refletem sua personalidade. Surgem ao longo do tempo por meio de um processo organizacional de acúmulo e aprendizagem em relação a como dispor de recursos e capacidades diferentes.[71] Como a capacidade de empreender ações, as competências essenciais representam as "joias da coroa de uma companhia", as atividades que uma empresa desempenha especialmente bem em comparação aos concorrentes e por meio das quais agrega um valor único a seus bens e serviços ao longo do tempo.[72]

Nem todos os recursos e capacidades são ativos estratégicos, isto é, ativos que possuem valor competitivo e o potencial para atuar como fonte de vantagem competitiva.[73] Portanto, alguns recursos ou capacidades não podem ser transformados em uma competência básica. Empresas com recursos tangíveis substanciais como capital financeiro (por exemplo, Microsoft e Exxon Mobil) podem ser capazes de adquirir instalações ou contratar trabalhadores especializados para fabricar produtos que geram valor para os clientes. No entanto, empresas sem capital financeiro possuem desvantagem em sua condição para adquirir ou criar novas capacidades. As empresas, para serem bem-sucedidas, precisam identificar oportunidades no ambiente externo que possam ser aproveitadas por meio de suas capacidades, evitando ao mesmo tempo concorrência em áreas nas quais estão em desvantagem.[74]

Uma pergunta importante é: "Quantas competências essenciais são necessárias para a empresa possuir uma vantagem competitiva sustentável?" As respostas variam. A McKinsey & Co. recomenda que seus clientes identifiquem três ou quatro competências em torno das quais suas ações estratégicas possam ser enquadradas.[75] Apoiar e incentivar mais do que quatro competências essenciais pode impedir que uma empresa desenvolva o foco de que necessita para valer-se integralmente de suas competências no mercado.

Nem todas as capacidades são competências essenciais. Por exemplo, segurança é uma capacidade necessária no setor aeroviário; no entanto, em virtude de a maior parte das empresas aéreas no mundo ser discutivelmente segura, essa capacidade não pode ser uma fonte de vantagem competitiva. De modo similar, seria difícil usar a boa qualidade dos alimentos como uma característica distintiva no setor de restaurantes ou a limpeza dos apartamentos no setor de hotelaria de luxo. Estas são capacidades necessárias porém não suficientes para o sucesso da empresa. A próxima seção explica como as empresas podem compreender quais competências constituem atualmente — ou provavelmente resultarão em — vantagem competitiva.

Criação de competências essenciais

Duas ferramentas ajudam uma empresa a identificar e a desenvolver suas competências essenciais.[76] A primeira ferramenta é a aplicação dos quatro critérios de vantagem competitiva sustentável para determinar se os recursos são – ou possuem o potencial para ser – competências essenciais: se são valorizados, raros, difíceis de imitar e insubstituíveis. Em virtude de as capacidades mostradas no Quadro 3.3 terem atendido a esses quatro critérios, elas são competências essenciais. A segunda ferramenta é a análise da cadeia de valor. As empresas usam essa ferramenta para selecionar as competências para criação de valor que devem ser mantidas, aperfeiçoadas ou desenvolvidas ou aquelas que devem ser terceirizadas.

Quatro critérios de vantagem competitiva sustentável

Conforme mostrado no Quando 3.4, as capacidades que satisfazem os quatro critérios de vantagem competitiva sustentável são competências essenciais; alternativamente, aquelas que não satisfazem não são competências essenciais. Portanto, conforme mostrado na Figura 3.4, toda competência básica é uma capacidade, porém nem toda capacidade é uma competência básica. Operacionalmente, para uma capacidade ser uma competência essencial, precisa ser criar "valor, ser insubstituível do ponto de vista de um cliente e única e inimitável sob o ponto de vista de um concorrente".[77]

Uma vantagem competitiva sustentável é obtida somente quando os concorrentes fracassaram em seus esforços para repetir os benefícios da estratégia de uma empresa. Durante um período de tempo uma empresa pode obter uma vantagem competitiva usando capacidades que são, por exemplo, criadoras de valor e raras, porém podem ser imitadas.[78] Nesse caso, o período de tempo no qual uma empresa pode esperar reter sua vantagem competitiva é função da velocidade com que os concorrentes podem imitar com sucesso um produto, um bem ou um processo. A vantagem competitiva sustentável surge quando todos os quatro critérios são satisfeitos.

Criação de Valor. Capacidades que criam valor permitem que a empresa explore oportunidades ou neutralize ameaças em seu ambiente externo. Uma empresa cria valor para seus clientes ao usar de maneira satisfatória capacidades para explorar oportunidades. Sob a liderança do ex--CEO Jack Welch, a General Electric criou uma competência criadora de valor em serviços financeiros. A empresa desenvolveu essa forte competência em grande parte por meio de aquisições e de sua competência básica para a integração de empresas recém-adquiridas. Além disso, para tornar essas competências serviços financeiros grandemente bem-sucedidos, Welch designou as pessoas certas para as funções certas. Ele reconheceu que o capital humano é importante na criação de valor para os clientes.[79]

Raridade. As capacidades raras são possuídas por poucos – ou por nenhum – concorrentes atuais ou potenciais. Uma pergunta fundamental que os gerentes respondem quando avaliam esse critério é: "As empresas rivais possuem essas capacidades criadoras de valor e, em caso afirmativo, quantas as possuem?" Capacidades que vários rivais possuem são improváveis de gerar vantagem competitiva para muitas delas. Em vez disso, recursos e capacidades criadoras

Quadro 3.4: Quatro critérios para determinação das competências essenciais

Capacidades Criadoras de Valor	■ Ajudam uma empresa a neutralizar ameaças ou a explorar oportunidades
Capacidades Raras	■ Não são possuídas por muitas outras empresas
Capacidades Difíceis para Imitar	■ Histórico: uma cultura organizacional ou uma marca única e valorizada ■ Causa ambígua: as causas e as aplicações de uma competência não são claras ■ Complexidade social: relacionamentos interpessoais, confiança e amizade entre gerentes, fornecedores e clientes
Capacidades Insubstituíveis	■ Não existe equivalente estratégico

Figura 3.4: Competência essencial como capacidade estratégica

Recursos
• Insumos utilizados no processo produtivo de uma empresa

A fonte de →

Capacidade
• Uma integração de um conjunto de recursos

A capacidade satisfaz os critérios de vantagem competitiva sustentável?

Sim → Competência essencial
• Uma capacidade estratégica

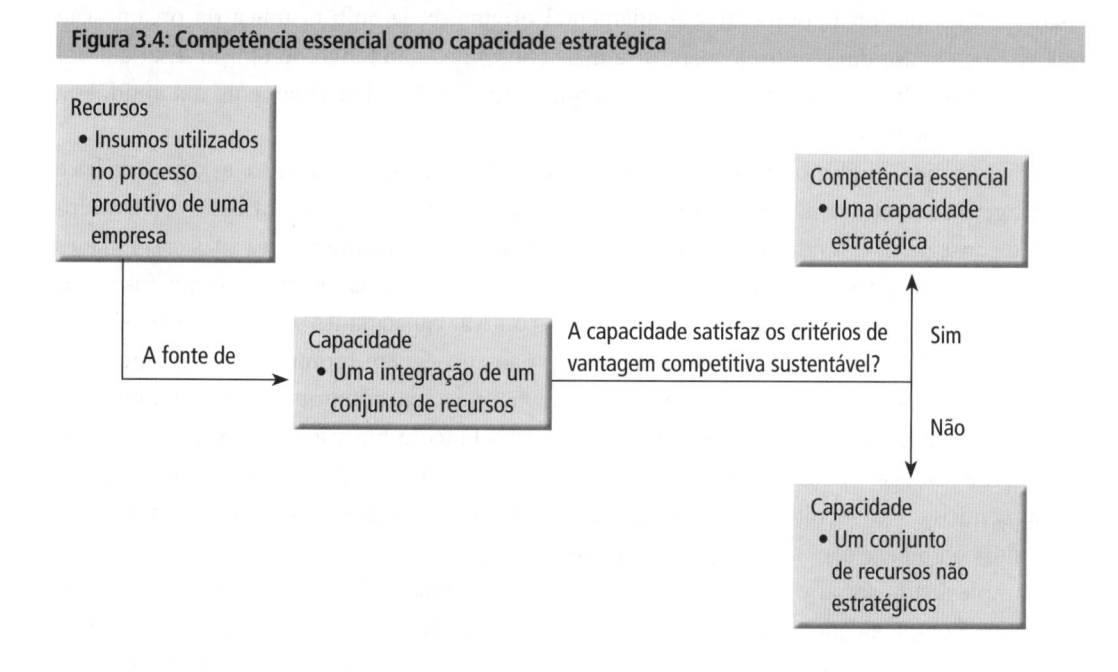

Não → Capacidade
• Um conjunto de recursos não estratégicos

de valor porém comuns (isto é, não raros) constituem fontes de paridade competitiva.[80] A vantagem competitiva ocorre somente quando as empresas desenvolvem e exploram capacidades que diferem daquelas compartilhadas com os concorrentes.

Dificuldade para imitar. As capacidades de difícil imitação não conseguem ser desenvolvidas facilmente por outras empresas. Capacidades difíceis de imitar são criadas em virtude de uma razão ou uma combinação de três razões (Quadro 3.4). Primeiro, uma empresa é capaz de desenvolver algumas vezes condições históricas únicas. "As empresas, à medida que progridem, adquirem aptidões, capacidades e recursos que lhes são únicos, refletindo sua trajetória particular ao longo da história"[81] – isto é, as companhias são capazes porque estiveram presentes no lugar certo na hora certa.[82]

Uma empresa com uma cultura organizacional única e valorizada que surgiu nos estágios iniciais da história da companhia "pode ter uma vantagem imitável de uma maneira imperfeita sobre empresas fundadas em outro período histórico"[83] – uma na qual valores e crenças menos valorizados ou menos úteis em termos competitivos influenciaram consideravelmente o desenvolvimento da cultura da empresa. Esse pode ser o caso da empresa de consultoria McKinsey & Co. "É aquela cultura, única da McKinsey e não convencional, que coloca a empresa à parte de praticamente qualquer outra organização empresarial e que muitas vezes mistifica mesmo aquelas empresas que contratam (seus) serviços."[84] Uma cultura organizacional pode ser uma fonte de vantagem quando os empregados unem-se com forte convicção em torno da crença que possuem nela.[85]

A UPS tem sido o modelo em muitas áreas do ramo de entrega de encomendas devido à excelência de seus produtos, serviços, marketing e outras capacidades operacionais nos negócios. "No entanto, sua força competitiva fundamental origina-se da cultura única da organização que abrange quase um século, tornando-se mais consolidada ao longo do tempo. Esta cultura oferece raízes sólidas e contínuas para tudo o que a empresa faz, do treinamento em aptidões à inovação tecnológica."[86]

Uma segunda condição que é difícil para imitar ocorre quando o elo entre as capacidades e a vantagem competitiva da empresa possui ambiguidade causal.[87] Nesses casos, os concorrentes não conseguem entender de modo claro o modo pelo qual a empresa usa suas capacidades como base para a vantagem competitiva. Como consequência, as empresas ficam inseguras quanto às capacidades que devem desenvolver ou como as capacidades que identificam em um concorrente criam vantagem competitiva. Assim, não conseguem reproduzir os benefícios da estratégia de criação de valor de um concorrente. Durante anos, as empresas tentaram repetir o sucesso de companhias como a Southwest Airlines e a Lincoln Electric (líder mundial de produtos para soldagem a arco). Em ambos os casos, a maioria das empresas falhou porque não compreendeu como a cultura, a tecnologia e o capital humano dessas corporações atuam em conjunto como base para a vantagem competitiva.

Complexidade social é a terceira razão pela qual as capacidades podem ser onerosas para se imitar. Complexidade social significa que pelo menos algumas, e frequentemente muitas, das capacidades da empresa são produto de fenômenos sociais complexos. Relacionamentos interpessoais, confiança, amizade entre gerentes e entre gerentes e empregados e a reputação da empresa perante fornecedores e clientes constituem exemplos de capacidades socialmente complexas. A Nucor Steel foi capaz de criar "uma busca por novos conhecimentos por meio de um sistema de incentivos de excelente motivação oferecido a todo empregado". Esse processo socialmente complexo permitiu à companhia "ampliar as fronteiras de *know-how* aplicável ao processo de fabricação".[88]

Impossibilidade de substituição. As capacidades insubstituíveis não possuem equivalentes estratégicos. O critério final para uma capacidade ser uma fonte de vantagem competitiva "é não poderem existir recursos valorizados estrategicamente equivalentes que eles próprios não sejam raros ou imitáveis. Dois recursos valorizados da empresa (ou dois conjuntos de recursos da empresa) são equivalentes estrategicamente quando cada um deles puder ser explorado separadamente a fim de implementar as mesmas estratégias".[89] Em geral, o valor estratégico das capacidades aumenta quando sua substituição torna-se mais difícil.[90] Quanto mais invisíveis forem as capacidades, mais difícil se torna para as empresas identificar substitutos e maior o desafio com que os concorrentes se defrontam ao tentar imitar a estratégia de criação de valor de uma empresa. O conhecimento específico que uma empresa possui e as relações de trabalho baseadas na confiança entre os gerentes e subordinados são exemplos de capacidades difíceis de identificar e para as quais encontrar um substituto é desafiador. No entanto, a ambiguidade casual pode tornar difícil para a empresa aprender e, portanto, impedir o avanço porque a empresa pode não saber como aperfeiçoar processos que não são facilmente codificados e como consequência são ambíguos.[91]

Em resumo, a vantagem competitiva sustentável é criada mediante o uso de capacidades valorizadas, onerosas para imitar e insubstituíveis. O Quadro 3.5 mostra as consequências competitivas e as implicações para o desempenho resultantes da combinação dos quatro critérios de sustentabilidade. A análise indicada pelo quadro auxilia os gerentes a determinarem o valor estratégico das capacidades de uma empresa. Os recursos e as capacidades exemplificados na primeira linha do quadro (isto é, recursos e capacidades que não são valorizados ou raros, são imitáveis e para os quais existem substitutos estratégicos) não devem ser enfatizados pela empresa na formulação e implementação de estratégias. Entretanto, capacidades que geram paridade competitiva e vantagem comparativa temporária ou sustentável podem e possivelmente devem ser apoiados. Concorrentes de grande porte, como Coca-Cola e PepsiCo, podem ter capacidades que conseguem gerar somente paridade competitiva. Nesses casos, as empresas incentivarão essas capacidades e tentarão desenvolver simultaneamente capacidades que resultem em vantagem competitiva temporária ou sustentável.

Quadro 3.5: Resultado da combinação de critérios para obtenção de vantagem competitiva sustentável

O recurso ou a capacidade cria valor?	O recurso ou a capacidade é raro?	O recurso da capacidade é oneroso para imitar?	O recurso da capacidade é insubstituível?	Consequências competitivas	Implicações para o desempenho
Não	Não	Não	Não	Desvantagem competitiva	Retornos abaixo da média
Sim	Não	Não	Sim/Não	Paridade competitiva	Retornos médios
Sim	Sim	Não	Sim/Não	Vantagem competitiva temporária	Retornos acima da média a retornos médios
Sim	Sim	Sim	Sim	Vantagem competitiva sustentável	Retornos acima da média

Análise da cadeia de valor

A análise da cadeia de valor permite à empresa compreender as partes de suas operações que criam valor e aquelas que não criam. Compreender esses temas é importante porque a empresa obtém retornos elevados para seus *stakeholders* somente quando o valor que ela cria for maior que os custos incorridos para criar esse valor.[92]

A cadeia de valor é um modelo que as empresas usam para conhecer sua posição de custo e identificar os diversos meios que poderiam utilizar para facilitar a implementação de uma estratégia de nível de negócios pela qual optam.[93] Conforme mostrado na Figura 3.5, a cadeia de valor de uma empresa é segmentada em atividades principais e de apoio. As atividades principais têm relação com a criação física de um produto, sua venda e distribuição a compradores e seu serviço pós-venda. As atividades de apoio proporcionam o apoio necessário para a implementação das atividades principais.

A cadeia de valor mostra como um produto passa de estágio de matéria-prima para o cliente final. A ideia essencial da cadeia de valor para cada empresa consiste em "agregar o maior valor possível do modo mais econômico viável e, de importância primordial, captar esse valor".[94] Em

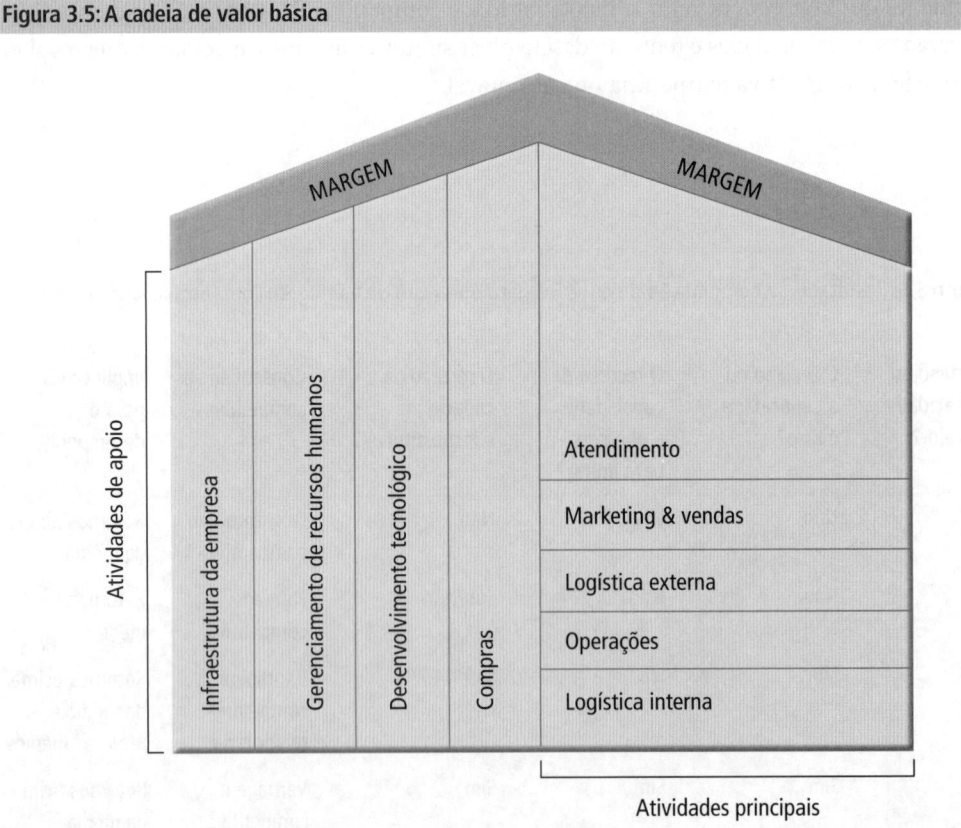

Figura 3.5: A cadeia de valor básica

Atividades de apoio:
- Infraestrutura da empresa
- Gerenciamento de recursos humanos
- Desenvolvimento tecnológico
- Compras

Atividades principais:
- Logística interna
- Operações
- Logística externa
- Marketing & vendas
- Atendimento

MARGEM

Fonte: adaptado mediante autorização de The Free Press, uma divisão da Simon & Schuster Adult Publishing Group, de *Competitive Advantage: Creating and Sustaining Superior Performance*, de Michael E. Porter, p. 39-40, © 1985 e 1988 by Michael E. Porter. Todos os direitos reservados.

uma economia globalmente competitiva, os elos mais valiosos na cadeia tendem a pertencer às pessoas que têm conhecimento a respeito dos clientes.[95] Esse foco das possibilidades de criação de valor aplica-se de modo similar a empresas varejistas e de prestação de serviços bem como a indústrias. Além disso, para organizações em todos os setores, tem se tornado cada vez mais necessário o desenvolvimento de processos de conhecimento que agregam valor a fim de compensar o valor e a margem que a internet (comércio eletrônico) retira dos processos físicos.[96]

Os Quadros 3.6 e 3.7 relacionam os itens a ser considerados ao se avaliar o potencial de criação de valor das atividades principais e de apoio, respectivamente. A intenção, ao se examinar essas duas atividades, consiste em determinar áreas nas quais a empresa possui o potencial para criar e captar valor. Todas as atividades em ambos os quadros precisam ser avaliadas em relação às capacidades dos concorrentes. Um recurso ou uma capacidade, para se caracterizar como uma fonte de vantagem competitiva, deve permitir que a empresa (1) exerça uma atividade de forma superior ao modo como os concorrentes a desempenham ou (2) execute uma atividade de criação de valor que os concorrentes não conseguem executar. Somente sob essas condições a empresa cria valor para os clientes e tem oportunidade de captar o valor.

Quadro 3.6: Exame do potencial de criação de valor das atividades principais

LOGÍSTICA INTERNA
Atividades como manuseio de materiais, armazenagem e controle de estoque exercidas para receber, armazenar e distribuir internamente os insumos dos produtos.
OPERAÇÕES
Atividades necessárias para converter os insumos disponibilizados pela logística interna em produto final. Usinagem, disponibilidade, montagem e manutenção de equipamentos são exemplos de atividades operacionais.
LOGÍSTICA EXTERNA
Atividades relacionadas à coleta, armazenagem e distribuição física dos produtos finais aos clientes. Exemplos dessas atividades incluem armazenagem de produtos finais, movimentação de materiais e processamento de pedidos.
MARKETING E VENDAS
Atividades completadas para proporcionar meios pelos quais os clientes podem comprar os produtos e a fim de induzi-los a adquirir os produtos. As empresas, para comercializarem e venderem seus produtos, criam campanhas promocionais e de propaganda, escolhem canais de distribuição adequados e selecionam, desenvolvem e apoiam sua equipe de vendas.
ATENDIMENTO
Atividades voltadas para aumentar ou manter o valor de um produto. As empresas participam de um conjunto de atividades relacionadas a atendimento, incluindo instalação, reparo, treinamento e ajuste.
Cada atividade deve ser examinada em relação às capacidades dos concorrentes. As empresas, de modo correspondente, avaliam cada atividade como sendo superior, equivalente ou inferior.

Fonte: baseado em The Free Press, uma divisão da Simon & Schuster Adult Publishing Group, de *Competitive Advantage: Creating and Sustaining Superior Performance*, de Michael E. Porter, p. 39-40, © 1985 e 1988 by Michael E. Porter.

Quadro 3.7: Exame do potencial de criação de valor das atividades de apoio

COMPRAS
Atividades finalizadas para adquirir os insumos necessários para fabricar os produtos de uma empresa. Insumos adquiridos incluem itens consumidos integralmente durante a fabricação dos produtos (por exemplo, matérias-primas e suprimentos, bem como ativo fixo – maquinário, equipamento de laboratório, equipamento de escritório e edifícios).

DESENVOLVIMENTO TECNOLÓGICO
Atividades finalizadas para aperfeiçoar os produtos e os processos que uma empresa utiliza para fabricá-los. O desenvolvimento tecnológico assume muitas formas, como equipamento para aplicação em processos, pesquisa básica e projeto do produto e procedimentos de manutenção.

RECURSOS HUMANOS
Atividades relacionadas a recrutamento, contratação, treinamento, desenvolvimento e remuneração de todo o pessoal.

INFRAESTRUTURA DA EMPRESA
A infraestrutura da empresa inclui atividades do tipo administração geral, planejamento, finanças, contabilidade, assessoria jurídica e relações governamentais necessárias para apoiar o trabalho em toda a cadeia de valor. A empresa, por meio de sua infraestrutura, empenha-se para identificar oportunidades, ameaças externas, recursos, capacidades e para apoiar as capacidades básicas.

Cada atividade deve ser examinada em relação às capacidades dos concorrentes. As empresas, de modo correspondente, classificam cada atividade como superior, equivalente ou inferior.

Fonte: adaptado mediante autorização de The Free Press, uma divisão da Simon & Schuster Adult Publishing Group, de *Competitive Advantage: Creating and Sustaining Superior Performance*, de Michael E. Porter, p. 40-43, © 1985 e 1988 by Michael E. Porter.

Algumas vezes as empresas novas criam valor reconfigurando ou recombinando, de forma única, partes de toda a cadeia de valor. A Federal Express (FedEx) alterou a natureza do ramo de entrega reconfigurando a logística externa (uma atividade principal) e o gerenciamento de recursos humanos (uma atividade de apoio) para criar o serviço de entrega de encomendas na manhã seguinte, criando valor durante o processo. A internet transformou diversos aspectos da cadeia de valor para uma ampla gama de empresas. Por exemplo, a Amazon.com afetou as ações que as empresas exercem para vender, distribuir e prestar serviços de manutenção relacionados a diversos artigos de consumo, incluindo livros e vários produtos para uso residencial.

Avaliar a capacidade de uma empresa de executar suas atividades principais e de apoio constitui um desafio. Conforme já observado, identificar e indicar o valor dos recursos e das capacidades de uma empresa requer julgamento. O julgamento é igualmente necessário para a análise da cadeia de valor por não existir nenhum modelo ou regra precisa disponível para ajudar no processo. Apesar disso, as empresas que envolvem um grupo heterogêneo de gerentes nessas atividades conseguem obter bons resultados.[97]

Terceirização

Algumas vezes os gerentes percebem que suas empresas não possuem capacidades nas áreas necessárias para o sucesso. De modo similar, podem entender que a empresa é desprovida de um recurso ou possui um recurso ou aptidão inadequados e que são essenciais para uma estratégia que pretende pôr em ação. Em alguns casos, então, a terceirização torna-se uma opção viável para que uma empresa tente desenvolver uma competência dentro da organização.

Tendo como enfoque o modo como componentes, produtos acabados ou serviços serão obtidos, terceirização é a aquisição de uma atividade de criação de valor de um fornecedor externo.[98] As empresas que praticam uma terceirização eficaz conseguem aumentar sua flexibilidade, diminuir riscos e reduzir seus investimentos em bens de capital. Em diversos setores globais, a tendência para a terceirização continua em ritmo acelerado.[99] Além disso, em alguns setores – como o automotivo e o de produtos eletrônicos – praticamente todas as empresas procuram obter o valor que pode ser captado por meio de terceirização.[100]

A terceirização consegue ser produtiva quando poucas – ou nenhuma – organizações possuem os recursos e as capacidades exigidos para alcançar superioridade competitiva em todas as atividades principais e de apoio. No que concerne a tecnologias, por exemplo, as pesquisas indicam que poucas companhias podem se permitir desenvolver internamente todas as tecnologias que podem resultar em vantagem competitiva.[101] Uma empresa, ao enfatizar um número menor de capacidades, aumenta a probabilidade de criar uma vantagem competitiva porque não estende exageradamente seu portfólio de atividades. Além disso, ao terceirizar atividades nas quais não detém uma competência diferenciada, a empresa consegue concentrar-se integralmente nas áreas nas quais pode criar valor.[102] Intermediários como o Outsourcing Institute facilitam a terceirização ao se concentrarem na ligação de compradores de bens e serviços terceirizados com as empresas que os fornecem ou proveem.[103] O Outsourcing Institute, com mais de 70 mil membros, publica anualmente guias para compradores, oferece consultoria e treinamento sobre as melhores práticas e facilita contatos entre os pares.

Outra pesquisa indica que a terceirização não funciona bem sem capacidades internas extensivas para coordenar de maneira eficaz os suprimentos externos, bem como a coordenação interna das capacidades básicas.[104] Além disso, os críticos dessa prática argumentam que a prática de terceirização excessiva pode conduzir a uma perda de atividade inovadora no âmbito da empresa, o que certamente conduz a um menor número de posições.[105] As empresas devem ser cautelosas para não se aproveitar dos fornecedores após terem criado um relacionamento mutuamente dependente com eles – exigindo prazos de entrega muito apertados ou fazendo outras exigências irreais para cortar custos. Esses comportamentos podem fazer que os fornecedores se integrem verticalmente e se tornem concorrentes diretos da empresa para a qual forneciam anteriormente.[106] As companhias devem estar cientes de todos esses riscos, ter disposição e ser capazes de equacioná-los quando vários *stakeholders* os apresentarem para discussão.

Para assegurar-se de que as atividades principais e de apoio apropriadas sejam terceirizadas, quatro aptidões são essenciais para os gerentes: pensamento estratégico, conclusão de acordos, governança das parcerias e gerenciamento da mudança.[107] Os gerentes precisam entender se e como a terceirização cria vantagem competitiva no âmbito de sua empresa – precisam ser capazes de pensar estrategicamente.[108] Para finalizar de modo bem-sucedido as transações de terceirização, esses gerentes também precisam concluir negócios e ser capazes de assegurar vantagens oferecidas por provedores externos que os gerentes internos possam usufruir plenamente. Precisam ser capazes de supervisionar e administrar o relacionamento com a companhia para a qual os serviços foram terceirizados. Pelo fato de a terceirização poder alterar significativamente o modo como uma organização opera, os gerentes que administram esses programas também precisam ser capazes de gerenciar essa mudança, incluindo o equacionamento da resistência dos empregados que acompanha qualquer esforço significativo de mudança.[109]

Quando as competências essenciais perdem seu valor

Ferramentas como a terceirização podem ajudar uma empresa a concentrar-se em suas competências essenciais. No entanto, existem provas de que a capacidade de criação de valor das competências essenciais nunca deve ser considerada como sendo natural,[110] nem se deve supor que a capacidade de uma competência essencial seja uma vantagem competitiva permanente. Uma razão para essas cautelas é que as competências essenciais possuem o potencial para tornar-se fatores de rigidez centrais. Como Leslie Wexner, CEO do Limited Brands Inc., expressou-se em uma ocasião: "O sucesso não cria sucesso. O sucesso cria fracasso porque quanto mais se sabe que algo dá certo, torna-se menos provável pensar que não dará certo. Quando se obtém uma longa sucessão de vitórias, torna-se mais difícil prever as próprias vulnerabilidades".[111] Portanto, cada competência é um ponto forte e um ponto fraco – um ponto forte por ser a fonte de vantagem competitiva e, portanto, de criação de valor, e um ponto fraco porque, se enfatizado quando deixar de ser competitivamente relevante, pode representar uma semente da resistência à mudança.[112]

Eventos que ocorrem no ambiente externo da empresa criam condições por meio das quais as competências essenciais podem se tornar fatores de rigidez, gerar resistência à mudança e prejudicar a inovação. "Muitas vezes o lado oposto, o lado obscuro das competências essenciais revela-se devido aos eventos externos quando novos concorrentes descobrem maneiras melhores para atender os clientes da empresa, quando surgem novas tecnologias ou quando eventos políticos ou sociais abalam a rigidez do solo."[113] Na análise final, entretanto, transformações no ambiente externo não fazem que as competências essenciais se tornem fatores de rigidez centrais; a inflexibilidade por parte de gerentes que se origina da força de suas crenças compartilhadas (miopia estratégica) constitui preferentemente a causa.[114]

Isso conclui nossa discussão sobre as ferramentas que as empresas usam para determinar como seus recursos e suas atividades na cadeia de valor podem conduzir a competências essenciais e vantagem competitiva sustentável. O desempenho elevado da empresa representa o principal objetivo dessas atividades. Além disso, a avaliação do desempenho da empresa é parte importante da análise interna. Encerramos este capítulo com uma discussão a respeito do desempenho da empresa.

Desempenho da empresa

As empresas buscam desenvolver competências essenciais e ressaltar as atividades de criação de valor em uma tentativa de obter vantagem competitiva com a finalidade de criar valor para seus acionistas e outros grupos de interesse.[115] O desempenho da empresa é inerentemente multidimensional. Cada grupo de interesse espera que aqueles que tomam decisões estratégicas em uma empresa ofereçam a liderança por meio da qual seus objetivos serão cumpridos.[116] Os *stakeholders* continuam a apoiar uma organização quando seu desempenho atende ou excede suas expectativas. Quando o desempenho é menor que essas expectativas, podem retirar seu apoio. Por exemplo, os acionistas podem vender suas ações e, embora uma única venda de ações raramente influencie os resultados da empresa, a tendência de muitos acionistas ou de um acionista detentor de um grande bloco de ações para vendê-lo pode reduzir consideravelmente o valor da ação no mercado. Além disso, grandes acionistas, como os fundos de investimento, podem ter poder político para persuadir outros investidores a retirar ou a reter recursos da empresa. Adicionalmente, os direitos dos *stakeholders* baseiam-se em leis que regulam a propriedade privada e a empresa privada. Consequentemente, os executivos do alto escalão tendem a atribuir prioridade elevada às necessidades dos acionistas quando tomam decisões.

Embora as organizações possuam relações de dependência com todos os seus principais grupos de interesse, não são dependentes continuamente de todos esses grupos; como consequência, nem todo *stakeholder* possui o mesmo nível de influência.[117] Quanto mais importante e valorizada a participação de um grupo de interesse, maior a dependência da empresa desse grupo. A maior dependência, por sua vez, concede ao grupo de interesse maior influência potencial em relação aos compromissos, às decisões e às ações de uma empresa. Gerentes eficazes precisam identificar maneiras para ajustar ou isolar a organização das demandas dos *stakeholders* que controlam recursos importantes.[118]

Objetivos e poder dos *stakeholders*

Os objetivos dos vários *stakeholders* muitas vezes diferem entre si, levando muitas vezes os gerentes a depararem com situações em que precisam ceder em algo para obter o que desejam. Os acionistas almejam que o retorno de seu investimento (e, portanto, sua riqueza) seja maximizado. A maximização dos retornos a curto prazo ocorre algumas vezes à custa do investimento no futuro de uma empresa. Por exemplo, pesquisas demonstraram que CEOs recém-nomeados em grandes companhias tendem a limitar investimentos em P&D imediatamente após sua nomeação, resultando em aumentos de lucratividade no curto prazo.[119] No entanto, essa ênfase no curto prazo da riqueza dos acionistas pode afetar negativamente a capacidade competitiva futura da empresa e os acionistas sofisticados com portfólios diversificados podem vender sua participação acionária se uma empresa deixar de investir em seu futuro. Aqueles que tomam decisões estratégicas são responsáveis pela sobrevivência da empresa a curto e a longo prazos.[120] De modo correspondente, não atende às expectativas de qualquer grupo de interesse a possibilidade de os investimentos na companhia serem indevidamente minimizados.

Em contraste com os acionistas, outro *stakeholder* – os clientes da empresa – poderia ter seus interesses maximizados quando a qualidade e a confiabilidade dos produtos de uma empresa são melhoradas, porém sem aumento de preço. Os empregados, por outro lado, preferem que as companhias ofereçam melhores condições de trabalho e maiores salários e benefícios. Em uma situação extrema, atender as necessidades e os desejos dos clientes e empregados pode ocorrer à custa de retornos menores para os investidores no mercado de capitais. Em virtude dos conflitos potenciais, cada empresa possui o desafio de gerenciar seus grupos de interesse. Uma empresa deve priorizar as necessidades e os desejos dos *stakeholders* importantes caso não consiga satisfazer a todos.

O poder é o critério mais importante ao se priorizar grupos de interesse. O nível de influência do grupo de interesse pode originar-se do poder econômico, do poder político ou do poder formal. O poder econômico surge da capacidade de reter o apoio econômico à empresa. O poder político resulta da capacidade de influenciar outros a reterem o apoio econômico ou a mudarem as regras do jogo, como no exemplo de um grupo de interesse especial que pratica *lobby* em um órgão oficial para que ocorram mudanças na legislação.[121] O poder formal significa que as leis ou regulamentações especificam o relacionamento legal que existe entre uma empresa e um grupo de interesse específico.[122] Por exemplo, as empresas possuem obrigações legais perante os acionistas e são obrigadas a cumprir a regulamentação oficial. Os *stakeholders* podem valer-se de diversas fontes de poder.[123] As empresas também atribuem prioridade a um determinado grupo de interesse devido à sua importância estratégica para os planos futuros. Por exemplo, uma companhia pode começar a estabelecer um excelente relacionamento com uma comunidade próxima na qual pretende construir uma nova fábrica. Ou então os altos executivos podem simplesmente optar por atribuir prioridade a um grupo de interesse, como no caso de uma empresa que faz doações vultosas a universidades porque o alto escalão valoriza a educação, mesmo se os benefícios diretos para a empresa forem insignificantes.

Quando a empresa obtém retornos econômicos elevados, o desafio de equilibrar os interesses dos diversos grupos diminui substancialmente. Com a capacidade e a flexibilidade proporcionadas pelos retornos elevados, uma empresa consegue satisfazer mais facilmente diversos *stakeholders* ao mesmo tempo. No entanto, quando a empresa obtiver apenas retornos médios, o gerenciamento de seus *stakeholders* pode ser mais difícil. A empresa, ao obter retornos médios, é incapaz de maximizar as expectativas de todos os grupos de interesse. O objetivo torna-se então proporcionar satisfação mínima a cada grupo de interesse. As decisões envolvendo transigir em algo para se obter um resultado são tomadas com base no grau de dependência que a empresa possui com relação ao apoio de seus grupos de interesse. O desafio dos executivos nesse caso consiste em ceder em algo para obter um resultado de modo a minimizar o apoio perdido dos grupos de interesse.

Medidas do desempenho empresarial

Em virtude de vários tipos de desempenho empresarial influenciarem diferentemente os grupos de interesse, as medidas de desempenho empresarial podem ser classificadas em categorias baseadas nos três principais *stakeholders* definidos no Capítulo 1: *stakeholders* no mercado de capitais, no mercado de produtos e organizacionais. O Quadro 3.8 mostra exemplos de medidas de grande relevância para os *stakeholders* no mercado de capitais. Esses grupos, formados por acionistas e financiadores, esperam que uma empresa mantenha e aumente a riqueza que confiaram à companhia. Os acionistas estão particularmente interessados em obter retornos elevados para os investimentos que fizeram em ações. Esses resultados também podem ser comparados com o retorno médio de todas as ações no mercado como um todo ou em determinado setor para um período específico.

Quadro 3.8: Desempenho empresarial sob a perspectiva do mercado de capitais

Stakeholders	Necessidades/Desejos	Exemplos	Medida
Mercado de capitais			
Acionistas	Retornos elevados	Retorno total do acionista	$\dfrac{\text{Preço da ação no fim do período} + \text{Dividendos}}{\text{Preço da ação no início do período}}$
	Retornos relativos elevados	Ajustado para: retorno do mercado	Retorno médio de outras empresas no mercado para o mesmo período
	Retornos relativos elevados	Retorno do setor	Retorno médio de outras empresas do setor para o mesmo período
Financiadores e acionistas	Baixo risco (variância)	Desvio-padrão	Desvio-padrão do retorno do acionista para o período
	Baixo risco (sistemático)	Beta	Grau em que os retornos da ação para a empresa apresentam correlação com os retornos das ações para todo o mercado (risco sistemático)
	Lucratividade elevada	Retorno do ativo	$\dfrac{\text{Lucro líquido após I. Renda}}{\text{Ativo total}}$
		Retorno do patrimônio líquido	$\dfrac{\text{Lucro líquido após I. Renda}}{\text{Patrimônio líquido}}$
	Crescimento	Crescimento da receita	$\dfrac{\text{Receita total deste ano} - \text{Receita total do ano passado}}{\text{Receita total do ano passado}}$
	Baixo risco financeiro	Dívidas / patrimônio líquido	$\dfrac{\text{Total de dívidas}}{\text{Patrimônio líquido}}$
		Dívidas / ativo	$\dfrac{\text{Total de dívidas}}{\text{Ativo total}}$
	Eficiência interna	Índice de liquidez corrente	$\dfrac{\text{Ativo circulante}}{\text{Passivo circulante}}$
		Produtividade dos empregados	$\dfrac{\text{Vendas}}{\text{Número de empregados}}$
		Giro do ativo	$\dfrac{\text{Vendas}}{\text{Estoque total}}$
		Giro de estoque	$\dfrac{\text{Vendas}}{\text{Estoque total}}$
		Período médio de recebimento	$\dfrac{\text{Contas a receber} \times 365 \text{ dias}}{\text{Vendas anuais a crédito}}$

Além disso, acionistas e financiadores esperam retornos compatíveis com o grau de risco aceito ao fazerem aqueles investimentos, isto é, espera-se retornos menores de investimentos de baixo risco. Nesse contexto, risco é a incerteza de um investidor quanto aos ganhos e perdas econômicos que resultarão de determinado investimento.[124] Líderes estratégicos devem avaliar os riscos envolvidos ao se decidirem por diversas linhas de ação.[125] Decisões que conduzem a uma menor variação dos retornos podem elevar o valor de uma organização sob a perspectiva dos *stakeholders* do mercado de capitais. Consequentemente, o Quadro 3.8 contém alguns exemplos comuns de medidas que podem ser adotadas para avaliar riscos. Essas medidas também podem ser usadas para ajustar os retornos dos acionistas. Os acionistas podem deduzir o retorno médio ou de mercado para um determinado período do retorno que foi realmente recebido e dividir em seguida o resultado pelo desvio-padrão dos retornos ou beta.[126] A comparação desse retorno ajustado ao risco com o retorno ajustado ao risco de outras empresas pode proporcionar uma melhor explicação de como a ação está desempenhando em relação ao grau de risco que o acionista está assumindo. Observe também que os financiadores estão interessados em medidas de risco do tipo desvio-padrão ou beta porque constituem uma indicação da estabilidade financeira da empresa.

Além disso, os *stakeholders* do mercado de capitais estão preocupados com o crescimento da empresa porque este se encontra associado a outras medidas de desempenho. Eles também demonstram preocupação quando a liquidez torna-se muito reduzida ou os níveis de endividamento muito elevados porque esses fatores podem influenciar a capacidade de uma empresa de manter-se solvente. Adicionalmente, os *stakeholders* do mercado de capitais estão interessados na eficiência da empresa devido à sua influência na lucratividade futura. Assim, também são relevantes medidas como giro do ativo, movimento do estoque e prazo médio de recebimentos.

As necessidades e os desejos de outros *stakeholders* relevantes também são importantes para o sucesso da empresa e, portanto, os gerentes também precisam estabelecer medidas que reflitam o grau de sucesso com que as empresas estão respondendo a elas. O Quadro 3.9 contém alguns exemplos dos tipos de medidas que as empresas podem adotar. Os *stakeholders* no mercado para produtos incluem os principais clientes, fornecedores, comunidades e, quando aplicável, sindicatos. Os clientes exigem produtos confiáveis ao menor preço possível. As empresas conseguem avaliar a satisfação dos clientes com produtos e serviços, bem como as percepções que possuem do valor que estão recebendo em relação aos preços pagos. Os fornecedores buscam clientes confiáveis que estejam dispostos a pagar preços elevados pelos bens e serviços que recebem. As empresas conseguem medir o sucesso no relacionamento com os fornecedores em termos do modo como estes os atendem e de sua ampla disposição para realizar negócios, com base na suposição de que os fornecedores possuem maior motivação para atender um cliente que esteja satisfazendo suas próprias necessidades. Igualmente, embora os fornecedores possam almejar os preços mais elevados possíveis, tendem a satisfazer-se com preços razoáveis e um bom tratamento (pedidos e pagamentos confiáveis). Consequentemente, sob a perspectiva da empresa compradora, preços mais baixos pagos aos fornecedores poderiam ser na realidade uma indicação de que o fornecedor percebe a empresa sob uma luz favorável caso os outros indicadores de satisfação do fornecedor apoiem tal perspectiva.

As comunidades nas quais as empresas se instalam desejam companhias que sejam empregadoras e contribuintes de impostos a longo prazo sem impor exigências excessivas aos serviços

Quadro 3.9: Outras medidas de desempenho empresarial

Grupo de Interesse	Necessidades/Desejos	Exemplos	Medida
Mercado para os produtos			
Principais clientes	Produtos de alta qualidade e confiáveis a preços baixos	Satisfação	Pesquisa de satisfação dos clientes
		Insatisfação	Devolução do produto ou queixas dos clientes (para empresas prestadoras de serviços)
Fornecedores	Preços elevados dos produtos e comportamento honrado e confiável	Motivação para entrega Disponibilidade das mercadorias	Velocidade de entrega Número de produtos indisponíveis no estoque
		Contratos justos	Porcentagem de renovação de contratos; preços pagos em relação aos dos concorrentes
Comunidades	Empregos, arrecadação de impostos, contribuições para a comunidade, poucas influências negativas	Crescimento do número de empregos	Número de novos empregos criados anualmente na comunidade
		Filantropia	Doações de tempo e dinheiro para a comunidade
		Insatisfação	Número de queixas da comunidade ou de processos judiciais
Sindicatos	Crescimento do número de vagas e segurança no emprego, salários elevados e boas condições de trabalho	Remuneração	Salários e outros benefícios em relação aos oferecidos aos concorrentes
		Segurança dos trabalhadores	Relatórios de acidentes
Organizacional			
Gerentes e outros empregados	Remuneração elevada, oportunidades de progresso, garantia de emprego, desenvolvimento profissional, satisfação no cargo	Desejo de permanecer	Rotatividade de gerentes e de outros empregados
		Formação	Porcentagem da equipe de trabalho que recebe treinamento oferecido em base anual pela companhia
		Satisfação no exercício do cargo	Pesquisa de satisfação conduzida a empregados ou gerentes
		Oportunidades de progresso	Porcentagem de posições de nível elevado preenchidas internamente

prestados pelo governo. Elas também se voltam às empresas para, em parte, oferecer contribuições em dinheiro e dedicação de tempo para ajudar a desenvolver a comunidade. Os representantes dos sindicatos estão interessados na manutenção de empregos e em condições de trabalho desejáveis para os empregados que representam. Normalmente, suas demandas são compatíveis com as necessidades dos empregados. Por exemplo, no nível organizacional, gerentes e outros empregados almejam níveis elevados de remuneração e garantia de emprego. Também desejam desenvolvimento profissional, satisfação no exercício do cargo e oportunidades de progresso.[127]

Equilibrando o desempenho dos *stakeholders*

Conforme já observado, as necessidades e os desejos dos *stakeholders* do mercado para os produtos e os *stakeholders* organizacionais estão em conflito entre si, pelo menos parcialmente e com aqueles *stakeholders* do mercado de capitais. Os recursos que uma empresa consome para satisfazer um grupo de interesse podem reduzir os recursos disponíveis para os demais. A criação de valor mais eficiente significa que os gerentes precisam equilibrar as expectativas dos *stakeholders* a fim de assegurar que cada um deles esteja motivado para continuar a contribuir com recursos e energia para a organização e suas metas. Decisões envolvendo abrir mão de algo para conseguir um resultado são tomadas com base no grau de importância para a empresa do apoio de cada grupo de interesse, o que também é uma função do poder que cada grupo possui.[128]

Felizmente, as metas dos *stakeholders* não se encontram inteiramente em conflito. Atende ao interesse de todos esses grupos de uma organização que uma empresa proporcione aos acionistas um retorno constante e elevado, porque ao agir dessa forma reduz o custo de capital para a empresa, aumentando sua capacidade de crescer e prosperar. Prosperidade também significa que mais recursos encontram-se disponíveis para todos os grupos de interesse. Por exemplo, uma empresa próspera pode oferecer garantia de emprego e maior remuneração; a empresa possui maiores recursos disponíveis para criar produtos inovadores confiáveis que satisfazem seus clientes e possui mais recursos para ajudar a incentivar boas relações com a comunidade. Mesmo os defensores mais ardentes de um foco na riqueza do acionista admitem que outros *stakeholders* são importantes a fim de se obter retornos elevados para os acionistas.[129]

Desenvolvimento sustentável

Até agora focamos nos principais *stakeholders* de uma empresa em vez de adotar a perspectiva mais ampla de responsabilidade social. Uma empresa que oferece produtos seguros e de alta qualidade, trata bem seus fornecedores, agrega fatores positivos para a comunidade, trata bem empregados e gerentes, paga suas obrigações financeiras e proporciona um retorno superior à média e estável aos acionistas está bem adiantada para se tornar aquilo que a maioria das pessoas denominaria empresa socialmente responsável.[130] Supõe-se, igualmente, o cumprimento de leis e regulamentos, pois as violações interferem na capacidade de a empresa criar valor. No entanto, existe um aspecto relacionado ao desempenho social que merece atenção especial devido à sua importância estratégica: o desenvolvimento ambiental de uma empresa.[131]

O conceito de sustentabilidade tem obtido importância estratégica em anos recentes. O desenvolvimento sustentável é definido como o crescimento da empresa que não esgota o ambiente natural ou produz dano à sociedade. A maioria das organizações define seus programas de sustentabilidade em termos daquilo que estão realizando para valer-se da tecnologia mais avançada e ao mesmo tempo proteger o ambiente, atendendo e protegendo as comunidades e as sociedades nas quais operam. De acordo com John Chambers, CEO da gigante de redes Cisco Systems: "Na Cisco acreditamos que as corporações possuem a responsabilidade de levar em conta os efeitos mais amplos das operações nas comunidades nas quais realizam negócios e no mundo em geral".[132] A Chiquita Brands International, Inc., empresa de destaque no ramo de comercialização e distribuição de frutas frescas, adotou a sustentabilidade como valor básico.[133]

Um das chaves para a sustentabilidade consiste em transformar as atividades que criam valor de modo a beneficiar a sociedade enquanto procuram cumprir as demais metas da empresa.[134] A CEMEX, a gigantesca companhia internacional de cimento sediada no México, atende um amplo conjunto de públicos externos por meio daquilo que a empresa denomina Sistema de Gerenciamento Sustentável. O sistema contém requisitos de sustentabilidade e instruções que cobrem temas relacionados a ambiente, saúde, segurança, bem-estar e temas comunitários. A CEMEX integrou esse sistema a suas operações empresariais focando em áreas de negócio importantes. Ela considera a sustentabilidade uma dimensão estratégica da empresa e a chave para a viabilidade da companhia. O avanço de suas iniciativas de sustentabilidade é divulgado anualmente em um relatório de desenvolvimento sustentável.[135]

Uma razão para avaliar o desempenho da empresa consiste em assegurar que nenhum grupo de interesse da empresa esteja sendo negligenciado a tal ponto que poderiam retirar seu apoio da organização. Evidentemente uma abordagem mais positiva indica que atender as necessidades dos *stakeholders* para além de suas necessidades mínimas acarreta benefícios substanciais para a empresa, tais como criação de conhecimento superior, atração de recursos, custos de transação menores e níveis mais elevados de motivação dos grupos de interesse. Outra razão para o uso de diversas medidas de desempenho empresarial é que as avaliações financeiras podem não refletir o valor real criado por uma empresa. Se os *stakeholders* que não forem acionistas forem muito poderosos, podem estar se apropriando de uma parcela desproporcional do valor que a empresa estiver criando.[136] Por exemplo, sindicatos poderosos absorveram durante anos uma grande parcela do valor criado por empresas que concorrem nos setores automotivo e de aviação. Fornecedores poderosos também podem obter uma grande parcela dos lucros de uma organização, conforme as companhias petrolíferas estão demonstrando atualmente. Esse raciocínio é coerente com o modelo I/O. De modo análogo, nas empresas cujo controle acionário pertence predominantemente a uma família ou a um grupo empresarial, grande parte do valor pode não se refletir nos retornos dos acionistas.[137] Em vez disso, o valor é redistribuído a outros empreendimentos controlados pelo grupo ou pela família ou diretamente aos membros da família na forma de salário, benefícios e vantagens.

Resumo

- Em um novo cenário de mudança tecnológica e globalização aceleradas, os recursos internos, as capacidades e as competências essenciais de uma empresa exercem grande influência em sua competitividade. As empresas que obtêm resultados satisfatórios reconhecem que a criação de valor e a geração de retornos elevados para acionistas e outros *stakeholders* ocorrem somente quando as competências essenciais (pontos fortes fundamentais identificados por meio da análise da organização interna da empresa) são ajustadas às oportunidades (determinadas pela análise do ambiente externo da empresa).

- Nenhuma vantagem competitiva é permanente. Ao longo do tempo, os concorrentes usam seus próprios recursos, capacidades e competências essenciais únicos para formar posições de criação de valor diferentes que reproduzem a capacidade de criação de valor das vantagens competitivas da empresas. Em geral, as capacidades da internet (por exemplo, difusão de informação e conhecimento) estão reduzindo a sustentabilidade de muitas vantagens competitivas. Portanto, as empresas precisam valer-se de suas atuais vantagens e usar simultaneamente seus recursos e capacidades para criar novas vantagens que podem resultar em sucesso competitivo futuro.

- O bom gerenciamento das competências essenciais requer a análise interna cuidadosa dos recursos da empresa (insumos utilizados no processo produtivo) e das capacidades (capacidades para conjuntos integrados de recursos executarem uma tarefa ou atividade).

- Conjuntos únicos de recursos não constituem usualmente uma fonte de vantagem competitiva. As capacidades, que são conjuntos de recursos tangíveis e intangíveis, representam uma fonte mais provável de vantagens competitivas, em especial aquelas relativamente sustentáveis. Uma razão importante para isso é que o incentivo e o apoio associados pela empresa às competências essenciais que se fundamentam em capacidades são menos visíveis para os concorrentes e, como tal, mais complexos e difíceis de imitar.

- Somente quando uma capacidade for valorizada, rara, difícil de imitar e insubstituível torna-se então uma competência essencial e uma fonte de vantagem competitiva. Ao longo do tempo, as competências essenciais precisam ser apoiadas, porém não se pode permitir que se tornem fatores de rigidez central. As competências essenciais constituem fontes de vantagem competitiva somente quando permitem à empresa criar valor explorando oportunidades no ambiente externo. Quando esse não for mais o caso, a atenção se desloca para a seleção ou a criação de outras capacidades que atendam aos quatro critérios de vantagem competitiva sustentável.

- A análise da cadeia de valor pode ser usada para identificar e avaliar o potencial competitivo dos recursos e das capacidades. As empresas, ao analisarem suas aptidões para executar funções principais e de apoio, conseguem entender sua estrutura de custos e identificar as atividades por meio das quais podem criar valor.

- Quando a empresa não consegue criar valor em uma atividade principal ou de apoio, a terceirização, ou a aquisição de uma atividade que gera valor de um fornecedor ou provedor externo, constitui uma opção. A empresa deve terceirizar somente para companhias que possuem vantagem competitiva na atividade principal ou de apoio sendo considerada. Além disso, a empresa deve assegurar-se de que não está terceirizando atividades com base nas quais poderia criar valor.

■ O desempenho empresarial é inerentemente multidimensional. Cada grupo de interesse espera que aquelas pessoas que tomam decisões estratégicas em uma empresa proporcionem a liderança por meio da qual seus objetivos valorizados possam ser cumpridos. A prioridade atribuída a cada grupo de interesse ao se tomar decisões estratégicas depende de seu poder e de sua importância para as estratégias da empresa. Quando a empresa obtém retornos econômicos elevados, o desafio para equilibrar as expectativas dos *stakeholders* reduz-se substancialmente.

Questões éticas

1. As iniciativas para a criação de vantagens competitivas sustentáveis resultam no uso de práticas desprovidas de ética por parte dos empregados? Em caso afirmativo, quais dessas práticas poderiam ser usadas para a comparação entre as competências essenciais de uma empresa e as dos concorrentes?

2. As práticas éticas afetam a capacidade de uma empresa de criar uma marca que seja uma fonte de vantagem competitiva? Em caso afirmativo, de que forma isso acontece? Identifique algumas marcas que são fonte de vantagem competitiva em parte devido às práticas éticas da empresa.

3. Qual é a diferença entre valer-se do capital humano de uma empresa e usar esse capital como fonte de vantagem competitiva? Existem situações nas quais a utilização do capital humano pode ser uma fonte de vantagem? Em caso afirmativo, você poderia indicar essa situação? Se a utilização de capital humano pode ser uma fonte de vantagem competitiva, trata-se de uma vantagem sustentável? Por quê?

4. Existem dilemas éticos associados à terceirização? Em caso afirmativo, quais são eles? Como você lidaria com esses dilemas éticos?

5. Que responsabilidades éticas os gerentes possuem caso determinem que um conjunto de empregados tem aptidões que são valorizadas somente para uma competência básica que está se tornando um fator de rigidez básico?

6. As empresas algumas vezes disponibilizam na internet uma vasta gama de dados, informações e conhecimento acessados por concorrentes bem como clientes e fornecedores. Quais temas éticos, caso existam, encontram-se envolvidos quando a empresa descobre informações relevantes sob o aspecto competitivo no site de um concorrente?

7. Até que ponto uma empresa possui obrigação moral de redistribuir valor a *stakeholders* com base em suas contribuições relativas para a criação desse valor? Uma empresa possui qualquer obrigação legal para agir dessa forma?

Referências bibliográficas

1. Lei, D.; Slocum Jr., J. W. Strategic and organizational requirements for competitive advantage. *Academy of Management Executive*, 19(1), 2005. p. 31-45; Andal-Ancion, A.; Cartwright, P. A.; Yip, G. S. The digital transformation of traditional businesses. *MIT Sloan Management Review*, 44(4), 2003. p. 34-41; Wiggins, R. R.; Ruefli, T. W. Sustained competitive advantage: Temporal dynamics and the incidence of persistence of superior economic performance. *Organization Science*, 13, 2002. p. 82-105.
2. McEvily, S. K.; Eisenhardt, K. M.; Prescott, J. E. The global acquisition, leverage, and protection of technological competencies. *Strategic Management Journal*, 25, 2004. p. 713-722.
3. The Nokia way and values, http://www.nokia.com, 23 jan. 2007.
4. Knott, A. M. Persistent heterogeneity and sustainable innovation. *Strategic Management Journal*, 24, 2003. p. 687--705; Brush, C. G.; Greene, P. G.; Hart, M. M. From initial idea to unique advantage: The entrepreneurial challenge of constructing a resource base. *Academy of Management Executive*, 15(1), 2001. p. 64-78.
5. Makadok, R. Toward a synthesis of the resourcebased and dynamic-capability views of rent creation. *Strategic Management Journal*, 22, 2001. p. 387-401; Eisenhardt, K. M.; Martin, J. A. Dynamic capabilities: What are they? *Strategic Management Journal*, 21, 2000. p. 1.105-1.121.
6. Shamsie, J. The context of dominance: An industry-driven framework for exploiting reputation. *Strategic Management Journal*, 24, 2003. p. 199-215; Autio, E.; Sapienza, H. J.; Almeida, J. G. Effects of age at entry, knowledge intensity, and imitability on international growth. *Academy of Management Journal*, 43, 2000. p. 909-924.
7. Makhija, M. Comparing the resource-based and market--based view of the firm: Empirical evidence from Czech privatization. *Strategic Management Journal*, 24, 2003. p. 433-451; Yeoh, P. L.; Roth, K. An empirical analysis of sustained advantage in the U.S pharmaceutical industry: Impact of firm resources and capabilities. *Strategic Management Journal*, 20, 1999. p. 637-653.
8. Abell, D. F. Competing today while preparing for tomorrow. *Sloan Management Review*, 40(3), 1999. p. 73-81; Leonard--Barton, D. *Wellsprings of Knowledge: Building and Sustaining the Sources of Innovation*, Boston: Harvard Business School Press, 1995; McGrath, R. A.; MacMillan, I. C.; Venkataraman, S. Defining and developing competence: A strategic process paradigm. *Strategic Management Journal*, 16, 1995. p. 251-275.
9. Eisenhardt, K. M. Strategy as strategic decision making. *Sloan Management Review*, 40(3), 1999. p. 65-72.
10. Hewlett-Packard extends lead over Dell, msnbc, http://www.msnbc.msn.com/id/16687613/, 23 jan. 2007.
11. Steensma, H. K.; Corley, K. G. On the performance of technology-sourcing partnerships: The interaction between partner interdependence and technology attributes. *Academy of Management Journal*, 43, 2000. p. 1.045-1.067.
12. Barney, J. B. Is the resource-based "view" a useful perspective for strategic management research? Yes. *Academy of Management Review*, 26, 2001. p. 41-56.
13. Christensen, C. M.; Raynor, M. E. Why hardnosed executives should care about management theory. *Harvard Business Review*, 81(9), 2003. p. 66-74; Davenport, T. H. Data to knowledge to results: Building an analytic capability. *California Management Review*, 43(2), 2001. p. 117-138; Barney, J. B. How a firm's capabilities affect boundary decisions. *Sloan Management Review*, 40(3), 1999. p. 137-145.
14. Checa, N.; Maguire, J.; Barney, J. The new world disorder. *Harvard Business Review*, 81(8), 2003. p. 70-79; Westhead, P.; Wright, M.; Ucbasaran, D. The internationalization of new and small firms: A resourcebased view. *Journal of Business Venturing*, 16(4), 2001. p. 333-358; McWilliams, A.; Van Fleet, D. D.; Wright, P. M. Strategic management of human resources for global competitive advantage. *Journal of Business Strategies*, 18(1), 2001. p. 1-24; Athanassiou, N.; Nigh, D. The impact of U.S. company internationalization on top management team advice networks: A tacit knowledge perspective. *Strategic Management Journal*, 20, 1999. p. 83-92.
15. Smith, H. J. The shareholders vs. stakeholders debate. *MIT Sloan Management Review*, 44(4), 2003. p. 85-90; Collingwood, H. The earnings game: Everyone plays, nobody wins. *Harvard Business Review*, 79(6), 2001. p. 65-74.
16. Eisenhardt. Strategy as strategic decision making.
17. Nutt, P. C. *Why Decisions Fail*, São Francisco: Berrett--Koehler, 2002; Nutt, P. C. Surprising but true: Half the decisions in organizations fail. *Academy of Management Executive*, 13(4), 1999. p. 75-90.
18. Mezias, J. M.; Starbuck, W. H. What do managers know, anyway? *Harvard Business Review*, 81(5), 2003. p. 16-17; Keil, M. Cutting your losses: Extricating your organization when a big project goes awry. *Sloan Management Review*, 41(3), 2000. p. 55-68.
19. Audia, P. G.; Locke, E.; Smith, K. G. The paradox of success: An archival and a laboratory study of strategic persistence following radical environmental change. *Academy of Management Journal*, 43, 2000. p. 837-853; Aaker, D. A.; Joachimsthaler, E. The lure of global branding. *Harvard Business Review*, 77(6), 1999. p. 137-144; McGrath, R. G. Falling forward: Real options reasoning and entrepreneurial failure. *Academy of Management Review*, 24, 1999. p. 13-30.
20. West III, G. P.; DeCastro, J. The Achilles heel of firm strategy: Resource weaknesses and distinctive inadequacies. *Journal of Management Studies*, 38, 2001. p. 417-442; Gavetti, G.; Levinthal, D. Looking forward and looking backward: Cognitive and experimental search. *Administrative Science Quarterly*, 45, 2000. p. 113-137.
21. Subramani, M.; Venkatraman, N. Safeguarding investments in asymmetric interorganizational relationships: Theory and evidence. *Academy of Management Journal*, 46, 2003. p. 46-62; Sebenius, J. K. The hidden challenge of cross-border negotiations. *Harvard Business Review*, 80(3), 2002. p. 76-85; Liu, P. W; Yang, X. The theory of irrelevance of the size of the firm. *Journal of Economic Behavior & Organization*, 42, 2000. p. 145-165.
22. Begley, T. M.; Boyd, D. P. The need for a corporate global mind-set. *MIT Sloan Management Review*, 44(2), 2003. p. 25-32.
23. Thomas, H.; Pollock, T.; Gorman, P. Global strategic analyses: Frameworks and approaches. *Academy of Management Executive*, 13(1), 1999. p. 70-82.

24. Mezias, J. M.; Grinyer, P.; Guth, W. D. Changing collective cognition: A process model for strategic change. *Long Range Planning*, 34(1), 2001. p. 71-95.
25. Tichy, N. The teachable point of view. *Harvard Business Review*, 77(2), 1999. p. 82-83.
26. Drucker, P. F. They're not employees, they're people. *Harvard Business Review*, 80(2), 2002. p. 70-77; Verona, G. A resource-based view of product development. *Academy of Management Review*, 24, 1999. p. 132-142.
27. Tripsas, M.; Gavetti, G. Capabilities, cognition, and inertia: Evidence from digital imaging. *Strategic Management Journal*, 21, 2000. p. 1.147-1.161.
28. Whitford, D. Polaroid, R.I.P. *Fortune*, 12 nov. 2001. p. 44.
29. Amit, R.; Schoemaker, P. J. H. Strategic assets and organizational rent. *Strategic Management Journal*, 14, 1993. p. 33-46.
30. Hoskisson, R. E.; Busenitz, L. W. Market uncertainty and learning distance in corporate entrepreneurship entry mode choice. In: Hitt, M. A.; Ireland, R. D.; Camp, S. M.; Sexton, D. L. (eds.). *Strategic Entrepreneurship: Creating a New Integrated Mindset*, Oxford: Blackwell Publishers, 2001. p. 151-172.
31. Barney. Is the resource-based "view" a useful perspective?; Rindova, V. P.; Fombrun, C. J. Constructing competitive advantage: The role of firm-constituent interactions. *Strategic Management Journal*, 20, 1999. p. 691-710; Peteraf, M. A. The cornerstones of competitive strategy: A resource-based view. *Strategic Management Journal*, 14, 1993. p. 179-191.
32. Barney. Is the resource-based "view" a useful perspective?; Brush, T. H.; Artz, K. W. Toward a contingent resource-based theory: The impact of information asymmetry on the value of capabilities in veterinary medicine. *Strategic Management Journal*, 20, 1999. p. 223-250.
33. Porter, M. E. What is strategy? *Harvard Business Review*, 74(6), 1996. p. 61-78.
34. McEvily, S. K.; Chakravarthy, B. The persistence of knowledge-based advantage: An empirical test for product performance and technological knowledge. *Strategic Management Journal*, 23, 2002. p. 285-305; Buckley, P. J.; Carter, M. J. Knowledge management in global technology markets: Applying theory to practice. *Long Range Planning*, 33(1), 2000. p. 55-71.
35. Pocket Strategy, Value. *Economist Books*, 1998. p. 165.
36. Hindo, B. The best of 2006. *Business Week*, 18 dez. 2006. p. 82-92.
37. Wolf, J.; Egelhoff, W. G. A reexamination and extension of international strategy-structure theory. *Strategic Management Journal*, 23, 2002. p. 181-189; Ramirez, R. Value co-production: Intellectual origins and implications for practice and research. *Strategic Management Journal*, 20, 1999. p. 49-65.
38. Shankar, V.; Bayus, B. L. Network effects and competition: An empirical analysis of the home video game industry. *Strategic Management Journal*, 24, 2003. p. 375-384; Floyd, S. W.; Wooldridge, B. Knowledge creation and social networks in corporate entrepreneurship: The renewal of organizational capability. *Entrepreneurship: Theory and Practice*, 23(3), 1999. p. 123-143; Campbell, A.; Alexander, M. What's wrong with strategy? *Harvard Business Review*, 75(6), 1997. p. 42-51.
39. Hawawini, G.; Subramanian, V.; Verdin, P. Is performance driven by industry or firm-specific factors? A new look at the evidence. *Strategic Management Journal*, 24, 2003. p. 1-16; Hitt, M. A.; Nixon, R. D.; Clifford, P. G.; Coyne, K. P. The development and use of strategic resources. In: Hitt, M. A.; Clifford, P. G.; Nixon, R. D.; Coyne, K. P. (eds.). *Dynamic Strategic Resources*, Chichester: Wiley, 1999. p. 1-14.
40. Christensen, C. M. The past and future of competitive advantage. *Sloan Management Review*, 42(2), 2001. p. 105-109.
41. Ahuja, G.; Katila, R. Where do resources come from? The role of idiosyncratic situations. *Strategic Management Journal*, 25, 2004. p. 887-907; Michalisin, M. D.; Kline, D. M.; Smith, R. D. Intangible strategic assets and firm performance: A multi-industry study of the resource-based view. *Journal of Business Strategies*, 17(2), 2000. p. 91-117.
42. Berman, S.; Down, J.; Hill, C. Tacit knowledge as a source of competitive advantage in the National Basketball Association. *Academy of Management Journal*, 45, 2002. p. 13-31; Deeds, D. L.; DeCarolis, D.; Coombs, J. Dynamic capabilities and new product development in high technology ventures: An empirical analysis of new biotechnology firms. *Journal of Business Venturing*, 15, 2000. p. 211-229.
43. Shepard, S. Interview: "The company is not in the stock". *Business Week*, 30 abr. 2001. p. 94-96.
44. Feldman, M. S. Organizational routines as a source of continuous change. *Organization Science*, 11, 2000. p. 611-629; Knott, A. M.; McKelvey, B. Nirvana efficiency: A comparative test of residual claims and routines. *Journal of Economic Behavior & Organization*, 38, 1999. p. 365-383.
45. Lubit, R. Tacit knowledge and knowledge management: The keys to sustainable competitive advantage. *Organizational Dynamics*, 29(3), 2001. p. 164-178; Zahra, S. A.; Nielsen, A. P.; Bogner, W. C. Corporate entrepreneurship, knowledge, and competence development. *Entrepreneurship: Theory and Practice*, 23(3), 1999. p. 169-189.
46. Webber, A. M. New math for a new economy. *Fast Company*, jan./fev. 2000. p. 214-224.
47. Schroeder, R. G.; Bates, K. A.; Junttila, M. A. A resource-based view of manufacturing strategy and the relationship to manufacturing performance. *Strategic Management Journal*, 23, 2002. p. 105-117.
48. Brush; Artz. Toward a contingent resource-based theory.
49. Quinn, J. B.; Anderson, P.; Finkelstein, S. Making the most of the best. *Harvard Business Review*, 74(2), 1996. p. 71-80.
50. Webber. New math for a new economy, p. 217.
51. Ibid., p. 218.
52. Ireland, R. D.; Hitt, M. A.; Vaidyanath, D. Managing strategic alliances to achieve a competitive advantage. *Journal of Management*, 28, 2002. p. 413-434.
53. Deephouse, D. L. Media reputation as a strategic resource: An integration of mass communication and resource-based theories. *Journal of Management*, 26, 2000. p. 1.091-1.112.
54. Shamsie, J. The context of dominance: An industry-driven framework for exploiting reputation. *Strategic Management Journal*, 24, 2003. p. 199-215; Roberts, P. W.; Dowling, G. R. Corporate reputation and sustained superior financial performance. *Strategic Management Journal*, 23, 2002. p. 1077-1093.
55. Harley-Davidson MotorClothes merchandise, http://www.harleydavidson.com, 25 jan. 2007; Kleinman, M. Harley pushes brand prestige. *Marketing*, 17 mai. 2001. p. 16; Rifkin, G. How Harley- Davidson revs its brand. *Strategy & Business*, 9, 1998. p. 31-40.
56. Hitt, M. A.; Lee, H.; Yucel, E. The importance of social capital to the management of multinational enterprises: Relational networks among Asian and western films. *Asia Pacific Journal of Management*, 19, 2002. p. 353-372.
57. Gavetti; Levinthal. Looking forward and looking backward; Coff, R. W. How buyers cope with uncertainty when acquiring firms in knowledge-intensive industries: Caveat emptor. *Organization Science*, 10, 1999. p. 144- 161; Marsh, S. J.; Ranft, A. L. Why resources matter: An empirical study of knowledge-based resources on new market entry.

In: HITT, M. A.; CLIFFORD, P. G.; NIXON, R. D.; COYNE, K. P. (eds.). *Dynamic Strategic Resources,* Chichester: Wiley, 1999. p. 43-66.
58. HELFAT, C. E.; RAUBITSCHEK, R. S. Product sequencing: Co-evolution of knowledge, capabilities and products. *Strategic Management Journal,* 21, 2000. p. 961-979.
59. HITT, M. A.; BIERMAN, L.; SHIMIZU, K.; KOCHHAR, R. Direct and moderating effects of human capital on strategy and performance in professional service firms: A resource-based perspective. *Academy of Management Journal,* 44, 2001. p. 13-28; HITT, M. A.; IRELAND, R. D.; LEE, H. Technological learning, knowledge management, firm growth and performance: An introductory essay. *Journal of Engineering and Technology Management,* 17, 2000. p. 231-246; HOOPES, D. G.; POSTREL, S. Shared knowledge: "Glitches," and product development performance. *Strategic Management Journal,* 20, 1999. p. 837-865; QUINN, J. B. *The Intelligent Enterprise,* Nova York: The Free Press, 1994.
60. HATCH, N. W.; DYER, J. H. Human capital and learning as a source of sustainable competitive advantage. *Strategic Management Journal,* 25, 2004. p. 1.155-1.178; GRIFFITH, R. W.; HOM, P. W.; GAERTNER, S. A metaanalysis of correlates of employee turnover: Update, moderator tests and research implications for the new millennium. *Journal of Management,* 26, 2000. p. 463-488.
61. TURBAN, D. B.; GREENING, D. W. Corporate social performance and organizational attractiveness to prospective employees. *Academy of Management Journal,* 40, 1996. p. 658-672.
62. 100 best companies to work for, CNNMoney.com. *Fortune,* http://www.cnnmoney.com/magazines/fortune, 8 ago. 2006.
63. People and capability, BP, http://www.bp.com/, 8 ago. 2006.
64. DEEDS, D. L. Alternative strategies for acquiring knowledge. In: JACKSON, S. E.; HITT, M. A.; DENISI, A. S. (eds.). *Managing Knowledge for Sustained Competitive Advantage,* São Francisco: Jossey-Bass, 2003. p. 37-63.
65. FINK, G.; HOLDEN, N. The global transfer of management knowledge. *Academy of Management Executive,* 19(2), 2005. p. 5-8; NOE, R. A.; COLQUITT, J. A.; SIMMERING, M. J.; ALVAREZ, S. A. Knowledge management: Developing intellectual and social capital. In: JACKSON, S. E.; HITT, M. A.; DENISI, A. S. (eds.). *Managing Knowledge for Sustained Competitive Advantage,* São Francisco: Jossey-Bass, 2003. p. 209-242; ARGOTE, L.; INGRAM, P. Knowledge transfer: A basis for competitive advantage in firms. *Organizational Behavior and Human Decision Processes,* 82, 2000. p. 150-169.
66. DESS, G. G.; PICKEN, J. C. *Beyond Productivity,* Nova York: Amacom, 1999.
67. TIPPINS, M. J.; SOHI, R. S. It competency and firm performance: Is organizational learning a missing link? *Strategic Management Journal,* 24, 2003. p. 745-761; COY, P. High turnover, high risk. *Business Week* (special issue), primavera de 2002. p. 24.
68. BALDWIN, T. T.; DANIELSON, C. C. Building a learning strategy at the top: Interviews with ten of America's CLOs. *Business Horizons,* 43(6), 2000. p. 5-14.
69. KURATKO, D. F; IRELAND, R. D.; HORNSBY, J. S. Improving firm performance through entrepreneurial actions: Acordia's corporate entrepreneurship strategy. *Academy of Management Executive,* 15(4), 2001. p. 60-71; HANSEN, M. T.; NHORIA, N.; TIERNEY, T. What's your strategy for managing knowledge? *Harvard Business Review,* 77(2), 1999. p. 106-116.
70. HITT, M. A.; IRELAND, R. D. Relationships among corporate level distinctive competencies, diversification strategy, corporate structure, and performance. *Journal of Management Studies,* 23, 1986. p. 401-416; HITT, M. A.; IRELAND, R. D. Corporate distinctive competence, strategy, industry, and performance. *Strategic Management Journal,* 6, 1985. p. 273-293; HITT, M. A.; IRELAND, R. D.; PALIA, K. A. Industrial firms' grand strategy and functional importance. *Academy of Management Journal,* 25, 1982. p. 265-298; HITT, M. A.; IRELAND, R. D.; STADTER, G. Functional importance and company performance: Moderating effects of grand strategy and industry type. *Strategic Management Journal,* 3, 1982. p. 315-330; SNOW, C. C.; HREBINIAK, L. G. Strategy, distinctive competence, and organizational performance. *Administrative Science Quarterly,* 25, 1980. p. 317-336.
71. ZOTT, C. Dynamic capabilities and the emergence of intraindustry diff erential firm performance: Insights from a simulation study. *Strategic Management Journal,* 24, 2003. p. 97-125.
72. HAFEEZ, K.; ZHANG, Y. B.; MALAK, N. Core competence for sustainable competitive advantage: A structured methodology for identifying core competence. *IEEE Transactions on Engineering Management,* 49(1), 2002. p. 28-35; PRAHALAD, C. K.; HAMEL, G. The core competence of the corporation. *Harvard Business Review,* 68(3), 1990. p. 79-93.
73. BOWMAN, C.; AMBROSINI, V. Value creation *versus* value capture: Towards a coherent definition of value in strategy. *British Journal of Management,* 11, 2000. p. 1-15; CHI, T. Trading in strategic resources: Necessary conditions, transaction cost problems, and choice of exchange structure. *Strategic Management Journal,* 15, 1994. p. 271-290.
74. BOWMAN, C. "Value" in the resource-based view of the firm: A contribution to the debate. *Academy of Management Review,* 26, 2001. p. 501-502.
75. AMES, C. Sales soft? Profits flat? It's time to rethink your business. *Fortune,* 25 jun. 1995. p. 142-146.
76. BARNEY. How a firm's capabilities affect boundary decisions; BARNEY, J. B. Looking inside for competitive advantage. *Academy of Management Executive,* 9(4), 1995. p. 59-60; BARNEY, J. B. Firm resources and sustained competitive advantage. *Journal of Management,* 17, 1991. p. 99-120.
77. ST. JOHN, C. H.; HARRISON, J. S. Manufacturingbased relatedness, synergy, and coordination. *Strategic Management Journal,* 20, 1999. p. 129-145.
78. BARNEY. Looking inside for competitive advantage.
79. Jack Welch: It's all in the sauce, CNNMoney.com. *Fortune,* http://money.cnn.com/magazines/fortune/, 4 abr. 2005.
80. BARNEY. Looking inside for competitive advantage. p. 52.
81. Ibid., p. 53.
82. BARNEY. How a firm's capabilities affect boundary decisions. p. 141.
83. BARNEY. Firm resources and sustained competitive advantage. p. 108.
84. HUEY, J. How McKinsey does it. *Fortune,* 1 nov. 1993. p. 56-81.
85. TETRICK, L. E.; DA SILVA, N. Assessing the culture and climate for organizational learning. In: JACKSON, S. E.; HITT, M. A.; DENISI, A. S. (eds.). *Managing Knowledge for Sustained Competitive Advantage,* São Francisco: Jossey-Bass, 2003. p. 333-359; BURT, R. When is corporate culture a competitive asset? Mastering strategy (part six). *Financial Times,* 1 nov. 1999. p. 14-15.
86. SOUPATA, L. Managing culture for competitive advantage at United Parcel Service. *Journal of Organizational Excellence,* 20(3), 2001. p. 19-26.
87. KING, A. W.; ZEITHAM, C. P. Competencies and firm performance: Examining the causal ambiguity paradox. *Strategic Management Journal,* 22, 2001. p. 75-99; REED, R.; DEFILLIPPI, R. Causal ambiguity, barriers to imitation, and sustainable competitive advantage. *Academy of Management Review,* 15, 1990. p. 88-102.

88. Gupta, A. K.; Govindarajan, V. Knowledge management's social dimension: Lessons from Nucor steel. *Sloan Management Review*, 42(1), 2000. p. 71-80.
89. Barney. Firm resources and sustained competitive advantage. p. 111.
90. Amit; Schoemaker. Strategic assets and organizational rent. p. 39.
91. Benner, M. J.; Tushman, M. L. Exploitation, exploration, and process management: The productivity dilemma revisited. *Academy of Management Review*, 28, 2003. p. 238-256; McEvily, S. K.; Das, S.; McCabe, K. Avoiding competence substitution through knowledge sharing. *Academy of Management Review*, 25, 2000. p. 294-311.
92. Porter, M. E. *Competitive Advantage*, Nova York: The Free Press, 1985. p. 33-61.
93. Dess, G. G.; Gupta, A.; Hennart, J. F.; Hill, C. W. L. Conducting and integrating strategy research at the international corporate and business levels: Issues and directions. *Journal of Management*, 21, 1995. p. 376; Porter. What is strategy?
94. Webb, J.; Gile, C. Reversing the value chain. *Journal of Business Strategy*, 22(2), 2001. p. 13-17.
95. Stewart, T. A. Customer learning is a two-way street. *Fortune*, 10 mai. 1999. p. 158-160.
96. Amit, R.; Zott, C. Value creation in e-business. *Strategic Management Journal*, 22 (special issue), 2001. p. 493-520; Porter, M. E. Strategy and the internet. *Harvard Business Review*, 79(3), 2001. p. 62-78.
97. Cusumano, M. A.; Gawer, A. The elements of platform leadership. *MIT Sloan Management Review*, 43(3), 2002. p. 51-58; Pegels, C.; Song, Y.; Yang, B. Management heterogeneity, competitive interaction groups, and firm performance. *Strategic Management Journal*, 21, 2000. p. 911-923; Athanassiou, N.; Nigh, D. The impact of U.S. company internationalization on top management team advice networks: A tacit knowledge perspective. *Strategic Management Journal*, 20, 1999. p. 83-92.
98. Gainey, T. W.; Klaas, B. S. The outsourcing of training and development: Factors impacting client satisfaction. *Journal of Management*, 29, 2003. p. 207-229; Murray, J. Y.; Kotabe, M. Sourcing strategies of U.S. service companies: A modified transaction-cost analysis. *Strategic Management Journal*, 20, 1999. p. 791-809.
99. Madigan, K.; Mandel, M. J. Commentary: Outsourcing jobs: Is it bad? *Business Week on-line*, http://www.businessweek.com, 25 ago. 2003; Jones, S. Growth process in global market, *Financial Times*, 22 jun. 1999. p. 17.
100. Takeishi, A. Bridging inter- and intra-firm boundaries: Management of supplier involvement in automobile product development. *Strategic Management Journal*, 22, 2001. p. 403-433; Park, H. Y.; Reddy, C. S.; Sarkar, S. Make or buy strategy of firms in the U.S. *Multinational Business Review*, 8(2), 2000. p. 89-97.
101. Linder, J. C.; Jarvenpaa, S.; Davenport, T. H. Toward an innovation sourcing strategy. *MIT Sloan Management Review*, 44(4), 2003. p. 43-49.
102. Hafeez, K.; Zhang, Y. B.; Malak, N. Core competence for sustainable competitive advantage: A structured methodology for identifying core competence. *IEEE Transactions on Engineering Management*, 49(1), 2002. p. 28--35; Jevnaker, B. H.; Bruce, M. Design as a strategic alliance: Expanding the creative capability of the firm. In: Hitt, M. A.; Clifford, P. G.; Nixon, R. D.; Coyne, K. P. (eds.). *Dynamic Strategic Resources*, Chichester: Wiley, 1999. p. 266-298; Prahalad, C. K.; Hamel, G. The core competence of the corporation. *Harvard Business Review*, 68(3), 1990. p. 79-93.
103. The Outsourcing Institute: Gateway to the outsourcing marketplace, http://www.outsourcing.com, 5 fev. 2007.
104. Leiblein, M. J.; Reuer, J. J.; Dalsace, F. Do make or buy decisions matter? The influence of organizational governance on technological performance. *Strategic Management Journal*, 23, 2002. p. 817-833; Takeishi. Bridging inter and intra-firm boundaries.
105. Mol, M. J.; Pauwels, P.; Matthyssens, P.; Quintens, L. A technological contingency perspective on the depth and scope of international outsourcing. *Journal of International Management*, 10, 2004. p. 287-305.
106. Rossetti, C.; Choi, T. Y. On the dark side of strategic sourcing: Experiences from the aerospace industry. *Academy of Management Executive*, 19(1), 2005. p. 46-60.
107. Useem, M.; Harder, J. Leading laterally in company outsourcing. *Sloan Management Review*, 41(2), 2000. p. 25-36.
108. Insinga, R. C.; Werle, M. J. Linking outsourcing to business strategy. *Academy of Management Executive*, 14(4), 2000. p. 58-70.
109. Katz, M. Planning ahead for manufacturing facility changes: A case study in outsourcing. *Pharmaceutical Technology*, mar. 2001. p. 160-164.
110. Powell, T. C. The philosophy of strategy. *Strategic Management Journal*, 23, 2002. p. 873-880.
111. Dess, G. G.; Picken, J. C. Creating competitive (dis)advantage: Learning from Food Lion's freefall. *Academy of Management Executive*, 13(3), 1999. p. 97-111.
112. Hannan, M.; Freeman, J. The population ecology of organizations. *American Journal of Sociology*, 82, 1977. p. 929-964.
113. Leonard-Barton. *Wellsprings of Knowledge*. p. 30-31.
114. West; DeCastro. The Achilles heel of firm strategy; Keil. Cutting your losses.
115. Prince, E. T. The fiscal behavior of CEOs. *MIT Sloan Management Review*, 46(3), 2005. p. 23-26; Kluyver, C. A. de. *Strategic Thinking: An Executive Perspective*, Upper Saddle River: Prentice Hall, 2000. p. 3.
116. Caldwell, C.; Karri, R. Organizational governance and ethical systems: A covenantal approach to building trust. *Journal of Business Ethics*, 58, 2005. p. 249-267; McWilliams, A.; Siegel, D. Corporate social responsibility: A theory of the firm perspective. *Academy of Management Review*, 26, 2001. p. 117-127.
117. Stevens, J. M.; Steensma, H. K.; Harrison, D. A.; Cochran, P. L. Symbolic or substantive document? The influence of ethics codes on financial executives' decisions. *Strategic Management Journal*, 26, 2005. p. 181-195.
118. Freeman, R. E.; McVea, J. A stakeholder approach to strategic management. In: Hitt, M. A.; Freeman, R. E.; Harrison, J. S. (eds.). *Handbook of Strategic Management*, Oxford: Blackwell Publishers, 2001. p. 189-207.
119. Harrison, J. S.; Fiet, J. O. New CEOs pursue their own self-interests by sacrificing stakeholder value. *Journal of Business Ethics*, 19, 1999. p. 301-308.
120. Magretta, J. Why business models matter. *Harvard Business Review*, 80(5), 2002. p. 86-92.
121. Frooman, J. Stakeholder influence strategies. *Academy of Management Review*, 24, 1999. p. 191-205.
122. Freeman, R. E. *Strategic Management: A Stakeholder Approach*, Boston: Pitman, 1984.
123. Freeman; McVea. A stakeholder approach; Mitchell, R. K.; Agle, B. R.; Wood, D. J. Toward a theory of stakeholder identification and salience: Defining the principle of who and what really count. *Academy of Management Review*, 22, 1997. p. 853-886.
124. Shrivastava, P. Ecocentric management for a risk society. *Academy of Management Review*, 20, 1995. p. 119.
125. Bromiley, P.; K. Miller, D.; Rau, D. Risk in strategic management research. In; Hitt, M. A.; Freeman, R. E.; Harrison, J. S. (eds.). *Handbook of Strategic Management*, Oxford: Blackwell Publishers, 2001. p. 259-288.

126. SHARPE, W. F. Mutual fund performance. *Journal of Business,* jan. 1966. p. 119-138; TREYNOR, J. L. How to rate mutual fund performance. *Harvard Business Review,* jan./fev. 1965. p. 63-75.
127. ANCONA, D.; BRESMAN, H.; KAEUFER, K. The comparative advantage of X-teams. *MIT Sloan Management Review,* 43(3), 2002. p. 33-39.
128. MAITLIS, S. The social process of organizational sensemaking. *Academy of Management Journal,* 48, 2005. p. 21-49.
129. JENSEN, M. C. Value maximization, stakeholder theory, and the corporate objective function. *European Financial Management,* 7(3), 2001. p. 297-317.
130. PORTER, M. E.; KRAMER, M. R. Strategy and society: The link between competitive advantage and corporate social responsibility. *Harvard Business Review,* 84(12), 2006. p. 78-92.
131. KASSINIS, G.; VAFEAS, N. Stakeholder pressures and environmental performance. *Academy of Management Journal,* 49, 2006. p. 145-159.
132. CHAMBERS, J. From the president and CEO. *Corporate Citizenship Report,* Cisco Systems company document, San Jose, 2005. p. 1.
133. Chiquita Brands International, Inc., *Annual Report,* 2005. p. 21.
134. PORTER; KRAMER. Strategy and society.
135. CEMEX, 2005 Annual Report, *CEMEX 2005 Sustainable Development Interim Report,* 7, http://www.cemex.com/, 1 ago. 2006.
136. BLYLER, M.; COFF, R. W. Dynamic capabilities, social capital, and rent appropriation: Ties that split pies. *Strategic Management Journal,* 24, 2003. p. 677-686; COFF, R. When competitive advantage doesn't lead to performance: The resource-based view and stakeholder bargaining power. *Organization Science,* 10, 1999. p. 119-133.
137. CHANG, S. J. Ownership structure, expropriation, and performance of group-affiliated companies in Korea. *Academy of Management Journal,* 46, 2003. p. 238-253.

Capítulo 4
Análise do ambiente externo: concorrência e oportunidades

Objetivos de aprendizagem

O estudo deste capítulo deve proporcionar-lhe o conhecimento de administração estratégica necessário para:

1. Explicar a importância da análise e do entendimento do ambiente externo da empresa.
2. Definir e descrever o ambiente geral e o ambiente setorial.
3. Discutir as quatro atividades do processo de análise do ambiente externo.
4. Indicar e descrever os seis segmentos do ambiente geral.
5. Identificar as cinco forças competitivas e explicar como determinam o potencial de lucro de um setor.
6. Definir grupos estratégicos e descrever sua influência na empresa.
7. Descrever o que as empresas precisam conhecer a respeito de seus concorrentes e os métodos distintos usados para reunir informações sobre eles.

O ambiente externo de uma empresa influencia profundamente seu crescimento e sua lucratividade.[1] Eventos importantes como uma guerra, ciclos econômicos e o surgimento de novas tecnologias são algumas das condições no ambiente externo que afetam as empresas nos Estados Unidos e em outros países ao redor do planeta. Condições no ambiente externo como essas criam ameaças e oportunidades para as empresas, exercendo efeitos sobre as ações estratégicas de uma empresa.[2]

Este capítulo se concentra naquilo que as empresas fazem para analisar e compreender o ambiente externo. O ambiente externo influencia as opções estratégicas da empresa bem como as decisões tomadas em função delas. A compreensão que a empresa possui do ambiente externo é combinada com o conhecimento a respeito de sua organização interna (conforme discutido no Capítulo 3) a fim de formar sua orientação estratégica e para empreender ações estratégicas que resultem em criação de valor e em retornos acima da média.

Conforme observado no Capítulo 1, as condições ambientais na atual economia global diferem daquelas com que as empresas se confrontavam anteriormente. Avanços tecnológicos, o aumento contínuo das informações obtidas e a capacidade de processamento exigem ações e respostas mais rápidas e eficazes.[3] As transformações sociais aceleradas ocorrendo em muitos países afetam as práticas trabalhistas e a natureza dos produtos exigidos por consumidores cada vez mais diferentes. As políticas governamentais e as leis também afetam onde e como as empresas optam por concorrer.[4] A desregulamentação e as mudanças nos governos municipais, como aquelas no setor de geração e distribuição de energia elétrica global, afetam não só o ambiente competitivo geral, mas também as decisões estratégicas tomadas pelas companhias que competem em escala global. As empresas, para obterem a criação de valor, precisam estar conscientes e entender as várias dimensões do ambiente externo.

As empresas entendem o ambiente externo ao obter informações sobre concorrentes, clientes e outros *stakeholders* para construir sua própria base de conhecimentos e capacidades.[5] As empresas podem usar essa base para imitar seus concorrentes mais fortes (e podem até imitar empresas bem-sucedidas em outros setores) a fim de obter novos conhecimentos e capacidades para alcançar uma vantagem competitiva. Com base em novas informações, aquisições de conhecimento e capacidades, as empresas podem empreender ações para se proteger contra efeitos ambientais ou criar relacionamentos com *stakeholders* em seus ambientes.[6] Para obter conhecimento e capacidades e empreender ações que as protejam ou construam pontes de acesso aos *stakeholders*, as organizações precisam analisar de maneira satisfatória o ambiente externo.

Os ambientes geral, setorial e competitivo

Uma compreensão integrada dos ambientes externo e interno é essencial para que as empresas entendam o presente e prevejam o futuro.[7] O ambiente externo de uma empresa inclui os ambientes geral, setorial e competitivo.

O ambiente geral é composto por dimensões na sociedade mais ampla que influenciam um setor e as empresas que nele atuam.[8] Agrupamos essas dimensões em seis segmentos ambientais: demográfico, econômico, político-legal, sociocultural, tecnológico e global (Figura 4.1). O Quadro 4.1 inclui exemplos dos elementos analisados em cada um desses segmentos. As empresas não conseguem controlar diretamente os segmentos e elementos do ambiente geral. De modo correspondente, as companhias bem-sucedidas reúnem as informações de que precisam para entender cada segmento e suas implicações para selecionar e implementar estratégias apropriadas. Por exemplo, os ataques terroristas nos Estados Unidos em 11 de setembro de 2001 surpreenderam a maioria das empresas ao redor do globo e provocaram efeitos substanciais na economia dos EUA. Embora cada empresa tivesse sido afetada diferentemente, nenhuma podia controlar a economia dos EUA. Em vez disso, companhias do mundo todo depararam com o desafio de compreender os efeitos do declínio da economia em suas estratégias atuais e futuras. A Guerra do Iraque, de modo similar, teve numerosas repercussões de ordem econômica, política e social em todo o mundo.

O ambiente setorial é o conjunto de fatores que influenciam uma empresa e suas ações competitivas: a ameaça de novos entrantes, o poder dos fornecedores, o poder dos compradores, a ameaça de substitutos do produto e a intensidade da rivalidade entre diversos concorrentes (Figura 4.1). As interações entre esses cinco fatores determinam o potencial de lucro de um

Figura 4.1: O ambiente externo

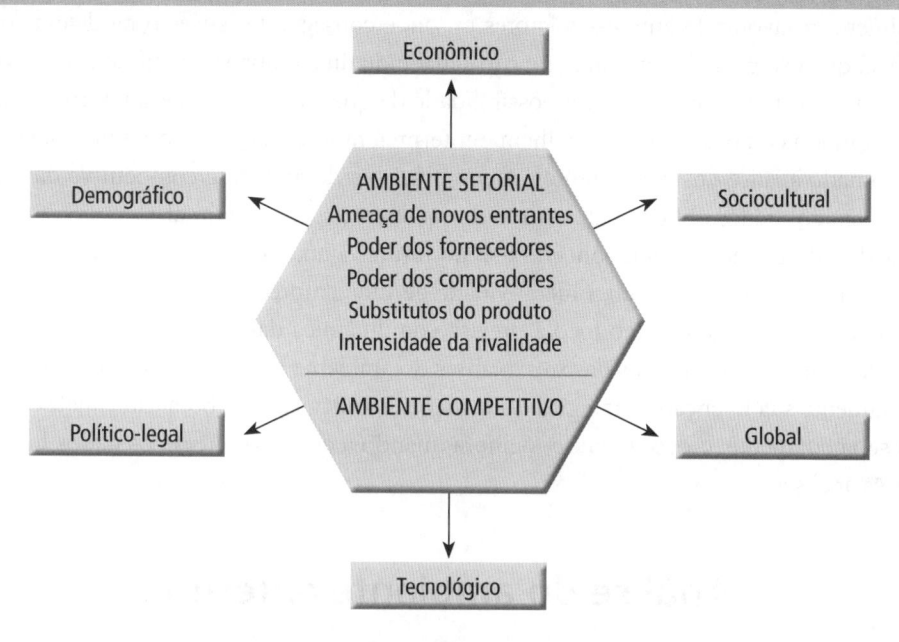

```
                        ┌───────────┐
                        │ Econômico │
                        └─────▲─────┘
                              │
┌──────────────┐       ╱─────────────╲       ┌──────────────┐
│ Demográfico  │◄─────│ AMBIENTE SETORIAL│──►│ Sociocultural│
└──────────────┘      │ Ameaça de novos  │   └──────────────┘
                      │ entrantes        │
                      │ Poder dos        │
                      │ fornecedores     │
                      │ Poder dos        │
                      │ compradores      │
                      │ Substitutos do   │
                      │ produto          │
                      │ Intensidade da   │
                      │ rivalidade       │
┌──────────────┐      │ AMBIENTE         │   ┌──────────────┐
│Político-legal│◄─────│ COMPETITIVO      │──►│    Global    │
└──────────────┘       ╲─────────────╱       └──────────────┘
                              │
                        ┌─────▼──────┐
                        │ Tecnológico│
                        └────────────┘
```

Quadro 4.1: O ambiente geral: segmentos e elementos

SEGMENTO DEMOGRÁFICO	• Tamanho da população • Estrutura etária • Distribuição geográfica	• Composição étnica • Distribuição da renda
SEGMENTO ECONÔMICO	• Taxas de inflação • Déficits ou superávits comerciais • Taxa de poupança pessoal • Produto interno bruto	• Taxas de juro • Déficits ou superávits orçamentários • Taxa de poupança das empresas
SEGMENTO POLÍTICO-LEGAL	• Leis antitruste • Desregulamentação • Políticas educacionais	• Leis tributárias • Leis de treinamento de mão de obra
SEGMENTO SOCIOCULTURAL	• Mulheres na equipe de trabalho • Atitudes sobre a qualidade de vida no trabalho • Mudanças no trabalho e nas preferências relativas à carreira • Mudanças nas preferências relativas às características de produtos e serviços	• Diversidade da equipe de trabalho • Preocupações relativas ao ambiente
SEGMENTO TECNOLÓGICO	• Inovação dos produtos • Foco dos gastos com P&D feitos pela empresa e com apoio do governo	• Aplicações do conhecimento • Novas tecnologias de comunicação
SEGMENTO GLOBAL	• Eventos políticos importantes • Países recém-industrializados	• Mercados globais importantes • Atributos culturais e institucionais diferentes

setor. O desafio consiste em identificar uma posição em um setor em que uma empresa consegue influenciar favoravelmente esses fatores ou onde consegue ter sucesso na defesa contra a influência que exercem. Quanto maior a capacidade de uma empresa de influenciar favoravelmente seu ambiente setorial, maior a possibilidade de que a empresa obterá retornos acima da média. O modo como as empresas colhem e interpretam informações sobre seus concorrentes é denominado análise dos concorrentes. A compreensão do ambiente competitivo da empresa complementa os dados obtidos pelo estudo dos ambientes geral e setorial.

A análise do ambiente geral concentra-se no futuro; a análise da indústria foca nos fatores e nas condições que influenciam a lucratividade de uma empresa em seu setor; e a análise do ambiente competitivo tem como foco a previsão da dinâmica das ações, respostas e intenções dos concorrentes. Os resultados das três análises do ambiente externo da empresa influenciam conjuntamente sua intenção estratégica e suas ações estratégicas. Embora cada análise seja discutida separadamente, o desempenho melhora quando a empresa integra os dados fornecidos pelas três análises.

Análise do ambiente externo

A maioria das empresas se defronta com ambientes externos que são consideravelmente turbulentos, complexos e globais – condições que tornam cada vez mais difícil interpretá-los.[9] Muitas vezes, para lidar com os dados ambientais ambíguos e incompletos e aumentar sua compreensão do ambiente geral, as empresas adotam um processo denominado análise ambiental externa. O processo contínuo inclui quatro atividades: sondagem, monitoramento, previsão e avaliação (Quadro 4.2). Finalizar essa análise é uma atividade difícil, embora importante.[10]

Um objetivo relevante do estudo do ambiente externo é a identificação de ameaças e oportunidades. Uma oportunidade é uma condição no ambiente externo que, se explorada, ajuda uma companhia a efetivar criação de valor. Por exemplo, o Wal-Mart vislumbra como uma excelente oportunidade de crescimento a instalação de bancos no México.[11] A IBM, reconhecendo as enormes oportunidades existentes na Índia, planeja triplicar seu investimento neste país.[12] Igualmente, o fato de mais de 1 bilhão da população mundial de 6 bilhões de habitantes possuir acesso econômico a um telefone representa uma enorme oportunidade para empresas globais de telecomunicação.[13]

Uma ameaça é uma condição no ambiente geral que pode prejudicar as iniciativas de uma companhia para efetivar criação de valor.[14] A Polaroid, reverenciada no passado, pode atestar a seriedade das ameaças externas. Houve uma época em que a Polaroid ocupava a liderança em seu setor e era considerada uma das 50 empresas mais importantes dos Estados Unidos. No entanto, a companhia não conseguiu reagir com a rapidez necessária à ameaça da fotografia digital e no final teve de submeter-se a um processo falimentar. Hoje a empresa existe apenas como uma entidade administrativa. As companhias de transporte rodoviário nos EUA defrontam-se com um tipo diferente de ameaça. Em vez de a inovação causar-lhes desgaste, possuem dificuldade para concorrer quando o preço do combustível aumenta. Alguns especialistas estimam que para cada aumento de 10 centavos de dólar no preço do combustível, aproximadamente 1.000 empresas de transporte encerram suas operações.[15] Conforme esses

Quadro 4.2: Componentes da análise ambiental externa	
SONDAGEM	• Identificação dos primeiros sinais de mudanças e ameaças ambientais
MONITORAMENTO	• Percepção de significado por meio de observações contínuas das mudanças e tendências ambientais
PREVISÃO	• Desenvolvimento de projetos de resultados previstos com base em mudanças e tendências monitoradas
AVALIAÇÃO	• Determinação da ocasião e da importância das mudanças e tendências ambientais para as estratégias das empresas e seus dirigentes

exemplos indicam, oportunidades indicam possibilidades competitivas, ao passo que ameaças são limitações potenciais.

Diversas fontes podem ser usadas para a análise do ambiente geral, incluindo vários materiais impressos (como publicações especializadas, jornais, revistas de negócios e resultados de pesquisas acadêmicas e de opinião), feiras setoriais, fornecedores, clientes e funcionários de entidades da área governamental.[16] Contatos na rede externa podem ser fontes abundantes de informação sobre o ambiente.[17] Muitas informações podem ser obtidas pelas pessoas que ocupam na empresa a posição de "mediadores". Vendedores, gerentes de compras, executivos de relações públicas e representantes de atendimento ao cliente, cada um interagindo com públicos externos, são exemplos de gestores que têm confiança de ambas as partes e habilidade de traduzir interesses dos dois lados.[18]

Sondagem

A sondagem envolve o estudo de todos os segmentos no ambiente geral. Por meio da sondagem, as empresas identificam os primeiros sinais das mudanças prováveis no ambiente geral e detectam as transformações que já estão ocorrendo.[19] A empresa, ao realizar sondagens, muitas vezes lida com dados e informações ambíguos, incompletos ou desconexos. A sondagem ambiental é de grande relevância para as empresas que concorrem em ambientes voláteis.[20] Além disso, as atividades de sondagem precisam estar alinhadas com o contexto organizacional; um sistema de sondagem elaborado para um ambiente volátil não é apropriado para uma empresa em um ambiente estável.[21]

Alguns analistas esperam que a pressão exercida pela tendência por aposentadoria precoce em países como Estados Unidos, França, Alemanha e Japão seja significativa e desafiante. Nesses países, os governos aparentam oferecer pensões com recursos estatais para suas futuras populações idosas, porém o custo dessas pensões não pode ser financiado por meio dos atuais impostos e alíquotas de contribuição à previdência social.[22] As empresas que oferecem serviços e opções de planejamento financeiro precisam analisar essa tendência a fim de determinar se representa uma oportunidade para elas auxiliarem os governos a identificarem maneiras para assumir suas responsabilidades.

Muitas empresas usam *softwares* especiais para ajudá-las a identificar eventos que estão ocorrendo no ambiente e são divulgados por fontes públicas. Por exemplo, os procedimentos para conhecimento de novos fatos relacionados a eventos usam sistemas com base em informação para categorizar textos e limitar a escolha de opções entre um evento importante que foi perdido e alarmes falsos.[23] A internet oferece diversas oportunidades para sondagens. Por exemplo, a Amazon.com possui informações importantes sobre as pessoas que visitam seu *site*, particularmente se for feita uma compra. Quando visitam o *site* novamente, a empresa dá as boas-vindas chamando-as pelo nome. A empresa até envia mensagens a respeito de ofertas especiais e novos produtos similares àqueles adquiridos em visitas anteriores.

Além disso, muitos *sites* e anunciantes na internet obtêm informações sobre as pessoas que visitam seus *sites* usando arquivos denominados *cookies*. Esses arquivos são salvados nos discos rígidos dos visitantes, permitindo que os clientes se conectem mais rapidamente com o *site*, além de permitir que a empresa solicite diversas informações sobre eles. Pelo fato de os *cookies* muitas vezes existirem sem conhecimento dos clientes, seu uso pode ser considerado uma prática questionável. O Congresso dos EUA está analisando uma legislação que proibiria o uso de *cookies* voltados à espionagem.[24]

Monitoramento

Os analistas, quando praticam o monitoramento, observam as mudanças ambientais para identificar as tendências emergentes importantes entre aquelas detectadas pela sondagem.[25] A capacidade da empresa para a percepção de significado em diferentes eventos e tendências ambientais é importante para o monitoramento bem-sucedido. Por exemplo, o tamanho da classe média de afro-americanos continua a crescer nos Estados Unidos. Esse grupo de cidadãos, cuja renda está aumentando, está começando a buscar opções de investimento mais agressivamente.[26] As empresas do setor de planejamento financeiro poderiam monitorar essa mudança no segmento econômico para determinar o grau em que tendências importantes e oportunidades empresariais, ambas sob o prisma competitivo, estão surgindo. As empresas, ao monitorarem as tendências, podem obter um melhor preparo para introduzir novos bens e serviços na ocasião apropriada, valendo-se das oportunidades que essas tendências proporcionam.[27]

O monitoramento eficaz exige que a empresa identifique os *stakeholders* importantes. Uma vez que a importância dos diversos *stakeholders* pode variar ao longo do ciclo de vida de uma empresa, deve-se dedicar muita atenção às necessidades da empresa e a seus *stakeholders* ao longo do tempo.[28] Sondagens e monitoramento são importantes quando uma empresa concorre em um setor com grande incerteza tecnológica.[29] Esses dois fatores oferecem informações à empresa, mas também agem como um meio para se obter novos conhecimentos sobre mercados e a respeito de como comercializar de modo bem-sucedido as novas tecnologias que a empresa desenvolveu.[30]

Previsão

A sondagem e o monitoramento preocupam-se com eventos e tendências no ambiente geral em determinada ocasião. Os analistas, ao realizarem a previsão, desenvolvem projeções factíveis de eventos potenciais e o grau de rapidez em que podem ocorrer como resultado das mudanças e tendências detectadas por meio da sondagem e do monitoramento.[31] Por exemplo, os analistas podem prever o período de tempo que será exigido para que uma nova tecnologia alcance o mercado, o intervalo de tempo antes que procedimentos distintos de treinamento corporativo sejam requeridos para lidar com mudanças previstas na composição da equipe de trabalho ou quanto tempo decorrerá antes que mudanças na política oficial de tributação afetem os padrões de compra dos consumidores.

Prever conceitos e consequências de modo preciso constitui um desafio importante. Por exemplo, no início de 2006, a Texas Instruments, maior fabricante de *chips* de computador para telefones celulares, aumentou sua previsão de lucro devido à demanda maior que a esperada para seus *chips*.[32] Entretanto, posteriormente naquele mesmo ano, a companhia reduziu sua previsão de lucro devido a uma receita de venda de *chips* menor que a esperada.[33] Problemas de previsão como esses causam dificuldade para a fabricação e o gerenciamento do estoque eficientes.

Avaliação

O objetivo da avaliação consiste em determinar a ocasião e a importância dos efeitos das mudanças e tendências ambientais na administração estratégica da empresa.[34] Por meio da sondagem, do monitoramento e da previsão, os analistas são capazes de compreender o ambiente geral. Avançando um passo adiante, a intenção da avaliação consiste em especificar as implicações dessa compreensão para a organização. Sem a avaliação, a empresa fica com dados que podem ser interessantes, mas possuem relevância competitiva desconhecida.

Por exemplo, no mercado de telefones celulares, telas de vídeo pequenas têm se tornado cada vez mais populares. No entanto, o efeito dessa tendência para fabricantes de telefones celulares é incerto. Muitos concorrentes, incluindo produtores de mídia como a Disney, fabricantes de telefones celulares como a Motorola e operadoras de serviço telefônico como a Verizon, estão tentando maximizar lucros a partir dessa tendência. Porém, não se sabe em que direção a tendência se efetivará e como aproveitar seu potencial. O telefone celular acabará substituindo os aparelhos de som como o iPod da Apple? Eles se tornarão laptops em miniatura que concorrem de frente com o telefone/organizador/navegador BlackBerry? De que maneira novos produtos combinarão comunicação, informação (como a previsão do tempo) e entretenimento (como programas e filmes na televisão)? Elaborar a estratégia certa dependerá da acuidade da avaliação.[35]

Segmentos do ambiente geral

O ambiente geral é formado por segmentos (e seus elementos individuais) externos à empresa (Quadro 4.1). Embora o grau de impacto varie, esses segmentos ambientais afetam cada setor e suas empresas. O desafio da empresa consiste em sondar, monitorar, prever e avaliar aqueles elementos em cada segmento que possuem maior importância. O resultado dessas iniciativas deve ser um reconhecimento das mudanças, tendências, ameaças e oportunidades no ambiente. As oportunidades são então ajustadas às competências essenciais de uma empresa (o processo de ajuste foi discutido no Capítulo 3).

O segmento demográfico

O segmento demográfico tem como preocupação o tamanho da população, a estrutura etária, a distribuição geográfica, a composição étnica e a distribuição de renda.[36] Os segmentos demográficos são analisados em uma base global devido a seus efeitos potenciais que ultrapassam fronteiras nacionais e porque muitas empresas competem em mercados globais.

Tamanho da População. Pouco mais de um sexto da população mundial vive em países desenvolvidos ao passo que o restante habita nas nações em desenvolvimento. A população mundial, atualmente em torno de 6,5 bilhões de habitantes, tem previsão de ultrapassar 9 bilhões em 2050. Calcula-se que a Índia e a China, com população projetada de 1,5 bilhão de habitantes em cada país, tornem-se as nações mais populosas.[37]

A análise das alterações demográficas nas populações ressalta a importância desse segmento ambiental. Por exemplo, alguns países avançados apresentam um crescimento populacional negativo após descontar-se os efeitos da imigração. Em alguns países, incluindo os Estados Unidos e diversas nações europeias, os casais estão tendo em média menos de dois filhos. A taxa de natalidade reduzirá a população em alguns países ao longo do tempo, embora a imigração ainda esteja produzindo um aumento da população nos Estados Unidos, que possuem atualmente mais de 300 milhões de residentes.[38] Nos Estados Unidos nasce uma criança a cada 8 segundos, uma pessoa morre a cada 11 segundos e um migrante internacional torna-se residente a cada 31 segundos, para um acréscimo líquido de uma pessoa a cada 14 segundos.[39] Essas projeções indicam importantes desafios e oportunidades empresariais nos EUA durante o século XXI.

Estrutura Etária. Em alguns países, a idade média da população está aumentando. Nos Estados Unidos, por exemplo, a população com idade igual ou superior a 65 anos aumentou uma porcentagem menor que a população com menos de 65 anos na década de 1990. No entanto, no período 2010-2020, a população com idade igual ou superior a 65 anos tem projeção de crescimento de 35,3%.[40] De modo idêntico ao conjunto da mão de obra nos Estados Unidos, outros países também estão testemunhando uma tendência para uma força de trabalho com mais idade. Em 2030, a proporção entre pessoas na faixa etária de 45 a 59 anos que compõem a força de trabalho nos países da Organização para a Cooperação e o Desenvolvimento Econômico (OECD, na sigla em inglês), cujos membros são os países industrializados, tem projeção de aumento de 25,6% para 31,8%; a participação de trabalhadores com idade igual ou superior a 60 anos tem possibilidade de aumentar de 4,7% para 7,8%.[41] A expectativa de vida cada vez maior contribui para esse crescimento.

A tendência ao envelhecimento sugere numerosas oportunidades para as empresas criarem bens e serviços a fim de atenderem as necessidades de uma população cada vez mais idosa. Por exemplo, os idosos usam um grande número de medicamentos vendidos mediante receita médica e, portanto, o Wal-Mart iniciou um programa para a venda de medicamentos genéricos por apenas 4 dólares. A empresa, ao atuar desse modo, foi capaz de aumentar suas vendas e proporcionar um atendimento importante para uma população que, de outro modo, poderia não ser capaz de adquirir os medicamentos. Enquanto isso, alguns observadores esperam que a ação exerça um efeito de propagação gradual sobre todo o setor de saúde.[42]

Foi projetado que até metade do número de mulheres e um terço dos homens nascidos no final da década de 1990 em países desenvolvidos poderiam viver até os 100 anos, com alguns deles possivelmente vivendo até a idade de 200 ou mais anos.[43] Se essas durações de vida tornarem-se uma realidade, surgirá um grande número de oportunidades empresariais e temas sociais interessantes. Por exemplo, o efeito sobre os planos de pensão das pessoas será significativo e criará oportunidades potenciais para instituições financeiras, bem como ameaças possíveis a planos de aposentadoria e de saúde patrocinados pelo governo. Em virtude de a força de trabalho ser fundamental para o sucesso competitivo, as empresas em todo o planeta precisam aprender a operar bem com equipes formadas por trabalhadores com mais idade. De modo análogo, países com expectativa de vida em ascensão precisam assegurar que existe um número suficiente de trabalhadores para sustentar toda a população e promover o crescimento econômico. No Japão, o governo está oferecendo incentivos para encorajar as pessoas a trabalharem durante um número maior de anos.[44]

Distribuição Geográfica. Durante décadas, a população dos EUA tem se deslocado do Norte e do Leste para o Oeste e o Sul.[45] De modo similar, a tendência de transferência de áreas metropolitanas para não metropolitanas continua e pode acelerar tendo em vista os ataques terroristas ocorridos na cidade de Nova York e em Washington D. C. Essas tendências estão alterando a base de tributação dos governos municipais e estaduais, fazendo que as decisões das empresas referentes à localização sejam influenciadas pelo grau de apoio que diferentes órgãos tributários oferecem.

A distribuição geográfica das populações ao redor do globo também é afetada pelas capacidades resultantes de avanços na tecnologia de comunicação. Por meio da tecnologia de computadores, por exemplo, as pessoas podem permanecer em suas residências enquanto se comunicam com outras pessoas em locais remotos para completar seu trabalho.

Composição Étnica. A composição étnica das populações continua a se alterar. Nos Estados Unidos, a etnicidade dos estados e de seus municípios varia significativamente. As empresas possuem o desafio de demonstrar sensibilidade a essas mudanças. As companhias, por meio de estudos cuidadosos, podem desenvolver e comercializar produtos que satisfaçam as necessidades únicas de diferentes grupos étnicos. A Si TV, um canal de TV a cabo que transmite 24 horas por dia para latino-americanos jovens, iniciou suas atividades em 2004 e obteve aproximadamente 10 milhões de telespectadores quase imediatamente. Seu *slogan* é "Fale inglês. Viva como um latino".[46]

As mudanças na composição étnica também afetam as bases das equipes de trabalho. Nos Estados Unidos, por exemplo, a população e a força de trabalho continuarão a se diversificar, pois a imigração é responsável por uma parcela considerável do crescimento. As projeções indicam que os latino-americanos e os asiáticos representarão 19% da população dos EUA em 2020.[47] O gerenciamento eficaz de uma equipe de trabalho diversificada culturalmente pode produzir uma vantagem competitiva. Por exemplo, foi provado que equipes de trabalho heterogêneas geram análises estratégicas mais eficazes, mais criatividade e inovação e decisões de qualidade superior às das equipes homogêneas.[48] No entanto, as evidências também sugerem que equipes de trabalho diversificadas são difíceis de gerenciar visando a obtenção desses resultados.[49]

Distribuição de Renda. O entendimento de como a renda é distribuída nas populações e entre elas indica às empresas o poder aquisitivo e o quanto podem dispor da renda os diferentes grupos. Estudos de distribuição de renda sugerem que, embora o padrão de vida tenha aumentado ao longo do tempo, existem variações no âmbito dos países e entre eles.[50] A renda média de domicílios e pessoas físicas são de interesse para as empresas. O aumento do número de casais em que ambos os cônjuges trabalham, por exemplo, exerceu um efeito notável sobre a renda média nos Estados Unidos. Esses números proporcionam informações estrategicamente relevantes para as empresas.

Outro exemplo de mudança na distribuição de renda está ocorrendo na China. O crescimento econômico acelerado, em especial na região costeira, tem criado uma geração cada vez mais numerosa de chineses jovens e ricos. Essas pessoas atentas às tendências tomam café no Starbucks e compram *on-line* na Tiffany and Co. A Procter & Gamble aproveitou-se desse fato instalando locais para vender suas marcas de produtos de beleza Olay SK-II e Hugo Boss. A General Motors patrocinou um concurso *on-line* para escolher um nome chinês para um de seus novos carros. A empresa presenteou o vencedor com um dos carros, denominado Lova.[51]

O segmento econômico

A solidez da economia de uma nação afeta empresas e setores. Em função disso, as companhias estudam o ambiente econômico para identificar mudanças, tendências e suas implicações estratégicas.

O ambiente econômico refere-se à natureza e à orientação da economia na qual a empresa concorre ou pode concorrer.[52] Os aspectos da economia que justificam atenção contínua incluem fatores como crescimento do produto nacional bruto (PNB), taxas de juro, inflação, taxas de câmbio e saldos comerciais. O crescimento do PNB, expresso muitas vezes em base *per capita* ou ajustado à inflação, constitui uma indicação geral da solidez da economia. Esse crescimento influencia e é influenciado pelos demais fatores.

As taxas de juro e de inflação são interconectadas. Taxas de juro baixas incentivam novos investimentos, o que conduz a um PNB maior.[53] No entanto, a maior produção aumenta a demanda por suprimentos, o que pode elevar as pressões inflacionárias. O Federal Reserve dos EUA fixa a taxa de juro pela qual os bancos tomam empréstimos do governo americano que, por sua vez, aumenta outras taxas de juro. Consequentemente, quando o Federal Reserve manifesta preocupação com a inflação, aumenta as taxas de juro e quando a economia está sujeita a uma desaceleração do crescimento de seu PNB, a instituição diminui os juros.

Devido ao fato de as nações estarem interconectadas como resultado da economia global, as empresas precisam sondar, monitorar, prever e avaliar a solidez das economias dos países em que atuam. Por exemplo, muitas nações do mundo são afetadas pela economia dos EUA, que é o maior consumidor de petróleo, automóveis e muitos outros produtos. Os Estados Unidos, para atenderem a demanda, importam mais bens do que exportam.[54] Essa influência significa que os países estrangeiros possuem superávits substanciais em dólares para investir nos Estados Unidos. O investimento estrangeiro tem aumentado bastante em anos recentes, com muitas empresas estrangeiras construindo fábricas ou adquirindo companhias.[55] Essa tendência estende-se para além dos Estados Unidos. Por exemplo, companhias indianas estão ampliando seu alcance, ultrapassando consideravelmente suas fronteiras nacionais. No final de 2006, a empresa indiana Tata Steel adquiriu a siderúrgica anglo-holandesa Corus por meio da maior transação de aquisição externa realizada até então por uma empresa indiana.[56] A iniciativa faz parte de uma tendência que é facilitada pelo volume elevado de exportações da Índia.

Inflação e saldos comerciais positivos são alguns dos fatores que afetam as taxas de câmbio dos países.[57] As taxas de câmbio influenciam se as empresas que realizam investimentos em outros países são capazes de transferir os lucros desses investimentos de forma bem-sucedida. Por exemplo, se um país estrangeiro possui inflação muito elevada e as taxas de câmbio se alteraram consideravelmente desde que um investimento foi realizado, uma empresa poderia na realidade ter prejuízo caso tentasse converter o lucro daquele investimento na moeda de seu país de origem.

Embora esta discussão sobre as forças econômicas seja muito simplificada, ela consegue ilustrar a importância para as empresas de permanecerem atentas às tendências econômicas à medida que formulam e implementam estratégias, incluindo estratégias internacionais.

O segmento político-legal

Os temas econômicos encontram-se interligados com as realidades do segmento político-legal do ambiente externo. Por exemplo, o Japão planeja tornar mais rígida a regulamentação aplicável às aquisições de companhias japonesas por investidores externos por se preocupar com o uso de sua tecnologia no exterior em aplicações militares.[58] O segmento político-legal é o terreno no qual organizações e *stakeholders* competem por atenção, recursos e uma influência sobre o conjunto de leis e regulamentações que disciplinam as interações entre as nações.[59] Esse segmento representa, essencialmente, o modo como as organizações tentam influenciar o governo e como os governos as influenciam. O segmento, em mudança constante, influencia a natureza da concorrência por meio de legislação, regulamentação e políticas (Quadro 4.1). Algumas vezes as penalidades por responder de maneira inadequada a essas forças podem ser rigorosas. Por exemplo, a União Europeia (UE) multou a Microsoft em 280,5 milhões de euros por desafiar exigências antitruste.[60]

As empresas precisam analisar cuidadosamente políticas e filosofias relacionadas aos negócios no contexto de uma nova administração política. Leis antitruste, leis tributárias, setores escolhidos para desregulamentação, leis aplicáveis ao treinamento de mão de obra e o grau de compromisso com instituições educacionais são áreas em que as políticas de uma administração podem afetar as operações e a lucratividade de setores e empresas. As empresas desenvolvem com frequência uma estratégia política para influenciar políticas e ações governamentais que poderiam afetá-las. Os efeitos das políticas oficiais globais sobre a posição competitiva de uma empresa aumentam a importância de se elaborar uma estratégia política eficaz.[61] A Pfizer, por exemplo, obteve uma vitória importante quando um tribunal em Beijing apoiou a proteção por meio de patente para seu medicamento Viagra.[62]

Empresas em todo o planeta precisam defrontar-se com um conjunto instigante de questões e temas político-legais. Por exemplo, continua o debate a respeito das políticas de intercâmbio comercial. Algumas pessoas acreditam que uma nação deve instituir barreiras comerciais para proteger produtos fabricados por suas empresas. Outras argumentam que o livre intercâmbio entre as nações atende aos melhores interesses dos países e de seus cidadãos. O Fundo Monetário

Internacional (FMI) considera as barreiras comerciais como restritivas quando as tarifas de importação representam pelo menos 25% do preço de um produto. No outro extremo, o FMI estipula que uma nação possui comércio aberto quando suas tarifas estiverem na faixa entre 0% e 9%.[63] Embora haja controvérsia, alguns países (incluindo Estados Unidos, países da União Europeia, Japão, Austrália, Canadá, Chile, Cingapura e México) estão cooperando em uma iniciativa para reduzir ou eliminar as barreiras ao comércio. O Acordo de Livre Comércio da América do Norte (NAFTA, na sigla em inglês) constitui um exemplo dessa tendência. O tratado exerceu grande influência sobre o intercâmbio comercial, acarretando um aumento de 18% no despacho de mercadorias para o México entre 2000 e 2005, ao passo que os embarques para o Canadá aumentaram 23%.[64]

A regulamentação relacionada a produtos farmacêuticos e a telecomunicações, bem como a aprovação ou o veto a aquisições importantes, mostra o poder das entidades oficiais. Esse poder também indica como é importante para as empresas ter uma estratégia política.

O segmento sociocultural

O segmento sociocultural preocupa-se com as atitudes e os valores culturais de uma sociedade. Devido ao fato de as atitudes e valores representarem a pedra angular de uma sociedade, muitas vezes direcionam as condições e mudanças demográficas, econômicas, político-legais e tecnológicas.

Os segmentos socioculturais diferem em função dos países. Por exemplo, nos Estados Unidos 13,1% do PIB do país é aplicado na área de saúde. Essa é a porcentagem mais elevada entre todos os países da OECD. A Alemanha aloca 10,4% do PIB para a saúde e a Suíça somente 10,2%. É interessante observar que o número de cidadãos dos EUA com acesso à prestação de serviços de saúde é inferior ao número prevalecente naquele e em outros países.[65]

O contrário é válido para o planejamento de aposentadorias. Um estudo realizado em 15 países indicou que o planejamento da aposentadoria nos Estados Unidos inicia mais cedo do que em outras nações: "Os americanos envolvem-se com temas de aposentadoria de forma mais ampla do que outros países, em particular na Europa Ocidental onde a previdência social e os sistemas de pensões proporcionam uma porcentagem muito mais elevada da renda durante a aposentadoria".[66] Os residentes nos EUA iniciam o planejamento da aposentadoria na faixa dos 30 anos, ao passo que os habitantes de Portugal, Espanha, Itália e Japão principiam quando atingem a faixa dos 40 e 50 anos de idade. As atitudes relativas à formação de poupança para a aposentadoria afetam os segmentos econômico e político-legal de uma nação.

Conforme mencionado anteriormente, uma tendência significativa em muitos países é a diversidade crescente da força de trabalho. Essa diversidade inclui o trabalho feminino, que representa uma fonte valiosa de empregados muito produtivos. As mulheres compõem atualmente cerca de metade da força de trabalho nos Estados Unidos e na Suécia, com muitos outros países quase alcançando esse índice.[67] Um número crescente de mulheres também está iniciando e gerenciando seus próprios negócios. Com base em dados obtidos do Census Bureau dos EUA, o Centro de Pesquisas sobre Empresas de Mulheres estima que cerca da metade (47,7%) das empresas privadas nos EUA são controladas por mulheres. O número de novas empresas inauguradas por mulheres também continua a aumentar.[68] Em virtude de legislação que impõe salários e oportunidades iguais em muitos países, os salários equivalentes das mulheres estão aumentando. No entanto, ainda existem diferenças de salário entre homens e mulheres. Entre os países da Europa Ocidental, a defasagem entre homens e mulheres é maior no Reino Unido, onde os homens ganham 34% mais do que as mulheres, e menor na Suécia, onde ocorre uma defasagem de 17%.[69]

A crescente diversidade étnica, cultural e de gênero na força de trabalho cria desafios e oportunidades,[70] incluindo aquelas relacionadas à combinação entre os melhores estilos tradicionais de liderança praticados por homens e mulheres para benefício de uma empresa e à identificação de meios para facilitar as contribuições de todos os empregados para suas empresas. Algumas companhias proporcionam treinamento para incentivar o potencial de liderança das mulheres e de membros de minorias étnicas. Mudanças na estrutura organizacional e nas práticas de gerenciamento tornam-se muitas vezes necessárias para a eliminação de barreiras sutis que possam existir. Aprender a gerenciar a diversidade na força de trabalho no país-sede pode aumentar a eficácia de uma empresa no gerenciamento de uma força de trabalho diversificada em termos globais à medida que a empresa envolve-se em um maior número de operações internacionais.

Outra manifestação da mudança de atitude em relação ao trabalho é o crescimento contínuo de trabalhadores em situação especial (em período parcial, temporários e sujeitos a um contrato especial) em toda a economia global. Essa tendência é significativa em diversas partes do mundo, incluindo Canadá, Japão, América Latina, Europa Ocidental e Estados Unidos. O grupo desses trabalhadores em situação especial que cresce mais rapidamente localiza-se nas áreas técnicas e de profissões liberais. As reestruturações corporativas e um abandono das práticas de garantia de emprego permanente contribuem para esse crescimento.

O crescimento contínuo das comunidades suburbanas nos EUA e no exterior representa outra tendência sociocultural. O número crescente de pessoas que vivem em subúrbios acarreta alguns efeitos. Por exemplo, devido ao maior tempo de trânsito resultante do deslocamento aos centros urbanos onde ficam as empresas, existe pressão para melhor transporte e sistemas viários avançados (por exemplo, acessos viários para o atendimento de comunidades suburbanas). Por outro lado, algumas empresas estão se instalando em subúrbios mais próximos de seus empregados. O crescimento suburbano também afeta o número de trabalhadores que se comunicam eletronicamente com suas empresas, o que está aumentando rapidamente no século XXI.[71] Essa opção de estilo de trabalho é factível devido às mudanças no segmento tecnológico. Igualmente, mais distantes dos subúrbios, as áreas "micropolitanas" estão aumentando em importância. Elas são classificadas pelo Census Bureau dos EUA como comunidades que se encontram distantes 15 quilômetros ou mais de uma grande cidade e possuem entre 10.000 e 49.999 residentes. Essas áreas oferecem as vantagens de uma cidade grande como *shoppings* a céu aberto e as principais redes de restaurantes, porém o custo de vida é muito menor.[72]

O segmento tecnológico

As mudanças tecnológicas, de grande penetração e diversificadas em sua esfera de ação, afetam muitas partes da sociedade. Esses efeitos ocorrem principalmente por meio de novos produtos, processos e materiais. O segmento tecnológico inclui as instituições e atividades envolvidas com a criação de conhecimento novo e a transformação desse conhecimento em novos produtos, processos e materiais.

Tendo em vista o ritmo acelerado da mudança tecnológica, é fundamental para as empresas o estudo detalhado do segmento tecnológico.[73] A importância dessas iniciativas é indicada pela constatação de que as empresas que adotam novas tecnologias conquistam muitas vezes participações de mercado maiores e obtêm retornos superiores. Portanto, os executivos precisam certificar-se de que a empresa esteja sondando continuamente o ambiente externo a fim de identificar substitutos potenciais para as tecnologias em uso, bem como indicar novas tecnologias emergentes a partir das quais poderia obter vantagem competitiva.[74] O Capítulo 1 descreveu três categorias de tendências tecnológicas que estão alterando a natureza da concorrência: o ritmo acelerado de inovação e difusão tecnológica, mudanças na tecnologia da informação e intensidade crescente do conhecimento. A internet está no centro de todas essas tendências.

A internet, entre suas outras aplicações valorizadas, constitui uma excelente fonte de dados e informações que podem ajudar uma empresa a entender seu ambiente externo. O acesso a especialistas em tópicos que abrangem da engenharia química à fabricação de semicondutores, à Biblioteca do Congresso dos EUA e mesmo a fotografias por satélite, encontra-se disponível pela internet. Outras informações disponíveis por meio dessa tecnologia incluem dados do arquivo da Securities and Exchange Commission (SEC), do Departamento de Comércio, informações do Bureau of the Census, novos pedidos de patentes e cotações atualizadas do mercado de ações. A tecnologia da internet também está facilitando transações empresariais entre as companhias, bem como entre uma empresa e seus clientes. Portanto, a empresa pode obter uma vantagem competitiva que aufere seu valor integral da internet em termos de atividades de comércio eletrônico e transações efetuadas para o processamento do fluxo de trabalho da empresa.

As tecnologias de comunicação sem fio, incluindo os dispositivos portáteis sem fio, representam outra importante oportunidade tecnológica. Computadores portáteis com conectividade sem fio à rede, telefones celulares com acesso à web e outras plataformas emergentes (isto é, dispositivos para uso do consumidor com acesso à internet) devem ter seu uso aumentado substancialmente, tornando-se em breve a forma dominante de comunicação e comércio.[75] Redes de área local sem fio, conhecidas como Wi-Fi ("fidelidade sem fio") já se encontram disponíveis em muitos restaurantes, hotéis, edifícios de escritórios, escolas e outros locais.

A internet e as formas de comunicação sem fio constituem obviamente avanços tecnológicos importantes por diversos motivos. Uma razão é que facilitam a difusão de tecnologias e conhecimento adicionais importantes para alcançar e manter uma vantagem competitiva.[76] O conhecimento tecnológico é particularmente importante. Em uma escala global, as oportunidades e ameaças tecnológicas no ambiente geral afetam a possibilidade de as empresas obterem novas tecnologias de fontes externas (como por meio de licenciamento e aquisição) ou de desenvolvê-las internamente.

O segmento global

O segmento global inclui novos mercados globais relevantes, mercados existentes que estão se alterando, eventos políticos internacionais importantes e características importantes sob os aspectos cultural e institucional dos mercados globais.[77] A globalização foi definida no Capítulo 1 como a independência econômica crescente entre países conforme se reflete no fluxo de bens e serviços, capital financeiro e conhecimento pelas fronteiras nacionais. A globalização dos mercados cria oportunidades para as empresas;[78] por exemplo, conseguem identificar e penetrar em mercados globais valorizados.[79] Países que estão atingindo a maturidade econômica, como a China e a Índia, podem ser vantajosos como resultado de um acréscimo de fundos disponíveis aos países em desenvolvimento, da redução de barreiras comerciais e de reformas macroeconômicas substanciais nesses países.[80] A admissão da China na Organização Mundial do Comércio em 2001 foi um marco significativo para facilitar o intercâmbio comercial e o investimento no país. A Índia produz mais pessoas com diploma técnico do que qualquer outro país exceto os Estados Unidos. Como resultado, muitas companhias multinacionais estão aumentando consideravelmente seus investimentos no país. A IBM, por exemplo, planeja triplicar seus investimentos, atingindo o nível de 6 bilhões de dólares, o que significa que a companhia pode empregar no final mais trabalhadores na Índia do que nos Estados Unidos.[81] Cisco Systems, Intel e Microsoft comprometeram-se a investir individualmente 1 bilhão de dólares em suas operações na Índia para pesquisa e contratação de milhares de trabalhadores.

Atuar em mercados internacionais amplia o alcance e o potencial de uma empresa. O mercado total maior aumenta a probabilidade de que uma empresa obterá um retorno de suas inovações. A Toyota obtém cerca de metade de sua receita total de vendas de fontes externas ao Japão, onde está sediada. Mais da metade da receita de vendas do McDonald´s e quase a totalidade da receita da Nokia originam-se de países estrangeiros.[82] Certamente as empresas que penetram em novos mercados conseguem difundir o novo conhecimento que criaram e também aprender com os novos mercados.[83] Os mercados globais também oferecem às empresas mais oportunidades para obter os recursos necessários para o sucesso. Por exemplo, a Kuwait Investment Authority é a segunda maior acionista da DaimlerChrysler.[84]

No entanto, a globalização dos mercados cria desafios além de oportunidades para as empresas.[85] O baixo custo dos produtos chineses ameaça muitas empresas globais e setores como o têxtil, no qual os salários médios tornam o vestuário chinês tão econômico a ponto de as companhias em outros países depararem com dificuldade para competir.[86] Igualmente, o grande número de trabalhadores com formação técnica na Índia não significa que multinacionais não indianas possuam um monopólio na contratação desses profissionais. Na realidade, as empresas indianas em crescimento acelerado estão contratando um maior número desses profissionais e mesmo expandindo suas operações fora da Índia em regiões que tradicionalmente têm sido dominadas por empresas ocidentais. A Tata Consultancy Services Ltd. e a Infosys Technologies Ltd. começaram a fazer aquisições na Europa e nos Estados Unidos para ampliar sua presença nesses mercados.[87]

Evidentemente são numerosos os riscos para o investimento em mercados com menor maturidade econômica. Por exemplo, há alguns anos o mercado argentino era muito promissor, porém em 2001 a Argentina esteve sujeita a uma crise financeira que a levou à beira da insolvência.[88] Em 2005, o país ainda estava lutando para finalizar a reestruturação de suas dívidas. De modo análogo, embora o crescimento econômico tenha aumentado desde sua recessão em 2002, ainda enfrentará dificuldades para obter o capital de investimento necessário porque sua reputação foi afetada por não ter honrado suas dívidas.[89]

À medida que as empresas expandem-se em mercados globais, precisam reconhecer os diferentes atributos socioculturais e institucionais desses mercados. As companhias que concorrem na Coreia do Sul, por exemplo, precisam compreender o valor atribuído no país à ordem hierárquica, à formalidade e ao autocontrole, bem como ao dever em vez de aos direitos. Além disso, a ideologia coreana enfatiza o aspecto comunitário, uma característica de muitos países asiáticos. No entanto, a abordagem da Coreia difere daquela do Japão e da China pois se concentra na *inhwa* – ou harmonia. De modo alternativo, a abordagem na China enfatiza o *guanxi* – relacionamentos pessoais ou bons contatos – ao passo que no Japão o foco é na *wa* – ou harmonia do grupo e coesão social.[90] A China pode ser caracterizada, sob uma perspectiva internacional, por uma ênfase destacada no planejamento governamental centralizado,[91] em contraste com os Estados Unidos e muitos outros países ocidentais. Esses tipos de diferenças criam a necessidade de haver uma equipe da alta administração com a experiência, o conhecimento e a sensibilidade necessários para analisar eficazmente esse segmento do ambiente.[92]

Análise da indústria

Um objetivo fundamental da análise do ambiente geral consiste em identificar as mudanças previstas e as tendências entre os elementos externos. A análise do ambiente geral, tendo como foco o futuro, permite que as empresas identifiquem oportunidades e ameaças. Uma compreensão de seu ambiente setorial e de seus concorrentes também é importante para as operações futuras de uma empresa.

Um setor é um grupo de empresas que fabricam produtos considerados como substitutos próximos. Durante a concorrência, essas empresas influenciam-se mutuamente. Em geral, os setores incluem uma composição variada de estratégias competitivas que as companhias adotam para criar valor e obter retornos acima da média. Essas estratégias são escolhidas, em parte, devido à influência das características de um setor.[93] O ambiente setorial, em comparação com o ambiente geral, afeta mais diretamente a criação de valor e os retornos acima da média da empresa.[94] A intensidade da concorrência no setor e o potencial de lucro no setor (conforme medido pelo retorno a longo prazo do capital investido) constituem função das cinco forças da concorrência: as ameaças resultantes do ingresso de novos entrantes, o poder de negociação dos fornecedores, o poder de negociação dos compradores, os produtos substitutos e o grau de rivalidade entre concorrentes (Figura 4.2).

O modelo das cinco forças da concorrência expande o terreno para a análise competitiva. Historicamente as empresas, quando estudam o ambiente competitivo, concentram-se nas companhias com as quais concorreram diretamente. No entanto, as empresas precisam pesquisar mais para identificar concorrentes atuais e potenciais ao identificarem clientes potenciais, bem como as empresas que fornecem para eles. Competir pelos mesmos clientes – e, portanto, ser influenciado pelo modo como eles valorizam a localização e a capacidade da empresa em suas decisões – faz parte da chamada microestrutura do mercado.[95] Entender essa área é particularmente importante porque em anos recentes os limites setoriais tornaram-se indefinidos. Por exemplo, no setor de distribuição de energia elétrica, as geradoras (empresas que geram energia) estão concorrendo com companhias regionais de distribuição. Além disso, as empresas de telecomunicação concorrem com emissoras de rádio e televisão, os fabricantes de *software* proveem serviços financeiros pessoais, as empresas aéreas vendem fundos mútuos e as indústrias automobilísticas vendem seguros e oferecem financiamento.[96] Além de se focar nos clientes em

Figura 4.2: As cinco forças do modelo de concorrência

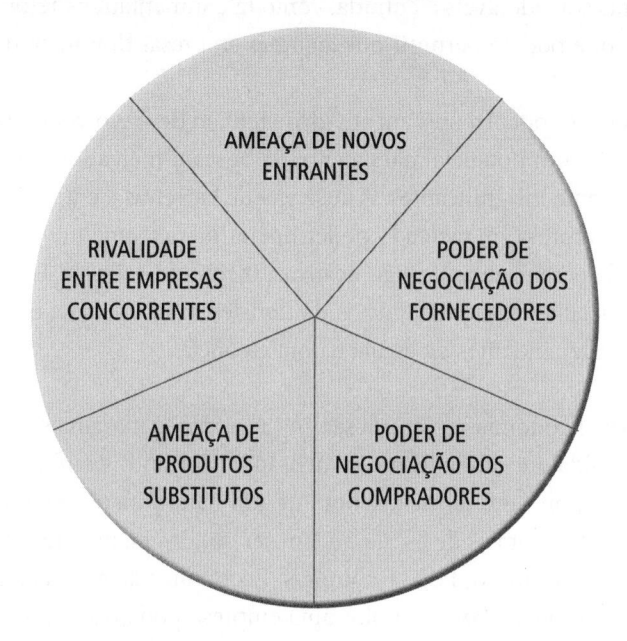

- AMEAÇA DE NOVOS ENTRANTES
- PODER DE NEGOCIAÇÃO DOS FORNECEDORES
- PODER DE NEGOCIAÇÃO DOS COMPRADORES
- AMEAÇA DE PRODUTOS SUBSTITUTOS
- RIVALIDADE ENTRE EMPRESAS CONCORRENTES

vez de nos limites setoriais específicos para definir mercados, as fronteiras geográficas também são relevantes. As pesquisas indicam que mercados geográficos distintos para o mesmo produto podem apresentar condições competitivas consideravelmente diferentes.[97]

O modelo das cinco forças reconhece que os fornecedores podem tornar-se concorrentes de uma empresa (mediante integração vertical) de modo análogo aos compradores (mediante integração para trás). Diversas empresas integraram-se verticalmente no setor farmacêutico ao adquirirem distribuidores ou atacadistas. Além disso, as empresas que optam por entrar em um novo mercado e aquelas que fabricam produtos que são substitutos adequados para os produtos existentes podem tornar-se concorrentes de uma empresa.

Ameaça de novos entrantes

A identificação de novos entrantes é importante porque eles podem ameaçar a participação de mercado dos atuais concorrentes. Uma razão pela qual os novos entrantes representam essa ameaça é o fato de disponibilizarem capacidade de produção adicional. A não ser que a demanda por um bem ou serviço esteja aumentando, a capacidade adicional mantém reduzidos os custos para os consumidores, resultando em menos receitas e em retornos menores para as empresas concorrentes. Muitas vezes os novos entrantes possuem grande interesse na conquista de uma participação de mercado substancial. Como resultado, os novos concorrentes podem forçar as empresas existentes a serem mais eficazes e eficientes e a aprenderem a como concorrer em novas dimensões (por exemplo, usando um canal de distribuição com base na internet).

A possibilidade de as empresas virem a entrar em um setor é função de diversos fatores, dois dos quais são barreiras à entrada e a retaliação esperada dos atuais participantes do setor. As barreiras à entrada acarretam dificuldades para novas empresas entrarem em um setor e muitas vezes acarretam desvantagem competitiva mesmo quando estão capacitadas para esse ingresso. As barreiras consideráveis à entrada, como tal, aumentam os retornos para as empresas existentes no setor e podem permitir que algumas empresas dominem o setor.[98]

Barreiras à Entrada. Os concorrentes em atividade tentam desenvolver barreiras à entrada. Em contraste, as empresas com potencial para a entrada buscam mercados nos quais as barreiras à entrada são relativamente insignificantes. A ausência de barreiras à entrada aumenta a probabilidade de uma nova empresa no mercado poder operar lucrativamente. Existem diversos tipos de barreiras à entrada potencialmente significativas, incluindo economias de escala, diferenciação do produto, exigências de capital, custos de transferência, acesso a canais de distribuição, vantagens de custo independentes da escala e política oficial.

Economias de Escala. Economias de escala são "os acréscimos marginais de eficiência que uma empresa obtém à medida que aumenta sua dimensão".[99] Portanto, conforme a empresa aumenta a quantidade de um produto fabricado durante um determinado período, diminui o custo unitário de produção. Economias de escala podem ser obtidas na maioria das funções empresariais, como marketing, produção, P&D e compras. Economias de escala crescente aumentam a flexibilidade de uma empresa. Por exemplo, uma empresa pode optar por reduzir seu preço e conquistar maior participação de mercado. Como alternativa, pode manter seu preço constante para aumentar o lucro.

Os novos entrantes defrontam-se com um dilema quando enfrentam as economias de escala dos atuais concorrentes. O ingresso em pequena escala faz que fiquem em desvantagem em termos de custo. Alternativamente, a entrada em grande escala, na qual os novos participantes fabricam grandes volumes de um produto para obter economias de escala, apresenta o risco de forte retaliação competitiva.

Também é importante que a empresa entenda os casos envolvendo a realidade da concorrência atual que reduzem a capacidade para as economias de escala criarem uma barreira à entrada. Hoje muitas companhias customizam seus produtos para um grande número de grupos formados por clientes de pequeno porte. Produtos customizados não são fabricados nos volumes necessários para se alcançar economias de escala. A customização torna-se possível por novos sistemas de produção flexível. Na realidade, a nova tecnologia de fabricação tornada possível pela informatização avançada permitiu o desenvolvimento da customização em massa em alguns setores. Produtos customizados em massa podem ser individualizados para os clientes em um prazo muito curto, muitas vezes no intervalo de um dia. A customização em massa está se tornando cada vez mais comum para os produtos manufaturados.[100] As companhias que fabricam produtos customizados aprendem a como responder rapidamente aos desejos dos clientes em vez de criar economias de escala.

Diferenciação do Produto. Os clientes podem vir a acreditar ao longo do tempo que o produto de uma empresa é único. Essa crença pode resultar do atendimento prestado ao cliente, de campanhas de propaganda eficazes ou pelo fato de a empresa ser a primeira a comercializar um bem ou serviço. Companhias como Coca-Cola, PepsiCo e as empresas automobilísticas internacionais aplicam muito dinheiro em propaganda para convencer os clientes potenciais a respeito do caráter único de seus produtos. Os clientes que valorizam o caráter único de um produto tendem a tornar-se fiéis ao produto e à companhia que o produz. Assim, os novos entrantes precisam alocar muitos recursos para anular a atual fidelidade dos clientes. Para combater a percepção de unicidade, os novos participantes oferecem produtos a preços menores. A decisão, entretanto, pode acarretar lucros menores ou mesmo prejuízos.

Exigências de Capital. Concorrer em um setor novo exige que a empresa atenda a certas exigências de capital. Além das instalações físicas, é necessário possuir capital para estoques, atividades de marketing e outras funções de negócio importantes. Mesmo quando for atrativo concorrer em um setor novo, o capital exigido para o ingresso bem-sucedido no mercado pode não estar disponível a uma empresa para que aproveite uma oportunidade de mercado visível. Por exemplo, participar nos setores de aço e de defesa seria muito difícil devido aos investimentos substanciais em recursos para uma empresa ser competitiva. No entanto, uma maneira pela qual uma empresa poderia penetrar no setor de aço seria por meio da aquisição de uma empresa existente pelo fato das exigências de conhecimento técnico.

Custos de Transferência. Custos de transferência são aqueles custos que os clientes incorrem uma única vez quando compram de um fornecedor diferente. Os custos de aquisição de novos equipamentos auxiliares e de retreinamento de empregados, e mesmo os custos psíquicos associados ao término de um relacionamento, podem ser incorridos ao se mudar de fornecedor. Em alguns casos, esses custos são reduzidos, conforme ocorre quando um consumidor troca de marca de refrigerante. Os custos de transferência podem variar em função do tempo. Por exemplo, em termos de número de horas a fim de obter a graduação em um curso, o custo para um aluno se transferir de uma universidade para outra no primeiro ano é muito menor do que quando esse aluno se transfere no último ano. Ocasionalmente, uma decisão tomada por um fabricante visando a produzir um produto novo e inovador gera custos de transferência elevados para o consumidor final. Os programas de fidelização de clientes, como os das empresas aéreas que permitem o acúmulo de milhas, têm como alvo aumentar os custos de transferência para o cliente.

Se os custos de transferência são elevados, um novo entrante precisa oferecer um preço bem menor ou um produto muito melhor para atrair compradores. Quanto mais consolidada a relação entre as partes, maior o custo incorrido de mudança para uma oferta alternativa.

Acesso a Canais de Distribuição. Os participantes em um setor desenvolvem ao longo do tempo meios eficazes para a distribuição dos produtos. Uma empresa, após ter desenvolvido um relacionamento com seus distribuidores, irá dedicar-lhe atenção a fim de criar custos de transferência para os distribuidores. O acesso a canais de distribuição pode representar uma barreira considerável à entrada, particularmente no caso dos bens de consumo não duráveis (por exemplo, nos supermercados, onde há espaço limitado nas prateleiras) e nos mercados internacionais. Portanto, os novos participantes devem persuadir os distribuidores a estocarem seus produtos, seja para venda simultânea ou em substituição àqueles distribuídos atualmente. Descontos especiais e créditos relacionados à propaganda cooperativa podem ser empregados para essa finalidade; no entanto, essas práticas reduzem o potencial de lucro do novo participante.

Vantagens de Custo Independentes da Escala. Algumas vezes os concorrentes em atividade possuem vantagens de custo tais como tecnologia patenteada, acesso favorável a matérias-primas, localizações desejáveis e subsídios governamentais – vantagens essas que os novos participantes não conseguem reproduzir. A concorrência bem-sucedida exige que os novos participantes reduzam a relevância estratégica desses fatores. Entregar as compras diretamente ao comprador pode compensar a vantagem de uma localização desejável; novos estabelecimentos que vendem alimentos em uma localização indesejável adotam essa prática. De modo similar, revendedores de automóveis localizados em áreas sem atratividade conseguem oferecer atendimento superior (como levar um carro para manutenção e entregá-lo posteriormente ao cliente) para superar a vantagem de localização de um concorrente.

Regulamentações. As regulamentações legais, por meio de exigências de licença e autorização para funcionamento, também pode controlar o ingresso em um setor. A venda de bebidas alcoólicas no varejo, atividades bancárias e transporte terrestre representam exemplos de setores nos quais decisões e ações do governo afetam as possibilidades de entrada. Os governos muitas vezes também restringem a entrada em alguns setores devido à necessidade de se prover serviços de qualidade ou de se proteger empregos. De modo alternativo, a desregulamentação de setores, como o aeroviário e de prestação de serviços públicos nos Estados Unidos, pode aumentar a concorrência à medida que mais empresas são autorizadas a participar.[101] Algumas das ações oficiais mais divulgadas são aquelas envolvendo casos antitruste. Por exemplo, os governos europeus e dos EUA processaram judicialmente a Microsoft. O acordo final nos Estados Unidos envolveu uma multa relativamente pequena para a companhia; no entanto, os julgamentos na UE foram mais severos.[102]

Retaliação Esperada. As empresas que se empenham para ingressar em um setor também preveem as reações das empresas já existentes. Uma expectativa de respostas competitivas rápidas e enérgicas diminui a possibilidade de entrada. A retaliação rigorosa pode ser esperada quando a empresa em atividade tem um interesse considerável no setor (por exemplo, possui ativos fixos com pouco – ou nenhum – uso alternativo), quando detém recursos substanciais ou quando o crescimento do setor é lento ou sujeito a limitações. Por exemplo, todas as empresas que tentam penetrar nos setores de aço ou de tecnologia da informação na época atual podem esperar uma retaliação significativa por parte dos concorrentes existentes.

A identificação de nichos de mercado não atendidos pelas atuais empresas permite que os novos participantes evitem barreiras à entrada. Pequenas empresas empreendedoras encontram-se mais bem aparelhadas para identificar e atender segmentos de mercado negligenciados. Quando a Honda entrou pela primeira vez no mercado dos EUA, concentrou-se nas motocicletas com motor de baixa cilindrada, um mercado que empresas como a Harley-Davidson desprezavam. A Honda, ao concentrar esforços nesse nicho negligenciado, evitou a concorrência. A empresa, após consolidar sua posição, usou sua força para atacar os rivais, introduzindo motocicletas de porte maior e competindo no mercado mais amplo. (Ações competitivas e respostas competitivas entre empresas como Honda e Harley-Davidson são discutidas brevemente no final deste capítulo e detalhadamente no Capítulo 6.)

Poder de negociação dos fornecedores

Empresas fornecedoras podem usar táticas como aumento de preços e redução da qualidade ou da disponibilidade de seus produtos para exercer poder sobre as empresas que concorrem em determinado setor. Se uma empresa específica for incapaz de recuperar os aumentos de custo cobrados por seus fornecedores por meio de sua estrutura de preços, sua lucratividade será reduzida pelas ações de seus fornecedores. Um grupo de fornecedores é poderoso quando:

- É dominado por algumas poucas companhias de grande porte e está mais concentrado do que o setor para o qual vende.

- Produtos substitutos satisfatórios não estão disponíveis para as empresas do setor.

- As empresas do setor não representam clientes importantes para o grupo de fornecedores.

- Os produtos dos fornecedores são importantes para o sucesso dos compradores no mercado.

- A eficácia dos produtos dos fornecedores criou custos de transferência elevados para as empresas do setor.

- Os fornecedores representam uma ameaça possível de integração vertical no setor dos compradores. A credibilidade ganha relevância quando os fornecedores possuem recursos substanciais e vendem um produto bastante diferenciado.

A indústria automobilística constitui um exemplo de um setor no qual o poder de negociação dos fornecedores é relativamente reduzido. Por exemplo, Nissan e Toyota exercem grande pressão sobre seus fornecedores para que lhes vendam peças a preços reduzidos.[103] Pelo fato de venderem seus produtos a um número pequeno de grandes empresas e por não representarem ameaças possíveis de integração vertical, os fornecedores de autopeças detêm pouco poder em relação a empresas automobilísticas como Toyota e Nissan.

Poder de negociação dos compradores

As empresas se empenham em maximizar seu retorno do capital investido. Em um contexto alternativo, compradores (clientes de um setor ou de uma empresa) desejam comprar produtos pagando o menor preço possível – o ponto em que o setor obtém a menor taxa de retorno do capital investido aceitável. Os compradores, para reduzirem seus custos, negociam em termos de maior qualidade níveis mais elevados de serviço e preços menores. Esses resultados são obtidos incentivando batalhas competitivas entre as empresas do setor. Clientes (grupos de compradores) são poderosos quando:

- Adquirem um grande volume da produção total de um setor.

- As vendas do produto que é adquirido representam uma parcela significativa da receita anual do vendedor.

- Podem mudar para outro produto a um custo mínimo (ou nulo).

- Os produtos do setor são indiferenciados ou padronizados e os compradores representariam uma ameaça crível caso viessem a integrar-se para trás no setor dos vendedores.

Ao obter mais informações sobre os custos do fabricante e o poder da internet como alternativa para compra e distribuição, os consumidores parecem estar aumentando seu poder de negociação no setor automobilístico e nas revendedoras de automóveis em particular. Uma razão é que compradores individuais incorrem em custos de transferência praticamente nulos quando decidem adquirir de um fabricante em vez de outro ou de um revendedor como alternativa a outro. Essas realidades estão forçando as companhias do setor automobilístico a se concentrar mais nas necessidades e nos desejos das pessoas que atualmente estão comprando carros, caminhões, minivans e veículos utilitários esportivos. As empresas, ao procederem desse modo, conseguem atender e satisfazer melhor seus clientes, que possuem poder considerável.

Ameaça de produtos substitutos

Produtos substitutos são bens ou serviços de fora de um setor que desempenham funções similares ou idênticas às de um produto que o setor fabrica. Por exemplo, o NutraSweet e o açúcar possuem a mesma função, porém com características diferentes; o NutraSweet, sendo um substituto do açúcar, determina um limite superior para os preços dos refinadores de açúcar. Outros substitutos de produtos incluem o uso de *e-mail* em vez de aparelhos de fax, recipientes de plástico em vez de jarras de vidro, consumo de chá como alternativa ao de café e aquisição de serviços por satélite no lugar de serviços digitais a cabo. A circulação de jornais diminuiu em anos recentes devido a muitas outras fontes substitutas de notícias, como a TV a cabo, a internet, o *e-mail* e os telefones celulares.[104]

Em geral, os substitutos de produtos representam uma grande ameaça a uma empresa quando os clientes possuem custo de transferência reduzido – ou nulo – e quando o preço do produto substituído é menor ou seu desempenho e suas capacidades são iguais ou maiores que aqueles do produto concorrente. Diferenciar um produto com base em fatores que os clientes valorizam (como preço, qualidade, serviço pós-venda e localização) reduz a atratividade de um substituto.

Intensidade da rivalidade entre concorrentes

Pelo fato de as empresas de um setor serem mutuamente dependentes, as ações empreendidas por uma empresa provocam via de regra respostas competitivas. A rivalidade competitiva intensifica-se quando uma empresa é desafiada pelas ações de um concorrente ou quando é reconhecida uma oportunidade para melhorar sua posição de mercado.

As empresas que atuam nos diversos setores raramente são homogêneas; diferem em termos de recursos e capacidades e empenham-se por diferenciar-se dos concorrentes.[105] Usualmente as empresas procuram diferenciar seus produtos das ofertas dos concorrentes nos aspectos que os clientes valorizam e em relação aos quais as empresas possuem uma vantagem competitiva. Os parâmetros visíveis em que se baseia a rivalidade incluem preço, qualidade e inovação. Vários fatores influenciam a intensidade da rivalidade entre dois ou mais concorrentes.

Concorrentes numerosos ou igualmente equilibrados. São comuns rivalidades intensas nos setores com muitas companhias. Existindo diversos concorrentes, é comum algumas poucas empresas acreditarem que podem agir sem provocar uma resposta. No entanto, os fatos sugerem que as demais empresas geralmente estão a par das ações dos concorrentes, optando muitas vezes por responder a elas. No outro extremo, setores com apenas algumas empresas de tamanho e poder equivalentes também tendem a demonstrar fortes rivalidades. As bases de recursos volumosos e muitas vezes de tamanho similar dessas empresas permitem ações e respostas vigorosas. As batalhas competitivas entre a Fuji e a Kodak no setor de fotografia e entre a Airbus e a Boeing na produção de aviões constituem exemplos de rivalidade intensa entre pares de concorrentes relativamente equivalentes.

Crescimento lento do setor. Quando um mercado está crescendo, as empresas tentam usar os recursos eficazmente para atender uma base de clientes em expansão. Mercados em crescimento reduzem a pressão por atrair clientes dos concorrentes. No entanto, a rivalidade em mercados com crescimento nulo ou lento torna-se mais intensa à medida que as empresas se empenham para aumentar suas participações de mercado, atraindo os clientes dos concorrentes.

Em geral as batalhas para proteger as participações de mercado são aguerridas. Certamente esse tem sido o caso com a Fuji e a Kodak. A instabilidade no mercado resultante desses confrontos competitivos reduz a lucratividade das empresas em todo o setor conforme demonstrado pela indústria aeronáutica. Existe a expectativa de que o mercado para aviões de grande porte venha a declinar ou a crescer apenas ligeiramente ao longo dos próximos anos. A Boeing e a Airbus, para ampliar a participação de mercado, concorrem agressivamente introduzindo novos produtos e diferenciando produtos e serviços. Ambas as empresas têm possibilidade de vencer algumas batalhas e perder outras.

Custos fixos ou de armazenagem elevados. Quando os custos fixos representam uma grande parcela dos custos totais, as companhias tentam maximizar o uso de sua capacidade produtiva. Agir desse modo permite que a empresa aloque custos a um grande volume de produção. No entanto, quando muitas empresas tentam maximizar sua capacidade produtiva, cria-se excesso de capacidade em todo o setor. Para reduzir os estoques em seguida, as companhias diminuem o preço de seu produto e oferecem aos clientes abatimentos e outros descontos especiais. Essas práticas muitas vezes intensificam a concorrência. O padrão de excesso de capacidade no nível setorial, seguido por rivalidade intensa no nível de negócios, é observado em setores com custos de armazenagem elevados. Os produtos perecíveis, por exemplo, perdem valor rapidamente. Os produtores desses bens, conforme aumentam seus estoques, utilizam estratégias de preço para vender os produtos com rapidez.

Inexistência de diferenciação ou custos reduzidos. Quando os compradores identificam um produto diferenciado que satisfaz suas necessidades, frequentemente compram o produto demonstrando fidelidade ao longo do tempo. Setores com muitas companhias que diferenciaram seus produtos de modo bem-sucedido possuem menor rivalidade, resultando em menor concorrência para cada uma das empresas.[106] No entanto, quando os compradores encaram os produtos como *commodities* (produtos com poucas características ou capacidades diferenciadas), a rivalidade se intensifica. Nesse caso, as decisões de compra dos compradores baseiam-se principalmente no preço e, em menor grau, no atendimento. Filmes para câmeras fotográficas é um exemplo de *commodity*. Portanto, espera-se que a concorrência entre a Fuji e a Kodak seja acirrada.

O efeito dos custos de transferência é idêntico àquele descrito para os produtos diferenciados. Quanto menores os custos de transferência dos compradores, mais fácil se torna para os concorrentes atraírem os compradores por meio de preço e atendimento. Entretanto, custos de transferência elevados protegem ao menos parcialmente a empresa das iniciativas dos rivais para atrair clientes. Sob um aspecto interessante, os custos de transferência – como os incorridos com o treinamento de pilotos e mecânicos – são elevados na aquisição de aeronaves e, no entanto, a rivalidade entre a Boeing e a Airbus permanece intensa porque as apostas feitas por ambas são extremamente elevadas.

Riscos estratégicos elevados. A rivalidade competitiva tem possibilidade de ser intensa quando for importante que diversos concorrentes desempenhem bem no mercado. Por exemplo, embora a Samsung seja diversificada e exerça liderança no mercado em outras áreas de negócio, almeja ser líder no mercado de produtos eletrônicos de consumo. Esse mercado é muito importante para a Sony e para os demais concorrentes importantes como Hitachi, Matsushita, NEC e Mitsubishi. Portanto, podemos esperar uma rivalidade substancial nesse mercado ao longo dos próximos anos.

Riscos estratégicos elevados também podem existir em termos de localização geográfica. Por exemplo, os fabricantes de automóveis japoneses empenham-se para manter uma presença significativa no mercado dos EUA. Uma razão básica para isso é que os Estados Unidos representam o maior mercado mundial para os produtos da indústria automobilística. Em virtude dos riscos envolvidos nesse país para os fabricantes japoneses e americanos, a rivalidade entre as empresas nos EUA e o setor automobilístico global é intensa. Deve ser observado que, embora a grande proximidade tenda a promover maior rivalidade, a concorrência fisicamente próxima também possui benefícios potencialmente positivos. Por exemplo, quando concorrentes estão localizados a pouca distância entre si, torna-se mais fácil aos fornecedores atendê-los e podem desenvolver economias de escala que resultam em custos de produção menores. Além disso, a comunicação com os *stakeholders* no setor, como os fornecedores, é facilitada e mais eficiente quando se localiza perto da empresa.[107]

Barreiras elevadas à saída. As empresas continuam concorrendo algumas vezes em um setor apesar de os retornos de seu capital investido serem baixos ou negativos. As empresas que fazem essa opção se defrontam com barreiras elevadas à saída, que incluem fatores econômicos, estratégicos e emocionais responsáveis pela permanência das companhias em um setor quando a lucratividade dessas operações for questionável. As barreiras à saída comuns são:

- Ativos especializados (ativos com valores relacionados a uma unidade de negócios ou localização específica).

- Custos fixos de saída (como acordos trabalhistas).

- Inter-relacionamentos estratégicos (relacionamentos de dependência mútua como aqueles entre uma unidade de negócios e outras partes das operações de uma companhia, incluindo instalações e acesso aos mercados financeiros).

- Barreiras emocionais (aversão a decisões empresariais economicamente justificadas por receio com a própria carreira, lealdade aos empregados e assim por adiante).

- Restrições governamentais e sociais (mais comuns fora dos Estados Unidos, estas restrições baseiam-se frequentemente na preocupação de um governo com perda de empregos e efeitos econômicos regionais).

Empresas que fornecem bens e serviços complementares

Uma análise das cinco forças representa uma maneira poderosa de examinar as forças competitivas em um setor. As empresas complementares, no entanto, consideradas algumas vezes uma sexta força, também conseguem exercer grande influência sobre a concorrência.[108] Empresas complementares são as companhias que vendem bens ou serviços complementares compatíveis com os próprios bens e serviços da empresa-foco. Também podem incluir fornecedores e compradores que possuem um relacionamento "em rede" intenso com a empresa-foco. Uma rede bem consolidada de empresas complementares consegue solidificar uma vantagem competitiva. Por exemplo, a posição do Google como ferramenta de busca na internet é bem sedimentada devido ao número de produtos de acesso à internet com o qual opera harmoniosamente. Se o bem ou serviço de uma empresa complementar agrega valor para a venda de um bem ou serviço da companhia, é provável que crie valor para esta. Por exemplo, as companhias aéreas são empresas complementares do setor de hotelaria e escolas são instituições complementares dos setores de alta tecnologia.

As empresas complementares também podem ser responsáveis pelo efeito de provocar dano à competitividade da empresa. Por exemplo, um desempenho inadequado de uma empresa aérea pode reduzir o desempenho econômico de hotéis, parques temáticos e outros destinos turísticos. De modo similar, uma diminuição do número de novas residências construídas pode afetar negativamente os setores de móveis e utensílios domésticos. Por exemplo, no final de 2006, a Masco Corporation, fabricante de peças de mobiliário de montagem rápida, reduziu sua previsão de lucro declarando que a queda no número de novas construções residenciais estava prejudicando a demanda por seus produtos.[109]

Interpretação das análises setoriais

Análises setoriais eficazes são produtos de um estudo cuidadoso e de interpretação de dados e informações de diversas fontes. Encontra-se disponível um grande volume de dados sobre setores específicos. Devido à globalização, os mercados e as rivalidades internacionais precisam ser incluídos nas análises da empresa. As pesquisas indicam, na realidade, que em alguns setores as variáveis internacionais são mais importantes do que as internas como determinantes de criação de valor. Além disso, devido ao desenvolvimento dos mercados globais, as fronteiras de um país deixaram de restringir as estruturas dos setores. O movimento em direção aos mercados internacionais aumenta as possibilidades de sucesso para novos empreendimentos bem como para empresas mais consolidadas.[110]

A empresa, após o estudo das cinco forças da concorrência, consegue obter as informações exigidas para determinar a atratividade de um setor com relação ao potencial para obter retornos adequados ou superiores de seu capital investido. Em geral, quanto mais intensas forem as forças competitivas, menor o potencial de lucro das empresas de um setor. Um setor sem atratividade possui poucas barreiras à entrada, fornecedores e compradores com posições fortes de negociação, ameaças competitivas consideráveis de substitutos do produto e grande rivalidade entre concorrentes. Essas características setoriais tornam muito difíceis a criação de valor pela empresa e a obtenção de retornos acima da média. De modo alternativo, um setor atrativo possui muitas barreiras à entrada, fornecedores e compradores com poder de negociação reduzido, poucas ameaças competitivas de substitutos do produto e rivalidade relativamente moderada.[111]

Análise dos concorrentes diretos

A avaliação das cinco forças auxilia a empresa a compreender a natureza e o nível de concorrência em seu setor e, portanto, seu potencial de lucro. As empresas podem usar essas informações a seguir para ajudá-las na elaboração de estratégias para lidar com cada uma das forças. Por exemplo, uma empresa pode ser capaz de reduzir o poder de fornecedores firmemente estabelecidos por meio de *joint ventures* com uma companhia fornecedora ou por aquisição direta. Uma empresa também pode ser capaz de ajudar a impor maiores barreiras à entrada, construindo uma fábrica de grande capacidade para obter economia de escala. As empresas também podem adotar uma análise das cinco forças visando a obtenção de informações úteis para a compreensão das posições, das intenções e do desempenho dos concorrentes diretos. Alguns desses concorrentes mais próximos classificam-se naquilo que é denominado, algumas vezes, um grupo estratégico.

Grupos estratégicos

Grupo estratégico é um conjunto de empresas que enfatizam dimensões estratégicas similares para a adoção de uma estratégia similar.[112] A concorrência entre empresas de um grupo estratégico é maior do que a competição entre um membro de um grupo estratégico e companhias fora desse grupo. Portanto, a concorrência no grupo intraestratégico é mais intensa do que a concorrência no grupo interestratégico.

Dimensões estratégicas – como a extensão da liderança tecnológica, a qualidade do produto, as políticas de preço, os canais de distribuição e o serviço ao cliente – são áreas em que as empresas de um grupo estratégico tratam de maneira similar. A descrição dos padrões de concorrência no âmbito dos grupos estratégicos indica que "as organizações em um grupo estratégico ocupam posições similares no mercado, oferecem bens similares a um conjunto similar de clientes e também podem utilizar tecnologias de produção e outros processos organizacionais similares".[113] Portanto, fazer parte de um determinado grupo estratégico define parcialmente as características essenciais da estratégia da empresa.[114]

A noção de grupos estratégicos pode ser útil para se analisar a estrutura competitiva de um setor. Essas análises podem auxiliar no diagnóstico da concorrência, do posicionamento e da lucratividade das empresas de um setor.[115] As pesquisas indicaram que os grupos estratégicos diferem em termos de desempenho, refletindo sua importância.[116] Fato interessante, as pesquisas também indicam que fazer parte de um grupo estratégico significa ter uma situação relativamente estável ao longo do tempo, tornando as análises mais fáceis e mais úteis.[117]

Valer-se dos grupos estratégicos para compreender a estrutura competitiva de um setor exige que a empresa planeje as ações e respostas competitivas das companhias em linha com dimensões estratégicas do tipo decisões de preço, qualidade do produto, canais de distribuição e assim por diante. Proceder desse modo indica para a empresa como certas companhias estão competindo, usando dimensões estratégicas similares. Por exemplo, existem mercados diferenciados para o rádio porque os consumidores preferem formatos e programações musicais diferentes (notícias, entrevistas e assim por diante). Normalmente a formatação de uma emissora é elaborada por meio de escolhas relativas a um estilo musical ou sem transmissão de músicas, programação e estilo dos anunciantes.[118] Estima-se que existem aproximadamente 30 formatações diferentes de emissoras radiofônicas, indicando que há 30 grupos estratégicos nesse setor. As estratégias no âmbito de cada um dos 30 grupos são similares, ao passo que as estratégias do conjunto total de grupos estratégicos são diferentes. Portanto, as empresas poderiam aumentar sua compreensão da concorrência no setor de rádio comercial, planejando as ações e respostas das companhias em termos de dimensões estratégicas importantes.

Os grupos estratégicos acarretam diversas implicações. Primeiro, pelo fato de as empresas de um grupo oferecerem produtos similares aos mesmos clientes, a rivalidade competitiva entre elas pode ser intensa. Quanto mais intensa for a rivalidade, maior a ameaça à lucratividade de cada empresa. Segundo, as intensidades das cinco forças setoriais (as ameaças que resultam do ingresso de novos entrantes, o poder dos fornecedores, o poder dos compradores, os substitutos do produto e a intensidade da rivalidade entre os concorrentes) diferem em função dos grupos estratégicos. Terceiro, quanto mais similares forem as estratégias dos grupos estratégicos, maior a possibilidade de rivalidade.

Compreensão dos concorrentes e de suas intenções

A análise dos concorrentes focaliza cada companhia com a qual a empresa compete diretamente. A análise das cinco forças examina as forças que influenciam a intensidade da rivalidade entre concorrentes, porém não se preocupa com suas intenções. Fuji e Kodak, Airbus e Boeing e Sun Microsystems e Microsoft precisam demonstrar grande interesse para compreender os objetivos, as estratégias, as suposições e as capacidades mútuos. Além disso, quanto mais intensa a rivalidade em um setor, maior a necessidade de entender os concorrentes. A empresa tenta compreender o seguinte em uma análise dos concorrentes:

- O que motiva o concorrente, conforme mostrado por seus objetivos futuros.

- O que o concorrente está realizando e é capaz de fazer, conforme revelado por sua estratégia e recursos atuais.

- O que o concorrente conhece a respeito do setor, conforme indicado por suas suposições.

- Quais são os pontos fortes e os pontos fracos dos concorrentes, conforme indicado por suas capacidades.[119]

As informações relativas a esses quatro componentes ajudam a empresa a preparar um perfil das respostas previstas para cada concorrente (Figura 4.3). Portanto, os resultados de uma boa análise dos concorrentes auxiliam uma empresa a compreender, interpretar e prever as ações e respostas de seus concorrentes.

Possui relevância para uma análise eficaz dos concorrentes a coleta de dados e informações que podem ajudar a empresa a entender as intenções dos concorrentes e as implicações estratégicas resultantes.[120] A inteligência competitiva é o conjunto de dados e informações que a empresa coleta para entender e prever melhor os objetivos, as estratégias, as suposições e as capacidades dos concorrentes. Na análise dos concorrentes, a empresa deve obter informações não apenas relativas a seus concorrentes, mas também referentes às políticas nos países em todo o planeta. A informação sobre políticas públicas "proporciona um alerta antecipado a respeito das ameaças e oportunidades que surgem no ambiente global de políticas públicas e analisa como influenciarão a efetivação da estratégia da companhia".[121]

A empresa, por meio de inteligência competitiva e de políticas públicas eficazes, obtém as informações de que precisa para criar uma vantagem competitiva e ressaltar a qualidade das decisões estratégicas que toma quando determina como concorrer com seus rivais. Clare Hart, CEO da Factiva, um serviço de notícias e informações, acredita que as informações relativas aos concorrentes ajudaram sua empresa a passar da posição número três para a de número dois em seu setor. Além disso, ela afirma que a informação relativa aos concorrentes desempenhará um papel importante nas iniciativas de sua empresa para cumprir seu objetivo de tornar-se a principal empresa no setor.[122]

As empresas devem adotar práticas éticas geralmente aceitas ao obterem inteligência/informação relativa aos concorrentes. As associações setoriais muitas vezes elaboram essas listas. Práticas consideradas legais e éticas incluem (1) a obtenção de informações disponíveis ao público (como despachos dos tribunais, anúncios dos concorrentes para recrutamento de empregados, relatórios anuais, relatórios financeiros de empresas de capital aberto e processos judiciais na área comercial sendo julgados) e (2) a visita a feiras e exposições para obter material de divulgação impresso dos concorrentes, visitar seus estandes e prestar atenção às discussões sobre seus produtos.

Em contraste, certas práticas (incluindo suborno, acesso não autorizado às instalações, escuta clandestina e roubo de desenhos, amostras ou documentos) são amplamente consideradas como desprovidas de ética e muitas vezes são ilegais.[123] Por exemplo, um empregado da Coca-Cola, agindo com outros dois, furtou informações sobre um novo produto Coke, além de uma amostra, e ofereceu para a Pepsi. A Pepsi informou imediatamente a Coca-Cola a respeito da

Figura 4.3: Componentes da análise dos concorrentes

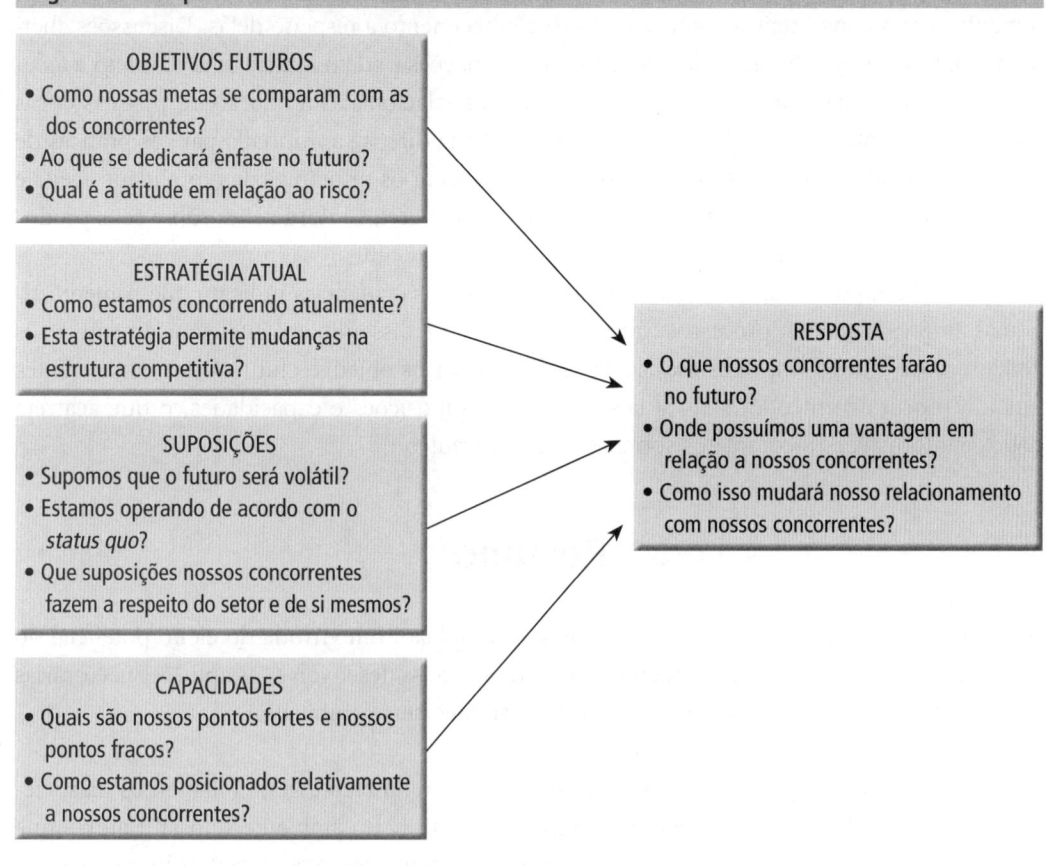

OBJETIVOS FUTUROS
- Como nossas metas se comparam com as dos concorrentes?
- Ao que se dedicará ênfase no futuro?
- Qual é a atitude em relação ao risco?

ESTRATÉGIA ATUAL
- Como estamos concorrendo atualmente?
- Esta estratégia permite mudanças na estrutura competitiva?

SUPOSIÇÕES
- Supomos que o futuro será volátil?
- Estamos operando de acordo com o *status quo*?
- Que suposições nossos concorrentes fazem a respeito do setor e de si mesmos?

CAPACIDADES
- Quais são nossos pontos fortes e nossos pontos fracos?
- Como estamos posicionados relativamente a nossos concorrentes?

RESPOSTA
- O que nossos concorrentes farão no futuro?
- Onde possuímos uma vantagem em relação a nossos concorrentes?
- Como isso mudará nosso relacionamento com nossos concorrentes?

intenção criminosa e os autores foram presos. De acordo com o porta-voz Dave DeCecco da Pepsi: "Simplesmente fizemos o que qualquer companhia responsável faria. Apesar da grande concorrência existente no setor, ela também deve ser honesta".[124]

Algumas empresas, visando a defender-se de fraude ou de roubo digital que ocorre por meio da invasão dos PCs dos empregados pelos concorrentes, contratam seguros para proteger-se contra a invasão de PCs. O plano ForeFront da Chubb, por exemplo, oferece cobertura até o limite de 10 milhões de dólares contra fraude, furto e extorsão digital. A divisão de proteção de ativos de informação da Cigna vende apólices anti-hacker que cobrem até 10% da receita da empresa. O número de clientes que notificam violações parece indicar o valor de possuir uma dessas apólices.[125]

Algumas práticas de inteligência relativa aos concorrentes podem ser legais, porém uma empresa precisa decidir se também são éticas, tendo em vista a imagem que deseja cultivar como empresa-cidadã. Especialmente na área de transmissões eletrônicas, a linha divisória entre práticas legais e éticas pode ser difícil de determinar. Por exemplo, uma empresa pode criar domínios para seus *sites* muito similares àqueles de seus concorrentes e desse modo receber transmissões por *e-mail* destinadas a seus competidores. De acordo com especialistas em assuntos jurídicos, a legalidade desse "aproveitamento de *e-mails*" permanece dúbia.[126] No entanto, a prática constitui um exemplo dos desafios com que as empresas se defrontam quando decidem como agrupar inteligência sobre concorrentes e determinar ao mesmo tempo o que fazer para impedir que os concorrentes adquiram muito conhecimento a respeito delas. Discussões abertas sobre técnicas de obtenção de inteligência/informações podem ajudar uma empresa a assegurar que as pessoas compreendam suas convicções relacionadas à adoção de práticas éticas para coleta de inteligência relativa a concorrentes. Uma diretriz apropriada para as práticas de inteligência relativa aos concorrentes consiste em respeitar os princípios da moralidade aceita e o direito que os concorrentes possuem de não revelarem certas informações sobre seus produtos, operações e intenções estratégicas.[127]

Apesar da importância do estudo dos concorrentes, as evidências indicam que somente algumas empresas adotam processos formais para coletar e disseminar a inteligência relativa aos concorrentes. Outras empresas esquecem-se de analisar os objetivos futuros dos concorrentes quando procuram entender suas atuais estratégias, suposições e capacidades, o que acarreta dados e informações incompletos sobre esses concorrentes.[128]

Resumo

- O ambiente externo da empresa é desafiante e complexo. Em virtude do efeito potencial do ambiente externo sobre o desempenho, a empresa precisa desenvolver as aptidões necessárias para identificar as oportunidades e ameaças existentes nesse ambiente.

- O ambiente externo possui três partes principais: (1) o ambiente geral (elementos na sociedade mais ampla que afetam setores e suas empresas), (2) o ambiente setorial (fatores que influenciam uma empresa, suas ações e respostas competitivas e o potencial de lucro do setor) e (3) o ambiente competitivo (os principais objetivos, estratégias atuais, suposições e capacidades de cada concorrente).

- A análise do ambiente externo desenvolve-se em quatro passos: sondagem, monitoramento, previsão e avaliação. A empresa, por meio da análise ambiental, identifica oportunidades e ameaças.

- O ambiente geral possui seis segmentos: demográfico, econômico, político-legal, sociocultural, tecnológico e global. A empresa deseja determinar, para cada segmento, a relevância estratégica das mudanças e tendências ambientais.

- O ambiente setorial, em comparação ao ambiente geral, exerce um efeito mais direto sobre as ações estratégicas da empresa. O modelo das cinco forças da concorrência inclui a ameaça de entrada, o poder dos fornecedores, o poder dos compradores, os substitutos do produto e a intensidade da rivalidade entre concorrentes. Empresas complementares (denominadas algumas vezes "sexta força") também conseguem influenciar a concorrência no setor. Empresas complementares são companhias que vendem bens ou serviços complementares compatíveis com o principal produto ou serviço da empresa. A empresa, ao estudar essas forças, encontra uma posição em um setor onde pode influenciar as forças em seu benefício ou onde consegue proteger-se contra o poder das forças a fim de aumentar sua capacidade para obter retornos acima da média.

- Os setores são formados por diferentes grupos estratégicos. Um grupo estratégico é um conjunto de empresas que adota estratégias similares e atende clientes similares. A rivalidade competitiva é maior no âmbito de um grupo estratégico do que entre grupos estratégicos.

- A análise dos concorrentes informa a empresa a respeito dos objetivos futuros, estratégias atuais, suposições e capacidades das companhias com as quais concorre diretamente.

- São usadas técnicas diferentes para criar inteligência competitiva, definida como dados, informações e conhecimento que permitem à empresa compreender melhor seus concorrentes e, portanto, prever suas prováveis ações estratégicas e táticas. As empresas devem usar somente práticas legais e éticas para obter inteligência. A internet aumenta a capacidade de as empresas reunirem informações sobre concorrentes e suas intenções estratégicas.

Questões éticas

1. Como a empresa pode usar seu "código de ética" ao analisar seu ambiente externo?

2. Que temas éticos, caso exista algum, podem ser relevantes para o monitoramento do ambiente externo de uma empresa? O uso da internet para monitorar o ambiente resulta em temas éticos adicionais? Em caso afirmativo, quais seriam?

3. O que é um tema ético associado a cada segmento do ambiente geral de uma empresa? As empresas ao redor do globo estão se empenhando o suficiente para lidar com esse tema?

4. Por que as práticas éticas são importantes para o relacionamento entre uma empresa e seus fornecedores?

5. Em uma rivalidade intensa, especialmente uma que envolva concorrência no mercado global, como uma empresa pode colher eticamente inteligência relacionada aos concorrentes e manter ao mesmo tempo sua competitividade?

6. Em sua opinião, o que determina se uma prática de obtenção de inteligência é ética ou antiética? Você observa transformações nesse tema à medida que as economias no mundo tornam-se mais independentes? Em caso afirmativo, por quê? Você vislumbra mudanças nesse tema devido à internet? Em caso afirmativo, por quê?

Referências bibliográficas

1. Sirmon, D. G.; Hitt, M. A.; Ireland, R. D. Managing firm resources in dynamic environments to create value: Looking inside the black box. *Academy of Management Review*, 32, 2007. p. 273-292; Williams, C.; Mitchell, W. Focusing firm evolution: The impact of information infrastructure on market entry by U.S. telecommunications companies, 1984-1998. *Management Science*, 5, 2004. p. 1561-1575; Song, J. Firm capabilities and technology ladders: Sequential foreign direct investments of Japanese electronics firms in East Asia. *Strategic Management Journal*, 23, 2002. p. 191-210.
2. Zuniga-Vicente, J. A; Vicente-Lorente, J. D. Strategic moves and organizational survival in turbulent environments: The case of Spanish banks (1983-1997), 2006; Tan, J. Venturing in turbulent water: A historical perspective of economic reform and entrepreneurial transformation. *Journal of Business Venturing*, 20, 2005. p. 689-704; Chattopadhyay, J.; Glick, W. H.; Huber, G. P. Organizational actions in response to threats and opportunities. *Academy of Management Journal*, 44, 2001. p. 937-955.
3. Gimeno, J.; Hoskisson, R. E.; Beal, B. D.; Wan, W. P. Explaining the clustering of international expansion moves: A critical test in the U.S. telecommunications industry. *Academy of Management Journal*, 48, 2005. p. 297-319; Grimm, C. M.; Lee, H.; Smith, K. G. *Strategy as action: Competitive dynamics and competitive advantages*. Nova York: Oxford University Press, 2005.
4. Rangan, S.; Drummond, A. Explaining outcomes in competition among foreign multinationals in a focal host market. *Strategic Management Journal*, 25, 2004. p. 285-293; Mezias, J. M. Identifying liabilities of foreignness and strategies to minimize their effects: The case of labor lawsuit judgments in the United States. *Strategic Management Journal*, 23, 2002. p. 229-244.
5. Smith, K. G.; Collins, C. J.; Clark, K. D. Existing knowledge, knowledge creation capability, and the rate of new product introduction in high technology firms. *Academy of Management Journal*, 48, 2005. p. 346-357; Kanter, R. M. Strategy as improvisational theater. *MIT Sloan Management Review*, 43(2), 2002. p. 76-78.
6. Hitt, M. A.; Ricart, J. E.; Costa, I.; Nixon, R. D. The new frontier, In: Hitt, M. A.; Ricart, J. E.; Costa, I.; Nixon, R. D (eds.). *Managing Strategically in an Interconnected World*. Chichester, Londres: Wiley, 1998. p 1-12.
7. Song, M., Droge, C.; Hanvanich, S.; Calantone, R. Marketing and technology resource complementarity: An analysis of their interaction effect in two environmental contexts. *Strategic Management Journal*, 26, 2005. p. 259-276; De Carolis, D. M. Competencies and imitability in the pharmaceutical industry: An analysis of their relationship with firm performance. *Journal of Management*, 29, 2003. p. 27-50.
8. Fahey, L. *Competitors*, New York: Wiley, 1999; Walters, B. A.; Priem, R. L. Business strategy and CEO intelligence acquisition. *Competitive Intelligence Review*, 10(2), 1999. p. 15-22.
9. Song, M.; Calantone, R. J.; Anthony, C. Competitive forces and strategic choice decisions: An experimental investigation in the United States and Japan. *Strategic Management Journal*, 23, 2002. p. 969-978; Ireland, R. D.; Hitt, M. A. Achieving and maintaining value creation in the 21st century: The role of strategic leadership. *Academy of Management Executive*, 13(1), 1999. p. 43-57; Hitt, M. A.; Keats, B. W.; DeMarie, S. M. Navigating in the new competitive landscape: Building strategic flexibility and competitive advantage in the 21st century. *Academy of Management Executive*, 12(4), 1998. p. 22-42.
10. Valikangas, L.; Gibbert, M. Boundary-setting strategies for escaping innovation traps. *MIT Sloan Management Review*, 46(3), 2005. p. 58-65; Nguyen, Q.; Mintzberg, H. The rhythm of change. *MIT Sloan Management Review*, 44(4), 2003. p. 79-84.
11. Smith, G. In Mexico, banco Wal-Mart. *Business Week*, 80, 20 nov. 2006.
12. Wonacott, P. IBM seeks bigger footprint in India. *Wall Street Journal*, 7 jun. 2006. p. B2.
13. Karlgaard, R. Digital rules: Technology and the new economy. *Forbes*, 43, 17 mai. 1999.
14. Prior, V. The language of competitive intelligence: Part four. *Competitive Intelligence Review*, 10(1), 1999. p. 84-87.
15. Machalba, D. Diesel prices force small truckers off the road. *Wall Street Journal*, 11 mar. 2003. p. B6.
16. Young, G. "Strategic value analysis" for competitive advantage. *Competitive Intelligence Review*, 10(2), 1999. p. 52-64.
17. Hitt, M. A.; Ireland, R. D.; Camp, S. M.; Sexton, D. L. Strategic entrepreneurship: Entrepreneurial strategies for wealth creation. *Strategic Management Journal*, 22 (summer special issue), 2001. p. 479-491.
18. Rosenkopf, L.; Nerkar, A. Beyond local search: Boundary-spanning exploration, and impact in the optical disk industry. *Strategic Management Journal*, 22, 2001. p. 287-306.
19. Patton, K. M.; McKenna, T. M. Scanning for competitive intelligence. *Competitive Intelligence Magazine*, 8(2), 2005. p. 24-26; Kuratko, D. F.; Ireland, R. D.; Hornsby, J. S. Improving firm performance through entrepreneurial actions: Acordia's corporate entrepreneurship strategy. *Academy of Management Executive*, 15(4), 2001. p. 60-71.
20. Eisenhardt, K. M. Has strategy changed? *MIT Sloan Management Review*, 43(2), 2002. p. 88-91; Goll, I.; Rasheed, A. M. A. Rational decision-making and firm performance: The moderating role of environment. *Strategic Management Journal*, 18, 1997. p. 583-591.
21. Hough, J. R.; White, M. A. Scanning actions and environmental dynamism: Gathering information for strategic decision making. *Management Decision*, 42, 2004. p. 781-793; Garg, V. K.; Walters, B. A.; Priem, R. L. Chief executive scanning emphases, environmental dynamism, and manufacturing firm performance. *Strategic Management Journal*, 24, 2003. p. 725-744.
22. Donkin, R. Too young to retire. *Financial Times*, 9, 2 jul. 1999.
23. Wei, C.; Lee, Y. Event detection from online news documents for supporting environmental scanning. *Decision Support Systems*, 36, 2004. p. 385-401.
24. Goldsborough, R. The benefits and fears of cookie technology. *Tech Directions*, 9 maio 2005.
25. Fahey, L. *Competitors: Outwitting, outmaneuvering, and outperforming*, Londres: Wiley, 1998. p. 71-73.

26. YIP, P. The road to wealth. *Dallas Morning News*, 2 ago. 1999. p. D1, D3.
27. DAHLSTEN, F. Avoiding the customer satisfaction rut. *MIT Sloan Management Review*, 44(4), 2003. p. 73-77; LUO, Y.; PARK, S. H. Strategic alignment and performance of market-seeking MNCs in China. *Strategic Management Journal*, 22, 2001. p. 141-155.
28. BUYSSE, K.; VERBEKE, A. Proactive strategies: A stakeholder management perspective. *Strategic Management Journal*, 24, 2003. p. 453-470; JAWAHAR, I. M.; McLAUGHLIN, G. L. Toward a prescriptive stakeholder theory: An organizational life cycle approach. *Academy of Management Review*, 26, 2001. p. 397-414.
29. PERRY, M. L.; SENGUPTA, S.; KRAPFEL, R. Effectiveness of horizontal strategic alliances in technologically uncertain environments: Are trust and commitment enough? *Journal of Business Research*, 9, 2004. p. 951-956; SONG, M.; MONTOYA-WEISS, M. M. The effect of perceived technological uncertainty on Japanese new product development. *Academy of Management Journal*, 44, 2001. p. 61-80.
30. ZACK, M. H. Rethinking the knowledge-based organization. *MIT Sloan Management Review*, 44(4), 2003. p. 67-71; YLI-RENKO, H.; AUTIO, E.; SAPIENZA, H. J. Social capital, knowledge acquisition, and knowledge exploitation in young technologically-based firms. *Strategic Management Journal*, 22 (summer special issue), 2001. p. 587-613.
31. FAHEY. *Competitors*.
32. Texas Instruments Inc.: Earnings forecast is increased as sales forecast is narrowed. *Wall Street Journal*, 7 mar. 2006. p. D7.
33. TI cuts forecast on lower-than-expected chip revenue. *Reuters*, http://reuters.com/news, 11 dez. 2006.
34. SUTCLIFFE; K. M.; WEBER, K. The high cost of accurate knowledge. *Harvard Business Review*, 81(5), 2003. p. 74-82.
35. BROWN, E. Coming soon to a tiny screen near you. *Forbes*, 23 mai. 2005. p. 64-78.
36. FAHEY, L.; NARAYANAN, V. K. *Macroenvironmental Analysis for Strategic Management*. St. Paul: West Publishing Co., 1986. p. 58.
37. World population prospects: 2004 revision. http://www.un.org/esa/population/unpop.htm, 2004; FISHBURN, D. The world in 1999. *The Economist Publications*, 9, 1999; Six billion... and counting. *Time*, 16, 4 out. 1999.
38. COATES, J. F.; MAHAFFIE, J. B.; HINES, A. *2025: Scenarios of US and Global Society Reshaped by Science and Technology*. Greensboro: Oakhill, 1997.
39. U.S. and world population clocks. U.S. *Census Bureau*, http://www.census.gov/main/www/popclock.html, 28 dez. 2006.
40. Fewer seniors in the 1990s. *Business Week*, 30, 28 maio 2001.
41. DRUCKER, P. F. They're not employees, they're people. *Harvard Business Review*, 80(2), 2002. p. 70-77.
42. RITHOLZ, B. Wal-Mart's prescription drug plan could impact entire U.S. health care system. *Seeking Alpha*, http://retail.seekingalpha.com/article/17334, 28 dez. 2006.
43. STIPP, D. Hell no, we won't go! *Fortune*, 19 jul. 1999. p. 102-108; COLVIN, G. How to beat the boomer rush. *Fortune*, 18 ago. 1997. p. 59-63.
44. Moffett, S. Fast-aging Japan keeps its elders on the job longer. *Wall Street Journal*, 15 jun. 2005. p. A1, A8.
45. BRYAN, C. The south owes its growth to 20th century invention. *Richmond Times-Dispatch*, 24 jul. 2005. p. E6
46. ORDONEZ, J. Speak English. Live Latin, *Newsweek*, 30, 30 maio 2005.
47. U.S. Department of Labor. Demographic change and the future workforce. *Futurework*, http://www.dol.gov, 8 nov. 1999.
48. DESSLER, G. How to earn your employees' commitment. *Academy of Management Executive*, 13(2), 1999. p. 58-67; FINKELSTEIN, S.; HAMBRICK, D. C. *Strategic Leadership: Top Executives and Their Effect on Organizations*. Minneapolis: West Publishing Co, 1996.
49. PELLED, L. H.; EISENHARDT, K. M.; XIN, K. R. Exploring the black box: An analysis of work group diversity, conflict, and performance. *Administrative Science Quarterly*, 44, 1999. p. 1-28.
50. RUBENSTEIN, E. S. Inequality. *Forbes*, 1 nov. 1999. p. 158-160.
51. ROBERTS, D. China's online ad boom. *Business Week*, 46, 15 maio 2006.
52. FAHEY; NARAYANAN. *Macroenvironmental Analysis*, 105.
53. BERUMENT, H.; CEYLAN, N. B.; OLGUN, H. Inflation uncertainty and interest rates: Is the Fisher relation universal? *Applied Economics*, 39, 2007. p. 53-73.
54. McKINNON, R. The worth of the dollar. *Wall Street Journal*, 13 dez. 2006. p. A18.
55. CHON, G. Kia's new U.S. plant advances sales push in North America. *Wall Street Journal*, 23 out. 2006. p. B2; CHOZICK, A. Toyota lifts profit outlook. *Wall Street Journal*, 8 nov. 2006. p. A3.
56. PANCHAL, S. India Inc. eyes the world. *India Abroad*, 10 nov. 2006. p. A28.
57. GARNHAM, P. Dollar's rise loses momentum. *Financial Times*, 22 dez. 2006. p. 34.
58. Japan to toughen regulations on foreign acquisitions. *Jiji Press English News Service*, 19 dez. 2006. p. 1.
59. BONARDI, J. P.; HILLMAN, A. J.; KEIM, G. D. The attractiveness of political markets: Implications for firm strategy. *Academy of Management Review*, 30, 2005. p. 397-413; KEIM, G. Business and public policy: Competing in the political marketplace. In: HITT, M. A.; FREEMAN, R. E.; HARRISON, J. S. (eds.). *Handbook of Strategic Management*, Oxford: Blackwell Publishers, 2001. p. 583-601.
60. JACOBY, M. EU hits Microsoft with $ 358.3 million penalty. *Wall Street Journal*, 13 jul. 2006. p. A3.
61. LORD, M. D. Constituency building as the foundation for corporate political strategy. *Academy of Management Executive*, 17(1), 2003. p. 112-124; SCHULER, D. A.; REHBEIN, K.; CRAMER, R. D. Pursuing strategic advantage through political means: A multivariate approach. *Academy of Management Journal*, 45, 2003. p. 659-672; HILLMAN, A. J.; HITT, M. A. Corporate political strategy formulation: A model of approach, participation, and strategy decisions. *Academy of Management Review*, 24, 1999. p. 825-842.
62. ZAMISKA, N. Beijing court backs patent protection for Viagra. *Wall Street Journal*, 3 jun. 2006. p. A3.
63. CARSON, M. *Global Competitiveness Quarterly*, 9 mar. 1998. p. 1.
64. NAFTA trade soaring. *Traffic World*, 27 nov. 2006. p. 1.
65. U.S. spends the most on healthcare but dollars do not equal health. *Medica Portal*, http://www.medica.de, 2003; MACINTYRE, J. Figuratively speaking. *Across the Board*, 11 maio 1999. p. 1.
66. DEBAISE, C. U.S. workers start early on retirement savings. *Wall Street Journal*, 20 jan. 2005. p. D2.
67. BECK, B. The world in 1999: Executive, thy name is woman. *Economist*, 6 nov. 1999. p. 89; THOMAS, P. Success at a huge personal cost: Comparing women around the world. *Wall Street Journal*, 26 jul. 1995. p. B1.
68. U.S. Department of Labor, Bureau of Labor Statistics data, http://www.bls.gov, abr. 2005; Center for Women's Business Research, http://www.womensbusinessresearch.org, maio 2004.
69. TAYLOR, R. Pay gap between the sexes widest in W. Europe. *Financial Times*, 29 jun. 1999. p. 9.
70. BARTLETT, C. A.; GHOSHAL, S. Building competitive advantage through people. *MIT Sloan Management Review*, 43(2), 2002. p. 33-41.

71. FLEMING, T. Benefits of taking the superhighway to work. *Canadian HR Reporter,* 16(11), 2003. p. G7.
72. MCCARTHY, M. J. New outposts: Granbury, Texas, isn't a rural town: it's a "micropolis"; Census bureau adopts term for main street America, and marketers take note; beans, ribs and Starbucks. *Wall Street Journal,* 3 jun. 2004. p. Al.
73. PORTER, A. L.; CUNNINGHAM, S. W. *Tech Mining: Exploiting New Technologies for Competitive Advantage.* Hoboken: Wiley, 2004.
74. HILL, C. W. L.; ROTHAERMEL, F. T. The performance of incumbent firms in the face of radical technological innovation. *Academy of Management Review,* 28, 2003. p. 257-274; AFUAH, A. Mapping technological capabilities into product markets and competitive advantage: The case of cholesterol drugs. *Strategic Management Journal,* 23, 2002. p. 171-179.
75. WINGFIELD, N. Anytime, anywhere: The number of Wi-Fi spots is set to explode, bringing the wireless technology to the rest of us. *Wall Street Journal,* 31 mar. 2003. p. R6, R12.
76. ANDAL-ANCION, A.; CARTWRIGHT, P. A.; YIP, G. S. The digital transformation of traditional businesses. *MIT Sloan Management Review,* 44(4), 2003. p. 34-41; HITT, M. A.; IRELAND, R. D.; LEE, H. Technological learning, knowledge management, firm growth and performance. *Journal of Technology and Engineering Management,* 17, 2000. p. 231-246.
77. HITT, M. A.; HOLMES, R. M.; MILLER, T.; SALMADOR, M. P. Modeling country institutional profiles: The dimensions and dynamics of institutional environments, trabalho apresentado na Strategic Management Society, Viena, Áustria (out. 2006); WAN, W. P. Country resource environments, firm capabilities, and corporate diversification strategies. *Journal of Management Studies,* 42, 2005. p. 161-182; WRIGHT, M.; FILATOTCHEV, I.; HOSKISSON, R. E.; PENG, M. W. Strategy research in emerging economies: Challenging the conventional wisdom. *Journal of Management Studies,* 42, 2005. p. 1-30; WAN, W. P.; HOSKISSON, R. E. Home country environments, corporate diversification strategies and firm performance. *Academy of Management Journal,* 46, 2003. p. 27-45.
78. VERMEULEN, F.; BARKEMA, H. Pace, rhythm, and scope: Process dependence in building a multinational corporation. *Strategic Management Journal,* 23, 2002. p. 637-653.
79. LU, J.; BEAMISH, P. International diversification and firm performance: The S-curve hypothesis. *Academy of Management Journal,* 47, 2004. p. 598-609; TIHANYI, L.; JOHNSON, R. A.; HOSKISSON, R. E.; HITT, M. A. Institutional ownership differences, and international diversification: The effects of boards of directors and technological opportunity. *Academy of Management Journal,* 46, 2003. p. 195-211.
80. BALFOUR, F. Dipping a toe in the risk pool. *Business Week,* 25 dez. 2006. p. 83.
81. KRANHOLD, K. GE chief sets an $ 8 billion goal for sales in India in four years. *Wall Street Journal,* 30 maio 2006. p. A2; WONACOTT, P.; VENKAT, P. R.; India's economic growth ratchets up to 9.3%. *Wall Street Journal,* 1 jun. 2006. p. A6; WONACOTT, P. IBM seeks bigger footprint in India. *Wall Street Journal,* 7 jun. 2006. p. B2.
82. IRELAND, R. D.; HITT, M. A.; CAMP, S. M.; SEXTON, D. L. Integrating entrepreneurship and strategic management actions to create firm wealth. *Academy of Management Executive,* 15(1), 2001. p. 49-63.
83. SUBRAMANIAM, M.; VENKATRAMAN, N. Determinants of transnational new product development capability: Testing the influence of transferring and deploying tacit overseas knowledge. *Strategic Management Journal,* 22, 2001. p. 359--378; LANE, P. J.; SALK, J. E.; LYLES, M. A. Absorptive capacity, learning and performance in international joint ventures. *Strategic Management Journal,* 22, 2001. p. 1.139-1.161.

84. BURT, T. DaimlerChrysler in talks with Kuwaiti investors. *Financial Times,* http://www.ft.com, 11 fev. 2001.
85. VERMEULEN; BARKEMA. Pace, rhythm, and scope.
86. FONG, M. Unphased by barriers, retailers flock to China for clothes. *Wall Street Journal,* 27 maio 2005. p. B1, B2.
87. WONACOTT; VENKAT. India's economic growth.
88. FUERBRINGER, J.; STEVENSON, R. W. No bailout is planned for Argentina. *New York Times,* http:// www.nytimes.com, 14 jul. 2001; NEWMAN, K. L. Organizational transformation during institutional upheaval. *Academy of Management Review,* 25, 2000. p. 602-619.
89. O'GRADY, M. A. Americas: After the haircut, Argentina readies the shave. *Wall Street Journal,* 27 mai. 2005. p. A13.
90. PARK, S. H.; LUO, Y. Guanxi and organizational dynamics: Organizational networking in Chinese firms. *Strategic Management Journal,* 22, 2001. p. 455-477; HITT, M. A.; DACIN, M. T.; TYLER, B. B.; PARK, D. Understanding the differences in Korean and U.S. executives' strategic orientations. *Strategic Management Journal,* 18, 1997. p. 159-167.
91. HITT, M. A.; AHLSTROM, D.; DACIN, M. T.; LEVITAS, E.; SVOBODINA, L. The institutional effects on strategic alliance partner selection: China *versus* Russia. *Organization Science,* 15, 2004. p. 173-185.
92. CARPENTER, M. A.; FREDRICKSON, J. W. Top management teams, global strategic posture and the moderating role of uncertainty. *Academy of Management Journal,* 44, 2001. p. 533-545.
93. NARAYANAN, V. K.; FAHEY, L. The relevance of the institutional underpinnings of Porter's five forces framework to emerging economies: An epistemological analysis. *Journal of Management Studies,* 42, 2005. p. 207-223; ARGYRES, N.; MCGAHAN, A. M. An interview with Michael Porter. *Academy of Management Executive,* 16(2), 2002. p. 43-52; SPANOS, Y. E.; LIOUKAS, S. An examination into the causal logic of rent generation: Contrasting Porter's competitive strategy framework and the resource-based perspective. *Strategic Management Journal,* 22, 2001. p. 907-934.
94. SHORT, J. C.; KETCHEN JR., D. J.; PALMER, T. B.; HULT, G. T. M. Firm, strategic group and industry influences on performance. *Strategic Management Journal,* 28, 2007. p. 147-167.
95. ZAHEER, S.; ZAHEER, A. Market microstructure in a global b2b network. *Strategic Management Journal,* 22, 2001. p. 859-873.
96. HITT; RICART; COSTA; NIXON. The new frontier.
97. PAN, Y; CHI, P. S. K. Financial performance and survival of multinational corporations in China. *Strategic Management Journal,* 20, 1999. p. 359-374; BROOKS, G. R. Defining market boundaries. *Strategic Management Journal,* 16, 1995. p. 535-549.
98. SHAMSIE, J. The context of dominance: An industry-driven framework for exploiting reputation. *Strategic Management Journal,* 24, 2003. p. 199-215; ROBINSON, K. C.; MCDOUGALL, P. P. Entry barriers and new venture performance: A comparison of universal and contingency approaches. *Strategic Management Journal,* 22 (summer special issue), 2001. p. 659-685.
99. MAKADOK, R. Interfirm differences in scale economies and the evolution of market shares. *Strategic Management Journal,* 20, 1999. p. 935-952.
100. PINE II, B. J. Mass customization: The new imperative. *Strategic Direction,* jan. 2004, p. 2-3; WISE, R.; BAUMGARTNER, P. Go downstream: The new profit imperative in manufacturing. *Harvard Business Review,* 77(5), 1999. p. 133-141.
101. WALKER, G.; MADSEN, T. L.; CARINI, G. How does institutional change affect heterogeneity among firms? *Strategic Management Journal,* 23, 2002. p. 89-104.

102. REINHARDT, A. The man who said no to Microsoft. *Business Week*, 31 maio 2005. p. 49; The long shadow of big blue. *Economist*, 9 nov. 2002. p. 63-64.
103. DAWSON, C. Machete time: In a cost-cutting war with Nissan, Toyota leans on suppliers. *Business Week*, 9 abr. 2001. p. 42-43.
104. ANGWIN, J.; HALIINAN, J. T. Newspaper circulation continues to decline, forcing tough decisions. *Wall Street Journal*, 2 maio 2005. p. A1, A6.
105. DUTTA, S.; NARASIMHAN, O.; RAJIV, S. Conceptualizing and measuring capabilities: Methodology and empirical application. *Strategic Management Journal*, 26, 2005. p. 277-285; NODA, T.; COLLIES, D. J. The evolution of intraindustry firm heterogeneity: Insights from a process study. *Academy of Management Journal*, 44, 2001. p. 897-925.
106. DE CAROLIS, D. M. Competencies and imitability in the pharmaceutical industry: An analysis of their relationship with firm performance; DEEPHOUSE, D. L. To be different, or to be the same? It's a question (and theory) of strategic balance. *Strategic Management Journal*, 20, 1999. p. 147-166.
107. CANINA, L.; ENZ, C. A.; HARRISON, J. S. Agglomeration effects and strategic orientations: Evidence from the U.S. lodging industry. *Academy of Management Journal*, 48, 2005. p. 565-581; CHUNG, W.; KALNINS, A. Agglomeration effects and performance: Test of the Texas lodging industry. *Strategic Management Journal*, 22, 2001. p. 969-988.
108. AFUAH, A. How much do your competitors' capabilities matter in the face of technological change? *Strategic Management Journal*, 21, 2000. p. 387-404; BRANDENBURGER, A; NALEBUFF, B. *Co-opetition*. Nova York: Currency Doubleday, 1996.
109. Masco cuts earnings forecasts, citing decline in housing starts. *Furniture Today*, http://furnituretoday.com/article/CA6373894.html, 20 set. 2006.
110. BROUTHERS, K. D.; BROUTHERS, L. E.; WERNER, S. Transaction cost enhanced entry mode choices and firm performance. *Strategic Management Journal*, 24, 2003. p. 1.239-1.248; KUEMMERLE, W. Home base and knowledge management in international ventures. *Journal of Business Venturing*, 17, 2001. p. 99-122.
111. PORTER, M. E. *Competitive Strategy*. New York: The Free Press, 1980.
112. HUNT, M. S. Competition in the major home appliance industry, 1960-1970, dissertação de doutorado, Universidade de Harvard, Cambridge, 1972; PORTER. *Competitive Strategy*, p. 129.
113. GREVE, H. R. Managerial cognition and the mimetic adoption of market positions: What you see is what you do. *Strategic Management Journal*, 19, 1999. p. 967-988.
114. PENG, M. W.; TAN, J.; TONG, T. W. Ownership types and strategic groups in an emerging economy. *Journal of Management Studies*, 41, 2004. p. 1.105-1.129; REGER, R. K.; HUFF, A. S. Strategic groups: A cognitive perspective. *Strategic Management Journal*, 14, 1993. p. 103-123.
115. PETERAF, M.; SHANELY, M. Getting to know you: A theory of strategic group identity. *Strategic Management Journal*, 18 (special issue), 1997. p. 165-186.
116. NAIR, A.; KOTHA, S. Does group membership matter? Evidence from the Japanese steel industry. *Strategic Management Journal*, 22, 2001. p. 221-235.
117. ZUNIGA-VICENTE, J. A.; FUENTE SABATE, J. M. de la; GONZALEZ, I. S.; Dynamics of the strategic group membership-performance linkage in rapidly changing environments. *Journal of Business Research*, 57, 2004. p. 1.378- 1.390; OSBORNE, J. D.; STUBBART, C. I.; RAMAPRASAD, A. Strategic groups and competitive enactment: A study of dynamic relationships between mental models and performance. *Strategic Management Journal*, 22, 2001. p. 435-454.
118. GREVE. Managerial cognition.
119. PORTER. *Competitive Strategy*. p. 49.
120. NORMAN, P. M.; IRELAND, R. D.; ARTZ, K. W.; HITT, M. A. Acquiring and using competitive intelligence in entrepreneurial teams, trabalho apresentado na Academy of Management, Toronto, Canadá, 2000.
121. FLEISHER, C. S. Public policy competitive intelligence. *Competitive Intelligence Review*, 10(2), 1999. p. 24.
122. Fuld & Co., CEO interview: Clare Hart, President and CEO, Factiva from Dow Jones, http://www.dowjones.com, 4 abr. 2001.
123. CRANE, A. In the company of spies: When competitive intelligence gathering becomes industrial espionage. *Business Horizons*, 48(3), 2005. p. 233-240.
124. HARLAN, C. Trade secret plot pulls Coke, Pepsi together. *Pittsburgh Post-Gazette*, http://www.postgazette.com/pg/06188/704045-28.stm, 7 jul. 2006.
125. DRUCKER, V. Is your computer a sitting duck during a deal? *Mergers & Acquisitions*, jul./ago. 1999. p. 25-28; HODGES, J. Insuring your PC against hackers. *Fortune*, 24 maio 1999. p. 280.
126. MOSS, M., Inside the game of e-mail hijacking. *Wall Street Journal*, 9 nov. 1999. p. B1, B4.
127. HALLAQ, J. H.; STEINHORST, K. Business intelligence methods: How ethical? *Journal of Business Ethics*, 13, 1994. p. 787-794.
128. FAHEY, L. Competitor scenarios: Projecting a rival's marketplace strategy. *Competitive Intelligence Review*, 10(2), 1999. p. 65-85.

PARTE 3
CRIAÇÃO DE VANTAGEM COMPETITIVA

Capítulo 5
Estratégia no nível de negócios

Capítulo 6
Rivalidade competitiva e dinâmica competitiva

Capítulo 7
Estratégia cooperativa

Capítulo 8
Estratégia em nível corporativo

Capítulo 9
Estratégias de aquisição e reestruturação

Capítulo 10
Estratégia internacional

Capítulo 5
Estratégia no nível de negócios

Objetivos de aprendizagem

O estudo deste capítulo deve proporcionar-lhe o conhecimento de administração estratégica necessário para:

1. Definir estratégias no nível de negócios.
2. Discutir o relacionamento entre clientes e estratégias no nível de negócios em termos de quem, o que e como.
3. Explicar as diferenças existentes entre as estratégias no nível de negócios.
4. Descrever a relação existente entre estratégia e estrutura.
5. Discutir as estruturas simples e funcionais adotadas para implementar as estratégias no nível de negócios.
6. Usar o modelo das cinco forças da concorrência para explicar como pode ser criado valor por meio de cada estratégia no nível de negócios.
7. Descrever os riscos associados ao uso de cada uma das estratégias no nível de negócios.

A estratégia preocupa-se com as escolhas entre duas ou mais alternativas.[1] A empresa, quando opta por uma estratégia, decide-se por determinado curso de ação em vez de outros. O aspecto principal da estratégia consiste em ajudar os tomadores de decisão a escolherem entre as prioridades e alternativas concorrentes com que a empresa se defronta.[2] As escolhas são importantes, pois existe um vínculo estabelecido entre as estratégias de uma empresa e seu desempenho a longo prazo.[3] O objetivo fundamental de todas as estratégias é criar valor para os *stakeholders*. Cada estratégia adotada deve especificar os resultados desejados e como devem ser obtidos.[4] As estratégias possuem uma finalidade, precedem a efetivação de ações às quais se aplicam e demonstram um entendimento partilhado da intenção estratégica e da missão estratégica da empresa.[5]

Os capítulos nesta parte do livro examinam diversos tipos de estratégia. A estratégia no nível de negócios, foco deste capítulo, é um conjunto de compromissos e ações integrado e coordenado que a empresa utiliza para obter uma vantagem competitiva valendo-se das competências essenciais em mercados específicos para os produtos.[6] Consequentemente, toda empresa necessita de uma estratégia no nível de negócios para cada um dos mercados em que concorre.[7] Esse tipo de estratégia é descrito por cinco abordagens básicas que combinam a esfera de ação das atividades de uma organização no mercado (ampla ou limitada) com a principal fonte de sua vantagem competitiva (custo baixo ou diferenciação).[8] As estratégias no nível de negócios proporcionam uma abordagem básica do mercado; no entanto, existe também um aspecto dinâmico da estratégia competitiva definido pelas ações e reações específicas das empresas em um mercado. O Capítulo 6 examina a rivalidade competitiva e a dinâmica competitiva. As estratégias cooperativas recaem no âmbito do tópico de dinâmica competitiva, porém são muito importantes no atual ambiente empresarial e, por isso, dedicamos o Capítulo 7 a esses temas.

Embora as estratégias no nível de negócios e a dinâmica competitiva relacionem-se à concorrência em mercados específicos, a determinação dos mercados nos quais uma empresa concorrerá constitui o domínio da estratégia em nível corporativo, o tópico do Capítulo 8. Aquisições e reestruturação, discutidas no Capítulo 9, constituem alguns dos meios que as empresas usam para executar uma estratégia em nível corporativo. Por exemplo, se uma empresa decide entrar em um novo mercado, pode optar por uma aquisição nesse mercado. Por outro lado, uma reestruturação envolve com frequência abrir mão de certos produtos ou mercados. Por fim, o Capítulo 10 examina as estratégias internacionais, que se aplicam ao nível empresarial e corporativo.

Nesses capítulos, as estratégias também podem ser entendidas em termos dos cinco principais elementos da estratégia descritos no Capítulo 2.[9] (1) Espaço de atuação/esfera de ação lida com a pergunta "Onde seremos ativos (e com quanta ênfase)?". Essa pergunta é respondida por meio das estratégias em nível corporativo e internacional de uma empresa. (2) Os meios indagam: "Como chegaremos lá?". As estratégias de aquisição e reestruturação facilitam a execução da estratégia em nível corporativo ao passo que as estratégias cooperativas são meios para a estratégia de nível de negócios. (3) Os diferenciadores, descritos detalhadamente neste capítulo, examinam a questão "Como obteremos sucesso?". (4) A execução analisa a pergunta "Qual será nossa velocidade e a sequência de passos?". Rivalidade competitiva e dinâmica competitiva examinam esse aspecto importante das estratégias. (5) Por fim, a lógica econômica pergunta "Como obtemos retornos acima da média?". Cada uma das estratégias lida, em certo grau, com essa pergunta porque compartilham um tema comum: como criar vantagem competitiva – tópico explorado em todo este capítulo. A estratégia no nível de negócios relaciona-se principalmente com a lógica econômica por trás da estratégia de uma empresa em um determinado mercado. Nesse sentido, esse tipo de estratégia pode ser considerado a principal estratégia de uma empresa em cada mercado ou setor.[10]

Este capítulo inicia com uma discussão da lógica econômica por trás da seleção de uma estratégia no nível de negócios. Tendo em vista a importância estratégica dos clientes no processo de seleção de estratégias, concentramo-nos em seguida nesses *stakeholders*. Uma estratégia no nível de negócios determina, especificamente, (1) quem será atendido, (2) quais necessidades do cliente a estratégia atenderá e (3) como essas necessidades serão satisfeitas. Introduzimos em seguida a maneira como as estruturas organizacionais estão relacionadas à estratégia no nível de negócios e discutimos detalhadamente as cinco estratégias básicas no nível de negócios. Nossa análise dessas estratégias descreve como o uso eficaz de cada estratégia permite à empresa posicionar-se favoravelmente em relação às cinco forças competitivas do setor (Capítulo 4). Apresentamos e explicamos as estruturas organizacionais que possuem relação com o uso bem-sucedido de cada estratégia no nível de negócios e usamos em seguida a cadeia de valor (Capítulo 3) para mostrar exemplos das atividades principais e de apoio necessárias para a implementação de cada uma. Também descrevemos os diferentes riscos com que as empresas podem defrontar-se quando adotam uma dessas estratégias.

Lógica econômica e estratégia no nível de negócios

Uma estratégia no nível de negócios reflete onde e como uma empresa possui uma vantagem em relação a seus rivais.[11] Uma estratégia formulada eficazmente conduz, integra e aloca os recursos, as capacidades e as competências da empresa de modo a permanecer alinhada adequadamente com seu ambiente externo.[12] No final, escolhas estratégicas bem conduzidas que reduzem a incerteza da empresa e facilitam seu sucesso constituem os alicerces sobre os quais as estratégias bem-sucedidas são erigidas.[13] Somente as empresas que aprimoram suas vantagens competitivas ao longo do tempo são capazes de alcançar sucesso a longo prazo com suas estratégias no nível de negócios.[14] De modo correspondente, informações sobre um grande número de variáveis – incluindo mercados, clientes, tecnologias, finanças em escala universal e a economia mundial mutável – precisam ser coletadas e analisadas para elaborar, usar e revisar apropriadamente as estratégias no nível de negócios.[15]

Os principais temas com os quais a empresa precisa lidar quando escolhe uma estratégia no nível de negócios dizem respeito a que bem ou serviço oferecer aos clientes, como fabricá-lo ou provê-lo e como distribuí-lo no mercado.[16] A essência da estratégia no nível de negócios é "escolher realizar atividades de maneira distinta ou executar atividades diferentes daquelas dos rivais".[17] Portanto, esse tipo de estratégia é uma escolha deliberada a respeito de como será o desempenho das atividades principais e de apoio da cadeia de valor para que gere valor único.[18] O valor é proporcionado aos clientes quando a empresa for capaz de usar vantagens competitivas resultantes da integração das atividades. Um entrosamento maior entre as atividades principais e de apoio forma um sistema de atividades, o qual, por sua vez, auxilia a empresa a estabelecer e valer-se de sua posição estratégica.

Tipos de estratégia no nível de negócios

As empresas escolhem entre cinco estratégias no nível de negócios para estabelecer e defender sua posição estratégica desejada contra os rivais: liderança em custos, diferenciação, enfoque na liderança em custos, enfoque na diferenciação e integração de liderança em custos e diferenciação (Figura 5.1). Essas cinco estratégias são denominadas algumas vezes genéricas porque podem ser adotadas por qualquer empresa e em todos os setores.[19] Cada estratégia ajuda a empresa a estabelecer e a valer-se de uma vantagem competitiva no âmbito de uma determinada esfera de ação competitiva.

Uma empresa, ao selecionar uma estratégia no nível de negócios, avalia dois tipos de vantagem competitiva essencial: "Custo menor que o dos rivais ou a capacidade para diferenciar e poder praticar um preço que excede o custo adicional por atuar desse modo".[20] A vantagem de um custo menor origina-se da capacidade da empresa para desempenhar atividades diferentes

Figura 5.1: Cinco estratégias de nível de negócios

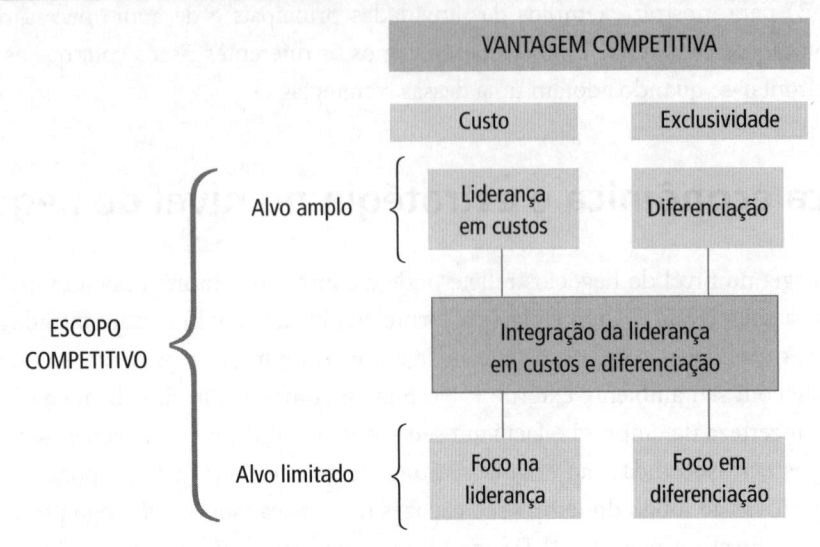

```
                                    VANTAGEM COMPETITIVA

                                    Custo              Exclusividade

                    Alvo amplo  {   Liderança          Diferenciação
                                    em custos

ESCOPO                                  Integração da liderança
COMPETITIVO                             em custos e diferenciação

                    Alvo limitado {  Foco na            Foco em
                                     liderança         diferenciação
```

Fonte: baseado em The Free Press, uma divisão da Simon & Schuster Adult Publishing Group, de *Competitive Advantage: Creating and Sustaining Superior Performance* por Michael E. Porter, p.12. Copyright 1985 e 1988 by Michael E. Porter.

(e valorizadas) daquelas dos rivais.[21] Portanto, consegue-se a vantagem competitiva no âmbito de uma determinada esfera de ação.

O escopo competitivo possui diversas dimensões, incluindo o grupo de produtos e segmentos de clientes atendidos e a gama de mercados geográficos nos quais a empresa concorre. A vantagem competitiva é almejada concorrendo em muitos segmentos de clientes quando ocorre a implementação da estratégia de liderança em custos ou de diferenciação. Em contraste, quando usa estratégias focadas, a empresa busca uma vantagem competitiva de custo ou uma vantagem competitiva de diferenciação em um escopo competitivo restrito, segmento ou nicho limitados competitivamente. Com as estratégias de enfoque, a empresa "seleciona um segmento ou grupo de segmentos no setor e ajusta sua estratégia para atendê-los excluindo os demais".[22]

Nenhuma das cinco estratégias de nível de negócios é inerente ou universalmente superior às demais.[23] A eficácia de cada estratégia depende das oportunidades e ameaças existentes no ambiente externo de uma empresa e das possibilidades proporcionadas pelos recursos, capacidades e competências essenciais únicos da empresa.[24] Portanto, é importante que a empresa selecione uma estratégia apropriada face às oportunidades, ameaças e competências que possui.

Atendimento ao cliente

A orientação aos clientes constitui o fundamento de todas as estratégias no nível de negócios bem-sucedidas. A dimensão "fonte de vantagem competitiva" lida com a questão relacionada à possibilidade de as empresas tentarem satisfazer seus clientes concentrando-se em custos baixos (e presumivelmente preços menores) ou criarem características atrativas. O escopo de atuação examina a natureza e o tamanho do grupo de clientes que a empresa almeja conquistar.

A competitividade estratégica ocorre somente quando a empresa for capaz de satisfazer um grupo de clientes usando suas vantagens competitivas para concorrer em determinados mercados. As empresas precisam satisfazer os clientes por meio de suas estratégias no nível de negócios porque os retornos obtidos em função do relacionamento com os clientes representam a força vital de todas as organizações.[25] As companhias bem-sucedidas procuram ocupar novos espaços competitivos a fim de atender novos clientes à medida que tentam simultaneamente identificar maneiras para atender melhor os clientes existentes. Os executivos do Motley Fool, um empreendimento na internet, captam essa realidade observando que "o cliente é a pessoa que nos paga".[26]

O relacionamento da empresa com os clientes é reforçado quando há o compromisso de oferecer valor superior. Nas transações entre empresas, o valor superior é criado muitas vezes quando o produto da empresa ajuda os clientes a desenvolverem uma nova vantagem competitiva ou a aumentarem o valor de suas vantagens competitivas existentes.[27] Receber um valor superior aumenta a fidelidade dos clientes à empresa que o oferece. As evidências indicam que a fidelidade tem uma relação positiva com a lucratividade. Por exemplo, a Ford Motor Company estima que cada 1% de aumento da fidelidade de seus clientes – definida como quantos proprietários de veículos Ford compram um produto Ford na próxima vez – gera pelo menos 100 milhões de dólares de lucro adicional anualmente. A Ford, enquanto luta para empreender uma reviravolta em seus negócios, possui enorme necessidade de conquistar a fidelidade de sua base de clientes. Norm Brodsky, empreendedor veterano que já teve três empresas indicadas na lista das 500 companhias de crescimento mais rápido divulgada pela revista *Inc.*, faz a seguinte observação: "Existe uma regra básica nos negócios que é fácil de esquecer, ainda mais quando você está concorrendo por clientes. Triunfar não tem relação apenas com fechar a venda. Você tem sucesso quando fecha a venda e também estabelece a base para um bom relacionamento que lhe permitirá manter seu cliente por um período muito longo".[28]

Algumas companhias especializaram-se na arte do gerenciamento de todos os aspectos de seu relacionamento com os clientes.[29] Na economia global em ritmo acelerado e tecnologicamente sofisticada, as empresas que praticam o comércio eletrônico conseguem compreender seus clientes e gerenciar os relacionamentos que mantêm com eles de uma maneira mais produtiva do que as companhias sem uma presença na internet. A probabilidade de concorrência bem-sucedida aumenta quando a empresa integra cuidadosamente a tecnologia da internet à sua estratégia em vez de usar essa tecnologia em "base isolada".[30] A CEMEX S.A., importante empresa global fabricante de cimento sediada no México, usa a internet para comunicar-se com seus clientes, unidades de produção e a principal sala de controle, permitindo que a empresa automatize produtos e otimize as entregas por caminhão na Cidade do México sempre congestionada. Os analistas acreditam que a integração feita pela CEMEX entre a tecnologia da internet e sua estratégia de liderança em custos está ajudando a diferenciá-la dos concorrentes.[31] A Land's End, que comercializa roupas e acessórios, utiliza a internet para gerenciar seu relacionamento com as mulheres. Sua ferramenta *on-line* Swim Finder permite que a compradora "veja como a peça ficaria em seu corpo".[32] O gerenciamento eficaz do relacionamento com os clientes, especialmente nesta era de comércio eletrônico, auxilia a empresa a responder perguntas relacionadas aos temas *quem, o que e como* atender.

Sob a perspectiva de estratégia no nível de negócios, o relacionamento com os clientes envolve responder perguntas relacionadas a *quem, o que e como*.

Quem: determinar os clientes a serem atendidos. Uma decisão crucial relacionada a uma estratégia no nível de negócios é aquela que a companhia toma a respeito de quem ou quais clientes ter em mente para os bens ou serviços de uma empresa.[33] Para tomar essa decisão, as companhias dividem os clientes em grupos com base nas diferenças entre as necessidades dos clientes (discutidas a seguir). Esse processo, denominado segmentação do mercado, agrupa pessoas com necessidades similares em grupos individuais e identificáveis.[34] A empresa, como parte de sua estratégia de nível de negócios, desenvolve um programa de marketing para vender de maneira eficaz a um grupo de clientes almejado.[35]

Quase toda característica humana ou organizacional identificável pode ser usada para subdividir um mercado em segmentos que diferem entre si em função de uma dada característica. O Quadro 5.1 relaciona as características comuns em relação às quais variam as necessidades dos consumidores. Com base em suas competências essenciais e nas oportunidades existentes no ambiente externo, as companhias escolhem uma estratégia no nível de negócios para proporcionar valor aos clientes almejados e satisfazer suas necessidades específicas. Por exemplo, as empresas do setor automobilístico segmentam os mercados usando fatores demográficos como renda e idade, fatores socioeconômicos como estágio do ciclo de vida da família e fatores psicológicos como estilo de vida. A Rolls-Royce e a Porsche agradam a indivíduos ricos; no entanto, a Rolls-Royce foca nos indivíduos com mais idade e a Porsche atrai aqueles que se consideram jovens.[36] A maioria das principais empresas automobilísticas criou linhas de produtos distintas, associadas a infraestruturas comerciais, para agradar a segmentos diferentes do mercado. A General Motors possui as linhas Cadillac, Buick, Chevrolet, Pontiac, Saturn, GMC, Hummer, Opel e SAAB, cada marca direcionada a um tipo diferente de cliente.[37] A Toyota criou a linha Lexus e a Honda a linha Acura para concorrerem com o Cadillac, tendo como alvo pessoas com renda mais elevada.

Quadro 5.1: Base para segmentação dos clientes

MERCADO DE CONSUMO
1. Fatores demográficos (idade, renda, gênero etc.)
2. Fatores socioeconômicos (classe social, estágio no ciclo de vida da família)
3. Fatores geográficos (diferenças culturais, regionais e nacionais)
4. Fatores psicológicos (estilo de vida, traços de personalidade)
5. Padrões de consumo (usuários de consumo exagerado, moderado ou reduzido)
6. Fatores psicográficos (segmentação por benefícios, mapeamento de percepção)

MERCADOS INDUSTRIAIS
1. Segmentos de usuários finais (identificados pelo código de classificação setorial)
2. Segmentos de produto (baseados em diferenças tecnológicas ou na economia de produção)
3. Segmentos geográficos (definidos pelas fronteiras entre países ou pelas diferenças regionais no interior dos países)
4. Segmentos segundo o fator de aquisição comum (interseção com segmentos de mercados de produtos e geográficos)
5. Segmentos em função do tamanho dos clientes

Fonte: adaptado de S. C. Jain, 2000, *Marketing Planning and Strategy*, Cincinnati: South – Western College Publishing, p.120.

O que: determinar quais necessidades do cliente satisfazer. Se uma empresa decide a quem atenderá, precisa identificar simultaneamente o que o grupo de clientes almejado necessita que possa ser satisfeito por seus bens e serviços.[38] As duas formas gerais de valor que os produtos proporcionam são custo baixo com características aceitáveis ou características muito diferenciadas com custo aceitável. Por exemplo, no mercado de lojas de departamento varejistas, o Wal-Mart atrai consumidores atentos ao valor, ao passo que a Saks Fifth Avenue procura atrair consumidores que almejam a moda mais recente e as mercadorias de qualidade superior.[39] De modo similar, a estratégia da Apple Computer consiste em desenvolver computadores e outros produtos bastante diferenciados. Seus principais concorrentes, como a Hewlett-Packard e a Dell, concentram-se em manter os custos baixos e vender um grande volume de produtos.

Como: determinar as competências essenciais necessárias para satisfazer as necessidades dos clientes. O *como* é equacionado por meio das competências essenciais ou recursos e capacidades que atuam como fonte de vantagem competitiva para a empresa em relação a seus rivais (Capítulos 1 e 4). As empresas utilizam as competências essenciais para implementar estratégias de criação de valor e, portanto, satisfazer as necessidades dos clientes. Somente aquelas empresas com capacidade para aperfeiçoar, inovar e elevar o nível de suas competências podem ter a expectativa de atender e, espera-se, superar as expectativas dos clientes ao longo do tempo.[40]

O SAS Institute é a maior empresa privada no mundo produtora de softwares. Seus programas são usados para armazenagem de dados, pesquisa de dados e apoio às decisões. Alocando mais de 30% das receitas a P&D, a empresa se vale de suas competências essenciais na área para satisfazer as necessidades relacionadas a dados de clientes como o Census Bureau dos EUA e um grande número de empresas de bens de consumo (por exemplo: hotéis, bancos e empresas que vendem por catálogo).[41] A Vans Inc. se apoia em suas competências essenciais de inovação e marketing para projetar e vender *skateboards*. A empresa também foi pioneira na produção de tênis de sola grossa que podem absorver o choque de saltos de 1,50 metro sobre rodas. A Vans usa aquilo que é reconhecido como um *mix* de marketing não-convencional para valer-se do pioneirismo de seus produtos. Em vez de anúncios na mídia de massa, a empresa patrocina eventos de *skateboarding*, apoiou a produção de um documentário que celebra a "natureza sem limites" da cultura de *skateboarding* e está construindo pistas para a prática do esporte em todo o país.[42]

Todas as organizações, incluindo a SAS e a Vans, precisam ser capazes de usar suas competências essenciais (o como) para satisfazer as necessidades (o que) do grupo de clientes-alvo (o quem) que a empresa optou por atender usando sua estratégia no nível de negócios. Grande parte do sucesso de qualquer estratégia, seja no nível de negócios ou corporativa (Capítulo 8), depende de sua implementação. No entanto, antes de discutirmos detalhadamente cada umas das estratégias no nível de negócios, introduzimos algumas das estruturas que serão usadas para examinar como cada estratégia pode ser implementada.

Estratégia e estrutura

As pesquisas mostram que a estrutura organizacional e os controles que fazem parte dela afetam o desempenho da empresa.[43] Em particular, quando a estratégia da empresa não está alinhada com a estrutura e os controles mais apropriados, o desempenho cai.[44] A estrutura organizacional especifica o relacionamento hierárquico formal, os procedimentos, os controles e os processos de poder e de tomada de decisão da empresa.[45] É difícil criar uma estrutura organizacional que apoiará de maneira satisfatória a estratégia da empresa, em especial devido à incerteza sobre relacionamentos de causa e efeito nos ambientes competitivos mutáveis e dinâmicos da economia global.[46] Quando os elementos de uma estrutura (por exemplo: relacionamentos hierárquicos, procedimentos e assim por diante) encontram-se alinhados apropriadamente entre si, essa estrutura facilita a implementação eficaz das estratégias da empresa.[47]

Estratégia e estrutura possuem uma relação recíproca, sendo que a estrutura flui da seleção da estratégia da empresa.[48] A estrutura, após ser efetivada, pode influenciar as atuais ações estratégicas, bem como as escolhas relativas às estratégias futuras. A natureza geral da relação entre estratégia e estrutura significa que alterações na estratégia da empresa criam a necessidade de modificar o modo como a organização completa seu trabalho. Na direção "estrutura influencia estratégia" as empresas precisam ficar atentas ao seu empenho para observar se o modo como sua estrutura requer que o trabalho seja completado permanece coerente com as exigências de implementação das estratégias escolhidas. Entretanto, as pesquisas mostram que a estratégia exerce uma influência mais importante na estrutura do que esta na estratégia.[49]

Três tipos principais de estruturas organizacionais são usados para implementar estratégias: estrutura simples, estrutura funcional e estrutura multidivisional. A estrutura simples é aquela em que o proprietário-gerente toma todas as principais decisões e monitora todas as atividades enquanto os colaboradores atuam como uma extensão da autoridade supervisora do gerente.[50] Em geral, o proprietário-gerente trabalha na empresa todos os dias. Relacionamentos informais, poucas regras, especialização limitada nas tarefas e sistemas de informação desprovidos de sofisticação caracterizam a estrutura simples. Comunicações frequentes e informais entre o proprietário-gerente e os empregados fazem que seja relativamente fácil coordenar o trabalho a ser feito.

À medida que a empresa de pequeno porte cresce e se torna mais complexa, surgem os desafios gerenciais e estruturais e as empresas tendem a passar da estrutura simples para uma estrutura organizacional funcional.[51] A estrutura funcional é formada por um CEO e uma equipe corporativa limitada com gerentes de linha funcionais em áreas organizacionais importantes como produção, contabilidade, marketing, P&D, engenharia e recursos humanos.[52] Essa estrutura permite a especialização funcional facilitando, assim, a partilha do conhecimento no âmbito de cada área funcional.[53] A partilha do conhecimento facilita o avanço no plano de carreira e o desenvolvimento profissional dos especialistas funcionais. No entanto, uma orientação funcional pode produzir um efeito negativo na comunicação e na coordenação entre aqueles que representam diferentes funções organizacionais. Em virtude desse fato, o CEO precisa empenhar-se com afinco para certificar-se de que as decisões e ações das funções empresariais individuais promovem toda a empresa em vez de uma única função.[54] A estrutura funcional apoia a implementação das estratégias no nível de negócios descritas neste capítulo e algumas estratégias de nível corporativo (por exemplo: ramo de atuação único ou predominante, descrito no Capítulo 8) com níveis reduzidos de diversificação do produto.

As empresas, com o crescimento e o sucesso contínuos, muitas vezes consideram níveis mais elevados de diversificação. A diversificação bem-sucedida requer a análise de quantidades de dados e informações substancialmente maiores quando a empresa oferece os mesmos produtos em mercados diferentes (diversificação do mercado ou geográfica) ou oferece produtos diferentes em diversos mercados (diversificação do produto). Além disso, tentar gerenciar níveis elevados de diversificação por meio de estruturas funcionais cria sérios problemas de coordenação e controle.[55] Portanto, a maior diversificação conduz a uma nova forma estrutural.[56] A estrutura multidivisional (forma M) consiste de divisões operacionais, cada uma representando uma unidade de negócios ou um centro de lucro distintos em que o diretor corporativo mais graduado delega as responsabilidades das operações do dia a dia e da estratégia da unidade de negócios aos gerentes das divisões. Cada divisão representa uma área de negócio distinta e independente, com sua própria hierarquia funcional.[57] Essa estrutura e suas variações em relação à estratégia de nível corporativo serão descritas no Capítulo 8.

Discutiremos a seguir cada estratégia no nível de negócios e as estruturas que requerem.

Estratégia de liderança em custos

A estratégia de liderança em custos é um conjunto de ações integrado elaborado para produzir ou disponibilizar bens ou serviços com características aceitáveis aos clientes pelo menor custo em relação ao dos concorrentes.[58] Nos termos das duas características que definem as estratégias no nível de negócios, a vantagem competitiva e a esfera de ação competitiva, os líderes em custo baixo almejam vantagens de custo ao atenderem um amplo segmento de clientes. A Southwest Airlines, a JetBlue Airways e a AirTran Airways iniciaram com estratégias de liderança em custos; no entanto, atualmente estão agregando características e serviços que as tornam mais similares às grandes companhias aéreas. Por outro lado, a Ryanair Holdings na Europa pode ser na realidade a líder em custo baixo. A empresa faz que os membros de suas tripulações de bordo adquiram seus próprios uniformes e cobra dos clientes para despachar a bagagem. Uma garrafa de água em um voo da Ryanair custa aos clientes 3,40 dólares. As aeromoças aproveitam o tempo de voo para aumentar a receita vendendo produtos como câmeras digitais e aparelhos de MP3 iPocket. O CEO Michael O'Leary afirma: "Você quer luxo? Procure outra empresa".[59] Apesar dos aumentos consideráveis no preço do combustível em 2006, a Ryanair conseguiu obter grande aumento do lucro.

Execução bem-sucedida da estratégia de liderança em custos

As empresas que adotam a estratégia de liderança em custos vendem produtos e serviços padronizados e sem sofisticação aos clientes mais típicos do setor. Embora a liderança em custos implique os menores custos possíveis, os produtos e serviços oferecidos por uma empresa ainda possuem qualidades e características que os clientes consideram aceitáveis.[60] Por exemplo, mesmo automóveis com o menor custo precisam atender a padrões mínimos de segurança e incluir características que os clientes esperam identificar em todos os automóveis, tais como um rádio confiável, um estepe e algum nível de conforto. Enfatizar reduções de custo desprezando ao mesmo tempo características competitivas é realmente ineficaz. Em uma situação extrema, concentrar-se somente na redução de custos poderia fazer que a empresa fabricasse produtos de maneira muito eficiente, mas que nenhum cliente desejaria adquirir. Quando a empresa cria, produz e comercializa um produto comparável de modo mais eficiente que seus rivais, existem provas de que está usando a estratégia de liderança em custos com sucesso.[61]

Conforme descrito no Capítulo 3, as empresas usam a análise da cadeia de valor para determinar as partes das operações das companhias que criam valor e aquelas que não criam. Os líderes em custo empenham-se a fim de identificar meios para diminuir seus custos em relação àqueles de seus concorrentes ao repensar em como realizar suas atividades principais e de apoio para maior redução de custos, mantendo simultaneamente características importantes.[62] A Figura 5.2 indica as atividades principais e de apoio que permitem a uma empresa criar valor por meio da estratégia de liderança em custos. Normalmente as empresas incapazes de unir as atividades mostradas nessa figura não possuem os recursos, as capacidades e as competências essenciais necessárias para a adoção bem-sucedida da estratégia de liderança em custos.

Na condição de atividades principais, a logística interna (por exemplo: manuseio de materiais, armazenagem e controle de estoque) e a logística externa (por exemplo: agrupar, armazenar e distribuir produtos aos clientes) correspondem muitas vezes a porções significativas do custo total para produzir alguns bens e serviços. As pesquisas indicam que possuir uma vantagem competitiva em termos de logística cria maior valor quando se utiliza a estratégia de liderança em custos do que quando se emprega a estratégia de diferenciação (discutida a seguir).[63] Portanto, os líderes em custo que buscam competitivamente maneiras importantes para reduzir custos podem desejar concentrar-se nas atividades principais das logísticas interna e externa.

Os líderes em custo também examinam cuidadosamente todas as atividades de apoio para identificar fontes adicionais de redução de custos potenciais. O desenvolvimento de novos sistemas para obter a melhor combinação entre custo baixo e qualidade aceitável para as matérias-primas exigidas para a produção dos bens ou a prestação dos serviços da empresa constitui um exemplo de como a atividade de apoio de suprimentos pode facilitar a adoção bem-sucedida da liderança em custo baixo.

A Big Lots Inc. adota a estratégia de liderança em custos. Com seu conceito de ser "O Lugar Mais Econômico no Mundo para se Comprar", a Big Lots é a maior rede de vendas de uma ampla linha de produtos com grandes descontos nos Estados Unidos. Operando por meio das unidades Big Lots, Big Lots Furniture, Wisconsin Toy, Consolidated International, Big Lots Capital e Big Lots Wholesale, a empresa empenha-se constantemente para reduzir seus custos apoiando-se naquilo que alguns analistas consideram um sistema altamente disciplinado de custo do produto e de gerenciamento do estoque.[64] As lojas da empresa vendem produtos com marca a preços de 15% a 35% menores do que aqueles praticados por varejistas que vendem com desconto e aproximadamente 70% menores do que aqueles dos varejistas tradicionais.[65] Os compradores da Big Lots viajam pelo país buscando saldos de fabricantes e produtos descontinuados e identificando bens com preços muito inferiores aos preços de atacado. Além disso, a empresa compra de fornecedores internacionais. A Big Lots se considera o empreendedor em última instância da área de varejo, adquirindo mercadorias que outros não conseguem vender ou não querem. A companhia possui a meta de "Ajudar as Pessoas a se Conectarem com o seu Eu Interior em Busca de Grandes Ofertas".[66]

O uso eficaz da estratégia de liderança em custos permite a uma empresa criar valor apesar da presença de forças competitivas intensas descritas no modelo das cinco forças de concorrência (Capítulo 4). Examinamos a seguir a maneira como as empresas são capazes de agir desse modo, analisando cada uma das cinco forças.

Figura 5.2: Exemplos de atividades de criação de valor associadas à estratégia de liderança em custos

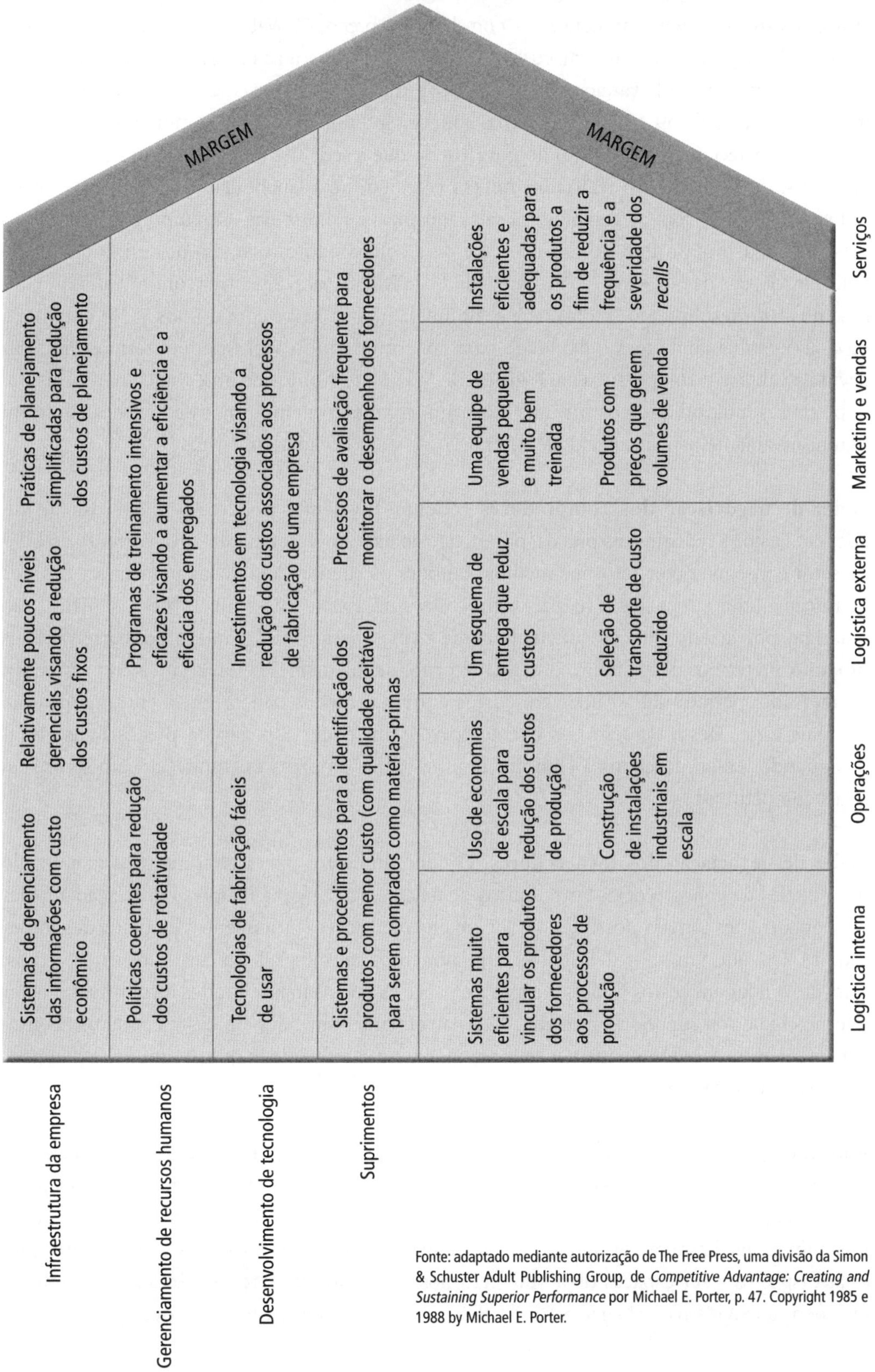

	Logística interna	Operações	Logística externa	Marketing e vendas	Serviços
Infraestrutura da empresa	Sistemas de gerenciamento das informações com custo econômico	Relativamente poucos níveis gerenciais visando a redução dos custos fixos		Práticas de planejamento simplificadas para redução dos custos de planejamento	
Gerenciamento de recursos humanos	Políticas coerentes para redução dos custos de rotatividade		Programas de treinamento intensivos e eficazes visando a aumentar a eficiência e a eficácia dos empregados		
Desenvolvimento de tecnologia	Tecnologias de fabricação fáceis de usar		Investimentos em tecnologia visando a redução dos custos associados aos processos de fabricação de uma empresa		
Suprimentos	Sistemas e procedimentos para a identificação dos produtos com menor custo (com qualidade aceitável) para serem comprados como matérias-primas			Processos de avaliação frequente para monitorar o desempenho dos fornecedores	
	Sistemas muito eficientes para vincular os produtos dos fornecedores aos processos de produção	Uso de economias de escala para redução dos custos de produção / Construção de instalações industriais em escala	Um esquema de entrega que reduz custos / Seleção de transporte de custo reduzido	Uma equipe de vendas pequena e muito bem treinada / Produtos com preços que gerem volumes de venda	Instalações eficientes e adequadas para os produtos a fim de reduzir a frequência e a severidade dos *recalls*

MARGEM

Fonte: adaptado mediante autorização de The Free Press, uma divisão da Simon & Schuster Adult Publishing Group, de *Competitive Advantage: Creating and Sustaining Superior Performance* por Michael E. Porter, p. 47. Copyright 1985 e 1988 by Michael E. Porter.

Rivalidade com os concorrentes existentes. Ocupar a posição de empresa com menor custo representa uma defesa valiosa contra os rivais. Em virtude da posição vantajosa do líder em custos, os rivais hesitam em concorrer com base no preço. O Wal-Mart é conhecido por sua capacidade de controlar e reduzir custos, tornando difícil para as empresas concorrerem com base no preço. A rede de varejo consegue um controle rigoroso dos custos atuando de diversas maneiras. "A área de 59.400 m^2 da matriz, com seu interior em cor cinza monótona e carpetes esgarçados parece mais um prédio do governo do que a sede de uma das maiores corporações mundiais. Os negócios são realizados muitas vezes em uma lanchonete sem luxo e os fornecedores reúnem-se com os gerentes em salas inóspitas e minúsculas. Os empregados precisam jogar fora seu próprio lixo no fim do dia e dois colaboradores ocupam o mesmo quarto de hotel em viagens de negócios."[67] A incapacidade do Kmart para concorrer com o Wal-Mart com base no custo resultou em sua falência e, no final, em sua fusão com a Sears.[68] No entanto, a nova companhia ainda terá dificuldade para concorrer com o Wal-Mart em termos de custo devido à vantagem comparativa em logística do Wal-Mart. Conforme observado anteriormente, as pesquisas indicam que possuir uma vantagem competitiva em termos de logística contribui significativamente para a capacidade de criação de valor do líder em custos.[69]

Poder de negociação dos compradores (clientes). Clientes poderosos podem forçar um líder em custos a reduzir seus preços, porém não abaixo do nível em que o concorrente do líder no setor consegue obter retornos médios. Embora os clientes poderosos possam ser capazes de forçar o líder em custos a reduzir o preço mesmo abaixo desse nível, provavelmente não optariam por fazê-lo. Preços suficientemente baixos para impedir que o concorrente mais próximo em termos de eficiência obtenha retornos acima da média forçariam a empresa a sair do mercado, permitindo ao líder em custos enfrentar menos concorrência em uma posição até mais forte. Dessa maneira, os clientes perderiam poder e pagariam preços mais elevados quando fossem forçados a comprar de uma única empresa operando em um setor sem rivais competitivos.

Poder de negociação dos fornecedores. O líder em custos opera com margens maiores do que aquelas da concorrência. Entre outros benefícios, as margens maiores em relação àquelas dos concorrentes tornam possível ao líder em custos absorver os aumentos de preço dos fornecedores. Quando um setor defronta-se com aumentos substanciais no custo dos suprimentos, somente o líder em custos pode ser capaz de pagar os preços mais elevados e continuar a obter retornos iguais ou superiores à média. Alternativamente, um líder em custos poderoso consegue forçar os fornecedores a manter seus preços em nível reduzido, o que diminuiria as margens dos fornecedores no processo.

Entrantes potenciais. Um líder em custos torna-se muito eficiente por meio de iniciativas contínuas para reduzir os custos a níveis menores daqueles de seus concorrentes. Pelo fato de níveis de eficiência em melhoria constante aumentarem as margens de lucro, eles agem como uma importante barreira à entrada de concorrentes potenciais. Os novos participantes precisam estar dispostos e ser capazes de aceitar retornos iguais ou inferiores à média até acumular a experiência exigida para chegar perto da eficiência do líder em custos. Os novos participantes, mesmo para obterem retornos médios, precisam ter as competências necessárias para igualar os níveis de custo dos demais concorrentes (excluindo o líder em custos). As margens de lucro reduzidas (em relação às margens obtidas pelas empresas que implementam a estratégia de diferenciação) tornam necessário para o líder em custos vender grandes volumes de seu produto para criar valor. No entanto, as empresas que se empenham para alcançar a liderança em custos precisam evitar atribuir preços muito baixos a seus produtos de tal modo que sua capacidade para operar lucrativamente fique reduzida, mesmo que o volume aumente.

Substitutos do produto. O líder em custos, em comparação a seus rivais no setor, também mantém uma posição atrativa em termos de substituto do produto. Um substituto do produto torna-se motivo de preocupação para o líder em custos quando suas singularidades e características diferenciadas mostram-se potencialmente atraentes para os clientes da empresa. A companhia, para reter clientes, pode reduzir o preço de seu bem ou serviço. O líder em custos, com preços ainda menores e níveis competitivos de diferenciação, aumenta a probabilidade de que os clientes preferirão seus produtos em vez de um substituto.

Uso da estrutura funcional para implementação da estratégia de liderança em custos

Formas diferentes da estrutura organizacional funcional são usadas para apoiar a implementação das estratégias de liderança em custos, diferenciação e estratégia integrada de liderança em custos/diferenciação. As diferenças nessas formas explicam-se principalmente pelos usos distintos de três importantes características ou dimensões estruturais: especialização (interessada no tipo e no número de cargos requeridos para execução de trabalho[70]), centralização (o grau em que a autoridade pela tomada de decisões é mantida nos níveis executivos mais elevados) e formalização (o grau em que as regras e procedimentos formais orientam o trabalho[71]).

Empresas que adotam a estratégia de liderança em custos desejam vender grandes quantidades de produtos padronizados a um cliente típico de um setor ou de um segmento. Relacionamentos hierárquicos simples, poucos níveis na estrutura de tomada de decisões e de autoridade, uma equipe corporativa centralizada e foco intenso em aperfeiçoamentos do processo por meio da função de fabricação em vez de pelo desenvolvimento de novos produtos enfatizando a P&D de produtos caracterizam a forma de liderança em custos da estrutura funcional (Figura 5.3).[72] Essa estrutura contribui para o surgimento de uma cultura de custos reduzidos — uma cultura na qual todos os empregados tentam identificar maneiras para reduzir os custos incorridos para finalizarem seu trabalho.

Em termos de centralização, a autoridade para tomada de decisões está centralizada em uma função de assessoria para manter uma ênfase em redução de custos no âmbito de cada função organizacional (por exemplo: engenharia, marketing etc.). Embora incentive reduções de custo contínuas, a equipe de colaboradores centralizada também se assegura para que os cortes de custo em uma função não venham a afetar de maneira adversa os níveis de produtividade em outras funções.

Os cargos são altamente especializados na estrutura funcional de liderança em custos. A especialização dos cargos é realizada pela divisão do trabalho em subgrupos homogêneos. As funções organizacionais representam o subgrupo mais comum, embora o trabalho seja agrupado algumas vezes com base nos produtos fabricados ou nos clientes atendidos. A especialização nas respectivas funções permite que os empregados aumentem sua eficiência, acarretando a redução dos custos da empresa. Regras e procedimentos formalizados, originados muitas vezes dos colaboradores centralizados, orientam o trabalho finalizado na forma de liderança em custos da estrutura funcional. A adoção previsível de regras e procedimentos formais cria eficiência relacionada à redução de custos. Conhecido por seu compromisso com "preços baixos todos os dias", as estruturas organizacionais funcionais do Wal-Mart nas divisões de varejo (por exemplo: Wal-Mart Stores, Supercenters, Sam's Club) e especializadas (por exemplo: Wal-Mart Vacations, Used Fixture Auctions) são formadas para diminuir os custos continuamente.[73] O empenho dos concorrentes para reproduzir o sucesso das estratégias de liderança em custos do Wal-Mart fracassou, em parte devido à estratégia eficaz da empresa – configurações estruturais em suas unidades de negócio.

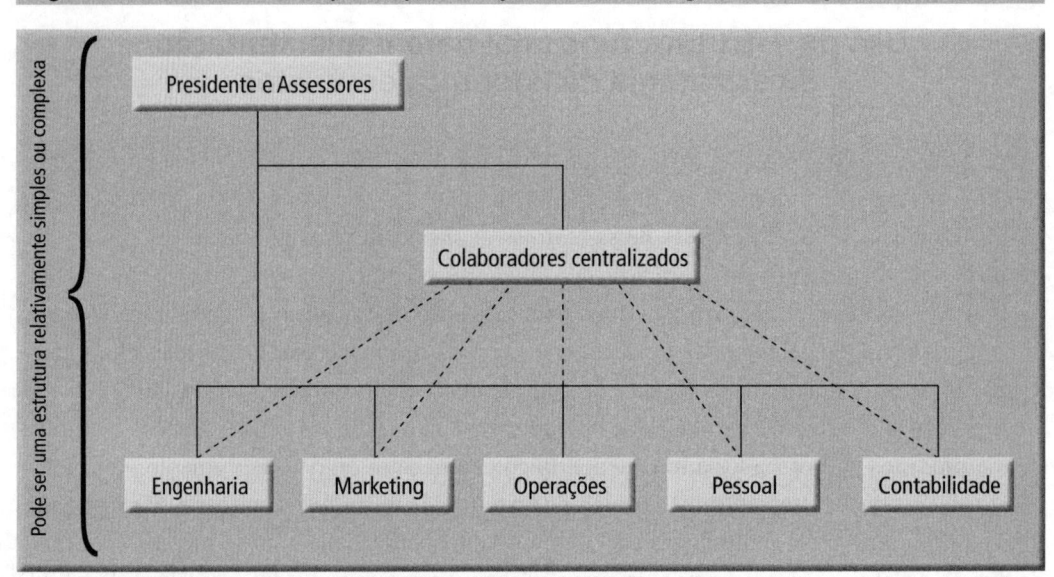

Figura 5.3: Estrutura funcional para implementação de uma estratégia de liderança em custos

Observações:
- As operações constituem a principal função
- A engenharia de processos possui preferência em relação à P&D de novos produtos
- Os colaboradores centralizados em número relativamente grande coordenam as funções
- Os procedimentos formalizados permitem o surgimento de uma cultura de custos baixos
- A estrutura geral é mecânica; as funções inerentes a cada cargo são bem estruturadas

Riscos competitivos da estratégia de liderança em custos

A estratégia de liderança em custos não é isenta de riscos. Um dos riscos seria o fato de que processos adotados pelo líder em custos para produzir e distribuir seu bem ou serviço poderiam se tornar obsoletos devido à inovação promovida pelos concorrentes. Essas inovações podem permitir que os rivais produzam a custos menores do que aqueles do líder em custos original ou ofereçam características diferenciadas adicionais sem aumento do preço do produto para os clientes.

Um segundo risco é que o líder em custos pode enfatizar a redução de custos em vez de tentar compreender as percepções que os clientes possuem dos "níveis de diferenciação competitivos". Conforme observado anteriormente, o Wal-Mart é conhecido por reduzir seus custos em base constante e agressiva. No entanto, a empresa precisa permanecer focada simultaneamente na percepção de quando uma decisão de redução de custos para a eliminação de características diferenciadas pode criar valor em um ambiente de custos baixos (por exemplo: horário de atendimento aos clientes prolongado, aumento do número de caixas para reduzir o tempo de espera dos clientes) a fim de reduzir custos para níveis ainda menores e criar uma proposição de valor sem atratividade para os clientes.

Um risco final da estratégia de liderança em custos relaciona-se à imitação. Os concorrentes, ao usarem suas próprias competências essenciais (Capítulo 4), aprendem algumas vezes a imitar de forma bem-sucedida a estratégia do líder em custos. Quando isso ocorre, o líder precisa aumentar o valor que seu bem ou serviço proporciona aos clientes. Em geral o valor é aumentado vendendo o produto existente por um preço ainda menor ou agregando características diferenciadoras que os clientes valorizam, porém, mantendo o preço.

Mesmo os líderes em custos precisam ser cautelosos quando diminuem os preços para um nível ainda menor. Se o preço que a empresa atribui a seu bem ou serviço corresponder a um nível baixo de modo irreal (um nível em que será difícil obter margens satisfatórias), as expectativas dos clientes a respeito de um preço razoável tornam-se difíceis de reverter.

Estratégia de diferenciação

Estratégia de diferenciação é um conjunto integrado de ações elaborado por uma empresa para fabricar ou prover bens ou serviços (a um custo aceitável) que os clientes consideram diferentes sob aspectos que lhes são relevantes.[74] A esfera de ação competitiva ainda permanece razoavelmente ampla, pois as empresas que adotam essa estratégia almejam vender seus produtos a um grupo numeroso de clientes. A Mary Frances Accessories adota uma estratégia de diferenciação. A companhia vende bolsas e outros acessórios femininos criados, fabricados e adornados com sofisticação para milhares de boutiques e lojas de departamentos dos Estados Unidos, como Macy's e Dillard's. A empresa, como parte de sua estratégia de diferenciação, teve suas bolsas exibidas por algumas pessoas muito influentes, incluindo Oprah Winfrey. A empresa também oferece uma variedade de mais de cem bolsas a qualquer tempo. A companhia, que emprega somente mulheres, cresceu 515% em um período de três anos, o que fez que entrasse na lista publicada pela revista *Inc.* das empresas de capital fechado que mais cresceram em 2006.[75]

Execução bem-sucedida da estratégia de diferenciação

Enquanto os líderes em custos atendem o cliente típico de um setor, os diferenciadores almejam vender a clientes que percebem que o valor é agregado em função da maneira pela qual os produtos da empresa são diferenciados. No entanto, as empresas precisam ser capazes de fabricar produtos diferenciados a custos competitivos, a fim de reduzir a pressão para o aumento do preço que os clientes pagam por eles. Quando as características diferenciadas de um produto são introduzidas por meio de custos não competitivos, o preço do produto pode exceder aquilo que os clientes almejados estão dispostos a pagar. Quando a empresa possui uma compreensão geral daquilo que seus clientes almejados valorizam, da importância relativa que atribuem à satisfação das diferentes necessidades e daquilo pelo qual estão dispostos a pagar um preço maior, a estratégia de diferenciação pode ser usada de modo bem-sucedido.[76] A chave para o sucesso em uma estratégia de diferenciação consiste em os clientes precisarem perceber que o custo adicional de um produto ou serviço é mais do que compensado por suas características diferenciadas. Bens diferenciados usualmente reconhecidos incluem sistema de som estereofônico Bose, roupas Ralph Lauren e equipamento pesado para terraplenagem Caterpillar. A McKinsey & Co., considerada por algumas pessoas a mais cara e prestigiosa empresa de consultoria, representa um exemplo bem conhecido de uma empresa que oferece serviços diferenciados.

A empresa, por meio da estratégia de diferenciação, fabrica produtos não padronizados para clientes que valorizam características diferenciadas mais do que atribuem valor ao menor custo possível. Por exemplo, confiabilidade e durabilidade superiores do produto e alto desempenho do sistema de som incluem-se entre as características diferenciadas da linha de produtos Lexus da Toyota. O *slogan* promocional usado com frequência pela Lexus – "A Busca Incansável pela Perfeição" – indica um compromisso sério com a qualidade total do produto como uma fonte de diferenciação.[77] No entanto, a Lexus oferece seus veículos aos clientes a um preço de aquisição competitivo. Conforme ocorre com os produtos Lexus, os atributos únicos de um bem ou serviço, e não seu preço de compra, proporcionam o valor que os clientes estão dispostos a pagar. De modo similar, a fabricante de vestuário Robert Talbott adota padrões rigorosos de produção e presta atenção meticulosa a todo detalhe de produção. A empresa importa tecidos exclusivos das melhores tecelagens do mundo para produzir camisas sociais masculinas. A modelagem segue um padrão específico e o corte do colarinho é preciso. De acordo com a companhia, os clientes que adquirem uma de suas camisas podem ter certeza de que estão recebendo um produto com a melhor qualidade disponível.[78] Portanto, o sucesso da Robert Talbott na produção de camisas reside na capacidade de a empresa fabricar e vender camisas diferenciadas a um preço significativamente maior do que o custo dos tecidos importados e de seus processos de fabricação exclusivos.

Uma empresa que adota a estratégia de diferenciação procura ser diferente dos concorrentes no maior número de aspectos possível. Quanto menor a similaridade entre os bens e serviços de uma empresa e aqueles dos concorrentes, mais protegida ela se encontra das ações dos rivais. Um produto pode ser diferenciado de muitas formas. Características incomuns, atendimento ao cliente com presteza, inovação rápida dos produtos, liderança estratégica, prestígio e *status* alcançados, gostos diferentes, projeto e eficiência na área de engenharia são exemplos de como efetivar a diferenciação. Para que os clientes estejam dispostos a pagar um preço elevado, "uma empresa deve ser verdadeiramente única em algo ou ser considerada como única".[79] A capacidade para vender um bem ou serviço a um preço que excede o custo de criação de suas características diferenciadas permite à empresa superar seus rivais e criar valor.

A cadeia de valor de uma empresa pode ser analisada para determinar se a empresa é capaz de vincular as atividades requeridas para criar valor usando a estratégia de diferenciação. A Figura 5.4 indica exemplos das atividades principais e de apoio comumente utilizadas para diferenciar um bem ou serviço. Companhias sem as competências essenciais necessárias para unir essas atividades não podem esperar usar a estratégia de diferenciação de modo bem-sucedido. Explicaremos, em seguida, como as empresas que adotam a estratégia de diferenciação podem posicionar-se com sucesso com relação às cinco forças da concorrência (Capítulo 4) para criar valor.

Rivalidade com os concorrentes existentes. Os clientes tendem a ser compradores fiéis de produtos diferenciados de um modo que lhes seja significativo. À medida que aumenta sua fidelidade a uma marca, diminui a sensibilidade que revelam ao preço. Isso é válido no caso das pessoas que adquirem produtos sofisticados e caros (por exemplo: automóveis de luxo e decoração personalizada de interiores em residências e escritórios). A relação entre fidelidade à marca e sensibilidade ao preço protege uma empresa da rivalidade competitiva. Portanto, a McKinsey & Co. possui proteção contra seus concorrentes, mesmo com base no preço, enquanto continua a satisfazer as necessidades diferenciadas de seu grupo de clientes. A Bose permanece protegida da rivalidade intensa enquanto os clientes continuarem a julgar que seu equipamento estereofônico oferece qualidade de som superior a um preço competitivo.

Poder de negociação dos compradores (clientes). O caráter exclusivo dos bens ou serviços diferenciados reduz a sensibilidade dos clientes aos aumentos de preço. Os clientes estão dispostos a aceitar um aumento de preço quando um produto atenderá suas necessidades únicas percebidas melhor do que consegue a oferta de um concorrente. Portanto, o jogador de golfe cujas necessidades são satisfeitas unicamente pelos tacos de golfe Callaway provavelmente continuará comprando esses produtos mesmo que o custo aumente. De modo similar, uma pessoa que tem obtido muita satisfação com uma carteira Louis Vuitton que possui há dez anos provavelmente a substituirá por outra da mesma marca, muito embora o preço seja maior do que o pago originalmente. Compradores de produtos com marca (por exemplo: ketchup Heinz e lenços de papel Kleenex) continuarão a adquiri-los mesmo a preços maiores do que produtos comparáveis enquanto julgarem que o valor adicional que estão recebendo desses produtos supera os custos adicionais.

Poder de negociação dos fornecedores. Pelo fato de a empresa que adota a estratégia de diferenciação cobrar um preço elevado por seus produtos, os fornecedores precisam suprir componentes de alta qualidade, aumentando, portanto, os custos da empresa. No entanto, as margens elevadas que a empresa obtém nesses casos a protegem parcialmente da influência dos fornecedores, pois os custos mais elevados dos suprimentos podem ser pagos valendo-se dessas margens. Alternativamente, devido à insensibilidade relativa dos compradores aos aumentos de preço, a empresa diferenciada poderia optar por transferir o custo adicional dos suprimentos ao cliente, aumentando o preço de seu produto diferenciado.

Novos entrantes potenciais. A fidelidade dos clientes e a necessidade de superar o caráter único de um produto diferenciado impõem aos novos entrantes potenciais consideráveis barreiras à sua entrada. Ingressar em um setor nessas condições exige investimentos significativos de recursos e paciência, almejando ao mesmo tempo conquistar a fidelidade dos clientes.

Figura 5.4: Exemplos de atividades de criação de valor associadas à estratégia de diferenciação

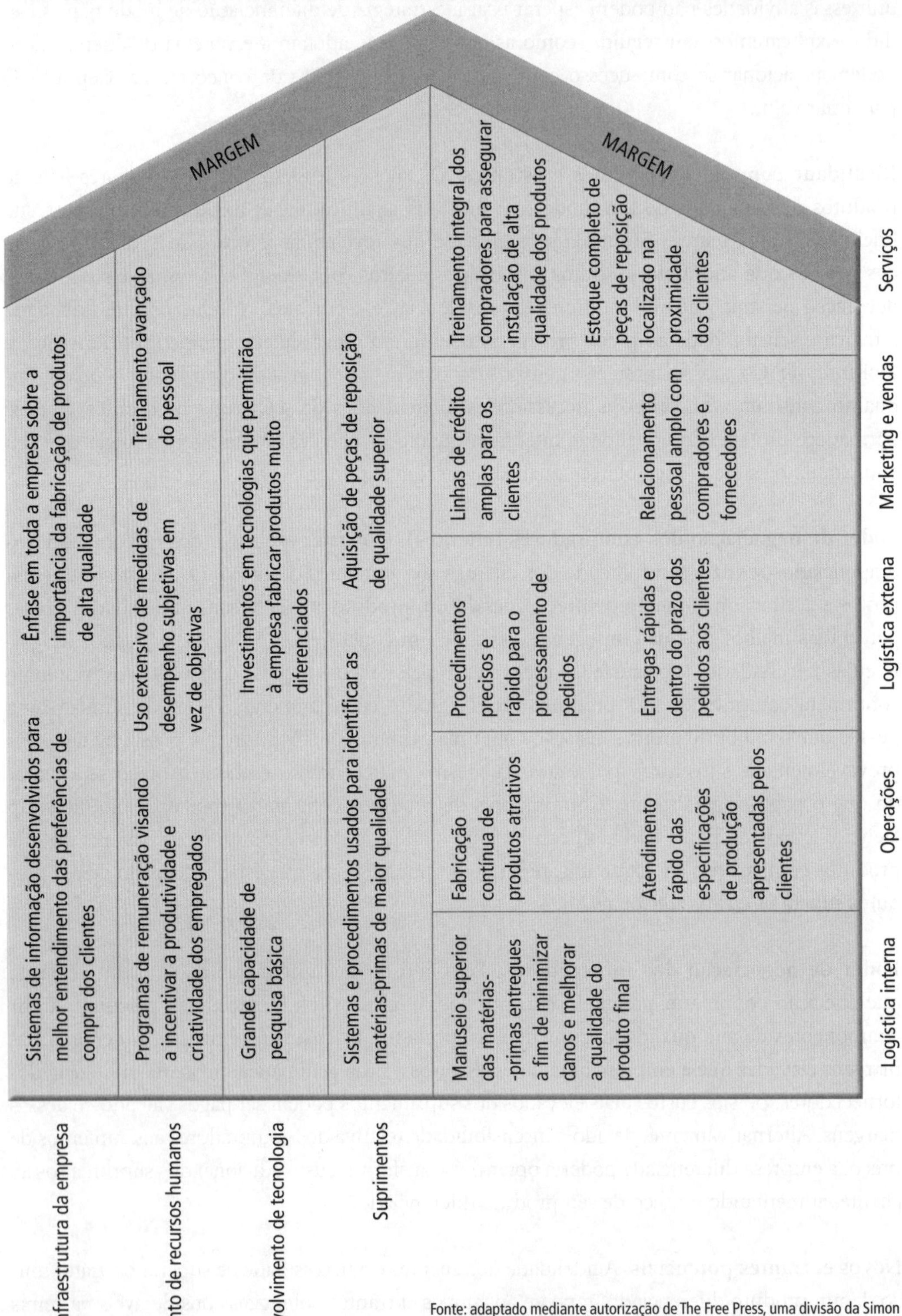

MARGEM

	Logística interna	Operações	Logística externa	Marketing e vendas	Serviços
Infraestrutura da empresa	Sistemas de informação desenvolvidos para melhor entendimento das preferências de compra dos clientes				
	Ênfase em toda a empresa sobre a importância da fabricação de produtos de alta qualidade				
Gerenciamento de recursos humanos	Programas de remuneração visando a incentivar a produtividade e criatividade dos empregados				
	Uso extensivo de medidas de desempenho subjetivas em vez de objetivas				
	Treinamento avançado do pessoal				
Desenvolvimento de tecnologia	Grande capacidade de pesquisa básica				
	Investimentos em tecnologias que permitirão à empresa fabricar produtos muito diferenciados				
Suprimentos	Sistemas e procedimentos usados para identificar as matérias-primas de maior qualidade				
	Aquisição de peças de reposição de qualidade superior				
	Manuseio superior das matérias-primas entregues a fim de minimizar danos e melhorar a qualidade do produto final	Fabricação contínua de produtos atrativos	Procedimentos precisos e rápido para o processamento de pedidos	Linhas de crédito amplas para os clientes	Treinamento integral dos compradores para assegurar instalação de alta qualidade dos produtos
		Atendimento rápido das especificações de produção apresentadas pelos clientes	Entregas rápidas e dentro do prazo dos pedidos aos clientes	Relacionamento pessoal amplo com compradores e fornecedores	Estoque completo de peças de reposição localizado na proximidade dos clientes

Fonte: adaptado mediante autorização de The Free Press, uma divisão da Simon & Schuster Adult Publishing Group, de *Competitive Advantage: Creating and Sustaining Superior Performance* por Michael E. Porter, p. 47. Copyright 1985 e 1988 by Michael E. Porter.

Substitutos do produto. As empresas que vendem bens e serviços com marca a clientes fiéis encontram-se posicionadas eficazmente em relação aos substitutos do produto. Em contraste, as companhias cujos clientes não dedicam fidelidade à marca estão sujeitas a uma maior probabilidade de os clientes passarem a comprar produtos que oferecem características diferenciadas e que desempenham a mesma função (particularmente se o substituto possuir um preço menor) ou produtos que oferecem mais características e desenvolvem funções mais atrativas.

Uso da estrutura funcional para implementação da estratégia de diferenciação

Empresas que adotam a estratégia de diferenciação fabricam produtos que os clientes consideram diferentes sob os aspectos que criam valor para eles. Relacionamento hierárquico relativamente complexo e flexível, uso frequente de equipes interfuncionais de desenvolvimento de produtos, foco intenso em marketing e P&D de produtos em vez de na fabricação e em P&D de processos (como ocorre com a forma de liderança em custos da estrutura funcional) caracterizam a forma de diferenciação da estrutura funcional (Figura 5.5). Essa estrutura contribui para o surgimento de uma cultura orientada ao desenvolvimento – cultura na qual os empregados tentam identificar maneiras para conseguir maior diferenciação dos produtos existentes e desenvolver novos produtos bem diferenciados.

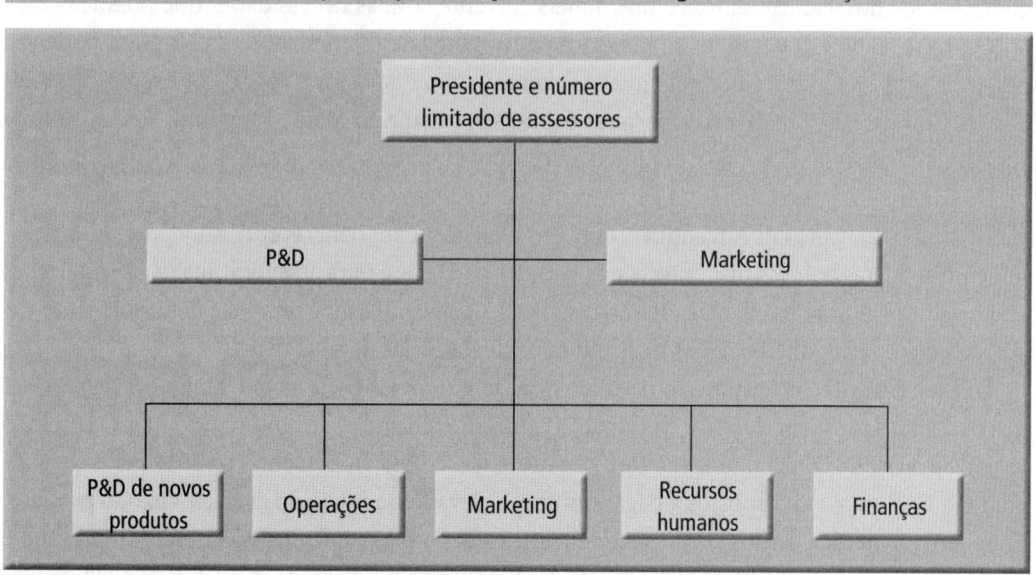

Figura 5.5: Estrutura funcional para implementação de uma estratégia de diferenciação

```
                    Presidente e número
                    limitado de assessores
                            |
              ┌─────────────┴─────────────┐
             P&D                       Marketing
              |                            |
    ┌─────────┼──────────┬──────────┬──────────┐
P&D de novos  Operações  Marketing  Recursos   Finanças
  produtos                          humanos
```

Observações:
- O marketing é a principal função para fins de acompanhamento das ideias relativas a produtos novos
- Enfatiza-se a P&D aplicada a novos produtos
- A maioria das funções é descentralizada, porém P&D e marketing podem ter colaboradores centralizados que trabalham próximos
- A formalização é limitada de modo que as ideias sobre novos produtos possam surgir facilmente e a mudança possa ser realizada mais prontamente
- A estrutura geral é orgânica; as funções inerentes aos cargos são menos estruturadas

A inovação contínua do produto exige que todos os colaboradores sejam capazes de interpretar e efetivar ações com base em informações que muitas vezes são ambíguas, incompletas e incertas. Os empregados, que se concentram no ambiente externo para identificar novas oportunidades, conseguem muitas vezes essas informações de pessoas de fora da empresa, como clientes e fornecedores. São necessárias respostas rápidas e indicadas pelas informações coletadas, sugerindo a necessidade de se descentralizar a responsabilidade e a autoridade pela tomada de decisões. Para apoiar a criatividade e a busca contínua por novas fontes de diferenciação e por novos produtos, os cargos nessa estrutura não são especializados. Essa falta de especialização significa que os trabalhadores possuem um número relativamente grande de tarefas em suas descrições de cargo. Um número reduzido de regras e procedimentos também é característico dessa estrutura. Pouca formalização, descentralização da autoridade e da responsabilidade por tomada de decisões e especialização limitada das tarefas combinam-se para criar uma estrutura na qual as pessoas interagem para trocar ideias a respeito de como diferenciar os produtos atuais, desenvolvendo ao mesmo tempo ideias para novos produtos que podem ser diferenciados visando a criação de valor para os clientes.

Riscos competitivos da estratégia de diferenciação

Conforme ocorre com as demais estratégias no nível de negócios, a estratégia de diferenciação não é isenta de riscos. Um risco seria os clientes decidirem que o diferencial de preço entre o produto do diferenciador e o produto do líder em custos é muito elevado. Nesse caso, uma empresa pode oferecer características diferenciadas que excedem as necessidades dos clientes-alvo. A empresa torna-se então vulnerável a concorrentes capazes de oferecer aos clientes uma combinação entre características e preço mais coerente com as necessidades que possuem.

Outro risco da estratégia de diferenciação é os meios de diferenciação da empresa poderem cessar de proporcionar o valor pelo qual os clientes estão dispostos a pagar. Por exemplo, a Walt Disney Company opera diversos parques temáticos, incluindo Magic Kingdom, Epcot, Animal Kingdom e Disneylândia. Cada parque oferece oportunidades educacionais e de entretenimento. No entanto, os concorrentes da Disney, como a Six Flags Corporation e a NBC Universal (Universal Studios e Islands of Adventure), também oferecem experiências educacionais e de entretenimento similares àquelas disponíveis nos parques da Disney. Para assegurar que suas instalações criem valor pelo qual os clientes estarão dispostos a pagar, a Disney reinveste continuamente em suas operações para diferenciá-las mais nitidamente daquelas de seus rivais.[80]

Um terceiro risco da estratégia de diferenciação é a experiência poder limitar as percepções que os clientes possuem do valor das características diferenciadas de um produto. Por exemplo, o valor da marca IBM conferiu uma característica diferenciada aos computadores pessoais pelos quais alguns usuários estavam dispostos a pagar um preço elevado no início do ciclo de vida do produto. Entretanto, à medida que os clientes se familiarizavam com as características usuais do produto e um grande número de empresas fabricantes de PCs entrava no mercado, a fidelidade à marca IBM deixou de criar o valor que alguns clientes estavam propensos a pagar. Os concorrentes ofereceram características similares àquelas existentes no produto IBM por um preço substancialmente menor, reduzindo a atratividade do produto IBM. No final, a IBM vendeu sua unidade de PCs para o grupo chinês Lenovo, embora tenha mantido uma participação no negócio.[81]

A falsificação é o quarto risco da estratégia de diferenciação. Fabricantes de produtos falsificados – produtos que tentam oferecer características diferenciadas aos clientes a preços significativamente reduzidos – representam uma preocupação para muitas empresas que adotam a estratégia de diferenciação. Por exemplo, o sucesso da Callaway Golf Company, obtido com a fabricação de produtos diferenciados que criam valor, aliada à crescente popularidade mundial do golfe, gerou uma grande demanda por equipamentos Callaway falsificados. Por meio do programa "Project Teed Off" (algo como "Projeto Tacada Inicial)" do Serviço Alfandegário dos EUA, os agentes federais apreenderam mais de 110 carregamentos contendo um total superior a 100 mil componentes falsificados de tacos de golfe Callaway ao longo de três anos.[82] Empresas como a Callaway também agem em conjunto com autoridades de outros países para influenciar a efetivação de legislação mais severa para as importações a fim de diminuir o fluxo de produtos falsificados.

Estratégias de enfoque

As empresas escolhem uma estratégia de enfoque quando desejam que suas competências essenciais atendam as necessidades de um segmento ou nicho específicos de um setor com exclusão dos demais. Exemplos de segmentos de mercado específicos que podem ser almejados por uma estratégia de enfoque incluem (1) um determinado grupo de compradores (por exemplo: jovens ou pessoas idosas), (2) um segmento diferente de uma linha de produtos (por exemplo: produtos para pintores profissionais ou para os adeptos do estilo "faça você mesmo") ou (3) um mercado geográfico diferente (por exemplo: o Leste ou o Oeste dos Estados Unidos).[83] Portanto, a estratégia de enfoque é um conjunto integrado de ações realizadas para produzir ou disponibilizar bens e serviços que atendam as necessidades de um determinado segmento competitivo.

Embora a amplitude de um alvo seja claramente uma questão de grau, a essência da estratégia de enfoque "é o aproveitamento das diferenças limitadas de um alvo em relação ao restante do setor".[84] As empresas que adotam a estratégia focada pretendem atender um segmento específico de um setor de modo mais eficaz do que conseguem os concorrentes em todo o setor. Elas são bem-sucedidas quando atendem bem um setor cujas necessidades únicas são tão especializadas a ponto de concorrentes com ampla base de operações optarem por não atender aquele segmento ou quando satisfazem as necessidades de um segmento sendo atendido precariamente por concorrentes de todo o setor.[85]

As empresas, por meio da adoção bem-sucedida da estratégia de enfoque, obtêm uma vantagem competitiva em nichos ou segmentos específicos do mercado, muito embora não possuam uma vantagem competitiva em todo o setor.[86] As empresas conseguem criar valor para os clientes em segmentos específicos e únicos do mercado usando a estratégia de enfoque em liderança em custos ou a estratégia da enfoque em diferenciação.

Estratégia de enfoque na liderança em custos

A Ikea, sediada na Suécia, uma empresa varejista internacional de móveis, adota a estratégia focada na liderança em custos.[87] Compradores jovens que desejam estilo a um preço baixo formam o segmento de mercado da Ikea. A empresa oferece para esses clientes móveis e acessórios que combinam *design* adequado, função e qualidade aceitável com preços baixos. De acordo com a empresa, o custo baixo se aplica a todas as fases de suas atividades. Por exemplo, em vez de depender de fabricantes externos, os engenheiros da empresa projetam um mobiliário modular e de custo econômico para montagem fácil pelos clientes. A Ikea também exibe seus produtos em ambientes parecidos com dependências residenciais, o que reduz a necessidade de vendedores ou decoradores para ajudarem o cliente a imaginar como será a aparência de um conjunto de móveis quando colocados em sua casa. Esse método requer um número menor de vendedores, permitindo à Ikea manter seus custos em um patamar reduzido. Uma terceira prática que mantém baixos os custos da Ikea é a expectativa de que os clientes transportem suas próprias compras em vez de oferecer um serviço de entrega. A Ikea garante que seus serviços e produtos "encontram-se alinhados de forma única com as necessidades de seus clientes, que são jovens, não são ricos e provavelmente têm filhos (mas não uma babá) e, por trabalharem para ganhar a vida, têm a necessidade de fazer compras em horário disponível".[88]

Empresas que prestam serviços também podem adotar uma estratégia de enfoque em liderança em custos. Morgan Lynch criou a Logoworks porque ficou chocado quando contratou uma empresa para criar uma logomarca para um de seus outros empreendimentos. A Logoworks é uma companhia *on-line* com uma equipe de 225 *designers* que criaram logos para empresas em mais de cem países. De acordo com Lynch, "o serviço com preço mais acessível envolve três *designers* por um preço de 399 dólares. Cada *designer* é pago pelo seu trabalho de criação e o profissional cuja logomarca for escolhida recebe um bônus".[89] A companhia criadora de logos na internet, ciosa de custos baixos, realizou vendas de 7,3 milhões de dólares em 2005.

Estratégia de enfoque em diferenciação

Outras empresas implementam a estratégia de enfoque em diferenciação para obter vantagem competitiva. Conforme observado anteriormente, as empresas conseguem diferenciar seus produtos de várias maneiras. A Harley-Davidson tem como foco os clientes com mais idade que demonstram possuir espírito de aventura. Na realidade, somente 15% de suas vendas são feitas para compradores com menos de 35 anos de idade. A Harley diferencia suas motocicletas com base em qualidade e imagem em vez de velocidade. A empresa efetua melhorias constantes nos modelos existentes e introduziu dez modelos novos (de um total de 38) em um intervalo de apenas dois anos. Apesar de todas essas melhorias, as motocicletas da Harley ainda possuem a aparência e o jeito de uma Harley. Conforme afirmou Jay Leno, proprietário de 80 motocicletas: "Quando você observa uma Harley 1936, a semelhança com a família de produtos da Harley moderna se mantém".[90] De acordo com Cook Neilson, ex-piloto de competições de primeira linha, "a companhia exerce um enorme domínio sobre aquilo que representa e sabe que desviar-se para algum sentido diferente seria estúpido e suicida e não vai agir dessa forma".[91] As motocicletas da Harley, apesar do preço elevado, ainda estão crescendo em termos de popularidade. Em 2006, as vendas cresceram dois dígitos e, mesmo no Japão, onde se encontra a sede das rivais Honda e Suzuki, a Harley ocupa o primeiro lugar no segmento de motocicletas de alta cilindrada.

A estratégia de enfoque em diferenciação, de modo análogo à estratégia de enfoque em liderança em custos, também se aplica a empresas prestadoras de serviços e a indústrias. O preço das ações da Live Nation Inc., criada como desmembramento da Clear Channel Communications no final de 2005, mais do que dobrou em apenas 13 meses. A companhia se concentra especificamente nos fãs de *rock and roll* dispostos a pagar 100 dólares ou mais para ver artistas em fase de amadurecimento, como Rolling Stones, Eagles e Madonna.[92]

As empresas precisam ser capazes de efetivar diversas atividades principais e de apoio de maneira competitivamente superior para obter e manter uma vantagem competitiva e criar valor com uma estratégia de enfoque. As atividades necessárias para adoção de uma estratégia de enfoque em liderança em custos são praticamente idênticas àquelas mostradas na Figura 5.2 e as atividades requeridas para a adoção da estratégia de enfoque em diferenciação são praticamente idênticas àquelas mostradas na Figura 5.4. De modo similar, cada uma das duas estratégias de enfoque permite a uma empresa lidar de modo bem-sucedido com as cinco forças competitivas de uma maneira paralela àquela descrita para a estratégia de liderança em custos e a estratégia de diferenciação. A única diferença é que a esfera de ação competitiva se desloca de um mercado que abrange todo o setor para um segmento limitado do setor. Portanto, uma análise das Figuras 5.2 e 5.4 e o texto relativo às cinco forças competitivas proporciona uma descrição do relacionamento entre cada uma das duas estratégias focadas e a vantagem competitiva.

Uso da estrutura simples ou da estrutura funcional para implementação das estratégias de enfoque

A estrutura simples é combinada com as estratégias de enfoque à medida que as empresas competem pela oferta de uma única linha de produtos em um único mercado geográfico. Restaurantes locais, oficinas mecânicas e outros empreendimentos especializados constituem exemplos de empresas que utilizam uma estrutura simples para implementar sua estratégia. No entanto, à medida que as empresas crescem, será necessária uma estrutura funcional. Caso adotem uma estratégia de enfoque em liderança em custos ou uma estratégia de enfoque em diferenciação, implementarão as estruturas funcionais ilustradas na Figura 5.3 ou na Figura 5.5, respectivamente.

Riscos competitivos das estratégias de enfoque

A empresa, com qualquer uma das estratégias de enfoque, enfrenta os mesmos riscos gerais de uma companhia que adota a estratégia de liderança em custos ou a estratégia de diferenciação com base em todo o setor. As estratégias de enfoque possuem, entretanto, três riscos adicionais.

Primeiro, um concorrente pode ser capaz de se concentrar em um segmento competitivo definido mais especificamente e "afastar o foco" da empresa que focaliza. Por exemplo, a Big Dog Motorcycles está tentando afastar o foco da Harley-Davidson, que está adotando uma estratégia mais focada na diferenciação. Enquanto a Harley se concentra na produção de motocicletas de grande porte, a Big Dog fabrica motocicletas que se destinam somente à faixa mais elevada do mercado de motocicletas de alta cilindrada – o mercado para motos *premium* usadas em grandes deslocamentos – com nomes como Pitbull, Wolf, Mastiff e Bulldog. A Big Dog tem cuidado ao diferenciar seus produtos daqueles da Harley-Davidson, citando seus motores de maior potência, pneus traseiros de banda larga, eletrônica exclusiva e freios acionados por quatro pistões como exemplo de características que criam valor. Com características diferenciadas adicionais para a criação de valor (por exemplo: capacidade de desempenho possível devido a motores maiores), a Big Dog pode ser capaz de atender melhor as necessidades de um grupo limitado de clientes.[93]

Segundo, uma companhia que compete no âmbito de todo um setor pode decidir que o segmento de mercado atendido pela empresa com estratégia de enfoque é atrativo e vale a pena ser explorado. Por exemplo, a Anne Fontaine especializa-se em criar, produzir e vender blusas brancas "exclusivamente femininas" por meio de 70 lojas próprias.[94] A nova rede de varejo Forth & Towne da Gap, Inc., direcionada a mulheres de classe alta com idade superior a 35 anos, pode representar uma ameaça direta a Anne Fontaine.[95]

O terceiro risco relacionado a uma estratégia de enfoque diz respeito ao fato de as necessidades dos clientes de um segmento competitivo limitado poderem tornar-se mais similares àquelas da totalidade dos clientes de todo um setor. Como resultado, as vantagens de uma estratégia de enfoque são reduzidas ou eliminadas. Por exemplo, em algum ponto os clientes da Harley podem começar a focar mais em velocidade e manuseio, áreas nas quais as outras grandes fabricantes de motocicletas possuem uma vantagem.

Estratégia integrada de liderança em custos/diferenciação

Nos mercados globais em particular, a capacidade da empresa para integrar os meios para concorrer necessários para a implementação das estratégias de liderança em custos e de diferenciação pode ser fundamental para a criação de vantagens competitivas. Na realidade, com os avanços tecnológicos e a globalização, muitos mercados exigem que as empresas não somente se empenhem mais que os concorrentes, mas também atuem de modo diferente e com mais argúcia.[96] Proceder desse modo requer a adoção da estratégia integrada de liderança em custos/diferenciação. Em comparação com as empresas que implementam uma estratégia de nível de negócios dominante, a companhia que usa com sucesso uma estratégia integrada de liderança em custos/diferenciação deve estar melhor posicionada para (1) adaptar-se rapidamente a mudanças ambientais, (2) absorver mais prontamente novas aptidões e tecnologias e (3) alavancar suas competências essenciais ao competir com seus concorrentes.

A Target Corporation, ao se concentrar nas necessidades de seu principal grupo de clientes (pessoas de renda mais elevada interessadas em moda e que compram em lojas com desconto), adota uma estratégia integrada. A empresa se apoia em seu relacionamento com Michael Graves para a venda de produtos para uso residencial, de jardinagem e eletrônicos; com Sonia Kashuk em cosméticos; com Mossimo em vestuário; e com Eddie Bauer em equipamento para camping e ambientes externos, entre outros, para oferecer produtos diferenciados a preços baixos. A empresa, com o compromisso de refletir uma imagem contínua de nível elevado para seu principal grupo de clientes, analisa cuidadosamente as tendências para identificar novos produtos com marca que acredita poderem satisfazer as necessidades de seus clientes.[97]

Execução bem-sucedida da estratégia integrada de liderança em custos/diferenciação

As evidências indicam uma relação entre a adoção bem-sucedida da estratégia integrada e retornos acima da média.[98] Portanto, as empresas capazes de fabricar produtos diferenciados a preços baixos podem ver a expectativa de um bom desempenho.[99] Um pesquisador constatou que as empresas que alcançam maior sucesso competindo em setores de potencial reduzido de lucro estavam realmente integrando os atributos das estratégias de liderança em custos e de diferenciação.[100] Outros pesquisadores descobriram que "as empresas que combinavam formas múltiplas de vantagem competitiva desempenhavam melhor do que aquelas identificadas com uma única forma".[101] Os resultados de um outro estudo mostraram que as companhias de maior desempenho no setor de produtos eletrônicos coreano combinavam os aspectos de criação de valor das estratégias de liderança em custos e de diferenciação.[102] Essa constatação sugere a utilidade da estratégia integrada em contextos fora dos Estados Unidos.

Ao contrário da Target, que adota a estratégia integrada de liderança em custos/diferenciação para todo o setor, a indústria Aaon, produtora de aparelhos de ar-condicionado e de aquecimento, concentra-se em uma esfera de ação competitiva específica. Assim, a Aaon está implementando uma estratégia integrada de enfoque. A empresa fabrica sistemas de ar-condicionado semicustomizados para instalação no teto das lojas de grandes varejistas, incluindo Wal-Mart, Target e Home Depot. A companhia posiciona seus sistemas instalados entre equipamento tradicional de custo econômico e sistemas customizados de padrão elevado. O objetivo da Aaon consiste em produzir e oferecer "produtos orientados ao desempenho que operam além das expectativas e proporcionam confiabilidade durante o ciclo de vida a um custo inicial razoável".[103] A capacidade industrial inovadora da empresa permite a configuração de uma linha de produção para unidades com opções especiais de recuperação de calor indisponíveis nos sistemas da faixa econômica. A combinação entre características customizadas e métodos de produção que utilizam linhas de montagem resulta em economias significativas de custo. Os preços da Aaon são aproximadamente 5% mais elevados do que os produtos da faixa econômica, porém correspondem apenas a um terço do preço de sistemas customizados comparáveis.[104] Portanto, os clientes-alvo, definidos mediante critérios precisos, recebem algumas características diferenciadas (por exemplo: opções especiais de recuperação de calor) a um custo reduzido porém não ao menor custo.

A estratégia integrada de liderança em custos/diferenciação constitui uma estratégia usual, embora difícil de implementar de modo bem-sucedido. Essa dificuldade se dá em grande parte devido ao fato de as estratégias de liderança em custos e de diferenciação enfatizarem atividades principais e de apoio diferentes. Para alcançar a posição de custo baixo, a ênfase é direcionada à engenharia de produção e de processo, com poucas alterações no produto. Para alcançar uma posição diferenciada, são enfatizados o marketing e a P&D de novos produtos, ao passo que a engenharia de produção e de processo não recebe prioridade. Portanto, a implementação bem-sucedida da estratégia integrada exige uma combinação cuidadosa entre as atividades voltadas à redução de custos e as atividades que almejam criar características de diferenciação adicionais. Esse ato de equilíbrio requer uma estrutura organizacional flexível.

Uso de uma estrutura flexível para implementação da estratégia integrada de liderança em custos/diferenciação

Como resultado da necessidade de compatibilizar os vários objetivos associados à liderança em custos e à diferenciação, o tipo de estrutura funcional necessária para a estratégia integrada deve possuir padrões flexíveis de tomada de decisão que sejam parcialmente centralizados e em parte descentralizados. Além disso, os cargos são menos especializados do que em uma estrutura funcional tradicional, resultando em empregados que sejam mais sensíveis à necessidade de um equilíbrio entre custo baixo e diferenciação. Algumas empresas usam produtos modulares para criar diferenciação (customização mais fácil) e manter simultaneamente os custos em nível reduzido. Empresas que usam produtos modulares muitas vezes também adotam estruturas organizacionais modulares para implementar a estratégia de produtos modulares. Estruturas modulares são mais flexíveis e menos hierárquicas.[105]

Um compromisso com a flexibilidade estratégica (Capítulo 1) é necessário para que empresas como a Target e a Aaon usem de maneira satisfatória a estratégia integrada de liderança em custos/diferenciação. A flexibilidade estratégica resulta do desenvolvimento de sistemas, procedimentos e métodos que capacitem uma empresa a responder de modo rápido e eficaz às oportunidades que reduzem custos ou aumentem a diferenciação. Em virtude da necessidade de flexibilidade estratégica adicional, processos de outros sistemas ajudam a facilitar a implementação da estratégia integrada. Sistemas de produção flexíveis, redes de informação e sistemas de gerenciamento da qualidade total constituem três fontes de flexibilidade estratégica que facilitam o uso da estratégia integrada. Valiosa para o uso bem-sucedido de cada estratégia no nível de negócios, a flexibilidade estratégica proporcionada por essas três ferramentas é especialmente importante para as empresas que tentam compatibilizar os objetivos de reduções de custos contínuas e as melhorias contínuas nas fontes de diferenciação.

Sistemas flexíveis de manufatura. As tecnologias da informação modernas ajudaram a tornar possível os sistemas de produção flexíveis (FMS – flexible manufacturing systems). Esses sistemas aumentam a "flexibilidade dos recursos humanos, físicos e de informação" que a empresa integra visando a criação de produtos diferenciados a custos baixos.[106] Um sistema flexível de manufatura (FMS) é um processo controlado por computador usado para fabricar uma variedade de produtos em quantidades moderadas e flexíveis com o mínimo de intervenção manual.[107] Particularmente nas situações em que as peças forem muito pesadas para as pessoas manusearem ou quando outros métodos forem menos eficazes para a criação de flexibilidade na fabricação e na montagem, os robôs fazem parte integrante do uso de um FMS.[108] Apesar de ser algo promissor, somente uma em cada cinco empresas da lista *Fortune 1000* utiliza as capacidades de um FMS.[109]

A meta de um FMS consiste em eliminar a opção "custo baixo *versus* variedade de produtos" inerente às tecnologias de fabricação tradicionais. As empresas usam um FMS para passar de modo rápido e fácil da fabricação de um produto para a de outro.[110] O FMS, quando usado adequadamente, permite à empresa responder mais eficazmente às alterações nas necessidades de seus clientes, mantendo ao mesmo tempo vantagens de custo baixo e qualidade do produto constante.[111] Em virtude de um FMS também capacitar a empresa a reduzir o tamanho do lote necessário para fabricar um produto eficientemente, a empresa aumenta sua capacidade para atender as necessidades únicas de uma esfera de ação competitiva limitada. Portanto, a tecnologia FMS representa um avanço tecnológico significativo que permite às empresas produzirem uma grande variedade de produtos a um custo relativamente baixo. Levi Strauss, por exemplo, usou um FMS para fabricar jeans femininos que possuem as medidas exatas desse segmento do mercado. Os clientes da Andersen Windows conseguem projetar suas próprias janelas usando um *software* patenteado que a empresa criou. As fabricantes de pneus Pirelli e Goodyear estão utilizando robôs e outras tecnologias avançadas como parte de seu empenho para transformar o método tradicional moroso, complexo e oneroso de fabricação de pneus em um sistema mais flexível e prático.[112]

O uso eficaz de um FMS está relacionado com a capacidade da empresa de compreender as limitações que esses sistemas podem criar (por exemplo: em termos de manuseio de materiais e do fluxo dos recursos de apoio na programação) e criar uma combinação eficaz entre máquinas, sistemas de computadores e pessoas.[113] Nos setores de prestação de serviços, os processos usados precisam ser suficientemente flexíveis para aumentar a velocidade da efetivação dos serviços e para satisfazer as necessidades mutáveis dos clientes. Nos setores de todos os tipos, combinações eficazes entre os ativos tangíveis da empresa (por exemplo: máquinas) e os ativos intangíveis (por exemplo: aptidão dos colaboradores) facilitam a implementação de estratégias competitivas complexas, especialmente a estratégia integrada de liderança em custos/diferenciação.[114]

Redes de informação. Ao unirem as companhias com seus fornecedores, distribuidores e clientes, as redes de informação proporcionam outra forma de flexibilidade estratégica. Essas redes, quando usadas corretamente, facilitam as iniciativas da empresa para satisfazer as expectativas dos clientes em termos de qualidade do produto e rapidez de entrega.[115] Por exemplo, o gerenciamento do relacionamento com os clientes (CRM – customer relationship management) representa uma forma de processo em rede com base em informação que as empresas adotam para entenderem melhor os clientes e suas necessidades. O sistema CRM eficaz proporciona uma visão em 360° do relacionamento da companhia com os clientes, abrangendo todos os pontos de contato, envolvendo todos os processos empresariais e incorporando toda a mídia de comunicação e todos os canais de venda.[116] Depois a empresa pode usar essa informação para determinar as opções a serem feitas por seus clientes entre características diferenciadas e custo baixo, o que é vital para companhias que adotam a estratégia integrada de liderança em custos/diferenciação.

As redes de informação também são importantes para o estabelecimento e o uso bem-sucedido de um sistema integrado de gestão empresarial (ERP – enterprise resource planning). O ERP é um sistema de informação usado para identificar e planejar os recursos necessários no âmbito da empresa a fim de receber, registrar, produzir e despachar os pedidos dos clientes.[117] Por exemplo, a equipe de vendas da Aviall, distribuidora de peças para aeronaves, utiliza equipamento portátil para a leitura ótica das etiquetas com códigos de barra nos depósitos localizados nas dependências dos clientes a fim de determinar quando as peças devem ser reestocadas. Os dados colhidos por meio desse procedimento são enviados pela internet à área de apoio de estocagem e ao ERP, permitindo que o processo de atendimento de pedidos inicie alguns minutos após a leitura ótica.[118] O crescimento do número de aplicações do ERP como aquele adotado pela Aviall tem sido significativo.[119] A instalação completa de um ERP é onerosa, podendo atingir dezenas de milhões de dólares para aplicações em larga escala.

O aumento da eficiência para a empresa como um todo é o principal objetivo da utilização do ERP. Melhorias de eficiência resultam do uso de sistemas por meio dos quais dados financeiros e operacionais são transferidos rapidamente entre os departamentos. A transferência de dados de venda da equipe de vendedores da Aviall para o ponto de entrada dos pedidos nas instalações industriais da companhia demonstra a movimentação rápida de informações de uma função para outra. A integração de dados entre as partes envolvidas com o detalhamento das especificações do produto e em seguida a fabricação e a distribuição, de uma forma que seja coerente com as necessidades únicas dos clientes, capacitam a empresa a responder com flexibilidade às preferências dos clientes relativas ao custo e à diferenciação.

Sistemas de gerenciamento da qualidade total. Nas décadas de 1970 e 1980, os executivos das empresas ocidentais, incluindo os Estados Unidos, reconheceram que o sucesso de suas empresas e mesmo a sobrevivência em alguns setores (por exemplo: produção automobilística) dependiam da criação de uma capacidade para aperfeiçoar a qualidade de seus bens e serviços, reduzindo simultaneamente suas estruturas de custo. Os custos relativamente baixos de produtos de alta qualidade de inúmeras companhias japonesas enfatizaram essa mensagem com clareza marcante.[120]

Empenhados em fazer a coisa certa por meio do aumento da eficiência, os sistemas de gerenciamento da qualidade total (GQT) são usados em empresas de diversos países e regiões econômicas para aumentar suas competitividade.[121] Os sistemas GQT incorporam as definições de qualidade dos clientes em vez de aquelas designadas pela empresa e requerem que a empresa se concentre nas causas que originam um problema em vez de focar nos sintomas.[122] Uma premissa básica subjacente ao uso de um sistema GQT é que "os custos da qualidade inferior (como inspeção, remanufatura, clientes perdidos e assim por diante) são muito superiores aos custos de desenvolvimento de processos que geram produtos e serviços de qualidade elevada".[123]

As empresas usam os sistemas GQT para cumprir diversos objetivos, incluindo (1) aumento da satisfação dos clientes, (2) redução de custos e (3) diminuição do período de tempo exigido para a introdução de produtos inovadores no mercado.[124] Alcançar esses objetivos aumenta a flexibilidade de uma empresa e facilita a adoção de todas as estratégias no nível de negócios. No entanto, os resultados sugeridos por esses objetivos são particularmente importantes para as empresas que implementam a estratégia integrada de liderança em custos/diferenciação. No mínimo, atender (e talvez superar) as expectativas dos clientes em relação à qualidade constitui uma característica de diferenciação, e a eliminação da influência nos processos permite que a empresa ofereça aquela qualidade a um custo relativamente baixo. Portanto, um sistema GQT eficaz ajuda a empresa a desenvolver a flexibilidade necessária para identificar oportunidades para aumentar a diferenciação ou reduzir os custos simultaneamente.

Riscos competitivos da estratégia integrada de liderança em custos/diferenciação

O potencial de criação de valor pelo uso bem-sucedido de uma estratégia integrada de liderança em custos/diferenciação é atrativo. No entanto, a experiência mostra que o risco substancial acompanha esse potencial. A seleção de uma estratégia no nível de negócios exige que a companhia faça escolhas a respeito de como pretende concorrer.[125] Atingir uma posição de custo baixo em um setor ou em um segmento de setor usando uma estratégia focada exige que a empresa reduza seus custos em relação aos custos dos concorrentes. A adoção da estratégia de diferenciação, seja por meio de uma esfera de ação competitiva que abranja todo o setor (alvo amplo) ou focada (alvo limitado) (Figura 5.1), exige que a empresa ofereça a seus clientes bens ou serviços diferenciados que eles valorizam e pelos quais estão dispostos a pagar um preço elevado.

A empresa que usa uma estratégia integrada e, no entanto, falha em estabelecer uma posição de liderança arrisca-se a permanecer "imobilizada no meio".[126] Ocupar essa posição impede a empresa de lidar de modo bem-sucedido com as forças competitivas em seu setor e de possuir uma vantagem competitiva marcante. A empresa não será capaz de criar valor e terá capacidade para obter apenas retornos médios apenas quando a estrutura do setor no qual concorre for grandemente favorável ou se os seus concorrentes também ocuparem a mesma posição.[127] Sem essas condições, a empresa obterá retornos abaixo da média. Portanto, as companhias que implementam a estratégia integrada de liderança em custos/diferenciação, como a Target e a Aaon, precisam certificar-se de que suas ações competitivas lhes permitem oferecer algumas características diferenciadas que seus clientes valorizam e proporcionar-lhes produtos a um custo relativamente baixo ao mesmo tempo.

Existe pouca ou nenhuma evidência apontada por pesquisas de que os atributos das estratégias de liderança em custos e de diferenciação não possam ser integrados de maneira eficaz.[128] A estratégia integrada constitui portanto uma escolha estratégica apropriada para empresas com competências essenciais exigidas para a fabricação de produtos com alguma diferenciação a custos relativamente baixos. Também é importante que a estrutura adequada contendo processos adicionais seja usada para facilitar a implementação correta da estratégia.

Resumo

- Uma estratégia no nível de negócios é um conjunto integrado e coordenado de compromissos e ações que a empresa usa para obter uma vantagem competitiva valendo-se das competências essenciais em mercados específicos. Este capítulo examinou cinco estratégias no nível de negócios: liderança em custos; diferenciação; enfoque em liderança em custos; enfoque em diferenciação; e liderança em custos/diferenciação integradas. A competitividade estratégica de uma empresa aumenta quando ela é capaz de desenvolver e aproveitar novas competências essenciais com maior velocidade do que os concorrentes conseguem imitar as vantagens competitivas geradas pelas competências atuais da empresa.

- Os clientes representam o fundamento das estratégias no nível de negócios bem-sucedidos. Uma empresa, quando analisa os clientes, examina simultaneamente quem atender (que grupos de clientes), o que desejam (as necessidades que uma empresa procura satisfazer) e como atendê-las (as competências essenciais que atenderão essas necessidades). A segmentação de mercado crescente em toda a economia global cria oportunidades para que as empresas identifiquem as necessidades específicas dos clientes.

- Estratégia e estrutura influenciam-se mutuamente, embora a estratégia exerça uma influência geral mais intensa sobre a estrutura. As pesquisas indicam que as empresas tendem a mudar de estrutura quando o desempenho ruim as força a tomar essa atitude. Gerentes eficazes preveem a necessidade de mudança estrutural, alterando rapidamente a estrutura para ajustar melhor as necessidades para implementação da estratégia quando a realidade requer essa ação.

- As estratégias no nível de negócios são implementadas por meio da estrutura funcional. A estratégia de liderança em custos requer uma estrutura funcional centralizada na qual são enfatizadas a eficiência da produção e a engenharia de processo. A estrutura funcional de estratégia de diferenciação descentraliza as decisões relacionadas à implementação, especialmente as relacionadas a marketing, e enfatiza aquelas envolvidas com funções organizacionais específicas. Estratégias de enfoque, adotadas com frequência em pequenas empresas, requerem uma estrutura simples até a ocasião em que a empresa diversifique em termos de produtos ou mercados. A estratégia integrada de liderança em custos baixos/diferenciação requer uma estrutura funcional com processos bem desenvolvidos para gerenciar a centralização parcial e os cargos que são semiespecializados.

- As empresas que almejam obter vantagem competitiva por meio da estratégia de liderança em custos fabricam produtos padronizados sem sofisticação para o cliente típico de um setor. Esses produtos de custo baixo precisam ser oferecidos com níveis de diferenciação competitivos. Retornos acima da média são obtidos quando as empresas diminuem seus custos em relação aos de seus concorrentes, proporcionando ao mesmo tempo produtos que possuem preços baixos e níveis aceitáveis de características diferenciadas.

- Os riscos competitivos associados à estratégia de liderança em custos incluem (1) uma perda de vantagem competitiva para tecnologias mais novas, (2) uma incapacidade para perceber alterações nas necessidades dos clientes e (3) a capacidade dos concorrentes de imitar a vantagem competitiva do líder em custos por meio de suas próprias ações estratégicas únicas.

- A estratégia de diferenciação capacita as empresas a oferecerem aos clientes produtos que possuem características diferentes (e valorizadas). Produtos diferenciados devem ser vendidos a um custo que os clientes julguem ser competitivo tendo em vista as características do produto comparativamente à combinação entre custo e característica disponível por meio das ofertas dos concorrentes. Os bens e serviços diferenciados são vendidos a um preço elevado devido à sua unicidade. Os produtos podem ser diferenciados em função de qualquer aspecto que um grupo de clientes valorize. As empresas que adotam essa estratégia procuram diferenciar seus produtos daqueles dos bens ou serviços dos concorrentes sob o maior número de aspectos possível. Quanto menor a similaridade com os produtos dos concorrentes, mais protegida a empresa se encontra da concorrência com seus rivais.

- Os riscos associados à estratégia de diferenciação incluem (1) a decisão de um grupo de clientes de que as diferenças entre o produto diferenciado e o bem ou serviço do líder em custos deixaram de justificar um preço elevado, (2) a incapacidade de um produto diferenciado criar o tipo de valor pelo qual os clientes estão dispostos a pagar um preço elevado, (3) a capacidade dos concorrentes para oferecer aos clientes produtos que possuam características similares àquelas associadas ao produto diferenciado, porém a um custo menor e (4) a ameaça de falsificação, pela qual as empresas oferecem uma imitação barata de um bem ou serviço diferenciado.

- Por meio das estratégias de enfoque em liderança em custos e em diferenciação, as empresas atendem as necessidades de um segmento competitivo limitado (por exemplo: um grupo de compradores, um produto para um segmento ou uma área geográfica). Essa estratégia é bem-sucedida quando as empresas possuem as capacidades básicas exigidas para proporcionar valor a um segmento competitivo limitado que exceda o valor disponível das empresas que atendem clientes de todo um setor.

- Os riscos competitivos das estratégias de enfoque incluem (1) a capacidade de um concorrente usar suas competências essenciais para "desviar o foco" da empresa que usa uma estratégia focada em um segmento competitivo definido até mais limitadamente, (2) as decisões dos concorrentes de todo o setor para atender as necessidades específicas de um grupo de clientes que a empresa que adota a estratégia focalizada atendia e (3) uma redução das diferenças das necessidades entre clientes em um segmento competitivo limitado e o mercado em todo o setor.

- As empresas que adotam a estratégia integrada de liderança em custos/diferenciação empenham-se para oferecer aos clientes produtos de custo relativamente baixo que possuam alguma característica diferenciada e valorizada. O principal risco dessa estratégia é a empresa poder fabricar produtos que não oferecem valor suficiente em termos de custo baixo ou diferenciação. Quando isso ocorre, a companhia permanece "imobilizada no meio", concorrendo em situação desvantajosa e incapaz de obter retornos acima da média.

Questões éticas

1. Um compromisso com a conduta ética em temas como ambiente, qualidade do produto e cumprimento de obrigações contratuais consegue afetar a vantagem competitiva de uma empresa? Em caso afirmativo, de que maneira?

2. Existem mais incentivos para diferenciadores ou líderes em custos adotarem uma conduta ética mais rigorosa?

3. Uma ênfase excessiva na liderança em custos ou na diferenciação conduz a desafios éticos?

4. Uma imagem da marca constitui uma forma pela qual uma empresa pode diferenciar seu bem ou serviço. No entanto, muitos aspectos têm sido questionados a respeito do efeito que a imagem da marca exerce sobre o comportamento dos consumidores. Por exemplo, surgiu uma grande preocupação a respeito de imagens de marcas gerenciadas por empresas produtoras de

cigarro e o efeito sobre o hábito de fumar dos adolescentes. As empresas deveriam preocupar-se a respeito de como formam e usam imagens da marca? Por quê?

5. Até que ponto um determinado gerente deve se preocupar com a precisão das alegações que a empresa faz em sua propaganda a respeito de seus produtos?

Referências bibliográficas

1. GAVETTI, G.; LEVINTHAL, D. A.; RIVKIN, J. W. Strategy making in novel and complex worlds: The power of analogy. *Strategic Management Journal*, 26, 2005. p. 691-712.
2. STOPFORD, J. Should strategy makers become dream weavers? *Harvard Business Review*, 79(1), 2001. p. 165-169.
3. DE KLUYVER, C. A. *Strategic Thinking*, Upper Saddle River, NJ: Prentice Hall, 2000. p. 3.
4. R. KAPLAN, S.; NORTON, D. P. *The Strategy-Focused Organization*, Boston: Harvard Business School Press, 2001. p. 90.
5. KETCHEN JR., D. J.; SNOW, C. C.; STREET, V. L. Improving firm performance by matching strategic decision-making processes to competitive dynamics. *Academy of Management Executive*, 18(4), 2004. p. 29-43; IRELAND, R. D.; HITT, M. A.; CAMP, S. M.; SEXTON, D. L. Integrating entrepreneurship and strategic management actions to create firm wealth. *Academy of Management Executive*, 15(1), 2001. p. 49-63.
6. PARK, N.; MEZIAS, J. M.; SONG, J. Increasing returns, strategic alliances, and the values of e-commerce firms. *Journal of Management*, 30, 2004. p. 7-27; RINDOVA, V. P.; FOMBRUN, C. J. Constructing competitive advantage: The role of firm-constituent interactions. *Strategic Management Journal*, 20, 1999. p. 691-710; DESS, G. G.; GUPTA, A.; HENNART, J. F.; HILL, C. W. L. Conducting and integrating strategy research at the international, corporate, and business levels: Issues and directions. *Journal of Management*, 21, 1995. p. 357-393.
7. BARNEY, J. B.; MACKEY, T. B. Testing resourcebased theory. In: KETCHEN JR., D. J.; BERGH, D. D. (eds.). *Research Methodology in Strategy and Management*, 2ª. ed., Londres: Elsevier, 2005. p. 1-13; BOWMAN, E. H.; HELFAT, C. E. Does corporate strategy matter? *Strategic Management Journal*, 22, 2001. p. 1-23.
8. PORTER, M. E. *Competitive Strategy*, Nova York: The Free Press, 1980.
9. HAMBRICK, D. C.; FREDRICKSON, J. W. Are you sure you have a strategy? *Academy of Management Executive*, 15(4), 2001. p. 48-59.
10. DOBNI, C. B.; LUFFMAN, G. Determining the scope and impact of market orientation profiles on strategy implementation and performance. *Strategic Management Journal*, 24, 2003. p. 577-585; HAMEL, G. *Leading the Revolution*, Boston: Harvard Business School Press, 2000. p. 71.
11. SLATER, S. F.; OLSEN, E. M. Strategy type and performance: The influence of sales force management. *Strategic Management Journal*, 21, 2000. p. 813-829; PORTER, M. E. *On Competition*, Boston: Harvard Business School Press, 1998.
12. SHIMIZU, K.; HITT, M. A. Strategic flexibility: Organizational preparedness to reverse ineffective strategic decisions. *Academy of Management Executive*, 18(4), 2004. p. 44-59; GELETKANYCZ, M. A.; BLACK, S. S. Bound by the past? Experience-based effects on commitment to the strategic status quo. *Journal of Management*, 27, 2001. p. 3-21; HELFAT, C. E. Know-how and asset complementarity and dynamic capability accumulation: The case of R&D. *Strategic Management Journal*, 18, 1997. p. 339-360.
13. IRELAND, R. D.; MILLER, C. C. Decision-making and firm success. *Academy of Management Executive*, 18(4), 2005. p. 8-12; JANNEY, J. J.; DESS, G. G. Can real-options analysis improve decision making? Promises and pitfalls. *Academy of Management Executive*, 18(4), 2004. p. 60-75.
14. HAMEL. *Leading the Revolution*.
15. TIHANYI, L.; ELLSTRAND, A. E.; DAILY, C. M.; DALTON, D. R. Composition of top management team and firm international diversification. *Journal of Management*, 26, 2000. p. 1.157-1.177; DRUCKER, P. F. *Management in the 21st Century*, Nova York: Harper Business, 1999.
16. DE KLUYVER. *Strategic Thinking*. p. 7.
17. PORTER, M. E. What is strategy? *Harvard Business Review*, 74(6), 1996. p. 61-78.
18. PORTER, M. E. *Competitive Advantage*, Nova York: The Free Press, 1985. p. 26.
19. PORTER. *Competitive Strategy*.
20. PORTER, M. E. Toward a dynamic theory of strategy. In: RUMELT, R. P.; SCHENDEL, D. E.; TEECE, D. J. (eds.). *Fundamental Issues in Strategy*, Boston: Harvard Business School Press, 1994. p. 423-461.
21. PORTER. What is strategy? p. 62.
22. PORTER. *Competitive Advantage*. p. 15.
23. DESS, G. G.; LUMPKIN, G. T.; MCGEE, J. E. Linking corporate entrepreneurship to strategy, structure, and process: Suggested research directions. *Entrepreneurship: Theory & Practice*, 23(3), 1999. p. 85-102; WRIGHT, P. M.; SMART, D. L.; MCMAHAN, G. C. Matches between human resources and strategy among NCAA basketball teams. *Academy of Management Journal*, 38, 1995. p. 1.052-1.074.
24. BROUTHERS, L. E.; O'DONNELL, E.; HADJIMARCOU, J. Generic product strategies for emerging market exports into triad nation markets: A mimetic isomorphism approach. *Journal of Management Studies*, 42, 2005. p. 225-245.
25. WEBSTER JR., F. E.; MALTER, A. J.; GANESAN, S. The decline and dispersion of marketing competence. *MIT Sloan Management Review*, 6(4), 2005. p. 35-43; BERRY, L. L. The old pillars of new retailing. *Harvard Business Review*, 79(4), 2001. p. 131-137.
26. IRWIN, N. Motley Fool branches out. *Washington Post*, 22 mai. 2001. p. B5.
27. SCHRAGE, M. Don't scorn your salespeople – you will soon be one. *Fortune*, 14 mai. 2001. p. 256; PEPPERS, D.; ROGERS, M.; DORF, B. Is your company ready for one-to-one marketing? *Harvard Business Review*, 77(5), 1999. p. 59-72.
28. BRODSKY, N. It's hard to make Inc. 500 if you're always churning clients, *Inc.* magazine, set. 2006. p. 57.
29. SEYBOLD, P. B. Get inside the lives of your customers. *Harvard Business Review*, 79(5), 2001. p. 81-89.
30. PORTER, M. E. Strategy and the Internet. *Harvard Business Review*, 79(3), 2001. p. 62-78.
31. WALKER, L. Plugged in for maximum efficiency. *Washington Post*, 20 jun. 2001. p. G1, G4.
32. TEDESCHI, B. Women are keen to shop online; merchants are eager to oblige. *New York Times*, http://www.nytimes.com, 6 jun. 2005.
33. REED II, A.; BOLTON, L. E. The complexity of identity. *MIT Sloan Management Review*, 46(3), 2005. p. 18-22.
34. LAMB JR., C. W.; HAIR JR., J. F.; MCDANIEL, C. *Marketing*, 8ª. ed., Mason: Thomson/South-Western, 2006. p. 224; DUTRA, A.; FRARY, J.; WISE, R. Higher-order needs drive new growth in mature consumer markets. *Journal of Business Strategy*, 25(5), 2004. p. 26-34; NEAL, W. D.; WURST, J. Advances in market segmentation. *Marketing Research*, 13(1), 2001. p. 14-18; JAIN, S. C. *Marketing Planning and Strategy*, Cincinnati: South-Western, 2000. p. 104-125.

35. Hassan, S. S.; Craft, S. H. Linking global market segmentation decisions with strategic positioning options. *Journal of Consumer Marketing*, 22(2/3), 2005. p. 81-88.
36. Porsche, http://www.porsche.com/usa, 30 jan. 2007; 2007, Rolls-Royce, Trusted to deliver excellence, http://www.rolls-royce.com, 30 jan. 2007.
37. GM, Vehicle showroom, http://www.gm.com, 30 jan. 2007.
38. Unions and Gen-X: What does the future hold? *HR Focus*, mar. 2003. p. 3; Marshall, F. Storehouse wakes up to Gen-X employees. *Furniture Today*, 10 fev. 2003. p. 2-3; Pereira, J. Best on the street. *Wall Street Journal*, 12 mai. 2003. p. R7; Aaker, D. A. *Strategic Marketing Management*, 5ª. ed., Nova York: Wiley, 1998. p. 20.
39. Saks Fifth Avenue, http://www.saksfifthavenue.com, 30 jan. 2007.
40. Hill, C. W. L.; Rothaermel, F. T. The performance of incumbent firms in the face of radical technological innovation. *Academy of Management Review*, 28, 2003. p. 257-274; King, A. W.; Fowler, S. W.; Zeitham, C. P. Managing organizational competencies for competitive advantage: The middlemanagement edge. *Academy of Management Executive*, 15(2), 2001. p. 95-106; Porter. Strategy and the Internet. p. 72.
41. SAS Institute. The power to know, http://www.sas.com, 30 jan. 2007; O'Reilly III, C. A.; Pfeffer, J. *Hidden Value: How Great Companies Achieve Extraordinary Results with Ordinary People*, Boston: Harvard Business School Press, 2000. p. 102.
42. Vans Inc., http://www.vans.com, 30 jan. 2007; Weintraub, A.; Khermouch, G. Chairman of the board. *Business Week*, 28 maio 2001. p. 94.
43. Burns, T.; Stalker, G. M. *The Management of Innovation*, Londres: Tavistok, 1961; Lawrence, P. R.; Lorsch, J. W. *Organization and Environment*, Homewood: Richard D. Irwin, 1967; Woodward, J. *Industrial Organization: Theory and Practice*, Londres: Oxford University Press, 1965.
44. Sine, W. D.; Mitsuhashi, H.; Kirsch, D. A. Revisiting Burns and Stalker: Formal structure and new venture performance in emerging economy sectors. *Academy of Management Journal*, 49, 2006. p. 121-132; Kim, H.; Hoskisson, R. E.; Tihanyi, L.; Hong, J. Evolution and restructuring of diversified business groups in emerging markets: The lessons from chaebols in Korea. *Asia Pacific Journal of Management*, 21, 2004. p. 25-48; Jenster, P.; Hussey, D. *Company Analysis: Determining Strategic Capability*, Chichester: Wiley, 2001. p. 135-171; Teece, D. J.; Pisano, G.; Shuen, A. Dynamic capabilities and strategic management. *Strategic Management Journal*, 18, 1997. p. 509-533.
45. Keats, B.; O'Neill, H. Organizational structure: Looking through a strategy lens. In: Hitt, M. A.; Freeman, R. E.; Harrison, J. S. (eds.). *Handbook of Strategic Management*, Oxford: Blackwell Publishers, 2001. p. 520-542; Galbraith, J. R. *Designing Organizations*, São Francisco: Jossey-Bass, 1995. p. 6.
46. Leavitt, H. J. Why hierarchies thrive. *Harvard Business Review*, 81(3), 2003. p. 96-102; Rindova, V. P.; Kotha, S. Continuous "morphing": Competing through dynamic capabilities, form, and function. *Academy of Management Journal*, 44, 2001. p. 1263-1380.
47. Barth, H. Fit among competitive strategy, administrative mechanisms, and performance: A comparative study of small firms in mature and new industries. *Journal of Small Business Management*, 41(2), 2003. p. 133-147; Covin, J. G.; Slevin, D. P.; Heeley, M. B. Strategic decision making in an intuitive vs. technocratic mode: Structural and environmental consideration. *Journal of Business Research*, 52, 2001. p. 51-67.
48. Sengul, M. Divisionalization: Strategic effects of organizational structure, trabalho apresentado durante a 21st Annual Strategic Management Society Conference, San Francisco, out. 2001.
49. Keats; O'Neill. Organizational structure. p. 531.
50. Levicki, C. *The Interactive Strategy Workout*, 2ª. ed., Londres: Prentice Hall, 1999.
51. Chrisman, J. J.; Bauerschmidt, A.; Hofer, C. W. The determinants of new venture performance: An extended model. *Entrepreneurship: Theory & Practice*, 23(3), 1998. p. 5-29; O'Neill, H. M.; Pouder, R. W.; Buchholtz, A. K. Patterns in the diffusion of strategies across organizations: Insights from the innovation diffusion literature. *Academy of Management Review*, 23, 1998. p. 98-114.
52. Galbraith. *Designing Organizations*. p. 25.
53. Keats; O'Neill. Organizational structure. p. 539.
54. Lawrence; Lorsch. *Organization and Environment*.
55. Williamson, O. E. *Markets and Hierarchies: Analysis and Anti-trust Implications*, Nova York: The Free Press, 1975.
56. Chandler, A. *Strategy and Structure*, Cambridge: MIT Press, 1962.
57. Greco, J. Alfred P. Sloan, Jr. (1875-1966): The original organizational man. *Journal of Business Strategy*, 20(5), 1999. p. 30-31.
58. Porter. *Competitive Strategy*, p. 35-40.
59. Capell, K. "Wal-Mart" with wings. *Business Week*, 27 nov. 2006. p. 44.
60. Spulber, D. F. *Management Strategy*, Nova York: McGraw-Hill/Irwin, 2004. p. 175.
61. Parnell, J. A. Reframing the combination strategy debate: Defining forms of combination. *Journal of Management Studies*, 9(1), 2000. p. 33-54.
62. Malburg, C. Competing on costs. *Industry Week*, 16 out. 2000. p. 31.
63. Lynch, D. F.; Keller, S. B.; Ozment, J. The effects of logistics capabilities and strategy on firm performance. *Journal of Business Logistics*, 21(2), 2000. p. 47-68.
64. Big Lots, Standard & Poor's, http://www.standardandpoors.com, 16 jul. 2005.
65. Big Lots Inc. names Steve Fishman chairman, chief executive officer, and president. Reuters, http://www.reuters.com, 10 jun. 2005.
66. Big Lots, About our company, http://www.biglotscorporate.com, 30 jan. 2007.
67. D'Innocenzio, A. We are paranoid. *Richmond Times-Dispatch*, 10 jun. 2001. p. E1, E2.
68. Grant, L. Kmart, Wal-Mart face off in pricecutting fight. *USA Today*. 8 jun. 2001. p. B1; A. Moses, R. Kmart's long road back. *Richmond Times-Dispatch*, 24 nov. 2001. p. C1, C10.
69. Lynch; Keller; Ozment. The effects of logistics capabilities.
70. Hall, R. H. *Organizations: Structures, Processes, and Outcomes*, 6ª. ed., Englewood Cliffs: Prentice Hall, 1996. p. 13; Baiman, S.; Larcker, D. F.; Rajan, M. V. Organizational design for business units. *Journal of Accounting Research*, 33, 1995. p. 205-229.
71. Hall. *Organizations*. p. 64-75.
72. Barney, J. B. *Gaining and Sustaining Competitive Advantage*, 2ª. ed., Upper Saddle River: Prentice Hall, 2002. p. 257.
73. Wal-Mart stores pricing policy, http://www.walmart.com, 2 fev. 2002.
74. Porter. *Competitive Strategy*, p. 35-40.
75. Mary Frances Accessories, *Inc.* set. 2006. p. 106.
76. Porter. *Competitive Strategy*. p. 35-40.
77. Lexus. http://www.lexus.com, 31 jan. 2007.
78. Talbott, R. Robert Talbott history, http://www.roberttalbott.com/history.html, 31 jan. 2007.
79. Porter. *Competitive Advantage*. p. 14.

80. BARNEY. *Gaining and Sustaining Competitive Advantage.* p. 268.
81. WILLIAMS, M.; KALLENDAR, P. China's Lenovo to buy IBM's PC business. *IDG News,* 7 dez. 2004.
82. GOLDSTEIN, H. R.; ROTH, A. E.; YOUNG, T.; LAWRENCE, J. D. US manufacturers take a swing at counterfeit golf clubs. *Intellectual Property & Technology Law Journal,* maio 2001. p. 23.
83. PORTER. *Competitive Strategy.* p. 98.
84. PORTER. *Competitive Advantage.* p. 15.
85. Ibid., p. 15-16.
86. Ibid., p. 15.
87. Ikea, The Ikea concept and Ikea franchising, http://www.ikea.com, 31 jan. 2007.
88. PORTER. What is strategy? p. 65.
89. LYNCH, M. It was, get sales up to fund the growth or stop operations. *Inc.* set. 2006. p. 92.
90. WEBER, J. Harley just keeps on cruisin'. *Business Week,* 6 nov. 2006. p. 71.
91. Ibid.
92. LOWRY, T. Music to the Street's ears. *Business Week,* 8 jan. 2007. p. 38.
93. Big Dog Motorcycles, http://www.bdm.com, 31 jan. 2007
94. Anne Fontaine, http://www.annefontaine.com, 31 jan. 2007.
95. Forth & Towne, http://www.forthandtowne.com, 31 jan. 2007.
96. VOELPEL, S.; LEIBOLD, M.; TEKIE, E.; VON KROGH, G. Escaping the red queen effect in competitive strategy: Sense-testing business models. *European Management Journal,* 23, 2005. p. 37-49.
97. The engine that drives differentiation. *DSN Retailing Today,* 2 abr. 2001. p. 52.
98. DESS, G. G.; LUMPKIN, G. T.; MCGEE, J. E. Linking corporate entrepreneurship to strategy, structure, and process: Suggested research directions. *Entrepreneurship: Theory & Practice,* 23(3), 1999. p. 89.
99. GHEMAWAT, P. *Strategy and the Business Landscape,* Upper Saddle River: Prentice Hall, 2001. p. 56.
100. HALL, W. K. Survival strategies in a hostile environment. *Harvard Business Review* 58, 5, 1980. p. 75-87.
101. DESS; GUPTA; HENNART; HILL. Conducting and integrating strategy research. p. 377.
102. KIM, L.; LIM, Y. Environment, generic strategies, and performance in a rapidly developing country: A taxonomic approach. *Academy of Management Journal,* 31, 1988. p. 802-827.
103. Aaon Inc. heating and cooling products, http://www.aaonnet.com, 31 jan. 2007.
104. FOREST, S. A. When cool heads prevail. *Business Week,* 11 jun. 2001. p. 114.
105. HOETKER, G. Do modular products lead to modular organizations? *Strategic Management Journal,* 27, 2006. p. 501-518.
106. SANCHEZ, R. Strategic flexibility in product competition. *Strategic Management Journal,* 16 (summer special issue), 1995. p. 140.
107. FARIA, A.; FENN, P.; BRUCE, A. Production technologies and technical efficiency: Evidence from Portuguese manufacturing industry. *Applied Economics,* 37, 2005. p. 1.037-1.046.
108. OLEXA, R. Flexible parts feeding boosts productivity. *Manufacturing Engineering,* 126(4), 2001. p. 106-114.
109. MOUNT, I.; CAULFIELD, B. The missing link. *Ecompany Now,* mai. 2001. p. 82-88.
110. BALJKO, J. Built for speed – When putting the reams of supply chain data they've amassed to use, companies are discovering that agility counts. *EBN,* 1.352, 2003. p. 25-28.
111. BISH, E. K.; MURIEL, A.; BILLER, S. Managing flexible capacity in a make-to-order environment. *Management Science,* 51, 2005. p. 167-180.
112. MAYNARD, M. Tiremaking technology is on a roll. *Fortune,* 28 mai. 2001. p. 148B-148L; MARTIN, J. Give 'em exactly what they want. *Fortune,* 10 nov. 1997. p. 283-285.
113. SAVSAR, M. Performance analysis of an FMS operating under different failure rates and maintenance policies. *International Journal of Flexible Manufacturing Systems,* 16, 2005. p. 229-249.
114. IRAVANI, S. M.; VAN OYEN, M. P.; SIMS, K. T. Structural flexibility: A new perspective on the design of manufacturing and service operations. *Management Science,* 51, 2005. p. 151-166.
115. MCAFEE, A. When too much It knowledge is a dangerous thing. *McKinsey Quarterly,* 44(2), 2003. p. 83-89; MATTERN, F.; SCHONWALDER, S.; STEIN, W. Fighting complexity in IT. *McKinsey Quarterly,* nº 1, 2003. p. 57-65.
116. ISAAC, S.; TOOKER, R. N. The many faces of CRM. *Limra's MarketFacts Quarterly,* 20(1), 2001. p. 84-89.
117. RONDEAU, P. J.; LITTERAL, L. A. The evolution of manufacturing planning and control systems: From reorder point to enterprise resource planning. *Production and Inventory Management,* 42(2), 2001. p. 1-7.
118. SONGINI, M. L. Companies test their wireless supply chain wings. *Computerworld,* 21 maio 2001. p. 35.
119. CHECKER, N. An integrated approach. *Chemical Market Reporter.* 4 jun. 2001. p. S8-S10.
120. CHATTERJI, D.; DAVIDSON, J. M. Examining TQM's legacies for R&D. *Research Technology Management,* 44(1), 2001. p. 10-12.
121. KAPLAN; NORTON. *The Strategy-Focused Organization.* p. 361; MISCHE, M. A. *Strategic Renewal: Becoming a High-Performance Organization,* Upper Saddle River: Prentice Hall, 2001. p. 15.
122. PFEFFER, J. *The Human Equation: Building Profits by Putting People First,* Boston: Harvard Business School Press, 1998. p. 156.
123. HACKMAN, J. R.; WAGEMAN, R. Total quality management: Empirical, conceptual, and practical issues. *Administrative Science Quarterly,* 40, 1995. p. 310.
124. YEUNG, V. W. S.; ARMSTRONG, R. W. A key to TQM benefits: Manager involvement in customer processes. *International Journal of Services Technology and Management,* 4(1), 2003. p. 14-29.
125. DE KLUYVER. *Strategic Thinking,* 3; ST. JOHN, C. H.; HARRISON, J. S. Manufacturing-based relatedness, synergy, and coordination. *Strategic Management Journal,* 20, 1999. p. 129-145.
126. PORTER. *Competitive Advantage.* p. 16.
127. Ibid., p. 17.
128. PARNELL. Reframing the combination strategy debate. p. 33.

Capítulo 6
Rivalidade competitiva e dinâmica competitiva

Objetivos de aprendizagem

O estudo deste capítulo deve proporcionar-lhe o conhecimento de administração estratégica necessário para:

1. Definir concorrentes, rivalidade competitiva, comportamento competitivo e dinâmica competitiva.
2. Descrever os mercados comuns e a similaridade de recursos como sendo os elementos estruturais para a análise dos concorrentes.
3. Explicar a percepção, a motivação e a capacidade como impulsionadores do comportamento competitivo.
4. Discutir os fatores que afetam a possibilidade de um concorrente empreender ações competitivas.
5. Discutir os fatores que afetam a possibilidade de um concorrente responder às ações empreendidas contra ele.
6. Explicar a dinâmica competitiva nos mercados de ciclo lento, ciclo rápido e ciclo padrão.

Conforme foi demonstrado em capítulos anteriores, os avanços contínuos na globalização e na mudança tecnológica alteraram a natureza fundamental da concorrência em muitos setores mundiais.[1] Esses avanços ampliam e ao mesmo tempo complicam o ambiente competitivo com o qual uma empresa depara.[2] Na realidade, eles criaram um ambiente que poderia ser denominado hipercompetitivo (Capítulo 1).[3] Uma equipe de especialistas em rivalidade competitiva encara o tema sob o seguinte aspecto:

> A nova era da concorrência é distinta devido ao aumento substancial das ações e reações competitivas entre as empresas. Como consequência do número crescente de ações e reações, tem diminuído o tempo que as empresas dispõem para tomar decisões e aumentado a velocidade com a qual as novas ideias são criadas e introduzidas no mercado. Acima de tudo, a rapidez com que dados, informação e conhecimento ressoam entre concorrentes atingiu uma altura estratosférica. Nessa nova era da competição, empresas ágeis geram vantagens e poder de mercado enquanto as mais rápidas geram mais vantagens e maior poder de mercado e ninguém possui vantagens com garantia de longa duração.[4]

A rapidez e a intensidade das reações competitivas são fáceis de constatar nos setores tecnologicamente avançados e globalizados, como o de dispositivos portáteis de comunicação, em que novos produtos e características são introduzidos em um ritmo impressionante. No entanto, a mudança do clima geral influencia praticamente todos os setores, mesmo aqueles nos quais se poderia esperar certa estabilidade. Por exemplo, a Quaker Oats adquiriu a Gaines Pet Food, tornando a Quaker a empresa classificada em segundo lugar no segmento de alimentos desidratados para cães. A Ralston, líder de mercado, anunciou rapidamente que iria duplicar o número de novos produtos que introduz. Um de seus lançamentos foi um alimento semi-hidratado para cães para concorrer diretamente com o Gainesburgers, um produto Quaker. A Ralston também adquiriu a Benco Pet Foods, fabricante do Moist & Meaty. A Quaker reagiu lançando uma imitação denominada Moist & Beefy. A Ralston introduziu em seguida um novo alimento desidratado para cães denominado Graavy para concorrer com o Gravy Train da Quaker a um preço quase 40% menor. A Ralston acabou ganhando a batalha. A Quaker perdeu uma participação de mercado significativa no segmento de alimentos para animais de estimação e recentemente vendeu sua unidade voltada a essa área do mercado.[5]

Este capítulo focaliza a rivalidade competitiva e a dinâmica competitiva. Concorrentes são as empresas que competem no mesmo mercado, oferecendo produtos similares e almejando conquistar clientes similares.[6] A FedEx e a UPS, por exemplo, concorrem entre si em diversos mercados de produto, incluindo entrega de encomendas por via terrestre e aérea e mercados emergentes de comércio eletrônico e de logística. Rivalidade competitiva é o conjunto de ações competitivas que ocorrem continuamente entre os concorrentes à medida que se defrontam visando a assumir uma posição de mercado vantajosa. A rivalidade competitiva influencia a capacidade de uma empresa obter e manter vantagens competitivas,[7] afetando também a esfera de ação e a natureza de suas operações.[8] A rivalidade resulta de ambas as empresas iniciarem suas próprias ações competitivas e responderem às ações de iniciativa de seus concorrentes.[9]

Comportamento competitivo é o conjunto de ações e respostas competitivas por parte da empresa para criar ou defender suas vantagens competitivas e melhorar sua posição de mercado.[10] A empresa, por meio do comportamento competitivo, tenta posicionar-se de modo bem-sucedido em relação às cinco forças da concorrência (Capítulo 4), defender e usar as atuais vantagens competitivas criando simultaneamente vantagens para o futuro (Capítulo 3). A dinâmica competitiva descreve o conjunto total de ações e respostas por parte de todas as empresas que competem em um mercado. A Figura 6.1 mostra a relação entre concorrentes, rivalidade competitiva, comportamento competitivo e dinâmica competitiva.

Outra maneira de ressaltar o efeito da rivalidade competitiva sobre as estratégias da empresa consiste em afirmar que o sucesso de uma estratégia é determinado não apenas pelas ações competitivas de uma empresa, mas também pelo grau de certeza com que prevê as respostas dos concorrentes a essas ações e pelo grau de precisão com que a empresa prevê e responde às ações iniciais de seus concorrentes (também denominados ataques).[11] Embora a rivalidade competitiva afete todos os tipos de estratégias, sua influência mais dominante ocorre sobre a estratégia (ou as estratégias) no nível de negócios. Esse tipo de estratégia tem relação com aquilo que a empresa faz para usar de modo bem-sucedido suas vantagens competitivas em mercados específicos de produto (Capítulo 5). Empresas que adotam estratégias no nível de negócios que lhes permitem diferenciar-se das concorrentes de um modo valorizado pelos clientes encontram-se posicionadas eficazmente para participar e ter sucesso na rivalidade competitiva.[12]

A essência desses tópicos importantes é que as estratégias de uma empresa possuem uma natureza dinâmica. As ações que uma empresa realiza geram repostas dos concorrentes que, por sua vez, resultam em respostas da empresa que efetivou a ação inicial.[13] Os concorrentes participam cada vez mais de ações e respostas competitivas em mais de um mercado.[14] As empresas que concorrem entre si em diversos mercados geográficos ou de produto participam da concorrência multimercado.[15] Hilton e Marriott, por exemplo, concorrem nos segmentos de hotéis de luxo e de nível médio ao redor do globo, bem como no setor de ocupação fracionada de unidades durante as férias. Muitas vezes suas várias marcas encontram-se localizadas lado a lado em mercados geográficos.[16] A implicação é que as ações em um mercado podem influenciar uma resposta competitiva em um outro.

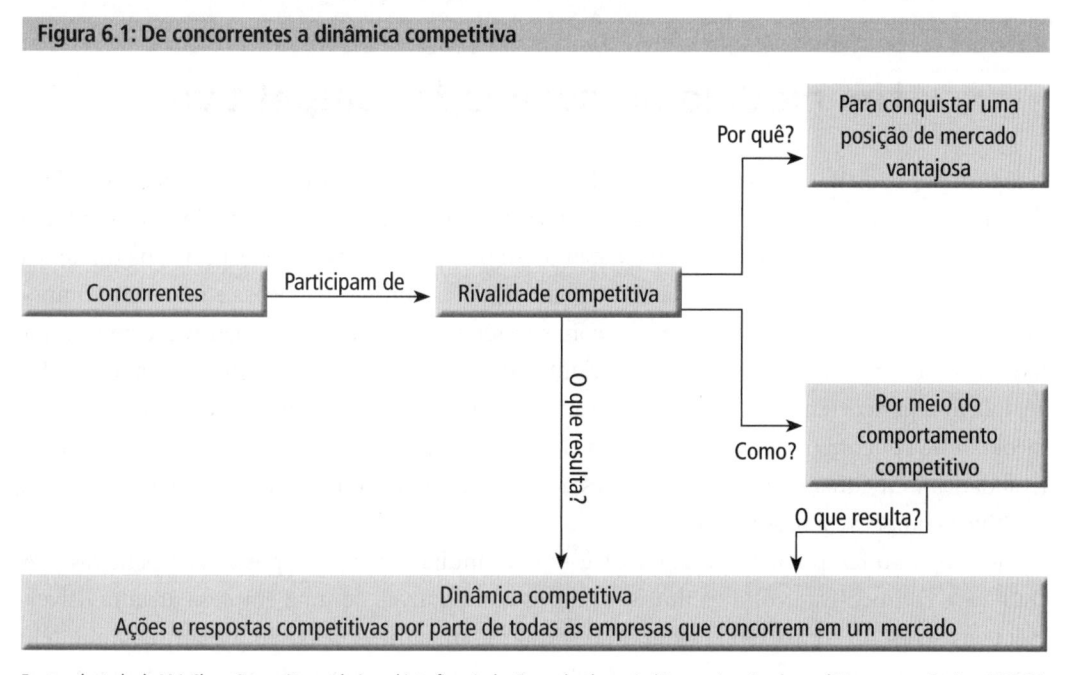

Figura 6.1: De concorrentes a dinâmica competitiva

Concorrentes → Participam de → Rivalidade competitiva
- Por quê? → Para conquistar uma posição de mercado vantajosa
- Como? → Por meio do comportamento competitivo
- O que resulta? → Dinâmica competitiva: Ações e respostas competitivas por parte de todas as empresas que concorrem em um mercado

Fonte: adaptado de M.J. Chen, Competitor analysis and interfirm rivalry: Toward a theoretical integration, *Academy of Management Review*, 1996, 21: 100-134.

A tendência de as empresas expandirem sua esfera de ação geográfica contribui para a intensidade crescente da rivalidade competitiva entre elas. Alguns acreditam, por exemplo, que a aptidão para práticas gerenciais englobando vários países e a flexibilidade para a diversidade cultural fazem que as empresas da UE despontem como concorrentes globais de peso.[17] De modo similar, Jack Welch, ex-CEO da General Electric, acredita que as ameaças competitivas futuras mais significativas para a GE podem originar-se de companhias que não ocupam atualmente posições proeminentes na tela do radar da empresa, como aquelas em países emergentes.[18] Portanto, a empresa que tenta prever a rivalidade competitiva deve vislumbrar que no futuro encontrará um número maior de concorrentes cada vez mais diversificados. Essa tendência também indica que as empresas devem esperar que a rivalidade competitiva exerça um efeito mais marcante no sucesso de suas estratégias do que tem sido historicamente.[19] Além disso, as pesquisas mostram que a maior rivalidade no âmbito de um setor pode resultar em menor desempenho financeiro.[20]

Iniciamos este capítulo apresentando um modelo integrado de rivalidade competitiva no nível de negócios. Descrevemos em seguida os mercados comuns e a similaridade de recursos como sendo os elementos constitutivos de uma análise dos concorrentes. Discutimos a seguir os efeitos de três características organizacionais – percepção, motivação e capacidade – sobre o comportamento competitivo da empresa. Examinamos em seguida a rivalidade competitiva detalhadamente ao descrever os fatores que afetam a possibilidade de que uma empresa empreenderá uma ação competitiva e os fatores que afetam a possibilidade de que uma empresa responderá à ação de um concorrente. Na seção final do capítulo, voltamos nossa atenção para a dinâmica competitiva a fim de descrever como as características de mercado afetam a rivalidade competitiva nos mercados de ciclo lento, ciclo rápido e ciclo padrão.

Um modelo de rivalidade competitiva

A Figura 6.2 mostra um modelo direto de rivalidade competitiva no nível de negócios. Evidentemente, a rivalidade da empresa tende a ser mais dinâmica e complexa do que o modelo indica,[21] no entanto, proporciona uma maneira útil para discutir os vários aspectos da dinâmica competitiva. A rivalidade é estudada no nível de negócios porque suas ações e respostas competitivas constituem a base para criar e usar com sucesso suas vantagens competitivas e conquistar uma posição de mercado vantajosa.[22] Portanto, usamos o modelo da Figura 6.2 para ajudar a explicar a concorrência entre uma determinada empresa e cada um de seus concorrentes à medida que concorrem para ocupar a posição de mercado mais vantajosa. A soma de todas as rivalidades individuais mostradas e que estão ocorrendo em um mercado específico reflete a dinâmica competitiva nesse mercado.

Ao longo do tempo, a empresa envolve-se com muitas ações e respostas competitivas.[23] A rivalidade competitiva evolui conforme as ações competitivas de uma empresa afetam visivelmente as ações do concorrente, gerando respostas competitivas dessa empresa.[24] Esse modelo mostra que as empresas são mutuamente interdependentes, que percebem as ações e respostas mútuas e que o sucesso no mercado é função das estratégias individuais e das consequências de sua aplicação.[25]

A intensidade da rivalidade em um mercado, como o mercado de alimentos para animais de estimação, é afetada por muitos fatores, incluindo o número total de concorrentes e a qualidade das estratégias das diversas empresas. As empresas que desenvolvem e usam estratégias de nível em negócios eficazes tendem a superar os concorrentes em determinados mercados de produtos mesmo quando estão sujeitas a intensa rivalidade competitiva.[26] Por exemplo, a Microsoft dominou durante anos o mercado de *softwares* para computadores pessoais por meio de sua estratégia integrada de liderança em custos/diferenciação, apesar dos ataques contínuos dos concorrentes e das autoridades responsáveis pela regulamentação nos Estados Unidos e no exterior. Passamos agora a examinar diretamente a Figura 6.2 como base para discussões posteriores sobre a rivalidade competitiva.

Figura 6.2: Um modelo de rivalidade competitiva

Feedbak

ANÁLISE DOS CONCORRENTES
- Mercados comuns
- Similaridade de recursos

IMPULSIONADORES DO COMPORTAMENTO COMPETITIVO
- Percepção
- Motivação
- Capacidade

RIVALIDADE COMPETITIVA

Probabilidade de ataque
- Incentivos do pioneiro
- Tamanho organizacional
- Qualidade

Probabilidade de resposta
- Tipo de ação competitiva
- Reputação do participante
- Dependência do mercado

RESULTADOS
- Posição no mercado
- Desempenho financeiro

Fonte: baseado em M.-J. Chen, Competitor analysis and interfirm rivalry: Toward a theoretical integration, *Academy of Management Review*, 1996, 21:100-134.

Análise dos concorrentes

A análise dos concorrentes é o primeiro passo que a empresa toma para ser capaz de prever a extensão e a natureza de sua rivalidade com cada concorrente. Lembre-se de que um concorrente é uma empresa operando no mesmo mercado, oferecendo produtos similares e almejando conquistar clientes similares. O número de mercados em que as empresas concorrem entre si e a similaridade de seus recursos (denominados mercados comuns e similaridade de recursos, respectivamente, definidos a seguir) determinam o grau em que as empresas são concorrentes. Empresas com mercados acentuadamente comuns e recursos muito similares são "nitidamente concorrentes diretos e mutuamente reconhecidos".[27] No entanto, ser concorrente direto não significa necessariamente que a rivalidade entre as empresas será intensa. Os impulsionadores do comportamento competitivo – bem como os fatores que influenciam a probabilidade de que um concorrente iniciará ações competitivas e responderá às ações competitivas de seu concorrente – influenciam a intensidade da rivalidade mesmo para os concorrentes diretos.[28]

No Capítulo 4 discutimos a análise dos concorrentes como uma técnica usada pelas empresas para compreender seu ambiente competitivo, o qual, aliado ao seu ambiente geral e setorial, faz parte do ambiente externo da empresa. Descrevemos como as empresas usam a análise dos concorrentes para ajudá-las a compreendê-los. Essa compreensão resulta do estudo dos objetivos futuros, das estratégias, suposições e capacidades atuais dos concorrentes (Figura 4.3). Neste capítulo, a discussão da análise dos concorrentes é ampliada para descrever aquilo que as empresas estudam como primeiro passo para serem capazes de prever o comportamento dos concorrentes na forma de suas ações e respostas competitivas. A discussão da análise dos concorrentes no Capítulo 4 e neste capítulo é complementar, pois as empresas precisam conhecer inicialmente os concorrentes antes que suas ações e respostas competitivas possam ser previstas.

Mercados comuns

Cada setor é composto por vários mercados. O setor de serviços financeiros, por exemplo, possui mercados para seguros, corretagem de valores mobiliários, bancos e assim por diante. É possível prosseguir subdividindo os mercados concentrando-se nas necessidades de grupos de clientes específicos e diferenciados. O mercado de seguros pode ser desmembrado em segmentos de mercado (como comercial e pessoal), segmentos de produto (como seguro-saúde e seguro de vida) e mercados geográficos (como Europa Ocidental e Sudeste da Ásia).

Em geral, os concorrentes concordam a respeito das diferentes características de mercados específicos que formam um setor.[29] Por exemplo, no setor de transporte, existe um entendimento de que o mercado de viagens aéreas difere do mercado de transporte terrestre, atendido por empresas como o Yellow Freight System. Embora existam diferenças, a maioria dos mercados nos setores possui alguma relação em termos de tecnologias adotadas ou competências básicas necessárias para criar uma vantagem competitiva.[30] Por exemplo, tipos diferentes de companhias de transporte precisam oferecer um serviço confiável e pontual. Empresas aéreas comerciais como a Southwest Airlines e a Singapore Airlines precisam desenvolver, portanto, competências de prestação de serviços para atender as necessidades daquelas empresas que usam suas frotas para despachar suas mercadorias.

As empresas que concorrem em diversos ou mesmo em muitos mercados, alguns dos quais podem estar em setores diferentes, têm probabilidade de deparar várias vezes com um determinado concorrente,[31] uma situação que traz à tona o tema dos mercados comuns. Os mercados comuns têm relação com o número de mercados em que a empresa e um concorrente participam conjuntamente e o grau de importância de cada mercado individual para as partes.[32] As empresas que competem entre si em diversos ou em vários mercados participam da concorrência multimercado.[33] Por exemplo, o McDonald's e o Burger King concorrem entre si em vários mercados geográficos ao redor do globo[34] e a Prudential e a CIGNA competem entre si em diversos segmentos de mercado (institucionais e de varejo).[35] Viagens aéreas, produtos químicos, medicamentos e alimentos representam outros mercados em que as empresas concorrem em mercados múltiplos.

As empresas que concorrem em diversos mercados possuem o potencial de responder às ações competitivas de um concorrente não somente no âmbito do mercado no qual as ações são empreendidas, mas também em outros mercados nos quais concorrem com o rival. Esse potencial complica a rivalidade entre os concorrentes. Pesquisas recentes sugerem que "uma empresa com maior contato em multimercados possui menor probabilidade de iniciar um ataque, porém apresenta maior probabilidade de agir (responder) agressivamente quando atacada".[36] Portanto, a concorrência multimercados reduz em geral a rivalidade competitiva.[37]

Similaridade de recursos

Similaridade de recursos é a extensão em que os recursos tangíveis e intangíveis de uma empresa são comparáveis aos de um concorrente em termos de tipo e montante.[38] Empresas com tipos e montantes similares de pontos fortes e pontos fracos adotam estratégias similares.[39] Isso é o que ocorre com as grandes redes hoteleiras. Marriott, Accor, Hilton e Intercontinental, as principais companhias no setor de hospitalidade, possuem todo o reconhecimento da marca, sistemas avançados de informações e reservas e programas de marketing eficazes.[40] Além disso, todas possuem forte presença internacional e atraem seus gerentes das diversas faculdades de hotelaria, principalmente nos Estados Unidos e na Europa. Não é incomum um gerente trabalhar para diversas companhias hoteleiras durante uma carreira típica, o que aumenta a similaridade dos recursos humanos entre as principais companhias. Igualmente, todas as principais companhias de hospitalidade são bastante vulneráveis às condições econômicas globais, às mudanças na tecnologia da informação e a transformações socioculturais, como alterações demográficas.[41]

Uma empresa, ao efetuar uma análise dos concorrentes, analisa cada um deles em termos de similaridade de recursos e mercados comuns. A avaliação dos mercados comuns é mais fácil do que a avaliação da similaridade de recursos, particularmente quando recursos importantes são intangíveis (como marca, conhecimento, confiança e capacidade de inovação) em vez de tangíveis (por exemplo: acesso a matérias-primas e à capacidade de um concorrente para tomar emprestado capital). Os recursos intangíveis de um concorrente são difíceis de identificar e compreender, tornando desafiadora a avaliação de seu valor. Marriott e Hilton conseguem determinar facilmente os segmentos de mercado e as localizações geográficas nos quais estão concorrendo, porém é mais difícil para estas redes determinar se qualquer recurso intangível (como conhecimento e confiança entre empregados) constitui uma fonte de vantagem competitiva.

Os resultados das análises dos concorrentes de uma empresa podem ser mapeados para fins de comparação visual. Mostramos na Figura 6.3 interseções hipotéticas diferentes entre uma empresa e alguns concorrentes em termos de mercados comuns e similaridade de recursos. Essas interseções indicam a extensão em que a empresa, e aquelas com as quais se comparou, são concorrentes.[42] Por exemplo, a empresa e seu concorrente mostrados no quadrante I da Figura 6.3 possuem tipos e montantes similares de recursos e os utilizam para concorrer entre si em muitos mercados importantes para as duas empresas. Essas condições levam à conclusão de que as empresas indicadas no quadrante I são concorrentes direta e mutuamente reconhecidos. A FedEx e a UPS recairiam no quadrante I, de modo análogo às cadeias Marriott e Hilton. Em contraste, a empresa e seus concorrentes mostrados no quadrante III partilham poucos mercados e possuem pouca similaridade de recursos, indicando que não são concorrentes direta e mutuamente reconhecidos. O mapeamento feito pela empresa de seu relacionamento competitivo com os rivais é fluido à medida que as empresas entram e saem dos mercados e os recursos das companhias se alteram em termos de tipo e montante. Portanto, as companhias com as quais a empresa concorre diretamente se alteram ao longo do tempo.

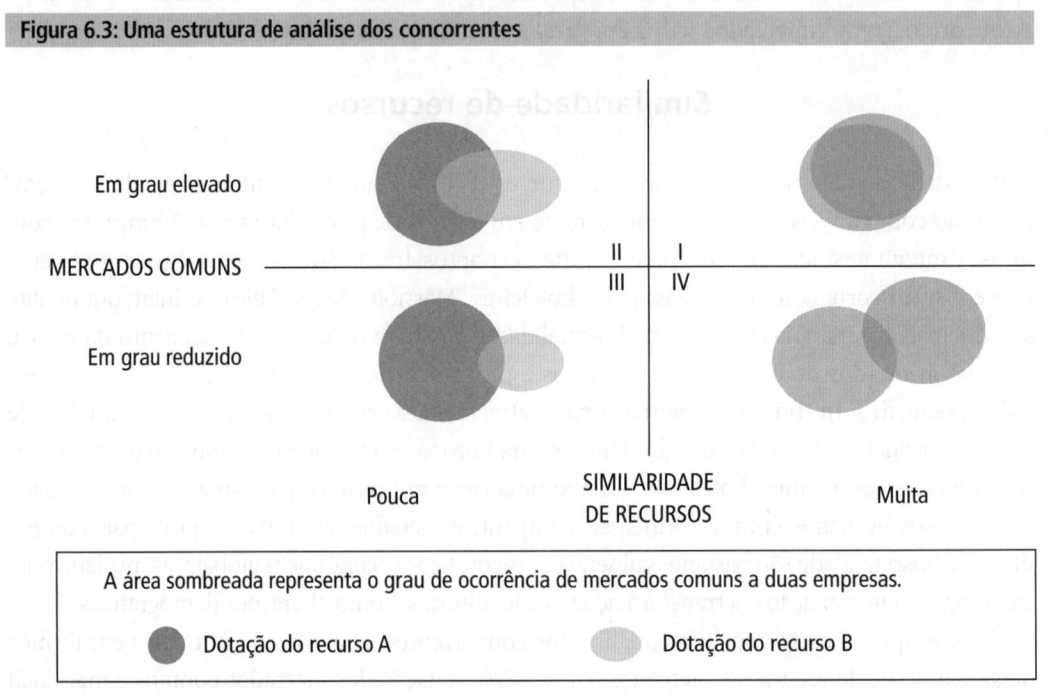

Figura 6.3: Uma estrutura de análise dos concorrentes

A área sombreada representa o grau de ocorrência de mercados comuns a duas empresas.

● Dotação do recurso A   ● Dotação do recurso B

Fonte: baseado em M.-J. Chen, Competitor analysis and interfirm rivalry: Toward a theoretical integration, *Academy of Management Review*, 1996, 21: 100-134.

Impulsionadores de ações e respostas competitivas

Conforme mostrado na Figura 6.2, os mercados comuns e a similaridade de recursos influenciam os impulsionadores do comportamento competitivo (percepção, motivação e capacidade). Os impulsionadores influenciam por sua vez o comportamento competitivo da empresa, conforme indicado pelas suas ações e respostas durante a rivalidade competitiva.[43]

A percepção, que constitui um pré-requisito para toda ação ou resposta competitiva de iniciativa da empresa ou de seu concorrente, refere-se à extensão em que os concorrentes reconhecem o grau de sua interdependência mútua resultante dos mercados comuns e da similaridade de recursos.[44] Uma falta de percepção pode conduzir a uma concorrência excessiva, resultando em um efeito negativo no desempenho de todos os concorrentes.[45] A percepção tende a ser maior quando as empresas possuem recursos acentuadamente similares (em termos de tipos e montantes) para usar enquanto concorrem entre si em diversos mercados. A Dell e a Hewlett-Packard possuem percepção integral do que uma representa para a outra, o mesmo ocorrendo com o Wal-Mart e o Carrefour da França. A percepção conjunta das últimas duas empresas aumentou porque utilizam recursos similares a fim de concorrerem entre si por posições dominantes em diversos mercados europeus e sul-americanos.[46] A percepção afeta a extensão em que a empresa compreende as consequências de suas ações e respostas competitivas.

A motivação, que tem relação com o incentivo de uma empresa para efetivar uma ação ou responder ao ataque de um concorrente, relaciona-se aos ganhos e perdas percebidos. Portanto, uma empresa pode ter percepção dos concorrentes, porém não possuir motivação para rivalizar com eles caso perceba que sua posição não melhorará como resultado de agir deste modo ou que sua posição de mercado não ficará prejudicada caso não responda.[47]

Os mercados comuns afetam as percepções e a motivação resultante da empresa. Por exemplo, na igualdade das demais condições, a empresa apresenta maior probabilidade de atacar o rival com o qual possui mercados comuns em grau reduzido do que aquele com o qual concorre em diversos mercados. A principal razão é que existem riscos elevados envolvidos na tentativa de conquistar uma posição mais vantajosa em relação ao rival com quem a empresa partilha muitos mercados. Conforme mencionado anteriormente, a concorrência entre multimercados pode fazer que um concorrente responda à ação de uma empresa em um mercado diferente daquele em que ocorreu a ação inicial. Ações e respostas desse tipo podem fazer que ambas as empresas deixem de concentrar-se nos principais mercados e se confrontem mediante o uso de recursos que haviam sido alocados para outras finalidades. Em virtude dos riscos elevados da concorrência sob a condição de mercados comuns, existe grande probabilidade de que a empresa atacada responderá à ação de seu concorrente em uma iniciativa para proteger sua posição em um ou mais mercados.[48]

Em alguns casos, a empresa pode conhecer o grande número de mercados que partilha com um concorrente e estar motivada a responder a um ataque desse concorrente, porém não tem capacidade para fazê-lo. A capacidade relaciona-se aos recursos de cada empresa e à flexibilidade que proporcionam. Sem recursos disponíveis (como capital financeiro e pessoas), a empresa não é capaz de atacar um concorrente ou de responder a suas ações. No entanto, recursos similares indicam capacidades similares para atacar e responder. Quando uma empresa se defronta com um concorrente que possui recursos similares, precisa estudar cuidadosamente um ataque possível antes de iniciá-lo porque o concorrente dotado de recursos similares tem probabilidade de responder a essa ação.[49]

Recursos diferentes também influenciam as ações e respostas competitivas entre as empresas. Quanto maior o "desequilíbrio de recursos" entre uma empresa e seus concorrentes, maior o período de tempo que a empresa com desvantagem de recursos precisará para responder.[50] Por exemplo, o Wal-Mart usou inicialmente sua estratégia de liderança em custos para concorrer somente em comunidades pequenas (aquelas com uma população igual ou menor que 25 mil habitantes). Usando sistemas de logística sofisticados e métodos de compra extremamente eficientes, entre outros fatores, como vantagens competitivas, o Wal-Mart criou o que naquela ocasião era um novo tipo de valor (principalmente na forma de uma ampla seleção de produtos pelos menores preços competitivos) para os clientes em pequenos mercados varejistas. Os supermercados locais, defrontando-se com deficiência de recursos em relação ao Wal-Mart, não tiveram capacidade para dispor de recursos no ritmo exigido para responder de modo rápido e eficaz. No entanto, as empresas, mesmo quando enfrentam concorrentes com mais recursos (maior capacidade) ou posições de mercado mais atrativas, devem responder no final, não importando o quanto atemorizador possa parecer agir dessa forma.[51] Optar por não responder pode resultar, em última instância, em fracasso, como ocorreu com alguns varejistas locais que não responderam às ações competitivas ao Wal-Mart.

Rivalidade competitiva

Conforme já definido, rivalidade competitiva é o conjunto de ações e respostas competitivas ocorrendo continuamente entre empresas que competem por uma posição de mercado vantajosa. Pelo fato de a sequência contínua de ações e respostas entre uma empresa e o concorrente afetar o desempenho de ambas as empresas,[52] é importante que as companhias examinem cuidadosamente a rivalidade competitiva para usar suas estratégias de modo bem-sucedido. A compreensão da percepção, da motivação e da capacidade de um concorrente auxilia a empresa a prever a possibilidade de um ataque por parte desse concorrente e a possibilidade de que um concorrente responderá às ações empreendidas contra ele.

Conforme descrito acima, as previsões inferidas do estudo dos concorrentes em termos de percepção, motivação e capacidade estão fundamentadas nos mercados comuns e na similaridade de recursos. Essas previsões são razoavelmente gerais. O valor do conjunto final de previsões que a empresa desenvolve em relação a cada uma das ações e respostas competitivas de seu concorrente é ressaltado pelo estudo dos fatores de "Possibilidade de Ataque" (como incentivos pelas ações pioneiras e tamanho organizacional) e os fatores de "Possibilidade de Resposta" (como a reputação da empresa) mostrados na Figura 6.2. O estudo desses fatores permite à empresa desenvolver um entendimento mais profundo de seu concorrente a fim de refinar as previsões que faz a respeito das ações e respostas daquele concorrente.

Ações estratégicas e táticas

As empresas utilizam ações estratégicas e táticas quando adotam suas ações e respostas competitivas ao participarem da rivalidade competitiva.[53] Uma ação competitiva é uma ação estratégica ou tática que a empresa realiza para construir ou defender uma posição competitiva ou melhorar seu posicionamento de mercado. Uma resposta competitiva é uma ação estratégica ou tática que a empresa adota para anular os efeitos de uma ação competitiva de um concorrente. Uma ação estratégica ou resposta estratégica é uma iniciativa baseada no mercado que envolve um comprometimento significativo de recursos organizacionais, sendo difícil de implementar e reverter. Uma ação tática ou uma resposta tática é uma iniciativa baseada no mercado que ocorre para se fazer a sintonia fina de uma estratégia; envolve menos recursos, sendo relativamente fácil de implementar e reverter. Os gastos da Hyundai Motor Co. com P&D e a ampliação de fábricas são ações estratégicas que apoiam a ambição da empresa de ser uma das maiores fabricantes de automóveis até 2010, vendendo pelo menos 1 milhão de unidades anualmente nos Estados Unidos.[54] A sintonia fina das estratégias de preço e de vendas é considerada geradora de ações táticas. Agregar descontos em resposta aos descontos oferecidos pelos concorrentes seria uma resposta tática. Ações táticas como essas, que exercem efeitos negativos sobre a lucratividade do setor, são comuns nos setores automobilístico e aeroviário.

Probabilidade de ataque

Além de mercados comuns, similaridade de recursos e impulsionadores de percepção, motivação e capacidade, outros fatores também afetam a possibilidade de que um concorrente usará ações estratégicas e táticas para atacar seus concorrentes. Três desses fatores são os incentivos do pioneiro, o tamanho organizacional e a qualidade.

Incentivo do pioneiro

Um pioneiro é uma empresa que empreende uma ação competitiva inicial para criar ou defender suas vantagens competitivas iniciais ou para melhorar sua posição de mercado. Aptidões superiores em P&D constituem muitas vezes o fundamento da vantagem competitiva do pioneiro.[55] O conceito de pioneiro foi influenciado pelo trabalho do famoso economista Joseph Schumpeter, que argumentou que as empresas obtêm vantagem competitiva empreendendo ações inovadoras.[56] (Definimos e descrevemos detalhadamente a inovação no Capítulo 12.) Em geral, os pioneiros "alocam fundos para inovação e desenvolvimento de produtos, propaganda agressiva e pesquisa e desenvolvimento de ponta".[57]

Os benefícios de ser um pioneiro bem-sucedido podem ser substanciais. Especialmente nos mercados de ciclo rápido (discutidos posteriormente neste capítulo), nos quais as mudanças ocorrem rapidamente, sendo quase impossível para as empresas manterem uma vantagem competitiva durante qualquer intervalo de tempo, "um pioneiro pode ter de cinco a dez vezes o valor patrimonial e a receita de um imitador".[58] Essa constatação indica que embora os benefícios do pioneiro não sejam absolutos, muitas vezes são importantes para o sucesso da empresa em setores nos quais ocorrem desenvolvimentos tecnológicos acelerados e ciclos de vida do produto relativamente breves.[59]

Além de obter retornos acima da média até que seus concorrentes respondam à sua ação competitiva bem-sucedida, o pioneiro pode conquistar (1) a fidelidade dos clientes que podem tornar-se compradores fiéis dos bens e serviços da empresa que os produziu ou proveu em primeiro lugar e (2) uma participação de mercado que pode ser difícil para os concorrentes conquistarem durante a rivalidade competitiva futura. Por exemplo, o Yahoo! foi pioneiro na criação de um mercado de leilões *on-line* no Japão. O rival eBay entrou no mercado cinco meses mais tarde, e sua resposta tardia em um setor pleno de mudanças tecnológicas foi um erro importante. O Yahoo! Japão controlou rapidamente 95% do mercado de leilões *on-line* no território japonês ao passo que a participação do rival eBay foi de somente 3%. O eBay, no final, retirou-se do Japão devido à vantagem considerável do Yahoo!.[60] Um diretor da companhia fez o seguinte comentário a respeito do motivo pelo qual Yahoo! Japão atuou como pioneiro no estabelecimento de um mercado de leilões *on-line* no Japão: "Sabíamos que alcançar uma empresa que agiu primeiro no mercado era difícil porque nos leilões mais compradores atraem mais vendedores".[61] O eBay, por nunca ter sido capaz de recuperar-se completamente, continua a ter problemas competitivos em outras regiões da Ásia, mais recentemente na China.[62]

Os pioneiros tendem a ser agressivos, a estar dispostos a experimentar inovações e a assumir níveis mais elevados, embora razoáveis, de risco.[63] A empresa, para atuar como pioneira, precisa ter disponível o montante de recursos exigidos para investir significativamente em P&D, além de produzir e comercializar de modo rápido e bem-sucedido um conjunto de produtos inovadores. A disponibilidade organizacional torna possível às empresas ter capacidade (conforme medida pelos recursos existentes) para serem pioneiras. A disponibilidade é o amortecedor ou protetor proporcionado pelos recursos existentes ou que podem ser obtidos, que não são utilizados atualmente e excedem os recursos mínimos de que a empresa precisa dispor para fabricar um determinado nível de produção organizacional.[64] Portanto, a disponibilidade representa recursos líquidos que a empresa pode alocar rapidamente para apoiar ações do tipo investimentos em P&D e campanhas de marketing agressivas que resultem em benefícios para o pioneiro. A disponibilidade permite que um concorrente empreenda ações competitivas agressivas visando a introdução contínua de produtos inovadores. Além disso, um pioneiro tentará conquistar rapidamente a participação de mercado e a fidelidade dos clientes a fim de obter retornos acima da média até que seus concorrentes sejam capazes de responder bem à sua ação pioneira.

Ser um pioneiro também significa assumir riscos. Por exemplo, é difícil estimar precisamente os retornos que serão obtidos com a introdução de inovações no produto.[65] Além disso, o custo da empresa pioneira para desenvolver uma inovação pode ser substancial, reduzindo a disponibilidade para outras inovações. As pesquisas também mostraram que em alguns casos um pioneiro apresenta menor probabilidade para efetuar a conversão ao projeto do produto que no final se torna o projeto dominante no setor.[66] Nesses casos, um pioneiro se vale da maioria dos benefícios proporcionados por seu novo produto no período anterior à adoção de um projeto dominante. Esses riscos significam que uma empresa deve estudar cuidadosamente os resultados que um concorrente obtém como pioneiro. O sucesso contínuo do concorrente indica inovações adicionais do produto ao passo que a falta de aceitação do produto durante as inovações do concorrente pode indicar menos propensão no futuro para aceitar os riscos de ser um pioneiro.

Um imitador é uma empresa que responde à ação competitiva do pioneiro por meio de imitação. O imitador, mais cauteloso que o pioneiro, estuda as reações dos clientes às inovações do produto. Enquanto age desse modo, também tenta identificar quaisquer erros cometidos pelo pioneiro a fim de poder evitar os problemas resultantes desses equívocos. Muitas vezes a imitação bem-sucedida das inovações do pioneiro permite ao imitador "evitar ao mesmo tempo os erros e os enormes gastos dos pioneiros".[67] Os imitadores também têm tempo para desenvolver processos e tecnologias mais eficientes do que aqueles adotados pelo pioneiro.[68] Maiores eficiências poderiam resultar em menores custos para o imitador. Em termos gerais, os resultados das ações competitivas do pioneiro podem indicar uma orientação eficaz para o imitador e mesmo para os últimos entrantes (conforme descrito a seguir) à medida que determinam a natureza e a ocasião oportuna de suas respostas competitivas.[69] A Texas Instruments (TI) tende a ser um imitador na fabricação de *chips* em relação à sua rival Intel, que possui tecnologia de ponta. Consequentemente, os *chips* da Intel, via de regra, são os mais avançados e procurados no setor de PCs. No entanto, manter essa posição de pioneiro também significa que a Intel gasta mais do que qualquer um de seus concorrentes em P&D. A TI, por outro lado, fez uso de sua posição menos onerosa como imitador para efetuar incursões dignas de nota em mercados de telefones celulares, produtos eletrônicos de consumo e dispositivos médicos.[70]

Determinar que um concorrente se considera um imitador eficaz permite à empresa prever que o concorrente tenderá a responder rapidamente às investidas bem-sucedidas e baseadas em inovação do pioneiro. Se a própria empresa age como pioneira, então pode esperar que um concorrente imitador bem-sucedido estude suas investidas no mercado e responda a elas rapidamente. O concorrente, como imitador, tentará responder com um produto que cria para o cliente um valor que exceda o valor oferecido pelo produto que a empresa introduziu inicialmente atuando como pioneira. Os imitadores bem-sucedidos são capazes de interpretar o *feedback* de modo rápido e com significado a fim de responder rápida e, no entanto, produtivamente, às inovações do pioneiro.[71]

Um último entrante é uma empresa que responde a uma ação competitiva, mas só depois de um longo período de tempo após a ação do pioneiro e a resposta do imitador. Normalmente uma resposta tardia é melhor que nenhuma resposta, embora qualquer sucesso resultante da resposta competitiva retardatária tenda a surgir aos poucos e seja consideravelmente inferior àquele obtido pelo pioneiro e pelo imitador. Portanto, a empresa que concorre contra um último entrante consegue prever que esse concorrente provavelmente entrará em um mercado específico somente após o pioneiro e o imitador terem alcançado sucesso. Além disso, em uma base relativa, uma empresa pode prever que a ação competitiva do último entrante permitirá que ela obtenha retornos, mesmo que sejam médios, somente quando houver decorrido tempo suficiente para compreender como criar um valor que seja mais atrativo aos clientes do que o valor oferecido pelos produtos do pioneiro e do imitador. Embora existam exceções, a empresa consegue prever que as ações competitivas do último entrante serão relativamente ineficazes, certamente quando comparadas àquelas iniciadas pelos pioneiros e imitadores.

Tamanho organizacional

O tamanho de uma organização afeta a probabilidade de que ela realize ações competitivas bem como os tipos de ações e em que ocasiões.[72] Em geral, em comparação com empresas de grande porte, as pequenas empresas são concorrentes ágeis e flexíveis que se apoiam em rapidez e no elemento surpresa para defender suas vantagens competitivas ou desenvolver novas vantagens quando participam da rivalidade competitiva, em especial com grandes companhias, para conquistar uma posição de mercado vantajosa.[73] A flexibilidade e a agilidade das pequenas empresas lhes permitem desenvolver uma maior variedade de ações competitivas em relação às empresas maiores.[74] Apesar disso, como normalmente possuem mais recursos disponíveis, as grandes empresas têm possibilidade de iniciar mais ações competitivas e estratégicas durante um determinado período.[75] Portanto, as ações competitivas a que uma empresa estará sujeita por parte de concorrentes maiores do que ela são diferentes das ações competitivas que lhes são dirigidas por concorrentes menores.

Apoiar-se em uma variedade limitada de ações competitivas (tendência da grande empresa) pode conduzir a um menor sucesso competitivo ao longo do tempo, em parte porque os concorrentes aprendem a responder de maneira satisfatória a um conjunto previsível de ações competitivas de iniciativa de uma empresa. Por outro lado, permanecer flexível e ágil (tendência da pequena empresa) a fim de desenvolver e usar uma ampla variedade de ações competitivas contribui para o sucesso em relação aos rivais.

O *site* MySpace.com, que possui mais de 100 milhões de usuários, domina o mercado americano de rede social. No entanto, um rival menor e mais ágil está ocupando seu "espaço".

Apoiado pela SK Telecom da Coreia do Sul, o Cyworld contratou a Look-Look, empresa que realiza pesquisas sobre jovens, para ajudá-lo a entender os adolescentes americanos. Também contratou a Native Instinct, uma empresa de *design* digital, para analisar minuciosamente o jeito e a aparência do *site*. O resultado é um *site* que transmite tranquilidade, enfatiza a amizade e possui quase 3.000 clubes. Também inclui avatares, no estilo dos personagens em quadrinhos, que podem ser programados para dançar, brincar ou ensimesmar-se em uma minissala *on-line* customizada. O Cyworld espera atrair usuários por meio de mensagens salutares, em oposição à cultura "tudo é válido" do MySpace. Até agora o método tem conduzido a um crescimento constante.[76]

Qualidade

A qualidade possui muitas definições, incluindo aquelas bem consolidadas relacionando-a à produção de bens e serviços sem nenhum defeito[77] e a considerando como um ciclo interminável de melhoria contínua.[78] A qualidade existe quando os bens ou serviços de uma empresa atendem ou superam as expectativas dos clientes. Portanto, segundo o conceito dos clientes, qualidade tem a ver com fazer as coisas certas em relação às medidas de desempenho que são importantes para eles.[79] A partir de uma perspectiva estratégica, qualidade é o resultado de como a empresa finaliza as atividades principais e de apoio (Capítulo 3). Algumas evidências indicam que a qualidade é um dos componentes mais importantes para a empresa ser capaz de satisfazer seus clientes.[80]

Os clientes podem estar interessados em avaliar a qualidade dos produtos de uma empresa em relação a uma ampla gama de parâmetros. O Quadro 6.1 mostra exemplos de parâmetros de qualidade para bens e serviços pelos quais os clientes expressam interesse. A qualidade é possível somente quando os executivos graduados a apoiam e quando sua importância fizer parte da cultura organizacional.[81] Quando empregados e gerentes valorizam a qualidade, ficam atentos para identificar meios de aperfeiçoá-la.[82]

A qualidade é um tema universal na economia global, sendo uma condição necessária, porém não suficiente, para o sucesso competitivo.[83] Sem qualidade os produtos de uma empresa não possuem credibilidade, o que significa que os clientes não os consideram opções viáveis. Os clientes não pensarão em comprar um produto até acreditarem que ele possa satisfazer ao menos suas expectativas de nível básico em termos dos parâmetros de qualidade importantes para eles. Durante anos, a qualidade foi um tema relacionado aos automóveis Jaguar porque o fabricante recebia queixas frequentes dos condutores a respeito da má qualidade. Como resultado das ações recentes direcionadas a esse tema, a qualidade melhorou a ponto de hoje os clientes considerarem os carros como produtos confiáveis.[84]

A qualidade afeta a rivalidade competitiva. A empresa que analisa um concorrente cujos produtos possuem qualidade inferior consegue prever que os custos do concorrente são elevados e que sua receita de vendas provavelmente diminuirá até que os problemas de qualidade sejam resolvidos. Além disso, a empresa pode prever que o concorrente não será agressivo no sentido de empreender ações competitivas, pois seus problemas de qualidade precisam ser corrigidos para obter credibilidade mediante os clientes. No entanto, após os problemas serem solucionados, provavelmente o concorrente empreenderá ações competitivas que enfatizem melhorias significativas na qualidade do produto.

> **Quadro 6.1: Parâmetros de qualidade aplicáveis aos bens e serviços**
>
> **PARÂMETROS DE QUALIDADE DO PRODUTO**
> 1. Desempenho – Características operacionais
> 2. Destaques – Características especiais importantes
> 3. Flexibilidade – Atendimento das especificações operacionais ao longo de algum período de tempo
> 4. Durabilidade – Duração do uso antes de o desempenho diminuir drasticamente
> 5. Conformidade – Adequação a padrões preestabelecidos
> 6. Serviços pós-venda – Facilidade e rapidez de reparo
> 7. Estética – Como um produto aparenta ser
> 8. Qualidade percebida – Avaliação subjetiva das características (imagem do produto)
>
> **PARÂMETROS DE QUALIDADE DO SERVIÇO**
> 1. Cumprimento de prazos – Executado no intervalo de tempo prometido
> 2. Cortesia – Executado com satisfação
> 3. Coerência – Proporcionar a todos os clientes experiências similares em cada ocasião
> 4. Conveniência – Acessibilidade aos clientes
> 5. Finalização – Serviço executado plenamente, conforme exigido
> 6. Precisão – Executado corretamente a cada vez

Fonte: adaptado de J. W. Dean, Jr. e J. R. Evans, *Total Quality: Management, Organization and Society*, St. Paul, MN: West Publishing Company; 1994, H. V. Roberts e B. F. Sergesketter, *Quality is Personal*, Nova York: The Free Press; 1993, D. Garvin, *Managed Quality: The Strategic and Competitive Edge*, 1988, Nova York, The Free Press.

As experiências da Hyundai ilustram essas expectativas. Imediatamente após se tornar CEO da companhia em março de 1999, Chung Mong Koo começou a percorrer as instalações industriais da empresa. Impressionado com o que viu, disse a trabalhadores e gerentes: "A única maneira para sobrevivermos consiste em elevar nossa qualidade ao nível da Toyota".[85] Para melhorar a qualidade, foi criada uma unidade de controle de qualidade e recursos significativos (mais de 1 bilhão de dólares anuais) foram alocados a P&D a fim de produzir automóveis que poderiam competir em preço e proporcionar qualidade. Os resultados do empenho da Hyundai em melhorias de qualidade são dignos de nota. Em 2006, a Hyundai classificou-se em terceiro lugar na pesquisa da consultoria J. D. Power sobre qualidade inicial (que avalia problemas de projeto e defeitos nos primeiros 90 dias de uso do veículo pelo proprietário), somente atrás da Porsche e da marca de luxo Lexus da Toyota. De acordo com Jack Nerad, analista de mercado do Kelley Blue Book (principal guia de preços automotivos tanto para vendedores quanto para compradores dos Estados Unidos), esse reconhecimento indica que a Hyundai tornou-se uma presença a ser respeitada na América do Norte e nos mercados automobilísticos internacionais.[86]

Probabilidade de resposta

Até este ponto do capítulo, examinamos como os mercados comuns, a similaridade de recursos, a percepção da interdependência mútua, a motivação para agir com base nos ganhos e perdas percebidos e a capacidade de uma empresa de realizar ações podem influenciar o comportamento competitivo. Também descrevemos como os incentivos do pioneiro, o tamanho organizacional e a ênfase de uma empresa na qualidade podem auxiliar uma empresa a prever se um concorrente realizará uma ação competitiva. Esses mesmos fatores também devem ser avaliados para ajudar uma empresa a prever se um concorrente responderá a uma ação que está considerando. Esta seção descreve outros fatores que uma empresa deve considerar quando prevê respostas competitivas de um ou mais concorrentes.

O sucesso da ação competitiva de uma empresa é afetado pela possibilidade de que um concorrente responderá a ela e pelo tipo (estratégico ou tático) e eficácia dessa resposta. Conforme observado anteriormente, uma resposta competitiva é uma ação estratégica ou tática que a empresa realiza para contrapor-se aos efeitos da ação competitiva de um concorrente. Em geral, uma empresa tem probabilidade de responder à ação de um concorrente se essa ação reforça significativamente a posição do concorrente ou enfraquece consideravelmente a posição competitiva da empresa.[87] Por exemplo, as ações de um concorrente podem resultar em um melhor uso de sua capacidade para criar vantagem competitiva ou uma melhor posição de mercado. Alternativamente, as ações de um concorrente poderiam afetar a própria capacidade da empresa de usar sua capacitação a fim de criar ou manter uma vantagem ou poderia tornar sua posição de mercado menos defensável.

A introdução do acesso sem fio (Wi-Fi) à internet em apartamentos de hotel oferece um excelente exemplo do motivo pelo qual as empresas podem sentir-se compelidas a responder às ações de um concorrente. A cadeia Omni Hotels lançou uma campanha de marketing em fevereiro de 2003 anunciando que era a única rede de hotéis de luxo a ter Wi-Fi em seus apartamentos. Essa ação aperfeiçoaria a capacidade da Omni de criar uma vantagem competitiva e diminuiria a possibilidade de concorrentes de maior porte (como a rede Marriott) alegarem que seus hotéis de luxo são superiores a outros hotéis. Pouco tempo depois dessa campanha, a rede Starwood e a Intel anunciaram uma campanha de marketing conjunta para promover o Wi-Fi nas diversas marcas do Starwood, incluindo Westin, Sheraton e W Hotels. A Marriott fez em seguida um anúncio similar. De acordo com Lou Paladeau, vice-presidente de desenvolvimento tecnológico da rede Marriott: "Os clientes estão tomando decisões sobre em que lugar se hospedar com base na informação sobre onde essa tecnologia encontra-se disponível".[88] Embora haja uma estimativa de que somente 10% dos hóspedes da rede Marriott possuíam naquela ocasião *laptops* equipados com Wi-Fi, a tecnologia simbolizava a imagem elitista que os concorrentes que operavam hotéis de luxo estavam tentando transmitir. Hoje, apenas alguns anos depois, o Wi-Fi é padrão mesmo em hotéis de porte médio.

Três fatores podem ajudar uma empresa a prever como um concorrente provavelmente responderá às ações competitivas: o tipo de ação competitiva, a reputação e a dependência do mercado.

Tipo de ação competitiva

As respostas competitivas às ações estratégicas diferem das respostas às ações táticas. Essas diferenças permitem à empresa prever uma resposta provável de um concorrente a uma ação competitiva realizada contra ele. Evidentemente, uma previsão geral é que ações estratégicas recebam respostas estratégicas ao passo que respostas táticas ocorram para contrapor-se aos efeitos das ações táticas.

Em geral, as ações estratégicas geram um número total menor de respostas competitivas.[89] A razão para isso decorre do seguinte fato: de modo análogo às ações estratégicas, as respostas estratégicas, como as iniciativas baseadas no mercado, envolvem um comprometimento significativo de recursos e são difíceis de implementar e reverter. Além disso, o tempo necessário para que uma ação estratégica seja implementada e sua eficácia avaliada retarda a resposta do concorrente a essa ação.[90] Em contraste ao tempo muitas vezes exigido para responder a uma ação estratégica, um concorrente provavelmente responderá de modo rápido a uma ação tática, como quando uma empresa aérea repete quase imediatamente a ação tática de um concorrente de reduzir preços em certos mercados. Ações estratégicas ou táticas que têm como alvo um grande número de clientes de um rival têm possibilidade de ser realizadas com respostas incisivas.[91] De fato, se os efeitos da ação de um concorrente sobre a empresa focada forem significativos (por exemplo: perda de participação de mercado, perda de recursos importantes como empregados valiosos), é provável que uma resposta seja rápida e incisiva.[92]

Reputação do participante

Um ator, no contexto da rivalidade competitiva, é a empresa que empreende uma ação ou efetiva uma resposta; reputação é "a dimensão positiva ou negativa atribuída por um rival a outro com base no comportamento competitivo passado".[93] Uma reputação positiva pode ser uma fonte de vantagem competitiva e retornos elevados, em especial para fabricantes de bens de consumo.[94] A empresa, para prever a possibilidade da resposta de um concorrente a uma ação planejada, estuda as respostas que o concorrente deu anteriormente quando atacado – supõe-se que o comportamento passado seja um previsor razoável do comportamento futuro.

Os concorrentes têm maior probabilidade de responder a ações estratégicas ou táticas empreendidas por um líder de mercado.[95] As ações bem-sucedidas serão imitadas rapidamente. Por exemplo, a Apple Computer foi a principal fabricante de computadores pessoais quando a IBM, líder de mercado no setor de computadores, aplicou recursos substanciais para entrar no mercado. Quando a IBM alcançou sucesso imediato com essa iniciativa, concorrentes como a Dell, a Compaq e a Gateway responderam com ações estratégicas para entrar no mercado. A reputação da IBM além de sua ação estratégica bem-sucedida influenciou consideravelmente o ingresso no mercado desses concorrentes. Após o mercado ficar saturado e o produto se tornar mais padronizado, a reputação da IBM deixou de ser uma fonte apreciável de vantagem competitiva com relação às vantagens de custo dos concorrentes. Conforme mencionado no capítulo anterior, a IBM acabou vendendo sua unidade de PCs ao grupo chinês Lenovo, embora tenha mantido uma participação no negócio.[96]

Em contraste com uma empresa com reputação sólida como a IBM, os concorrentes apresentam menor probabilidade de responder a companhias com reputação de comportamento competitivo arriscado, complexo e imprevisível. Por exemplo, uma empresa que possui reputação de "predadora de preço" (um participante que reduz preços para conquistar ou manter participação de mercado) gera poucas respostas a suas ações táticas. Isso ocorre porque os "predadores", que aumentam os preços após sua meta de participação de mercado ter sido alcançada, não têm credibilidade perante os concorrentes.[97] Por outro lado, uma empresa com reputação de atuação íntegra em relação a preços, como o Wal-Mart, possui uma probabilidade muito maior de defrontar-se com uma resposta competitiva a suas políticas de preço.[98]

Dependência do mercado

A dependência do mercado denota a extensão em que a receita ou o lucro de uma empresa originam-se de um determinado mercado.[99] Em geral, as empresas conseguem prever que os concorrentes com grande dependência do mercado têm probabilidade de responder enfaticamente aos ataques que ameaçam sua posição de mercado.[100] Por exemplo, empresas que dependem quase exclusivamente de um único mercado, como a Wrigley Company (chiclete), a Lincoln Electric (arcos de solda) ou a American Airlines (transporte aéreo), têm probabilidade muito maior de apresentar reações fortes às ações estratégicas e táticas dos concorrentes. Fato interessante, a empresa ameaçada nesses casos pode não responder rapidamente, mas preferir adotar uma abordagem mais calculada de modo que sua resposta seja mais eficaz.

Diversas empresas de *software* escolheram como alvo o sistema operacional da Microsoft, desenvolvendo *software* para aplicação na mídia e em questões de segurança. A Microsoft, a maior vendedora de sistemas operacionais para PCs, não respondeu imediatamente lançando um novo sistema operacional. Como alternativa, a companhia introduziu uma série de pequenas alterações no *software* existente para resolver problemas imediatos. Quando a companhia finalmente lançou seu novo sistema operacional Vista, foi uma resposta enfática às ações anteriores dos concorrentes, em especial nas áreas de gerenciamento de mídia e segurança.[101] A Microsoft ofereceu o mesmo tipo de resposta marcante – porém lenta – quando introduziu sua nova versão do Internet Explorer.[102]

Dinâmica competitiva

Enquanto a rivalidade competitiva diz respeito às ações e respostas contínuas entre uma empresa e seus concorrentes por uma posição de mercado vantajosa, a dinâmica competitiva relaciona-se às ações e respostas que ocorrem continuamente entre todas as empresas que concorrem por posições vantajosas em um mercado.

Para explicar a rivalidade competitiva, descrevemos (1) os fatores que determinam o grau em que as empresas são concorrentes (mercados comuns e similaridade de recursos), (2) os impulsionadores do comportamento competitivo para as empresas (percepção, motivação e capacidade) e (3) os fatores que afetam a possibilidade de que um concorrente agirá ou atacará (incentivos do pioneiro, tamanho organizacional e qualidade) e responderá (tipo de ação competitiva, reputação e dependência do mercado). A criação e a manutenção de vantagens competitivas constituem o núcleo da rivalidade competitiva, pois as vantagens são o elo para uma posição de mercado vantajosa.

Para explicar a dinâmica competitiva, discutimos os efeitos da variação da velocidade competitiva em diferentes mercados (denominados mercados de ciclo lento, de ciclo rápido e de ciclo padrão) no comportamento (ações e respostas) de todos os concorrentes em um dado mercado. Comportamentos competitivos – bem como as razões ou a lógica por exibi-los – são similares no âmbito de cada tipo de mercado, porém diferem em função dos tipos de mercado.[103] Assim, a dinâmica competitiva difere nos mercados de ciclo lento, de ciclo rápido e de ciclo padrão. A sustentabilidade das vantagens competitivas da empresa é uma diferença importante entre os três tipos de mercado.

Conforme observado no Capítulo 1, as empresas desejam sustentar suas vantagens pelo maior tempo possível, embora nenhuma vantagem seja sustentável em caráter permanente. O grau de sustentabilidade é afetado pela rapidez com que as vantagens competitivas podem ser imitadas e pelo custo para que isso ocorra.

Mercados de ciclo lento

Mercados de ciclo lento são mercados nos quais as vantagens competitivas encontram-se protegidas contra a imitação durante períodos de tempo comumente longos e nos quais a imitação é onerosa.[104] As vantagens competitivas são sustentáveis nos mercados de ciclo lento.

A criação de vantagens competitivas inigualáveis e exclusivas conduz ao sucesso competitivo em um mercado de ciclo lento. Esse tipo de vantagem é difícil de ser entendido pelos concorrentes. Conforme discutido no Capítulo 3, uma vantagem difícil de entender e onerosa para imitar resulta de condições históricas únicas, ambiguidade causal e/ou complexidade social. *Copyrights*, geografia, patentes e posse de um recurso de informação são exemplos daquilo que resulta em vantagens inigualáveis.[105] Após a criação de uma vantagem inigualável, o comportamento competitivo da empresa em um mercado de ciclo lento é orientado para a proteção, a manutenção e a extensão dessa vantagem. Portanto, a dinâmica competitiva em mercados de ciclo lento envolve todas as empresas que se concentram em ações e respostas competitivas que lhes permitem proteger, manter e estender sua vantagem competitiva exclusiva.

A Walt Disney Co. continua a apresentar seus personagens exclusivos, como Mickey Mouse, Minnie e Pateta. Esses personagens possuem um desenvolvimento histórico único como resultado da criatividade e visão de Walt e Roy Disney voltadas para o entretenimento das pessoas. Os produtos resultantes dos personagens exibidos nos desenhos animados e filmes da Disney são vendidos nas lojas dos parques temáticos da Disney, bem como em lojas de varejo independentes denominadas Disney Stores. A lista de produtos resultantes de personagens é extensa, incluindo tudo dos personagens até vestuário decorado com sua imagem. As patentes protegem o uso desses personagens e, portanto, a natureza exclusiva da vantagem da Disney em termos de personagens animados impede a imitação por parte dos concorrentes.

De acordo com outro atributo da concorrência em um mercado de ciclo lento, a Disney mantém o compromisso de proteger os direitos exclusivos sobre seus personagens e de seu uso conforme demonstrado pelo fato de que "a companhia processou em uma ocasião um centro de educação infantil, forçando-o a retirar uma imagem parecida com Mickey Mouse de uma parede das instalações".[106] Como todas as empresas que concorrem em mercados de ciclo lento, as ações competitivas da Disney (como construir parques temáticos na França, no Japão e em Hong Kong) e as respostas (como os processos judiciais para proteger seu direito de controle integral do uso de seus personagens animados) mantêm e ampliam sua vantagem competitiva exclusiva, protegendo-a ao mesmo tempo. A Disney tem sido capaz de estabelecer – por meio de ações e de defender valendo-se de respostas – uma posição de mercado vantajosa como resultado de seu comportamento competitivo.

No setor farmacêutico, as leis sobre patentes e as exigências da regulamentação – como aquelas vigentes nos Estados Unidos que requerem aprovação pela agência federal Food and Drug Administration (FDA) para o lançamento de novos produtos – protegem os laboratórios farmacêuticos. Após uma patente expirar, cessa a proteção da empresa contra a concorrência, uma situação com sérias implicações financeiras. Consequentemente, os concorrentes nesse mercado tentam prorrogar as patentes de seus medicamentos a fim de manter as posições vantajosas que suas patentes proporcionam. A versão genérica do medicamento antialérgico Flonase só chegou ao mercado dois anos após ter expirado a patente da GlaxoSmithKline. O atraso resultou de diversas manobras administrativas e legais agressivas que finalmente terminaram na sala de um tribunal em Baltimore, quando um juiz negou uma apelação final da GlaxoSmithKline. De acordo com a empresa de consultoria Bain & Co., as patentes de 252 medicamentos expirarão até 2014, o que poderia economizar milhões de dólares para os consumidores americanos. Comentando sobre a situação, Sid Wolfe, diretor conselheiro do Health Research Group, organização de proteção de direitos dos consumidores, afirmou: "Grandes, enormes batalhas ocorrerão em seguida. As companhias que produzem e vendem medicamentos patenteados farão todo o possível para prorrogar o dia em que os medicamentos genéricos se tornarão disponíveis. Conseguir seis meses, dois ou três anos adicionais para a continuidade da venda de um remédio que gera receita substancial representará uma diferença de dezenas ou centenas de milhões de dólares".[107]

A Figura 6.4 mostra a dinâmica competitiva gerada pelas empresas que concorrem em mercados de ciclo lento. Nesses mercados, as empresas lançam um produto (por exemplo: um novo medicamento) que foi desenvolvido por meio de uma vantagem exclusiva (por exemplo: P&D) e então o explora pelo maior período de tempo possível enquanto o produto encontra-se protegido contra a concorrência. No final, os concorrentes respondem à ação mediante um contra-ataque. Nos mercados de medicamentos, esse contra-ataque ocorre à medida que as patentes expiram, criando a necessidade de um outro lançamento de produto pela empresa que busca uma posição de mercado protegida.

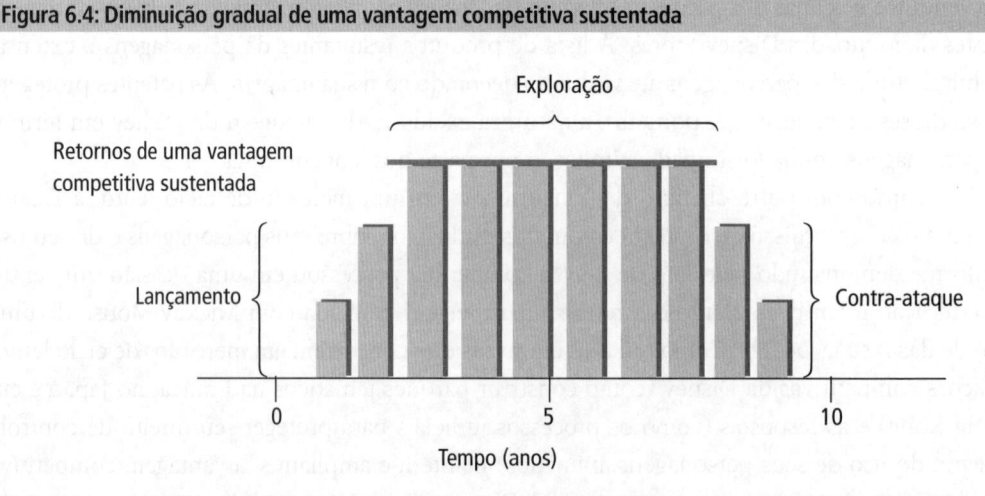

Figura 6.4: Diminuição gradual de uma vantagem competitiva sustentada

Fonte: baseado em I. C. MacMillan, Controlling competitive dynamics by taking strategic initiative, *Academy of Management Executive*, 1988, 11(2): 111-118.

Mercados de ciclo rápido

Mercados de ciclo rápido são mercados nos quais as capacidades das empresas que contribuem para as vantagens competitivas não estão protegidas da imitação e onde a imitação muitas vezes é acelerada e gera custo baixo. Assim, as vantagens competitivas não são sustentáveis nos mercados de ciclo rápido. As empresas que concorrem nesses mercados reconhecem a importância da velocidade; elas reconhecem que "o tempo é um recurso empresarial tão precioso quanto o dinheiro ou o número de empregados e que os custos da hesitação e do atraso são elevados a ponto de superar os valores do orçamento ou não atender a uma previsão financeira".[108] Esses ambientes de grande rapidez exercem pressões consideráveis sobre os executivos graduados para que tomem decisões estratégicas rapidamente – mas elas também precisam ser eficazes.[109] A concorrência muitas vezes intensa e o foco estratégico com base na tecnologia tornam complexas as decisões estratégicas, aumentando a necessidade de uma abordagem abrangente integrada com velocidade de decisão, duas características frequentemente conflitantes do processo de decisão estratégica.[110]

A engenharia reversa e o índice de difusão em mercados de ciclo rápido facilitam a imitação veloz. Um concorrente usa a engenharia reversa para adquirir rapidamente o conhecimento requerido para imitar ou aperfeiçoar os produtos da empresa, em geral em apenas alguns meses. A tecnologia difunde-se rapidamente nos mercados de ciclo rápido, tornando-se disponível aos concorrentes em um curto intervalo de tempo. A tecnologia usada por concorrentes de ciclo rápido não é exclusiva nem protegida por patentes, como ocorre nos mercados de ciclo lento. Por exemplo, apenas algumas centenas de peças disponíveis no mercado são necessárias para produzir um computador pessoal. As patentes protegem somente algumas dessas peças, como os *chips* dos microprocessadores.[111]

Mercados de ciclo rápido são mais voláteis que os de ciclo lento e de ciclo padrão. O ritmo da concorrência nos mercados de ciclo rápido é agitado, pois as companhias se apoiam nas ideias e nas inovações resultantes delas como propulsoras de seu crescimento. Pelo fato de os preços caírem rapidamente nesses mercados, as empresas também precisam lucrar rapidamente com suas inovações do produto. Por exemplo, diminuições rápidas dos preços dos *chips* para microprocessadores produzidos pela Intel e pela Advanced Micro Devices, entre outras, tornam possível aos fabricantes de PCs reduzirem seus preços para o usuário final. A imitação de muitos produtos de ciclo rápido é relativamente fácil, conforme demonstrado pela Dell e pela Hewlett-Packard, entre outros fabricantes. Todas essas empresas imitaram parcial ou integralmente o projeto inicial do PC desenvolvido pela IBM para criar seus produtos. A diminuição contínua do custo das peças – bem como o fato de que a informação e o conhecimento exigidos para a montagem de um PC não são complexos e estão disponíveis – permite que outros concorrentes ingressem nesse mercado sem grande dificuldade.[112]

As características do mercado de ciclo rápido tornam praticamente impossível às empresas nesse tipo de mercado desenvolver vantagens competitivas sustentáveis. As empresas, reconhecendo essa realidade, evitam a "fidelidade" a qualquer de seus produtos, preferindo sacrificar seu produto atual, lançando um novo produto antes que os concorrentes aprendam a como reproduzi-lo por meio de imitações bem-sucedidas. Essa ênfase cria uma dinâmica competitiva que difere muito daquelas nos mercados de ciclo lento. Em vez de se concentrarem na proteção, na manutenção e na ampliação das vantagens competitivas, como é o caso das empresas em mercados de ciclo lento, as empresas que concorrem em mercados de ciclo rápido se concentram em como aprender rápida e continuamente a desenvolver novas vantagens competitivas que sejam superiores àquelas que substituem. Nos mercados de ciclo rápido, as empresas não se concentram na tentativa de proteção de uma determinada vantagem competitiva porque compreendem que a vantagem não persistirá o tempo suficiente para estendê-la.

A Figura 6.5 mostra o comportamento competitivo das empresas que concorrem em mercados de ciclo rápido. A dinâmica competitiva nesse tipo de mercado faz que empresas iniciem ações e respostas no curso da rivalidade competitiva orientadas à introdução rápida e contínua de produtos e ao uso de um conjunto de vantagens competitivas em mutação constante. A empresa lança um produto como ação competitiva e explora em seguida a vantagem associada a ele pelo tempo mais prolongado possível. No entanto, a empresa também tenta iniciar outra ação competitiva temporária antes que os concorrentes consigam responder à primeira. Portanto, a dinâmica competitiva nos mercados de ciclo rápido, pela qual todas as empresas se empenham em obter novas vantagens competitivas antes que os concorrentes aprendam a responder de maneira eficiente às atuais, resulta muitas vezes em inovações e aperfeiçoamentos rápidos do produto.[113]

Figura 6.5: Obtenção de vantagens temporárias para a criação de vantagem sustentada

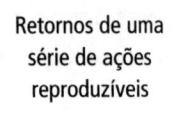

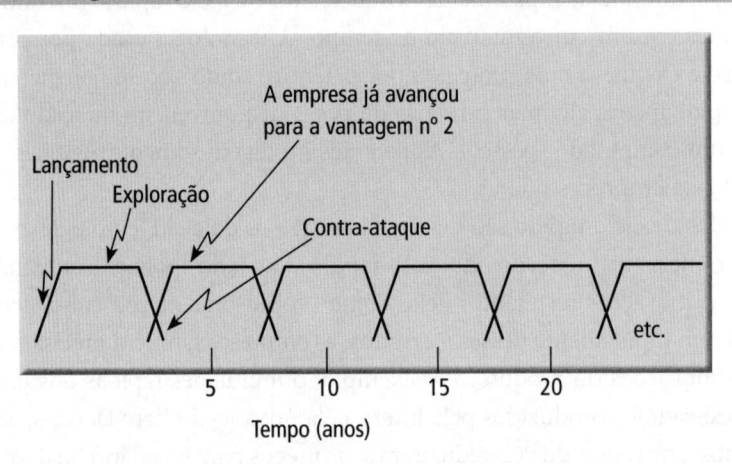

Conforme nossa discussão sugere, a inovação exerce um efeito dominante sobre a dinâmica competitiva nos mercados de ciclo rápido. Isso significa para as empresas que a inovação é uma fonte importante de vantagem competitiva. A empresa, valendo-se da inovação, pode sacrificar seus próprios produtos antes que os concorrentes os imitem de forma bem-sucedida.[114]

Mercados de ciclo padrão

Mercados de ciclo padrão são aqueles nos quais a vantagem competitiva da empresa encontra-se moderadamente protegida contra a imitação e onde imitar é moderadamente oneroso. Vantagens competitivas são em parte sustentáveis nos mercados de ciclo padrão, porém apenas quando a empresa for capaz de melhorar a qualidade de suas vantagens competitivas. As ações e respostas competitivas que formam a dinâmica competitiva de um mercado de ciclo padrão deparam com as empresas se empenhando para obter grande participação de mercado, tentando conquistar a fidelidade do cliente por meio de marcas e controlando suas operações para oferecer a mesma experiência positiva para os clientes.[115]

Empresas que concorrem em mercados de ciclo padrão atendem muitos clientes. Em virtude das capacidades em que se baseiam suas vantagens competitivas serem menos especializadas, a imitação é mais rápida e menos onerosa para as empresas de ciclo padrão do que para aquelas que concorrem em mercados de ciclo lento. No entanto, a imitação é menos rápida e mais onerosa nesses mercados do que nos mercados de ciclo rápido. Assim, a dinâmica competitiva nos mercados de ciclo padrão situa-se no ponto médio entre as características da dinâmica nos mercados de ciclo lento e de ciclo rápido. A rapidez da imitação torna-se menor e mais onerosa para os concorrentes do ciclo padrão quando uma empresa é capaz de desenvolver economias de escala pela combinação de processos coordenados e integrados de projeto e fabricação com um grande volume de vendas.

Em virtude dos grandes volumes, do tamanho dos mercados massificados e da necessidade de criação de economias de escala, a concorrência por participação de mercado é intensa nos mercados de ciclo padrão. Essa forma de concorrência é perceptível nas batalhas entre Coca-Cola e PepsiCo. Essas empresas concorrem ao redor de todo o globo. Em anos recentes, a PepsiCo tem vencido disputas nos mercados domésticos e internacionais. Essas consequências são o resultado parcial de ações estratégicas eficazes empreendidas pela PepsiCo, bem como ações ineficazes por parte da Coca-Cola, incluindo substituições rápidas das pessoas que atuam como CEO da empresa e inovação ineficaz dos produtos.[116]

Esse exemplo ilustra que a inovação também consegue orientar as ações e respostas competitivas nos mercados de ciclo padrão como o de refrigerantes, em especial quando a rivalidade é intensa. Um analista do mercado de ações fez recentemente o seguinte comentário sobre o mercado de refrigerantes:

> A necessidade de inovação tem sido marcante nessa área, onde Coca-Cola e Pepsi batalham por participação de mercado. Refrigerantes carbonatados, embora ainda sejam a categoria dominante, não apresentam um consumo crescente. Os consumidores parecem ter atingido um ponto de saturação mediante ofertas icônicas, especialmente as colas e, como alternativa, estão se orientando para o consumo de bebidas não-carbonatadas, como bebidas para esportistas, água em vasilhames e chás e cafés gelados engarrafados. Esse campo de atuação mutável beneficiou claramente a PepsiCo à custa da Coca-Cola – a Coca-Cola tem sido lenta onde a Pepsi tem demonstrado agilidade, e a Coca-Cola continuou abrindo portas em vez de ter observado que portas os consumidores estavam abrindo. A PepsiCo, em contraste, concentrou-se em descobrir o que os consumidores desejavam e assegurar que um produto PepsiCo atendia essa necessidade.[117]

A inovação, em última análise, influencia a dinâmica competitiva, pois afeta as ações e respostas de todas as empresas que concorrem em um mercado de ciclo lento, de ciclo rápido ou de ciclo padrão. Enfatizamos a importância da inovação para a criação de valor da empresa nos capítulos anteriores e voltaremos a ressaltá-la no Capítulo 12. Nossa discussão da inovação em termos de dinâmica competitiva amplia as discussões anteriores ao mostrar sua importância em todos os tipos de mercado em que a empresa concorre.

Resumo

- Concorrentes são as empresas que competem no mesmo mercado, oferecendo produtos similares e almejando conquistar clientes similares. Rivalidade competitiva é o conjunto de ações e respostas competitivas que ocorrem continuamente entre os concorrentes à medida que competem entre si por uma posição de mercado vantajosa. Os resultados da rivalidade competitiva influenciam a capacidade de a empresa manter suas vantagens competitivas, bem como o nível (abaixo da média, médio ou acima da média) de seus retornos financeiros.

- O conjunto de ações e respostas competitivas de iniciativa da empresa quando participa da rivalidade competitiva denomina-se comportamento competitivo. A dinâmica competitiva é o conjunto de ações empreendidas por todas as empresas que competem em um determinado mercado.

- Uma empresa estuda a rivalidade competitiva para ser capaz de prever as ações e respostas competitivas que cada um de seus concorrentes provavelmente adotará. Ações competitivas possuem natureza estratégica ou tática. A empresa realiza ações competitivas para defender ou criar suas vantagens competitivas ou melhorar sua posição de mercado. Respostas competitivas são efetivadas para anular os efeitos de uma ação competitiva de um concorrente. Uma ação estratégica ou uma resposta estratégica exige um comprometimento significativo de recursos organizacionais, é difícil de implementar com sucesso e de reverter. Uma ação tática ou uma resposta tática requer menos recursos organizacionais, sendo mais fácil de implementar e reverter.

- Uma análise dos concorrentes é o primeiro passo que a empresa toma a fim de ter capacidade para prever as ações e respostas de seus concorrentes. As empresas, ao fazerem a análise, estudam os mercados comuns (o número de mercados nos quais os concorrentes se envolvem conjuntamente e sua importância para cada um deles) e a similaridade de recursos (o quanto são comparáveis os recursos dos concorrentes em termos de tipo e montante). Em geral, quanto maior o número de mercados comuns e a similaridade de recursos, mais as empresas reconhecem que são concorrentes diretos.

- Mercados comuns e similaridade de recursos moldam a percepção da empresa (o grau em que ela e seus concorrentes compreendem sua interdependência mútua), a motivação (o incentivo da empresa para atacar ou responder) e a capacidade (a qualidade dos recursos disponíveis à empresa para atacar e responder). Conhecer um concorrente em termos dessas características aumenta a qualidade das previsões da empresa relativas às ações e respostas de um concorrente.

- O incentivo do pioneiro é outro fator que afeta a possibilidade de um concorrente realizar ações competitivas. Pioneiras são aquelas empresas que empreendem uma ação competitiva inicial, obtendo muitas vezes retornos acima da média até que os concorrentes possam responder com sucesso à sua ação e conquistar clientes fiéis. Nem todas as empresas conseguem ser pioneiras, pois podem não ter a percepção, motivação ou capacidade exigida para exibir esse tipo de comportamento competitivo. Além disso, algumas empresas preferem atuar como imitadoras (a empresa que responde à ação da pioneira). Uma razão para isso é que os imitadores, em especial aqueles que agem rapidamente, conseguem competir de modo bem--sucedido com o pioneiro. Ao estudar o bem ou serviço do pioneiro, as reações dos clientes a eles e as respostas dos demais concorrentes ao pioneiro, o imitador consegue evitar os erros daqueles que entraram primeiro no mercado e identificar maneiras para aumentar o valor criado para os clientes pelo bem ou serviço do pioneiro. Os últimos entrantes (aqueles que respondem muito tempo após a ação original ter sido realizada) apresentam um desempenho menor e são muito menos competitivos.

- Uma configuração organizacional de grande porte tende a reduzir o número de tipos diferentes de ações competitivas de iniciativa das grandes empresas; concorrentes menores se valem de uma ampla variedade de ações. Idealmente, a empresa gostaria de empreender um grande número de ações distintas quando participa da rivalidade competitiva.

- A má qualidade do produto diminui a capacidade de uma empresa para realizar ações competitivas, por ser um denominador básico para a concorrência bem-sucedida na economia global.

- O tipo de ação (estratégica ou tática) que a empresa realiza, a reputação do concorrente quanto à natureza de seu comportamento competitivo e sua dependência do mercado no qual ocorre a ação são estudados para prever a resposta de um concorrente. Os concorrentes respondem mais frequentemente às ações realizadas pela empresa com reputação por comportamento competitivo previsível e compreensível, em especial se essa empresa for líder de mercado. Em geral, a empresa consegue prever que quando seu concorrente for dependente em termos de receita e lucratividade do mercado no qual a empresa realiza uma ação competitiva, este tem possibilidade de dar uma resposta enfática. No entanto, empresas que são mais diversificadas nos diversos mercados apresentam menor probabilidade de responder a uma determinada ação que afeta somente um dos mercados nos quais concorrem.

- A dinâmica competitiva diz respeito ao comportamento competitivo que ocorre continuamente entre todas as empresas que concorrem em um mercado para conquistar posições vantajosas. As características do mercado afetam o conjunto de ações e respostas que as empresas efetivam ao competirem em um mercado, bem como a sustentabilidade das vantagens competitivas das empresas. Nos mercados de ciclo lento, onde as vantagens competitivas podem ser mantidas, a dinâmica competitiva revela as empresas efetivando ações e respostas cuja finalidade consiste em proteger, manter e estender suas vantagens exclusivas. Nos mercados de ciclo rápido, a concorrência é quase avassaladora, pois as empresas se concentram no desenvolvimento de uma série de vantagens competitivas temporárias. Essa ênfase é necessária porque as vantagens das empresas nos mercados de ciclo rápido não são exclusivas e, desse modo, estão sujeitas à imitação rápida e a um custo baixo. Nos mercados de ciclo padrão, as empresas encontram-se moderadamente protegidas da concorrência, pois usam vantagens competitivas que são moderadamente sustentáveis. Os concorrentes nos mercados de ciclo padrão atendem mercados de massa e tentam desenvolver economias de escala para aumentar a lucratividade. A inovação é vital para o sucesso competitivo em cada um desses tipos de mercado.

Questões éticas

1. As empresas, quando concorrem entre si, manobram para conquistar uma posição de mercado que seja vantajosa em relação aos concorrentes. Nessas manobras, quais são as implicações éticas associadas ao modo como a inteligência competitiva é obtida?

2. Os imitadores sempre respondem às ações competitivas de um pioneiro por meio da imitação. Existe algo desprovido de ética no que diz respeito à imitação de um bem ou serviço de um concorrente como uma maneira de tomar parte na concorrência?

3. Os padrões de rivalidade competitiva diferem nos países ao redor do globo. O que as empresas deveriam fazer para lidar com essas diferenças? Que orientação uma empresa deveria dar aos empregados ao lidarem com ações e respostas competitivas que são éticas em um país, porém desprovidas de ética em outros?

4. Nos mercados de ciclo lento, os concorrentes eficazes são capazes de proteger suas vantagens competitivas da imitação por concorrentes durante períodos de tempo relativamente longos. Entretanto, esse não é o caso nos mercados de ciclo rápido. O que é ético nos mercados de ciclo lento é diferente daquilo que é ético nos mercados de ciclo rápido?

5. É ético uma empresa que compete com um concorrente em diversos mercados dar uma resposta competitiva em um mercado que difira daquele no qual o concorrente efetivou uma ação competitiva contra a empresa local? Por quê?

Referências bibliográficas

1. BELDERBOS, R.; SLEUWAEGEN, L. Competitive drivers and international plant configuration strategies: A product-level test. *Strategic Management Journal*, 26, 2005. p. 577-593; CASTROGIOVANNI, G. J. Organization task environments: Have they changed fundamentally over time? *Journal of Management*, 28, 2002. p. 129-150; TAPSCOTT, D. Rethinking strategy in a networked world. *Strategy & Business*, 24 (terceiro trimestre), 2001. p. 34-41.
2. CHANG, S. J.; PARK, S. Types of firms generating network externalities and MNCs' co-location decisions. *Strategic Management Journal*, 26, 2005. p. 595-615; VOELPEL, S. C.; DOUS, M.; DAVENPORT, T. H. Five steps to creating global knowledge-sharing systems: Siemens' ShareNet. *Academy of Management Executive*, 19(2), 2005. p. 9-23; SETH, A.; SONG, K. P.; PETTIT, R. R. Value creation and destruction in cross-border acquisitions: An empirical analysis of foreign acquisitions of U.S. firms. *Strategic Management Journal*, 23, 2002. p. 921-940; MCKENDRICK, D. G. Global strategy and population level learning: The case of hard disk drives. *Strategic Management Journal*, 22, 2001. p. 307-334.
3. HAMEL, G. *Leading the Revolution*, Boston: Harvard Business School Press, 2000.
4. GRIMM, C. M.; LEE, H.; SMITH, K. G. *Strategy as Action: Competitive Dynamics and Competitive Advantage*, Oxford: Oxford University Press, 2006.
5. Ibid.
6. CHEN; M. J. Competitor analysis and interfirm rivalry: Toward a theoretical integration. *Academy of Management Review*, 21, 1996. p. 100-134.
7. JAYACHANDRAN, S.; GIMENO, J.; VARADARAJAN, P. R. Theory of multimarket competition: A synthesis and implications for marketing strategy. *Journal of Marketing*, 63(3), 1999. p. 49-66.
8. BARTON, D.; NEWELL, R.; WILSON, G. How to win in a financial crisis. *McKinsey Quarterly*, 4, 2002. p. 21-33.
9. CAVES, R. E. Economic analysis and the quest for competitive advantage. In: *Papers and Proceedings of the 96th Annual Meeting of the American Economic Association*, 1984. p. 127-132.
10. GRIMM; LEE; SMITH. *Strategy as Action*. YOUNG, G.; SMITH, K. G.; GRIMM, C. M.; SIMON, D. Multimarket contact and resource dissimilarity: A competitive dynamics perspective. *Journal of Management*, 26, 2000. p. 1.217-1.236; GRIMM, C. M.; SMITH, K. G. *Strategy as Action: Industry Rivalry and Coordination*, Cincinnati: South-Western, 1997. p. 53-74.
11. HOPKINS, H. D. The response strategies of dominant U.S. firms to Japanese challengers. *Journal of Management*, 29, 2003. p. 5-25; DAY, G. S.; REIBSTEIN, D. J. The dynamic challenges for theory and practice. In: DAY, G. S.; REIBSTEIN, D. J. (eds.). *Wharton on Competitive Strategy*, Nova York: Wiley, 1997. p. 2.
12. MAGRETTA, J. Why business models matter. *Harvard Business Review*, 80(5), 2002. p. 86-92.
13. YOUNG, G.; SMITH, K. G.; GRIMM, C. M. "Austrian" and industrial organization perspectives on firm-level competitive activity and performance. *Organization Science*, 73, 1996. p. 243-254.
14. HAVEMAN, H. A.; NONNEMAKER, L. Competition in multiple geographic markets: The impact on growth and market entry. *Administrative Science Quarterly*, 45, 2000. p. 232-267.
15. FUENTELSAZ, L.; GOMEZ, J. Multipoint competition, strategic similarity and entry into geographic markets. *Strategic Management Journal*, 27, 2006. p. 477-499; SMITH, K. G.; FERRIER, W. J.; NDOFOR, H. Competitive dynamics research: Critique and future directions. In: HITT, M. A.; FREEMAN, R. E.; HARRISON, J. S. (eds.). *Handbook of Strategic Management*, Oxford: Blackwell Publishers, 2001. p. 326.
16. CANINA, L.; ENZ, C. A.; HARRISON, J. S. Agglomeration effects and strategic orientations: Evidence from the U.S. lodging industry. *Academy of Management Journal*, 48, 2005. p. 565-581.
17. CRAINER, S. And the new economy winner is... Europe. *Strategy & Business*, segundo trimestre, 2001. p. 40-47.
18. GARTEN, J. E. The wrong time for companies to beat a global retreat. *Business Week*, 17 dez. 2001. p. 22.
19. YOUNG; SMITH; GRIMM; SIMON. Multimarket contact and resource dissimilarity. p. 1.230-1.233.
20. RAMASWAMY, K. Organizational ownership, competitive intensity, and firm performance: An empirical study of the Indian manufacturing sector. *Strategic Management Journal*, 22, 2001. p. 989-998. COOL, K.; ROLLER, L. H.; LELEUX, B. The relative impact of actual and potential rivalry on firm profitability in the pharmaceutical industry. *Strategic Management Journal*, 20, 1999. p. 1-14.
21. GNYAWALI, D. R.; MADHAVAN, R. Cooperative networks and competitive dynamics: A structural embeddedness perspective. *Academy of Management Review*, 26, 2001. p. 431-445.
22. YOUNG; SMITH; GRIMM; SIMON. Multimarket contact and resource dissimilarity. p. 1.217; PORTER, M. E. Towards a dynamic theory of strategy. *Strategic Management Journal*, 12, 1991. p. 95-117.
23. MARSH, S. J. Creating barriers for foreign competitors: A study of the impact of anti-dumping actions on the performance of U.S. firms. *Strategic Management Journal*, 19, 1998. p. 25-37; SMITH, K. G.; GRIMM, C. M.; YOUNG, G.; WALLY, S. Strategic groups and rivalrous firm behavior: Toward a reconciliation. *Strategic Management Journal*, 18, 1997. p. 149-157.
24. SIMON, D. Incumbent pricing responses to entry. *Strategic Management Journal*, 26, 2005. p. 1229-1248; FERRIER, W. J. Navigating the competitive landscape: The drivers and consequences of competitive aggressiveness. *Academy of Management Journal*, 44, 2001. p. 858-877; PORTER, M. E. *Competitive Strategy*, Nova York: The Free Press, 1980.
25. SMITH, FERRIER, NDOFOR. Competitive dynamics research. p. 319.
26. PUTSIS JR., W. P. Empirical analysis of competitive interaction in food product categories, *Agribusiness*, 15(3), 1999. p. 295-311.
27. CHEN. Competitor analysis and interfirm rivalry. p. 108.
28. Ibid., p. 109.
29. DEANS, G. K.; KROEGER, F.; ZEISEL, S. The consolidation curve. *Harvard Business Review*, 80(12), 2002. p. 20-21; ABRAHAMSON, E.; FOMBRUN, C. J. Macrocultures: Determinants and consequences. *Academy of Management Review*, 19, 1994. p. 728-755.
30. SALTER, C. On the road again, *Fast Company*, jan. 2002. p. 50-58.
31. YOUNG; SMITH; GRIMM; SIMON. Multimarket contact and resource dissimilarity. p. 1219.

32. CHEN. Competitor analysis and interfirm rivalry. p. 106.
33. FUENTELSAZ, L.; GOMEZ, J. Multipoint competition, strategic similarity and entry into geographic markets. *Strategic Management Journal*, 27, 2006. p. 477-499; GIMENO, J.; WOO, C. Y. Multimarket contact, economies of scope, and firm performance. *Academy of Management Journal*, 42, 1999. p. 239-259.
34. STEVENSON, S. Return of the King. *Slate*, http://www.slate.com/id/2107697, 2 fev. 2007.
35. Prudential Financial, Inc. Hoover's online, http://www.hoovers.com/prudential, 2 fev. 2007.
36. YOUNG; SMITH; GRIMM; SIMON. Multimarket contact and resource dissimilarity. p. 1230.
37. GIMENO, J. Reciprocal threats in multimarket rivalry: Staking out "spheres of influence" in the U.S. airline industry. *Strategic Management Journal*, 20, 1999. p. 101-128; FERNANDEZ, N.; MARIN, P. L. Market power and multimarket contact: Some evidence from the Spanish hotel industry. *Journal of Industrial Economics*, 46, 1998. p. 301-315.
38. JAYACHANDRAN; GIMENO; VARADARAJAN. Theory of multimarket competition. p. 59; CHEN. Competitor analysis and interfirm rivalry. p. 107.
39. GIMENO, J.; WOO, C. Y. Hypercompetition in a multimarket environment: The role of strategic similarity and multimarket contact on competitive deescalation. *Organization Science*, 7, 1996. p. 322-341.
40. CANINA; ENZ; HARRISON. Agglomeration effects and strategic orientations.
41. O'NEILL, J. W.; MATTILA, A. S. Strategic hotel development and positioning: The effects of revenue drivers on profitability. *Cornell Hotel and Restaurant Administration Quarterly*, 47(2), 2006. p. 146-155.
42. CHEN. Competitor analysis and interfirm rivalry. p. 107-108.
43. Ibid. p. 110.
44. Ibid.; OCASIO, W. Towards an attention-based view of the firm. *Strategic Management Journal*, 18 (summer special issue), 1997. p. 187-206; SMITH, FERRIER, NDOFOR. Competitive dynamics research. p. 320.
45. TALLMAN, S.; JENKINS, M.; HENRY, N.; PINCH, S. Knowledge, clusters and competitive advantage. *Academy of Management Review*, 29, 2004. p. 258-271; HODGKINSON, G. P.; JOHNSON, G. Exploring the mental models of competitive strategists: The case for a processual approach. *Journal of Management Studies*, 31, 1994. p. 525-551; PORAC, J. F.; THOMAS, H. Cognitive categorization and subjective rivalry among retailers in a small city. *Journal of Applied Psychology*, 79, 1994. p. 54-66.
46. SELVA, M. Wal-Mart, France's Carrefour set sights on Ahold businesses. *Sunday Business*, 6 abr. 2003. p. 83; Wal around the world. *Economist*, 8 dez. 2001. p. 55-56.
47. PARK, S. H.; ZHOU, D. Firm heterogeneity and competitive dynamics in alliance formation. *Academy of Management Review*, 30, 2005. p. 531-554; SMITH, FERRIER, NDOFOR. Competitive dynamics research. p. 320.
48. CHEN. Competitor analysis and interfirm rivalry. p. 113.
49. BELDERBOS, R.; SLEUWAEGEN, L. Competitive drivers and international plant configuration strategies: A product-level test. *Strategic Management Journal*, 26, 2005. p. 577-593.
50. GRIMM. SMITH. Strategy as Action. p. 125.
51. Blue light blues. *Economist*, 29 jan. 2002. p. 54; YOFFI, D. B.; M. KWAK. Mastering strategic movement at Palm. *MIT Sloan Management Review*, 43(1), 2001. p. 5-63.
52. SMITH, K. G.; FERRIER, W. J.; GRIMM, C. M. King of the hill: Dethroning the industry leader. *Academy of Management Executive*, 15(2) 2001. p. 59-70.
53. FERRIER, W. J.; LEE, H. Strategic aggressiveness, variation, and surprise: How the sequential pattern of competitive rivalry influences stock market returns. *Journal of Managerial Issues*, 14, 2003. p. 162-180; DAY, G. S. Assessing competitive arenas: Who are your competitors? In: DAY, G. S.; REIBSTEIN, D. J. (eds.). *Wharton on Competitive Strategy*, Nova York: Wiley, 1997. p. 25-26.
54. TRUETT, R. A chance to shape design destiny. *Automotive News*, 7 abr. 2003. p. D2; IHLWAN, M.; ARMSTRONG, L.; KERWIN, K. Hyundai gets hot. *Business Week*, 17 dez. 2001. p. 84-86.
55. ROBINSON, W. T.; CHIANG, J. Product development strategies for established market pioneers, early followers, and late entrants. *Strategic Management Journal*, 23, 2002. p. 855-866.
56. SCHUMPETER, J. *The Theory of Economic Development*, Cambridge: Harvard University Press, 1934.
57. and challengers. *Academy of Management Journal*, 42. p. 372-388.
58. WANG, F. Too appealing to overlook, America's Network, dez. 2000. p. 10-12.
59. FORBES, D. P. Managerial determinants of decision speed in new ventures. *Strategic Management Journal*, 26, 2005. p. 355-366; HAMEL, G. Leading the Revolution, Boston: Harvard Business School Press, 2000. p. 103.
60. HAFNER, K.; B. STONE. eBay is expected to close its auction site in China. *New York Times*, http://www.nytimes.com/2006/12/19/technology, 19 dez. 2006.
61. BELSON, K.; HOF, R.; B. ELGIN. How Yahoo! Japan beat eBay at its own game. *Business Week*, 4 jun. 2001. p. 58.
62. HAFNER; STONE. eBay is expected to close its auction site.
63. SRIVASTAVA, A.; LEE, H. Predicting order and timing of new product moves: The role of top management in corporate entrepreneurship. *Journal of Business Venturing*, 20, 2005. p. 459-481; NERER, A.; ROBERTS, P. W. Technological and product-market experience and the success of new product introductions in the pharmaceutical industry. *Strategic Management Journal*, 25, 2004. p. 779-799.
64. GEIGER, S. W.; CASHEN, L. H. A multidimensional examination of slack and its impact on innovation. *Journal of Managerial Issues*, 14, 2002. p. 68-84; BOURGEOIS III, L. J. On the measurement of organizational slack. *Academy of Management Review*, 6, 1981. p. 29-39.
65. LIEBERMAN, M. B.; MONTGOMERY, D. B. Firstmover advantages. *Strategic Management Journal*, 9, 1988. p. 41-58.
66. DOWELL, G.; SWAMINATHAN, A. Entry timing, exploration, and firm survival in the early U.S. bicycle industry. *Strategic Management Journal*, 27, 2006. p. 1.159-1.182.
67. Older, wiser, webbier. *Economist*. 30 jun. 2001. p. 10.
68. SHANK, M. Executive strategy report. IBM business strategy consulting, http://www.ibm.com, 14 mar. 2002; BOULDING, W.; CHRISTEN, M. First-mover disadvantage. *Harvard Business Review*, 79(9), 2001. p . 20-21.
69. GIMENO, J.; HOSKISSON, R. E.; BEAL, B. B.; WAN, W. P. Explaining the clustering of international expansion moves: A critical test in the U.S. telecommunications industry. *Academy of Management Journal*, 48, 2005. p. 297-319; SMITH, K. G.; GRIMM, C. M.; GANNON, M. J. *Dynamics of Competitive Strategy*, Newbury Park: Sage Publications, 1992.
70. EDWARDS, C. To see where tech is headed, watch TI. *Business Week*, 6 nov. 2006. p. 74.
71. GREVE, H. R. Managerial cognition and the mimetic adoption of market positions: What you see is what you do. *Strategic Management Journal*, 19, 1998. p. 967-988.
72. DOBREV, S. D.; CARROLL, G. R. Size (and competition) among organizations: Modeling scale-based selection among automobile producers in four major countries, 1885-1981. *Strategic Management Journal*, 24, 2003. p. 541-558; SMITH; FERRIER; NDOFOR. Competitive dynamics research. p. 327.
73. DESARBO, W. S.; GREWAL, R.; WIND, J. Who competes with whom? A demand-based perspective for identifying and

representing asymmetric competition. *Strategic Management Journal*, 27, 2006. p. 101-129; PIL, F. K.; HOIWEG, M. Exploring scale: The advantage of thinking small. *McKinsey Quarterly*, 44(2), 2003. p. 33-39; CHEN, M.J.; HAMBRICK, D. C. Speed, stealth and selective attack: How small firms differ from large firms in competitive behavior, *Academy of Management Journal*, 38, 1995. p. 453-482.

74. MILLER, D.; CHEN, M. J. The simplicity of competitive repertoires: An empirical analysis. *Strategic Management Journal*, 17, 1996. p. 419-440.

75. YOUNG; SMITH; GRIMM. "Austrian" and industrial organization perspectives.

76. WOYKE, E. The Korean upstart in MySpace's face. *Business Week*, 13 nov. 2006. p. 72.

77. CROSBY, P. B. *Quality Is Free*, Nova York: Penguin, 1980.

78. DEMING, W. E. *Out of the Crisis*, Cambridge: MIT Press, 1986.

79. KAPLAN, R. S.; NORTON, D. P. *The Strategy-Focused Organization*, Boston: Harvard Business School Press, 2001.

80. DEVITO, L. B. R.; PEARSON, J. M. Manage your customers' perception of quality. *Review of Business*, 24(1), 2003. p. 18-24.

81. CULLEN, R.; NICHOLLS, S.; HALLIGAN, A. Measurement to demonstrate success. *British Journal of Clinical Governance*, 6(4), 2001. p. 273-278.

82. WEICK, K. E.; SUTCLIFFE, K. M. *Managing the Unexpected*, São Francisco: Jossey-Bass, 2001. p. 81-82.

83. YEUNG; G.; MOK, V. What are the impacts of implementing ISOs on the competitiveness of manufacturing industry in China. *Journal of World Business*, 40, 2005. p. 139-157.

84. GREEN, J.; WELCH, D. Jaguar may find it's a jungle out there, *Business Week*, 26 mar. 2001. p. 62.

85. IHLWAN; ARMSTRONG; KERWIN. Hyundai gets hot. p. 84.

86. JONES, R. Quality gains driving Hyundai's success, http://www.msnbc.msn.com/id/13207035, 9 jun. 2006.

87. SCHUMPETER, J. *Capitalism, Socialism and Democracy*, Nova York: Harper, 1950; SMITH; FERRIER; NDOFOR. Competitive dynamics research, 323.

88. BINKLEY, C.; CLARK, D. Wi-Fi is now a must for big hotels. *Wall Street Journal*, 27 fev. 2003. p. D3.

89. CHEN, M. J.; MACMILLAN, I. C. Nonresponse and delayed response to competitive moves. *Academy of Management Journal*, 35, 1992. p. 539-570; SMITH; FERRIER; NDOFOR. Competitive dynamics research, p. 335.

90. CHEN, M. J.; SMITH, K. G.; GRIMM, C. M. Action characteristics as predictors of competitive responses, *Management Science*, 38, 1992. p. 439-455.

91. CHEN, M. J.; MILLER, D. Competitive attack, retaliation and performance: An expectancy-valence framework. *Strategic Management Journal*, 15, 1994. p. 85-102.

92. GARDNER,T. Interfirm competition for human resources: Evidence from the software industry. *Academy of Management Journal*, 48, 2005. p. 237-258; HUYGHEBAERT, N.; VAN DE GUCHT, L. M. Incumbent strategic behavior in financial markets and the exit of entrepreneurial startups. *Strategic Management Journal*, 25, 2004. p. 669-688.

93. SMITH; FERRIER; NDOFOR. Competitive dynamics research. p. 333.

94. ROBERTS, P. W.; DOWLING, G. R. Corporate reputation and sustained superior financial performance. *Strategic Management Journal*, 24, 2003. p. 1.077-1.093; SHAMSIE, J.

The context of dominance: An industrydriven framework for exploiting reputation. *Strategic Management Journal*, 24, 2003. p. 199-215.

95. FERRIER, W. J.; SMITH, K. G.; GRIMM, C. M. The role of competitive actions in market share erosion and industry dethronement: A study of industry leaders and challengers. *Academy of Management Journal*, 42, 1999. p. 372-388.

96. WILLIAMS, M.; KALLENDAR, P. China's Lenovo to buy IBM's PC business. *IDG News*, 7 dez. 2004.

97. SMITH; GRIMM; GANNON. *Dynamics of Competitive Strategy*.

98. VRANICA, S.; MCWILLIAMS, G. Wal-Mart hits a crossroads on ad approach: Retailer could go back to lowprices pitch or pursue targeted tack, *Wall Street Journal*, 12 dez. 2006. p. B4.

99. KARNANI, A.; WERNERFELT, B. Research note and communication: Multiple point competition. *Strategic Management Journal*, 6, 1985. p. 87-97.

100. SMITH, FERRIER, NDOFOR. Competitive dynamics research. p. 330.

101. GREENE, J. The real value of Vista. *Business Week*, 5 fev. 2007. p. 48; WILDSTROM, S. Burglar-proof windows? *Business Week*, 22 jan. 2007. p. 26.

102. WILDSTROM, S. Explorer's long awaited update. *Business Week*, 13 nov. 2006. p. 24.

103. KALNINS, A.; CHUNG, W. Resource-seeking agglomeration: A study of market entry in the lodging industry. *Strategic Management Journal*, 25, 2004. p. 689-699; WILLIAMS, J. R. *Renewable Advantage: Crafting Strategy through Economic Time*, Nova York: The Free Press. 1999.

104. WILLIAMS, J. R. How sustainable is your competitive advantage? *California Management Review* 34(3), 1992. p. 29-51.

105. WILLIAMS, *Renewable Advantage*. p.6.

106. Ibid., p. 57.

107. PUGH, T. Generic drug's path to retail market often long and contentious. *Knight Ridder Tribune Business News*, 30 abr. 2006. p. 1.

108. How fast is your company? *Fast Company*, jun. 2003. p. 18.

109. TALAULICAR,T.; GRUNDEI, J.; WERDER, A. V. Strategic decision making in start-ups: The effect of top management team organization and processes on speed and comprehensiveness. *Journal of Business Venturing*, 20, 2005. p. 519-541.

110. SONG, M.; DROGE, C. HANVANICH, S.; CALANTONE, R. Marketing and technology resource complementarity: An analysis of their interaction effect in two environmental contexts. *Strategic Management Journal*, 26, 2005. p. 259-276.

111. WILLIAMS, *Renewable Advantage*, p. 8.

112. Ibid.

113. SANCHEZ, R. Strategic flexibility in production competition. *Strategic Management Journal*, 16 (summer special issue), 1995. p. 9-26.

114. SCHUMPETER. *The Theory of Economic Development*.

115. WILLIAMS. *Renewable Advantage*, p. 7.

116. MORRIS, B. Coca-Cola: The real story. *Fortune*, 31 maio 2004. p. 84-91.

117. REILLY, M. Stock strategist: Which beverage stock makes the best investment? *Knight Ridder Tribune Business News*, 19 jan. 2007. p. 1.

Capítulo 7
Estratégia cooperativa

Objetivos de aprendizagem

O estudo deste capítulo deve proporcionar-lhe o conhecimento de administração estratégica necessário para:

1. Definir estratégias cooperativas e explicar por que são importantes no atual ambiente competitivo.

2. Explicar como as principais razões para o uso da estratégia cooperativa diferem dependendo do contexto do mercado (de ciclo rápido, de ciclo lento ou de ciclo padrão).

3. Definir e discutir alianças estratégicas com participação acionária e sem participação acionária.

4. Discutir os tipos de estratégias cooperativas que são instituídas principalmente para reduzir custos ou aumentar a diferenciação.

5. Identificar e descrever estratégias cooperativas que ajudam uma empresa a enfrentar as forças no ambiente externo.

6. Explicar as estratégias cooperativas que as empresas adotam principalmente para incentivar o crescimento.

7. Discutir os riscos associados às estratégias cooperativas.

8. Descrever como as empresas podem implementar e gerenciar de maneira eficaz suas estratégias cooperativas.

A globalização e o avanço tecnológico acelerado criaram um ambiente de negócios no qual a cooperação interorganizacional é fundamental para se ter sucesso. Por exemplo, para ser competitiva, uma empresa que produz e comercializa dispositivos eletrônicos portáteis pode ter um relacionamento empresarial com cem companhias em 20 países, simplesmente porque essas companhias produzem os melhores produtos e proveem os melhores serviços pelos melhores preços. Embora muitos relacionamentos dessa natureza sejam contratuais, alguns serão cooperativos. Uma estratégia cooperativa é aquela pela qual as empresas trabalham juntas para cumprir um objetivo compartilhado.[1]

A Boeing representa um excelente exemplo de como os tempos evoluíram. O processo de desenvolvimento de seu modelo 787 foi muito diferente daquele utilizado para modelos anteriores. Antes do 787, a Boeing realizava internamente todo o projeto de engenharia. No entanto, a empresa compreendeu que, para ser competitiva em relação à sua principal rival, a Airbus, teria de trabalhar com os melhores fornecedores do mundo. Assim, a Boeing selecionou menos de cem fornecedores para o 787 em comparação a mais de 500 para o 777 e lhes atribuiu maior responsabilidade pelo projeto. Conforme observado na *Economist*: "A diferença não ocorre apenas no número, mas no relacionamento. Fornecedores suprem aquilo que lhes é solicitado; parceiros partilham responsabilidade por um projeto".[2]

Examinaremos diversos tópicos neste capítulo. Discutimos inicialmente algumas das razões pelas quais as estratégias cooperativas são importantes no atual ambiente competitivo. Analisamos essas razões mediante considerações gerais e também por tipo de mercado: de ciclo lento, de ciclo rápido e de ciclo padrão. Oferecemos em seguida exemplos de vários tipos de estratégias cooperativas com base em seus principais objetivos estratégicos: aumentar a diferenciação ou reduzir custos, lidar com forças no ambiente externo ou crescer e diversificar. Muitos dos exemplos recaem na categoria de alianças estratégicas por ser a forma de estratégia cooperativa mais frequentemente usada. Uma aliança estratégica é uma estratégia cooperativa pela qual as empresas combinam recursos e capacidades para criar uma vantagem competitiva.[3] O capítulo finaliza com uma discussão sobre os riscos da adoção de estratégias cooperativas, bem como a maneira pela qual um gerenciamento eficaz dessas estratégias pode reduzir esses riscos e aumentar o desempenho.

A importância da estratégia cooperativa

As estratégias cooperativas tornaram-se parte integrante do cenário competitivo e atualmente são muito importantes para diversas companhias.[4] Executivos de empresas de tecnologia que responderam a pesquisas afirmaram que as parcerias são fundamentais para o sucesso de suas companhias.[5] Manifestando-se diretamente sobre o tema de aquisição e desenvolvimento de tecnologia em relação a essas empresas, um gerente observou: "Na época atual, é preciso realizar uma parceria ou se perderá a próxima onda. Não é possível adquirir tecnologia com rapidez suficiente, portanto, a parceria torna-se essencial".[6] De modo similar, Jack Welch, ex-CEO da General Electric, foi amplamente citado por ter declarado: "Se você pensa que pode atuar sozinho na atual economia global, está muito enganado".[7] A maioria (ou mesmo praticamente todas) das empresas não possui o conjunto integral de recursos e capacidades necessário para cumprir seus objetivos, o que indica que a criação de parcerias com outras empresas aumentará a probabilidade de atingi-lo.[8] O comportamento cooperativo permite que os parceiros criem um valor que não conseguiriam obter agindo de forma independente.[9]

Sob a perspectiva de um *stakeholder*, as organizações coordenam toda uma rede de relacionamentos cooperativos, dentro e fora da empresa.[10] A suposição subjacente é a de que as organizações são inerentemente sistemas cooperativos.[11] As organizações, devido à sua natureza cooperativa, são propensas a formar parcerias com *stakeholders* para atingir objetivos comuns.[12] Relacionamentos cooperativos podem ser mecanismos poderosos para alinhar as expectativas dos *stakeholders* e também podem ajudar uma empresa a reduzir a incerteza ambiental.[13] Por exemplo, grande parte do sucesso de uma empresa no setor automobilístico depende de seus fornecedores e, portanto, estes também dependem do fabricante. Seus destinos encontram-se alinhados de perto e, portanto, grande parte da incerteza com que se defrontam depende das ações estratégicas e táticas que cada um empreende. A dependência mútua indica que os fabricantes e seus fornecedores devem formar parcerias sólidas a fim de reduzir a incerteza e aumentar a criação de valor conjunta.[14] A Toyota admite que grande parte de seu sucesso origina-se de um relacionamento especial com seus fornecedores. Um alto executivo de uma empresa que fornece à Toyota descreveu o relacionamento em termos simples: "A Toyota nos ajudou a melhorar consideravelmente nosso sistema de produção".[15] O resultado para a Toyota é um fornecedor melhor e mais fiel.

As estratégias cooperativas são formadas cada vez mais por empresas que também competem entre si, uma situação denominada algumas vezes coopetição.[16] Por exemplo, as grandes rivais Microsoft e Apple estão usando um conjunto de ferramentas e arquivos compartilhados para desenvolver certos tipos de *software*.[17] A Lockheed Martin e a Boeing formaram uma aliança para promover o avanço do futuro setor de transporte aéreo nos EUA.[18] Em um discurso no Japão, Antonio Perez, CEO da Eastman Kodak, fez as seguintes observações sobre a filosofia de parcerias da Kodak:

> A Kodak participa atualmente de parcerias que teriam sido impensáveis há apenas alguns anos. Durante toda a exposição que farei hoje, farei referências a programas em colaboração com empresas como Hewlett-Packard, Sony, Canon, Xerox, Fuji e muitas outras. Formamos parcerias com concorrentes em muitos projetos universais e em outros competimos com eles intensamente no terreno do mercado. Por exemplo, concorremos com a HP nos mercados de impressão comercial e residencial, mas nossa Kodak-Creo fornece o *workflow* para a impressora Indigo da HP. Competimos com a Xerox na impressão comercial, porém vendemos controladores para seus dispositivos digitais iGen3.[19]

Os efeitos do maior uso das estratégias cooperativas — particularmente na forma de alianças estratégicas — são observáveis. Nas grandes empresas, por exemplo, as alianças representam atualmente mais de 20% da receita.[20] Muitos altos executivos acreditam que as alianças constituem um veículo importante para o crescimento da empresa.[21] Muitas empresas, especialmente os grandes concorrentes globais, estabelecem alianças estratégicas múltiplas. A Eli Lilly & Co., gigante farmacêutica global, formou uma unidade para a coordenação de suas muitas alianças envolvendo P&D, comercialização e produção. Somente na área de fabricação, a Eli Lilly possui mais de cem alianças em 40 países. De acordo com a empresa, sua "estratégia de 'produção sem muralhas' gera oportunidades para um grande número de parceiros. Essas alianças têm apoiado o desenvolvimento das capacidades dos fornecedores e criado um valor significativo para o parceiro e para a Lilly".[22]

Em alguns setores, a configuração aliança *versus* aliança está se tornando mais proeminente que empresa contra empresa como forma de concorrência. No setor aeroviário global, por exemplo, "a concorrência é cada vez mais intensa entre... alianças do que entre empresas aéreas".[23] A aliança SkyTeam inclui a Continental Airlines, a Northwest Airlines e a KLM Royal Dutch Airlines.[24] A Star Alliance envolve 17 empresas aéreas ao redor do globo, incluindo U.S. Airways, United Airlines, Air Canada, SAS, Austrian Airlines, Singapore Airlines e South African Airways.[25]

As condições competitivas individualmente específicas dos mercados de ciclo lento, de ciclo rápido e de ciclo padrão (discutidas no Capítulo 6) acarretam o uso de estratégias cooperativas pelas empresas com base em razões ligeiramente diferentes (Quadro 7.1).[26] Mercados de ciclo lento são aqueles em que as vantagens competitivas da empresa encontram-se protegidas das imitações por períodos relativamente longos e em que a imitação é onerosa. Esses mercados apresentam condições próximas à caracterização de monopólio. Companhias ferroviárias e, historicamente, empresas de telecomunicação, de serviços públicos e de serviços financeiros são exemplos de setores caracterizados como mercados de ciclo lento. Nos mercados de ciclo rápido, as vantagens competitivas da empresa não estão protegidas contra a imitação, impedindo sua sustentabilidade a longo prazo. As vantagens competitivas encontram-se moderadamente protegidas contra a imitação nos mercados de ciclo padrão, permitindo, via de regra, que sejam mantidas durante um período de tempo mais longo em comparação a situações no mercado de ciclo rápido, no entanto por um período de tempo menor do que nos mercados de ciclo lento. Neste capítulo, focamos especificamente a forma mais comum de estratégia cooperativa, a aliança estratégica, para descrever como as intenções tendem a variar em função dos três tipos de mercado.

Quadro 7.1: Razões para as alianças estratégicas por tipo de mercado

MERCADO	RAZÃO
CICLO LENTO	• Obter acesso a um mercado restrito • Estabelecer uma presença em um novo mercado • Manter a estabilidade do mercado (por exemplo, estabelecendo padrões)
CICLO RÁPIDO	• Apressar o desenvolvimento de novos bens e serviços • Apressar a entrada em novos mercados • Manter a liderança de mercado • Criar um padrão de tecnologia para o setor • Partilhar despesas de P&D arriscadas • Suplantar a incerteza
CICLO PADRÃO	• Conquistar poder de mercado (reduzir o excesso de capacidade do setor) • Obter acesso a recursos complementares • Estabelecer melhores economias de escala • Superar barreiras comerciais • Enfrentar desafios competitivos de outros concorrentes • Reunir recursos para projetos de capital de grande dimensão • Aprender novas técnicas de negócios

Alianças estratégicas nos mercados de ciclo lento

As empresas nos mercados de ciclo lento adotam muitas vezes alianças estratégicas para entrar em mercados restritos ou estabelecer presença em novos mercados. Essas alianças permitem às empresas o ingresso em novos mercados de forma mais fácil e mais rápida.[27] O parceiro na aliança entende melhor as condições no novo mercado, incluindo as influências socioculturais, legais, regulatórias, econômicas e setoriais, proporcionando conhecimento dos participantes e contatos com clientes e fornecedores. A entrada restrita no mercado de seguros da Índia motivou o American Internacional Group (AIG) a formar uma *joint venture* — a Tata AIG — com o Grupo Tata sediado em Mumbai, uma companhia indiana respeitada.[28] Os executivos da AIG acreditavam que as estratégias cooperativas representavam a única maneira viável para a entrada de sua empresa em um mercado no qual seguradoras estatais atuavam de forma monopolista durante décadas.

Os mercados de ciclo lento estão se tornando raros no cenário competitivo do século XXI por diversas razões, incluindo a privatização de setores e economias, a rápida expansão da internet (no sentido da disseminação acelerada da informação) e a velocidade com a qual as tecnologias mais avançadas tornam possível imitar rapidamente mesmo os produtos complexos.[29] As empresas que concorrem em mercados de ciclo lento devem reconhecer a possibilidade futura de que depararão com situações nas quais suas vantagens competitivas se tornarão parcialmente sustentáveis (no caso de um mercado de ciclo padrão) ou insustentáveis (no caso de um mercado de ciclo rápido). As estratégias cooperativas podem ser úteis às empresas que fazem a transição de mercados relativamente protegidos para mercados mais competitivos.[30]

Alianças estratégicas nos mercados de ciclo rápido

Os mercados de ciclo rápido tendem a ser instáveis, imprevisíveis e complexos.[31] Essas três condições praticamente impedem o estabelecimento de vantagens competitivas de longa duração, forçando as empresas a buscarem fontes de novas vantagens competitivas, criando simultaneamente valor pelo uso das atuais. As alianças entre empresas com recursos e capacidades excedentes e aquelas com capacidades promissoras ajudam as companhias a concorrer nos mercados de ciclo rápido para realizar uma transição eficaz do presente para o futuro e também para obter penetração rápida em novos mercados.

O setor de tecnologia da informação (TI) é um mercado de ciclo rápido. O cenário da TI continua a se transformar rapidamente à medida que as empresas estão se concentrando cada vez mais na seleção de um pequeno número de parceiros estratégicos para ajudá-las a diminuir custos, integrar tecnologias e proporcionar vantagens empresariais ou ganhos de produtividade significativos e pesquisar agressivamente aplicações que possam ser transferidas para plataformas mais flexíveis e com custos menores. Por exemplo, em 2007 a Ricoh do Japão e a IBM formaram uma *joint venture* denominada InfoPrint Solutions Company. A *joint venture*, controlada inicialmente pela Ricoh (51% das ações), envolverá a Divisão de Sistemas de Impressão da IBM. Quando a sociedade foi anunciada, Samuel J. Palmisano, presidente do Conselho e CEO da IBM, observou que as duas companhias "haviam se beneficiado de um relacionamento sólido durante muitos anos" e considerou a nova sociedade "uma extensão natural desse relacionamento". Ele ressaltou que o investimento da Ricoh ajudaria a nova companhia a "inovar e crescer, o que beneficiará os clientes atuais e futuros". Masamitsu Sakurai, presidente e CEO da Ricoh, afirmou que sua empresa pretendia "criar uma infraestrutura" com a IBM "que pudesse apresentar soluções complexas e atuar em ambientes importantes para a missão da companhia".[32]

Alianças estratégicas nos mercados de ciclo padrão

Nos mercados de ciclo padrão, que muitas vezes são grandes e orientados para economias de escala (por exemplo: o setor aeroespacial comercial), as alianças apresentam maior possibilidade de serem feitas por parceiros com recursos e capacidades complementares. Por exemplo, a Star Alliance foi formada tendo como meta "combinar as melhores rotas em âmbito mundial e oferecer em seguida viagens em escala universal sem interrupção de roteiro por meio de reservas compartilhadas".[33] Valendo-se atualmente de empresas aéreas que operam nas principais regiões econômicas do mundo, a aliança avançou muito para alcançar essa meta.

As companhias também podem cooperar nos mercados de ciclo padrão para conquistar poder de mercado. Em 2006, o Cantrex Group, uma subsidiária da Sears Canadá, formou uma parceria com a La Clef de Sol do Quebec. O Cantrex é o maior grupo comprador canadense representando fornecedores independentes de mobiliário, aparelhos para uso residencial, produtos eletrônicos, equipamento de fotografia e revestimento de pisos. A La Clef de Sol atende varejistas independentes de produtos eletrônicos. A finalidade da parceria consiste em aumentar a participação de mercado no setor de varejo de produtos eletrônicos de consumo no Canadá.[34]

Por último, as estratégias cooperativas são importantes nos mercados de ciclo padrão por permitir que as empresas aprendam novas técnicas de negócio e novas tecnologias. Por exemplo, a National Concrete Masonry Association (NCMA) agrega as principais empresas do setor em uma entidade cooperativa que patrocina pesquisas e comunica informação sobre tendências importantes e avanços técnicos para todos os seus membros.[35]

As empresas podem e devem aprender com cada um de seus parceiros na aliança.[36] Aprender com as alianças pode ser o mais importante nos mercados de ciclo padrão, mas também pode ajudar as empresas nos mercados de ciclo lento e de ciclo rápido. Estratégias cooperativas auxiliam especialmente na transferência de conhecimento tácito, que é complexo e difícil de codificar.[37]

Tipos de alianças e outras estratégias cooperativas

Conforme já mencionado, as alianças estratégicas permitem que as empresas combinem recursos e capacidades para criar uma vantagem competitiva.[38] Portanto, as alianças estratégicas envolvem empresas com algum grau de intercâmbio e partilha de recursos e capacidades para desenvolver conjuntamente ou distribuir bens ou serviços.[39] As alianças estratégicas permitem que as empresas alavanquem seus recursos e capacidades existentes como base para novas vantagens competitivas.[40]

As alianças estratégicas podem ser classificadas em dois tipos principais com base em sua forma jurídica, dependendo do investimento de capital. Uma aliança estratégica com participação acionária é aquela na qual duas ou mais empresas detêm uma participação no patrimônio líquido que estabeleceram. Muitos investimentos estrangeiros diretos, como aqueles feitos por empresas dos EUA e do Japão na China, são efetivados por meio de alianças estratégicas com participação acionária.[41] Algumas vezes, eles assumem a forma de aquisição de ações de uma companhia existente, como ocorreu quando o Citigroup adquiriu 5% do patrimônio líquido do Shanghai Pudong Development Bank, o nono maior banco da China. Posteriormente o Citigroup obteve permissão para aumentar seu investimento a um patamar superior a 20%. A aliança com participação acionária permitiu ao Citigroup entrar no mercado chinês de cartões de crédito.[42]

Uma *joint venture* é uma aliança estratégica em que duas ou mais empresas criam uma companhia juridicamente distinta a fim de compartilhar recursos e capacidades para obter uma vantagem competitiva. *Joint ventures* também envolvem participação acionária. Normalmente os sócios em uma *joint venture* possuem participações iguais e contribuem igualmente para suas operações. Por exemplo, a Boeing e a Lockheed Martin possuem participação idêntica na *joint venture* denominada United Space Alliance, responsável por todas as operações envolvendo naves espaciais na região central da Flórida.[43] As *joint ventures* são eficazes para a criação de relacionamentos de longo prazo e a transferência de conhecimento tácito. Pelo fato de o conhecimento tácito não poder ser codificado, é absorvido por meio de experiências, como aquelas que ocorrem quando as pessoas de empresas associadas trabalham juntas em uma *joint venture*.[44] O conhecimento tácito é uma fonte importante de vantagem competitiva para muitas empresas.[45]

Uma aliança estratégica sem participação acionária é uma aliança em que duas ou mais empresas desenvolvem um relacionamento contratual para partilhar alguns de seus recursos e capacidades únicos a fim de criar uma vantagem competitiva. Nesse tipo de aliança estratégica, as empresas não estabelecem uma companhia distinta e, portanto, não detêm participações acionárias. Por esse motivo, as alianças estratégicas sem participação acionária são menos formais e exigem menos compromissos dos parceiros que as *joint ventures* e as alianças estratégicas com participações acionárias.[46] A informalidade relativa e os níveis de menor compromisso que caracterizam as alianças estratégicas sem participação acionária as tornam inadequadas para projetos complexos nos quais o sucesso exige transferências eficazes de conhecimento tácito entre os parceiros.[47]

As empresas adotam atualmente cada vez mais alianças sem participação acionária sob muitas formas diferentes, como acordos de licenciamento, acordos de distribuição e acordos de suprimento.[48] Por exemplo, a Foamix firmou um acordo de licenciamento com o gigante farmacêutico alemão Bayer Schering Pharma para a produção e comercialização de seu produto de aplicação dermatológica. Existe a expectativa de que o acordo resulte em uma receita de dezenas de milhões de dólares para a Foamix.[49] Uma razão importante para o aumento dos tipos de estratégias cooperativas é a complexidade e a incerteza que caracterizam a maioria dos setores globais e tornam difícil a obtenção de sucesso pelas empresas sem algum tipo de parceria.[50]

Normalmente os arranjos envolvendo terceirização assumem a forma de aliança estratégica sem participação acionária.[51] A terceirização, discutida no Capítulo 3, é a aquisição de uma atividade principal ou de apoio geradora de valor fornecida por outra empresa. A Magna International, importante fornecedor global de sistemas, componentes e módulos automotivos, formou muitas alianças estratégicas sem participação acionária com indústrias automobilísticas que terceirizaram trabalho para a empresa. A eficácia da Magna decorrente das alianças estratégicas sem participação acionária é indicada pelos muitos certificados de reconhecimento de qualidade que a empresa recebeu de diversos de seus parceiros/clientes, incluindo General Motors, Ford Motor Company, Honda, Daimler-Chrysler e Toyota.[52] O sucesso da Magna a transformou em uma das 500 principais empresas globais de grande porte.

Existem muitas outras formas de estratégia cooperativa. Por exemplo, grupos comerciais, associações e consórcios de pesquisa reúnem empresas com finalidades comuns. As empresas também podem cooperar de outras formas, seja formalmente (por exemplo: um cartel ou *keiretsu*, um grupo de empresas vinculadas por participações acionárias cruzadas) ou informalmente (por exemplo: conluio). Alianças estratégicas com participação acionária, sem participação acionária e outras formas de alianças e estratégias cooperativas podem ser classificadas em categorias com base em seus principais objetivos estratégicos. O Quadro 7.2 relaciona os tipos mais comuns de estratégias cooperativas adotando como base o fato de serem direcionadas primordialmente para ressaltar a diferenciação ou reduzir custos, ajudar a empresa a lidar de maneira mais eficaz com as forças em seu ambiente externo ou aumentar o crescimento e a diversificação da empresa. Obviamente, toda aliança específica pode ter dois ou mais desses objetivos; no entanto, classificá-los com base em seu principal objetivo estratégico facilitará a discussão.

Quadro 7.2: Objetivos estratégicos das estratégias cooperativas

PRINCIPAL INTENÇÃO	TIPO DE ESTRATÉGIA
Ressaltar a diferenciação ou reduzir custos	Alianças estratégicas complementares Estratégias cooperativas em rede
Enfrentar eficazmente as forças no ambiente externo	Alianças para respostas competitivas Alianças para redução da incerteza Estratégias cooperativas para redução da concorrência Associações e consórcios
Promover o crescimento e/ou a diversificação	Alianças estratégicas para diversificação Franquias Estratégias cooperativas internacionais

Estratégias cooperativas que ressaltam a diferenciação ou reduzem custos

As estratégias cooperativas são usadas no nível de negócios para ajudar a melhorar seu desempenho em determinados mercados de produtos. Conforme discutido no Capítulo 5, a estratégia no nível de negócios detalha o que a empresa pretende fazer para obter uma vantagem competitiva em mercados de produto específicos. Portanto, a empresa adota uma estratégia cooperativa no nível de negócios quando julga que a combinação de seus recursos e capacidades com aqueles de mais de um parceiro criará vantagens competitivas que não consegue criar isoladamente e que conduzirão ao sucesso em um mercado de produto específico. O Capítulo 5 descreveu as duas principais maneiras de criação de valor acima da média para clientes em mercados de produto: a produção de bens ou serviços a custos menores ou a diferenciação de um bem ou serviço de modo a fazer que os clientes o prefiram.[53] As estratégias cooperativas que realmente pretendem cumprir esses objetivos recaem em duas categorias gerais: alianças estratégicas complementares e estratégias cooperativas em rede.

Alianças estratégicas complementares

Alianças estratégicas complementares são alianças no nível de negócios em que as empresas partilham alguns de seus recursos e capacidades para criar vantagens competitivas.[54] Existem dois tipos de alianças estratégicas complementares — a vertical e a horizontal (Figura 7.1).

Alianças estratégicas complementares verticais. Em uma aliança estratégica complementar vertical, as empresas partilham seus recursos e capacidades em diferentes estágios da cadeia de valor para criar uma vantagem competitiva. O McDonald's formou alianças complementares verticais com as principais companhias distribuidoras de combustível e as operadoras independentes de lojas. Nas unidades localizadas na parte frontal dessas lojas, o cliente pode comprar gasolina, alimentos e outras mercadorias em um único local. A estratégia cooperativa deu um resultado tão bom nos Estados Unidos a ponto de o McDonald's ter formado recentemente uma aliança com a maior operadora de postos de serviço na China, a China Petroleum & Chemical Corp. De acordo com um analista de mercado, essa estratégia simplesmente é a mais eficiente para o McDonald's nesse período.[55]

De modo similar, a empresa de consultoria global Accenture formou uma aliança com as Tribos Confederadas da Reserva Indígena Umatilla nos Estados Unidos a fim de fornecer serviços de *call center*, preparação de documentos e programação de *software*. A aliança, denominada Cayuse Technologies, será controlada pelos índios umatilla, porém gerenciada pela Accenture. A aliança foi o resultado de um ano de pesquisas sobre as tribos americanas nativas feitas por Randall L. Willis, diretor executivo da Accenture. De acordo com Willis, a demanda por serviços domésticos como esses é substancial porque as agências oficiais estão exigindo que seja efetuado mais trabalho terceirizado nos Estados Unidos: "Seja preocupação com custos ou com segurança, alguns setores gostariam de manter o trabalho nos EUA".[56]

Alianças complementares horizontais. Uma aliança estratégica complementar horizontal é aquela em que as empresas partilham uma parte de seus recursos e capacidades em um mesmo estágio da cadeia de valor para criar uma vantagem competitiva.[57] Comumente, as empresas usam esse tipo de aliança para concentrar-se no desenvolvimento do produto e nas oportunidades de distribuição em longo prazo.[58] A Shin Caterpillar Mitsubishi (SCM), por exemplo, é uma *joint venture* entre a Caterpillar e a Mitsubishi Heavy Industries que já existe há mais de 40 anos. Esses parceiros continuam a partilhar recursos e capacidades para fabricar produtos inovadores que nenhuma dessas duas empresas conseguiria projetar e produzir individualmente. A SCM é uma fornecedora importante de equipamentos de terraplenagem e de construção no Japão e também vende os produtos para outras unidades Caterpillar em escala global.[59]

Outro exemplo é a Raffles International, que firmou uma aliança estratégica de marketing com o Taj Hotels Resorts & Palaces, uma entidade da Indian Hotels Company, o maior grupo hoteleiro da Índia. A distribuição geográfica das companhias é complementar, sendo os hotéis da Raffles International localizados na Ásia, Austrália, Europa, América do Norte e América do Sul. O Taj Hotels Resorts & Palaces, por outro lado, possui uma rede hoteleira bem consolidada na Índia. As duas companhias "realizarão eventos conjuntos de vendas em feiras comerciais e de turismo, implementarão troca de informações sobre vendas e promoverão os hotéis de ambos os grupos".[60]

Figura 7.1: Aliança estratégica complementar vertical e horizontal

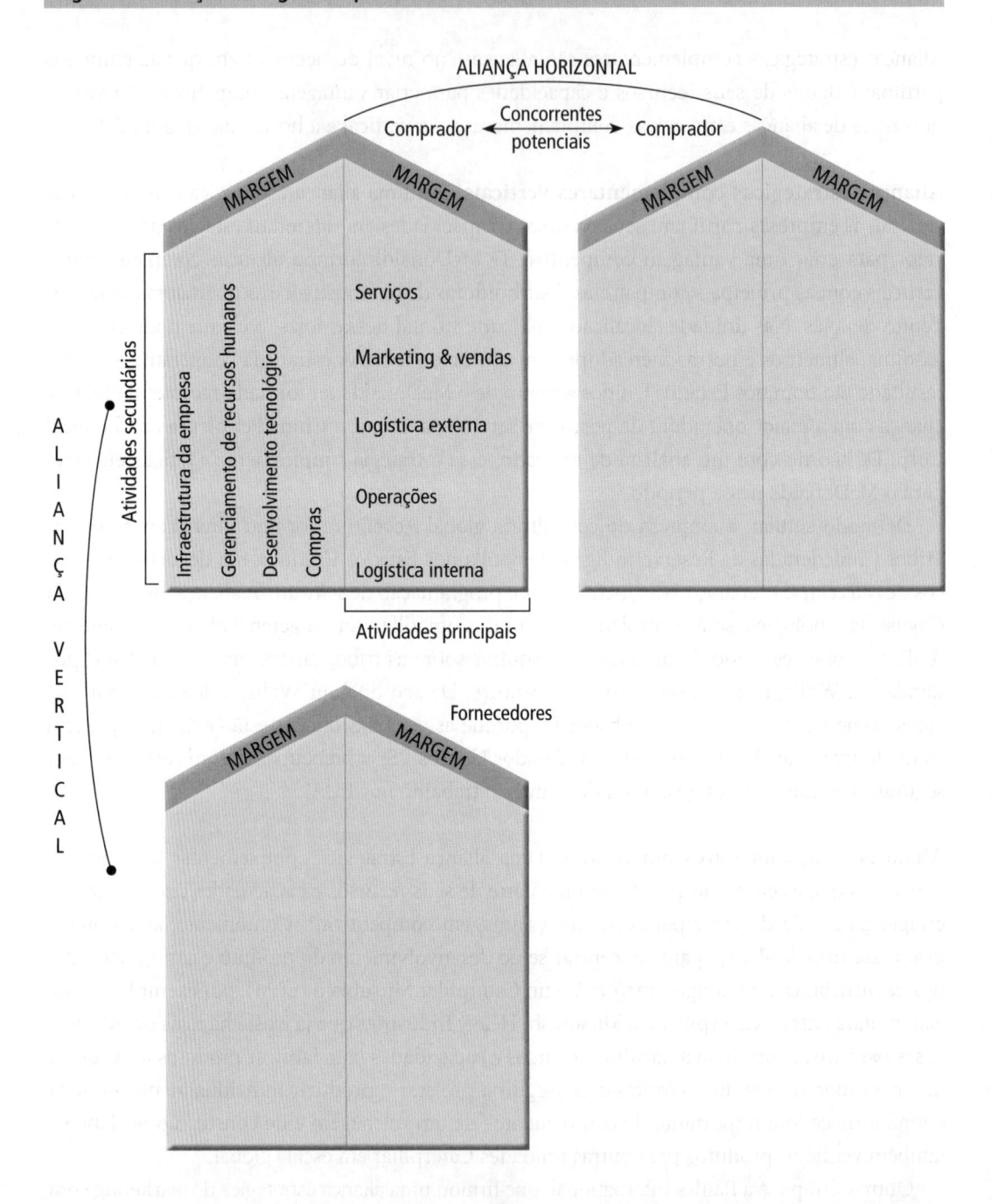

ALIANÇA HORIZONTAL

Comprador ← Concorrentes potenciais → Comprador

ALIANÇA VERTICAL

Atividades secundárias:
- Infraestrutura da empresa
- Gerenciamento de recursos humanos
- Desenvolvimento tecnológico
- Compras

Atividades principais:
- Serviços
- Marketing & vendas
- Logística externa
- Operações
- Logística interna

Fornecedores

Embora as alianças complementares possam exigir níveis similares de investimento dos parceiros, os benefícios tendem a ser diferentes. Existem diversas razões potenciais para a desproporção entre os benefícios.[61] Os parceiros têm oportunidades diferentes como resultado da aliança. Eles podem aprender em ritmo diferente e possuir capacidades diferentes para alavancar os recursos complementares disponibilizados pela aliança. Algumas empresas são mais eficazes no gerenciamento de alianças e na obtenção dos benefícios que proporcionam. Os parceiros também podem ter reputações distintas no mercado, diferenciando desse modo os tipos de ações que conseguem empreender legitimamente no mercado. A Mitsubishi, defrontando-se com grandes perdas de receita de vendas global devido a erros administrativos e defeitos nos produtos, criou uma aliança com a Peugeot para fabricar novos veículos utilitários esportivos para serem vendidos com a marca Peugeot.[62] A aliança oferece à Mitsubishi uma oportunidade para usar sua capacidade de produção valendo-se da reputação da Peugeot. A Peugeot é capaz de introduzir um novo produto sem aumentar sua capacidade de produção. Consequentemente, ambos os lados obtêm benefícios potenciais com a aliança, porém os benefícios são muito diferentes.

Estratégias cooperativas em rede

Torna-se cada vez mais frequente as empresas participarem de diversas estratégias cooperativas simultaneamente. Além de formar suas próprias alianças com companhias específicas, um número crescente de empresas está agregando forças em redes múltiplas.[63] Uma estratégia cooperativa em rede é uma estratégia cooperativa em que diversas empresas concordam em formar parcerias para alcançar objetivos comuns. Esse tipo de estratégia é particularmente eficaz quando é formado por empresas localizadas em um núcleo geográfico[64], como aquelas no Vale do Silício (Califórnia) ou em Silicon Island (Singapura).[65]

O conjunto de parcerias envolvendo alianças estratégicas resultante do uso da estratégia cooperativa em rede é denominado comumente rede de alianças. As empresas envolvidas em redes de alianças obtêm informação e conhecimento de diversas fontes.[66] Elas conseguem usar esse conhecimento heterogêneo para produzir mais inovações com melhor qualidade. Como resultado, as empresas participantes de redes de alianças tendem a ser mais inovadoras.[67] Dados obtidos em pesquisas indicam que os efeitos financeiros positivos das estratégias cooperativas em rede continuarão a tornar essas estratégias importantes para o sucesso de fornecedores e compradores.[68] No entanto, uma das desvantagens de pertencer a uma rede de alianças é uma empresa poder ficar comprometida com seus parceiros, impedindo a criação de alianças com outros. Em certos tipos de redes, como um *keiretsu* japonês, existe a expectativa de que as empresas da rede ajudem outras empresas da mesma rede sempre que precisarem de auxílio. Essa expectativa pode tornar-se um fardo para a empresa que presta assistência, reduzindo desse modo seu desempenho.[69]

Relacionamentos e interações sociais eficazes entre parceiros, ao partilharem seus recursos e capacidades, tornam mais provável que uma estratégia cooperativa em rede tenha sucesso.[70] Também é importante existir uma empresa que funcione como o centro estratégico que se posiciona no núcleo ou no centro de uma rede de alianças e em torno da qual ocorram os relacionamentos cooperativos da rede (Figura 7.2).

O centro estratégico, devido a sua posição nuclear, constitui o alicerce da estrutura da rede de alianças. Responsável por vários aspectos da organização, como relações e procedimentos no âmbito da hierarquia formal, o centro estratégico gerencia aquilo que frequentemente são interações complexas e cooperativas entre os parceiros da rede. Suas quatro principais tarefas são:[71]

Terceirização estratégica. O centro estratégico terceiriza funções e estabelece acordos de parceria com mais empresas do que os demais membros da rede. Ao mesmo tempo, ela exige que os sócios da rede sejam mais do que executores. Espera-se que os membros identifiquem oportunidades para a rede a fim de criar valor por meio de seu trabalho cooperativo.

Competências. O centro estratégico, para aumentar a eficácia da rede, busca identificar meios para apoiar os esforços de cada membro visando o desenvolvimento de competências básicas que podem beneficiar a rede.

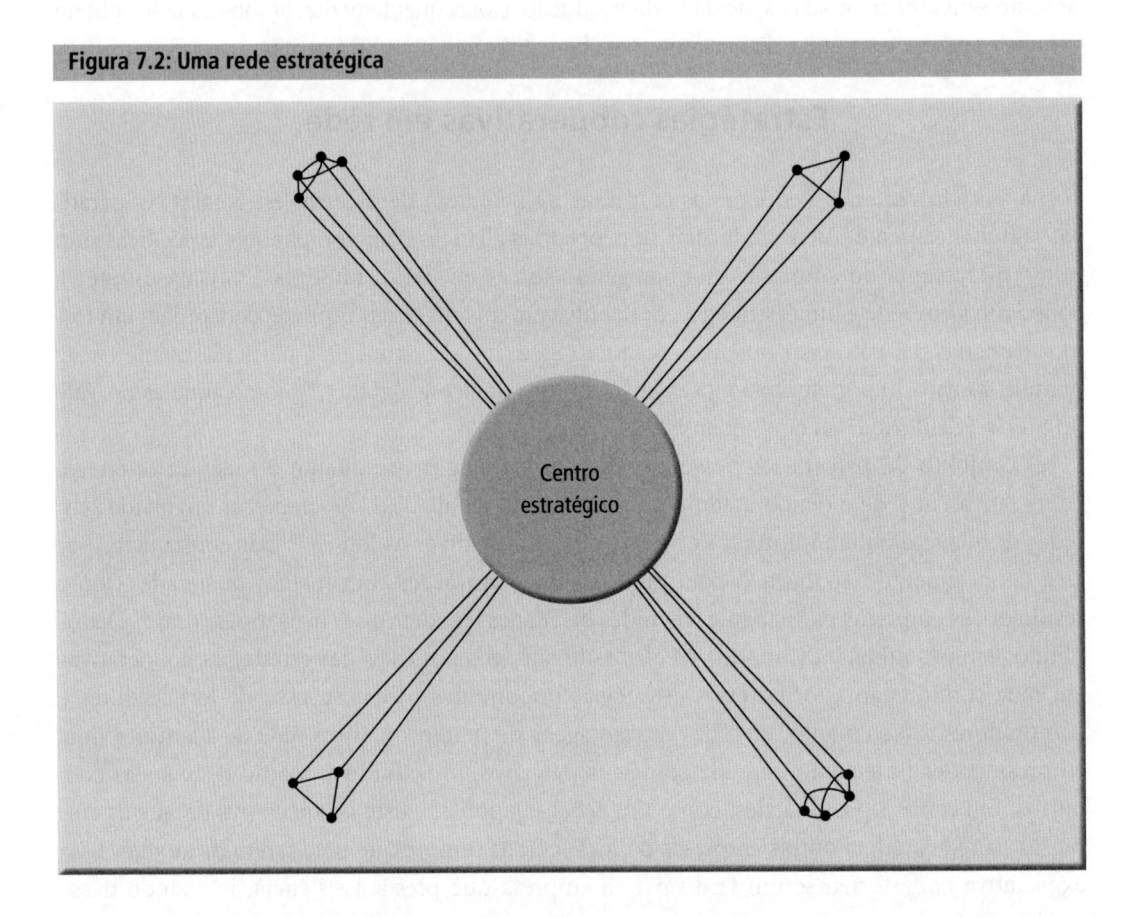

Figura 7.2: Uma rede estratégica

Centro estratégico

Tecnologia. O centro estratégico é responsável pelo gerenciamento e pela disseminação de ideias baseadas em tecnologia entre os membros da rede. A exigência estrutural de que os membros apresentem a ela relatórios formais detalhando os resultados orientados à tecnologia de suas iniciativas facilita essa atividade.

Empenho para aprender. O centro estratégico empenha-se para que os parâmetros fundamentais da concorrência existam entre as cadeias de valor e as redes de cadeias de valor. Em virtude disso, a rede estratégica somente possui a solidez de seu elo mais fraco na cadeia de valor. Com sua autoridade e responsabilidade por tomada de decisões centralizada, o centro estratégico orienta os participantes nas iniciativas para obter vantagens competitivas específicas para uma rede. A necessidade de cada participante possuir capacidades que podem constituir o fundamento das vantagens competitivas da rede incentiva uma rivalidade amigável entre os participantes que buscam desenvolver as aptidões necessárias para criar rapidamente novas capacidades que gerem valor para a rede.[72]

Uma vantagem importante de uma estratégia cooperativa em rede é que as empresas obtêm acesso "aos parceiros de seus parceiros".[73] Conforme observado ao longo deste capítulo, o acesso a diversas formas de colaboração aumenta a possibilidade de que vantagens competitivas adicionais serão obtidas à medida que se amplia o conjunto de recursos e capacidades partilhado.[74] O aumento das vantagens competitivas, por sua vez, estimula o desenvolvimento de inovações do produto importantes para a criação de valor na economia global.[75]

As redes de alianças variam em função da condição do setor e da orientação das metas. Uma rede de alianças estável é formada em setores desenvolvidos nos quais a demanda é relativamente constante e previsível. As empresas, por meio de uma rede de alianças estável, tentam estender suas vantagens competitivas a outros cenários, continuando ao mesmo tempo a lucrar com operações em seu setor principal e relativamente desenvolvido. Portanto, as redes estáveis são formadas para aproveitamento das economias (de escala e/ou de esfera de ação) disponíveis entre as empresas.[76] Essas economias podem ajudar a reduzir a estrutura de custos de uma empresa. A rede de alianças da Toyota, descrita anteriormente, constitui um exemplo de rede de alianças estável.

Redes de aliança dinâmica são usadas em setores caracterizados por inovações frequentes do produto e ciclos de vida do produto breves.[77] Por exemplo, o ritmo de inovação no setor de TI é muito acelerado para que uma companhia específica continue a manter sucesso ao longo do tempo. Portanto, a capacidade para criar e manter parcerias estratégicas pode representar a diferença entre o sucesso e o fracasso no setor. A IBM, a Intel e todos os demais participantes do setor possuem papéis importantes nas redes de aliança dinâmica.[78] Portanto, essas redes são usadas principalmente para estimular inovações rápidas e de criação de valor do produto e entradas no mercado bem-sucedidas, demonstrando que sua finalidade consiste muitas vezes no aproveitamento de novas ideias.[79]

Estratégias cooperativas dirigidas a forças no ambiente externo

A participação em redes de alianças estáveis tende a ser direcionada principalmente à fabricação de produtos a custo baixo ao passo que as redes de aliança dinâmicas são mais orientadas à continuidade da produção de bens e serviços que atraem os clientes. No entanto, pertencer a uma rede de aliança dinâmica também pode ajudar uma empresa a lidar com a incerteza no ambiente externo ao manter os gerentes da empresa atualizados com relação a mudanças tecnológicas importantes e a mudanças de outra natureza.

Conforme mencionado diversas vezes, o ambiente externo da maioria das empresas é cada vez mais complexo e encontra-se em transformação permanente.[80] Um dos grandes desafios com que os gerentes se defrontam é ajudar suas empresas a progredir em seus respectivos ambientes. Diversos tipos de estratégias cooperativas podem auxiliar os gerentes nessa tarefa.

Alianças de resposta competitiva ajudam as empresas a lidar com as ações dos concorrentes. Alianças para redução da incerteza auxiliam as empresas a eliminar uma parte da incerteza nos ambientes em que atuam. Estratégias cooperativas para redução da concorrência propiciam às empresas parceiras vantagens diferenciais em seus mercados. Por último, associações e consórcios podem fortalecer as empresas participantes em seu relacionamento com *stakeholders* externos, como legisladores, fornecedores e clientes.

Alianças de resposta competitiva

Conforme discutido no Capítulo 6, os concorrentes empreendem ações competitivas para atacar rivais e gerar respostas competitivas às ações de seus concorrentes. As alianças estratégicas podem ser usadas para responder aos ataques dos concorrentes. Pelo fato de poderem ser difíceis de reverter e onerosas para operar, as alianças estratégicas são formadas principalmente para responder a ações estratégicas e não a ações táticas.

As companhias siderúrgicas, especialmente na Ásia, estão formando j*oint ventures*, investindo em outras empresas e firmando acordos de licenciamento de tecnologia em resposta a algumas fusões de valor patrimonial muito elevado, incluindo a fusão no valor de 28 bilhões de euros (mais de 35 bilhões de dólares) entre a Mittal Steel e a Arcelor S.A. De acordo com Ku Taek Lee, CEO da Posco na Coreia do Sul, a terceira maior produtora de aço, todas as principais siderúrgicas estão tentando identificar soluções competitivas para a consolidação que está ocorrendo no setor. Muitas siderúrgicas afirmam que desejam evitar fusões devido aos custos e riscos políticos. Como alternativa, tendem a adotar estratégias cooperativas. Por exemplo, a Posco está considerando a compra de pequenas participações em outras siderúrgicas asiáticas, formando alianças de pesquisa ou juntando-se com outras companhias para aquisição de matérias-primas. A Nippon Steel do Japão também está considerando aumentar sua participação no capital das siderúrgicas japonesas Sumitomo Metal Industries e Kobe Steel. A Nippon também está analisando a expansão de sua *joint venture* com a norte-americana Mittal Steel para a produção de aço de alta qualidade para a indústria automobilística. Os executivos do alto escalão da Nucor, sediada em Charlotte, Carolina do Norte, estão analisando aquisições, mas demonstram preferência pelo crescimento por meio do licenciamento das novas tecnologias em desenvolvimento.[81]

Alianças para redução da incerteza

As estratégias cooperativas podem ser um mecanismo poderoso de resposta às ações estratégicas dos concorrentes, porém conseguem ajudar uma empresa a diminuir a incerteza no ambiente.[82] Particularmente nos mercados de ciclo rápido, as alianças estratégicas no nível de negócios podem ser usadas para proteção contra o risco e a incerteza.[83] Também podem ser adotadas onde existe incerteza, como na penetração em novos mercados ou em economias emergentes. Por exemplo, o banco holandês ABN AMRO criou uma entidade denominada ShoreCap International envolvendo uma parceria multissetorial de organizações, incluindo empresas privadas, instituições financeiras, fundos de desenvolvimento e fundações. A ShoreCap assessora e investe em instituições financeiras locais que realizam empréstimos a micro e pequenas empresas nos países em desenvolvimento, tendo por alvo Ásia, África, Europa Central e Oriental. A ShoreBank

Corporation, principal investidor na entidade, é um banco com finalidade lucrativa orientado ao desenvolvimento comunitário e ao ambiente. Possui um histórico de colaboração com instituições financeiras e outros parceiros, incluindo o Banco Mundial. A meta do ShoreBank, por meio dessa estratégia cooperativa com outras instituições financeiras, consiste em diminuir o risco da concessão de crédito a pequenos tomadores de empréstimo em regiões com desvantagem. Também pretende reduzir a pobreza nas regiões em que investe.[84]

Em outras situações, as empresas formam alianças estratégicas para reduzir a incerteza associada ao desenvolvimento de novos produtos ou para estabelecer um padrão de tecnologia.[85] A NTT DoCoMo, companhia japonesa de comunicação móvel, adquiriu uma participação na Fuji Television Network a fim de preparar-se para um novo serviço de transmissão digital. A empresa estava analisando ao mesmo tempo diversas alianças com a Nippon Television Network tendo por objetivo unificar os serviços de telecomunicação e transmissão. As duas companhias já possuíam uma aliança que permite a transmissão digital terrestre para usuários de telefone celular, conhecida como "one-seg", bem como uma parceria limitada para oferecer programas de televisão aos usuários de telefone celular.[86] Conforme o exemplo ilustra, a incerteza e o risco no cenário do século XXI fazem que as empresas que competem no setor de comunicação formem alianças estratégicas múltiplas para a criação de valor adicional.

Estratégias cooperativas para redução da concorrência

Praticamente todas as estratégias cooperativas entre dois ou mais concorrentes têm o efeito de diminuir a concorrência em um setor. Por exemplo, um *keiretsu* japonês normalmente inclui executivos de algumas empresas concorrentes em um setor, entre outros *stakeholders*. A concorrência diminui porque essas companhias operam juntas. As estratégias cooperativas horizontais reduzem a concorrência de modo similar, o mesmo ocorrendo com muitas redes de alianças. Essas redes, em particular, proporcionam vantagens às empresas que as compõem, tornando difícil para as empresas que delas não fazem parte competir.[87]

Outra estratégia cooperativa para redução da concorrência comum e mais direta é o conluio. As estratégias envolvendo conluio muitas vezes são ilegais. Elas podem ser de dois tipos: conluio explícito e conluio tácito. O conluio explícito "existe quando as empresas negociam diretamente acordos especificando níveis de produção e de preço a fim de diminuir a concorrência".[88]

Estratégias de conluio explícito são ilegais nos Estados Unidos e na maioria das economias desenvolvidas (exceto em setores regulamentados). Portanto, as empresas que utilizam essas estratégias podem estar sujeitas a processos judiciais e ser consideradas culpadas pela prática de ações não competitivas. Por exemplo, em 2006 a Toyota pagou 35 milhões de dólares para pôr fim a uma ação cível que a acusava de conluio com seis outras indústrias automobilísticas para não importarem do Canadá modelos de automóveis mais econômicos que seriam vendidos nos EUA. O processo acusou as montadoras de violação da Lei Antitruste Sherman ao impedirem que os consumidores se valessem de preços menores. As demais companhias envolvidas no processo foram General Motors, Ford, Daimler-Chrysler, BMW, American Honda Motor Co. e Nissan North America.[89]

Existe conluio tácito quando diversas empresas em um setor coordenam indiretamente suas decisões relativas a preço e produção, observando as ações e respostas competitivas de cada uma delas.[90] As empresas que utilizam o conluio tácito reconhecem que são interdependentes e que suas ações e respostas competitivas afetam significativamente o comportamento dos concorrentes em relação a elas.

O conluio tácito resulta em níveis de produção e preço inferiores aos níveis plenamente competitivos e em preços que são superiores aos que poderiam ser praticados sob outra forma. As empresas adeptas do conluio tácito não negociam diretamente as decisões relativas a preço e produção como fazem no conluio explícito. Esse tipo de estratégia para redução da concorrência é mais comum nos setores altamente concentrados, como o de cereais consumidos no café da manhã. Quatro empresas (Kellogg, General Mills, Post e Quaker) têm representado cerca de 80% do volume de vendas no segmento de alimentos prontos para consumo do mercado de cereais nos EUA.[91] Algumas pessoas acreditam que esse grau elevado de concentração resulte em preços muito superiores aos custos de produção.[92] Preços acima do nível competitivo nesse setor indicam a possibilidade de que as principais empresas estão adotando uma estratégia cooperativa de conluio tácito.

A tolerância mútua é uma forma de conluio tácito "na qual as empresas evitam ataques competitivos contra aqueles rivais que enfrentam em diversos mercados".[93] Os rivais aprendem muito a respeito de cada participante quando competem em multimercados, incluindo como impedir os efeitos dos ataques e respostas competitivas de seus rivais. Tendo em vista aquilo que cada empresa conhece sobre as demais na condição de concorrentes, as empresas optam por não tomar parte naquilo que poderia ser uma concorrência destrutiva em mercados envolvendo diversos produtos.[94]

Os governos nas economias de livre-mercado precisam determinar como os rivais podem colaborar para aumentar sua competitividade sem violar a regulamentação em vigor.[95] É desafiador chegar a essa determinação quando se avaliam as estratégias de conluio, particularmente as tácitas. Por exemplo, é difícil decidir onde traçar a linha divisória ao se avaliar as empresas farmacêuticas e de biotecnologia globais que precisam colaborar a fim de permanecer competitivas. Alguma regulamentação é necessária para manter um equilíbrio eficaz entre colaboração e concorrência; entretanto, a regulamentação pode interferir algumas vezes nos mercados eficientes.[96]

Associações e consórcios

Pelo fato de serem inerentemente sistemas cooperativos,[97] as organizações tendem a formar coalizões com *stakeholders* para o cumprimento de objetivos comuns.[98] Essas coalizões podem assumir diversas formas, incluindo associações, entidades de classe, grupos setoriais e de mão de obra e consórcios de pesquisa. As empresas tomam parte em associações para ter acesso a informações e obter legitimidade, aceitação e influência.[99] Associações e consórcios também conseguem ressaltar os esforços criativos que conduzem à inovação.[100]

Muitas vezes uma das principais finalidades das associações e consórcios consiste em possuir uma voz comum ao lidarem com um *stakeholder* externo importante como o governo. Por exemplo, muitas entidades de classe empregam lobistas em nível federal, estadual, regional ou municipal. Esses lobistas trabalham para assegurar que a legislação seja a mais favorável possível para as empresas associadas. Os representantes de entidades de classe também podem trabalhar diretamente com líderes e representantes do governo para melhorar os relacionamentos empresariais. Por exemplo, a National Concrete Masonry Association (NCMA), mencionada anteriormente, possui um representante que trabalha diretamente com o Corpo de Engenheiros do Exército dos EUA em projetos de construção nos quais deve ser utilizado concreto nas construções de alvenaria.[101] A NCMA também promove pesquisas que sejam relevantes para os membros e lhes comunica os resultados. A entidade também atua, nesse sentido, como um consórcio de pesquisas.

Associações e consórcios também podem ser usados para influenciar *stakeholders* que não sejam órgãos oficiais. Por exemplo, a Cisco Systems, a Intel e a Oracle assumiram a liderança na formação de um consórcio das principais empresas de tecnologia, de grupos médicos e de associações de prática médica independentes. O consórcio reconhecerá "os médicos que usam tecnologia para disseminar informações e aperfeiçoar os cuidados com os pacientes. O consórcio é único por ser liderado por empregadores e prestadores de serviços de saúde, trabalhando para atingir a meta de uma melhor qualidade no atendimento à saúde".[102]

Estratégias cooperativas que promovem crescimento e/ou diversificação

Descrevemos até este ponto as estratégias cooperativas que ajudam as empresas a ressaltar a diferenciação, reduzir custos ou lidar eficazmente com tendências e forças em seus ambientes externos. Essas estratégias cooperativas também podem ser adotadas para promover crescimento ou diversificação (ou ambos).

O crescimento é uma meta primordial na maioria das organizações.[103] As empresas podem decidir-se pelo crescimento por meio de diversas estratégias internas, como criação de novos produtos ou desenvolvimento de mercados. Outras empresas buscam o crescimento externamente, por meio de fusões e aquisições, o tema do Capítulo 9. No entanto, as estratégias cooperativas podem ser mais atraentes do que fusões e aquisições como um veículo para o crescimento.[104] Estratégias cooperativas podem ser mais atrativas porque normalmente requerem um menor comprometimento de recursos[105] e permitem maior flexibilidade estratégica por não serem tão permanentes.[106] Na realidade, uma aliança pode ser usada como um meio para determinar se os parceiros poderiam beneficiar-se de uma futura fusão ou aquisição entre eles. Esse "processo de experimentação" caracteriza muitas vezes as alianças formadas para a junção dos recursos e capacidades tecnológicas específicas das empresas.[107] Estratégias cooperativas usadas frequentemente para estimular o crescimento incluem alianças estratégicas de diversificação, franquias e estratégias cooperativas internacionais. Estas estratégias também podem promover a diversificação de mercados (maior esfera de ação de mercado) e algumas vezes a diversificação do produto.

Alianças estratégicas de diversificação

Uma aliança estratégica de diversificação é uma estratégia cooperativa em nível corporativo na qual as empresas partilham alguns de seus recursos e capacidades para diversificarem em novas áreas de produto ou de mercado. (A diversificação do produto será analisada de modo mais abrangente no Capítulo 8.) Por exemplo, a Intelligent Energy, uma empresa internacional de células de combustível, formou uma aliança com a Seymourpowell, uma companhia de engenharia e tecnologia diversificada (sediadas ambas em Londres) para criar uma motocicleta que não polui, é silenciosa e acionada por uma célula de combustível de hidrogênio. Um protótipo denominado moto ENV (sigla em inglês que significa "veículo de emissões neutras") recebeu muita atenção em escala global porque a célula de combustível usada é compacta e prática ao mesmo tempo. As companhias contrataram Andy Eggleston, ex-vice-presidente da Ford Europe, para criar um veículo pronto para fabricação. A moto ENV é considerada por algumas pessoas como "irresistível".[108]

Franquias

Contrato de franquia é uma estratégia cooperativa pela qual uma empresa (o franqueador) usa uma franquia como relacionamento contratual para especificar e controlar a utilização conjunta de seus recursos e capacidades com parceiros (os franqueados).[109] Uma franquia é "um acordo contratual entre duas companhias juridicamente independentes em que o franqueador concede ao franqueado o direito de vender seu produto ou estabelecer-se comercialmente usando suas marcas em um dado local durante um período de tempo especificado".[110] O contrato de franquia representa uma estratégia muito comum; as companhias que o adotam geram 1 trilhão de dólares de vendas anuais no varejo nos EUA e concorrem em mais de 75 setores. O McDonald's, a rede Hilton International e a Krispy Kreme (líder mundial em rosquinhas caramelizadas) são exemplos bem conhecidos de empresas que usam a estratégia cooperativa em nível corporativo para os contratos de franquia.[111]

Nas estratégias de maior sucesso envolvendo contratos de franquia, os parceiros (o franqueador e os franqueados) operam juntos.[112] Uma das principais responsabilidades do franqueador consiste em desenvolver programas para transferir aos franqueados o conhecimento e as aptidões de que necessitam para concorrer de modo bem-sucedido em nível local.[113] Os franqueados, em contrapartida, devem proporcionar *feedback* ao franqueador em relação ao modo como suas unidades poderiam se tornar eficazes e eficientes.[114] O franqueador e seus franqueados, trabalhando em cooperação, encontram meios para reforçar a marca da empresa, o que constitui muitas vezes a vantagem competitiva mais importante dos franqueados que operam em seus mercados locais.[115]

Aaron Kennedy fundou em 1995 a Noodles & Company, um restaurante que serve receitas de massas de todo o mundo. Em 2003, a companhia possuía 79 restaurantes próprios em nove estados. No entanto, estavam surgindo novos concorrentes, e Kennedy desejava manter a posição da empresa como líder de mercado no segmento de massas. Ele estava preocupado com a possibilidade de perder o controle de sua marca, porém decidiu assim mesmo firmar contratos de franquia, nomeando cinco franqueados em 2004. Kennedy desenvolveu um programa de treinamento extensivo para gerentes, que inclui três meses de treinamento. De acordo com Kennedy, essa medida os auxilia a "entender a alma da Noodles & Co". Ele também estabeleceu cardápios e preços uniformes. Em 2007, a companhia contava com 142 restaurantes, 22 dos quais franquias, e as vendas haviam dobrado em comparação com os níveis de 2004. Kennedy é muito cuidadoso a respeito do ritmo de crescimento, trabalhando próximo aos gerentes em todos os restaurantes. "Somos parceiros e pais dos franqueados", afirma ele, "reforçando a boa atuação e ao mesmo tempo impondo cautela".[116]

O contrato de franquia constitui uma estratégia particularmente atrativa nos setores fragmentados, como varejo e gráficas comerciais. Nesses setores, um grande número de empresas de pequeno e médio portes concorre como rivais; entretanto, nenhuma empresa ou conjunto reduzido de empresas possui uma participação dominante, tornando possível a uma companhia deter grande participação de mercado consolidando companhias independentes por meio de relacionamentos contratuais.[117] É por esse motivo que o contrato de franquia constitui uma estratégia cooperativa muito comum nas redes de restaurantes.

Estratégias cooperativas internacionais

Uma aliança estratégica internacional é uma estratégia cooperativa internacional em que empresas sediadas em países diferentes combinam alguns de seus recursos e capacidades para criar uma vantagem competitiva. O número de alianças estratégicas internacionais sendo criadas continua a aumentar em praticamente todos os setores,[118] substituindo, em alguns casos, as fusões e aquisições.[119] Por exemplo, a *joint venture* no valor de 6 bilhões de dólares entre a British Petroleum (BP) e a companhia petrolífera russa Tyumem Oil em 2003 criou a décima maior empresa exploradora de petróleo do mundo.[120]

Existem diversas razões para o uso crescente das alianças estratégicas internacionais. Em geral, as corporações multinacionais possuem melhor desempenho do que aquelas empresas que operam somente no território doméstico.[121] Portanto, uma empresa pode formar alianças estratégicas internacionais para alavancar competências básicas que representam a base de seu sucesso doméstico a fim de expandir-se nos mercados internacionais.[122] Por exemplo, o Sybase, provedor de serviços de mensagens e dados móveis sediado em Chantilly, Virginia, formou uma *joint venture* com a Oxford Bookstore, a principal livraria *online* da Índia, para criar um serviço de mensagens rápidas interativas (SMS, na sigla em inglês) em todo o território hindu apresentando os livros da Oxford.[123] O Sybase tem grande experiência na transmissão de mensagens móveis, tendo transmitido 25 bilhões de mensagens desse tipo em 2006, porém a Oxford Bookstore possui a reputação, os contatos e o conhecimento do mercado para transformar o empreendimento em um sucesso.

Oportunidades limitadas de crescimento no mercado doméstico e políticas públicas que afetam a área econômica são razões adicionais pelas quais as empresas formam alianças internacionais. O controle acionário local constitui um importante objetivo de política nacional em algumas nações. Na Índia e na China, por exemplo, as políticas públicas refletem grande preferência pelo licenciamento de companhias locais. Realmente, o investimento realizado por empresas estrangeiras nesses países somente é autorizado por meio de uma sociedade com uma empresa local, como em uma aliança internacional. Uma aliança estratégica internacional também pode ser útil aos sócios estrangeiros sob um ponto de vista operacional, porque o sócio local possui um número significativamente maior de informações a respeito dos fatores que contribuem para o sucesso competitivo, como mercados locais, fontes de financiamento, procedimentos jurídicos e normas culturais e institucionais.[124] Por exemplo, a Bharti Enterprises, uma companhia de telecomunicações hindu, estabeleceu uma *joint venture* "de igual participação" com o Wal-Mart para criar uma rede de supermercados na Índia. As contribuições do Wal-Mart serão feitas na área de apoio à disponibilização de suprimentos, oferecendo apoio logístico e tecnológico, ao passo que a Bharti atuará como franqueado do Wal-Mart, controlando e operando os supermercados. "A Índia ainda não liberou totalmente o setor varejista, mas permite que o investimento estrangeiro possua um controle acionário de 51% no varejo ancorado em uma única marca mediante autorização governamental prévia", explicou Sunil Bharti Mittal, presidente do Conselho de Administração da Bharti Enterprises. O acordo "permite que as duas companhias estudem e avaliem o mercado varejista na Índia e identifiquem conjuntamente oportunidades empresariais no contexto das diretrizes existentes".[125] Mittal tinha a expectativa de que o empreendimento inaugurasse diversas centenas de lojas a partir de agosto de 2007.

As alianças internacionais são em geral mais complexas e arriscadas do que as alianças estratégicas domésticas.[126] Entretanto, o fato de as empresas que concorrem internacionalmente tenderem a desempenhar melhor que concorrentes que atuam somente no mercado interno indica a importância de aprender a como diversificar nos mercados internacionais. As alianças internacionais, comparadas às fusões e aquisições, podem ser um meio mais adequado para aprender esse processo, em especial nos estágios iniciais das iniciativas da empresa para diversificar-se geograficamente. O estudo cuidadoso e abrangente da aliança internacional proposta contribui para o sucesso,[127] o mesmo ocorrendo com as indicações precisas quanto ao papel de cada parceiro na aliança.[128]

Pelo fato de as empresas possuírem muitas vezes alianças múltiplas em diferentes regiões geográficas, as redes de alianças são formadas frequentemente para a implementação de estratégias cooperativas internacionais.[129] As diferenças entre a base de regulamentação em cada país aumentam o desafio representado pelo gerenciamento das redes internacionais e pela verificação de que as operações da rede obedeçam, no mínimo, a todas as exigências legais.[130] Redes de alianças distribuídas constituem muitas vezes a estrutura organizacional adotada para gerenciar as estratégias cooperativas internacionais. Conforme mostrado na Figura 7.3, diversos centros estratégicos regionais fazem parte da rede distribuída para gerenciar os diversos arranjos cooperativos das empresas.[131] Os centros estratégicos da Ericsson (equipamentos de telecomunicação) e da Electrolux (linha branca, lavadoras) estão localizados em países ao redor do globo em vez de somente na Suécia, onde as empresas estão sediadas. A Ericsson, por exemplo, atua em mais de 140 países e emprega mais de 90 mil pessoas. A companhia possui cinco principais redes de alianças e firmou acordos cooperativos com companhias em todo o planeta por meio de cada rede. Sendo membro fundador da uma aliança ethernet (Intel e Cisco também são membros), a Ericsson atua como centro estratégico para esse arranjo cooperativo, que promove padrões setoriais abertos e oferece testes de interoperabilidade para seus membros.[132]

Riscos competitivos das estratégias cooperativas

Muitas estratégias cooperativas fracassam, apesar de sua adoção pelas empresas ter aumentado significativamente.[133] De fato, dados apontam que dois terços das estratégias cooperativas apresentam sérios problemas em seus dois primeiros anos e que o fracasso pode atingir 70% delas.[134] Essa proporção de fracasso indica que mesmo quando a parceria possui complementaridades e sinergias potenciais, o sucesso da aliança é ilusório.

Figura 7.3: Uma rede estratégica distribuída

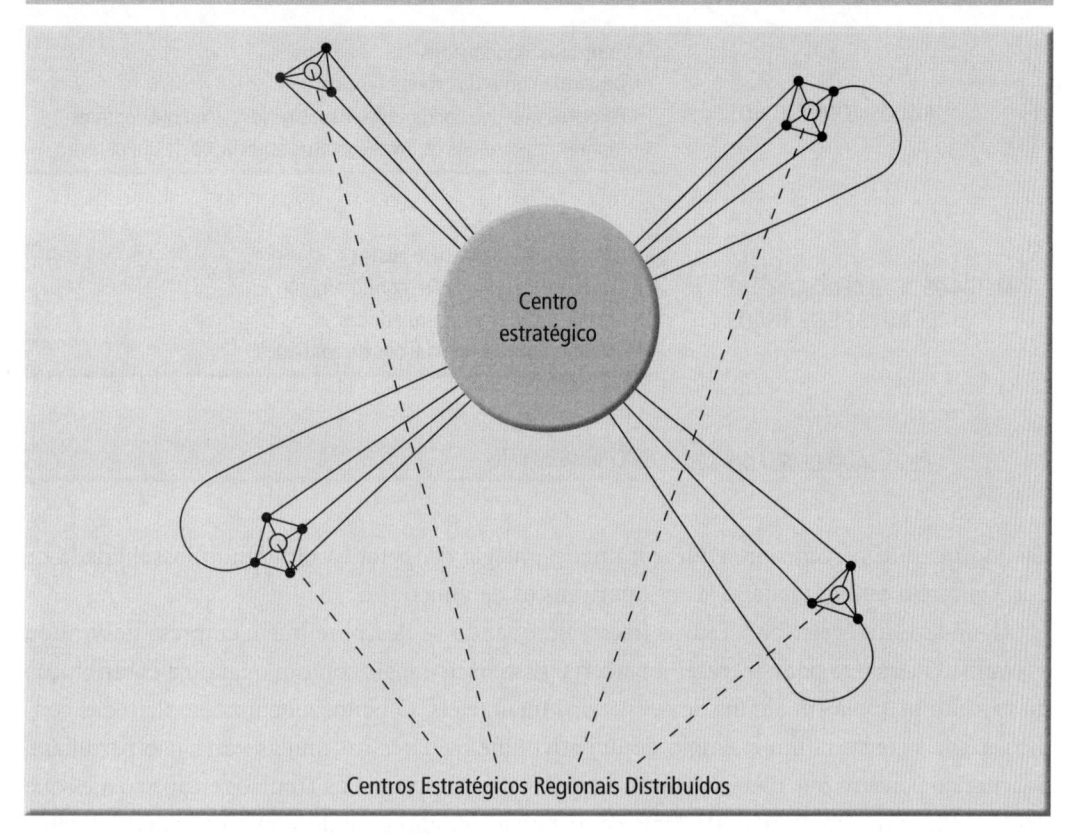

Centro estratégico

Centros Estratégicos Regionais Distribuídos

Acusações e um processo judicial foi o resultado de uma *joint venture* entre o Flying Group da Bélgica e o Euralair Airport Services (EAS) da França para o desenvolvimento de operações de aviação comercial baseadas no aeroporto Le Bourget, na França. O Flying Group alega que o fundador do EAS, Alexandre Couvelaire, não está cumprindo certos dispositivos do acordo: "Couvelaire está tentando defender-se com argumentos isolados que não possuem relação com o contexto do negócio. Esses temas de menor importância teriam sido esclarecidos caso ele não tivesse decidido retirar-se e interromper a comunicação". Couvelaire alega que "o EAS de maneira alguma deixou de cumprir qualquer de suas obrigações nos termos da carta de intenções preliminar ou de um acordo de qualquer natureza firmado com o Flying Group, que é integralmente responsável pelo fracasso das partes em chegar a um acordo final". O Flying Group planejava, além de iniciar um processo jurídico, demolir a infraestrutura do EAS no aeroporto Le Bourget e construir um novo terminal, hangar e escritórios.[135]

Os principais riscos da estratégia cooperativa estão indicados no *box* superior da Figura 7.4 (o restante da figura será explicado posteriormente neste capítulo). Um dos riscos refere-se a um parceiro poder atuar de modo oportunista.[136] Os comportamentos oportunistas surgem quando os contratos formais não conseguem impedi-los ou quando uma aliança se baseia em uma percepção falsa da confiabilidade do parceiro. Não é incomum a empresa oportunista desejar obter o maior conjunto possível de conhecimento tácito do parceiro.[137] A percepção integral

Figura 7.4: Gerenciamento dos riscos competitivos nas estratégias cooperativas

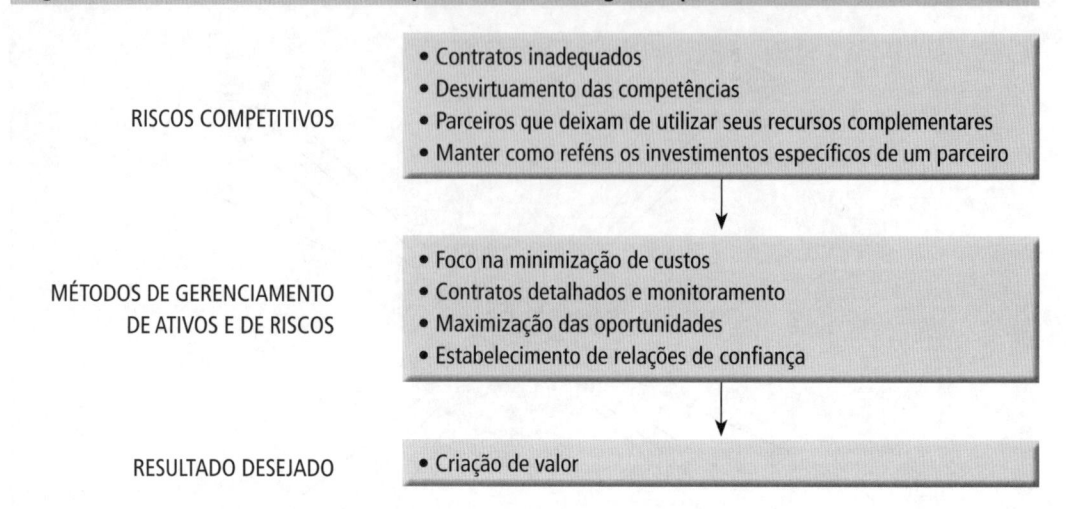

RISCOS COMPETITIVOS
- Contratos inadequados
- Desvirtuamento das competências
- Parceiros que deixam de utilizar seus recursos complementares
- Manter como reféns os investimentos específicos de um parceiro

MÉTODOS DE GERENCIAMENTO DE ATIVOS E DE RISCOS
- Foco na minimização de custos
- Contratos detalhados e monitoramento
- Maximização das oportunidades
- Estabelecimento de relações de confiança

RESULTADO DESEJADO
- Criação de valor

daquilo que um parceiro pretende em uma estratégia cooperativa diminui a possibilidade de que a empresa estará sujeita às ações oportunistas de uma outra.[138]

Algumas estratégias cooperativas fracassam quando se descobre que a empresa desvirtuou as competências que pode oferecer à parceria. Esse risco é mais comum quando a contribuição do parceiro se apoia em alguns de seus ativos intangíveis. O conhecimento completo das condições locais constitui um exemplo de um ativo que os parceiros muitas vezes não partilham. Solicitar ao parceiro que ofereça provas de que realmente possui os recursos e capacidades que deve partilhar no âmbito da estratégia cooperativa (mesmo quando forem consideravelmente intangíveis) pode ser uma maneira eficaz de lidar com esse risco.

Outro risco é o de que uma empresa não disponibilize para seus parceiros os recursos e capacidades complementares (como suas tecnologias mais sofisticadas) que se comprometeu nos termos da estratégia cooperativa. Esse risco aparece mais comumente quando as empresas formam uma estratégia cooperativa internacional.[139] Nesses casos, culturas distintas podem resultar em interpretações diferentes dos termos contratuais ou das expectativas baseadas na confiança.

Um último risco é a empresa poder realizar investimentos específicos na aliança ao passo que seu parceiro não os efetiva. Por exemplo, a empresa poderia contribuir com recursos e capacidades para desenvolver equipamentos de fabricação que podem ser usados somente para produzir itens originários da aliança. Se o parceiro também não estiver realizando investimentos específicos na aliança, a empresa possui uma desvantagem relativa em termos dos retornos obtidos por meio da aliança em comparação com os investimentos feitos para obter os retornos.

Implementação e gerenciamento das estratégias cooperativas

Conforme nossa discussão revela, as estratégias cooperativas constituem uma opção importante para as empresas que competem na economia global.[140] No entanto, nossa discussão também mostra que essas estratégias são complexas e propensas ao fracasso.[141] As empresas obtêm o maior benefício das estratégias cooperativas quando são gerenciadas eficazmente.[142] Em virtude de a capacidade para implementar e gerenciar eficazmente as estratégias cooperativas ser distribuída desigualmente entre as organizações, as empresas que desenvolvem aptidões superiores nessas áreas podem obter uma vantagem competitiva.[143] A chave consiste em desenvolver estratégias cooperativas e implementá-las de um modo que seja valorizado, raro, imitável com imperfeições e insubstituível (Capítulo 3).

Aprender com as experiências associadas às estratégias cooperativas bem-sucedidas e malsucedidas é importante para o sucesso das estratégias cooperativas futuras.[144] O aprendizado tem maior probabilidade de ocorrer quando as experiências são internalizadas. Em outras palavras, as pessoas envolvidas com a criação e o uso de estratégias cooperativas devem fazer uma tentativa premeditada para usar essas experiências na criação de conhecimento útil a respeito de como conseguir sucesso no futuro.[145] Para obter o valor máximo desse conhecimento, as empresas devem organizá-lo e atentar a fim de que esteja sempre distribuído adequadamente para aqueles envolvidos com a criação e o uso de estratégias cooperativas. Portanto, as companhias devem empenhar-se significativamente para aprender com os sucessos e os fracassos, registrando e disseminando esse conhecimento no interior da empresa.

O estabelecimento de controles apropriados também é importante para a implementação e o gerenciamento das estratégias cooperativas. Por exemplo, o McDonald's adota controles estratégicos e financeiros para constatar se as operações de seus franqueados criam o maior valor para toda sua rede de franquias. Um aspecto do controle estratégico é a localização das unidades franqueadas. O McDonald's julga que atualmente suas melhores oportunidades de expansão encontram-se fora dos Estados Unidos. As porcentagens de densidade parecem apoiar essa conclusão. De acordo com a companhia, embora nos Estados Unidos "existam 22 mil pessoas por McDonald's, no restante do mundo existe somente um McDonald's para cada 605 mil pessoas".[146] Como resultado, o McDonald's, está direcionando seus investimentos de capital principalmente para o desenvolvimento de unidades em mercados fora dos EUA. Os controles financeiros são elaborados em torno das exigências que uma parte interessada precisa satisfazer para tornar-se um franqueado McDonald's, bem como dos padrões de desempenho que a empresa precisa seguir quando opera uma unidade.[147] Além disso, os controles financeiros usados para determinar os bônus para as equipes regionais estão sendo alterados. A matriz também administra um sistema de avaliação para melhorar o atendimento ao cliente, em especial nas unidades nos EUA, bem como para exigir de seus franqueados a participação em programas de treinamento da companhia para aumentar a eficiência e a qualidade.[148]

Em geral a atribuição da responsabilidade pelo gerenciamento das estratégias cooperativas de uma empresa a um executivo ou a uma equipe de alto nível aumenta a probabilidade de que as estratégias serão bem gerenciadas. A IBM, a Johnson Controls, a Coca-Cola, a Northwest Airlines e a Siebel Systems adotaram todas essa orientação.[149] As pessoas responsáveis pelo gerenciamento de um conjunto de estratégias cooperativas da empresa coordenam atividades, atribuem categorias ao conhecimento obtido em função de experiências anteriores e certificam-se para que aquilo que a empresa conhece a respeito de como criar e usar de maneira eficaz estratégias cooperativas esteja em mão de pessoas certas na hora certa. As empresas geralmente usam uma entre duas principais abordagens de gerenciamento de estratégias cooperativas[150]

(Figura 7.4). Esse é o caso em que a empresa tenha ou não criado uma função distinta de gerenciamento da estratégia cooperativa.

De acordo com a abordagem do gerenciamento da minimização de custos, a empresa firma contratos formais com seus parceiros. Esses contratos especificam como a estratégia cooperativa deve ser monitorada e como deve ser controlado o comportamento do parceiro. A meta dessa abordagem consiste em minimizar o custo da estratégia cooperativa e evitar o comportamento oportunista de um parceiro. O foco da segunda abordagem gerencial — maximização das oportunidades — consiste em maximizar as oportunidades para criação de valor de uma parceria. Nesse caso, os parceiros estão preparados para valer-se de oportunidades inesperadas para o aprendizado recíproco e a fim de explorar possibilidades adicionais no mercado.[151] Contratos menos formais, com um menor número de limitações em relação ao comportamento dos parceiros, tornam possível aos parceiros analisar como podem partilhar seus recursos e capacidades de diversas maneiras para a criação de valor.

As empresas podem usar de modo bem-sucedido qualquer das abordagens para o gerenciamento das estratégias cooperativas. No entanto, os custos de monitoramento da estratégia cooperativa são maiores com a minimização dos custos, pois a elaboração de contratos detalhados e o uso extensivo de mecanismos de monitoramento são onerosos, muito embora a abordagem tenha por finalidade diminuir os custos da aliança. Apesar de os sistemas de monitoramento poderem impedir que os parceiros atuem em função de seus melhores interesses, também impossibilitam respostas positivas àquelas situações em que as oportunidades para valer-se das vantagens competitivas da aliança aparecem inesperadamente.[152] Portanto, contratos formais e sistemas de monitoramento extensivos tendem a anular as iniciativas dos parceiros para obter o valor máximo de sua participação em uma estratégia cooperativa e exigem recursos significativos para serem implementados e usados.[153]

A relativa falta de detalhe e formalidade que é parte do contrato firmado pelas empresas que usam a maximização de oportunidades significa que as empresas devem ter confiança mútua para agir de acordo com os melhores interesses da parceria. A confiança, um estado psicológico, envolve uma disposição para ser vulnerável devido às expectativas de comportamento positivo por parte do parceiro da empresa na aliança.[154] Quando os sócios possuem confiança mútua, existe menos necessidade de elaboração de contratos formais para especificar a atuação de cada empresa na aliança[155] e o relacionamento cooperativo tende a ser mais estável.[156] A confiança, em base relativa, tende a ser mais difícil de estabelecer nas estratégias cooperativas internacionais em comparação às domésticas.[157] Diferenças em políticas de intercâmbio comercial, culturas, leis e políticas que fazem parte das alianças além-fronteiras explicam a maior dificuldade. Quando existe confiança, os custos de monitoramento dos parceiros diminuem e as oportunidades para criação de valor são maximizadas.

As pesquisas demostrando que a confiança entre parceiros aumenta a possibilidade do sucesso da aliança parecem ressaltar os benefícios da abordagem de maximização de oportunidades no gerenciamento das estratégias cooperativas.[158] A confiança também pode ser a maneira mais eficiente de influenciar e controlar as ações dos parceiros na aliança.[159] De modo coerente com a orientação do *stakeholder* que constitui um dos fundamentos deste livro, as pesquisas indicam que a confiança pode ser uma capacidade valorizada, rara, imitável com imperfeições e muitas vezes insubstituível.[160] Portanto, empresas consideradas dignas de confiança podem ter uma vantagem competitiva em termos de como desenvolvem e usam estratégias cooperativas. Isso ocorre parcialmente por ser impossível especificar todos os detalhes operacionais de uma estratégia cooperativa em um contrato formal. Quando uma empresa tem certeza de que seu parceiro é confiável, diminui sua preocupação quanto à incapacidade de controlar contratualmente todos os detalhes da aliança.

Resumo

- Uma estratégia cooperativa é aquela em que as empresas trabalham juntas para cumprir um objetivo comum. Alianças estratégicas, que são estratégias cooperativas em que as empresas combinam alguns de seus recursos e capacidades para criar uma vantagem competitiva, representam a principal forma de estratégia cooperativa.

- As alianças estratégicas podem ser classificadas em duas configurações jurídicas básicas: alianças estratégicas com participação acionária (em que as empresas possuem participações diferentes em um empreendimento criado recentemente) e alianças estratégicas sem participação acionária (nas quais as empresas cooperam com base em um relacionamento contratual). *Joint ventures* representam um tipo de aliança com participação acionária em que as empresas estabelecem um novo empreendimento com participação acionária igualitária para criar vantagens competitivas.

- A concorrência partilhada descreve uma situação na qual as estratégias cooperativas são criadas por empresas que também concorrem entre si.

- As empresas em mercados de ciclo lento adotam alianças estratégicas para penetrar em mercados restritos ou estabelecer franquias em novos mercados. Nos mercados de ciclo padrão, as alianças têm maior probabilidade de serem feitas por parceiros com recursos e capacidades complementares. As companhias também podem cooperar nos mercados de ciclo padrão para conquistar poder de mercado ou aprender novas técnicas de negócios ou absorver novas tecnologias. As alianças entre empresas que possuem recursos e capacidades promissoras ajudam as companhias que concorrem em mercados de ciclo rápido a realizarem uma transição eficaz do presente para o futuro e também a obter acesso rápido a novos mercados.

- Algumas estratégias cooperativas são usadas no nível de negócios para auxiliar na melhora do desempenho da empresa em mercados de produtos específicos por meio de redução de custos ou de maior diferenciação. As estratégias cooperativas que pretendem atingir esses objetivos recaem em duas categorias gerais: alianças estratégicas complementares (verticais ou horizontais) e estratégias cooperativas em rede.

- Na estratégia cooperativa em rede, várias empresas concordam em formar diversas parcerias para atingir objetivos comuns. Um dos principais objetivos dessa estratégia refere-se à oportunidade da empresa para obter acesso às demais parcerias de seus parceiros. A probabilidade de isso ocorrer aumenta quando a empresa que é o centro estratégico facilita relacionamentos entre os parceiros, proporcionado meios exclusivos para a combinação de recursos e capacidades visando a obtenção de vantagens competitivas.

- As empresas também podem usar estratégias cooperativas para lidar com um ambiente de complexidade crescente e transformação constante. Alianças de resposta competitiva ajudam as empresas a lidarem com as ações dos concorrentes e associam vantagens diferenciais em seus mercados. Alianças para redução da incerteza auxiliam as empresas a eliminar uma parte da incerteza dos ambientes em que operam. Por último, associações e consórcios podem fortalecer as empresas que deles fazem parte para lidar com *stakeholders* externos como legisladores, fornecedores e clientes.

- Alianças de diversificação, franquias e estratégias cooperativas internacionais tendem a promover o crescimento da empresa. Essas estratégias cooperativas constituem algumas vezes uma alternativa atraente às fusões e aquisições porque normalmente requerem um menor comprometimento de recursos e permitem maior flexibilidade estratégica por não serem tão permanentes.

- As estratégias cooperativas não são isentas de risco. Se um contrato não for redigido apropriadamente ou se um parceiro desvirtuar suas competências ou deixar de disponibilizá-las, o fracasso é provável. Além disso, uma empresa pode tornar-se refém por meio de investimentos em ativos específicos feitos em conjunto com um parceiro, que podem ser explorados.

- As estratégias cooperativas têm maior probabilidade de serem bem-sucedidas quando implementadas e gerenciadas de modo eficaz. Consequentemente, as empresas devem aplicar recursos para aprender com suas estratégias cooperativas, estabelecer controles estratégicos e financeiros apropriados, atribuir a responsabilidade pelas estratégias cooperativas a executivos do alto escalão e decidir por uma abordagem de minimização de custos ou de maximização das oportunidades.

- A confiança é outro aspecto importante das estratégias cooperativas bem-sucedidas. As empresas reconhecem o valor da criação de parcerias com companhias conhecidas por sua confiabilidade. Quando existe confiança, uma estratégia cooperativa é gerenciada para maximizar a busca de oportunidades entre os parceiros. Sem confiança, contratos formais e sistemas de monitoramento extensivos são usados para gerenciar as estratégias cooperativas. Nesse caso, o interesse consiste em minimizar custos de preferência a maximizar oportunidades por meio da participação em uma estratégia cooperativa.

Questões éticas

1. Sob uma perspectiva ética, quanta informação uma empresa é obrigada a fornecer a um parceiro potencial em uma aliança complementar a respeito daquilo que espera aprender com um arranjo cooperativo?

2. "Um contrato é necessário porque não se pode esperar que a maioria das empresas aja eticamente em um empreendimento cooperativo como uma aliança estratégica." Em sua opinião, essa afirmativa é verdadeira ou falsa? Por quê? A resposta varia em função do país? Por quê?

3. Empreendimentos em países estrangeiros sem leis contratuais bem consolidadas são mais arriscados porque os gerentes podem estar sujeitos a tentativas de oferta de suborno após os ativos de suas empresas terem sido investidos no país. De que maneira os gerentes conseguem lidar com esses problemas?

4. Este capítulo menciona alianças estratégicas internacionais sendo formadas pelas companhias aéreas com voos intercontinentais. Essas empresas defrontam-se com temas éticos quando participam de alianças múltiplas? Em caso afirmativo, quais são os temas? Esses temas são diferentes para as companhias aéreas sediadas nos Estados Unidos em comparação aos temas éticos que dizem respeito às empresas com sede na Europa? Em caso afirmativo, quais são as diferenças e quais as razões por existirem?

5. Empresas que possuem reputação por comportamento ético em alianças estratégicas têm possibilidade de obter mais oportunidades para formar estratégias cooperativas do que as companhias que não angariaram essa reputação. Que ações as empresas conseguem empreender para conquistar uma reputação por comportamento ético na condição de parceiros em uma aliança estratégica?

Referências bibliográficas

1. Hemphill, T. A. Cooperative strategy, technology innovation and competition policy in the United States and the European Union. *Technology Analysis & Strategic Management*, 1, 2003. p. 93-101; Barney, J. B. *Gaining and Sustaining Competitive Advantage*, 2ª. ed., Upper Saddle River: Prentice Hall, 2002. p. 339.
2. Survey: Partners in wealth. *Economist*, 21 jan. 2006. p. 18.
3. Ireland, R. D.; Hitt, M. A.; Vaidyanath, D. Alliance management as a source of competitive advantage. *Journal of Management*, 28, 2002. p. 413-446; Combs, J. G.; Ketchen, D. J. Explaining interfirm cooperation and performance: Toward a reconciliation of predictions from the resource-based view and organizational economics. *Strategic Management Journal*, 20, 1999. p. 867-888.
4. Awazu, Y. Managing technology alliances: The case for knowledge management. *International Journal of Information Management*, 26, 2006. p. 484-498; Reuer, J. J.; Zollo, M.; Singh, H. Post-formation dynamics in strategic alliances. *Strategic Management Journal*, 23, 2002. p. 135-151; Campbell, D. High-end strategic alliances as fundraising opportunities. *Nonprofit World*, 19(5), 2001. p. 8-12; Hutt, M. D.; Stafford, E. R.; Walker, B. A.; Reingen, P. H. Case study: Defining the social network of a strategic alliance. *Sloan Management Review*, 41(2), 2000. p. 51-62.
5. Kelly, M. J.; Schaan, J. L.; Joncas, H. Managing alliance relationships: Key challenges in the early stages of collaboration. *R&D Management*, 32(1), 2002. p. 11-22.
6. Inkpen, A. C.; Ross, J. Why do some strategic alliances persist beyond their useful life? *California Management Review*, 44(1), 2001. p. 132-148.
7. Harbison, J. R.; Pekar, P. *Smart Alliances*, São Francisco: Jossey-Bass, 1998. p. 11.
8. Harrigan, K. R. Strategic flexibility in the old and new economies. In: Hitt, M. A.; Freeman, R. E.; Harrison, J. S. (eds.). *Handbook of Strategic Management*, Oxford: Blackwell Publishers, 2001. p. 97-123.
9. Inkpen, A. C. Strategic alliances. In: Hitt, M. A.; Freeman, R. E.; Harrison, J. S. (eds.). *Handbook of Strategic Management*, Oxford: Blackwell Publishers, 2001. p. 409-432.
10. Hill, C. W. L.; Jones, T. M. Stakeholder-agency theory. *Journal of Management Studies*, 29, 1992. p. 131-154; Freeman, R. E. *Strategic Management: A Stakeholder Approach*. Boston: Pitman, 1984.
11. Lado, A. A.; Boyd, G. N.; Hanlon, S. C. Competition, cooperation and the search for economic rents: A syncretic model. *Academy of Management Review*, 22, 1997. p. 110-141; Barnard, C. *The Functions of the Executive*, Cambridge: Harvard University Press, 1938.
12. Axelrod, R.; Mitchell, W.; Thomas, R. E.; Bennett, D. S.; Bruderer, E. Coalition formation in standardsetting alliances. *Management Science*, 41, 1995. p. 1.493-1.513.
13. Kraatz, M. S. Learning by association? Interorganizational networks and adaptation to environmental change. *Academy of Management Journal*, 41, 1998. p. 621-643; Harrison, J. S.; St. John, C. H. Managing and partnering with external stakeholders. *Academy of Management Executive*, 10(2), 1996. p. 46-59.
14. Harrison; St. John. Managing and partnering with external stakeholders.
15. Liker, J. K.; Choi, T. Y. Building deep supplier relationships. *Harvard Business Review*, 82(12), 2004. p. 104.
16. Hitt, M. A.; Ireland, R. D.; Camp, S. M.; Sexton, D. L. Strategic entrepreneurship: Integrating entrepreneurial and strategic management perspectives. In: Hitt, M. A.; Ireland, R. D.; Camp, S. M.; Sexton, D. L. (eds.). *Strategic Entrepreneurship: Creating a New Mindset*, Oxford: Blackwell Publishers, 2002. p. 8.
17. Microsoft, http://www.microsoft.com/globaldev, 6 fev. 2007.
18. Lockheed Martin and Boeing form strategic alliance to promote next-generation air transportation system, http://money.cnn.com/news, 22 jan. 2007.
19. Perez, A. The power of partnering, Kodak, http://www.kodak.com, 6 fev. 2007.
20. Dent Jr., G. W. Gap fillers and fiduciary duties in strategic alliances. *Business Lawyer*, 57(1), 2001. p. 55-104.
21. Gonzalez, M. Strategic alliances. *Ivey Business Journal*, 66(1), 2001. p. 47-51.
22. Lilly, Achieving value through partnership, http://www.lilly.com/about/partnering/alliances, 12 fev. 2007.
23. Johnson, M. Airlines rush for comfort alliances. *Global Finance*, 15(11), 2001. p. 119-120.
24. Continental Airlines, http://www.continental.com/web/en-US/content/company/alliance/northwest, 6 fev. 2007.
25. Star Alliance: The airline alliance for the earth, http://www.staralliance.com, 6 fev. 2007.
26. Williams, J. R. *Renewable Advantage: Crafting Strategy through Economic Time*, Nova York: The Free Press, 1998.
27. Fuentelsaz, L.; Gomez, J.; Polo, Y. Followers' entry timing: Evidence from the Spanish banking sector after deregulation. *Strategic Management Journal*, 23, 2002. p. 245-264.
28. Tata AIG Life Insurance Company, http://www.tata-aig-life.com, 6 fev. 2007; Kumari, V. Joint ventures bolster credibility of new players in India. *National Underwriter*, 105(14), 2001. p. 46.
29. Zahra, S. A.; Ireland, R. D.; Gutierrez, I.; Hitt, M. A. Privatization and entrepreneurial transformation: Emerging issues and a future research agenda. *Academy of Management Review*, 25, 2000. p. 509-524.
30. Filatotchev, I.; Wright, M.; Uhlenbruck, K.; Tihanyi, L.; Hoskisson, R. E. Governance, organizational capabilities, and restructuring in transition economies. *Journal of World Business*, 38(4), 2003. p. 331-347.
31. Eisenhardt, K. M. Has strategy changed? *MIT Sloan Management Review*, 43(2), 2002. p. 88-91.
32. IBM and Ricoh to create joint venture printing systems company, http://www-03.ibm.com/press/us/en/pressrelease/20965.wss, 6 fev. 2007.
33. Berentson, B. United Airlines. *Forbes Best of the Web*, 21 maio 2001. p. 68.
34. Knell, M. J. Cantrex allies with Quebec-based electronics buying group. *Furniture/Today*, 30(35), 2006. p. 2-6.
35. National Concrete Masonry Association, http://www.ncma.org, 17 fev. 2007.
36. Mowery, D. C.; Oxley, J. E.; Silverman, B. S. Strategic alliances and interfirm knowledge transfer. *Strategic Management Journal*, 17, 1996. p. 77-91.
37. McEvily, B.; Marcus, A. Embedded ties and the acquisition of competitive capabilities. *Strategic Management Journal*, 26, 2005. p. 1.033-1.055.
38. Ireland; Hitt; Vaidyanath. Alliance management; Combs, J. G.; Ketchen, D. J. Explaining interfirm cooperation and

performance: Toward a reconciliation of predictions from the resource-based view and organizational economics. *Strategic Management Journal*, 20, 1999. p. 867-888.

39. SUBRAMANI, M. R.; VENKATRAMAN, N. Safeguarding investments in asymmetric interorganizational relationships: Theory and evidence. *Academy of Management Journal*, 46(1), 2003. p. 46-62; KALE, P.; SINGH, H.; PERLMUTTER, H. Learning and protection of proprietary assets in strategic alliances: Building relational capital. *Strategic Management Journal*, 21, 2000. p. 217-237.

40. KALE, P.; DYER, J. H.; SINGH, H. Alliance capability, stock market response, and long-term alliance success: The role of the alliance function. *Strategic Management Journal*, 23, 2002. p. 747-767; KURATKO, D. F.; IRELAND, R. D.; HORNSBY, J. S. Improving firm performance through entrepreneurial actions: Acordia's corporate entrepreneurship strategy. *Academy of Management Executive*, 15(4), 2001. p. 60-71; ERNST, D.; HALEVY, T. When to think alliance. *McKinsey Quarterly*, 4, 2000. p. 46-55.

41. HARZING, A. W. Acquisitions *versus* Greenfield investments: International strategy and management of entry modes. *Strategic Management Journal*, 23, 2002. p. 211-227; CHANG, S. J.; ROSENZWEIG, P. M. The choice of entry mode in sequential foreign direct investment. *Strategic Management Journal*, 22, 2001. p. 747-776.

42. Shanghai Pudong Development Bank and Citibank launch credit cards in China, http://www.citigroup.com/citigroup, 8 fev. 2007; Citibank can boost China stake. *Wall Street Journal*, 28 abr. 2003. p. C11.

43. Lockheed: A bold choice. *Flight International*, 5 set. 2006. p. 3.

44. BERMAN, S. L.; DOWN, J.; HILL, C. W. L. Tacit knowledge as a source of competitive advantage in the National Basketball Association. *Academy of Management Journal*, 45, 2002. p. 13-31.

45. HOANG, H.; ROTHAERMEL, F. T. The effect of general and partner specific alliance experience on joint R&D project performance. *Academy of Management Journal*, 48, 2005. p. 332-345; BIERLY III, P. E.; KESSLER, E. H. The timing of strategic alliances. In: HITT, M. A.; CLIFFORD, P. G.; NIXON, R. D.; COYNE, K. P. (eds.). *Dynamic Strategic Resources: Development, Diffusion and Integration*, Chichester: Wiley, 1999. p. 299-345.

46. DAS, S.; SEN, P. K.; SENGUPTA, S. Impact of strategic alliances on firm valuation. *Academy of Management Journal*, 41, 1998. p. 27-41.

47. BIERLY, KESSLER. The timing of strategic alliances. p. 303.

48. BARNEY. *Gaining and Sustaining Competitive Advantage*. p. 339; FOLTA, T. B.; K. MILLER, D. Real options in equity partnerships. *Strategic Management Journal*, 23, 2002. p. 77-88.

49. WEINREB, G. Foamix licenses dermatological product to German Co. *Knight Ridder Tribune Business News*, 14 jan. 2007. p. 1.

50. INKPEN. Strategic alliances.

51. DELIO, M. Strategic outsourcing. *Knowledge Management*, 2(7), 1999. p. 62-68.

52. Magna International, http://www.magnaint.com/magna/en, 8 fev. 2007.

53. PORTER, M. E. Toward a dynamic theory of strategy. In: RUMELT, R. P.; SCHENDEL, D. E.; TEECE, D. J. (eds.). *Fundamental Issues in Strategy*, Boston: Harvard Business School Press, 1994. p. 423-461.

54. KING, D. R.; COVIN, J. G.; HEGARTY, H. Complementary resources and the exploitation of technological innovations. *Journal of Management*, 29, 2003. p. 589-606; HARRISON, J. S.; HITT, M. A.; HOSKISSON, R. E.; IRELAND, R. D. Resource complementarity in business combinations: Extending the logic to organizational alliances. *Journal of Management*, 27, 2001. p. 679-699; PARK, S. H.; UNGSON, G. R. The effect of national culture, organizational complementarity, and economic motivation on joint venture dissolution. *Academy of Management Journal*, 40, 1997. p. 297-307.

55. ONG, J. Gas station partnership drives McD's China plan. *Chicago Sun-Times*, 22 jun. 2006. p. 60.

56. MCGREGOR, J. The other Indian oursourcer: Accenture and the Umatilla tribes' bold plan. *Business Week*, nov. 2006. p. 40.

57. CAIRO, R. Co-opetition and strategic business alliances in telecommunications. *Business Review*, 5, 2006. p. 147-154.

58. KOTABE, M.; SWAN, K. S. The role of strategic alliances in high technology new product development. *Strategic Management Journal*, 16, 1995. p. 621-636.

59. Caterpillar history, http://www.cat.com/cda, 8 fev. 2007.

60. Raffles International signs strategic marketing alliance with Taj Hotels, Resorts and Palaces, http://www.asiatraveltips.com/travelnews04/198-Alliance.shtml, 6 fev. 2007.

61. DUSSAUGE, P.; GARRETTE, B.; MITCHELL, W. Asymmetric performance: The market share impact of scale and link alliances in the global auto industry. *Strategic Management Journal*, 25, 2004. p. 701-711.

62. Peugeot in pact with Mitsubishi for new SUVs. *Wall Street Journal on-line*, http://www.wsj.com, 12 jul. 2005.

63. ZHAO, Z.; ANAND, J.; MITCHELL, W. A dual networks perspective on inter-organizational transfer of R&D capabilities: International joint ventures in the Chinese automotive industry. *Journal of Management Studies*, 42, 2005. p. 127-160.

64. CANINA, L.; ENZ, C. A.; HARRISON, J. S. Agglomeration effects and strategic orientations: Evidence from the U.S. lodging industry. *Academy of Management Journal*, 48, 2005. p. 565-581; COPP, C. B.; IVY, R. L. Networking trends of small tourism businesses in post-Socialist Slovakia, *Journal of Small Business Management*, 39, 2001. p. 345-353.

65. FERRARY, M. Managing the disruptive technologies life cycle by externalising the research: Social network and corporate venturing in the Silicon Valley. *International Journal of Technology Management*, 25(1/2), 2003. p. 165-180; COHEN, S. S.; FIELDS, G. Social capital and capital gains in Silicon Valley. *California Management Review*, 41(2), 1999. p. 108-130; MATTHEWS, J. A. A silicon island of the east: Creating a semiconductor industry in Singapore. *California Management Review*, 41(2), 1999. p. 55-78; PORTER, M. E. Clusters and the new economics of competition. *Harvard Business Review*, 78(6), 1998. p. 77-90; POUDER, R.; ST. JOHN, C. H. Hot spots and blind spots: Geographical clusters of firms and innovation. *Academy of Management Review*, 21, 1996. p. 1192-1225.

66. DYER, J. H.; HATCH, N. W. Relation-specific capabilities and barriers to knowledge transfers: Creating advantage through network relationships. *Strategic Management Journal*, 27, 2006. p. 701-719.

67. BELL, G. G. Clusters, networks, and firm innovativeness. *Strategic Management Journal*, 26, 2005. p. 287-295.

68. ECHOLS, A.; TSAI, W. Niche and performance: The moderating role of network embeddedness. *Strategic Management Journal*, 26, 2005. p. 219-238; CHUNG, S.; KIM, G. M. Performance effects of partnership between manufacturers and suppliers for new product development: The supplier's standpoint. *Research Policy*, 32, 2003. p. 587-604.

69. KIM, H.; HOSKISSON, R. E.; WAN, W. P. Power, dependence, diversification strategy and performance in keiretsu member firms. *Strategic Management Journal*, 25, 2004. p. 613-636.

70. COOPER, A. C. Networks, alliances, and entrepreneurship. In: HITT, M. A.; IRELAND, R. D.; CAMP, S. M.; SEXTON, D. L.

(eds.). *Strategic Entrepreneurship: Creating a New Mindset,* Oxford: Blackwell Publishers, 2001. p. 203-222.
71. Harryson, S. *Japanese Technology and Innovation Management,* Northampton: Edward Elgar, 1998.
72. Dussauge, P.; Garrette, B.; Mitchell, W. Learning from competing partners: Outcomes and duration of scale and link alliances in Europe, North America and Asia. *Strategic Management Journal,* 21, 2000. p. 99-126; Lorenzoni, G.; Baden-Fuller, C. Creating a strategic center to manage a web of partners. *California Management Review,* 37(3), 1995. p. 146-163.
73. Cline, R. S. Partnering for strategic alliances. *Lodging Hospitality,* 57(9), 2001. p. 42.
74. Lavie, D. The competitive advantage of interconnected firms: An extension of the resource-based view. *Academy of Management Review,* 31, 2006. p. 638-658; Rudberg, M.; Olhager, J. Manufacturing networks and supply chains: An operations strategy perspective. *Omega,* 31(1), 2003. p. 29-39.
75. Young, G. J.; Charns, M. P.; Shortell, S. M. Top manager and network effects on the adoption of innovative management practices: A study of TQM in a public hospital system. *Strategic Management Journal,* 22, 2001. p. 935-951.
76. Rothaermel, F. T. Complementary assets, strategic alliances, and the incumbent's advantage: An empirical study of industry and firm effects in the biopharmaceutical industry. *Research Policy,* 30, 2001. p. 1.235-1.251.
77. Shankar, V.; Bayus, B. L. Network effects and competition: An empirical analysis of the home video game industry. *Strategic Management Journal,* 24, 2003. p. 375-384.
78. Strategic alliance Intel and IBM, http://www.intel.com/cd/business/enterprise/emea/eng/ casestudies, 7 fev. 2007.
79. Simsek, Z.; Lubatkin, M. H.; Kandemir, D. Inter-firm networks and entrepreneurial behavior: A structural embeddedness perspective. *Journal of Management,* 29, 2003. p. 401-426; Hambrick, D. C.; Li, J.; Xin, K.; Tsui, A. S. Compositional gaps and downward spirals in international joint venture management groups. *Strategic Management Journal,* 22, 2001. p. 1.033-1.053; Das, T. K.; Teng, B. S. Instabilities of strategic alliances: An internal tensions perspective. *Organization Science,* 11, 2000. p. 77-101.
80. McNamara, G.; Vaaler, P. M.; Devers, C. Same as it ever was: The search for evidence of increasing hypercompetition. *Strategic Management Journal,* 24, 2003. p. 261-278; D'Aveni, R. A. Coping with hypercompetition: Utilizing the new 7S's framework. *Academy of Management Executive,* 9(3), 1995. p. 46.
81. Glader, P. Politics and economics: Steelmakers seek new tie-ups that are short of true mergers. *Wall Street Journal,* 13 out. 2006. p. A4.
82. Kraatz, M. S. Learning by association? Interorganizational networks and adaptation to environmental change. *Academy of Management Journal,* 41, 1998. p. 621-643; Harrison, J. S.; St. John, C. H. Managing and partnering with external stakeholders. *Academy of Management Executive,* 10(2), 1996. p. 46-59.
83. Reuer, J. J.; Ragozzino, R. Agency hazards and alliance portfolios. *Strategic Management Journal,* 27, 2006. p. 27-43; Reuer, J. J.; Tong, T. W. Real options in international joint ventures. *Journal of Management,* 31, 2005. p. 403-423; Chatterjee, S.; Wiseman, R. M.; Fiegenbaum, A.; Devers, C. E. Integrating behavioural and economic concepts of risk into strategic management: The twain shall meet. *Long Range Planning,* 36(1), 2003. p. 61-80; Hitt; Ireland; Camp; Sexton. Strategic entrepreneurship, 9; McGrath, R. G. Falling forward: Real options reasoning and entrepreneurial failure. *Academy of Management Journal,* 22, 1999. p. 13-30.

84. ShoreCap International, http://www.shorecap.net/bins/site/templates/splash.asp, 7 fev. 2007; Dow Jones. ABN, ShoreBank set up co to invest in developing economies. *Wall Street Journal* online, http://www.wsj.com, 10 jul. 2003.
85. Hoetker, G. How much you know versus how well I know you: Selecting a supplier for a technically innovative component. *Strategic Management Journal,* 26, 2005. p. 75-96; Sakakibara, M. Formation of R&D consortia: Industry and company effects. *Strategic Management Journal,* 23, 2002. p. 1.033-1.050.
86. NTT DoCoMo Inc. *Wall Street Journal,* 20 jul. 2006. p. B10.
87. Barringer, B. R.; Harrison, J. S. Walking a tightrope: Creating value through interorganizational relationships. *Journal of Management,* 26, 2000. p. 367-404; Harrigan, K. R. *Managing for Joint Venture Success.* Lexington: Lexington Books, 1986.
88. Barney. *Gaining and Sustaining Competitive Advantage.* p. 339.
89. Rectin, M. Toyota settles suit alleging collusion on imports. *Automotive News,* 80(6194), 20 abr. 2006. p. 6-9.
90. Leahy, D.; Pavelin, S. Follow-my-leader and tacit collusion. *International Journal of Industrial Organization,* 21(3), 2003. p. 439-454.
91. Price, G. K.; Connor, J. M. Modeling coupon values for ready-to-eat breakfast cereals. *Agribusiness,* 19(2), 2003. p. 223-244.
92. Price, G. K. Cereal sales soggy despite price cuts and reduced couponing. *Food Review,* 23(2), 2000. p. 21-28.
93. Jayachandran, S.; Gimeno, J.; Rajan, P. Theory of multimarket competition: A synthesis and implications for marketing strategy. *Journal of Marketing,* 63(3), 1999. p. 49-66.
94. Golden, B. R.; Ma, H. Mutual forbearance: The role of intrafirm integration and rewards. *Academy of Management Review,* 28, 2003. p. 479-493.
95. Garland, S. B.; Reinhardt, A. Making antitrust fit high tech. *Business Week,* 22 mar. 1999. p. 34-36.
96. Rogoff, E. G.; Guirguis, H. S. Legalized pricefixing. *Forbes,* 9 dez. 2002. p. 48.
97. Lado, A. A.; Boyd, G. N.; Hanlon, S. C. Competition, cooperation and the search for economic rents: A syncretic model. *Academy of Management Review,* 22. p. 110-141; Barnard, C. *The Functions of the Executive,* Cambridge: Harvard University Press, 1938.
98. Axelrod, R.; Mitchell, W.; Thomas, R. E.; Bennett, D. S.; Bruderer, E. Coalition formation in standardsetting alliances. *Management Science,* 41, 1995. p. 1.493-1.513.
99. Dacin, M. T.; Oliver, C.; Roy, J. P. The legitimacy of strategic alliances: An institutional perspective. *Strategic Management Journal,* 28, 2007. p. 169-182; Scott, W. R. *Organizations: Rational, Natural, and Open Systems,* 3ª. ed., Englewood Cliffs: Prentice Hall, 1992.
100. Rangan, S.; Samhi, R.; Van Wassenhove, L. N. Constructive partnerships: When alliances between private firms and public actors can enable creative strategies. *Academy of Management Review,* 31, 2006. p. 738-751.
101. National Concrete Masonry Association, http://www.ncma.org, 2007.
102. Cisco, Intel and Oracle create consortium to accelerate sharing and exchange of medical information using health information technologies, http://newsroom.cisco.com, 22 fev. 2006.
103. Eisenmann, T. R. Internet companies' growth strategies: determinants of investment intensity and long-term performance. *Strategic Management Journal,* 27, 2006. p. 1.183-1.200; Lu, C. Growth strategies and merger patterns among small and medium-sized enterprises: An empirical study. *International Journal of Management,* 23, 2006. p. 529-547.

104. Dyer, J. H.; Kale, P.; Singh, H. When to ally and when to acquire. *Harvard Business Review*, jul./ago. 2004. p. 109-115; Chaudhuri, S.; Tabrizi, B. Capturing the real value in high-tech acquisitions. *Harvard Business Review*, 77(5), 1999. p. 123-130; Hennart, J. F.; Reddy, S. The choice between mergers/acquisitions and joint ventures in the United States. *Strategic Management Journal*, 18, 1997. p. 1-12.

105. Inkpen. Strategic alliances. p. 413.

106. Johnson, J. L.; Lee, R. P. W.; Saini, A.; Grohmann, B. Market-focused strategic flexibility: Conceptual advances and an integrative model. *Academy of Marketing Science Journal*, 31, 2003. p. 74-90; Young-Ybarra, C.; Wiersema, M. Strategic flexibility in information technology alliances: The influence of transaction cost economics and social exchange theory. *Organization Science*, 10, 1999. p. 439-459.

107. Folta, T. B.; K. Miller, D. Real options in equity partnerships. *Strategic Management Journal*, 23, 2002. p. 77-88.

108. Vella, M. A motorcycle that runs clean and quiet. *Business Week*, 27 nov. 2006. p. 38.

109. Combs, J. G.; Ketchen Jr., D. J. Why do firms use franchising as an entrepreneurial strategy? A meta-analysis. *Journal of Management*, 29, 2003. p. 427-443; Shane, S. A. Hybrid organizational arrangements and their implications for firm growth and survival: A study of new franchisers. *Academy of Management Journal*, 39, 1996. p. 216-234.

110. Lafontaine, F. Myths and strengths of franchising. *Financial Times*, Mastering Strategy (Part 9), 22 nov. 1999. p. 8-10.

111. Sullivan, M. McDonald's. *Forbes Best of the Web*, 21 maio 2001. p. 100.

112. Michael, S. C. Can a franchise chain coordinate? *Journal of Business Venturing*, 17, 2002. p. 325-342; Dant, R. P.; Kaufmann, P. J. Franchising and the domain of entrepreneurship research. *Journal of Business Venturing*, 14, 1999. p. 5-16.

113. Gerstenhaber, M. Franchises can teach us about customer care. *Marketing*, 16 mar. 2000. p. 18.

114. Kaufmann, P. J.; Eroglu, S. Standardization and adaptation in business format franchising. *Journal of Business Venturing*, 14, 1999. p. 69-85.

115. Michael, S. C. First mover advantage through franchising. *Journal of Business Venturing*, 18, 2002. p. 61-68; Wu, L. The pricing of a brand name product: Franchising in the motel services industry. *Journal of Business Venturing*, 14, 1999. p. 87-102.

116. Serving up success. *Inc.*, jan. 2007. p. 59.

117. Barney, *Gaining and Sustaining Competitive Advantage*. p. 110-111.

118. Narula, R.; Duysters, G. Globalization and trends in international R&D alliances. *Journal of International Management*, 10, 2004. p. 199-218; Hitt, M. A.; Dacin, M. T.; Levitas, E.; Arregle, J. L.; Borza, A. Partner selection in emerging and developed market contexts: Resource-based and organizational learning perspectives. *Academy of Management Journal*, 43, 2000. p. 449-467; Lord, M. D.; Ranft, A. L. Organizational learning about new international markets: Exploring the internal transfer of local market knowledge. *Journal of International Business Studies*, 31, 2000. p. 573-589.

119. Kovaleski, D. More firms shaking hands on strategic partnership agreements. *Pensions & Investments*, 3 fev. 2003. p. 20; Velocci Jr., A. L. U.S.-Euro strategic alliances will outpace company mergers. *Aviation Week & Space Technology*, 155(23), 2001. p. 56.

120. Timmons, H. BP signs deal with Russian firm for venture in oil and gas. *New York Times*, 27 jun. 2003. p. WI.

121. Manev, I. M. The managerial network in a multinational enterprise and the resource profiles of subsidiaries. *Journal of International Management*, 9, 2003. p. 133-152; Hitt, M. A.; Hoskisson, R. E.; Kim, H. International diversification: Effects on innovation and firm performance in product diversified firms. *Academy of Management Journal*, 40, 1997. p. 767-798.

122. Steensma, H. K.; Tihanyi, L.; Lyles, M. A.; Dhanaraj, C. The evolving value of foreign partnerships in transitioning economies. *Academy of Management Journal*, 48, 2005. p. 213-235; Nachum, L.; Keeble, D. MNE linkages and localized clusters: Foreign and indigenous firms in the media cluster of Central London. *Journal of International Management*, 9, 2003. p. 171-192; Hagedoorn, J. A note on international market leaders and networks of strategic technology partnering. *Strategic Management Journal*, 16, 1995. p. 241-250.

123. Mobile 365 partners with Indian bookstore. VA Newswire, http://www.vanewswire.com, 30 ago. 2006.

124. Lu, J. W.; Beamish, P. W. Partnering strategies and performance of SMEs' international joint ventures. *Journal of Business Venturing*, 21, 2006. p. 461-480; Miller, S. R.; Parkhe, A. Is there a liability of foreignness in global banking? An empirical test of banks' X-efficiency. *Strategic Management Journal*, 23, 2002. p. 55-75; Luo, Y. Determinants of local responsiveness: Perspectives from foreign subsidiaries in an emerging market. *Journal of Management*, 27, 2001. p. 451-477.

125. Bharti plumps for Wal-Mart. *Businessline*, 28 nov. 2006. p. 1-4.

126. Oxley, J. E.; Sampson, R. C. The scope and governance of international R&D alliances. *Strategic Management Journal*, 25, 2004. p. 723-749.

127. Ghemawat, P. Distance matters: The hard reality of global expansion. *Harvard Business Review*, 79(8), 2001. p. 137-147.

128. Sebenius, J. K. The hidden challenge of crossborder negotiations. *Harvard Business Review*, 80(3), 2002. p. 76-85.

129. Jones, C.; Hesterly, W. S.; Borgatti, S. P. A general theory of network governance: Exchange conditions and social mechanisms. *Academy of Management Review*, 22, 1997. p. 911-945.

130. Goerzen, A. Managing alliance networks: Emerging practices of multinational corporations. *Academy of Management Executive*, 19(2), 2005. p. 94-107; Mezias, J. M. Identifying liabilities of foreignness and strategies to minimize their effects: The case of labor lawsuit judgments in the United States. *Strategic Management Journal*, 23, 2002. p. 229-244.

131. Miles, R. E.; Snow, C. C.; Mathews, J. A.; Miles, G.; Coleman Jr., J. J. Organizing in the knowledge age: Anticipating the cellular form. *Academy of Management Executive*, 11(4), 1997. p. 7-20.

132. Ethernet alliance develops further, *Competitive Response Newsletter*, 7 jun. 2006. p. 1; Ericsson NewsCenter, http://www.ericsson.com, 10 fev. 2002.

133. Hambrick, D. C.; Li, J.; Xin, K.; Tsui, A. S. Compositional gaps and downward spirals in international joint venture management groups. *Strategic Management Journal*, 22, 2001. p. 1033-1053; Das, T. K.; Teng, B. S. Instabilities of strategic alliances: An internal tensions perspective. *Organization Science*, 11, 2000. p. 77-101.

134. Ireland; Hitt; Vaidyanath. Alliance management; Madhok, A.; Tallman, S. B. Resources, transactions and rents: Managing value through interfirm collaborative relationships. *Organization Science*, 9, 1998. p. 326-339.

135. Turner, A. EAS and Flying Group row over failed venture. *Flight International*, 14 mar. 2006. p. 22.

136. Das, T. K. Strategic alliance temporalities and partner opportunism. *British Journal of Management*, 17(1), 2006.

p. 1-20; Rossetti, C.; Choi, T. Y. On the dark side of strategic sourcing: Experience from the aerospace industry. *Academy of Management Executive,* 19(1), 2005. p. 46-60.

137. Norman, P. M. Protecting knowledge in strategic alliances: Resource and relational characteristics. *Journal of High Technology Management Research,* 13(2), 2002. p. 177-202; Norman, P. M. Are your secrets safe? Knowledge protection in strategic alliances. *Business Horizons,* nov./dez. 2001. p. 51-60.

138. Hitt, M. A.; Dacin, M. T.; Tyler, B. B.; Park, D. Understanding the differences in Korean and U.S. executives' strategic orientations. *Strategic Management Journal,* 18, 1997. p. 159-168.

139. Abratt, R.; Motlana, P. Managing co-branding strategies: Global brands into local markets. *Business Horizons,* 45(5), 2002. p. 43-50; Lane, P.; Salk, J. E.; Lyles, M. A. Absorptive capacity, learning, and performance in international joint ventures. *Strategic Management Journal,* 22, 2001. p. 1.139-1.161.

140. Larsson, R.; Bengtsson, L.; Henriksson, K.; Sparks, J. The interorganizational learning dilemma: Collective knowledge development in strategic alliances. *Organization Science,* 9, 1998. p. 285-305.

141. Ireland; Hitt; Vaidyanath. Alliance management.

142. Reuer; Zollo; Singh. Post-formation dynamics. p. 148.

143. Sammer, J. Alliances: How to get desired outcomes. *Business Finance,* 12(4), 2006. p. 38-40; Dyer, J. H.; Kale, P.; Singh, H. How to make strategic alliances work. *MIT Sloan Management Review,* 42(4), 2001. p. 37-43.

144. Sampson, R. C. Experience effects and collaborative returns in R&D alliances. *Strategic Management Journal,* 26, 2005. p. 1009-1030; Dyer, J. H.; Hatch, N. W. Using supplier networks to learn faster. *MIT Sloan Management Review,* 45(1), 2004. p. 57-63; De Cremer, D.; Van Knippenberg, D. How do leaders promote cooperation? The effects of charisma and procedural fairness. *Journal of Applied Psychology,* 87, 2002. p. 858-867; Simonin, B. L. The importance of collaborative know-how: An empirical test of the learning organization. *Academy of Management Journal,* 40, 1997. p. 1.150-1.174.

145. Awazu, Y. Managing technology alliances: The case for knowledge management. *International Journal of Information Management,* 26, 2006. p. 484-498.

146. McDonald's USA franchising, http://www.mcdonalds.com, 9 fev. 2002.

147. 2007, Financial requirements, McDonald's, http://www.mcdonalds.com/corp/franchise, fev. 10.

148. World class training, McDonald's http://www.mcdonalds.com/corp/franchise, 10 fev. 2007; Argus Company Report, McDonald's Corp., http:// argusresearch.com, 10 fev. 2002.

149. Lott, S. Northwest names new exec to lead alliance department. *Aviation Daily,* 26 ago. 2005. p. 4.

150. Hansen, M. H.; Hoskisson, R. E.; Barney, J. B. Competitive advantage in alliance governance: Resolving the opportunism minimization-gain maximization paradox. *Managerial and Decision Economics,* 2007.

151. Ibid.

152. Reuer, J. J.; Arino, A. Contractual renegotiations in strategic alliances. *Journal of Management,* 28, 2002. p. 47-68.

153. Dyer, J. H.; Wujin, C. The role of trustworthiness in reducing transaction costs and improving performance: Empirical evidence from the United States, Japan, and Korea. *Organization Science,* 14, 2003. p. 57-69.

154. Hutt; Stafford; Walker; Reingen. Case study: Defining the social network. p. 53.

155. Ferrin, D. L.; Dirks, K. T. The use of rewards to increase and decrease trust: Mediating processes and differential effects. *Organization Science,* 14(1), 2003. p. 18-31; Jennings, D. F.; Artz, K.; Gillin, L. M.; Christodouloy, C. Determinants of trust in global strategic alliances: Amrad and the Australian biomedical industry. *Competitiveness Review,* 10(1), 2000. p. 25-44.

156. Perrone, V.; Zaheer, A.; McEvily, B. Free to be trusted? Boundary constraints on trust in boundary spanners. *Organization Science,* 14, 2003. p. 422-439; Steensma, H. K.; Marino, L.; Weaver, K. M. Attitudes toward cooperative strategies: A cross-cultural analysis of entrepreneurs. *Journal of International Business Studies,* 31, 2000. p. 591-609.

157. Luo, Y. How important are shared perceptions of procedural justice in cooperative alliances? *Academy of Management Journal,* 48, 2005. p. 695-709.

158. Krishnan, R.; Martin, X.; Noorderhaven, N. G. When does trust matter to alliance performance? *Academy of Management Journal,* 49, 2006. p. 894-917; Arino, A.; Torre, J. de la. Learning from failure: Towards an evolutionary model of collaborative ventures. *Organization Science,* 9, 1998. p. 306-325; Barney, J. B.; Hansen, M. H. Trustworthiness: Can it be a source of competitive advantage? *Strategic Management Journal,* 15 (special winter issue), 1994. p. 175-203.

159. Dyer; Wujin. The role of trustworthiness; Gulati, R.; Singh, H. The architecture of cooperation: Managing coordination costs and appropriation concerns in strategic alliances. *Administrative Science Quarterly,* 43, 1998. p. 781-814; Gulati, R. Social structure and alliance formation patterns: A longitudinal analysis. *Administrative Science Quarterly,* 40, 1996. p. 619-652.

160. Davis, J. H.; Schoorman, F. D.; Mayer, R. C.; Tan, H. H. The trusted general manager and business unit performance: Empirical evidence of a competitive advantage. *Strategic Management Journal,* 21, 2000. p. 563-576; Mayer, R. C.; Davis, J. H.; Schoorman, F. D. An integrative model of organizational trust. *Academy of Management Review,* 20, 1995. p. 709-734.

Capítulo 8
Estratégia em nível corporativo

Objetivos de aprendizagem

O estudo deste capítulo deve proporcionar-lhe o conhecimento de administração estratégica necessário para:

1. Definir estratégia em nível corporativo e discutir sua importância para a empresa diversificada.
2. Descrever as vantagens e desvantagens das estratégias empresariais únicas e dominantes.
3. Explicar as três principais razões pelas quais as empresas passam das estratégias empresariais únicas e dominantes para estratégias diversificadas para ressaltar a criação de valor.
4. Descrever a estrutura multidivisional (forma M) e os controles multidivisionais e discutir a diferença entre controles estratégicos e controles financeiros.
5. Descrever como as empresas diversificadas e relacionadas criam valor partilhando ou transferindo competências essenciais.
6. Explicar as duas maneiras pelas quais o valor poder ser criado por meio de uma estratégia de diversificação não relacionada.
7. Explicar o uso das três versões da estrutura multidivisional (forma M) para a implementação de diversas estratégias de diversificação.
8. Discutir os incentivos e recursos que estimulam a diversificação.
9. Descrever os motivos que podem transformar-se em incentivos para os gerentes diversificarem consideravelmente uma empresa.

Nossas discussões sobre as estratégias no nível de negócios (Capítulo 5) e a rivalidade e a dinâmica competitiva a elas associadas (Capítulo 6) concentraram-se nas empresas que competem em um único setor ou mercado de produtos.[1] No entanto, algumas das estratégias cooperativas discutidas no Capítulo 7 posicionam as empresas mais adiante de seus mercados e setores focados no nível empresarial. A estratégia em nível corporativo especifica as ações que uma empresa realiza para obter uma vantagem competitiva selecionando e gerenciando um conjunto de unidades de negócio que concorrem em diferentes setores ou mercados de produtos. No que diz respeito aos cinco principais elementos da estratégia descritos no Capítulo 2, a estratégia em nível corporativo responde à pergunta relativa aos campos de atuação: onde seremos ativos (e com que ênfase)?[2]

Uma estratégia de diversificação permite que a empresa use suas competências essenciais para ir em busca de oportunidades no ambiente externo.[3] As estratégias de diversificação, nesse contexto, desempenham um papel importante no comportamento das grandes empresas.[4] A Royal Philips Electronics da Holanda, por exemplo, diversificou sua atuação para um grande número de setores, incluindo os de semicondutores, iluminação, sistemas médicos, utensílios domésticos, bens de uso pessoal e produtos eletrônicos de consumo. A empresa possui 161.500 empregados em mais de 60 países.

De modo análogo às estratégias no nível de negócios e cooperativo, as estratégias em nível corporativo ajudam a empresa a criar valor, resultando em desempenho elevado.[5] Algumas pessoas julgam que poucas estratégias em nível corporativo realmente criam valor.[6] O valor de uma estratégia em nível corporativo é determinado no final pelo grau em que "o conjunto de unidades de negócio possui maior valor sob a direção da companhia do que teriam sob qualquer outro controle acionário".[7] Portanto, uma medida para avaliar o sucesso de uma estratégia em nível corporativo consiste em determinar se os retornos agregados cobrindo todas as unidades de negócio de uma empresa excedem o montante que esses recursos assumiram sem a estratégia corporativa geral em termos da capacidade da empresa de criar valor e atingir um bom desempenho.[8] Esse ainda permanece um tópico de pesquisa importante e não inteiramente solucionado.[9]

A diversificação do produto, uma forma importante de estratégia no nível de negócios, relaciona-se à esfera de ação dos setores e mercados nos quais a empresa concorre bem como "à forma com que os gerentes compram, criam e vendem unidades de negócio distintas para ajustar aptidões e pontos fortes às oportunidades apresentadas à empresa".[10] Espera-se que a diversificação bem-sucedida reduza a variabilidade da lucratividade da empresa, pois seus lucros são gerados por diversas unidades de negócio.[11] Em virtude de as empresas incorrerem em custos de desenvolvimento e monitoramento ao se diversificarem, o conjunto ideal de unidades de negócio equilibra os custos e benefícios da diversificação.[12] No final, os CEOs e suas equipes da alta administração são responsáveis pela determinação do conjunto ideal de unidades de negócio da empresa.[13]

Iniciamos o capítulo examinando níveis de diversificação diferentes (de elevado a reduzido). As razões da criação de valor para que as empresas usem uma estratégia em nível corporativo são examinadas a seguir, bem como a estratégia de integração vertical como um meio de acumular poder em relação aos concorrentes. Dois tipos de estratégia de diversificação que denotam níveis de diversificação moderados a muito elevados — relacionados e não relacionados — são examinados em seguida. É apresentada a configuração estrutural específica que deve ser usada para facilitar a implementação de cada estratégia em nível corporativo. Por fim, o capítulo explora incentivos de valor neutro para a diversificação, bem como os motivos de ordem gerencial para a diversificação, que podem ser prejudiciais devido a uma diversificação excessiva.

Níveis de diversificação

Empresas diversificadas variam de acordo com seu nível de diversificação e as conexões entre as diversas unidades de negócio. A Figura 8.1 define cinco categorias de diversificação. Além das categorias empresariais única e dominante, que denotam níveis relativamente reduzidos de diversificação, empresas mais diversificadas são classificadas nas categorias relacionada e não relacionada. Uma empresa é relacionada por meio de sua diversificação quando existem diversos elos entre suas unidades de negócio; por exemplo, as unidades podem compartilhar produtos ou serviços, tecnologias ou canais de distribuição. Quanto maior o número de elos entre as unidades, mais limitada se torna a relação de diversificação. A inexistência de relação refere-se à ausência de elos diretos entre as unidades.

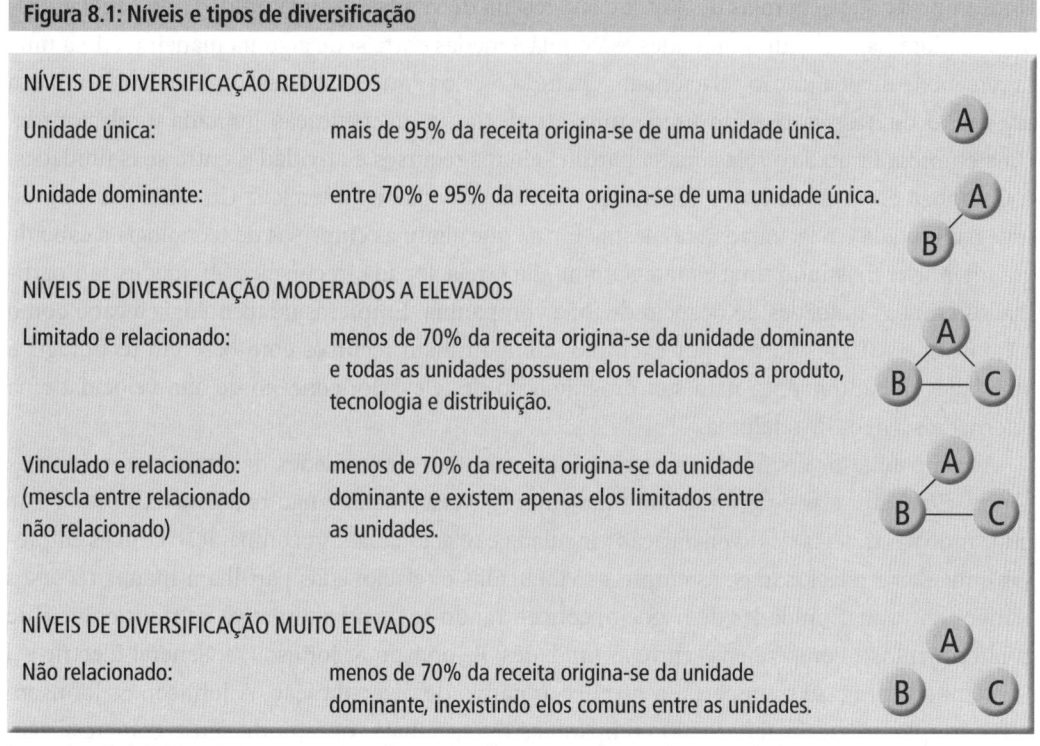

Figura 8.1: Níveis e tipos de diversificação

NÍVEIS DE DIVERSIFICAÇÃO REDUZIDOS	
Unidade única:	mais de 95% da receita origina-se de uma unidade única.
Unidade dominante:	entre 70% e 95% da receita origina-se de uma unidade única.
NÍVEIS DE DIVERSIFICAÇÃO MODERADOS A ELEVADOS	
Limitado e relacionado:	menos de 70% da receita origina-se da unidade dominante e todas as unidades possuem elos relacionados a produto, tecnologia e distribuição.
Vinculado e relacionado: (mescla entre relacionado não relacionado)	menos de 70% da receita origina-se da unidade dominante e existem apenas elos limitados entre as unidades.
NÍVEIS DE DIVERSIFICAÇÃO MUITO ELEVADOS	
Não relacionado:	menos de 70% da receita origina-se da unidade dominante, inexistindo elos comuns entre as unidades.

Fonte: adaptado de R. P. Rumelt, *Strategy, Structure and Economic Performance*, Boston: Harvard Business School, 1974.

Níveis de diversificação reduzidos

Uma empresa que adota um nível reduzido de diversificação usa uma estratégia em nível corporativo de diversificação única ou dominante. Uma estratégia de unidade única é uma estratégia em nível corporativo em que a empresa gera 95% ou mais de sua receita de vendas de sua principal área de negócio.[14] A JetBlue Airways Corp., que possui mais de cem aeronaves, opera somente em uma área empresarial: transporte aéreo doméstico.[15]

A empresa que adota a estratégia de unidade dominante gera entre 70% e 95% de sua receita total em uma única área de atuação. A United Parcel Service (UPS) usa essa estratégia. Recentemente a UPS gerou 74% de sua receita com a entrega de encomendas nos EUA e 17% com suas operações internacionais, sendo os 9% remanescentes originários de outras unidades de negócio.[16] Embora a área de entrega de encomendas nos EUA gere atualmente a maior percentagem de receita de vendas da empresa, a UPS prevê que no futuro suas operações internacionais e as não relacionadas à entrega de encomendas representarão a maior parte do crescimento de suas receitas. Essa expectativa sugere que a UPS pode se tornar mais diversificada em termos dos bens e serviços que oferece e do número de países em que esses bens e serviços são oferecidos. Caso isso venha a ocorrer, a UPS provavelmente se tornaria uma empresa moderadamente diversificada.

Níveis de diversificação moderados a elevados

Uma empresa que gera mais de 30% de sua receita de vendas de uma unidade de negócio distinta da dominante, e cujas unidades estão relacionadas entre si de alguma maneira, adota uma estratégia de diversificação relacionada. Quando os elos entre as diversas unidades da empresa são muito diretos, está sendo usada uma estratégia de diversificação limitada e relacionada. Uma empresa limitada e relacionada partilha alguns recursos e atividades entre suas unidades. A Campbell Soup Company, a Procter & Gamble, a Kodak e a Merck & Co. utilizam uma estratégia limitada e relacionada, da mesma forma que algumas empresas de tecnologia a cabo de grande porte. Existindo uma estratégia limitada e relacionada, recursos e atividades são partilhados entre as unidades de negócio de uma companhia. Empresas de tecnologia a cabo como a Comcast e a Time Warner, por exemplo, compartilham recursos com base em tecnologia e atividades de faturamento para sua programação de televisão, conexão de alta velocidade na internet e serviços de telefonia.[17]

A companhia diversificada que possui um conjunto de unidades de negócio com apenas alguns elos entre elas é denominada uma empresa relacionada e não relacionada mista e está utilizando a estratégia de diversificação vinculada e relacionada. Em comparação com as empresas limitadas e relacionadas, as empresas vinculadas e relacionadas partilham menos recursos e ativos entre suas unidades de negócio, concentrando-se como alternativa na transferência de conhecimentos e competências entre as unidades. A Johnson & Johnson, a General Electric e a Cendant adotam essa estratégia em nível corporativo de diversificação. A Johnson & Johnson, por exemplo, possui mais de 200 companhias operacionais "que produzem e comercializam milhares de produtos para cuidados com a saúde em centenas de categorias".[18] Apesar da diversidade dos produtos da companhia, os produtos ainda estão "vinculados" por um foco em cuidados com a saúde. De modo idêntico ao que ocorre com as empresas que adotam cada tipo de estratégia de diversificação, as companhias que implementam a estratégia vinculada e relacionada ajustam constantemente a composição de seu conjunto de unidades de negócio, bem como as decisões a respeito de como gerenciar suas unidades.

Uma empresa grandemente diversificada que não possui relacionamentos bem definidos entre suas unidades segue uma estratégia de diversificação não relacionada. Esses tipos de empresas também são conhecidos como conglomerados. A United Technologies, a Textron e a Samsung são exemplos de empresas que adotam esse tipo de estratégia em nível corporativo.

Por exemplo, as principais companhias operacionais da United Technologies incluem indústrias de ar-condicionado, produtos industriais e aeroespaciais, motores, elevadores e escadas rolantes, helicópteros, sistemas de segurança e células de combustível.[19]

Provas obtidas em pesquisas indicam que pode existir uma relação curvilínea entre nível de diversificação e desempenho da empresas.[20] Conforme ilustrado na Figura 8.2, tem-se a expectativa de que as estratégias de unidade dominante e de unidade não relacionada apresentem desempenho inferior ao da estratégia de diversificação limitada e relacionada. A estratégia vinculada e relacionada recairia em algum ponto entre a estratégia de diversificação limitada e relacionada e a não limitada; a estratégia de unidade única não está incluída na figura por não envolver um nível significativo de diversificação. Existem muitas razões pelas quais uma estratégia de diversificação que envolve um conjunto de empresas de relacionamento próximo tem possibilidade de desempenhar melhor do que outros tipos de estratégias de diversificação. No entanto, é importante ter em mente duas cautelas quanto a esse tipo de diversificação e desempenho: primeiro, algumas empresas obtêm sucesso com cada tipo de estratégia de diversificação; segundo, algumas pesquisas indicam que toda diversificação faz que as empresas abram mão de algo para conseguir o que pretendem, ocorrendo, assim, certo nível de subotimização.[21]

Como resultado do desempenho insatisfatório, muitas empresas que usam a estratégia de diversificação não relacionada alteram o foco e tornam-se menos diversificadas;[22] no entanto, muitas outras continuam a praticar níveis elevados de diversificação. Na América Latina e em outras economias emergentes como China, Coreia do Sul e Taiwan, os conglomerados continuam a dominar o setor privado.[23] Essas corporações, normalmente com controle exercido por famílias, também representam a maior porcentagem de empresas privadas na Índia.[24] De modo similar, os maiores grupos empresariais em países emergentes como Brasil, México, Argentina e Colômbia são empreendimentos diversificados e cujo controle pertence a famílias.[25] No entanto, estão surgindo dúvidas quanto à viabilidade desses grandes grupos empresariais diversificados, especialmente em economias desenvolvidas como a japonesa.[26]

Figura 8.2: Relação curvilínea entre diversificação e desempenho

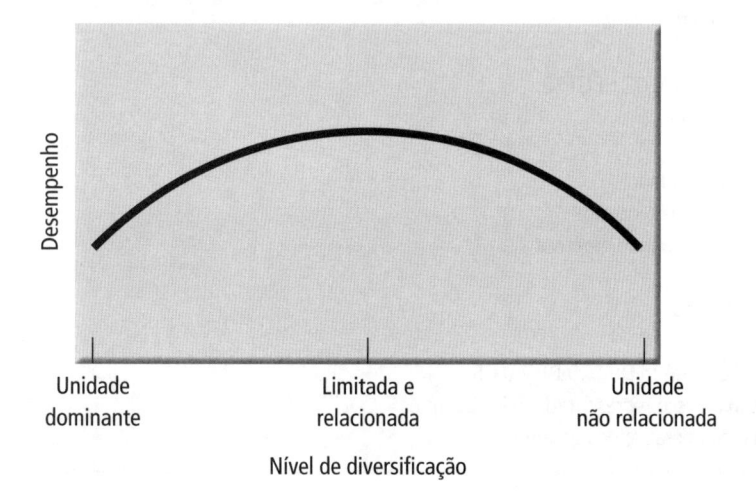

Razões para a diversificação

Existem muitas razões pelas quais as empresas usam a estratégia de diversificação em nível corporativo (Quadro 8.1). Normalmente uma estratégia de diversificação é usada para incrementar o valor da empresa e melhorar seu desempenho geral (diversificação para criação de valor no Quadro 8.1). O valor é criado por meio da diversificação relacionada quando a estratégia permite que as unidades de negócio de uma companhia aumentem receitas ou reduzam custos enquanto implementam suas estratégias no nível de negócios. Outra razão para a diversificação é conquistar poder de mercado em relação aos concorrentes. Muitas vezes isso é alcançado por meio da concorrência multimercados (apresentada no Capítulo 6) ou da integração vertical (definida posteriormente no capítulo). Além disso, uma empresa consegue diversificar-se em uma tentativa para alocar capital mais eficientemente àquelas unidades que possuem o maior potencial de desempenho elevado ou como parte de um plano de reestruturação empresarial.

A diversificação de valor neutro não orienta necessariamente a empresa em direção a qualquer tipo específico de estratégia de diversificação da criação de valor. As razões de valor neutro para a diversificação englobam estímulos induzidos pelo governo como regulamentação antitruste e lei tributárias, bem como as preocupações específicas que os gerentes podem ma-

---

Quadro 8.1: Razões para a diversificação

DIVERSIFICAÇÃO PARA CRIAÇÃO DE VALOR
- Economias de esfera de ação (diversificação relacionada)
  – Atividades partilhadas
  – Transferência de competências essenciais
- Poder de mercado (diversificação relacionada)
  – Bloqueio dos concorrentes por meio da concorrência multimercados
  – Integração vertical
- Economias financeiras (diversificação não relacionada)
  – Alocação interna de capital eficiente
  – Reestruturação empresarial

DIVERSIFICAÇÃO DE VALOR NEUTRO
- Regulação antitruste
- Leis tributárias
- Desempenho inadequado
- Fluxos de caixa futuros incertos
- Diminuição do risco para a empresa
- Recursos tangíveis
- Recursos intangíveis

DIVERSIFICAÇÃO PARA REDUÇÃO DE VALOR
- Diversificação de risco representado pelos gerentes
- Aumento da remuneração dos gerentes

nifestar a respeito do desempenho inadequado, da incerteza dos fluxos de caixa futuros e de outros tipos de risco a que a empresa está sujeita. Além disso, a empresa pode possuir recursos tangíveis ou intangíveis que facilitariam a diversificação. A lógica prevalecente para a diversificação indica que a empresa deve diversificar-se em outros mercados quando possui recursos e capacidades excedentes, além de competências essenciais com múltiplas aplicações para criação de valor.[27] Embora esses fatores possam direcionar uma empresa na rota da diversificação, felizmente seus executivos irão se empenhar na prática de um tipo de diversificação que agregará valor à empresa.

Outras razões para a adoção de uma estratégia de diversificação podem não aumentar o valor de uma empresa; na realidade, a diversificação poderia ter efeitos neutros, aumentar custos ou reduzir a receita e o valor de uma empresa (diversificação para redução de valor no Quadro 8.1). Essas razões incluem a diversificação para igualar e, portanto, neutralizar o poder de mercado de um concorrente (como neutralizar a vantagem de uma outra empresa adquirir um ponto de distribuição similar ao de seu rival) e expandir o conjunto de unidades de negócio de uma empresa para diminuir o risco de perda de emprego dos executivos (se uma das unidades de negócio de uma empresa diversificada não tiver sucesso, o principal dirigente tem a oportunidade de permanecer empregado). Em virtude de a diversificação poder aumentar o tamanho de uma empresa e, portanto, a remuneração dos dirigentes, os executivos têm motivos para diversificar uma empresa a um nível que reduza seu valor. As razões fundamentais para a diversificação que podem exercer um efeito neutro ou negativo no valor da empresa serão discutidas mais adiante.

Vínculo operacional e vínculo corporativo são estratégias de diversificação que operam nos dois sentidos e podem criar valor (Figura 8.3). O estudo dessas dimensões independentes do relacionamento mostra a importância dos recursos e das principais competências.[28] A dimensão vertical na Figura 8.3 indica atividades partilhadas (vínculo operacional) e sua dimensão horizontal mostra as capacidades corporativas para transferência de conhecimento (vínculo

Figura 8.3: Estratégias de diversificação para criação de valor: operacional e corporativa

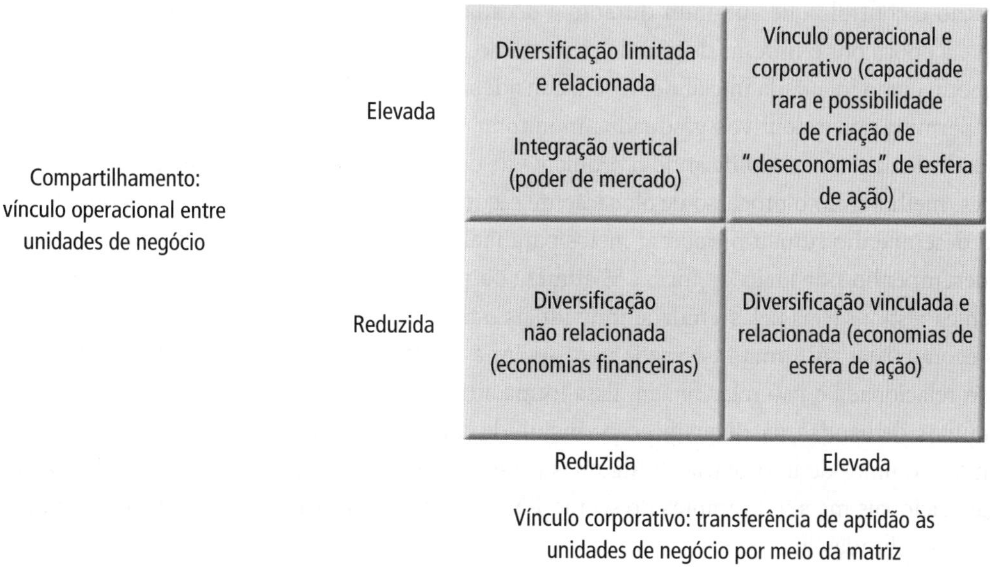

Compartilhamento: vínculo operacional entre unidades de negócio			
	Elevada	Diversificação limitada e relacionada / Integração vertical (poder de mercado)	Vínculo operacional e corporativo (capacidade rara e possibilidade de criação de "deseconomias" de esfera de ação)
	Reduzida	Diversificação não relacionada (economias financeiras)	Diversificação vinculada e relacionada (economias de esfera de ação)
		Reduzida	Elevada

Vínculo corporativo: transferência de aptidão às unidades de negócio por meio da matriz corporativo). A empresa com grande capacidade para gerenciamento de sinergia operacional, especialmente no aproveitamento dos ativos entre suas unidades de negócio, posiciona-se no quadrante esquerdo superior, o qual também representa a divisão vertical dos ativos por meio da integração vertical. O quadrante direito inferior representa uma capacidade corporativa bem desenvolvida para a transferência de uma aptidão às unidades de negócio. Essa capacidade localiza-se especialmente na matriz. O uso do vínculo operacional ou do vínculo corporativo baseia-se em um ativo de conhecimento que a empresa pode partilhar ou transferir.[29] A diversificação não relacionada também é mostrada na Figura 8.3 (quadrante esquerdo inferior). A estratégia de diversificação não relacionada cria valor por meio de economias financeiras preferentemente ao vínculo operacional ou ao vínculo corporativo entre as unidades de negócio.

Diversificação e a estrutura multidivisional

No Capítulo 5, introduzimos a ideia de que o valor pode ser criado pelo uso eficaz de uma estrutura organizacional — estrutura simples, estrutura funcional ou estrutura flexível — para facilitar a implementação de uma das estratégias de nível empresarial. Estratégias de diversificação em nível corporativo abarcam, por definição, diversas unidades e, portanto, um tipo diferente de estrutura torna-se apropriado ao se implementar essas estratégias.[30] No Capítulo 5, a estrutura multidivisional (forma M) foi descrita como formada por diversas divisões operacionais, cada uma representando uma unidade ou centro de lucro distintos em que o principal executivo delega responsabilidade aos gerentes de divisão para as operações do dia a dia e a estratégia da unidade de negócio. Cada divisão representa uma unidade distinta e independente, com sua própria estrutura no nível de negócios.[31] A forma M une todas essas divisões. A diversificação é uma estratégia dominante em nível corporativo atuando na economia global, resultante do uso extensivo da forma M.[32] O uso apropriado da forma M em uma empresa diversificada pode resultar em criação de valor.[33]

Alfred Chandler considera a forma M uma resposta inovadora para os problemas de coordenação e controle que surgiram durante a década de 1920 nas estruturas funcionais usadas naquela época por empresas de grande porte como a DuPont e a General Motors.[34] A forma M, do modo como foi criada inicialmente, era considerada possuidora de três benefícios principais: "(1) permitia aos executivos graduados monitorar mais precisamente o desempenho de cada unidade de negócio, simplificando o problema de controle; (2) facilitava comparações entre divisões, melhorando o processo de alocação de recursos e (3) estimulava os gerentes de divisões com desempenho ruim a proporem meios para melhorar a atuação".[35] O monitoramento ativo de desempenho por meio da forma M aumenta a possibilidade de as decisões tomadas pelos gerentes responsáveis pelas unidade individuais estarem de acordo com os melhores interesses dos economistas. A forma M é usada para apoiar a implementação das estratégias de diversificação relacionada e não relacionada. Essa forma ajuda as empresas a gerenciarem com sucesso as muitas demandas da diversificação, incluindo aquelas relacionadas ao processamento de grandes volumes de informação.[36] Algumas pessoas consideram a forma M uma das inovações organizacionais mais importantes do século XX, em parte devido ao seu valor para as corporações diversificadas.[37]

Os controles organizacionais são um aspecto importante da forma M. Eles orientam o uso da estratégia, indicam como comparar os resultados reais com os esperados e propõem ações corretivas a serem empreendidas quando a diferença entre os resultados reais e os esperados for inaceitável. Quanto menores as diferenças entre os resultados reais e os esperados, mais eficazes os controles da organização.[38] É difícil uma companhia explorar com sucesso suas vantagens competitivas sem controles organizacionais eficazes.[39] Controles organizacionais elaborados adequadamente proporcionam informações claras a respeito dos comportamentos que melhoram o desempenho da empresa.[40] As empresas dependem de controles estratégicos e financeiros como parte de suas estruturas para apoiar o uso de suas estratégias.[41]

Os controles estratégicos são critérios em grande parte subjetivos cuja finalidade consiste em verificar se a empresa está adotando estratégias apropriadas para as condições no ambiente externo e as vantagens competitivas da companhia. Portanto, os controles estratégicos preocupam-se em examinar o ajuste entre o que a empresa poderia fazer (conforme indicado por oportunidades em seu ambiente externo) e aquilo que pode fazer (conforme indicado por suas vantagens competitivas) (veja os Capítulos 2 e 4). Controles estratégicos eficazes auxiliam a empresa a entender o que é necessário para alcançar sucesso e fixar metas estratégicas apropriadas, bem como monitorar o cumprimento dessas metas.[42] Controles estratégicos exigem um grau elevado de comunicação entre os altos executivos responsáveis pelas avaliação do desempenho geral da empresa e aqueles cuja principal responsabilidade é a implementação das estratégias da empresa em suas divisões. Esses intercâmbios frequentes são de natureza formal e informal.[43] Pelo fato de a diversificação relacionada exigir mais processamento de informação, os controles estratégicos são mais importantes para uma empresa do que a adoção dessa estratégia.

Em parte porque os controles estratégicos são difíceis de adotar com diversificação extensiva,[44] os controles financeiros são realçados para avaliar o desempenho da empresa após a estratégia de diversificação não relacionada. Controles financeiros são em grande parte critérios objetivos usados para comparar o desempenho da empresa com padrões quantitativos estabelecidos anteriormente. Medidas de base contábil (como retorno do investimento e retorno do ativo) e medidas baseadas no mercado (como valor agregado econômico) são exemplos de controles financeiros. Conforme explicamos na sequência, uma ênfase englobando toda a corporação na colaboração entre as unidades de negócio (conforme necessário para a estratégia de diversificação limitada e relacionada) resulta em uma ênfase nos controles estratégicos ao passo que os controles financeiros são ressaltados para as estratégias em que atividades ou capacidades não são partilhadas (por exemplo: diversificação não relacionada). Desse modo, as variações da forma M que possuem ênfase significativamente diferente do sistema de controle tornam-se necessárias para o uso bem-sucedido de cada estratégia de diversificação específica.

Diversificação relacionada

Com a estratégia em nível corporativo de diversificação relacionada, a empresa utiliza ou amplia seus recursos, capacidades e competências essenciais para criar valor.[45] A companhia que adota a estratégia de diversificação relacionada deseja desenvolver e explorar economias de esfera de ação entre suas unidades de negócio. As economias de esfera de ação, disponíveis para as companhias que operam em diversos setores ou mercados de produtos,[46] são redução de custo que a empresa cria transferindo com sucesso algumas de suas capacidades e competências desenvolvidas em uma de suas unidades de negócio para uma outra unidade. Existe sinergia quando o valor criado pelas unidades de negócio operando conjuntamente exceder o valor que aquelas mesmas unidades criam operando de forma independente.

Conforme ilustrado na Figura 8.3, as empresas procuram criar valor com as economias de esfera de ação por meio de dois tipos básicos de economias operacionais: atividades compartilhadas (vínculo operacional) e transferência de conhecimento ou de competências essenciais corporativas (vínculo corporativo). A diferença entre atividades compartilhadas e competências transferidas baseia-se no modo como recursos diferentes são usados conjuntamente para criar economias de esfera de ação. Para criá-las, os recursos tangíveis, como prédio industrial ou equipamentos ou outros ativos físicos da unidade de negócio, muitas vezes precisam ser partilhados. Recursos menos tangíveis, como *know-how* de produção, também podem ser partilhados.[47] No entanto, o *know-how* transferido entre atividades distintas sem o envolvimento de recursos físicos ou tangíveis representa uma transferência de uma competência básica em nível corporativo, e não uma divisão operacional de atividades.

Vínculo operacional: compartilhando atividades

As empresas conseguem criar relação operacional compartilhando uma atividade principal — como sistemas de entrega de estoque — ou uma atividade de apoio — como práticas de compra (veja a discussão sobre cadeia de valor no Capítulo 3). Compartilhar atividades é muito comum especialmente entre empresas limitadas e relacionadas. A área de toalhas de papel e a área de fraldas infantis da Procter & Gamble (P&G) utilizam produtos de papel como insumo básico do processo de fabricação.[48] A fábrica conjunta de produção de papel que produz insumos para as duas divisões constitui um exemplo de atividade partilhada. Além disso, essas duas unidades têm a possibilidade de partilhar canais de distribuição e redes de vendas porque ambas fabricam produtos de consumo.

As empresas têm a expectativa de que a cooperação entre as unidades resulte em criação de maior valor e maiores retornos financeiros.[49] Quando a P&G adquiriu a Gillette em 2005, o alto escalão prometeu aos acionistas mais de 1 bilhão de dólares em sinergias de custo anuais até 2008. Nove meses após a aquisição, a P&G havia integrado as operações da Gillette a seus sistemas em 31 países, cobrindo cinco regiões geográficas. As iniciativas de integração significam que a P&G está "aceitando pedidos, despachando produtos e recebendo pagamentos como uma única companhia nesses países", de acordo com o CEO A. G. Lafley. "Não tenho dúvidas de que a P&G e a Gillette são mais fortes juntas do que separadamente e que nossa companhia combinada conseguirá cumprir nossas metas de crescimento acelerado ao longo do restante da década".[50]

Diversos temas afetam o grau em que atividades compartilhadas criam resultados positivos. Por exemplo, atividades compartilhadas requerem a partilha do controle estratégico das unidades de negócio. Pesquisas demonstraram que empresas bem-sucedidas na criação de economias de esfera de ação em suas unidades relacionadas demonstram muitas vezes um entusiasmo corporativo pela busca de mecanismos de coordenação apropriados.[51] As atividades compartilhadas também podem ser arriscadas porque as ligações entre unidades de negócio criam elos entre os resultados. Por exemplo, se a demanda pelo produto de uma unidade de negócio diminuir, pode não existir receita suficiente para cobrir os custos fixos exigidos para a operação das instalações sendo partilhadas. Além disso, o gerente de uma unidade de negócio pode julgar que outra unidade está recebendo uma parcela desproporcional dos ganhos sendo obtidos por meio de atividades partilhadas. Essa percepção poderia criar conflitos entre gerentes de divisão. Dificuldades organizacionais como essas podem impedir que a prática de atividades partilhadas seja bem-sucedida.[52]

Embora compartilhar atividades entre unidades de negócio não esteja livre de riscos, as pesquisas mostram que essa prática pode criar valor. Por exemplo, estudos que analisaram aquisições de empresas no mesmo setor (denominadas aquisições horizontais), como no setor bancário, constataram que recursos e atividades compartilhados e, consequentemente, a criação de economias de esfera de ação contribuíram para aumentos pós-aquisição do desempenho e retornos maiores para os acionistas.[53] Além disso, constatou-se que as empresas que venderam unidades relacionadas, nas quais a partilha de recursos era uma fonte possível de economias de esfera de ação, produziram retornos menores do que aquelas que venderam unidades de negócio não relacionadas com a principal atividade da empresa.[54] Outras pesquisas constataram que empresas com mais unidades relacionadas possuíam risco menor.[55] Esses resultados indicam que a obtenção de economias de esfera de ação partilhando atividades entre as unidades de negócio pode ser importante para a redução de riscos e a criação de valor. Além disso, podem ser obtidos resultados melhores por meio de atividades compartilhadas quando uma matriz poderosa promove facilidade nesse aspecto.[56]

Estrutura multidivisional cooperativa para implementação da estratégia limitada relacionada

A forma cooperativa é uma estrutura em que a integração horizontal é empregada para gerar cooperação entre as divisões. As divisões na empresa que adota a estratégia de diversificação limitada e relacionada comumente são formadas em torno de produtos ou de mercados, ou de ambos. O objetivo da P&G de "pensar globalmente e atuar localmente", por exemplo, é apoiado por uma estrutura cooperativa de cinco unidades de produto globais (cuidados com o bebê, proteção feminina e cuidados com a família, tecidos e produtos para o lar, alimentos e bebidas, cuidados com a saúde e a beleza) e sete organizações de desenvolvimento de mercados (ODMs), cada uma englobando uma região do mundo, como o noroeste da Ásia. O uso das cinco unidades de produto globais para a criação de valor ancorado em marcas consolidadas por meio de inovação constante representa o modo como a P&G "pensa globalmente"; a interface com os clientes para assegurar que os planos de marketing de uma divisão aproveitem integralmente as oportunidades locais é o modo como a P&G "atua localmente". As informações são partilhadas entre as iniciativas orientadas ao produto e ao marketing para aumentar o desempenho da corporação. De fato, alguns assessores de nível corporativo são responsáveis por assegurar que o conhecimento seja classificado em função do grau de importância e transferido em seguida para todas as unidades de negócio da P&G.[57]

Adotamos na Figura 8.4 divisões de produto como parte da representação da estrutura M cooperativa. Conforme o exemplo da P&G indica, as divisões de mercado poderiam ser usadas

Figura 8.4: Estrutura multidivisional cooperativa para implementação de uma estratégia limitada relacionada

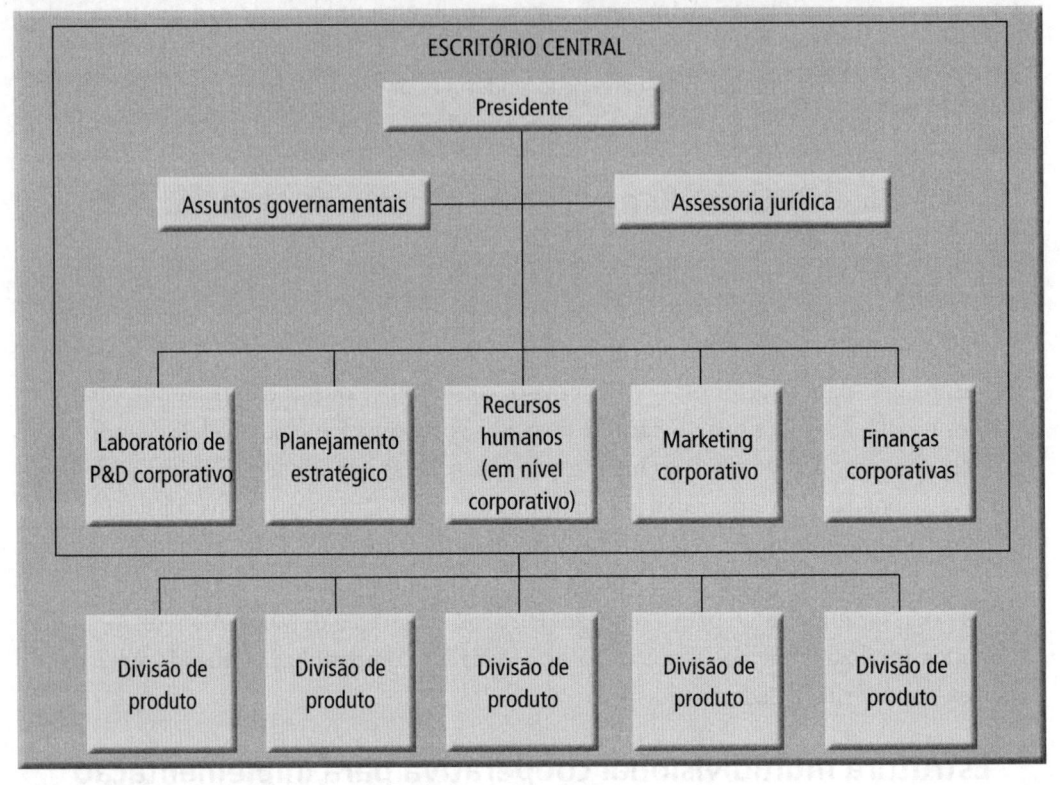

```
                        ESCRITÓRIO CENTRAL
                            Presidente

        Assuntos governamentais ——————— Assessoria jurídica


   Laboratório de   Planejamento   Recursos     Marketing    Finanças
   P&D corporativo  estratégico    humanos      corporativo  corporativas
                                   (em nível
                                   corporativo)


   Divisão de   Divisão de   Divisão de   Divisão de   Divisão de
   produto      produto      produto      produto      produto
```

Notas:
- Os dispositivos de integração estrutural criam elos fortes entre todas as divisões
- A matriz corporativa enfatiza o planejamento estratégico, os recursos humanos e o marketing centralizados para incentivar a cooperação entre as divisões
- A área de P&D provavelmente é centralizada
- O reconhecimento é subjetivo e tende a enfatizar o desempenho corporativo geral além do desempenho divisional
- A cultura enfatiza a partilha cooperativa

como alternativa ou adicionalmente às divisões de produto para o desenvolvimento da estrutura. Portanto, como deveria ser o caso em todas as companhias diversificadas, a P&G implementou uma configuração da forma M para satisfazer suas necessidades específicas de ajuste entre estratégia e estrutura.

Todas as divisões da empresa limitada e relacionada possuem em comum um ou mais pontos fortes corporativos, como competência de produção, competências de marketing ou domínio dos canais.[58] Os conhecimentos especializados de marketing representam um dos pontos fortes partilhados pelas divisões da P&G. A partilha de competências entre as divisões depende de cooperação, indicando o uso da forma corporativa da estrutura M.[59] Torna-se cada vez mais importante que os elos resultantes da utilização eficaz dos mecanismos de integração apoiem a partilha cooperativa dos recursos intangíveis (como conhecimento) e tangíveis (como instalações e equipamentos).[60]

Características diferentes de estrutura são usadas como mecanismos de integração pela estrutura cooperativa a fim de facilitar a cooperação entre as divisões. A centralização é um desses mecanismos (Capítulo 5). Centralizar algumas funções organizacionais (gerenciamento de recursos humanos, P&D, marketing ou finanças) em nível corporativo permite a junção de atividades entre divisões. O trabalho nessas funções centralizadas é gerenciado pelo escritório central da empresa com a finalidade de aproveitar pontos fortes comuns entre divisões por meio de competências compartilhadas.

O sucesso da estrutura M cooperativa é afetado significativamente pelo grau de perfeição com que as informações são processadas entre as divisões. Porém, em virtude de a cooperação entre as divisões implicar uma perda da autonomia gerencial, os gerentes de divisão podem não se comprometer de imediato com o tipo de atividade de processamento de informação que essa estrutura exige. Além disso, a coordenação entre as divisões resulta algumas vezes em um fluxo desigual de resultados positivos para os gerentes de divisão. Em outras palavras, quando o reconhecimento dos gerentes é fundamentado parcialmente no desempenho das divisões individuais, o gerente da divisão que for capaz de obter o maior benefício partilhando competências corporativas pode ser considerado beneficiário de ganhos à custa de outros gerentes. Os controles estratégicos são importantes nesses casos, pois o desempenho de gerentes de divisão pode ser avaliado, pelo menos parcialmente, com base no sucesso com que facilitaram as iniciativas de cooperação entre as divisões. Além disso, o uso de sistemas de remuneração que enfatizam o desempenho geral da companhia, além dos resultados financeiros alcançados por divisões individuais, ajuda a superar problemas associados à forma cooperativa.

Vínculo corporativo: transferência de competências essenciais

Ao longo do tempo, os recursos intangíveis da empresa, como seu *know-how*, tornam-se a base de suas competências essenciais. As competências essenciais em nível corporativo são conjuntos complexos de recursos e capacidades que unem unidades de negócio distintas, principalmente por meio de conhecimento, experiência e especialização gerencial e tecnológica.[61] Empresas vinculadas relacionadas (Figura 8.3) muitas vezes transferem competências entre elas, criando valor pelo menos de duas maneiras.[62] Primeiro, porque o encargo financeiro para o desenvolvimento de uma competência foi incorrido em uma unidade e transferi-la a uma segunda unidade elimina a necessidade desta alocar recursos para desenvolver a competência.[63] Esse é o caso da Henkel, que pretende transferir sua competência em nanotecnologia de sua unidade comercial de adesivos para sua unidade industrial de adesivos.[64] A intangibilidade dos recursos constitui uma segunda fonte de criação de valor por meio da relação corporativa. Recursos intangíveis são difíceis de ser compreendidos e imitados pelos concorrentes; portanto, a unidade que recebe uma competência transferida obtém muitas vezes uma vantagem competitiva imediata em relação a seus rivais.[65]

Algumas empresas transferiram com sucesso alguns de seus recursos e capacidades entre as unidades. O Virgin Group transfere sua competência básica de marketing para as unidades que operam nas áreas de viagens, cosméticos, música, bebidas, telefones celulares, academias de ginástica e outras áreas.[66] A Cooper Industries, que gerencia algumas unidades envolvidas em fabricação, transfere seu conhecimento especializado em produtos e ferramentas elétricas para todas as suas unidades.[67] A Honda desenvolveu e transferiu conhecimento especializado em motores de pequeno porte — e atualmente em motores potentes — para diferentes tipos de veículos, de motocicletas a aparadores de grama a uma gama de produtos automotivos.[68]

Uso da estrutura de unidade de negócios estratégica para implementação da estratégia relacionada vinculada

Conforme observado anteriormente, quando a empresa possuir um número menor de elos ou elos menos limitados entre suas divisões, é utilizada a estratégia de diversificação vinculada e relacionada. A estrutura de unidade de negócios estratégica da forma M apoia a implementação dessa estratégia e abarca três níveis: matriz corporativa, unidades de negócio estratégicas (UNEs) e divisões das UNEs (Figura 8.5).

As divisões em cada UNE encontram-se relacionadas em termos de produtos ou mercados partilhados ou ambos, porém as divisões de uma UNE possuem pouco em comum com as divisões das demais UNEs. As divisões partilham competências de produto ou de mercado para desenvolver economias de escopo de ação e possivelmente economias de escala. Os mecanismos de integração usados pelas divisões em uma estrutura cooperativa podem ser igualmente bem utilizados pelas UNEs individuais que fazem parte da forma UNE (forma M). Na estrutura

Figura 8.5: Forma UNE da estrutura multidivisonal para implementação de uma estratégia relacionada vinculada

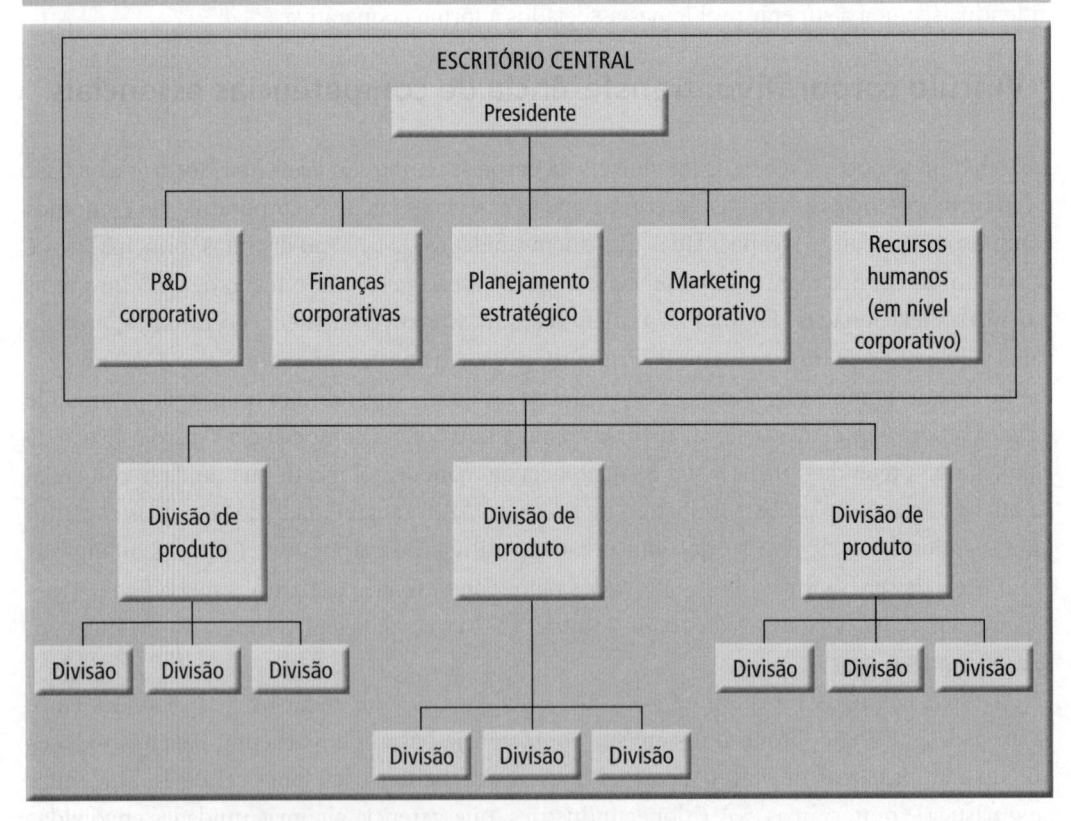

```
                            ESCRITÓRIO CENTRAL
                                Presidente

    P&D          Finanças       Planejamento      Marketing        Recursos
 corporativo    corporativas    estratégico      corporativo       humanos
                                                                  (em nível
                                                                 corporativo)

        Divisão de              Divisão de                    Divisão de
         produto                 produto                       produto

   Divisão Divisão Divisão                              Divisão Divisão Divisão

                         Divisão Divisão Divisão
```

Notas:
- Integração estrutural entre as divisões das UNEs, porém independência entre as UNEs
- O planejamento estratégico pode ser a função mais importante na matriz para o gerenciamento do processo de aprovação do planejamento estratégico das UNEs para o presidente
- Cada UNE pode ter seu próprio orçamento para colaboradores a fim de incentivar a integração
- Os colaboradores no escritório central atuam como consultores para as UNEs e divisões em vez de atuar diretamente na formulação da estratégia do produto como ocorre na forma cooperativa

UNE, cada unidade é um centro de lucro controlado e avaliado pelo escritório central. Embora controles financeiros e estratégicos sejam importantes, em termos relativos os controles financeiros são mais vitais para a avaliação de cada UNE pela matriz; os controles estratégicos são importantes quando os gerentes responsáveis pelas UNEs avaliam o desempenho de suas divisões. Os controles estratégicos também são importantes para as iniciativas da matriz que visam a determinar se a companhia escolheu um conjunto produtivo de unidades de negócio e se essas unidades estão sendo gerenciadas de maneira satisfatória.

Uma maneira pela qual os gerentes facilitam a transferência de competência consiste em deslocar pessoas de destaque para ocupar novas posições gerenciais.[69] No entanto, um gerente de uma unidade de negócio de uma divisão mais antiga pode manifestar relutância em transferir pessoas destacadas que acumularam conhecimento e experiência importantes para o sucesso da unidade. Portanto, gerentes com capacidade para facilitar a transferência de uma competência básica podem tornar-se valiosos ou as pessoas de destaque envolvidas podem não desejar ser transferidas. Além disso, os gerentes graduados da divisão que efetua a transferência podem não desejar que competências sejam transferidas para uma nova divisão para cumprimento dos objetivos de diversificação da empresa.

A estrutura UNE pode ser complexa dependendo do tamanho da organização e da diversidade do produto e do mercado. A General Electric (GE), por exemplo, uma empresa vinculada e relacionada, possui seis UNEs principais, cada uma com diversas divisões.[70] Por exemplo, a GE Industrial inclui unidades envolvidas em materiais avançados, produtos industriais e de consumo, manutenção de equipamentos, plásticos, tecnologias de sensoriamento, segurança e inspeção e produtos e serviços de automação. Em muitas das UNEs da GE ocorrem iniciativas para criar competências em serviços e tecnologia como fonte de vantagem competitiva. Por exemplo, a companhia desenvolveu aptidões na área de integração e automação de sistemas em sua UNE GE Health Care cuja expectativa é o aperfeiçoamento da área de diagnósticos *in vitro* que adquiriu recentemente da Abbott Laboratories.[71]

Poder de mercado por meio de concorrência em multimercados e integração vertical

A diversificação relacionada também pode ser usada para conquistar poder de mercado. Ocorre poder de mercado quando uma empresa é capaz de vender seus produtos por preços acima do nível competitivo existente ou reduzir os custos de suas atividades principais e de apoio abaixo do nível competitivo ou ambas as situações.[72] Duas trilhas que as empresas podem seguir para aumentar seu poder de mercado por meio de diversificação são a concorrência multimercado e a integração vertical.

Introduzida no Capítulo 6 como uma estratégia que influencia a rivalidade competitiva, a concorrência multimercados (também denominada multipontos) existe quando duas ou mais empresas diversificadas concorrem simultaneamente nos mesmos mercados geográficos ou de produto.[73] As ações empreendidas por companhias que operam telefonia ou transmissão a cabo em seus principais mercados nos EUA ilustram a concorrência multimercados. Conexões por telefone eram anteriormente a conexão mais comum na internet para usuários residenciais nos Estados Unidos. No entanto, as grandes empresas que operam mediante transmissões a cabo, como a Comcast, começaram a oferecer, a preços convidativos, conexões de alta velocidade na internet e em seguida serviços de telefonia digital por meio de suas linhas de cabo.[74] Em resposta, empresas de telefonia como a Verizon começaram a oferecer conexões de grande velocidade na internet por meio de linhas de fibra ótica instaladas recentemente.[75] Ataques competitivos são menos comuns na concorrência multipontos porque a ameaça de um contra-ataque pode impedir que sejam empreendidas ações estratégicas, ou, mais provavelmente, as empresas podem suspender suas ações estratégicas quando se defrontam com a ameaça de contra-ataque.[76] Pelo fato de as companhias de telefonia e de transmissão a cabo concorrerem nos mesmos mercados de produtos e muitas vezes nos mesmos mercados geográficos, são menos propensas a empreenderem ações competitivas agressivas entre si (isto é, reduções drásticas de preço). Isso é muitas vezes denominado tolerância mútua.

Algumas empresas optam por criar valor usando a integração vertical para conquistar poder de mercado (Figura 8.3). Existe integração vertical quando uma companhia produz seus próprios insumos (integração para trás) ou é proprietária de uma fonte de distribuição de produtos própria (integração para frente). Em alguns casos, as empresas integram parcialmente suas operações fabricando e vendendo seus produtos usando unidades de negócio próprias e fontes externas.[77] A integração afunilada, como essa estratégia é denominada algumas vezes, "surge quando uma empresa adquire insumos externamente de fornecedores independentes, bem como os obtêm internamente no âmbito dos limites da empresa ou vende sua produção por meio de estabelecimentos independentes além dos canais de distribuição de propriedade da empresa".[78] Pesquisas demonstraram que o ajuste cuidadoso entre integração vertical e terceirização estratégica proporciona benefícios competitivos que resultam em desempenho superior quando um nível elevado de inovação for exigido para o sucesso.[79]

A integração vertical é usada comumente na atividade principal da empresa para obter poder de mercado em relação aos rivais. O poder de mercado é adquirido à medida que a empresa desenvolve a capacidade para economizar em suas operações, evitar custos de mercado, melhorar a qualidade do produto e, possivelmente, proteger sua tecnologia da imitação por parte dos rivais.[80] O poder de mercado também é criado quando as empresas possuem laços fortes entre seus ativos para os quais não existem preços de mercado. Estabelecer um preço de mercado resultaria em custos elevados de busca e transação e, portanto, as empresas se empenham para integrar-se verticalmente em vez de permanecerem unidades distintas.[81] Quando agem dessa maneira, é implementada uma estrutura M cooperativa similar àquela descrita em associação com a empresa limitada e relacionada (Figura 8.4).

A Smithfield Foods é uma companhia integrada verticalmente cuja atividade principal é o processamento de carne suína. A empresa efetivou uma integração vertical para trás criando os animais cuja carne processa posteriormente em suas fábricas. A maioria das indústrias que vendem alimentos embalados opera lucrativamente quando o preço da carne está baixo e é afetada quando os preços estão altos. A Smithfield, em contraste, pode controlar melhor seus custos por ser proprietária das instalações que disponibilizam as matérias-primas exigidas para sua principal operação de processamento. Esse controle muitas vezes faz que a Smithfield possua poder de mercado em relação a seus concorrentes porque normalmente fabrica produtos a um custo menor do que o custo médio de produção do setor. A companhia fez mais de 30 aquisições desde 1981, apoiando a adoção da integração vertical pela empresa para oferecer aos consumidores opções competitivas atraentes.[82]

A integração vertical também possui limites. Por exemplo, um fornecedor externo pode fabricar o produto a um custo menor. Como resultado, as transações internas com base na integração vertical podem ser onerosas e reduzir a lucratividade em relação à dos concorrentes. Além disso, pelo fato de a integração vertical poder exigir investimentos substanciais em tecnologias específicas, consegue reduzir a flexibilidade da empresa quando a tecnologia mudar rapidamente. Por fim, alterações na demanda geram problemas de equilíbrio da capacidade e de coordenação. Se uma divisão estiver fabricando uma peça para outra divisão interna — porém a obtenção de economias de escala exige que a primeira divisão produza quantidades que o comprador interno não consegue absorver —, seria necessário vender as peças fora da empresa bem como para a divisão interna. Portanto, embora a integração vertical possa criar valor, especialmente por meio do poder de mercado, não está isenta de riscos e custos.[83]

Muitas empresas industriais deixaram de adotar a integração vertical como um meio para acumular poder de mercado.[84] Na realidade, diminuir a integração vertical é o foco da maioria dessas empresas, como a Intel e a Dell, e mesmo entre as grandes companhias automobilísticas, como a Ford e a General Motors, à medida que desenvolvem redes de fornecedores independentes.[85] A Solectron, uma empresa que produz sob encomenda, representa uma nova linhagem de grandes indústrias que produzem sob encomenda e que está ajudando a propagar essa revolução no gerenciamento da cadeia de suprimentos.[86] Essas empresas frequentemente gerenciam as linhas de produto complexas de seus clientes e oferecem serviços que se estendem do gerenciamento de estoques a entrega e ao serviço pós-venda. Realizar negócios por meio do comércio eletrônico permite que a integração vertical seja transformada em "integração virtual".[87] Portanto, tornam-se possíveis relacionamentos mais próximos com fornecedores e clientes por meio da integração vertical dos meios eletrônicos de integração, permitindo às empresas reduzir os custos de processamento das transações, aperfeiçoando simultaneamente suas aptidões de gerenciamento da cadeia de suprimentos e aumentando o controle de seus estoques. Essa evidência sugere que a integração virtual em vez da integração vertical pode ser uma fonte mais comum de poder de mercado para as atuais empresas.

Vínculo operacional e vínculo corporativo simultâneo

Conforme a Figura 8.3 indica, algumas empresas almejam simultaneamente formas operacionais e cooperativas de economias de escopo de ação.[88] As empresas possuem dificuldade para criar simultaneamente economias de escopo de ação compartilhando atividades (vínculo operacional) e transferindo competências essenciais (vínculo corporativo). Existem duas implicações associadas a essa dificuldade. Primeiro, em virtude de ser muito difícil o gerenciamento de duas fontes de conhecimento, tais iniciativas fracassam frequentemente, criando aquilo que poderia ser denominado "deseconomias" de esfera de ação.[89] Segundo, empresas bem-sucedidas podem ser capazes de obter uma vantagem competitiva sustentável porque será difícil para os concorrentes imitar seu sucesso.

The Walt Disney Company usa uma estratégia de diversificação relacionada para criar simultaneamente economias de esfera de ação por meio de relação operacional e corporativa. Por exemplo, no âmbito da unidade de entretenimento produzido em estúdios, a Disney pode obter economias de esfera de ação partilhando atividades entre suas diversas companhias distribuidoras de filmes, como a Touchstone Pictures, a Hollywood Pictures e a Dimension Films, entre outras. Um conhecimento amplo e profundo a respeito de seus clientes constitui uma capacidade na qual a Disney se apoia para desenvolver competências essenciais em nível corporativo em termos de marketing e distribuição. Com essas competências, a Disney é capaz de criar economias de esfera de ação por meio da relação corporativa ao vender produtos ressaltados em seus filmes mediante operações cruzadas por meio dos canais de distribuição que fazem parte de suas unidades de parques temáticos, mídia, resorts e produtos de consumo. Portanto, os personagens criados em desenhos animados e filmes tornam-se focos de atração que são promovidos no Disney Channel e vendidos nas lojas e resorts da Disney. Além disso, os temas explorados nos filmes tornam-se frequentemente passeios ou shows nos parques temáticos. Ou, no caso de Piratas do Caribe, um passeio no parque temático inspirou um filme. Atualmente a companhia "está projetando um conjunto de *resorts* e atrações exclusivas ao redor do globo. Isso poderia incluir tudo, desde hotéis independentes com temática Disney em cidades e *resorts* em praias a restaurantes e lojas com a marca Disney, além de parques temáticos menores e mais especializados".[90]

As estruturas M do tipo cooperativo ou de UNE têm possibilidade de ser implementadas por meio dessa estratégia dupla, dependendo do grau de diversificação (isto é, uma maior diversificação provavelmente exigiria a forma UNE). No entanto, com essa estratégia podem tornar-se necessários mais mecanismos de processo para facilitar a integração e a coordenação. Por exemplo, pode ser essencial contatos mais frequentes e diretos entre gerentes de divisão. Esse mecanismo de integração incentiva e apoia a cooperação e a divisão de competências e recursos que apresentam a possibilidade de ser usados para criar novas vantagens. Poderiam ser estabelecidos algumas vezes papéis de ligação em cada divisão para reduzir a quantidade de tempo que os gerentes de divisão empregam integrando e coordenando o trabalho de cada unidade com aquele ocorrendo nas outras divisões. Equipes temporárias ou forças-tarefa podem ser formadas em torno de projetos para os quais o sucesso depende de competências partilhadas que fazem parte de diversas divisões. Departamentos de integração formal podem ser estabelecidos nas empresas que usam frequentemente equipes temporárias ou forças-tarefa. No final, pode surgir uma organização matricial que implementa essa estratégia dupla. Uma organização matricial é uma estrutura organizacional na qual uma estrutura dupla combina especialização funcional e especialização relativa ao produto ou ao projeto. Embora complexa, uma estrutura matricial pode resultar em melhor coordenação entre as divisões de uma empresa que se empenham na implementação simultânea do vínculo operacional e corporativo.[91]

Diversificação não relacionada

As empresas não almejam o vínculo operacional ou corporativo quando usam a estratégia em nível corporativo de diversificação não relacionada. Uma estratégia de diversificação não relacionada (Figura 8.3) pode criar valor por meio de dois tipos de economias financeiras. Economias financeiras são economias de custo obtidas por intermédio de melhores alocações de recursos financeiros baseadas em investimentos dentro ou fora da empresa.[92]

Alocações internas de capital eficientes resultam em economias financeiras. Uma maneira para efetivar isso consiste em reduzir o risco corporativo total por meio da criação de um conjunto de empresas com perfis de risco distintos. O segundo tipo de economia financeira relaciona-se à aquisição de outras corporações e à reestruturação de seus ativos. Nesse caso, a empresa diversificada adquire outra empresa, reestrutura os ativos da companhia de modo a permitir que opere mais lucrativamente e a vende em seguida no mercado obtendo lucro.[93] Esses dois tipos de economias financeiras serão discutidos detalhadamente a seguir.

Alocação eficiente do mercado de capitais interno

Considera-se que em uma economia de mercado os mercados de capitais alocam o capital eficientemente. A eficiência resulta da compra, por parte dos investidores, de ações do capital (propriedade) que possuem valores elevados de fluxos de caixa futuros. O capital também é alocado por meio de empréstimos, pois os acionistas e financiadores tentam aumentar o valor de seus investimentos apostando nas empresas com potencial elevado de crescimento.

Nas grandes empresas diversificadas, a matriz distribui capital para as divisões de negócio a fim de criar valor para a companhia como um todo. A natureza dessas distribuições pode gerar ganhos que excedem aqueles que reverteriam para os acionistas como resultado da alocação do capital pelo mercado de capitais externo.[94] Isso acontece porque a matriz, enquanto gerencia o conjunto de unidades da empresa, consegue ter acesso a informações detalhadas e precisas a respeito do desempenho real e futuro daquelas unidades.

Em comparação com o pessoal do escritório central, os investidores possuem acesso limitado a informações internas e somente conseguem estimar o desempenho das divisões e as perspectivas futuras dos negócios. Embora as empresas à procura de capital precisem proporcionar informações aos fornecedores potenciais (como bancos ou seguradoras), aquelas com mercados de capitais internos podem ter pelo menos duas vantagens de caráter informal. Primeiro, as informações transmitidas aos mercados de capitais pelos relatórios anuais e por outras fontes podem não incluir informações negativas, enfatizando como alternativa perspectivas e resultados positivos. Fontes externas de capital possuem capacidade limitada de compreender a dinâmica no interior das grandes organizações. Mesmo os *stakeholders* externos que têm acesso a informações não possuem garantia de divulgação plena e integral.[95] Segundo, embora uma empresa precise disseminar informações, estas também se tornam simultaneamente disponíveis para seus concorrentes atuais e potenciais. Com a compreensão obtida pelo exame dessas informações, os concorrentes podem considerar ser mais fácil tentar reproduzir a vantagem competitiva de uma empresa. Portanto, a capacidade para alocar capital eficientemente por meio de um mercado interno pode ajudar a empresa a proteger suas vantagens competitivas.

Caso seja necessária uma intervenção de fora da empresa para corrigir as alocações do capital, somente mudanças significativas tornam-se possíveis, como forçar a empresa a uma situação falimentar ou mudar a equipe da alta administração. De modo alternativo, em um mercado de capitais interno, o escritório central consegue realizar a sintonia fina de suas correções, tal como optar por ajustar os incentivos aos gerentes ou sugerir mudanças estratégicas em uma divisão. Portanto, o capital pode ser alocado de acordo com critérios mais específicos do que é possível com alocações do mercado externo. Pelo fato de possuir menos informações precisas, o mercado de capitais externo pode deixar de alocar recursos adequadamente para investimentos de potencial elevado em comparação com os da matriz. O escritório central de uma companhia diversificada consegue desempenhar melhor as tarefas — como disciplinar equipes de dirigentes com desempenho insuficiente por meio de alocações de recursos.[96]

As pesquisas indicam, entretanto, que nos mercados de capitais eficientes a estratégia de diversificação não relacionada pode ser descontada.[97] "Durante muito tempo, os mercados de ações aplicaram um 'desconto de conglomerado': eles avaliam os conglomerados industriais diversificados aplicando um fator de desconto de 20% em média em relação ao valor da soma de suas partes constitutivas. O desconto ainda se aplica quando ocorrem boas e más condições econômicas. Indústrias excepcionais (como a GE) conseguem postergá-lo por um período, porém as mais usuais (como a Philips e a Siemens) não têm essa capacidade".[98] Uma razão para esse desconto poderia ser que algumas vezes as empresas substituem a inovação por aquisições. Nesses casos, uma grande quantidade de recursos é alocada à análise e finalização das aquisições para dar prosseguimento à diversificação de uma empresa em vez da alocação de um volume apropriado de recursos para o incentivo à inovação interna. Isso ocorreu com alguns laboratórios farmacêuticos entre 1975 e 1995, período durante o qual "a diversificação corporativa foi um substituto estratégico para inovações importantes".[99]

Apesar dos desafios associados à diversificação não relacionada, algumas empresas ainda a adotam.[100] Esses grupos empresariais grandemente diversificados atuam em muitos países europeus, onde o número de empresas que usam a estratégia de conglomerado ou de diversificação não relacionada na realidade aumentou, o mesmo ocorrendo nas economias emergentes.[101] Embora muitos conglomerados como a ITT e a Hansen Trust tenham adotado um novo foco, outras empresas diversificadas não relacionadas os substituíram.

O calcanhar de aquiles da estratégia de diversificação não relacionada é o fato de os conglomerados nas economias desenvolvidas terem um ciclo de vida relativamente breve porque as economias financeiras são mais facilmente replicadas do que os ganhos originários do vínculo operacional e corporativo. Esse é um problema de menor importância nas economias emergentes, nas quais a ausência de uma "infraestrutura básica" (incluindo intermediários financeiros eficazes, regulamentação confiável e leis contratuais) apoia e incentiva o uso da estratégia de diversificação não relacionada.[102] Realmente, nas economias emergentes, como as da Índia e do Chile, a diversificação aumenta o desempenho das empresas pertencentes a grandes grupos empresariais diversificados.[103] Os níveis crescentes de aptidão das pessoas que trabalham em corporações localizadas em mercados emergentes podem apoiar o uso bem-sucedido da estratégia de diversificação não relacionada.[104]

Reestruturação

As economias financeiras também podem ser geradas quando as empresas aprendem a como criar valor adquirindo e vendendo ativos de outras companhias no mercado externo.[105] Conforme ocorre na área imobiliária, comprar ativos a preços reduzidos, reestruturá-los e vendê-los a um preço que excede seu custo gera um retorno positivo do capital investido da empresa. Alguns conglomerados optaram por criar valor por meio de reestruturação de empresas segundo esse modelo. Hoje essa estratégia muitas vezes é adotada por empresas de *private equity*, que se assemelham a uma empresa diversificada não relacionada por possuírem um grande conjunto de unidades de negócios adquiridos que compram, reestruturam e vendem, seja para outra companhia ou por meio de uma oferta pública de ações.

O Blackstone Private Equity Group comprou e em seguida reestruturou os ativos da rede hoteleira AmeriSuites com 143 unidades antes de vender a rede para a Hyatt Corp. obtendo lucro.[106] O grupo segue uma estratégia de gerenciamento ativo das empresas: "O Private Equity Group desempenha um papel ativo no monitoramento e no apoio à valorização do patrimônio líquido gerado por seus investimentos em empresas. Como reconhecimento da importância de iniciar e apoiar os programas pós-aquisição para aumentar o valor do conjunto de empresas da companhia, o grupo possui uma equipe dedicada em tempo integral responsável pelo monitoramento do desempenho estratégico, operacional e financeiro dos investimentos realizados. Todos os profissionais da Private Equity participam das análises periódicas das empresas que fazem parte da companhia".[107]

A criação de economias financeiras por meio de aquisição e reestruturação de ativos de outras companhias requer uma compreensão daquilo de que se abre mão para conseguir algo diferente. O sucesso exige um foco em empresas maduras e pouco avançadas tecnologicamente devido à incerteza da demanda por produtos de alta tecnologia. Nas empresas de tecnologia moderna, as decisões sobre alocação de recursos tornam-se muito complexas, criando sobrecarga no processamento das informações nas equipes corporativas de porte reduzido das empresas diversificadas não relacionadas. Além disso, as empresas de tecnologia de ponta dependem muitas vezes de recursos humanos; essas pessoas podem demitir-se ou exigir remuneração mais elevada e portanto apropriar-se ou diminuir o valor de uma empresa adquirida.[108]

Empresas de prestação de serviços orientadas aos clientes também são difíceis de comprar e vender desse modo devido à sua orientação de vendas baseada no cliente e à mobilidade do pessoal de vendas.[109] Isso ocorre especialmente com os serviços prestados por profissionais liberais nas áreas de contabilidade, advocacia, propaganda, consultoria e operações de banco de investimento.

Uso da estrutura multidivisional competitiva para implementação da estratégia de diversificação não relacionada

Conforme observado acima, as empresas que usam a estratégia de diversificação não relacionada desejam criar valor por meio de alocações internas de capital eficientes ou pela compra, reestruturação e venda de empresas.[110] A estrutura multidivisional competitiva (forma M) apoia a implementação dessa estratégia.

A estrutura competitiva é uma estrutura na qual as divisões da empresa são completamente independentes (Figura 8.6). Ao contrário das divisões na estrutura corporativa (Figura 8.4), as divisões que fazem parte da estrutura competitiva não possuem pontos fortes comuns (por exemplo: competências de marketing ou domínio dos canais). Pelo fato de na estrutura competitiva os pontos fortes não serem partilhados, não são desenvolvidos mecanismos de interação para uso das divisões.

O mercado de capitais interno eficiente que atua como base para a aplicação da estratégia de diversificação não relacionada requer configurações organizacionais que enfatizem a concorrência entre as divisões de preferência à cooperação.[111] Espera-se que a concorrência interna gere três benefícios facilitados pela forma competitiva (forma M). Primeiro, a concorrência interna cria flexibilidade — a matriz pode ter divisões analisando tecnologias diferentes para identificar aquelas com o maior potencial futuro. Os recursos podem ser alocados em seguida à divisão que estiver operando com a tecnologia mais promissora para alimentar o sucesso de toda a empresa. Segundo, a concorrência interna desafia o *status quo* e a inércia porque os responsáveis pelas divisões sabem que as alocações futuras de recursos são um produto do excelente desempenho atual, bem como do posicionamento superior de suas divisões em termos de desempenho futuro. Por último, a concorrência interna motiva a dedicação. O desafio de concorrer com pares internos pode ser tão grande quanto o de concorrer com competidores no mercado externo.[112]

A independência entre as divisões, conforme mostrada por uma falta de partilha dos pontos fortes corporativos e pela ausência de mecanismos de interação, permite à empresa que adotar a estratégia de diversificação não relacionada propor expectativas específicas quanto ao desempenho do lucro para cada divisão a fim de estimular a concorrência interna por recursos futuros. Os benefícios das alocações internas do capital ou da reestruturação não podem ser concretizados plenamente a não ser que as divisões sejam consideradas responsáveis por seu próprio desempenho individual. Na estrutura competitiva, os controles organizacionais (principalmente os controles financeiros) são usados para enfatizar e apoiar a concorrência interna entre divisões distintas e com base para alocação de capital corporativo baseada no desempenho de cada divisão. A Textron, um conglomerado diversificado com operações tão variadas como a fabricação de ferrolhos, carrinhos de golfe e helicópteros, considera-se "a principal companhia multissetorial".[113] Os altos executivos procuram revisar continuamente o conjunto de unidades

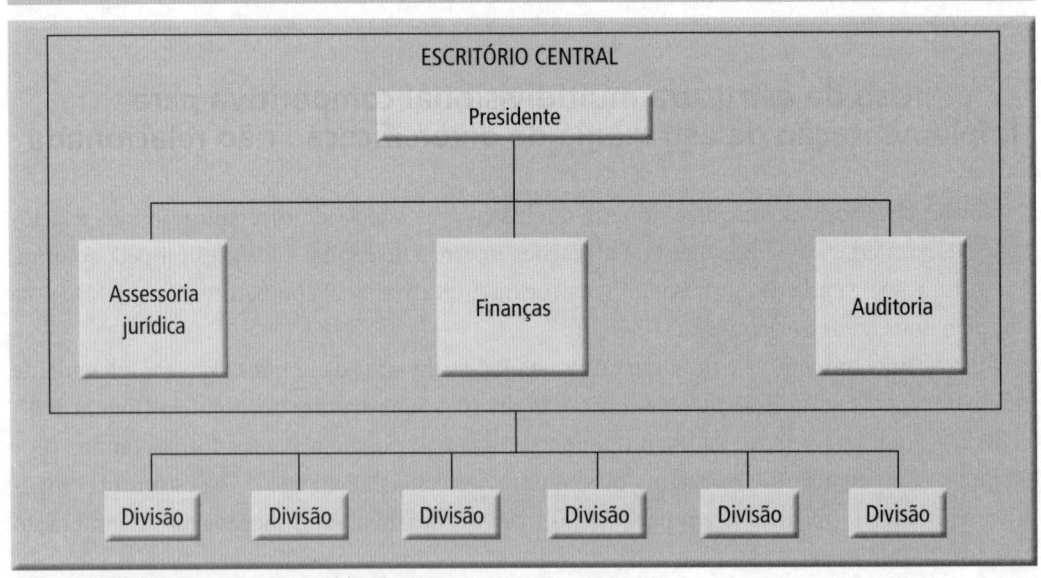

Figura 8.6: Estrutura multidivisional competitiva para implementação de uma estratégia não relacionada

```
ESCRITÓRIO CENTRAL
        Presidente
            |
   ┌────────┼────────┐
Assessoria  Finanças  Auditoria
jurídica
            |
 ┌──┬──┬──┬──┬──┐
Div Div Div Div Div Div
```

Notas:
- A sede corporativa possui poucos colaboradores
- Finanças e auditoria são as funções mais importantes na matriz para gerenciamento do fluxo de caixa e a fim de assegurar a precisão dos dados de desempenho originários das divisões
- A função de assessoria jurídica torna-se importante quando a empresa adquire ou transfere ativos
- As divisões são independentes e separadas para fins de avaliação financeira
- As divisões possuem controle estratégico, mas o caixa é gerenciado pela matriz
- As divisões competem por recursos corporativos

da companhia comprando empresas em setores atraentes e se desfazendo de outras que deixaram de ser atrativas.[114] Os gerentes de cada uma das numerosas unidades independentes da Textron são responsáveis por suas próprias operações.

A venda de divisões com desempenho inadequado e o posicionamento das restantes sob rigoroso controle financeiro pode aumentar o valor das unidades de negócio. Uma empresa que gera economias financeiras pelo menos parcialmente por meio de controles rigorosos pode ter de usar aquisições hostis de controle acionário ou propostas de compra porque os gerentes da empresa almejada muitas vezes não consideram esse ambiente atrativo e demonstrarão menos disposição pela aquisição. Disputas hostis pelo controle acionário apresentam o potencial de aumentar a resistência do alto escalão da empresa-alvo.[115] Nesses casos, os executivos em nível corporativo muitas vezes são dispensados, ao passo que os gerentes das divisões são mantidos, dependendo do grau de importância de cada um para o sucesso operacional futuro.

Para enfatizar a competitividade entre as divisões, o escritório central mantém um relacionamento a certa distância com elas e não intervém nos assuntos das divisões, exceto para auditar operações e disciplinar gerentes cujas divisões possuem desempenho ruim. Nessa situação, a matriz apoia-se em controles estratégicos a fim de fixar metas para a taxa de retorno e em controles financeiros para monitorar o desempenho das divisões em relação a essas metas. A matriz aloca em seguida o fluxo de caixa segundo critérios competitivos em vez de retornar automaticamente os recursos financeiros à divisão que os gerou. Portanto, o foco do trabalho da matriz concentra-se na avaliação do desempenho, na alocação de recursos e nos aspectos jurídicos relacionados às aquisições para constatar se o conjunto de unidades da empresa terá sucesso financeiro.[116]

Diversificação com valor neutro: incentivos e recursos

Os objetivos descritos nas duas seções anteriores sobre diversificação relacionada e não relacionada são todos orientados para auxiliar a empresa a criar valor por meio de sua estratégia em nível corporativo. No entanto, a diversificação é obtida algumas vezes tendo em mente objetivos de valor neutro preferencialmente àqueles que criam valor.

Incentivos para a diversificação

Os incentivos para a diversificação originam-se do ambiente externo e da organização interna de uma empresa. O termo incentivo indica que os gerentes possuem escolhas. Os incentivos externos incluem a regulamentação antitruste e as leis tributárias. Os incentivos internos incluem desempenho ruim, fluxos de caixa futuros incertos e uma diminuição geral do risco para a empresa. As estratégias de diversificação adotadas em função desses vários incentivos aumentam algumas vezes a capacidade da empresa para criar valor, porém muitas vezes o efeito é neutro.

Regulamentação antitruste e leis tributárias. As políticas antitruste oficiais e as leis tributárias proporcionaram incentivos para que as empresas dos EUA diversificassem nas décadas de 1960 e de 1970.[117] Leis antitruste contra fusões que criaram maior poder de mercado (por meio de integração vertical ou horizontal) foram fiscalizadas rigorosamente durante esse período.[118] Como resultado, muitas fusões nessa época foram não relacionadas, envolvendo companhias atuando em diversas áreas empresariais. Portanto, a onda de fusões nos anos 60 possuía um caráter de "conglomerado". A atividade de fusões que produziu a diversificação dos conglomerados foi incentivada principalmente pela Lei Celler-Kefauver, que desencorajou fusões horizontais e verticais. Por exemplo, no período entre 1973 e 1977, 79,1% de todas as fusões foram para criação de conglomerados.[119]

Durante os anos 80, a fiscalização antitruste diminuiu, resultando em um maior número e uma maior amplitude de fusões horizontais (aquisições de empresas-alvo que possuem a mesma linha de atuação, como a fusão entre duas companhias petrolíferas).[120] Além disso, os executivos dos bancos de investimento tornaram-se mais abertos para os tipos de fusões que tentaram facilitar; como consequência, disputas hostis pelo controle acionário aumentaram para números sem precedente.[121] Os conglomerados ou as empresas grandemente diversificadas dos anos 60 e 70 tornaram-se mais "focados" nos anos 80 e no início da década de 1990, pois o impedimento às fusões diminuiu e a reestruturação foi implementada.[122]

No entanto, no final da década de 1990 e no início dos anos 2000, surgiram novamente preocupações de caráter antitruste devido ao grande volume de fusões e aquisições (Capítulo 9).[123] Portanto, fusões e aquisições estão sendo mais analisadas do que nos anos 80 e no início da década de 1990. Em parte, como resultado da tendência de um maior escrutínio, o governo dos EUA promulgou em 2002 a Lei Antitruste Moderna. Como resultado dessa lei, foi criada a Comissão Antitruste Moderna para analisar se as leis antitruste precisavam ser modernizadas, solicitar a opinião de todas as partes interessadas com relação à operação das leis antitruste, avaliar propostas relevantes para mudanças e preparar um relatório para o presidente e o Congresso. No início de 2007, foi aprovada por ambas as Casas do Congresso uma lei para prorrogar a existência da comissão. As atividades dessa comissão poderiam alterar os incentivos regulatórios para a realização de aquisições com base na diversificação.[124]

Os efeitos tributários da diversificação originam-se não somente das alíquotas do IR pessoa física, mas também de mudanças na legislação do IR pessoa jurídica. Algumas companhias (especialmente as maduras) geram mais caixa de suas operações do que conseguem reinvestir lucrativamente. Algumas pessoas argumentam que os fluxos de caixa livres (ativos financeiros líquidos cujos investimentos nas atuais unidades de negócio deixaram de ser viáveis economicamente) deveriam ser redistribuídos aos acionistas na forma de dividendos.[125] No entanto, nos anos 60 e 70, os dividendos foram tributados mais acentuadamente do que a renda pessoal usual. Como resultado, antes de 1980 os acionistas preferiram as empresas que usavam fluxos de caixa livres para comprar e instalar companhias em setores de grande desempenho. Se o valor da ação da empresa aumentasse a longo prazo, os acionistas poderiam obter melhor retorno daqueles fundos do que no caso de terem sido redistribuídos como dividendos, porque seriam tributados por alíquotas menores de acordo com as regras aplicáveis a tais ganhos de capital do que dividendos quando venderam suas ações.

No entanto, de acordo com a Lei de Reforma Tributária de 1986, a alíquota máxima do IR pessoa física foi reduzida de 50% para 28% e o imposto de renda específico sobre ganhos de capital também foi alterado, resultando no tratamento dos ganhos de capital como rendimento normal. Essas alterações criaram um estímulo para que os acionistas cessassem de incentivar as empresas a reterem fundos para fins de diversificação. Essas mudanças na legislação do imposto de renda também influenciaram um aumento na venda de unidades de negócio não relacionadas após 1984. Desse modo, como as alíquotas do IR pessoa física relativas a ganhos de capital e dividendos criaram um incentivo para o acionista aumentar a diversificação antes de 1986, encorajaram uma menor diversificação após 1986, a não ser que fosse financiada por empréstimos com encargos dedutíveis do imposto de renda. A eliminação das deduções dos juros ganhos por pessoas físicas bem como a menor atratividade dos lucros retidos para os acionistas poderiam instigar o uso de maior alavancagem pelas empresas, para as quais as despesas de juros são dedutíveis para fins de IR.

A legislação aplicável ao IR pessoa jurídica também afeta a diversificação. As aquisições normalmente aumentam as despesas de depreciação dos ativos das empresas. A maior depreciação (uma despesa que não diminui o fluxo de caixa) produz um menor lucro tributável, proporcionando, dessa forma, um incentivo adicional para as aquisições. Antes de 1986, as aquisições podem ter sido a maneira mais atraente para garantir benefícios fiscais,[126] porém a Lei de Reforma Tributária de 1986, diminuiu algumas das vantagens do IR pessoa jurídica relativas à diversificação.[127] As mudanças recomendadas pelo Financial Accounting Standards Board (FASB) relativas à eliminação do método de "interesses conjuntos" para a contabilização dos ativos da empresa adquirida e à eliminação da baixa contábil para as despesas de pesquisa e desenvolvimento em processo diminuem alguns dos incentivos para as aquisições, especialmente as aquisições relacionadas em setores de tecnologia de ponta (essas mudanças são discutidas em maior detalhe no Capítulo 9).[128]

Desempenho inadequado. Algumas pesquisas indicam que retornos baixos possuem relação com níveis maiores de diversificação.[129] Apesar de "o desempenho elevado eliminar a necessidade de maior diversificação",[130] o desempenho inadequado pode proporcionar um incentivo para a diversificação. As empresas com desempenho ruim contínuo assumem muitas vezes riscos maiores em uma iniciativa para provocar uma reviravolta.[131] Antes uma potência global, a Eastman Kodak Co. foi descrita recentemente como um "gigante atormentado da área de filmes". A companhia, entretanto, adotou uma estratégia de diversificação de alto risco para enfrentar a líder do mercado, a Hewlett-Packard, no mercado de impressoras que movimenta 50 bilhões de dólares anualmente. A iniciativa é conduzida por Antonio M. Perez, que se demitiu da Hewlett-Packard após ter sido preterido por Carly Fiorina para o cargo de CEO. De acordo com a companhia, as impressoras da Kodak usam uma tinta que "permanecerá nítida durante cem anos em vez de 15". Os cartuchos de reposição também "custarão metade do preço que os consumidores estão acostumados a pagar", o que Perez afirma "destruirá" o modelo de negócio vigente no setor e levará em conta a principal insatisfação dos consumidores: o custo elevado da tinta".[132]

Fluxos de caixa futuros incertos. À medida que a linha de produtos de uma empresa torna-se madura ou é ameaçada, a empresa pode diversificar-se por ser esta uma estratégia defensiva importante.[133] Pequenas empresas e companhias em setores maduros ou em fase de maturação consideram ser algumas vezes necessário diversificar para assegurar a sobrevivência a longo prazo.[134] Por exemplo, a incerteza foi uma das principais razões para a diversificação das empresas de transporte ferroviário durante as décadas de 1960 e 1970. As ferrovias diversificaram-se primordialmente porque o setor de transporte rodoviário criou incerteza para os operadores de ferrovias com relação ao nível futuro de demanda para seus serviços.

A diversificação em outros mercados de produtos ou em outras áreas empresariais pode reduzir a incerteza em relação aos fluxos de caixa futuros de uma empresa. Por exemplo, a Brinker International reduziu a incerteza de seus fluxos de caixa concorrendo em diversos segmentos do setor de restaurantes informais. A companhia é proprietária do Chili's Grill & Bar, do Romano's Macaroni Gril, do On the Border Mexican Grill & Cantina e do Maggiano's Little Italy e foi chamada de "o fundo mútuo dos restaurantes informais".[135] Nesse caso, quando a demanda por um de seus restaurantes puder diminuir em qualquer época, a demanda por um ou mais de seus outros restaurantes pode aumentar.

Sinergia e redução do risco da empresa. Conforme mencionado anteriormente, as empresas podem almejar economias de esfera de ação entre suas unidades de negócio diversificadas em uma iniciativa para obter sinergia. A sinergia tem maior probabilidade de ocorrer se as unidades de negócio da empresa forem grandemente relacionadas. Porém, à medida que uma empresa aumenta sua relação entre as unidades de negócio, também aumenta seu risco de fracasso corporativo, porque a sinergia produz interdependência entre as unidades de negócio, o que pode diminuir a flexibilidade para responder a mudanças em seu ambiente externo.

As preocupações quanto a essa flexibilidade podem tornar uma empresa adversa ao risco, resultando em sua diversificação nos setores em que existe maior certeza. Esse tipo de aversão ao risco pode impedir que as empresas lancem novas linhas de produto com potencial, mas sem comprovação de sucesso. De modo alternativo, a empresa pode limitar seu nível de compartilhamento de atividades e abrir mão dos benefícios da sinergia. Essa última condição provavelmente resultará em diversificação adicional, porém não relacionada.[136] Por exemplo, o Wal-Mart diversificou recentemente na prestação de serviços de *downloading* de vídeos, competindo diretamente com o iTunes da Apple.[137] As pesquisas apontam que uma empresa que adota a estratégia de diversificação relacionada é mais cuidadosa ao entrar em novas áreas de atuação, ao passo que uma empresa que usa uma estratégia de diversificação não relacionada pode ser mais propensa a oferecer um valor maior em uma proposta de aquisição porque um proponente não relacionado pode não possuir informações completas a respeito da empresa a ser adquirida.[138]

Recursos e diversificação

Conforme foi discutido, existem diversos incentivos de valor neutro para a diversificação das empresas bem como incentivos para a criação de valor, como a capacidade para gerar economias de esfera de ação. No entanto, mesmo quando existem incentivos para a diversificação, uma empresa precisa ter as categorias e os níveis de recursos e capacidades necessários para usar com sucesso uma estratégia de diversificação em nível corporativo.[139] Embora os recursos tangíveis, intangíveis e financeiros facilitem a diversificação, eles variam em sua capacidade para criação de valor. Realmente, o grau em que os recursos são valorizados, raros, onerosos para imitar e insubstituíveis (Capítulo 3) influencia sua capacidade para criação de valor por meio da diversificação. Por exemplo, os fluxos de caixa livres representam um recurso financeiro que pode ser usado para diversificar a empresa. No entanto, em comparação com a diversificação pautada em recursos intangíveis, a diversificação baseada em recursos financeiros é mais visível para os concorrentes e, portanto, mais imitável e com menor probabilidade de criar valor a longo prazo.[140]

Recursos tangíveis incluem as instalações industriais e os equipamentos necessários para a produção de um bem ou serviço e tendem a ser ativos menos flexíveis. Todo excesso de capacidade pode ser usado com frequência somente para produtos relacionados muito de perto, especialmente aqueles que exigem tecnologias de fabricação de grande similaridade. O excesso de capacidade de outros recursos tangíveis, como uma equipe de vendas, pode ser usado para uma diversificação com mais facilidade. Mais uma vez o excesso de capacidade em uma equipe de vendas é mais eficaz com a diversificação relacionada, porque pode ser utilizado para a venda de produtos similares. A equipe de vendas possuiria mais conhecimentos sobre as características, os clientes e os canais de distribuição de produtos relacionados.[141] Recursos tangíveis podem criar inter-relações entre recursos nas áreas de produção, marketing, suprimentos e tecnologia, definidas anteriormente como atividades compartilhadas. Recursos intangíveis são mais flexíveis do que ativos físicos tangíveis para tornar mais fácil a diversificação. Embora os recursos tangíveis partilhados possam induzir a diversificação, recursos intangíveis como conhecimento tácito podem incentivar uma diversificação até maior.[142]

Diversificação com redução do valor: razões gerenciais para a diversificação

As razões gerenciais para a diversificação podem existir independentemente das razões de valor neutro (isto é, incentivos e recursos) e das razões para criação de valor (por exemplo: economias de esfera de ação).[143] O empenho por maior remuneração representa um motivo para os altos executivos diversificarem sua empresa para além dos níveis de criação de valor e de neutralidade do valor.[144] Pelo fato de a diversificação e o tamanho da empresa possuírem correlação elevada, à medida que o tamanho aumenta o mesmo ocorre com a remuneração dos executivos.[145] As grandes empresas também são mais complexas e difíceis de administrar e, portanto, os gerentes das empresas de maior parte ganham mais.[146] Além disso, os altos executivos podem diversificar uma empresa a fim de diluir seu próprio risco de permanecerem empregados,[147] isto é, os gerentes podem ter a percepção de que empresas diversificadas estão menos sujeitas a picos e vales que poderiam conduzir à perda do emprego.

Pelo fato de o empenho por maior remuneração e menor risco gerencial poder atender aos interesses dos altos executivos à custa de outros *stakeholders*, como os acionistas, os mecanismos internos de governança possuem a finalidade de limitar as tendências dos dirigentes para a diversificação excessiva. Tais mecanismos, como o conselho de administração, o monitoramento por parte dos proprietários e a remuneração dos executivos, são discutidos detalhadamente no Capítulo 11. Mesmo quando esses mecanismos de governança interna não estiverem consolidados, o mercado externo para fins de controle corporativo pode atuar como uma força disciplinadora para os altos executivos. Por exemplo, a diminuição de uma governança interna adequada pode resultar em desempenho ruim, provocando uma disputa pelo controle acionário.[148] Os novos controladores conseguem aumentar a eficiência substituindo equipes gerenciais ineficazes; no entanto, os gerentes em situação de risco podem adotar técnicas defensivas ou *poison pills* (literalmente "pílulas envenenadas") para dificultar a aquisição e preservar seus cargos. Um exemplo de uma *poison pill* é o *golden parachute* (literalmente, "paraquedas de ouro"), que proporciona uma compensação elevada aos dirigentes da empresa adquirida para se demitirem após a mudança da composição acionária (outras táticas defensivas são discutidas no Capítulo 11).[149] Portanto, uma ameaça de governança externa, embora limite os gerentes, não consegue controlar de modo perfeito os motivos gerenciais para a diversificação.[150]

Os altos executivos também podem ser contidos tendo em vista as preocupações com suas reputações. Se uma boa reputação facilita o uso de poder, uma má reputação pode diminuí-lo. De modo análogo, um mercado externo forte para o talento gerencial pode impedir que os gerentes almejem uma diversificação inapropriada.[151] Além disso, uma empresa diversificada pode observar outras empresas diversificadas a fim de adquirir aquelas mal administradas visando a reestruturação de sua própria base de ativos. Saber que suas empresas poderiam ser adquiridas caso não sejam administradas de modo bem-sucedido incentiva os gerentes ao uso de estratégias de criação de valor.

Mesmo quando mecanismos de governança fazem que os gerentes corrijam um problema de diversificação mal implementada ou excessiva, essas iniciativas são associadas a abrir mão de algo para obter um resultado. Por exemplo, empresas que surgem como desmembramento de outras maiores podem não obter ganhos de produtividade, muito embora a criação dessas novas entidades atenda aos melhores interesses da empresa que lhes deu origem.[152] De modo correspondente, a suposição de que é necessário manter os gerentes sob supervisão pode não ser inteiramente correta e algumas vezes a governança pode criar consequências piores do que aquelas resultantes de uma diversificação excessiva.

A governança em grau exagerado pode fazer que os gerentes de uma empresa sejam excessivamente cautelosos e adversos ao risco.[153] Stephen Odland, CEO do Office Depot, apoia a Lei Sarbanes-Oxley de 2002 que revisou a governança nas empresas de capital aberto nos EUA, ressaltando, porém, que "se amedrontarmos os gerentes até o ponto em que não estão dispostos a arriscar algo, poderíamos prejudicar nossa economia e nossa capacidade para competir no mundo".[154] A maioria das grandes empresas de capital aberto é lucrativa porque os gerentes são supervisores conscientes dos recursos de uma empresa e muitas de suas ações estratégicas, incluindo aquelas relacionadas à seleção de uma estratégia de diversificação, contribuem para o sucesso competitivo da empresa.[155] Portanto, constitui um pessimismo exagerado supor que os gerentes agem em defesa de seu próprio interesse em oposição aos interesses da empresa.[156] Os mecanismos de governança devem ser criados para lidar com as exceções às normas de criação de valor e de uma riqueza crescente para os acionistas.

Conforme mostrado na Figura 8.7, o nível de diversificação que se espera exerça o maior efeito positivo sobre o desempenho baseia-se parcialmente no modo como a interação entre influências para criação de valor, influências de valor neutro e influências para redução do valor afeta a adoção de estratégias de diversificação específicas. Conforme indicado anteriormente, quanto maiores os incentivos e mais flexíveis os recursos, maior o nível de diversificação esperado. Os recursos financeiros (os mais flexíveis) devem apresentar uma relação mais

Figura 8.7: Modelo resumido da relação entre diversificação e desempenho da empresa

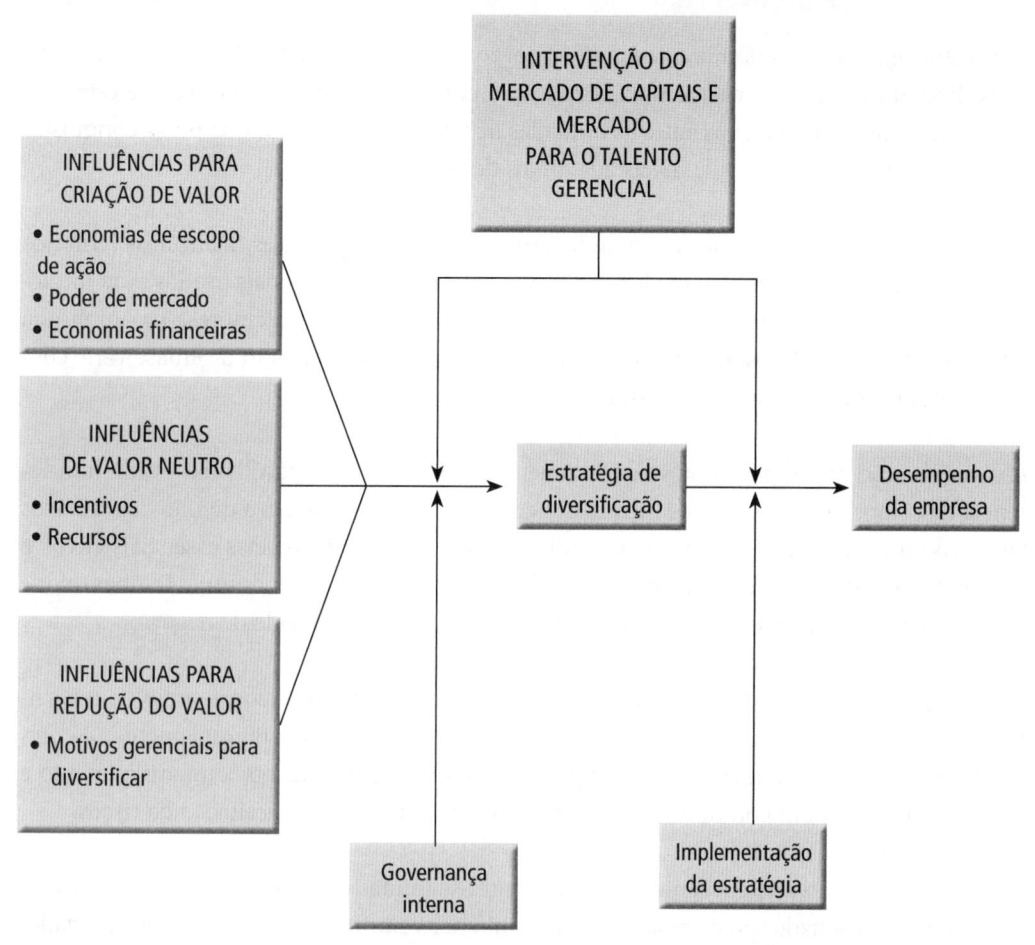

```
                    INTERVENÇÃO DO
                    MERCADO DE CAPITAIS E
                    MERCADO
                    PARA O TALENTO
                    GERENCIAL
                           │
    INFLUÊNCIAS PARA       │
    CRIAÇÃO DE VALOR       │
    • Economias de escopo  │
      de ação              ▼
    • Poder de mercado
    • Economias financeiras

    INFLUÊNCIAS            Estratégia de      Desempenho
    DE VALOR NEUTRO   ───► diversificação ──► da empresa
    • Incentivos              ▲         ▲
    • Recursos                │         │

    INFLUÊNCIAS PARA
    REDUÇÃO DO VALOR
    • Motivos gerenciais para
      diversificar
                           Governança    Implementação
                           interna       da estratégia
```

Fonte: R. E. Hoskisson e M. A. Hitt, Antecedents and performance outcomes of diversification: A review and critique of theoretical perspectives, *Journal of Management*, 1990, 16, p. 498.

forte com o grau de diversificação do que os recursos tangíveis ou intangíveis. Os recursos tangíveis (os mais inflexíveis) são úteis principalmente para a diversificação relacionada.

Como discutido neste capítulo, as empresas conseguem criar mais valor usando eficazmente as estratégias de diversificação; no entanto, a diversificação precisa ser mantida sob controle por meio da governança corporativa interna (isto é, ameaça de mudança de controle acionário) e o mercado externo de talento executivo ajuda a controlar as motivações para redução de valor que os altos executivos possuem para a diversificação. Ferramentas apropriadas para implementação de estratégias, como as estruturas organizacionais discutidas neste capítulo, também são importantes.

Resumo

- Uma estratégia única ou dominante em nível corporativo pode ser preferível a uma estratégia mais diversificada, a não ser que uma corporação possa desenvolver economias de esfera de ação ou economias financeiras entre as unidades de negócio ou a menos que possa conquistar poder de mercado por meio de níveis adicionais de diversificação.

- Controles estratégicos (critérios em grande parte subjetivos) e controles financeiros (critérios em grande parte objetivos) são os dois tipos de controles organizacionais usados para implementar com sucesso a estratégia em nível corporativo escolhida pela empresa na âmbito da estrutura M. Os dois tipos de controle são importantes, embora seu grau de ênfase varie com base nos ajustes individuais entre estratégia e estrutura.

- A diversificação relacionada cria valor por meio de atividades compartilhadas ou de transferência de competências essenciais. Atividades compartilhadas envolvem a divisão dos recursos tangíveis entre as unidades de negócios. A transferência de competências essenciais envolve a transferência das competências desenvolvidas em uma unidade para outra. Também pode envolver a transferência de competências entre a matriz e uma unidade de negócio.

- Atividades partilhadas encontram-se associadas à estratégia em nível corporativo de diversificação limitada e relacionada. Atividades partilhadas são onerosas para implementar e coordenar, podem criar benefícios desiguais para as divisões envolvidas no compartilhamento e podem resultar em um comportamento gerencial menos propenso à aceitação de riscos.

- A transferência de competências essenciais encontra-se muitas vezes associada à diversificação vinculada e relacionada (ou de relação mista), embora as empresas que se valem de atividades partilhadas e de transferência de competências essenciais possam usá-la.

- A alocação de recursos ou a reestruturação eficiente dos ativos de uma empresa-alvo e a submissão desses ativos a controles financeiros rigorosos são duas maneiras para se realizar uma diversificação não relacionada bem-sucedida. Esses métodos concentram-se na obtenção de economias financeiras.

- Combinações específicas de configurações diferentes da estrutura M são ajustadas a diferentes estratégias de diversificação em nível corporativo para a implementação adequada dessas estratégicas. A forma M cooperativa, usada para a implementação da estratégia em nível corporativo limitada e relacionada, possui uma matriz centralizada e mecanismos extensivos de integração. Os incentivos divisionais encontram-se vinculados ao desempenho corporativo geral. A estrutura M de UNE vinculada e relacionada estabelece centros de lucro distintos na empresa diversificada. Cada centro de lucro pode ter divisões que ofereçam produtos similares, porém os centros não estão relacionados entre si. A forma M competitiva, adotada para a implementação da estratégia de diversificação não relacionada, é altamente centralizada, não possui mecanismos de integração e utiliza critérios financeiros objetivos para avaliar o desempenho de cada unidade.

- A principal razão para uma empresa diversificar-se é a criação de mais valor. No entanto, a diversificação algumas vezes é almejada devido aos incentivos fiscais e às políticas antitruste oficiais, ao desempenho inadequado e a incertezas a respeito do fluxo de caixa futuro ou para redução do risco.

- Os motivos gerenciais para a diversificação (incluindo aumento da remuneração) podem conduzir a uma diversificação excessiva e a uma redução da capacidade da empresa para criar valor. Por outro lado, os gerentes também podem ser gestores eficazes dos ativos da empresa.

- As pessoas que tomam decisões devem prestar atenção à organização interna e ao ambiente externo da empresa quando tomam decisões a respeito do nível de diversificação para sua companhia. Recursos internos são determinantes fundamentais da direção que a diversificação deve assumir. No entanto, oportunidades no ambiente externo da empresa podem facilitar níveis adicionais de diversificação, o mesmo ocorrendo com ameaças inesperadas dos concorrentes.

Questões éticas

1. Suponha que você ouviu por acaso a seguinte afirmativa: "As pessoas que gerenciam uma empresa diversificada não relacionada defrontam-se com desafios éticos muito mais difíceis do que aquelas que gerenciam uma empresa com uma unidade de negócios dominante". Com base em sua leitura deste capítulo, você considera essa afirmativa verdadeira ou falsa? Por quê?

2. É ético os gerentes diversificarem uma empresa em vez de direcionar os lucros excedentes aos acionistas? Dê razões para justificar sua resposta.

3. Os temas éticos estão associados ao uso de controles estratégicos? Ao uso de controles financeiros? Em caso afirmativo, quais são esses controles?

4. Existem temas éticos envolvidos na implementação das formas M de caráter cooperativo e competitivo? Sendo um executivo de alto escalão, como você lidaria com eles?

5. Que práticas desprovidas de ética poderiam ocorrer quando uma empresa se reestrutura? Explique.

6. Você acredita que gerentes éticos não são afetados pelos motivos gerenciais para a diversificação discutidos neste capítulo? Em caso afirmativo, por quê? Além disso, você considera que gerentes éticos poderiam auxiliar seus pares a como evitar decisões de diversificação com base nos motivos gerenciais para a diversificação (por exemplo: maior remuneração)? Por quê?

Referências bibliográficas

1. PORTER, M. E. *Competitive Strategy*, Nova York: The Free Press, 1980. p. xvi.
2. HAMBRICK, D. C.; FREDRICKSON, J. W. Are you sure you have a strategy? *Academy of Management Executive*, 19(4), 2005. p. 54.
3. HOSKISSON, R. E.; JOHNSON, R. A.; YIU, D.; WAN, W. P. Restructuring strategies of diversified business groups: Differences associated with country institutional environments. In: HITT, M. A.; FREEMAN, R. E.; HARRISON, J. S. (eds.). *Handbook of Strategic Management*, Oxford: Blackwell Publishers, 2001. p. 433-463; LUO, Y. Determinants of entry in an emerging economy: A multilevel approach. *Journal of Management Studies*, 38, 2001. p. 443-472; PALMER, T. B.; WISEMAN, R. M. Decoupling risk taking from income stream uncertainty: A holistic model of risk. *Strategic Management Journal*, 20, 1999. p. 1.037-1.062.
4. BOWMAN, E. H.; HELFAT, C. E. Does corporate strategy matter? *Strategic Management Journal*, 22, 2001. p. 1-23; HITT, M. A.; HOSKISSON, R. E.; KIM, H. International diversification: Effects on innovation and firm performance in product-diversified firms. *Academy of Management Journal*, 40, 1997. p: 767-798.
5. CHU, P. Y.; TENG, M. J.; HUANG, C. H.; LIN, H. S. Virtual integration and profitability: Some evidence from Taiwan's IC industry. *International Journal of Technology Management*, 29, 2005. p. 152-172; KWAK, M. Maximizing value through diversification. *MIT Sloan Management Review*, 43(2), 2002. p. 10; BURGELMAN, R. A.; DOZ, Y. L. The power of strategic integration. *MIT Sloan Management Review*, 42(3), 2001. p. 28-38; MARKIDES, C. C. To diversify or not to diversify? *Harvard Business Review*, 75(6), 1997. p. 93-99.
6. WRIGHT, P.; KROLL, M.; LADO, A.; VAN NESS, B. The structure of ownership and corporate acquisition strategies. *Strategic Management Journal*, 23, 2002. p. 41-53; MARKIDES, C. C.; WILLIAMSON, P. J. Corporate diversification and organizational structure: A resourcebased view. *Academy of Management Journal*, 39, 1996. p. 340-367.
7. CAMPBELL, A.; GOOLD, M.; ALEXANDER, M. Corporate strategy: The question for parenting advantage. *Harvard Business Review*, 73(2), 1995. p. 120-132.
8. BARNEY, J. B. *Gaining and Sustaining Competitive Advantage*, 2ª. ed., Upper Saddle River: Prentice Hall, 2002.; BRUSH, T. H.; BROMILEY, P.; HENDRICKX, M. The relative influence of industry and corporation on business segment performance: An alternative estimate. *Strategic Management Journal*, 20, 1999. p. 519-547; BRUSH, T. H.; BROMILEY, P. What does a small corporate effect mean? A variance components simulation of corporate and business effects. *Strategic Management Journal*, 18, 1997. p. 825-835.
9. HELFAT, C. E.; EISENHARDT, K. M. Inter-temporal economies of scope, organizational modularity, and the dynamics of diversification. *Strategic Management Journal*, 25, 2004. p. 1.217-1.232; BERGH, D. D. Diversification strategy research at a crossroads: Established, emerging and anticipated paths. In: HITT, M. A.; FREEMAN, R. E.; HARRISON, J. S. (eds.). *Handbook of Strategic Management*, Oxford, Blackwell Publishers, 2001. p. 363-383.
10. BERGH, Diversification strategy research at a crossroads. p. 363.
11. KIM, C.; KIM, S.; PANTZALIS, C. Firm diversification and earnings volatility: An empirical analysis of U.S.-based MNCs. *American Business Review*, 19(1) 2001. p. 26-38; LEWELLEN, W. A pure financial rationale for the conglomerate merger. *Journal of Finance*, 26, 1971. p. 521-537.
12. HARZING, A. W. Acquisitions versus greenfield investments: International strategy and management of entry modes. *Strategic Management Journal*, 23, 2002. p. 211-227; FISHER, J. D.; LIANG, Y. Is sector diversification more important than regional diversification? *Real Estate Finance*, 17(3), 2000. p. 35-40.
13. HAMBRICK; FREDRICKSON. Are you sure you have a strategy?
14. RUMELT, R. P. *Strategy, Structure, and Economic Performance*, Boston: Harvard Business School Press, 1974; WRIGLEY, L. Divisional autonomy and diversification, dissertação de doutorado, Harvard University, Cambridge, 1970.
15. JetBlue Airways Corporation. Hoovers, http://www.hoovers.com/jetblue, 12 fev. 2007.
16. IRELAND, R. D.; HOSKISSON, R. E.; HITT, M. A. *Understanding Business Strategy*, Mason: Thomson/South-Western, 2006. p. 139.
17. Time Warner, http://timewarner.broadbandnational.com, 12 fev. 2007; Comcast, http://www.comcast.com/Corporate, 12 fev. 2007.
18. Johnson & Johnson. Brands from our operating companies, http://www.jnj.com/product/brands/index.htm, 13 fev. 2007.
19. United Technologies, http://www.utc.com/units/power.htm, 13 fev. 2007.
20. PALICH, L. E.; CARDINAL, L. B.; MILLER, C. C. Curvilinearity in the diversification-performance linkage: An examination of over three decades of research. *Strategic Management Journal*, 21, 2000. p. 155-174.
21. STICKEL, E. Uncertainty reduction in a competitive environment. *Journal of Business Research*, 51, 2001. p. 169-177; CHATTERJEE, S.; SINGH, J. Are tradeoffs inherent in diversification moves? A simultaneous model for type of diversification and mode of expansion decisions. *Management Science*, 45, 1999. p. 25-41.
22. HOSKISSON, R. E.; JOHNSON, R. A.; TIHANYI, L.; WHITE, R. E. Diversified business groups and corporate refocusing in emerging economies. *Journal of Management*, 31, 2005. p. 941-965; JOHNSON, R. A. Antecedents and outcomes of corporate refocusing. *Journal of Management*, 22, 1996. p. 437-481.
23. CHUNG, C. Beyond Guanxi: Network contingencies in Taiwanese business groups. *Organization Studies*, 27, 2006. p. 461-480; CHANG, S. J.; HONG, J. How much does the business group matter in Korea? *Strategic Management Journal*, 23, 2002. p. 265-274; CHUNG, C. Markets, culture and institutions: The emergence of large business groups in Taiwan, 1950s-1970s. *Journal of Management Studies*, 38, 2001. p. 719-745; KEISTER, L. A. *Chinese Business Groups: The Structure and Impact of Inter-Firm Relations during Economic Development*, Nova York: Oxford University Press, 2000; KHANNA, T.; PALEPU, K. Why focused strategies may be wrong for emerging markets. *Harvard Business Review*, 75(4), 1997. p. 41-50.
24. LAKSHMAN, N. Private equity invades India. *Business Week*, 8 jan. 2007. p. 40; MANIKUTTY, S. Family business groups in

India: A resource-based view of the emerging trends. *Family Business Review,* 13, 2000. p. 279-292.

25. Mishra, A.; Akbar, M. Empirical examination of diversification strategies in business groups: Evidence from emerging markets. *International Journal of Emerging Markets,* 2, 2007. p. 22-38; Inside story. *Economist,* 6 dez. 1997. p. 7-9.

26. Hoskisson; Johnson; Tihanyi; White, Diversified business groups; Dewenter, K.; Novaes, W.; Pettway, R. H. Visibility *versus* complexity in business groups: Evidence from Japanese keiretsus. *Journal of Business,* 74, 2001. p. 79-100.

27. Silverman, B. S. Technological resources and the direction of corporate diversification: Toward an integration of the resource-based view and transaction cost economics. *Administrative Science Quarterly,* 45, 1999. p. 1.109-1.124; Collis, D.; Montgomery, C. A. Competing on resources: Strategy in the 1990s. *Harvard Business Review,* 73(4), 1995. p. 118-128; Peteraf, M. A. The cornerstones of competitive advantage: A resourcebased view. *Strategic Management Journal,* 14, 1993. p. 179-191.

28. DeSarbo, W. S.; Di Benedetto, C. A.; Song, M.; Sinha, I. Revisiting the Miles and Snow strategic framework: Uncovering interrelationships between strategic types, capabilities, environmental uncertainty, and firm performance. *Strategic Management Journal,* 26, 2005. p. 47-74; Song, J. Firm capabilities and technology ladders. *Strategic Management Journal,* 23, 2002. p. 191-210; Farjoun, M. The independent and joint effects of the skill and physical bases of relatedness in diversification. *Strategic Management Journal,* 19, 1998. p. 611-630.

29. Hoskisson, R. E.; Busenitz, L. W. Market uncertainty and learning distance in corporate entrepreneurship entry mode choice. In: Hitt, M. A.; Ireland, R. D.; Camp, S. M.; Sexton, D. L. (eds.). *Strategic Entrepreneurship: Creating a New Mindset,* Oxford: Blackwell Publishers, 2002. p.150-172; McEvily, S. K.; Chakravarthy, B. The persistence of knowledge-based advantage: An empirical test for product performance and technological knowledge. *Strategic Management Journal,* 23, 2002. p. 285-305.

30. Chandler, A. *Strategy and Structure,* Cambridge: MIT Press, 1962.

31. Greco, J. Alfred P. Sloan, Jr. (1875-1966): The original organizational man. *Journal of Business Strategy,* 20(5), 1999. p. 30-31.

32. Zhou, H. Market structure and organizational form. *Southern Economic Journal,* 71, 2005. p. 705-719; Itoh, H. Corporate restructuring in Japan, Part I: Can Mform organization manage diverse businesses? *Japanese Economic Review,* 54, 2003. p. 49-73.

33. Karim, S. Modularity in organizational structure: The reconfiguration of internally developed and acquired business units. *Strategic Management Journal,* 27, 2006. p. 799-823.

34. Williamson, O. E. Strategizing, economizing, and economic organization. In: Rumelt, R. P.; Schendel, D. E.; Teece, D. J. (eds.). *Fundamental Issues in Strategy,* Cambridge: Harvard Business School Press, 1994. p. 361-401; Chandler. *Strategy and Structure.*

35. Hoskisson, R. E.; Hill, C. W. L.; Kim, H. The multidivisional structure: Organizational fossil or source of value? *Journal of Management,* 19, 1993. p. 269-298.

36. Chandler, A. D. The functions of the HQ unit in the multibusiness firm. In: Rumelt, R. P.; Schendel, D. E.; Teece, D. J. (eds.). *Fundamental Issues in Strategy,* Cambridge: Harvard Business School Press, 1994. p. 327.

37. Williamson, O. E. *The Economic Institutions of Capitalism: Firms, Markets, and Relational Contracting,* Nova York: Macmillan, 1985.

38. Venkataraman, S.; Sarasvathy, S. D. Strategy and entrepreneurship: Outlines of an untold story. In: Hitt, M. A.; Freeman, R. E.; Harrison, J. S. (eds.). *Handbook of Strategic Management,* Oxford: Blackwell Publishers, 2001. p. 650-668.

39. Luo, Y. Contract, cooperation, and performance in international joint ventures. *Strategic Management Journal,* 23, 2002. p. 903-919; Marginson, D. E. W. Management control systems and their effects on strategy formation at middle-management levels: Evidence from a U.K. organization. *Strategic Management Journal,* 23, 2002. p. 1.019-1.031.

40. Kuratko, D. F; Ireland, R. D.; Hornsby, J. S. Improving firm performance through entrepreneurial actions: Acordia's corporate entrepreneurship strategy. *Academy of Management Executive,* 15(4), 2001. p. 60-71.

41. Harrison, J. S.; St. John, C. H. *Foundations in Strategic Management,* 4ª. ed., Cincinnati: South-Western, 2008.

42. Incandela, D.; McLaughlin, K. L.; Shi, C. S. Retailers to the world. *McKinsey Quarterly,* 3, 1999. p. 84-97.

43. Hoskisson, R. E.; Hitt, M. A.; Ireland, R. D. The effects of acquisitions and restructuring strategies (strategic refocusing) on innovation. In: Von Krogh, G.; Sinatra, A.; Singh, H. (eds.). *Managing Corporate Acquisition,* Londres: MacMillan, 1994. p. 144-169.

44. Hoskisson, R. E.; Hitt, M. A. Strategic control and relative R&D investment in multiproduct firms. *Strategic Management Journal,* 9, 1988. p. 605-621.

45. Gary, M. S. Implementation strategy and performance outcomes in related diversification. *Strategic Management Journal,* 26, 2005. p. 643-664; Tanriverdi, H.; Venkatraman, N. Knowledge relatedness and the performance of multibusiness firms. *Strategic Management Journal,* 26, 2005. p. 97-119.

46. Peng, M. W.; Lee, H. S.; Wang, D. Y. L. What determines the scope of the firm over time? A focus on institutional relatedness. *Academy of Management Review,* 30, 2005. p. 622-633; Porter, M. E. *Competitive Advantage,* Nova York: The Free Press, 1985. p. 328.

47. Lu, J. W.; Beamish, P. W. International diversification and firm performance: The S-curve hypothesis. *Academy of Management Journal,* 47, 2004. p. 598- 609; Schroeder, R. G.; Bates, K. A.; Junttila, M. A. A resource-based view of manufacturing strategy and the relationship to manufacturing performance. *Strategic Management Journal,* 23, 2002. p. 105-117.

48. Procter & Gamble. All P&G Products, http://www.pg.com/en_US/products/all_products/index.jhtml, 13 fev. 2007.

49. Pehrsson, A. Business relatedness and performance: A study of managerial perceptions. *Strategic Management Journal,* 27, 2006. p. 265-282; Gupta, D.; Gerchak, Y. Quantifying operational synergies in a merger/acquisition. *Management Science,* 48, 2002. p. 517-533.

50. Lafley, A. G. Letter to shareholders. P&G 2006 Annual Report, 2006. p. 3-4.

51. St. John, C. H.; Harrison, J. S. Manufacturingbased relatedness, synergy, and coordination. *Strategic Management Journal,* 20, 1999. p. 129-145.

52. Marks, M. L.; Mirvis, P. H. Managing mergers, acquisitions, and alliances: Creating an effective transition structure. *Organizational Dynamics,* 28(3), 2000. p. 35-47.

53. Park, C. Prior performance characteristics of related and unrelated acquirers. *Strategic Management Journal,* 24, 2003. p. 471-480; Delong, G. Stockholder gains from focusing *versus* diversifying bank mergers. *Journal of Financial Economics,* 2, 2001. p. 221-252; Brush, T. H. Predicted change in operational synergy and post-acquisition performance of acquired businesses. *Strategic Management*

Journal, 17, 1996. p. 1-24; ZHANG, H. Wealth effects of U.S. bank takeovers. *Applied Financial Economics*, 5, 1995. p. 329-336.

54. BERGH, D. D. Size and relatedness of units sold: An agency theory and resource-based perspective. *Strategic Management Journal*, 16, 1995. p. 221-239.

55. LUBATKIN, M.; CHATTERJEE, S. Extending modern portfolio theory into the domain of corporate diversifi cation: Does it apply? *Academy of Management Journal*, 37, 1994. p. 109-136.

56. VAN OIJEN, A. Product diversification, corporate management instruments, resource sharing, and performance. *Academy of Management Best Paper Proceedings* (em CD-ROM, Business Policy and Strategy Division), 2001; KONO, T. A strong head office makes a strong company. *Long Range Planning*, 32(2), 1999. p. 225.

57. LAFLEY. Letter to shareholders. p. 6; BROOKER, R. The Un-CEO. *Fortune*, 12 set. 2002. p. 88-96.

58. RUMELT. *Strategy, Structure and Economic Performance.*

59. MARKIDES, C. C.; WILLIAMSON, P. J. Corporate diversification and organizational structure: A resourcebased view. *Academy of Management Journal*, 39, 1996. p. 340- 367; HILL, C. W. L.; HITT, M. A.; HOSKISSON, R. E. Cooperative *versus* competitive structures in related and unrelated diversified firms. *Organization Science*, 3, 1992. p. 501-521.

60. DRUCKER, P. F. They're not employees, they're people. *Harvard Business Review*, 80(2), 2002. p. 70-77; ROBINS, J.; WIERSEMA, M. F. A resource-based approach to the multibusiness firm: Empirical analysis of portfolio interrelationships and corporate financial performance. *Strategic Management Journal*, 16, 1995. p. 277-299.

61. KOTABE, M.; MARTIN, X.; DOMOTO, H. Gaining from vertical partnerships: Knowledge transfer, relationship duration, and supplier performance improvement in the U.S. and Japanese automotive industries. *Strategic Management Journal*, 24, 2003. p. 293-316; BRANNEN, M. Y.; LIKER, J. K.; FRUIN, W. M. Recontextualization and factory-to--factory knowledge transfer from Japan to the US: The case of NSK. In: LIKER, J. K.; FRUIN, W. M.; ADLER, P. (eds.). *Remade in America: Transplanting and Transforming Japanese Systems*, Nova York: Oxford University Press, 1999. p. 117-153; CAPRON, L.; DUSSAUGE, P.; MITCHELL, W. Resource redeployment following horizontal acquisitions in Europe and the United States, 1988-1992. *Strategic Management Journal*, 19, 1998. p. 631-661.

62. CAPRON, L.; PISTRE, N. When do acquirers earn abnormal returns? *Strategic Management Journal*, 23, 2002. p. 781-794.

63. MILLER, D. J. Technological diversity, related diversifi cation and firm performance. *Strategic Management Journal*, 27, 2006. p. 601-619.

64. Henkel's Lehner to expand adhesives unit through acquisitions, http://www.bloomberg.com, 17 ago. 2005.

65. SPENCER, J. W. Firms' knowledge-sharing strategies in the global innovation system: Empirical evidence from the flat panel display industry. *Strategic Management Journal*, 24, 2003. p. 217-233.

66. Virgin Group Ltd., Hoovers, http://www.hoovers.com, 13 fev. 2007.

67. History of Cooper Industries, http://www.cooperindustries.com/common/aboutCooper/index.cfm, 13 fev. 2007.

68. Honda Investor Relations, http://world.honda.com/investors, 15 fev. 2007.

69. STALK JR., G. Rotate the core. *Harvard Business Review*, 83(3), 2005. p. 18-19; ZELLNER, C.; FORNAHL, D. Scientific knowledge and implications for its diffusion. *Journal of Knowledge Management*, 6(2), 2002. p. 190-198.

70. General Electric, http://www.ge.com/en/company/businesses/index.htm, 13 fev. 2007.

71. GE to acquire Abbott's *in vitro* and point-of-care diagnostics businesses for $ 8.13 billion, broadening capabilities in growing global industry, http://home.businesswire.com, 13 fev. 2007.

72. SHEPHERD, W. G. On the core concepts of industrial economics. In: JONG, H. W. de; SHEPHERD, W. G. (eds.). *Mainstreams in Industrial Organization*, Boston: Kluwer Publications, 1986.

73. GENESOVE, D.; MULLIN, W. P. Rules, communication, and collusion: Narrative evidence from the Sugar Institute Case. *American Economic Review*, 91, 2001. p. 379-398; GIMENO, J.; WOO, C. Y. Multimarket contact, economies of scope, and firm performance. *Academy of Management Journal*, 42, 1999. p. 239-259.

74. Comcast Digital Voice, http://www.comcast.com/comcastdigitalvoice/default.html, 13 fev. 2007.

75. BRICKLIN, D. Installing Verizon FIOS fiber-optic Internet service to my house, http://www.bricklin.com/fiosinstall.htm, 13 fev. 2007.

76. HAVEMAN, H. A.; NONNEMAKER, L. Competition in multiple geographic markets: The impact on growth and market entry. *Administrative Science Quarterly*, 45, 2000. p. 232-267.

77. GEYSKENS, I.; STEENKAMP, J. B. E. M.; KUMAR, N. Make, buy, or ally: A transaction cost theory metaanalysis. *Strategic Management Journal*, 49, 2006. p. 519-543; GULATI, R.; LAWRENCE, P. R.; PURANAM, P. Adaptation in vertical relationships: Beyond incentive conflict. *Strategic Management Journal*, 26, 2005. p. 415-440.

78. ROTHAERMEL, F. T.; HITT, M. A.; JOBE, L. A. Balancing vertical integration and strategic outsourcing: Effects on product portfolio, product success, and firm performance. *Strategic Management Journal*, 27, 2006. p. 1.033.

79. Ibid.

80. GRIFFIN, D. A.; CHANDRA, A.; FEALEY, T. Strategically employing natural channels in an emerging market. *Thunderbird International Business Review*, 47(3), 2005. p. 287-311; DARR, A.; TALMUD, I. The structure of knowledge and seller-buyer networks in markets for emergent technologies. *Organization Studies*, 24, 2003. p. 443-461.

81. WILLIAMSON, O. E. Economics and organization: A primer. *California Management Review*, 38(2), 1996. p. 131-146.

82. SMITHFIELD. Acquisitions at a glance, http://www.smithfieldfoods.com/Investor/Acquisitions, 17 fev. 2007; KILLMAN, S. Smithfield Foods CEO welcomes backlash over its hog farms. *Wall Street Journal*, 21 ago. 2001. p. B4.

83. JACOBIDES, M. G. Industry change through vertical disintegration: How and why markets emerged in mortgage banking. *Academy of Management Journal*, 48, 2005. p. 465-498.

84. KOPCZAK, L R.; JOHNSON, M. E. The supply-chain management effect. *MIT Sloan Management Review*, 3, 2003. p. 27-34; HARRIGAN, K. R. Strategic flexibility in the old and new economies. In: HITT, M. A.; FREEMAN, R. E.; HARRISON, J. S. (eds.). *Handbook of Strategic Management*, Oxford: Blackwell Publishers, 2001. p. 97-123.

85. SUBRAMANI, M. R.; VENKATRAMAN, N. Safeguarding investments in asymmetric interorganizational relationships: Theory and evidence. *Academy of Management Journal*, 46, 2003. p. 46-62; KRANTON, R. E.; MINEHART, D. F. Networks *versus* vertical integration. *Rand Journal of Economics*, 3, 2001. p. 570-601.

86. Solectron Corporation, http://www.solectron.com/main/index.html, 13 fev. 2007.

87. KOTHANDARAMAN, P.; WILSON, D. T. The future of competition: Value-creating networks. *Industrial Marketing Management*, 30, 2001. p. 379-389.

88. EISENHARDT, K. M.; GALUNIC, D. C. Coevolving: At last, a way to make synergies work. *Harvard Business Review*, 78(1), 2000. p. 91-111.

89. Schoenberg, R. Knowledge transfer and resource sharing as value creation mechanisms in inbound continental European acquisitions. *Journal of Euro-Marketing*, 10, 2001. p. 99-114.
90. Marr, M. The Magic Kingdom looks to hit the road. *Wall Street Journal*, 8 fev. 2007. p. B1.
91. March, J. G. *A Primer on Decision Making: How Decisions Happen*, Nova York: The Free Press, 1994. p. 117-118; Galbraith, J. G.; Kazanjian, R. K. *Strategy Implementation: Structure, Systems, and Processes*, St. Paul: West Publishing Co.
92. Bergh, D. D. Predicting divestitures of unrelated acquisitions: An integrative model of ex ante conditions. *Strategic Management Journal*, 18, 1997. p. 715-732; Hill, C. W. L. Diversification and economic performance: Bringing structure and corporate management back into the picture. In: Rumelt, R. P.; Schendel, D. E.; Teece, D. J. (eds.). *Fundamental Issues in Strategy*, Boston: Harvard Business School Press, 1994. p. 297-321.
93. Porter, M. E. *Competitive Advantage*, Nova York: The Free Press, 1985.
94. Williamson, O. E. *Markets and Hierarchies: Analysis and Antitrust Implications*, Nova York: Macmillan Free Press, 1975.
95. McTague, J. Security in numbers. *Barron's*, 30 dez. 2002. p. 26; Botosan, C.; Harris, M. Motivations for changes in disclosure frequency and its consequences: An examination of voluntary quarterly segment disclosure. *Journal of Accounting Research*, 38, 2000. p. 329-353; Kochhar, R.; Hitt, M. A. Linking corporate strategy to capital structure: Diversification strategy, type, and source of financing. *Strategic Management Journal*, 19, 1998. p. 601-610.
96. Miller, D.; Eisenstat, R.; Foote, N. Strategy from the inside out: Building capability-creating organizations. *California Management Review*, 44(3), 2002. p. 37-54; Taylor, P.; Lowe, J. A note on corporate strategy and capital structure. *Strategic Management Journal*, 16, 1995. p. 411-414.
97. Campa, J. M.; Kedia, S. Explaining the diversification discount. *Journal of Finance*, 57, 2002. p. 1.731-1.762; Kwak, M. Spinoffs lead to better financing decisions. *MIT Sloan Management Review*, 42(4), 2001. p. 10; Lamont, O. A.; Polk, C. The diversification discount: Cash flows versus returns. *Journal of Finance*, 56, 2001. p. 1.693-1.721; Rajan, R.; Servaes, H.; Zingales, L. The cost of diversity: The diversification discount and inefficient investment. *Journal of Finance*, 55, 2001. p. 35-79.
98. Spoilt for choice. *Economist online*, http://www.economist.com, 5 jul 2001.
99. Thomas III, L. G. Are we all global now? Local vs. foreign sources of corporate competence: The case of the Japanese pharmaceutical industry. *Strategic Management Journal*, 25 (special issue), 2004. p. 865-886.
100. Eisenmann, T. R. The effects of CEO equity ownership and firm diversification on risk taking. *Strategic Management Journal*, 23, 2002. p. 513-534; Denis, D. J.; Denis, D. K.; Sarin, A. Agency theory and the reference of equity ownership structure on corporate diversification strategies. *Strategic Management Journal*, 20, 1999. p. 1.071-1.076; Amit, R.; Livnat, J. A concept of conglomerate diversification. *Journal of Management*, 14, 1988. p. 593-604.
101. Whittington, R. In praise of the evergreen conglomerate, Mastering Strategy (Part 6). *Financial Times*, 1 nov. 1999. p. 4.
102. Khanna, T.; Palepu, K. G.; Sinha, J. Strategies that fit emerging markets. *Harvard Business Review*, 83(6), 2005. p. 63-76; Khanna, T.; Rivkin, J. W. Estimating the performance effects of business groups in emerging markets. *Strategic Management Journal*, 22, 2001. p. 45-74.
103. Khanna, T.; Palepu, K. Is group affiliation profitable in emerging markets? An analysis of diversified Indian business groups. *Journal of Finance*, 55, 2000. p. 867-892; Khanna, T.; Palepu, K. The future of business groups in emerging markets: Long-run evidence from Chile. *Academy of Management Journal*, 43, 2000. p. 268-285.
104. Sams, S. Emerging expertise. *Harvard Business Review*, 83(5), 2005. p. 24-26.
105. Hoskisson, R. E.; Johnson, R. A.; Yiu, D.; Wan, W. P. Restructuring strategies and diversified business groups: Differences associated with country institutional environments. In: Hitt, M. A.; Freeman, R. E.; Harrison, J. S. (eds.). *Handbook of Strategic Management*, Oxford: Blackwell Publishers, 2001. p. 433-463; Chang, S. J.; Singh, H. The impact of entry and resource fit on modes of exit by multibusiness firms. *Strategic Management Journal*, 20, 1999. p. 1.019-1.035.
106. Robertson, J. Hotel chain to be sold. *Dallas Morning News*, http://www.dallasnews.com, 14 jun. 2005.
107. The Blackstone Group, Private equity group, http://www.blackstone.com/private_equity/investment.html, 13 fev. 2007.
108. Coff, R. Bidding wars over R&D-intensive firms: Knowledge, opportunism, and the market for corporate control. *Academy of Management Journal*, 46, 2003. p. 74-85.
109. Nambisan, S. Why service businesses are not product businesses. *MIT Sloan Management Review*, 42(4), 2001. p. 72-80; Doucet, T. A.; Barefield, R. M. Client base valuation: The case of a professional service firm. *Journal of Business Research*, 44, 1999. p. 127-133.
110. Hoskisson; Hill; Kim. The multidivisional structure; Hoskisson, R. E.; Hitt, M. A. Antecedents and performance outcomes of diversification: A review and critique of theoretical perspectives. *Journal of Management*, 16, 1990. p. 461-509.
111. Hill; Hitt; Hoskisson. Cooperative *versus* competitive structures. p. 512.
112. Birkinshaw, J. Strategies for managing internal competition. *California Management Review*, 44(1), 2001. p. 21-38.
113. Textron, Our company, http://www.textron.com/about/company/index.jsp, 13 fev. 2007.
114. Textron profile, http://www.textron.com, 27 ago. 2005.
115. Harrison, J. S.; O'Neill, H. M.; Hoskisson, R. E. Acquisition strategy and target resistance: A theory of countervailing effects of pre-merger bidding and postmerger integration. In: Cooper, C.; Gregory, A. (eds.). *Advances in Mergers and Acquisitions*, v. 1, Greenwich: JAI/Elsevier, 2000. p. 157-182.
116. Maremont, M. Leadership (a special report); more can be more: Is the conglomerate a dinosaur from a bygone era? The answer is no with a caveat. *Wall Street Journal*, 24 out. 2004. p. R4; Eisenmann, T. R.; Bower, J. L. The entrepreneurial M-form: Strategic integration in global media firms. *Organization Science*, 11, 2000. p. 348-355.
117. Lubatkin, M.; Merchant, H.; Srinivasan, M. Merger strategies and shareholder value during times of relaxed antitrust enforcement: The case of large mergers during the 1980s. *Journal of Management*, 23, 1997. p. 61-81.
118. Champlin, D. P.; Knoedler, J. T. Restructuring by design? Government's complicity in corporate restructuring. *Journal of Economic Issues*, 33(1), 1999. p. 41-57.
119. Scherer, R. M.; Ross, D. *Industrial Market Structure and Economic Performance*, Boston: Houghton Mifflin, 1990.
120. Shleifer, A.; Vishny, R. W. Takeovers in the 1960s and 1980s: Evidence and implications. In: Rumelt, R. P.; Schendel, D. E.; Teece, D. J. (eds.). *Fundamental Issues in Strategy*, Boston: Harvard Business School Press, 1994. p. 403-422.

121. CHATTERJEE, S.; HARRISON, J. S.; BERGH, D. D. Failed takeover attempts, corporate governance and refocusing. *Strategic Management Journal,* 24, 2003. p. 87-96; LUBATKIN; MERCHANT; SRINIVASAN. Merger strategies and shareholder value; RAVENSCRAFT, D. J.; SCHERER, R. M. *Mergers, Sell-Offs and Economic Efficiency,* Washington, DC: Brookings Institution, 1987. p. 22.

122. ZALEWSKI, D. A. Corporate takeovers, fairness, and public policy. *Journal of Economic Issues,* 35, 2001. p. 431-437; ZWEIG, P. L.; KLINE, J. P.; FOREST, S. A.; GUDRIDGE, K. The case against mergers. *Business Week,* 30 out. 1995. p. 122-130; WILLIAMS, J. R.; PAEZ, B. L.; SANDERS, L. Conglomerates revisited. *Strategic Management Journal,* 9, 1988. p. 403-414.

123. LOPEZ, E. J. New anti-merger theories: A critique. *Cato Journal,* 20, 2001. p. 359-378; The trustbusters' new tools. *Economist,* 2 mai. 1998. p. 62-64.

124. American Bar Association, http://www.abanet.org/litigation/committees/antitrust/news.html, 13 fev. 2007.

125. JENSEN, M. C. Agency costs of free cash flow, corporate finance, and takeovers. *American Economic Review,* 76, 1986. p. 323-329.

126. GILSON, R.; SCHOLES, M.; WOLFSON, M. Taxation and the dynamics of corporate control: The uncertain case for tax motivated acquisitions. In: COFFEE, J. C.; LOWENSTEIN, L.; ROSE-ACKERMAN, S. (eds.). *Knights, Raiders, and Targets: The Impact of the Hostile Takeover,* Nova York: Oxford University Press, 1988. p. 271-299.

127. STEINDEL, C. Tax reform and the merger and acquisition market: The repeal of the general utilities. *Federal Reserve Bank of New York Quarterly Review,* 11(3), 1986. p. 31-35.

128. HITT, M. A.; HARRISON, J. S.; IRELAND, R. D. *Mergers and Acquisitions: A Guide to Creating Value for Stakeholders,* Nova York: Oxford University Press, 2001.

129. PARK, C. The effects of prior performance on the choice between related and unrelated acquisitions: Implications for the performance consequences of diversification strategy. *Journal of Management Studies,* 39, 2002. p. 1.003-1.019; CHANG, Y.; THOMAS, H. The impact of diversification strategy on risk-return performance. *Strategic Management Journal,* 10, 1989. p. 271-284; GRANT, R. M.; JAMMINE, A. P.; THOMAS, H. Diversity, diversification, and profitability among British manufacturing companies, 1.972-1.984. *Academy of Management Journal,* 31, 1988. p. 771-801.

130. RUMELT. *Strategy, Structure and Economic Performance.* p. 125.

131. NICKEL, M. N.; RODRIGUEZ, M. C. A review of research on the negative accounting relationship between risk and return: Bowman's paradox. *Omega,* 30(1), 2002. p. 1-18; WISEMAN, R. M.; GOMEZ-MEJIA, L. R. A behavioral agency model of managerial risk taking. *Academy of Management Review,* 23, 1998. p. 133-153; BOWMAN, E. H. Risk seeking by troubled firms. *Sloan Management Review,* 23, 1982. p. 33-42.

132. HAMM, S. Kodak's moment of truth. *Business Week,* 19 fev. 2007. p. 42.

133. BERNARDO, A. E.; CHOWDHRY, B. Resources, real options, and corporate strategy. *Journal of Financial Economics,* 63, 2002. p. 211-234.

134. HARPER, N. W. C.; VIGUERIE, S. P. Are you too focused? *McKinsey Quarterly* (mid-summer), 2002. p. 29-38; SANDVIG, J. C.; COAKLEY, L. Best practices in small firm diversification. *Business Horizons,* 41(3), 1998. p. 33-40; SMITH, C. G.; COOPER, A. C. Established companies diversifying into young industries: A comparison of firms with different levels of performance. *Strategic Management Journal,* 9, 1988. p. 111-121.

135. Brinker International, http://www.brinker.com, 14 fev. 2007.

136. KAY, N. M.; DIAMANTOPOULOS, A. Uncertainty and synergy: Towards a formal model of corporate strategy. *Managerial and Decision Economics,* 8, 1987. p. 121-130.

137. Wal-Mart watch. *Business Week,* 19 fev. 2007. p. 31.

138. COFF, R. W. How buyers cope with uncertainty when acquiring firms in knowledge-intensive industries: Caveat emptor. *Organization Science,* 10, 1999. p. 144-161.

139. MATSUSAKA, J. G. Corporate diversification, value maximization, and organizational capabilities. *Journal of Business,* 74, 2001. p. 409-432; CHATTERJEE, S. J.; WERNERFELT, B. The link between resources and type of diversification: Theory and evidence. *Strategic Management Journal,* 12, 1991. p. 33-48.

140. KEUSLEIN, W. The Ebitda folly. *Forbes,* 17 mar. 2003. p. 165-167; KOCHHAR; HITT. Linking corporate strategy to capital structure.

141. CAPRON, L.; HULLAND, J. Redeployment of brands, sales forces, and general marketing management expertise following horizontal acquisitions: A resourcebased view. *Journal of Marketing,* 63(2), 1999. p. 41-54.

142. KNOLT, A. M.; BRYCE, D. J.; POSE, H. E. On the strategic accumulation of intangible assets. *Organization Science,* 14, 2003. p. 192-207; SMITH, R. D. Intangible strategic assets and firm performance: A multi-industry study of the resource-based view. *Journal of Business Strategies,* 17(2), 2000. p. 91-117.

143. RAPPAPORT, A. 10 ways to create shareholder value. *Harvard Business Review,* 84(9), 2006. p. 66-80.

144. COMBS, J. G.; SKILL, M. S. Managerialist and human capital explanation for key executive pay premiums: A contingency perspective. *Academy of Management Journal,* 46, 2003. p. 63-73; GELETKANYCZ, M. A.; BOYD, B. K.; FINKLESTEIN, S. The strategic value of CEO external directorate networks: Implications for CEO compensation. *Strategic Management Journal,* 9, 2001. p. 889-898; GROSSMAN, W.; HOSKISSON, R. E. CEO pay at the crossroads of Wall Street and Main: Toward the strategic design of executive compensation. *Academy of Management Executive,* 12(1), 1998. p. 43-57; FINKELSTEIN, S.; HAMBRICK, D. C. *Strategic Leadership: Top Executives and Their Effects on Organizations,* St. Paul: West Publishing Co., 1996.

145. CORDEIRO, J. J.; VELIYATH, R. Beyond pay for performance: A panel study of the determinants of CEO compensation. *American Business Review,* 21(1), 2003. p. 56-66; GRAY, S. R.; CANNELLA JR., A. A. The role of risk in executive compensation. *Journal of Management,* 23, 1997. p. 517-540; TOSI, H.; GOMEZ-MEJIA, L. The decoupling of CEO pay and performance: An agency theory perspective. *Administrative Science Quarterly,* 34, 1989. p. 169-189.

146. BLISS, R.; ROSEN, R. CEO compensation and bank mergers. *Journal of Financial Economics,* 1, 2001. p. 107-138; FINKELSTEIN, S.; D'AVENI, R. A. CEO duality as a double-edged sword: How boards of directors balance entrenchment avoidance and unity of command. *Academy of Management Journal,* 37, 1994. p. 1.070-1.108.

147. GORANOVA, M.; ALESSANDRI, T. M.; BRANDES, P.; DHARWADKAR, R. Managerial ownership and corporate diversification: A longitudinal view. *Strategic Management Journal,* 28, 2007. p. 211-225; SHEN, W.; CANNELLA JR., A. A.; Power dynamics within top management and their impacts on CEO dismissal followed by inside succession. *Academy of Management Journal,* 45, 2002. p. 1.195-1.206; SHEN, W.; CANNELLA JR., A. A. Revisiting the performance consequences of CEO succession: The impacts of successor type, postsuccession senior executive turnover, and departing CEO tenure. *Academy of Management Journal,* 45, 2002. p. 717-733; AMIHUD, Y.; LEV, B. Risk reduction as a managerial motive for conglomerate mergers. *Bell Journal of Economics,* 12, 1981. p. 605-617.

148. JANNEY, J. J. Eat or get eaten? How equity ownership and diversification shape CEO risk-taking. *Academy of*

Management Executive, 14(4), 2002. p. 157-158; Lorsch, J. W.; Zelleke, A. S.; Pick, K. Unbalanced boards. *Harvard Business Review*, 79(2), 2001. p. 28-30; Hoskisson, R. E.; Turk, T. Corporate restructuring: Governance and control limits of the internal market. *Academy of Management Review*, 15, 1990. p. 459-477.

[149.] Kahan, M.; Rock, E. B. How I learned to stop worrying and love the pill: Adaptive responses to takeover law. *University of Chicago Law Review*, 69(3), 2002. p. 871-915.

[150.] Anderson, R. C.; Bates, T. W.; Bizjak, J. M.; Lemmon, M. L. Corporate governance and firm diversification. *Financial Management*, 29(1), 2000. p. 5-22; Westphal, J. D. Board games: How CEOs adapt to increases in structural board independence from management. *Administrative Science Quarterly*, 43, 1998. p. 511-537; Seward, J. K.; Walsh, J. P. The governance and control of voluntary corporate spin offs. *Strategic Management Journal*, 17, 1996. p. 25-39; Walsh, J. P.; Seward, J. K. On the efficiency of internal and external corporate control mechanisms. *Academy of Management Review*, 15, 1990. p. 421-458.

[151.] Fama, E. F. Agency problems and the theory of the firm. *Journal of Political Economy*, 88, 1980. p. 288-307.

[152.] Johnson, R. A. Antecedents and outcomes of corporate refocusing. *Journal of Management*, 22, 1996. p. 439- 483; Woo, C. Y.; Willard, G. E.; Dallenbach, U. S. Spin-off performance: A case of overstated expectations. *Strategic Management Journal*, 13, 1992. p. 433-448.

[153.] Wright, M.; Hoskisson, R. E.; Busenitz, L. W. Firm rebirth: Buyouts as facilitators of strategic growth and entrepreneurship. *Academy of Management Executive*, 15(1), 2001. p. 111-125; Kim, H.; Hoskisson, R. E. Japanese governance systems: A critical review. In: Prasad, S. B. (ed.). *Advances in International Comparative Management*, Greenwich: JAI Press, 1996. p. 165-189.

[154.] McTague, J. Corporate tangle. *Barron's*, 4 abr. 2005. p. 19.

[155.] Wiersema, M. Holes at the top: Why CEO firings backfire. Harvard Business Review, 80(12), 2002. p. 70-77.

[156.] Kisfalvi, V.; Pitcher, P. Doing what feels right: The influence of CEO character and emotions on top management team dynamics. *Journal of Management Inquiry*, 12(10), 2003. p. 42-66; Larsson, R.; Brousseau, K. R.; Driver, M. J.; Homqvist, M. International growth through cooperation: Brand-driven strategies, leadership, and career development in Sweden. *Academy of Management Executive*, 17(1), 2003. p. 7-21; Bennis, W. G.; Thomas, R. J. Crucibles of leadership. *Harvard Business Review*, 80(9), 2002. p. 39-45; Rowe, W. G. Creating wealth in organizations: The role of strategic leadership. *Academy of Management Executive*, 15(1), 2001. p. 81-94; Finkelstein; D'Aveni. CEO duality as a doubleedged sword.

Capítulo 9
Estratégias de aquisição e reestruturação

Objetivos de aprendizagem

O estudo deste capítulo deve proporcionar-lhe o conhecimento de administração estratégica necessário para:

1. Explicar a popularidade das estratégias de aquisição.
2. Discutir as razões pelas quais as empresas adotam uma estratégia de aquisição para criar valor.
3. Descrever sete problemas que dificultam a obtenção de uma vantagem competitiva usando uma estratégia de aquisição.
4. Indicar e descrever os atributos das aquisições eficazes.
5. Definir a estratégia de reestruturação e distinguir suas formas comuns.
6. Explicar os resultados a curto e a longo prazos dos diferentes tipos de estratégias de reestruturação.

Examinamos no Capítulo 8 as estratégias em nível corporativo, focalizando os tipos e os níveis de estratégias de diversificação do produto que podem gerar competências essenciais e criar vantagem competitiva. Conforme observado no capítulo anterior, a diversificação permite a uma empresa criar valor usando produtivamente recursos excedentes.[1] No entanto, conforme é o caso de cada estratégia examinada na Parte 3 deste livro, pode-se esperar que uma estratégia de diversificação aumente o desempenho somente quando a empresa possuir as vantagens competitivas exigidas para a adoção bem-sucedida da estratégia. No caso das estratégias de diversificação, a empresa deve ter as vantagens competitivas necessárias para formar e administrar um conjunto eficaz de unidades de negócio e reestruturar esse conjunto se houver necessidade.[2]

Neste capítulo, analisamos as fusões e aquisições, muitas vezes combinadas com uma estratégia de diversificação, como a principal estratégia que as empresas usam ao redor do globo. Estratégias de fusão e aquisição são desenvolvidas como parte das decisões que os altos executivos tomam durante o processo de administração estratégica.³ Na segunda metade do século XX as fusões e aquisições tornaram-se uma estratégia popular adotada pelas principais corporações. Mesmo as empresas menores e mais focalizadas começaram a empregar estratégias de fusão e aquisição para crescer e penetrar em novos mercados.⁴ No entanto, essas estratégias não deixam de ter problemas, e muitas aquisições fracassam. Portanto, o foco deste capítulo reside na maneira como as fusões e aquisições podem ser usadas a fim de produzir valor para os *stakeholders* da empresa, evitando ao mesmo tempo as armadilhas do processo de aquisição.⁵

Antes de descrevermos os atributos associados a fusões e aquisições satisfatórias, examinamos os problemas mais significativos com os quais as companhias se defrontam quando desenvolvem essas estratégias. Por exemplo, quando uma fusão ou aquisição contribui para um mau desempenho, uma empresa pode julgar ser necessário reestruturar suas operações. No final do capítulo encontram-se descrições de três estratégias de reestruturação, bem como das consequências a curto e a longo prazos resultantes de sua utilização. A título de introdução a esses tópicos, apresentamos uma análise da popularidade das fusões e aquisições e uma discussão sobre as diferenças entre fusões, aquisições e disputas pelo controle acionário.

A popularidade das estratégias de fusão e aquisição

A estratégia de aquisição tem sido adotada há muitos anos pelas empresas dos EUA. Algumas pessoas acreditam que essa estratégia desempenhou um papel central na reestruturação eficaz das empresas nos EUA ao longo das últimas décadas.⁶ As estratégias de aquisição estão se tornando cada vez mais populares nas empresas em outros países e regiões econômicas, incluindo a Europa.⁷ Na realidade, uma grande porcentagem das aquisições nos últimos anos foi efetivada envolvendo operações que cruzam as fronteiras (isto é, uma empresa sediada em um país adquire uma empresa com sede em outro).⁸ Por exemplo, em 2006 a Mittal Steel, com sede na Holanda, adquiriu a Arcelor de Luxemburgo, criando a Arcelor Mittal, a maior empresa produtora de aço do mundo.⁹

No século XX, ocorreram cinco ondas de fusões e aquisições, sendo as últimas duas nas décadas de 1980 e 1990.¹⁰ Houve 55 mil aquisições avaliadas em 1,3 trilhão de dólares nos anos 80, porém as aquisições na década de 1990 excederam 11 trilhões de dólares em valor.¹¹ As economias dos países, particularmente a economia dos EUA, diminuíram seu ritmo no novo milênio, reduzindo o número de fusões e aquisições efetivadas.¹² O valor anual das fusões e aquisições atingiu seu pico em 2000, com operações no valor aproximado de 3,41 trilhões de dólares e diminuiu para cerca de 1,75 trilhão de dólares em 2001.¹³ No entanto, à medida que a economia em escala mundial melhorou, as aquisições aumentaram novamente e o nível em 2006 atingiu um novo recorde de aproximadamente 3,44 trilhões de dólares.¹⁴ Além disso, um grande volume de recursos financeiros das corporações e o envolvimento cada vez maior das sociedades de *private equity* geraram a expectativa de que 2007 fosse um ano com mais operações, especialmente nos setores de mineração e energia, produção, assistência médica, finanças e transporte.¹⁵

As decisões estratégicas relativas ao uso de uma estratégia de fusão ou aquisição são complexas devido a uma economia global em grande parte incerta.¹⁶ Essas estratégias, entretanto, são utilizadas algumas vezes precisamente devido a essa incerteza. Uma empresa pode realizar uma aquisição para aumentar seu poder de mercado devido a uma ameaça competitiva, para entrar em um novo mercado em função da oportunidade disponível ou para diluir o risco do ambiente externo.[17] Além disso, como a volatilidade acarreta mudanças indesejáveis em seus principais mercados, uma empresa pode adquirir outras companhias como opções que permitem a ela transferir sua principal atividade empresarial para outros mercados.[18]

Uma estratégia de fusão ou aquisição deve ser adotada somente quando a empresa adquirente for capaz de aumentar seu valor econômico por meio do controle acionário e do uso dos ativos de uma empresa adquirida.[19] No entanto, as evidências indicam que, ao menos para as empresas adquirentes, as estratégias de aquisição podem não acarretar esses resultados desejáveis.[20] Os pesquisadores constataram que os acionistas das empresas adquiridas obtêm muitas vezes retornos acima da média com uma aquisição, ao passo que os acionistas das empresas adquirentes têm menos possibilidade de obter esses retornos, obtendo normalmente retornos da transação próximos de zero.[21] Em aproximadamente dois terços de todas as aquisições, o preço da ação da empresa adquirente diminui imediatamente após a transação almejada ser anunciada.[22] Durante um período de três anos, os acionistas de uma empresa adquirente perdiam em média 12 centavos de dólar por ação quando uma transação era anunciada.[23] Quando a companhia farmacêutica Gilead Sciences anunciou que iria adquirir a Myogen, o preço de suas ações diminuiu 10% em comparação a um aumento de 50% das ações da Myogen (essa aquisição será examinada em maior detalhe posteriormente neste capítulo).[24] Uma resposta negativa como essa constitui uma indicação do ceticismo dos investidores quanto à possibilidade de que o adquirente será capaz de obter as sinergias exigidas para justificar o preço mais elevado.[25]

Fusões, aquisições e disputas pelo controle acionário: quais são as diferenças?

Antes de examinarmos as razões pelas quais as empresas participam de fusões e aquisições, os problemas que encontram e as chaves para o sucesso, precisamos definir alguns termos e expressões que tornarão a discussão mais fácil de acompanhar. Uma fusão é uma estratégia pela qual duas empresas concordam em integrar suas operações em base relativamente igual. Uma fusão entre corporações semelhantes ocorreu quando em 2006 a Regions Financial Corp. efetuou a fusão com a AmSouth Bancorp para formar o décimo maior banco americano.[26] No entanto, não existem muitas fusões reais, porque uma das partes normalmente é dominante. Por exemplo, a fusão DaimlerChrysler foi vislumbrada originalmente como uma combinação entre empresas semelhantes, porém os executivos da Daimler logo se tornaram dominantes.[27]

Definimos aquisição como uma estratégia por meio da qual uma empresa adquire 100% das ações de outra empresa com intenção de tornar a empresa adquirida uma subsidiária. Aquisições parciais ocorrem quando a empresa adquirente compra menos de 100% das ações da empresa almejada. Para evitar confusão, o termo aquisição sempre se referirá a uma aquisição integral no restante deste livro. No caso de uma aquisição, os diretores da empresa adquirida respondem aos diretores da empresa adquirente.

Enquanto a maioria das fusões corresponde a transações amigáveis, as aquisições incluem disputas pelo controle acionário. Uma disputa pelo controle acionário é um tipo especial de estratégia de aquisição pela qual a empresa almejada não solicitou a proposta da empresa adquirente. Muitas vezes as propostas para assumir o controle acionário originam guerras de ofertas. Por exemplo, em outubro de 2006 a Tata Steel da Índia fez uma oferta de 8 bilhões de dólares pela empresa siderúrgica britânica Corus Group. Em novembro, a Companhia Siderúrgica Nacional (CSN) do Brasil anunciou que pretendia competir com uma oferta. Em dezembro, prevendo a proposta da CSN, a Tata aumentou sua oferta para 9,38 bilhões de dólares. A oferta real da CSN foi de 9,8 bilhões de dólares, porém a Tata saiu vencedora no final com uma oferta de 12 bilhões de dólares.[28] Como o exemplo ressalta, o processo de ofertas representa uma razão pela qual é difícil para a empresa adquirente criar valor em uma aquisição.

Disputas hostis pelo controle acionário são não somente inesperadas, mas indesejadas pelos dirigentes da empresa almejada. Quando a Gold Kist, produtora de carnes de aves sediada em Atlanta, não aceitou uma oferta não solicitada da Pilgrim's Pride do Texas, outra indústria do mesmo ramo, a Pilgrim's iniciou uma batalha para "atrair diretamente os acionistas". Após quatro meses, o conselho de administração da Gold Kist finalmente concordou em vender a companhia por 1,1 bilhão de dólares. A transação tornou a Pilgrim's Pride a maior produtora de carne de frango dos Estados Unidos. De acordo com o diretor financeiro Richard Cogdill, a oferta hostil "pode não ter sido amigável aos membros do conselho ou à diretoria, (porém) foi muito favorável para os acionistas".[29]

Aquisições são muito mais comuns que fusões e disputas hostis; como resultado, este capítulo focará as aquisições.

Razões para as aquisições

Existem diversas razões que justificam a adoção de uma estratégia de aquisição. Embora cada razão possa oferecer uma justificativa legítima para uma aquisição, esta pode não resultar necessariamente em vantagem competitiva.

Aumento do poder de mercado

Uma razão primordial para as aquisições consiste em obter maior poder de mercado.[30] O poder de mercado (definido no Capítulo 8) existe quando uma empresa é capaz de vender seus bens e serviços acima dos níveis de preço competitivos ou quando os custos de suas atividades principais ou de apoio forem inferiores àqueles de seus concorrentes. O poder de mercado origina-se do tamanho da empresa e de seus recursos e capacidades para concorrer no mercado.[31] Também é afetado pela participação de mercado da empresa. Portanto, a maioria das aquisições planejadas para a conquista de um maior poder de mercado implica na aquisição de um concorrente, um fornecedor, um distribuidor ou uma empresa em um setor em grande parte relacionado para permitir o exercício de uma competência essencial e para ganhar vantagem competitiva no principal mercado da empresa adquirente. Uma meta da aquisição de poder de mercado é tornar-se líder de mercado.[32] Por exemplo, a aquisição da Compaq pela Hewlett--Packard (somada a alguns erros cometidos pela Dell) no final fez que a companhia combinada se tornasse líder no mercado de PCs.[33]

As empresas usam aquisições horizontais, verticais e relacionadas para aumentar seu poder de mercado.

Aquisições horizontais. A aquisição de uma companhia que concorre no mesmo setor em que a empresa adquirente compete é denominada aquisição horizontal. A GateHouse Media está adotando uma estratégia de aquisição horizontal ao comprar jornais publicados em cidades pequenas no território dos Estados Unidos para aumentar seu portfólio já numeroso de jornais de cidades pequenas. A empresa controla atualmente mais de 400 publicações em cidades como Heber Springs, Arkansas e Canandaigua, Nova York. Embora os jornais nas grandes cidades americanas estejam enfrentando dificuldades à medida que mais pessoas acessam a internet para obter notícias, a GateHouse descobriu que as cidades pequenas ainda representam excelentes mercados. A empresa esperava gerar em 2007 um lucro de 23 milhões de dólares com uma receita de 400 milhões de dólares.[34]

As aquisições horizontais aumentam o poder de mercado de uma empresa valendo-se das sinergias baseadas em custos e receitas.[35] As pesquisas indicam que as aquisições horizontais de empresas com características similares resultam em maior desempenho quando empresas com características diferentes combinam suas operações.[36] Exemplos de características similares importantes incluem estratégias, estilos gerenciais e padrões de alocação de recursos. As similaridades dessas características fazem que a integração de duas empresas ocorra com mais facilidade.[37] As aquisições horizontais muitas vezes são mais eficazes quando a empresa adquirente integra a seus ativos aqueles da empresa adquirida, porém somente após avaliar e alienar capacidades e ativos excedentes que não complementam as competências básicas da empresa recém-combinada.[38]

Aquisições verticais. Uma aquisição vertical ocorre quando uma empresa adquire um fornecedor ou distribuidor de um ou mais de seus bens e serviços. Uma empresa torna-se integrada verticalmente por meio desse tipo de aquisição, pois passa a controlar partes adicionais de sua cadeia de valor (Capítulo 3). Por exemplo, a companhia ferroviária Burlington Northern Santa Fe Corp. adquiriu a Pro-Am Transportation Services, uma companhia especializada em logística, o que fortaleceu a integração dos serviços de transporte e armazenagem da Burlington Northern.[39]

Aquisições relacionadas. A aquisição de uma empresa em um setor altamente relacionado é denominada aquisição relacionada. A Cooper Industries, fabricante diversificada de produtos elétricos, ferramentas e ferragens, adquiriu a WPI Interconnect Products, uma indústria privada produtora de conectores e conjuntos de cabos. O CEO da Cooper Industries, Kirk S. Hachigian, ressaltou que "as capacidades da WPI agregam amplitude considerável a nosso acervo de tecnologias orientadas à produção de conectores com graduação específica para uso em locais difíceis, de serviço pesado e sujeitos a risco". Ele observou que essa aquisição, aliada às anteriores, amplia a oferta da companhia de "produtos de interconexão de grande precisão técnica" e dá continuidade ao "tema que apresentamos aos investidores na reunião de perspectivas em 2006, especificamente que aproveitaremos as plataformas existentes no portfólio da Cooper, expandindo em áreas correlatas altamente customizadas e técnicas que alavancam nossos principais pontos fortes e representam excelentes oportunidades de crescimento lucrativo".[40]

As aquisições com finalidade de aumentar o poder de mercado estão sujeitas à aprovação pelos órgãos reguladores e à análise dos mercados financeiros. Em setembro de 2006, a empresa americana Hospira, fabricante de produtos farmacêuticos e congêneres, anunciou que adquiriria por 2 bilhões de dólares a empresa australiana Mayne Pharma, fabricante de produtos genéricos. A transação foi submetida a exame antitruste pelo Departamento de Justiça dos EUA e aprovada em janeiro de 2007.[41] Portanto, as empresas interessadas em crescimento e poder de mercado por meio de aquisições precisam compreender o segmento político-legal do ambiente geral (Capítulo 4) a fim de adotar com sucesso uma estratégia de aquisição.

Superação das barreiras à entrada

As barreiras à entrada (apresentadas no Capítulo 4) são fatores associados ao mercado ou às empresas operando presentemente e que aumentam o gasto e a dificuldade com que novas iniciativas se defrontam quando tentam penetrar nesse mercado específico. Por exemplo, concorrentes bem-consolidados podem valer-se de economias substanciais quando fabricam seus produtos. Além disso, relacionamentos de longa data com clientes muitas vezes criam uma fidelidade ao produto que os novos participantes do mercado encontram dificuldade para anular. As novas empresas, quando se defrontam com produtos diferenciados, normalmente precisam empregar recursos consideráveis para anunciar seus bens ou serviços e podem considerar ser necessário vender a um preço menor do que o dos concorrentes para incentivar os clientes.

Ao defrontar-se com as barreiras à entrada criadas pelas economias de escala e pelos produtos diferenciados, um novo participante pode considerar a aquisição de uma companhia consolidada um meio mais eficaz do que entrar no mercado como um concorrente oferecendo um novo produto ou serviço desconhecido dos atuais compradores. Na realidade, quanto maiores as barreiras à entrada no mercado, maior a probabilidade de que uma empresa adquirirá uma companhia existente para superá-las. Uma aquisição, embora possa ser onerosa, proporciona ao novo participante acesso imediato ao mercado.

As empresas que tentam penetrar nos mercados internacionais defrontam-se frequentemente com barreiras muito sólidas à entrada.[42] Em resposta, as aquisições são usadas comumente para ultrapassar essas barreiras.[43] Ao menos para as grandes corporações multinacionais, um outro indicador da importância de entrar e competir com sucesso nos mercados internacionais é o fato de que cinco mercados emergentes (China, Índia, Brasil, México e Indonésia) classificam-se entre as 12 maiores economias do mundo, com um poder aquisitivo conjunto que já alcança metade daquele do grupo das sete nações industrializadas, o G-7 (Estados Unidos, Japão, Grã--Bretanha, França, Alemanha, Canadá e Itália).[44]

As aquisições efetivadas entre companhias sediadas em países distintos são denominadas aquisições internacionais. Essas aquisições muitas vezes são feitas para ultrapassar barreiras à entrada. Em comparação com uma aliança internacional (discutida no Capítulo 10), uma aquisição internacional proporciona à empresa maior controle sobre suas operações internacionais.[45] Aquisições representam frequentemente o meio mais rápido para entrar em mercados internacionais e auxiliar as empresas a sobrepujarem os percalços associados a essas iniciativas estratégicas.[46] Os resultados das aquisições além-fronteiras são um tanto encorajadores, pois dados obtidos em pesquisas indicam que "a aquisição internacional em média reflete um aumento de aproximadamente 7,5% no valor das empresas combinadas em relação a seu valor pré-aquisição".[47]

Historicamente, as empresas dos EUA têm sido as adquirentes mais ativas de companhias que atuam em mercados estrangeiros.[48] No entanto, na economia global, companhias em todo o mundo estão optando cada vez mais por essa possibilidade estratégica. Em anos recentes, as aquisições internacionais têm representado cerca de 45% do número total de aquisições feitas anualmente. Em virtude de regulamentações menos rígidas, o volume de atividade além-fronteiras entre as nações da comunidade europeia também continua a aumentar. Alguns analistas acreditam que o aumento do número de aquisições internacionais na Europa origina-se do fato de que muitas corporações europeias de grande porte atingiram o limite de crescimento em seus mercados internos e, portanto, procuram crescer em outros mercados. Além disso, estão tentando conquistar poder de mercado para concorrer de maneira satisfatória em toda a União Europeia e, em função disso, efetivaram aquisições em outros países europeus.

Empresas europeias e asiáticas também estão adquirindo companhias nos Estados Unidos com crescente frequência. Em um exemplo recente, o Evraz Group, uma das maiores companhias siderúrgicas russas integradas verticalmente, anunciou que adquiriria a Oregon Steel Mills por 2,3 bilhões de dólares. De acordo com Alexander Frolov, presidente do Conselho da Evraz, a aquisição tornará a empresa combinada "a principal indústria global de trilhos" e "assegurará um lugar de destaque no atrativo mercado de placas e na área de tubulações em expansão na América do Norte".[49] O Comitê de Investimentos Estrangeiros dos EUA aprovou a aquisição em janeiro de 2007.

Redução de custos e riscos associados ao desenvolvimento de novos produtos

Desenvolver novos produtos internamente e introduzi-los com sucesso no mercado requer muitas vezes investimentos significativos de recursos de uma empresa, incluindo tempo, tornando difícil para a empresa obter rapidamente um retorno lucrativo.[50] Também compete aos dirigentes de uma empresa obter retornos do capital investido adequados a fim de desenvolver e comercializar novos produtos — estima-se que 88% das inovações não geram retornos adequados. Talvez o que contribui para essas taxas de retorno inferiores ao desejável seja a ocorrência da imitação bem-sucedida de aproximadamente 60% das inovações no intervalo de quatro anos após a concessão das patentes. Devido a essas consequências, os dirigentes consideram muitas vezes o desenvolvimento interno de produtos como uma atividade onerosa e de alto risco.[51]

Aquisições são outro meio que uma empresa pode utilizar para ter acesso a novos produtos e a produtos atuais que são novos para a empresa. Em comparação com os processos de desenvolvimento interno de produtos, as aquisições proporcionam retornos mais previsíveis. Em virtude disso, os dirigentes podem considerar as aquisições como redutoras de risco.[52] Talvez seja por essa razão que as aquisições envolvendo guerras prolongadas de ofertas são comuns nos setores de tecnologia de ponta.[53]

A atividade de aquisição também ocorre extensivamente no setor farmacêutico, no qual as empresas usam com frequência aquisições a fim de evitar os custos elevados de desenvolvimento interno de produtos e para aumentar a previsibilidade dos retornos de seus investimentos. Preços de aquisição elevados são comuns. Por exemplo, a Gilead Sciences pagou aproximadamente 2,5 bilhões de dólares para adquirir a Myogen, uma companhia com vendas de apenas 7 milhões de dólares. Naquela época, 80% das receitas da Gilead, e quase todo seu crescimento sólido, originavam-se de um medicamento de combate ao HIV denominado Atripla. Embora seja possível argumentar que a Gilead tenha pagado muito pela companhia, a Myogen possuía um novo medicamento promissor para o tratamento de hipertensão arterial que proporcionava um valor imediato para a diversificação.[54]

Apesar de as aquisições terem se tornado um meio comum para se evitar iniciativas internas arriscadas (e, portanto, investimentos arriscados em P&D), também podem tornar-se substitutas da inovação.[55] Isso pode ser um problema pelo fato de a inovação ser tão fundamental para a competitividade futura das empresas.[56] Por exemplo, na ocasião em que a Myogen foi adquirida, a Gilead aplicava somente 13% de suas receitas em P&D, um volume de recursos muito limitado para o setor farmacêutico.[57] Além disso, conforme mencionado anteriormente, as aquisições podem prejudicar o desempenho da empresa. Portanto, aquisições não são uma alternativa desprovida de risco para o ingresso em novos mercados.

Maior rapidez para lançamento no mercado

Em comparação com o desenvolvimento interno do produto, as aquisições resultam na penetração mais rápida dos mercados.[58] A velocidade de penetração é importante, porque entradas rápidas no mercado são críticas para a concorrência bem-sucedida no ambiente global em grande parte incerto e complexo.[59] Aquisições proporcionam acesso rápido a novos mercados e a novas capacidades. Por exemplo, a aquisição do YouTube por 1,65 bilhão de dólares feita pelo Google em 2006 permitiu que a empresa entrasse imediatamente no segmento de mercado de vídeos *online*.[60]

Aumento da diversificação e reconfiguração da esfera de ação competitiva da empresa

As empresas também realizam aquisições para se diversificar. Baseadas na experiência e nos dados obtidos, elas consideram mais fácil desenvolver e introduzir novos produtos nos mercados que atendem atualmente. Em contraste, é difícil para as companhias desenvolverem produtos que diferem daqueles de suas linhas atuais para os mercados nos quais não possuem experiência. Portanto, é incomum uma empresa desenvolver novos produtos internamente a fim de diversificar suas linhas de produtos.[61] Usar aquisições para diversificar uma empresa constitui o modo mais rápido e mais fácil para alterar o conjunto de unidades de negócio de uma empresa.[62]

As estratégias de diversificação relacionadas e não relacionadas podem ser implementadas por meio de aquisições.[63] No entanto, as pesquisas demonstraram que quanto mais relacionada a empresa adquirida for para a empresa adquirente, maior a probabilidade de que a aquisição será bem-sucedida.[64] Portanto, a aquisição horizontal (pela qual a empresa adquire um concorrente) e outros tipos de aquisições relacionadas tendem a dar maior contribuição à capacidade da empresa para criar valor do que a aquisição de uma companhia que opera em mercados de produtos muito diferentes daqueles nos quais a empresa compete.[65] Por exemplo, as empresas do setor de serviços financeiros tornaram-se mais diversificadas ao longo do tempo, muitas vezes como resultado de aquisições. Um estudo indica que essas empresas estão diversificando não só para oferecer uma linha de produtos mais completa para os clientes, mas também para criar flexibilidade estratégica.

Em outras palavras, diversificam-se em algumas linhas de produto a fim de oferecer opções de serviços futuros que podem desejar ressaltar. Conforme observado anteriormente, essas aquisições representam uma maneira de lidar com um ambiente competitivo incerto.[66]

As empresas podem usar aquisições diversificadas para alterar a esfera de ação de suas atividades. A esfera de ação faz parte do principal elemento estratégico do campo de atividade e foi definida no Capítulo 2 como a amplitude da atuação de uma empresa no tocante a produtos, mercados, regiões geográficas, tecnologias básicas e estágios da criação de valor.[67] Uma empresa pode desejar alterar sua esfera de ação se a intensidade da rivalidade competitiva em um setor estiver afetando a lucratividade.[68] Para reduzir o efeito negativo de uma rivalidade intensa sobre seu desempenho financeiro, as empresas podem usar as aquisições a fim de reduzir sua dependência de um ou mais produtos ou mercados. Muitos anos atrás, a General Electric diminuiu sua ênfase em produtos eletrônicos ao efetuar aquisições no setor de serviços financeiros. Atualmente a GE obtém cerca de metade de suas receitas e de seus lucros das áreas de serviços.[69]

Aprendizado e desenvolvimento de novas capacidades

Algumas aquisições são feitas para adquirir capacidades que a empresa não possui. Por exemplo, aquisições podem ser efetivadas para a obtenção de uma capacidade tecnológica especial.[70] Pesquisas demonstraram que as empresas podem ampliar sua base de conhecimento e reduzir a inércia por meio de aquisições.[71] Portanto, a aquisição de outras empresas com aptidões e capacidades que diferem de suas próprias ajuda a empresa adquirente a absorver novos conhecimentos e a permanecer ágil.[72] O uso de novas capacidades para introdução de novos produtos e penetração nos mercados pode criar posições de mercado vantajosas.[73]

Evidentemente as empresas são mais capazes de adquirir essas capacidades caso possuam parâmetros similares às atuais capacidades da empresa. Portanto, as empresas devem se empenhar em adquirir companhias com capacidades diferentes porém relacionadas e complementares a fim de elaborar sua própria base de conhecimento.[74] Em 2006, a gigante do setor de *software* Oracle comprou a Stellant por 440 milhões de dólares. As duas empresas produzem *software*, porém a Stellant proporciona à Oracle a especialização necessária para o gerenciamento de informações não pertencentes a bancos de dados. A Oracle provê à Stellant uma marca muito consolidada no mercado, uma rede de distribuição e o capital necessário para o crescimento. Consequentemente, seus pontos fortes são complementares.[75]

Problemas para ter sucesso na aquisição

Estratégias de aquisição fundamentadas nas razões legítimas descritas neste capítulo conseguem aumentar o valor e auxiliar as empresas a obterem retornos acima da média. No entanto, as estratégias de aquisição não são desprovidas de risco. A Figura 9.1 indica as razões para o uso das estratégias de aquisição e os problemas potenciais relativos a essas estratégias.

As pesquisas apontam que talvez 20% de todas as fusões e aquisições tenham sucesso, aproximadamente 60% produzem resultados desapontadores e os 20% remanescentes são fracassos inegáveis.[76] Aquisições bem-sucedidas geralmente envolvem uma estratégia bem-concebida em termos de seleção do alvo, evitar pagar um preço elevado e um processo de integração eficaz.[77] Conforme mostrado na Figura 9.1, diversos problemas podem impedir o sucesso das aquisições.

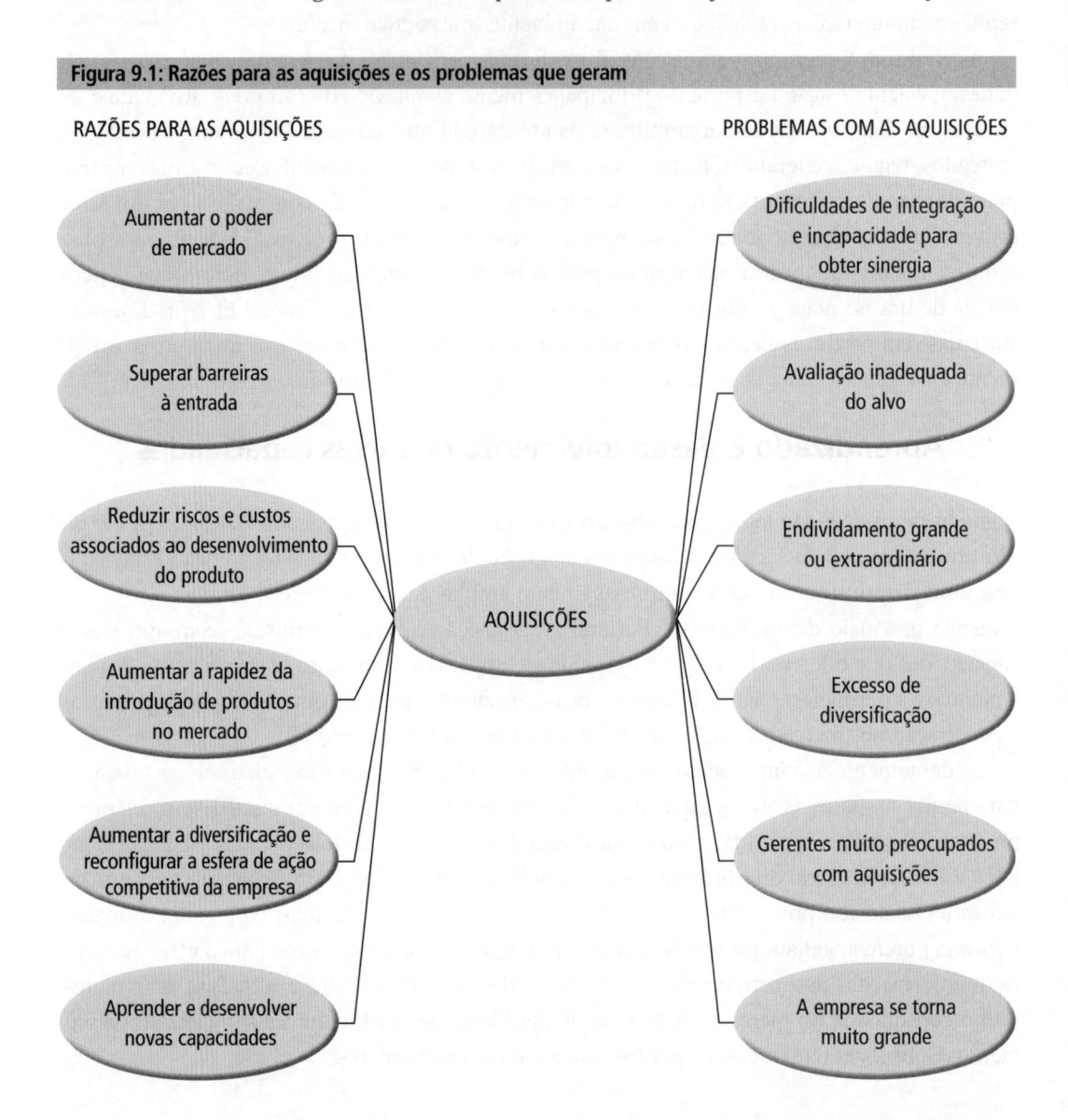

Figura 9.1: Razões para as aquisições e os problemas que geram

RAZÕES PARA AS AQUISIÇÕES

- Aumentar o poder de mercado
- Superar barreiras à entrada
- Reduzir riscos e custos associados ao desenvolvimento do produto
- Aumentar a rapidez da introdução de produtos no mercado
- Aumentar a diversificação e reconfigurar a esfera de ação competitiva da empresa
- Aprender e desenvolver novas capacidades

AQUISIÇÕES

PROBLEMAS COM AS AQUISIÇÕES

- Dificuldades de integração e incapacidade para obter sinergia
- Avaliação inadequada do alvo
- Endividamento grande ou extraordinário
- Excesso de diversificação
- Gerentes muito preocupados com aquisições
- A empresa se torna muito grande

Dificuldades de integração e incapacidade para obter sinergia

A importância de uma integração bem-sucedida não deve ser subestimada.[78] Sem ela, uma aquisição provavelmente não gera retornos positivos. Conforme indicado por um pesquisador que estuda o processo, "a prática gerencial e os trabalhos acadêmicos mostram que a fase de integração pós-aquisição é provavelmente o fator mais importante para a criação de valor para o acionista (e igualmente para a eliminação de valor) nas fusões e aquisições".[79]

A integração é complexa e envolve um grande número de atividades. Os desafios da integração incluem juntar duas culturas corporativas diferentes, unir sistemas financeiros e de controle distintos, criar relacionamentos eficazes no trabalho e resolver problemas relativos ao *status* dos executivos da empresa recém-adquirida.[80] Conforme a lista sugere, muitas das atividades de integração importantes giram em torno das pessoas. É especialmente importante concentrar-se no gerenciamento satisfatório do capital humano na empresa-alvo após uma aquisição porque é nesse aspecto que reside grande parte do conhecimento de uma organização.[81] A rotatividade dos principais colaboradores da empresa adquirida pode exercer um efeito negativo sobre o desempenho da empresa adquirida.[82] A perda de pessoal básico, como os gerentes em posição de destaque, enfraquece a capacidade da empresa adquirida e reduz seu valor. O processo de integração, caso bem implementado, consegue exercer um efeito positivo sobre os gerentes da empresa-alvo e reduzir a probabilidade de que os principais recursos humanos se demitirão.[83]

Se existe um potencial por sinergia entre uma empresa adquirida e uma adquirente, o potencial é liberado principalmente durante o estágio de integração.[84] Sinergia, definida no Capítulo 8, refere-se ao valor criado pelas unidades de negócio operando juntas e que não teria sido criado se essas mesmas unidades operassem de modo independente — isto é, ocorre sinergia quando ativos têm maior valor se usados em conjunto do que quando utilizados separadamente.[85] A sinergia é criada pelas eficiências originárias das economias de escala e de esfera de ação e partilhando recursos (por exemplo: capital humano e conhecimento) com todas as unidades de negócio da empresa combinada.[86] As capacidades adquiridas externamente nem sempre se integram bem com os processos e procedimentos internos da empresa adquirente — uma realidade que exige assumir compromissos durante o estágio de integração.[87]

Uma empresa desenvolve uma vantagem competitiva por meio de uma estratégia de aquisição somente quando a transação gera sinergia interna.[88] A sinergia interna é criada quando a combinação e a integração dos ativos da empresa adquirente e da adquirida geram capacidades e competências essenciais que não poderiam ser desenvolvidas combinando e integrando os ativos de qualquer uma das empresas com os de outra companhia. A sinergia privada é possível quando os ativos das empresas são complementares sob aspectos únicos, isto é, a categoria única de complementaridade dos ativos não se torna possível combinando os ativos de qualquer uma das empresas com os ativos de outra companhia.[89] Em virtude de seu caráter único, a sinergia interna é difícil de ser entendida e imitada pelos concorrentes. No entanto, a sinergia privada é difícil de ser gerada.

Mesmo que exista o potencial para sinergia interna e os gerentes trabalhem com empenho para obtê-la durante o processo de integração, ainda é possível que o efeito líquido de uma aquisição sobre o valor da empresa seja negativo porque os custos excedem os benefícios. Além do preço de compra, a capacidade de uma empresa para arcar com os custos necessários para criar sinergias previstas baseadas em receitas e custos afeta o sucesso da aquisição.[90] As empresas estão sujeitas a diversos tipos de despesas quando tentam criar sinergia interna por meio de aquisições. Essas despesas, denominadas custos de transação, são incorridas quando as empresas usam estratégias de aquisição para a criação de sinergia.[91] Os custos de transação podem ser diretos ou indiretos. Os custos diretos incluem honorários de advogados e despesas com bancos de investimento que assessoram a empresa em todas as etapas da aquisição. Os custos indiretos incluem o tempo dos gerentes para avaliação das empresas-alvo e a finalização subsequente das negociações, bem como a perda de gerentes e colaboradores após uma aquisição.[92] Outro tipo de custo envolve o tempo e os recursos efetivos usados nos processos de integração, como o tempo que os gerentes empregam em reuniões e o custo de integração dos sistemas de informação, dos sistemas de produção, dos processos de P&D e dos sistemas de aposentadoria. As empresas tendem a subestimar esses custos quando determinam o valor da sinergia que pode ser criada combinando e integrando os ativos da empresa adquirida com os da empresa adquirente. Isso pode ajudar a explicar por que tantas aquisições deixam de atender às expectativas.

Avaliação inadequada do alvo

Due diligence é um processo por meio do qual um adquirente potencial avalia uma empresa que pode ser adquirida. Em um processo de *due diligence* eficaz, centenas de itens são examinados em áreas tão diversas como financiamento da transação pretendida, diferenças de cultura entre a empresa adquirente e a almejada, consequências tributárias da transação e ações que seriam necessárias para agrupar de modo bem-sucedido as duas equipes de trabalho. A *due diligence* normalmente é executada por bancos de investimento, contadores, advogados e consultores gerenciais especializados nessa atividade, embora as empresas que se empenham em concluir aquisições possam formar suas próprias equipes internas de *due diligence*.[93]

O fracasso na finalização de um processo eficaz de *due diligence* pode ter como consequência a empresa pagar um preço excessivo pela companhia-alvo. De fato, as pesquisas mostram que sem *due diligence* "o preço de compra é orientado pelo preço de outras aquisições 'comparáveis' em vez de uma avaliação rigorosa de onde, quando e como os dirigentes podem obter ganhos reais de desempenho. (Nesses casos), o preço pago pode ter pouca relação com o valor alcançável".[94]

Muitas empresas costumavam valer-se de bancos de investimento para executar sua *due diligence*, porém, na era pós-Enron, o processo é cada vez mais executado internamente. Embora bancos de investimento como Credit Suisse First Boston e Citibank ainda desempenhem um papel importante na *due diligence* em grandes fusões e aquisições, seu papel em fusões e aquisições de menor porte parece estar diminuindo. Um número crescente de companhias está criando suas próprias operações internas para oferecer assessoria sobre fusões e como financiá-las. No entanto, embora os bancos de investimento estejam desempenhando um papel secundário, sempre haverá a necessidade de um parecer externo para o conselho de administração de uma companhia a fim de assegurá-lo quanto a uma fusão planejada e reduzir suas desvantagens.[95]

Endividamento grande ou excessivo

Algumas companhias aumentaram significativamente seus níveis de endividamento para financiar algumas aquisições completadas nas décadas de 1980 e 1990. Uma inovação financeira denominada *junk bond* ajudou a tornar isso possível. *Junk bonds* são uma opção de financiamento por meio da qual aquisições arriscadas são financiadas assumindo dívidas que proporcionam um retorno potencial elevado para os financiadores (portadores dos títulos de crédito). Em virtude de os *junk bonds* serem obrigações sem garantias reais e que não possuem vinculação com ativos específicos que atuam como garantia colateral, as taxas de juros desses instrumentos de dívida de risco elevado atingiram algumas vezes o nível de 18% e 20% a.a. durante os anos 80.[96] Alguns economistas financeiros de grande renome encararam o endividamento como uma maneira de disciplinar os gerentes, fazendo que atuem em consonância com os melhores interesses dos acionistas.[97] Os *junk bonds* são utilizados atualmente com menor frequência para o financiamento de aquisições e a convicção de que o endividamento disciplina os gerentes é menos forte.

A aquisição — pelo valor de 12 bilhões de dólares — do Corus Group pela Tata Steel, mencionada anteriormente neste capítulo, efetivou-se mediante um endividamento de grande proporção. Analistas que estavam acompanhando a transação descreveram as implicações do endividamento para a Tata: "Mesmo a oferta inicial de 8 bilhões de dólares feita pela Tata chamou a atenção das agências de classificação de risco como a Standard & Poor's, que incluiu a empresa em sua lista de Crédito sob Observação com 'implicações negativas' em outubro passado. Os investidores, enquanto isso, negociaram ações da Tata Steel com fúria implacável na Bolsa de Valores de Bombaim, onde o índice de ações diminuiu cerca de 1%. As ações da Tata Steel caíram 11%".[98]

Um endividamento elevado pode acarretar diversos efeitos negativos para a empresa. Por exemplo, pelo fato de o endividamento elevado aumentar a possibilidade de falência, pode fazer que agências como a Moody's e a Standard & Poor's rebaixem a classificação de crédito da empresa.[99] Além disso, o endividamento elevado pode impedir a realização de investimentos necessários em atividades que contribuem para o sucesso em longo prazo da empresa, como P&D, treinamento de recursos humanos e marketing.[100] Ainda assim, o uso de alavancagem pode ser uma força positiva para o desenvolvimento de uma empresa, permitindo-lhe valer-se de oportunidades de expansão atraentes. Entretanto, uma alavancagem exagerada (como no caso de endividamento excessivo) pode conduzir a resultados negativos, incluindo adiantamento ou cancelamento de investimentos como gastos importantes com P&D necessários para a criação de valor em longo prazo.

Diversificação excessiva

Conforme explicado no Capítulo 7, as estratégias de diversificação podem resultar em um melhor desempenho da empresa. Em geral as empresas que adotam estratégias de diversificação relacionadas desempenham melhor do que aquelas que usam estratégias de diversificação não relacionadas. No entanto, conglomerados formados pelo uso de uma estratégia de diversificação não relacionada podem ser bem-sucedidos. A United Technologies e a General Electric são exemplos de conglomerados que têm sido bem-sucedidos com suas estratégias de aquisição não relacionadas.[101]

Entretanto, em alguma ocasião, as empresas tornam-se excessivamente diversificadas. O nível em que isso ocorre varia em função das companhias porque cada empresa possui capacidades diferentes para gerenciar a diversificação. Vimos no Capítulo 8 que a diversificação relacionada requer maior processamento de informações do que a não relacionada. A necessidade que as empresas diversificadas e relacionadas possuem para processar mais informações de maior diversidade faz que se tornem excessivamente diversificadas com um número menor de unidades de negócio, em comparação com as empresas que adotam uma estratégia de diversificação não relacionada.[102] Entretanto, independentemente do tipo de estratégia de diversificação implementada, o menor desempenho resulta do excesso de diversificação, após a qual as unidades de negócio muitas vezes são vendidas.[103] O padrão de diversificação excessiva seguida pela venda das unidades de negócio com desempenho inadequado foi frequentemente observado nas empresas dos EUA entre os anos de 1960 e 1980.[104]

Mesmo quando uma empresa não é excessivamente diversificada, um nível elevado de diversificação pode exercer um efeito negativo sobre o desempenho da empresa em longo prazo. Por exemplo, a esfera de ação criada pela maior diversificação muitas vezes faz que os gerentes se apoiem em controles financeiros preferencialmente aos estratégicos para avaliação do desempenho das unidades de negócio. Executivos do alto escalão muitas vezes se apoiam em controles financeiros para avaliar o desempenho das unidades de negócio quando não possuem um entendimento abrangente dos objetivos e das estratégias das unidades. O uso de controles financeiros, como retorno do investimento (RI), faz que os gerentes de cada unidade de negócio se concentre nos resultados a curto prazo à custa dos investimentos a longo prazo. Quando esses investimentos são reduzidos para o aumento dos lucros a curto prazo, a capacidade geral de uma empresa para a criação de valor pode ser afetada.[105]

Outro problema resultante de diversificação excessiva é a tendência de as aquisições se tornarem substitutas da inovação. Mencionamos anteriormente neste capítulo que as empresas realizam algumas vezes aquisições a fim de evitar os custos e riscos associados com o desenvolvimento de novos produtos. Em outras palavras, elas adquirem inovação em vez de produzi-la internamente. Esse problema torna-se mais agudo nas empresas que diversificam exageradamente porque surge um ciclo de reforço.[106] Os custos associados às aquisições podem resultar em menores alocações às atividades, como P&D, que se encontram vinculadas à inovação. Sem apoio adequado, as aptidões de inovação de uma empresa começam a atrofiar. Inexistindo aptidões de inovação internas, a única opção disponível a uma empresa consiste em realizar um número ainda maior de aquisições para ter acesso à inovação. Constatou-se que as empresas que se valem de aquisições em substituição à inovação interna deparam no final com problemas de desempenho.[107]

Gerentes muito focados em aquisições

Via de regra uma quantidade de tempo e energia relativamente substancial é necessária para que as estratégias de aquisição aumentem o valor da empresa. As atividades com as quais os gerentes se envolvem incluem (1) busca por aquisições potenciais viáveis, (2) finalização bem-sucedida dos processos de *due diligence*, (3) preparação para as negociações e (4) gerenciamento do processo de integração após a aquisição ser completada.

Os executivos do alto escalão não coletam pessoalmente todos os dados e informações exigidos para a realização de aquisições. No entanto, eles tomam decisões importantes a respeito das empresas a serem almejadas, da natureza das negociações e assim por diante. Experiências em diversas companhias mostram que a participação e a supervisão das atividades requeridas para a realização das aquisições podem desviar a atenção dos executivos de outros assuntos necessários para o sucesso competitivo em longo prazo, como identificar e obter vantagem de outras oportunidades e interagir com *stakeholders* externos importantes.[108] Existem provas de que o processo de aquisição pode criar uma perspectiva em curto prazo e uma maior aversão ao risco entre os executivos do alto escalão de uma empresa-alvo.[109]

A teoria e as pesquisas indicam que os gerentes podem tornar-se excessivamente envolvidos com o processo de realização de aquisições.[110] Um observador constatou: "A pressão por fusões ainda permanece como uma ideia fixa em muitas companhias: fazer negociações é muito mais divertido e interessante do que resolver problemas fundamentais. Portanto, do mesmo modo que ocorre com qualquer outra ideia fixa ou tentação; talvez seja melhor simplesmente dizer não".[111] Quando as aquisições realmente fracassam, os líderes são tentados a culpar outras pessoas ou circunstâncias imprevisíveis pelo fracasso em vez de seu excessivo envolvimento no processo de aquisição.[112] Um conselho de administração ativo que questione as decisões relativas às aquisições pode ajudar a impedir a tendência dos gerentes para se envolverem excessivamente nas aquisições.[113]

A empresa se torna muito grande

A maioria das aquisições cria uma empresa maior que deve auxiliar a aumentar suas economias de escala. Essas economias podem resultar subsequentemente em operações mais eficientes: por exemplo, as duas organizações de vendas podem ser integradas empregando menos representantes de vendas porque um representante pode vender os produtos das duas empresas (particularmente se os produtos das empresas adquirente e adquirida forem relacionados).

Existe um incentivo gerencial para crescer por meio de aquisições porque o tamanho atua como defesa contra as disputas pelo controle acionário.[114] Muitas empresas também se empenham em aumentar o tamanho devido às economias de escala potencial e ao maior poder de mercado (discutidos anteriormente). Em algum nível, entretanto, os custos adicionais exigidos para gerenciar a empresa maior superarão os benefícios das economias de escala e do poder de mercado adicional. Além disso, as complexidades geradas pelo tamanho maior fazem que muitas vezes os gerentes implementem mais controles burocráticos para o gerenciamento das operações da empresa combinada. Controles burocráticos são regras e políticas formalizadas de supervisão e comportamento criadas para que as decisões e ações em diferentes unidades de negócio de uma empresa sejam coerentes. No entanto, ao longo do tempo, os controles formalizados conduzem a um comportamento gerencial relativamente rígido e padronizado. Certamente, em longo prazo, a menor flexibilidade que acompanha o comportamento gerencial rígido e padronizado pode gerar menos inovação bem como um menor empenho para a identificação de oportunidades empresariais (Capítulo 12). Em virtude da importância da inovação para o sucesso competitivo, os controles burocráticos resultantes de uma organização de grande porte (isto é, formada por aquisições) podem exercer um efeito prejudicial sobre o desempenho.[115]

Aquisições eficazes

Anteriormente, neste capítulo, observamos que as estratégias de aquisição não geram continuamente retornos acima da média para os acionistas da empresa adquirente.[116] Apesar disso, algumas companhias são capazes de criar valor quando adotam uma estratégia de aquisição.[117] Os resultados de uma pesquisa esclarecem as diferenças entre as estratégias de aquisição fracassadas e as bem-sucedidas e indicam que existe um padrão de ações e atributos que podem aumentar a probabilidade de sucesso nas aquisições.[118] O Quadro 9.1 resume os atributos, as ações e os resultados das aquisições bem-sucedidas.

Quadro 9.1: Atributos e resultados das aquisições bem-sucedidas

ATRIBUTOS	RESULTADOS
1. A empresa adquirida possui ativos ou recursos complementares aos da principal unidade de negócio da empresa adquirente	1. Probabilidade elevada de sinergia e vantagem competitiva ao se manter os pontos fortes
2. A aquisição é amigável	2. Integração mais rápida e mais eficaz e possivelmente preço menos elevado
3. A empresa adquirente conduz uma *due diligence* eficaz a fim de selecionar empresas-alvo e avaliar a condição (financeira, cultural e de recursos humanos) da empresa almejada	3. Empresas com maior complementaridade são adquiridas evitando-se preços elevados
4. A empresa adquirente possui boa posição financeira (caixa ou nível de endividamento favorável)	4. Financiamento (por endividamento ou emissão de ações) é mais fácil e menos oneroso de obter
5. A empresa pós-fusão mantém uma posição de endividamento reduzido ou moderado	5. Menor custo financeiro, menor risco (de falência, por exemplo) e inexistência da necessidade de abrir mão de algo por ter uma posição de grande endividamento
6. Ênfase sustentada e contínua em P&D e inovação	6. Manutenção de vantagem competitiva em longo prazo nos mercados
7. Possui experiência com a mudança e é flexível e adaptável	7. A integração mais rápida e mais eficaz facilita a obtenção de sinergia

O estudo mostra primeiramente que quando os ativos da empresa adquirente complementam os ativos da empresa adquirida, uma aquisição alcança maior sucesso. Existindo ativos complementares, a integração das operações de duas empresas apresenta maior probabilidade de criar sinergia. Na realidade, a integração de duas empresas com ativos complementares gera capacidades e competências essenciais únicas.[119] Com ativos complementares a empresa adquirente pode manter seu foco na principal área de atuação e alavancar os ativos e capacidades complementares da empresa adquirida. Muitas vezes as empresas-alvo são selecionadas e "preparadas" estabelecendo-se uma relação de trabalho em alguma ocasião antes da aquisição.[120] Conforme discutido no Capítulo 7, as alianças estratégicas são usadas algumas vezes para testar a viabilidade de uma futura fusão ou aquisição.[121]

Os resultados do estudo também mostram que aquisições amigáveis — em que as empresas trabalham juntas a fim de identificar maneiras para integrar suas operações visando a criar sinergia — facilitam a integração das empresas envolvidas em uma aquisição.[122] Nas disputas hostis por controle acionário, resulta frequentemente animosidade entre as duas equipes do alto escalão administrativo, uma condição que afeta por sua vez as relações de trabalho na empresa recém-criada. Como resultado, um número maior de colaboradores qualificados na empresa adquirida pode ser perdido e aqueles que permanecem podem resistir às mudanças necessárias para a integração das duas empresas.[123] Com empenho, os choques culturais podem ser superados e um número menor de gerentes e colaboradores destacados deixará de se incentivar e sairá.[124] A integração eficiente e eficaz ajuda a produzir a sinergia desejada na empresa recém-criada.

Além disso os processos de *due diligence* eficazes envolvem a seleção deliberada e cuidadosa de empresas-alvo e uma avaliação da condição relativa dessas empresas (situação financeira, ajuste cultural e o valor dos recursos humanos) contribui para o sucesso das aquisições. A folga financeira sob forma de recursos financiados ou caixa nas empresas adquirente e adquirida também tem contribuído para o sucesso das aquisições. Embora a folga financeira proporcione acesso ao financiamento para a aquisição, ainda é importante manter um nível de endividamento baixo ou moderado após a aquisição para manter as despesas financeiras em nível reduzido. Quando um endividamento substancial foi usado para financiar a aquisição, as companhias com aquisições bem-sucedidas reduziram rapidamente o endividamento, em parte por meio da venda de ativos da empresa adquirida, em especial os ativos não complementares ou de desempenho inadequado. Para essas empresas, o custo do financiamento não impede investimentos em longo prazo como os realizados em P&D e o critério gerencial para o uso do fluxo de caixa é relativamente flexível.

Outro atributo das estratégias de aquisição bem-sucedidas é a ênfase na inovação, conforme demonstrado pelos investimentos contínuos nas atividades de P&D. Investimentos significativos em P&D indicam um compromisso sério dos executivos com a inovação e podem ajudar a neutralizar a tendência para a substituição de inovações por aquisições. A inovação é cada vez mais importante para a competitividade geral, bem como para o sucesso da aquisição.

Flexibilidade e adaptabilidade são os dois atributos finais das aquisições bem-sucedidas. Quando os executivos das empresas adquirente e almejada possuem experiência no gerenciamento da mudança e conhecem o processo de aquisição, terão mais aptidão para adaptar suas capacidades a novos ambientes.[125] Como resultado, terão mais qualificação para integrar as duas organizações, o que é particularmente importante quando as empresas possuem culturas organizacionais diferentes.

Reestruturação

Conforme aprendemos, algumas aquisições aumentam a competitividade estratégica. No entanto, a maioria das aquisições que ocorreram desde 1970 até o final dos anos 90 não aumentou o valor das empresas. Na realidade, a história demonstrou que entre um terço e mais da metade das aquisições são no final vendidas ou transformadas em novas empresas.[126] Portanto, as empresas muitas vezes adotam estratégias de reestruturação para corrigir o fracasso de uma fusão ou aquisição. Reestruturação, de acordo com a definição formal, é uma estratégia pela qual uma empresa altera seu conjunto de unidades de negócio ou sua estrutura financeira.[127] Durante mais de 30 anos, a venda de unidades de negócio pertencentes a uma empresa e a redução de tamanho representaram uma grande porcentagem das estratégias de reestruturação das empresas. A reestruturação é um fenômeno global.[128]

O fracasso de uma estratégia de aquisição algumas vezes precede uma estratégia de reestruturação. Entre as famosas reestruturações realizadas para corrigir um fracasso de aquisição destacam-se (1) a compra da NCR pela AT&T por 7,4 bilhões de dólares e a subsequente alienação da empresa para os acionistas em uma transação avaliada em 3,4 bilhões de dólares, (2) a compra das ações da WordPerfect pela Novell por um valor estimado em 1,4 bilhão de dólares e a venda da empresa adquirida para a Corel por 124 milhões de dólares em ações e dinheiro e (3) a aquisição da Snapple Beverage Company pela Quaker Oats por 1,7 bilhão de dólares, unicamente para vendê-la após três anos por 300 milhões de dólares.[129]

Em outros casos, entretanto, as empresas levam adiante intencionalmente uma estratégia de reestruturação porque seu ambiente externo ou interno se altera.[130] Por exemplo, algumas vezes surgem oportunidades no ambiente externo particularmente atrativas para a empresa diversificada em face de suas competências essenciais. De modo similar, uma empresa consegue identificar maneiras para usar suas vantagens competitivas a fim de criar novos produtos ou ingressar em novos mercados. Nesses casos, a reestruturação pode ser apropriada para posicionar a empresa com a finalidade de criar maior valor para os *stakeholders* tendo em vista as transformações no ambiente.[131]

As empresas utilizam três estratégias de reestruturação: redução do tamanho (*downsizing*), redução da esfera de ação e aquisição alavancada.

Redução do tamanho (*downsizing*)

Considerada anteriormente um indicador de declínio organizacional, a redução do tamanho é reconhecida na época atual como uma estratégia de reestruturação legítima.[132] Redução do tamanho (*downsizing*) é uma diminuição do número de empregados de uma empresa e, algumas vezes, do número de suas unidades operacionais, porém pode alterar ou não a composição das unidades de negócio pertencentes à companhia. Para aumentar a probabilidade de que a redução do tamanho resultará em maior desempenho, ela deve ser uma estratégia pró-ativa e intencional em vez de ser imposta à empresa como resultado do declínio involuntário.[133]

Por exemplo, a Pfizer, gigante do setor farmacêutico, reduziu consideravelmente sua equipe de vendas nos Estados Unidos e na Europa em resposta às críticas de médicos, grupos de defesa dos consumidores e autoridades responsáveis pela regulamentação que estavam contrariados pela tática agressiva e de grande pressão que o pessoal de vendas da área farmacêutica adota frequentemente. Além disso, em uma pesquisa conduzida pela PricewaterhouseCoopers, 94% dos médicos, administradores de hospitais e outros provedores de serviços de saúde julgaram que as companhias farmacêuticas gastam excessivamente na promoção de seus produtos. As grandes companhias desse setor também começaram a questionar a eficácia de suas táticas de vendas. A redução da equipe de trabalho foi considerada uma oportunidade para o desenvolvimento de técnicas de vendas novas e com melhores resultados. De acordo com Jeffrey B. Kindler, CEO da Pfizer: "Aquilo a que realmente aspiramos é uma cultura de produtividade e de melhoria contínua".[134]

As empresas usam a redução do tamanho como estratégia de reestruturação por diversos motivos. A razão citada mais frequentemente é que a empresa espera obter maior lucratividade com a redução de custos e as operações mais eficientes. Por exemplo, a unidade AOL da Warner anunciou que eliminaria cerca de um quarto de sua força de trabalho no período de seis meses como parte de um plano para reduzir custos em 1 bilhão de dólares.[135] A redução do tamanho tem mais possibilidade de produzir os resultados do desempenho esperado caso uma empresa possua um nível elevado de folga, conforme indicado por recursos usados insuficientemente.[136] Se não existir muita folga, então a redução do tamanho pode atingir o núcleo das operações e competências de uma empresa, reduzindo dessa forma o desempenho em longo prazo.

Redução da esfera de ação

A redução da esfera de ação — que se refere a alienação, criação de novas empresas ou algum outro meio para eliminar unidades de negócio que não possuam relação com a principal atividade da empresa — exerce um efeito mais positivo sobre o desempenho da empresa do que a redução do tamanho.[137] Normalmente a redução da esfera de ação é descrita como um conjunto de ações cujo resultado é fazer que a empresa "refocalize" estrategicamente suas principais unidades de negócio.[138] Em 2002, a General Electric iniciou um plano de reestruturação ambicioso. No final de 2005, a companhia havia anunciado ou completado alienações no valor de 30 bilhões de dólares, incluindo suas operações de seguro. De acordo com o CEO Jeffrey Immelt, as alienações faziam parte de uma iniciativa para fortalecer as principais unidades de negócio da GE.[139]

Uma empresa que limita sua esfera de ação também diminui de tamanho simultaneamente. No entanto, não elimina durante o processo seus principais colaboradores de suas principais unidades de negócio, porque essa ação poderia conduzir à perda de uma ou mais competências. Como alternativa, uma empresa que esteja reduzindo simultaneamente o tamanho e a esfera de ação torna-se menor ao diminuir a diversidade de unidades de negócio que possui.[140] A empresa, ao focar novamente em suas principais unidades de negócio, pode ser mais bem gerenciada pela equipe da alta administração. A eficácia gerencial aumenta porque a empresa tornou-se menos diversificada, permitindo aos executivos do primeiro escalão conhecer e gerenciar melhor as demais unidades de negócio.[141]

Em geral, as empresas nos EUA usam a redução da esfera de ação como estratégia de reestruturação mais frequentemente do que as companhias em outras regiões do mundo. A tendência na Europa, na América Latina e na Ásia tem sido a formação de conglomerados. Na América Latina, esses conglomerados são denominados grupos. Muitos conglomerados asiáticos e latino-americanos começaram a adotar recentemente estratégias corporativas ocidentais e "refocaram" em suas principais unidades de negócio. Essa redução da esfera de ação ocorreu simultaneamente com uma globalização crescente e com um maior número de mercados abertos, o que aumentou consideravelmente a concorrência. Essas empresas, ao reduzirem sua esfera de ação, têm sido capazes de se concentrar em suas principais unidades de negócio e melhorar sua competitividade.[142]

Aquisições alavancadas

Aquisições alavancadas são usadas como estratégia de reestruturação para a correção de erros administrativos ou porque os executivos da empresa estão tomando decisões que atendem principalmente a seus próprios interesses em vez daqueles dos acionistas.[143] Uma aquisição alavancada (AA) é uma estratégia de reestruturação pela qual uma parte (por exemplo: uma pessoa jurídica ou investidores privados) adquire todos os ativos de uma empresa para que se torne uma companhia de capital fechado, isto é, as ações da empresa deixarão de ser negociadas na bolsa de valores. Por exemplo, no final de 2006, Jerry Moyes, fundador da Swift Transportation Co., iniciou uma disputa para fechar o capital da empresa, oferecendo 29 dólares por ação (as ações eram negociadas por aproximadamente 23 dólares naquela ocasião).[144] Empresas que facilitam ou se empenham para fechar o capital social são denominadas empresas de *private equity*. Essas empresas também podem se envolver na ação de transformar em capital fechado unidades de negócio que pertencem a uma companhia de capital aberto.

Usualmente incorre-se em um endividamento considerável para financiar a aquisição, portanto esta torna-se "alavancada". AAs normalmente recaem em uma de três categorias gerais: aquisições pelos diretores, aquisições pelos empregados e aquisições integrais. Na aquisição integral, uma companhia ou sociedade adquire a totalidade de uma empresa em vez de uma parte dela. Para honrar o serviço da dívida e diminuir a esfera de ação a fim de a companhia concentrar-se em suas principais unidades de negócio, os novos proprietários podem vender alguns ativos em caráter imediato.[145] Não é incomum aqueles que compram uma empresa por AA reestruturarem a companhia a ponto de ela não poder ser vendida lucrativamente em um período de cinco a oito anos.

Um endividamento muito elevado acarreta riscos significativos que podem influenciar consideravelmente o desempenho de uma AA. Por exemplo, em 2004 a Oak Hill Capital Partners comprou por 750 milhões de dólares a Duane Reade, uma rede formada por 249 farmácias sediada em Nova York. No entanto, conforme a *Business Week* ressaltou, a Duane Reade "perdeu caixa praticamente a partir do dia que a transação foi concluída" em julho de 2004 e a classificação de crédito da rede foi rebaixada quatro vezes pela Standard & Poor's. O varejista "anteriormente florescente" decaiu "em quase todos os aspectos". Esse tipo de experiência "mostra a rapidez com que as companhias podem ver-se em dificuldades após assumirem dívidas elevadas".[146]

Em parte devido aos incentivos gerenciais, constatou-se que as aquisições pelos executivos, mais do que as aquisições pelos empregados e as aquisições integrais, conduzem à redução da esfera de ação, a um maior foco estratégico e a um melhor desempenho.[147] Na realidade, as pesquisas demonstraram que as aquisições pelos executivos também podem resultar em maior atividade e crescimento empresarial.[148] Podem existir razões diferentes para uma aquisição — uma consiste em proteger-se contra um mercado financeiro caprichoso, permitindo aos proprietários focalizarem as inovações em desenvolvimento e seu lançamento subsequente no mercado.[149] As aquisições, nesse contexto, podem representar uma forma de renascimento da empresa a fim de facilitar o empenho empreendedor e estimular o crescimento eficaz.[150]

Consequências da reestruturação

A Figura 9.2 mostra os resultados em curto e longo prazos advindos das três estratégias de reestruturação. Embora a redução do tamanho possa diminuir os custos de mão de obra no curto prazo, normalmente não conduz a um maior desempenho por parte da empresa. As pesquisas demonstraram que a redução do tamanho contribui para diminuir os retornos das empresas nos EUA e no Japão.[151] As empresas com ações negociadas em bolsas de valores em ambos os países tendem a avaliar negativamente a redução do tamanho, uma indicação de que os investidores acreditam que a redução do tamanho exercerá um efeito negativo sobre a capacidade das companhias de criar valor em longo prazo. Uma razão para o pessimismo dessas empresas poderia ser que a diminuição do tamanho resulta na perda de capital humano valioso.[152] Perder colaboradores como muitos anos de experiência na empresa representa uma perda importante de conhecimento. Conforme observado no Capítulo 3, o conhecimento é vital para o sucesso competitivo na economia global.[153] Os investidores também podem supor que a redução do tamanho ocorre como

Figura 9.2: Reestruturação e resultados

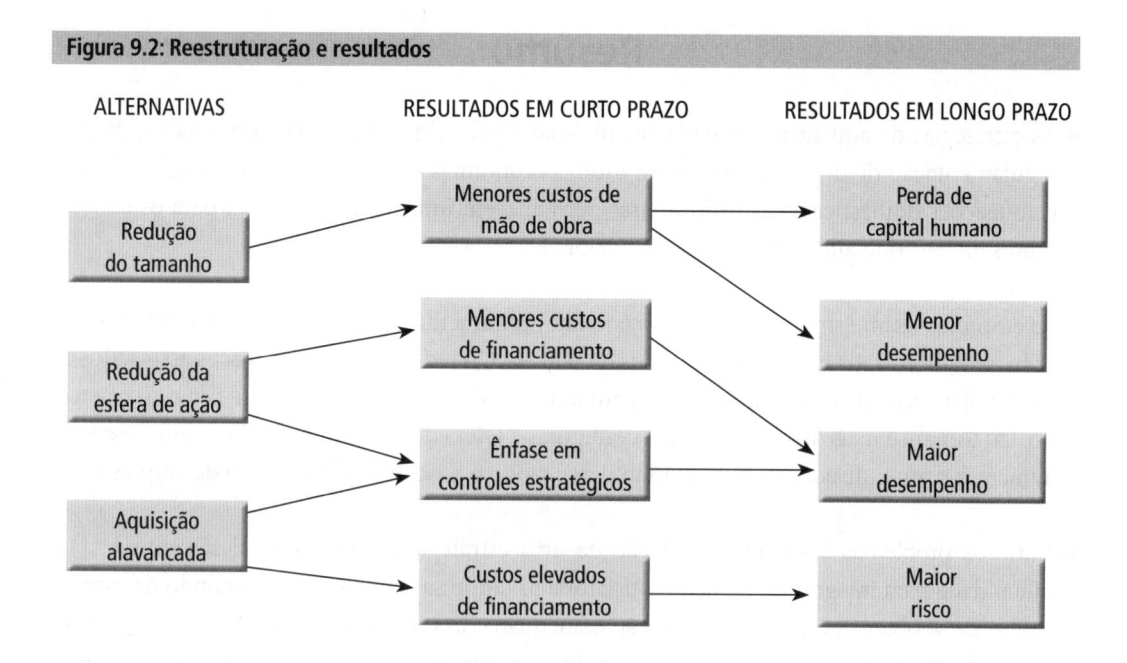

ALTERNATIVAS	RESULTADOS EM CURTO PRAZO	RESULTADOS EM LONGO PRAZO
Redução do tamanho	Menores custos de mão de obra	Perda de capital humano
Redução da esfera de ação	Menores custos de financiamento	Menor desempenho
	Ênfase em controles estratégicos	Maior desempenho
Aquisição alavancada	Custos elevados de financiamento	Maior risco

consequência de outros problemas em uma companhia. Portanto, em geral, os dados obtidos em pesquisas e a experiência corporativa indicam que a redução do tamanho pode ter maior valor tático (ou de curto prazo) do que estratégico (ou de longo prazo).[154]

Conforme a Figura 9.2 indica, a redução da esfera de ação conduz geralmente a resultados mais positivos em curto e longo prazos em comparação com a redução do tamanho e com a aquisição alavancada. O resultado desejável de uma redução da esfera de ação, um maior desempenho, é uma consequência dos menores custos do financiamento e da ênfase nos controles estratégicos que surge da concentração da empresa em suas principais unidades de negócio. A empresa "refocada", ao atuar dessa forma, deve ser capaz de aumentar sua capacidade para competir.[155]

Embora as aquisições alavancadas integrais tenham sido elogiadas como uma inovação significativa para a reestruturação financeira das empresas, pode ser que a empresa tenha de abrir mão de algo importante.[156] Primeiro, o grande endividamento resultante aumenta o risco financeiro da empresa, conforme provado pelo número de companhias que pediram falência na década de 1990 após executarem AAs integrais. Algumas vezes a intenção dos proprietários de aumentar a eficiência da empresa adquirida e em seguida vendê-la no intervalo de cinco a oito anos cria um foco gerencial de curto prazo e de aversão ao risco.[157] Como resultado, essas empresas podem deixar de investir adequadamente em P&D ou de empreender outras ações importantes cuja finalidade é manter ou melhorar a competência básica da companhia.[158] As pesquisas também indicam que nas empresas que adotam um modo de pensar voltado ao empreendedorismo, as aquisições podem resultar em maior inovação, especialmente se o endividamento não for muito elevado.[159] No entanto, por resultar mais frequentemente em endividamento elevado, a maioria das AAs ocorreu em setores maduros nos quais fluxos de caixa estáveis são possíveis. Isso capacita a empresa adquirente a honrar o serviço da dívida periódico, o que pode diminuir alguns dos riscos associados a uma aquisição.

Resumo

- As estratégias de aquisição são cada vez mais adotadas. Em virtude da globalização, da desregulamentação de diversos setores em muitas economias e da legislação favorável, as fusões e aquisições domésticas e além-fronteiras permanecem uma estratégia viável para os concorrentes globais que almejam a criação de valor.

- As empresas usam estratégias de aquisição para (1) aumentar o poder de mercado, (2) superar as barreiras à entrada em novos mercados ou regiões, (3) reduzir os custos e riscos associados ao desenvolvimento de novos produtos, (4) aumentar a velocidade da entrada em um novo mercado, (5) tornar-se mais diversificadas e reconfigurar a esfera de ação competitiva da empresa e (6) aumentar o aprendizado, incrementando desse modo a base de conhecimento da empresa.

- Entre os problemas associados à adoção de uma estratégia de aquisição, destacam-se: (1) a dificuldade para integrar de maneira satisfatória as empresas envolvidas, resultando na incapacidade de se obter sinergia, (2) a avaliação inadequada do valor da empresa-alvo em relação aos custos de aquisição, (3) a geração de um endividamento que impede investimentos adequados em longo prazo (por exemplo, em P&D), (4) a criação de uma empresa excessivamente diversificada, (5) a criação de um ambiente interno no qual os gerentes dedicam cada vez mais tempo e energia para analisar e finalizar aquisições e (6) a criação de uma empresa combinada que é muito grande, necessitando do uso extensivo de controles burocráticos em vez de estratégicos

- Boas aquisições possuem os seguintes atributos: (1) as empresas adquirente e almejada possuem recursos complementares que podem atuar como base para as competências essenciais na empresa recém-formada, (2) a aquisição é amigável, facilitando a integração dos recursos das duas empresas, (3) a empresa-alvo é selecionada e adquirida com base em um processo de *due diligence*, (4) as empresas adquirente e almejada possuem folga considerável na forma de caixa ou capacidade de endividamento, (5) a empresa resultante da fusão mantém um nível de endividamento baixo ou moderado, vendendo partes da empresa adquirida ou algumas unidades de negócio da empresa adquirente com desempenho inadequado, (6) P&D e inovação são enfatizados na nova empresa e (7) as empresas adquirente e adquirida possuem experiência em termos de adaptação à mudança.

- A reestruturação é adotada para melhorar o desempenho de uma empresa corrigindo os problemas criados pelo gerenciamento ineficaz. A reestruturação por redução do tamanho envolve diminuir o número de empregados e de níveis hierárquicos na empresa. Embora possa resultar em menores custos no curto prazo, essa redução pode ocorrer sacrificando-se o sucesso no longo prazo devido a perda de recursos humanos (e conhecimentos) valiosos.

- A meta de se efetivar a reestruturação por meio da redução da esfera de ação implica diminuir o nível de diversificação da empresa. Muitas vezes a empresa aliena unidades de negócio não relacionadas para atingir essa meta. Eliminar essas unidades torna mais fácil para a empresa e seu alto escalão atribuírem novo foco às principais linhas de negócio.

- A aquisição alavancada (AA) constitui outra estratégia de reestruturação por meio da qual uma empresa é comprada para que possa se tornar uma companhia de capital fechado. AAs usualmente são financiadas por endividamento, criando riscos substanciais. Aquisições pelos executivos, aquisições pelos empregados e aquisições integrais são três tipos de AAs. Pelo fato de proporcionarem incentivos gerenciais bem definidos, as aquisições pelos executivos têm sido as mais bem-sucedidas entre os três tipos. Muitas vezes o propósito de uma aquisição é melhorar a eficiência e o desempenho para atingir o ponto em que a empresa pode ser vendida com sucesso em um intervalo de cinco a oito anos.

- Comumente a principal meta da reestruturação consiste em obter ou recuperar o controle estratégico eficaz da empresa. Das três estratégias de reestruturação, a redução da esfera de ação é a que se encontra alinhada mais de perto com o estabelecimento e o uso de controles estratégicos.

Questões éticas

1. Quais são os temas éticos associados às disputas pelo controle acionário, caso existam? As fusões são mais ou menos éticas do que as disputas pelo controle acionário? Por quê?

2. Um dos resultados associados ao poder de mercado é a empresa ser capaz de vender seu bem ou serviço acima dos níveis competitivos. É ético as empresas possuírem poder de mercado? Sua resposta a essa pergunta difere em função do setor no qual a empresa concorre? Por exemplo, a ética de possuir poder de mercado é diferente para as empresas que fabricam e vendem equipamentos médicos em comparação àquelas que produzem e vendem roupas esportivas?

3. Que considerações éticas encontram-se associadas às decisões de redução do tamanho? Caso você fosse atingido por uma redução do tamanho corporativa, julgaria que sua empresa teria agido sem ética? Se você acredita que a redução do tamanho possui um componente antiético, o que as empresas deveriam fazer para evitar o uso dessa técnica?

4. Que temas éticos encontram-se envolvidos na execução de um processo de *due diligence* abrangente?

5. Existem algumas provas de que ocorre uma relação direta entre o tamanho de uma empresa e o nível de remuneração que seus altos executivos recebem. Se esse for o caso, que incentivo essa relação oferece aos executivos graduados? O que pode ser feito para influenciar essa relação de modo a atender aos melhores interesses dos acionistas?

Referências bibliográficas

1. Anand, J. Redeployment of corporate resources: A study of acquisition strategies in the US defense industries, 1978-1996. *Managerial and Decision Economics*, 2S, 2004. p. 383-400; Bergh, D. D. Diversification strategy research at a crossroads: Established, emerging and anticipated paths. In: Hitt, M. A.; Freeman, R. E.; Harrison, J. S. *Handbook of Strategic Management*, Oxford: Blackwell Publishers, 2001. p. 362-383; Moran, P.; Ghoshal, S. Markets, firms, and the process of economic development. *Academy of Management Review*, 24, 1999. p. 390-412; Hitt, M. A.; Hoskisson, R. E.; Ireland, R. D.; Harrison, J. S. Effects of acquisitions on R&D inputs and outputs. *Academy of Management Journal*, 34, 1991. p. 693-706.
2. Kwan, M. Maximizing value through diversification. *MIT Sloan Management Review*, 43(2), 2002. p. 10.
3. Farjoun, M. Towards an organic perspective on strategy. *Strategic Management Journal*, 23, 2002. p. 561-594.
4. Krishnan, R. A.; Joshi, S.; Krishnan, H. The influence of mergers on firms' product-mix strategies. *Strategic Management Journal*, 2S, 2004. p. 587-611.
5. Shahrur, H. Industry structure and horizontal takeovers: Analysis of wealth effects on rivals, suppliers, and corporate customers. *Journal of Financial Economics*, 76, 2005. p. 61-98; Fuller, K.; Netter, J.; Stegemoller, M. What do returns to acquiring firms tell us? Evidence from firms that make many acquisitions. *Journal of Finance*, 57, 2002. p. 1.763-1.793. Hitt, M. A.; Harrison, J. S.; Ireland, R. D. *Mergers and Acquisitions: A Guide to Creating Value for Stakeholders*, Nova York: Oxford University Press, 2001.
6. Chappuis, B. E.; Frick, K. A.; Roche, P. J. Hightech mergers take shape. *McKinsey Quarterly*, (1), 2004. p. 60-69. Deans, G. K.; Kroeger, F.; Zeisel, S. The consolidation curve. *Harvard Business Review*, 80(12), 2002. p. 20-21. How M&As will navigate the turn into a new century. *Mergers & Acquisitions*, jan. 2000. p. 29-35.
7. Quah, P.; Young, S. Post-acquisition man agement: A phases approach for cross-border M&As. *European Management Journal*, 23(1), 2005. p. 65-80.
8. Schmidt, J. A. Business perspective on mergers and acquisitions. In: Schmidt, J. A. (ed.). *Making Mergers Work*, Alexandria, VA: Society for Human Resource Management, 2002. p. 23-46.
9. Singer, J.; Glader, P. Arcelor agrees to acquisition by rival Mittal. *Wall Street Journal*, 26 jun. 2006. p. A3.
10. Auster, E. R.; Sirower, M. L. The dynamics of merger and acquisition waves: A three-stage conceptual framework with implications for practice. *Journal of Applied Behavioral Science*, 38, 2002. p. 216-244.
11. Hitt, M. A.; Ireland, R. D.; Harrison, J. S. Mergers and acquisitions: A value creating or a value destroying strategy? In: Hitt, M. A.; Freeman, R. E.; Harrison, J. S. *Handbook of Strategic Management*, Oxford, 2001: Blackwell Publishers. p. 385-408.
12. Saigol, L. Thin pickings in dismal year for dealmaking. *Financial Times online*, http://www.ft.com, 2 jan. 2002. Waiting for growth. *Economist online*, http://www.economist.com, 27 abr. 2001.
13. Mergers snapshot: 2001 deal volume. *Wall Street Journal*, 4 jan. 2002. p. C12. The great merger wave breaks. *Economist*, 27 jan. 2001. p. 59-60.
14. Weber, J. An irresistible urge to merge. *Business Week*, 1 jan. 2007. p. 72-73.
15. Thornton, E. What's behind the buyout binge? *Business Week*, 4 dez. 2006. p. 38.
16. Song, M.; Calantone, R. J., Anthony, C. Competitive forces and strategic choice decisions: An experimental investigation in the United States and Japan. *Strategic Management Journal*, 23, 2002. p. 969-978.
17. Coff, R. Bidding wars over R&D-intensive firms: Knowledge, opportunism, and the market for corporate control. *Academy of Management Journal*, 46, 2003. p. 74-85. Chattopadhyay, P.; Glick, W. H.; Huber, G. P. Organizational actions in response to threats and opportunities. *Academy of Management Journal*, 44, 2001. p. 937-955.
18. Reuer, J. J.; Tong, T. W. Real options in international joint ventures. *Journal of Management*, 31, 2005. p. 403-423. Schilling, A. E. M. A.; Steensma, H. K. Disentangling the theories of firm boundaries: A path model and empirical test. *Organization Science*, 13, 2002. p. 387-401. Smit, H. T. J. Acquisition strategies as option games. *Journal of Applied Corporate Finance*, 14(2), 2001. p. 79-89.
19. Cullinan, G.; Le Roux, J.M.; Weddigen, R.M. When to walk away from a deal. *Harvard Business Review*, 82(4), 2004. p. 96-104. Selden, L.; Colvin, G. M&A needn't be a loser's game. *Harvard Business Review*, 81(6), 2003. p. 70-73. Capron, L.; Pistre, N. When do acquirers earn abnormal returns? *Strategic Management Journal*, 23, 2002. p. 781-794. Anand, J. How many matches are made in heaven? Mastering strategy (part five). *Financial Times*, 25 out. 1999. p. 6-7.
20. Reuer, J. J. Avoiding lemons in M&A deals. *MIT Sloan Management Review*, 46(3), 2005. p. 15-17.
21. Jensen, M. C. Takeovers: Their causes and consequences. *Journal of Economic Perspectives*, 1(2), 1988. p. 21-48.
22. Rappaport, A.; Sirower, M. L. Stock or cash? *Harvard Business Review*, 77(6), 1999. p. 147-158.
23. Moeller, S. B.; Schlingemann, F. P.; Stulz, R. M. Wealth destruction on a massive scale? A study of acquiring-firm returns in the recent merger wave. *Journal of Finance*, 60, 2005. p. 757-782.
24. Weintraub, A. How Gilead primed the pipeline. *Business Week*, 19 fev. 2007. p. 66.
25. Berman, D. K. Mergers horror II: The rhetoric. *Wall Street Journal*, 24 maio 2005. p. C1. Wright, T.; Kroll, M.; Lado, A.; Van Ness, B. The structure of ownership and corporate acquisition strategies. *Strategic Management Journal*, 23, 2002. p. 41-53. Rappaport; Sirower. Stock or cash?
26. Berman, D.; Bauerlein, V. Regions to merge with AmSouth in $ 10 billion deal. *Wall Street Journal*, 25 mai. 2006. p. A1.
27. Karnitschnig, M. Eaton runs out of gas at DaimlerChrysler. *Business Week online*, http://www.businessweek.com, 27 jan. 2000.
28. Bellman, E.; Singer, J.; Wonacott, P. Tata Steel offers $ 8 billion for Corus. *Wall Street Journal*, 18 out. 2006. p. A6.
29. Thornton, E. Unsolicited aggression. *Business Week*, 1 jan. 2007. p. 34.
30. Haspeslagh, P. Managing the mating dance in equal mergers, Mastering strategy (part five). *Financial Times*, 25 out. 1999. p. 14-15.

31. WRIGHT, P.; KROLL, M.; ELENKOV, D. Acquisition returns, increase in firm size and chief executive officer compensation: The moderating role of monitoring. *Academy of Management Journal*, 45, 2002. p. 599-608.
32. ANDERS, G. Lessons from WaMU's M&A playbook. *Fast Company*, jan. 2002. p.100-107.
33. LEE, L. Is Dell too big for Michael Dell? *Business Week*, 12 fev. 2007. p. 33.
34. LOWRY, T. Hot news in nowheresville. *Business Week*, 19 fev. 2007. p. 74.
35. CAPRON, L.; PISTRE, N. When do acquirers earn abnormal returns? *Strategic Management Journal*, 23, 2002. p. 781-794. CAPRON, L. Horizontal acquisitions: The benefits and risks to long-term performance. *Strategic Management Journal*, 20, 1999. p. 987-1.018.
36. FEE, C. E.; THOMAS, S. Sources of gains in horizontal mergers: Evidence from customer, supplier, and rival firms. *Journal of Financial Economics*, 74, 2004. p. 423-460.
37. LUBATKIN, M.; SCHULZE, W. S.; MAINKAR, A.; COTTERILL, R. W. Ecological investigation of firm effects in horizontal mergers. *Strategic Management Journal*, 22, 2001. p. 335-357. RAMASWAMY, K. The performance impact of strategic similarity in horizontal mergers: Evidence from the U.S. banking industry. *Academy of Management Journal*, 40, 1997. p. 697-715.
38. CAPRON, L.; MITCHELL, W.; SWAMINATHAN, A. Asset divestiture following horizontal acquisitions: A dynamic view. *Strategic Management Journal*, 22, 2001. p. 817-844.
39. KUCZYNSKI, A. BNSF Logistics expands through acquisition of Pro-Am Transportation Services, Inc., Dow Jones Newswires, http://www.djnewswires.com, 2 jan. 2007.
40. Cooper industries acquires WPI Interconnect Products. *Connector Specifier*, 5 jan. 2007. p. 1.
41. Hospira acquisition of Mayne Pharma clears U.S. antitrust review, Dow Jones Newswires, http://www.djnewswires.com, 18 jan. 2007. BERMAN, D. K.; BURTON, T. M. Hospira to buy Mayne Pharma for $ 2 billion. *Wall Street Journal*, set. 2006, p. B4.
42. LERNER, M. Israeli Antitrust Authority's general director David Tadmor on corporate mergers. *Academy of Management Executive*, 15(1), 2001. p. 8-11.
43. CHEN, S. F. S.; ZENG, M. Japanese investors' choice of acquisitions vs. startups in the US: The role of reputation barriers and advertising outlays. *International Journal of Research in Marketing*, 21(2), 2004. p. 123-136. CHANG, S. J.; ROSENZWEIG, P. M. The choice of entry mode in sequential foreign direct investment. *Strategic Management Journal*, 22, 2001. p. 747-776.
44. Leaders: Grow up; emerging economies. *Economist*, 16 out. 2004. p. 12. DAWAR, N.; CHATTOPADHYAY, A. Rethinking marketing programs for emerging markets. *Long Range Planning*, 35(5), 2002. p. 457-474. GINGRICH, J. A. Five rules for winning emerging market consumers. *Strategy & Business*, 15, 1999. p. 19-33.
45. SHIMIZU, K.; HITT, M. A.; VAIDYANATH, D.; PISANO, V. Theoretical foundations of cross-border mergers and acquisitions: A review of current research and recommendations for the future. *Journal of International Management*, 10, 2004. p. 307-353. DOUKAS, J. A.; LANG, L. H. P. Foreign direct investment, diversification and firm performance. *Journal of International Business Studies*, 34, 2003. p. 153-172. HITT; HARRISON; IRELAND. *Mergers and Acquisitions*, cap. 10, 2003; ANGWIN, D.; SAVILL, B. Strategic perspectives on European cross-border acquisitions: A view from the top European executives. *European Management Review*, 15, 1997. p. 423-435.
46. LU, J. W.; BEAMISH, P. W. The internationalization and performance of SMEs. *Strategic Management Journal*, 22 (special issue), 2001. p. 565-586.
47. SETH, A.; SONG, K. P.; PETTIT, R. R. Value creation and destruction in cross-border acquisitions: An empirical analysis of foreign acquisitions of U.S. firms. *Strategic Management Journal*, 23, 2002. p. 921-940.
48. Ibid.
49. Rail giant takes shape. *Railway Gazette International*, 163(1), 2007. p. 1.
50. BANNERT, V; TSCHIRKY, H. Integration planning for technology intensive acquisitions. *R&D Management*, 34(5), 2004. p. 481-494. HOSKISSON, R. E.; HITT, M. A.; JOHNSON, R. A.; GROSSMAN, W. Conflicting voices: The effects of institutional ownership heterogeneity and internal governance on corporate innovation strategies. *Academy of Management Journal*, 45, 2002. p. 697-716.
51. GATIGNON, H.; TUSHMAN, M. L.; SMITH, W.; ANDERSON, P. A structural approach to assessing innovation: Construct development of innovation locus, type, and characteristics. *Management Science*, 48, 2002. p. 1.103-1.122. HITT; HARRISON; IRELAND. *Mergers and Acquisitions*.
52. HSIEH, L. F.; TSAI, Y.T. Technology investment mode of innovative technological corporations: M&A strategy intended to facilitate innovation. *Journal of American Academy of Business*, 6(1), 2005. p. 185-194. AHUJA, G.; KATILA, R. Technological acquisitions and the innovation performance of acquiring firms: A longitudinal study. *Strategic Management Journal*, 22, 2001. p. 197-220. HITT, M. A.; HOSKISSON, R. E.; IRELAND, R. D. Mergers and acquisitions and managerial commitment to innovation in M-form firms. *Strategic Management Journal*, 11 (summer special issue), 1990. p. 29-47. HITT, M. A.; HOSKISSON, R. E.; JOHNSON, R. A.; MOESEL, D. D. The market for corporate control and firm innovation. *Academy of Management Journal*, 39, 1996. p. 1.084-1.119.
53. COFF, R. Bidding wars over R&D intensive firms: Knowledge, opportunism and the market for corporate control. *Academy of Management Journal*, 46, 2003. p. 74-85.
54. WEINTRAUB. How Gilead primed the pipeline. p. 66.
55. HITT; HOSKISSON; JOHNSON; MOESEL. The market for corporate control.
56. HITT, M. A.; HOSKISSON, R. E.; IRELAND, R. D.; HARRISON, J. S. Effects of acquisitions on R&D inputs and outputs. *Academy of Management Journal*, 34, 1991. p. 693-706.
57. WEINTRAUB. How Gilead primed the pipeline. p. 66.
58. KALE, P.; PURANAM, P. Choosing equity stakes in technology sourcing relationships: An integrative framework. *California Management Review*, 46(3), 2004. p. 77-99. YOSHIKAWA, T. Technology development and acquisition strategy. *International Journal of Technology Management*, 25, 2003. p. 666-674. MCCARDLE, K. F.; VISWANATHAN, S. The direct entry versus takeover decision and stock price performance around takeovers. *Journal of Business*, 67, 1994. p. 1-43.
59. EISENHARDT, K. M. Has strategy changed? *MIT Sloan Management Review*, 43(2), 2002. p. 88-91.
60. DOLBECK, A. In print and online, acquisitions in the media sector. *Corporate Growth Report*, nov. 2006. p. 1-2.
61. HITT; HOSKISSON; IRELAND; HARRISON. Effects of acquisitions on R&D inputs and outputs.
62. CAPRON; MITCHELL; SWAMINATHAN. Asset divestiture following horizontal acquisitions. BERGH, D. D. Predicting divestiture of unrelated acquisitions: An integrative model of ex ante conditions. *Strategic Management Journal*, 18, 1997. p. 715-731.
63. HELFAT, C. E.; EISENHARDT, K. M. Inter-temporal economies of scope, organizational modularity, and the dynamics of diversification. *Strategic Management Journal*, 25, 2004. p. 1.217-1.232. PARK, C. Prior performance characteristics of related and unrelated acquirers. *Strategic Management Journal*, 24, 2003. p. 471-480.

64. HITT; HARRISON; IRELAND. *Mergers and Acquisitions.*
65. ANAND, J.; SINGH, H. Asset redeployment, acquisitions and corporate strategy in declining industries. *Strategic Management Journal,* 18 (summer special issue), 1997. p. 99-118.
66. RAYNOR, M. *Strategic Flexibility in the Financial Services Industry,* relatório publicado pela Deloitte Consulting and Deloitte & Touche, Toronto, Canadá, 2001.
67. HAMBRICK, D. C.; FREDRICKSON, J. W. Are you sure you have a strategy? *Academy of Management Executive,* 19(4), 2005. p. 51-62, reimpressão do n. 15(4).
68. FERRIER, W. J. Navigating the competitive landscape: The drivers and consequences of competitive aggressiveness. *Academy of Management Journal,* 44, 2001. p. 858-877.
69. Operations: Segment operations, General Electric 2005 Annual Report, http://www.ge.com/ar2005, 15 fev. 2007. HOSKISSON, R. E.; HITT, M. A. *Downscoping: How to Tame the Diversified Firm,* Nova York: Oxford University Press, 1994.
70. PURANAM, P.; SINGH, H.; ZOLLO, M. Organizing for innovation: Managing the coordination-autonomy dilemma in technology acquisitions. *Academy of Management Journal,* 49, 2006. p. 263-280.
71. VERMEULEN, F.; BARKEMA, H. Learning through acquisitions. *Academy of Management Journal,* 44, 2001. p. 457-476.
72. UHLENBRUCK, K.; HITT, M. A.; SEMADENI, M. Market value effects of acquisitions involving Internet firms: A resource-based analysis. *Strategic Management Journal,* 27, 2006. p. 899-913. VERMEULEN, F. How acquisitions can revitalize firms. *MIT Sloan Management Review,* 46(4), 2005. p. 45-51. GAMMELGAARD, J. Access to competence: An emerging acquisition motive. *European Business Forum,* primavera de 2004. p. 44-48. HAYWARD, M. L. A. When do firms learn from their acquisition experience? Evidence from 1990-1995. *Strategic Management Journal,* 23, 2002. p. 21-39.
73. AHUJA, G.; LAMPERT, C. Entrepreneurship in the large corporation: A longitudinal study of how established firms create breakthrough inventions. *Strategic Management Journal,* 22 (special issue), 2001. p. 521-543.
74. HARRISON, J. S.; HITT, M. A.; HOSKISSON, R. E.; IRELAND, R. D. Resource complementarities in business combinations: Extending the logic to organizational alliances. *Journal of Management,* 27, 2001. p. 679-690.
75. SUZUKAMO, L. B. Oracle buying Stellant for $ 440 million. *Knight Ridder Tribune Business News,* 3 nov. 2006. p. 1.
76. SCHMIDT. Business perspective on mergers and acquisitions.
77. ZOLLO, M.; SINGH, H. Deliberate learning in corporate acquisitions: Post-acquisition strategies and integration capability in U.S. bank mergers. *Strategic Management Journal,* 25, 2004; p. 1.233-1.256. MALLETTE, P.; FOWLER, C. L.; HAYES, C. The acquisition process map: Blueprint for a successful deal. *Southern Business Review,* 28(2), 2003. p. 1-13. HITT, HARRISON, IRELAND. *Mergers and Acquisitions.*
78. HOMBERG, C.; BUCERIUS, M. Is speed of integration really a success factor of mergers and acquisitions? An analysis of the roles of internal and external relatedness. *Strategic Management Journal,* 27, 2006. p. 347-367. SCHWEIZER, L. Organizational integration of acquired biotechnology companies into pharmaceutical companies: The need for a hybrid approach. *Academy of Management Journal,* 48, 2005. p. 1.051-1.074. CARLETON, J. R.; LINEBERRY, C. S. *Achieving Post-Merger Success,* Nova York: Wiley, 2004. WEBER, Y.; MENIPAZ, E. Measuring cultural fit in mergers and acquisitions. *International Journal of Business Performance Management,* 5(1), 2003. p. 54-72.
79. ZOLLO, M. M&A – The challenge of learning to integrate, Mastering strategy (part eleven). *Financial Times,* 6 dez. 1999. p. 14-15.
80. WEBER, R. A.; CAMERER, C. F. Cultural conflict and merger failure: An experimental approach. *Management Science,* 49, 2003. p. 400-415. VISCIO, A. J.; HARBISON, J. R.; ASIN, A.; VITARO, R. P. Postmerger integration: What makes mergers work? *Strategy & Business,* 17, 1999. p. 26-33. DATTA, D. K. Organizational fit and acquisition performance: Effects of postacquisition integration. *Strategic Management Journal,* 12, 1991. p. 281-297.
81. KRUG, A. Why do they keep leaving? *Harvard Business Review,* 81(2), 2003. p. 14-15. HITT, M. A.; BIERMAN, L.; SHIMIZU, K.; KOCHHAR, R. Direct and moderating effects of human capital on strategy and performance in professional service firms. *Academy of Management Journal,* 44, 2001. p. 13-28.
82. DESS, G. G.; SHAW, J. D. Voluntary turnover, social capital and organizational performance. *Academy of Management Review,* 26, 2001. p. 446-456. KAY, I. T.; SHELTON, M. The people problem in mergers. *McKinsey Quarterly,* http://www.mckinseyquarterly.com, 8 out. 2000.
83. MCINTYRE, T. A model of levels of involvement and strategic roles of human resource development (HRD) professionals as facilitators of due diligence and the integration process. *Human Resource Development Review,* 3(2), 2004. p. 173-182. KRUG, J. A.; HEGARTY, H. Predicting who stays and leaves after an acquisition: A study of top managers in multinational firms. *Strategic Management Journal,* 22, 2001. p. 185-196.
84. SHAVER, J. M. A paradox of synergy: Contagion and capacity effects in mergers and acquisitions. *Academy of Management Review,* 31, 2006. p. 962-976.
85. HUBBARD, T. N. Integration strategies and the scope of the company, Mastering strategy (part eleven). *Financial Times,* 6 dez. 1999. p. 8-10.
86. SAXTON, T.; DOLLINGER, M. Target reputation and appropriability: Picking and deploying resources in acquisitions. *Journal of Management,* 30, 2004. p. 123-147.
87. ZAHRA, S. A.; NIELSEN, A. P.; Sources of capabilities, integration and technology commercialization. *Strategic Management Journal,* 23, 2002. p. 377-398.
88. BARNEY, J. B. Returns to bidding firms in mergers and acquisitions: Reconsidering the relatedness hypothesis. *Strategic Management Journal,* 9 (summer special issue), 1988. p. 71-78.
89. HARRISON; HITT; HOSKISSON; IRELAND. Resource complementarities.
90. RAPPAPORT, A. 10 ways to create shareholder value. *Harvard Business Review,* 84(9), 2006. p. 66-80.
91. WILLIAMSON, O. E. Strategy research: Governance and competence perspectives. *Strategic Management Journal,* 20, 1999. p. 1.087-1.108.
92. HITT; HOSKISSON; JOHNSON; MOESEL. The market for corporate control.
93. CULLINAN; LE ROUX; WEDDIGEN. When to walk away from a deal.
94. RAPPAPORT; SIROWER. Stock or cash? p. 149.
95. THORNTON, E. Bypassing the street. *Business Week,* 2 jun. 2003. p. 79.
96. YAGO, G. *Junk Bonds: How High Yield Securities Restructured Corporate America,* Nova York: Oxford University Press, 1991. p. 146-148.
97. JENSEN, M. C. Agency costs of free cash flow, corporate finance, and takeovers. *American Economic Review,* 76, 1986. p. 323-329.
98. BREMNER, B.; LAKSHMAN, N. Tata Steel bags Corus – but at what price? *Business Week online,* http://www.businessweek.com, 1 fev. 2007.
99. HITT, M. A.; SMART, D. L. Debt: A disciplining force for managers or a debilitating force for organizations? *Journal of Management Inquiry,* 3, 1994. p. 144-152.

100. HITT; HARRISON; IRELAND. *Mergers and Acquisitions*.
101. United Technologies, http://www.utc.com, 13 fev. 2007. General Electric, http://www.ge.com, 15 fev. 2007.
102. HILL, C. W. L.; HOSKISSON, R. E. Strategy and structure in the multiproduct firm. *Academy of Management Review*, 12, 1987. p. 331-341.
103. JOHNSON, R. A.; HOSKISSON, R. E.; HITT, M. A. Board of director involvement in restructuring: The effects of board *versus* managerial controls and characteristics. *Strategic Management Journal*, 14 (special issue), 1993. p. 33-50. MARKIDES, C. C. Consequences of corporate refocusing: Ex ante evidence. *Academy of Management Journal*, 35, 1992. p. 398-412.
104. PALMER, D.; BARBER, B. N. Challengers, elites and families: A social class theory of corporate acquisitions. *Administrative Science Quarterly*, 46, 2001. p. 87-120.
105. HITT; HARRISON; IRELAND. *Mergers and Acquisitions*; HOSKISSON, R. E.; JOHNSON, R. A. Corporate restructuring and strategic change: The effect on diversification strategy and R&D intensity. *Strategic Management Journal*, 13, 1992. p. 625-634.
106. HALEBLIAN, J.; KIM, J.J.; RAJAGOPALAN, N. The influence of acquisition experience and performance on acquisition behavior: Evidence from the U.S. commercial banking industry. *Academy of Management Journal*, 49, 2006. p. 357-370.
107. Ibid.
108. HUGHES, J. P.; LANG, W. W.; MESTER, L. J.; MOON, C. G.; PAGANO, M. S. Do bankers sacrifice value to build empires? Managerial incentives, industry consolidation, and financial performance. *Journal of Banking and Finance*, 27, 2003. p. 417-477. HITT; HOSKISSON; JOHNSON; MOESEL. The market for corporate control.
109. HOSKISSON, R. E.; HITT, M. A.; IRELAND, R. D. The effects of acquisitions and restructuring (strategic refocusing) strategies on innovation. In: VON KROGH, G.; SINATRA, A.; SINGH, H. (eds.). *Managing Corporate Acquisitions*, Londres: Macmillan, 1994. p. 144-169.
110. HAYWARD, M. L. A.; HAMBRICK, D. C. Explaining the premiums paid for large acquisitions: Evidence of CEO hubris. *Administrative Science Quarterly*, 42, 1997. p. 103-127. ROLL, R. 1986, The hubris hypothesis of corporate takeovers. *Journal of Business*, 59. p. 197-216.
111. PFEFFER, J. The human factor: Curbing the urge to merge. *Business 2.0*, jul. 2003. p. 58.
112. WEBER; CAMERER. Cultural conflict and merger failure.
113. HAYWARD. When do firms learn from their acquisition experience?
114. CYERT, R. M.; KANG, S. H.; KUMAR, P. Corporate governance, takeovers, and top-management compensation: Theory and evidence. *Management Science*, 48, 2002. p. 453-469.
115. HITT; HARRISON; IRELAND. *Mergers and Acquisitions*.
116. DICKERSON, A. P.; GIBSON, H. D.; TSAKALOTOS, E. Takeover risk and the market for corporate control: The experience of British firms in the 1970s and 1980s. *International Journal of Industrial Organization*, 20, 2002. p. 1.167-1.195.
117. UHLENBRUCK; HITT; SEMADENI. Market value effects of acquisitions involving Internet firms. HITT; HARRISON; IRELAND. *Mergers and Acquisitions*.
118. HITT, M. A.; IRELAND, R. D.; HARRISON, J. S.; BEST, A. Attributes of successful and unsuccessful acquisitions of U.S. firms. *British Journal of Management*, 9, 1998. p. 91-114.
119. HARRISON; HITT; HOSKISSON; IRELAND. Resource complementarities.
120. HAGEDOORN, J.; DYSTERS, G. External sources of innovative capabilities: The preference for strategic alliances or mergers and acquisitions. *Journal of Management Studies*, 39, 2002. p. 167-188.
121. VILLALONGA, B.; MCGAHAN, A. M. The choice among acquisitions, alliances, and divestitures. *Strategic Management Journal*, 26, 2005. p. 1.183-1.208. PORRINI, P. Can a previous alliance between an acquirer and a target affect acquisition performance? *Journal of Management*, 30, 2004. p. 545-562. REUER, J. From hybrids to hierarchies: Shareholder wealth effects of joint venture partner buyouts. *Strategic Management Journal*, 22, 2001. p. 27-44.
122. AIELLO, R. J.; WATKINS, M. D. The fine art of friendly acquisition. *Harvard Business Review*, 78(6), 2000. p. 100-107.
123. GWYNNE, P. Keeping the right people. *MIT Sloan Management Review*, 43(2), 2002. p. 19. BERGH, D. D. Executive retention and acquisition outcomes: A test of opposing views on the influence of organizational tenure. *Journal of Management*, 27, 2001. p. 603-622. WALSH, J. P. Doing a deal: Merger and acquisition negotiations and their impact upon target company top management turnover. *Strategic Management Journal*, 10, 1989. p. 307-322.
124. COFF, R. W. Human capital, shared expertise, and the likelihood of impasse in corporate acquisitions. *Journal of Management*, 28, 2002. p. 107-128. MARKS, M. L.; MIRVIS, P. H. Making mergers and acquisitions work: Strategic and psychological preparation. *Academy of Management Executive*, 15(2), 2001. p. 80-92.
125. HALEBLIAN, J.; KIM, J.J.; RAJAGOPALAN, N. The influence of acquisition experience and performance on acquisition behavior. HITT; HARRISON; IRELAND. *Mergers and Acquisitions*. HUY, Q. N. Time, temporal capability and planned change. *Academy of Management Review*, 26, 2001. p. 601-623. MARKOCZY, L. Consensus formation during strategic change. *Strategic Management Journal*, 22, 2001. p. 1.013-1.031.
126. ANAND. How many matches are made in heaven? p. 6.
127. JOHNSON, R. A. Antecedents and outcomes of corporate refocusing. *Journal of Management*, 22, 1996. p. 437-481. BETHEL, J. E.; LIEBESKIND, J. The effects of ownership structure on corporate restructuring. *Strategic Management Journal*, 14 (summer special issue), 1993. p. 15-31.
128. HOSKISSON, R. E.; CANNELLA, A. A.; TIHANYI, L.; FARACI, R. Asset restructuring and business group affiliation in French civil law countries. *Strategic Management Journal*, 25, 2004. p. 525-539. HOSKISSON, R. E.; JOHNSON, R. A.; YIU, D.; WAN, W. P. Restructuring strategies of diversified groups: Differences associated with country institutional environments. In: HITT, M. A.; FREEMAN, R. E.; HARRISON, J. S. (eds.). *Handbook of Strategic Management*, Oxford: Blackwell Publishers, 2001. p. 433-463. FISHER, S. R.; WHITE, M. A. Downsizing in a learning organization: Are there hidden costs? *Academy of Management Review*, 25, 2000. p. 244-251. CAMPBELL, A.; SADTLER, D. Corporate breakups. *Strategy & Business*, 12, 1998. p. 64-73. BOWMAN, E.; SINGH, H. Overview of corporate restructuring: Trends and consequences. In ROCK, L.; ROCK, R. H. (eds.). *Corporate Restructuring*, Nova York: McGraw-Hill, 1990.
129. HITT; HARRISON; IRELAND. *Mergers and Acquisitions*.
130. BRAUER, M. What we have acquired and what should we acquire in diversification research? A review and research agenda. *Journal of Management*, 32, 2006. p. 751-785.
131. MORROW JR., J. L.; JOHNSON, R. A.; BUSENITZ, L. W. The effects of cost and asset retrenchment on firm performance: The overlooked role of a firm's competitive environment. *Journal of Management*, 30, 2004. p. 199-208. KRUSE, T. A. Asset liquidity and the determinants of asset sales by poorly performing firms. *Financial Management*, 31(4), 2002. p. 107-129.
132. NIXON, R. D.; HITT, M. A.; LEE, H. U.; JEONG, E. Market reactions to announcements of corporate downsizing actions and implementation strategies. *Strategic Management Journal*, 25, 2004. p. 1.121-1.129.

133. Love, E. G.; Nohria, N. Reducing slack: The performance consequences of downsizing by large industrial firms 1977-1993. *Strategic Management Journal*, 26, 2005. p. 1.087-1.108. McKinley, W.; Zhao, J.; Rust, K. G. A sociocognitive interpretation of organizational downsizing. *Academy of Management Review*, 25, 2000. p. 227-243.

134. Weintraub, A. The doctor won't see you now. *Business Week*, 5 fev. 2007. p. 30.

135. Karnitschnig, M. AOL to lay off as many as 5,000 in strategy shift. *Wall Street Journal*, 4 ago. 2006. p. A12.

136. Love; Nohria. Reducing slack.

137. Hoskisson; Hitt. *Downscoping*.

138. Dranikoff, L.; Koller, T.; Schneider, A. Divestiture: Strategy's missing link. *Harvard Business Review*, 80(5), 2002. p. 74-83.

139. Immelt, J. Letter to stakeholders, General Electric, http://www.ge.com/ar2005/letter_strong.htm, 15 fev. 2007.

140. Rajand, M.; Forsyth, M. Hostile bidders, longterm performance, and restructuring methods: Evidence from the UK. *American Business Review*, 20(1), 2002. p. 71-81.

141. Johnson; Hoskisson; Hitt. Board of director involvement in restructuring. Hoskisson, R. E.; Hitt, M. A. Antecedents and performance outcomes of diversification: A review and critique of theoretical perspectives. *Journal of Management*, 16, 1990. p. 461-509.

142. Hoskisson, R. E.; Johnson, R. A.; Tihanyi, L.; White, R. E. Diversified business groups and corporate refocusing in emerging economies. *Journal of Management*, 31, 2005. p. 941-965. Hoskisson; Johnson; Yiu; Wan. Restructuring strategies.

143. Bergh, D. D.; Holbein, G. F. Assessment and redirection of longitudinal analysis: Demonstration with a study of the diversification and divestiture relationship. *Strategic Management Journal*, 18, 1997. p. 557-571. Markides, C. C.; Singh, H. Corporate restructuring: A symptom of poor governance or a solution to past managerial mistakes? *European Management Journal*, 15, 1997. p. 213-219.

144. Thornton, E. Unsolicited aggression. *Business Week*, 1 jan. 2007. p. 34.

145. Wiersema, M. F.; Liebeskind, J. P. The effects of leveraged buyouts on corporate growth and diversification in large firms. *Strategic Management Journal*, 16, 1995. p. 447-460.

146. Henry, D. Duane Reade: An LBO on the critical list. *Business Week*, 4 dez. 2006.

147. Harris, R.; Siegel, D. S.; Wright, M. Assessing the impact of management buyouts on economic efficiency: Plant-level evidence from the United Kingdom. *Review of Economics and Statistics*, 87, 2005. p.148-153. Seth, A; Easterwood, J. Strategic redirection in large management buyouts: The evidence from post-buyout restructuring activity. *Strategic Management Journal*, 14, 1995; p. 251-274. Phan, P. H.; Hill, C. W. L. Organizational restructuring and economic performance in leveraged buyouts: An ex-post study. *Academy of Management Journal*, 38, 1995. p. 704-739.

148. Daily, C. M.;, McDougall, P. P.; Covin, J. G.; Dalton, D. R. Governance and strategic leadership in entrepreneurial firms. *Journal of Management*, 3, 2002. p. 387-412.

149. Wright, M.; Hoskisson, R. E.; Busenitz, L. W.; Dial, J. Entrepreneurial growth through privatization: The upside of management buyouts. *Academy of Management Review*, 25, 2000. p. 591-601.

150. Wright, M.; Hoskisson, R. E.; Busenitz, L. W. Firm rebirth: Buyouts as facilitators of strategic growth and entrepreneurship. *Academy of Management Executive*, 15(1), 2001. p. 111-125.

151. Krishnan. H. A.; Park, D. The impact of work force reduction on subsequent performance in major mergers and acquisitions: An exploratory study. *Journal of Business Research*, 55(4), 2002. p. 285-292. Lee, P. M. A comparative analysis of layoff announcements and stock price reactions in the United States and Japan. *Strategic Management Journal*, 18, 1997. p. 879-894.

152. Casio, W. F. Strategies for responsible restructuring. *Academy of Management Executive*, 19(4), 2005. p. 39-50.

153. Tsang, E. W. K. Acquiring knowledge by foreign partners from international joint ventures in a transition economy: Learning-by-doing and learning myopia. *Strategic Management Journal*, 23, 2002. p. 835-854.

154. Mirabal, N.; DeYoung, R. Downsizing as a strategic intervention. *Journal of American Academy of Business*, 6(1), 2005. p. 39-45.

155. Shimizu, K.; Hitt, M. A. What constrains or facilitates divestitures of formerly acquired firms? The effects of organizational inertia. *Journal of Management*, 31, 2005. p. 50-72.

156. Toms, S.; Wright, M. Divergence and convergence within AngloAmerican corporate governance systems: Evidence from the US and UK, 1950-2000. *Business History*, 47(2), 2005. p. 267-295.

157. Desbrieres, P.; Schatt, A. The impacts of LBOs on the performance of acquired firms: The French case. *Journal of Business Finance & Accounting*, 29, 2002. p. 695-729.

158. Bruton, G. D.; Keels, J. K.; Scifres, E. L. Corporate restructuring and performance: An agency perspective on the complete buyout cycle. *Journal of Business Research*, 55, 2002. p. 709-724. Long, W. F; Ravenscraft, D. J. LBOs, debt, and R&D intensity. *Strategic Management Journal*, 14 (summer special issue), 1993. p. 119-135.

159. Wright; Hoskisson; Busenitz; Dial. Entrepreneurial growth through privatization.

Capítulo 10
Estratégia internacional

Objetivos de aprendizagem

O estudo deste capítulo deve proporcionar-lhe o conhecimento de administração estratégica necessário para:

1. Explicar as principais razões pelas quais as empresas adotam a diversificação internacional.
2. Explicar os fatores que influenciam as decisões relativas à esfera de ação internacional das atividades de uma empresa.
3. Definir as três estratégias internacionais em nível corporativo juntamente com as estruturas associadas a cada estratégia.
4. Explicar a relação entre estratégia internacional em nível corporativo e a seleção de estratégias corporativas no nível de negócios no âmbito de unidades de negócio, países e regiões globais.
5. Identificar os fatores que contribuem para a vantagem das empresas em um setor global dominante e associados ao ambiente de um país ou de uma região específicos.
6. Indicar e descrever as cinco modalidades de entrada nos mercados internacionais.
7. Explicar os efeitos da diversificação internacional nos retornos e na inovação da empresa.
8. Indicar e descrever os dois principais riscos da diversificação internacional.
9. Explicar por que os resultados positivos da expansão internacional são limitados.

O enorme sucesso das empresas japonesas (por exemplo: a Toyota e a Sony) nos Estados Unidos e em outros mercados internacionais nos anos 80 foi um choque de grande intensidade para os executivos nos EUA e isso fez que despertassem para a importância da concorrência internacional nos países e regiões que estavam se tornando rapidamente mercados globais. No século XXI, China, Brasil, Índia e Europa Oriental representam importantes oportunidades potenciais nos mercados internacionais para empresas em muitos países, incluindo Estados Unidos, Japão, Coreia e nações europeias.[1] Este capítulo cobre diversos aspectos da diversificação internacional, uma estratégia pela qual uma empresa amplia a venda de seus bens ou serviços para além das fronteiras de regiões globais e países em diferentes localizações ou mercados geográficos. Examinamos as oportunidades que as empresas identificam à medida que procuram desenvolver e explorar competências essenciais diversificando-se geograficamente em mercados globais.[2] Além disso, discutimos diferentes problemas, complexidades e ameaças que poderiam ocorrer em virtude do uso de estratégias internacionais por parte da empresa. Embora fronteiras nacionais, diferenças culturais e distâncias geográficas imponham barreiras à entrada em muitos mercados, oportunidades excelentes atraem as empresas para o campo de atuação internacional.[3]

Uma empresa que planeja operar globalmente precisa formular uma estratégia bem-sucedida para obter vantagem com essas oportunidades globais.[4] Além disso, para tornar suas empresas companhias verdadeiramente globais, os executivos precisam desenvolver um modo de pensar global, que foi definido no Capítulo 3 como sendo a capacidade de estudar um ambiente interno de tal forma que não dependa das suposições relativas a um país, uma cultura ou um contexto únicos.[5] À medida que as empresas passam a atuar nos mercados internacionais, elas desenvolvem relacionamentos com fornecedores, clientes e parceiros, adquirindo experiência com esses relacionamentos.[6] Em especial no que se refere ao gerenciamento de recursos humanos, o modo tradicional de operação, com pouca diversidade cultural e sem suprimentos globais, deixou de ser eficaz.[7]

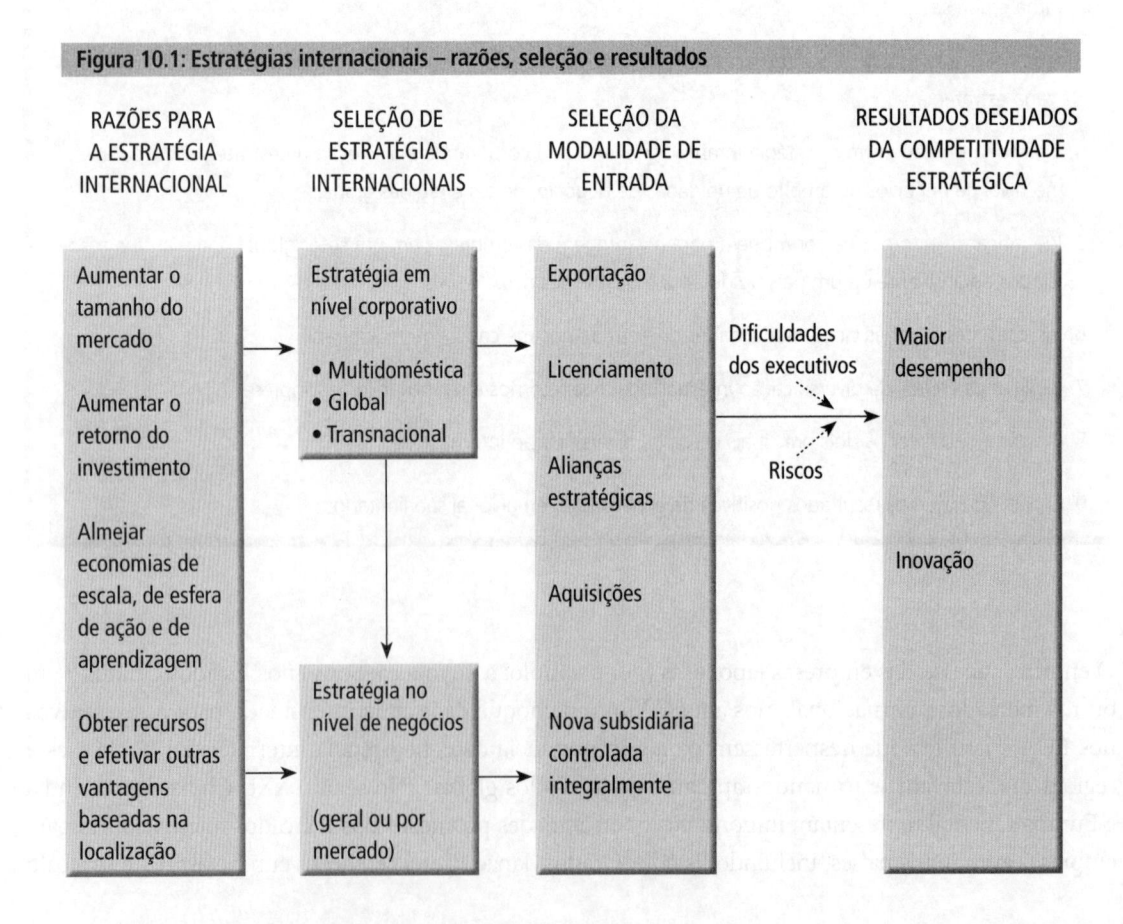

Figura 10.1: Estratégias internacionais – razões, seleção e resultados

RAZÕES PARA A ESTRATÉGIA INTERNACIONAL	SELEÇÃO DE ESTRATÉGIAS INTERNACIONAIS	SELEÇÃO DA MODALIDADE DE ENTRADA	RESULTADOS DESEJADOS DA COMPETITIVIDADE ESTRATÉGICA
Aumentar o tamanho do mercado	Estratégia em nível corporativo	Exportação	Maior desempenho
Aumentar o retorno do investimento	• Multidoméstica • Global • Transnacional	Licenciamento Alianças estratégicas	(Dificuldades dos executivos / Riscos)
Almejar economias de escala, de esfera de ação e de aprendizagem		Aquisições	Inovação
Obter recursos e efetivar outras vantagens baseadas na localização	Estratégia no nível de negócios (geral ou por mercado)	Nova subsidiária controlada integralmente	

A Figura 10.1, que oferece um esboço deste capítulo, proporciona uma visão de conjunto dos vários incentivos, escolhas e resultados associados à estratégia internacional. Este capítulo concentra-se inicialmente nas razões pelas quais as empresas se internacionalizam. Após uma empresa decidir concorrer em âmbito internacional, precisa selecionar sua estratégia e uma estrutura correspondente. O capítulo examina as estratégias e estruturas internacionais no nível de negócios e corporativo e indica em seguida as justificativas para a escolha de uma modalidade de entrada nos mercados internacionais. A entrada pode ser efetivada por meio de exportação valendo-se de operações baseadas no país da matriz, licenciando produtos ou serviços, formando alianças estratégicas com parceiros internacionais, adquirindo uma empresa sediada no exterior ou criando uma nova subsidiária. A diversificação internacional pode conduzir a uma maior competitividade estratégica ampliando os ciclos de vida dos produtos, proporcionando incentivos para maior inovação e, como consequência, gerando maior desempenho organizacional. Esses benefícios são atenuados em função de riscos políticos e econômicos e dos problemas associados ao gerenciamento de uma empresa internacional complexa com operações em diversos países.

Incentivos para a adoção de uma estratégia internacional

Uma estratégia internacional é aquela em função da qual a empresa vende seus bens ou serviços fora de seu mercado doméstico.[8] Esse tipo de estratégia resulta em diversificação internacional. As empresas seguem uma estratégia internacional (em oposição a uma puramente nacional) a fim de buscar novas oportunidades de criação de valor nos mercados internacionais.[9] As empresas, quando bem-sucedidas, obtêm quatro benefícios básicos com o uso de estratégias internacionais: (1) maior tamanho do mercado, (2) maiores retornos dos principais investimentos de capital ou dos investimentos em novos produtos e processos, (3) maiores economias de escala, de esfera de ação ou de aprendizagem e (4) uma vantagem competitiva por meio de localização (por exemplo: acesso a mão de obra barata ou a recursos importantes).

Maior tamanho do mercado

As empresas conseguem ampliar o tamanho de seu mercado potencial — às vezes consideravelmente — passando a atuar nos mercados internacionais. Novos mercados de grande dimensão e emergentes, como os da China e da Índia, oferecem um grande incentivo à internacionalização devido à demanda potencial por produtos e serviços para os consumidores.[10] Em virtude das flutuações cambiais, as empresas também podem optar por distribuir suas operações em muitos países, incluindo emergentes, a fim de reduzir o risco de desvalorização em determinado país.[11] No entanto, o caráter único dos mercados emergentes apresenta oportunidades e desafios.[12] A Índia, por exemplo, oferece um enorme mercado potencial e seu governo apoia crescentemente o investimento estrangeiro direto.[13] A Índia, não obstante, difere dos países ocidentais sob muitos aspectos, incluindo cultura, política e quanto aos preceitos de seu sistema econômico.

As diferenças entre a Índia e os países ocidentais representam desafios sérios para os paradigmas competitivos ocidentais; esses desafios enfatizam as aptidões necessárias para o gerenciamento de riscos financeiros, econômicos e políticos.

Uma grande parte dos negócios internacionais de companhias sediadas nos EUA localiza-se na Europa.[14] Existe um maior investimento estrangeiro direto na Grã-Bretanha do que em qualquer outro país europeu.[15] Em 2006, os Estados Unidos e a Índia aumentaram consideravelmente seus investimentos externos na Grã-Bretanha. No entanto, de acordo com uma pesquisa conduzida pela Câmara Americana da Alemanha e pelo Boston Consulting Group, que entrevistou investidores dos EUA, a Alemanha é atualmente mais atrativa para investimentos do que a Grã-Bretanha devido a diferenças salariais e de custo de vida, bem como em virtude de recursos mais avançados nas áreas de desenvolvimento do produto e marketing.[16] Somente empresas dos EUA investiram 120 bilhões de euros na Alemanha, criando 850 mil empregos. A Espanha também é um mercado cada vez mais atrativo para investimento. Durante grande parte do período de 1997 a 2006, a economia espanhola cresceu o dobro da média para a União Europeia.[17]

As companhias que almejam internacionalizar suas operações na Ásia, na Europa ou em outras regiões precisam entender a pressão que sofrem para responder a costumes locais, nacionais ou regionais, especialmente onde bens ou serviços exigem customização por causa de diferenças culturais ou de um marketing eficaz para incentivar os clientes a tentarem um produto diferente.[18] Embora não seja simples alterar gostos e práticas dos consumidores relacionados a valores ou tradições culturais, adotar uma estratégia internacional representa uma opção particularmente atrativa para as empresas que concorrem nos mercados domésticos e possuem oportunidades de crescimento limitadas.

O tamanho de um mercado internacional também afeta a disposição de uma empresa para investir em P&D a fim de obter vantagens competitivas nesse mercado.[19] Mercados maiores oferecem retornos potenciais maiores e representam, portanto, menor risco para os investimentos de uma empresa. A robustez da base científica do país em questão também pode afetar os investimentos estrangeiros de uma empresa em P&D. A maioria das empresas prefere investir um maior volume de recursos naqueles países com conhecimento e talento científico para produzir bens e processos que criam valor com base em suas atividades de P&D.[20] Os Estados Unidos e a Alemanha possuem reputação sólida em P&D[21] e a China também está realizando grandes investimentos nessa área. Em 2006, a China investiu cerca de 136 bilhões de dólares em P&D, ocupando a posição logo após os EUA, que investiu aproximadamente 330 bilhões de dólares.[22]

A diversificação internacional pode ajudar a estender o ciclo de vida de um produto.[23] Normalmente uma empresa realiza uma inovação no mercado de sua sede. Pode surgir em seguida alguma demanda pelo produto em outros países e as exportações são feitas pelas operações domésticas. A maior demanda em países estrangeiros justifica o investimento estrangeiro direto em capacidade de produção no exterior, especialmente porque os concorrentes estrangeiros também se organizam para atender à demanda crescente. À medida que o produto torna-se mais padronizado, a empresa pode racionalizar suas operações, transferindo a produção para uma região com custos de fabricação reduzidos.[24]

Retorno do investimento

Os grandes mercados podem ser cruciais para se obter retornos de investimento significativos, como instalações industriais e equipamentos ou P&D. Portanto, a maioria dos setores intensivos em P&D, como o de produtos eletrônicos, é internacional. Além da necessidade de um grande mercado para a recuperação de investimentos maciços em P&D, o ritmo do desenvolvimento de novas tecnologias está aumentando. Como resultado, produtos novos tornam-se obsoletos mais rapidamente e, portanto, os investimentos precisam ser recuperados com maior rapidez. Além disso, a capacidade das empresas para o desenvolvimento de novas tecnologias está se expandindo e, em virtude das diferentes leis que regem as patentes nos diversos países, a imitação por parte dos concorrentes é mais provável. Os concorrentes, por meio da engenharia reversa, são capazes de desmontar um produto, conhecer a nova tecnologia e desenvolver um similar que imita a nova tecnologia. Pelo fato de seus concorrentes poderem imitar a nova tecnologia com relativa rapidez, as empresas precisam recuperar os custos de desenvolvimento do novo produto com rapidez até maior. Consequentemente, os maiores mercados obtidos por meio da expansão internacional são particularmente atrativos em muitos setores, como o setor de equipamentos de computação, porque ampliam a oportunidade para a empresa recuperar um grande investimento de capital e gastos consideráveis em P&D.[25]

No entanto, a principal razão para a realização de investimentos nos mercados internacionais consiste em gerar retornos maiores que as empresas obteriam com os investimentos efetuados em seus mercados domésticos.[26] Por exemplo, a Gruma, o maior produtor mexicano de farinha de milho, teve dificuldade para obter retornos elevados em seu mercado doméstico devido aos controles de preços oficiais sobre farinha e tortilhas. No entanto, a empresa fez uso de sua posição dominante no México para adquirir novas marcas e construir fábricas em outros países. Assim, a Gruma possui uma nova fábrica em Xangai que está produzindo milhões de tortilhas para a Kentucky Fried Chicken e outros clientes. A companhia produz atualmente tortilhas e chips de milho em 89 fábricas, da Austrália à Grã-Bretanha,[27] e suas margens são significativamente melhores em suas operações internacionais do que no México.

Economias de escala, de esfera de ação e de aprendizagem

As empresas, ao expandirem seus mercados, podem ser capazes de obter economias de escala, particularmente em suas operações industriais. Uma vez que uma empresa pode ser capaz de padronizar seus produtos em vários países e usar instalações industriais iguais ou similares, coordenando desse modo funções importantes, ela possui maior probabilidade de obter economias de escala melhores.[28]

Em alguns setores a tecnologia direciona a globalização porque as economias de escala necessárias para a redução de custos ao menor nível exigem muitas vezes um investimento maior que o necessário para atender à demanda do mercado doméstico. Também existem pressões para reduções de custo, obtidas realizando compras dos fornecedores globais com menor custo. Por exemplo, economias de escala são importantes no setor automobilístico global. A decisão da China de tornar-se membro da Organização Mundial do Comércio está permitindo que os fabricantes de carros de outros países entrem na China e fazendo que o governo chinês diminua as tarifas aduaneiras (no passado, as indústrias automobilísticas chinesas possuíam vantagem em relação às fabricantes estrangeiras de veículos devido às tarifas). Ford, Honda, General Motors (GM) e Volkswagen estão produzindo individualmente um carro econômico para concorrer com os carros existentes na China. A Shangai Automotive Industry Corp. (SAIC), controlada pelo governo chinês, auxilia essas companhias automobilísticas estrangeiras a alcançarem um sucesso significativo na produção de carros na China. A SAIC faz parte de *joint ventures*, por exemplo com a GM e a Volkswagen. Além disso, a SAIC também está procurando desenvolver oportunidades para a exportação de veículos. A empresa aspira a ser uma das seis maiores indústrias automobilísticas do mundo até 2020.[29]

As economias de esfera de ação também representam um incentivo para a expansão internacional. As empresas podem ser capazes de explorar as competências básicas dos mercados internacionais por meio de compartilhamento de recursos e de conhecimento entre unidades em diversos países.[30] Esse compartilhamento gera sinergia, que ajuda a empresa a produzir bens ou a prestar serviços de qualidade superior a um custo menor.

Além disso, operar em mercados internacionais proporciona à empresa novas oportunidades de aprendizagem.[31] As empresas multinacionais têm várias oportunidades de aprender com as diferentes práticas com que deparam nos mercados internacionais. Além disso, a P&D especializada para produtos e negócios emergentes pode não existir no mercado doméstico.[32] Nesse caso, a empresa precisará dirigir-se para onde puder obter o conhecimento necessário. A Novartis, o quarto maior laboratório farmacêutico do mundo, anunciou recentemente um investimento de 100 milhões de dólares para P&D em Xangai, não para reduzir custos, mas porque "a cidade possui muitas universidades e hospitais efervescendo com ideias".[33] As empresas, para obterem vantagem com os investimentos internacionais em P&D, precisam já possuir em operação um sistema consolidado de P&D para absorver o conhecimento.[34]

Obtenção de recursos e de outras vantagens relacionadas à localização

Outro motivo tradicional para as empresas se tornarem multinacionais é assegurar os recursos necessários, seja em forma de fatores de produção escassos ou de custos menores.[35] Suprimentos importantes de matérias-primas, especialmente minerais e energia, são importantes em alguns setores. Por exemplo, os produtores de alumínio precisam de suprimentos de bauxita, as indústrias de pneus precisam de borracha e as companhias petrolíferas esquadrinham o mundo para descobrir novas reservas de petróleo. Outros setores, como os de vestuário, produtos eletrônicos e relojoaria, buscam fatores de produção de custo reduzido e transferiram partes de suas operações para países estrangeiros para arcar com custos menores.[36]

Alguns países proporcionam acesso a mão de obra, energia e outros recursos naturais a custos mais baixos. Na América do Norte, o México possui infraestrutura bem desenvolvida e uma força de trabalho apta, embora de custo reduzido, e recebeu volumes significativos de investimento estrangeiro direto. Os custos de instalação no México são significativamente menores do que em outros países da região. A Flextronics considerou ideais os salários razoavelmente baixos e a proximidade de seus clientes na América do Norte. Assim, transferiu-se para um parque industrial de 496 hectares em Guadalajara, onde fabrica diversos produtos, de computadores portáteis a roteadores. O empreendimento teve tanto sucesso a ponto de a empresa ter construído posteriormente duas outras fábricas em regiões diferentes do México.[37]

As vantagens de localização podem ser influenciadas pelas necessidades dos clientes almejados bem como pelos custos.[38] Por exemplo, dezenas de companhias chinesas e taiwanesas fizeram investimentos significativos em instalações industriais na Europa Central para ficar mais próximas dos clientes europeus afluentes. A empresa chinesa Hisense (de produtos eletrônicos) inaugurou uma fábrica que produz televisores na Hungria e o SVA Group, sediado em Xangai, está construindo uma fábrica na Bulgária. A Foxconn Technology, produtora de PCs, e a Tatung, fabricante de televisores, ambas taiwanesas, possuem operações importantes na República Tcheca.[39] Este país está se tornando de fato um centro de distribuição importante para as companhias internacionais devido à sua localização central. A indústria de pneus japonesa Bridgestone e a DHL Worldwide Express estão entre as empresas que estabeleceram mais recentemente centros de distribuição perto de Praga.[40]

Influências culturais também podem afetar as vantagens e desvantagens de localização. Caso exista uma boa compatibilidade entre as culturas em que as transações internacionais são realizadas, os problemas associados ao fato de ser um estrangeiro são menores do que no caso de as culturas serem muito diferentes.[41] As pesquisas também indicam que diferenças regulatórias influenciam o nível de participação acionária que as empresas multinacionais estão dispostas a aceitar em um empreendimento no exterior, bem como suas estratégias de gerenciamento dos recursos humanos expatriados.[42]

Supondo que as razões para a expansão da presença estratégica internacional sejam suficientes, as empresas precisam tomar diversas decisões a respeito de como agir. Conforme discutido nos Capítulos 5 e 8, as empresas esperam criar valor por meio da implementação de uma estratégia no nível de negócios e de uma estratégia em nível corporativo.[43] Consequentemente, precisam decidir se seguirão uma estratégia internacional em nível corporativo que enfatize uma abordagem diferente de cada mercado internacional, uma abordagem padronizada ou algo intermediário. Também precisam determinar como usar suas competências essenciais para criar vantagens nos mercados internacionais por meio de uma estratégia de nível empresarial. Além disso, precisam escolher uma modalidade de entrada em novos mercados.

Estratégia internacional em nível corporativo

A estratégia internacional em nível corporativo concentra-se na esfera de ação das operações de uma empresa por meio de diversificação geográfica e de produtos.[44] A empresa precisa selecionar quais produtos ou serviços serão fabricados ou prestados nas várias regiões do globo. Consequentemente, a estratégia em nível internacional corporativo é idêntica à estratégia em nível corporativo descrita no Capítulo 8, no sentido de possuir muita relação com a decisão de onde a empresa deve competir. A estratégia internacional em nível corporativo agrega uma dimensão internacional às decisões que as empresas tomam sobre diversificação. Embora a tendência das grandes empresas tenha sido a redução da esfera de ação de sua diversificação de produtos ao longo das últimas duas décadas, a tendência para a "refocalização" nas atividades básicas tem sido acompanhada por um aumento da esfera de ação das operações internacionais.[45]

A essência da estratégia internacional em nível corporativo consiste em permitir às empresas o uso de suas competências essenciais a fim de buscar oportunidades no ambiente externo.[46] Cada estratégia, para criar vantagem competitiva, precisa efetivar uma competência essencial apoiada em recursos e capacidades difíceis de replicar.[47]

Esfera de ação internacional: presença em escala mundial ou regionalização

Pelo fato de a localização de uma empresa poder afetar sua criação de valor,[48] a companhia precisa decidir se concorre em todos ou em muitos mercados globais ou se deve concentrar-se em determinada região.[49] Competir em todos os mercados oferece o potencial de economias por causa do tamanho do mercado combinado. As empresas também podem ser influenciadas para que ampliem seu alcance global porque a concorrência em mercados emergentes arriscados pode resultar em maior desempenho.[50] No entanto, uma empresa que compete em setores nos quais os mercados internacionais diferem consideravelmente pode desejar limitar seu foco a uma determinada região do mundo.

Regionalização. Em apoio às tendências para estratégias que focam regiões específicas, muitos países firmaram acordos comerciais para aumentar o poder econômico de suas regiões. A União Europeia (UE) e a Organização dos Estados Americanos (OEA) na América do Sul são associações que firmaram acordos comerciais para promover o fluxo de comércio entre as fronteiras dos países no âmbito de suas respectivas regiões.[51] Muitas companhias europeias adquirem e integram suas empresas na Europa para uma melhor coordenação das marcas pan-europeias à medida que a UE gera mais unidade nos mercados europeus.[52] De modo similar, o Acordo de Livre Comércio da América do Norte (NAFTA, na sigla em inglês), firmado por Estados Unidos, Canadá e México, facilita o intercâmbio pelas fronteiras dos países da América do Norte. O NAFTA diminui as restrições às estratégias internacionais na região e proporciona maior oportunidade para estratégias internacionais. Um tratado denominado Acordo de Livre Comércio da América Central (CAFTA, na sigla em inglês) foi assinado pelo presidente George W. Bush em 2005 e ratificado por diversos países centro-americanos em 2006. Atualmente esse tratado muitas vezes é denominado CAFTA-DR devido à inclusão da República Dominicana. De modo idêntico ao restante desses acordos, a intenção consiste em reduzir as barreiras comerciais entre as fronteiras e incentivar o intercâmbio na região.[53]

A parceria entre o Canadá e o México, que inclui um grande número de empresas canadenses e mexicanas bem como diversos órgãos governamentais locais e regionais, oferece um exemplo dos efeitos da regionalização entre as empresas. Uma das metas da parceria consiste em "aumentar a prosperidade em ambos os países por meio da promoção de intercâmbio comercial e investimentos adicionais por meio de uma rede de representantes de alto nível das empresas".[54] A parceria possui atualmente grupos de trabalho em áreas como habitação, *agribusiness* e sustentabilidade. O grupo de habitação é formado por mais de 12 organizações, incluindo empresas como a Habitat Design and Consulting e a Housing Corporation do Canadá e a Brasca Homes no México, assim como o Instituto de Engenharia da Universidade Nacional Autônoma do México. Um dos primeiros sucessos do grupo foi obter a aprovação de incorporadores imobiliários mexicanos para a utilização de tecnologias canadenses em projetos de construção futuros que ajudarão a conservar energia.

As empresas que adotam a regionalização conseguem compreender melhor as culturas, as normas jurídicas e sociais e outros fatores importantes para a boa concorrência nesses mercados. Por exemplo, uma empresa pode concentrar-se somente nos mercados do Extremo Oriente em vez de concorrer simultaneamente no Oriente Médio, na Europa e no Extremo Oriente. Ou, então, a empresa pode escolher uma região do mundo em que os mercados são mais similares e seria possível alguma coordenação e compartilhamento de recursos. Desse modo, a empresa pode ser capaz não somente de compreender melhor os mercados nos quais concorre, mas também obter algumas economias.

A maioria das empresas entra nos mercados regionais sequencialmente, iniciando naqueles que conhecem melhor. Também introduzem suas linhas de negócio maiores e mais consolidadas primeiro nesses mercados, seguidas por suas outras linhas de negócio após as primeiras linhas obterem sucesso. Normalmente também investem na mesma área como destino do investimento original.[55]

Perigos associados à atuação no exterior. Além da tendência para a regionalização, outro fator influente para a esfera de ação das operações internacionais de uma empresa são os perigos associados à atuação no exterior. Esses riscos relacionados à condição de empresa estrangeira em um ambiente de negócios consideravelmente diferente pode tornar a concorrência em escala mundial uma atividade arriscada e onerosa.[56] Pesquisas demonstram que estratégias em escala mundial não são prevalentes como se julgava anteriormente e são muito difíceis de implementar, mesmo quando usam estratégias baseadas na internet.[57]

Uma variedade de fatores torna difícil operar uma empresa em um país estrangeiro. Contratos de emprego e equipes de trabalho diferem significativamente nos mercados internacionais.[58] Por exemplo, é mais difícil dispensar empregados na Europa do que nos Estados Unidos devido às diferenças nos contratos de trabalho. Também, em muitos casos, os governos dos países que acolhem investimento estrangeiro exigem participação acionária conjunta, o que permite à empresa estrangeira evitar tarifas aduaneiras. Além disso, esses governos exigem que uma porcentagem elevada de suprimentos, do nível de produção e dos gastos com P&D usem fontes locais.[59] Esses temas aumentam a necessidade de investimento e atuação local em comparação com a busca por economias de escala globais.[60]

Algumas das maiores dificuldades decorrentes dos perigos associados à atuação no exterior têm relação com uma incapacidade para compreender os clientes nos mercados internacionais. O Wal-Mart descobriu isso quando tentou penetrar no mercado alemão. A companhia supôs que os alemães apreciariam ser tratados como os americanos o são nos supermercados Wal-Mart; quando os colaboradores do Wal-Mart saudaram efusivamente os clientes e ajudaram a empacotar suas compras, os alemães fugiram. A companhia não sabia que muitos alemães julgam com desconfiança os auxiliares de vendas que tentam ajudá-los.[61] Em 2006, o Wal-Mart vendeu suas lojas na Alemanha para o Metro, um rival local.

No século XXI, a regionalização e os perigos associados à atuação no exterior podem fazer que algumas empresas se concentrem mais na adaptação regional do que nos mercados globais.[62] Embora avanços na internet e na telecomunicação móvel facilitem as comunicações ao redor do planeta, a implementação de estratégias baseadas na internet também exige adaptação local.[63]

Após uma empresa decidir onde competirá, seja em uma determinada região global ou em diversas regiões, uma das mais importantes decisões que os dirigentes em nível corporativo precisam tomar é o grau em que a matriz orientará a estratégia dos negócios no exterior. Algumas empresas adotam estratégias corporativas que atribuem autoridade às unidades que operam nos diversos países para que desenvolvam suas próprias estratégias no nível de negócios ao passo que outras determinam quais serão as estratégias a fim de padronizar os produtos da companhia e o compartilhamento de recursos entre países.[64] As três abordagens básicas da estratégia internacional em nível corporativo são a multidoméstica (produtos adaptados a cada mercado), a global (um produto para todo o mundo) e a transnacional (uma combinação entre multidoméstica e global). Conforme ilustrado na Figura 10.2, dois fatores que influenciam a decisão relativa ao tipo de estratégia em nível corporativo são a necessidade de integração global e a necessidade de atuação local.

Figura 10.2: Estratégias internacionais em nível corporativo

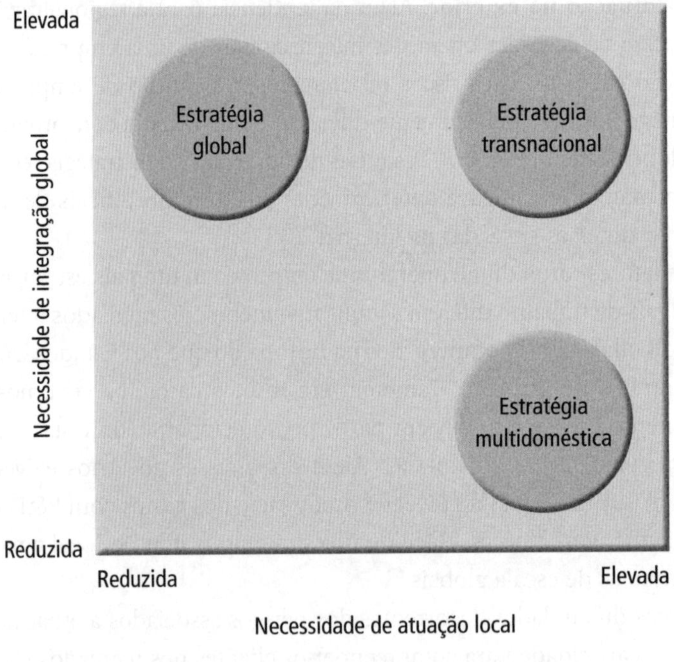

Eixo vertical: Necessidade de integração global (Reduzida a Elevada)
Eixo horizontal: Necessidade de atuação local (Reduzida a Elevada)

- Estratégia global (integração global elevada, atuação local reduzida)
- Estratégia transnacional (integração global elevada, atuação local elevada)
- Estratégia multidoméstica (integração global reduzida, atuação local elevada)

Estratégia multidoméstica

Uma estratégia multidoméstica é uma estratégia internacional em que as decisões estratégicas e operacionais são descentralizadas para a unidade de negócio estratégica em cada país a fim de permitir que a unidade adapte os produtos ao mercado local.[65] Esse tipo de estratégia concentra-se na concorrência em cada país, supondo que os mercados diferem e, portanto, são segmentados de acordo com as fronteiras dos países. Em outras palavras, necessidades e desejos dos consumidores, condições setoriais (por exemplo: número e tipo de concorrentes), estruturas políticas e legais e normas sociais variam em função do país. Com estratégias multidomésticas, a empresa consegue customizar seus produtos para atender as necessidades e preferências específicas dos clientes locais. Portanto, essas estratégias devem maximizar a resposta competitiva de uma empresa às exigências peculiares de cada mercado.[66] A adoção de estratégias multidomésticas aumenta a participação de mercado local da empresa porque ela pode prestar atenção às necessidades dos clientes locais.[67]

A estratégia multidoméstica descentraliza as decisões estratégicas e operacionais da empresa para as unidades de negócio em cada país de modo a adaptar as características do produto às preferências locais.[68] As empresas que adotam essa estratégia tentam isolar-se das forças competitivas globais estabelecendo posições de mercado protegidas ou concorrendo nos segmentos do setor que são mais afetados pelas diferenças entre os países locais. Igualmente, a necessidade por manutenção local e capacidade de atendimento podem fazer que uma empresa atue em função das condições do país por meio de sua estratégia de internacionalização.[69] Essa localização pode afetar os setores que se considera necessitarem de mais economias de escala globais, como os de utensílios domésticos.

A estrutura de área geográfica em âmbito mundial, que enfatiza os interesses nacionais e facilita o empenho da empresa para satisfazer diferenças locais ou culturais, é usada para implementar a estratégia multidoméstica (Figura 10.3). Pelo fato de a adoção dessa estratégia exigir pouca coordenação entre diferentes mercados nacionais, não se tornam necessários mecanismos de integração entre divisões na estrutura de área geográfica em âmbito mundial. Portanto, ocorre formalização reduzida e a coordenação entre as unidades na estrutura muitas vezes é informal.

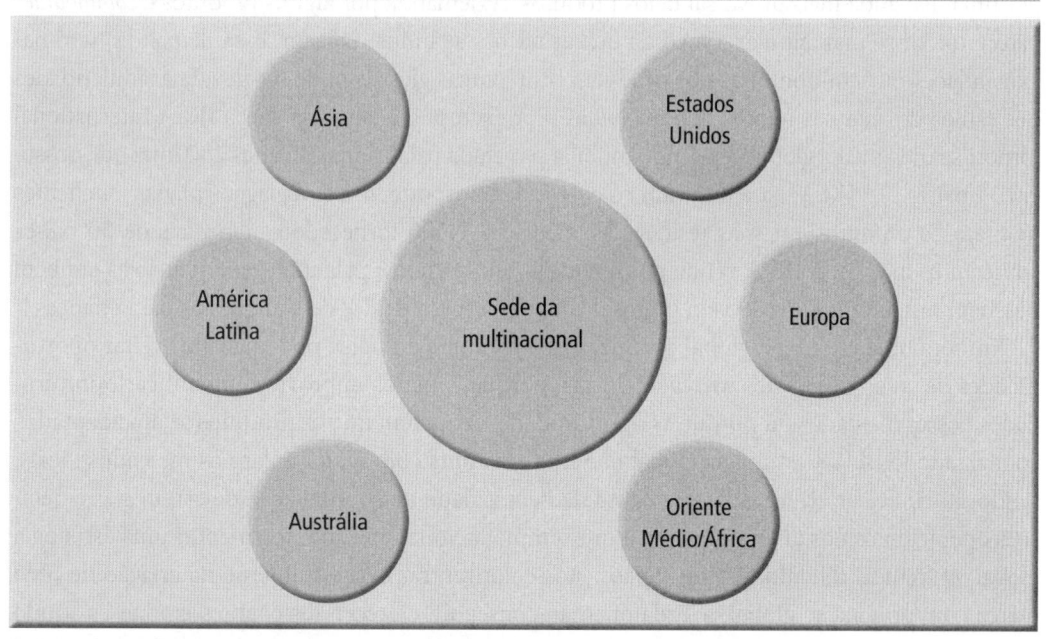

Figura 10.3: Estrutura de área geográfica em âmbito mundial de uma estratégia multidoméstica

Notas:
- As circunferências exteriores indicam a descentralização das operações
- A ênfase ocorre na diferenciação por demanda local para ajuste a uma área ou à cultura de um país
- A matriz corporativa coordena os recursos financeiros entre as subsidiárias independentes
- A organização é similar a uma federação descentralizada

A estrutura de área geográfica em âmbito mundial evoluiu como consequência natural do mercado europeu multicultural. Executivos que foram enviados como expatriados a países estrangeiros para instalar a subsidiária independente no país, muitas vezes implementaram esse tipo de estrutura para a empresa matriz. O relacionamento com o escritório central pelas divisões ocorria por meio da comunicação informal entre os executivos.[70]

Uma desvantagem da estratégia multidoméstica com estrutura de área geográfica em âmbito mundial consiste na incapacidade para a criação de eficiência global. Por exemplo, as estratégias multidomésticas tornam mais difícil a obtenção de economias de escala. O uso dessas estratégias resulta em mais incerteza para a corporação como um todo devido às diferenças entre os mercados e, portanto, são adotadas estratégias diferentes pelas unidades locais.[71]

Estratégia global

Em contraste com uma estratégia multidoméstica, uma estratégia global é uma estratégia internacional por meio da qual a empresa oferece produtos padronizados nos diversos mercados nacionais, sendo a estratégia competitiva ditada pela matriz.[72] As unidades de negócio estratégicas operando em cada país são consideradas interdependentes e o escritório central tenta realizar a integração entre essas unidades.[73] Uma estratégia global enfatiza as economias de escala e oferece mais oportunidades para a utilização das inovações desenvolvidas em nível corporativo ou em um país em outros mercados. Os aperfeiçoamentos nos padrões que regem os demonstrativos contábeis e financeiros estão facilitando essa estratégia.[74] Muitas empresas japonesas têm usado com sucesso a estratégia global.[75]

A pressão pela integração global das operações tem aumentado, motivada principalmente por uma demanda mais universal pelos produtos. A demanda por alguns produtos e *commodities* parece tornar-se mais similar à medida que as nações se industrializam. Essa demanda "sem nacionalidade" ou sem fronteiras por produtos com marcas globais pode ser devida a similaridades dos estilos de vida nas nações desenvolvidas. Por exemplo, a empresa sueca IKEA International tornou-se uma marca global vendendo mobília projetada pela companhia nas 250 lojas que possui em 34 países.[76] A IKEA, para diminuir os custos de transporte, usa embalagens planas; os clientes montam os produtos em suas residências. Cerca de 1.300 fornecedores em mais de 50 países fabricam os móveis. A IKEA vende por remessas pelo correio e pela internet e suas lojas também possuem restaurantes que servem pratos da culinária sueca e salas de brinquedos para crianças.

Embora uma estratégia global produza risco menor, a empresa pode não aproveitar oportunidades de crescimento nos mercados locais, porque é menos improvável identificar oportunidades nesses mercados ou porque as oportunidades requerem que os produtos sejam adaptados ao mercado local.[77] A estratégia global não leva em conta com maior ênfase os mercados locais, sendo difícil de ser gerenciada, por causa da necessidade de coordenação de estratégias e decisões operacionais nos diversos países. Por exemplo, a Vodafone, ao implementar uma estratégia global, enfrentou dificuldades no Japão. "Ao se concentrar excessivamente na criação de uma marca com orientação global, a Vodafone não conseguiu oferecer aos clientes japoneses aquilo que desejavam, principalmente um amplo conjunto de telefones com características atraentes."[78] Além disso, uma estratégia global pode reduzir a eficácia dos processos de aprendizagem em uma empresa multinacional devido à pressão para a conformidade a um padrão de operação.[79]

Conseguir operações eficientes por meio de uma estratégia global requer compartilhamento de recursos, coordenação e cooperação entre os diversos países, o que exige por sua vez centralização e controle pela matriz. A estrutura divisional por produto em âmbito mundial justifica o uso da estratégia global (Figura 10.4). Nesse tipo de estrutura, a autoridade pela tomada de decisões é centralizada na sede mundial das divisões a fim de coordenar e integrar decisões e ações entre as unidades de negócio divisionais. Essa estrutura muitas vezes é adotada pelas empresas em crescimento acelerado que almejam gerenciar de maneira satisfatória suas linhas de produto diversificadas, como é o caso da empresa japonesa Kyowa Hakko.[80] Com atuação nas áreas de medicamentos, compostos químicos, produtos bioquímicos e alimentos, a companhia usa a estrutura divisional por produto em âmbito mundial para facilitar suas decisões relativas a como competir com sucesso no que acredita ser ambientes de competição global em mutação veloz.

Os mecanismos de integração são importantes para o uso eficaz da estrutura divisional por produto em âmbito mundial. O contato direto entre executivos, os papéis de ligação entre departamentos e o "uso extensivo e formal de forças-tarefas e comitês operacionais para suplementar a comunicação e a coordenação entre as operações em escala mundial" são exemplos desses mecanismos.[81] A evolução de uma visão compartilhada da estratégia da empresa e o modo como a estrutura apoia sua implementação é uma das mais importantes consequências que resultam da adoção eficaz desses mecanismos. As desvantagens da combinação entre estratégia global e estrutura em âmbito mundial se refletem na dificuldade envolvida na coordenação

Figura 10.4: Estrutura divisional por produto em âmbito mundial para implementação de uma estratégia global

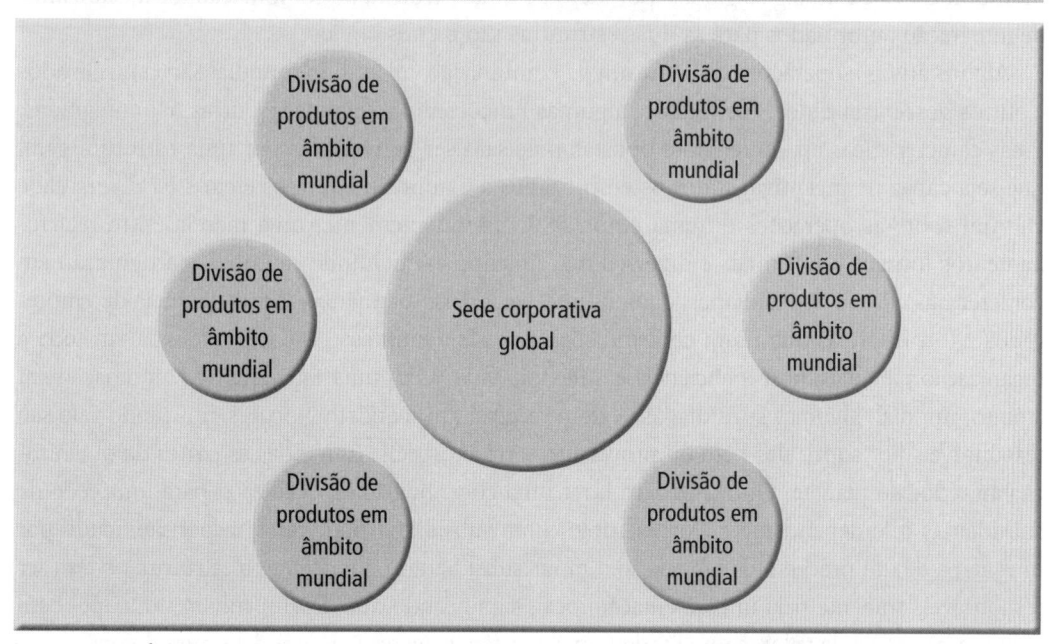

Notas:
- A circunferência em torno da sede corporativa indica a centralização a fim de coordenar o fluxo de informações entre os produtos vendidos mundialmente
- A sede corporativa usa muitos dispositivos de intercoordenação para facilitar economias de escala e de esfera de ação em nível global
- A sede corporativa também aloca recursos financeiros de forma cooperativa
- A organização é semelhante a uma federação centralizada

de decisões e ações que cruzam as fronteiras dos países e a incapacidade de atender rapidamente as necessidades e preferências locais.

Estratégia transnacional

Uma estratégia transnacional é uma estratégia internacional por meio da qual a empresa busca alcançar eficiência global e resultados locais.[82] Atingir essas metas é difícil: a primeira requer coordenação global próxima e a segunda exige flexibilidade local. A "coordenação flexível" — a criação de uma visão comum e a obtenção de compromisso individual por meio de uma rede integrada — é necessária para a implementação da estratégia transnacional.[83] Essas redes integradas permitem que uma empresa gerencie seus relacionamentos com clientes, fornecedores, parceiros e outras partes mais eficientemente do que usando transações em base estritamente comercial.[84] Na realidade, é difícil usar de modo bem-sucedido a estratégia transnacional devido a suas metas conflitantes. Sob o aspecto positivo, a implementação satisfatória de uma estratégia transnacional produz muitas vezes um desempenho maior que a implementação da estratégia em nível corporativo multidoméstica ou global.[85]

A estrutura de combinação em âmbito mundial é usada para implementar a estratégia transnacional. A estrutura de combinação em âmbito mundial aproveita características e mecanismos da estrutura de área geográfica em âmbito mundial e da estrutura divisional do produto em âmbito mundial. O ajuste entre a estratégia doméstica e a estrutura de área geográfica em âmbito mundial e entre a estratégia global e a estrutura divisional de produto em âmbito mundial é visível. No entanto, quando uma empresa deseja implementar simultaneamente a estratégia multidoméstica e estratégias globais por meio de uma estrutura de combinação, os mecanismos de integração apropriados para as duas estruturas são menos óbvios.

Alguns ativos e operações da estrutura de combinação em âmbito mundial são centralizados e outros descentralizados. Além disso, algumas funções são integradas e outras não integradas. Essas características aparentemente opostas precisam ser gerenciadas por uma estrutura geral que seja capaz de incentivar todos os empregados a compreenderem os efeitos da diversidade cultural sobre as operações de uma empresa. Consequentemente, uma mescla entre relacionamentos formais e informais e diversos mecanismos — incluindo reuniões, participação em conferências, visitas a subsidiárias, equipes internacionais, rotatividade e transferência de empregados e forças-tarefas que usam contribuições de toda a empresa — é desenvolvida em toda a organização para alavancar a eficiência e a flexibilidade.[86] Em uma estrutura de combinação em âmbito mundial, algumas subsidiárias podem receber um mandato global, significando que são responsáveis por suprir um bem ou prover um serviço específicos a todas as partes da organização ao redor do planeta. Outras podem fazer uma contribuição especializada para uma rede de subsidiárias interdependente.[87] Por exemplo, uma subsidiária pode ter a responsabilidade por uma etapa de um processo de fabricação. Outras subsidiárias pertencentes à estrutura podem ser responsáveis somente pela implementação local, significando que desempenham um papel bem definido na cadeia de valor, como marketing e assistência técnica em um determinado país.[88]

As exigências de uma estrutura de combinação ressaltam a necessidade de um componente educacional consolidado para mudar toda a cultura da organização. Se a mudança cultural for eficaz, a estrutura de combinação deve permitir que a empresa aprenda a como obter benefícios competitivos nas economias locais adaptando suas competências básicas, que foram desenvolvidas e apoiadas muitas vezes em ambientes competitivos menos diversificados culturalmente. À medida que as empresas se globalizam e passam a adotar a estratégia transnacional, a ideia de uma matriz corporativa tem se tornado cada vez mais importante no incentivo à liderança e a uma visão compartilhada a fim de criar uma identidade mais forte para a companhia.[89] Porém, a promoção de capacidades múltiplas e dispersas também constitui um desafio. As empresas têm criado "centros de excelência" à medida que surgem nas subsidiárias estrangeiras para ajudar a enfrentar esse desafio.[90]

Um exemplo seria as empresas no setor automobilístico global, que estão optando pela estratégia transnacional para lidar com as tendências globais. Muitas dessas companhias produzem automóveis com um projeto básico padronizado ao redor do mundo, mas também fabricam uma variedade de modelos que refletem os mercados locais. Projetos padronizados ajudam a criar eficiências na engenharia e na produção, ao passo que os modelos customizados atraem os mercados individuais. As empresas automobilísticas também estão aumentando sua produção de modelos nos países em que são vendidos. Por exemplo, em 1999 a Ford investiu 150 milhões de dólares em uma fábrica perto de São Petersburgo, na Rússia. Os carros começaram a sair da linha de produção em 2002. Em 2006, a New York Motors, localizada a sudoeste de Moscou, vendeu mais carros do que qualquer outro revendedor Ford no mundo.[91] A boa atuação da Ford na Rússia, entretanto, apresenta um contraste marcante com seu desempenho medíocre em seu mercado doméstico.

Embora a estratégia transnacional seja difícil de implementar, a ênfase na eficiência global está aumentando à medida que mais setores começam a deparar com a competição global.[92] A ênfase nas exigências locais também está aumentando, o que torna maior o problema: bens e serviços globais requerem muitas vezes alguma customização para obedecer à regulamentação oficial em determinados países ou para atender os gostos e preferências dos clientes. Além disso, a maioria das empresas multinacionais deseja coordenação e compartilhamento de recursos entre os mercados nacionais para manter os custos em nível reduzido. Adicionalmente, alguns produtos e setores podem estar mais adaptados do que outros para a padronização em escala internacional.

Como resultado, a maioria das grandes empresas multinacionais com vários produtos adota uma estratégia multidoméstica para certas linhas de produtos e uma estratégia global para outras. Muitas empresas multinacionais podem precisar desse tipo de flexibilidade para se manter estrategicamente competitivas, em parte devido a tendências como regionalização e perigos associados à atuação no exterior.

Estratégia internacional no nível de negócios

Além de uma estratégia internacional em nível corporativo, as empresas também precisam determinar as estratégias no nível de negócios que serão adotadas em cada empresa e localização internacionais. As estratégias genéricas no nível de negócios discutidas no Capítulo 5 incluem liderança em custos, diferenciação, foco em liderança em custos, foco em diferenciação e integrada de liderança em custos/diferenciação. Uma empresa também precisa responder à rivalidade competitiva e à dinâmica competitiva nos mercados internacionais, conforme discutido no Capítulo 6.

As estratégias internacionais no nível de negócios dependem em parte do tipo de estratégia internacional em nível corporativo que a empresa seleciona. Se a empresa adotar uma estratégia global em nível corporativo, então as subsidiárias em determinados países podem ter muito pouca liberdade para escolher suas próprias estratégias empresariais porque as características essenciais do produto já existem. Nesses casos, a subsidiária desempenharia o papel de "implementador" local, simplesmente realizando a sintonia fina de uma estratégia, conforme determinado pela matriz internacional.

A estratégia de liderança em custos está associada mais de perto a uma estratégia global em nível corporativo porque as estratégias globais em nível corporativo tendem a resultar em produtos padronizados para todo o mundo, permitindo desse modo economias de escala. Por exemplo, a gigante do setor químico BASF criou um complexo heterogêneo formado por 250 fábricas de produtos químicos na cidade em que está sediada, Ludwigshafen, na Alemanha. O complexo, denominado Verbund, emprega 36 mil pessoas e processa 8 mil produtos diferentes, todos em uma única cidade. O nível de eficiência da operação é "lendário" apesar dos custos elevados de operação na região de Mannheim.[93]

Se a estratégia internacional em nível corporativo da empresa for multidoméstica ou transnacional em certo grau, então cada subsidiária internacional terá mais controle sobre sua própria abordagem de seu mercado doméstico. Por exemplo, a Bausch & Lomb adota diferentes abordagens em seus vários mercados internacionais para óculos de sol bem como para outros produtos direcionados a cuidados oculares.[94] As políticas de produção e marketing são determinadas em cada mercado, embora a companhia realmente possua algumas fábricas internacionais para aumentar a eficiência da produção. Portanto, sua estratégia transnacional em nível corporativo permite que haja alguma liberdade para a determinação de estratégias no nível de negócios em mercados específicos.

Em uma estratégia internacional no nível de negócios, o país onde se encontra a sede das operações muitas vezes é a fonte mais importante de vantagem competitiva.[95] Os recursos e as capacidades existentes no país da matriz permitem frequentemente que a empresa adote essa estratégia nos mercados de outros países. O modelo de Michael Porter, ilustrado na Figura 10.5, descreve os fatores que contribuem para a vantagem das empresas em um setor global dominante e associados ao ambiente de um país ou região específicos.[96]

A primeira dimensão no modelo de Porter, fatores de produção, refere-se aos insumos necessários para competir em qualquer setor — mão de obra, terra, recursos naturais, capital e infraestrutura (como sistemas de transporte, de correio e de comunicação). Os fatores são básicos (por exemplo: recursos naturais e mão de obra) ou avançados (por exemplo: sistemas de comunicação digital e uma força de trabalho com alto nível educacional). Outros fatores de produção são os generalizados (sistemas rodoviários e a oferta de financiamento) e os especializados (pessoal capacitado em um setor específico como os operadores portuários especializados no manuseio de produtos químicos a granel). Se um país possui fatores de produção avançados e especializados, é provável que atenda bem a um setor, gerando concorrentes fortes no mercado interno que também podem ser competidores globais bem-sucedidos.

Ironicamente, os países muitas vezes desenvolvem os fatores avançados e especializados por não possuírem recursos básicos críticos. Por exemplo, alguns países asiáticos como a Coreia do Sul não possuem recursos naturais abundantes, mas oferecem uma ética de trabalho sólida, um

Figura 10.5: Determinantes da vantagem nacional

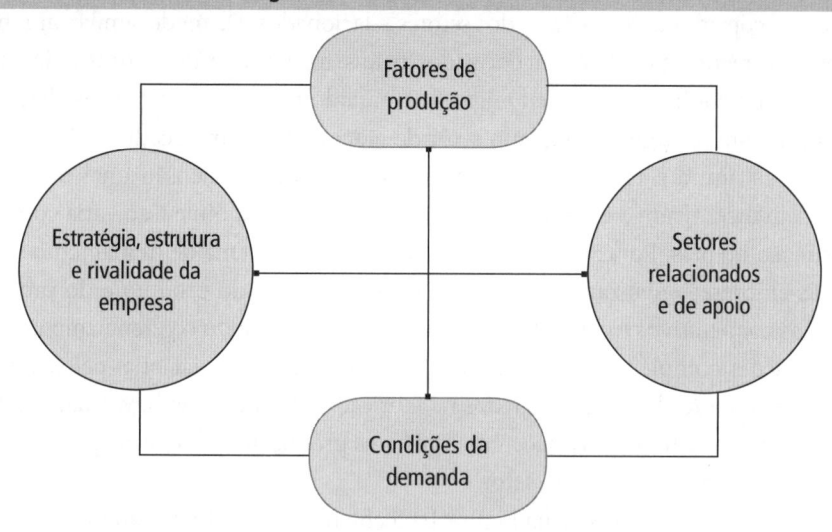

```
                    ┌─────────────┐
                    │  Fatores de │
                    │   produção  │
                    └─────────────┘
                           │
    ┌──────────────┐       │       ┌──────────────┐
    │  Estratégia, │       │       │    Setores   │
    │   estrutura  │───────┼───────│  relacionados│
    │ e rivalidade │       │       │   e de apoio │
    │  da empresa  │       │       │              │
    └──────────────┘       │       └──────────────┘
                           │
                    ┌─────────────┐
                    │ Condições da│
                    │   demanda   │
                    └─────────────┘
```

Fonte: baseado em The Free Press, uma divisão da Simon & Schuster Adult Publishing Group, de *Competitive Advantage of Nations*, Michael Porter, p. 72. Copyright © 1988 e 1990 by Michael E. Porter.

grande número de engenheiros e sistemas de grandes empresas para criar especialização na área produtiva. De modo similar, a Alemanha desenvolveu um setor forte de produtos químicos, em parte porque a Hoechst e a BASF dedicaram muitos anos à criação de uma tintura de índigo sintética a fim de reduzir sua dependência de importações, ao contrário da Grã-Bretanha, cujas colônias proveram grandes volumes de índigo natural.[97]

A segunda dimensão no modelo de Porter, condições da demanda, é caracterizada pela natureza e o volume das necessidades dos compradores no mercado doméstico dos bens e serviços do setor. O próprio tamanho de um segmento de mercado pode produzir a demanda necessária para a criação de instalações com escala eficiente. Essa eficiência também pode resultar no domínio do setor em outros países. A demanda especializada pode criar oportunidades que cruzam as fronteiras nacionais. Por exemplo, as empresas suíças possuem há muito tempo liderança mundial em equipamentos para construção de túneis devido à necessidade de abrir túneis em montanhas para percursos ferroviários e rodoviários na Suíça. As empresas japonesas criaram um nicho de mercado para aparelhos de ar-condicionado compactos e silenciosos, importantes no Japão porque as residências muitas vezes são pequenas e localizadas muito próximas umas das outras.[98]

Os setores relacionados e de apoio constituem a terceira dimensão do modelo de Porter. A Itália tornou-se líder na indústria de calçados devido aos setores relacionados e de apoio; um setor de processamento de couro bem consolidado supre a matéria-prima necessária para a fabricação de sapatos e de produtos relacionados. Além disso, muitas pessoas viajam à Itália para adquirir produtos de couro, oferecendo apoio na distribuição. Os setores de apoio representados por indústrias de máquinas para fabricação de calçados e serviços de design também contribuem para o sucesso do setor calçadista. Na realidade, o setor de serviços de *design* apoia seus próprios setores relacionados, como botas para esqui, vestuário sofisticado e móveis. No Japão, câmeras e copiadoras fazem parte dos setores relacionados. De modo similar, argumenta-se que no Japão "os recursos criativos incentivados pelo setor popular de cartuns e de animação, combinados com o conhecimento tecnológico acumulado no setor de produtos eletrônicos de consumo, facilitaram o surgimento de um setor de videogames bem-sucedido".[99]

Estratégia, estrutura e rivalidade da empresa compõem a dimensão final do modelo de Porter e também incentivam o crescimento de certos setores. Essa dimensão varia consideravelmente em função do país. Por exemplo, devido ao excelente sistema de treinamento técnico na Alemanha, as empresas enfatizam aperfeiçoamentos metódicos do produto e do processo. No Japão, sistemas cooperativos e competitivos incomuns têm facilitado o gerenciamento interfuncional de operações complexas de montagem. Na Itália, o orgulho nacional pelos *designers* do país deu origem a setores bem-consolidados na fabricação de automóveis, vestuário sofisticado e móveis. Nos Estados Unidos, a concorrência entre os produtores de *software* para computadores incentivou o desenvolvimento do setor.

As quatro dimensões do modelo na Figura 10.5 enfatizam os atributos ambientais e estruturais de uma economia nacional que contribuem para a vantagem nacional. Políticas e regulamentação oficiais também conseguem influenciar consideravelmente a capacidade das empresas em um país de competir com sucesso em escala global. A Airbus foi formada originalmente como um consórcio europeu multinacional para desafiar a posição dominante dos fabricantes americanos de aeronaves. Atualmente um dos dois maiores produtores de aviões, a Airbus recebeu ao longo de sua existência muito apoio de diversos governos europeus.[100]

Embora cada empresa precise criar seu próprio sucesso, nem todas as empresas conseguirão tornar-se concorrentes globais, nem mesmo aquelas que operam com os mesmos fatores existentes no país e que criaram as empresas bem-sucedidas. Além disso, as pesquisas indicam que à medida que uma empresa continua crescendo em suas diversas localizações internacionais, o país de origem é menos importante para fins de vantagem competitiva.[101] As escolhas estratégicas reais que os executivos fazem podem ser a razão mais determinante para o sucesso ou o fracasso. De modo correspondente, as dimensões ilustradas na Figura 10.5 têm possibilidade de criar vantagens competitivas somente quando a empresa desenvolve e implementa uma estratégia apropriada que se vale de diversos fatores distintos existentes no país. Portanto, esses fatores devem ser considerados quando se analisam as estratégias de nível empresarial (isto é, liderança em custos, diferenciação, foco em liderança em custos, foco em diferenciação e integrada de liderança em custos/diferenciação) em um contexto internacional.

Escolha da modalidade de entrada internacional

Após a empresa selecionar suas estratégias internacionais e decidir se as utiliza em mercados regionais ou mundiais, precisa escolher uma modalidade de entrada no mercado.[102] A expansão internacional é realizada por exportação de produtos, contratos de licenciamento, alianças estratégicas, aquisições e criação de novas subsidiárias controladas integralmente (Quadro 10.1). Cada maneira para penetrar no mercado possui suas vantagens e desvantagens. Além disso, a ocasião para a entrada internacional pode influenciar seu sucesso.[103] Portanto, a escolha da modalidade ou do percurso apropriados para entrar nos mercados internacionais afeta o desempenho da empresa nesses mercados.[104]

Exportação

Muitas empresas industriais iniciam sua expansão internacional exportando bens ou serviços para outros países.[105] A exportação não requer o encargo de estabelecer operações nos países importadores, porém os exportadores precisam criar algum mecanismo para o marketing e a distribuição de seus produtos. Normalmente as empresas exportadoras firmam contratos com empresas sediadas nos países importadores.

As desvantagens da exportação incluem os custos frequentemente elevados de transporte e de tarifas aduaneiras incidentes sobre os bens importados. Além disso, o exportador tem menos controle sobre o marketing e a distribuição de seus produtos no país importador e precisa pagar o distribuidor ou permitir que ele aplique um *mark up* no preço para recuperar seus custos e obter lucro.[106] Como resultado, pode ser difícil vender um produto competitivo por meio de exportação ou oferecer um produto customizado para cada mercado internacional.[107] No entanto, existem evidências de que as estratégias de liderança em custo obtêm maior sucesso nas economias emergentes.[108]

As empresas exportam principalmente para os países que se encontram mais próximos a suas instalações devido aos menores custos de transporte e a similaridade maior entre vizinhos geográficos. Por exemplo, México e Canadá, parceiros dos EUA no NAFTA, importam mais da metade dos bens exportados do Texas. A internet também tornou a importação mais fácil.[109] Mesmo as pequenas empresas conseguem acessar informações importantes sobre mercados estrangeiros, analisar um mercado-alvo, pesquisar a concorrência e obter listas de clientes potenciais.[110] Governos também usam a internet para facilitar a emissão de licenças de exportação e importação. Embora o receio do terrorismo possa desacelerar seu avanço, a tecnologia de alta velocidade ainda permanece a onda do futuro.[111]

As pequenas empresas são as que possuem maior probabilidade de adotar a modalidade de exportação para a penetração internacional.[112] No entanto, as taxas de câmbio representam um problema significativo para as pequenas empresas. Empresas de maior porte possuem colaboradores

Quadro 10.1: Entrada no mercado global: escolha da modalidade de entrada

TIPO DE ENTRADA	CARACTERÍSTICAS
Exportação	Custo elevado, pouco controle
Licenciamento	Custo baixo, risco reduzido, pouco controle, retornos reduzidos
Alianças estratégicas	Custos divididos, recursos compartilhados, riscos compartilhados, problemas de integração (por exemplo, duas culturas corporativas)
Aquisição	Acesso rápido a um novo mercado, custo elevado, negociações complexas, problemas relacionados à fusão com as operações domésticas
Nova subsidiária controlada integralmente	Complexo, muitas vezes oneroso, demanda tempo, risco elevado, controle máximo, retornos potenciais acima da média

especializados que acompanham a variação cambial, porém as pequenas empresas raramente possuem esse conhecimento técnico. Alterações da taxa de câmbio podem influenciar consideravelmente o sucesso de uma empresa nos mercados internacionais. Por exemplo, no início de 2007, os exportadores japoneses obtiveram lucros inesperados porque o iene desvalorizou-se frente ao dólar.[113] Evidentemente a situação foi oposta para as companhias americanas que exportavam para o Japão.

Licenciamento

O licenciamento é uma forma de rede organizacional que está se tornando comum, particularmente entre empresas de menor porte.[114] Um controle de licenciamento permite que uma empresa estrangeira adquira o direito de fabricar e vender os produtos da empresa em um país ou conjunto de países.[115] O licenciador normalmente recebe um *royalty* por unidade produzida e vendida. O licenciado assume os riscos e realiza os investimentos financeiros em instalações industriais para fabricar, comercializar e distribuir os bens e serviços. Como resultado, o licenciamento é possivelmente a forma menos onerosa de expansão internacional.

A Philip Morris International, a área internacional do Altria Group para os negócios envolvendo cigarros, possui sete das principais marcas internacionais de cigarros, incluindo a líder em vendas, Marlboro. Suas vendas internacionais têm aumentado, principalmente por causa da maior demanda nos seguintes países: Egito, França, México, Filipinas, Rússia, Tailândia, Turquia e Ucrânia. No entanto, as companhias produtoras de cigarros com matriz nos EUA enfrentaram problemas para penetrar no mercado chinês altamente atrativo porque companhias de tabaco controladas pelo governo exerceram *lobby* contra essa entrada. A Philip Morris, para superar esse problema, firmou um acordo de licenciamento com a China National Tobacco Corporation (CNTC). Nos termos do acordo, a CNTC tem o direito de vender cigarros com a marca Marlboro.[116]

O licenciamento também constitui um meio para aumentar os retornos com base em inovações mais antigas.[117] Mesmo se os ciclos de vida dos produtos forem breves, o licenciamento pode ser uma ferramenta importante. Por exemplo, em virtude de o setor de brinquedos defrontar-se com mudanças persistentes e padrões de compra imprevisíveis, é adotado o licenciamento e os contratos muitas vezes são efetivados nos mercados estrangeiros onde a mão de obra pode ser menos onerosa.[118]

O licenciamento também apresenta desvantagens. Por exemplo, com um contrato de licenciamento, a empresa possui pouco controle sobre a fabricação e a comercialização de seus produtos em outros países, portanto estabelecer criteriosamente um acordo de licenciamento torna-se muito importante.[119] Além disso, o licenciamento proporciona menores retornos potenciais, porque os lucros precisam ser divididos entre o licenciador e o licenciado. Pior ainda, a empresa internacional pode absorver a tecnologia para produzir e vender um produto competitivo similar após o término do contrato. A Komatsu, por exemplo, obteve inicialmente licenças de uso de tecnologia concedidas pela International Harvester, Bucyrus International e Cummins para concorrer com a Caterpillar na área de equipamentos de terraplenagem. A Komatsu rescindiu em seguida esses contratos e desenvolveu seus próprios produtos usando a tecnologia que obtivera das empresas americanas.[120]

Além disso, se uma empresa tiver como meta passar a ter um tipo diferente de controle acionário, o licenciamento pode criar alguma falta de flexibilidade. Portanto, é importante que uma empresa pondere antecipadamente e considere formas sequenciais de ingresso nos mercados internacionais.[121] A chave consiste em criar a flexibilidade necessária em um contrato de licenciamento de modo que uma empresa possa adotar outras maneiras de participação no mercado à medida que as condições se alterarem.

Alianças estratégicas

Em anos recentes, as alianças estratégicas tornaram-se um meio muito difundido para a expansão internacional.[122] Esse tipo de aliança permite que as empresas compartilhem os riscos e recursos exigidos para o ingresso em mercados internacionais.[123] Além disso, as alianças estratégicas podem facilitar o desenvolvimento de novas competências essenciais que contribuem para a competitividade estratégica futura da empresa.[124] Consequentemente, em virtude de seus recursos serem tão limitados, as alianças representam uma maneira especialmente atrativa para que as pequenas e médias empresas penetrem nos mercados internacionais.[125]

A maior parte das alianças estratégicas é formada por uma empresa no país receptor que conhece as condições competitivas, as normas legais e sociais e as idiossincrasias culturais do país. Isso ajuda a empresa em expansão a produzir e comercializar um produto competitivo. Por exemplo, o McDonald's formou uma sociedade com o maior varejista de combustíveis na China, a estatal Sinopec, para criar uma rede de restaurantes "Drive-Thru" nos postos de serviço Sinopec. O contrato permite ao McDonald's "expandir-se rapidamente ao longo de rodovias e nos subúrbios de crescimento acelerado no entorno das cidades de grande crescimento na China, onde os carros estão se tornando cada vez mais populares". Os novos restaurantes "Drive-Thru" estão sendo promovidos como "refinados e de atendimento rápido" — "uma maneira totalmente nova de fazer uma refeição".[126]

Muitas vezes empresas em economias emergentes desejam efetivar alianças e empreendimentos internacionais para ter acesso a tecnologias sofisticadas que são novas para elas. Esse tipo de acerto também pode beneficiar a empresa da economia não emergente, pois ela ganha acesso a um novo mercado sem precisar pagar tarifas aduaneiras (por estar associada a uma companhia local).[127] Em retorno, a empresa no país receptor pode considerar atrativo seu novo acesso à tecnologia e aos produtos inovadores da empresa em expansão. Cada parceiro em uma aliança contribui com conhecimento ou recursos para a parceria.[128] Realmente os parceiros muitas vezes formam uma aliança com a finalidade de aprender novas capacidades, como as aptidões tecnológicas.[129]

No entanto, nem todas as alianças alcançam sucesso; na realidade, muitas fracassam.[130] A fabricante de produtos eletrônicos chinesa TCL e a Thomson Electronics da França formaram uma empresa em 2004 para a produção de aparelhos de TV, tornando-se a maior fabricante de televisores no mundo. Entretanto, a concorrência global crescente resultou em grandes prejuízos e no final de 2006 a maior parte das operações havia sido descontinuada, "incluindo uma fábrica na Polônia e uma rede de distribuição onerosa".[131]

As principais razões para o fracasso — até mais comum que as mudanças no mercado — incluem incompatibilidade e conflito entre os parceiros.[132] As alianças estratégicas internacionais são especialmente difíceis de administrar.[133] Diversos fatores podem fazer que uma relação se deteriore. A confiança entre os parceiros é importante, sendo afetada por pelo menos quatro temas fundamentais: a condição inicial da relação, o processo de negociação adotado para chegar a um acordo, as interações entre os parceiros e eventos externos.[134] A confiança também é influenciada pelas culturas dos países envolvidos na aliança ou *joint venture*.[135]

A forma jurídica de uma aliança internacional depende da natureza da aliança. As pesquisas mostraram que alianças com base acionária, sobre a qual as empresas exercem maior controle, tendem a produzir retornos mais positivos que as alianças de caráter não acionário.[136] No entanto, caso a confiança seja necessária para o desenvolvimento de novas capacidades, como ocorre no caso de pesquisas em colaboração, a participação acionária pode atuar como uma barreira para a formação necessária da relação.[137]

As pesquisas indicam que as alianças são mais favoráveis que as aquisições face à grande incerteza, nos casos em que a cooperação é necessária para evidenciar o conhecimento disperso entre os parceiros e quando a flexibilidade estratégica é importante, conforme se aplica às pequenas e médias empresas.[138] Aquisições são preferíveis nas situações que necessitam de menor flexibilidade estratégica e quando a transação for usada para manter economias de escala ou de esfera de ação.[139] Além disso, se um conflito em uma aliança estratégica ou *joint venture* não for gerenciável, uma aquisição pode ser uma opção melhor.[140]

Aquisições

À medida que o livre-comércio continuou a ampliar-se nos mercados globais, as aquisições além-fronteiras também aumentaram significativamente. Nos últimos anos, essas aquisições corresponderam a mais de 45% de todas as aquisições realizadas em âmbito mundial.[141] Conforme explicado no Capítulo 9, as aquisições podem proporcionar acesso rápido a um novo mercado. Na realidade, as aquisições podem oferecer a expansão internacional inicial mais rápida, e muitas vezes de maior dimensão, entre todas as alternativas.[142] Por exemplo, a empresa de energia americana Superior Energy Services adquiriu a Duffy & McGovern Accommodations Services, sediada em Aberdeen na Escócia, para expandir seus financiamentos no exterior. As operações da Superior no exterior eram realizadas principalmente nos Estados Unidos. De acordo com Terence Hall, CEO da Superior, "essa aquisição nos permite exposição imediata aos novos mercados de locação ao redor do globo, ampliando ainda mais nossa presença internacional".[143]

Embora as aquisições tenham se tornado uma maneira difundida para a penetração em mercados internacionais, elas possuem um custo. As aquisições internacionais apresentam algumas das desvantagens das aquisições domésticas, tais como dificuldades de integração que resultam em uma incapacidade para obtenção de sinergia (Capítulo 9). De modo análogo às aquisições domésticas, podem ser onerosas e exigem muitas vezes a contratação de empréstimos, o que aumenta os custos associados à transação. Além disso, as negociações relacionadas às aquisições internacionais geralmente são mais complexas do que aquelas relativas às aquisições domésticas. Por exemplo, estima-se que cerca de metade das ofertas internacionais conduzem a aquisições efetivadas em comparação com as aquisições domésticas.[144] Lidar com as exigências legais e regulatórias no país da empresa-alvo e obter informações apropriadas para a negociação de um contrato apresentam frequentemente problemas significativos.

Por fim, os problemas relacionados à fusão da nova empresa com a empresa adquirente muitas vezes são mais complexos do que nas aquisições domésticas. A empresa adquirente precisa lidar não somente com culturas corporativas diferentes, mas também com culturas e práticas sociais potencialmente diferentes.[145] Portanto, enquanto as aquisições internacionais têm sido difundidas devido ao acesso rápido a novos mercados que proporcionam, também acarretam custos substanciais e riscos elevados.

Nova subsidiária controlada integralmente

A criação de uma nova subsidiária controlada integralmente (totalmente própria) é denominada uma *greenfield venture*. O processo de estabelecimento dessa subsidiária muitas vezes é complexo e potencialmente oneroso, porém proporciona à empresa controle máximo e possui o maior potencial para obtenção de retornos acima da média. Esse potencial é especialmente verdadeiro para as empresas com capacidades intangíveis fortes que poderiam ser alavancadas por meio de uma *greenfield venture*.[146] Por exemplo, o Wal-Mart pretende aproveitar a força de sua marca para entrar no setor bancário mexicano. O mercado mexicano é especialmente atrativo porque 80% dos mexicanos nunca tiveram conta em banco e os atuais bancos mexicanos cobram taxas de juro e tarifas significativamente mais elevadas que os bancos nos Estados Unidos.[147]

Uma empresa mantém pleno controle de suas operações quando participa de uma *greenfield venture*, o que é especialmente vantajoso caso a companhia possua tecnologia patenteada. As pesquisas também indicam que "subsidiárias controladas integralmente e pessoal expatriado são preferidos" nos setores de serviços em que o "contato íntimo com clientes finais" e "níveis elevados de aptidões profissionais, *know-how* especializado e customização" são necessários.[148] Outras pesquisas indicam que investimentos nesse tipo de subsidiária são mais presentes onde indústrias capital-intensivas são planejadas e aquisições possuem maior preferência quando a empresa usa capital humano intensivo, isto é, onde um nível de sindicalização local elevado e grandes diferenças culturais provocariam dificuldade para a transferência de conhecimento a uma nação receptora por meio de uma abordagem *greenfield*.[149]

Os riscos também são elevados para um empreendimento desse tipo devido aos custos do estabelecimento de uma nova operação empresarial em um país estrangeiro. A empresa pode ter de adquirir o conhecimento e a especialização relativos ao mercado existente contratando pessoal no país receptor, possivelmente atraindo-os de concorrentes ou consultores, o que pode ser oneroso. Apesar disso, a empresa mantém controle sobre a tecnologia, o marketing e a distribuição de seus produtos.[150] Alternativamente, a companhia teria de construir novas instalações industriais, estabelecer redes de distribuição e aprender e implementar estratégias de marketing apropriadas para concorrer no novo mercado.[151]

As pesquisas indicam que mudanças nas políticas públicas podem influenciar a decisão da empresa por uma *joint venture* ou uma subsidiária controlada integralmente. Por exemplo, após a crise financeira na Ásia no final dos anos 90, muitos países tiveram de alterar suas políticas institucionais para permitir um maior controle acionário por parte de empresas estrangeiras. À medida que a política institucional mudou, muitas empresas optaram por uma subsidiária controlada integralmente em vez uma *joint venture*.[152]

Dinâmica da modalidade de entrada

Alguns fatores afetam a escolha de uma empresa pela modalidade de entrada nos mercados internacionais.[153] Inicialmente a entrada no mercado muitas vezes será efetivada por meio de exportações, o que não requer especialização industrial no exterior, exigindo investimento somente em distribuição. O licenciamento requer, de modo similar, relativamente poucos recursos, como no caso da entrada da Philip Morris International na China. A exportação e o licenciamento são estratégias iniciais de entrada eficazes.

Alianças estratégicas são difundidas por permitirem que uma empresa se conecte com um parceiro experiente já atuando no mercado-alvo. Essas alianças também reduzem o risco por meio da divisão de custos. Consequentemente, uma aliança estratégica muitas vezes é adotada nas situações incertas, como uma economia emergente.[154] No entanto, se os direitos de propriedade intelectual na economia emergente não estiverem bem protegidos, o número de empresas no setor estiver aumentando rapidamente e for grande a necessidade por integração global, a modalidade de entrada do tipo *greenfield* é preferida.[155]

Para assegurar uma presença mais forte nos mercados internacionais, podem ser necessárias aquisições ou *greenfield ventures*. Muitos fabricantes de automóveis japoneses, como Honda, Nissan e Toyota, firmaram presença nos Estados Unidos por meio de empreendimentos do tipo *greenfield ventures* e *joint ventures*.[156] A Toyota possui capacidades produtivas intangíveis particularmente fortes que foi capaz de transferir por meio de *greenfield ventures*.[157]

Aquisições e *greenfield ventures* têm possibilidade de ocorrer nos estágios mais avançados do desenvolvimento de uma estratégia internacional. Além disso, as duas estratégias tendem a apresentar maior sucesso quando a empresa que realiza o investimento possui competências essenciais valorizadas.[158] Os grandes grupos empresariais diversificados, existentes frequentemente nas economias emergentes, não obtêm recursos somente pela diversificação, mas também possuem capacidades especializadas para o gerenciamento de diferenças nos fluxos de entrada e saída de investimento estrangeiro direto. Os *chaebols* coreanos, em particular, uma forma de conglomerado empresarial, têm demonstrado preferência por aquisições em economias emergentes.[159]

Portanto, para penetrar em um mercado global, uma empresa seleciona a modalidade de entrada que seja mais adaptada para a situação presente. Em alguns casos, as várias opções serão adotadas sequencialmente, iniciando com exportação e finalizando com as *greenfield ventures*.[160] Em outros casos, a empresa pode usar diversas, porém não todas, modalidades de entrada, cada uma em mercados distintos. A decisão relativa a qual modalidade de entrada usar é resultado das condições competitivas do setor, da situação e das políticas governamentais do país e do conjunto único de recursos, capacidades e competências essenciais da empresa.

Consequências da competitividade estratégica

Após uma empresa escolher sua estratégia internacional e sua modalidade de entrada, ela volta sua atenção para a implementação. A implementação é muito importante porque, conforme explicado a seguir, a expansão internacional é arriscada e pode não resultar em vantagem competitiva. A probabilidade de que a empresa alcançará sucesso com uma estratégia internacional aumenta quando essa estratégia é bem implementada.

Diversificação internacional e retornos

Conforme observado anteriormente, as empresas possuem muitas razões para se diversificar internacionalmente. A diversificação internacional, devido a suas vantagens potenciais, deve estar relacionada positivamente aos retornos da empresa. Na realidade, os pesquisadores descobriram que a diversificação internacional pode conduzir a uma maior eficiência operacional, o que resulta em melhor desempenho financeiro.[161] Os retornos de uma empresa podem diminuir inicialmente à medida que aumentar a diversificação internacional; porém, em seguida, os retornos aumentam conforme a empresa aprende a gerenciar sua expansão internacional.[162]

O mercado de ações é particularmente sensível aos investimentos nos mercados internacionais. Empresas em grande parte diversificadas em vários mercados internacionais obtêm os retornos mais positivos, especialmente quando se diversificam geograficamente em áreas correspondentes à principal atividade.[163] Existem muitas razões para os efeitos positivos da diversificação internacional, como economias de escala e experiência potenciais, vantagens de localização, maior tamanho do mercado e oportunidade para estabilizar os retornos, o que ajuda a reduzir o risco geral de uma empresa.[164] Todos esses resultados podem ser alcançados por empreendimentos menores e mais recentes, bem como por empresas maiores e estabelecidas. Novos empreendimentos também conseguem obter retornos maiores quando absorvem novas tecnologias por meio de sua diversificação internacional.[165]

As empresas do setor automobilístico japonês constataram que a diversificação internacional pode permitir que explorem melhor suas competências essenciais porque o compartilhamento dos recursos de conhecimento entre operações pode gerar sinergia. De modo análogo, os retornos de uma empresa podem afetar sua decisão de diversificar-se internacionalmente. Por exemplo, retornos inadequados em um mercado doméstico podem incentivar uma empresa a expandir-se internacionalmente a fim de aumentar seu potencial de lucros. Além disso, as empresas que adotam a diversificação internacional conseguem ter acesso a mercados de trabalho mais flexíveis, como os japoneses fazem nos Estados Unidos e, portanto, podem beneficiar-se de uma análise global da concorrência e das oportunidades de mercado. Igualmente, por meio de redes globais com ativos em muitos países, as empresas podem desenvolver estruturas mais flexíveis para ajustar-se às mudanças que poderiam ocorrer.[166] O suprimento externo (*offshoring*) gerou oportunidades significativas para criação de valor para as empresas que se empenham nesse sentido, especialmente à medida que as empresas passam a atuar em regiões com mercados de trabalho mais flexíveis.[167] Além disso, o suprimento externo aumenta as exportações para as empresas que são contratadas.[168]

Empresas multinacionais com operações eficientes e competitivas têm maior probabilidade de gerar retornos acima da média para seus investidores e fabricar produtos melhores para seus clientes em comparação com as empresas que somente atuam no mercado doméstico. No entanto, conforme será explicado posteriormente, a diversificação internacional pode ser conduzida a um extremo.

Diversificação internacional e inovação

Observamos no Capítulo 1 que o desenvolvimento de novas tecnologias representa o núcleo da criação de valor. A competitividade de uma nação depende da capacidade de seu setor industrial para a inovação. Finalmente, e de modo inevitável, os concorrentes desempenham melhor do que as empresas que não conseguem inovar e aperfeiçoar suas operações e produtos. Portanto, a única maneira para manter uma vantagem competitiva consiste em elevá-la continuamente.[169]

A diversificação internacional oferece o potencial para as empresas obterem retornos maiores de suas inovações (por meio de mercados maiores e mais numerosos) e diminui os riscos substanciais dos investimentos em P&D. Além disso, as empresas que passam a atuar nos mercados internacionais ficam expostas a novos produtos e processos. Se conhecerem esses produtos e processos e integrarem esse conhecimento a suas operações, conseguem desenvolver inovações adicionais.[170] Portanto, a diversificação internacional proporciona incentivos para que as empresas inovem.[171] No entanto, para que as empresas aproveitem as vantagens dos investimentos em P&D, precisam ter uma capacidade bem desenvolvida para a absorção de conhecimento.[172]

A diversificação internacional também pode ser necessária a fim de gerar os recursos exigidos para manter uma operação de P&D em grande escala. Um ambiente de obsolescência tecnológica acelerada torna difícil para uma empresa investir em novas tecnologias e nas operações intensivas em capital necessárias para obter vantagem desses investimentos. As empresas que operam somente nos mercados domésticos podem considerar problemáticos esses investimentos de nível elevado devido ao período de tempo exigido para a recuperação dos custos originais. Se esse período for longo, pode até não ser possível recuperar o investimento antes de a tecnologia tornar-se obsoleta.[173] Como resultado, a diversificação internacional aumenta a capacidade de uma empresa para valer-se de retornos adicionais e necessários da inovação antes que os concorrentes possam superar a vantagem competitiva inicial criada pela inovação. Por exemplo, as pesquisas indicam que o investimento estrangeiro direto japonês nos países em desenvolvimento é mais focado na conquista de mercados e em mão de obra barata ao passo que o investimento nas economias desenvolvidas é mais concentrado no desenvolvimento de estratégias bem como na busca de mercados. Nessas empresas, é visível uma vantagem decorrente de uma posição patrimonial relativamente forte em comparação com as empresas nas economias em desenvolvimento.[174]

A relação entre diversificação internacional, inovação e retornos é complexa. Os pesquisadores geralmente concordam que a aprendizagem tecnológica e organizacional, por meio da diversificação internacional, conduz a um melhor desempenho financeiro.[175] No entanto, algum nível de desempenho torna-se necessário a fim de proporcionar os recursos para geração de diversificação internacional, o que por sua vez gera recursos e incentivos para investimento em P&D. Essa geração de recursos e investimentos, caso conduzida apropriadamente, deve aumentar os retornos da empresa, o que proporciona mais recursos para a continuidade da diversificação internacional e dos investimentos em P&D.[176] Porém, como ocorre com muitos tipos de investimento, retornos maiores significam riscos maiores.

Riscos em um ambiente internacional

A estratégia internacional possui riscos que não são associados a uma estratégia puramente doméstica.[177] Devido a esses riscos, a expansão internacional é difícil de implementar e de gerenciar após a implementação. Os principais riscos são políticos e econômicos. As empresas grandemente diversificadas na área internacional, ao assumirem esses riscos, estão acostumadas a condições de mercado que criam situações competitivas diferentes das que foram previstas. Essas situações contribuem algumas vezes para a criação de valor pela empresa; em outras ocasiões, afetam negativamente as iniciativas da empresa.[178]

Riscos Políticos. Os riscos políticos estão relacionados à instabilidade de governos nacionais e à guerra, civil e internacional. A instabilidade em um governo nacional cria numerosos problemas, incluindo riscos econômicos e a incerteza criada pela regulamentação oficial, a existência de muitas autoridades constituídas, possivelmente em conflito, e a nacionalização potencial de ativos privados.

A corrupção no governo pode exercer um efeito muito negativo sobre os negócios. As empresas não gostam de investir onde a corrupção é prevalente porque ela gera instabilidade, algumas vezes na forma de protestos, revoltas ou revoluções. Muitas vezes essas ações estão associadas a mudanças na liderança nacional, o que também poderia significar alterações da política econômica. De acordo com o índice de corrupção anual da Transparency International, os governos menos corruptos do mundo em 2006 eram os da Finlândia, da Islândia e da Nova Zelândia. O governo dos Estados Unidos classificava-se entre os menos corruptos. Em posição intermediária na lista estavam os governos do Brasil e da Índia. Iraque e Haiti estavam entre os governos mais corruptos na lista.[179]

Mudanças nas políticas públicas podem influenciar consideravelmente a atratividade do investimento estrangeiro direto. Por exemplo, "o governo da China tem criado alguns novos obstáculos para os investidores estrangeiros nos últimos meses, realizando um escrutínio mais rigoroso das fusões com participação estrangeira e propôs restrições em áreas que se estendem de operações bancárias a varejo e produção industrial". As mudanças foram um resultado "da preocupação do governo em prestar ajuda ao universo em crescimento constante de novas companhias chinesas e da pressão para enfrentar temas domésticos como pobreza e disparidade de renda".[180] Essas mudanças podem limitar a atratividade do investimento estrangeiro. Por outro lado, algumas empresas são capazes de conquistar uma posição favorável com o governo de determinado país. Nesse caso, defrontam-se com um menor risco do investimento, o que pode proporcionar-lhes uma vantagem competitiva em relação a outras empresas.[181]

Riscos Econômicos. As diferenças e as flutuações do valor das diversas moedas estrangeiras classificam-se entre os primeiros riscos econômicos da diversificação internacional.[182] O valor do dólar frente a outras moedas determina o valor dos ativos e lucros internacionais das empresas americanas. Por exemplo, um aumento do valor do dólar dos EUA pode reduzir o valor dos ativos e dos lucros das empresas multinacionais americanas em outros países. Além disso, o valor das diferentes moedas pode afetar em algumas ocasiões a competitividade da empresa nos mercados globais devido ao seu efeito sobre os preços dos bens produzidos em diferentes países.[183] Um aumento do valor do dólar pode prejudicar as exportações das empresas dos EUA para os mercados internacionais devido ao diferencial de preço dos produtos. Essa valorização do dólar também pode afetar as economias de outros países.

Os riscos econômicos e políticos são interdependentes. Além do fato de a instabilidade política no Oriente Médio ter causado muita turbulência política em outras regiões,[184] os problemas nessa região influenciam os preços do petróleo. Pelo fato de a economia global ser tão dependente do petróleo, essas flutuações podem provocar consequências econômicas sérias. O terrorismo que surgiu pela ação de grupos políticos militantes na região também representa um grande risco para as empresas ao redor do globo.[185] O efeito econômico previsível do terrorismo é um aumento dos custos de seguro e do gerenciamento de risco, resultando em preços de produção mais elevados, forçando as companhias a reanalisarem os riscos de conduzir negócios em países em que os riscos de segurança são maiores.[186] Outros custos e riscos — como o risco associado ao dano da infraestrutura de um país ou região ou ao sistema financeiro após um desastre vultoso — não são fáceis de prever ou avaliar.

Complexidade do gerenciamento de empresas multinacionais

Embora as empresas possam obter muitos benefícios implementando uma estratégia internacional, atuar nesse sentido é complexo e pode produzir maiores riscos.[187] Os níveis de risco aumentam ainda mais quando uma empresa opera em diversos países. Devido à complexidade e ao risco em maior escala, as empresas podem crescer e diversificar-se somente até determinado nível antes de se tornarem impossíveis de ser gerenciadas ou antes que os custos para gerenciá-las excedam seus benefícios.[188]

Os retornos da diversificação internacional tendem a nivelar-se e a tornar-se negativos à medida que a diversificação aumenta acima de um ponto.[189] Existem diversas razões para os limites dos efeitos positivos da diversificação internacional. Primeiro, a maior dispersão geográfica cruzando fronteiras nacionais aumenta os custos de coordenação entre unidades e de distribuição de produtos. Segundo, barreiras ao comércio, custo de logística, diversidade cultural e outras diferenças em função do país (por exemplo: acesso a matérias-primas e a diferentes níveis de aptidões dos empregados) complicam consideravelmente a implementação de uma estratégia de diversificação internacional.[190]

Fatores institucionais e culturais podem antepor barreiras consideráveis à transferência das vantagens competitivas de um país para outro.[191] Programas de marketing precisam ser muitas vezes remodelados e novas redes de distribuição estabelecidas quando as empresas entram em novos países. Além disso, as empresas podem deparar com custos de mão de obra e encargos de financiamento diferentes. Em geral, é difícil implementar, gerenciar e controlar de maneira satisfatória as operações internacionais de uma empresa.[192]

O volume de diversificação internacional que pode ser gerenciado variará em função da empresa e de acordo com as capacidades dos executivos de cada companhia. Os problemas de coordenação central e de integração são atenuados caso a empresa se diversifique em países mais receptivos que possuam proximidade geográfica e tenham culturas similares a de seu próprio país. Nesse caso, provavelmente existem menos barreiras ao intercâmbio comercial, as leis e costumes são mais bem entendidas e o produto é mais fácil de ser adaptado aos mercados locais.[193] Por exemplo, as empresas dos EUA podem considerar ser menos difícil ampliar suas operações para o México, o Canadá e os países da Europa Ocidental do que para os países asiáticos.

Os dirigentes também precisam atentar para o relacionamento entre o governo receptor e a corporação multinacional.[194] Embora a política e a regulamentação oficiais sejam frequentemente barreiras, muitas empresas, como a Toyota e a General Motors, passaram a usar alianças estratégicas para ultrapassar essas barreiras.[195] As empresas, ao formarem redes interorganizacionais, como as alianças estratégicas, conseguem compartilhar recursos e riscos, mas também criam flexibilidade.[196] Entretanto, as redes de grande dimensão podem ser difíceis de gerenciar.[197]

Existem provas de que equipes da alta administração culturalmente mais diversificadas possuem maior conhecimento dos mercados internacionais e de suas peculiaridades[198] (veja o Capítulo 2 para uma discussão das equipes formadas pelos altos executivos). Além disso, uma compreensão aprofundada dos diversos mercados por parte desses dirigentes facilita a coordenação intraempresas e a adoção de critérios estrategicamente relevantes em longo prazo para avaliação dos gerentes e de suas unidades.[199] Essa abordagem facilita, por sua vez, a inovação e o desempenho em grau mais elevado.[200]

Resumo

- O uso das estratégias internacionais está aumentando. As empresas estão adotando a diversificação internacional para (1) ampliar o tamanho do mercado, (2) aumentar o retorno do investimento, (3) alcançar economias de escala, de esfera de ação e de aprendizagem e (4) obter recursos e efetivar outras vantagens de localização.

- Empresas que adotam uma estratégia internacional precisam decidir se concorrem em todos ou em diversos mercados globais ou se focam uma região específica. Concorrer em todos os mercados oferece o potencial para economias devido ao tamanho do mercado combinado. As empresas também podem ser influenciadas para ampliar seu alcance global porque a concorrência em mercados emergentes pode conduzir a um melhor desempenho. No entanto, uma empresa que concorre nos setores em que os mercados internacionais diferem consideravelmente pode almejar limitar sua esfera de ação devido aos perigos associados à atuação no exterior. Fatores como forças de trabalho diferentes ou uma incapacidade para entender os clientes em um determinado mercado podem resultar em desvantagens para as empresas que concorrem fora de seus principais mercados domésticos. Igualmente a tendência para a regionalização é apoiada por governos que firmaram acordos comerciais para aumentar o poder econômico de suas regiões.

- Existem três tipos de estratégias internacionais em nível corporativo. Uma estratégia multidoméstica concentra-se na concorrência em cada país no qual a empresa compete. As empresas que usam uma estratégia multidoméstica, implementada por meio da estrutura de área geográfica em âmbito mundial, descentralizam as decisões estratégicas e operacionais para as unidades de negócio em cada país para que cada unidade possa adaptar seus bens e serviços ao mercado local.

- Uma estratégia global supõe a maior padronização dos produtos entre os diversos países. A estrutura divisional por produto em âmbito mundial é usada para implementar a estratégia global. Essa estrutura é centralizada a fim de coordenar atividades funcionais diferentes de modo a obter economias de escala e de esfera de ação em âmbito global. A autoridade para a tomada de decisões é centralizada na sede mundial da empresa.

- Uma estratégia transnacional procura combinar aspectos das estratégias multidoméstica e global a fim de enfatizar a resposta local e a integração e a coordenação globais. Ela é implementada por meio da estrutura de combinação. Pelo fato de precisar ser simultaneamente centralizada e descentralizada, integrada e não integrada, e formalizada e não formalizada, a estrutura de combinação é difícil de organizar e gerenciar de modo bem-sucedido. Isso requer uma rede integrada e uma cultura de compromisso individual na qual o treinamento é ressaltado continuamente.

- Embora a implementação de uma estratégia transnacional seja um desafio, as tendências ambientais estão fazendo que muitas empresas multinacionais considerem a necessidade de eficiência global e resposta local. Muitas grandes empresas multinacionais, particularmente aquelas com grande diversidade de produtos, adotam uma estratégia multidoméstica para algumas linhas de produtos e uma estratégia global para outras.

- As estratégias internacionais no nível de negócios dependem parcialmente do tipo de estratégia internacional em nível corporativo que a empresa selecionou. A estratégia de liderança em custos está mais associada a uma estratégia global em nível corporativo porque esse tipo de estratégia tende a resultar em produtos padronizados para o mundo, facilitando desse modo as economias de escala. Se a estratégia internacional em nível corporativo adotada pela empresa for multidoméstica ou transnacional, então cada subsidiária internacional exercerá mais controle sobre sua própria abordagem de seu mercado doméstico. Uma unidade de negócio internacional, seja em um país ou uma região específicos, adota um método baseado em uma das estratégias genéricas no nível de negócios, que são a liderança em custos, a diferenciação, a de foco na liderança em custos, a de foco em diferenciação e a integrada de liderança em custos/diferenciação.

- As estratégias internacionais no nível de negócios são fundamentadas em uma ou mais vantagens no país-sede, conforme indicado pelo modelo de Porter. Esse modelo enfatiza quatro dimensões: fatores de produção, condições da demanda, setores principais e de apoio e padrões de estratégia, estrutura e rivalidade da empresa.

- As empresas podem entrar nos mercados internacionais sob diversas modalidades, incluindo a adoção de exportação ou licenciamento, a formação de alianças estratégicas, aquisições e a criação de novas subsidiárias controladas integralmente denominadas muitas vezes *greenfield ventures*. A maioria das empresas inicia com exportação ou licenciamento devido aos seus menores custos e riscos, porém posteriormente pode ampliar sua atuação para alianças estratégicas e aquisições. Estabelecer uma nova subsidiária controlada integralmente constitui o meio mais oneroso e arriscado para penetrar em um novo mercado internacional. No entanto, essas subsidiárias proporcionam as vantagens de controle máximo por parte da empresa e, caso sejam bem-sucedidas, os maiores retornos.

- Em geral a diversificação internacional está relacionada a retornos acima da média, porém isso supõe que a diversificação seja bem implementada e que as operações internacionais da empresa sejam bem-gerenciadas. A diversificação internacional proporciona maiores economias de esfera de ação e de aprendizagem, as quais, associadas a maior inovação, ajudam a gerar retornos acima da média.

- A diversificação internacional facilita a inovação em uma empresa por permitir um mercado maior e retornos mais rápidos dos investimentos na inovação. Além disso, a diversificação internacional consegue gerar os recursos necessários para manter um programa de P&D em grande escala.

- Entre os riscos envolvidos no gerenciamento das operações multinacionais destacam-se os riscos políticos (por exemplo: instabilidade de governos nacionais) e os riscos econômicos (por exemplo: flutuações do valor da moeda em um país).

- Existem limites para a capacidade que uma empresa possui para gerenciar bem a expansão internacional. A diversificação internacional aumenta os custos de coordenação e distribuição e os problemas de gerenciamento são exacerbados por barreiras ao comércio, custos de logística e diversidade cultural entre outros fatores.

Questões éticas

1. À medida que as empresas se internacionalizam, podem ficar sujeitas à tentação de instalar-se onde as leis de responsabilidade pelo produto sejam inoperantes a fim de testar novos produtos. Essa é uma prática aceitável? Em caso afirmativo ou negativo, por quê?

2. A regulamentação e as leis relativas a vendas e distribuição de produtos de tabaco são severas no mercado dos Estados Unidos. Quais são as implicações éticas de as empresas dos EUA adotarem estratégias de marketing para produtos de tabaco em outros países que seriam ilegais nos Estados Unidos?

3. Algumas companhias terceirizam a produção para empresas em países estrangeiros a fim de reduzir custos. Em que grau uma companhia é moralmente responsável pelo modo como os trabalhadores são tratados pelas empresas nesses países?

4. As estratégias global e multidoméstica requerem métodos competitivos e distintos. Que preocupações éticas poderiam surgir quando as empresas tentam comercializar produtos padronizados globalmente? Quando as empresas deveriam desenvolver produtos ou abordagens diferentes para cada mercado local?

5. As companhias são moralmente responsáveis por apoiar o governo dos EUA quando este impõe barreiras ao comércio a outros países como a China devido à violação de direitos humanos? O que ocorreria se uma parcela significativa de seus negócios internacionais estivesse em um desses países?

6. A América Latina tem sido alvo de mudanças significativas em termos de orientação política e desenvolvimento econômico. Que estratégias as empresas internacionais estrangeiras devem implementar, caso exista alguma, para influenciar políticas públicas nesses países? As empresas podem esperar influenciar, em base realista, mudanças políticas?

Referências bibliográficas

1. LAKSHMAN, N. Private equity invades India. *Business Week*, 8 jan. 2007. p. 40-41; WONACOTT, P.; VENKAT, P. R. India's economic growth ratchets up to 9.3%: Pace rivals China's gains. *Wall Street Journal*, 1 jun. 2006. p. A6; ISOBE, T.; MAKINO, S.; MONTGOMERY, D. B. Resource commitment, entry timing and market performance of foreign direct investments in emerging economies: The case of Japanese international joint ventures in China. *Academy of Management Journal*, 43, 2000. p. 468-484.

2. WAN, W. P. Country resource environments, firm capabilities, and corporate diversification strategies. *Journal of Management Studies*, 42, 2005. p. 161-182.

3. HITT, M. A.; TIHANYI, L.; MILLER, T.; CONNELLY, B. International diversification: Antecedents, outcomes and moderators. *Journal of Management*, 32, 2006. p. 831-867; WRIGHT, M.; FILATOTCHEV, I.; HOSKISSON, R. E.; PENG, M. W. Strategy research in emerging economies: Challenging the conventional wisdom. *Journal of Management Studies*, 42, 2005. p. 1-30.

4. HOSKISSON, R. E.; KIM, H.; WHITE, R. E.; TIHANYI, L. A framework for understanding international diversification by business groups from emerging economies. In: HITT, M. A.; CHENG, J. L. C. (eds.). *Advances in International Management*, Oxford: JAI/Elsevier, 2004. p. 137-163; GUPTA, A. K.; GOVINDARAJAN, V. Converting global presence into global competitive advantage. *Academy of Management Executive*, 15(2), 2001. p. 45-57.

5. JAVIDAN, M.; STEERS, R. M.; HITT, M. A. (eds.). *The Global Mindset: Advances in International Management*, v. 19, Amsterdã: Elsevier Science, 2007; BEGLEY, T. M.; BOYD, D. P. The need for a corporate global mindset. *MIT Sloan Management Review*, 44(2), 2003. p. 25-32; GUPTA, A. K.; GOVINDARAJAN, V. Cultivating a global mindset. *Academy of Management Executive*, 16(1), 2002. p. 116-126.

6. ZAHRA, S. A.; IRELAND, R. D.; HITT, M. A. International expansion by new venture firms: International diversity, mode of market entry, technological learning, and performance. *Academy of Management Journal*, 43, 2000. p. 925-950.

7. MOK, V.; YEUNG, G. Employee motivation, external orientation and the technical efficiency of foreign-financed firms in China: A stochastic frontier analysis. *Managerial and Decision Economics*, 26(3), 2005. p. 175-190; MECHAM III, R. L. Success for the new global manager: What you need to know to work across distances, countries, and cultures. *Leadership Quarterly*, 14, 2003. p. 347-352; McWILLIAMS, A.; VAN FLEET, D. D.; WRIGHT, P. M. Strategic management of human resources for global competitive advantage. *Journal of Business Strategies*, 18(1), 2001. p. 1-24; KEDIA, B. L.; MUKHERJI, A. Global managers: Developing a mindset for global competitiveness. *Journal of World Business*, 34(3), 1999. p. 230-251.

8. TONGLI, L.; PING, E. J.; CHIU, W. K. C. International diversification and performance: Evidence from Singapore. *Asia Pacific Journal of Management*, 22, 2005. p. 65-88; TALLMAN, S. Global strategic management. In: HITT, M. A.; FREEMAN, R. E.; HARRISON, J. S. (eds.). *Handbook of Strategic Management*, Oxford: Blackwell Publishers, 2001. p. 462-490; HILL, C. W. L. *International Business: Competing in the Global Marketplace*, 3ª. ed., Boston: McGraw-Hill/Irwin, 2000. p. 378-380.

9. RICART, J. E.; ENRIGHT, M. J.; GHEMAWAT, P.; HART, S. L.; KHANNA, T. New frontiers in international strategy. *Journal of International Business Studies*, 35, 2004. p. 175-200; HEJAZI, W.; PAULY, P. Motivations for FDI and domestic capital formation. *Journal of International Business Studies*, 34, 2003. p. 282-289.

10. LAKSHMAN, N. Private equity invades India. *Business Week*, 8 jan. 2007. p. 40; WONACOTT; VENKAT. India's economic growth ratchets up to 9.3%.

11. KWOK, C. C. Y.; REEB, D. M. Internationalization and firm risk: An upstream-downstream hypothesis. *Journal of International Business Studies*, 31, 2000. p. 611-629; CHOI, J. J.; RAJAN, M. A joint test of market segmentation and exchange risk factor in international capital markets. *Journal of International Business Studies*, 28, 1997. p. 29-49.

12. WRIGHT; FILATOTCHEV; HOSKISSON; PENG. Strategy research in emerging economies; LONDON, T.; HART, S. Reinventing strategies for emerging markets: Beyond the transnational model. *Journal of International Business Studies*, 35, 2004. p. 350-370; HOSKISSON, R. E.; EDEN, L.; LAU, C. M.; WRIGHT, M. Strategy in emerging economies. *Academy of Management Journal*, 43, 2000. p. 249-267; ARNOLD, D. J.; QUELCH, J. A. New strategies in emerging markets. *Sloan Management Review*, 40, 1998. p. 7-20.

13. Setting up shop in India. *Economist*, 4 nov. 2006. p. 73-74.

14. EU economy: Building transatlantic bridges. *EIU Views Wire*, 27 maio 2005; AEPPEL, T. Manufacturers spent much less abroad last year: U.S. firms cut investing overseas by estimated 37 percent; the "highway paradox," *Wall Street Journal*, 9 maio 2003. p. A8; QUINLAN, J. P. Europe, not Asia, is corporate America's key market. *Wall Street Journal*, 12 jan. 1998. p. A20.

15. DANESHKHU, S. Foreign direct investment surges 34%, *Financial Times*, 5 out. 2006. p. 4.

16. Higher revenues, new jobs: Germany has become more attractive to U.S. investors, PR Newswire, http://www.prnewswire.com, 16 mar. 2006.

17. Spain, long one of Europe's also-rans, is about to join the big league; Italy is going the other direction. *Economist*, 4 nov. 2006. p. 64.

18. STEIN, T. Globe trotters: Venture firms are increasingly looking beyond U.S. shores, encouraged by the explosive growth, low development costs and surging entrepreneurship in emerging markets. But can U.S.-style venture capital be exported successfully? *Venture Capital Journal*, 2 maio 2005. p. 1; KUEMMERLE, W. Go global – or not? *Harvard Business Review*, 79(6), 2001. p. 37-49; LUO, Y.; PENG, M. W. Learning to compete in a transition economy: Experience, environment and performance. *Journal of International Business Studies*, 30, 1999. p. 269-295.

19. ASAKAWA, K.; LEHRER, M. Managing local knowledge assets globally: The role of regional innovation relays. *Journal of World Business*, 38, 2003. p. 31-42.

20. CHUNG, W.; ALCACER, J. Knowledge seeking and location choice of foreign direct investment in the United States. *Management Science*, 48(12), 2002. p. 1.534-1.554.

21. China's R&D prowess. *Business Week*, 18 dez. 2006. p. 37; Higher revenues, new jobs.

22. Higher revenues, new jobs.

23. VERNON, R. International investment and international trade in the product cycle. *Quarterly Journal of Economics,* 80, 1996. p. 190-207.
24. CHENG, J. M. S.; BLANKSON, C.; WU, P. C. S.; CHEN, S. S. M. A stage model of an international brand development: The perspectives of manufacturers from two newly industrialized economies – South Korea and Taiwan. *Industrial Marketing Management,* 34, 2005. p. 504-514; ANDERSSON, S. Internationalization in different industrial contexts. *Journal of Business Venturing,* 19, 2004. p. 851-875; LAU, H. F.; KWOK, C. C. Y.; CHAN, C. F. Filling the gap: Extending international product life cycle to emerging economies. *Journal of Global Marketing,* 13(4), 2000. p. 29-51.
25. JIANG, F. Driving forces of international pharmaceutical firms' FDI into China. *Journal of Business Research,* 22(1), 2005. p. 21-39; SHAN, W.; SONG, J. Foreign direct investment and the sourcing of technological advantage: Evidence from the biotechnology industry. *Journal of International Business Studies,* 28, 1997. p. 267-284.
26. CHUNG, W. Identifying technology transfer in foreign direct investment: Influence of industry conditions and investing firm motives. *Journal of International Business Studies,* 32, 2001. p. 211-229.
27. SMITH, G. Wrapping the globe in tortillas. *Business Week,* 26 fev. 2007. p. 54.
28. PETERSEN, K. J.; HANDFIELD, R. B.; RAGATZ, G. L. Supplier integration into new product development: Coordinating product, process and supply chain design. *Journal of Operations Management,* 23, 2005. p. 371-388; PRASAD, S.; TATA, J.; MADAN, M. Build to order supply chains in developed and developing countries. *Journal of Operations Management,* 23, 2005. p. 551-568; MAURI, A. J.; PHATAK, A. V. Global integration as interarea product flows: The internalization of ownership and location factors influencing product flows across MNC units. *Management International Review,* 41(3), 2001. p. 233-249.
29. Shanghai Automotive Industry Corp., http://www.hoovers.com, 17 fev. 2007; TAYLOR, A. Shanghai Auto wants to be the world's next great car company. *Fortune,* 4 out. 2004. p. 103-109.
30. INKPEN, A.; RAMASWAMY, K. *Global Strategy: Creating and Sustaining Advantage across Borders,* Nova York: Oxford University Press, 2006; KUEMMERLE, W. Home base and knowledge management in international ventures. *Journal of Business Venturing,* 2, 2002. p. 99-122; BRESMAN, H.; BIRKINSHAW, J.; NOBEL, R. Knowledge transfer in international acquisitions. *Journal of International Business Studies,* 30, 1999. p. 439-462; BIRKINSHAW, J. Entrepreneurship in multinational corporations: The characteristics of subsidiary initiatives. *Strategic Management Journal,* 18, 1997. p. 207-229.
31. HITT; TIHANYI; MILLER; CONNELLY. International diversification; CANTWELL, J.; DUNNING, J.; JANNE, O., 2004, Towards a technology-seeking explanation of U.S. direct investment in the United Kingdom. *Journal of International Management,* 10. p. 5-20; MAKINO, S.; LAU, C. M.; YEH, R. S. Asset-exploitation *versus* assetseeking: Implications for location choice of foreign direct investment from newly industrialized economies. *Journal of International Business Studies,* 33(3), 2002. p. 403-421.
32. RIGBY, D.; ZOOK, C. Open-market innovation. *Harvard Business Review,* 89(10), 2003. p. 80-89; LEE, J. R.; CHEN, J. S. Internationalization, local adaptation and subsidiary's entrepreneurship: An exploratory study on Taiwanese manufacturing firms in Indonesia and Malaysia. *Asia Pacific Journal of Management,* 20, 2003. p. 51-72; MACHARZINA, K. The end of pure global strategies? *Management International Review,* 41(2), 2001. p. 105; KUEMMERLE, W. Foreign direct investment in industrial research in the pharmaceutical and electronics industries: Results from a survey of multinational firms. *Research Policy,* 28(2/3), 1999. p. 179-193.
33. A novel prescription. *Economist,* 11 nov. 2006. p. 73.
34. PENNER-HAHN, J.; SHAVER, J. M. Does international research increase patent output? An analysis of Japanese pharmaceutical firms. *Strategic Management Journal,* 26, 2005. p. 121-140.
35. ITO, K.; ROSE, E. L. Foreign direct investment location strategies in the tire industry. *Journal of International Business Studies,* 33(3), 2002. p. 593-602; BERNSTEIN, J.; WEINSTEIN, D. Do endowments predict the location of production? Evidence from national and international data. *Journal of International Economics,* 56(1), 2002. p. 55-76.
36. MAURI; PHATAK. Global integration as inter-area product flows.
37. BLUETOW, M. Report: Flextronics adding 3rd Mexico plant. *Circuits Assembly,* http://circuitsassembly.com, 27 out. 2006; ROBERTSON, R.; DUTKOWSKY, D. H. Labor adjustment costs in a destination country: The case of Mexico. *Journal of Development Economics,* 67, 2002. p. 29-54.
38. TAHIR, R.; LARIMO, J. Understanding the location strategies of the European firms in Asian countries. *Journal of American Academy of Business,* 5, 2004. p. 102-110.
39. ROCKS, D. Made in China-Er, Veliko Turnovo. *Business Week,* 8 jan. 2007. p. 43.
40. CARNEY, S. Czech Republic's location leads to distribution-center boom. *Wall Street Journal,* 24 maio 2006. p. A13.
41. WALDMAN, D. A.; DE LUQUE, A. S.; WASHBURN, N.; HOUSE, R. J.; et al. Cultural and leadership predictors of corporate social responsibility values of top management: A globe study of 15 countries. *Journal of International Business Studies,* 37, 2006. p. 823-837; XU, D.; SHENKAR, O. Institutional distance and the multinational enterprise. *Academy of Management Review,* 27, 2004. p. 608-618.
42. XU, D.; PAN, Y.; BEAMISH, P. W. The effect of regulative and normative distances on MNE ownership and expatriate strategies. *Management International Review,* 44(3), 2004. p. 285-307.
43. TAN, D.; MAHONEY, J. T. Examining the Penrose effect in an international business context: The dynamics of Japanese firm growth in U.S. industries. *Managerial and Decision Economics,* 26(2), 2005. p. 113-127; UHLENBRUCK, K. Developing acquired foreign subsidiaries: The experience of MNEs for multinationals in transition economies. *Journal of International Business Studies,* 35, 2004. p. 109-123; LUO, Y. Dynamic capabilities in international expansion. *Journal of World Business,* 35(4), 2000. p. 355-378.
44. WAN, W. P.; HOSKISSON, R. E. Home country environments, corporate diversification strategies and firm performance. *Academy of Management Journal,* 46, 2003. p. 27-45; GERINGER, J. M.; TALLMAN, S.; OLSEN, D. M. Product and international diversification among Japanese multinational firms. *Strategic Management Journal,* 21, 2000. p. 51-80.
45. BOWEN, H. P.; WIERSEMA, M. F. Foreign-based competition and corporate diversification strategy. *Strategic Management Journal,* 26, 2005. p. 1.153-1.171.
46. HOSKISSON, R. E.; JOHNSON, R. A.; YIU, D.; WAN, W. P. Restructuring strategies of diversified business groups: Differences associated with country institutional environments. In: HITT, M. A.; FREEMAN, R. E.; HARRISON, J. S. (eds.). *Handbook of Strategic Management,* Oxford: Blackwell Publishers, 2001. p. 433-463; LUO, Y. Determinants of entry in an emerging economy: A multilevel approach. *Journal of Management Studies,* 38, 2001. p. 443-472; PALMER, T. B.; WISEMAN, R. M.

Decoupling risk taking from income stream uncertainty: A holistic model of risk. *Strategic Management Journal*, 20, 1999. p. 1.037-1.062.

47. TALLMAN, S.; FLADMOE-LINDQUIST, K. Internationalization, globalization, and capability-based strategy. *California Management Review*, 45(1), 2002. p. 116-135; GRIFFITH, D. A.; HARVEY, M. G. A resource perspective of global dynamic capabilities. *Journal of International Business Studies*, 32, 2001. p. 597-606; TEECE, D. J.; PISANO, G.; SHUEN, A. Dynamic capabilities and strategic management. *Strategic Management Journal*, 18, 1997. p. 509-533.

48. MOLINA-MORALES, F. X. European industrial districts: Influence of geographic concentration on performance of the firm. *Journal of International Management*, 7, 2001. p. 277-294; PORTER, M. E.; STERN, S. Innovation: Location matters. *Sloan Management Review*, 42(4), 2001. p. 28-36.

49. RUGMAN, A.; VERBEKE, A. A perspective on regional and global strategies of multinational enterprises. *Journal of International Business Studies*, 35, 2004. p. 3-18; ELANGO, B. Geographic scope of operations by multinational companies: An exploratory study of regional and global strategies. *European Management Journal*, 22(4), 2004. p. 431-441.

50. PANTZALIS, C. Does location matter? An empirical analysis of geographic scope and MNC market valuation. *Journal of International Business Studies*, 32, 2001. p. 133-155.

51. LUDEMA, R. D. Increasing returns, multinationals and geography of preferential trade agreements. *Journal of International Economics*, 56, 2002. p. 329-358; ALLEN, L.; PANTZALIS, C. Valuation of the operating flexibility of multinational corporations. *Journal of International Business Studies*, 27, 1996. p. 633-653.

52. Other EU candidates: A very long engagement. *Economist*, 1 nov. 2006. p. 56-57.

53. Office of the United States Trade Representative. Central America-Dominican Republic Free Trade agreement, http://www.ustr.gov/Trade_Agreements, 20 fev. 2007.

54. Foreign Affairs and International Trade Canada. Canada-Mexico Partnership: Report to leaders, http://www.itcan-cican.gc.ca/cmp-en.asp, 20 fev. 2007.

55. CHUNG, W.; SONG, J. Sequential investment, firm motives, and agglomeration of Japanese electronics firms in the United States. *Journal of Economics and Management Strategy*, 13, 2004. p. 539-560; XU, D.; SHENKAR, O. Institutional distance and the multinational enterprise. *Academy of Management Review*, 27(4), 2002. p. 608-618; CHANG, J.; ROSENZWEIG, P. M. Industry and regional patterns in sequential foreign market entry. *Journal of Management Studies*, 35, 1998. p. 797-822.

56. EDEN, L.; MILLER, S. Distance matters: Liability of foreignness, institutional distance and ownership strategy. In: HITT, M.; CHENG, J. L. (eds.). *Advances in International Management*. Oxford: JAI/Elsevier, 2004. p. 187-221; MILLER, S. R.; PARKHE, A. Is there a liability of foreignness in global banking? An empirical test of banks' x-efficiency. *Strategic Management Journal*, 23, 2002. p. 55-75; KOSTOVA, T.; ZAHEER, S. Organizational legitimacy under conditions of complexity: The case of the multinational enterprise. *Academy of Management Review*, 24, 1999. p. 64-81; ZAHEER, S.; MOSAKOWSKI, E. The dynamics of the liability of foreignness: A global study of survival in financial services. *Strategic Management Journal*, 18, 1997. p. 439-464.

57. ZAHEER, S.; ZAHEER, A. Market microstructure in a global B2B network. *Strategic Management Journal*, 22, 2001. p. 859-873.

58. VW seeks return to longer work week; union balks. *Wall Street Journal*, 13 jun. 2006. p. A11.

59. SPENCER, J. W.; MURTHA, T. P.; LENWAY, S. A. How governments matter to new industry creation. *Academy of Management Review*, 30, 2005. p. 321-337; MAHMOOD, I. P.; RUFIN, C. Government's dilemma: The role of government in imitation and innovation. *Academy of Management Review*, 30, 2005. p. 338-360.

60. GHEMAWAT, P. Distance still matters: The hard reality of global expansion. *Harvard Business Review*, 79(8), 2001. p. 137-147.

61. Global retailing: Trouble at till. *Economist*, 4 nov. 2006. p. 18.

62. RUGMAN, A.; HODGETTS, R. The end of global strategy. *European Management Journal*, 19(4), 2001. p. 333-343.

63. ROTHAERMEL, F. T.; KOTHA, S.; STEENSMA, H. K. International market entry by U.S. Internet firms: An empirical analysis of country risk, national culture and market size. *Journal of Management*, 32, 2006. p. 56-82.

64. BIRKINSHAW, J. Strategies for managing internal competition. *California Management Review*, 44(1), 2001. p. 21-38.

65. LI, L. Is regional strategy more effective than global strategy in the U.S. service industries? *Management International Review*, 45, 2005. p. 37-57; ALRED, B. B.; SWAN, K. S. Global versus multidomestic: Culture's consequences on innovation. *Management International Review*, 44, 2004. p. 81-105; HARZING, A. W. An empirical analysis and extension of the Bartlett and Ghoshal typology of multinational companies. *Journal of International Business Studies*, 32, 2000. p. 101-120; GHOSHAL, S. Global strategy: An organizing framework. *Strategic Management Journal*, 8, 1987. p. 425-440.

66. NACHUM, L. Does nationality of ownership make any difference and if so, under what circumstances? Professional service MNEs in global competition. *Journal of International Management*, 9, 2003. p. 1-32; SHETH, J. From international to integrated marketing. *Journal of Business ResearchStrategy*, 51(1), 2000. p. 5-9; TAGGART, J.; HOOD, N. Determinants of autonomy in multinational corporation subsidiaries. *European Management Journal*, 17, 1999. p. 226-236.

67. LUO, Y. Determinants of local responsiveness: Perspectives from foreign subsidiaries in an emerging market. *Journal of Management*, 27, 2001. p. 451-477.

68. INKPEN; RAMASWAMY. *Global Strategy*.

69. GADIESH, O. Risk-proofing your brand. *European Business Forum*, verão de 2004. p. 82; LEE; CHEN. Internationalization, local adaptation and subsidiary's entrepreneurship.

70. BARTLETT, C. A.; GHOSHAL, S. *Managing across Borders: The Transnational Solution*, Boston: Harvard Business School Press, 1989.

71. GEPPERT, M.; WILLIAMS, K.; MATTEN, D. The social construction of contextual rationalities in MNCs: An Anglo-German comparison of subsidiary choice. *Journal of Management Studies*, 40, 2003. p. 617-641; CARPENTER, M.; FREDRICKSON, J. Top management teams, global strategic posture, and the moderating role of uncertainty. *Academy of Management Journal*, 44, 2001. p. 533-545; HERBERT, T. T. Multinational strategic planning: Matching central expectations to local realities. *Long Range Planning*, 32, 1999. p. 81-87.

72. LI, L. Is regional strategy more effective than global strategy in the U.S. service industries? *Management International Review*, 45, 2005. p. 37-57; HARZING. An empirical analysis and extension.

73. MACMILLAN, I. C.; VAN PUTTEN, A. B.; MCGRATH, R. G. Global gamesmanship. *Harvard Business Review*, 81(5), 2003. p. 62-71.

74. BARKER, R. G. Trend: Global accounting is coming. *Harvard Business Review*, 81(4), 2003. p. 24-25.

75. HOPKINS, H. D. The response strategies of dominant US firms to Japanese challengers. *Journal of Management*, 29,

2003. p. 5-25; Massini, S.; Lewin, A. Y.; Numagami, T.; Pettigrew, A. The evolution of organizational routines among large Western and Japanese firms. *Research Policy,* 31(8,9), 2002. p. 1.333-1.348; Peng, M. W.; Lee, H. S.; Tan, J. J. The keiretsu in Asia: Implications for multilevel theories of competitive advantage. *Journal of International Management,* 7, 2001. p. 253-276; Bhappu, A. The Japanese family: An institutional logic for Japanese corporate networks and Japanese management. *Academy of Management Review,* 25, 2000. p. 409-415; Johaansson, J. K.; Yip, G. S. Exploiting globalization potential: U.S. and Japanese strategies. *Strategic Management Journal,* 15, 1994. p. 579-601.

76. Yahoo! Finance. IKEA International A/S company profile, http://biz.yahoo.com/ic/42/42925.html, 17 fev. 2007.
77. Yaprak, A. Globalization: Strategies to build a great global firm in the new economy. *Thunderbird International Business Review,* 44(2), 2002. p. 297-302; McKendrick, D. G. Global strategy and population level learning: The case of hard disk drives. *Strategic Management Journal,* 22, 2001. p. 307-334.
78. Parker, G. Going global can hit snags, Vodafone finds. *Wall Street Journal,* 16 jun. 2005. p. B1.
79. Zellmer-Bruhn, M.; Gibson, C. Multinational organization context: Implications for team learning and performance. *Academy of Management Journal,* 49, 2006. p. 501-518.
80. Kyowa, http://www.kyowa.co.jp/eng/, 20 fev. 2007.
81. Malnight, T. W. Emerging structural patterns within multinational corporations: Toward processbased structures. *Academy of Management Journal,* 44, 2002. p. 1.187-1.210.
82. Inkpen; Ramaswamy. *Global Strategy.*
83. Bartlett; Ghoshal. *Managing across Borders.*
84. Lawrence, T. B.; Morse, E. A.; Fowler, S. W. Managing your portfolio of connections. *MIT Sloan Management Review,* 46(2), 2005. p. 59-65; Doz, Y.; Santos, J.; Williamson, P. *From Global to Metanational: How Companies Win in the Knowledge Economy,* Boston: Harvard Business School Press, 2001.
85. Abbott, A.; Banerji, K. Strategic flexibility and firm performance: The case of US based transnational corporations. *Global Journal of Flexible Systems Management,* 4(1/2), 2003. p. 1-7; Child, J.; Van, Y. National and transnational effects in international business: Indications from Sino-foreign joint ventures. *Management International Review,* 41(1), 2001. p. 53-75.
86. Inkpen; Ramaswamy. *Global Strategy.* p. 69.
87. Cantwell, J.; Mudambi, R. MNE competencecreating subsidiary mandates. *Strategic Management Journal,* 26, 2005. p. 1.109-1.128.
88. Inkpen; Ramaswamy. *Global Strategy;* Birkinshaw, J. M.; Morrison, A. J. Configurations of strategy and structure in subsidiaries of multinational corporations. *Journal of International Business Studies,* 26, 1995. p. 729-754.
89. Kramer, R. J. Organizing for global competitiveness: The corporate headquarters design. *Chief Executive Digest,* 3(2), 1999. p. 23-28.
90. Frost, T. S.; Birkinshaw, J. M.; Ensign, P. C. Centers of excellence in multinational corporations. *Strategic Management Journal,* 23, 2002. p. 997-1.018.
91. Bush, J. They've driven a Ford lately. *Business Week,* 26 fev. 2007. p. 52.
92. Inkpen; Ramaswamy. *Global Strategy.*
93. Molecular weight. *Economist,* 4 nov. 2006. p. 80-81.
94. Bausch & Lomb, Sunglasses: The bright side, http://www.bausch.com/en_US/consumer/age/sunglasses_senior.aspx, 2007; Jacob, R. Trust the locals, win worldwide. *Fortune,* 4 maio 1992. p. 76.
95. Gimeno, J.; Hoskisson, R. E.; Beal, B. D.; Wan, W. P. Explaining the clustering of international expansion moves: A critical test in the U.S. telecommunications industry. *Academy of Management Journal,* 48, 2005. p. 297-319.
96. Porter, M. E. *The Competitive Advantage of Nations,* Nova York: The Free Press, 1990.
97. Ibid., p. 84.
98. Ibid., p. 89.
99. Aoyama, Y.; Izushi, H. Hardware gimmick or cultural innovation? Technological, cultural, and social foundations of the Japanese video game industry. *Research Policy,* 32, 2003. p. 423-443.
100. Airbus, Company evolution, http://www.airbus.com/en/corporate/people/Airbus_short_history.html, 22 fev. 2007.
101. Nachum, L. The impact of home countries on the competitiveness of advertising TNCs. *Management International Review,* 41(1), 2001. p. 77-98.
102. Zahra, S.; Hayton, J.; Marcel, J.; O'Neill, H. Fostering entrepreneurship during international expansion: Managing key challenges. *European Management Journal,* 19, 2001. p. 359-369.
103. Sapienza, H. J.; Autio, E.; George, G.; Zahra, S. A. A capabilities perspective on the effects of early internationalization on firm survival and growth. *Academy of Management Review,* 31, 2006. p. 914-933.
104. Zhao, H.; Luo, Y.; Suh, T. Transaction costs determinants and ownership-based entry mode choice: A meta-analytical review. *Journal of International Business Studies,* 35, 2004. p. 524-544; Brouthers, K. D. Institutional, cultural and transaction cost influences on entry mode choice and performance. *Journal of International Business Studies,* 33, 2003. p. 203-221; Konopaske, R.; Werner, S.; Neupert, K. E. Entry mode strategy and performance: The role of FDI staffing. *Journal of Business ResearchStrategy,* 55, 2002. p. 759-770.
105. Lages, C.; Lages, C. R.; Lages, L. F. The RELQUAL scale: A measure of relationship quality in export market ventures. *Journal of Business ResearchStrategy,* 58, 2005. p. 1.040-1.048; Isaak, R. Using trading firms to export: What can the French experience teach us? *Academy of Management Executive,* 16(4), 2002. p. 155-156; Peng, M. W.; Hill, C. W. L.; Wang, D. Y. L. Schumpeterian dynamics versus Williamsonian considerations: A test of export intermediary performance. *Journal of Management Studies,* 37, 2000. p. 167-184.
106. Chui, Y. The structure of the multinational firm: The role of ownership characteristics and technology transfer. *International Journal of Management,* 19(3), 2002. p. 472-477.
107. Luo. Determinants of local responsiveness.
108. Raymond, M. A.; Kim, J.; Shao, A. T. Export strategy and performance: A comparison of exporters in a developed market and an emerging market. *Journal of Global Marketing,* 15(2), 2001. p. 5-29; Aulakh, P. S.; Kotabe, M.; Teegen, H. Export strategies and performance of firms from emerging economies: Evidence from Brazil, Chile and Mexico. *Academy of Management Journal,* 43, 2000. p. 342-361.
109. Dou, W.; Nielsen, U.; Tan, C. M. Using corporate Websites for export marketing. *Journal of Advertising Research,* 42(5), 2003. p. 105-115.
110. Haahti, A; Madupu, V.; Yavas, U.; Babakus, E. Cooperative strategy, knowledge intensity and export performance of small and medium sized enterprises. *Journal of World Business,* 40(2), 2005. p. 124-138.
111. Houghton, K. A.; Winklhofer, H. The effect of Web site and ecommerce adoption on the relationship between SMEs and their export intermediaries. *International Small Business Journal,* 22, 2004. p. 369-385; Walker, B.; Luft,

D. Exporting tech from Texas. *Texas Business Review*, ago. 2001. p. 1-5.
112. WESTHEAD, P.; WRIGHT, M.; UCBASARAN, D. The internationalization of new and small firms: A resourcebased view. *Journal of Business Venturing*, 16, 2001. p. 333-358.
113. ROWLEY, I. Who's cashing in on the weak yen? *Business Week*, 12 fev. 2007. p. 42.
114. KLINE, D. Sharing the corporate crown jewels. *MIT Sloan Management Review*, 44(3), 2003. p. 83-88; HITT, M. A.; IRELAND, R. D. The intersection of entrepreneurship and strategic management research. In: SEXTON, D. L.; LANDSTROM, H. (eds.). *Handbook of Entrepreneurship*, Oxford: Blackwell Publishers, 2000. p. 45-63.
115. ARORA, A.; FOSFURI, A. Wholly owned subsidiary *versus* technology licensing in the worldwide chemical industry. *Journal of International Business Studies*, 31, 2000. p. 555-572.
116. The China National Tobacco Corporation and Philip Morris International announce the establishment of a long-term strategic cooperative partnership, http://www.altria.com/media, 22 fev. 2007; ZAMISKA, N.; O'CONNELL, V. Philip Morris is in talks to make Marlboros in China. *Wall Street Journal*, 21 abr. 2005. p. B1-B2.
117. KIM, J. Y. The impact of firm and industry characteristics on technology licensing. *S.A.M. Advanced Management Journal*, 70(1), 2005. p. 42-49.
118. JOHNSON, M. Learning from toys: Lessons in managing supply chain risk from the toy industry. *California Management Review*, 43(3), 2001. p. 106-124.
119. RIGBY, D.; ZOOK, C. Open-market innovation. *Harvard Business Review*, 89(10), 2003. p. 80-89.
120. Komatsu, Product outline, http://www.komatsu.com, 22 fev. 2007; BARTLETT, C. A.; RANGAN, S. Komatsu limited. In: BARTLETT, C. A.; GHOSHAL, S. (eds.). *Transnational Management: Text, Cases and Readings in Cross-Border Management*, Homewood: Irwin, 1992. p. 311-326.
121. REUER, J. J.; TONG, T. W. Real options in international joint ventures. *Journal of Management*, 31, 2005. p. 403-423; PETERSEN, B.; WELCH, D. E.; WELCH, L. S. Creating meaningful switching options in international operations. *Long Range Planning*, 33(5), 2000. p. 688-705.
122. LARSSON, R.; BROUSSEAU, K. R.; DRIVER, M. J.; HOMQVIST, M. International growth through cooperation: Brand-driven strategies, leadership, and career development in Sweden. *Academy of Management Executive*, 17(1), 2003. p. 7-21; LU, J. W.; BEAMISH, P. W. The internationalization and performance of SMEs. *Strategic Management Journal*, 22 (special issue), 2001. p. 565-586; KOZA, M.; LEWIN, A. Managing partnerships and strategic alliances: Raising the odds of success. *European Management Journal*, 18(2), 2000. p. 146-151.
123. HARRISON, J. S.; HITT, M. A.; HOSKISSON, R. E.; IRELAND, R. D. Resource complementarity in business combinations: Extending the logic to organization alliances. *Journal of Management*, 27, 2001. p. 679-690; DAS, T.; TENG, B. A resource-based theory of strategic alliances. *Journal of Management*, 26, 2000. p. 31-61.
124. HITT, M. A.; AHLSTROM, D.; DACIN, M. T.; LEVITAS, E.; SVOBODINA, L. The institutional effects on strategic alliance partner selection in transition economies: China *versus* Russia. *Organization Science*, 15, 2004. p. 173-185; PENG, M. The resource-based view and international business. *Journal of Management*, 27, 2001. p. 803-829.
125. LU, J. W.; BEAMISH, P. W. Partnering strategies and performance of SMEs' international joint ventures. *Journal of Business Venturing*, 21, 2006. p. 461-480.
126. FAIRCLOUGH, G.; FOWLER, G. A. Drive-through tips for China. *Wall Street Journal*, 20 jun. 2006. p. B1.
127. BAMFORD, J.; ERNST, D.; FUBINI, D. G. Launching a world-class joint venture. *Harvard Business Review*, 82(2), 2004. p. 91-100.
128. LANE, P. J.; SALK, J. E.; LYLES, M. A. Absorptive capacity, learning, and performance in international joint ventures. *Strategic Management Journal*, 22, 2002. p. 1.139--1.161; SIMONIN, B. L. Transfer of marketing knowhow in international strategic alliances: An empirical investigation of the role and antecedents of knowledge ambiguity. *Journal of International Business Studies*, 30, 1999. p. 463-490; LYLES, M. A.; SALK, J. E. Knowledge acquisition from foreign parents in international joint ventures: An empirical examination in the Hungarian context. *Journal of International Business Studies*, 27 (special issue), 1996. p. 877-903.
129. MOHR, A. T.; PUCK, J. F. Managing functional diversity to improve the performance of international joint ventures. *Long Range Planning*, 38(2), 2005. p. 163-182; SHRADER, R. C. Collaboration and performance in foreign markets: The case of young high-technology manufacturing firms. *Academy of Management Journal*, 44, 2001. p. 45-60; HITT, M. A.; DACIN, M. T.; LEVITAS, E.; ARREGLE, J. L.; BORZA, A. Partner selection in emerging and developed market contexts: Resource based and organizational learning perspectives. *Academy of Management Journal*, 43, 2000. p. 449-467.
130. PENG, M. W.; SHENKAR, O. Joint venture dissolution as corporate divorce. *Academy of Management Executive*, 16(2), 2002. p. 92-105; SHENKAR, O.; VAN, A. Failure as a consequence of partner politics: Learning from the life and death of an international cooperative venture. *Human Relations*, 55, 2002. p. 565-601.
131. A grim picture. *Economist*, 4 nov. 2006. p. 78.
132. ROBINS, J. A.; TALLMAN, S.; FLADMOE-LINDQUIST, K. Autonomy and dependence of international cooperative ventures: An exploration of the strategic performance of U.S. ventures in Mexico. *Strategic Management Journal*, 23(10), 2002. p. 881-901; GONG, Y.; SHENKAR, O.; LUO, Y.; NYAW, M. K. Role conflict and ambiguity of CEOs in international joint ventures: A transaction cost perspective. *Journal of Applied Psychology*, 86, 2001. p. 764-773.
133. JAGERSMA, P. K. Cross-border alliances: Advice from the executive suite. *Journal of Business Strategy*, 26(1), 2005. p. 41-50; HAMBRICK, D. C.; LI, J.; XIN, K.; TSUI, A. S. Compositional gaps and downward spirals in international joint venture management groups. *Strategic Management Journal*, 22, 2001. p. 1.033-1.053; DACIN, M. T.; HITT, M. A.; LEVITAS, E. Selecting partners for successful international alliances: Examination of U.S. and Korean firms. *Journal of World Business*, 32, 1997. p. 3-16.
134. CHILD, J.; VAN, Y. Predicting the performance of international joint ventures: An investigation in China. *Journal of Management Studies*, 40(2), 2003. p. 283-320; ARINO, A.; DE LA TORRE, J.; RING, P. S. Relational quality: Managing trust in corporate alliances. *California Management Review*, 44(1), 2001. p. 109-131.
135. HUFF, L.; KELLEY, L. Levels of organizational trust in individualist *versus* collectivist societies: A sevennation study. *Organization Science*, 14(1), 2003. p. 81-90.
136. PAN, Y.; TSE, D. K. The hierarchical model of market entry modes. *Journal of International Business Studies*, 31, 2000. p. 535-554; PAN, Y.; LI, S.; TSE, D. K. The impact of order and mode of market entry on profitability and market share. *Journal of International Business Studies*, 30, 1999. p. 81-104.
137. REUER, J. J.; ZOLLO, M. Termination outcomes of research alliances. *Research Policy*, 34(1), 2005. p. 101-115.
138. REUER, J. J. Avoiding lemons in M&A deals. *MIT Sloan Management Review*, 46(3), 2005. p. 15-17;

139. KNIGHT, G. A.; LIESCH, P. W. Information internalisation in internationalising the firm. *Journal of Business ResearchStrategy*, 55(12), 2002. p. 981-995.

139. DYER, J. H.; KALE, P.; SINGH, H. When to ally and when to acquire. *Harvard Business Review*, 82(7), 2004. p. 108-117; HOFFMANN, W. H.; SCHAPER-RINKEL, W. Acquire or ally? A strategy framework for deciding between acquisition and cooperation. *Management International Review*, 41(2), 2001. p. 131-159.

140. PORRINI, P. Can a previous alliance between an acquirer and a target affect acquisition performance? *Journal of Management*, 30, 2004. p. 545-562; REUER, J. J. Incremental corporate reconfiguration through international joint venture buyouts and selloffs. *Management International Review*, 42, 2002. p. 237-260.

141. SHIMIZU, K.; HITT, M. A.; VAIDYANATH, D.; PISANO, V. Theoretical foundations of cross-border mergers and acquisitions: A review of current research and recommendations for the future. *Journal of International Management*, 10, 2004. p. 307-353; HITT, M. A.; HARRISON, J. S.; IRELAND, R. D. *Creating Value through Mergers and Acquisitions*, Nova York: Oxford University Press, 2001.

142. HITT, M. A.; PISANO, V. The cross-border merger and acquisition strategy. *Management Research*, 1, 2003. p. 133-144.

143. OilVoice, Superior Energy Services continues international expansion with acquisition of Duffy & McGovern Accommodations Services, http://www.oilvoice.com, 23 jan. 2007.

144. French dressing. *Economist*, 10 jul. 1999. p. 53-54.

145. QUAH, P.; YOUNG, S. Post-acquisition management: A phases approach for cross-border M&As. *European Management Journal*, 23(1), 2005. p. 65-80.

146. HARZING, A. W. Acquisitions *versus* greenfield investments: International strategy and management of entry modes. *Strategic Management Journal*, 23, 2002. p. 211-227; BROUTHERS, K. D.; BROUTHERS, L. E. Acquisition or greenfield start-up? Institutional, cultural and transaction cost influences. *Strategic Management Journal*, 21, 2000. p. 89-97.

147. SMITH, G. In Mexico, Banco Wal-Mart. *Business Week*, 20 nov. 2006. p. 66-67.

148. BOUQUET, C.; HEBERT, L.; DELIOS, A. Foreign expansion in service industries: Separability and human capital intensity. *Journal of Business Research Strategy*, 57, 2004. p. 35-46.

149. ELANGO, D. The influence of plant characteristics on the entry mode choice of overseas firms. *Journal of Operations Management*, 23(1), 2005. p. 65-79.

150. DENG, P. Determinants of full-control mode in China: An integrative approach. *American Business Review*, 21(1), 2003. p. 113-123.

151. BELDERBOS, R. Entry mode, organizational learning, and R&D in foreign affiliates: Evidence from Japanese firms. *Strategic Management Journal*, 34, 2003. p. 235-259.

152. MEYER, K. E.; NGUYEN, H. V. Foreign investment strategies in subnational institutions in emerging markets: Evidence from Vietnam. *Journal of Management Studies*, 42, 2005. p. 63-93; REUER, J.; SHENKAR, O.; RAGOZZINO, R. Mitigating risks in international mergers and acquisitions: The role of contingent payouts. *Journal of International Business Studies*, 35, 2004. p. 19-32.

153. CHANG, S. J.; ROSENZWEIG, P. The choice of entry mode in sequential foreign direct investment. *Strategic Management Journal*, 22, 2001. p. 747-776.

154. MYER, K. E. Institutions, transaction costs, and entry mode choice in Eastern Europe. *Journal of International Business Studies*, 32, 2001. p. 357-367.

155. LI, S. Why are property rights protections lacking in China? An institutional explanation. *California Management Review*, 46(3), 2004. p. 100-115; LUO, Y. Determinants of entry in an emerging economy: A multilevel approach. *Journal of Management Studies*, 38, 2001. p. 443-472.

156. TAKEISHI, A. Bridging inter- and intra-firm boundaries: Management of supplier involvement in automobile product development. *Strategic Management Journal*, 22, 2001. p. 403-433.

157. KEITH, T. Will Texans now take to Toyota? *Business Week*, 5 fev. 2007. p. 10; ROWLEY, I. Even Toyota isn't perfect. *Business Week*, 22 jan. 2007. p. 54; SOBEK II, D. K; WARD, A. C.; LIKER, J. K. Toyota's principles of setbased concurrent engineering. *Sloan Management Review*, 40(2), 1999. p. 53-83.

158. HAGEDOORN, J.; DYSTERS, G. External sources of innovative capabilities: The preference for strategic alliances or mergers and acquisitions. *Journal of Management Studies*, 39, 2002. p. 167-188; CHEN, H. International performance of multinationals: A hybrid model. *Journal of World Business*, 34, 1999. p. 157-170.

159. GARTEN, J. E. A new threat to America, Inc. *Business Week*, 25 jul. 2005. p. 114; HOSKISSON; KIM; TIHANYI; WHITE. A framework; CHANG, S. J.; HONG, J. How much does the business group matter in Korea? *Strategic Management Journal*, 23, 2002. p. 265-274.

160. SONG, J. Firm capabilities and technology ladders: Sequential foreign direct investments of Japanese electronics firms in East Asia. *Strategic Management Journal*, 23, 2002. p. 191-210.

161. HITT; TIHANYI; MILLER; CONNELLY. International diversification.

162. LU, J. W.; BEAMISH, P. W. International diversification and firm performance: The S-curve hypothesis. *Academy of Management Journal*, 47, 2004. p. 598- 609; RAMIREZ-ALESON, M.; ESPITIA-ESCUER, M. A. The effect of international diversification strategy on the performance of Spanish-based firms during the period 1991-1995. *Management International Review*, 41(3), 2001. p. 291-315; DELIOS, A.; BEAMISH, P. W. Geographic scope, product diversification, and the corporate performance of Japanese firms. *Strategic Management Journal*, 20, 1999. p. 711-727.

163. CHANG, S. C.; WANG, C. F. The effect of product diversification strategies on the relationship between international diversification and firm performance. *Journal of World Business*, 42, 2007. p. 61-77; CHRISTOPHE, S. E.; LEE, H. What matters about internationalization: A market-based assessment. *Journal of Business ResearchStrategy*, 58, 2005. p. 536-543; DOUKAS, J. A.; LANG, L. H. P. Foreign direct investment, diversification and firm performance. *Journal of International Business Studies*, 34, 2003. p. 153-172.

164. GERINGER, J. M.; BEAMISH, P. W.; DA COSTA, R. C. Diversification strategy and internationalization: Implications for MNE performance. *Strategic Management Journal*, 10, 1989. p. 109-119; CAVES, R. E. *Multinational Enterprise and Economic Analysis*, Cambridge: Cambridge University Press, 1982.

165. ZAHRA; IRELAND; HITT. International expansion by new venture firms.

166. HOLCOMB, T. R.; HITT, M. A. Toward a model of strategic outsourcing. *Journal of Operations Management*, 25, 2007. p. 464-481; ANDERSSON, U.; FORSGREN, M.; HOLM, U. The strategic impact of external networks: Subsidiary performance and competence development in the multinational corporation. *Strategic Management Journal*, 23, 2002. p. 979-996; MALNIGHT. Emerging structural patterns.

167. HARRISON, A. E.; MCMILLAN, M. S. Dispelling some myths about off shoring. *Academy of Management Perspectives*, 20(4), 2006. p. 6-22.

168. FARRELL, D. Off shoring: Value creation through economic change. *Journal of Management Studies*, 42, 2005. p. 675-683; DOH, J. P. Off shore outsourcing: Implications for international business and strategic management theory and practice. *Journal of Management Studies*, 42, 2005. p. 695-704.

169. PENNER-HAHN, J.; SHAVER, J. M. Does international research and development increase patent output? An analysis of Japanese pharmaceutical firms. *Strategic Management Journal*, 26, 2005. p. 121-140; HAMEL, G. *Leading the Revolution*, Boston: Harvard Business School Press, 2000.

170. ASAKAWA; LEHRER. Managing local knowledge assets globally; ZANDER, I.; SOLVELL, O. Cross border innovation in the multinational corporation: A research agenda. *International Studies of Management and Organization*, 30(2), 2000. p. 44-67; LUO, Y. Time-based experience and international expansion: The case of an emerging economy. *Journal of Management Studies*, 36, 1999. p. 505-533.

171. TIHANYI, L.; JOHNSON, R. A.; HOSKISSON, R. E.; HITT, M. A. Institutional ownership differences and international diversification: The effects of board of directors and technological opportunity. *Academy of Management Journal*, 46, 2003. p. 195-211.

172. PENNER-HAHN; SHAVER. Does international research increase patent output?

173. AMBOS, B. Foreign direct investment in industrial research and development: A study of German MNCs. *Research Policy*, 34, 2005. p. 395-410; BRADLEY, F; GANNON, M. Does the firm's technology and marketing profile affect foreign market entry? *Journal of International Marketing*, 8(4), 2000. p. 12-36; KOTABE, M. The relationship between off-shore sourcing and innovativeness of U.S. multinational firms: An empirical investigation. *Journal of International Business Studies*, 21, 1990. p. 623-638.

174. MAKINO, S.; BEAMISH, P. W.; ZHAO, N. B. The characteristics and performance of Japanese FDI in less developed and developed countries. *Journal of World Business*, 39(4), 2004. p. 377-392.

175. HITT; TIHANYI; MILLER; CONNELLY. International diversification. p. 854.

176. JANNE, O. E. M. The emergence of corporate integrated innovation systems across regions: The case of the chemical and pharmaceutical industry in Germany, the UK and Belgium. *Journal of International Management*, 8, 2002. p. 97-119; FOSS, N. J.; PEDERSEN, T. Transferring knowledge in MNCs: The role of sources of subsidiary knowledge and organizational context. *Journal of International Management*, 8, 2002. p. 49-67; LIAO, Z. International R&D project evaluation by multinational corporations in the electronics and IT industry of Singapore. *R&D Management*, 31, 2001. p. 299-307; SUBRAMANIAM, M.; VENKATRAMAN, N. Determinants of transnational new product development capability: Testing the influence of transferring and deploying tacit overseas knowledge. *Strategic Management Journal*, 22, 2001. p. 359-378.

177. PAIK, Y. Risk management of strategic alliances and acquisitions between western MNCs and companies in central Europe. *Thunderbird International Business Review*, 47(4), 2005. p. 489-511; DELIOS, A.; HENISZ, W. J. Policy uncertainty and the sequence of entry by Japanese firms, 1980-1998. *Journal of International Business Studies*, 34, 2003. p. 227-241; REEB, D. M.; KWOK, C. C. Y.; BAEK, H. Y. Systematic risk of the multinational corporation. *Journal of International Business Studies*, 29, 1998. p. 263-279.

178. POMPITAKPAN, C. The effects of cultural adaptation on business relationships: Americans selling to Japanese and Thais. *Journal of International Business Studies*, 30, 1999. p. 317-338.

179. Corruption: Strains of sleaze. *Economist*, 11 nov. 2006. p. 69.

180. BATSON, A. In strategic shift, China hits foreign investors with new hurdles. *Wall Street Journal*, 30 ago. 2006. p. A1.

181. FRYNAS, J. G.; MELLAHI, K.; PIGMAN, G. A. First mover advantages in international business and firmspecific political resources. *Strategic Management Journal*, 27, 2006. p. 321-345.

182. VESTRING, T.; ROUSE, T.; REINERT, U. Hedging your off shoring bets. *MIT Sloan Management Review*, 46(3), 2005. p. 26-29; JACQUE, L. L.; VAALER, P. M. The international control conundrum with exchange risk: An EVA framework. *Journal of International Business Studies*, 32, 2001. p. 813-832.

183. ANDREWS, T. G.; CHOMPUSRI, N. Temporal dynamics of crossvergence: Institutionalizing MNC integration strategies in post-crisis ASEAN. *Asia Pacific Journal of Management*, 22(1), 2005. p. 5-22; MUDD, S.; GROSSE, R.; MATHIS, J. Dealing with financial crises in emerging markets. *Thunderbird International Business Review*, 44(3), 2002. p. 399-430.

184. How much worse can it get? *Economist*, 11 nov. 2006. p. 52; Military solutions in the air. *Economist*, 4 nov. 2006. p. 53.

185. INKPEN; RAMASWAMY. *Global Strategy*.

186. ENGARDIO, P.; MILLER, R.; SMITH, G.; BRADY, D.; KRIPALANI, M.; BORRUS, A.; FOUST, D. What's at stake: How terrorism threatens the global economy. *Business Week*, 22 out. 2001. p. 34-37.

187. LI, Y.; LI, L.; LIU, Y.; WANG, L. Linking management control systems with product development and process decisions to cope with environment complexity. *International Journal of Production Research*, 43, 2005. p. 2577-2591; CHILD, J.; CHUNG, L.; DAVIES, H. The performance of cross-border units in China: A test of natural selection, strategic choice and contingency theories. *Journal of International Business Studies*, 34, 2003. p. 242-254; RONDINELLI, D.; ROSEN, B.; DRORI, I. The struggle for strategic alignment in multinational corporations: Managing readjustment during global expansion. *European Management Journal*, 19, 2001. p. 404-405; CARPENTER; FREDRICKSON. Top management teams.

188. CHIU, Y. H. The impact of conglomerate firm diversification on corporate performance: An empirical study in Taiwan. *International Journal of Management*, 19, 2003. p. 231-237; LUO, Y. Market-seeking MNEs in an emerging market How parent-subsidiary links shape overseas success. *Journal of International Business Studies*, 34, 2003. p. 290-309.

189. WAN; HOSKISSON. Home country environments; HITT, M. A.; HOSKISSON, R. E.; KIM, H. International diversification: Effects on innovation and firm performance in product-diversified firms. *Academy of Management Journal*, 40, 1997. p. 767-798; TALLMAN, S.; LI, J. Effects of international diversity and product diversity on the performance of multinational firms. *Academy of Management Journal*, 39, 1996. p. 179-196; M. A. HITT, HOSKISSON, R. E.; IRELAND, R. D. 1994. A midrange theory of the interactive effects of international and product diversification on innovation and performance. *Journal of Management*, 20. p. 297-326; GERINGER; BEAMISH; DA COSTA. Diversification strategy.

190. SHIMONI, B.; BERGMANN, H. Managing in a changing world: From multiculturalism to hybridization — the production of hybrid management cultures in Israel, Thailand, and Mexico. *Academy of Management Perspectives*, 20(3), 2006. p. 76-89; CONTRACTOR, F. J.; KUNDU, S. K.; HSU, C. C. A three-stage theory of international expansion: The link between multinationality and performance in the service sector. *Journal of International Business Studies*, 34(1), 2003. p. 5-19; ROSE, A. K.; VAN WINCOOP, E. National money as

a barrier to international trade: The real case for currency union. *American Economic Review,* 91, 2001. p. 386-390.

191. HITT, M. A.; HOLMES, R. M.; MILLER, T.; SALMADOR, M. P. Modeling country institutional profiles: The dynamics of institutional environments, trabalho apresentado na Strategic Management Society Conference, nov. 2006, Viena, Áustria; BJORKMAN, I.; BARNER-RASMUSSEN, W.; LI, L. Managing knowledge transfer in MNCs: The impact of headquarters control mechanisms. *Journal of International Business Studies,* 35, 2004. p. 443-455.

192. MANEV, I. M.; STEVENSON, W. B. Nationality, cultural distance, and expatriate status: Effects on the managerial network in a multinational enterprise. *Journal of International Business Studies,* 32, 2001. p. 285-303.

193. BARR, P. S.; GLYNN, M. A. Cultural variations in strategic issue interpretation: Relating cultural uncertainty avoidance to controllability in discriminating threat and opportunity. *Strategic Management Journal,* 25, 2004. p. 59-67; THOMAS, D. E.; GROSSE, R. Country of origin determinants of foreign direct investment in an emerging market: The case of Mexico. *Journal of International Management,* 7, 2001. p. 59-79.

194. HENISZ, W. J.; ZELNER, B. A. Legitimacy, interest group pressures and change in emergent institutions, the case of foreign investors and host country governments. *Academy of Management Review,* 30, 2005. p. 361-382; FEENEY, J.; HILLMAN, A. Privatization and the political economy of strategic trade policy. *International Economic Review,* 42, 2001. p. 535-556; VERNON, R. Big business and national governments: Reshaping the compact in a globalizing economy. *Journal of International Business Studies,* 32, 2001. p. 509-518; SHAFFER, B.; HILLMAN, A. J. The development of business-government strategies by diversified firms. *Strategic Management Journal,* 21, 2000. p. 175-190.

195. SHIROUZU, N. Mean but lean, Toyota seeks outside help. *Wall Street Journal,* 4 jul. 2005. p. B4.

196. LU, J. W.; BEAMISH, P. W. Network development and firm performance: A field study of internationalizing Japanese firms. *Multinational Business Review,* 12(3), 2004. p. 41-61; BARRINGER, B.; HARRISON, J. Walking the tightrope: Creating value through interorganizational relationships. *Journal of Management,* 26, 2000. p. 367-404.

197. CHANG, S. J.; PARK, S. Types of firms generating network externalities and MNCs' co-location decisions. *Strategic Management Journal,* 26, 2005. p. 595-616.

198. ELENKOV, D. S.; JUDGE, W.; WRIGHT, P. Strategic leadership and executive innovation influence: An international multi-cluster comparative study. *Strategic Management Journal,* 26, 2005. p. 665-682; CARPENTER, M.; FREDRICKSON, J. Top management teams, global strategic posture, and the moderating role of uncertainty. *Academy of Management Journal,* 44, 2001. p. 533-545; FINKELSTEIN, S.; HAMBRICK, D. C. *Strategic Leadership: Top Executives and Their Effects on Organizations,* St. Paul: West Publishing Co., 1996.

199. KRISHNAN, H. A.; PARK, D. Power in acquired top management teams and post-acquisition performance: A conceptual framework. *International Journal of Management,* 20, 2003. p. 75-80.

200. HITT; HOSKISSON; KIM. International diversification.

PARTE 4
MONITORAMENTO E CRIAÇÃO DE OPORTUNIDADES EMPRESARIAIS

Capítulo 11
Governança corporativa

Capítulo 12
Empreendedorismo estratégico

Capítulo 13
Flexibilidade estratégica e análise das opções reais

Capítulo 11
Governança corporativa

Objetivos de aprendizagem

O estudo deste capítulo deve proporcionar-lhe o conhecimento de administração estratégica necessário para:

1. Definir governança corporativa e explicar por que é adotada para monitorar e controlar as decisões estratégicas dos gerentes.
2. Explicar como o controle acionário passou a diferenciar-se do controle gerencial na corporação moderna.
3. Definir um relacionamento envolvendo contratação gerencial e um oportunismo gerencial e descrever suas implicações estratégicas.
4. Explicar como três mecanismos de governança internos — concentração do controle acionário, conselho de administração e remuneração do alto escalão — são usados para monitorar e controlar as decisões gerenciais.
5. Discutir as tendências entre os três tipos de remuneração que os executivos recebem e seus efeitos sobre as decisões estratégicas.
6. Descrever como o mecanismo de governança corporativa externo — o mercado para o controle corporativo — age como moderador das decisões estratégicas dos executivos de primeira linha.
7. Discutir o uso da governança corporativa em contextos internacionais, particularmente na Alemanha e no Japão.
8. Descrever como a governança corporativa incentiva decisões estratégicas éticas e a importância desses comportamentos por parte dos executivos de alto nível.

A governança corporativa é uma parte cada vez mais importante do processo de administração estratégica.[1] Se o conselho de administração tomar a decisão errada em relação à remuneração do principal líder estratégico da empresa, o CEO, toda a empresa é afetada, bem como seus acionistas. A remuneração é usada para motivar os CEOs a agirem de acordo com os melhores interesses da empresa, em particular aqueles dos acionistas. Quando o CEO atua desse modo, o valor da empresa deve aumentar.

Quanto valem as iniciativas de um CEO? O montante da remuneração paga aos CEOs indica que sua atuação possui um valor considerável nos Estados Unidos. Embora alguns críticos argumentem que os CEOs americanos ganhem muito,[2] os aumentos consideráveis de sua remuneração em anos recentes resultaram da vinculação do valor recebido com o desempenho de suas empresas e, até recentemente, as empresas dos EUA desempenhavam melhor do que muitas empresas em outros países. As pesquisas indicam que os CEOs obtêm remuneração excessiva quando a governança corporativa for a mais fraca.[3] Acontecimentos no início do século XXI sugerem que o uso da opção de compras de ações em particular pode ter sido exagerado por alguns conselhos devido ao montante excessivo de opções oferecido aos CEOs e a uma tendência de atribuir-lhes um novo preço em um nível menor sempre que o preço da ação diminuir.[4] Além da atribuição de um novo preço, algumas equipes de altos executivos participavam de uma prática ilegal denominada data retroativa da opção que envolve a falsificação da data em que uma opção é concedida para assegurar que os executivos sejam capazes de exercer suas opções a preços atrativos.[5]

Governança corporativa é o conjunto de mecanismos adotados para gerenciar as relações entre os *stakeholders* e para determinar e controlar a orientação estratégica e o desempenho das organizações.[6] A governança corporativa preocupa-se, em seu núcleo, em assegurar que as decisões estratégicas sejam tomadas de maneira satisfatória.[7] A governança também pode ser considerada um meio que as corporações utilizam para o estabelecimento de boas relações entre as partes (como a relação entre os proprietários e os do primeiro escalão (altos executivos da empresa) cujos interesses podem estar em conflito. Portanto, a governança corporativa reflete e impõe os valores da companhia.[8] Nas corporações modernas — especialmente aquelas nos Estados Unidos e no Reino Unido —, um objetivo fundamental da governança corporativa consiste em assegurar que os interesses dos executivos do primeiro escalão estejam alinhados com os dos acionistas. A governança corporativa envolve a supervisão de áreas nas quais proprietários, gerentes e membros do conselho de administração podem ter conflitos de interesse. Essas áreas incluem a eleição de conselheiros, a supervisão geral da remuneração do CEO e uma supervisão mais atenta da remuneração dos conselheiros, e a orientação geral da estrutura e da estratégia da corporação.[9] A principal meta consiste em assegurar que a empresa desempenhe bem e crie valor para os acionistas.

A governança corporativa vem sendo enfatizada nos últimos anos porque ocasionalmente os mecanismos de governança corporativa falham no monitoramento e controle adequados das decisões dos altos executivos, conforme evidenciado pelos escândalos ocorridos na Enron e na WorldCom. Essa situação resultou em alterações nos mecanismos de governança em corporações ao redor do globo, especialmente com relação ao empenho direcionado à melhoria do desempenho dos conselhos de administração.[10] Essas mudanças muitas vezes causam confusão a respeito do papel apropriado do conselho. De acordo com um observador, "dependendo da companhia, obtém-se perspectivas muito diferentes: alguns conselhos se contentam em verificar se a regulamentação está sendo cumprida, ao passo que outros consideram alterar o modo fundamental pelo qual governam e alguns outros se preocupam em microgerenciar o CEO e seus subordinados. Está ocorrendo um volume razoável de turbulência e um exame detalhado das motivações coletivas".[11] Uma segunda e mais positiva razão para esse interesse é o fato de existirem provas de que uma governança corporativa e um sistema de controle que atuem bem podem criar uma vantagem competitiva para a empresa.[12] Por exemplo, um mecanismo de governança — o conselho de administração — foi considerado como estando evoluindo rapidamente para se tornar uma força estratégica importante nas empresas americanas.[13] Portanto, neste capítulo descrevemos as ações efetivadas para implementar estratégias que focam mecanismos de monitoramento e controle, os quais podem ajudar a assegurar que as ações dos altos executivos do primeiro escalão contribuam para a capacidade da empresa de criar valor e gerar retornos acima da média.

A governança corporativa eficaz também é de interesse para os países.[14] Conforme expresso por um estudioso do tema, "todo país deseja que as empresas que operam dentro de suas fronteiras floresçam e cresçam de modo a proporcionar emprego, riqueza e satisfação, não apenas para melhorar o padrão de vida material, mas também para aumentar a coesão social. Essas aspirações não podem ser concretizadas a não ser que essas empresas sejam competitivas internacionalmente de um modo sustentado e é essa perspectiva de médio e longo prazos que torna tão vital a boa governança corporativa".[15]

A governança corporativa reflete portanto os padrões da companhia, os quais, por sua vez, refletem coletivamente os padrões sociais.[16] Em muitas corporações, os acionistas atribuem responsabilidade aos altos executivos pelas decisões que tomam e pelos resultados gerados. De modo análogo a essas empresas e a seus conselhos, as nações que governam bem suas corporações podem obter uma vantagem competitiva em relação a países rivais. Em diversos países, porém especialmente nos Estados Unidos e no Reino Unido, a meta fundamental das organizações empresariais consiste em maximizar o valor do acionista.[17] Tradicionalmente os acionistas são tratados como o principal *stakeholder* da empresa porque são os proprietários legais da companhia. Os proprietários da empresa esperam que os executivos do alto escalão e outras pessoas que influenciam as iniciativas da corporação (por exemplo: os membros do conselho de administração) tomem decisões que resultarão na maximização do valor da companhia e, portanto, da riqueza dos acionistas.[18]

Na primeira seção deste capítulo, descrevemos o relacionamento que proporciona o alicerce sobre o qual se constrói a corporação: aquele entre proprietários e executivos. A maior parte desse capítulo é empregada para explicar os vários mecanismos que os proprietários usam para supervisionar os executivos e assegurar que eles cumpram sua responsabilidade de maximização do valor do acionista.

A corporação moderna adota três mecanismos de governança internos e um único externo (Quadro 11.1). Os três mecanismos de governança internos que descrevemos neste capítulo são: (1) a concentração do controle acionário, conforme representada pelos tipos de acionistas e seus diferentes incentivos para monitorar os executivos, (2) o conselho de administração e (3) a remuneração dos executivos do alto escalão. Analisamos em seguida o mecanismo de governança corporativa externo: o mercado para o controle corporativo. Esse mercado, essencialmente, é um conjunto de proprietários potenciais interessados em adquirir empresas subvalorizadas e obter retornos acima da média de seus investimentos substituindo equipes ineficazes da alta administração.[19] O foco do capítulo desloca-se em seguida para o tema da governança corporativa internacional. Descrevemos brevemente os métodos de governança corporativa adotados nas empresas alemãs e japonesas nas quais as estruturas de governança tradicionais estão sendo afetadas pela concorrência global. Essa discussão indica, em parte, a possibilidade de que as estruturas adotadas para supervisionar as companhias globais em diversos países, incluindo Alemanha, Japão, Reino Unido e Estados Unidos, estão se tornando mais similares, e não o oposto. Nossa análise da governança corporativa encerra-se com um exame da necessidade que esses mecanismos de controle têm de incentivar e apoiar o comportamento ético nas organizações.

Os mecanismos discutidos neste capítulo conseguem influenciar positivamente, de acordo com critérios importantes, a governança da corporação, que atribuem responsabilidade e autoridade significativas aos executivos da alta administração. Os dirigentes mais eficazes compreendem sua responsabilidade pelo desempenho da empresa e respondem positivamente aos mecanismos de governança corporativa.[20] Além disso, os proprietários da empresa não devem ter a expectativa de que um determinado mecanismo permaneça eficaz ao longo do tempo. O uso de diversos mecanismos permite que os proprietários supervisionem a corporação de um modo que maximize a criação de valor e aumente o valor financeiro de sua empresa.[21] No entanto, ocorrendo diversos mecanismos de governança simultaneamente, também é possível que alguns dos mecanismos entrem em conflito.[22] Analisamos posteriormente como esses conflitos podem ocorrer.

Quadro 11.1: Mecanismos de governança corporativa

MECANISMOS DE GOVERNANÇA INTERNOS

Concentração do controle acionário

- Volumes relativos de ações detidas por acionistas individuais e investidores institucionais

Conselho de administração

- Pessoas responsáveis por representar os proprietários da empresa; atuam monitorando as decisões estratégicas dos altos executivos

Remuneração dos executivos do alto escalão

- Uso de salário, bônus e incentivos em longo prazo para alinhar as decisões dos executivos aos interesses dos acionistas

MECANISMO DE GOVERNANÇA EXTERNO

Mercado para o controle corporativo

- A aquisição de uma companhia que apresenta desempenho inferior em relação aos rivais no setor a fim de aumentar a competitividade estratégica da empresa

---

Separação entre controle acionário e gerenciamento

Historicamente os fundadores-proprietários e seus descendentes dirigiram as empresas dos EUA. Nesses casos, a propriedade e a administração corporativas residiam nas mesmas pessoas. À medida que as empresas cresciam, "a revolução gerencial resultava em uma separação entre controle acionário e gerenciamento na maioria das grandes corporações, nas quais a administração das empresas passou dos empreendedores para os executivos profissionais porque a propriedade tornou-se dispersa entre milhares de acionistas não organizados que se encontravam afastados do gerenciamento diário da empresa".[23] Essas mudanças criaram a empresa de capital aberto moderna baseada na separação eficiente entre controle acionário e gerenciamento. Para justificar a separação, existe uma premissa legal básica indicando que o objetivo fundamental das atividades de uma empresa consiste em aumentar o lucro da corporação e, portanto, os ganhos financeiros dos proprietários (os acionistas).[24]

A separação entre controle acionário e gerenciamento permite que os acionistas comprem ações, o que lhes atribui direito ao lucro (retorno residual) das operações da empresa após o pagamento das despesas. Esse direito, entretanto, exige que eles também assumam o risco de que as despesas da empresa não excederão suas receitas. Os acionistas, para lidarem com esse risco do investimento, mantêm um portfólio diversificado, investindo em diversas companhias a fim de reduzir seu risco geral.[25] O risco dos acionistas diminui à medida que diversificam seus investimentos por diversas corporações. O desempenho ruim ou a falência de qualquer uma das empresas nas quais investem exerce um menor efeito geral. Portanto, os acionistas especializaram-se no gerenciamento de seu risco de investimentos.

Nas pequenas empresas, os gerentes muitas vezes são proprietários com grande participação no capital, portanto existe menos separação entre controle acionário e gerenciamento. Na realidade, o controle acionário e o gerenciamento não são esferas distintas em um grande número de empresas familiares. Nos Estados Unidos, pelo menos um terço das 500 principais empresas relacionadas pela Standard & Poor's apresenta participação familiar substancial, possuindo em média cerca de 18% das ações emitidas. Além disso, as empresas familiares desempenham melhor quando um membro da família é o CEO do que quando o CEO não possui vínculos familiares.[26] Em muitos países, como os latino-americanos, asiáticos e europeus, as empresas controladas por famílias representam a forma dominante de organização empresarial.[27] A principal finalidade da maior parte dessas empresas consiste em ampliar a riqueza da família, o que explica por que um CEO com vínculo familiar muitas vezes é melhor do que um CEO sem essa relação.[28] Existem pelo menos dois temas importantes para as empresas familiares à medida que crescem. Primeiro, proprietários-gerentes podem não possuir todas as aptidões necessárias para o gerenciamento eficaz da empresa em crescimento e maximizar seus retornos para a família. Portanto, podem precisar de pessoas de fora para ajudar a melhorar o gerenciamento da empresa. Segundo, podem precisar atrair capital no mercado e, portanto, abrir mão de uma parte do controle acionário. Nesses casos, torna-se importante a proteção dos direitos dos acionistas minoritários.[29] Para evitar esses problemas potenciais, quando essas empresas crescem e se tornam mais complexas seus proprietários-gerentes podem contratar especialistas em administração. Esses gerentes supervisionam a tomada de decisões na empresa do proprietário e são remunerados com base em suas aptidões para a tomada de decisões e nos resultados dessas decisões. Os gerentes, na condição de especialistas em tomada de decisões, atuam como agentes dos proprietários da empresa e tem-se a expectativa de que suas aptidões para as tomadas de decisão operem a empresa dos proprietários de uma maneira que maximizará o retorno do investimento dos controladores.[30]

Sem a especialização do proprietário (acionista) para lidar com o risco e a especialização dos executivos para a tomada de decisões, uma empresa provavelmente estaria limitada pela capacidade de seus proprietários para o gerenciamento e a tomada de decisões estratégicas eficazes.

Portanto, a separação e a especialização da propriedade (aceitação de riscos) e a atuação gerencial (tomada de decisões) devem gerar retornos mais elevados para os proprietários da empresa.

Contratação gerencial

A separação entre proprietários e gerentes cria uma relação de contratação gerencial. Uma contratação gerencial ocorre quando uma ou mais pessoas (o contratante ou os contratantes) contrata(m) uma ou mais pessoas (o agente ou os agentes) como especialista(s) em tomada de decisão para executar(em) uma função.[31] Portanto, ocorre uma contratação gerencial quando uma parte delega as responsabilidades pela tomada de decisão a uma outra parte, a qual é remunerada (Figura 11.1).[32] Além dos acionistas e executivos do primeiro escalão, outros exemplos de contratos gerenciais são aqueles que envolvem consultores e clientes, e segurados e seguradora. Além disso, no âmbito das organizações, uma contratação gerencial existe entre gerentes e seus empregados, bem como entre os executivos do alto escalão e os proprietários da empresa.[33] Na corporação moderna, os gerentes precisam entender os elos existentes entre esses relacionamentos e a eficácia da empresa.[34] Embora uma relação de contratação gerencial entre gerentes e seus empregados seja importante, neste capítulo focamos a relação de contratação gerencial entre os proprietários da empresa (os contratantes) e os executivos graduados (os agentes dos contratantes) porque essa relação refere-se diretamente à maneira como as estratégias da empresa são implementadas.

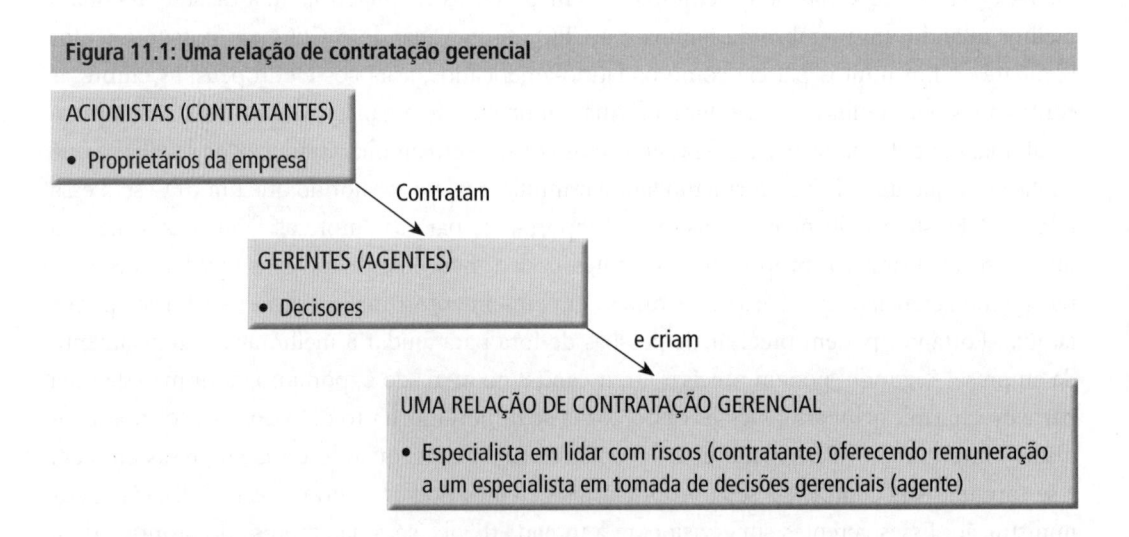

Figura 11.1: Uma relação de contratação gerencial

ACIONISTAS (CONTRATANTES)
- Proprietários da empresa

Contratam

GERENTES (AGENTES)
- Decisores

e criam

UMA RELAÇÃO DE CONTRATAÇÃO GERENCIAL
- Especialista em lidar com riscos (contratante) oferecendo remuneração a um especialista em tomada de decisões gerenciais (agente)

A separação entre controle acionário e gerenciamento pode ser problemática. As constatações obtidas por meio de pesquisas documentam uma variedade de problemas relacionados à contratação gerencial na corporação moderna.[35] Podem surgir problemas porque o contratante e o gerente possuem interesses e metas diferentes ou porque os acionistas não exercem controle direto sobre empresas de capital aberto de grande porte. Os problemas também aparecem quando um agente toma decisões que resultam no cumprimento de metas que estão em conflito com aquelas dos contratantes. Desse modo, a separação entre controle acionário e gerenciamento permite o surgimento potencial de interesses divergentes (entre contratantes e agentes), o que pode conduzir ao oportunismo gerencial.

Oportunismo gerencial é a busca pela satisfação do interesse próprio por meio de astúcia (isto é, dissimulação ou fraude).[36] O oportunismo é simultaneamente uma atitude (por exemplo, uma propensão) e um conjunto de comportamentos (isto é, atos específicos de interesse próprio).[37] Não é possível que os contratantes saibam antecipadamente que os agentes agirão ou não de modo oportunista. A reputação dos altos executivos constitui um previsor imperfeito e o comportamento oportunista normalmente torna-se conhecido após ter ocorrido. Portanto, os contratantes estabelecem mecanismos de governança e controle para impedir que os agentes atuem de modo oportunista, muito embora somente poucos tenham probabilidade de agir dessa forma.[38] Surge a oportunidade para conflito sempre que os contratantes delegam aos agentes a responsabilidade pela tomada de decisões. Os executivos da alta administração, por exemplo, podem tomar decisões estratégicas que maximizem seu bem-estar pessoal e minimizem seu risco pessoal.[39] Decisões como essas impedem a maximização da riqueza do acionista. As decisões relativas à diversificação dos produtos demonstram essas possibilidades.

Diversificação do produto como exemplo de um problema de contratação gerencial

Conforme explicado no Capítulo 8, uma estratégia em nível corporativo para a diversificação das linhas de produtos da empresa pode aumentar a criação de valor de uma empresa e aumentar seus retornos, ambos atendendo aos interesses dos acionistas e dos principais executivos. No entanto, a diversificação dos produtos pode resultar em dois benefícios para os dirigentes que não se aplicam aos acionistas, e, portanto, os executivos de primeiro escalão podem dar mais preferência à diversificação dos produtos do que os acionistas.[40] Primeiro, a diversificação normalmente aumenta o tamanho de uma empresa, o qual possui uma correlação positiva com a remuneração dos executivos. A diversificação também aumenta a complexidade da administração de uma empresa e de sua rede de unidades de negócio e, portanto, pode exigir remuneração maior devido a essa complexidade.[41] Desse modo, uma maior diversificação dos produtos oferece uma oportunidade para os altos executivos aumentarem sua remuneração.[42]

Segundo, a diversificação dos produtos e a diversificação resultante do conjunto de negócios da empresa conseguem reduzir o risco de os executivos do primeiro escalão perderem seus cargos.[43] Esse risco inclui a possibilidade da perda de emprego, remuneração ou reputação.[44] Esse risco torna-se menor em função de uma maior diversificação porque uma empresa e seus executivos do primeiro escalão são menos vulneráveis à diminuição da demanda associada a um único ou a um número limitado de linhas de produtos ou de unidades de negócio.

Outra preocupação que pode representar um problema de contratação gerencial são os fluxos de caixa livres sobre os quais os altos executivos exercem controle. Fluxos de caixa livres são os recursos remanescentes após a empresa ter investido em todos os projetos que possuem valor presente líquido positivo em suas atuais unidades de negócio.[45] Os dirigentes, prevendo retornos positivos, podem decidir investir esses fundos em produtos que não estão associados às atuais linhas de negócio da empresa a fim de aumentar o nível de diversificação da empresa. A decisão executiva de usar os fluxos de caixa livres para a diversificação excessiva da empresa constitui um exemplo de comportamento gerencial em benefício próprio e oportunista. Os acionistas, por exemplo, podem preferir que os fluxos de caixa livres lhes sejam distribuídos na forma de dividendos para que possam controlar como o caixa é investido.[46]

A curva S na Figura 11.2 mostra o nível de diversificação mais adequado para os acionistas. Os proprietários almejam o nível de diversificação que diminua o risco de falência da empresa e que aumente simultaneamente o valor da companhia por meio do desenvolvimento de economias de escala e de esfera de ação (Capítulo 8). Das quatro estratégias de diversificação em nível corporativo indicadas na Figura 11.2, os acionistas provavelmente preferem a posição diversificada representada pelo ponto A na curva S — uma posição que se encontra localizada entre a principal atividade e as estratégias de diversificação relacionadas e limitadas. Evidentemente, o nível de diversificação mais adequado que os proprietários almejam varia em função da empresa.[47] Os fatores que afetam as preferências dos acionistas incluem o principal setor da empresa, a intensidade da rivalidade entre concorrentes nesse setor e a experiência da equipe da alta administração com implementação de estratégias de diversificação.

Os executivos do alto escalão — na condição de agentes — também almejam um nível de diversificação mais adequado. O desempenho em queda resultante de um excesso de diversificação de produtos aumenta a probabilidade de o controle corporativo da empresa vir a ser adquirido no mercado. Após uma empresa ser adquirida, o risco de os dirigentes perderem o cargo aumenta substancialmente. Além disso, as oportunidades de emprego no mercado de trabalho executivo externo (tema discutido no Capítulo 2) são afetadas negativamente pelo desempenho ruim de uma empresa. Portanto, os altos executivos preferem a diversificação, porém não a um ponto em que aumente seu risco de ser destituído do cargo e de reduzir suas oportunidades de emprego.[48] A curva M na Figura 11.2 mostra que os executivos preferem níveis mais elevados de diversificação do produto em comparação com os acionistas. Os executivos do primeiro escalão poderiam preferir o nível de diversificação indicado pelo ponto B na curva M.

Os acionistas em geral preferem estratégias mais arriscadas e diversificação mais concentrada. Eles reduzem seus riscos mantendo um portfólio diversificado formado por investimentos no capital de diversas empresas. De modo alternativo, os executivos obviamente não conseguem equilibrar seu risco de perda da função empenhando-se por um conjunto diversificado de empresas. Portanto, os executivos do alto escalão podem preferir um nível de diversificação que maximize o tamanho da empresa e sua remuneração e, portanto, diminua o risco de demissão. A diversificação do produto é, portanto, um problema potencial de contratação gerencial cujo resultado poderia ser os contratantes incorrerem em custos para controlar o comportamento de seus agentes.

Custos da contratação gerencial e mecanismos de governança

O conflito potencial ilustrado pela Figura 11.2, somado ao fato de os contratantes não saberem que executivos poderiam atuar de modo oportunista, demonstra por que os contratantes estabelecem mecanismos de governança. Esses mecanismos, entretanto, geram custos. Custos de contratação gerencial são a soma dos custos de incentivo, dos custos de fiscalização e as perdas financeiras e individuais incorridas pelos contratantes, porque os mecanismos de governança não conseguem garantir observância pelo agente. Se uma empresa é diversificada, os custos de governança aumentam por ser mais difícil monitorar as ações no interior da empresa.[49]

Figura 11.2: Risco e diversificação para o executivo e o acionista

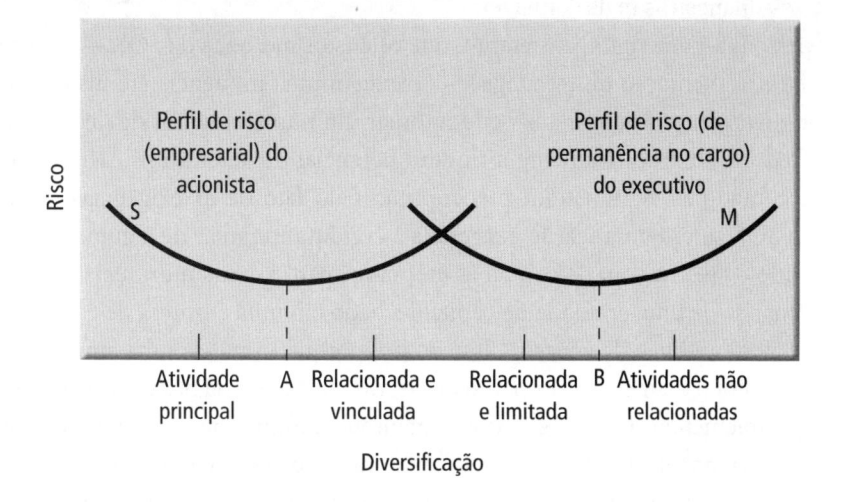

[Figura: gráfico com eixo vertical "Risco" e eixo horizontal "Diversificação". Duas curvas em U: uma rotulada "Perfil de risco (empresarial) do acionista" com ponto S, outra rotulada "Perfil de risco (de permanência no cargo) do executivo" com ponto M. Eixo horizontal: Atividade principal | A Relacionada e vinculada | Relacionada e limitada | B Atividades não relacionadas]

Em geral, os interesses dos executivos apresentam maior probabilidade de prevalecer quando os mecanismos de governança são fracos porque os dirigentes possuem grande autonomia para tomar decisões estratégicas. Se, no entanto, o conselho de administração não permitir muita autonomia aos executivos ou se outros mecanismos de governança eficazes forem utilizados, as estratégias da empresa devem refletir melhor os interesses dos acionistas. Mais recentemente, observadores da governança têm se preocupado com um comportamento mais flagrante que vai muito além de simplesmente adotar uma estratégia em nível corporativo subótima. Devido ao comportamento fraudulento, como o que ocorreu nos casos Enron e WorldCom, tem aumentado a preocupação a respeito da governança corporativa. Ficou evidente, em particular, que o auditor externo nesses casos, a Arthur Andersen, foi cooptado para concordar com comportamento fraudulento a respeito da precisão dos demonstrativos financeiros devido a seu grande volume de negócios de consultoria com esses dois clientes. Em 2002, o Congresso dos EUA aprovou a Lei Sarbanes-Oxley (SOX), que ampliou os poderes regulatórios da Securities and Exchange Commission (SEC) relativos aos procedimentos de governança corporativa. A SOX faz novas exigências para assegurar a independência dos auditores, impõe restrições às empresas que prestam serviços contábeis para o exercício de atividades de auditoria ou de consultoria, cria regras que exigem a criação e a divulgação de controles financeiros eficazes, exige que os registros da empresa sejam mantidos por pelo menos cinco anos e requer que os demonstrativos financeiros sejam certificados pessoalmente pelo CEO e pelo diretor financeiro de uma empresa.[50]

As pesquisas indicam que uma aplicação mais intensiva dos mecanismos de governança pode gerar mudanças significativas nas estratégias. William Donaldson, ex-presidente do Conselho da SEC, argumentou que o desaparecimento da confiança do investidor após o escândalo Enron e os de outras empresas indica que a América corporativa precisa de maior governança para que a continuidade dos investimentos no mercado de ações facilite o crescimento. "Os custos em curto prazo da observância dos dispositivos legais e regulamentares", afirmou Donaldson, "particularmente o empenho para melhorar o controle interno e a governança corporativa relativos aos demonstrativos financeiros, devem ser vistos como um investimento. Em longo prazo, as reformas instituídas pela SOX resultaram em práticas corporativas mais seguras e em demonstrativos financeiros mais confiáveis."[51]

Outras pessoas argumentam, entretanto, que os custos indiretos da SOX — os efeitos sobre formulação e implementação de estratégias — exercem uma influência até maior,[52] isto é, devido a maior governança, as empresas podem tomar um número menor de decisões arriscadas e, portanto, reduzir significativamente a riqueza potencial do acionista.[53] Além disso, "alguns executivos e contadores demonstram preocupação pelo fato de as exigências de divulgação impostas pela SOX serem uma reação exagerada à conduta irregular de algumas companhias e estão impedindo o crescimento de pequenas empresas, particularmente aquelas que considerariam transformar-se de uma entidade de capital fechado em uma empresa de capital aberto por meio de uma oferta pública de ações".[54] Isso ocorre porque tornar-se uma empresa com ações negociadas em bolsa requer o cumprimento das novas exigências da SOX, o que pode ser muito oneroso para implementar. Um observador comentou: "Muitos conselhos têm sido atentos no desempenho de seu papel supervisor em relação ao valor corporativo. No entanto, CEOs e conselheiros têm se distanciado de temas estratégicos mais importantes a fim de atender aos prazos para a obediência detalhada dos dispositivos da Lei Sarbanes-Oxley. Os conselhos precisam concentrar-se novamente em três processos estratégicos importantes: planejamento estratégico, avaliação do risco e renovação, que inclui o planejamento da sucessão".[55] Como esse debate demonstra, os efeitos da SOX a um prazo mais longo ainda não foram determinados.

Voltamos em seguida nossa atenção para os efeitos dos diversos mecanismos de governança sobre as decisões que os executivos tomam e para o uso das estratégias da empresa.

Concentração do controle acionário

A concentração do controle acionário é definida pelo número de acionistas que possuem grandes blocos de ações e pela porcentagem total de ações que detêm. Acionistas que possuem grandes blocos de ações normalmente controlam ao menos 5% das ações emitidas de uma corporação. A concentração do controle acionário como mecanismo de governança tem sido alvo de muito interesse porque os acionistas que possuem grandes blocos de ações exigem cada vez mais que as corporações adotem mecanismos de governança eficazes para supervisionar as decisões dos executivos.[56]

Em geral, o controle acionário difuso (um grande número de acionistas com poucos, ou nenhum, acionistas possuidores de grandes blocos de ações) gera um monitoramento inadequado das decisões dos executivos. O controle acionário difuso torna difícil aos proprietários coordenarem bem as ações dos executivos. A diversificação das linhas de produto da empresa além do limite adequado para os acionistas pode acarretar um monitoramento inadequado das ações dos executivos. Níveis mais elevados de monitoramento poderiam incentivar os executivos a evitar decisões estratégicas que não aumentem o valor do acionista. Na realidade, constatações feitas por meio de pesquisas mostram que a concentração do controle acionário encontra-se associada a níveis menores de diversificação dos produtos da empresa.[57] Portanto, com graus elevados de concentração do controle acionário existe maior probabilidade de que as decisões estratégicas dos executivos aumentarão o valor do acionista.

Conforme observado, essa concentração do controle acionário influencia as estratégias e o valor da empresa. É interessante observar que pesquisas realizadas na Espanha indicaram uma relação curvilínea entre a concentração dos acionistas e o valor da empresa. Em níveis moderados de concentração do controle acionário, o valor da empresa aumentava; em níveis elevados de concentração, o valor da empresa diminuía para os acionistas, especialmente os minoritários.[58] Quando grandes acionistas possuem um grau elevado de riqueza, detêm poder em relação aos acionistas minoritários no que concerne à obtenção de riqueza da empresa, especialmente quando ocupam posições executivas. Nos Estados Unidos, a importância dos conselhos de administração para atenuar a diminuição do valor dos acionistas minoritários provou ser relacionada a uma grande concentração acionária familiar, onde os proprietários membros da família possuem incentivos para apropriar-se da riqueza do acionista.[59] Tal diminuição ocorre muitas vezes em países como a Coreia onde os direitos dos acionistas minoritários não são tão protegidos como nos Estados Unidos.[60] No entanto, nos Estados Unidos, grande parte dessa concentração originou-se de uma participação acionária cada vez maior por parte de investidores institucionais.

Acionistas institucionais

Uma obra clássica publicada na década de 1930 argumentou que a corporação "moderna" havia se tornado caracterizada por uma separação entre controle acionário e gerenciamento.[61] Essa mudança ocorreu principalmente porque o crescimento impediu que os fundadores proprietários mantivessem uma posição dupla em suas companhias cada vez mais complexas. Outra mudança ocorreu mais recentemente: o controle acionário de muitas corporações modernas concentra-se atualmente nas mãos de investidores institucionais em vez de acionistas individuais.[62]

Acionistas institucionais são instituições financeiras como os fundos mútuos de ações e os fundos de pensão que controlam grandes blocos de ações. Em virtude de suas posições de destaque na participação acionária, os acionistas institucionais, como detentores de grandes blocos de ações, representam um mecanismo de governança poderoso. Instituições desse tipo detêm atualmente mais de 50% das ações nas grandes corporações nos EUA e, nas 1.000 principais corporações, possuem em média 56% das ações. Os fundos de pensão, isoladamente, controlam pelo menos 50% do patrimônio líquido das corporações.[63]

Essas porcentagens de participação acionária indicam que os acionistas institucionais, como investidores, possuem a dimensão e o incentivo para disciplinar executivos do alto escalão ineficazes e conseguem influenciar significativamente a escolha das estratégias e as decisões estratégicas gerais da empresa.[64] As pesquisas demonstram que os acionistas institucionais e os outros detentores de grandes blocos de ações estão se tornando mais atuantes em seu empenho para influenciar as decisões estratégicas da corporação. Inicialmente esses acionistas ativos e os investidores institucionais concentraram-se no desempenho e nas responsabilidades dos CEOs e contribuíram para a demissão de alguns deles. Atualmente possuem como alvo aquilo que consideram ser conselhos de administração ineficazes.[65]

Por exemplo, o sistema de aposentadoria dos funcionários públicos da Califórnia (CalPERS, na sigla em inglês) proporciona aposentadoria e seguro-saúde para aproximadamente 1,5 milhão de funcionários públicos em atividade ou aposentados.[66] Sendo um dos maiores fundos de pensão de funcionários públicos nos Estados Unidos, o CalPERS atua agressivamente para promover decisões e ações que em seu julgamento aumentarão o valor do acionista nas companhias em que investe. De acordo com o CalPERS, "os acionistas possuem coletivamente o poder para direcionar o rumo das corporações. O impacto potencial desse poder é avassalador. A riqueza econômica pode ser criada ou destruída por meio da atuação dos acionistas. Na visão do CalPERS, a responsabilidade resultante desse poder precisa ser exercida de modo responsável".[67] O CalPERS possui iniciativas bem-estruturadas para exercer influência sobre a governança corporativa em determinadas companhias e para comunicar-se com outros investidores. Uma de suas iniciativas inclui um programa de remuneração dos executivos elaborado especificamente para "elevar o nível de responsabilidade de Conselhos e Comitês de Remuneração perante os acionistas, aperfeiçoar a divulgação dos métodos de remuneração e desenvolver um alinhamento mais próximo entre remuneração e desempenho do mercado".[68] O maior investidor institucional, Teachers Insurance and Annuity Association – College Retirement Equities Fund (TIAA–CREF), tomou iniciativas similares àquelas do CalPERS, porém com um posicionamento menos agressivo publicamente. Até o presente, as pesquisas indicam que a postura ativa dessas instituições pode não afetar diretamente o desempenho da empresa, porém pode exercer influência indireta por meio de seus efeitos em decisões estratégicas importantes, como aquelas relacionadas à inovação.[69]

Ativismo dos acionistas

A SEC emitiu diversas instruções que apoiam o envolvimento do acionista e o controle das decisões dos executivos. Por exemplo, a SEC atenuou sua diretriz relativa às comunicações entre acionistas. Historicamente os acionistas podiam comunicar-se somente por meio de um processo documental burocratizado e oneroso. Agora, mediante uma simples notificação à SEC de uma reunião prevista para acontecer, os acionistas podem reunir-se para discutir a orientação estratégica de uma corporação. Eles podem votar como um bloco caso exista um consenso sobre um tema.[70]

O ativismo dos acionistas tem aumentado consideravelmente nos últimos anos. Tende a ser conduzido por um acionista dissidente detentor de uma grande participação na empresa, como um investidor institucional, ou por uma empresa "ativista" especializada na seleção de alvos que julga estarem sendo gerenciados abaixo de seu potencial, possuindo vulnerabilidades de governança que aumentam a probabilidade de que as iniciativas do acionista resultarão em mudanças positivas (como a capacidade para convocar reuniões especiais ou para agir mediante consentimento por escrito).[71] As empresas ativistas adquirem participações acionárias significativas e permitem a comunicação com outros investidores para determinar seus níveis de interesse na concretização de iniciativas. Os tipos de iniciativas incluem ameaçar ou iniciar uma batalha para a obtenção de procurações dos acionistas para afastar o atual conselho de administração, organizar conferências de imprensa, iniciar uma disputa pelo controle acionário ou elaborar "propostas" para serem discutidas pelo conselho de administração na próxima reunião do órgão colegiado.

Os ativistas obtiveram muitos sucessos. Por exemplo, durante o período de dois anos findo em 2006, ocorreram diversos eventos como resultado direto do ativismo dos investidores. Entre eles, o Formation Capital (fundo de investimento) forçou a venda da Beverly Enterprises (líder nacional em assistência a idosos) e em seguida propôs a aquisição da companhia. Igualmente, o Pershing Square (fundo de investimento) pressionou o McDonald's para vender o Chipotle Mexican Grill (rede de alimentação) e o Wendy's Restaurants para alienar o Tim Horton's Donuts (cadeia de loja de donuts canadense). A proposta do megainvestidor Carl Icahn para a aquisição do Fairmont Hotels and Resorts pressionou a companhia para que fosse vendida em um leilão. Icahn também ameaçou uma batalha por procurações na Time Warner, resultando em diversas mudanças nas áreas de finanças e governança. Além disso, valeu-se de uma ameaça para nomear diversos conselheiros na ImClone Systems (companhia do setor de biotecnologia). Durante o mesmo período, o Knightspoint (grupo de investidores de Nova York) influenciou com sucesso a Sharper Image (cadeia de varejo de eletrônicos) para que substituísse três conselheiros por seus próprios nomeados. E os fundos Legg Mason exerceram pressão sobre a Knight Ridder (cadeia de jornais dos Estados Unidos), resultando na venda da empresa para a editora de jornais McClatchy Company.[72]

Conselho de administração

Normalmente os acionistas monitoram as decisões dos executivos e as iniciativas de uma empresa por meio do conselho de administração. O conselho de administração é um grupo de pessoas eleito pelos acionistas cuja responsabilidade principal consiste em agir em função dos interesses dos proprietários monitorando e controlando formalmente os executivos do alto escalão da companhia.[73] Conselhos de administração podem influenciar positivamente os executivos e as empresas em que atuam.[74] Além disso, as pesquisas indicam que a composição do conselho de administração é particularmente importante durante situações de crise como falências ou disputas pelo controle acionário.[75] Portanto, um conselho de administração eficaz pode ser uma fonte de vantagem competitiva.[76]

Aqueles que são eleitos para o conselho de administração devem supervisionar os executivos e assegurar para que a corporação seja operada de um modo que maximizará a riqueza de seus acionistas. Apesar de grandes investidores institucionais deterem uma participação acionária importante nos EUA, o controle acionário difuso ainda continua a existir na maior parte das empresas, significando que o monitoramento e o controle dos executivos por acionistas individuais são limitados nas grandes corporações. Além disso, grandes instituições financeiras, como bancos, são proibidas de ser acionistas diretos de empresas e de ter representantes nos conselhos de administração das companhias, embora este não seja o caso na Europa e em outras regiões.[77] Essas condições ressaltam a importância do conselho de administração para a governança corporativa. Infelizmente ao longo do tempo alguns conselhos de administração não têm sido eficazes no monitoramento e no controle das funções do alto escalão.[78]

Os conselhos detêm poder para dirigir as atividades da organização, punir e reconhecer executivos e proteger os direitos e os interesses dos acionistas.[79] Portanto, um conselho de administração estruturado e eficaz protege os proprietários do oportunismo gerencial. Os membros do conselho são considerados gestores dos recursos de sua companhia e o modo como exercem essas responsabilidades afeta a sociedade na qual sua empresa opera.[80]

Independência do conselho

Geralmente os membros do conselho (muitas vezes denominados conselheiros) são classificados em três grupos com base em seu relacionamento com a empresa (Quadro 11.2). Membros internos são executivos do primeiro escalão em atividade na corporação que são eleitos para o conselho por representarem uma fonte de informação sobre as operações diárias da empresa.[81] Membros externos relacionados possuem algum relacionamento com a empresa, contratual ou de outra modalidade, que podem criar dúvidas quanto à sua independência, porém essas pessoas não estão envolvidas nas atividades diárias da empresa. Membros externos proporcionam opiniões independentes para a empresa e podem ocupar posições na alta administração de outras companhias ou podem ter sido eleitos para o conselho antes do início da gestão do atual CEO.[82]

Historicamente os conselhos de administração eram dominados principalmente pelos membros internos, embora tenham se tornado mais independentes (com maior número de membros externos) nos últimos anos.[83] Uma visão amplamente aceita é que um conselho com uma porcentagem significativa de seus membros formada pelos altos executivos da empresa tende a exercer monitoramento e controle inadequados nas decisões dos executivos.[84] Houve suspeitas de que os executivos usaram seu poder para selecionar e remunerar os conselheiros para obter vantagem com os laços pessoais que mantêm com esses membros. Em resposta, algumas companhias estabeleceram voluntariamente regras que disciplinam a natureza dos relacionamentos entre executivos do primeiro escalão e conselheiros. Por exemplo, a BP, a companhia petrolífera internacional sediada na Grã-Bretanha, possui a seguinte exigência: "A qualificação para ser membro do conselho inclui uma exigência de que todos os nossos conselheiros que ocupam posição não executiva estejam desvinculados de qualquer relacionamento com a direção executiva da companhia que poderia interferir materialmente no exercício de seu julgamento independente".[85]

No início da década de 1980, a SEC propôs que o comitê do Conselho responsável pela auditoria da empresa fosse formado por conselheiros externos. Em 1984, a Bolsa de Valores de Nova York, possivelmente em antecipação à legislação formal, implementou uma regra para o comitê de auditoria exigindo que comitês importantes do Conselho, como os de remuneração

Quadro 11.2: Classificação dos membros do conselho de administração

MEMBROS INTERNOS
• O CEO e outros executivos do primeiro escalão da empresa
MEMBROS EXTERNOS RELACIONADOS
• Pessoas que não estão envolvidas nas operações diárias da empresa, mas que possuem relacionamento com a companhia
MEMBROS EXTERNOS
• Pessoas que possuem independência em relação à empresa em termos de operações diárias e de outros relacionamentos

e de indicação de membros, fossem chefiados por conselheiros externos independentes.[86] Essas exigências foram instituídas de modo mais geral após a aprovação da SOX e as políticas da Bolsa de Valores de Nova York, bem como da Bolsa de Valores Americana, requerem atualmente que os conselhos sejam compostos principalmente por membros externos e que os comitês de auditoria sejam plenamente independentes. Portanto, pode-se constatar de modo nítido que a governança corporativa está se tornando mais rigorosa por meio do mecanismo representado pelo conselho de administração.

A tendência para a inclusão de um maior número de membros externos no conselho também cria algumas dificuldades. Membros externos não possuem contato com as operações diárias da empresa e normalmente não desfrutam de um acesso fácil ao nível de informações sobre os executivos e as aptidões que estes possuem, necessárias para a avaliação satisfatória das decisões e iniciativas desses profissionais.[87] Membros internos possuem essas informações em virtude de suas posições na organização. Portanto, os conselhos com um número suficiente de membros internos encontram-se mais bem informados a respeito das iniciativas estratégicas pretendidas, das razões para as iniciativas e dos resultados que se espera delas.[88] Sem esse tipo de informação, os conselhos dominados por membros externos podem enfatizar o uso de controles financeiros, em oposição aos estratégicos, para a obtenção de informações que visam a avaliar o desempenho dos executivos e das unidades de negócio. Uma dependência quase exclusiva das avaliações financeiras transfere os riscos para os executivos da alta administração, os quais, por sua vez, podem tomar decisões para maximizar seus próprios interesses e reduzir seu risco de demissão. Redução nos investimentos em P&D, diversificação adicional da empresa e empenho por níveis de remuneração mais elevados são alguns dos resultados das iniciativas dos executivos para o cumprimento das metas financeiras fixadas por conselhos dominados por membros externos.[89]

Eficácia do conselho de administração

Em virtude da importância dos conselhos de administração para a governança corporativa e como resultado da maior vigilância exercida pelos acionistas — em particular os grandes investidores institucionais —, o desempenho individual dos membros do conselho e do conselho como um todo está sendo avaliado mais formalmente e com maior rigor.[90] Tendo em vista a exigência por maior responsabilidade e melhor desempenho, muitos conselhos iniciaram mudanças voluntárias adicionalmente às alterações exigidas pela SOX. As tendências nos conselhos incluem (1) aumento da diversidade de atuação profissional dos membros (por exemplo: um maior número de conselheiros do serviço público, das universidades e de instituições científicas), uma maior porcentagem de minorias étnicas e mulheres nos conselhos e membros originários de diversos países nos conselhos das empresas americanas; (2) o estabelecimento e o uso contínuo de processos formais para avaliação do desempenho do conselho; (3) a criação da função de "conselheiro principal" que possui muito poder para fixar a agenda do conselho e supervisionar as atividades dos membros que não exercem funções executivas; (4) alterações da remuneração dos conselheiros, especialmente a redução ou a eliminação das opções de compra de ações como parte do pacote e (5) exigência de que os conselheiros possuam participação acionária importante na companhia a fim de mantê-los concentrados nos interesses dos acionistas.[91]

Além do monitoramento do comportamento do CEO e de outros executivos do alto escalão, os conselheiros externos podem proporcionar laços com redes sociais que atuam como elos para os *stakeholders* externos.[92] Adicionalmente, podem assessorar os executivos em relação a estratégias e orientações estratégicas da empresa. Consequentemente, os conselhos formados por executivos que obtiveram grande sucesso em uma ampla variedade de setores estarão aptos a oferecer uma perspectiva mais ampla aos executivos do primeiro escalão. As pesquisas mostram que conselhos diversificados ajudam as empresas a tomar decisões estratégicas de maneira mais eficaz e a desempenhar melhor ao longo do tempo.[93] Além disso, conselhos que atuam em colaboração tomam decisões estratégicas de qualidade superior e o fazem mais rapidamente.[94] Um conselheiro externo, após ser nomeado, deve almejar a eficácia por meio de três conjuntos de comportamentos relacionados: o conselheiro não-executivo deve (1) participar das ações da empresa, porém sem tentar microgerenciá-la, (2) questionar o raciocínio por trás das decisões, mas assim mesmo apoiá-las quando forem tomadas e (3) oferecer uma perspectiva independente nas decisões importantes.[95]

Remuneração dos executivos do alto escalão

A remuneração dos executivos do alto escalão, e especialmente dos CEOs, gera muito interesse e opiniões arraigadas.[96] Warren Buffett, CEO do Berkshire Hathaway e um investidor bem conhecido, expressou recentemente preocupação a respeito do que considera a remuneração excessiva de alguns executivos: "Frequentemente a remuneração dos executivos nos Estados Unidos encontra-se ridiculamente desalinhada ao desempenho. O resultado é que um CEO medíocre ou ainda pior — auxiliado por seu vice-presidente de relações humanas escolhido a dedo e por um consultor da empresa sempre adaptável Ratchet, Ratchet & Bingo — recebe muitas vezes grandes somas por meio de um sistema de remuneração mal elaborado".[97]

Uma razão para o grande interesse pela remuneração dos executivos é a curiosidade natural sobre extremos e excessos. Por exemplo, William McGuire, CEO do UnitedHealth Group, acumulou opções de compra de ações no valor de 1,6 bilhão de dólares, de acordo com o relatório das procurações outorgadas pelos acionistas à empresa.[98] Os acionistas, irritados pela remuneração excessiva dos executivos, têm procurado opinar com maior frequência a respeito dos valores pagos aos executivos. Em 2007, investidores ativistas submeteram propostas nesse sentido aos conselhos de administração de um grande número de empresas para análise durante suas reuniões anuais. Entre as companhias almejadas estavam Citigroup, Wells Fargo e Northrop Grumman. A American Family Life Assurance Company (AFLAC) concedeu aos acionistas o direito de opinar a partir de 2009.[99]

Outra razão para o aumento da remuneração dos executivos origina-se de uma visão mais real de que a remuneração do CEO encontra-se vinculada, de uma maneira indireta porém muito tangível, aos processos fundamentais de governança nas grandes corporações.[100] Sob essa perspectiva, a remuneração dos executivos do alto escalão é um mecanismo de governança que procura alinhar os interesses dos altos executivos aos dos proprietários por meio de salários, bônus e incentivos em longo prazo, como doação de ações e opções de compra de ações.[101] As pesquisas indicam que empresas com uma menor diferença de remuneração entre o CEO e os executivos do alto escalão desempenham melhor, especialmente quando a colaboração entre os membros da equipe dirigente for mais importante.[102] A melhora no desempenho é atribuída a uma maior cooperação entre os membros da equipe de altos executivos.

Os planos de incentivo em longo prazo estão se tornando uma parte cada vez mais importante do esquema de remuneração nas empresas dos EUA. O uso de remuneração a um prazo mais longo auxilia as empresas a lidar com — ou a evitar — problemas potenciais de contratação gerencial ao vincular a riqueza dos executivos àquela dos acionistas que possuem ações ordinárias.[103] Em virtude disso, o mercado de ações em geral reage positivamente à introdução de um plano de incentivo em longo prazo para os executivos do alto escalão.[104] Apesar disso, algumas vezes o uso de um plano de incentivo em longo prazo impede que os principais grupos de acionistas (por exemplo: os investidores institucionais) pressionem por mudanças na composição do conselho de administração por supor que os incentivos em longo prazo assegurarão que os executivos do alto escalão agirão em função dos melhores interesses dos acionistas. Alternativamente, os acionistas assumem em grande medida que a remuneração dos executivos do alto escalão e o desempenho de uma empresa encontram-se alinhados mais de perto quando as empresas possuem conselhos dominados por membros externos.[105]

O uso eficaz da remuneração dos executivos como mecanismo de governança é particularmente desafiador para as empresas que implementam estratégias internacionais. Por exemplo, os interesses dos acionistas das corporações multinacionais podem ser mais bem atendidos quando existir menos uniformidade entre os planos de remuneração das subsidiárias estrangeiras da empresa.[106] A criação de um conjunto de planos de remuneração diferenciados exige monitoramento adicional e aumenta os custos de contratação gerencial para a empresa. Por exemplo, os executivos recebem a remuneração mais elevada nos Estados Unidos, ao passo que essa remuneração é muito menor na Ásia. A remuneração é menor na Índia em parte porque diversas das maiores empresas são controladas por famílias.[107] À medida que as corporações adquirem empresas em outros países, o enigma da remuneração torna-se mais complexo e pode causar rotatividade adicional dos executivos devido à insatisfação com o esquema de remuneração.[108]

Um mecanismo de governança complexo

Por diversas razões, a remuneração dos executivos — especialmente a remuneração baseada em incentivos de longo prazo — é complexa. Primeiro, as decisões estratégicas que os executivos da alta administração tomam normalmente são complexas e não rotineiras, portanto é difícil avaliar a qualidade dessas decisões. Como consequência, o conselho de administração muitas vezes relaciona a remuneração dos executivos do alto escalão a resultados mensuráveis, como o desempenho financeiro da empresa. Segundo, uma decisão de um executivo muitas vezes afeta os resultados financeiros de uma empresa ao longo de um período prolongado de tempo, tornando difícil avaliar o efeito das decisões atuais sobre o desempenho da corporação. Na realidade, as decisões estratégicas apresentam maior probabilidade de produzir efeitos em longo prazo do que em curto prazo sobre os resultados estratégicos de uma companhia. Terceiro, alguns outros fatores afetam o desempenho de uma empresa além das decisões e do comportamento dos altos executivos. Mudanças imprevisíveis de natureza econômica, social ou legal (Capítulo 4) tornam difícil discernir os efeitos das decisões estratégicas. Desse modo, embora a remuneração baseada no desempenho possa proporcionar incentivos às equipes da alta administração para que tomem decisões que melhor atendam aos interesses dos acionistas,[109] esses planos de remuneração isoladamente são imperfeitos em sua capacidade para monitorar e controlar os executivos.[110] No entanto, a remuneração baseada em incentivos representa uma parcela significativa da remuneração total de muitos executivos.

Mesmo os planos de remuneração com base em incentivos, cuja finalidade é aumentar o valor de uma empresa em linha com as expectativas dos acionistas, estão sujeitos a manipulação pelos executivos. Por exemplo, os bônus anuais podem proporcionar incentivos para que os executivos cumpram os objetivos de curto prazo sacrificando os interesses de longo prazo da empresa. Em apoio a essa conclusão, algumas pesquisas constataram que os bônus com base no desempenho anual possuíam correlação negativa com os investimentos em P&D quando a empresa era em grande parte diversificada, o que pode afetar a competitividade estratégica de longo prazo da empresa.[111] No entanto, as pesquisas demonstraram a existência de uma correlação positiva entre investimentos em P&D e remuneração em longo prazo nas empresas não familiares.[112]

Embora os incentivos com base no desempenho de longo prazo possam reduzir a tentação de investir valores menores em curto prazo, aumentam a exposição dos executivos aos riscos associados a eventos incontroláveis, como flutuações nos mercados e declínio dos setores. Quanto mais prolongado o foco da remuneração baseada em incentivos, maiores os riscos de longo prazo a que os altos executivos estão sujeitos. De modo análogo, em virtude de os incentivos de longo prazo vincularem a riqueza geral de um executivo à empresa de um modo que seja inflexível, esses incentivos e a participação acionária podem não ser tão valorizados pelos executivos quanto pelos investidores externos que possuem oportunidade para diversificar seu patrimônio em diversos outros investimentos financeiros.[113] Portanto, as empresas podem ter de remunerar excessivamente os executivos usando os incentivos de longo prazo.

A eficácia da remuneração dos executivos

A principal razão para remunerar executivos por meio de ações é que a prática lhes oferece um incentivo para manter elevado o preço da ação e, portanto, alinhar os interesses dos executivos aos dos acionistas. Consequentemente, os investidores institucionais preferem esquemas de remuneração que vinculem o pagamento ao desempenho.[114] No entanto, podem ocorrer algumas consequências não previstas. Executivos que detêm mais de 1% das ações de sua empresa possuem menor probabilidade de ser demitidos, mesmo quando a empresa estiver apresentando desempenho inadequado.[115] Além disso, uma análise das pesquisas indica que, ao longo do tempo, o tamanho da empresa tem justificado mais da metade da variância da remuneração total do CEO, ao passo que o desempenho da empresa tem justificado menos de 5% da variância.[116] Portanto, a eficácia dos planos de remuneração como mecanismo de governança está sob suspeita.

Nos últimos anos do século XX e no início do século XXI, as opções de compra de ações tornaram-se grandemente difundidas como um meio para remunerar os altos executivos e para relacionar remuneração e desempenho. Apesar disso, também se tornaram controversas.[117] Embora alguns planos de remuneração com base em opções de compra de ações sejam bem-elaborados, com preços de efetivação das opções (os preços pelos quais as opções tornam-se atrativas) substancialmente mais elevados do que os atuais preços das ações, muitos foram criados para dar aos executivos uma maior riqueza que não aparecerá imediatamente no balanço patrimonial. Além disso, o preço revisto da opção de compra de ações, em que o preço de efetivação diminui em relação à sua posição inicial, é muito comum. As pesquisas indicam que o preço revisto ocorre mais frequentemente em situações de risco elevado.[118] No entanto, também ocorre quando o desempenho da empresa é ruim, a fim de restaurar o efeito de incentivo para a opção. As evidências também indicam que políticas organizacionais estão envolvidas muitas vezes nas decisões sobre preço revisto.[119]

A concessão de opções tornou-se um meio para proporcionar esquemas amplos de remuneração e as opções concedidas não aparentavam estar relacionadas ao desempenho da empresa, em particular quando os conselhos demonstravam ter propensão para revisar o preço das opções, determinando um preço de efetivação menor quando as cotações da ação caíssem consideravelmente.[120] Em virtude do grande número de opções concedidas em anos recentes e a prática cada vez mais comum do preço revisto, aumentou a pressão do público para o ajuste das regras contábeis a fim de que o valor real concedido aos executivos fosse refletido nos demonstrativos contábeis. Uma nova diretriz emitida pelo Financial Accounting Standards Board (FASB) exigiu que a empresa contabilize como despesa as opções de compra de ações a partir de julho de 2005. Embora algumas empresas estejam encontrando meios para não acatá-la, a popularidade das opções de compra diminuiu.[121]

Outra prática que tem causado grande controvérsia é o uso de uma data retroativa, pela qual a concessão de uma opção possui data anterior à que foi emitida a fim de assegurar um preço de exercício atrativo para os executivos que possuem opções de compra. Um artigo na *Business Week* ressaltou que: "Companhias, da Apple Computer ao UnitedHealth Group e a McAfee, manipularam as concessões de compra de ações em anos recentes, muitas vezes em detrimento dos acionistas".[122] A adoção de datas retroativas e de outras práticas relacionadas nos Estados Unidos conduziu a uma grande investigação criminal envolvendo mais de cem empresas, incluindo a Apple, a Broadcom, a KB Home (a quinta maior empresa de construção de residências nos EUA) e a McAfee.[123] Também existem provas de que alguns executivos alteraram suas próprias datas de exercício das opções a fim de reduzir o imposto de renda.[124] No início de 2007, um tribunal federal americano no Estado de Delaware decidiu que os conselheiros que aprovassem a prática de datas retroativas para as opções de compra de ações poderiam ser processados por não cumprirem seu dever de ofício.[125]

Mercado para o controle corporativo

Práticas como preço revisto e data retroativa são evidências de que os mecanismos de governança internos constituem um meio imperfeito para assegurar que os interesses dos executivos do primeiro escalão estejam alinhados aos interesses dos acionistas. Quando a governança interna inadequada conduz a um desempenho subótimo da empresa, algumas vezes tornam-se necessários mecanismos de governança corporativa externos. O principal entre eles é o mercado para o controle corporativo.

O mercado para o controle corporativo é um mecanismo de governança externo que se torna ativo quando os controles internos de uma empresa falham.[126] Ele é composto por pessoas e empresas que adquirem posições acionárias ou assumem o controle de corporações subavaliadas para que possam formar novas divisões em companhias diversificadas consolidadas ou realizar a fusão de duas empresas anteriormente distintas. Em virtude de os executivos da empresa subavaliada serem considerados responsáveis pela formulação e implementação da estratégia que gerou o desempenho fraco, a equipe normalmente é substituída. Portanto, quando o mercado para o controle corporativo opera de maneira satisfatória, assegura que os executivos incompetentes ou que agem de modo oportunista sejam punidos.[127]

O mercado para o controle corporativo esteve muito ativo nos anos 80. Em seguida, por causa de legislação voltada ao desincentivo para disputas hostis do controle acionário e do colapso do mercado de *junk bonds* de alto rendimento em 1990, as disputas pelo controle tornaram-se menos difundidas. No entanto, está ocorrendo uma reativação nos Estados Unidos e em outros países: "O atual mercado para o controle corporativo partilha muitas características com aquele da década de 1980. Novamente o crédito é abundante e os financiadores estão dispostos a financiar transações com índice dívidas/patrimônio líquido elevado. Ocorreu, ao mesmo tempo, uma reativação das estratégias agressivas de acumulação de ações, iniciativas para difundir informações de que empresas estavam à venda e propostas não solicitadas de controle por adquirentes da área financeira".[128]

O mercado para o controle corporativo muitas vezes é visto como um "tribunal de último recurso".[129] Isso indica que o mercado onde ocorrem disputas pelo controle acionário como fonte de disciplina externa é usado somente quando os mecanismos de governança internos foram relativamente fracos e provaram ser ineficazes. De modo alternativo, outras pesquisas indicam que o princípio fundamental das disputas hostis como estratégia de governança corporativa não é tão sólido quanto o princípio aplicável às disputas pelo controle acionário como o investimento nas ações das empresas almejadas que estão desempenhando bem.[130] Apoiando essa visão, um estudo de investidores agressivos em atividade na década de 1980 mostrou que as disputas pelo controle acionário concentravam-se nas empresas com desempenho acima da média em seus setores.[131] Consequentemente, algumas disputas são mais bem explicadas em termos de seu potencial de investimento e outras indicam uma disciplina por parte do mercado externo.

O mercado para o controle corporativo como mecanismo de governança deve ser ativado pelo desempenho ruim de uma empresa em relação aos concorrentes no setor. O desempenho inadequado de uma empresa, demonstrado muitas vezes pela obtenção de retornos abaixo da média, constitui um indicador de que os mecanismos de governança internos falharam, isto é, não resultaram de decisões dos executivos que maximizassem o valor do acionista. Esse mercado tem sido ativo há algum tempo. Conforme observado no Capítulo 9, os anos 90 produziram um aumento do número e do valor de fusões e aquisições. Durante o breve período de calmaria nas atividades de fusão e aquisição no decorrer da contração econômica entre 2001 e 2002, aumentaram as propostas não solicitadas envolvendo disputas pelo controle acionário, uma indicação de que durante uma recessão empresas mal administradas são identificadas mais facilmente.[132] Até 2007, o número e o valor das transações aumentaram novamente.[133] Além disso, estão aumentando as disputas pelo controle, incluindo as hostis, relativas a empresas de dois países.[134] Na Europa, os conselhos possuem influência muito menor do que nos Estados Unidos no caso de disputas pelo controle acionário. De fato, na Europa normalmente todas as propostas precisam ser votadas pelos acionistas. Nos Estados

Unidos, os conselhos possuem liberdade muito maior para agir em nome dos acionistas. Consequentemente, o mercado europeu para o controle corporativo pode ser na realidade mais eficiente do que nos Estados Unidos.[135]

A maioria das tentativas de disputa hostil pelo controle acionário são devidas ao desempenho inadequado da empresa.[136] Portanto, os executivos e os membros do conselho de administração da empresa almejada revelam grande sensibilidade a respeito de propostas relacionadas a uma disputa hostil pelo controle acionário, porque significam que executivos e conselheiros não administraram a empresa eficazmente. Caso aceitem a oferta, existe a probabilidade de que serão demitidos porque a empresa adquirente nomeará seus próprios executivos do alto escalão. Mesmo se rechaçarem a tentativa de obter o controle acionário, precisam melhorar o desempenho da empresa ou, seja como for, perder seus empregos.[137] Passamos a examinar em seguida os métodos que os executivos adotam para defender suas companhias contra disputas pelo controle acionário.

Táticas defensivas dos executivos

As empresas que são alvo de disputa hostil pelo controle acionário usam diversas táticas defensivas para rechaçar a tentativa de aquisição do controle acionário (Quadro 11.3). Historicamente o maior uso do mercado para o controle corporativo como mecanismo de governança aumentou a sofisticação e a variedade dessas táticas.[138] O mercado para o controle corporativo tende a aumentar o risco para os executivos. Como resultado, a remuneração que recebem muitas vezes é aumentada indiretamente por meio de *golden parachutes* (paraquedas dourados), permitindo que um(a) CEO receba até três anos de salário se sua empresa for adquirida. Entre outras consequências, as defesas contra a aquisição do controle acionário aumentam os custos da transação, fazendo que os executivos do primeiro escalão em atividade assumam posições defensivas, diminuindo ao mesmo tempo as possibilidades de introdução de uma nova equipe da alta administração.[139] Algumas táticas defensivas requerem reestruturação dos ativos, o que ocorre alienando uma ou mais divisões do conjunto de unidades de negócio da empresa. Outras exigem mudanças somente na estrutura financeira da empresa, como por exemplo readquirir ações no mercado acionário.[140] Algumas táticas, como a reincorporação da empresa em outro estado, exigem aprovação dos acionistas. Por outro lado, a tática persuasiva, por meio da qual fundos são usados para recomprar ações de um investidor agressivo a fim de evitar a aquisição da empresa, não exige aprovação. As táticas defensivas são controversas e as pesquisas sobre seus efeitos são inconclusivas. No entanto, a maioria dos investidores institucionais opõe-se ao uso dessas táticas.[141]

Um problema potencial do mercado para o controle corporativo é que pode não ser inteiramente eficiente. Um estudo de diversos investidores agressivos realizado nos anos 80 mostrou que aproximadamente 50% de suas disputas pelo controle acionário tinham como alvo empresas com desempenho acima da média em seus respectivos setores — corporações que não eram subavaliadas nem mal administradas.[142] A escolha como alvo de empresas de desempenho elevado pode resultar em aquisições a valores elevados e a decisões pelos executivos da empresa almejada que estabelecem táticas defensivas onerosas contra a aquisição do controle acionário para proteger as posições que ocupam na corporação.[143]

Quadro 11.3: Exemplos de táticas defensivas contra disputas hostis pelo controle acionário

Tática de defesa	Categoria	Popularidade entre as empresas	Eficácia como defesa	Riqueza do acionista
Pílula envenenada Ações preferenciais da empresa-alvo da fusão são oferecidas aos acionistas a um valor de negociação altamente atrativo.	Preventiva	Elevada	Grande	Positiva
Alteração do estatuto social Uma alteração para atrapalhar a eleição dos membros do conselho de administração da empresa atacada para que todos não sejam eleitos durante o mesmo ano, o que impede um ofertante de nomear um conselho totalmente novo no mesmo ano.	Preventiva	Média	Muito reduzida	Negativa
Paraquedas dourado Valores agregados que são distribuídos a um grupo selecionado de altos executivos quando a empresa é adquirida por meio de uma disputa pelo controle acionário.	Preventiva	Média	Reduzida	Negligível
Litígio Processos judiciais que ajudam uma companhia-alvo a impedir ataques hostis; pode incluir as áreas antitruste, fraude e divulgação inadequada.	Reativa	Média	Reduzida	Positiva
Persuasiva A recompra de ações que foram adquiridas pelo agressor mediante o pagamento de um ágio em troca de um acordo de que o agressor deixará de disputar o controle acionário da empresa.	Reativa	Muito reduzida	Média	Negativa
Acordo de suspensão Contrato entre as partes pelo qual o investidor concorda em não adquirir mais ações da empresa almejada durante um período de tempo especificado recebendo da companhia em troca um pagamento.	Reativa	Reduzida	Reduzida	Negativa
Mudança na estrutura do capital Diluição das ações, tornando-as mais onerosas para ser adquiridas por um investidor; essa mudança pode incluir planos de compra de ações pelos empregados, recapitalização, novos financiamentos, venda e recompra de ações.	Reativa	Média	Média	Inconclusiva

Fonte: este artigo foi publicado na *Business Horizons*, volume 47(7), 2004, J.A. Pearce II e R.B. Robinson, Jr., Hostile takeover defenses that maximize shareholder wealth, p. 15-24, copyright Elsevier 2004.

Embora o mercado para o controle corporativo não possua a precisão dos mecanismos de governança internos, o receio da aquisição e a influência dos investidores agressivos representam uma limitação eficaz do motivo para o progresso dos executivos.[144] O mercado para o controle corporativo tem sido responsável por mudanças significativas das estratégias de muitas empresas, e, quando usado apropriadamente, tem atendido aos interesses dos acionistas.[145] No entanto, esse mercado e outros meios de governança corporativa variam em função da região do mundo e do país. Nesse contexto, estudamos a seguir o tópico da governança corporativa internacional.

Governança corporativa internacional

Este capítulo se concentrou nas estruturas de governança existentes nos Estados Unidos, que são similares àquelas prevalentes no Reino Unido. No entanto, a compreensão das estruturas de governança corporativa somente nesses países é inadequada para uma empresa multinacional na atual economia global.[146] Embora as similaridades entre as estruturas de governança nas nações industrializadas esteja aumentando, existem diferenças e as empresas que adotam uma estratégia internacional precisam compreender essas diferenças a fim de operar eficazmente nos diferentes mercados internacionais.[147]

Esta seção discute algumas das características essenciais associadas às estruturas de governança na Alemanha e no Japão. Embora a estabilidade associada às estruturas de governança alemã e japonesa tenha sido considerada historicamente como um ativo, os sistemas de governança nesses países estão se alterando, o mesmo ocorrendo em outras partes do mundo.[148] Essas mudanças são em parte o resultado de as empresas multinacionais operarem em diversos países e tentarem desenvolver um sistema de governança mais global.[149]

Governança corporativa na Alemanha

Em muitas empresas alemãs, o proprietário e o gerente ainda podem ser a mesma pessoa. Nesses casos, não existe um problema de contratação gerencial.[150] Mesmo nas empresas alemãs de capital aberto, existe frequentemente um acionista principal. Portanto, a concentração da propriedade das ações representa um meio importante para a governança corporativa na Alemanha, analogamente ao que ocorre nos Estados Unidos.[151]

Historicamente os bancos têm sido o centro da estrutura de governança corporativa alemã, conforme também ocorre em outros países europeus, como na Itália e na França. Os bancos, como financiadores, tornam-se os principais acionistas quando as companhias que financiam buscam obter fundos no mercado acionário ou não honram os empréstimos. Embora a participação usualmente seja inferior a 10%, o único limite legal que determina a quantidade de ações de uma empresa que os bancos podem deter é uma determinada posição acionária não exceder 15% do capital do banco. Por meio de suas participações acionárias e pela obtenção de procurações dos acionistas individuais cujas ações ficam custodiadas nos bancos, três bancos em particular — Deutsche Bank, Dresdner Bank e Commerzbank — exercem grande poder. Embora os acionistas possam orientar os bancos a como votar em função da posição acionária que detêm, geralmente não o fazem. Uma combinação de suas próprias posições e das ações para as quais receberam procurações resulta em posições majoritárias desses três bancos em muitas companhias alemãs. Esses bancos, juntamente com outros interessados, monitoram e controlam executivos, na capacidade de financiadores e acionistas, elegendo representantes para os conselhos de supervisão. As pesquisas indicam, de um modo interessante, que a remuneração do CEO depende muitas vezes de similaridades demográficas e sociais entre CEOs e presidentes de Conselhos.[152]

Empresas alemãs com mais de 2.000 empregados são obrigadas a ter um conselho estruturado em dois níveis que atribui a responsabilidade pelo monitoramento e controle das decisões e iniciativas dos altos executivos (ou dos que ocupam função supervisora) a um grupo distinto.[153] Embora todas as funções dos conselheiros e dos executivos do primeiro escalão sejam responsabilidade do conselho executivo (o Vorstand), a nomeação para o Vorstand constitui responsabilidade do nível supervisor (o Aufsichtsrat). Nas grandes empresas de capital aberto, o conselho de supervisão precisa ser formado por um número igual de representantes eleitos pelos empregados e pelos acionistas.[154]

Os proponentes da estrutura alemã afirmam que ela ajuda a evitar medidas erradas e decisões temerárias por parte de "CEOs ditatoriais". No entanto, os críticos mantêm que essa estrutura retarda a tomada de decisões e muitas vezes inibe a atuação de um CEO. Na Alemanha, o compartilhamento do poder pode ter avançado excessivamente, porque inclui a representação da comunidade bem como dos sindicatos. De modo correspondente, o arcabouço da governança corporativa na Alemanha tem tornado difícil para as companhias se reestruturarem com a mesma rapidez que alcançam nos Estados Unidos quando seu desempenho deixa a desejar.[155]

Em virtude do papel do governo municipal (por meio da estrutura do conselho) e do poder dos bancos na estrutura de governança corporativa na Alemanha, os acionistas privados raramente possuem posições acionárias importantes nas grandes empresas alemãs. Os grandes investidores institucionais, como os fundos de pensão e as seguradoras, também são detentores insignificantes de ações das corporações. Portanto, ao menos historicamente, os executivos alemães em geral não têm se dedicado à maximização da riqueza do acionista da mesma maneira que ocorre em muitos outros países.[156]

A governança corporativa na Alemanha está mudando, ao menos em parte, devido à globalização crescente dos negócios. Muitas empresas alemãs estão começando a gravitar em direção ao sistema americano. Pesquisas recentes indicam que o sistema tradicional gerou alguns custos de contratação por causa da falta de poder dos acionistas externos. De modo alternativo, empresas com poder acionário externo mais forte foram menos propensas a realizar reformas na governança. As empresas que adotaram reformas na governança muitas vezes alienaram unidades com desempenho inadequado e obtiveram níveis mais elevados de desempenho no mercado.[157]

Governança corporativa no Japão

As atitudes relacionadas à governança corporativa no Japão são afetadas pelos conceitos culturais de dever, família e consenso.[158] No Japão, um dever "pode ser retribuir um serviço por outro prestado ou pode originar-se de uma relação mais direta, por exemplo, com a própria família ou com ex-colegas de escola, ou com a companhia (ou o ministério) a que uma pessoa pertence ou ao país. Esse sentido de dever específico é comum em outros países, mas possui maior intensidade no Japão".[159] Como parte de uma família corporativa, as pessoas são membros de uma unidade que envolve suas vidas; as famílias exigem a atenção e a fidelidade das pessoas nas corporações. Além disso, um *keiretsu* (um grupo de empresas unidas por participações acionárias cruzadas) é mais do que um conceito econômico — também é uma família. Uma empresa de um *keiretsu* possui usualmente menos de 2% de qualquer outra empresa do grupo; no entanto, cada companhia detém uma posição em todas as demais do *keiretsu*. Como resultado, uma porcentagem variando entre 30% e 90% de uma empresa pertence a outros membros do *keiretsu*. A participação acionária cruzada é o resultado dos relacionamentos próximos que ocorrem entre uma companhia e seus principais *stakeholders*, incluindo afiliadas, fornecedores e clientes. Essas relações próximas "podem reduzir a eficiência econômica ao evitar que as companhias realizem negócios com os melhores fornecedores ou clientes".[160] Os índices de participação acionária cruzada têm diminuído nos últimos anos.

O consenso, uma influência importante na governança corporativa japonesa, exige um grande dispêndio de energia para conquistar os corações e as mentes das pessoas sempre que isso for possível, em oposição aos executivos do primeiro escalão emitirem diretrizes.[161] O consenso é altamente valorizado, mesmo quando resulta em um processo de decisão lento e embaraçoso. Esse sistema de governança atribui maior importância à satisfação das necessidades do conjunto dos *stakeholders* do que dos acionistas. No entanto, têm ocorrido apelos para mudanças nesse sistema e tentativas para alcançar maior equilíbrio na satisfação dos *stakeholders* e um maior valor do acionista.[162]

De modo análogo à Alemanha, os bancos no Japão desempenham um papel importante no financiamento e monitoramento das grandes empresas de capital aberto. O principal banco — aquele que possui o maior volume de ações e o maior valor de financiamentos concedidos — possui a relação mais próxima com os principais executivos da companhia. A instituição oferece assessoria financeira à empresa e também monitora de perto os executivos. Portanto, a estrutura de governança corporativa japonesa tem como base o banco, ao passo que nos Estados Unidos é baseada no mercado.[163] Um banco japonês, além de emprestar dinheiro, pode possuir até 5% do total de ações de uma empresa; um grupo de instituições financeiras relacionadas pode deter até 40% das ações. Em muitos casos, os relacionamentos com o principal banco fazem parte de um *keiretsu* horizontal.

De modo análogo ao que está ocorrendo na Alemanha, a estrutura de governança corporativa no Japão está mudando. Por exemplo, em virtude de seu desenvolvimento contínuo como organizações econômicas, o papel dos bancos no monitoramento e controle do comportamento dos executivos e dos resultados da empresa é menos importante do que no passado.[164] A crise econômica asiática na última metade da década de 1990 tornou visível os problemas de governança nas corporações japonesas. Os problemas foram constatados prontamente no grande e anteriormente poderoso *keiretsu* Mitsubishi. Muitas de suas principais empresas tiveram prejuízos substanciais no final dos anos 90.[165]

Ocorreu ainda outra mudança no sistema de governança do Japão no mercado para o controle corporativo, que em grande parte era inexistente nos últimos anos.[166] As disputas pelo controle corporativo no Japão geralmente eram consideradas inaceitáveis, conforme indicado por duas das palavras empregadas para descrevê-las: *miurisuru*, vender o próprio corpo, e *nottori*, sequestro.[167] Apesar disso, uma guerra de ofertas de compra entre o grupo de telecomunicações britânico C&W e a Nippon Telegraph & Telephone Corp. japonesa para o controle da International Telegraph & Telephone Corp. do Japão surgiu no âmbito daquilo que muitos analistas descreveram como a primeira batalha envolvendo uma disputa hostil pelo controle acionário.[168] Em seguida, em 2005, outra batalha entre o provedor de serviços na internet Livedoor e a Fuji Television Network para o controle do Nippon Broadcasting System (NBS) foi considerada um "marco na história da governança corporativa japonesa" porque atraiu muita atenção da mídia, "demonstrou que a ameaça de disputas hostis tornou-se uma realidade no Japão" e "proporcionou uma oportunidade para os japoneses repensarem o relacionamento entre as companhias e seus acionistas".[169]

Um dos fatores que poderia estar impulsionando esse mercado para o controle corporativo é a sequência de recessões econômicas que tem atormentado o Japão desde os anos 90. Conforme mencionado, as recessões econômicas tornam mais fácil a identificação das empresas com mau desempenho. A atividade de fusões tem aumentado recentemente no Japão, o mesmo ocorrendo com as estratégias defensivas contra as disputas pelo controle. Dados obtidos pela Nomura Securities demonstraram que "um aumento repentino das fusões e aquisições no Japão está deixando os executivos das corporações cada vez mais preocupados a respeito de propostas de aquisição do controle acionário não solicitadas".[170]

As pesquisas sugerem, sob um aspecto interessante, que o método japonês de supervisão administrativa, dominado historicamente pelos executivos das corporações, produz maiores investimentos em projetos de P&D de longo prazo do que o sistema mais orientado financeiramente nos Estados Unidos.[171] À medida que aumenta o potencial para um mercado de disputa pelo controle acionário mais forte, algumas empresas japonesas estão considerando o fechamento do capital a fim de manter "flexibilidade estratégica" em longo prazo.[172] As pesquisas indicam que as empresas de *private equity* estão começando a adotar estratégias de compra de empresas no Japão.[173]

Governança corporativa global

O cenário competitivo no século XXI está incentivando a criação de uma estrutura de governança relativamente uniforme que as empresas usarão nas economias desenvolvidas ao redor do globo.[174] Mesmo na Ásia, à medida que os mercados se tornam mais globais e as exigências dos clientes mais similares, os acionistas estão se transformando no foco das iniciativas dos executivos.[175] Além disso, os investidores estão se tornando cada vez mais ativos em todas as regiões do planeta.

Alterações na governança são visíveis em muitos países e estão conduzindo os modelos de governança para uma maior proximidade com aquele dos Estados Unidos.[176] Empresas na Europa, especialmente na França e no Reino Unido, estão criando conselhos de administração com membros mais independentes. Iniciativas similares estão ocorrendo no Japão, onde os conselhos estão tendo seu tamanho diminuído e membros estrangeiros estão sendo agregados.[177] Mesmo nas economias em transição, como as da China e da Rússia, estão ocorrendo alterações na governança corporativa.[178] No entanto, as mudanças são implementadas mais lentamente nessas economias. As empresas chinesas consideraram ser proveitoso planos de remuneração com base na distribuição de ações, oferecendo um incentivo para as companhias estrangeiras investirem na China.¹⁷⁹ Em virtude de a Rússia ter reduzido seus controles sobre a economia e a atividade empresarial muito mais rapidamente que a China, o país precisa de sistemas de governança mais eficazes a fim de controlar as atividades dos executivos. As pesquisas indicam que a concentração do controle acionário conduz a um menor desempenho na Rússia, principalmente porque os direitos dos acionistas minoritários não se encontram bem protegidos por meio de controles de governança adequados.¹⁸⁰

Mecanismos de governança, gerenciamento dos *stakeholders* e comportamento ético

Os mecanismos de governança descritos neste capítulo são criados para assegurar que os agentes dos proprietários da empresa — os altos executivos da corporação — tomem decisões estratégicas que melhor atendam aos interesses de todo o conjunto de *stakeholders*, conforme descrito nos Capítulos 1 e 2. Nos Estados Unidos, os mecanismos de governança se concentram no controle das decisões executivas para assegurar que os interesses dos acionistas serão atendidos, porém os *stakeholders* no mercado de produtos (por exemplo: clientes, fornecedores e comunidades onde a empresa atua) e os *stakeholders* organizacionais (por exemplo: empregados de nível gerencial ou executivo e os demais colaboradores) também são importantes.¹⁸¹

Conforme discutido nos Capítulos 1e 2, relações com os *stakeholders* baseadas em confiança e satisfação mútua podem aumentar a competitividade da empresa permitindo à companhia a obtenção de conhecimento superior sobre o qual basear decisões estratégicas¹⁸² e aumentando a implementação de estratégias devido a níveis mais elevados de compromisso por parte dos *stakeholders*.¹⁸³ Empresas com reputação confiável também atraem clientes, fornecedores e parceiros de negócio, aumentando dessa forma as oportunidades estratégicas.¹⁸⁴ *Stakeholders* insatisfeitos podem retirar seu apoio a uma empresa e transferi-lo para outra. Por exemplo, clientes insatisfeitos possuem maior probabilidade de adquirir produtos de um fornecedor que oferece um substituto aceitável. Além disso, negligenciar os *stakeholders* pode resultar em consequências negativas como regulamentação adversa, processos judiciais e penalidades, retaliação dos clientes, multa, greves, retiradas em protesto e comentários desfavoráveis na mídia.¹⁸⁵ Consequentemente, uma empresa cria mais valor quando seus mecanismos de governança levam em consideração as expectativas de todos os *stakeholders*.¹⁸⁶

As companhias que criam e adotam mecanismos de governança cuja finalidade consiste em incentivar as conveniências de todos os *stakeholders* também apresentam menor possibilidade de deparar com situações nas quais suas ações são consideradas desprovidas de ética. Os escândalos Enron, WorldCom, HealthSouth e Tyco International ilustram o efeito devastador do comportamento ético inadequado não somente para os *stakeholders* de uma empresa, mas também para outras empresas. Essas crises têm influenciado a governança não apenas nos Estados Unidos, mas também em outros países.¹⁸⁷

As decisões e iniciativas do conselho de administração de uma corporação podem ser dissuasores eficazes do comportamento antiético e incentivar o comportamento socialmente responsável. Por exemplo, as pesquisas constataram que empresas com uma estrutura de remuneração do CEO que possui foco no longo prazo são mais socialmente responsáveis que as empresas com foco na remuneração em curto prazo.[188] Algumas pessoas acreditam que os conselhos mais eficazes operam para fixar limites para a ética empresarial e os valores de suas companhias.[189] Após ser formuladas, as expectativas do conselho relativas às decisões e iniciativas éticas de todos os *stakeholders* da empresa precisam ser comunicadas claramente a seus executivos do primeiro escalão. Além disso, na capacidade de agentes dos acionistas, esses executivos precisam compreender que o conselho os considerará responsáveis pelo desenvolvimento e apoio de uma cultura organizacional que resulte em decisões e comportamentos éticos. Conforme explicado no Capítulo 2, os CEOs podem ser modelos de atuação positivos para o comportamento ético.

O comportamento ético da parte dos altos executivos é importante e sistemas de governança eficazes são necessários para monitorá-lo.[190] No entanto, se os sistemas de governança tornarem-se muito rigorosos, podem eliminar a flexibilidade que os executivos precisam ter para ser criativos, produzir inovações e responder rapidamente às alterações no ambiente competitivo da empresa. Portanto, embora uma governança deficiente ou pouco rigorosa produza um ambiente interno onde pode florescer o oportunismo dos executivos, uma governança excessiva ou muito rigorosa pode reduzir significativamente ou eliminar a aceitação de risco pelos executivos e a capacidade de adaptar-se às condições ambientais em alteração. As empresas devem possuir mecanismos de governança eficazes e ser capazes simultaneamente de agir com espírito empreendedor.

Resumo

- A governança corporativa é um relacionamento entre *stakeholders* adotado para determinar a orientação de uma empresa e controlar seu desempenho. A maneira como as empresas monitoram e controlam as decisões e ações dos executivos de alto nível afeta o modo como formulam e implementam estratégias. A governança eficaz, que alinha as decisões dos executivos aos interesses dos acionistas, pode contribuir para uma vantagem competitiva.

- Existem três mecanismos de governança internos na corporação moderna: concentração do controle acionário, conselho de administração e remuneração dos executivos do alto escalão. O mercado para o controle corporativo é o único mecanismo de governança externo que influencia as decisões dos executivos e as consequências que geram.

- Na corporação moderna, o controle acionário é distinto do gerenciamento. Os proprietários (contratantes) contratam gerentes ou executivos (agentes) para tomar decisões que maximizem o valor da empresa. Na condição de especialistas em assumir riscos, os proprietários diversificam seu risco investindo em diversas corporações com perfis de risco distintos. Na condição de especialistas em tomada de decisões, os proprietários esperam que seus agentes (os executivos do primeiro escalão da empresa) tomem decisões que resultem na maximização do valor da empresa. Portanto, as corporações modernas são caracterizadas por um relacionamento de contratação gerencial que é criado quando uma parte (os proprietários da empresa) contrata e remunera outra parte (os executivos de alto nível) para usar suas aptidões de tomada de decisões.

- A separação entre propriedade e gerenciamento cria um problema de contratação gerencial quando um agente almeja cumprir metas que estejam em conflito com as metas dos contratantes. Os contratantes estabelecem e usam mecanismos de governança para controlar esse problema potencial.

- A concentração do controle acionário baseia-se no número de acionistas que possuem grandes blocos de ações e a porcentagem de ações que detêm. No caso de porcentagens elevadas de ações, como aquelas mantidas pelos grandes fundos mútuos e fundos de pensão, os investidores institucionais muitas vezes são capazes de influenciar as decisões e ações estratégicas dos altos executivos. Desse modo, ao contrário do controle acionário difuso, que resulta muitas vezes em monitoramento e controle relativamente fracos das decisões dos executivos, o controle acionário concentrado gera um monitoramento mais ativo e eficaz. Uma força cada vez mais poderosa nos Estados Unidos e, em grau menor, no Reino Unido, os investidores institucionais usam ativamente suas posições de controle acionário concentrado para forçar executivos e conselhos de administração a maximizarem o valor de uma empresa.

- Nos Estados Unidos e no Reino Unido, o conselho de administração de uma empresa, composto por membros internos, membros externos relacionados e membros externos, é um mecanismo de governança que os acionistas esperam que represente seus interesses coletivos. A porcentagem de conselheiros externos em muitos conselhos excede atualmente a porcentagem de conselheiros internos. Tem-se a expectativa de que os membros externos sejam mais independentes do que os altos executivos de uma empresa em comparação àqueles selecionados dentro da empresa.

- A remuneração dos executivos constitui um mecanismo de governança grandemente visível e frequentemente criticado. Salários, bônus e incentivos de longo prazo são usados para reforçar o alinhamento entre os interesses dos executivos e os dos acionistas. O conselho de administração de uma empresa é responsável por determinar a eficácia do sistema de remuneração de seus executivos. Um sistema eficaz gera decisões executivas que atendem aos melhores interesses dos acionistas.

- Em geral, as evidências sugerem que acionistas e conselho de administração se tornaram mais atentos no controle que exercem sobre as decisões dos executivos. Apesar disso, esses mecanismos são insuficientes para supervisionar o comportamento dos executivos em muitas empresas de grande porte. Portanto, o mercado para o controle corporativo representa um mecanismo de governança importante. Embora também seja imperfeito, o mercado para o controle corporativo tem sido eficaz no combate à diversificação corporativa ineficiente e tem feito que os executivos implementem decisões estratégicas mais eficazes.

- As estruturas de governança corporativa adotadas na Alemanha e no Japão diferem entre si e daquelas utilizadas nos Estados Unidos. Historicamente, a estrutura de governança nos EUA tem enfatizado a maximização do valor do acionista. Na Alemanha, os empregados, por constituírem um *stakeholder*, exercem um papel mais proeminente na governança. Em contraste, até recentemente os acionistas japoneses praticamente não possuíam qualquer atuação no monitoramento e controle dos executivos do primeiro escalão. No entanto, todos esses sistemas estão se tornando cada vez mais similares, de modo idêntico aos sistemas de governança em países desenvolvidos como França e Itália e economias em transição como as da Rússia e China.

- Mecanismos de governança eficazes asseguram que as expectativas de todos os *stakeholders* sejam atendidas. Portanto, o sucesso estratégico em longo prazo ocorre quando as empresas são administradas de um modo que incentive a satisfação dos *stakeholders* no mercado de capitais (por exemplo: acionistas), no mercado de produtos (por exemplo: clientes e fornecedores) e organizacionais (gerentes ou executivos e os demais colaboradores). Além disso, a governança eficaz incentiva o comportamento ético na formulação e implementação de estratégias.

Questões éticas

1. Os executivos possuem uma responsabilidade ética por deixar de lado seus próprios valores em relação a como certos *stakeholders* são tratados (isto é, grupos com um interesse específico) a fim de maximizar os retornos dos acionistas?

2. Quais são as implicações éticas associadas ao fato de os proprietários suporem que os executivos agirão em interesse próprio?

3. Quais temas éticos possuem relação com a remuneração dos executivos? Como podemos determinar se os altos executivos recebem remuneração excessiva?

4. É ético as empresas envolvidas no mercado para o controle corporativo terem como alvo companhias desempenhando em níveis que excedem a média do setor? Por quê?

5. Com que temas éticos, caso exista algum, os executivos se defrontam quando solicitam à sua empresa "paraquedas dourados"?

6. Como podem ser criados mecanismos de governança que protejam contra o oportunismo, a ineficácia e os comportamentos desprovidos de ética dos executivos?

Referências bibliográficas

1. HENDRY, K.; KIEL, G. C. The role of the board in firm strategy: Integrating agency and organisational control perspectives. *Corporate Governance*, 12(4), 2004. p. 500-520; CARPENTER, M.; WESTPHAL, J. Strategic context of external network ties: Examining the impact of director appointments on board involvement in strategic decision making. *Academy of Management Journal*, 44, 2001. p. 639-660.
2. BYRNES, N.; SASSEEN, J. Board of hard knocks; Activist shareholders, tougher rules and anger over CEO pay have put directors on the hot seat. *Business Week*, 22 jan. 2007. p. 37.
3. WERNER, S.; TOSI, H. L.; GOMEZ-MEJIA, L. Organizational governance and employee pay: How ownership structure affects the firm's compensation strategy. *Strategic Management Journal*, 26, 2005. p. 377-384; ELLOUMI, F.; GUEYIE, J. P. CEO compensation, IOS and the role of corporate governance, *Corporate Governance*, 1(2), 2001. p. 23-33; CORE, J. E.; HOLTHAUSEN, R. W.; LARCKER, D. F. Corporate governance, chief executive officer compensation, and firm performance. *Journal of Financial Economics*, 51, 1999. p. 371-406.
4. CHEN, M. A. Executive option repricing, incentives, and retention. *Journal of Finance*, 59, 2004. p. 1.167-1.199.
5. ALLISON, K.; MASTERS, B. Ex-McAfee lawyer charged with fraud. *Financial Times*, 28 fev. 2007. p. 30.
6. LYNALL, M. D.; GOLDEN, B. R.; HILLMAN, A. J. Board composition from adolescence to maturity: A multitheoretic view. *Academy of Management Review*, 28, 2003. p. 416-431; HILLMAN, A. J.; KEIM, G. D.; LUCE, R. A. Board composition and stakeholder performance: Do stakeholder directors make a difference? *Business and Society*, 40, 2001. p. 295-314; MITCHELL, R. K.; AGLE, B. R.; WOOD, D. J. Toward a theory of stakeholder identification and salience: Defining the principle of who and what really counts. *Academy of Management Review*, 22, 1997. p. 853-886.
7. DESAI, A.; KROLL, M.; WRIGHT, P. 2005, Outside board monitoring and the economic outcomes of acquisitions: A test of the substitution hypothesis. *Journal of Business Research*, 58. p. 926-934; DAILY, C. M.; DALTON, D. R.; CANNELLA, A. A. Corporate governance: Decades of dialogue and data. *Academy of Management Review*, 28, 2003. p. 371-382; STILES, P. The impact of the board on strategy: An empirical examination. *Journal of Management Studies*, 38, 2001. p. 627-650; DAVIS, J. H.; SCHOORMAN, F. D.; DONALDSON, L. Toward a stewardship theory of management. *Academy of Management Review*, 22, 1997. p. 20-47.
8. SCHWARTZ, M.S.; DUNFEE, T. W.; KLINE, M. J. Tone at the top: An ethics code for directors? *Journal of Business Ethics*, 58, 2005. p. 79-100; FINEGOLD, D.; LAWLER III, E. E.; CONGER, J. Building a better board. *Journal of Business Strategy*, 22(6), 2001. p. 33-37.
9. FAMA, E. F.; JENSEN, M. C. Separation of ownership and control. *Journal of Law and Economics*, 26, 1983. p. 301-325.
10. ARNDT, M.; ZELLNER, W.; McNAMEE, M. Restoring trust in corporate America. *Business Week*, 24 jun. 2002. p. 30-35.
11. HYMOWITZ, C. Corporate governance (a special report) – Experiments in corporate governance: Finding the right way to improve board oversight isn't easy; but plenty of companies are trying. *Wall Street Journal*, 21 jun. 2004. p. R1.
12. CARNEY, M. Corporate governance and competitive advantage in family-controlled firms. *Entrepreneurship Theory and Practice*, 29, 2005. p. 249-265; CHARAN, R. *How Corporate Boards Create Competitive Advantage*, São Francisco: Jossey-Bass, 1998.
13. NICHOLSON, G. J.; KIEL, G. C. Breakthrough board performance: How to harness your board's intellectual capital. *Corporate Governance*, 4(1), 2004. p. 5-23; CANNELLA JR., A.; PETTIGREW, A.; HAMBRICK, D. Upper echelons: Donald Hambrick on executives and strategy. *Academy of Management Executive*, 15(3), 2001. p. 36-52; WESTPHAL, J. D.; ZAJAC, E. J. Defections from the inner circle: Social exchange, reciprocity and diffusion of board independence in U.S. corporations. *Administrative Science Quarterly*, 42, 1997. p. 161-212.
14. WU, X. Corporate governance and corruption: A cross-country analysis. *Governance*, 18(2) 2005. p. 151-170; McGUIRE, J.; DOW, S. The Japanese keiretsu system: An empirical analysis. *Journal of Business Research*, 55, 2002. p. 33-40.
15. CHARKHAM, J. *Keeping Good Company: A Study of Corporate Governance in Five Countries*, Nova York: Oxford University Press, 1, 1994.
16. HOSKISSON, R. E.; YIU, D.; KIM, H. Corporate governance systems: Effects of capital and labor market congruency on corporate innovation and global competitiveness. *Journal of High Technology Management Research*, 15, 2004. p. 293-315; CADBURY, A. The future of governance: The rules of the game. *Journal of General Management*, 24, 1999. p. 1-14.
17. AGUILERA, R.; JACKSON, G. The cross-national diversity of corporate governance: Dimensions and determinants. *Academy of Management Review*, 28, 2003. p. 447-465; Cadbury Committee. *Report of the Cadbury Committee on the Financial Aspects of Corporate Governance*, Londres: Gee, 1992.
18. WRIGHT, R. P. Top managers' strategic cognitions of the strategy making process: Differences between high and low performing firms. *Journal of General Management*, 30(1), 2004. p. 61-78; PRAHALAD, C. K.; OOSTERVELD, J. P. Transforming internal governance: The challenge for multinationals. *Sloan Management Review*, 40(3), 1999. p. 31-39.
19. MOELLER, T. Let's make a deal! How shareholder control impacts merger payoffs. *Journal of Financial Economics*, 76(1), 2005. p. 167-190; HITT, M. A.; HOSKISSON, R. E.; JOHNSON, R. A.; Moesel, D. D. The market for corporate control and firm innovation. *Academy of Management Journal*, 39, 1996. p. 1.084-1.119; WALSH, J. P.; KOSNIK, R. Corporate raiders and their disciplinary role in the market for corporate control. *Academy of Management Journal*, 36, 1993. p. 671-700.
20. BURR, B. B. Good governance rewarded. *Pensions and Investments*, 33(2), 2005. p. 20; RAMASWAMY, K.; LI, M.; VELIYATH, R. Variations in ownership behavior and propensity to diversify: A study of the Indian context. *Strategic Management Journal*, 23, 2002. p. 345-358; DAVIS; SCHOORMAN; DONALDSON. Toward a stewardship theory.
21. ANDERSON, R. C.; BATES, T. W.; BIZJAK, J. M.; LEMMON, M. L.; Corporate governance and firm diversification. *Financial*

Management, 29(1), 2000. p. 5-22; SUNDARAMURTHY, C.; MAHONEY, J. M.; MAHONEY, J. T. Board structure, antitakeover provisions, and stockholder wealth. *Strategic Management Journal*, 18, 1997. p. 231-246; REDIKER, K. J.; SETH, A. Boards of directors and substitution effects of alternative governance mechanisms. *Strategic Management Journal*, 16, 1995. p. 85-99.

22. HOSKISSON, R. E.; HITT, M. A.; JOHNSON, R. A.; GROSSMAN, W. Conflicting voices: The effects of ownership heterogeneity and internal governance on corporate strategy. *Academy of Management Journal*, 45, 2002. p. 697-716.

23. DAVIS, G.E.; THOMPSON, T. A. A social movement perspective on corporate control. *Administrative Science Quarterly*, 39, 1994. p. 141-173.

24. BRICKER, R.; CHANDAR, N. Where Berle and Means went wrong: A reassessment of capital market agency and financial reporting. *Accounting, Organizations and Society*, 25, 2000. p. 529-554; EISENBERG, M. A. The structure of corporation law. *Columbia Law Review*, 89(7), 1989. p. 1.461, como citado em MONKS, R. A. G.; MINOW, N. *Corporate Governance*, Cambridge: Blackwell Business, 1995. p. 7.

25. WISEMAN, R. M.; GOMEZ-MEJIA, L. R. A behavioral agency model of managerial risk taking. *Academy of Management Review*, 23, 1999. p. 133-153.

26. ANDERSON, R. C.; REEB, D. M. Board composition: Balancing family influence in S&P 500 firms. *Administrative Science Quarterly*, 49, 2004. p. 209-237.

27. CARNEY. Corporate governance and competitive advantage; ATHANASSIOU, N.; CRITTENDEN, W. F.; KELLY, L. M.; MARQUEZ, P. Founder centrality effects on the Mexican family firm's top management group: Firm culture, strategic vision and goals and firm performance. *Journal of World Business*, 37, 2002. p. 139-150.

28. REDDING, G. The capitalist business system of China and its rationale. *Asia Pacific Journal of Management*, 19, 2002. p. 221-249.

29. LEE, T. S.; YEH, Y. H. Corporate governance and financial distress: Evidence from Taiwan. *Corporate Governance*, 12(3), 2004. p. 378-388; CARNEY, M.; GEDAJLOVIC, E. Strategic innovation and the administrative heritage of East Asian family business groups. *Asia Pacific Journal of Management*, 20, 2003. p. 5-26; MILLER, D.; LE BRETON--MILLER, I. Challenge *versus* advantage in family business. *Strategic Organization*, 1, 2003. p. 127-134.

30. FAMA, E. F. Agency problems and the theory of the firm. *Journal of Political Economy*, 88, 1980. p. 288-307.

31. DALTON, D.; DAILY, C.; CERTO, T.; ROENGPITYA, R. Meta-analyses of financial performance and equity: Fusion or confusion? *Academy of Management Journal*, 46, 2003. p. 13-26; JENSEN, M.; MECKLING, W. Theory of the firm: Managerial behavior, agency costs, and ownership structure. *Journal of Financial Economics*, 11, 1976. p. 305-360.

32. HAMBRICK, D. C.; FINKELSTEIN, S.; MOONEY, A. C. Executive job demands: New insights for explaining strategic decisions and leader behaviors. *Academy of Management Review*, 30, 2005. p. 472-491; GOMEZ-MEJIA, L. R.; NUNEZ-NICKEL, M.; GUTIERREZ, I. The role of family ties in agency contracts. *Academy of Management Journal*, 44, 2001. p. 81-95; TOSI, H. L.; KATZ, J.; GOMEZ-MEJIA, L. R. Disaggregating the agency contract: The effects of monitoring, incentive alignment, and term in office on agent decision making. *Academy of Management Journal*, 40, 1997. p. 584-602.

33. JACOBIDES, M. G.; CROSON, D. C. Information policy: Shaping the value of agency relationships. *Academy of Management Review*, 26, 2001. p. 202-223.

34. RYAN JR., H. E.; WIGGINS III, R. A. Who is in whose pocket? Director compensation, board independence, and barriers to effective monitoring. *Journal of Financial Economics*, 73, 2004. p. 497-524; MANGEL, R.; USEEM, M. The strategic role of gainsharing. *Journal of Labor Research*, 2, 2001. p. 327-343; WELBOURNE, T. M.; GOMEZ-MEJIA, L. R. Gainsharing: A critical review and a future research agenda. *Journal of Management*, 21, 1995. p. 577.

35. PENG, M. W. Outside directors and firm performance during institutional transitions. *Strategic Management Journal*, 25, 2004. p. 453-471; HILLMAN, A. J.; DALZIEL, T. Boards of directors and firm performance: Integrating agency and resource dependence perspectives. *Academy of Management Review*, 28, 2003. p. 383-396.

36. HOSKISSON; HITT; JOHNSON; GROSSMAN; Conflicting voices; WILLIAMSON, O. E. *The Mechanisms of Governance*, Nova York: Oxford University Press, 1996. p. 6; WILLIAMSON, O. E. Opportunism and its critics. *Managerial and Decision Economics*, 14, 1993. p. 97-107.

37. COFF, R. W.; LEE, P. M. Insider trading as a vehicle to appropriate rent from R&D. *Strategic Management Journal*, 24, 2003. p. 183-190; CHEN, C. C.; PENG, M. W.; SAPARITO, P. A. Individualism, collectivism, and opportunism: A cultural perspective on transaction cost economics. *Journal of Management*, 28, 2002. p. 567-583; GHOSHAL, S.; MORAN, P. Bad for practice: A critique of the transaction cost theory. *Academy of Management Review*, 21, 1996. p. 13-47.

38. WATHNE, K. H.; HEIDE, J. B. Opportunism in interfirm relationships: Forms, outcomes, and solutions. *Journal of Marketing*, 64(4), 2000. p. 36-51.

39. YOSHIKAWA, T.; PHAN, P. H.; LINTON, J. The relationship between governance structure and risk management approaches in Japanese venture capital firms. *Journal of Business Venturing*, 19, 2004. p. 831-849; TIHANYI, L.; JOHNSON, R. A.; HOSKISSON, R. E.; HITT, M. A. Institutional ownership differences and international diversification: The effects of boards of directors and technological opportunity. *Academy of Management Journal*, 46, 2003. p. 195-211; AMIHUD, Y.; LEV, B. Risk reduction as a managerial motive for conglomerate mergers. *Bell Journal of Economics*, 12, 1981. p. 605-617.

40. ANDERSON; BATES; BIZJAK; LEMMON. Corporate governance and firm diversification; HOSKISSON, R. E.; TURK, T. A. Corporate restructuring: Governance and control limits of the internal market. *Academy of Management Review*, 15, 1990. p. 459-477.

41. BUSHMAN, R.; CHEN, Q.; ENGEL, E.; SMITH, A. Financial accounting information, organizational complexity and corporate governance systems. *Journal of Accounting and Economics*, 7, 2004. p. 167-201; GELETKANYCZ, M. A.; BOYD, B. K.; FINKELSTEIN, S. The strategic value of CEO external directorate networks: Implications for CEO compensation. *Strategic Management Journal*, 9, 2001. p. 889-898.

42. GRINSTEIN, Y.; HRIBAR, P. CEO compensation and incentives: Evidence from M&A bonuses. *Journal of Financial Economics*, 73, 2004. p. 119-143; SETH, A.; SONG, K. P.; PETTIT, R. R. Value creation and destruction in cross-border acquisitions: An empirical analysis of foreign acquisitions of U.S. firms. *Strategic Management Journal*, 23, 2002. p. 921-940; WRIGHT, P.; KROLL, M.; ELENKOV, D. Acquisition returns, increase in firm size and chief executive officer compensation: The moderating role of monitoring. *Academy of Management Journal*, 45, 2002. p. 599-608; FINKELSTEIN, S.; HAMBRICK, D. C. Chief executive compensation: A study of the intersection of markets and political processes. *Strategic Management Journal*, 16, 1989. p. 221-239.

43. GORANOVA, M.; ALESSANDRI, T. M.; BRANDES, P.; DHARWADKAR, R. Managerial ownership and corporate diversification: A

longitudinal view. *Strategic Management Journal,* 28, 2007. p. 211-225.

44. GOMEZ-MEJIA; NUNEZ-NICKEL; GUTIERREZ. The role of family ties in agency contracts.

45. JENSEN, M. C. Agency costs of free cash flow, corporate finance, and takeovers. *American Economic Review,* 76, 1986. p. 323-329.

46. JENSEN, M.; ZAJAC, E. Corporate elites and corporate strategy: How demographic preferences and structural position shape the scope of the firm. *Strategic Management Journal,* 25, 2004. p. 507-524; BRUSH, T. H.; BROMILEY, P.; HENDRICKX, M. The free cash flow hypothesis for sales growth and firm performance. *Strategic Management Journal,* 21, 2000. p. 455- 472; DEANGELO, H.; DEANGELO, L. Controlling stockholders and the disciplinary role of corporate payout policy: A study of the Times Mirror Company. *Journal of Financial Economics,* 56, 2000. p. 153-207.

47. RAMASWAMY, K.; LI, M.; PETITT, B. S. P. Who drives unrelated diversification? A study of Indian manufacturing firms. *Asia Pacific Journal of Management,* 21, 2004. p. 403-423; RAMASWAMY, K.; LI, M.; VELIYATH, R. Variations in ownership behavior and propensity to diversify: A study of the Indian corporate context. *Strategic Management Journal,* 23, 2002. p. 345-358.

48. DESAI, A.; KROLL, M.; WRIGHT, P. Outside board monitoring and the economic outcomes of acquisitions: A test of the substitution hypothesis. *Journal of Business Research,* 58, 2005. p. 926-934; WRIGHT, P.; KROLL, M.; LADO, A.; VAN NESS, B. The structure of ownership and corporate acquisition strategies. *Strategic Management Journal,* 23, 2002. p. 41-53.

49. MUKHERJEE, T. K.; KIYMAZ, H.; BAKER, H. K. Merger motives and target valuation: A survey of evidence from CFOs. *Journal of Applied Finance,* 14(2), 2004. p. 7-24; RAJAN, R.; SERVAES, H.; ZINGALES, L. The cost of diversity: The diversification discount and inefficient investment. *Journal of Finance,* 55, 2001. p. 35-79; SHARMA, A. Professional as agent: Knowledge asymmetry in agency exchange. *Academy of Management Review,* 22, 1997. p. 758-798.

50. OSHEROFF, M. SOX as opportunity. *Strategic Finance,* abr. 2006. p. 19-20; DALTON, D. R.; DALTON, C. M. Sarbanes-Oxley legislation and the private company: If not a marriage, then certainly an engagement. *Journal of Business Strategy,* 26(2) p. 7-8; BORRUS, A.; LAVELLE, L. BRADY, D.; ARNDT, M.; WEBER, J. Death, taxes and Sarbanes-Oxley? Executives may be frustrated with the law's burdens, but corporate performance is here to stay. *Business Week,* 17 jan. 2005. p . 28-31.

51. MARDEN, R.; EDWARDS, R. The Sarbanes-Oxley axe. *CPA Journal,* abr. 2005. p. 6-10.

52. FOX, J. Calling off the dogs. *Fortune,* 27 jun. 2005. p. 27-29.

53. MCTAGUE, J. Corporate tangle. *Barron's,* 4 abr. 2005. p. 19.

54. STEPHENS, L.; SCHWARTZ, R. G. The chilling effect of Sarbanes-Oxley: Myth or reality? *CPA Journal,* jun. 2006. p. 14-19.

55. HASS, W. J.; PRYOR IV, S. G. The board's role in corporate renewal. *Journal of Private Equity,* 8(2), 2005. p. 12.

56. DE MIGUEL, A.; PINDADO, J.; DE LA TORRE, C. Ownership structure and firm value: New evidence from Spain. *Strategic Management Journal,* 25, 2004. p. 1.199-1.207; COLES, J.; SEN, N.; MCWILLIAMS, V. An examination of the relationship of governance mechanisms to performance. *Journal of Management,* 27, 2001. p. 23-50.

57. SINGH, M.; MATHUR, I.; GLEASON, K. C. Governance and performance implications of diversification strategies: Evidence from large U. S. firms. *Financial Review,* 39, 2004. p. 489-526; CHEN, S. S.; HO, K. W. Corporate diversification, ownership structure, and firm value: The Singapore evidence. *International Review of Financial Analysis,* 9, 2000. p. 315-326; HOSKISSON, R. E.; JOHNSON, R. A.; MOESEL, D. D. Corporate divestiture intensity in restructuring firms: Effects of governance, strategy, and performance. *Academy of Management Journal,* 37, 1994. p. 1.207-1.251.

58. DE MIGUEL; PINDADO; DE LA TORRE. Ownership structure and firm value.

59. ANDERSON, R. C.; REEB, D. M. Board composition: Balancing family influence in S&P 500 firms. *Administrative Science Quarterly,* 49, 2004. p. 209-237.

60. CHANG, S. J. Ownership structure, expropriation and performance of group-affiliated companies in Korea. *Academy of Management Journal,* 46, 2003. p. 238-253.

61. BERLE, A.; MEANS, G. *The Modern Corporation and Private Property,* Nova York: Macmillan, 1932.

62. AJINKYA, B.; BHOJRAJ, S.; SENGUPTA, P. The association between outside directors, institutional investors and the properties of management earnings forecasts. *Journal of Accounting Research,* 43, 2005. p. 343-376; GOMPERS, P. A.; METRICK, A. Institutional investors and equity prices. *Quarterly Journal of Economics,* 116, 2001. p. 229-259; SMITH, M. P. Shareholder activism by institutional investors: Evidence from CalPERS. *Journal of Finance,* 51, 1996. p. 227-252.

63. HOSKISSON; HITT; JOHNSON; GROSSMAN. Conflicting voices; DAILY, C. M. Governance patterns in bankruptcy reorganizations. *Strategic Management Journal,* 17, 1996. p. 355-375.

64. HOSKISSON; HITT; JOHNSON; GROSSMAN. Conflicting voices; USEEM, M. Corporate leadership in a globalizing equity market. *Academy of Management Executive,* 12(3), 1998. p. 43-59; HOSKISSON, R. E.; HITT, M. A. *Downscoping: How to Tame the Diversified Firm,* Nova York: Oxford University Press, 1994.

65. REBEIZ, K. Corporate governance effectiveness in American corporations: A survey. *International Management Journal,* 18(1), 2001. p. 74-80.

66. CalPERS. Facts at a glance, http://www.calpers.com, 1 mar. 2007.

67. CalPERS shareowner forum. Shareowner action, http://www.calpers-governance.org, 1 mar. 2007.

68. Ibid.

69. TIHANYI; HOSKISSON; JOHNSON; HITT. Institutional ownership diff erence; HOSKISSON; HITT; JOHNSON; GROSSMAN. Conflicting voices; DAVID, P.; HITT, M. A.; GIMENO, J. The role of institutional investors in influencing R&D. *Academy of Management Journal,* 44, 2001. p. 144-157; BUSHEE, B. J. Do institutional investors prefer near-term earnings over long-run value? *Contemporary Accounting Research,* 18, 2001. p. 207–246.

70. Shareholder activism is rising. *Investor Relations Business,* 6 ago. 2001. p. 8.

71. DE WIED, W. S. The age of activism. *Corporate Governance Advisor,* 14(6), 2006. p. 1-7.

72. Ibid.

73. REBEIZ. Corporate governance effectiveness; SEWARD, J. K.; WALSH, J. P. The governance and control of voluntary corporate spinoffs. *Strategic Management Journal,* 17, 1996. p. 25-39.

74. KOR, Y. Y. Direct and interaction effects of top management team and board compositions on R&D investment strategy. *Strategic Management Journal,* 27, 2006. p. 1.081-1.099; DEHAENE, A.; DE VUYST, V.; OOGHE, H. Corporate performance and board structure in Belgian companies. *Long Range Planning,* 34(3), 2001. p. 383-398.

75. CHATTERJEE, S.; HARRISON, J. S.; BERGH, D. D. Failed takeover attempts, organizational governance and refocusing. *Strategic Management Journal,* 24, 2003. p. 87-96; CHATTERJEE, S.; HARRISON, J. S. Corporate governance. In:

HITT, M. A.; FREEMAN, R. E.; HARRISON, J. S. (eds.), *Blackwell Handbook of Strategic Management,* Oxford: Blackwell Publishers, 2001. p. 543-563.

76. FINKELSTEIN, S.; MOONEY, A. C. Not the usual suspects: How to use board process to make boards better. *Academy of Management Executive,* 17, 2003. p. 101-113.

77. THOMSEN, S.; PEDERSEN, T. Ownership structure and economic performance in the largest European companies. *Strategic Management Journal,* 21, 2000. p. 689-705.

78. AGUILERA, R. V. Corporate governance and director accountability: An institutional comparative perspective. *British Journal of Management,* 16(51), 2005. p. 539-553; FRAM, E. H. Governance reform: It's only just begun. *Business Horizons,* 47(6), 2004. p. 10-14; DALTON, D. R.; DAILY, C. M.; ELLSTRAND, A. E.; JOHNSON, J. L. Meta-analytic reviews of board composition, leadership structure, and financial performance. *Strategic Management Journal,* 19, 1998. p. 269-290; HUSE, M. Researching the dynamics of board-stakeholder relations. *Long Range Planning,* 31, 1998. p. 218-226.

79. YOUNG, S. The increasing use of non-executive directors: Its impact on UK board structure and governance arrangements. *Journal of Business Finance and Accounting,* 27(9/10), 2000. p. 1.311-1.342; MALLETTE, P.; HOGLER, R. L. Board composition, stock ownership, and the exemption of directors from liability. *Journal of Management,* 21, 1995. p. 861-878.

80. CALDWELL, C.; KARRI, R. Organizational governance and ethical systems: A covenantal approach to building trust. *Journal of Business Ethics,* 58, 2005. p. 249-259; CHIDLEY, J. Why boards matter. *Canadian Business,* 29 out. 2001. p. 6; FORBES, D. P.; MILLIKEN, F. J. Cognition and corporate governance: Understanding boards of directors as strategic decision-making groups. *Academy of Management Review,* 24, 1999. p. 489-505.

81. HOSKISSON; HITT; JOHNSON; GROSSMAN. Conflicting voices; BAYSINGER, B. D.; HOSKISSON, R. E. The composition of boards of directors and strategic control: Effects on corporate strategy. *Academy of Management Review,* 15, 1990. p. 72-87.

82. CARPENTER; WESTPHAL. Strategic context of external network ties; ZAJAC, E. J.; WESTPHAL, J. D. Director reputation, CEO-board power, and the dynamics of board interlocks. *Administrative Science Quarterly,* 41, 1996. p. 507-529.

83. CANYON, M. J. Executive compensation and incentives. *Academy of Management Perspectives,* 20(1), 2006. p. 25-44.

84. WESTPHAL, J.; MILTON, L. How experience and network ties affect the influence of demographic minorities on corporate boards. *Administrative Science Quartely,* 45(2), jun. 2000. p. 366-398.

85. BP, Board independence, http://www.bp.com, 8 ago. 2006.

86. PETRA, S. T. Do outside independent directors strengthen corporate boards? *Corporate Governance,* 5(1), 2005. p. 55-65.

87. ROBERTS, J.; McNulty, T.; STILES, P. Beyond agency conceptions of the work of the non-executive director: Creating accountability in the boardroom. *British Journal of Management,* 16(S1), 2005. p. S1-S4.

88. COLES, J.; HESTERLY, W. Independence of the chairman and board composition: Firm choices and shareholder value. *Journal of Management,* 26, 2000. p. 195-214; ZAHRA, S. Governance, ownership and corporate entrepreneurship among the Fortune 500: The moderating impact of industry technological opportunity. *Academy of Management Journal,* 39, 1996. p. 1.713-1.735.

89. HOSKISSON; HITT; JOHNSON; GROSSMAN. Conflicting voices.

90. LAWLER III, E. E.; FINEGOLD, D. L. The changing face of corporate boards. *MIT Sloan Management Review,* 46(2), 2005. p. 67-70; CONGER, A.; LAWLER, E. E.; FINEGOLD, D. L. Corporate Boards: New Strategies for Adding Value at the Top, São Francisco: Jossey-Bass, 2001; CONGER, J. A.; FINEGOLD, D.; LAWLER III, E. E. Appraising boardroom performance. *Harvard Business Review,* 76(1), 1998. p. 136-148.

91. SHEN, W. Improve board effectiveness: The need for incentives. *British Journal of Management,* 16(51), 2005. p. 581-589; GERETY, M.; HOI, C.; ROBIN, A. Do shareholders benefit from the adoption of incentive pay for directors? *Financial Management,* 30, 2001. p. 45-61; MARSHALL, J. As boards shrink, responsibilities grow. *Financial Executive,* 17(4), 2001. p. 36-39; HAMBRICK, D. C.; JACKSON, E. M. Outside directors with a stake: The linchpin in improving governance. *California Management Review,* 42(4) 2000. p. 108-127.

92. CARPENTER; WESTPHAL. The strategic context of external network ties.

93. FILATOTCHEV, I.; TOMS, S. Corporate governance, strategy and survival in a declining industry: A study of UK cotton textile companies. *Journal of Management Studies,* 40, 2003. p. 895-920; JUDGE JR., W. Q.; ZEITHAML, C. Institutional and strategic choice perspectives on board involvement in the strategic decision process. *Academy of Management Journal,* 35, 1992. p. 766-794.

94. SIMMERS, C. A. Executive/board politics in strategic decision making. *Journal of Business and Economic Studies,* 4, 2000. p. 37-56.

95. ROBERTS; MCNULTY; STILES. Beyond agency conceptions.

96. GILLIS, W. E.; COMBS, J. G. How much is too much? Board of director response to shareholder concerns about CEO stock options. *Academy of Management Perspectives,* 20(2), 2006. p. 70-72; MARTIN, K. J.; THOMAS, R. S. When is enough, enough? Market reaction to highly dilutive stock option plans and the subsequent impact on CEO compensation. *Journal of Corporate Finance,* 11, 2005. p. 61-83.

97. MORGENSEN, G. Outside advice on boss's pay may not be so independent. *New York Times,* http://www.nytimes.com, 10 abr. 2006.

98. ANDERS, G. As patients, doctors feel pinch, insurer's CEO makes a billion. *Wall Street Journal,* 18 abr. 2006. p. A1.

99. WHITE, E.; PATRICK, A. O. Shareholders push for vote on executive pay. *Wall Street Journal,* 26 fev. 2007. p. B1.

100. BEBCHUK, L. A.; FRIED, J. M. *Pay without Performance: The Unfulfilled Promise of Executive Compensation.* Cambridge: Harvard University Press, 2004; HAMBRICK, D. C.; FINKELSTEIN, S. The effects of ownership structure on conditions at the top: The case of CEO pay raises. *Strategic Management Journal,* 16, 1995. p. 175.

101. MAKRI, M.; LANE, P. J.; GOMEZ-MEJIA, L. R. CEO incentives, innovation, and performance in technology-intensive firms: A reconciliation of outcome and behavior-based incentive schemes. *Strategic Management Journal,* 27, 2006. p. 1.057--1.080; MILLER, J. S.; WISEMAN, R. M.; GOMEZ-MEJIA, L. R. The fit between CEO compensation design and firm risk. *Academy of Management Journal,* 45, 2002. p. 745-756; GOMEZ-MEJIA, L.; WISEMAN, R. M. Reframing executive compensation: An assessment and outlook. *Journal of Management,* 23, 1997. p. 291-374.

102. HENDERSON, A.; FREDRICKSON, J. Top management team coordination needs and the CEO pay gap: A competitive test of economic and behavioral views. *Academy of Management Journal,* 44, 2001. p. 96-117.

103. McGUIRE, J.; MATTA, E. CEO stock options: The silent dimension of ownership. *Academy of Management Journal,* 46, 2003. p. 255-265; SANDERS, W. G.; CARPENTER, M. A. Internationalization and firm governance: The roles of CEO compensation, top team composition and board structure. *Academy of Management Journal,* 41, 1998. p. 158-178.

104. HILL, N. T.; STEVENS, K. T. Structuring compensation to achieve better financial results. *Strategic Finance*, 9, 2001. p. 48-51; WESTPHAL, J. D.; ZAJAC, E. J. The symbolic management of stockholders: Corporate governance reform and shareholder reactions. *Administrative Science Quarterly*, 43, 1999. p. 127-153.

105. GOMEZ-MEJIA, L.; LARRAZA-KINTANA, M.; MAKRI, M. The determinants of executive compensation in family-controlled public corporations. *Academy of Management Journal*, 46, 2003. p. 226-237; ELLOUMI; GUEYIE. CEO compensation, IOS and the role of corporate governance; CONYON, M. J.; PECK, S. I. Board control, remuneration committees, and top management compensation. *Academy of Management Journal*, 41, 1998. p. 146-157; WESTPHAL; ZAJAC. The symbolic management of stockholders.

106. O'DONNELL, S. Managing foreign subsidiaries: Agents of headquarters, or an interdependent network? *Strategic Management Journal*, 21, 2000. p. 521-548; ROTH, K.; O'DONNELL, S. Foreign subsidiary compensation: An agency theory perspective. *Academy of Management Journal*, 39, 1996. p. 678-703.

107. RAMASWAMY, K.; VELIYATH, R.; GOMES, L. A study of the determinants of CEO compensation in India. *Management International Review*, 40(2), 2000. p. 167-191.

108. KRUG, J.; HEGARTY, W. Predicting who stays and leaves after an acquisition: A study of top managers in multinational firms. *Strategic Management Journal*, 22, 2001. p. 185-196.

109. CARPENTER, M. A.; SANDERS, W. G. Top management team compensation: The missing link between CEO pay and firm performance. *Strategic Management Journal*, 23, 2002. p.367-375.

110. WERNER; TOSI; GOMEZ-MEJIA. Organizational governance and employee pay; BRYAN, S.; HWANG, L.; LILIEN, S. CEO stock-based compensation: An empirical analysis of incentive-intensity, relative mix, and economic determinants. *Journal of Business*, 73, 2000. p. 661-693.

111. HOSKISSON, R. E.; HITT, M. A.; HILL, C. W. L. Managerial incentives and investment in R&D in large multiproduct firms. *Organization Science*, 4, 1993. p. 325-341.

112. GOMEZ-MEJIA; LARRAZA-KINTANA; MAKRI. The determinants of executive compensation.

113. MEULBROEK, L. K. The efficiency of equity-linked compensation: Understanding the full cost of awarding executive stock options. *Financial Management*, 30(2), 2001. p. 5-44.

114. HARTZELL, J. C.; STARKS, L. T. Institutional investors and executive compensation. *Journal of Finance*, 58, 2003. p. 2351-2374.

115. DAHYA, J.; LONIE, A. A.; POWER, D. A. Ownership structure, firm performance and top executive change: An analysis of UK firms. *Journal of Business Finance and Accounting*, 25, 1998. p. 1.089-1.118.

116. GOMEZ-MEJIA, L. What should be done about CEO pay? *Academy of Management Issues Forum*, jul. 2003; TOSI, H.; WERNER, S.; KATZ, J.; GOMEZ-MEJIA, L. How much does performance matter? A meta-analysis of CEO pay studies. *Journal of Management*, 26, 2000. p. 301-339.

117. CHINGOS, P. T. *Responsible Executive Compensation for a New Era of Accountability*. Hoboken: Wiley, 2004.

118. BETTIS, J. C.; BIZJAK, J. M.; LEMMON, M. L. Exercise behavior, valuation and the incentive effects of employee stock options. *Journal of Financial Economics*, 76, 2005. p. 445-470.

119. POLLOCK, T. G.; FISCHER, H. M.; WADE, J. B. The role of politics in repricing executive options. *Academy of Management Journal*, 45, 2002. p. 1.172-1.182; CARTER, M. E.; LYNCH, L. J. An examination of executive stock option repricing. *Journal of Financial Economics*, 59, 2001. p. 207-225; CHANCE, D.; KUMAR, R.; TODD, R. The "repricing" of executive stock options. *Journal of Financial Economics*, 59, 2001. p. 129-154.

120. CHEN, M. A. Executive option repricing, incentives, and retention. *Journal of Finance*, 59, 2004. p. 1.167-1.199; BRANDES, P.; DHARWADKAR, R.; LEMESIS, G. V. Effective stock option design: Reconciling stakeholder, strategic and motivational factors. *Academy of Management Executive*, 17(1), 2003. p. 77-93.

121. LAVELLE, L. A payday for performance. *Business Week*, 28 abr. 2005. p. 78; MACDONALD, E. Optional end run. *Forbes*, 20 jun. 2005. p. 62.

122. SASSEEN, J. Master of the options universe. *Business Week*, 23 out. 2006. p. 38.

123. ALLISON; MASTERS. Ex-McAfee lawyer charged with fraud.

124. CHAI, B. New twists to the scandal over options backdating. *Wall Street Journal*, 12 dez. 2006.

125. MAURER, H. The Feds weigh in. *Business Week*, 26 fev. 2007. p. 36.

126. MOELLER. Let's make a deal!; COFF, R. Bidding wars over R&D intensive firms: Knowledge, opportunism and the market for corporate control. *Academy of Management Journal*, 46, 2003. p. 74-85; HITT; HOSKISSON; JOHNSON; MOESEL. The market for corporate control and firm innovation; WALSH; KOSNIK. Corporate raiders.

127. SINHA, R. The role of hostile takeovers in corporate governance. *Applied Financial Economics*, 14, 2004. p. 1.291-1.305; GOLDSTEIN, D. Hostile takeovers as corporate governance? Evidence from the 1980s. *Review of Political Economy*, 12, 2000. p. 381-402.

128. DE WIED. The age of activism.

129. KINI, O.; KRACAW, W.; MIAN, S. The nature of discipline by corporate takeovers. *Journal of Finance*, 59, 2004. p. 1.511-1.551.

130. SINHA. The role of hostile takeovers.

131. WALSH; KOSNIK. Corporate raiders.

132. THORTON, E.; KEENAN, F.; PALMERI, C.; HIMELSTEIN, L. It sure is getting hostile. *Business Week*, 14 jan. 2002. p. 28-30.

133. WEBER, J. An irresistible urge to merge. *Business Week*, jan. 2007. p. 72-73.

134. SENDER, H. New predator in takeovers. *Wall Street Journal*, 26 fev. 2007. p. C1; SHIMIZU, K.; HITT, M. A.; VAIDYANATH, D.; VINCENZO, P. Theoretical foundations of cross-border mergers and acquisitions: A review of current research and recommendations for the future. *Journal of International Management*, 10, 2004. p. 307-353; HITT, M. A.; PISANO, V. The cross-border merger and acquisition strategy. *Management Research*, 1, 2003. p. 133-144.

135. SENDER. New predator in takeovers.

136. SINHA. The role of hostile takeovers; ANAND, J.; DELIOS, A. Absolute and relative resources as determinants of international acquisitions. *Strategic Management Journal*, 23, 2002. p. 119-134.

137. CHATTERJEE, S.; HARRISON, J. S.; BERGH, D. D. Failed takeover attempts, corporate governance and refocusing. *Strategic Management Journal*, 24, 2003. p. 87-96; HARFORD, J. Takeover bids and target directors' incentives: The impact of a bid on directors' wealth and board seats. *Journal of Financial Economics*, 69, 2003. p. 51-83.

138. NELSON, J. Corporate governance practices, CEO characteristics, and firm performance. *Journal of Corporate Finance*, 11, 2005. p. 197-228.

139. FIELD, L. C.; KARPOFF, J. M. Takeover defenses of IPO firms. *Journal of Finance*, 57, 2002. p. 1857-1889; SUNDARAMURTHY; MAHONEY; MAHONEY. Board structure, antitakeover provisions, and stockholder wealth.

140. SANDERS, W. G.; CARPENTER, M. A. Strategic satisficing? A behavioral agency theory perspective on stock repurchase

program announcements. *Academy of Management Journal,* 46, 2003. p. 160-178; WESTPHAL, J.; ZAJAC, E. Decoupling policy from practice: The case of stock repurchase programs. *Administrative Science Quarterly,* 46, 2001. p. 202-228.

141. BYRNE, J. A. Poison pills: Let shareholders decide. *Business Week,* 17 maio 1999. p. 104.

142. WALSH; KOSNIK. Corporate raiders.

143. CHAKRABORTY, A.; ARNOTT, R. Takeover defenses and dilution: A welfare analysis. *Journal of Financial and Quantitative Analysis,* 36, 2001. p. 311-334.

144. PORTLONO, A. The decision to adopt defensive tactics in Italy. *International Review of Law and Economics,* 20, 2000. p. 425-452.

145. SUNDARAMURTHY, C. Antitakeover provisions and shareholder value implications: A review and a contingency framework. *Journal of Management,* 26, 2000. p. 1.005-1.030.

146. MILLAR, C. C. J. M.; ELDOMIATY, T. I.; CHOI, C. J.; HILTON, B. Corporate governance and institutional transparency in emerging markets. *Journal of Business Ethics,* 59, 2005. p. 163-174; KOGUT, B.; WALKER, G.; ANAND, J. Agency and institutions: National divergence in diversification behavior. *Organization Science,* 13, 2002. p. 162-178; NORBURN, D.; BOYD, B. K.; FOX, M.; MUTH, M. International corporate governance reform. *European Business Journal,* 12(3), 2000. p. 116-133; USEEM. Corporate leadership in a globalizing equity market.

147. INKPEN, A.; RAMASWAMY, K. *Global Strategy: Creating and Sustaining Advantage across Borders,* Nova York: Oxford University Press, 2006; AGUILERA; JACKSON. The cross-national diversity of corporate governance.

148. JACOBY, S. M. *The Embedded Corporation: Corporate Governance and Employment Relations in Japan and the United States,* Princeton: Princeton University Press, 2004; Yoshikawa, T.; Phan, P. H. Alternative corporate governance systems in Japanese firms: Implications for a shift to stockholder-centered corporate governance. *Asia Pacific Journal of Management,* 18, 2001. p. 183-205; YAFEH, Y. Corporate governance in Japan: Past performance and future prospects. *Oxford Review of Economic Policy,* 16(2), 2000. p. 74-84.

149. WITT, P. The competition of international corporate governance systems: A German perspective. *Management International Review,* 44, 2004. p. 309-333; NANCHUM, L. Does nationality of ownership make any difference and if so, under what circumstances? Professional service MNEs in global competition. *Journal of International Management,* 9, 2003. p. 1-32.

150. CARNEY. Corporate governance and competitive advantage; KLEIN, S. Family businesses in Germany: Significance and structure. *Family Business Review,* 13, 2000. p. 157-181.

151. TUSCHKE, A.; W. G. Sanders, Antecedents and consequences of corporate governance reform: The case of Germany. *Strategic Management Journal,* 24, 2003. p. 631-649; J. Edwards; M. Nibler, 2000, Corporate governance in Germany: The role of banks and ownership concentration, *Economic Policy,* 31. p. 237-268; GEDAJLOVIC, E. R.; SHAPIRO, D. M. Management and ownership effects: Evidence from five countries. *Strategic Management Journal,* 19, 1998. p. 533-553.

152. FISS, P. C. Social influence effects and managerial compensation evidence from Germany. *Strategic Management Journal,* 27, 2006. p. 1.013-1.031.

153. INKPEN; RAMASWAMY. *Global Strategy*; DOUMA, S. The two-tier system of corporate governance. *Long Range Planning,* 30(4), 1997. p. 612-615.

154. INKPEN; RAMASWAMY. *Global Strategy.*

155. KARNITSCHNIG, M. Too many chiefs at Siemens? German consensus culture may hamper forward-looking CEO. *Wall Street Journal,* 20 jan. 2005. p. A12.

156. FISS, P. C.; ZAJAC, E. J. The diffusion of ideas over contested terrain: The (non) adoption of a shareholder value orientation among German firms. *Administrative Science Quarterly,* 49, 2004. p. 501-534.

157. TUSCHKE; SANDERS. Antecedents and consequences of corporate governance reform.

158. HOSHI, T.; KASHYAP, A. K.; FISCHER, S. *Corporate Financing and Governance in Japan,* Boston: MIT Press, 2001.

159. CHARKHAM. *Keeping Good Company.* p. 70.

160. INKPEN; RAMASWAMY. *Global Strategy.* p. 188.

161. HITT, M. A.; LEE, H.; YUCEL, E. The importance of social capital to the management of multinational enterprises: Relational networks among Asian and Western Firms. *Asia Pacific Journal of Management,* 19, 2002. p. 353-372.

162. YOSHIKAWA; PHAN. Alternative corporate governance systems in Japanese firms.

163. INKPEN; RAMASWAMY. *Global Strategy*; JACOBY. *The Embedded Corporation*; LEE, P. M.; O'NEILL, H. M. Ownership structures and R&D investments of U.S. and Japanese firms: Agency and stewardship perspectives. *Academy of Management Journal,* 46, 2003. p. 212-225; HOSKISSON, R. E.; JOHNSON, R. A.; YIU, D.; WAN, W. P. Restructuring strategies of diversified business groups: Differences associated with country institutional environments. In: HITT, M. A.; FREEMAN, R. E.; HARRISON, J. S. (eds.). *Blackwell Handbook of Strategic Management,* Oxford: Blackwell Publishers, 2001. p. 433-463.

164. KAWAURA, A. Deregulation and governance: Plight of Japanese banks in the 1990s. *Applied Economics,* 36, 2004. p. 479-484; BREMNER, B. Cleaning up the banks — finally. *Business Week,* 17 dez. 2001. p. 86; Business: Japan's corporate-governance u-turn. *Economist,* 18 nov. 2000. p. 73.

165. BREMNER, B.; THORNTON, E.; KUNII, I. M. Fall of a keiretsu. *Business Week,* 15 mar. 1999. p. 87-92.

166. AHMADJIAN, C. L.; ROBBINS, G. E. A clash of capitalisms: Foreign shareholders and corporate restructuring in 1990s Japan. *American Sociological Review,* 70, 2005. p. 451-471.

167. INKPEN; RAMASWAMY. *Global Strategy.* p. 188.

168. MOFFETT, S. A hostile takeover – in Japan? *Business Week,* http://www.businessweek.com, 24 maio 1999.

169. KOTARO, T. RIETI: Research Institute of Economy, Trade and Industry, How to cope with the threat of hostile takeovers: Japanese corporate governance at a crossroads, http://www.rieti.go.jp, 28 fev. 2007.

170. Nearly 200 Japanese firms introduce takeover defense measures. *JijiPress English News Service,* 23 fev. 2007. p. 1.

171. LEE, P. M. A comparison of ownership structures and innovations of U.S. and Japanese firms. *Managerial and Decision Economics,* 26(1), 2004. p. 39-50; LEE; O'NEILL. Ownership structures and R&D investments.

172. HAYASHI, Y. Japan firms ponder private life. *Wall Street Journal,* 1 ago. 2005. p. C14.

173. WRIGHT, M.; KITAMURA, M.; HOSKISSON, R. E. Management buyouts and restructuring Japanese corporations. *Long Range Planning,* 36(4), 2003. p. 355-373.

174. WHITE, J. B. The company we'll keep. *Wall Street Journal* online, http://www.wsj.com, 17 jan. 2000.

175. BAEK, J. S.; KANG, J. K.; PARK, S. K. Corporate governance and firm value: Evidence from the Korean financial crisis. *Journal of Financial Economics,* 71, 2004. p. 265- 313; LEE; YEH. Corporate governance.

176. EDWARDS, T. Corporate governance, industrial relations and trends in company-level restructuring in Europe: Convergence towards the Anglo-American model? *Industrial Relations Journal,* 35, 2004. p. 518-535.

177. INKPEN; RAMASWAMY. *Global Strategy.*

178. BOUBARKRI, N.; COSSET, J. C.; GUEDHAMI, O. Postprivatization corporate governance: The role of ownership structure

and investor protection. *Journal of Financial Economics,* 76, 2004. p. 369-399; UHLENBRUCK, K.; MEYER, K. E.; HITT, M. A. Organizational transformation in transition economies: Resource-based and organizational learning perspectives. *Journal of Management Studies,* 40, 2003. p. 257-282; MAR, P.; YOUNG, M. Corporate governance in transition economies: A case study of 2 Chinese airlines. *Journal of World Business,* 36(3), 2001. p. 280-302; PENG, M. W. *Business Strategies in Transition Economies,* Thousand Oaks: Sage, 2000.

[179.] LI, J.; LAM, K.; MOY, J. W. Ownership reform among state firms in China and its implications. *Management Decision,* 43, 2005. p. 568-588; CHANG, L. Chinese firms find incentive to use stock-compensation plans. *Wall Street Journal,* 1 nov. 1999. p. A2; CLARKE, T.; DU, Y. Corporate governance in China: Explosive growth and new patterns of ownership. *Long Range Planning,* 31(2), 1998. p. 239-251.

[180.] HITT, M. A.; AHLSTROM, D.; DACIN, M. T.; LEVITAS, E.; SVOBODINA, L. The institutional effects on strategic alliance partner selection in transition economies: China *versus* Russia. *Organization Science,* 15, 2004. p. 173-185; FILATOTCHEV, I.; WRIGHT, M.; UHLENBRUCK, K.; TIHANYI, L.; HOSKISSON, R. E. Governance, organizational capabilities, and restructuring in transition economies. *Journal of World Business,* 38, 2003. p. 331-347; FILATOTCHEV, I.; KAPELYUSHNIKOV, R.; DYOMINA, N.; AUKUTSIONEK, S. The effects of ownership concentration on investment and performance in privatized firms in Russia. *Managerial and Decision Economics,* 22(6), 2001. p. 299-313; PEROTTI, E.; GELFER, S. Red barons or robber barons? Governance and investment in Russian financial-industrial groups. *European Economic Review,* 45(9), 2001. p. 1.601-1.617; BUCK, T.; FILATOTCHEV, I.; WRIGHT, M. Agents, stakeholders and corporate governance in Russian firms. *Journal of Management Studies,* 35, 1998. p. 81-104.

[181.] SHARMA, S.; HENRIQUES, I. Stakeholder influences on sustainability practices in the Canadian forest products industry. *Strategic Management Journal,* 26, 2005. p. 159-180; HILLMAN; KEIM; LUCE. Board composition and stakeholder performance; OLIVER, R. The board's role: Driver's seat or rubber stamp? *Journal of Business Strategy,* 21, 2000. p. 7-9.

[182.] ARGENTI, P. A.; HOWELL, R. A.; BECK, K. A. The strategic communication imperative. *MIT Sloan Management Review,* 46(3), 2005. p. 83-89; HART, S. L.; SHARMA, S. Engaging fringe stakeholders for competitive imagination. *Academy of Management Executive,* 18(1), 2004. p. 7-18; NUTT, P. Expanding the search for alternatives during strategic decision-making. *Academy of Management Executive,* 18(4), 2004. p. 13-28.

[183.] STINGLHAMBER, F.; DE CREMER, D.; MERCKEN, L. F. Support as a mediator of the relationship between justice and trust. *Group and Organization Management,* 31, 2006. p. 442-468; HEGTVEDT, K. A. Doing justice to the group: Examining the roles of the group in justice research. *Annual Review of Sociology,* 31, 2005. p. 25-45; CHEN, C. C.; CHEN, Y. R.; XIN, K. Guanxipractices and trust in management: A procedural justice perspective. *Organization Science,* 15, 2004. p. 200-209.

[184.] RINDOVA, V. P.; WILLIAMSON, I. O.; PETKOVA, A. P.; SEVER, J. M. Being good or being known: An empirical examination of the dimensions, antecedents, and consequences of organizational reputation. *Academy of Management Journal,* 48, 2005. p. 1.033-1.049; FOMBRUN, C. J. Corporate reputations as economic assets. In: HITT, M. A.; FREEMAN, R. E.; HARRISON, J. S. *Handbook of Strategic Management,* Oxford: Blackwell Publishers, 2001. p. 289-312; BARRINGER, B. R.; HARRISON, J. S. Walking a tightrope: Creating value through interorganizational relationships. *Journal of Management,* 26, 2000. p. 367-403.

[185.] GARDBERG, N. A. Corporate citizenship: Creating intangible assets across institutional environments. *Academy of Management Review,* 31, 2006. p. 329-346; HARRISON, J. S.; ST. JOHN, C. H. Managing and partnering with external stakeholders. *Academy of Management Executive,* 10(2), 1996. p. 46-60; CORNELL, B.; SHAPIRO, A. C. Corporate stakeholders and corporate finance, *Financial Management,* 16, 1987. p. 5-14.

[186.] KAUFMAN, A.; ENGLANDER, E. A team production model of corporate governance. *Academy of Management Executive,* 19(3), 2005. p. 9-22.

[187.] DEMISE, N. Business ethics and corporate governance in Japan. *Business and Society,* 44, 2005. p. 211-217.

[188.] DECKOP, J. R.; MERRIMAN, K. K.; GUPTA, S. The effects of CEO pay structure on corporate social performance. *Journal of Management,* 32, 2006. p. 329-342.

[189.] CALDWELL; KARRI. Organizational governance and ethical systems; FELO, A. Ethics programs, board involvement, and potential conflicts of interest in corporate governance. *Journal of Business Ethics,* 32, 2001. p. 205-218.

[190.] O'CONNOR JR., J. P; PRIEM, R. L.; COOMBS, J. E.; GUILLEY, K. M. Do stock options prevent or promote fraudulent financial reporting? *Academy of Management Journal,* 49, 2006. p. 483-500.

[191.] KIM, H.; HOSKISSON, R. E. Japanese governance systems: A critical review. In: PRASAD, S. B (ed.). *Advances in International Comparative Management,* Greenwich: JAI, 1996. p. 165-189.

Capítulo 12
Empreendedorismo estratégico

Objetivos de aprendizagem

O estudo deste capítulo deve proporcionar-lhe o conhecimento de administração estratégica necessário para:

1. Definir e explicar o empreendedorismo estratégico.
2. Explicar a importância das oportunidades de empreendedorismo, de inovação e das capacidades.
3. Discutir a importância do empreendedorismo internacional e explicar por que está aumentando.
4. Descrever as inovações incrementais e radicais e as características e iniciativas da empresa que as incentivam.
5. Discutir como as estratégias cooperativas do tipo alianças estratégicas são usadas para o desenvolvimento da inovação.
6. Explicar como as empresas usam as aquisições para aumentar seu número de inovações e enriquecer suas capacidades inovadoras.
7. Explicar como a prática do empreendedorismo estratégico cria valor para clientes e acionistas de todos os tipos de empresa, pequenas e grandes, novas e consolidadas.

Todas as empresas operam em um ambiente competitivo altamente complexo e dinâmico. Esse ambiente gera incerteza considerável, e pressões importantes muitas vezes limitam a capacidade das empresas de se adaptarem ao ambiente. Uma dessas pressões é a tendência natural dos seres humanos para a inércia e a resistência à mudança.[1] Além disso, a ênfase na governança e no gerenciamento corporativos examinados no Capítulo 1 aumenta a pressão por conformidade e reduz a flexibilidade dos executivos para responderem a mudanças no ambiente. No cenário competitivo do século XXI, a sobrevivência e o sucesso da empresa constituem cada vez mais uma função da capacidade da empresa para identificar continuamente novas oportunidades e gerar inovações para concretizá-las.[2] Consequentemente, os executivos do primeiro escalão precisam assegurar que a inovação seja enfatizada de modo apropriado em suas empresas para neutralizar as forças que de outra maneira prejudicam a flexibilidade da empresa.

Este capítulo examina como o empreendedorismo estratégico é importante para as empresas para que se mantenham flexíveis a fim de proteger-se contra ou responder a um ambiente competitivo dinâmico.³ O empreendedorismo estratégico ocorre quando as empresas buscam oportunidades no ambiente externo para que possam aproveitá-las por meio de inovações.⁴ No cenário competitivo global, o sucesso em longo prazo de novos empreendimentos e de empresas consolidadas é função de sua capacidade de aglutinar empreendedorismo e administração estratégica.⁵ A atividade inovadora é essencial para as iniciativas da empresa que visam a diferenciar seus bens ou serviços daqueles dos concorrentes e criar valor adicional ou novo para os clientes, o que é fundamental para alcançar vantagem competitiva.⁶

Examinamos diversos tópicos neste capítulo para descrever como as empresas geram e gerenciam a inovação. Para tornar isso possível, examinamos o empreendedorismo e a inovação em um contexto estratégico. Descrevemos em seguida o empreendedorismo internacional, um fenômeno que reflete a adoção crescente do empreendedorismo nos países ao redor do globo. Examinamos os principais meios que as empresas usam para inovar. Internamente elas inovam com base em um comportamento estratégico autônomo ou induzido; no entanto, também podem inovar por meio de estratégias cooperativas ou adquirindo empresas para obter vantagem de suas inovações ou de sua capacidade inovadora. O foco deste capítulo é o empreendedorismo corporativo, que é o uso ou a aplicação do empreendedorismo no âmbito de uma empresa existente.⁷

Empreendedorismo estratégico e inovação

Joseph Schumpeter considerava o empreendedorismo um processo de "destruição criativa" por meio do qual produtos ou métodos de produção existentes são descontinuados e substituídos por outros mais avançados.⁸ Portanto, empreendedorismo é o processo pelo qual pessoas ou grupos identificam e buscam oportunidades empreendedoras sem a limitação imediata dos recursos que controlam presentemente.⁹ A atividade empreendedora constitui um mecanismo importante para gerar mudanças e ajudar as empresas a se adaptarem às mudanças implementadas por terceiros.¹⁰ Empresas que incentivam o empreendedorismo assumem riscos, possuem compromisso com a inovação e são proativas, isto é, tentam criar oportunidades em vez de reagir às oportunidades que outros criam, identificam ou exploram.¹¹

Oportunidades empreendedoras representam condições nas quais novos produtos ou serviços conseguem satisfazer uma necessidade no mercado. Essas oportunidades existem devido às imperfeições competitivas nos mercados e entre os fatores de produção utilizados para produzi-las¹² e quando a informação sobre essas imperfeições estiver distribuída desigualmente entre as pessoas.¹³ Em outras palavras, algumas pessoas têm conhecimento de uma oportunidade para a criação de valor por meio da satisfação de uma necessidade não atendida ou para a combinação de recursos de uma nova maneira, enquanto outras desconhecem a oportunidade. Por exemplo, uma empresa pode identificar uma oportunidade para projetar e vender um novo produto, vender um produto existente em um novo mercado ou criar um produto com uma tecnologia mais eficiente.¹⁴

Recentemente a Amazon.com anunciou uma iniciativa empreendedora que proporciona uma diversificação significativa em relação a seu núcleo varejista. Conforme um repórter da

Business Week escreveu, o CEO Jeffrey Bezos "deseja que a Amazon administre seu negócio ou ao menos as partes técnicas e logísticas confusas que o compõem, usando aquelas mesmas tecnologias e operações que impulsionam sua loja *on-line* com vendas no valor de 10 bilhões de dólares. Durante o processo, Bezos pretende transformar a Amazon em um tipo de empresa prestadora de serviços básicos digitais do século XXI. É como se o Wal-Mart Stores Inc. houvesse decidido mudar de dentro para fora, oferecendo sua cadeia de suprimentos no setor e seus sistemas de logística para qualquer empresa do mercado, mesmo sendo varejista".[15] Existe indiscutivelmente um espírito empreendedor na Amazon.com. Por meio de uma iniciativa denominada "Nuvem de Computação Elástica" a companhia está vendendo parte de sua capacidade bruta de computação. A Amazon também aluga espaço em seus 900.000 m² de área de armazenagem em escala mundial.

Examinamos neste livro o empreendedorismo da empresa individual; no entanto, existem provas de que o empreendedorismo é o propulsor econômico que impulsiona as economias de muitas nações no cenário competitivo global.[16] O empreendedorismo promove o crescimento econômico, aumenta a produtividade e cria empregos.[17] Portanto, o empreendedorismo e a inovação que acarreta são importantes para as companhias que concorrem na economia global e para os países que procuram estimular um clima econômico com potencial para elevar o padrão de vida de seus cidadãos.[18]

Inovação

O autor Peter Drucker definiu inovação como "o meio pelo qual o empreendedor cria novos recursos produtores de riqueza ou agrega aos recursos existentes maior potencial para a criação de riqueza". Ele argumentou em seguida que "inovação é a função específica do empreendedorismo, seja em uma empresa existente, em uma instituição do serviço público ou em um novo empreendimento iniciado por uma única pessoa".[19] Portanto, inovação e empreendedorismo são vitais para empresas novas e antigas, grandes e pequenas, de prestação de serviços e industriais, bem como para empreendimentos de alta tecnologia.[20]

A inovação é um resultado importante que as empresas almejam por meio da atividade empreendedora e frequentemente é fonte de sucesso competitivo, de modo especial em ambientes turbulentos e de grande competitividade.[21] Por exemplo, as pesquisas indicam que as empresas que concorrem em setores globais investindo mais em inovação também alcançam os maiores retornos.[22] Na realidade, os investidores muitas vezes reagem positivamente à introdução de um novo produto, aumentando desse modo o preço da ação de uma empresa. Inovação, portanto, é uma característica essencial das empresas de desempenho elevado.[23] Além disso, "a inovação pode ser requerida para manter ou alcançar paridade competitiva, que não deixa de ser uma vantagem competitiva em muitos mercados globais".[24] As empresas mais inovadoras entendem que recursos financeiros devem estar sempre disponíveis para apoiar a busca por oportunidades empreendedoras.[25]

Schumpeter argumentou, em sua obra clássica, que as empresas participam de três tipos de atividade inovadora: invenção, inovação e imitação.[26] Invenção é o ato de criar ou desenvolver um novo produto ou processo. Inovação é o processo de criação de um produto comercial com base em uma invenção. A inovação principia após uma invenção ser escolhida para desenvolvimento.²⁷ Portanto, uma invenção cria algo e uma inovação faz com que algo novo passe a ter um uso. De modo correspondente, os critérios técnicos são usados para determinar o sucesso de uma invenção e os critérios comerciais são adotados para determinar o sucesso de uma inovação.²⁸ O empreendedorismo é fundamental para a atividade inovadora porque transforma invenções em inovações.²⁹ Por fim a imitação é a adoção de uma inovação por empresas similares. A imitação conduz à padronização de produtos e processos e os bens baseados na imitação são oferecidos muitas vezes a preços menores, porém com menos características.

Nos Estados Unidos, a inovação é o mais importante desses três tipos de atividade inovadora. Muitas companhias são capazes de criar ideias que resultam em invenções, porém a comercialização dessas invenções provou ser difícil em algumas ocasiões. Essa dificuldade é indicada pelo fato de que aproximadamente 80% da P&D ocorre nas grandes empresas, porém essas mesmas empresas geram menos de 50% das patentes.³⁰ As patentes são um ativo estratégico e a capacidade para obtê-las regularmente pode ser uma fonte importante de vantagem competitiva, especialmente para as empresas que concorrem em setores intensivos em conhecimento, como o de produtos farmacêuticos.³¹

O processo de criação de um produto ou serviço inovador é de natureza empreendedora, porém produtos ou serviços individuais provavelmente não conseguem manter uma vantagem competitiva sustentável porque podem ser imitados. Recorde do Capítulo 3 que os recursos geradores de uma vantagem competitiva sustentável precisam ser valorizados, difíceis de imitar e insubstituíveis.³² Se um recurso não possui essas características, o sucesso será apenas temporário.³³ No entanto, a capacidade para criar continuamente inovações pode ser uma fonte de vantagem competitiva sustentável. Essa capacidade é parte integrante da natureza empreendedora das pessoas na organização, bem como dos sistemas e processos que a empresa utiliza para incentivar o empreendedorismo.

Empreendedores

Empreendedores são pessoas, agindo independentemente ou como parte de uma organização, que criam um novo empreendimento ou desenvolvem uma inovação e assumem riscos ao introduzi-los no mercado.³⁴ Empreendedores encontram-se em toda a organização — dos executivos graduados àqueles que produzem os bens e serviços da companhia. Por exemplo, empreendedores fazem parte da W. L. Gore & Associates, onde os colaboradores são incentivados a usar aproximadamente 10% de seu tempo para o desenvolvimento de inovações.³⁵ Eles tendem a demonstrar diversas características, incluindo otimismo, grande motivação, disposição para assumir responsabilidade por projetos e coragem.³⁶ Também tendem a ser deslumbrados e emotivos em relação ao valor e à importância de suas ideias baseadas na inovação.³⁷

Existem evidências de que os empreendedores bem-sucedidos possuem um paradigma empreendedor que valoriza a incerteza no mercado e busca identificar oportunidades com o potencial para conduzir a inovações importantes.³⁸ Uma empresa que tem muitos colaboradores com paradigma empreendedor consegue valer-se de vantagem competitiva devido ao potencial para inovação contínua.³⁹ As empresas precisam de empregados que pensem em termos empreendedores.⁴⁰ Consequentemente, os executivos do alto escalão devem tentar estabelecer uma cultura empreendedora que inspire indivíduos e grupos a se empenharem no empreendedorismo corporativo.⁴¹ Empreendedores ou executivos empreendedores, sob um aspecto importante, precisam ser capazes de identificar oportunidades que outros não percebem. Steve Jobs, CEO da Apple Computer, possui o compromisso de incentivar a inovação na companhia, acreditando que uma de suas principais responsabilidades consiste em auxiliar a Apple a tornar-se mais empreendedora. A Apple introduziu produtos com *design* inovador, como o seu recente iPhone, que combina a tecnologia de um telefone celular, um iPod com tela ampla e um dispositivo de comunicação pela internet.⁴²

Ter pessoas com talento intelectual representa somente parte do desafio da empresa para ser empreendedora. O talento precisa ser bem-gerenciado para que seu potencial possa ser concretizado.⁴³ Pelo fato de "a inovação ser uma aplicação do conhecimento para gerar novo conhecimento",⁴⁴ o bom gerenciamento do conhecimento no âmbito da empresa é fundamental para o empreendedorismo estratégico. Por exemplo, as pesquisas demonstraram que as unidades de negócio das empresas existentes são mais inovadoras quando possuem acesso a novos conhecimentos.⁴⁵ A transferência de conhecimento, no entanto, pode ser difícil porque a pessoa receptora precisa ter capacidade para compreendê-lo.⁴⁶ A capacidade para a compreensão de novos conhecimentos aumenta caso possua relação com o conhecimento existente. Portanto, os gerentes precisam ajudar os colaboradores da empresa a desenvolverem uma base sólida de conhecimento além da ampliação daquela base de conhecimento a fim de encorajar o empreendedorismo.⁴⁷ Sistemas de informação, programas de treinamento e equipes interfuncionais (descritas posteriormente neste capítulo) podem ajudar a facilitar esses objetivos.

Empreendedorismo internacional

Empreendedorismo internacional é um processo pelo qual as empresas descobrem e exploram criativamente oportunidades fora de seus mercados domésticos a fim de desenvolver uma vantagem competitiva.⁴⁸ O empreendedorismo é um fenômeno global.⁴⁹ Uma razão para ser tão difundido é que, em geral, a internacionalização resulta em melhor desempenho por parte da empresa.⁵⁰ No entanto, os decisores precisam analisar alguns dos riscos associados à internacionalização particularmente relevantes para o empreendedorismo, como moedas estrangeiras instáveis, mercados ineficientes, infraestruturas insuficientes para apoiar as empresas e limitações do tamanho e do crescimento do mercado.⁵¹ Portanto, a decisão de empenhar-se em empreendedorismo internacional deve ser produto de análise cuidadosa.⁵²

O empreendedorismo, em virtude de seus benefícios positivos, figura como prioridade na agenda de políticas públicas de muitos países no mundo, incluindo Finlândia, Alemanha, Israel e Irlanda. Algumas pessoas argumentam que incluir o empreendedorismo nessa agenda pode ser apropriado, porque a regulamentação que prejudica a inovação e o empreendedorismo encontra-se na raiz dos problemas de produtividade da Europa.⁵³ O governo irlandês, para apoiar o empreendedorismo, estabeleceu a Irish Development Authority (IDA), uma agência estatal cuja função consiste em atrair e incentivar o crescimento de empresas multinacionais na Irlanda. Uma segunda agência estatal denominada Enterprise Ireland concentra-se na "transformação da indústria irlandesa". Em 2006, a Enterprise Ireland associou-se à IBM para criar um Centro Europeu de Capital de Risco sediado em Dublin. De acordo com a visão da IBM, "a Irlanda oferece um ecossistema bem-consolidado que permite excelente colaboração entre a comunidade provedora de capital de risco, empreendedores, universidades e governo".[54] De acordo com Claudia Fan Munce, diretora executiva do IBM Venture Capital Group, "esse relacionamento estratégico reforçará a cultura inovadora e a capacidade das empresas irlandesas e consolidará ainda mais as operações da IBM na Irlanda".[55]

Algumas pessoas acreditam que "o empreendedorismo está florescendo na Nova Zelândia, uma tendência que está exercendo um efeito positivo sobre a produtividade da economia do país".[56] O empreendedorismo internacional também tem se revelado um fator importante no desenvolvimento econômico da Ásia. Atualmente a China vem logo após os Estados Unidos na classificação dos países por investimentos anuais totais em P&D.[57] De modo análogo, empresas privadas controladas por famílias chinesas que não residem na China compõem a quarta maior potência econômica no mundo. Essas empresas conseguem atingir uma aprendizagem significativa, a qual aumenta seu sucesso em empreendimentos futuros.[58] A aprendizagem contribui para o conhecimento que uma empresa adquire para operar nos mercados internacionais.[59]

O empreendedorismo é um fenômeno global, porém existem diferenças no grau de empreendedorismo nos diversos países. Um estudo englobando 29 países mostrou que a porcentagem de adultos envolvidos em atividades empreendedoras variava de um porcentual máximo de 20% no México a um mínimo de 5% na Bélgica. Os Estados Unidos tinham um porcentual aproximado de 13%. Esse estudo também detectou uma forte relação positiva entre índice de atividade empreendedora e desenvolvimento econômico em um país.[60]

A cultura nacional contribui para a diferença nos índices de empreendedorismo nos países. Por exemplo, as tensões entre individualismo e coletivismo podem afetar o empreendedorismo. As pesquisas mostraram que o empreendedorismo diminui à medida que o coletivismo é enfatizado. No entanto, as pesquisas também indicam que níveis excepcionalmente elevados de individualismo podem acarretar disfuncionalidade para o empreendedorismo — as pessoas poderiam não combinar as ideias de outros com as suas próprias a fim de criar bens ou serviços únicos. Esses resultados parecem indicar a necessidade de um equilíbrio entre a iniciativa individual e um espírito de cooperação e realização em grupo da inovação. Para que as empresas sejam empreendedoras, elas devem proporcionar autonomia e incentivos apropriados para que surja a iniciativa individual, mas também precisam promover a cooperação e a realização em grupo de uma inovação caso venha a ser implementada com sucesso. Portanto, o empreendedorismo exige muitas vezes equipes de pessoas com aptidões e recursos únicos, especialmente nas culturas em que o coletivismo representa uma norma histórica valorizada.[61]

Outra dimensão importante do empreendedorismo internacional é o nível de investimento fora do país da matriz realizado por novos empreendimentos. De fato, com a globalização crescente, um número maior de empreendimentos "nasceram globais".[62] Tem sido observado que "talento e ideias estão florescendo em todos os lugares — de Bangalore a Xangai e passando por Kiev — e nenhuma companhia, independentemente da geografia, pode hesitar em dirigir-se para qualquer lugar onde estejam essas ideias".[63] As pesquisas mostraram que novos empreendimentos que penetram nos mercados internacionais absorvem mais sobre novos conhecimentos tecnológicos e, portanto, aumentam seu desempenho.[64] Devido a esses resultados, o volume de empreendedorismo internacional tem aumentado nos últimos anos.[65]

A probabilidade de entrada nos mercados internacionais aumenta quando a empresa possui executivos do primeiro escalão com experiência internacional.[66] Além disso, a empresa apresenta uma maior probabilidade de concorrer com sucesso nos mercados internacionais quando seus altos executivos possuem essa experiência.[67] Devido à aprendizagem e às economias de escala e de esfera de ação proporcionadas pelas operações nos mercados internacionais, empresas novas e antigas diversificadas internacionalmente muitas vezes também são concorrentes mais fortes em seus mercados domésticos. Além disso, as pesquisas indicam que as empresas diversificadas em escala internacional geralmente são mais inovadoras.[68]

A seguir vamos nos concentrar nos métodos que as empresas usam para inovar, incluindo inovação interna, empreendimentos em cooperação e compra de inovação por meio de aquisições. O método que as empresas adotam para inovar pode ser influenciado por seus mecanismos de governança. Por exemplo, pesquisas demonstraram que os membros internos do conselho com posições acionárias são adeptos da inovação interna ao passo que os conselheiros externos detentores de participação acionária preferem aquisições.[69]

Inovação interna

Nas organizações existentes, a maior parte das inovações corporativas é desenvolvida por meio de P&D. Empresas maiores e consolidadas usam P&D para criar nova tecnologia e novos produtos que tornam obsoletos as tecnologias e os produtos anteriores.[70] Portanto, algumas pessoas acreditam que as empresas que obtêm o maior sucesso competitivo reinventam seu setor ou desenvolvem outro completamente novo ao longo do tempo à medida que concorrem com os atuais e futuros rivais.[71] Nesse sentido, o empreendedorismo estratégico possui relação com a geração da inovação que cria os negócios futuros.[72] As iniciativas corporativas internas representam o conjunto de atividades que as empresas realizam para o desenvolvimento de invenções e inovações internas.[73]

A 3M possui um histórico notável de inovações internas bem-sucedidas. A companhia desenvolveu a primeira fita de celulose, a Scotch Tape, em 1930, que ainda permanece popular em nossos dias. Desde aquela época, algumas das inovações mais famosas da empresa incluíram o Post-It Notes, o protetor de tecidos Scotchgard e os filtros Filtrete para condicionadores de ar. A atitude da 3M com relação ao empreendedorismo reflete-se na declaração da companhia: "Nossa inspiração surge ouvindo os clientes e criando novos produtos e soluções para os desafios e as oportunidades com que as pessoas se defrontam".[74]

Inovações incrementais

As empresas geram dois tipos de inovação interna — incremental e radical — quando se empenham em suas atividades de P&D. A maioria das inovações é incremental, isto é, aproveita as bases de conhecimento existente e proporciona pequenos aperfeiçoamentos nas linhas de produção atuais bem-definidas.[75] As inovações incrementais são de natureza evolutiva e linear, sendo que as tecnologias de produção subjacentes ressaltam a eficiência. Consequentemente, as margens de lucro tendem a ser menores e a concorrência baseia-se muitas vezes no preço.[76] Agregar um tipo diferente de agente branqueador a um detergente em pó constitui um exemplo de uma inovação incremental, de modo análogo aos diferentes aperfeiçoamentos nos televisores ao longo das últimas décadas (preto e branco evoluindo para TV em cores, estéreo, digital e de tela plana).

O processo pelo qual as inovações incrementais normalmente são geradas pode ser denominado comportamento estratégico induzido. Comportamento estratégico induzido é um processo de cima para baixo por meio do qual a estratégia e a estrutura atuais da empresa incentivam as inovações do produto associadas de perto a essa estratégia e estrutura. Nessa forma de iniciativa, a estratégia em vigor é filtrada pela hierarquia estrutural existente da empresa. O comportamento estratégico induzido resulta, em essência, em inovações internas que não alteram a estratégia atual da empresa. Muitas vezes as empresas que são pioneiras no mercado continuam inovando valendo-se de um método induzido, realizando somente inovações incrementais em seus produtos existentes.[77]

Inovações radicais

Em contraste com as inovações incrementais, as inovações radicais proporcionam avanços tecnológicos significativos e criam novos conhecimentos.[78] Esses tipos de inovação têm se tornado cada vez mais importantes para obter e manter uma vantagem competitiva em muitos setores.[79] O *chip* para microprocessadores, a calculadora portátil, o computador pessoal e o telefone celular são exemplos de inovações radicais. Embora as inovações incrementais e radicais possuam ambas o potencial para conduzir ao crescimento de receitas e lucros, o potencial é maior com as inovações radicais porque estabelecem novas funcionalidades para os usuários.[80]

Apesar dos retornos potenciais, as inovações radicais são raras por causa da dificuldade e do risco envolvidos em seu desenvolvimento.[81] O valor da tecnologia e as oportunidades no mercado são altamente incertos.[82] Em virtude de a inovação radical criar um novo conhecimento e usar somente uma parte ou pouco do conhecimento atual da empresa relativo ao produto ou à tecnologia, exige-se criatividade. No entanto, a criatividade não gera algo a partir do nada — descobre, combina ou sintetiza o conhecimento atual, muitas vezes de áreas distintas.[83] Esse conhecimento é integrado em seguida ao desenvolvimento de novos produtos ou serviços que uma empresa pode usar de forma empreendedora para atuar em novos mercados, atrair novos clientes ou obter acesso a novos recursos.[84] Essas inovações muitas vezes são desenvolvidas em unidades distintas que principiam iniciativas internas.[85]

Comportamento estratégico autônomo é um processo de baixo para cima pelo qual empresas bem-sucedidas buscam implantar novas ideias, muitas vezes por meio de um processo político, para desenvolver e coordenar a comercialização de um novo bem ou serviço. Um defensor do produto é uma pessoa com visão empreendedora de um novo bem ou serviço que procura gerar apoio na organização para a comercialização desse produto.[86] Defensores do produto desempenham papéis importantes para a implementação das inovações.[87] Em muitas corporações, "os defensores são amplamente reconhecidos como fundamentais para a rapidez e o sucesso da inovação".[88] Normalmente os defensores do produto usam seu capital social para desenvolver redes informais no âmbito da empresa. À medida que ocorre o progresso, essas redes tornam-se mais formalizadas para conduzir uma inovação ao ponto de comercialização bem-sucedida.[89] Inovações internas originadas pelo comportamento estratégico autônomo tendem a divergir da estratégia atual da empresa, direcionando-a a novos mercados e talvez a novas modalidades de criação de valor para clientes e outros grupos de interesse.

O comportamento estratégico autônomo baseia-se nas fontes de conhecimento e de recursos de uma empresa que originam a inovação da empresa. Portanto, as capacidades e competências tecnológicas de uma empresa constituem a base para novos produtos e processos.[90] A General Electric depende do comportamento estratégico autônomo para gerar inovações.[91] "A busca por serviços comercializáveis pode ter início", essencialmente, "em qualquer das inúmeras unidades da GE. (Por exemplo), uma unidade operacional busca uma tecnologia apropriada para fazer melhor aquilo que já faz. Após haver dominado a tecnologia, a unidade a incorpora em seguida a um serviço que pode vender a outras empresas".[92]

Um processo autônomo de desenvolvimento de novos produtos, para ser eficaz, exige que novos conhecimentos sejam difundidos por toda a empresa. A difusão do conhecimento técnico (que é difícil de transmitir por escrito), em particular, é importante para o desenvolvimento de novos produtos mais eficazes.[93] De modo interessante, alguns dos processos importantes para a promoção de comportamentos que conduzem ao desenvolvimento autônomo de novos produtos variam em função do ambiente e do país no qual uma empresa opera. Por exemplo, a cultura japonesa atribui muito valor à atitude de se evitar incertezas; desse modo, as pesquisas demonstraram que as empresas nipônicas apresentam maior probabilidade para adoção de comportamentos autônomos sob condições de pouca incerteza.[94]

As inovações desenvolvidas internamente resultam de iniciativas deliberadas. Um número maior de inovações radicais origina-se do comportamento estratégico autônomo ao passo que a maior porcentagem das inovações incrementais resulta do comportamento estratégico induzido. A maior parte das empresas bem-sucedidas desenvolve inovações radicais e incrementais ao longo do tempo. Embora sejam importantes para a competitividade em longo prazo, os resultados dos investimentos em atividades inovadoras são incertos e frequentemente não se concretizam em curto prazo,[95] significando que deve existir paciência à medida que as empresas avaliam os resultados de suas iniciativas de P&D.

Implementação da inovação interna

Conforme mencionado anteriormente, um paradigma empreendedor torna-se necessário para o desenvolvimento bem-sucedido da inovação interna. Esse paradigma engloba a incerteza e as oportunidades que resultam das mudanças no ambiente. Aquelas pessoas que adotam um paradigma empreendedor são capazes de ajudar as empresas a criar novos produtos e mercados. No entanto, também enfatizam a execução à medida que "atraem as energias de todos em seu domínio", dentro e fora da organização.[96] O Quadro 12.1 indica alguns dos fatores que encorajam e deixam de incentivar a inovação nas empresas existentes.

Empresas estabelecidas que alcançam sucesso com a inovação incentivam as pessoas a discutir novas ideias e a assumir riscos.[97] Elas não somente toleram fracassos, mas incentivam os membros da organização a aprenderem com os erros. Sistemas de premiação que incentivam a inovação — como aumentos salariais, promoções, prêmios, vantagens e reconhecimento público e privado — também são importantes.[98] As pessoas que representam o sangue vital da inovação nas organizações devem ser premiadas adequadamente para que não se sintam pressionadas a deixar a organização a fim de obter o reconhecimento que merecem.

Quadro 12.1: Fatores que incentivam e deixam de incentivar a inovação nas empresas estabelecidas

FATORES QUE INCENTIVAM A INOVAÇÃO
- Visão e cultura que apoiam a inovação, o crescimento pessoal e a aceitação de riscos
- Apoio da alta administração e defensores na organização
- Trabalho em equipe e colaboração: hierarquia administrativa limitada
- Processo de aprovação descentralizado
- Valorização das ideias de todos os colaboradores
- Excelente comunicação
- Recursos financeiros para a inovação e horário livre para a realização de projetos
- Premiação generosa para os empreendedores bem-sucedidos
- Foco na aprendizagem

FATORES QUE DEIXAM DE INCENTIVAR A INOVAÇÃO
- Burocracia rígida e tomada de decisões conservadora
- Ausência de apoio da alta administração ou de defensores
- Liderança autoritária e hierarquia tradicional
- Processo de aprovação difícil
- Atenção voltada às ideias de apenas certas pessoas (pesquisadores ou gerentes)
- Salas com portas fechadas
- Recursos inadequados alocados às atividades empreendedoras
- Penalidades severas para o fracasso
- Ênfase exclusiva em resultados mensuráveis

Fonte: baseado em J. S. Harrison, *Strategic Management of Resources and Relationships*, Nova York: John Wiley & Sons, 2003, p.198.

Tão importante quanto a premiação pelo comportamento empreendedor ser elevada, as penalidades decorrentes do fracasso devem ser mínimas. De acordo com William McKnight, o ex-CEO da 3M considerado a pessoa fundamental pela cultura empreendedora exclusiva da companhia: "Erros serão cometidos. Porém, se uma pessoa estiver essencialmente correta, os erros que ela comete não são tão sérios em longo prazo como os erros que os altos executivos farão caso venham a indicar àqueles que possuem autoridade exatamente como devem desempenhar suas funções. Os altos executivos que usam críticas destrutivas quando erros são cometidos asfixiam a iniciativa. E é essencial que tenhamos muitas pessoas com iniciativa para continuarmos crescendo".[99]

É importante possuir processos e estruturas disponíveis por meio dos quais uma empresa consegue implementar de modo bem-sucedido os resultados das iniciativas corporativas internas e comercializar as inovações. A introdução bem-sucedida de inovações no mercado reflete a eficácia da implementação.[100] No contexto das iniciativas corporativas internas, processos são "padrões de interação, coordenação, comunicação e tomada de decisões que os colaboradores usam" para converter as inovações resultantes de comportamentos estratégicos autônomos ou induzidos em lançamentos bem-sucedidos no mercado.[101]

A integração eficaz das várias funções envolvidas nos processos de inovação — da engenharia à produção e, no final, à distribuição no mercado — é exigida para o uso satisfatório das inovações que resultam de iniciativas corporativas internas.[102] Equipes de desenvolvimento do produto estão sendo cada vez mais usadas para integrar as atividades associadas a funções organizacionais distintas. Essas equipes são empregadas para produzir a integração interfuncional. Essa coordenação envolve coordenar e aplicar o conhecimento e as aptidões de áreas funcionais distintas a fim de maximizar a inovação.[103] Boas equipes de desenvolvimento do produto também conseguem ajudar uma empresa a desistir de projetos após serem condenados ao fracasso.[104]

Equipes multifuncionais de desenvolvimento do produto

Equipes interfuncionais facilitam as iniciativas para a integração de atividades com diferentes funções organizacionais, como projeto, produção e marketing.[105] Além disso, novos processos de desenvolvimento do produto podem ser finalizados mais rapidamente e os produtos comercializados mais facilmente quando as equipes interfuncionais trabalham adequadamente.[106] Mediante a adoção de equipes interfuncionais, os estágios de desenvolvimento do produto são agrupados em processos paralelos ou sobrepostos para permitir que a empresa adéque suas iniciativas de desenvolvimento do produto às suas competências essenciais exclusivas e às necessidades do mercado.

Estruturas organizacionais horizontais apoiam o uso de equipes interfuncionais em seu empenho para a integração das atividades baseadas em inovação a todas as funções organizacionais.[107] Portanto, em vez de a organização ser formada em torno de funções hierárquicas verticais ou de departamentos, a organização é efetivada em torno de processos horizontais básicos usados para a produção e o gerenciamento de inovações. Alguns dos processos horizontais básicos importantes para os esforços de inovação são formais, podendo ser definidos e documentados como procedimentos e práticas. No entanto, esses processos são mais comumente informais: "São rotinas ou métodos de trabalho que evoluem ao longo do tempo".[108] Os processos informais, muitas vezes invisíveis, são importantes para inovações bem-sucedidas do produto e são apoiados apropriadamente por meio de estruturas organizacionais horizontais em maior grau do que pelas estruturas organizacionais verticais.

Uma das principais barreiras que podem impedir o uso bem-sucedido das equipes interfuncionais como meio para integração das funções organizacionais são os esquemas de referência independentes dos membros da equipe.[109] Os membros da equipe que operam no contexto de uma especialização específica (isto é, uma determinada função organizacional) podem ter um esquema de referência independente com base na formação e na experiência usuais no âmbito dessa especialização. Eles têm probabilidade de usar os mesmos critérios de decisão para a avaliação de temas como iniciativas de desenvolvimento do produto da maneira como empregam em suas unidades funcionais. Pesquisas indicam que os departamentos funcionais variam em função de quatro parâmetros: orientação pelo tempo, orientação interpessoal, orientação às metas e formalidade da estrutura.[110] Portanto, pode-se esperar que as pessoas de departamentos funcionais distintos que possuem orientações diferentes desses parâmetros enfatizem prioridades exclusivas nas atividades de desenvolvimento do produto. Por exemplo, um engenheiro de projeto pode levar em consideração as características que tornam um produto funcional e operacional como sendo as mais importantes do produto. De modo alternativo, uma pessoa do departamento de marketing pode considerar como mais importantes as características que satisfazem as necessidades dos clientes. Essas orientações diferentes podem criar barreiras à boa comunicação entre as funções.[111]

A política organizacional é uma segunda barreira potencial para a integração eficaz nas equipes interfuncionais.[112] Em algumas organizações, uma atividade política intensa pode centrar-se na alocação de recursos a diferentes funções. O conflito entre as unidades pode resultar da concorrência agressiva por recursos entre aqueles que possuem diferentes funções organizacionais. Esse conflito disfuncional entre funções cria uma barreira à integração.[113] Métodos precisam ser identificados para a obtenção de integração interfuncional sem conflito político excessivo e sem alteração das características estruturais básicas necessárias para a especialização das funções e a eficiência.

Facilitação da integração e da implementação

Valores compartilhados e liderança eficaz são importantes para atingir a integração interfuncional e a implementação satisfatória da inovação.[114] Valores compartilhados altamente eficazes são estabelecidos em torno da intenção estratégica e da missão da empresa e tornam-se os fatores de adesão que promovem a integração entre as unidades funcionais. Portanto, a cultura da empresa promove a unidade e a inovação interna.[115]

A W. L. Gore & Associates é uma companhia muito inovadora. Utiliza a tecnologia e a fabricação de polímeros de flúor para a produção de uma ampla variedade de tecidos, implantes medicinais, produtos para vedação industrial, filtros e produtos de transmissão de sinais e de consumo. O apoio à inovação é uma cultura diferenciada no âmbito da organização:

> O modo como trabalhamos nos coloca à parte. Incentivamos a inovação mediante esforço próprio, envolvendo aqueles mais próximos a um projeto em termos de tomada de decisões. As equipes organizam-se em torno das oportunidades e surgem os líderes. Nosso fundador, Bill Gore, criou uma organização *flat lattice* (estrutura achatada). Não existem cadeias de comando nem canais de comunicação predeterminados. Em vez disso, nos comunicamos diretamente com os demais colaboradores e somos responsáveis perante os colegas de nossas equipes multidisciplinares. Como isso tudo acontece? Os associados (não os empregados) são contratados para áreas de trabalho gerais. Mediante a orientação de seus mentores (não os chefes) e um entendimento crescente das oportunidades e dos objetivos da equipe, os associados se dedicam a projetos que têm correspondência com suas aptidões. Tudo isso ocorre em um ambiente que combina liberdade com cooperação e autonomia com sinergia.[116]

Conforme demonstrado pelo exemplo de Bill Gore, a liderança estratégica também é importante para se obter a integração interfuncional e promover a inovação. Os líderes fixam as metas e alocam recursos.[117] As metas incluem desenvolvimento e comercialização integrados de novos bens e serviços. Os bons líderes estratégicos relembram continuamente aos membros organizacionais o valor das inovações do produto. Nas situações mais desejáveis, esse potencial para criação de valor torna-se a base para a integração e o gerenciamento das atividades funcionais dos departamentos. Os líderes estratégicos eficazes também asseguram um sistema de comunicação de alta qualidade para facilitar a integração interfuncional. O compartilhamento do conhecimento entre os membros da equipe constitui um benefício importante da comunicação eficaz.[118] Portanto, a comunicação eficaz ajuda a criar sinergia e obtém o compromisso dos membros da equipe para uma inovação no âmbito de toda a organização. Valores compartilhados e práticas de liderança moldam os sistemas de comunicação que são formados para apoiar o desenvolvimento e a comercialização de novos produtos.[119]

Criação de valor por meio de inovação interna

A Figura 12.1 indica como a empresa pode criar valor com base nos processos internos que usa para desenvolver e comercializar novos bens e serviços. Um paradigma empreendedor é necessário para que gerentes e empregados tentem identificar oportunidades empreendedoras que a empresa pode levar adiante desenvolvendo novos bens e serviços e novos mercados. Equipes interfuncionais de desenvolvimento do produto são importantes para promover ideias integradas de criação de novos produtos e o compromisso com sua ulterior implementação. Liderança eficaz e valores compartilhados promovem a integração e a visão para a inovação e o compromisso com ela. O resultado final para a empresa é a criação de valor para clientes e acionistas por meio do desenvolvimento e da comercialização de novos produtos.[120]

Examinaremos a seguir as outras maneiras por meio das quais as empresas inovam — usando estratégias cooperativas e adquirindo companhias.

Inovação por meio de estratégias cooperativas

A maioria das empresas não possui a amplitude de recursos internos e de conhecimento para produzir o nível de inovação contínua necessário para manter a vantagem competitiva em mercados competitivos dinâmicos.[121] Alianças são usadas com frequência cada vez maior para a aquisição dos recursos necessários à produção ou ao gerenciamento de inovações.[122] As empresas, para inovarem por meio de um relacionamento cooperativo, partilham seu conhecimento, suas aptidões e outros recursos.[123]

Por exemplo, a Intel e a Micron Technology integraram seus recursos em uma *joint venture* para produzir *chips* de memória *flash* NAND. A nova companhia, denominada IM Flash, possui

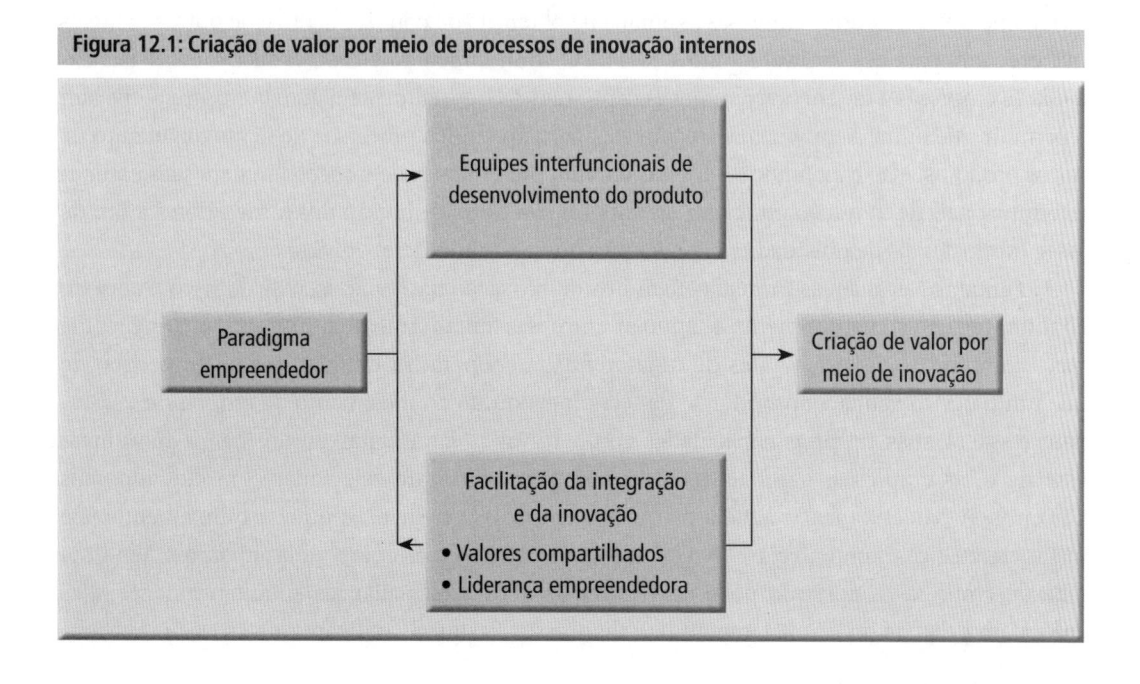

Figura 12.1: Criação de valor por meio de processos de inovação internos

Paradigma empreendedor → Equipes interfuncionais de desenvolvimento do produto → Criação de valor por meio de inovação

Facilitação da integração e da inovação
- Valores compartilhados
- Liderança empreendedora

participação acionária de 51% da Micron e de 49% da Intel. As duas companhias, ao combinarem tecnologia e especialização industrial, foram capazes de produzir rapidamente os *chips* nas instalações industriais localizadas em Idaho, Virginia e Utah. Assim, os primeiros produtos estavam disponíveis em menos de um ano! Em 2006, a IM Flash anunciou que iniciaria a produção de memórias *flash* NAND em Cingapura. Brian Harrison, gerente geral do grupo de memória *flash* da Intel, afirmou que, em função do progresso que a companhia alcançou em tão pouco tempo, espera com toda convicção "tornar-se uma das principais fabricantes de memória *flash* NAND".[124]

Novas entidades empreendedoras e empresas estabelecidas usam estratégias cooperativas como alianças estratégicas ou *joint ventures* para inovar. Uma entidade empreendedora, por exemplo, pode almejar capital de investimento juntamente com a capacidade de distribuição de uma empresa estabelecida para introduzir com sucesso um de seus produtos no mercado.[125] Sob um ângulo alternativo, um maior número de companhias estabelecidas pode precisar de novo conhecimento tecnológico e consegue obtê-lo por meio de alianças com empresas empreendedoras mais recentes.[126] As alianças entre grandes laboratórios farmacêuticos e companhias de tecnologia têm se tornado cada vez mais comuns e visam a integrar o conhecimento e os recursos de ambas para o desenvolvimento de novos produtos e sua introdução no mercado.[127]

Algumas companhias especializam-se na junção entre grandes empresas e pequenas companhias de pesquisa e inventores, integrando suas produções. Por exemplo, o UTEK é um "promotor de tecnologia" que proporciona a pequenos pesquisadores um canal para suas ideias e às companhias de maior porte um meio para terceirizar a inovação "facilitando o acesso a um banco de dados com mais de 35 mil descobertas que de outra forma não seriam notadas". Conforme o CEO Clifford M. Gross comentou: "Para ter um canal direto vigoroso, é preciso investir um volume excessivo de capital. Existem muito poucas companhias que podem fazer isso".[128]

Em virtude da importância das alianças, particularmente no desenvolvimento de nova tecnologia e na comercialização de inovações, as empresas estão começando a estruturar redes de alianças que representem para elas uma forma de capital social.[129] Esse capital social sob a forma de relacionamentos com outras empresas as auxilia na obtenção de conhecimento e de outros recursos que precisam para desenvolverem inovações.[130] O conhecimento obtido por meio dessas alianças ajuda as empresas a desenvolverem novas capacidades.[131] Atualmente algumas empresas chegam a permitir que outras sem vinculação com elas participem dos processos de desenvolvimento de novos produtos. Não é incomum empresas terem representantes de fornecedores em suas equipes interfuncionais de inovação por causa da importância da contribuição dos fornecedores a fim de assegurar materiais de qualidade para qualquer novo produto desenvolvido.[132]

No entanto, as alianças formadas para fins de inovação não estão isentas de risco. Além do conflito que ocorre naturalmente quando as empresas tentam trabalhar juntas para atingir uma meta comum,[133] os participantes de uma atividade cooperativa também assumem o risco de que um parceiro venha a apropriar-se da tecnologia ou do conhecimento da empresa e usá-los para ressaltar suas próprias capacidades competitivas.[134] Para evitar ou ao menos minimizar esse risco, as empresas, particularmente as recentes, precisam selecionar com cuidado seus parceiros. A parceria ideal é aquela na qual as empresas possuem aptidões complementares e metas estratégicas compatíveis.[135] No entanto, em virtude de as companhias operarem em uma rede de empresas e portanto poderem participar de diversas alianças simultaneamente, elas enfrentam desafios no gerenciamento das alianças.[136] Pesquisas indicam que as empresas conseguem participar de um número excessivo de alianças que podem prejudicar em vez de ajudar sua capacidade de inovação.[137] Portanto, torna-se importante o gerenciamento satisfatório dos relacionamentos cooperativos para a produção de inovações.

Inovação por meio de aquisições

As empresas adquirem algumas vezes companhias para ter acesso às inovações e capacidades inovadoras que estas possuem. Uma razão para isso é que o mercado de capitais valoriza o crescimento. As aquisições proporcionam um meio para ampliar rapidamente uma ou mais linhas de produtos e aumentar as receitas da empresa. As aquisições realizadas por esse motivo deveriam, não obstante, possuir um fundamento estratégico. Quando a Cognos, especializada em soluções de BI (*business intelligence*), adquiriu a Celequest, também fornecedora de soluções de BI operacional, Rob Rose, diretor de políticas estratégicas da Cognos, comentou como a aquisição era "complementar" para sua empresa: "A inovação da Celequest de criar *dashboards* de autoatendimento e monitoramento de dados em tempo real amplia a visão da companhia em BI operacional, assim como a atuação no mercado de soluções de gerenciamento de performance. Os *dashboards* operacionais da Celequest são imediatamente interoperáveis com o Cognos 8, oferecendo uma visão mais completa das informações da empresa para um melhor gerenciamento do desempenho geral".[138]

De modo similar às iniciativas corporativas internas e às alianças estratégicas, as aquisições não constituem um método de inovação desprovido de riscos. Um risco básico é que uma empresa pode substituir uma capacidade de compra de inovações por uma capacidade para gerar inovações internamente. As pesquisas mostram que as empresas adeptas de aquisições conseguem introduzir no mercado um número menor de novos produtos.[139] Essa substituição pode ocorrer porque as empresas perdem o controle estratégico e se concentram em vez disso no controle financeiro de suas unidades de negócio originais e especialmente das unidades adquiridas.

Observamos no Capítulo 9 que as empresas também obtêm novas capacidades para produzir inovações das empresas que adquirem. Por exemplo, quando a Logitech anunciou que estava adquirindo a Slim Devices, Guerrino De Luca, CEO da Logitech, observou que a Slim Devices contribuiu para a Logitech com "especialização em transmissão de música baseada em redes e áudio de alta qualidade e uma comunidade dedicada de programadores".[140] Empresas que enfatizam a inovação e selecionam cuidadosamente companhias para aquisição que também enfatizam a inovação têm possibilidade de permanecer inovadoras.[141]

Criação de valor por meio de empreendedorismo estratégico

Empresas empreendedoras mais recentes muitas vezes são mais eficazes na identificação de oportunidades do que as empresas de maior porte.[142] Como consequência, parece que iniciativas empreendedoras produzem mais inovações radicais do que suas contrapartes maiores e mais consolidadas. A flexibilidade estratégica e a disposição desses empreendimentos inovadores para assumir riscos podem ser responsáveis por sua capacidade para a identificação de oportunidades e o desenvolvimento subsequente de inovações radicais para tornar realidade essas oportunidades.

Alternativamente, empresas maiores e bem-consolidadas possuem muitas vezes mais recursos e capacidades para a exploração de oportunidades identificadas.[143] Empresas empreendedoras mais recentes geralmente buscam oportunidades, ao passo que as mais antigas procuram obter vantagens. As duas orientações são essenciais para preservar a vantagem competitiva no cenário competitivo do século XXI.[144] Portanto, empresas empreendedoras mais recentes precisam aprender a como obter uma vantagem competitiva e empresas mais antigas e mais consolidadas devem reaprender a como identificar oportunidades empreendedoras.[145] O conceito de empreendedorismo estratégico indica que as empresas conseguem ser simultaneamente empreendedoras e estratégicas de forma independente de seu tamanho e de sua idade.

Conforme enfatizado ao longo deste capítulo, as empresas, para serem empreendedoras, precisam desenvolver um paradigma empreendedor entre seus gerentes e empregados. Os gerentes precisam enfatizar o desenvolvimento de seus recursos, particularmente os humanos, e do capital social.[146] A importância do conhecimento para a identificação e o aproveitamento de oportunidades bem como para a obtenção e manutenção de uma vantagem competitiva indica que as empresas precisam ter um capital humano forte.[147] O capital social é importante para o acesso a recursos complementares dos parceiros a fim de concorrer de maneira satisfatória nos mercados doméstico e internacional.[148] Empresas que buscam conhecimento de um amplo conjunto de grupos de interesse externos podem utilizá-lo para sustentar a inovação.[149]

Muitas oportunidades empreendedoras continuam a surgir nos mercados internacionais, uma realidade que está contribuindo para a disposição das empresas em participar de empreendedorismo internacional. Ao penetrarem em mercados globais que são novos para as empresas, elas conseguem conhecer novas tecnologias e práticas de gerenciamento e difundir esse conhecimento. Além disso, o conhecimento que as empresas adquirem pode contribuir para suas inovações. Conforme observado anteriormente neste capítulo, as empresas que operam nos mercados internacionais tendem a ser mais inovadoras.[150] Iniciativas empreendedoras e empresas de maior porte estão passando a atuar regularmente na época atual nos mercados internacionais. Ambos os tipos de empresas também precisam ser inovadores para concorrer eficazmente. Portanto, as empresas, por meio do desenvolvimento de recursos (humanos e capital social), do aproveitamento das oportunidades nos mercados doméstico e internacional e pela utilização de recursos e conhecimento obtidos nesses mercados para serem inovadoras, obtêm vantagens competitivas.[151] Agindo desse modo criam valor para seus clientes e acionistas.

As empresas adeptas do empreendedorismo estratégico contribuem para o desenvolvimento econômico de um país. Na realidade, alguns países, como a Irlanda, discutida no início do capítulo, obtiveram um progresso econômico notável mudando as regras institucionais para as empresas que operam no país e estabelecendo agências governamentais para facilitar o empreendedorismo doméstico e internacional.[152] Isso poderia ser considerado uma forma de empreendedorismo institucional.[153] De modo análogo, empresas que procuram fixar sua tecnologia como padrão, também representando empreendedorismo institucional, estão se empenhando no empreendedorismo estratégico porque a criação de um padrão gera uma vantagem competitiva sustentável para a empresa.[154]

As pesquisas mostram que, em virtude de sua importância econômica e dos motivos individuais, a atividade empreendedora está aumentando ao redor do globo. Em particular, mais mulheres estão se tornando empreendedoras devido à oportunidade econômica que o empreendedorismo proporciona e à independência individual que permite.[155] Nos Estados Unidos, por exemplo, as mulheres representam o grupo de empreendedores em crescimento mais rápido no país.[156] No futuro, a atividade empreendedora pode aumentar a riqueza de países menos afluentes e continuar contribuindo para o desenvolvimento econômico dos países mais afluentes. Independentemente disso, as companhias que praticam o empreendedorismo estratégico têm probabilidade de ser vencedoras no século XXI.[157]

Resumo

- Empreendedorismo estratégico significa realizar iniciativas empreendedoras adotando uma perspectiva estratégica. Envolve, mais especificamente, a ocorrência simultânea de oportunidades empreendedoras e de vantagem competitiva para a criação e implementação de estratégias empreendedoras para gerar riqueza.

- Os conceitos de oportunidade, inovação e capacidade empreendedoras são importantes para as empresas. Oportunidades empreendedoras representam condições pelas quais produtos ou serviços novos conseguem satisfazer uma necessidade no mercado. A essência do empreendedorismo consiste em identificar e explorar essas oportunidades. Inovação é o processo de comercialização dos produtos ou processos desenvolvidos por meio da invenção. As capacidades empreendedoras incluem formar uma cultura empreendedora, manifestar entusiasmo pelo negócio e assumir um risco calculado.

- O empreendedorismo está sendo praticado em muitos países e possui forte relação com o crescimento econômico de uma nação. Essa relação é uma das principais razões para o aumento da incidência do empreendedorismo e do empreendedorismo corporativo nos países que participam da economia global.

- Três métodos básicos são adotados para produzir e gerenciar inovação: iniciativas corporativas internas, alianças estratégicas e aquisições. As inovações internas podem ser classificadas como incrementais ou radicais.

- Inovações incrementais fundamentam-se em bases de conhecimento existentes e proporcionam pequenos aperfeiçoamentos nas atuais linhas de produtos. Inovações incrementais normalmente são geradas por meio de um processo denominado comportamento estratégico induzido pelo qual as atuais estratégia e estrutura da empresa incentivam inovações dos produtos associadas de perto àquelas estratégia e estrutura.

- Inovações radicais proporcionam avanços tecnológicos significativos e criam novos conhecimentos. Esses tipos de inovação são apoiados pelo comportamento estratégico autônomo, um processo de baixo para cima no qual os defensores do produto buscam novas ideias para desenvolver e coordenam a comercialização de um novo bem ou serviço.

- A integração interfuncional é vital para o empenho de uma empresa no desenvolvimento e na implementação de atividades relacionadas a iniciativas corporativas internas e na comercialização da inovação resultante. Além disso, uma empresa pode facilitar a integração e a inovação desenvolvendo valores compartilhados e praticando a liderança empreendedora.

- É difícil para uma empresa possuir isoladamente todo conhecimento necessário para inovar de modo contínuo e eficaz. As empresas, para obter acesso ao tipo de conhecimento especializado que muitas vezes é requerido para inovar, podem formar relacionamentos cooperativos como alianças estratégicas com outras empresas, o que algumas vezes pode incluir concorrentes.

- A inovação também pode ser obtida por meio de aquisição direta ou as empresas podem aprender novas capacidades com uma aquisição, enriquecendo dessa forma seus processos de inovação internos.

- A prática do empreendedorismo estratégico por todos os tipos de empresas, grandes e pequenas, novas e mais antigas, cria valor para todos os grupos de interesse, especialmente para os acionistas e clientes. O empreendedorismo estratégico também contribui para o desenvolvimento econômico das nações. Portanto, a atividade empreendedora tem se tornado cada vez mais importante em todo o mundo.

Questões éticas

1. Os executivos possuem uma obrigação ética perante qualquer de seus grupos de interesse de assegurar que suas empresas permaneçam inovadoras? Em caso afirmativo, perante quais grupos de interesse e por quê?

2. Que tipos de temas éticos as empresas enfrentam quando usam processos de iniciativas corporativas internas para produzir e gerenciar a inovação?

3. As empresas que são parceiras em uma aliança estratégica podem tentar obter legitimamente conhecimento de cada parceiro. Em que ponto torna-se desprovido de ética uma empresa obter de seu parceiro conhecimento adicional e competitivamente relevante? Esse ponto é diferente quando uma empresa associa-se a uma empresa doméstica em oposição a uma empresa estrangeira? Por que razão?

4. Discuta as implicações éticas associadas ao lançamento acelerado de um novo produto no mercado.

5. As pequenas empresas possuem muitas vezes produtos inovadores. Quando se torna apropriado uma grande empresa adquirir uma pequena empresa visando a inovação de produtos e ideias sobre novos produtos?

Referências bibliográficas

1. Dobosz-Bourne, D.; Jankowicz, A. D. Reframing resistance to change. *International Journal of Human Resource Management,* 17, 2006. p. 2.021-2.040; Jermias, J. The influence of accountability on overconfidence and resistance to change: A research framework and experimental evidence. *Management Accounting Research,* 17, 2006. p. 370-390.
2. Shepherd, D. A.; DeTienne, D. R. Prior knowledge, potential financial reward, and opportunity identification. *Entrepreneurship Theory and Practice,* 29(1), 2005. p. 91-112; Baumol, W. J. Entrepreneurial cultures and countercultures. *Academy of Management Learning & Education,* 3(3), 2004. p. 316-326; Ireland, R. D.; Hitt, M. A. Achieving and maintaining strategic competitiveness in the 21st century: The role of strategic leadership. *Academy of Management Executive,* 13(1), 1999. p. 43-57.
3. Lumpkin, G. T.; Lichtenstein, B. B. The role of organizational learning in the opportunity-recognition process. *Entrepreneurship Theory and Practice,* 29, 2005. p. 451-472.
4. Hitt, M. A.; Ireland, R. D.; Camp, S. M.; Sexton, D. L. Strategic entrepreneurship: Integrating entrepreneurial and strategic management perspectives. In: Hitt, M. A.; Ireland, R. D.; Camp, S. M.; Sexton, D. L. (eds.). *Strategic Entrepreneurship: Creating a New Mindset,* Oxford: Blackwell Publishers, 2002. p. 1-16; Hitt, M. A.; Ireland, R. D.; Camp, S. M.; Sexton, D. L. Strategic entrepreneurship: Entrepreneurial strategies for wealth creation. *Strategic Management Journal,* 22 (special issue), 2001. p. 479-491; Ireland, R. D.; Hitt, M. A.; Camp, S. M.; Sexton, D. L. Integrating entrepreneurship and strategic management actions to create firm wealth. *Academy of Management Executive,* 15(1), 2001. p. 49-63.
5. Ireland, R. D.; Hitt, M. A.; Sirmon, D. G. A model of strategic entrepreneurship: The construct and its dimensions. *Journal of Management,* 29, 2003. p. 963-989.
6. Amit, R.; Lucier, C.; Hitt, M. A.; Nixon, R. D. Strategies for the entrepreneurial millennium, in Hitt, M. A.; Amit, R.; Lucier, C.; Nixon, R. (eds.). *Creating Value: Winners in the New Business Environment.* Oxford, UK: Blackwell Publishers, 1-12; Hitt, M. A.; Nixon, R. D.; Clifford, P. G.; Coyne, K. P. (eds.). *Dynamic Strategic Resources: Development, Diffusion and Integration.* Chichester, UK: Wiley, 1-14.
7. Barringer, B. R.; Ireland, R. D. *Entrepreneurship: Successfully Launching New Ventures,* Upper Saddle River: Pearson Prentice Hall, 2008; Dess, G. G.; Ireland, R. D.; Zahra, S. A.; Floyd, S. W.; Janney, J. J.; Lane, P. J. Emerging issues in corporate entrepreneurship. *Journal of Management,* 29, 2003. p. 351-378.
8. Schumpeter, J. *The Theory of Economic Development,* Cambridge: Harvard University Press, 1934.
9. Barringer; Ireland. *Entrepreneurship;* Stevenson, H. H.; Jarillo, J. C. A paradigm for entrepreneurship: Entrepreneurial management. *Strategic Management Journal,* 16 (special issue), 1990. p. 17-27.
10. Lavie, D. Capability reconfiguration: An analysis of incumbent responses to technological change. *Academy of Management Review,* 31, 2006. p. 153-174; Shane, S.; Venkataraman, S. The promise of entrepreneurship as a field of research. *Academy of Management Review,* 25, 2000. p. 217-226.
11. Baron, R. Opportunity recognition as pattern recognition: How entrepreneurs "connect the dots" to identify new business opportunities. *Academy of Management Perspectives,* 20(1), 2006. p. 104-119; Barringer, B. R.; Bluedorn, A. C. The relationship between corporate entrepreneurship and strategic management. *Strategic Management Journal,* 20, 1999. p. 421-444.
12. Alvarez, S. A.; Barney, J. B. Organizing rent generation and appropriation: Toward a theory of the entrepreneurial firm. *Journal of Business Venturing,* 19, 2005. p. 621-635.
13. Minniti, M. Entrepreneurial alertness and asymmetric information in a spin-glass model. *Journal of Business Venturing,* 19, 2005. p. 637-658.
14. Kuemmerle, W. The entrepreneur's path to global expansion. *MIT Sloan Management Review,* 46(2), 2005. p. 42-49.
15. Hof, R. D. Jeff Bezos' risky bet. *Business Week,* 13 nov. 2006. p. 54.
16. Karnik, K. Innovation's importance: Powering economic growth. NASSCOM, National Association of Software and Service Companies, http://www.nasscom.org, 24 jan. 2005; Holcombe, R. G. The origins of entrepreneurial opportunities. *Review of Austrian Economics,* 16, 2003. p. 25-54; Daily, C. M.; McDougall, P. P.; Covin, J. G.; Dalton, D. R. Governance and strategic leadership in entrepreneurial firms. *Journal of Management,* 28, 2002. p. 387-412.
17. Reynolds, P. D.; Hay, M.; Camp, S. M. *Global Entrepreneurship Monitor, 1999 Executive Report,* Babson Park: Babson College, 1999.
18. Ireland, R. D.; Webb, J. W.; Coombs, J. E. Theory and methodology in entrepreneurship research. In: Ketchen Jr., D. J.; Bergh, D. D. (eds.). *Research Methodology in Strategy and Management,* v. 2, San Diego: Elsevier, 2005. p. 111-141; Sarasvathy, S. D. The questions we ask and the questions we care about: Reformulating some problems in entrepreneurship research. *Journal of Business Venturing,* 19, 2005. p. 707-717.
19. Drucker, P. F. The discipline of innovation. *Harvard Business Review,* 76(6), 1998. p. 149-157.
20. Smith, K. G.; Collins, C. J.; Clark, K. D. Existing knowledge, knowledge creation capability, and the rate of new product introduction in high technology firms. *Academy of Management Journal,* 48, 2005. p. 346-357; Man, T. W. Y.; Lau, T.; Chan, K. F. The competitiveness of small and medium enterprises: A conceptualization with focus on entrepreneurial competencies. *Journal of Business Venturing,* 17, 2002. p. 123-142.
21. Perry-Smith, J. E.; Shalley, C. E. The social side of creativity: A static and dynamic social network perspective. *Academy of Management Review,* 28, 2003. p. 89-106.
22. Hamel, G. *Leading the Revolution,* Boston: Harvard Business School Press, 2000; Price, R. Technology and strategic advantage. *California Management Review,* 38(3), 1996. p. 38-56; Franko, L. G. Global corporate competition: Who's winning, who's losing and the R&D factor as one reason why. *Strategic Management Journal,* 10, 1989. p. 449-474.
23. Spencer, J. W. Firms' knowledge-sharing strategies in the global innovation system: Empirical evidence from the flat panel display industry. *Strategic Management Journal,* 24,

2003. p. 217-233; LUMPKIN, G. T.; DESS, G. G. Clarifying the entrepreneurial orientation construct and linking it to performance. *Academy of Management Review*, 21, 1996. p. 135-172; KELM, K. M.; NARAYANAN, V. K.; PINCHES, G. E. Shareholder value creation during R&D innovation and commercialization stages. *Academy of Management Journal*, 38, 1995. p. 770-786.

24. HITT, M. A.; NIXON, R. D.; HOSKISSON, R. E.; KOCHHAR, R. Corporate entrepreneurship and cross-functional fertilization: Activation, process and disintegration of a new product design team. *Entrepreneurship: Theory and Practice*, 23(3), 1999. p. 145-167.

25. O'BRIEN, J. P. The capital structure implications of pursuing a strategy of innovation. *Strategic Management Journal*, 24, 2003. p. 415-431.

26. SCHUMPETER. *The Theory of Economic Development*.

27. KATILA, R.; SHANE, S. When does lack of resources make new firms innovative? *Academy of Management Journal*, 48, 2005. p. 814-829.

28. SHARMA, P.; CHRISMAN, J. L. Toward a reconciliation of the definitional issues in the field of corporate entrepreneurship. *Entrepreneurship: Theory and Practice*, 23(3), 1999. p. 11-27; BURGELMAN, R. A.; SAYLES, L. R. *Inside Corporate Innovation: Strategy, Structure, and Managerial Skills*, Nova York: The Free Press, 1986.

29. DUTTA, D. K.; CROSSAN, M. M. The nature of entrepreneurial opportunities: Understanding the process using the 41 organizational learning framework. *Entrepreneurship: Theory and Practice* 29, 2005. p. 425-449.

30. HOSKISSON, R. E.; BUSENITZ, L. W. Market uncertainty and learning distance in corporate entrepreneurship entry mode choice. In: HITT, M. A.; IRELAND, R. D.; CAMP, S. M.; SEXTON, D. L. (eds.). *Strategic Entrepreneurship: Creating a New Mindset*, Oxford: Blackwell Publishers, 2002. p. 151-172.

31. SOMAYA, D. Strategic determinants of decisions not to settle patent litigation. *Strategic Management Journal*, 24, 2003. p. 17-38.

32. BARNEY, J. B. Looking inside for competitive advantage. *Academy of Management Executive*, 9(4): International diversity, mode of market entry, technological learning and performance. *Academy of Management Journal*, 43, 1995. p. 925-950.

33. BARNEY, J. B. How a firm's capabilities affect boundary decisions. *Sloan Management Review*, 40(3), 1999. p. 137-145.

34. SARASVATHY, S. D. Making it happen: Beyond theories of the firm to theories of firm design. *Entrepreneurship: Theory and Practice*, 28, 2004. p. 519-531.

35. Gore & Associates. Gore cited as America's most innovative company, http://www.gore.com, 11 jul. 2005.

36. DUFFY, D. Corporate entrepreneurship: Entre preneurial skills for personal and corporate success. The Center for Organizational and Personal Excellence, http://www.centerforexcellence.net, 14 jun. 2004.

37. CARDON, M. S.; ZIETSMA, C.; SAPARITO, P.; MATHEREN, B. P.; DAVIS, C. A tale of passion: New insights into entrepreneurship from a parenthood metaphor. *Journal of Business Venturing*, 19, 2005. p. 23-45.

38. MCGRATH, R. G.; MACMILLAN, I. *The Entrepreneurial Mindset*, Boston: Harvard Business School Press, 2000.

39. IRELAND, R. D.; HITT, M. A.; WEBB, J. W. Entrepreneurial alliances and networks. In: SHENKAR, O.; REUER, J. J. (eds.). *Handbook of Strategic Alliances*, Thousand Oak: Sage, 2005. p. 333-352; BEGLEY, T. M.; BOYD, D. P. The need for a corporate global mindset. *MIT Sloan Management Review*, 44(2), 2003. p. 25-32.

40. HAYTON, J. C.; KELLEY, D. J. A competency-based framework for promoting corporate entrepreneurship. *Human Resource Management*, 45, 2006. p. 407-415.

41. SARKAR, M. B.; ECHAMBADI, R.; AGRAWAL, R.; SEN, B. The effect of innovative environment on exit in entrepreneurial firms. *Strategic Management Journal*, 27, 2006. p. 519-539; KURATKO, D. F.; IRELAND, R. D.; HORNSBY, J. S. Improving firm performance through entrepreneurial actions: Acordia's corporate entrepreneurship strategy. *Academy of Management Executive*, 15(4), 2001. p. 60-71; BIRKINSHAW, J. The determinants and consequences of subsidiary initiative in multinational corporations. *Entrepreneurship: Theory and Practice*, 24(1), 1999. p. 9-36.

42. Introducing iPhone. http://www.apple.com/iphone, 1 mar. 2007.

43. BRAILSFORD, T. W. Building a knowledge community at Hallmark Cards. *Research Technology Management*, 44(5), 2001. p. 18-25.

44. CHO, H. J.; PUCIK, V. Relationship between innovativeness, quality, growth, profitability, and market value. *Strategic Management Journal*, 26, 2005. p. 555-575.

45. TSAI, W. Knowledge transfer in intraorganizational networks: Effects of network position and absorptive capacity on business unit innovation and performance. *Academy of Management Journal*, 44, 2001. p. 996-1.004.

46. ZAHRA, S. A.; GEORGE, G. Absorptive capacity: A review, reconceptualization, and extension. *Academy of Management Review*, 27, 2002. p. 185-203.

47. HITT, M. A.; BIERMAN, L.; SHIMIZU, K.; KOCHHAR, R. Direct and moderating effects of human capital on strategy and performance in professional service firms. *Academy of Management Journal*, 44, 2001. p. 13-28.

48. ZAHRA; GEORGE. Absorptive capacity.

49. BEGLEY, T. M.; TAN, W. L.; SCHOCH, H. Politicoeconomic factors associated with interest in starting a business: A multi-country study. *Entrepreneurship: Theory and Practice*, 29, 2005. p. 35-52. LU, J. W.; BEAMISH, P. W. The internationalization and performance of SMEs. *Strategic Management Journal*, 22 (special issue), 2001. p. 565-585.

50. TIHANYI, L.; JOHNSON, R. A.; HOSKISSON, R. E.; HITT, M. A. Institutional ownership differences and international diversification: The effects of boards of directors and technological opportunity. *Academy of Management Journal*, 46, 2003. p. 195-211.

51. IRELAND, R. D.; WEBB, J. W. International entrepreneurship in emerging economies: A resourcebased perspective. In: ALVAREZ, S.; CARRERA, A.; MESQUITA, L.; VASSOLO, R. (eds.). *Entrepreneurship and Innovation in Emerging Economies*, Oxford: Blackwell Publishers, 2006. p. 47-69. ELLSTRAND, A. E.; TIHANYI, L.; JOHNSON, J. L. Board structure and international political risk. *Academy of Management Journal*, 45, 2002. p. 769-777.

52. ANDERSSON, S. Internationalization in different industrial contexts. *Journal of Business Venturing*, 19, 2004. p. 851-875.

53. FARRELL, D.; FASSBENDER, H.; KNEIP, T.; KRIESEL, S.; LABAYE, E. Reviving French and German productivity. *McKinsey Quarterly*, 1, 2003. p. 40-53.

54. IBM, IBM collaborates with Irish Government to help local business innovate and grow, http://www.ibm.com/news, 29 set. 2006.

55. Ibid.

56. MCMILLAN, J. Creative destruction thrives. *New Zealand Herald*, 13 jan. 2005. p. C2.

57. Is China really nº 2 in R&D? *Business Week*, 1 jan. 2007. p. 18.

58. TSANG, E. W. K. Learning from overseas venturing experience: The case of Chinese family businesses. *Journal of Business Venturing*, 17, 2002. p. 21-40.

59. HITT, M. A.; BIERMAN, L.; UHLENBRUCK, K.; SHIMIZU, K. The importance of resources in the internationalization of professional service firms: The good, the bad and the ugly. *Academy of Management Journal*, 49, 2006. p. 1.137-1.157.

59. Kuemmerle, W. Home base and knowledge management in international ventures. *Journal of Business Venturing*, 17, 2002. p. 99-122.

60. Zacharachis, A. L.; Neck, H. M.; Bygrave, W. D.; Cox, L. W. Global Entrepreneurship Monitor, Kauffman Center for Entrepreneurial Leadership, Ewing Marion Kauffman Foundation, 2002.

61. Morris, M. H. *Entrepreneurial Intensity: Sustainable Advantages for Individuals, Organizations, and Societies*, Westport: Quorum Books, 1998. p. 85-86. Morris, M. H.; Davis, D. L.; Allen, J. W. Fostering corporate entrepreneurship: Cross-cultural comparisons of the importance of individualism *versus* collectivism. *Journal of International Business Studies*, 25, 1994. p. 65-89.

62. Nummeia, N.; Saarenketo, S.; Puumalainen, K. Rapidly with a rifle or more slowly with a shotgun? Stretching the company boundaries of internationalizing ICT firms. *Journal of International Entrepreneurship*, 2, 2005. p. 275-288. Zahra, S. A.; George, G. International entrepreneurship: The status of the field and future research agenda. In: Hitt, M. A.; Ireland, R. D.; Camp, S. M.; Sexton, D. L. (eds.). *Strategic Entrepreneurship: Creating a New Mindset*, Oxford: Blackwell Publishers, 2002. p. 255-288.

63. Underwood, R. Walking the talk? *Fast Company*, mar. 2005. p. 25-26.

64. Zahra, S. A.; Ireland, R. D.; Hitt, M. A. International expansion by new venture firms, 2000. Amit, R.; Lucier, C.; Hitt, M. A.; Nixon, R. D. Strategies for the entrepreneurial millennium. In Hitt, M. A.; Amit, R.; Lucier, C.; Nixon, R. (eds.). *Creating Value: Winners in the New Business Environment*, Oxford: Blackwell Publishers, 2002. p. 1-12. Hitt, M. A.; Nixon, R. D.; Clifford, P. G.; Coyne, K. P. The development and use of strategic resources. In Hitt, M. A.; Clifford, P. G.; Nixon, R. D.; Coyne, K. P. (eds.). *Dynamic Strategic Resources: Development, Diffusion and Integration*, Chichester: Wiley, 1999. p. 1-14.

65. McDougall, P. P.; Oviatt, B. M. International entrepreneurship: The intersection of two paths. *Academy of Management Journal*, 43, 2000. p. 902-908.

66. Van, A.; Zhu, G.; Hall, D. T. International assignments for career building: A model of agency relationships and psychological contracts. *Academy of Management Review*, 27, 2002. p. 373-391.

67. Barkema, H.; Chvyrkov, O. What sort of top management team is needed at the helm of internationally diversified firms? In: Hitt, M. A.; Ireland, R. D.; Camp, S. M.; Sexton, D. L. (eds.). *Strategic Entrepreneurship: Creating a New Mindset*, Oxford: Blackwell Publishers, 2002, p. 290-305.

68. Frost, T. S. The geographic sources of foreign subsidiaries' innovations. *Strategic Management Journal*, 22, 2001. p. 101-122. Hitt, M. A.; Hoskisson, R. E.; Kim, H. International diversification: Effects on innovation and firm performance in product diversified firms. *Academy of Management Journal*, 40, 1997. p. 767-798.

69. Hoskisson, R. E.; Hitt, M. A.; Johnson, R. A.; Grossman, W. Conflicting voices: The effects of institutional ownership heterogeneity and internal governance on corporate innovation strategies. *Academy of Management Journal*, 45, 2002. p. 697-716.

70. Battelle, J. Turning the page. *Business 2.0*, jul. 2005. p. 98-100.

71. Chesbrough, H. W. Making sense of corporate venture capital. *Harvard Business Review*, 80(3), 2002. p. 90-99. Hamel, G.; Killer strategies that make shareholders rich. *Fortune*, 23 jun. 1997. p. 70-88.

72. Michael, S.; Storey, D.; Thomas, H. Discovery and coordination in strategic management and entrepreneurship. In: Hitt, M. A.; Ireland, R. D.; Camp, S. M.; Sexton, D. L. (eds.). *Strategic Entrepreneurship: Creating a New Mindset*, Oxford: Blackwell Publishers, 2002. p. 45-65.

73. Burgelman, R. A. *Strategic Management of Technology and Innovation*, Boston: Irwin, 1995.

74. 3M Worldwide, Products and services, http://solutions.3m.com, 2 mar. 2007.

75. Kim, W. C.; Mauborgne, R. Navigating toward blue oceans. *Optimize*, fev. 2005. p. 44-52.

76. Strategies 2 Innovate, Radical and incremental innovation styles, http://www.strategies2innovate.com, 12 jul. 2005.

77. Robinson, W. T.; Chiang, J. Product development strategies for established market pioneers, early followers and late entrants. *Strategic Management Journal*, 23, 2002. p. 855-866.

78. Ahuja, G.; Lampert, C. M. Entrepreneurship in the large corporation: A longitudinal study of how established firms create breakthrough inventions. *Strategic Management Journal*, 22 (special issue), 2001. p. 521-543.

79. Santos, J.; Doz, Y.; Williamson, P. Is your innovation process global? *MIT Sloan Management Review*, 45(4), 2004. p. 31-37. Leifer, R.; Colarelli, G.; Rice, M. Implementing radical innovation in mature firms: The role of hubs. *Academy of Management Executive*, 15(3), 2001. p. 102-113.

80. Ashton, J. E.; Cook Jr, F. X.; Schmitz, P. Uncovering hidden value in a midsize manufacturing company. *Harvard Business Review*, 81(6), 2003. p. 111-119. Fleming, L.; Sorenson, O. Navigating the technology landscape of innovation. *MIT Sloan Management Review*, 44(2), 2003. p. 15-23. Getting an edge on innovation. *Business Week*, 21 mar. 2005. p. 124.

81. Goldenberg, J.; Horowitz, R.; Levav, A.; Mazursky, D. Finding your innovation sweet spot. *Harvard Business Review*, 81(3), 2003. p. 120-129.

82. O'Connor, G. C.; Hendricks, R.; Rice, M. P. Assessing transition readiness for radical innovation. *Research Technology Management*, 45(6), 2002. p. 50-56.

83. Phene, A.; Fladmoe-Lindquist, K.; Marsh, L. Breakthrough innovations in the U.S. biotechnology industry: The effects of technology space and geographic origin. *Strategic Management Journal*, 27, 2006. p. 369-388. Sutton, R. I. Weird ideas that spark innovation. *MIT Sloan Management Review*, 43(2), 2002. p. 83-87.

84. Smith, K. G.; DiGregorio, D. Bisociation, discovery, and the role of entrepreneurial action. In: Hitt, M. A.; Ireland, R. D.; Camp, S. M.; Sexton, D. L. (eds.). *Strategic Entrepreneurship: Creating a New Mindset*, Oxford: Blackwell Publishers, 2002. p. 129-150.

85. Hoskisson; Busenitz. Market uncertainty and learning distance.

86. Davenport, T. H.; Prusak, L.; Wilson, H. J. Who's bringing you hot ideas and how are you responding? *Harvard Business Review*, 81(2), 2003. p. 58-64.

87. Markham, S. K. Moving technologies from lab to market. *Research Technology Management*, 45(6), 2002. p. 31-42. Leifer, R.; Rice, M. Unnatural acts: Building the mature firm's capability for breakthrough innovation. In: Hitt, M. A.; Clifford, P. G.; Nixon, R. D.; Coyne, K. P. (eds.). *Dynamic Strategic Resources: Development, Diffusion and Integration*, Chichester: Wiley, 1999. p. 433-453.

88. Howell, J. M. The right stuff: Identifying and developing effective champions of innovation. *Academy of Management Executive*, 19(2), 2005. p. 108-119.

89. Hutt, M. D.; Seph, T. W. *Business Marketing Management*, 8ª. ed., Cincinnati: Thomson/South-Western, 2004.

90. Hitt, M. A.; Ireland, R. D.; Lee, H. Technological learning, knowledge management, firm growth and performance. *Journal of Engineering and Technology Management*, 17, 2000.

p. 231-246; Leonard-Barton, D. *Wellsprings of Knowledge: Building and Sustaining the Sources of Innovation,* Cambridge: Harvard Business School Press, 1995.

[91] Taylor III, A. Billion-dollar bets. *Fortune,* 27 jun. 2005. p. 139-154.

[92] Rao, S. S. General Electric, software vendor. *Forbes,* 24 jan. 2000. p. 144-146.

[93] Subramaniam, M.; Venkatraman, N. Determinants of transnational new product development capability: Testing the influence of transferring and deploying tacit overseas knowledge. *Strategic Management Journal,* 22, 2001. p. 359-378.

[94] Song, M.; Montoya-Weiss, M. M. The effect of perceived technological uncertainty on Japanese new product development. *Academy of Management Journal,* 44, 2001. p. 61-80.

[95] Fraser, J. A. A return to basics at Kellogg. *MIT Sloan Management Review,* 45(4), 2004. p. 27-30. Lee, P. M.; O'Neill, H. M. Ownership structures and R&D investments of U.S. and Japanese firms: Agency and stewardship perspectives. *Academy of Management Journal,* 46, 2003. p. 212-225.

[96] McGrath; MacMillan. *The Entrepreneurial Mindset.*

[97] Lassen, A. H.; Gertsen, F.; Riis, J. O. The nexus of corporate entrepreneurship and radical innovation. *Creativity and Innovation Management,* 15, 2006. p. 359-370.

[98] Harrison, J. S. *Strategic Management of Resources and Relationships,* Nova York: Wiley, 2003. Chen, J. Weaving the threads of creativity, innovation and entrepreneurship into a Technicolor Dreamcoat. *British Journal of Management,* dez. 2005. p. 22-23.

[99] 3M Worldwide, William L. McKnight management principles created 3M's corporate culture, http:// solutions.3m.com, 2 mar. 2007.

[100] Building scientific networks for effective innovation. *MIT Sloan Management Review,* 43(3), 2002. p. 14.

[101] Christensen, C. M.; Overdorf, M. Meeting the challenge of disruptive change. *Harvard Business Review,* 78(2), 2000. p. 66-77.

[102] Yu, L. Marketers and engineers: Why can't we just get along? *MIT Sloan Management Review,* 43(1), 2002. p. 13.

[103] Adler, P. S. Interdepartmental interdependence and coordination: The case of the design/manufacturing interface. *Organization Science,* 6, 1995. p. 147-167.

[104] Royer, I. Why bad projects are so hard to kill. *Harvard Business Review,* 81(2), 2003. p. 48-56.

[105] Evans, P.; Wolf, B. Collaboration rules. *Harvard Business Review,* 83(7), 2005. p. 96-104.

[106] Fischer, B.; Boynton, A. Virtuoso teams. *Harvard Business Review,* 83(7), 2005. p. 116-123. Kirkman, B. L.; Rosen, B. Beyond self-management: Antecedents and consequences of team empowerment. *Academy of Management Journal,* 42, 1999. p. 58-74. Jassawalla, A. R.; Sashittal, H. C. Building collaborative crossfunctional new product teams. *Academy of Management Executive,* 13(3), 1999. p. 50-63.

[107] Hitt; Nixon; Hoskisson; Kochhar. Corporate entrepreneurship.

[108] Christensen; Overdorf. Meeting the challenge of disruptive change.

[109] Hitt; Nixon; Hoskisson; Kochhar. Corporate entrepreneurship.

[110] Amason, A. C. Distinguishing the effects of functional and dysfunctional conflict on strategic decision making: Resolving a paradox for top management teams. *Academy of Management Journal,* 39, 1996. p. 123-148. Lawrence, P. R.; Lorsch, J. W. *Organization and Environment,* Homewood: Irwin, 1969.

[111] Dougherty, D.; Borrelli, L.; Muncir, K.; O'Sullivan, A. Systems of organizational sensemaking for sustained product innovation. *Journal of Engineering and Technology Management,* 17, 2000. p. 321-355. Dougherty, D. Interpretive barriers to successful product innovation in large firms. *Organization Science,* 3, 1992. p. 179-202.

[112] Hitt; Nixon; Hoskisson; Kochhar. Corporate entrepreneurship.

[113] Ibid.

[114] Garvin, D. A.; Levesque, L. C. Meeting the challenge of corporate entrepreneurship. *Harvard Business Review,* 84(10), 2006. p. 102-110. Wenger, E. C.; Snyder, W. M. Communities of practice: The organizational frontier. *Harvard Business Review,* 78(1), 2000. p. 139-144.

[115] Zehir, C.; Eren, M. S. Field research on impacts of some organizational factors on corporate entrepreneurship and business performance in the Turkish automotive industry. *Journal of the American Academy of Business,* 10, 2007. p. 170-176. Hamel. *Leading the Revolution.*

[116] Gore & Associates, Corporate culture, http://www.gore.com, 2 mar. 2007.

[117] Hitt, M. A.; Ireland, R. D. The essence of strategic leadership: Managing human and social capital. *Journal of Leadership and Organizational Studies,* 9, 2002. p. 3-14.

[118] McGrath; MacMillan. *The Entrepreneurial Mindset.*

[119] Roberson, Q. M.; Colquitt, J. A. Shared and configural justice: A social network model of justice in teams. *Academy of Management Review,* 30, 2005. p. 595-607.

[120] Hitt; Ireland; Camp; Sexton. Strategic entrepreneurship. Fowler, S. W.; King, A. W.; Marsh, S. J.; Victor, B. Beyond products: New strategic imperatives for developing competencies in dynamic environments, *Journal of Engineering and Technology Management,* 17, 2000. p. 357-377.

[121] Teng, B. S. Corporate entrepreneurship activities through strategic alliances: A resource-based approach toward competitive advantage. *Journal of Management Studies,* 44, 2007. p. 119-130. Kazanjian, R. K.; Drazin, R.; Glynn, M. A. Implementing strategies for corporate entrepreneurship: A knowledge-based perspective. In: Hitt, M. A.; Ireland, R. D.; Camp, S. M.; Sexton, D. L. (eds.). *Strategic Entrepreneurship: Creating a New Mindset,* Oxford: Blackwell Publishers, 2002. p. 173-199.

[122] Rothaermel, F. T.; Deeds, D. L. Exploration and exploitation alliances in biotechnology: A system of new product development. *Strategic Management Journal,* 25, 2004. p. 201-221. Cooper, A. C. Networks, alliances and entrepreneurship. In: Hitt, M. A.; Ireland, R. D.; Camp, S. M.; Sexton, D. L. (eds.). *Strategic Entrepreneurship: Creating a New Mindset,* Oxford: Blackwell Publishers, 2002. p. 204-222.

[123] Kale, P.; Singh, H.; Perlmutter, H. Learning and protection of proprietary assets in strategic alliances: Building relational capital. *Strategic Management Journal,* 21, 2000. p. 217-237.

[124] neowin.net, Intel, Micron select Singapore for NAND Flash fab, http://www.neowin.net, 6 nov. 2006. Martens, C. Intel, Micron team up on NAND memory manufacture, InfoWorld, http://www.infoworld.com, 21 nov. 2005.

[125] Cooper. Networks, alliances and entrepreneurship.

[126] Chen, L. Y.; Barnes, F. B. Leadership behaviors and knowledge sharing in professional service firms engaged in strategic alliances. *Journal of Applied Management and Entrepreneurship,* 11(2), 2006. p. 51-70. Alvarez, S. A.; Barney, J. B. How entrepreneurial firms can benefit from alliances with large partners. *Academy of Management Executive,* 15(1), 2001. p. 139-148; Rothaermel, F. T. Incumbent's advantage through exploiting complementary assets via interfirm cooperation. *Strategic Management Journal,* 22 (special issue), 2001. p. 687-699.

127. HAGEDOORN, J.; ROIJAKKERS, N. Small entrepreneurial firms and large companies in interfirm R&D networks — the international biotechnology industry. In: HITT, M. A.; IRELAND, R. D.; CAMP, S. M.; SEXTON, D. L. (eds.). *Strategic Entrepreneurship: Creating a New Mindset*, Oxford: Blackwell Publishers, 2002. p. 223-252.

128. LAVELLE, L. A matchmaker for inventors. *Business Week*, 26 fev. 2007. p. 100.

129. KLINE, D. Sharing the corporate crown jewels. *MIT Sloan Management Review*, 44(3), 2003. p. 89-93. KOKA, B. R.; PRESCOTT, J. E. Strategic alliances as social capital: A multidimensional view. *Strategic Management Journal*, 23, 2002. p. 795-816.

130. YLI-RENKO, H.; AUTIO, E.; SAPIENZA, H. J. Social capital, knowledge acquisition and knowledge exploitation in young technology-based firms. *Strategic Management Journal*, 22 (special issue), 2001. p. 587-613.

131. LEE, C.; LEE, K.; PENNINGS, J. M. Internal capabilities, external networks and performance: A study of technology-based ventures. *Strategic Management Journal*, 22 (special issue), 2001. p. 615-640.

132. TAKEISHI, A. Bridging inter- and intra-firm boundaries: Management of supplier involvement in automobile product development. *Strategic Management Journal*, 22, 2001. p. 403-433.

133. WEISS, J.; HUGHES, J. Want collaboration? Accept — and actively manage — conflict. *Harvard Business Review*, 83(3), 2005. p. 92-101.

134. IRELAND, R. D.; HITT, M. A.; VAIDYANATH, D. Strategic alliances as a pathway to competitive success. *Journal of Management*, 28, 2002. p. 413-446.

135. HITT, M. A.; DACIN, M. T.; LEVITAS, E.; ARREGLE, J. L.; BORZA, A. Partner selection in emerging and developed market contexts: Resource-based and organizational learning perspectives. *Academy of Management Journal*, 43, 2000. p. 449-467.

136. REUER, J. J.; ZOLLO, M.; SINGH, H. Post-formation dynamics in strategic alliances. *Strategic Management Journal*, 23, 2002. p. 135-151.

137. ROTHAERMEL, F.; DEEDS, D. More good things are not always necessarily better: An empirical study of strategic alliances, experience effects, and new product development in high-technology start-ups. In: HITT, M. A.; AMIT, R.; LUCIER, C.; NIXON, R. (eds.). *Creating Value: Winners in the New Business Environment*, Oxford: Blackwell Publishers, 2002. p. 85-103.

138. Cognos acquires Celequest. *Al Bawaba*, 28 jan. 2007. p. 1.

139. HITT, M. A.; HOSKISSON, R. E.; JOHNSON, R. A.; MOESEL, D. D. The market for corporate control and firm innovation. *Academy of Management Journal*, 39, 1996. p. 1.084-1.119.

140. LAPONSKY, J. Logitech acquires Slim Devices in $ 20M deal. *Twice*, 23 out. 2006. p. 72.

141. HITT, M. A.; HARRISON, J. S.; IRELAND, R. D. *Mergers and Acquisitions: A Guide to Creating Value for Stakeholders*, Nova York: Oxford University Press, 2001.

142. IRELAND; HITT; SIRMON. A model of strategic entrepreneurship.

143. AMIT; LUCIER; HITT; NIXON. Strategies for the entrepreneurial millennium.

144. HITT; IRELAND; CAMP; SEXTON. Strategic entrepreneurship.

145. LAVIE. Capability reconfiguration.

146. SIRMON, D. G.; HITT, M. A.; IRELAND, R. D. Managing firm resources in dynamic environments to create value: Looking inside the black box. *Academy of Management Review*, 32, 2007. p. 273-292.

147. HITT; BIERMAN; SHIMIZU; KOCHHAR. Direct and moderating effects of human capital.

148. HITT, M. A.; LEE, H.; YUCEL, E. The importance of social capital to the management of multinational enterprises: Relational networks among Asian and Western firms. *Asia Pacific Journal of Management*, 19, 2002. p. 353-372.

149. LAURSEN, K.; SALTER, A. Open for innovation: The role of openness in explaining innovation performance among U.K. manufacturing firms. *Strategic Management Journal*, 27, 2006. p. 131-150.

150. HITT; HOSKISSON; KIM. International diversification.

151. HITT, M. A.; IRELAND, R. D. The essence of strategic leadership: Managing human and social capital. *Journal of Leadership and Organization Studies*, 9(1), 2002. p. 3-14.

152. IBM collaborates with Irish Government, 2006.

153. Institutional entrepreneurship: The importance of choice. *International Journal of Entrepreneurship & Innovation*, 7, 2006. p. 269-270.

154. GARUD, R.; JAIN, S.; KUMARASWAMY, A. Institutional entrepreneurship in the sponsorship of common technological standards: The case of Sun Microsystems and JAVA. *Academy of Management Journal*, 45, 2002. p. 196-214.

155. ZACHARACHIS; NECK; BYGRAVE; COX. Global Entrepreneurship Monitor.

156. JARDINS, J. D. I am woman (I think). *Fast Company*, maio 2005. p. 25-26.

157. HITT; IRELAND; CAMP; SEXTON. Strategic entrepreneurship. AMIT; LUCIER; HITT; NIXON. Strategies for the entrepreneurial millennium.

Capítulo 13
Flexibilidade estratégica e análise das opções reais

Objetivos de aprendizagem

O estudo deste capítulo deve proporcionar-lhe o conhecimento de administração estratégica necessário para:

1. Definir opções reais e contrastá-las com outros tipos de investimentos estratégicos realizados pelas empresas.
2. Descrever os diversos tipos de opções reais que existem e em que circunstâncias estratégicas adquirem importância.
3. Explicar as finalidades e a importância da análise das opções reais.
4. Descrever os fatores geradores de valor subjacentes às opções reais.
5. Determinar o valor das opções reais simples usando duas técnicas: (1) a Black-Scholes e o método de aproximação Black-Scholes e (2) as grades binomiais e o método de neutralidade do risco.
6. Explicar algumas das premissas mais importantes que fundamentam os métodos de avaliação das opções reais.

Muitos anos atrás, a Sony inaugurou em San Francisco o Metreon — um novo complexo varejista formado por restaurantes sofisticados, lojas que vendiam com exclusividade determinados produtos, um cinema IMAX e painéis interativos para crianças.[1] A empresa, quando optou por introduzir esse complexo, teve de tomar algumas decisões relacionadas: com quantos complexos a companhia deveria atuar? A empresa deveria inaugurar os complexos simultaneamente ou em sequência? De que modo as decisões a respeito de localização e formato deveriam ser tomadas ao longo do tempo à medida que a empresa recebesse novas informações sobre o sucesso ou o fracasso de localidades específicas? A estrutura fundamental em torno do processo e da tempestividade da decisão de investimento da Sony pode ser observada em muitos tipos de decisões estratégicas, incluindo a possibilidade ou o modo de desenvolvimento de uma nova tecnologia ou de uma plataforma de produto, a conveniência de investir em uma nova região do mundo ou em um novo mercado de produto, como efetivar um programa de P&D e como gerenciar decisões sobre terceirização da produção em novos empreendimentos.[2]

Um dos principais aspectos que os capítulos precedentes ressaltaram é que as decisões estratégicas são complexas e ambíguas. Elas muitas vezes referem-se a diversas áreas funcionais da empresa, envolvem o comprometimento de recursos volumosos que podem ou não provocar reações pelos rivais e são difíceis de analisar porque incluem muitos insumos qualitativos que podem ser difíceis de integrar. Decisões estratégicas também são tomadas normalmente em um contexto de grande incerteza, o que complica as análises de opções de investimento e a adoção de ações estratégicas por parte das empresas. Tudo indica que essas incertezas — sejam devidas a riscos econômicos, avanços tecnológicos, convergência setorial e destruição criativa, crises geopolíticas, integração global de setores e assim por diante — estão se tornando cada vez mais importantes para muitas organizações e provavelmente continuarão a sê-lo.[3]

As empresas, em resposta a essa incerteza, buscam criar estratégias que ressaltem sua flexibilidade estratégica.[4] Uma estratégia pode ser considerada flexível quando permite a uma empresa reagir a incertezas mutáveis alterando rapidamente sua trajetória ou, melhor ainda, permite à empresa posicionar-se para obter vantagem com o término da incerteza.[5] Como consequência do 11 de setembro de 2001, as empresas aéreas tomaram algumas iniciativas para reduzir seus custos, incentivando ao mesmo tempo os clientes para retomarem as viagens aéreas. Todas as companhias aéreas nos EUA, com exceção da Southwest Airlines, reduziram o número de voos e de empregados e também eliminaram algumas rotas. A Southwest possuía recursos financeiros substanciais disponíveis devido à estratégia consciente adotada pela empresa de ter caixa disponível para operações durante uma emergência ou uma situação de crise. Essa decisão proporcionou flexibilidade estratégica à Southwest.[6]

A flexibilidade estratégica pode ser realçada por estruturas e sistemas organizacionais ou outros recursos internos que aumentam a reatividade de uma organização.[7] A flexibilidade estratégica também pode ser obtida pela configuração específica de investimentos e operações ao incorporar atividades de implantação (isto é, investindo sequencialmente em um projeto à medida que etapas forem sendo vencidas), modificando oportunidades (isto é, transferindo insumos ou produtos entre as máquinas ou em função de mercados geográficos) e articulando as oportunidades disponíveis que fazem parte das escolhas estratégicas (isto é, outros investimentos prospectivos tornados reais pelo comprometimento inicial de recursos).[8] As atividades empreendedoras também realçam a flexibilidade estratégica. À medida que as empresas decidem investir em novos empreendimentos, também estão tornando disponíveis algumas oportunidades futuras. Por exemplo, uma empresa que decide inaugurar um pequeno hotel em uma grande propriedade poderia, no futuro, decidir ampliar o hotel, agregar um restaurante ou converter o hotel em um condomínio. Consequentemente, as empresas que são empreendedoras tendem a possuir maior flexibilidade estratégica (Capítulo 12).

Os capítulos anteriores introduziram diversas ferramentas para lidar com a incerteza na tomada de decisões estratégicas. Por exemplo, a análise ambiental (Capítulo 4) pode ser usada como dado fundamental para o planejamento do cenário, cuja finalidade é transformar as muitas incertezas com que uma empresa se defronta em um pequeno número de cenários futuros coerentes internamente.[9] De modo análogo, a análise da rivalidade competitiva e da dinâmica competitiva (Capítulo 6) ajuda as empresas a compreenderem como a eficácia de suas estratégias pode depender de decisões simultâneas ou reações subsequentes dos rivais. Uma empresa não precisa aceitar passivamente as ações dos rivais e suas consequências e consegue, na realidade, moldá-las por meio de seus próprios investimentos e estratégias, os quais por sua vez fazem parte das próprias decisões dos rivais.[10]

A análise das opções reais também é uma ferramenta que auxilia as empresas a lidarem com a incerteza e a aumentar a flexibilidade estratégica. Nos últimos anos, a análise das opções reais recebeu atenção cada vez maior como ferramenta para a tomada de decisões estratégicas.[11] Ela gerou interesse por oferecer um meio de avaliação quantitativa do papel da incerteza nas decisões de investimento das empresas, alterando o modo pelo qual os estrategistas raciocinam em termos de investimentos específicos e a maneira pela qual podem proporcionar valor às empresas e oferece a promessa de um início de compatibilização entre análises estratégicas e financeiras nas organizações. A análise das opções reais consegue realizar isso injetando simultaneamente realidade estratégica nos modelos de valorização financeira tradicionais enquanto inclui a disciplina rigorosa dos mercados financeiros às análises estratégicas.[12]

Examinamos neste capítulo diversos tópicos relativos às opções reais, iniciando com uma definição precisa da expressão. Discutimos em seguida vários tipos de opções reais e explicamos algumas das principais finalidades da análise das opções reais. Analisamos o motivo pelo qual as opções reais possuem importância prática para as empresas e incluímos na discussão o meio pelo qual a análise das opções reais proporciona um método disciplinado para incluir considerações estratégicas aos processos de orçamento de capital. Consequentemente, este capítulo contém uma breve introdução a algumas das maneiras pelas quais as opções reais podem ser quantificadas, para as empresas como um todo e para investimentos estratégicos específicos. Um apêndice oferece instruções detalhadas para dois dos métodos quantitativos mais usuais. Mesmo se determinados investimentos não forem avaliados usando alguma forma das técnicas formais da análise das opções reais, um entendimento dos determinantes de valor subjacentes às opções reais e suas implicações pode ser útil na projeção e implantação de investimentos estratégicos (por exemplo: aquisições, contratos de fornecimento, alianças, investimento estrangeiro direto) e no trabalho construtivo face à incerteza na tomada de decisões estratégicas.

Análise das opções reais

Uma definição de opções reais deve explicar por que as opções são reais e por que são opções.[13] É necessário ser preciso para distinguir o termo opção de conceitos relacionados para que a análise das opções reais ofereça algo que seja diferenciado para executivos, consultores e analistas. Por exemplo, é verdade que as opções oferecem alternativas estratégicas; no entanto, as alternativas não são necessariamente opções de *per si*, pois estas possuem uma estrutura específica que lhes é própria, bem como um conjunto de critérios adicionais que precisam ser atendidos para que as empresas realmente obtenham valor pela opção. As opções reais são reais porque o ativo que lhes serve como fundamento imediato, ao contrário do que ocorre no caso das opções financeiras, é um ativo real em vez de um valor mobiliário.

Uma analogia com as opções financeiras nos ajuda a esclarecer a definição de opções reais. Suponha que uma pessoa faça uma opção de compra de ações e pague certa quantia, por exemplo: 5 dólares por ação, para obter o direito, porém não a obrigação, de adquirir 10 ações de uma companhia pelo valor de 100 dólares por ação em uma data futura. Se o preço da ação da empresa cair, a pessoa não dá continuidade à operação e perde somente o valor de 50 dólares pago pela opção (isto é, 5 dólares por ação × 10 ações). A pessoa não é obrigada a fazer o investimento no segundo estágio. No entanto, se descobrir por meio de um acompanhamento que o preço da ação da companhia aumentou para 100 dólares a 120 dólares por causa de uma alteração na demanda pelos produtos da empresa, aperfeiçoamentos tecnológicos ou algum outro fator, a pessoa pode exercer sua opção de compra das ações por 100 dólares/ação e no processo ganha 20 dólares/ação (ou 200 dólares no total) na compra final. Por meio de analogia, para os executivos da Sony, em vez de inaugurar cinco complexos varejistas inicialmente, eles poderiam iniciar com somente uma pequena unidade, determinar como a demanda incerta evolui no caso de tais complexos varejistas em função de parâmetros macroeconômicos, setoriais ou de outra natureza e, então, decidir se devem expandir a unidade ou aumentar seu número de localizações com base na nova informação.

Essa comparação resulta em cinco critérios para que exista uma opção. Uma opção proporciona a uma empresa (1) o direito, (2) porém não a obrigação, (3) de tomar alguma iniciativa futura, (4) permitindo-lhe reduzir seu risco de situações adversas (5) enquanto explora as oportunidades promissoras. Cada um desses critérios requer atenção ao se analisar se as opções fazem parte integrante dos investimentos ou das práticas operacionais da empresa. Afirmar que uma opção gera um direito e que permite acesso a oportunidades promissoras significa que proporciona à empresa algum direito preferencial para valer-se de uma oportunidade de investimento subsequente.[14] No caso das opções financeiras, esse direito reflete-se na aquisição de ações ao preço unitário de 100 dólares e esse direito tem um custo de 50 dólares no início. No caso das opções reais, isso significa que outras empresas não conseguem realizar o mesmo investimento nos mesmos termos no segundo estágio e o investimento potencial nesse estágio depende do primeiro. No caso da opção de compra financeira, esse direito é responsável pela diferença entre o preço de compra de 100 dólares e o preço de mercado de 120 dólares, pois o primeiro valor é fixado contratualmente e o segundo é determinado pelo mercado acionário. É igualmente importante que a empresa não tenha a obrigação de realizar o investimento no segundo estágio. Se a empresa for obrigada a realizar um investimento subsequente, não há flexibilidade e não existe uma opção porque um compromisso já foi assumido.

A assimetria entre possuir o direito porém não a obrigação dá origem a uma assimetria análoga em termos de resultados: as opções ajudam as empresas a reduzir os riscos de circunstâncias adversas enquanto se valem de oportunidades promissoras.[15] No caso da opção financeira, a pessoa compra as ações somente caso existir sentido econômico na aquisição; caso contrário, a pessoa obtém um retorno final nulo. No caso da Sony, ao inaugurar uma única unidade varejista de pequeno porte inicialmente, consegue reduzir seu risco de circunstâncias adversas caso o complexo não alcance sucesso e, embora não seja obrigada a expandir-se, é capaz de fazê-lo caso a demanda resulte ser inesperadamente favorável para essa nova formatação varejista em outras localizações geográficas.

Tipos de opções reais

Do mesmo modo que os compromissos estratégicos assumem várias categorias (por exemplo: aquisições para conquistar poder de mercado, manutenção de posições competitivas etc.), uma ampla gama de opções reais pode ser observada nos investimentos e nas operações das empresas.[16] O Quadro 13.1 mostra exemplos de diferentes tipos de opções e os contextos em que frequentemente são relevantes.

Opções de crescimento. As opções de crescimento representam investimentos que permitem à empresa ampliar o investimento no futuro caso a iniciativa venha a ser valorizada. O exemplo da Sony discutido anteriormente seria uma dessas opções. Uma decisão tomada pela Nucor, a fabricante que opera com usinas de aço de pequena capacidade, constitui outro exemplo desse tipo de opção. A Nucor tem produzido diversos produtos de metal diretamente de refugos metálicos em vez de utilizar o processo tradicional de aquecer e reaquecer insumos em grandes lotes. A companhia estava avaliando a instalação de uma usina baseada em uma nova tecnologia — fundição de placas delgadas — que lhe permitiria fabricar placas metálicas que enfrentariam diretamente os participantes integrados no setor. Quando analisava essa decisão e as incertezas que apresentava, a empresa estava apostando em suas capacidades básicas para instalar novas usinas e transferir as melhores práticas. Essas capacidades indicam que, se a usina alcançasse sucesso, provavelmente criaria oportunidades para outras usinas em todo o país.[17]

Outro exemplo de uma opção de compra é uma *joint venture* patrimonial, que envolve as empresas estabelecendo uma companhia mediante participação acionária conjunta, por exemplo uma divisão 50/50 do número de ações.[18] Uma indústria farmacêutica pode investir em uma *joint venture* de biotecnologia em vez de simplesmente adquirir a empresa para obter sua tecnologia.

Quadro 13.1: Tipos de opções reais, descrições e contextos típicos

OPÇÃO / DESCRIÇÃO	CONTEXTOS TÍPICOS
Crescimento – Um primeiro investimento abre oportunidades futuras de expansão.	■ Investimentos em infraestrutura ■ Investimentos em produtos com diversas gerações
Desistência – A existência de mercados de revenda permite à empresa obter valor saindo de mercados com condições desfavoráveis.	■ Introduções de novos produtos ■ Setores capital-intensivos
Alteração – A flexibilidade do produto permite alterações no *mix* de produtos; a flexibilidade do processo permite alterações dos insumos.	■ Bens de consumo suscetíveis a demanda volátil ■ Integração vertical gradualmente menor
Deferimento – Um arrendamento mercantil ou uma opção de compra de terreno permite que a empresa aguarde para constatar se os preços dos produtos justificam o investimento.	■ Setores de extração de recursos naturais ■ Incorporação imobiliária
Composta – Investimentos que geram múltiplas opções dos tipos descritos acima.	■ Qualquer um dos contextos acima

Fonte: baseado em Lenos Trigeorgis, *Real Options: Managerial Flexibility in Resource Allocation*, copyright 1996 Lenos Trigeorgis, publicado por The MIT Press.

A empresa farmacêutica, ao agir desse modo, reduz potencialmente seu risco de situações adversas, limitando seu investimento inicial para o que seria exigido caso adquirisse diretamente a empresa de biotecnologia. Se a tecnologia provar que não desperta atração ou o mercado para os produtos da empresa de biotecnologia não se materializar, a indústria farmacêutica não é obrigada a se expandir; porém, se a tecnologia ou os produtos provarem ser favoráveis, o laboratório farmacêutico consegue expandir-se adquirindo a empresa de biotecnologia que faz parte da *joint venture*.[19] Evidentemente a questão é a que preço essa aquisição de patrimônio adicional ocorre para que essa estratégia faça sentido. Embora somente um número limitado de empresas reserve tempo para negociar uma cláusula de opção inserida diretamente nos contratos de *joint venture*,[20] a Siemens afirmou que esse dispositivo contratual foi o elemento mais importante de seu acordo de colaboração com a Allis Chalmers.[21]

Opções de desistência. Se as opções de crescimento são semelhantes às opções de compra financeiras, então as opções de desistência são similares às operações a termo financeiras. Opções de desistência proporcionam flexibilidade às empresas ao permitir-lhes reverter a trajetória e afastar-se de situações competitivas desfavoráveis. Por exemplo, em novos empreendimentos de alta tecnologia poderia ser possível às empresas vender tecnologia, bens de capital ou outros ativos por meio de um mercado de revenda. Essas opções também poderiam ser negociadas com base em contratos individuais entre empresas. Em um relacionamento colaborativo amplamente divulgado e conflitante entre Fiat e General Motors, a Fiat havia negociado a possibilidade de vender suas ações para a GM a um preço pré-estabelecido que no final tornou-se muito pouco atrativo para a GM devido à deterioração da condição financeira da Fiat e de outros problemas.[22]

Opções de alteração. As opções de alteração combinam as características das opções que acabamos de discutir permitindo que as empresas alterem o *mix* de produtos ou insumos. Por exemplo, sistemas de produção flexível permitem às empresas alterar a fabricação de dois ou mais produtos a um custo relativamente baixo. Para empresas que fabricam produtos diferentes que possuem demanda consideravelmente variável, essa opção pode ser atrativa porque as capacita a modificar decisões de produção com base nos parâmetros que determinam as condições de mercado para os produtos da empresa. Um segundo exemplo de uma opção de alteração é a rede de unidades geradoras no setor de distribuição de energia elétrica.[23] Durante um determinado dia, a lucratividade de uma unidade específica baseia-se em sua "folga de atuação" ou o preço que pode cobrar menos o custo de produção, que pode variar com base em circunstâncias ambientais e operacionais. Para atender à demanda em determinada ocasião, uma empresa distribuidora de eletricidade procura ligar as unidades com a maior folga de atuação. Em contraste, as unidades com as menores folgas de atuação são as primeiras a serem desligadas. Um exemplo final de opções de alteração é oferecido pelo investimento estrangeiro direto das empresas ou a propriedade de ativos em diversos países. À medida que as taxas de câmbio ou outras condições ambientais se alterarem ao longo do tempo, as empresas poderão realocar a produção ou outras atividades valendo-se de sua rede de operações a fim de reduzir sua estrutura de custos relativamente aos rivais que possuem operações somente em um país e, portanto, estarão sujeitos a riscos cambiais e de outra natureza associados a esse país específico.[24]

Opção de deferimento. A opção de deferimento ocorre quando a espera possui valor. Alguns alunos poderiam considerar valioso cursar uma faculdade devido ao conhecimento que obtêm, mas também devido a uma opção para postergar outros compromissos, como casamento ou emprego em tempo integral. Para os executivos, a opção de deferimento passa a existir porque a incerteza cerca um investimento estratégico e o compromisso em realizar esse investimento é irreversível. A combinação entre irreversibilidade e incerteza torna essas opções valorizadas devido aos ganhos com a espera. Por essa razão, os executivos que analisam projetos de investimento podem exigir que o valor presente líquido (VPL) seja significativamente maior que zero para compensar o valor das opções de deferimento que são perdidas quando a empresa assumir um compromisso estratégico.[25] As opções de deferimento podem ser encontradas nos setores com base em recursos naturais, em decisões do tipo extração de madeira ou de recursos naturais como cobre ou petróleo.[26] As opções de deferimento também fazem parte das decisões sobre incorporação imobiliária.

Opções compostas. Nas análises formais que atribuem valores às opções reais, analistas, consultores ou outros profissionais frequentemente simplificarão uma decisão de investimento escolhendo uma única opção. Entretanto, na maior parte dos projetos ou operações de investimento que efetivamente ocorrem, as opções múltiplas muitas vezes se encontram presentes. Opções compostas referem-se a investimentos que permitem opções múltiplas inter-relacionadas. Outra maneira para compreender as opções compostas consiste em considerar que o ativo correspondente não é um ativo real, mas outra opção. Por exemplo, nas atividades de P&D, alguns estágios avançam da pesquisa básica para a pesquisa aplicada e em seguida para o trabalho de desenvolvimento, construção de protótipo e comercialização, que correspondem em conjunto a uma série de opções de opções. Tratar essas opções compostas como opções simples diminuirá a flexibilidade disponível à empresa que possui as opções e, portanto, reduzirá seu valor; no entanto, esse tratamento pode proporcionar informações importantes a respeito de uma decisão de investimento. Além disso, compreender o sentido desse viés pode ser suficiente para tomar uma decisão de investimento estratégica.

Finalidade e importância da análise das opções reais

Examinaremos a seguir a finalidade da análise das opções reais e a questão do grau de importância das opções reais para a administração estratégica.[27] As opções reais e as análises desses investimentos são importantes porque deram nova feição aos motivos para as decisões estratégicas, criaram novas oportunidades para aproximar as análises estratégicas e financeiras e mostraram como os executivos precisam alterar os marcos de seus investimentos. Também são importantes por possuir relevância prática, pois podem representar uma fonte e uma proporção importantes do valor da empresa.

Desafio ao conhecimento original sobre os motivos para investimentos estratégicos. A análise das opções reais altera a maneira como os gerentes pensam a respeito dos investimentos estratégicos e dos benefícios resultantes.[28] Considere o exemplo anterior das opções de alteração oferecidas pelo investimento estrangeiro direto e contraste essa visão de estratégia multinacional com a perspectiva tradicional. Antes do advento da teoria das opções reais, a visão tradicional era a de que as empresas multinacionais realizam em grande parte investimentos estrangeiros diretos envolvendo a propriedade das subsidiárias estrangeiras a fim de manter controle sobre seus ativos intangíveis como marcas ou tecnologias.[29] Esses ativos não são apenas difíceis de ser avaliados para fins de licenciamentos potenciais, mas são difíceis de monitorar e controlar apropriadamente sem a propriedade e o controle da empresa que os possui. Em contraste com essa perspectiva que enfatiza as eficiências associadas à propriedade, a perspectiva das opções reais concentra a atenção nos ganhos dinâmicos que as empresas conseguem obter transferindo as atividades de sua cadeia de valor para outros países em resposta a mudanças nas condições ambientais (por exemplo: moedas, salários, demanda etc.). O foco central é a flexibilidade operacional, e não o controle operacional. Durante a crise financeira asiática no final da década de 1990, por exemplo: companhias como a ABB e a General Electric foram capazes de realocar a produção flexivelmente para locais na Ásia com custos de produção relativamente menores a fim de reduzir suas estruturas de custo globais.[30]

Um segundo exemplo demonstra como as opções reais desafiam uma perspectiva convencional sobre investimento estratégico e os benefícios que proporciona à companhia. Tradicionalmente, as *joint ventures* eram comparadas a casamentos ou a relacionamentos interpessoais e, portanto, o objetivo da empresa investidora era a transformação de tais colaborações em situações tão duradouras e harmoniosas quanto possível.[31] No entanto, sob a lente das opções reais, o término de um relacionamento não possui muitas vezes a conotação negativa de um "divórcio" e as empresas conseguem realmente obter valor no estágio de término do mesmo modo que conseguem formando *joint ventures*.[32]

Por exemplo, suponha que α seja a participação de uma empresa em uma *joint venture* que possui um valor v, que pode se alterar ao longo do tempo. O valor da participação que a empresa possui na *joint venture* é portanto αv. Suponha que a empresa possa adquirir a participação de seu sócio por um preço p. Portanto, se o valor da participação na *joint venture* que a empresa não possui for menor que esse preço, isto é $(1-\alpha)v < p$, a empresa não toma uma decisão de compra e mantém a opção em aberto. No entanto, ocorrendo alguma alteração positiva da demanda, poderia ser o caso de esse valor exceder o preço de compra e a empresa poder adquirir a participação de seu sócio e portanto ganhar $(1-\alpha)v - p$. Com o desenvolvimento da teoria das opções reais, *joint ventures* e investimentos minoritários passaram a ser considerados como estágios intermediários ou investimentos transitórios que proporcionam flexibilidade às companhias em vez de casamentos ou investimentos previstos para duração a longo prazo.[33] Por exemplo, a Cisco Systems é conhecida por adotar uma estratégia direcionada a aquisições e no entanto a companhia realiza pequenos investimentos no capital de empresas como meio de acesso para aproximadamente 25% de suas aquisições.[34]

Reconciliação entre análise estratégica e análise financeira. O poder da análise das opções reais pode ser exemplificado adicionalmente por uma pergunta muito simples: você investiria em um projeto com VPL negativo? Quando essa pergunta é formulada a alguns gerentes e alunos, eles respondem que as considerações estratégicas devem ser levadas em consideração. Os projetos com VPL negativo presumivelmente poderiam ser aceitos, desde que fossem "estratégicos". Porém, o que isso realmente significa? Outras pessoas respondem com base na teoria financeira que essas decisões não atendem ao interesse dos acionistas e, portanto, deveriam ser rejeitadas. Como variação dessa resposta, alguém que não se sinta satisfeito com análises qualitativas poderia sugerir que, se as condições estratégicas realmente importam, deveriam refletir-se nas previsões de fluxo de caixa das empresas de modo que o VPL devesse ser positivo para que a empresa realizasse o investimento.

A solução desse dilema resulta em parte de uma compreensão do histórico da análise estratégica e do orçamento de capital.[35] Pode-se argumentar que ambos surgiram paralelamente após a Segunda Guerra Mundial e que ambos estão interessados na alocação dos recursos de uma empresa com a finalidade de obtenção de valor para os acionistas. A principal força do orçamento de capital reside em sua capacidade para lidar com fluxos de caixa tangíveis bem como seu critério de decisão explícito para o investimento corporativo (isto é, VPL > 0). Seu principal ponto fraco é que as ferramentas são criadas para atribuir valor a investimentos passivos sem flexibilidade. Sob a perspectiva da análise estratégica, está interessado intrinsecamente no gerenciamento ativo e nas oportunidades consequentes, porém não possui o tipo de critério rigoroso de decisão para a tomada de decisões de alocação de recursos. Idealmente uma ferramenta poderia aproximar as finanças e as estratégias corporativas injetando realidade estratégica (por exemplo: incerteza, oportunidades resultantes, gerenciamento ativo) em modelos financeiros de investimento, também incorporando simultaneamente às análises estratégicas a disciplina dos mercados financeiros e o rigor matemático. Em nível mais amplo, essa é a promessa e a contribuição potencial da análise das opções reais.

Para perceber a importância da análise das opções reais, considere o motivo pelo qual as técnicas tradicionais de avaliação possuem falhas no caso de muitos investimentos estratégicos bem como a presença de opções inclusas faz que o limiar de investimento da empresa se afaste do padrão VPL > 0. Suponha que uma empresa esteja investindo em um projeto de alta tecnologia que possui dois resultados igualmente prováveis, gerando um retorno de $V^+ = 180$ milhões de dólares sob "boas" condições de mercado e $V^- = 60$ milhões de dólares sob condições "ruins" de mercado após um ano.[36] Suponha que a taxa de desconto ajustada ao risco seja 20% e que a taxa sem risco seja 8%. O valor presente (VP) do projeto é o valor esperado do retorno, descontado até o início do investimento pela taxa ajustada ao risco. Portanto, VP = $(1 + 0,20)^{-1}$ $[0,5(180) + 0,5(60)] = 100$ milhões de dólares.

Suponha em seguida que a empresa seja capaz de firmar um contrato com outra companhia que é capaz de absorver a tecnologia no período de um ano e esteja disposta a comprometer-se com o pagamento de 180 milhões de dólares naquela ocasião. A pergunta é: quanto a empresa deveria estar disposta a pagar por esse contrato? Usando a fórmula acima e subtraindo o valor de 100 milhões de dólares resulta $(1,2)^{-1}$ $[0,5(180) + 0,5(180)] - 100 = 50$ milhões de dólares. No entanto, tendo em vista que a empresa obtém 180 milhões de dólares em todas as condições, é inapropriado usar a mesma taxa de desconto para a probabilidade de 100% de obter 180 milhões de dólares do que para uma probabilidade de 50% de obter 180 milhões de dólares *versus* 60 milhões de dólares. Pelo fato de o primeiro retorno não apresentar risco, deve ser descontado usando-se a taxa sem risco de 8%. Isso significa que o valor correto para essa opção de desistência é $(1,08)^{-1}$ $[0,5(180) + 0,5(180)] - 100 = 67$ milhões de dólares, que é 34% maior do que o valor calculado previamente. É evidente que esse exemplo simples está correto porque a taxa sem risco pode ser usada devido ao fato de os retornos futuros serem certos. Nas situações na vida real, torna-se necessário o uso de métodos de avaliação das opções, pois essa taxa de desconto não pode ser obtida muito facilmente. Uma lição importante é que os métodos tradicionais de avaliação financeira subavaliarão projetos com flexibilidade e superavaliarão projetos com grandes compromissos assumidos, significando que as empresas têm possibilidade de subinvestir nos projetos com opções inclusas e superinvestir nos projetos inflexíveis.

Deslocamento dos limiares de investimento. Outra implicação do exemplo acima é que a presença de opções reais altera os limiares de investimento das empresas. Suponha, por exemplo, que uma nova empresa potencial está considerando oferecer revestimentos sintéticos para locais de construção e que esses produtos são superiores aos revestimentos de madeira, que possuem desvantagens como falta de durabilidade, transporte e armazenamento problemáticos e riscos de danos a equipamentos pesados.[37] As iniciativas anteriores voltadas ao desenvolvimento de revestimentos sintéticos defrontaram-se com dificuldades, como uma "memória" excessiva de cargas anteriores e propriedades eletrostáticas que causam transtornos quando usadas nos setores de exportação de petróleo e de gás. As análises iniciais estimaram que o investimento inicial para efetivar a comercialização da nova patente é de 6,5 milhões de dólares para uma fábrica e capital de giro para um período experimental pós-teste e que o VPL estimado era – 1,1 milhão de dólares. Os métodos tradicionais de cálculo de valor indicariam que o novo empreendimento não devesse ser concretizado porque os fluxos de caixa esperados são inadequados em relação ao investimento exigido (isto é, VPL < 0). No entanto, o empreendedor estava convencido de que se o projeto alcançasse sucesso, abriria caminho para aplicações adicionais da tecnologia sintética. Em linguagem algébrica, faz sentido econômico o empreendedor dar início ao empreendimento se o "pacote" do valor correspondente a qualquer dessas opções de crescimento e o valor correspondente ao investimento no primeiro estágio for maior do que zero ou $VPL_1 + C_2 > 0$, onde VPL_1 é o VPL descrito (– 1,1 milhão de dólares) e C_2 o valor da opção de compra das opções de crescimento obtidas mediante o investimento no primeiro estágio. Em outras palavras, o valor da opção de compra (C_2) precisa ser de pelo menos 1,1 milhão de dólares para que a empresa concretize o empreendimento (isto é, para – 1,1 milhão + $C_2 > 0$). Caso contrário, o empreendimento não deve ser efetivado a não ser que outras opções que possuam valor possam ser identificadas.

Enquanto o exemplo anterior ilustra o ponto em que empresa poderia investir em um projeto mesmo se seu VPL for negativo, se as opções de crescimento inclusas tiverem valor suficiente, o outro lado da moeda também é válido: pode fazer sentido uma empresa não vender ativos ou desistir de um negócio mesmo se o VPL do resultado dessa iniciativa for positivo. Considere a Eli Lilly ou outros laboratórios farmacêuticos ou áreas de tecnologia avançada como exemplo. Essas empresas possuem uma ampla gama de patentes e precisam decidir qual é a melhor maneira para gerenciar a propriedade intelectual que possuem. Para qualquer patente existente, a empresa poderia iniciar a comercialização, licenciar a tecnologia para outra companhia, doar a patente a uma universidade para obter uma dedução do imposto de renda ou continuar proprietária da tecnologia. Poderia parecer irracional inicialmente o fato de essas empresas estarem mantendo muitas patentes que aparentemente não possuem relação com suas atuais unidades de negócio. Essas escolhas de investimento poderiam fazer sentido em vez da comercialização, porém por que simplesmente não doar a patente para obter um benefício (ou licenciá-la para receber *royalties*)? Suponha que o $VPL_{d,p}$ seja o VPL da doação da patente p e que $VPL_{d,p} < 0$. Em virtude da incerteza relativa ao valor da tecnologia e de outras circunstâncias, essa patente pode ter um valor de opção de compra (isto é, C_p) porque a empresa possui o direito porém não a obrigação de comercializar no futuro a tecnologia subjacente. Doar (ou licenciar) a patente hoje implica abrir mão dessas opções inclusas. Portanto, embora $VPL_{d,p} > 0$, poderia ser o caso de $VPL_{d,p} - C_p < 0$. Faz sentido doar se o valor do pacote, $VPL_{d,p} - C_p$, for maior do que zero ou, em outras palavras, se o VPL obtido pela doação for maior do que o valor da opção de compra para manter a patente (isto é, $VPL_{d,p} > C_p$).[38] Desse modo, é importante que os gerentes levem em consideração as opções inclusas, estejam elas do lado da compra (por exemplo: expansão, aquisição ou criação de uma nova empresa) ou do lado da venda (por exemplo: venda ou desistência de unidades de negócio) das decisões estratégicas de investimentos. A presença de opções reais indica que poderia fazer sentido econômico as empresas realizarem investimentos com VPL negativo e evitarem investimentos com VPL positivo não apenas por esses investimentos serem "estratégicos", mas porque opções valorizadas estão inclusas neles.

Determinação do valor real da empresa. Sob o ponto de vista conceitual, as opções reais são portanto fundamentais para proporcionar uma ponte entre análises estratégicas e orçamento de capital e são básicas quando uma empresa toma decisões estratégicas de investimento importantes porque conseguem alterar os limiares de investimento da empresa em oposição à adoção do critério padrão VPL > 0.

A importância das opções para os projetos que as empresas pretendem implantar e o valor geral das companhias podem ser demonstrados mediante dados reais de empresas em atividade. Uma maneira simples para realizar isso consiste em supor que o valor de uma empresa pode ser expresso em termos do valor de seus ativos existentes ou do valor obtido dos ativos em sua utilização presente mais o valor das oportunidades de crescimento da empresa. O valor presente das oportunidades de crescimento de uma empresa foi definido como sendo seu valor das opções de crescimento porque o crescimento dos lucros econômicos reflete investimentos futuros a critério da empresa.[39] Isso conduz à fórmula $V = V_{AE} + V_{OC}$ — onde V é o valor da empresa, V_{AE} é o valor dos ativos existentes e V_{OC} é o valor das oportunidades de crescimento. Se dividirmos V_{OC} pelo valor da empresa, resulta uma expressão que pode ser denominada "valor da opção de crescimento", ou V_{OC}, que representa a proporção do valor da empresa atribuível às opções de crescimento (isto é, $V_{OC} = V_{OC} / V$).[40]

Os detalhes técnicos relativos a como estimar esses valores encontram-se além da finalidade deste capítulo, porém alguns exemplos usando certos dados podem ilustrar a importância das opções de crescimento nos diversos setores bem como para as empresas que atuam em cada setor. Dados sobre lucros econômicos, taxas de desconto e capital investido foram obtidos da Stern Stewart & Co. para se conseguir estimativas do V_{OC}.[41] A Figura 13.1 ilustra como a proporção do valor da empresa atribuível às opções de crescimento varia em função do setor. Por exemplo, no setor de equipamento elétrico e eletrônico, 54% do valor da empresa, em média, é devido às opções de crescimento. No setor de produtos químicos, essa proporção também é elevada (48%). Na ponta oposta do espectro, empresas em setores como os de produção de pedra britada, argila, vidro e concreto conseguem pouco valor de suas opções de crescimento (isto é, 12%) e existem padrões similares em setores como os de móveis e acessórios (isto é, 20%).[42]

Apesar dessas tendências gerais nos vários setores, o grau em que as opções de crescimento assumem importância nos vários setores varia consideravelmente. Por exemplo, no setor de equipamento elétrico e eletrônico (Figura 13.2), o valor médio da opção de crescimento é 0,54. No entanto, algumas empresas obtêm a maior parte de seu valor das opções de crescimento e outras, como a Rockwell, possuem um valor mais reduzido atribuível às opções de compra (18%). De modo análogo, mesmo em setores como os de pedra britada, argila, vidro e concreto, nos quais as empresas tendem a obter muito pouco de seu valor das opções de crescimento, existem empresas que conseguem mais de um quarto (isto é, 26%) de seu valor das opções de crescimento. O valor das opções de crescimento de uma empresa será orientado portanto não apenas pelo seu setor, mas por seus próprios investimentos estratégicos e capacidades. Ao se investir em um novo setor ou quando se compara uma empresa em relação a seus rivais, pode ser útil determinar quando o valor é devido a opções de crescimento ou a dependência de ativos em seu uso presente para entender a posição competitiva das empresas e as perspectivas futuras.[43]

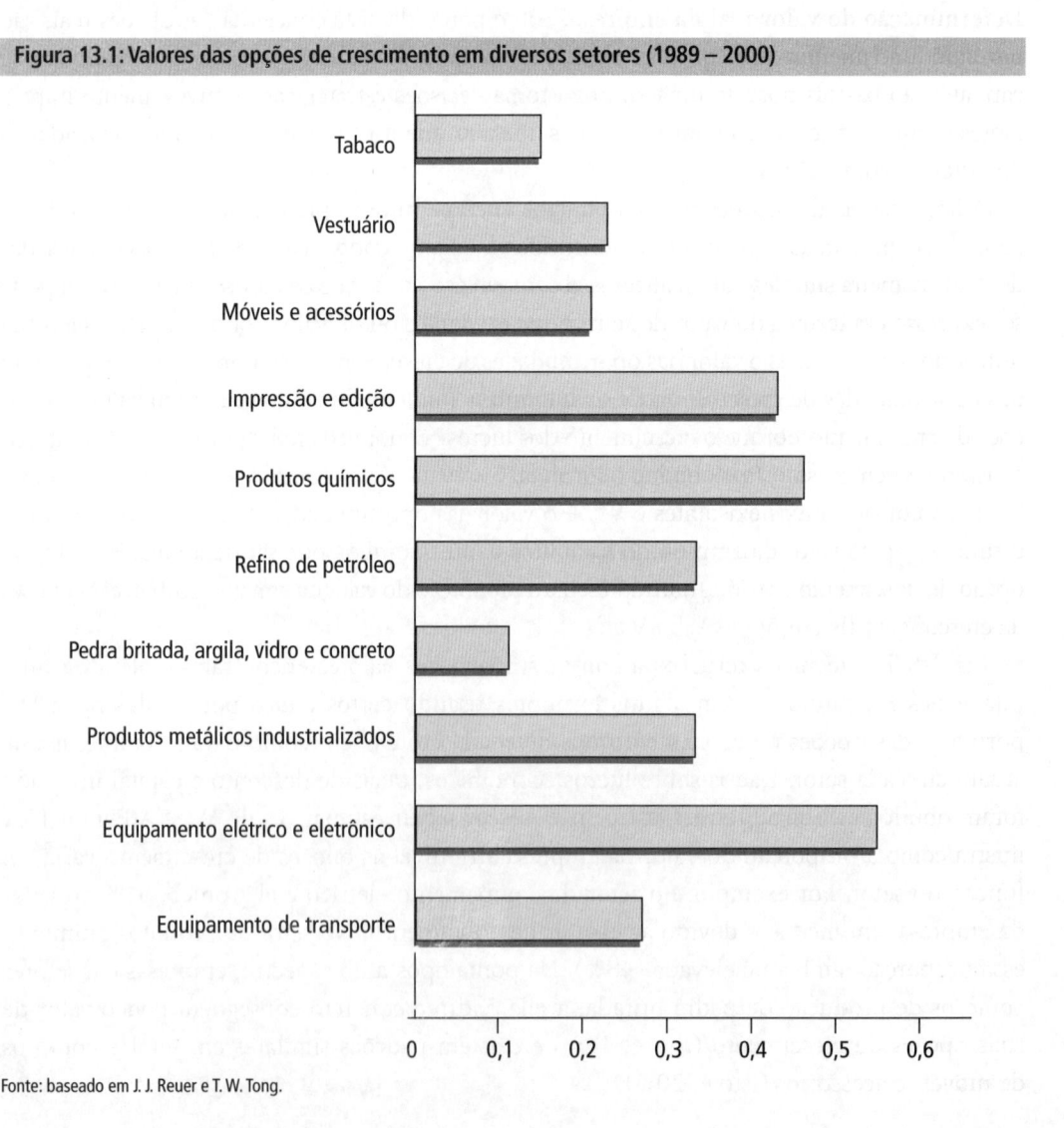

Figura 13.1: Valores das opções de crescimento em diversos setores (1989 – 2000)

Fonte: baseado em J. J. Reuer e T. W. Tong.

Esses padrões indicam que a análise das opções reais é importante não apenas como uma ferramenta que pode iniciar a harmonização entre considerações estratégicas e orçamento de capital e como um método para avaliar decisões relacionadas à possibilidade de realização de investimentos estratégicos, mas também porque as opções reais representam uma fonte importante de valor para muitas empresas. Nesse sentido, as companhias precisam obter, exercitar e gerenciar as opções apropriadamente. O objetivo da empresa não é o de maximizar o valor da opção intrinsecamente, mas obter o valor da opção dos investimentos que empreende especificamente por seus benefícios associados à flexibilidade. Portanto, os gerentes precisam entender o que determina o valor da opção e como se pode atribuir valor a opções específicas.

Determinantes de valor para opções reais

Após um tipo específico de opção ter sido identificado como incluso em uma decisão estratégica de investimento, a próxima tarefa para os decisores consiste em determinar como aspectos específicos do investimento correspondem aos determinantes de valor para opções reais. O valor das opções reais é determinado por cinco fatores, conforme mostrado no Quadro 13.2.[44] Para fins de simplificação, focaremos as opções de compra, embora o valor das opções a termo também possa ser indicado em termos das mesmas cinco variáveis. Além disso, cada um desses fatores é análogo aos determinantes de valor individuais para opções de compra financeiras.

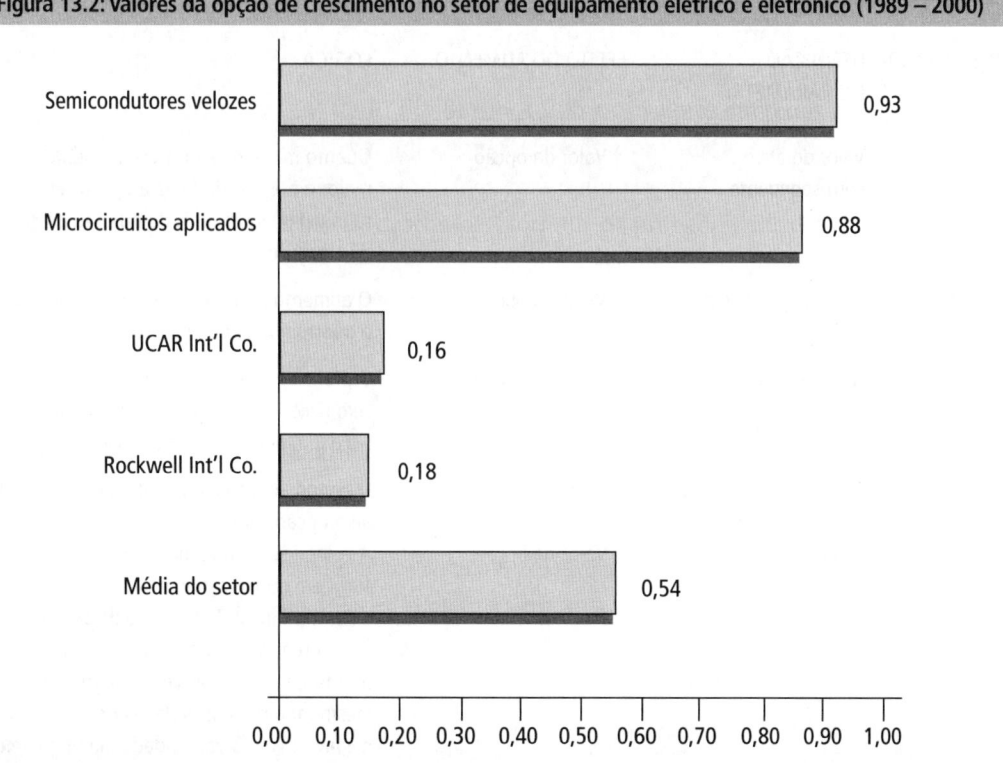

Figura 13.2: Valores da opção de crescimento no setor de equipamento elétrico e eletrônico (1989 – 2000)

Empresa	Valor
Semicondutores velozes	0,93
Microcircuitos aplicados	0,88
UCAR Int'l Co.	0,16
Rockwell Int'l Co.	0,18
Média do setor	0,54

Fonte: baseado em J. J. Reuer e T. W. Tong.

Primeiro, o valor atual do ativo correspondente (S) é similar ao preço atual de uma ação. Para as opções reais, o valor atual do ativo correspondente é equivalente ao valor presente dos fluxos de caixa estimados associados ao ativo correspondente ou investimento no segundo estágio. Esse valor fixa o ponto inicial para as variações potenciais no valor do investimento no segundo estágio no futuro. Por exemplo, se uma empresa constrói no Estágio I uma planta industrial que pode ser ampliada, o valor do ativo correspondente é igual ao valor presente do fluxo de caixa atribuível à expansão da planta no Estágio II, por exemplo, no intervalo de três anos. Quanto maior esse valor presente, mais elevada a possibilidade de que no final será maior do que o custo de exercício da opção (X). O preço do exercício é, portanto, igual ao montante que precisa ser pago no futuro para a expansão da planta. Nesse exemplo específico, X é o valor dos gastos com bens de capital que a empresa precisa efetuar para ampliar as instalações. Nesse sentido, o valor da opção aumenta em S e diminui em X, do mesmo modo que o VPL de qualquer investimento aumenta nos fluxos de caixa gerados no futuro e diminui no investimento inicial exigido.

No entanto, no caso de uma opção, o compromisso é assumido no futuro de preferência ao tempo zero. Esse compromisso futuro, ou preço de exercício, é portanto descontado à taxa de retorno sem risco (r_f) porque se supõe que seja fixa e conhecida com certeza quando a opção é comprada. Portanto, os aumentos da taxa sem risco descontam o preço de exercício mais substancialmente, fazendo que o valor da opção aumente. Também é o caso de que a capacidade para postergar essa decisão por um período de tempo maior aumenta o poder discricionário e a flexi-

Quadro 13.2: Determinantes do valor da opção de compra

PARÂMETRO	DEFINIÇÃO NO PARÂMETRO	EFEITO DO AUMENTO	LÓGICA
S	Valor do ativo correspondente	↑ Valor da opção	Quanto maior o valor presentemente, maior a possibilidade de a opção ser rentável ou valer mais do que seu preço de exercício.
X	Custo do exercício	↓ Valor da opção	O aumento do custo do exercício diminui a oportunidade de um retorno positivo.
r_f	Taxa sem risco	↑ Valor da opção	O preço de exercício é descontado à taxa sem risco. Portanto aumentos da taxa sem risco diminuem o custo do investimento (X).
t	Tempo para efetivação do investimento	↑ Valor da opção	O tempo adicional aumenta a possibilidade de a opção ser rentável.
α	volatilidade	↑ Valor da opção	A volatilidade cria o potencial de surgirem outros aspectos vantajosos e desvantajosos. Em virtude de as opções permitirem às empresas o acesso a oportunidades favoráveis limitando ao mesmo tempo o risco de eventos desfavoráveis, a volatilidade maior aumenta o valor da opção.

bilidade da empresa e, portanto, na igualdade das demais condições, o valor da opção também aumenta no tempo para efetivação do investimento em (t). No exemplo simples que acabamos de discutir, o valor da opção de construção de um segundo estágio da planta após quatro anos será maior do que para um projeto similar após três anos, na igualdade das demais condições.

Finalmente, enquanto a incerteza é considerada um problema para projetos de investimento típicos, no caso das opções de compra, a incerteza correlaciona-se positivamente com o valor da opção. Isso ocorre devido às propriedades inerentes das opções: a empresa possui o direito porém não a obrigação de tomar uma iniciativa futura específica. Isso significa, na presença da incerteza, que a empresa é capaz de limitar seu risco de condições desfavoráveis e ter acesso a oportunidades favoráveis. Existindo essas duas assimetrias entre direito *versus* obrigação e oportunidades vantajosas *versus* riscos de eventos desfavoráveis, isso implica que aumentos de incerteza incrementam, em vez de diminuir, o valor da opção. No cenário do caso mais desfavorável, a empresa vê-se compelida a não tomar qualquer iniciativa, porém se a incerteza conduzir a resultados muito favoráveis, a empresa encontra-se posicionada para agir em relação a eles. Em outras palavras, com as opções a empresa encontra-se mais exposta a acontecimentos negativos e não exposta a consequências negativas.[45] A dimensão de incerteza é representada pelo parâmetro volatilidade (δ) no Quadro 13.2.

Os cinco parâmetros podem ser resumidos por dois valores que captam integralmente o valor das opções reais.[46] Primeiro, o valor do ativo correspondente (S) pode ser dividido pelo valor presente (VP) do preço de exercício [$VP(X) = X/(1+r_f)^t$] para resultar $VPL_q = S/VP(X)$. Essa expressão é denominada VPL_q porque o valor associado aos fluxos de caixa futuros relativos ao preço de exercício é indicado sob forma de quociente. Essa expressão oferece uma indicação da proporção em que o valor do ativo correspondente é maior ou menor que o valor presente do preço de exercício da opção. Quando $VPL_q > 1$, a opção é rentável, pois o valor do ativo correspondente vale mais que o valor presente do custo para obtê-lo. Inversamente, quando $VPL_q < 1$, a opção não é rentável, ou o valor do ativo correspondente é menor do que o valor presente do custo para adquiri-lo. Quanto maior o valor do VPL_q, maior o valor da opção, conforme mostrado na Figura 13.3.

Segundo, os parâmetros volatilidade e tempo para efetivação do investimento podem ser similarmente combinados em uma única variável que determina o valor da opção. Nesse caso, a variável é denominada volatilidade cumulativa, sendo definida como Volatilidade Cumulativa (VC) = $\delta\sqrt{t}$. Sigma (δ) é igual ao desvio-padrão dos retornos anuais do ativo correspondente e t é igual ao número de anos até o exercício. Essa expressão indica que é a combinação da volatilidade por período e o tempo até o exercício que determina o valor da opção. Conforme a Figura 13.3 indica, mantendo VPL_q constante, quanto maior o valor da volatilidade cumulativa, maior o valor da opção de compra. Conforme será discutido na próxima sessão, após $\overline{VPL}_q$ e $\delta\sqrt{t}$ serem calculados, é possível usar uma tabela para obter o valor de uma opção.

Avaliação das opções reais

Muitas técnicas diferentes são adotadas para o cálculo das opções reais e a finalidade deste capítulo não reside em apresentar esses métodos de maneira exaustiva nem detalhar as complexidades técnicas da avaliação das opções reais na prática. O objetivo consiste em ilustrar a aplicação de duas abordagens distintas comumente usadas no cálculo das opções reais e oferecer uma introdução sucinta ao cálculo. Recomendamos que os leitores consultem o Apêndice para uma visão de conjunto das técnicas de cálculo das opções reais, bem como das orientações para a aplicação. Nos projetos de grande escala para os quais a avaliação da opção real é apropriada, especialistas em finanças e outros profissionais podem se empenhar no desenvolvimento de modelos de avaliação muito sofisticados e customizados. No entanto, mesmo os modelos rela-

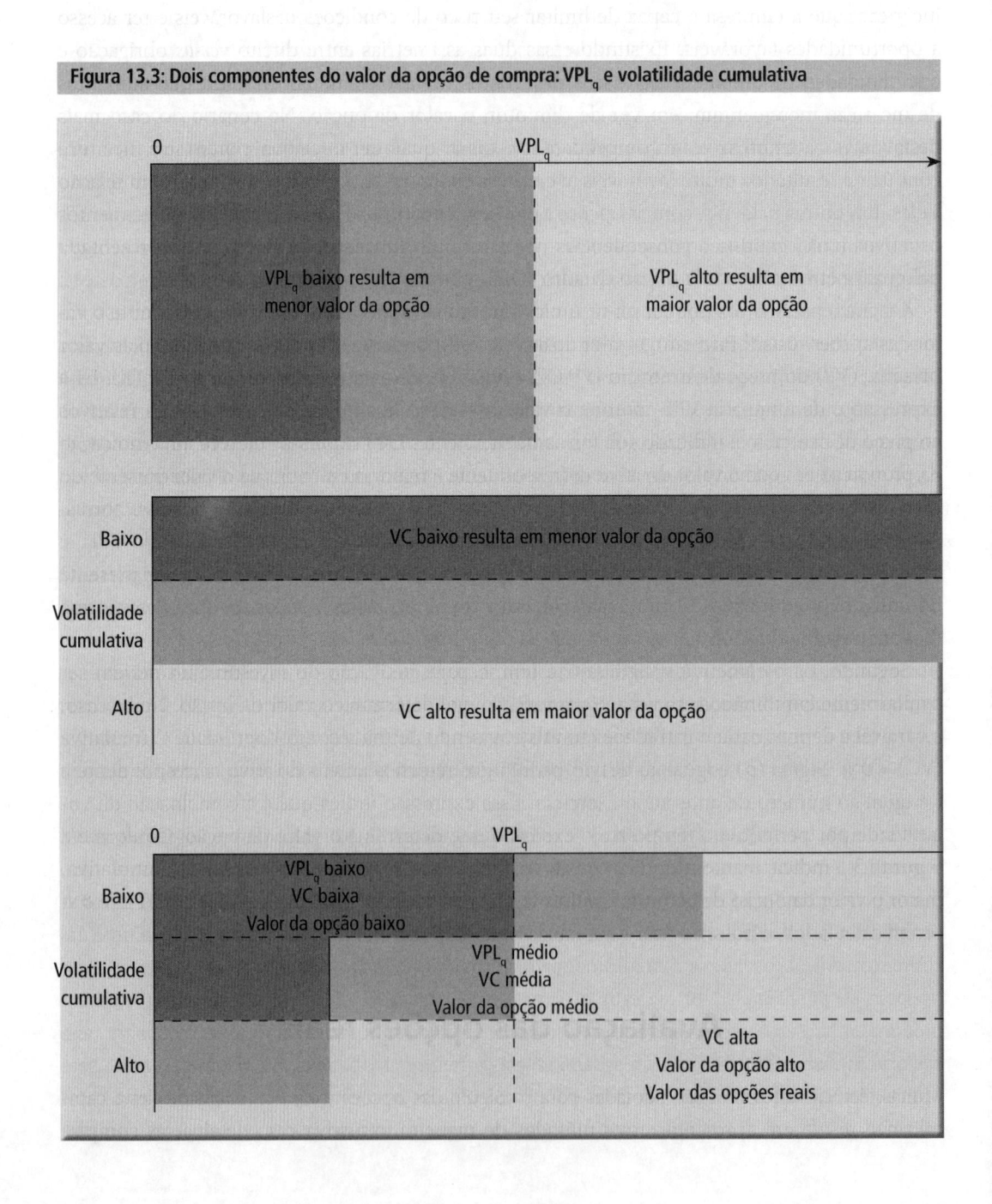

Figura 13.3: Dois componentes do valor da opção de compra: VPL_q e volatilidade cumulativa

	0		VPL_q	
	VPL_q baixo resulta em menor valor da opção		VPL_q alto resulta em maior valor da opção	

Volatilidade cumulativa		
Baixo	VC baixo resulta em menor valor da opção	
Alto	VC alto resulta em maior valor da opção	

	0		VPL_q	
Baixo	VPL_q baixo / VC baixa / Valor da opção baixo			
Volatilidade cumulativa		VPL_q médio / VC média / Valor da opção médio		
Alto			VC alta / Valor da opção alto / Valor das opções reais	

tivamente diretos como aqueles apresentados no Apêndice podem proporcionar informações importantes sobre aplicações da teoria financeira tradicional e esses dados podem auxiliar os gerentes a harmonizar os processos de análise estratégica e de orçamento de capital.

Requisitos para a implementação das opções reais

Apesar de a ideia corrente sobre opções reais ter se concentrado principalmente na identificação das opções que as empresas obtêm de vários investimentos e de práticas operacionais, um volume consideravelmente menor de análises foi efetuado ou deu origem a trabalhos sobre a organização e as exigências de implementação apresentadas pelas opções reais. Em um nível mais amplo, parece intuitivo propor que as empresas interessadas em obter valor das opções reais requeiram organizações e sistemas que as capacitem a implementar de maneira eficaz estratégias flexíveis; no entanto, os detalhes relativos ao modo como as opções reais ou a flexibilidade estratégica deveriam ser implementadas da melhor maneira exigem maior desenvolvimento.

Quando os requisitos para a implementação estiverem sendo analisados, é importante como uma primeira distinção de caráter amplo diferenciar a análise das opções reais dos investimentos em opções reais de *per si*. No que concerne à análise, a discussão acima de como as análises das opções reais poderiam ser usadas nos processos de tomada de decisão estratégica indica uma variedade de métodos, variando do qualitativo ao muito formal.[47] Para algumas empresas, as opções reais podem tanto ser uma maneira de raciocinar como o processo organizacional em si próprio uma ferramenta analítica formal. Entretanto, os críticos da análise das opções reais sugerem que ela é excessivamente técnica e requer conhecimento matemático que muitos gerentes não possuem. É verdade que grande parte das empresas que adotaram a análise das opções reais, muitas vezes sem procedimentos apropriados para avaliar as opções,[48] abandonaram essa técnica, e muitas demonstram preocupação quanto à sua complexidade.[49] Embora essa preocupação tenha sua razão de ser e tenda a lidar com a inobservância das suposições e as dificuldades associadas aos modelos de avaliação, algumas vezes é meramente o resultado de problemas de comunicação em vez de outros de maior importância.[50] O fato de essa técnica ter se difundido durante a época em que as ações de empresas que atuavam na internet se supervalorizaram (e subsequentemente perderam grande parte de seu valor) não ajudou em sua defesa.[51] E nem o fato de que a Enron e outras companhias que provocaram escândalos tenham sido as primeiras a adotá-la.

No entanto, como as ilustrações deste capítulo e do Apêndice indicam, podem ser obtidos dados importantes a partir de aplicações relativamente simples das técnicas existentes como modelos de fluxo de caixa e de análise da árvore de decisões. As empresas também se beneficiarão com o estabelecimento de regras básicas para o uso dessa técnica e com a aplicação a grandes projetos para os quais o VPL é incerto. A adoção da análise de opções reais pode parecer sob alguns aspectos um substituto para outros métodos de avaliação (por exemplo: critérios de recuperação do investimento, múltiplos de avaliação etc.) por métodos de avaliação financeira utilizados atualmente. As sugestões para o início dessa transição nas empresas incluem a realização de um ou mais projetos pilotos, obtenção do apoio dos executivos do alto escalão e daqueles envolvidos no projeto, codificação da técnica de opções reais valendo-se de um grupo de especialistas e de material de treinamento e a institucionalização da análise de opções reais como uma maneira de pensar bem como uma ferramenta analítica.[52]

Voltando a atenção para as próprias opções reais, a questão dos requisitos para a implementação resume-se em essência à possibilidade e à maneira de os executivos das unidades de negócio que dependem de opções reais deverem gerenciá-las de alguma forma distinta das demais unidades. Se grande parte do valor que tais executivos agregam ou reduzem da empresa for devido às decisões de formação e exercício de opções, o uso de cálculos financeiros orientados à avaliação do atual desempenho financeiro pode ser problemático. A título de exemplo, se executivos forem punidos por "fracassos" que surgem com base naquilo que realmente ocorre, esse método de avaliação do desempenho deixa de levar em consideração o aspecto mais importante de que o executivo poderia ter deparado com uma ampla gama de resultados possíveis na ocasião do investimento e estruturado apropriadamente um investimento para minimizar o risco de situações desfavoráveis, posicionando simultaneamente a empresa para o aproveitamento de oportunidades vantajosas caso as condições externas tivessem sido diferentes.[53] Esses problemas poderiam ser evitados examinando um conjunto de projetos sob controle dos executivos graduados, apontando incertezas que estejam parcialmente sob controle e além do controle dos executivos e valendo-se de informações adicionais para julgar o desempenho do alto escalão e oferecer incentivos para o comportamento apropriado.

Resumo

- Uma opção real permite a uma empresa ter o direito porém não a obrigação de tomar uma determinada iniciativa futura. Isso capacita a empresa a reduzir seu risco de situações desfavoráveis enquanto explora oportunidades vantajosas. Tipos de opções reais incluem as de crescimento, desistência, alteração, deferimento e compostas. Cada um desses tipos é relevante em contextos estratégicos distintos.

- As opções reais desafiam os conceitos tradicionais sobre os motivos e a recuperação dos investimentos estratégicos. Por exemplo, *joint ventures* são consideradas meios de acesso preferencialmente a casamentos. Os benefícios do investimento estrangeiro direto incluem não apenas o controle operacional, mas também a flexibilidade operacional.

- As opções reais ajudam a compatibilizar a análise estratégica com a análise financeira. As opções reais injetam realidade estratégica (gerenciamento ativo e oportunidades de obtenção de resultados) na teoria financeira tradicional (análises do fluxo de caixa descontado e valor presente líquido) agregando simultaneamente às análises estratégicas a disciplina dos mercados financeiros e o rigor dos critérios quantitativos dos investimentos.

- As opções reais deslocam o limiar de investimento das empresas. As empresas podem investir economicamente em projetos que possuem valor presente líquido negativo se o valor das opções inclusas for suficientemente alto de modo que o valor do investimento no primeiro estágio mais o valor das opções inclusas for maior que zero. Inversamente, as empresas poderiam evitar decisões de investimento com valor presente líquido positivo caso essas decisões lhes forçassem a desistir de opções valorizadas. Nesses casos, o valor presente líquido do investimento precisa ser não somente maior que zero, mas também maior que o valor das opções que são descartadas. Os executivos incorporam intuitivamente o valor das opções deferidas a que renunciaram em suas decisões de investimento ao exigir que os valores presentes líquidos sejam positivos.

- As opções podem representar uma parcela substancial do valor da empresa. A importância econômica das opções reais difere em função do setor bem como das empresas em cada setor.

- O valor de uma opção é determinado por cinco parâmetros: o ativo correspondente, o preço de exercício, a taxa de retorno sem risco, o tempo decorrido até o exercício e a incerteza (volatilidade). Esses cinco itens podem ser representados por dois parâmetros básicos: VPL_q e volatilidade cumulativa. A avaliação quantitativa das opções pode ser realizada, e as opções podem ser comparadas, usando esses parâmetros.

- As opções reais possuem requisitos exclusivos de implementação e, portanto, as empresas que dependem de opções reais precisam usar sistemas apropriados de monitoramento, controle e incentivo para lidar com vieses potenciais nas decisões dos executivos relativas à compra e ao exercício de opções. As empresas que adotam análises de opções reais como parte de seu processo estratégico de alocação de recursos também precisam instituir sistemas apropriados para essa ferramenta de avaliação de projetos de investimento.

- A adoção da análise das opções reais pode ser facilitada por projetos-piloto, aprovação dos altos executivos, iniciativas de codificação e institucionalização do pensamento estratégico e dos aspectos mais formais da análise de opções reais.

- O Apêndice mostra que os valores da opção podem ser calculados usando o método Black-Scholes, a técnica de aproximação Black-Scholes e grades binomiais. Cada um desses métodos exige dados iniciais e suposições diferentes. No caso em que as suposições não são observadas, modelos de avaliação de opções mais sofisticados podem ser usados ou modelos de avaliação simples podem ser implementados com base no conhecimento do sentido esperado do viés.

- Nos modelos de avaliação Black-Scholes, o parâmetro de incerteza muitas vezes é aquele mais difícil de ser obtido. O sigma pode ser estimado com base nos dados históricos de retornos e de companhias de varejo eletrônico (*pure-play*) que servem como marco de comparação, porém são úteis as análises de sensibilidade que calculam o valor da opção para uma faixa de valores de incerteza.

Questões éticas

1. Quais são as implicações éticas da realização de um investimento que parece estar condenado a dar prejuízo em curto prazo tomando-se por base que haverá opções para obter lucros com

as oportunidades que o investimento proporciona a prazo mais longo? Por exemplo, na condição de acionista, você se contentaria com uma equipe de altos executivos que tomam esses tipos de decisões rotineiramente?

2. De que forma uma empresa pode incluir temas humanos (como o bem-estar dos empregados ou fatores de risco humano) em uma análise das opções reais?

3. A análise das opções reais pode ser usada para justificar decisões ruins? Em caso afirmativo, quais são as implicações para a contratação gerencial?

4. De que modo um conselho de administração pode assegurar que a análise das opções reais não resulte em decisões dos executivos graduados que prejudiquem os acionistas e outros *stakeholders* importantes?

Apêndice: regras detalhadas para avaliação

Apresentamos a seguir regras detalhadas para o uso do método de avaliação Black-Scholes, bem como uma alternativa ao método Black-Scholes denominada *grades binomiais*. Concluímos com uma discussão sobre diversos temas de aplicação prática.

Avaliação pelo método Black-Scholes

A fórmula Black-Scholes do preço da opção é utilizada muitas vezes para avaliar as opções reais. Uma opção europeia pode ser exercida somente na data de seu vencimento. Os textos de finanças apresentam os detalhes dessa técnica e resumimos apenas os tópicos essenciais para a avaliação da opção real. A fórmula Black-Scholes é:

$$\text{Valor da Opção de Compra} = [S \times N(d_1)] - [VP(X) \times N(d_2)]$$

em que S = valor corrente do ativo correspondente, $VP(X)$ = valor presente do preço de exercício, $N(.)$ = função normal padrão de distribuição cumulativa, $d_1 = [\log(S/X) + (r_f + 0{,}5\delta^2)\,t]/[\sigma\sqrt{t}]$, $d_2 = d_1 - \sigma\sqrt{t}$, σ = desvio-padrão dos retornos e t = número de anos até o vencimento.

Observe que, além de uma tabela para a distribuição normal, os cinco parâmetros citados anteriormente são suficientes para calcular valores de opções usando a fórmula Black-Scholes. Existem quatro passos para o cálculo de uma opção de compra usando esse método:

1. Cálculo do valor do ativo correspondente e do valor presente do preço de exercício $VP(X)$;
2. Cálculo de d_1 e d_2 usando esses dois valores bem como σ e t;
3. Uso da tabela de distribuição normal para a obtenção de $N(d_1)$ e $N(d_2)$;
4. Uso da fórmula Black-Scholes para o cálculo do valor da opção.

Um exemplo ajudará a esclarecer esse método. Após formar-se na faculdade, uma aluna do curso de mestrado em administração assume a posição de vice-presidente de compras de uma pequena empresa no estado de Wisconsin, uma companhia aérea denominada Dairy Air. Ela está tentando finalizar as negociações com uma indústria aeronáutica francesa para a aquisição de um novo avião. Tendo em vista a atual condição financeira de sua empresa, ela não almeja comprar um novo avião para operação imediata. Na realidade, a empresa francesa está cotando um preço de 100 milhões de dólares, porém ela determina que a aeronave valeria somente 90 milhões de dólares em virtude do atual ambiente no setor. No entanto, para fins de planejamento, ela gostaria de ser capaz de fixar um preço e potencialmente acrescentar um novo avião à frota da companhia nos próximos anos caso melhore a demanda por viagens aéreas. Ela supõe que $\delta = 0{,}5$ e que a taxa de retorno sem risco seja 5%. A empresa francesa está pedindo um pagamento de 25 milhões de dólares para uma opção de compra do avião por 100 milhões de dólares após três anos e a questão é se a Dairy Air deve efetivar essa opção a um preço de 25 milhões de dólares.

Passo 1: cálculo do valor do ativo correspondente e do valor presente $VP(X)$ do preço de exercício. A aluna já estimou que o valor do ativo correspondente é 90 milhões de dólares. O valor presente do preço de exercício, $VP(X)$, é calculado por $100e^{-0{,}05\,(3)} = 86{,}7$ milhões de dólares. Essa expressão matemática reflete um fator composto de 5% por três anos. (Caso fosse usado um fator composto anualizado a título de simplificação, o valor presente do preço de exercício seria 86,38 milhões de dólares.)

Passo 2: cálculo de d_1 e d_2 usando esses dois valores bem como σ e t.

$$d_1 = [\log(S/X) + (r_f + 0{,}5\sigma^2)t] / [\sigma\sqrt{t}]$$
$$= [\log(90/100) + (0{,}05 + 0{,}5(0{,}5)^2)3] / [0{,}5\sqrt{3}] = 0{,}4846;$$
$$d_2 = d_1 - \sigma\sqrt{t} = 0{,}4846 - 0{,}5\sqrt{3} = -0{,}3815.$$

Passo 3: uso da tabela de distribuição normal para a obtenção de $N(d_1)$ e $N(d_2)$. Usando uma tabela para a função da distribuição normal cumulativa resulta $N(d_1) = N(0{,}4846) = 0{,}6860$ e $N(d_2) = N(-0{,}3815) = 0{,}3514$.

Passo 4: uso da fórmula Black-Scholes para o cálculo do valor da opção. Segundo essa fórmula, o valor da opção de compra = $[S \times N(d_1)] - [VP(X) \times N(d_2)] = 90(0{,}6860) - 86{,}07(0{,}3514) = 31{,}49$ milhões de dólares.

Pelo fato de esse valor exceder o preço que a fabricante da aeronave está pedindo pela opção de compra do avião, 25 milhões de dólares, a Dairy Air deve aceitar a opção de compra.

Esse exemplo simplificou o cálculo em muitos aspectos. Primeiro, o valor do ativo correspondente foi fornecido. Quando esse valor não se encontra disponível, pode ser estimado por demonstrativos pro forma de fluxos de caixa e solucionando dois problemas. Esses fluxos de caixa incluem o custo do exercício da opção e os fluxos de caixa obtidos pela empresa após haver exercitado a opção. Daí decorre que os custos associados à efetivação do projeto (por exemplo, os gastos com bens de capital) precisam ser retirados dos fluxos de caixa e considerados como parte de X. Outros fluxos de caixa, incluindo gastos rotineiros com bens de capital, tornam-se parte dos fluxos de caixa usados para o cálculo de S. Os fluxos de caixa relacionados a S serão descontados pela taxa de desconto ajustada ao risco para refletir o grau de risco desses fluxos de caixa. Em contraste, os fluxos de caixa que formam X são descontados pela taxa sem risco a fim de refletirem o fato de que o custo do exercício é assumido pelo método Black-Scholes como sendo fixo e conhecido com certeza no tempo zero.

Segundo, o parâmetro de volatilidade também foi fornecido. A obtenção de uma medida da volatilidade do investimento também pode ser uma tarefa desafiante. A obtenção de uma estimativa para esse parâmetro pode ser efetivada colhendo dados históricos, usando padrões setoriais como marco comparativo ou fazendo uma conjetura com base em projetos similares ou na experiência. A análise de sensibilidade torna-se, portanto fundamental quando se estima a volatilidade e recomenda-se que seja calculada uma gama de volatilidades e de seus valores de opção correspondentes. Por exemplo, se valores de opções de compra forem calculados para uma faixa de sigmas (σ), pode ser traçado um gráfico como o da Figura 13.4 para a determinação do valor de equilíbrio do parâmetro de volatilidade a fim de que a empresa realize a compra da opção. A linha interrompida horizontal representa o pagamento de 25 milhões de dólares pela opção, e o gráfico indica que, enquanto o parâmetro de volatilidade for claramente maior que 0,4, faz sentido a Dairy Air adquirir a opção. Se a incerteza for inferior a esse valor, o valor da opção torna-se menor que seu preço de compra e a empresa não deve firmar o contrato com as cláusulas atuais. Temas relacionados à aplicação e regras adicionais são mencionados a seguir.

Aproximação de Black-Scholes

Conforme observado anteriormente neste capítulo, os cinco parâmetros que compõem os determinantes de valor para as opções podem ser reduzidos a dois parâmetros básicos: (1) VPL_q e (2) volatilidade cumulativa. Quando esses dois valores tornam-se conhecidos, o valor de uma opção pode ser aproximado, obtendo-se um valor em uma tabela em vez da utilização da fórmula Black-Scholes supracitada. Mesmo quando os valores puderem ser obtidos imediatamente pelo método Black-Scholes, essa técnica de aproximação é útil por ser atrativa intuitivamente, exigir menor formação matemática e ser mais fácil de comunicar às demais pessoas envolvidas na avaliação de um projeto. Esse método envolve os seguintes quatro passos:

1. Cálculo do VPL_q;
2. Cálculo da volatilidade cumulativa;
3. Obtenção do valor na tabela que expressa o valor da opção como porcentagem do valor do ativo correspondente (Tabela 13.3);
4. Multiplicação do valor da tabela pelo valor do ativo correspondente a fim de se obter o valor da opção.

Este método pode ser aplicado ao contrato de opção de compra da aeronave discutido anteriormente:

Passo 1: cálculo do VPL_q. $VPL_q = S/VP(X)$ e por simplicidade usaremos um fator composto anualizado para descontar o preço de exercício. Portanto, $VPL_q = S [X/(1 + r_f)^t] = 90/[100/(1,05)^3] = 1,04$.

Figura 13.4: Valor da opção de compra de uma aeronave com diferentes estimativas de volatilidade

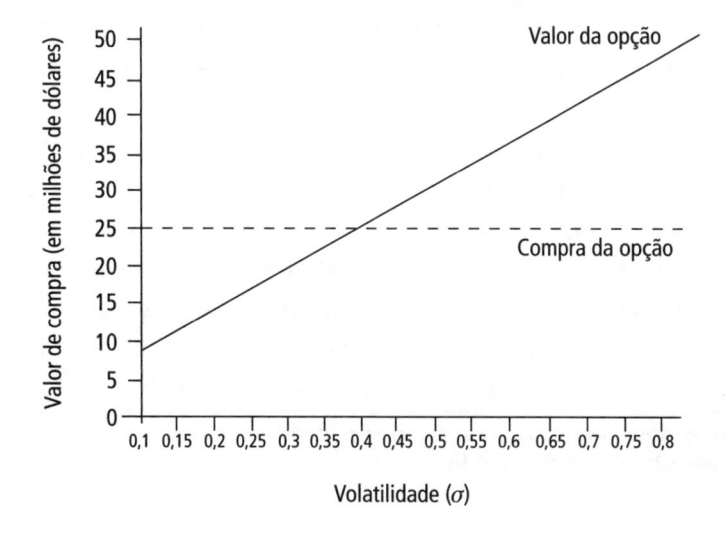

Quadro 13.3: Tabela europeia de valores de opção de compra segundo o método Black-Scholes

NPV_q	\multicolumn{20}{c}{VOLATILIDADE ACUMULADA}
	0,05	0,10	0,15	0,20	0,25	0,30	0,35	0,40	0,45	0,50	0,55	0,60	0,65	0,70	0,75	0,80	0,85	0,90	0,95	1,00
0,50	0,0	0,0	0,0	0,0	0,0	0,2	0,4	0,9	1,7	2,6	3,8	5,1	6,5	8,1	9,8	11,5	13,3	15,2	17,1	19,1
0,60	0,0	0,0	0,0	0,0	0,2	0,7	1,4	2,4	3,7	5,1	6,6	8,3	10,0	11,9	13,7	15,7	17,6	19,6	21,6	23,6
0,70	0,0	0,0	0,1	0,4	1,0	2,0	3,3	4,8	6,5	8,2	10,0	11,9	13,8	15,8	17,8	19,8	21,8	23,8	25,8	27,7
0,75	0,0	0,0	0,2	0,8	1,8	3,1	4,6	6,3	8,1	10,0	11,9	13,8	15,8	17,8	19,8	21,8	23,8	25,8	27,7	29,7
0,80	0,0	0,1	0,5	1,5	2,8	4,4	6,2	8,0	9,9	11,8	13,8	15,8	17,8	19,8	21,8	23,7	25,7	27,7	29,6	31,6
0,82	0,0	0,1	0,7	1,9	3,3	5,0	6,8	8,7	10,6	12,6	14,6	16,6	18,6	20,6	22,5	24,5	26,5	28,4	30,4	32,3
0,84	0,0	0,2	1,0	2,3	3,9	5,7	7,5	9,4	11,4	13,4	15,4	17,4	19,4	21,3	23,3	25,3	27,2	29,2	31,1	33,0
0,86	0,0	0,3	1,3	2,8	4,5	6,3	8,2	10,2	12,2	14,2	16,1	18,1	20,1	22,1	24,1	26,0	28,0	29,9	31,8	33,7
0,88	0,0	0,5	1,8	3,4	5,2	7,1	9,0	11,0	13,0	14,9	16,9	18,9	20,9	22,9	24,8	26,8	28,7	30,6	32,5	34,4
0,90	0,0	0,8	2,3	4,0	5,9	7,8	9,8	11,8	13,7	15,7	17,7	19,7	21,7	23,6	25,6	27,5	29,4	31,3	33,2	35,1
0,92	0,1	1,2	2,8	4,7	6,6	8,6	10,6	12,6	14,5	16,5	18,5	20,5	22,5	24,4	26,3	28,3	30,2	32,0	33,9	35,1
0,94	0,3	1,7	3,5	5,4	7,4	9,4	11,4	13,4	15,4	17,3	19,3	21,3	23,2	25,2	27,1	29,0	30,9	32,7	34,6	36,4
0,96	0,6	2,3	4,2	6,2	8,2	10,2	12,2	14,2	16,2	18,1	20,1	22,0	24,0	25,9	27,8	29,7	31,6	33,4	35,2	37,0
0,98	1,2	3,1	5,1	7,1	9,1	11,1	13,0	15,0	17,0	18,9	20,9	22,8	24,7	26,6	28,5	30,4	32,2	34,1	35,9	37,7
1,00	2,0	4,0	6,0	8,0	10,0	11,9	13,9	15,9	17,8	19,7	21,7	23,6	25,5	27,4	29,2	31,1	32,9	34,7	36,5	38,3
1,02	3,1	5,0	7,0	8,9	10,9	12,8	14,8	16,7	18,6	20,5	22,5	24,3	26,2	28,1	29,9	31,8	33,6	35,4	37,2	38,9
1,04	4,5	6,1	8,0	9,9	11,8	13,7	15,6	17,5	19,5	21,3	23,2	25,1	27,0	28,8	30,6	32,4	34,2	36,0	37,8	38,9
1,06	6,0	7,3	9,1	10,9	12,8	14,6	16,5	18,4	20,3	22,1	24,0	25,9	27,7	29,5	31,3	33,1	34,9	36,6	38,4	40,1
1,08	7,5	8,6	10,2	11,9	13,7	15,6	17,4	19,3	21,1	22,9	24,8	26,6	28,4	30,2	32,0	33,8	35,5	37,3	39,0	40,7
1,10	9,1	10,0	11,4	13,0	14,7	16,5	18,3	20,1	21,9	23,7	25,5	27,3	29,1	30,9	32,7	34,4	36,2	37,9	39,6	41,3
1,12	10,7	11,3	12,6	14,1	15,7	17,4	19,2	21,0	22,7	24,5	26,3	28,1	29,8	31,6	33,3	35,1	36,8	37,5	40,2	41,8
1,14	12,3	12,7	13,8	15,2	16,7	18,4	20,1	20,2	23,5	25,3	27,0	28,8	30,5	32,3	34,0	35,7	37,4	39,1	40,7	42,4
1,16	13,8	14,1	15,0	16,3	17,7	19,3	21,0	22,6	24,4	26,1	27,8	29,5	31,2	32,9	34,6	36,3	38,0	39,6	41,3	42,9
1,18	15,3	15,4	16,2	17,4	18,7	20,3	21,9	23,5	25,2	26,8	28,5	30,2	31,9	33,6	35,3	36,9	38,6	40,2	41,8	43,4
1,20	16,7	16,8	17,4	18,5	19,8	21,2	22,7	24,3	26,0	27,6	29,3	30,9	32,6	34,2	35,9	37,2	39,2	40,8	42,4	44,0
1,25	20,0	20,0	20,4	21,2	22,3	23,5	24,9	26,4	27,9	29,5	31,0	32,6	34,2	35,8	37,4	39,0	40,6	42,1	43,7	45,2
1,30	23,1	23,1	23,3	23,9	24,7	25,8	27,1	28,4	29,8	31,3	32,8	34,3	35,8	37,4	38,9	40,4	41,9	43,5	45,0	46,5
1,35	25,9	25,9	26,0	26,4	27,1	28,1	29,2	30,4	31,7	33,1	34,5	35,9	37,4	38,8	40,3	41,8	43,3	44,7	46,2	47,7
1,40	28,6	28,6	28,6	28,9	29,9	30,2	31,2	32,3	33,5	34,8	36,1	37,5	38,9	40,3	41,7	43,1	44,5	46,0	47,4	48,8
1,45	31,0	31,0	31,1	31,2	31,7	32,3	33,2	34,2	35,3	36,5	37,7	39,0	40,3	41,7	43,0	44,4	45,8	47,1	48,5	49,9
1,50	33,3	33,3	33,4	33,5	33,8	34,3	35,1	36,0	37,0	38,1	39,2	40,4	41,7	43,0	44,3	45,6	46,9	48,3	49,6	50,9
1,75	42,9	42,9	42,9	42,9	42,9	43,1	43,5	44,0	44,6	45,3	46,1	47,0	48,0	49,0	50,1	51,1	52,2	53,3	54,5	55,6
2,00	50,0	50,0	50,0	50,0	50,0	50,1	50,2	50,5	50,8	51,3	51,9	55,5	53,3	54,0	54,9	55,8	56,7	57,6	58,6	59,5
2,50	60,0	60,0	60,0	60,0	60,0	60,0	60,0	60,1	60,2	60,4	60,7	61,0	61,4	61,9	62,4	63,0	63,6	64,3	65,0	65,7

Fonte: adaptado de J. Barney, *Gaining and Sustaining Competitive Advantage*, 2ª edição, Upper Saddle River, N. J.: Prentice-Hall, 2002, p. 327-328. Reproduzido mediante autorização. Todos os direitos reservados.

Passo 2: cálculo da volatilidade cumulativa. Volatilidade cumulativa = $\sigma\sqrt{t} = 0{,}5\sqrt{3} = 0{,}87$.

Passo 3: obtenção do valor na tabela que expressa o valor da opção como porcentagem do valor do ativo correspondente. Na Tabela 13.3, o VPL_q é obtido observando a coluna da esquerda, de cima para baixo, e a volatilidade cumulativa na parte superior da tabela da esquerda para a direita. O $VPL_q = 0{,}4$ é encontrado no lado esquerdo e a volatilidade cumulativa mais próxima de 0,85 encontra-se no outro eixo; o valor da tabela é igual a 34,2% para esse par. A interpolação fornece 34,92% da volatilidade cumulativa de 0,87.

Passo 4: multiplicação do valor da tabela pelo valor do ativo correspondente a fim de se obter o valor da opção. O valor da opção de compra é igual a 34,92% do valor do ativo correspondente e o valor desse ativo é de 90 milhões de dólares. Portanto, o valor da opção é (0,3492)(90) = 31,42 milhões de dólares.

O resultado de 31,42 milhões de dólares compara-se favoravelmente com o valor de 31,49 milhões de dólares calculado anteriormente.

Grades binomiais

Uma alternativa aos métodos Black-Scholes descritos acima que também convence intuitivamente e é direto sob o aspecto matemático apoia-se na elaboração de grades, também conhecidas como árvores de decisão.[54] Essas grades são designadas grades binomiais porque o valor de um ativo pode assumir dois valores com base em uma variação do valor "para o alto" ou "para baixo" em cada período, e, após uma sucessão dessas variações, os valores possíveis do ativo correspondente seguem uma distribuição binomial. No exemplo Black-Scholes anterior (supracitado), esse processo estocástico refletiu-se no parâmetro de incerteza sigma, porém à medida que o número de nós em uma grade aumenta, as distribuições se aproximam, o mesmo ocorrendo ao valor obtido adotando-se os dois métodos.

Essas variações para o alto ou para baixo são representadas por dois parâmetros, u e d respectivamente. Por exemplo, suponha que $u = 1{,}1$ e $d = 0{,}9091$. Se esses parâmetros são conhecidos, juntamente com o valor do ativo correspondente no tempo zero, então todo o processo estocástico para o ativo ao longo do tempo pode ser modelado elaborando uma árvore de eventos. Por exemplo, se o valor do ativo correspondente inicia em $V_0 = 100$ dólares, então após um período o valor do ativo será $V_u = 1{,}1(100) = 110$ ou $V_d = 0{,}9091(100) = 90{,}91$. Suponha que esses valores ocorram com a mesma probabilidade. No segundo período, o ativo valerá $V_{uu} = (1{,}1)^2(100) = 121$ se um movimento para o alto for seguido por outro no mesmo sentido. No extremo oposto, após dois movimentos para baixo, o ativo será avaliado por $V_{dd} = (0{,}9091)^2(100) = 82{,}64$. Se o ativo tiver uma variação para o alto seguida por uma variação para baixo na grade, assumirá o valor de $V_{ud} = (1{,}1)(0{,}9091)(100) = 100$, que é equivalente a $V_{du} = (0{,}9091)(1{,}1)(100) = 100$. Observe que esses valores são iguais ao valor inicial do ativo, $V_0 = 100$, porque $u = 1/d$. A Figura 13.5 mostra a árvore de eventos para esse ativo. O primeiro passo para a avaliação de opções usando grades binomiais consiste em elaborar essa árvore de eventos.

O próximo passo requer converter a árvore de eventos em uma árvore de decisões. Enquanto uma árvore de eventos mostra como o valor do ativo correspondente varia ao longo do tempo, uma árvore de decisões mostra como os gerentes tomam decisões no âmbito dessa árvore para maximizar o valor da opção. Suponha, como ilustração, que um gerente possua o direito de adquirir o ativo acima cujo valor é 100 dólares por um preço de exercício de 115 dólares. A questão é qual o valor dessa opção. Se definirmos C_0 como o valor dessa opção no tempo zero, podemos definir analogamente o valor da opção em vários nós da grade. Por exemplo, após uma única variação para o alto, o valor da opção de compra é C_u, o valor da opção de compra após uma variação para o alto, e para baixo é C_{ud} e assim por diante. Os nós na árvore de eventos na Figura 13.5 foram designados pelas letras A a F para indicarem posições específicas na grade.

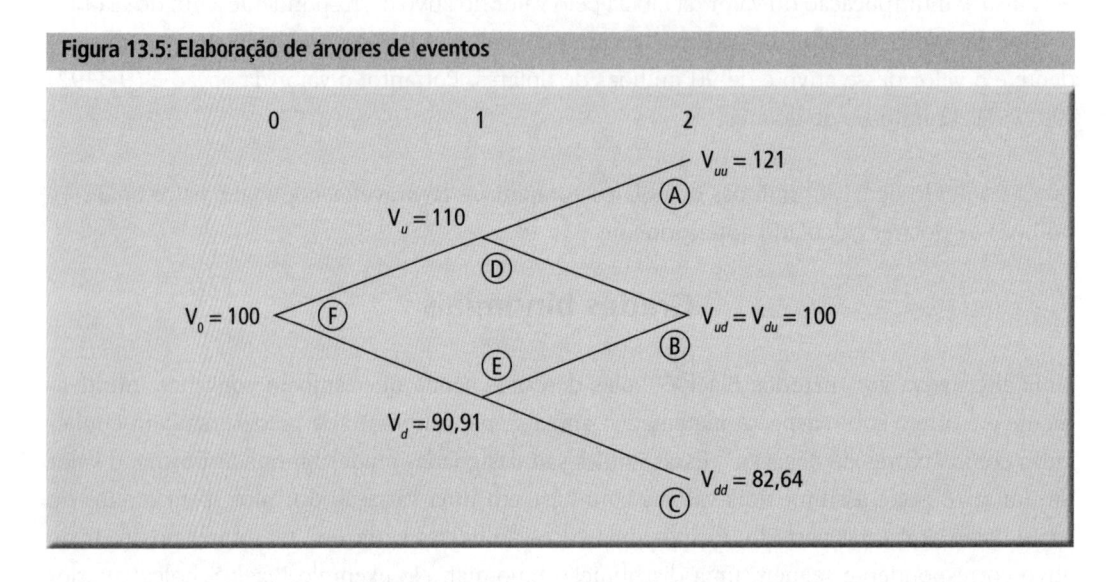

Figura 13.5: Elaboração de árvores de eventos

$V_0 = 100$ (F), $V_u = 110$ (D), $V_{uu} = 121$ (A), $V_{ud} = V_{du} = 100$ (B), $V_d = 90,91$ (E), $V_{dd} = 82,64$ (C)

A chave para a elaboração da árvore de decisão consiste em mover-se em sentido inverso na árvore de eventos para calcular o valor da opção em cada nó. Iniciando no nó A (Figura 13.6), o gerente pode decidir nada fazer e lucrar zero ou exercitar a opção de compra e obter o valor do ativo, V_{uu}, menos o preço de exercício de 115. Portanto, o valor da opção nesse nó pode ser indicado por $C_{uu} = \max(V_{uu} - 115,0)$. Como $V_{uu} = 121$, essa fórmula pode ser reescrita como $\max(121 - 115,0)$. Logo o gerente escolhe exercitar a opção para obter 6 dólares em vez de nada fazer e lucrar zero. Portanto, C_{uu} é igual a 6. No nó B, o mesmo cálculo é repetido. Nesse caso, $C_{ud} = \max(V_{ud} - 115,0) = \max(100 - 115,0)$. Aqui o exercício da opção conduziria a empresa a obter − 5 dólares e o gerente nada poderia fazer e obter zero; portanto, a opção não é exercitada. Desse modo, $C_{ud} = 0$. De modo similar no nó C, o valor do ativo correspondente torna-se menor do que o preço de exercício; a opção não seria exercida e $C_{dd} = 0$.

Nesse caso, a última coluna da árvore é completada e os nós intermediários que ocorrem no final do ano 1, os nós D e E, podem ser analisados. No nó D, a escolha do gerente consiste em exercer a opção e exigir o valor do ativo correspondente ou deixar a opção em aberto para exercício potencial no futuro. A fim de calcularmos esse último valor, precisamos ser capazes de determinar um valor presente para C_{uu} e C_{ud} descontando esses valores para um período de tempo. O problema observado anteriormente é que não podemos usar simplesmente a taxa ajustada ao risco para calcular os valores presentes para o pagamento do valor das opções.

A solução desse problema reside na utilização de uma técnica denominada método da neutralidade do risco. Nas aplicações típicas do uso da análise do fluxo de caixa descontado para o cálculo dos valores presentes, os fluxos de caixa estimados são descontados a uma taxa ajustada ao risco. Por exemplo, em nossa ilustração específica, tendo em vista que existe uma probabilidade (0,5) igual de uma variação para o alto ou para baixo na grade, essas probabilidades objetivas podem ser usadas para se calcular um pagamento esperado em um período subsequente. Esse método incorpora o risco ao cálculo do valor presente ao "punir" os fluxos de caixa por meio de um denominador maior, o qual incorpora a taxa de desconto ajustada ao risco. Uma técnica alternativa e menos conhecida consiste em ajustar os fluxos de caixa no numerador de tal modo que esses fluxos simplesmente possam ser descontados alternativamente pela taxa sem risco. Esse método é útil na avaliação das opções reais porque o risco do projeto se altera em toda a grade e, no entanto, uma determinada taxa de desconto simples pode ser adotada usando o método da neutralidade do risco (isto é, a taxa sem risco). Os detalhes técnicos do método sem risco situam-se além da finalidade deste capítulo, porém, para os fins que almejamos, é suficiente introduzir uma única fórmula para permitir esses cálculos de valor presente nas árvores de decisão.

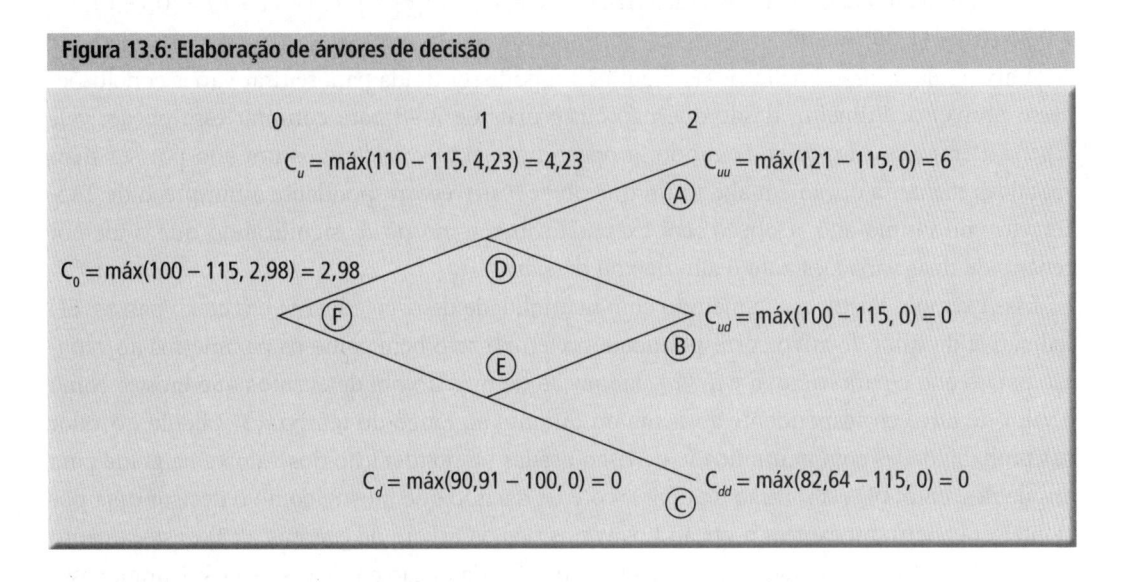

Figura 13.6: Elaboração de árvores de decisão

$C_0 = \text{máx}(100 - 115, 2{,}98) = 2{,}98$

$C_u = \text{máx}(110 - 115, 4{,}23) = 4{,}23$

$C_{uu} = \text{máx}(121 - 115, 0) = 6$

$C_{ud} = \text{máx}(100 - 115, 0) = 0$

$C_d = \text{máx}(90{,}91 - 100, 0) = 0$

$C_{dd} = \text{máx}(82{,}64 - 115, 0) = 0$

A solução reside na conversão das probabilidades objetivas ($q = 0{,}5$ e $1 - q = 0{,}5$ em nosso caso) em probabilidades com "neutralidade de risco" que podem ser usadas para ponderar os desembolsos de diferentes nós na grade. A fórmula da probabilidade com neutralidade de risco da variação para o alto é simplesmente $p_u = [(1 + r_f) - d] \div (u - d)$ e $p_d = 1 - p_u$. Se a taxa de retorno sem risco for 5%, então $p_u = (1{,}05 - 0{,}9091) \div (1{,}1 - 0{,}9091) = 0{,}74$ e $p_d = 1 - 0{,}74 = 0{,}26$. Podemos calcular em seguida o valor de a opção permanecer em aberto no nó D (Figura 13.6) ponderando os pagamentos da opção em dois nós sucessivos nesse "ninho" pelas probabilidades com neutralidade de risco e descontando um período pela taxa sem risco. Esse valor é, especificamente, $(p_u C_{uu} + p_d C_{ud}) \div (1 + r_f) = [0{,}74(6) + 0{,}26(0)] \div (1{,}05) = 4{,}23$. Portanto, no nó D, o valor da opção é $C_u = \text{máx}(110 - 115\ 4{,}23)$. Nesse caso, a empresa obteria $110 - 115 = -5$ exercendo a opção e essa opção vale 4,23 se um gerente continuar a mantê-la, portanto é recomendável mantê-la em vez de a exercer.

Passando ao nó E, os cálculos acima se tornam consideravelmente mais fáceis. Observamos anteriormente que os gerentes não exercerão a opção nos nós sucessivos B e C porque o valor do ativo correspondente é menor que o preço de exercício em ambos os casos. Em virtude de haver certeza de que a opção não será exercida independentemente do estado da natureza, o valor para manter em aberto a opção no nó E também é zero. Portanto, o valor da opção no nó E pode ser expresso como C_d = máx(90,91 − 115,0). Muito embora o valor para manter a opção em aberto nesse nó seja igual a zero, o gerente não a exercitará porque ao fazê-lo resulta um valor de 90,91 − 115 = −24,09. Isso indica que o gerente simplesmente permitirá que a opção expire e no final obterá um valor de zero.

Em virtude de conhecermos o valor da opção nos nós D e E, podemos fazer os cálculos em sentido inverso uma última vez para obter o valor da opção no tempo zero, C_0, que é o objetivo do exercício. A empresa pode exercitar a opção no tempo zero porém não o fará porque o valor do ativo (isto é, 100) é menor que o preço de exercício (isto é, 115). O valor para manter a opção em aberto é 4,23 no nó D e 0 no nó E. O valor para manter a opção em aberto no tempo zero pode ser obtido ponderando esses dois valores pelas probabilidades com neutralidade de risco apropriadas e descontando um período pela taxa sem risco, isto é, $C_0 = (p_u C_u + p_d C_d) \div (1 + r_f)$ = [0,74 (4,23) + 0,26 (0)] ÷ (1,05) = 2,98.

A árvore de decisão finalizada na Figura 13.6 pode ser usada para se tirar várias conclusões desse problema. Primeiro, desde que não custe mais de 2,98 para comprar essa opção, vale a pena a empresa adquiri-la. Segundo, a opção não será exercida após um ano por ser mais vantajoso manter a opção em aberto do que obter o ativo correspondente a um preço de 115. Terceiro, no último ano, a opção será exercida somente no nó A, significando que o melhor cenário de duas variações para o alto deixou de existir.

Esse exemplo ilustra que o método com neutralidade de risco consiste em cinco passos: (1) estimativa do valor do ativo correspondente no tempo zero bem como os parâmetros de variação para o alto e para baixo, u e d, (2) elaboração de uma árvore de eventos que mostre como o valor do ativo correspondente aumenta ou diminui ao longo do tempo, (3) cálculo do valor das probabilidades com neutralidade de risco usadas na ponderação dos valores na grade para fins de desconto, (4) elaboração de uma árvore de decisão que mostre como o decisor opta por manter em aberto ou exercer a opção nos vários nós da árvore de eventos e (5) deslocamento em sentido contrário na grade para o cálculo do valor da opção em todos os nós. Durante esse passo final, o valor para manter a opção em aberto será obtido ponderando o valor da opção nos dois nós sucessivos no "ninho" correspondente da grade e descontando pela taxa sem risco. Essa técnica também pode ser aplicada às opções a termo usando um exemplo da vida real que foi mencionado resumidamente anteriormente.[55]

Um empreendedor está considerando criar uma empresa a fim de comercializar uma nova tecnologia para a produção de revestimentos sintéticos a serem usados em canteiros de obras para permitir o transporte de equipamento pesado entre os canteiros que muitas vezes possuem solos em condições inadequadas. A maioria das empresas usa revestimentos de madeira para criar caminhos temporários, áreas de preparação e montagem e suportes em torno do canteiro, porém esses revestimentos são muito pesados e volumosos e, portanto, difíceis de armazenar e locomover. Algumas empresas haviam tentado anteriormente a produção de revestimentos de material sintético, porém esses produtos iniciais apresentavam sérias desvantagens: muitas vezes mantinham uma "memória" do tráfego anterior de equipamentos e veículos, e, até mais problemáticos para uso em torno de materiais de manuseio arriscado, possuíam propriedades eletrostáticas que permitiam o aparecimento de fagulhas. O empreendedor acredita que a nova tecnologia resolve esses problemas e representa um produto avançado potencial para os canteiros de obras.

A análise inicial indicou que seriam necessários 6,5 milhões de dólares em bens de capital e capital de giro para iniciar essa empresa, no entanto o fluxo de caixa descontado apontou um VPL = –1,112 milhão de dólares. Esse cálculo inicial sugere que a ideia do negócio não deve ser levada adiante, porém o empreendedor também acredita que a fábrica inicial poderia ser vendida por 4 milhões de dólares após três anos e convertida para a industrialização de produtos moldados sinteticamente caso a empresa inicial não se desenvolva de modo favorável. O empreendedor gostaria de saber se essa opção a termo inclusa possui valor suficiente para tornar viável o início do empreendimento apesar do VPL negativo.

Passo 1: estimativa do valor do ativo correspondente no tempo zero bem como os parâmetros u e d de variação para o alto e para baixo. Para calcular a opção a termo e chegar a uma conclusão sobre essa questão são necessários alguns dados. Suponha, primeiramente, que o valor do ativo correspondente pode aumentar 64,9% ou diminuir 39,3% anualmente, correspondendo a parâmetros de 1,649 e 0,607, respectivamente. Suponha também que a taxa sem risco seja de 5,5%. Também precisamos obter o valor inicial do ativo correspondente a fim de elaborar uma árvore de eventos. Esse valor pode ser inferido do investimento inicial de 6,5 milhões de dólares e do VPL = –1,112 milhão de dólares, os dois valores indicando em conjunto que o valor presente dos fluxos de caixa da empresa é de 5,388 milhões de dólares.

Passo 2: elaboração de uma árvore de eventos que mostre como o valor do ativo correspondente aumenta ou diminui ao longo do tempo. Com base nas informações obtidas, $V_0 = 5,388$ milhões de dólares e nesse caso temos um problema de três anos, portanto precisamos calcular $V_{uuu} = (1,649)^3(5,388) = 24,157$, $V_{uud} = (1,649)^2(0,607)(5,388) = 8,884$, $V_{udd} = (1,649)(0,607)^2(5,388) = 3,270$, $V_{ddd} = (0,607)^3(5,388) = 1,205$ e os valores em todos os anos intermediários. A Figura 13.7 mostra a árvore de eventos para esse problema.

Passo 3: cálculo do valor das probabilidades com neutralidade de risco usadas na ponderação dos valores da grade para fins de desconto. A fórmula da probabilidade com neutralidade de risco é simplesmente $p_u = [(1 + r_f) - d] \div (u - d)$ e $p_d = 1 - p_u$. Para esse problema específico, os dados são os seguintes: a taxa sem risco r_f é 5,5%, $u = 1,649$ e $d = 0,607$. Portanto, $p_u = (1,055 - 0,607) \div (1,649 - 0,607) = 0,43$ e $p_d = 1 - p_u = 1 - 0,43 = 0,57$.

Passos 4 e 5: (4) elaboração de uma árvore de decisão que mostre como o decisor escolhe manter em aberto ou exercer a opção nos vários nós da árvore de eventos e (5) mover-se em sentido inverso na grade para atribuir valor à opção em todos os nós.

Nesse problema, o decisor possui o direito, porém não a obrigação, de vender o ativo correspondente por 4 milhões de dólares. O exame dos nós A e B revela que o valor do ativo correspondente é muito superior a 4 milhões de dólares, portanto a opção a longo prazo não é exercida e termina expirando, resultando em um pagamento igual a zero. Esses fatos, combinados com a observação de que o valor de ativo correspondente vale mais do que 4 no nó E, implicam que a opção também vale zero nesse nó.

A empresa exercerá a opção de desistência, ou a termo, nos nós C e D. No nó C, temos $C_{udd} = \text{máx}(4 - 3,27\ 0) = 0,73$. Observe que para esse problema o valor do ativo correspondente é

Figura 13.7: Árvore de eventos para início de um empreendimento

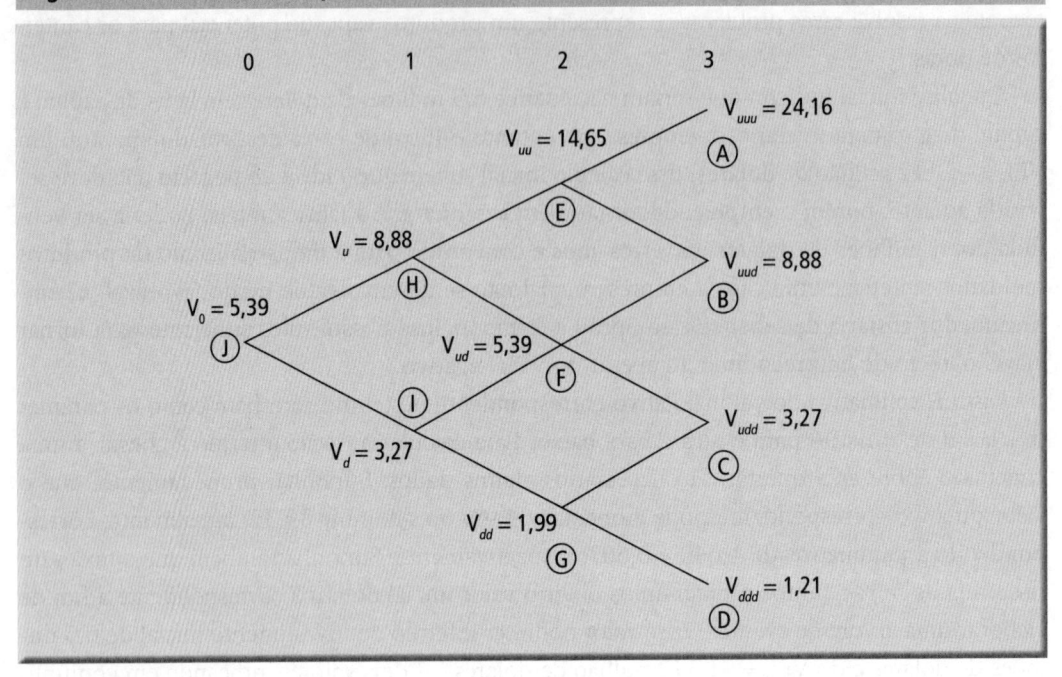

```
        0           1           2           3
                                        V_uuu = 24,16
                            V_uu = 14,65   (A)
                              (E)
                V_u = 8,88         V_uud = 8,88
                  (H)                (B)
    V_0 = 5,39         V_ud = 5,39
       (J)               (F)
                  (I)          V_udd = 3,27
                V_d = 3,27         (C)
                       V_dd = 1,99
                         (G)
                                   V_ddd = 1,21
                                     (D)
```

subtraído nesse caso do preço de exercício da opção porque a empresa está vendendo o ativo correspondente por ser uma opção a termo. De modo similar, no nó D, C_{ddd} = máx(4 − 1,21 e 0) = 2,79. Usando essa informação dos nós C e D, podemos mover-nos em sentido inverso para determinar o valor da opção no nó G. O valor para manter a opção no nó G é obtido usando as probabilidades com neutralidade de risco para ponderar os valores da opção nos nós C e D e descontar em seguida esse valor ponderado retroagindo um ano e empregando a taxa sem risco. Portanto, $C_{dd} = (p_u C_{udd} + p_d C_{ddd}) \div (1 + r_f)$ = [0,43(0,73) + 0,57(2,79)] ÷ (1,055) = 1,81. O problema foi proposto de tal modo que o empreendedor somente poderia vender o equipamento após três anos, tornando a opção a termo uma opção europeia, ou seja, uma que somente poderia ser exercida no vencimento. Observe no entanto que nesse caso, se o empreendedor pudesse vender o equipamento no início ou uma opção americana estivesse envolvida, ele venderia o equipamento nesse nó e obteria 4 − 1,99 = 2,01, que é maior do que o valor de se manter a opção (isto é, 1,81).

Um método similar é usado para o cálculo do valor da opção no nó F. Nesse caso, $C_{ud} = (p_u C_{uud} + p_d C_{udd}) \div (1 + r_f)$ = [0,43(0) + 0,57(0,73)] ÷ (1,055) = 0,39. De modo análogo, agora que os valores da opção nos nós E (isto é, 0), F (isto é, 0,39) e G (isto é, 1,81) são conhecidos, os valores em H e I podem ser obtidos rapidamente. No nó H, $C_u = (p_u C_{uu} + p_d C_{ud}) \div (1 + r_f)$ = [0,43(0) + 0,57(0,39)] ÷ (1,055) = 0,21. No nó I, $C_d = (p_u C_{ud} + p_d C_{dd}) \div (1 + r_f)$ = [0,43(0,39) + 0,57(1,81)] ÷ (1,055) = 1,14. Finalmente, agora que os valores nos nós H e I são conhecidos, pode ser calculado o valor C_0 no nó J. Especificamente, $C_0 = (p_u C_u + p_d C_d) \div (1 + r_f)$ = [0,43(0,21) + 0,57(1,14)] ÷ (1,055) = 0,70.

Observe que em virtude de o problema limitar o decisor no exercício da opção, se for realmente o caso, somente após três anos, o valor inicial da opção poderia ter sido obtido diretamente dos valores da opção existentes nos nós A a D na coluna mais à direita da árvore. Especificamente, $C_0 = (p_u{}^3 + 3p_u{}^2p_d C_{udd} + p_d{}^3 C_{ddd}) \div (1 + r_f) = [(0{,}43)^3(0) + 3(0{,}43)^2(0{,}57)(0) + 3(0{,}43)(0{,}57)^2(2{,}79)] \div (1{,}055)^3 = 0{,}70$. O desconto aplica-se a um período de três anos nesse caso e o esquema de ponderação mais complicado reflete o fato de existirem oito percursos potenciais para os quatro últimos nós — um percurso para o nó A, três para o nó B, três para o nó C e um para o nó D — e o peso da probabilidade para cada nó reflete a multiplicação das probabilidades com neutralidade de risco atingir aquele nó ao longo de três períodos de tempo (isto é, $p_u{}^3 + 3p_u{}^2p_d + 3p_u p_d{}^2 + p_d{}^3 = 1$). Em outras palavras, $p_u{}^3$ é usado porque o nó A é alcançado após três variações para o alto; $3p_u{}^2p_d$ é usado porque o nó B é alcançado após duas variações para o alto e uma para baixo e existem três desses percursos; $3p_u p_d{}^2$ é usado porque o nó C é alcançado após uma variação para o alto e duas para baixo e existem três desses percursos; e $p_d{}^3$ é usado porque o nó D é alcançado após três variações para baixo.

Portanto, que decisão o empreendedor deveria tomar com relação à realização do empreendimento? O fundamento é que VPL = −1,112 milhão de dólares. A inclusão da opção de desistência que visa a alienação das instalações e dos equipamentos após três anos gera um valor adicional de 700 mil dólares, porém esse valor não é suficiente para ir adiante (isto é, −1,112 + 0,70 = −0,412 < 0). Inexistindo alguma outra opção inclusa e uma fonte de flexibilidade, o empreendimento não deve ser efetivado.

Temas e regras de aplicação

Concluímos com alguns temas práticos de aplicação relativos aos modelos de avaliação de opções, enfatizando o método Black-Scholes por basear-se em diversas suposições importantes, todas possuindo o potencial para criar problemas para os analistas e decisores e que merecem atenção especial quando as suposições discutidas acima são usadas.

Opções europeias *versus* americanas. Conforme mencionado anteriormente, o método Black-Scholes assume que todas as opções são europeias, significando que a opção pode ser exercida somente na data do vencimento da opção. Na realidade, as opções reais muitas vezes são mais parecidas com as opções americanas, que podem ser exercidas no início. A principal razão para o exercício de uma opção financeira no início seria obter o pagamento de um dividendo, que o método Black-Scholes supõe ser zero. Como os pagamentos de dividendos beneficiam aqueles que possuem o ativo correspondente, uma pessoa que mantenha em aberto uma opção não se beneficia desses pagamentos. No caso das opções reais, podem não existir pagamentos de dividendos como tais, porém os analistas poderiam ser capazes de identificar características similares às de dividendos nessas opções, incluindo o direito do concorrente à compra antecipada, a perda das aptidões exigidas e assim por diante, que podem levar a empresa a exercer a opção logo em vez de aguardar.

Preço de exercício conhecido e fixo. O método Black-Scholes também supõe que o preço de exercício é conhecido e constante, de modo análogo ao que seria em um contrato de opção financeira. Essa suposição não é válida para muitos projetos devido à natureza mutável do ambiente externo. Em muitos casos, os mesmos fatores econômicos que influenciam o valor do ativo correspondente também afetam o custo do investimento. Supor que esse custo seja fixo, especialmente quando não existe um contrato, pode ser simplista e causar uma discrepância entre o valor calculado e o valor real da opção. Quando o preço de exercício não é fixo, o decisor precisa levar em consideração a distribuição conjunta do preço de exercício e do valor do ativo correspondente, o que requer métodos de modelagem mais técnicos do que aqueles descritos neste Apêndice.

Fonte única de incerteza. Muitas decisões de investimento no mundo real são afetadas por diversas fontes de incerteza. O método Black-Scholes supõe que exista uma única fonte de incerteza, simplificando um conjunto de fatores complexo em uma única medida. A natureza complexa da estimativa das múltiplas fontes de risco e o relacionamento entre essas fontes de incerteza encontra-se além da finalidade deste capítulo. Por exemplo, as técnicas Monte Carlo de Simulação podem ser usadas para lidar com diversas fontes de incerteza que afetam o valor da opção.

Opções simples *versus* compostas. Muitas opções reais, além de possuírem múltiplas fontes de risco, são opções compostas, significando que o valor da opção real original é afetado pelas opções consequentes. Por exemplo, o valor da opção A pode ser afetado pelas opções subsequentes B e C. Um meio simples para se obter uma estimativa conservadora do valor da opção A consiste em tratar todas as opções consequentes como compromissos assumidos por ocasião do exercício de A. O exercício de avaliação pode então adotar as técnicas do método Black-Scholes e do VPL_q apresentadas acima porque uma opção composta é convertida em uma opção simples. No entanto, ao se negligenciar a flexibilidade nas estimativas futuras, o valor da opção A é subavaliado.

Distribuição do valor do ativo correspondente. Para o método Black-Scholes e para o método aproximado, supõe-se que o valor do ativo correspondente siga uma distribuição lognormal com um nível de volatilidade constante. Supõe-se que os retornos do ativo correspondente seguem uma distribuição normal. Para algumas aplicações, a distribuição do valor do ativo correspondente não se torna mais ampla ao longo do tempo conforme mostrado pela distribuição lognormal. Outros modelos que calculam o preço das opções foram desenvolvidos para projetos que exigem suposições distintas quanto ao tipo de distribuição.

Valor do ativo correspondente. O uso do método Black-Scholes para o cálculo dos valores das opções reais significa que o usuário precisa estimar os componentes requeridos pela fórmula. Embora o mercado fixe o preço corrente de um ativo financeiro (S), frequentemente não existe tal estimativa de mercado para o valor dos ativos correspondentes no cálculo de uma opção real. A teoria das opções reais contribui significativamente para a avaliação de investimentos incertos, porém não leva em consideração a preocupação dos executivos a respeito da precisão das projeções do fluxo de caixa ou da taxa de desconto apropriada. As pessoas que lidam com esse tema na prática têm aceitado as imperfeições da análise do fluxo de caixa descontado em relação às projeções do fluxo de caixa, e a estimativa do valor do ativo correspondente usando essa metodologia não será portanto um obstáculo significativo.

Valores diferentes de *t*. A especificação do número de anos t até o vencimento poderia parecer ser direta. No entanto, em alguns projetos, o custo do investimento pode ocorrer em uma ocasião após o término da incerteza associada ao projeto. Por essa razão, valores diferentes de *t* podem precisar ser adotados para o desconto do preço de exercício e o cálculo da volatilidade cumulativa. Considere, por exemplo, uma opção de compra de uma propriedade no período de três anos. O valor dessa propriedade é altamente incerto devido à possibilidade de um novo sistema rodoviário ser construído próximo à propriedade. A divulgação pública das coordenadas da nova rodovia será feita dentro de um ano, eliminando a incerteza quanto ao valor do terreno. Embora o contrato de opção de compra da propriedade possua vencimento após três anos, a incerteza em torno do valor da propriedade será conhecida dentro de um ano. Nesse caso, o preço de exercício é descontado pelo período $t = 3$ anos, porém $t = 1$ é usado para a estimativa da volatilidade cumulativa.

Referências bibliográficas

1. Gertner, R.; Rosenfield, A. How real options lead to better decisions. *Financial Times Mastering Strategy Series*, Londres: FT Prentice Hall, 2000.
2. Luehrman, T. Strategy as a portfolio of real options. *Harvard Business Review*, 76, 1998. p. 89-100; Kim, D.; Kogut, B. Technological platforms and diversification. *Organization Science*, 7, 1996. p. 283-301; Kogut, B.; Chang, S. J. Platform investments and volatile exchange rates: Direct investment in the U.S. by Japanese electronic companies. *Review of Economics and Statistics*, 78, 1996. p. 221-231; Mitchell, G. R.; Hamilton, W. F. Managing R&D as a strategic option. *Research Technology Management*, 27, 1988. p. 789-798; Pisano, G. P. Nucleon. Harvard Business School Case, 9-692-041, 1991. http://harvardbusinessonline.hbsp.harvard.edu/b01/en/cases/cases_home.jhtml; Spar, D.; Young, A. Gerber Products Company: Investing in the New Poland, Harvard Business School Case, 9-793-069, 1993. http://harvardbusinessonline.hbsp.harvard.edu/b01/en/cases/cases_home.jhtml.
3. Courtney, H.; Kirkland, J.; Viguerie, P. Strategy under uncertainty. *Harvard Business Review*, nov./dez. 1997. p. 67-79.
4. Hitt, M. A. Presidential address: Twenty-first century organizations: Business firms, business schools, and the academy. *Academy of Management Review*, 23, 1998. p. 218-224.
5. D'Aveni, R. *Hypercompetition*, Nova York: The Free Press, 1994.
6. Lee, H.; Hitt, M. A. Top management team composition and characteristics as predictors of strategic flexibility, trabalho de conclusão, University of Connecticut, 2002. Edgecliffe-Johnson, A. Southwest braced to weather trouble, *Financial Times*, http://www.ft.com, 2 out. 2001; Zuckerman, L. With seats empty, airlines cut fares to bargain levels. *New York Times*, http://www.nytimes.com, 18 dez. 2001.
7. Sanchez, R. Strategic flexibility, firm organization, and managerial work in dynamic markets: A strategicoptions perspective. In: Shrivastava, P.; Huff, A.; Dutton, J. (eds.). *Advances in Strategic Management*, v. 9, Greenwich: JAI, 1993. p. 251-291.
8. Kogut, B.; Kulatilaka, N. Options thinking and platform investments: Investing in opportunity. *California Management Review*, 36, 1994. p. 52-71.
9. Van der Heijden, K. *Scenarios: The Art of Strategic Conversation*, Nova York: Wiley, 1996.
10. Ghemawat, P. *Games Businesses Play: Cases and Models*, Cambridge: MIT Press, 2000.
11. McGrath, R. G.; MacMillan, I. *The Entrepreneurial Mindset*, Boston: Harvard Business School Press, 2000. Amram, M. *Value Sweep: Mapping Corporate Growth Opportunities*, Boston: Harvard Business School Press, 2002. Copeland, T.; Tufano, P. A real-world way to manage real options. *Harvard Business Review*, 82, 2004. p. 90-99.
12. Amram, M.; Kulatilaka, N. Disciplined decisions: Aligning strategy with the financial markets. *Harvard Business Review*, 77(1), 1999. p. 95-104.
13. Myers, S. C. Determinants of corporate borrowing. *Journal of Financial Economics*, 5, 1977. p. 147-175.
14. Reuer, J. J.; Leiblein, M. J. Real options: Let the buyer beware. In: Pickford, J. (ed.). *Financial Times Mastering Risk*, v. 1, Londres: FT Prentice Hall, 2001. p. 79-85.
15. Reuer, J. J.; Leiblein, M. J. Downside risk implications of multinationality and international joint ventures. *Academy of Management Journal*, 43, 2000. p. 203-214.
16. Trigeorgis, L. Real options and interactions with financial flexibility, *Financial Management* (outono): 1993. p. 202-224. Trigeorgis, L. *Real Options*, Cambridge: MIT Press, 1997.
17. Ghemawat, P.; Stander III, H. J. Nucor at a Crossroads, Harvard Business School Case 9-793-039, http://harvardbusinessonline.hbsp.harvard.edu/b01/en/cases/cases_home.jhtml, 1992.
18. Kogut, B. Joint ventures and the option to expand and acquire. *Management Science*, 37, 1991. p. 19-33.
19. Folta, T. B.; Miller, K. D. Real options and equity partnerships. *Strategic Management Journal*, 23, 2002. p. 77-88.
20. Reuer, J. J.; Tong, J. J.; Tong, T. Real options in international joint ventures. *Journal of Management*, 31, 2005. p. 403-423.
21. Bleeke, J.; Ernst, D. Is your strategic alliance really a sale? *Harvard Business Review*, 73, 1995. p. 97-105.
22. Valentine's day divorce. *Economist*, 19 fev. 2005. p. 59.
23. Real Options at Polaris Energy Corporation (A): The Spectrum Alliance, European Case Clearing House 302-093-1, http://www.ecch.com/casesearch/, 2002.
24. Kogut, B.; Kulatilaka, N. Operating flexibility, global manufacturing, and the option value of a multinational network. *Management Science*, 40, 1994. p. 123-139.
25. Dixit, A. K.; Pindyck, R. S. *Investment under Uncertainty*, Princeton: Princeton University Press, 1994.
26. Brennan, M. J.; Schwartz, E. Evaluating natural resource investments. *Journal of Business*, 58, 1985. p. 135-157.
27. Bowman, E.; Hurry, D. Strategy through the options lens. *Academy of Management Review*, 18, 1993. p. 760-782.
28. Leiblein, M. J. The choice of organizational governance form and performance: Predictions from transaction cost, resource-based, and real options theories. *Journal of Management*, 29, 2003. p. 937-961; McGrath, R. G. Falling forward: Real options reasoning and entrepreneurial failure. *Academy of Management Review*, 24, 1999. p. 13-30. McGrath, R. G. A real options logic for initiating technology positioning investments. *Academy of Management Review*, 22, 1997. p. 974-996.
29. Caves, R. E. *Multinational Enterprise and Economic Analysis*, 2ª. ed., Nova York: Cambridge University Press, 1996.
30. Fleming, C. ABB's net profit for 1997 declined 54% on provisions for Asian financial crisis. *Wall Street Journal Europe*, 27-28 fev. 1998. p. 3; Miller, K. D.; Reuer, J. J. Firm strategy and economic exposure to foreign exchange rate movements. *Journal of International Business Studies*, 29, 1998. p. 493-514; Rangan, S. Do multinationals operate flexibly? Theory and evidence. *Journal of International Business Studies*, 29, 1998. p. 217-237.
31. Hamel, G. Competition for competence and interpartner learning within international strategic alliances. *Strategic Management Journal*, 12, 1991. p. 83-103.
32. Reuer, J. J. Parent firm performance across international joint venture life-cycle stages. *Journal of International Business Studies*, 31, 2000. p. 1-20.
33. Chi, T. Option to acquire or divest a joint venture. *Strategic Management Journal*, 21, 2000. p. 665-687.

34. Dyer, J. H.; Kale, P.; Singh, H. When to ally and when to acquire. *Harvard Business Review*, 82, 2004. p. 109-115.
35. Myers, S. C. Finance theory and financial strategy. *Interfaces*, 14, 1984. p. 126-137.
36. Copeland, T.; Antikarov, V. *Real Options*, Nova York: Texere, 2001.
37. Wellington Synthetics, European Case Clearing House 804-014-1, 2004. http://www.ecch.com/casesearch/.
38. Innovis Technology: Capturing the Value of Intellectual Property, European Case Clearing House 304-066-1, 2004. http://www.ecch.com/casesearch/.
39. Myers, S. C. Determinants of corporate borrowing. *Journal of Financial Economics*, 5, 1977. p. 147-175.
40. Kester, W. C. Today's options for tomorrow's growth. *Harvard Business Review*, 62, 1984. p. 153-160.
41. Stewart, G. B. *The Quest for Value: A Guide for Senior Managers*, Nova York: Harper, 1991; Young, S. D.; O'Byrne, S. F. *EVA and Value-Based Management*, Nova York: McGraw-Hill, 2001.
42. Reuer, J. J.; Tong, T. W. Corporate investments and growth options. *Managerial and Decision Economics*, 2007.
43. Strebel, P. J. The stock market and competitive analysis. *Strategic Management Journal*, 4, 1983. p. 279-291.
44. Black, R.; Scholes, M. The pricing of options and corporate liabilities, *Journal of Political Economy*, 81, 1973. p. 637-659.
45. For an application to economic exposure to currency movements, ver Miller, K. D.; Reuer, J. J. Asymmetric corporate exposures to foreign exchange rate changes. *Strategic Management Journal*, 19, 1998. p. 1.183-1.191.
46. Luehrman, T. Investment opportunities as real options: Getting started on the numbers. *Harvard Business Review*, 26, 1998. p. 51-67.
47. McGrath, R. G.; Ferrier, W. J.; Mendelow, A. L. Real options as engines of choice and heterogeneity. *Academy of Management Review*, 29, 2004. p. 86-101.
48. Busby, J. S.; Pitts, C. G. C. Real options in practice: An exploratory survey of how finance officers deal with flexibility in capital appraisal. *Management Accounting Research*, 8, 1997. p. 169-186.
49. Keeping all options open. *Economist*, 14 ago. 1999. p. 62.
50. Bowman, E. H.; Moskowitz, G. T. Real options analysis and strategic decision making. *Organization Science*, 12, 2001. p. 772-777.
51. Schwartz, E. S.; Moon, M. Rational pricing of internet companies. *Financial Analysts Journal*, 56, 2000. p. 62-75.
52. Triantis, A.; Borison, A. Real options: State of the practice. *Journal of Applied Corporate Finance*, 14, 2001. p. 8-24.
53. McGrath. Falling forward.
54. Copeland; Tufano. A real-world way to manage real options; Copeland; Antikarov. *Real Options*.
55. Wellington Synthetics.

Índice onomástico

Aaker, D. A., 108n19, 184n38
Abbott, A., 350n85
Abell, D. F., 30n3, 32n102, 37n108, 108n8
Abrahamson, E., 108n17, 213n29
Abratt, R., 247n139
Acedo, F. J., 32n99
Ackoff, R., 32n65, 33n118, 34n148
Adler, P. S., 39n180, 416n103
Aeppel, T., 347n14
Afuah, A., 146n74, 147n108
Agle, B. R., 111n123, 387n6
Agrawal, R., 440n41
Aguilera, R. V., 387n17, 389n78
Ahlstrom, D., 146n91, 351n124, 392n180
Ahmadjian, C. L., 392n166
Ahuja, G., 31n40, 33n112, 109n41, 311n52, 312n73, 415n78
Aiello, R. J., 313n122
Airey, D., 30n17
Ajinkya, B., 389n62
Akbar, M., 280n25
Albanese, R., 70n72
Alcacer, J., 347n20
Alessandri, T. M., 284n147, 388n43
Alexander, M., 109n38, 280n7
Allard, J., 43
Allen, J. W., 414n61
Allen, L., 349n51
Allison, K., 387n5, 389n123
Almeida, J. G., 108n6
Alred, B. B., 349n65
Alvarez, S. A., 70n137, 110n65, 413n12, 414n51, 416n126
Amason, A. C., 416n110
Ambos, B., 352, 410n173
Ambrosini, V., 108n73
Ames, C., 109n75
Amihud, Y., 284n147, 388n39
Amit, R., 31n43, 32n106, 109n29, 110n90, 111n96, 283n100, 417n137, 417n143, 417n157
Amram, M., 452n11, 452n12
Anand, J., 72n149, 245n63, 310n1, 310n19, 311n65, 313n126, 391n136, 391n146
Anand, V., 31n48, 70n93, 73n182

Ancona, D., 111n127
Andal-Ancion, A., 108n1, 146n76
Anders, G., 311n32, 390n98
Anderson, E., 31n41
Anderson, P., 31n41, 109n49, 311n51
Anderson, R. C., 284n150, 387n21, 388n26, 388n40, 389n59
Andersson, S., 348n24, 414n52
Andersson, U., 352n166
Andrews, K. R., 10, 32n63, 32n64
Andrews, T. G., 353n183
Angwin, D., 311n45
Angwin, J., 146n104
Anquan, W., 34n157
Ansoff, H. I., 10, 32n62
Anthony, C., 0n6, 144n9, 310n16
Antikarov, V., 453n36
Aoyama, Y., 350n99
Ardichvilli, A., 72n146
Argenti, P. A., 33n132, 392n182
Argote, L., 110n65
Argyres, N., 32n82, 146n93
Arikan, A. M., 32n94, 32n99
Arino, A., 248n152, 248n158, 351n134
Armstrong, L., 214n54, 215n85
Armstrong, R. W., 185n124
Arndt, M., 387n10, 389n50
Arnold, D. J., 347n12
Arnott, R., 391n143
Arora, A., 33n112, 350n115
Arregle, J. L., 247n118, 351n129, 417n135
Artz, K. W., 109n32, 147n120, 109n48, 248n155
Arvids, A., 69n35
Asakawa, K., 347n19, 352n170
Ashford, S. J., 72n155
Ashforth, B. E., 73n182
Ashkanasy, N. A., 70n94
Ashton, J. E., 415n80
Asin, A., 312n80
Athanassiou, N., 69n44, 108n14, 111n97, 388n27
Audia, P. G., 108n19
Aukutsionek, S., 392n180
Aulakh, P. S., 350n108
Auster, E. R., 310n10
Autio, E., 108n6, 145n30, 350n103, 416n130

Awazu, Y., 244n4, 248n145
Axelrod, B., 72n155
Axelrod, R., 244n12, 246n98

Babakus, E., 350n110
Backmann, J. W., 32n86
Baden-Fuller, C., 246n72
Baek, H. Y., 353n177
Baek, J.-S., 392n175
Baiman, S., 184n70
Baker, H. K., 389n49
Baldwin, T. T., 110n68
Balfour, F., 146n80
Baljko, J., 185n110
Ballmer, Steven, 43
Bamford, J., 351n127
Banerji, K., 350n85
Bannert, V., 311n50
Bansal, P., 30n17, 32n103
Bantel, K. A., 68n16, 69n53
Barber, B. N., 313n104
Barefield, R. M., 283n109
Barkema, H., 146n78, 146n85, 312n71, 415n67
Barker, R. G., 349n74
Barnard, C. I., 32n65, 244n11, 246n97
Barner-Rasmussen, W., 353n191
Barnes, Brenda, 49
Barnes, F. B., 416n126
Barnes, R., 68n2
Barnett, M. L., 33n137
Barney, J. B., 30n1, 30n7, 32n94, 32n99, 33n107,
    33n135, 33n139, 34n142, 72n144, 73n191,
    85, 108n13, 108n14, 109n31, 109n32,
    110n76, 110n78, 110n80-83, 110n89, 183n7,
    184n72, 184n80, 244n1, 245n48, 246n88,
    247n117, 248n150, 248n151, 248n158,
    280n8, 312n88, 413n5, 413n12, 414n32,
    414n33, 416n126, 442
Barnir, A., 71n129
Baron, R., 413n11
Barr, P. S., 353n193
Barringer, B. R., 33n136, 73n192, 246n87,
    353n196, 393n184, 413n7, 413n9, 413n11
Barroso, C., 32n99
Barsade, S., 69n57
Barth, H., 184n47
Bartlett, C. A., 72n137, 72n142, 72n145, 145n70,
    349n70, 350n83, 351n120
Barton, D., 108n8
Bates, K. A., 109n47, 281n47
Bates, T. W., 284n150, 387n21, 388n40

Batson, A., 353n180
Battelle, J., 415n70
Bauerlein, V., 310n26
Bauerschmidt, A., 184n51
Baum, J. R., 72n168
Baumgartner, P., 146n100
Baumol, W. J., 413n2
Baysinger, B. D., 390n81
Bayus, B. L., 108n38, 246n77
Bazerman, M. H., 68n22
Beal, B. B., 214n69
Beal, B. D., 144n3, 350n95
Beamish, P. W., 72n167, 146n79, 247n124,
    281n47, 311n46, 348n42, 351n122, 351n125,
    352n162, 352n164, 352n174, 353n189,
    353n196, 414n49
Bebchuk, L. A., 390n100
Becerra, M., 69n50, 69n53
Beck, B., 145n67
Beck, K. A., 33n132, 392n182
Becker, B. E., 73n199
Beer, M., 69n43
Begley, T. M., 108n22, 347n5, 414n39, 414n49
Beinhocker, E. D., 72n161
Belderbos, R., 30n24, 213n1, 214n49, 352n151
Bell, G. G., 245n67
Bellman, E., 310n28
Belson, K., 214n61
Bengtsson, L., 248n140
Benner, M. J., 110n91
Bennett, D. S., 244n12, 246n98
Bennis, W. G., 32n97, 285n156
Benson, G., 70n77
Berentson, B., 244n33
Berfield, S., 71n104
Bergh, D. D., 30n1, 183n7, 280n9, 280n10,
    281n54, 282n92, 283n121, 310n1, 311n62,
    313n123, 314n143, 389n75, 391n137, 413n18
Bergmann, H., 353n190
Berle, A., 389n61
Berman, D. K., 310n25, 310n26, 31n41
Berman, S. L., 33n130, 109n42, 245n44
Bernardo, A. E., 284n133
Bernstein, J., 348n35
Berry, L. L., 183n25
Berument, H., 145n53
Best, A., 313n118
Bethel, J. E., 313n127
Bettis, J. C., 391n118
Bettis, R. A., 31n34, 71n98
Bezos, Jeffrey, 397

Bhambri, A., 70n91
Bhappu, A., 349n75
Bhojraj, S., 389n62
Bierly, P. E., III, 245n45, 245n47
Bierman, L., 71n127, 109n59, 312n81, 414n47, 414n59, 417n147
Biller, S., 185n111
Binkley, C., 215n88
Birkinshaw, J. M., 283n112, 348n30, 349n64, 349n88, 349n90, 414n41
Bish, E. K., 185n111
Bishop, K., 70n60
Bizjak, J. M., 284n150, 387n21, 388n40, 391n118
Bjorkman, I., 71n135, 353n191
Black, R., 453n44
Black, S. S., 183n12
Blankson, C., 348n24
Bleeke, J., 452n21
Bliss, R., 284n146
Bluedorn, A. C., 413n11
Bluetow, M., 348n37
Blyler, M., 32n105, 112n136
Bodwell, C., 33n124
Boeker, W., 69n50
Bogner, W. C., 109n45
Bolton, L. E., 183n33
Bonabeau, E., 30n3
Bonardi, J.-P., 145n59
Bonn, I., 34n158
Borgatti, S. P., 247n129
Borison, A., 453n52
Borrelli, L., 416n111
Borrus, A., 353n186, 389n50
Borza, A., 247n118, 351n129, 417n135
Boswell, W. R., 33n108
Botosan, C., 283n95
Boubarkri, N., 392n178
Boudette, N. E., 30n19, 30n20
Boulding, W., 214n68
Bouquet, C., 352n148
Bourgeois, L. J., III, 12, 32n78, 68n9, 214n64
Bowen, H. P., 348n45
Bower, J. L., 283n116
Bowman, C., 110n73, 110n74
Bowman, E. H., 32n83, 183n7, 280n4, 284n131, 313n128, 452n27, 453n50
Boyd, B. K., 70n69, 70n78, 284n144, 388n41, 391n146
Boyd, D. P., 108n22, 347n5, 414n39
Boyd, N. G., 32n107, 244n11, 246n97Boyle, M., 70n65

Boynton, A., 416n106
Bradley, F., 352n173
Brady, D., 353n186, 389n50
Brailsford, T. W., 414n43
Brandenburger, A., 147n108
Brandes, P., 284n147, 388n43, 391n120
Brannen, M. Y., 282n61
Branson, Richard, 23
Brant, J., 70n81
Brass, D. J., 73n182
Brauer, M., 313n130
Bremner, B., 312n98, 392n164, 392n165
Brennan, M. J., 452n26
Bresman, H., 111n127, 348n30
Bricker, R., 388n24
Bricklin, D., 282n75
Briody, E. K., 30n15
Brodsky, N., 155, 183n28
Brodwin, D. R., 68n9
Bromiley, P., 34n142, 111n125, 280n8, 388n46
Brooks, G. R., 146n97
Brousseau, K. R., 285n156, 351n122
Brouthers, K. D., 147n110, 350n104, 352n146
Brouthers, L. E., 147n110, 183n24, 352n146
Brown, E., 145n35
Brown, S. L., 71n112
Brown, T. E., 72n147
Browne, John, 9
Bruce, A., 185n107
Bruce, M., 111n102
Bruderer, E., 244n12, 246n98
Brummel, Lisa, 43
Brush, C. G., 32n87, 108n4, 109n48
Brush, T. H., 109n32, 280n8, 281n53, 388n46
Bruton, G. D., 72n161, 314n158
Bryan, C., 145n45
Bryan, S., 391n110
Bryce, D. J., 284n142
Bucerius, M., 312n78
Buchholtz, A. K., 184n51
Buck, T., 392n180
Buckley, M. R., 71n136
Buckley, P. J., 109n34
Buffett, Warren, 372
Bunderson, J., 69n48
Bupta, D., 281n49
Burgelman, R. A., 71n118, 72n154, 280n5, 414n28, 415n73
Burke, L. M., 69n57
Burns, T., 184n43
Burr, B. B., 387n20

Burt, R., 110n85
Burt, T., 146n84
Burton, T. M., 311n41
Busby, J. S., 453n48
Busenitz, L. W., 68n18, 109n30, 281n29, 285n153, 313n131, 314n149, 314n150, 314n159, 414n30, 415n85
Bush, George W., 322
Bush, J., 350n91
Bushee, B. J., 389n69
Bushman, R., 388n41
Butler, J. E., 32n104
Butterfield, D. A., 70n95 Butterfield, K. D., 73n182
Buysse, K., 145n28
Bygrave, W. D., 414n60, 417n155
Byrne, J. A., 391n141
Byrnes, N., 387n2

Cadbury, A., 387n16
Cairo, R., 245n57
Calantone, R. J., 30n6, 144n7, 144n9, 215n110, 310n16
Caldwell, C., 111n116, 390n80, 393n189
Caligiuri, P., 71n129, 71n133
Camerer, C. F., 312n80, 313n112
Camp, S. M., 73n172, 144n17, 146n82, 183n5, 244n16, 245n70, 246n83, 413n4, 413n17, 416n120, 417n144, 417n157
Campa, J. M., 283n97
Campbell, A., 109n38, 280n7, 313n128
Campbell, D., 244n4
Canina, L., 147n107, 213n16, 214n40, 245n64
Cannella, A. A., Jr., 70n85, 71n98, 284n145, 284n147, 313n128, 387n7, 387n13
Cantwell, J., 348n31, 350n87
Canyon, M. J., 390n83
Capell, K., 184n59
Capron, L., 282n61, 282n62, 284n141, 310n19, 310n35, 310n38, 311n62
Cardinal, L. B., 280n20
Cardon, M. S., 414n37
Cardoza, R., 72n146
Carey, D. C., 54, 70n88, 71n124
Carini, G., 146n101
Carleton, J. R., 312n78
Carney, M., 387n12, 388n27, 388n29, 392n150
Carney, S., 348n40
Carpenter, M. A., 31n31, 68n10, 70n63, 70n73, 70n79, 146n92, 349n71, 353n187, 354n198, 387n1, 390n82, 390n92, 390n103, 390n109, 391

Carroll, G. R., 214n72
Carson, M., 145n63
Carter, A., 68n8
Carter, M. E., 391n119
Carter, M. J., 109n34
Cartwright, P. A., 108n1, 146n76
Cashen, L. H., 214n64
Casio, W. F., 314n152
Castanias, R., 69n41
Castrogiovanni, G. J., 30n24, 213n1
Caulfield, B., 185n109
Caves, R. E., 213n9, 352n164, 452n29
Cavusgil, S. T., 30n15
Certo, T., 388n31
Ceylan, N. B., 145n53
Chai, B., 391n124
Chakraborty, A., 391n143
Chakravarthy, B., 109n34, 281n29
Chambers, J., 105, 111n132
Champlin, D. P., 283n118
Chan, C. F., 348n24
Chan, K. F., 413n20
Chance, D., 391n119
Chandar, N., 388n24
Chandler, A. D., 10, 32n61, 155n56, 217, 281n30, 281n34, 281n36
Chandra, A., 282n80
Chang, J., 349n55
Chang, L., 392n179
Chang, S.-C., 352n163
Chang, S. J., 30n27, 112n137, 213n2, 245n41, 280n23, 283n105, 311n43, 352n153, 352n159, 353n197, 389n60, 452n2
Chang, Y., 284n129
Chappuis, B. E., 310n6
Charan, R., 70n81, 70n83, 387n12
Charkham, J., 387n15, 392n159
Charns, M. P., 246n75
Chatterjee, S. J., 246n83, 280n21, 281n55, 283n121, 284n139, 389n75, 391n137
Chatterji, D., 185n120
Chattopadhyay, A., 311n44
Chattopadhyay, J., 144n2
Chattopadhyay, P., 310n17
Chaudhuri, S., 246n104
Checa, N., 108n14
Checker, N., 185n119
Chen, C. C., 34n140, 388n37, 393n183
Chen, H., 68n12, 352n158
Chen, J. S., 34n157, 348n32, 349n69, 416n98
Chen, L. Y., 416n126

Chen, M. A., 387n4, 391n120
Chen, M.-J., 69n49, 189, 191, 194, 213n6, 213n27, 213n28, 213n32, 214n38, 214n42, 214n43, 214n44, 214n48, 214n73, 215n74, 215n89, 215n90, 215n91
Chen, Q., 388n41
Chen, S.-F. S., 311n43
Chen, S.-S., 389n57
Chen, S. S. M., 348n24
Chen, Y.-R., 34n140, 393n183
Cheng, J. L. C., 214n57, 347n4
Cheng, J. M.-S., 348n24
Chi, P. S. K., 146n97
Chi, T., 110n73, 452n33
Chiang, J., 214n55, 415n77
Chidley, J., 390n80
Child, J., 350n85, 351n134, 353n187
Chingos, P. T., 391n117
Chiu, W. K. C., 347n8
Chiu, Y.-H., 353n188
Cho, H.-J., 73n205, 414n44
Cho, T. S., 69n49
Choi, C. J., 391n146
Choi, J. J., 347n11
Choi, T. Y., 111n106, 244n15, 247n136
Chompusri, N., 353n183
Chon, G., 30n23, 145n55
Chowdhry, B., 284n133
Chozick, A., 30n12, 30n22, 30n23, 145n55
Chrisman, J. J., 184n51
Chrisman, J. L., 414n28
Christen, M., 214n68
Christensen, C. M., 31n39, 69n43, 108n13, 109n40, 416n101, 416n108
Christensen, C. R., 10, 32n63, 32n64
Christodouloy, C., 248n155
Christophe, S. E., 352n163
Chu, P.-Y., 280n5
Chui, Y., 350n106
Chung, C., 280n23
Chung, L., 353n187
Chung, S., 245n68
Chung, W., 147n107, 215n103, 347n20, 348n26, 349n55
Chvyrkov, O., 415n67
Clark, D., 215n88
Clark, K. D., 31n47, 144n5, 413n20
Clarke, T., 392n179
Clifford, P. G., 109n39, 415n87
Cline, R. S., 246n73
Coakley, L., 284n134

Coates, J. F., 145n38
Cochran, P. L., 73n175, 73n188, 111n117
Coff, R. W., 32n105, 109n57, 112n136, 283n108, 284n138, 310n17, 311n53, 313n124, 388n37, 391n126
Cogdill, Richard, 290
Cohen, J. R., 73n188
Cohen, S. S., 70n84, 245n65
Colarelli, G., 415n79
Colella, A., 68n6, 71n121
Coleman, J. J., Jr., 247n131
Coles, J., 70n69, 389n56, 390n88
Collies, D. J., 147n105
Collingwood, H., 72n143, 108n15
Collins, C. J., 31n47, 144n5, 413n20
Collins, J. C., 68n7, 69n39, 73n171
Collis, D., 281n27
Colquitt, J. A., 72n137, 110n65, 416n119
Colvin, G., 70n81, 145n43, 310n19
Combs, J. G., 70n74, 244n3, 245n38, 247n109, 284n144, 390n96
Conant, Doug, 37
Conger, J. A., 70n77, 387n8, 390n90
Connelly, B., 347n3, 348n31, 352n161, 352n175
Connor, J. M., 246n91
Contractor, F. J., 353n190
Conyon, M. J., 390n105
Cook, F. X., Jr., 415n80
Cool, K., 213n20
Coombs, J. E., 109n42, 393n190, 413n18
Cooper, A. C., 245n70, 284n134, 416n122, 416n125
Copeland, T., 452n11, 453n36, 453n54
Copp, C. B., 245n64
Cordeiro, J. J., 284n145
Core, J. E., 387n3
Corley, K. G., 108n11
Cornell, B., 34n141, 393n185
Cosset, J.-C., 392n178
Costa, I., 144n6, 146n96
Cotterill, R. W., 311n37
Courtney, H., 452n3
Coutu, D. L., 72n143
Couvelaire, Alexander, 237
Covin, J. G., 71n125, 184n47, 245n54, 314n148, 413n16
Cox, L. W., 414n60, 417n155
Coy, P., 110n67
Coyne, K. P., 109n39, 111n102, 415n87
Craft, S. H., 184n35
Crainer, S., 213n17

Cramer, R. D., 145n61
Crane, A., 147n123
Crittenden, W. F., 73n186, 388n27
Crosby, L. B., 215n80
Crosby, P. B., 215n77
Croson, D. C., 388n33
Cross, R., 72n140
Crossan, M. M., 414n29
Crotts, J., 73n193
Cullen, R., 215n81
Cullinan, G., 310n19, 312n93
Cummings, J. L., 32n101
Cummings, T., 70n91
Cunningham, S. W., 146n73
Cusumano, M. A., 69n44, 111n97
Cyert, R. M., 313n114
Cyr, L. A., 72n141

Dacin, M. T., 68n13, 70n72, 146n90, 146n91, 246n99, 247n118, 247n138, 351n124, 351n129, 351n133, 392n180, 417n135
daCosta, R. C., 352n164, 353n189
Daellenbach, U., 69n48
Dahlsten, F., 144n27
Dahya, J., 391n115
Daily, C. M., 69n53, 70n70, 71n125, 183n15, 314n148, 387n7, 388n31, 389n63, 389n78, 413n16
Dallenbach, U. S., 284n152
Dalsace, F., 111n104
Dalton, C. M., 389n50
Dalton, D. R., 69n53, 70n70, 71n125, 183n15, 314n148, 387n7, 388n31, 389n50, 389n78, 413n16
Dalziel, T., 388n35
Daneshkhu, S., 347n15
Danielson, C. C., 110n68
Dant, R. P., 247n112
Darr, A., 282n80
Das, S., 110n91, 245n46
Das, T. K., 68n19, 68n23, 246n79, 247n133, 247n136, 351n123
Da Silva, N., 110n85
Datta, D. K., 68n18, 69n48, 70n75, 312n80
Daus, C. S., 70n94
D'Aveni, R. A., 31n32, 31n34, 246n80, 284n146, 285n156, 452n5
Davenport, T. H., 30n27, 108n13, 111n101213n2, 415n86
David, P., 389n69
Davidson, J. M., 185n120

Davidsson, P., 72n147
Davies, H., 353n187
Davis, C., 414n37
Davis, D. L., 414n61
Davis, G. E., 388n23
Davis, J. H., 33n135, 70n72, 73n185, 248n160, 387n7, 387n20
Dawar, N., 311n44
Dawson, C., 146n103
Day, G. S., 213n11, 214n53
Dean, J. W., Jr., 201
DeAngelo, H., 389n46
DeAngelo, L., 389n46
Deans, G. K., 213n29, 310n6
Debaise, C., 145n66
De Carolis, D. M., 32n107, 72n137, 144n7, 147n106, 109n42
DeCastro, J., 108n20, 111n114
DeCecco, Dave, 141
Deckop, J. R., 393n188
De Cremer, D., 33n140, 248n144, 393n183
Deeds, D. L., 72n137, 109n42, 110n64, 416n122, 417n137
Deephouse, D. L., 109n106, 147n53
DeFillippi, R., 110n87
Dehaene, A., 387n74
de Kluyver, C. A., 111n115, 183n3, 183n16, 185n125
de la Fuente Sabate, J. M., 147n117
de la Torre, C., 389n56, 389n58
de la Torre, J., 248n158, 351n134
Delio, M., 245n51
Delios, A., 352n148, 352n162, 353n177, 391n136
Dell, Michael, 53, 78
Delong, G., 281n53
De Luca, Guerrino, 409
de Luque, A. S., 348n41
DeMarie, S. M., 31n34, 144n9
de Miguel, A., 389n56, 389n58
Deming, W. E., 215n78
Demise, N., 393n187
Deng, F. J., 73n196
Deng, P., 352n150
Denis, D. J., 283n100
Denis, D. K., 283n100
DeNisi, A. S., 31n46, 71n122
Dent, G. W., Jr., 244n20
Desai, A., 387n7, 389n48
Desarbo, W. S., 214n73, 281n28
Desbrieres, P., 314n157
Dess, G. G., 72n150, 72n151, 72n152, 110n66,

110n93, 111n111, 183n6, 183n13, 183n23, 185n98, 185n101, 312n82, 413n7, 413n23
Dessler, G., 145n48
DeTienne, D. R., 413n2
Devan, J., 69n27
Devers, C. E., 31n32, 246nn80, 246n83
DeVito, R., 215n80
De Vuyst, V., 389n74
Dewenter, K., 281n26
de Wied, W. S., 389n71, 389n72, 391n128
DeYoung, R., 314n154
Dhanaraj, C., 247n122
Dharwadkar, R., 284n147, 388n43, 391n120
Dhesbrough, H. W., 415n71
Dial, J., 68n18, 314n149, 314n159
Diamantopoulos, A., 284n136
Di Benedetto, C. A., 281n28
Dickerson, A. P., 313n116
Dickson, D. R., 73n193
Di Gregorio, D., 415n84
DiMicco, Dan, 51
D'Innocenzio, A., 184n67
Dino, R. H., 69n55
Dirks, K. T., 248n155
Di Santo, V., 71n129, 71n133
Disney, Roy, 205
Disney, Walt, 205
Distefano, J. J., 69n54
Dixit, A. K., 452n25
Dobni, C. B., 183n10
Dobosz-Bourne, D., 413n1
Dobrev, S. D., 214n72
Dodurova, M., 30n15
Doh, J. P., 352n168
Dolbeck, A., 311n60
Dollinger, M., 312n86
Domoto, H., 282n61
Donaldson, G., 33n117
Donaldson, L., 70n72, 387n7, 387n20
Donaldson, T., 33n131
Donaldson, William, 365
Donkin, R., 144n22
Dorf, B., 183n27
Dou, W., 350n109
Doucet, T. A., 283n109
Dougherty, D., 416n111
Douglas, T. J., 30n2, 34n143
Doukas, J. A., 311n45, 352n163
Dous, M., 30n27, 213n2
Dow, S., 387n14
Dowell, G., 214n66

Dowling, G. R., 109n54, 215n94
Down, J., 109n42, 245n44
Doz, Y. L., 31n53, 72n154, 280n5, 350n84, 415n79
Dranikoff, L., 313n138
Drazin, R., 416n121
Driver, M. J., 285n156, 351n122
Droge, C., 144n7, 215n110
Drori, I., 353n187
Drucker, P. F., 109n26, 145n41, 183n15, 282n60, 397, 413n19
Drucker, V., 147n125
Drummond, A., 144n4
Du, Y., 392n179
Duffy, D., 414n36
Duh, R.-R., 68n12
Duhaime, I. M., 32n93
Dunfee, T. W., 387n8
Dunning, J., 348n31
Durand, R., 69n33
Dussauge, P., 245n61, 246n72, 282n61
Dutkowsky, D. H., 348n37
Dutra, A., 183n34
Dutta, D. K., 414n29
Dutta, S., 71n120, 146n105
Dutton, J. E., 32n106, 72n155
Duysters, G., 247n118
Dyer, J. H., 110n60, 245n40, 245n66, 246n104, 248n143, 248n144, 248n153, 248n159, 351n139, 452n34
Dyomina, N., 392n180
Dysters, G., 313n120, 352n158

Easterwood, J., 314n147
Echambadi, R., 414n41
Echols, A., 245n68
Eden, L., 347n12, 349n56
Edgecliffe-Johnson, A., 452n6
Edwards, C., 214n70
Edwards, J., 392n151
Edwards, R., 33n125, 389n51
Edwards, T., 392n176
Eesley, C., 33n122
Egelhoff, W. G., 109n37
Eggleston, Andy, 234
Ehrenfeld, J. R., 34n165
Einhorn, B., 31n44, 71n114
Eisenberg, M. A., 388n24
Eisenhardt, K. M., 31n30, 31n37, 71n112, 14n20, 145n49, 108n2, 108n5, 108n9, 108n16, 244n31, 280n9, 282n88, 311n59, 311n63

Eisenmann, T. R., 246n103, 283n100, 283n116
Eisenstat, R., 69n43, 283n96
Elango, B., 349n49
Elango, D., 352n149
Eldomiaty, T. I., 391n146
Elenkov, D. S., 72n148, 310n31, 353n198, 388n42
Elgin, B., 31n44, 214n61
Elloumi, F., 387n3, 390n105
Ellstrand, A. E., 69n53, 183n15, 389n78, 414n51
Engardio, P., 353n186
Engel, E., 388n41
Englander, E., 393n186
Enright, M. J., 347n9
Ensher, E. A., 71n97
Ensign, P. C., 350n90
Enz, C. A., 147n107, 213n16, 214n40, 245n64
Epstein, M. J., 30n10
Eren, M. S., 416n115
Ernst, D., 245n40, 351n127, 452n21
Eroglu, S., 247n114
Espitia-Escuer, M. A., 352n162
Esterl, M., 73n179
Ethiraj, S. K., 31n48, 71n119
Evan, W. M., 72n162
Evans, J. R., 201
Evans, P., 34n161, 416n105

Fahey, L., 144n8, 144n25, 145n31, 145n36, 145n52, 146n93, 147n128
Fairclough, G., 351n126
Fama, E. F., 284n151, 387n9, 388n30
Faraci, R., 313n128
Faria, A., 185n107
Farjoun, M., 71n102, 72n160, 281n28, 310n3
Farrell, D., 352n168, 414n53
Fassbender, H., 414n53
Fealey, T., 282n80
Fee, C. E., 311n36
Feeney, J., 353n194
Feldman, E., 73n178
Feldman, L. F., 32n87
Feldman, M. S., 109n44
Felo, A., 393n189
Felton, R. F., 34n162
Fenn, P., 185n107
Ferguson, G., 31n42
Fernandez, N., 214n37
Ferrary, M., 245n65
Ferrier, W. J., 31n33, 31n34, 72n149, 213n15, 213n24, 213n25, 214n44, 214n47, 214n52, 214n53, 214n72, 215n87, 215n89, 215n93, 215n95, 215n100, 312n68, 453n47
Ferrin, D. L., 248n155
Fey, C. F., 71n135
Fiegenbaum, A., 246n83
Field, L. C., 391n139
Fields, G., 245n65
Fiet, J. O., 34n150, 111n119
Filatotchev, I., 70n60, 146n77, 244n30, 347n3, 347n12, 390n93, 392n180
Finegold, D. L., 70n77, 387n8, 390n90
Fink, G., 110n65
Finkelstein, S., 40, 68n17, 69n56, 70n86, 71n101, 109n49, 145n48, 284n144, 284n146, 285n156, 354n198, 388n32, 388n41, 388n42, 389n76, 390n100
Fiol, C. M., 72n144
Fiorina, Carly, 273
Fischer, B., 416n106
Fischer, H. M., 391n119
Fischer, S., 392n158
Fisher, J. D., 280n12
Fisher, S. R., 313n128
Fiss, P. C., 392n152, 392n156
Fladmoe-Lindquist, K., 31n54, 348n47, 351n132, 415n83
Fleisher, C. S., 147n121
Fleming, C., 452n30
Fleming, L., 415n80
Fleming, T., 145n71
Flood, P., 68n11, 69n47
Floyd, S. W., 109n38, 413n7
Foley, S., 70n95
Folta, T. B., 72n149, 245n48, 247n107, 452n19
Fombrun, C. J., 33n136, 72n163, 109n31, 183n6, 213n29, 393n184
Fong, M., 146n86
Fontaine, Anne, 174
Foote, N., 283n96
Forbes, D. P., 214n59, 390n80
Ford, R. C., 72n167, 73n193
Forest, S. A., 73n177, 185n104, 283n122
Forsgren, M., 352n166
Forsyth, M., 314n140
Fosfuri, A., 350n115
Foss, N. J., 353n176
Foust, D., 353n186
Fowler, C. L., 312n77
Fowler, G. A., 351n126
Fowler, S. W., 184n40, 350n84, 416n120
Fox, J., 389n52
Fox, M., 391n146

Fram, E. H., 389n78
Franko, L. G., 413n22
Frary, J., 183n34
Fraser, J. A., 415n95
Fredrickson, J. W., 31n31, 51, 68n10, 69n29, 69n30, 69n40, 70n79, 71n106, 71n107, 146n92, 183n9, 280n2, 280n13, 312n67, 349n71, 353n187, 354n198, 390n102
Freeman, J., 111n112
Freeman, R. E., 19, 30n8, 30n9, 31n55, 32n94, 33n114, 33n116, 33n119, 33n126, 33n127, 33n128, 33n136, 34n142, 34n144, 71n100, 72n159, 72n162, 72n163, 73n190 111n118, 111n122, 111n123, 111n125, 145n59, 184n45, 213n17, 244n8, 244n9, 244n10, 280n3, 280n9, 281n38, 282n84, 283n105, 310n1, 310n11, 313n128, 347n8, 348n46, 389n75, 392n163, 393n184
Frick, K. A., 310n6
Fried, J. M., 390n100
Fried, V. H., 72n161
Frolov, Alexander, 293
Frooman, J., 111n121
Frost, T. S., 350n90, 415n68
Fruin, W. M., 282n61
Frynas, J. G., 353n181
Fubini, D. G., 351n127
Fuchs, P. H., 72n154
Fuentelsaz, L., 213n15, 213n33, 244n27
Fuerbringer, J., 146n88
Fuller, K., 310n5

Gadiesh, O., 349n69
Gaertner, S., 110n60
Gainey, T. W., 111n98
Galan, J. L., 2n99
Galbraith, J. G., 282n91
Galbraith, J. S., 184n45, 184n52
Galunic, D. C., 282n88
Gambardella, A., 33n112
Gammelgaard, J., 312n72
Ganesan, S., 183n25
Gannon, M. J., 214n69, 215n97, 352n173
García, D., 69n35
Gardberg, N. A., 34n141, 393n185
Gardner, T. M., 33n138, 215n92
Garg, V. K., 144n21
Garland, S. B., 246n95
Garnham, P., 145n57
Garrette, B., 245n61, 246n72
Garten, J. E., 213n18, 352n159

Garud, R., 417n154
Garvin, D. A., 201, 416n114
Gary, M. S., 281n45
Gates, Bill, 43
Gatignon, H., 311n51
Gavetti, G., 108n20, 109n27, 109n57, 183n1
Gawer, A., 69n44, 111n97
Gedajlovic, E. R., 388n29, 392n151
Geiger, S. W., 214n64
Geletkanycz, M. A., 183n12, 284n144, 388n41
Gelfer, S., 392n180
Genesove, D., 282n73
George, G., 350n103, 414nn46, 414n48, 415n62
Gepp, A., 30n17
Geppert, M., 349n71
Gerchak, Y., 281n49
Gerety, M., 390n91
Geringer, J. M., 348n44, 352n164, 353n189
Gerstenhaber, M., 247n113
Gerstner, Louis, 47
Gertner, R., 452n1
Gertsen, F., 416n97
Geyskens, I., 282n77
Ghemawat, P., 185n99, 247n127, 347n9, 349n60, 452n10, 452n17
Ghoshal, S., 31n56, 72n137, 72n142, 72n145, 145n70, 310n1, 349n65, 349n70, 350n83, 351n120, 388n37
Gibbert, M., 31n52, 144n10
Gibson, C., 350n79
Gibson, H. D., 313n116
Gilbert, C., 31n39
Gile, C., 111n94
Gillin, L. M., 248n155
Gillis, W. E., 390n96
Gilson, R., 283n126
Gimeno, J., 144n3, 213n7, 213n33, 214n37, 214n38, 214n39, 214n69, 246n93, 282n73, 350n95, 389n69
Gingrich, J. A., 311n44
Gittell, J. H., 73n195
Glader, P., 246n81, 310n9
Gleason, K. C., 389n57
Glick, W. H., 31n48, 68n18, 69n57, 70n93, 144n2, 310n17
Glynn, M. A., 353n193, 416n121
Gnyawali, D. R., 213n21
Goerzen, A., 247n130
Goffee, R., 72n155, 73n173
Golden, B. R., 70n62, 246n94, 387n6
Goldenberg, J., 415n81

Goldsborough, R., 144n24
Goldstein, D., 391n127
Goldstein, H. R., 184n82
Goll, I., 69n42, 144n20
Gomes, L., 390n107
Gomez, J., 213n15, 213n33, 244n27
Gomez-Mejia, L. R., 284n131, 284n145, 387n3, 388n25, 388n32, 388n34, 388n44, 390n101, 390n105, 391n110, 391n112, 391n116
Gompers, P. A., 389n62
Gong, Y., 351n132
Gonzalez, I. S., 147n117
Gonzalez, M., 244n21
Goold, M., 280n7
Goranova, M., 284n147, 388n43
Gordon, R. A., 31n59, 32n96
Gore, William, 398
Gorman, P., 108n23
Gove, S., 71n99
Govindarajan, V., 30n25, 30n26, 68n14, 68n15, 72n144, 72n145, 110n88, 347n4, 347n5
Graffin, S. D., 69n37
Grant, L., 155n68
Grant, R. M., 85, 86, 284n129
Gratton, L., 31n56, 71n131
Graves, Michael, 174
Graves, S. B., 33n124, 33n130, 34n142
Gray, S. R., 284n145
Greco, J., 68n4, 184n57, 281n31
Green, J., 69n45, 71n113, 215n84
Green, S., 68n5
Greene, J., 215n101
Greene, P. G., 108n4
Greening, D. W., 33n138, 110n61
Greiner, L., 70n91
Greve, H. R., 147n113, 147n118, 214n71
Grewal, R., 214n73
Griffin, D. A., 282n80
Griffith, D. A., 348n47
Griffith, R. W., 110n60
Grimm, C. M., 68n16, 144n3, 213n4, 213n5, 213n10, 213n13, 213n19, 213n22, 213n23, 213n31, 214n36, 214n50, 21n52, 214n69, 215n75, 215n90, 215n95, 215n97
Grinstein, Y., 388n42
Grinyer, P., 108n24
Grohmann, B., 247n106
Gross, Clifford M., 408
Grosse, R., 353n183, 353n193
Grossman, W., 284n144, 311n50, 387n22, 388n36, 389n63, 389n64, 389n69, 390n81, 390n89, 415n69

Grundei, J., 215n109
Gudridge, K., 283n122
Guedhami, O., 392n178
Gueyie, J.-P., 387n3, 390n105
Guilley, K. M., 393n190
Guirguis, H. S., 246n96
Gulati, R., 248n159, 282n77
Gunkel, J. D., 73n203
Gunz, H. P., 69n41
Gupta, A. K., 30n25, 30n26, 68n15, 72n144, 72n145, 110n88, 110n93, 183n6, 185n101, 347n4, 347n5
Gupta, S., 393n188
Guth, W. D., 10, 32n63, 32n64, 108n24
Guthrie, J. P., 69n48
Gutierrez, I., 244n29, 388n32, 388n44
Gwynne, P., 313n123

Haahti, A., 350n110
Hachigian, Kirk S., 291
Hackman, J. R., 185n123
Hadjimarcou, J., 183n24
Hafeez, K., 110n72, 111n102
Hafner, K., 214n60, 214n62
Hagedoorn, J., 247n122, 313n120, 352n158, 416n127
Hair, J. F., Jr., 183n34
Haleblian, J., 313n106, 313n107, 313n25
Halevy, T., 245n40
Haliinan, J. T., 146n104
Hall, D. T., 71n132, 415n66
Hall, R. H., 86, 184n70, 184n71
Hall, Terence, 336
Hall, W. K., 185n100
Hallaq, J. H., 147n127
Halligan, A., 215n81
Hambrick, D. C., 40, 51, 52, 68n13, 68n17, 69n36, 69n49, 69n56, 70n86, 71n98, 71n101, 71n106, 71n107, 145n48, 183n9, 214n73, 246n79, 247n133, 280n2, 280n13, 284n144, 312n67, 313n110, 351n133, 354n198, 387n13, 388n32, 388n42, 390n91, 390n100
Hamel, G., 34n145, 34n146, 34n154, 71n105, 110n72, 111n102, 183n10, 183n14, 213n3, 214n59, 352n169, 413n22, 415n71, 452n31
Hamilton, W. F., 452n2
Hamm, S., 284n132
Hammonds, K. H., 31n35, 31n37
Handfield, R. B., 348n28
Handfield-Jones, H., 72n155

Hanlon, S. C., 244n11, 246n97
Hannan, M., 111n112
Hansen, M. H., 33n135, 33n139, 28n150, 248n151, 248n158
Hansen, M. T., 110n69
Hanvanich, S., 144n7, 215n110
Harback, H. E., 69n43
Harbison, J. R., 244n7, 312n80
Hardee, C., 34n147
Harder, J., 111n107
Harford, J., 391n137
Harlan, C., 147n124
Harper, N. W. C., 284n134
Harrigan, K. R., 31n55, 244n8, 247n87, 282n84
Harris, C., 30n17
Harris, D., 71n96
Harris, I. C., 70n72
Harris, M., 283n95
Harris, R., 314n147
Harrison, A. E., 352n167
Harrison, Brian, 408
Harrison, D. A., 73n175, 111n117
Harrison, J. S., 32n80, 32n94, 33n136, 34n141, 34n143, 34n150, 71n100, 72n165, 73n192, 147n107, 110n77, 111n119, 185n125, 213n16, 214n40, 244n13, 244n14, 245n54, 245n64, 246n82, 246n87, 281n41, 281n51, 283n115, 283n121, 284n128, 310n1, 310n5, 310n11, 311n45, 31n51, 311n56, 311n61, 311n64, 312n74, 312n77, 312n89, 312n100, 313n105, 313n115, 313n118, 313n119, 313n125, 284n129, 313n125, 351n141, 353n196, 389n75, 3914n137, 393n184, 393n185, 404, 416n98, 417n141
Harryson, S., 246n71
Hart, Clare, 140
Hart, M. M., 108n4
Hart, S. L., 33n132, 347n9, 347n12, 392n182
Hartel, C. E. J., 70n94
Hartzell, J. C., 391n114
Harvey, M. G., 71n136, 348n47
Harzing, A.-W., 245n41, 280n12, 349n65, 349n72, 352n146
Haspeslagh, P., 310n30
Hass, W. J., 389n55
Hassan, F., 68n5
Hassan, S. S., 184n35
Hatch, N. W., 110n60, 245n66, 248n144
Haveman, H. A., 213n14, 282n76
Hawawini, G., 33n113, 109n39
Hay, M., 413n17

Hayashi, Y., 392n172
Hayes, C., 312n77
Hayes, E., 72n155
Hayton, J. C., 305n102, 414n40
Hayward, M. L. A., 69n38, 312n72, 313n110, 313n113
Hebert, L., 352n148
Heeley, M. B., 184n47
Hegarty, H., 245n54, 312n83
Hegarty, W., 390n108
Hegtvedt, K. A., 33n140, 393n183
Heide, J. B., 388n38
Hejazi, W., 347n9
Helfat, C. E., 32n83, 69n41, 71n96, 109n58, 183n7, 183n12, 280n4, 280n9, 311n63
Hemphill, T. A., 244n1
Henderson, A., 390n102
Henderson, R., 32n93
Hendricks, R., 415n82
Hendrickx, M., 280n8, 388n46
Hendry, K., 387n1
Henisz, W. J., 353n177, 353n194
Hennart, J. F., 110n93, 183n6, 185n101, 246n104
Henriksson, K., 248n140
Henriques, I., 33n117, 392n181
Henry, D., 314n146
Henry, N., 214n45
Herbert, T. T., 349n71
Hesterly, W. S., 70n69, 247n129, 390n88
Hill, C. W. L., 31n36, 68n26, 109n42, 110n93, 146n74, 183n6, 184n40, 185n101, 244n10, 245n44, 281n35, 282n59, 282n92, 283n110, 283n111, 312n102, 314n147, 347n8, 350n105, 391n111
Hill, N. T., 390n104
Hill, W. L., 33n127
Hiller, N. J., 69n36
Hillman, A. J., 33nn120, 33n130, 145n59, 145n61, 353n194, 387n6, 388n35, 392n181
Hilton, B., 391n146
Himelstein, L., 391n132
Hindo, B., 109n36
Hines, A., 145n38
Hitt, M. A., 30n1, 30n3, 30n7, 31n34, 31n46, 31n57, 32n60, 32n95, 33n108, 33n120, 34n147, 34n159, 68n6, 68n13, 68n26, 69n43, 70n61, 70n76, 71n98, 71n99, 71n121, 71n122, 71n127, 72n139, 73n169, 73n172, 74n207, 109n39, 109n52, 109n56, 109n59, 110n70, 144n1, 144n6, 144n9, 144n17, 145n59,

145n61, 145n76, 145n77, 146n79, 146n82,
146n90, 146n91, 145n96, 147n120, 183n5,
183n12, 244n3, 244n16, 244n29, 245n38,
245n54, 246n83, 247n118, 247n121,
247n134, 247n138, 247n141, 277, 280n4,
280n16, 281n43, 281n44, 282n59, 282n78,
282n79, 283n95, 283n110, 283n111,
284n128, 284n140, 310n1, 310n5, 310n11,
311n45, 311n50, 311n51, 311n52, 311n55,
311n56, 311n61, 311n64, 312n69, 312n72,
312n74, 312n77, 312n81, 312n89, 312n92n,
312n99, 312n100, 312n103, 313n105,
313n108, 313n109, 313n115, 313n117,
313n118, 313n119, 313n125, 313n129,
313n132, 313n137, 314n141, 314n155,
347n3, 347n5, 347n6, 348n31, 350n114,
351n123, 351n124, 351n129, 351n133,
351n141, 351n142, 352n161, 352n165,
352n166, 352n171, 352n175, 353n189,
353n191, 354n200, 387n19, 387n22, 388n36,
388n39, 389n63, 389n64, 389n69, 390n81,
390n89, 391n111, 391n126, 391n134,
392n161, 392n178, 392n180, 413n2, 413n4,
413n5, 413n6, 414n39, 414n47, 414n50,
414n59, 414n64, 414n68, 414n69, 415n90,
416n107, 416n109, 416n112n, 416n113,
416n117, 416n120, 417n134, 417n35,
417n39, 417n141, 417n142, 417n143,
417n144, 417n146, 417n147, 417n148,
417n150, 417n151, 417n157, 452n4, 452n6
Ho, K. W., 389n57
Hoang, H., 245n45
Hochwarter, W. A., 73n172
Hodges, J., 147n125
Hodgetts, R. M., 72n167, 349n62
Hodgkinson, G. P., 214n45
Hoetker, G., 185n105, 246n85
Hof, B., 214n61
Hof, R. D., 31n44, 413n15
Hofer, C. W., 12, 31n58, 32n75, 32n76, 32n89, 184n51
Hoffmann, W. H., 351n139
Hogarth, R. M., 68n22
Hogler, R. L., 390n79
Hoi, C., 390n91
Hoiweg, M., 214n73
Holbein, G. F., 314n143
Holcomb, T. R., 352n166
Holcombe, R. G., 413n16
Holden, N., 110n65
Hollenbeck, G. P., 71n134, 72n138

Holm, U., 352n166
Holmes, R. M., 146n77, 353n191
Holmes, S., 71n115
Holthausen, R. W., 387n3
Hom, P. W., 110n60
Homberg, C., 312n78
Homqvist, M., 285n156, 351n122
Hong, J., 184n44, 280n23, 352n159
Hood, N., 349n66
Hoopes, D. G., 110n59
Hopkins, H. D., 213n11, 349n75
Hornsby, J. S., 31n49, 72n146, 72n155, 110n69,
245n40, 281n40, 414n41
Horowitz, R., 415n81
Hoshi, T., 392n158
Hoskisson, R. E., 32n60, 33n135, 3n139, 68n18,
68n26, 70n61, 70n76, 70n84, 74n207,
109n30, 144n3, 146n77, 146n79, 188n44,
214n69, 244n30, 245n54, 245n69, 247n121,
248n150, 248n151, 277, 280n3, 280n4,
280n16, 280n22, 281n26, 281n29, 281n35,
281n43, 281n44, 282n59, 283n105, 283n110,
283n111, 283n115, 284n144, 284n148,
285n153, 310n1, 311n50, 311n52, 311n55,
311n56, 311n61, 312n69, 312n74, 312n89,
312n92, 312n102, 312n103, 313n105,
313n108, 323n109, 313n119, 313n128,
313n137, 314n141, 314n142, 314n149,
314n150, 314n159, 347n3, 347n4, 347n12,
348n12, 348n44, 348n46, 350n95, 351n123,
352n159, 352n171, 353n189, 354n200,
387n16, 387n19, 387n22, 388n36, 388n39,
388n40, 389n57, 389n63, 389n64, 389n69,
390n81, 390n89, 391n111, 391n126,
392n163, 392n173, 392n180, 393n191,
413n24, 414n30, 414n50, 415n68, 415n69,
415n85, 416n107, 416n109, 416n112,
416n113, 417n139, 417n50
Hough, J. R., 144n21
Houghton, K. A., 350n111
House, R. J., 70n81, 348n41
Howell, J. E., 31n59, 32n96
Howell, J. M., 415n88
Howell, R. A., 33n132, 392n182
Hrebiniak, L. G., 32n77, 73n190, 110n70
Hribar, P., 388n42
Hsieh, L.-F., 311n52
Hsu, C. C., 353n190
Huang, C.-H., 280n5
Hubbard, T. N., 312n85
Huber, G. P., 68n18, 144n2, 310n17

Huey, J., 110n84
Huff, A. S., 147n114
Huff, L., 351n135
Hughes, J. P., 313n108, 416n133
Hulland, J., 284n141
Hult, G. T. M., 146n94
Hunt, M. S., 147n112
Hurry, D., 452n27
Huse, M., 389n78
Huselid, M. A., 73n199
Hussey, D., 184n44
Hutt, M. D., 244n4, 248n154, 415n89
Hutzschenreuter, T., 34n159
Huy, Q. N., 313n125
Huyghebaert, N., 215n92
Hwang, L., 391n110
Hymowitz, C., 387n11

Iacocca, Lee, 5
Iaquito, A. L., 69n40
Icahn, Carl, 369
Ihlwan, M., 214n54, 215n85
Immelt, J., 47, 53, 68n5, 305, 314n139
Incandela, D., 281n42
Ingram, P., 110n65
Inkpen, A. C., 31n46, 244n6, 244n9, 245n50, 246n105, 348n30, 349n68, 350n82, 350n86, 350n88, 350n92, 353n185, 391n147, 392n153, 392n154, 392n160, 392n163, 392n167, 392n177
Insinga, R. C., 111n108
Iravani, S. M., 185n114
Ireland, R. D., 30n1, 31n49, 32n81, 32n95, 33n108, 34n159, 71n98, 71n121, 72n146, 73n169, 73n172, 144n1, 144n9, 144n17, 146n76, 146n82, 147n120, 109n52, 109n59, 110n69, 110n70, 183n5, 183n13, 244n3, 244n16, 244n29, 245n38, 245n40, 245n54, 246n83, 247n134, 248n141, 280n16, 281n40, 281n43, 284n128, 310n1, 310n5, 310n11, 311n45, 311n51, 311n52, 311n56, 311n61, 311n64, 312n74, 312n77, 312n89, 312n100, 313n105, 313n109, 313n115, 2313n118, 313n119, 313n125, 313n129, 347n6, 350n114, 351n123, 351n141, 352n165, 353n189, 413n2, 413n4, 413n5, 413n7, 413n9, 413n18, 414nn39, 414n41, 414n51, 415n62, 415n64, 415n67, 415n90, 416n117, 416n120, 417n134, 417n141, 417n142, 417n144, 417n146, 417n151, 417n157
Irwin, N., 183n26

Isaac, S., 185n116
Isaak, R., 350n105
Isobe, T., 347n1
Ito, K., 348n35
Itoh, H., 281n32
Ivy, R. L., 245n64
Izushi, H., 350n99

Jackson, E. M., 390n91
Jackson, G., 387n17
Jackson, S. E., 31n46, 68n16, 69n53, 71n122
Jacob, R., 350n94
Jacobides, M. G., 282n83, 388n33
Jacoby, M., 145n60
Jacoby, S. M., 391n148
Jacque, L. L., 353n182
Jagersma, P. K., 351n133
Jain, S. C., 156, 183n34, 417n154
Jalland, R. M., 69n41
Jammine, A. P., 284n129
Jankowicz, A. D., 413n1
Janne, O. E. M., 348n31, 352n176
Janney, J. J., 183n13, 284n148, 413n7
Jardins, J. D., 417n156
Jarillo, J. C., 413n9
Jarvenpaa, S., 11n101
Jassawalla, A. R., 416n106
Javidan, M., 347n5
Jawahar, I. M., 145n28
Jayachandran, S., 213n7, 214n38, 246n93
Jenkins, M., 214n45
Jennings, D. F., 248n155
Jensen, M. C., 11, 32n72, 33n115, 111n129, 283n125, 310n21, 312n97, 387n9, 388n31, 388n45, 388n46
Jenster, P., 184n44
Jeong, E., 313n132
Jermias, J., 413n1
Jevnaker, B. H., 111n102
Jiang, F., 348n25
Joachimsthaler, E., 108n19
Jobe, L. A., 282n78, 282n79
Jobs, Steve, 399
Johaansson, J. K., 349n75
Johnson, G., 214n45
Johnson, J. L., 247n106, 389n78, 414n51
Johnson, M., 244n23, 351n118
Johnson, M. E., 282n84
Johnson, M. W., 31n39
Johnson, R. A., 70n61, 70n76, 74n207, 146n79, 280n3, 280n22, 281n26, 283n105, 284n152, 311n50, 311n52, 311n55, 312n92, 312n103,

313n105, 313n108, 313n127, 313n128, 313n131, 314n141, 314n142, 348n46, 352n171, 387n19, 387n22, 388n36, 388n39, 389n57, 389n63, 389n64, 389n69, 390n81, 390n88, 391n126, 392n163, 414n50, 415n69, 417n139
Jonacas, H., 244n5
Jones, C., 247n129
Jones, G., 72n155, 73n173
Jones, R., 215n86
Jones, S., 111n99
Jones, T. M., 33n116, 33n127, 33n130, 33n131, 244n10
Joshi, M., 73n182
Joshi, S., 310n4
Joyce, W. F., 32n77, 73n190
Judge, W. Q., Jr., 70n61, 72n148, 353n198, 390n93
Junttila, M. A., 109n47, 281n47

Kaeufer, K., 111n127
Kahan, M., 284n149
Kahn, R. L., 32n68
Kahneman, D., 68n20, 68n21, 69n32
Kakabadse, A., 70n82
Kakabadse, N., 70n82
Kale, P., 31n48, 7n119, 245n39, 245n40, 246n104, 248n143, 311n58, 351n139, 416n123, 452n34
Kallendar, P., 184n81, 215n96
Kalnins, A., 147n107, 215n103
Kandemir, D., 246n79
Kang, J.-K., 392n175
Kang, S.-H., 313n114
Kanter, R. M., 31n45, 144n5
Kapelyushnikov, R., 392n180
Kaplan, R. S., 73n198, 73n200, 73n202, 183n4, 185n121, 215n79
Kaplan, S., 72n161
Karim, S., 281n33
Karlgaard, R., 31n38
Karnani, A., 215n99
Karnik, K., 413n16
Karnitschnig, M., 310n27, 313n135, 392n155
Karpoff, J. M., 391n139
Karri, R., 111n116, 390n80, 393n189
Kashuk, Sonia, 174
Kashyap, A. K., 398n158
Kassinis, G., 70n62, 73n170, 111n131
Katila, R., 109n41, 311n52, 414n27
Kato, Y., 73n196
Katz, D., 32n68

Katz, J., 388n32, 391n116
Katz, M., 111n109
Kaufman, A., 393n186
Kaufmann, P. J., 247n112, 247n14
Kawaura, A., 392n164
Kay, I. T., 312n82
Kay, N. M., 284n136
Kayworth, T. K., 31n49
Kazanjian, R. K., 282n91, 416n121
Keats, B. W., 31n34, 69n43, 72n139, 144n9, 184n45, 184n49, 184n53
Kedia, B. L., 347n7
Kedia, S., 283n97
Keeble, D., 247n122
Keels, J. K., 314n158
Keenan, F., 391n132
Keil, M., 108n18
Keim, G. D., 33n130, 145n59, 387n6, 392n181
Keister, L. A., 280n23
Keith, T., 352n157
Keller, S. B., 184n63, 184n69
Kelley, D. J., 414n40
Kelley, L., 351n135
Kelly, L. M., 388n27
Kelly, M. J., 244n5
Kelm, K. M., 413n23
Kendrick, John, 85
Kennedy, Aaron, 234
Kern, D., 72n161
Kerr, S., 73n172
Kerwin, K., 214n54, 215n85
Kesner, I. F., 214n57
Kessler, E. H., 245n45, 245n47
Kester, W. C., 453n40
Ketchen, D. J., Jr., 34n160, 146n94, 183n5, 144n3, 245n38, 247n109
Kets de Vries, M. F. R., 71n123
Keuslein, W., 284n140
Khanna, T., 31n29, 280n23, 283n102, 283n103, 347n9
Khermouch, G., 184n42
Kidder, D. L., 70n95
Kiel, G. C., 387n1, 387n13
Killman, S., 282n82
Kim, C., 280n11
Kim, D., 452n2
Kim, G. M., 245n68
Kim, H., 60n84, 185n44, 245n69, 247n121, 280n4, 281n35, 283n110, 285n153, 347n4, 352n159, 353n189, 354n200, 387n16, 393n191, 415n68, 417n150

Kim, J., 350n108
Kim, J.-J., 313n106, 313n107, 313n125
Kim, L., 185n102
Kim, S., 280n11
Kim, W. C., 415n75
Kim, Y. J., 350n117
Kindler, Jeffrey B., 304
King, A. W., 110n87, 184n40, 416n120
King, D. R., 245n54
Kini, O., 391n129
Kirkland, J., 452n3
Kirkman, B. L., 416n106
Kirkpatrick, S. A., 72n168
Kirsch, D. A., 184n44
Kirsch, L. J., 73n195
Kisfalvi, V., 285n156
Kitamura, M., 392n173
Kiymaz, H., 389n49
Klaas, B. S., 111n98
Klein, S., 392n150
Kleindienst, I., 34n159
Kleinfeld, Klaus, 61
Kleinman, M., 109n55
Kline, D. M., 109n41, 350n114, 416n129
Kline, J. P., 283n122
Kline, M. J., 387n8
Kneip, T., 414n53
Knell, M. J., 214n34
Knight, D., 68n11, 69n47
Knight, G. A., 351n138
Knoedler, J. T., 283n118
Knolt, A. M., 284n142
Knott, A. M., 93n4, 109n44
Koberstein, W., 70n59
Kochhar, R., 71n127, 109n59, 283n95, 284n140, 312n81, 413n24, 414n47, 416n107, 416n109, 416n112, 416n113, 417n147
Kogut, B., 391n146, 452n2, 452n8, 452n18, 452n24
Koka, B. R., 416n129
Koller, T., 313n138
Kono, T., 282n56
Konopaske, R., 350n104
Koo, Chung Mong, 201
Kopczak, L. R., 282n84
Kor, Y. Y., 389n74
Kosnik, R., 387n19, 391n131, 391n142
Kostova, T., 349n56
Kotabe, M., 111n98, 245n58, 282n61, 350n108, 352n173
Kotaro, T., 392n169

Kotha, S., 30n6, 33n130, 147n116, 184n46, 349n63
Kothandaraman, P., 282n87
Kovaleski, D., 247n119
Kowk, C. C. Y., 348n24
Koza, M., 351n122
Kraatz, M. S., 244n13, 246n82
Kracaw, W., 391n129
Kramer, M. R., 111n130, 112n134
Kramer, R. J., 350n89
Kranhold, K., 146n81
Kranton, R. E., 282n85
Krapfel, R., 145n29
Kriesel, S., 414n53
Kripalani, M., 353n186
Krishnan, H. A., 310n4, 314n151, 354n199
Krishnan, M. S., 31n48, 71n119
Krishnan, R., 248n158
Krishnan, R. A., 310n4
Kroeger, F., 213n29, 310n6
Kroll, M., 32n107, 280n6, 310n25, 310n31, 387n7, 388n42, 389n48
Krug, A., 312n81
Krug, J. A., 312n83, 390n108
Kruse, T. A., 313n131
Kuczynski, A., 311n39
Kuemmerle, W., 33n110, 147n110, 347n18, 348n30, 348n32, 413n14, 414n59
Kulatilaka, N., 452n8, 452n12, 452n24
Kumar, N., 282n77
Kumar, P., 313n114
Kumar, R., 391n119
Kumaraswamy, A., 417n154
Kumari, V., 244n28
Kundu, S. K., 353n190
Kunii, I. M., 392n165
Kuratko, D. F., 31n49, 72n146, 72n155, 110n69, 245n40, 281n40, 414n41
Kwak, M., 214n51, 280n5, 283n97
Kwan, M., 310n2
Kwok, C. C. Y., 347n11, 353n177
Kwon, S.-W., 73n180

Labaye, E., 414n53
Lado, A. A., 32n107, 244n11, 246n97, 280n6, 310n25,
389n48
Lafley, A. G., 258, 281n50, 282n57
Lafontaine, F., 247n110
Lages, C. R., 350n105
Lages, L. F., 350n105

Lakshman, N., 280n24, 312n98, 347n1, 347n10
Lam, K., 392n179
Lamb, C. W., Jr., 183n34
Lamont, O. A., 283n97
Lampert, C. M., 31n40, 33n112, 312n73, 415n78
Landauer, S., 73n172
Lane, P. J., 146n83, 247n139, 351n128, 390n101, 413n7
Lang, L. H. P., 311n45, 352n163
Lang, W. W., 313n108
Langer, E. J., 69n33
Laponsky, J., 417n140
Larcker, D. F., 184n70, 387n3
Larimo, J., 348n38
Larraza-Kintana, M., 390n105, 391n112
Larsson, R., 248n140, 285n156, 351n122
Lassen, A. H., 416n97
Lau, C. M., 347n12, 348n31
Lau, H. F., 348n24
Lau, T., 413n20
Laursen, K., 417n149
Lavelle, L., 70n65, 389n50, 391n121, 416n128
Laverty, K. J., 73n197
Lavie, D., 34n143, 72n166, 246n74, 413n10, 417n145
Lawler, E. E., III, 70n77, 387n8, 390n90
Lawrence, J. D., 184n82
Lawrence, P. R., 184n43, 184n54, 282n77, 416n110
Lawrence, T. B., 350n84
Lay, Kenneth, 61
Leahy, D., 246n90
Learned, E. P., 10, 32n63, 32n64
Leavitt, H. J., 184n46
Le Breton-Miller, I., 388n29
Lee, C., 32n102, 416n131
Lee, H., 109n56, 109n59, 144n3, 146n76, , , 213n4, 213n5, 213n10, 214n53, 214n63, 252n163, 392n161, 415n90, 417n148, 452n6
Lee, H.-U., 313n132
Lee, J., 72n139
Lee, J.-R., 348n32, 349n69
Lee, K., 32n102, 416n131
Lee, Ku Taek, 230
Lee, L., 311n33
Lee, P. M., 314n151, 388n37, 392n163, 392n171, 415n95
Lee, R. P.-W., 247n106
Lee, S. H., 241n46, 349n75
Lee, T.-S., 388n29, 392n175
Lee, Y., 144n23

Lehrer, M., 347n19, 352n170
Lei, D., 30n2, 71n98, 108n1
Leiblein, M. J., 34n164, 111n104, 452n14, 452n15, 452n28
Leibold, M., 185n96
Leidtka, J. M., 34n144
Leifer, R., 415n79, 415n87
Leinicke, L. M., 73n187
Leleux, B., 213n20
Lemesis, G. V., 391n120
Lemmon, M. L., 284n150, 387n21, 388n40, 391n118
Lengnick-Hall, C. A., 71n126
Leno, Jay, 172
Lenox, M. J., 33n122
Lenway, S. A., 349n59
Leonard-Barton, D., 108n8, 111n113, 415n90
Lerner, M., 311n42
Le Roux, J.-M., 310n19, 312n93
Leuhrman, T., 453n46
Lev, B., 284n147, 388n39
Levav, A., 415n81
Levesque, L. C., 416n114
Levicki, C., 184n50
Levin, I. M., 73n171
Levinthal, D. A., 108n20, 109n57, 183n1
Levitas, E., 146n91, 247n118, 351n124, 351n129, 351n133, 392n180, 417n135
Lewellen, W., 280n11
Lewin, A. Y., 349n75, 351n122
Ley, B., 73n184
Li, J., 246n79, 247n133, 351n133, 353n189, 392n179
Li, L., 349n65, 349n72, 353nn187, 353n191
Li, M., 387n20, 389n47
Li, S., 351n136, 352n155
Li, Y., 353n187
Liang, Y., 280n12
Liao, Z., 353n176
Lichtenstein, B. B., 413n3
Lieberman, M. B., 214n65
Liebeskind, J. P., 313n127, 314n145
Liedtka, J. M., 30n9
Liesch, P. W., 351n138
Liker, J. K., 244n15, 282n61, 352n157
Lilien, S., 391n110
Lim, Y., 185n102
Lin, H.-S., 280n5
Lin, J. C., 68n12
Linder, J. C., 111n101
Lineberry, C. S., 312n78

Linton, J., 388n39
Lioukas, S., 146n93
Litschert, R. J., 68n13
Litteral, L. A., 185n117
Liu, P. W., 108n21
Liu, Y., 353n187
Livnat, J., 283n100
Locke, E. A., 72n168, 108n19
London, T., 347n12
Long, W. F., 314n158
Lonie, A. A., 391n115
Loomis, C. J., 30n12
Lopez, E. J., 283n123
Lord, M. D., 145n61, 247n118
Lorenzoni, G., 246n72
Lorsch, J. W., 33n117, 70n71, 184n43, 184n54, 284n148, 416n110
Lott, S., 248n149
Lovallo, D., 69n32
Love, E. G., 313n133, 313n136
Lowe, J., 283n96
Lowe, R. A., 69n35
Lowry, T., 185n92, 311n34
Lu, C., 246n103
Lu, J. W., 146n79, 247n124, 281n47, 311n46, 351n122, 351n125, 352n162, 353n196, 414n49
Lubatkin, M. H., 69n55, 246n79, 281n55, 283n117, 283n121, 311n37
Lubit, R., 109n45
Luce, R. A., 387n6, 392n181
Lucier, C., 413n6 (salto da nota 6 – verificar), 417n143, 417n157
Ludema, R. D., 349n51
Luehrman, T., 452n2, 453n46
Luffman, G., 183n10
Luft, D., 350n111
Lumpkin, G. T., 72n150, 72n151, 72n152, 183n23, 185n98, 413n3, 413n23
Lundquist, G., 34n153, 34n156
Luo, Y., 144n27, 146n90, 247n124, 248n157, 280n3, 281n39, 347n18, 348n43, 348n46, 349n67, 350n104, 350n107, 351n132, 352n155, 352n170, 353n188
Lyles, M. A., 146n83, 247n122, 247n139, 351n128
Lynall, M. D., 387n6
Lynch, D. F., 184n63, 184n69
Lynch, L. J., 391n119
Lynch, M., 172, 185n89

Ma, H., 246n94

Maccoby, M., 33n134, 71n125
MacDonald, E., 391n121
Machalba, D., 144n15
Macharzina, K., 348n32
Mackey, A., 34n142
Mackey, T. B., 30n1, 34n142, 183n7
MacMillan, I. C., 11, 32n66, 32n69, 108n8, 206, 215n89, 349n73, 414n38, 415n96, 416n118, 452n11
Madan, M., 348n28
Madhavan, R., 213n21
Madhok, A., 33n109, 247n134
Madigan, K., 111n99
Madsen, T. L., 146n101
Madupu, V., 350n110
Magretta, J., 69n52, 111n120, 213n12
Maguire, J., 108n14
Mahaffie, J. B., 145n38
Mahmood, I. P., 349n59
Mahoney, J. M., 387n21, 391n139
Mahoney, J. T., 33n133, 348n43, 387n21, 391n139
Mainkar, A., 311n37
Makadok, R., 108n5, 146n99
Makhija, M., 34n143, 108n7
Makino, S., 347n1, 348n31, 352n174
Makri, M., 390n101, 390n105, 391n112
Malak, N., 110n72, 111n102
Malburg, C., 184n62
Mallette, P., 312n77, 390n79
Malnight, T. W., 350n81, 352n166
Malter, A. J., 183n25
Man, T. W. Y., 413n20
Mandel, M. J., 31n28, 111n99
Manev, I. M., 247n121, 353n192
Mangel, R., 388n34
Manikutty, S., 280n24
Mankins, M. C., 30n10
Manolova, T., 32n87
Manz, C. C., 31n48, 70n93
Mar, P., 392n178
Marcel, J., 350n102
March, J. G., 32n65, 68n23, 68n25, 68n29, 282n91
Marcus, A., 244n37
Marden, R., 33n125, 389n51
Maremont, M., 283n116
Marginson, D. E. W., 281n39
Marin, P. L., 214n37
Marino, L., 248n156
Markham, S. K., 415n87
Markides, C. C., 32n102, 280n5, 280n6, 282n59, 312n103, 314n143

Markoczy, L., 68n11, 69n40, 69n48, 313n125
Marks, M. L., 68n5, 281n52, 313n124
Marquez, P., 388n27
Marr, M., 282n90
Marsh, L., 415n83
Marsh, S. J., 109n57, 213n23, 416n120
Marshall, F., 184n38
Marshall, J., 390n91
Martin, J. A., 108n5, 185n112
Martin, K. J., 390n96
Martin, X., 248n158, 282n61
Massini, S., 349n75
Masters, B., 387n5, 391n123
Matheren, B. P., 414n37
Mathews, J. A., 247n131
Mathis, J., 353n183
Mathur, I., 389n57
Mathur, S., 31n42
Mathys, N. J., 73n172
Maitlis, S., 111n128
Matsusaka, J. G., 284n139
Matta, E., 390n103
Matten, D., 349n71
Mattern, F., 185n115
Matthews, J. A., 245n65
Matthyssens, P., 111n105
Mattila, A. S., 214n41
Matusik, S. F., 70n87
Mauborgne, R., 415n75
Maurer, H., 391n125
Mauri, A. J., 348n28, 348n36
May, E., 34n151
Mayer, R. C., 33n135, 73n185, 248n160
Maynard, M., 185n112
Maznevski, M. L., 69n54
Mazursky, D., 415n81
McAfee, A., 185n115
McCabe, K., 110n91
McCall, M. W., Jr., 71n134, 72n138
McCardle, K. F., 311n58
McCarthy, A., 69n48
McCarthy, M. J., 145n72
McCracken, J., 30n21
McDaniel, C., 183n34
McDougall, J. G., 71n125
McDougall, P. P., 146n98, 314n148, 413n16, 415n65
McEvily, B., 244n37, 248n156
McEvily, S. K., 108n2, 109n34, 110n91, 281n29
McGahan, A. M., 30n4, 30n6, 32n82, 32n92, 33n133, 146n93, 313n121

McGee, J. E., 71n103, 183n23, 185n98
McGrath, R. G., 72n149, 108n8, 108n19, 246n83, 349n73, 414n38, 415n96, 416n118, 452n11, 452n28, 453n47, 453n53
McGregor, J., 245n56
McGuire, J., 387n14, 390n103
McGuire, William, 372
McIntyre, T., 312n83
McKelvey, B., 109n44
McKendrick, D. G., 31n27, 213n2, 350n77
McKenna, T. M., 144n19
McKinley, W., 313n133
McKinnon, R., 154n54
McKnight, William, 404
McLaughlin, G. L., 145n28
McLaughlin, K. L., 281n42
McMahan, G. C., 183n23
McMillan, J., 414n56
McMillan, M. S., 352n167
McNamara, G., 31n32, 246n80
McNamee, M., 387n10
McNulty, T., 390n87, 390n95
McTague, J., 283n95, 285n154, 389n53
McVea, J., 30n8, 111n118, 111n123
McWilliams, A., 71n130, 108n14, 111n116, 347n7
McWilliams, G., 215n98
McWilliams, V., 70n69, 389n56
Means, G., 389n61
Mecham, R. L., III, 347n7
Meckling, W. H., 11, 32n72, 33n115, 388n31
Meiland, D., 68n5
Mellahi, K., 353n181
Menard, Y., 30n17
Mendelow, A. L., 72n149, 453n47
Menipaz, E., 312n78
Merchant, H., 283n117, 283n121
Mercken, L. F., 33n140, 393n183
Merriman, K. K., 393n188
Mester, L. J., 313n108
Metrick, A., 389n62
Meulbroek, L. K., 391n113
Meyer, C., 30n3
Meyer, K. E., 31n57, 352n152, 392n178
Mezias, J. M., 108n18, 108n24, 144n4, 183n6, 247n130
Mian, S., 391n129
Michael, S. C., 247n112, 247n115, 415n72
Michaels, E., 72n155
Michalisin, M. D., 109n41
Michel, J. G., 68n13
Mifflin, K. E., 72n154

Miles, G., 247n131
Miles, R. E., 247n131
Millan, K., 69n27
Millar, C. C. J. M., 391n146
Miller, C. C., 32n81, 68n6, 69n57, 71n121, 183n13, 280n20
Miller, D., 70n92, 72n139, 72n154, 215n74, 215n91, 283n96, 388n29
Miller, D. J., 282n63
Miller, J. S., 390n101
Miller, K. D., 34n142, 111n125, 245n48, 247n107, 452n19, 452n30, 453n45
Miller, R., 353n186
Miller, S. R., 30n15, 247n124, 349n56
Miller, T., 146n77, 347n3, 348n31, 352n161, 352n175, 353n191
Milliken, F. J., 390n80
Milton, L., 390n84
Milton-Smith, J., 73n186
Minehart, D. F., 282n85
Minniti, M., 413n13
Mintzberg, H., 11, 32n70, 32n71, 33n121, 57, 72n158
Mirabal, N., 314n154
Mirvis, P. H., 281n52, 313n124
Mische, M. A., 73n204
Mishra, A., 280n25
Mitchell, G. R., 452n2
Mitchell, R. K., 111n123, 387n6
Mitchell, W., 32n93, 144n1, 244n12, 245n61, 245n63, 246n72, 246n98, 282n61, 311n38, 311n62
Mitsuhashi, H., 184n44
Mittal, Sunil Bharti, 236
Moeller, S. B., 310n23
Moeller, T., 387n19, 391n126
Moesel, D. D., 311n52, 311n55, 312n92, 313n108, 387n19, 389n57, 391n126, 417n139
Moffett, S., 145n44, 392n168
Mohr, A. T., 315n129
Mok, V., 215n83, 347n7
Mol, M. J., 111n105
Molina-Morales, F. X., 349n48
Monczka, R. M., 31n29
Montgomery, C. A., 281n27
Montgomery, D. B., 214n65, 347n1
Montoya-Weiss, M. M., 145n29, 415n94
Moon, C.-G., 313n108
Moon, M., 453n51
Mooney, A. C., 388n32, 389n76
Moran, P., 310n1, 388n37

Morgensen, G., 390n97
Morita, Akio, 35, 36
Morris, B., 215n116
Morris, M. H., 414n61
Morrison, A. J., 350n88
Morrow, J. L., Jr., 313n131
Morse, E. A., 350n84
Mosakowski, E., 349n56
Moses, A. R., 184n68
Moskowitz, G. T., 453n50
Moss, M., 147n126
Motlana, P., 247n139
Mount, I., 185n109
Mowery, D. C., 244n36
Moy, J. W., 392n179
Moyes, Jerry, 305
Mudambi, R., 350n87
Mudd, S., 353n183
Mukherjee, T. K., 389n49
Mukherji, A., 347n7
Mulally, Alan, 6
Mulcahy, Anne, 45, 49
Mullaney, T., 31n44
Mullin, W. P., 282n73
Munce, Claudia Fan, 400
Muncir, K., 416n111
Mundie, Craig, 43
Muriel, A., 185n111
Murphy, P. E., 73n189
Murphy, S. E., 71n97
Murray, J. Y., 111n98
Murtha, T. P., 349n59
Muth, M., 391n146
Myer, K. E., 352n154
Myers, S. C., 452n13, 453n35, 453n39

Nachum, L., 247n122, 349n66, 350n101
Nair, A., 30n6, 147n116
Nalebuff, B., 147n108
Nambisan, S., 283n109
Nanchum, L., 392n149
Narasimhan, O., 71n120, 146n105
Narayanan, V. K., 145n36, 145n52, 146n93, 413n23
Narula, R., 247n118
Ndofor, H., 213n15, 213n25, 214n44, 214n47, 214n72, 215n87, 215n89, 215n93, 215n100
Neal, W. D., 183n34
Neck, H. M., 414n60, 417n155
Neilson, Cook, 172
Nelson, J., 391n138

Nerad, Jack, 201
Nerer, A., 214n63
Nerkar, A., 31n48, 144n18
Netter, J., 310n5
Neupert, K. E., 350n104
Neustadt, R., 34n151
Newell, R., 213n8
Newman, K. L., 146n88
Nguyen, H. V., 352n152
Nhoria, N., 110n69
Nibler, M., 392n151
Nicholls, S., 215n81
Nicholson, G. J., 387n13
Nickel, M. N., 284n131
Nielsen, A. P., 109n45, 312n87
Nielsen, U., 350n109
Nigh, D., 69n44, 108n14, 111n97
Nixon, R. D., 69n43, 109n39, 144n6, 146n96, 313n132, 413n6 (salto da nota 6 – verificar), 413n24, 416n107, 416n119, 416n112, 416n113, 417n143, 417n157
Nobel, R., 348n30
Noda, T., 174n105
Noe, R. A., 72n137, 110n65
Nohria, N., 313n133, 313n136
Nonnemaker, L., 213n14, 282n76
Noorderhaven, N. G., 284n158
Norburn, D., 391n146
Nord, W. R., 69n28
Norman, P. M., 147n120, 247n137
Norton, D. P., 73n198, 73n200, 73n201, 73n202, 183n4, 185n121, 215n79
Novaes, W., 281n26
Novicevic, M. M., 71n136
Numagami, T., 349n75
Nummeia, N., 415n62
Nunez-Nickel, M., 388n32, 388n44
Nutt, P. C., 33n134, 108n17, 393n182
Nyaw, M.-K., 351n132

O'Brien, J. P., 414n25
O'Byrne, S. F., 453n41
Ocasio, W., 214n44
O'Connell, V., 350n116
O'Connor, G. C., 415n82
O'Connor, J. P., Jr., 393n190
Odland, Stephen, 276
O'Donnell, E., 183n24
O'Donnell, S., 390n106
Ogden, D., 54, 70n88, 71n124
O'Grady, M. A., 146n89
O'Leary, Michael, 159
Olexa, R., 185n108
Olgun, H., 145n53
Olhager, J., 246n74
Olian, J. D., 68n11, 69n47
Oliver, C., 32n93, 246n99
Oliver, R., 392n181
Olsen, D. M., 348n44
Olsen, E. M., 183n11
O'Neill, H. M., 184n45, 184n49, 184n51, 184n53, 283n115, 350n102, 392n163, 392n171, 415n95
O'Neill, J. W., 214n41
O'Neill, R. M., 72n155
Ong, J., 245n55
Ooghe, H., 389n74
Oosterveld, J. P., 387n18
Ordonez, J., 145n46
O'Reilly, C. A., III, 184n41
Osborne, J. D., 147n117
Osheroff, M., 389n50
Ostrosky, J. A., 73n187
O'Sullivan, A., 416n111
Overdorf, M., 416n101, 416n108
Oviatt, B. M., 415n65
Oxley, J. E., 244n36, 247n126
Oxman, J. A., 71n121
Ozment, J., 184n63, 184n69

Paez, B. L., 283n122
Pagano, M. S., 313n108
Paik, Y., 353n177
Paladeau, Lou, 202
Palepu, K. G., 31n29, 283n102, 283n103
Palia, K. A., 110n70
Palich, L. E., 280n20
Palmer, D., 303n104
Palmer, T. B., 146n94, 280n3, 348n46
Palmeri, C., 391n132
Palmisano, Samuel J., 47, 221
Pan, Y., 146n97, 348n42, 351n136
Panchal, S., 145n56
Pant, L. W., 73n188
Pantzalis, C., 280n11, 349n50, 349n51
Parent, J. D., 70n95
Park, C., 281n53, 284n129, 311n63
Park, D., 34n147, 68n13, 146n90, 247n138, 314n151, 354n199
Park, H. Y., 111n100
Park, K. S., 392n175
Park, N., 183n6

Park, S., 30n27, 213n2, 353n197
Park, S. H., 144n27, 146n90, 214n47, 245n54
Parker, G., 350n78
Parkhe, A., 247n124, 349n56
Parnell, J. A., 184n61, 185n128
Patrick, A. O., 390n99
Patton, K. M., 144n19
Pauly, P., 347n9
Pauwels, P., 111n105
Pavelin, S., 246n90
Pearce, C. L., 68n11, 69n47
Pearce, J. A., II, 70n61, 378
Pearson, J. M., 215n80
Peck, S. I., 390n105
Pedersen, T., 353n176, 389n77
Pegels, C., 69n44, 111n97
Pehrsson, A., 281n49
Pekar, P., 247n7
Pelled, L. H., 69n54, 145n49
Pelpu, K., 280n23
Peng, M. W., 146n77, 147n114, 281n46, 347n3, 347n12, 347n18, 349n75, 350n105, 351n124, 351n130, 388n35, 388n37, 392n178
Penner-Hahn, J., 348n34, 352n169, 352n172
Pennings, J. M., 32n102, 416n131
Penrose, E. T., 16, 32n98
Peppers, D., 183n27
Pereira, J., 184n38
Perez, A. M., 219, 244n19, 273
Perlmutter, H., 245n39, 416n123
Perotti, E., 392n180
Perrone, V., 248n156
Perry, M. L., 145n29
Perry-Smith, J. E., 413n21
Peteraf, M. A., 109n31, 147n115, 281n27
Peters, T. J., 68n5
Petersen, B., 351n121
Petersen, K. J., 348n28
Petitt, S. P., 389n47
Petkova, A. P., 33n136, 393n184
Petra, S. T., 390n86
Petrick, J. A., 73n185
Pettigrew, A., 71n98, 349n75, 387n13
Pettit, R. R., 30n27, 213n2, 311n47, 311n48, 388n42
Pettway, R. H., 281n26
Pfeffer, J., 11, 32n67, 32n68, 71n130, 184n41, 1185n122, 313n111
Phan, P. H., 314n147, 388n39, 391n148, 392n162
Phatak, A. V., 348n28, 348n36
Phene, A., 415n83
Phillips, R., 33n126, 33n128
Pick, K., 284n148
Picken, J. C., 110n66, 111n111
Pigman, G. A., 353n181
Pil, F. K., 214n73
Pinch, S., 214n45
Pinches, G. E., 413n23
Pindado, J., 389n56, 389n58
Pindyck, R. S., 452n25
Pine, B. J., II, 146n100
Ping, E. J., 347n8
Pisano, G. P., 30n3, 184n44, 348n47, 452n2
Pisano, V., 311n45, 351n141, 351n142, 391n134
Pistre, N., 282n62, 310n19, 311n35
Pitcher, P., 285n156
Pitts, C. G. C., 453n48
Polk, C., 283n97
Pollock, T. G., 69n37, 69n38, 108n23, 391n119
Polo, Y., 244n27
Pompitakpan, C., 353n178
Porac, J. F., 69n37, 214n45
Porras, J. I., 73n171
Porrini, P., 313n121, 351n140
Porter, A. L., 146n73
Porter, M. E., 13-14, 30n4, 30n6, 32n88, 32n90, 32n91, 147n111, 147n119, 154, 161, 109n33, 110n92, 111n93 (passar a nota 94 para a próxima linha), 111n96, 111n130, 112n134, 154, 161, 168, 183n8, 183n11, 183n17, 183n18, 183n19, 183n20n 183n21, 183n22, 183n30, 184n58, 184n74, 184n74, 184n79, 185n83, 185n84, 185n85, 185n86, 185n88, 185n126, 185n127, 213n22, 213n24, 245n53, 245n65, 280n1, 281n46, 283n93, 330, 331-332, 349n48, 350n96, 350n97, 350n98
Portlono, A., 391n144
Pose, H. E., 284n142
Post, J. E., 30n8, 69n28, 71n123
Postrel, S., 110n59
Pouder, R. W., 184n51, 245n65
Powell, G. N., 70n95
Powell, T. C., 30n4, 111n110
Power, D. A., 391n115
Power, J. D., 201
Power, S., 30n20, 30n22
Prahalad, C. K., 34n145, 34n146, 71n105, 110n72, 111n102, 387n18
Prasad, S., 348n28
Prescott, J. E., 108n2, 416n129
Preston, L. E., 33n8, 33n130, 33n131, 69n28, 71n123

Price, G. K., 246n91, 246n92
Priem, R. L., 32n104, 71n103, 144n8, 144n21, 393n190
Prince, E. T., 111n115
Prior, V., 144n14
Probst, G., 31n50, 73n203
Prusak, L., 72n140, 415n86
Pryor, S. G., IV, 389n55
Pucik, V., 73n205, 414n44
Puck, J. F., 351n129
Pugh, T., 215n107
Puranam, P., 70n81, 282n77, 311n58, 312n70
Putsis, W. P., Jr., 213n26
Puumalainen, K., 415n62

Quah, P., 310n7, 351n145
Quelch, J. A., 347n12
Quinlan, J. P., 347n14
Quinn, J. B., 109n49, 110n59
Quinn, J. F., 73n185
Quintens, L., 111n105

Ragatz, G. L., 348n28
Ragozzino, R., 246n83, 352n152
Raisch, S., 31n50
Rajagopalan, N., 68n18, 70n75, 313n106, 313n107, 313n125
Rajan, M. V., 184n70, 347n11
Rajan, P., 240n93
Rajan, R., 283n97, 389n49
Rajand, M., 314n140
Rajiv, S., 71n120, 146n105
Ramaprasad, A., 147n117
Ramaswamy, K., 68n13, 213n20, 311n37, 348n30, 349n68, 349n82, 349n68, 349n88, 349n92, 353n185, 387n20, 389n47, 390n107, 391n147, 392n153, 392n154, 392n160, 392n163, 392n167, 392n177
Ramirez, G. G., 70n81
Ramirez, R., 109n37
Ramirez-Aleson, M., 352n162
Ranft, A. L., 109n57, 247n118
Rangan, S., 144n4, 246n100, 351n120, 452n30
Rao, S. S., 415n92
Rappaport, A., 284n143, 310n22, 310n25, 312n90, 312n94
Rasheed, A. M. A., 68n18, 144n20
Rau, D., 34n142, 111n125
Raubitschek, R. S., 109n58
Ravenscraft, D. J., 283n121, 314n158
Ray, S., 72n146

Raymond, M. A., 350n108
Raynor, M. E., 108n13, 311n66
Ready, D. A., 68n1
Rebeiz, K., 389n65, 389n73
Rectin, M., 246n89
Redding, G., 388n28
Reddy, C. S., 111n100
Reddy, S., 246n104
Rediker, K. J., 387n21
Reeb, D. M., 347n11, 353n177, 388n26, 389n59
Reed, A., III, 183n33
Reed, R., 110n87
Reger, R. K., 147n114
Rehbein, K., 145n61
Reibstein, D. J., 213n11
Reilly, M., 215n117
Reinert, U., 353n182
Reingen, P. H., 244n4, 248n154
Reinhardt, A., 146n102, 246n95
Reuer, J. J., 34n164, 101n104, 244n4, 246n83, 248n142, 248n152, 310n18, 310n20, 313n121, 351n121, 351n137, 351n138, 351n140, 352n152, 417n136, 430, 431, 452n14, 452n15, 452n20, 452n30, 452n32, 453n42, 453n45
Rexroad, W. M., 73n187
Reynolds, P. D., 413n17
Ricart, J. E., 144n6, 46n96, 347n9
Rice, M. P., 415n79, 415n82, 415n87
Rifkin, G., 109n55
Rigby, D. K., 31n39, 348n32, 351n119
Riis, J. O., 416n97
Rindova, V. P., 33n136, 69n38, 109n31, 183n6, 184n46, 393n184
Ring, P. S., 351n134
Ritholz, B., 145n42
Rivkin, J. W., 183n1, 283n102
Robbins, G. E., 392n166
Roberson, Q. M., 416n119
Roberts, D., 145n51
Roberts, H. V., 201
Roberts, J., 70n68, 390n87, 390n95
Roberts, P. W., 169n54, 214n63, 215n94
Robertson, C. J., 73n186
Robertson, J., 283n106
Robertson, R., 348n37
Robin, A., 390n91
Robins, J. A., 31n54, 282n60, 351n132
Robinson, K. C., 146n98
Robinson, R. B., Jr., 378
Robinson, W. T., 214n55, 415n77

Roche, P. J., 310n6
Rock, E. B., 284n149
Rocks, D., 348n39
Rodriguez, M. C., 284n131
Roengpitya, R., 388n31
Rogers, M., 183n27
Rogoff, E. G., 246n96
Roijakkers, N., 416n127
Roll, R., 313n110
Roller, L. H., 213n20
Rondeau, P. J., 185n117
Rondinelli, D., 353n187
Rose, A. K., 353n190
Rose, E. L., 348n35
Rose, Rob, 409
Rosen, B., 353n187, 416n106
Rosen, R., 284n146
Rosenfield, A., 452n1
Rosenkopf, L., 31n48, 144n18
Rosenzweig, P. M., 245n41, 311n43, 349n55, 352n153
Ross, D., 283n119
Ross, J., 244n6
Rossetti, C., 111n106, 247n136
Roth, A. E., 184n82
Roth, K., 108n7, 390n106
Rothaermel, F. T., 146n74, 184n40, 245n45, 246n76, 282n78, 282n79, 349n63, 416n122, 416n126, 417n137
Rouse, T., 353n182
Rowe, W. G., 68n17, 74n206, 285n156
Rowley, I., 350n113, 352n157
Roy, J.-P., 246n99
Royer, I., 416n104
Rubenstein, E. S., 145n50
Rudberg, M., 246n74
Ruefli, T. W., 108n1
Rufin, C., 349n59
Rugman, A., 349n49, 349n62
Rumelt, R. P., 30n5, 251, 280n14, 282n58, 284n130
Rust, K. G., 313n133
Ryan, H. E., Jr., 388n34
Ryman, J. A., 30n2, 34n143

Saarenketo, S., 415n62
Sachs, S., 30n8, 71n123
Sadtler, D., 313n128
Saigol, L., 310n12
Saini, A., 247n106
Sakakibara, M., 246n85

Sakurai, Masamitsu, 221
Salancik, G. R.,11, 32n67, 32n68
Salk, J. E., 146n83, 247n139, 351n128
Salmador, M. P., 146n77, 353n191
Salomon, R. M., 33n137
Salter, A., 417n149
Salter, C., 213n30
Sambharya, R., 69n42
Samhi, R., 246n100
Sammer, J., 248n143
Sampson, R. C., 247n126, 248n144
Sams, S., 283n104
Sanchez, R., 185n106, 215n113, 452n7
Sandberg, J., 72n138
Sanders, L., 283n122
Sanders, W. G., 390n103, 390n109, 391n140, 392n151, 392n157
Sandvig, J. C., 284n134
Sangiorgi, F., 69n35
Santos, J., 31n53, 350n84, 415n79
Saparito, P. A., 388n37, 414n37
Sapienza, H. J., 33n130, 145n30, 108n6, 350n103, 416n130
Sarasvathy, S. D., 281n38, 413n18, 414n34
Sarin, A., 283n100
Sarkar, M. B., 414n41
Sarkar, S., 111n100
Sashittal, H. C., 416n106
Sasseen, J., 387n2, 391n122
Sauter-Sachs, S., 69n28
Savill, B., 311n45
Savsar, M., 185n113
Saxton, T., 312n86
Sayles, L. R., 414n28
Schaan, J.-L., 244n5
Schaper-Rinkel, W., 351n139
Schatt, A., 314n157
Schendel, D. E., 12, 30n5, 31n58, 31n75, 31n76, 31n89
Scherer, R. M., 283n119, 283n121
Schilling, A. E. M. A., 310n18
Schlingemann, F. P., 310n23
Schmidt, J. A., 310n8, 312n76
Schmitz, P., 415n80
Schneider, A., 313n138
Schneider, M., 70n80
Schoch, H., 414n49
Schoemaker, P. J. H., 32n106, 109n29, 110n90
Schoenberg, R., 282n89
Schoenecker, T., 69n48
Scholes, M., 283n126, 43n44

Schonwalder, S., 185n115
Schoorman, F. D., 33n135, 70n72, 73n185, 248n160, 387n7, 387n20
Schrage, M., 155n27
Schroeder, R. G., 109n47, 281n47
Schuler, D. A., 145n61
Schulze, W. S., 311n37
Schumpeter, J., 197, 214n56, 215n87, 215n114, 396, 397, 413n8, 414n26
Schwartz, E. S., 452n26, 453n51
Schwartz, M. S., 387n8
Schwartz, R. G., 389n54
Schweizer, L., 312n78
Schwenk, C. R., 68n19, 68n24
Scifres, E. L., 314n158
Scott, W. R., 246n99
Sebenius, J. K., 108n21, 247n128
Segrestin, B., 30n15
Selden, L., 310n19
Selva, M., 214n46
Semadeni, M., 312n72, 313n117
Sen, B., 414n41
Sen, N., 70n69, 389n56
Sen, P. K., 245n46
Sender, H., 391n134, 391n135
Sengul, M., 184n48
Sengupta, P., 389n62
Sengupta, S., 145n29, 245n46
Seph, T. W., 415n89
Sergesketter, B. F., 201
Servaes, H., 283n97, 389n49
Seth, A., 30n27, 32n84, 213n2, 311n47, 311n48, 314n147, 387n21, 388n42
Sever, J. M., 33n136, 393n184
Seward, J. K., 284n150, 389n73
Sexton, D. L., 73n172, 144n17, 146n82, 183n5, 244n16, 246n83, 413n4, 416n120, 417n144, 417n157
Seybold, P. B., 183n29
Shaffer, B., 353n194
Shah, B., 31n42
Shahrur, H., 310n5
Shalley, C. E., 413n21
Shamsie, J., 32n84, 32n85, 146n98, 108n6, 109n54, 215n94
Shan, W., 348n25
Shane, S. A., 247n109, 413n10, 414n27
Shanely, M., 147n115
Shank, M., 214n68
Shankar, V., 109n38, 246n77
Shanley, M., 72n163

Shao, A. T., 350n108
Shapira, Z., 68n23, 68n25, 69n29, 69n31, 69n34
Shapiro, A. C., 34n141, 393n185
Shapiro, D. M., 392n151
Sharma, A., 389n49
Sharma, P., 414n28
Sharma, S., 33n117, 33n132, 392n181, 392n182
Sharp, D. J., 73n188
Sharpe, W. F., 111n126
Shaver, J. M., 312n84, 348n34, 352n169, 352n172
Shaw, J. D., 312n82
Shelton, M., 312n82
Shen, W., 70n85, 284n147, 390n91
Shenkar, O., 348n41, 349n55, 351n130, 351n132, 352n152
Shepard, S. B., 70n89, 109n43
Shepherd, D. A., 413n2
Shepherd, W. G., 282n72
Sheth, J., 349n66
Shi, C. S., 281n42
Shields, M. D., 73n196
Shimizu, K., 30n3, 71n127, 109n59, 183n12, 311n45, 312n81, 314n155, 351n141, 414nn47, 414n59, 417n147
Shimoni, B., 353n190
Shirke, P., 69n27
Shirouzu, N., 353n195
Shleifer, A., 283n120
Shook, C. L., 71n103
Short, J. C., 146n94
Shortell, S. M., 246n75
Shrader, R. C., 351n129
Shrivastava, P., 111n124
Shuen, A., 30n3, 184n44, 348n47
Siegel, D. S., 111n116, 314n147
Silverman, B. S., 244n36, 281n27
Simmering, M. J., 72n137, 110n65
Simmers, C. A., 390n94
Simon, D., 213n10, 213n19, 213n22, 213n24, 213n31, 214n36
Simon, H., 32n65
Simonin, B. L., 31n47, 248n144, 351n128
Simons, R., 73n196
Simons, T., 69n54
Sims, H. P., 68n11, 69n47
Sims, K. T., 185n114
Sims, R. R., 72n153
Simsek, Z., 69n55, 246n79
Sinatra, A., 313n109
Sine, W. D., 184n44
Singer, J., 310n9, 310n28

Singh, H., 244n4, 245n39, 245n40, 246n104, 248n142, 248n143, 248n159, 283n105, 311n65, 312n70, 312n77, 313n109, 313n128, 314n143, 351n139, 416n123, 417n136, 452n34
Singh, J., 280n21
Singh, J. V., 31n48, 71n119
Singh, M., 389n57
Sinha, I., 281n28
Sinha, J., 31n29, 283n102
Sinha, R., 391n127, 391n130, 391n136
Sinofsky, Steven, 43
Sirmon, D. G., 30n1, 30n7, 71n99, 144n1, 413n5, 417n142, 417n146
Sirower, M. L., 310n10, 310n22, 310n25, 312n94
Skaggs, B. C., 73n182
Skill, M. S., 70n74, 284n144
Slater, S. F., 68n10, 68n13, 183n11
Sleuwaegen, L., 30n24, 213n1, 214n49
Slevin, D. P., 184n47
Slocum, J. W., Jr., 30n2, 108n1
Slovic, P., 68n20, 68n21
Smart, D. L., 183n23, 312n99
Smirchich, L., 32n79
Smit, H. T. J., 310n18
Smith, A., 388n41
Smith, C. G., 284n134
Smith, G., 144n11, 348n27, 352n147, 353n186
Smith, H. J., 108n15
Smith, K. A., 68n11, 69n47, 69n54
Smith, K. G., 31n47, 68n11, 68n16, 69n47, 108n19, 144n3, 144n5, 213n4, 213n5, 213n10, 213n13, 213n15, 213n19, 213n22, 213n23, 213n52, 213n31, 214n36, 214n44, 214n47, 214n50, 214n52, 214n69, 214n72, 215n75, 215n75, 215n75, 215n75, 215n75, 215n75, 215n97, 215n100, 413n20, 415n84
Smith, M. P., 389n62
Smith, R. D., 109n41, 284n142
Smith, W., 311n51
Snell, S. A., 71n128
Snow, C. C., 34n160, 110n70, 183n5, 247n131
Snyder, W. M., 416n114
Sobek, D. K., II, 352n157
Sohi, R. S., 110n67
Solvell, O., 352n170
Somaya, D., 414n31
Song, J., 144n1, 183n6, 281n28, 348n25, 349n55, 352n160
Song, K. P., 30n27, 213n2, 311n47, 311n48, 388n42

Song, M., 30n6, 144n7, 144n9, 145n29, 215n110, 281n28, 310n16, 415n94
Song, Y., 69n44, 111n97
Songini, M. L., 185n118
Sonnenfeld, J., 69n57
Sorcher, M., 70n81
Sorenson, O., 415n80
Soule, E., 73n186
Soupata, L., 110n86
Spanos, Y. E., 146n93
Spar, D., 452n2
Sparks, J., 248n140
Spencer, J. W., 282n65, 349n59, 413n23
Spulber, D. F., 184n60
Srinivasan, M., 283n117, 283n121
Srivastava, A., 214n63
Stadter, G., 110n70
Stafford, E. R., 244n4, 248n154
Stalk, G., Jr., 282n69
Stalker, G. M., 184n43
Stallen, P. J., 69n34
Stander, H. J., III, 452n17
Stanley, A., 71n96
Starbuck, W. H., 108n18
Starks, L. T., 391n114
Steele, R., 30n10
Steenkamp, J.-B. E. M., 282n77
Steensma, H. K., 73n175, 108n11, 111n117, 247n122, 248n156, 310n18, 349n63
Steers, R. M., 347n5
Stegemoller, M., 310n5
Stein, T., 347n18
Stein, W., 185n115
Steindel, C., 284n127
Steinhorst, K., 147n127
Stephens, L., 389n54
Stern, S., 349n48
Stevens, J. M., 73n175, 111n117
Stevens, K. T., 390n104
Stevenson, H. H., 413n9
Stevenson, R. W., 146n88
Stevenson, S., 214n34
Stevenson, W. B., 353n192
Stewart, G. B., 453n41
Stewart, T. A., 73n181, 111n95
Stewart, W. H., 71n129
Stickel, E., 280n21
Stiles, P., 70n68, 387n7, 390n87, 390n95
Stimpert, J. L., 32n93
Stinglhamber, F., 33n140, 393n183
Stipp, D., 145n43

St. John, C. H., 32n80, 34n141, 34n143, 72n165, 110n77, 185n125, 244n13, 244n14, 245n65, 246n82, 281n41, 281n51, 393n185
Stoll, J. D., 30n22
Stone, B., 214n60, 214n62
Stopford, J., 183n2
Storey, D., 415n72
Strebel, P. J., 453n43
Street, V. L., 34n160, 183n5
Stubbart, C. I., 32n79, 147n117
Stulz, R. M., 310n23
Subramani, M. R., 108n21, 245n39, 282n85
Subramaniam, M., 31n54, 146n83, 353n176, 415n93
Subramanian, V., 33n113, 109n39
Suh, T., 350n104
Sullivan, M., 247n111
Sullivan, S. E., 71n97
Sundaramurthy, C., 387n21, 391n139, 391n145
Sutcliffe, K. M., 145n34, 215n82
Sutton, R. I., 415n83
Suzukamo, L. B., 312n75
Svobodina, L., 146n91, 351n124, 392n180
Swaminathan, A., 214n66, 311n38, 311n62
Swan, K. S., 245n58, 349n65

Tabrizi, B., 246n104
Taggart, J., 349n66
Tahir, R., 348n38
Takeishi, A., 111n100, 111n104, 352n156, 416n132
Talaulicar, T., 215n109
Talbott, Robert, 166
Tallman, S. B., 31n54, 214n45, 247n134, 347n8, 348n44, 348n47, 351n132, 353n189
Talmud, I., 282n80
Tan, C. M., 350n109
Tan, D., 348n43
Tan, H. H., 248n160
Tan, J. J., 144n2, 147n114, 349n75
Tan, W.-L., 414n49
Tanriverdi, H., 281n45
Taplin, I. M., 68n12
Tapscott, D., 30n24, 213n1
Tata, J., 348n28
Tau, H. H., 33n134
Taylor, A., III, 348n29, 415n91
Taylor, B., 70n61
Taylor, P., 283n96
Taylor, R., 145n69
Tedeschi, B., 183n32

Teece, D. J., 30n3, 30n5, 71n122, 184n44, 348n47
Teegen, H., 350n108
Tekie, E., 185n96
Teng, B.-S., 32n101, 68n19, 68n23, 246n79, 247n133, 351n123, 416n121
Teng, M.-J., 280n5
Tetrick, L. E., 110n85
Thomas, A. S., 68n13
Thomas, D. E., 353n193
Thomas, H., 32n84, 108n23, 214n45, 284n129, 415n72
Thomas, L. G., III, 283n99
Thomas, P., 145n67
Thomas, R. E., 244n12, 246n98
Thomas, R. J., 32n97, 285n156
Thomas, R. S., 390n96
Thomas, S., 311n36
Thompson, J. D., 32n68
Thompson, K. R., 73n172
Thompson, T. A., 388n23
Thomsen, S., 389n77
Thornton, E., 310n15, 310n29, 312n95, 314n144, 391n132, 392n165
Tichy, N., 109n25
Tierney, T., 110n69
Tihanyi, L., 69n53, 70n61, 146n79, 183n15, 184n44, 244n30, 247n122, 280n22, 281n26, 313n128, 314n142, 347n3, 347n4, 348n31, 352n159, 352n161, 352n171, 352n175, 388n39, 389n69, 392n180, 414n50, 414n51
Timmons, H., 73n177, 247n120
Tippins, M. J., 110n67
Todd, R., 391n119
Toffler, D. G., 73n184
Tomie, A., 69n51
Toms, S., 314n156, 390n93
Tong, C. H., 68n3
Tong, J. J., 452n20
Tong, L.-I., 56n3
Tong, T. W., 147n114, 246n83, 310n18, 351n121, 431, 452n20, 453n42
Tongli, L., 347n8
Tooker, R. N., 185n116
Tosi, H. L., 284n145, 387n3, 388n32, 391n110, 391n116
Treece, J. B., 30n16
Trent, R. J., 31n29
Trevino, L. K., 34n165, 73n184, 73n188
Treynor, J. L., 111n126
Triantis, A., 453n52
Trigeorgis, L., 34n163, 423, 452n16

Tripsas, M., 109n27
Truett, R., 214n54
Tsai, W., 245n68, 414n45
Tsai, Y.-T., 311n52
Tsakalotos, E., 313n116
Tsang, E. W. K., 31n46, 32n74, 314n153, 414n58
Tschirky, H., 311n50
Tse, D. K., 351n136
Tsui, A. S., 246n79, 247n133, 351n133
Tucci, L., 69n42
Tufano, P., 452n11, 453n54
Turban, D. B., 33n138, 110n61
Turk, T. A., 284n148, 388n40
Turner, A., 247n135
Turner, J., 69n57
Tuschke, A., 392n151, 392n57
Tushman, M. L., 110n91, 311n51
Tversky, A., 68n20, 68n21
Tyler, B. B., 34n147, 68n13, 146n90, 247n138

Ucbasaran, D., 108n14, 350n112
Uhlenbruck, K., 31n57, 244n30, 312n72, 313n117, 348n43, 392n178, 392n180, 414n59
Ullman, M. E., III, 56, 57, 72n157
Ulrich, D., 71n129, 73n199
Underwood, R., 415n63
Ungson, G. R., 245n54
Uros˜evic´, B., 69n35
Useem, M., 111n107, 388n34, 389n64

Vaaler, P. M., 31n32, 246n80, 353n182
Vafeas, N., 70n62, 73n170, 111n131
Vaidyanath, D., 33n108, 109n52, 244n3, 245n38, 247n134, 248n141, 311n45, 351n141, 391n134, 417n134
Valikangas, L., 31n52, 144n10
Van, A., 351n130, 415n66
Van, Y., 350n85, 351n134
van de Gucht, L. M., 215n92
Van der Heijden, K., 452n9
Van Fleet, D. D., 71n130, 108n14, 347n7
van Knippenberg, D., 248n144
Van Ness, B., 280n6, 310n25, 389n48
Van Oijen, A., 281n56
van Oyen, M. P., 185n114
van Putten, A. B., 349n73
Van Wassenhove, L. N., 246n100
van Wincoop, E., 353n190
Varadarajan, P. R., 213n7, 214n38
Vasella, Daniel, 44

Vassolo, R. S., 72n149
Veiga, J. F., 69n55
Veliyath, R., 284n145, 387n20, 389n47, 390n107
Vella, M., 247n108
Velocci, A. L., Jr., 247n119
Venkat, P. R., 146n81, 146n87, 347n1
Venkataraman, S., 108n8, 281n38, 413n10
Venkatraman, N., 31n54, 108n21, 146n83, , 245n39, 281n45, 282n85, 353n176, 415n93
Verbeke, A., 145n28, 349n49
Verdin, P., 33n113, 109n39
Vermeulen, F., 146n78, 146n85, 312n71, 312n72
Vernon, R., 347n23, 353n194
Vestring, T., 353n182
Vicente-Lorente, J. D., 144n2
Victor, B., 416n120
Viguerie, S. P., 284n134, 452n3
Villalonga, B., 313n121
Vincenzo, P., 391n134
Viscio, A. J., 312n80
Vishny, R. W., 283n120
Viswanathan, S., 311n58
Vitaro, R. P., 312n80
Vlek, C., 69n34
Voelpel, S. C., 30n27, 185n96, 213n2
Von Krogh, G., 185n96, 313n109
Vranica, S., 215n98

Waddock, S. A., 33n124, 33n130, 34n142
Wade, J. B., 69n37, 391n119
Wageman, R., 185n123
Wagoner, Rick, 6
Waldman, D. A., 70n81, 348n41
Walker, B., 350n111
Walker, B. A., 244n4, 248n154
Walker, G., 146n101, 391n146
Walker, L., 183n31
Wallace, W., 73n183
Waller, M. J., 68n18
Wally, S., 69n50, 69n53, 213n23
Walsh, J. P., 30n8, 33n123, 33n129, 69n28, 284n150, 313n123, 387n19, 389n73, 371n131, 391n142
Walters, B. A., 144n8, 144n21
Walton, Sam, 35, 36
Wan, W. P., 32n60, 74n207, 144n3, 146n77, 214n69, 245n69, 280n3, 283n105, 313n128, 314n142, 347n2, 348n44, 348n46, 350n95, 353n189, 392n163
Wang, C.-F., 352n163
Wang, D. Y. L., 281n46, 350n105

Wang, F., 214n58
Wang, L., 353n187
Ward, A. C., 69n57, 352n157
Warner, F., 31n47
Washburn, N., 348n41
Wathne, K. H., 388n38
Watkins, M. D., 313n122
Watson, M., 34n162
Watson, Thomas J., Jr., 5
Watson, W., 71n129
Weaver, G. R., 34n165, 73n184, 73n188
Weaver, K. M., 248n156
Webb, J. W., 111n94, 413n18, 414n39, 414n51
Webber, A. M., 109n46, 109n50, 109n51
Weber, J., 185n90, 185n91, 310n14, 389n50, 391n133
Weber, K., 145n34
Weber, R. A., 312n80, 313n112
Weber, Y., 312n78
Webster, F. E., Jr., 183n25
Webster, S. A., 30n18
Weddigen, R.-M., 310n19, 312n93
Weick, K. E., 215n82
Weinreb, G., 245n49
Weinstein, D., 348n35
Weintraub, A., 184n42, 310n24, 311n54, 311n57, 313n134
Weiss, J., 416n133
Welbourne, T. M., 72n141, 388n34
Welch, D. E., 215n84, 351n121
Welch, Jack, 35, 47, 90, 189, 218
Welch, L. S., 351n121
Wenger, E. C., 416n114
Werder, A. V., 215n109
Werle, M. J., 111n108
Werner, S., 147n110, 350n104, 387n3, 391n110, 391n116
Wernerfelt, B., 32n100, 215n99, 284n139
Werther, W. B., 69n50
West, G. P., III, 108n20, 111n114
Westbrook, R. A., 30n10
Westhead, P., 108n14, 350n112
Westphal, J. D., 45, 70n63, 70n64, 70n67, 70n68, 70n73, 284n150, 387n1, 387n13, 390n82, 390n84, 390n92, 390n104, 390n105, 391n140
Wexner, Leslie, 98
White, E., 390n99
White, J. B., 392n174
White, M. A., 144n21, 313n128
White, R. E., 280n22, 281n26, 314n142, 347n4, 352n159
Whitford, D., 109n28
Whitman, Meg, 49
Whitney, J. O., 72n154
Whittington, R., 68n18, 283n101
Wicks, A. C., 33n116, 33n126, 33n128, 33n130Wie, C., 144n23
Wierba, E. E., 72n155
Wiersema, M. F., 68n16, 69n53, 247n106, 282n60, 285n155, 314n145, 348n45
Wiggins, R. A., III, 388n34
Wiggins, R. T., 108n1
Wiklund, J., 72n147
Wildstrom, S., 215n101, 215n102
Willard, G. E., 284n152
Williams, C., 144n1
Williams, J. R., 215n104, 244n26, 283n122
Williams, K., 349n71
Williams, M., 184n81, 215n96
Williams, R., 215n103, 215n105, 215n106, 215n111, 215n112, 215n115
Williamson, I. O., 33n136, 393n184
Williamson, O. E., 11, 32n73, 72n164, 184n55, 281n34, 281n37, 282n81, 283n94, 312n91, 388n36
Williamson, P. J., 31n53, 280n6, 282n59, 350n84, 415n79
Willis, Randall L., 225
Wilson, D. T., 283n87
Wilson, G., 213n8
Wilson, H. J., 415n86
Wind, J., 214n73
Winfrey, Oprah, 165
Wingfield, N., 146n75
Winklhofer, H., 350n111
Winter, S., 32n105
Wise, R., 146n100, 183n34
Wiseman, R. M., 246n83, 280n3, 284n131, 348n46, 388n25, 390n101
Witt, P., 392n149
Wolf, B., 34n161, 416n105
Wolf, J., 109n37
Wolfe, Sid, 206
Wolff, J. A., 71n126
Wolfson, M., 283n126
Wolfson, P. J., 71n96
Wolpert, J. D., 31n51
Wonacott, P., 144n12, 146n81, 146n87, 310n28, 347n1
Woo, C. Y., 213n33, 214n39, 282n73, 284n152
Wood, D. J., 111n123, 387n6
Woodward, J., 184n43

Wooldridge, B., 109n38
Woyke, E., 215n76
Wright, M., 68n18, 108n14, 146n77, , 244n30, 285n153, 314n147, 314n149, 314n150, 314n156, 314n159, 347n3, 347n12, 350n112, 392n173, 392n180
Wright, P., 32n107, 72n148, 280n6, 310n31, 353n198, 387n7, 388n42, 389n48
Wright, P. M., 33n108, 71n130, 122n14, 183n23, 347n7
Wright, R. P., 387n18
Wright, T., 310n25
Wrigley, L., 280n14
Wu, L., 247n115
Wu, P. C. S., 348n24
Wu, X., 387n14
Wujin, C., 248n153, 248n159
Wurst, J., 183n34

Xin, K., 34n140, 246n79, 247n133, 351n133, 393n183
Xin, K. R., 145n49
Xu, D., 348n41, 348n42, 349n55

Yafeh, Y., 391n148
Yago, G., 312n96
Yan, A., 71n132
Yang, B., 69n44, 111n97
Yang, X., 108n21
Yaprak, A., 350n77
Yavas, U., 350n110
Yeh, R. S., 348n31
Yeh, Y.-H., 388n29, 392n175
Yeoh, P. L., 108n7
Yeung, G., 215n83, 347n7
Yeung, V. W. S., 185n124
Yip, G. S., 108n1, 146n76, 349n75
Yip, P., 144n26
Yiu, D., 32n60, 70n84, 74n207, 280n3, 283n105, 313n128, 348n142, 348n46, 387n16, 392n163
Yli-Renko, H., 145n30, 416n130
Yoffie, D. B., 214n51
Yoshikawa, T., 311n58, 388n39, 391n148, 392n148
Youndt, M. A., 71n128
Young, A., 452n2
Young, G. J., 144n16, 213n10, 213n13, 213n19, 213n22, 213n23, 213n31, 214n36, 215n75, 246n75
Young, M., 392n178
Young, S. D., 310n7, 351n145, 389n79, 453n41

Young, T., 184n82
Young-Ybarra, C., 247n106
Yu, L., 31n52, 416n102
Yucel, E., 72n139, 109n56, 392n161, 417n148

Zacharachis, A. L., 414n60, 417n155
Zack, M. H., 145n30
Zaheer, A., 146n95, 248n156, 349n57
Zaheer, S., 146n95, 349n56, 349n57
Zahra, S. A., 70n61, 72n155, 109n45, 244n29, 312n87, 347n6, 350n102, 350n103, 352n165, 390n88, 413n7, 414n46, 414n48, 415n62, 415n64
Zajac, E. J., 45, 7n62, 70n64, 70n73, 387n13, 388n46, 390n82, 390n104, 390n105, 391n140, 392n156
Zalewski, D. A., 283n122
Zamiska, N., 145n62, 350n116
Zander, I., 352n170
Zehir, C., 416n115
Zeisel, S., 213n29, 310n6
Zeithaml, C. P., 70n61, 110n87, 184n40, 390n93
Zelleke, A. S., 70n71, 284n148
Zellmer-Bruhn, M., 350n79
Zellner, W., 73n177, 387n10
Zelner, B. A., 353n194
Zeng, M., 311n43
Zhang, H., 281n53
Zhang, Y. B., 110n72, 111n102
Zhao, H., 350n104
Zhao, J., 313n133
Zhao, N. B., 352n174
Zhao, Z., 245n63
Zhou, D., 214n47
Zhou, H., 281n32
Zhou, Z., 34n157
Zhu, G., 71n132, 415n66
Zietsma, C, 414n37
Zineldin, M., 30n15
Zingales, L., 283n97, 389n49
Zolli, R., 34n155
Zollo, M., 244n4, 248n142, 312n70, 312n77, 312n79, 351n137, 416n136
Zook, C., 348n32, 351n119
Zott, C., 31n43, 110n71, 111n96
Zuckerman, L., 452n6
Zuniga-Vicente, J. A., 144n2, 147n117
Zweig, P. L., 283n122

Índice remissivo

Nota: os números de páginas em *itálico* indicam conteúdo em quadros ou figuras.

A

Acesso a canais de distribuição, 130
Acionistas
    concentração do controle acionário e, 366-369
        desempenho da empresa e, 98-99, *101*, 101
        detentores de grandes blocos, 366-397
        governança corporativa e, 359, 361, 364, 365
        teoria da agência e, 11
Acionistas detentores de grandes blocos de ações, 366-367
Acionistas institucionais, 366-367
Ações competitivas
    definição de, 196
    impulsionadores das, 194-196
    modelo de rivalidade competitiva e, 190-191
    possibilidade de ataque e, 196-200
    reputação e, 201-202
    tipos de, 202
Ações táticas, 196, 201
Agilidade competitiva, 53
Agressividade competitiva, 56
Alemanha
    estratégias internacionais e a, 317
    governança corporativa na, 379-380
    tendência por aposentadoria na, 117
Alianças de redução da incerteza, 229, 300
Alianças de resposta competitiva, 229-300
Alianças estratégicas
    acionárias, 222
    além-fronteiras, 240
    complementares horizontais, 225-228, *226*
    de diversificação, 232-233
    definição de, 218-219
    horizontais complementares, 225-228, *226*
    inovação e, 407
    modalidades de entrada internacional, 333, 334-335, 336
    nos mercados de ciclo lento, *220*, 220-221
    nos mercados de ciclo padrão, *220*, 222
    nos mercados de ciclo rápido, *220*, 221
    sem participação, 222-224, 335
    tipos de, 222-224
    verticais complementares, 225, *226*
Alianças. *Veja* Alianças estratégicas
Alocação do mercado de capitais, 267-268
Alocação do mercado de capitais interno, 267-268
Ambiente competitivo, 115, 138-141
Ambiente econômico, 122
Ambiente externo
    administração estratégica e, 10-11
    ambiente competitivo, 115, 138-141
    ambiente geral, 114-115, 118-128
    ambiente setorial, 115, 128-137
    análise do, 116, 116-118
    competências essenciais e, 98
    composição do, 114-115
    estratégias cooperativas e, 229-232
    fatores que influenciam o, 114, *115*
    liderança estratégica e, 39, 54-58
    modelo de organização industrial e, 4, 13, 14, 17
    organização interna e, 78, *78*
    processo de administração estratégica e, 25, *25*
    reestruturação e, 303-304
Ambiente geral
    definição de, 114-115
    segmentos do, 115, *115*, 118-128
Ambiente setorial
    análise do, 128-137
    definição de, 115
Ambiente, gerenciamento estratégico do, 10, 11-13. *Veja também* Ambiente externo
Ambiguidade causal, 92
Ameaça
    definição de, 116
    de novos participantes, 129-132
    de produtos substitutos, 133-135
    estratégias no nível dos negócios, 154
Análise
    análise da cadeia de valor, 94-97, 159, 163
    análise do segmento sociocultural, 124-125
    análise interna, 78, 80-84, *82*

Lei Antitruste Moderna de 2002, 272
Regulamentação antitruste, 272-273
Veja também Análise dos concorrentes;
Análise das opções reais
Análise das opções reais
    descrição das, 421-422
    finalidade da, 425-430
    flexibilidade estratégica e, 420
    liderança estratégica e, 42, 56
    pensamento estratégico e, 24
    processo de administração estratégica e, 26
Análise dos concorrentes
    análise do ambiente competitivo, 115, 138-141
    componentes da, 140, *187*
    comportamento ético e, 139-142
    estrutura da, 191, *191*
    mercados comuns e, 192-193
    similaridade de recursos e, 193-194
Análise estratégica. *Veja* Ambiente externo; Organização interna
Análise interna
    condições que influenciam a, 80-82
    criação de valor e, 80, 82, 82, 84
    desempenho da empresa e, 78
    resultados da, 78, 78
    tomada de decisões organizacionais e, 80-81, 82
Aprendizagem
    avaliação equilibrada e, 63
    conhecimento e, 87
    empresas em rede estratégica e, 229
    organizacional, 12, 13, 19
Aproximação de Black-Scholes, *441-442*, 444
Aquisições
    avaliação do alvo e, 298
    barreiras à entrada e, 292-293
    capacidades e, 294
    custos e, 293
    definição de, 289
    diversificação e, 287, 293-294, 300-301
    eficácia das, 30l2, 301-302
    endividamento e, 298-300, 303
    foco dos executivos nas, 301
    inovação e, 293, 300-302, 407-408
    integração e, 297-298, 302
    modalidades de entrada internacional, 332, 335-336, 336
    popularidade das, 288-289
    problemas com, 294-302, *296*
    processo de administração estratégica e, 25, 27
    razões para as, 289-294, *296*
    reestruturação e, 303-307
    tamanho organizacional e, 301-302
Aquisições alavancadas, 305, 306-307, *307*
    além-fronteiras, 298, 335-336
    amigáveis, 302
    e aquisições alavancadas, 305, 306-307, *307*
    horizontais, 259, 291, 294
    relacionadas, 291, 294
    verticais, 291
Áreas de atuação
    esfera de ação e, 51
    vantagem competitiva e, 152
Arrogância, 42
Árvores de decisão, 443-449, *445*
Árvores de eventos, 444, *444*, 447-449, *448*
Ásia
    alianças de resposta competitiva na, 229-230
    aquisições além-fronteiras e, 292
    empreendedorismo internacional na, 399
    estratégias internacionais e, 317
Associações, 223, 229, 231-232
Ataques e rivalidade competitiva, 196-200
Ataques terroristas de 11 de setembro de 2001, 114, 420
Atividades de apoio, na cadeia de valor, 94, 95, *96*, 97, 152-153, 159
Atividades principais, na cadeia de valor, 94, 95, *96*, 97, 152-153, 159
Ativismo dos acionistas, 368-369
Ativos complementares e aquisições, 302
Ativos estratégicos, 89
Atuação no exterior, perigos associados à, 323-324
Atuação, princípio de, 12
Autonomia, 56
Avaliação, *117*, 118
    de Black-Scholes, 439-441, *442*, 449-450
    regras para a avaliação das opções reais, 439-451

B

Barreiras à entrada
    aquisições e, 292-293
    estratégia de diferenciação e, 166
    estratégia de liderança em custos e, 163
    modelo de organização industrial e, 13
    tipos de, 129-132
Barreiras à saída, 136-137

C

Cadeia de valor, 94-95, *95, 96*, 97,152-153, 159
Canais de distribuição, acesso aos, 130
Capacidades, 195
    aquisições e, 294
    competências essenciais como capacidades estratégicas, 89-94, *91*
    definição de, 15, 86-87
    exemplos de, 86
    gerenciamento estratégico e, 11
    insubstituíveis, 92-94
    liderança estratégica e, 37-38, *38*
    modelo fundamentado em recursos e, 16--17, 23
    modelo de organização industrial e, 14
    onerosas para imitar, 90-92
    raras, 90-91
    valorizadas, 89-90
Capital
    barreiras à entrada e, 130
    governança corporativa e, 361
    humano, 53-54, 59, 87
    retorno do capital investido, 133, 136
    social, 61, 86, 407
Características dos gerentes e liderança estratégica, 38-39, *40*
Características organizacionais
    aquisições e, 301-302
    liderança estratégica e, 39, *40*
    rivalidade competitiva e, 198-199
Centralização, 163, 260-261
CEOs. *Veja também* Remuneração dos executivos
    arrogância e, 42
    comportamento ético e, 383
    Conselhos de Administração e, 372
    diversificação do produto e, 251
    dualidade do CEO, 45-46
    equipe da alta administração e, 42, 44-46
    estilo de liderança e, 38-39
    estrutura funcional e, 158
    limitar investimento em P&D e, 99
    na governança corporativa alemã, 379
    orientação estratégica e, 59
    processo de sucessão dos executivos e, 47-49, *50*
    responsabilidades dos, 49, 58, 58, 59
    responsabilização dos, 367
    separação entre controle acionário e gerenciamento, 361
Chief executive officers. *Veja* CEOs

China
    alianças estratégicas além-fronteiras e a, 240
    conglomerados e a, 253
    empreendedorismo internacional e a, 399
    estratégias internacionais e a, 316-317, 318, 320
    globalização e a, 126-127, 128
    governança corporativa na, 381-382
    tamanho da população da, 120
Clientes
    avaliação equilibrada e, 63
    criação de valor e, 82
    desempenho da empresa e, 99
    estratégia de diferenciação e, 166-169
    estratégia de liderança em custos e, 161
    estratégias no nível de negócios, 152, 154-157
Competência global, 54
Competência. *Veja* Competências essenciais
Competências essenciais
    análise da cadeia de valor e, 94-97
    como capacidades estratégicas, 89-94, *91*
    criação de, 89-97
    criação de valor e, 82, 84
    definição de, 15, 53, 86
    em nível corporativo, 261, 265
    empresas centrais estratégicas e, 229
    estratégias no nível de negócios, 157
    modelo fundamentado em recursos e, 17--18, 23
    perda de valor das, 97
    recursos e, 86-87
    terceirização e, 97-98
    transferência de, 261
    vantagem competitiva e, 78
Competências essencial em nível corporativo, 261
Competências gerenciais, 18
Complexidade e análise interna, 81, *82*
Complexidade social, 92
Comportamento. *Veja também* Comportamento ético
    competitivo, 188, *189*
    de maximização do lucro, 13
    estratégico autônomo, 402
    estratégico induzido, 402
Comportamento competitivo
    definição de, 188
    dinâmica competitiva e, 188, *189*
Comportamento estratégico autônomo, 402
Comportamento estratégico induzido, 402
Comportamento ético

análise dos concorrentes e, 139-142
governança corporativa e, 383-384
modelo orientado aos stakeholders e, 19-23, 20
orientação estratégica e, 61-62
processo de administração estratégica, 26
Composição étnica e população, 121
Compradores. *Veja também* Clientes
poder de negociação dos, 133, 161, 163, 166
rivalidade competitiva e, 136
Concentração de empresas e modelo de organização industrial, 13
Concentração do controle acionário, 366-369
Concorrência
cenário competitivo, 5-9
concorrência interna, 269-270
empresas complementares e, 137
estratégias internacionais e, 338-344
hiperconcorrência, 7, 7-9, 187
mercado interconectado globalmente e, 3, 6-7, 8, 10
modelo das cinco forças, 14, *129*, 128-129, 137, 138, 161
modelo de organização industrial, 13, 14
mudanças na, 7
multimercado, 264
multimercados, 264
partilhada, 220
tecnologia e, 7-10
Concorrentes
numerosos ou igualmente equilibrados, 135
criação de maior valor que os, 4
definição de, 187
dinâmica competitiva e, 188, *189*
intenções dos, 139-142
Concorrentes diretos, análise dos, 138-141
Condições da demanda como determinantes, 330, *331*
Condições históricas únicas, 91
Confiança
alianças estratégicas e, 335
estratégias cooperativas e, 241-242
recursos intangíveis e, 84
Conflitos intraorganizacionais, análise interna, 80--81, *81*
Conglomerados, 253, 268
Conhecimento
capacidades e, 87
estratégias internacionais e, 337-339
inovação e, 398, 402, 405, 407, 408
recursos intangíveis e, 84, 86, 274

redução do tamanho (downsizing) e, 306
relação corporativa e, 255
tácito, 223, 274
Conluio, 231
explícito, 231
tácito, 231-232
Conselheiros externos nos Conselhos de Administração, *370*, 370-371
Conselhos de Administração
classificação dos membros, 368-369, *370*
comportamento ético e, 383
definição de, 369
eficácia dos, 371-372
equipe da alta administração e, 44, 47
evolução dos, 359
independência dos, 368-369
Consórcios, 223, 229, 231-232
Contratos de franquia, 234
Controle acionário difuso, 366
Controle, ilusão de, 41
Controles
aquisições e, 301-302
burocráticos, 301-302
diversificação e, 256-257
equilibrados, 63-64, *64*
estratégicos, 63-64, 257, 263
financeiros, 257, 263, 299
governança corporativa e, 361-365
liderança estratégica e, 63-64, *64*
mercado para o controle corporativo, 376-377
organizacionais, 257
Coreia do Sul, globalização e a, 128
Crescimento suburbano, 125
Crescimento, estratégias cooperativas de promoção do, 234-247
Criação de valor
aquisições e, 302
capacidades e, 17
diversificação e, *255*
empreendedorismo estratégico e, 408-409
estratégia de diferenciação e, *168*
estratégia de liderança em custos e, 159--160, *161*
governança corporativa e, 27
inovação e, 405, *407*
modelo fundamentado em recursosa, 4, 14-19
modelo de organização industrial e, 13-14
modelo orientado aos stakeholders da, 19-21

organização interna e, 78, 80-84
processo de administração estratégica e, 4
relação operacional e, 255, *255*
Cultura organizacional
cultura de empreendedorismo e, 56, 398, 403
definição de, 54
liderança estratégica e, 55-58, 59, 62
Custos
aquisições e, 293
custos de armazenamento, 135
custos de transação, 297-298
custos fixos, 135-136
de armazenagem, 135
de contratação gerencial, governança corporativa, 364-366
de transação, 297-298
de transferência, 130, 136
redução por estratégias cooperativas, 225-229
Custos fixos, 135-136
da vantagem nacional, 331, *331*

D

Data retroativa das opções, 358, 375-376
Declaração de missão e orientação estratégica, 59, 60, 61-62
Defensores do produto, 402
Dependência do mercado, 202
Desempenho da empresa
análise interna e, 78
desenvolvimento sustentável e, 104-105
diversificação e, 253, *253*, 273, 277, 287
equilíbrio na atuação dos stakeholders e, 103-104
estratégias no nível corporativo e, 250
governança corporativa e, 361
liderança estratégica e, 36
medidas do, *101*, 100-102, *103*
modelo orientado aos stakeholders do, 19-23, *20*
objetivos dos stakeholders e, 99-100
organização interna e, 97-105
papel do Conselho de Administração e, 45
perspectiva do mercado de capitais sobre o, 100, *101*
stakeholders e, 98, 99-100, *101*, *103*
tecnologia e, 23
Desenvolvimento do produto
aquisições e, 293-294

equipes interfuncionais de desenvolvimento do produto, 404-405
Desenvolvimento sustentável
definição de, 104
desempenho da empresa e, 104-105
orientação estratégica e, 60
Desvantagens de custo independentes da escala, 130-133
Diferenciação. *Veja também* Diferenciação do produto
estratégias cooperativas e, 225-229
rivalidade competitiva e, 136
Distorções decisórias, 39-42
Diferenciação do produto
barreiras à entrada e, 130, 292
modelo de organização industrial e, 13
Diferenciadores
liderança estratégica e, 51, 52
vantagem competitiva e, 152
Dimensões estratégicas, 138
Dinâmica competitiva
definição de, 188
mercados de ciclo lento e, 203-205, *205*
mercados de ciclo padrão e, 208-209
mercados de ciclo rápido e, 205-206, *207*
processo de administração estratégica e, 25, *25*
relacionamentos na, *189*
rivalidade competitiva e, 188, *189*, 202
Disputa pelo controle acionário
definição de, 289
disputas hostis, 290, 302, 377, *378*
no Japão, 381
tamanho organizacional e, 301
Disputas hostis pelo controle acionário, 290, 302, 377, 378
Distribuição de renda da população, 122
Distribuição geográfica da população, 121
Diversificação. *Veja também* Diversificação internacional
aquisições e, 287, 293-294, 300-301
com valor neutro, 254, *254*, 271-274
criação de valor, 254, *254*
desempenho da empresa e, 253, *253*, 273, 277, 287
diversificação nãorelacionada, 253, 255, 257, 266-271, 269
diversificação relacionada, 251, 257-266, 294, 300
do produto, 251, 363-364
estratégias cooperativas e, 232-233

estratégias no nível corporativo e, 250, 251-257
    estrutura multidivisional e, 158, 260
    governança corporativa e, 363-364, 365
    neutralidade do valor, 254, 254, 271-274
    níveis de, 251-253, 251
    para criação de valor, 254, 254
    para redução do valor, 254, 255, 274-275
    razões para a, 254, 254-257
    redução do valor, 254, 255, 274-275
Diversificação internacional
    definição de, 316
    estratégias internacionais e, 316
    inovação e, 339-341
    retornos e, 337-339, 343
Due diligence, 298, 301, 303

E

E-business, 8
Economia dos custos de transação, 11, 13, 20
Economia global
    análise interna e, 80
    aquisições além-fronteiras e, 292
    incerteza na, 288
Economias de escala
    aquisições e, 301
    barreiras à entrada e, 129-130, 292
    estratégias internacionais e, 318-320, 336
    estratégias multidomésticas e, 325
    modelo de organização industrial e, 13
Economias de esfera de ação, 265-266, 318
Economias do mundo, 288
Economias financeiras, 266-267
E-cultura, 8
Efetivação
    liderança estratégia e, 51, 52
    vantagem competitiva e, 152
Empreendedores, 397-398, 409
Empreendedorismo. *Veja também*
Empreendedorismo estratégico
    cultura organizacional e, 56, 398, 403
    definição de, 396
    flexibilidade estratégica e, 420
    inovação e, 396-397
    institucional, 408-409
    internacional, 398-401
Empreendedorismo estratégico
    aquisições e, 407-408
    criação de valor e, 408-409
    definição de, 395

  estratégias cooperativas e, 406-407
  inovação e, 395, 396-401
  inovação interna e, 401-406
  liderança estratégica e, 56
  processo de administração estratégica e, 28
Empresas
    centrais estratégicas, 228-229, 229
    complementares, 137
    de private equity, 305
Empresas multinacionais
    alianças estratégicas além-fronteiras e, 240
    análise das opções reais e, 425
    complexidade do gerenciamento, 343-349
    estratégias internacionais e, 318-320, 328-329, 339
    liderança estratégica e, 54
Endividamento
    aquisições e, 298-300, 303
    reestruturação e, 305, 307
Entrada, barreiras à. *Veja* Barreiras à entrada
Equipe da alta administração
    aquisições e, 301
    comportamento ético das, 383-384
    cultura empreendedora e, 398, 403
    definição de, 42
    diversificação do produto e, 251
    diversificação e, 274, 364
    e oportunismo gerencial, 363
    empreendedorismo estratégico e, 399
    estratégias internacionais e, 343-344
    governança corporativa e, 359-360, 383-384
    heterogeneidade nas, 42-43
    papel do CEO, 45-46
    pensamento estratégico e, 23
    processos de sucessão dos executivos e, 47-49, 50
    remuneração dos executivos e, 373
Equipes heterogêneas da alta administração, 42-43
Equipes interfuncionais de desenvolvimento de produto, 404-405
Escândalos corporativos e modelo orientado aos grupos de interesse, 19
Esfera de ação
    aquisições e, 294
    economias de, 265, 266, 318
    liderança estratégica e, 51
Especialização, 163
Estados Unidos
    governança corporativa e, 359, 379
    tamanho da população dos, 120
    tendências por aposentadoria nos, 117

Estratégia de diferenciação
    criação de valor, *164*
    da unidade dominante, 251
    estratégia integrada de liderança em custos, diferenciação, 174-179
    estratégias de foco e, 172-173
    estrutura funcional e, 169-170, *169*
    execução da, 165-166, *166*
    nãorelacionada, 253, *255*, 257, 266-271, 269, 302, 307
    relacionada, 252, 257-266, 294, 300
    riscos competitivos da, 170-171
Estratégia de diversificação relacionada e limitada
    estrutura multidivisional e, 259-261, *260*
    níveis de diversificação e, 251
Estratégia de diversificação vinculada
    e relacionada, 251-253
Estratégia de liderança em custos
    criação de valor e, 159, *161*
    estratégia integrada de liderança em custos/diferenciação, 174-179
    estratégias internacionais em nível de empresa e, 329
    estratégicas focadas e, 171-172
    estrutura funcional para, 163-164, *164*
    execução da, 159, 161-163
    riscos competitivos da, 164-165
Estratégia de unidade única, 251
Estratégia global, *324*, 326-328, *327*
Estratégia integrada de liderança em custos/diferenciação
    definição de, 173-174
    estrutura flexível e, 176-178
    execução da, 175
    riscos competitivos da, 178
Estratégia multidoméstica, 324-325, *325*
Estratégia transnacional, 328-329
Estratégia, estrutura e rivalidade da empresa, como determinantes da vantagem nacional, *331*, 332
Estratégias cooperativas de redução da concorrência, 229, 230-231
Estratégias cooperativas internacionais, 236-237
Estratégias corporativas
    ambiente externo e, 229-232
    definição de, 218
    implementação e gerenciamento das, 240-241
    importância das, 219-223
    inovação e, 406-407
    internacionais, 236-237
    objetivos estratégico das, *224*
    processo de administração estratégica e, 225, 226
    rede de, 228-229
    riscos competitivos das, 239-240, *240*
    tipos de alianças, 222-223
Estratégias de aquisição, popularidade das, 288-289
Estratégias em nível corporativo
    definição, 250
    diversificação com neutralidade de valor, 271-274
    diversificação de redução do valor, 274-275
    diversificação e estrutura multidivisional, 259-261
    diversificação nãorelacionada, 253, 255, 257, 266-271
    diversificação relacionada, 251, 257-266
    internacionais, 321-329, *324*
    níveis de diversificação e, 251-254
    processo de administração estratégica e, *25*, 25-27
    razões para a diversificação e, 254-257
Estratégias no nível de negócios
    clientes e, 152, 154-157
    criação de valor e, 82
    definição de, 151
    estratégia integrada de liderança em custos/diferenciação e, 174-179
    estratégias cooperativas e, 225
    estratégias de diferenciação e, 165-171
    estratégias de liderança em custos e, 159-164
    estratégias focadas e, 171-173
    estrutura organizacional e, 152, 157-158
    lógica econômica e, 152-158
    processo de administração estratégica e, 25-26, *25*
    rivalidade competitiva e, 188-189
    tipos de, 153-154, *154*
Estratégias focadas
    estratégia de diferenciação e, 172-173
    estratégia de liderança em custos e, 171-172
    estruturas funcionais e, 173
    riscos competitivos das, 173
    segmentos do setor e, 154
Estratégias internacionais
    consequências da competitividade estratégica, 338-344
    definição de, 316
    economias de escala e, 318-320, 336
    em nível corporativo, 321-329, *324*
    em nível de empresa, 320, 329-331

        incentivos para a adoção de, 316-320
        modalidades de entrada internaciona, 331-336
        processo de gerenciamento estratégico e, 25, 27
        razões para, seleção de e consequências das, 316
        recursos e, 320
        retorno do investimento e, 317-318
        riscos competitivos das, 341-343
        tamanho do mercado e, 316-317, 336

Estratégias políticas, 11

Estrutura
        de combinação em âmbito mundial, 328
        de liderança independente do Conselho, 45
        divisional do produto em âmbito mundial, 326, *327*
        etária, 120-121

Estrutura flexível
        aquisições e, 303
        estratégia integrada de liderança em custos/diferenciação, 176-178
        flexibilidade estratégica e, 176, 420
        rivalidade competitiva e, 199

Estrutura forma M. *Veja* Estrutura Multidivisional (forma M)

Estrutura funcional
        definição de, 158
        estratégia de diferenciação e, 169-170, *169*
        estratégia de liderança em custos e, 164-165, *164*
        estratégias de focadas e, 173

Estrutura geográfica em âmbito mundial, 325, *325*

Estrutura multidivisional (forma M)
        definição de, 158
        diversificação e, 158, 257
        forma competitiva e, 269, 269-270
        forma cooperativa e, 259-261, *260*, 266
        forma unidade de negócios estratégica e, 261-264, *262*, 266

Estrutura organizacional. *Veja* também Estruturas
        definição de, 157
        estratégia em nível de empresa e, 152, 157-158

Estruturas
        desempenho da empresa e, 22
        equipes interfuncionais de desenvolvimento e, 404-405
        estratégia em nível de empresa e, 152, 157-158

        estrutura de área geográfica em âmbito mundial, 325, *325*
        estrutura de combinação em âmbito mundial, 328
        estrutura divisional do produto em âmbito mundial, 326, 328
        estrutura funcional e, 158, 163-164, *164*, 166-167, *169*, 173
        flexibilidade estratégica e, 176, 420
        forma cooperativa, 259-261, 266
        processo de administração estratégica e, 28

Estudo da política empresarial, 10, 11

Europa
        aquisições além-fronteiras e, 292
        estratégias internacionais e, 317
        governança corporativa na, 381

Exigências de capital, 130

Exportação, 331-332

F

Falsificação, 171

Fatores de produção, como determinantes da vantagem nacional, *331*, 332

Fatores de rigidez básicos, 98

Flexibilidade estratégica
        definição de, 10, 419
        estrutura flexível e, 176, 420
        incerteza e, 419-420

Fluxos de caixa futuros incertos, 273-274

Fluxos de caixa livre, 272, 363

Folga, 303

Forma competitiva, *270*, 269-270

Forma cooperativa, 259-261, *260*

Formalização, 163

Fórmula Black-Scholes do preço da opção, 439

Fornecedores
        desempenho da empresa e, 105
        economia dos custos de transação e, 11
        poder de negociação dos, 132-133, 161--163, 166

França
        governança corporativa na, 381
        tendências por aposentadoria na, 117

Franquias, 233

Fusões
        conglomerados e, 272
        definição de, 288-289
        estratégia de diversificação combinada com, 287
        popularidade das, 288-289

processo de administração estratégica e, 25, 27

G

Gerenciamento da Qualidade Total (GQT), 81-82, 177-178
Gerenciamento do relacionamento com os clientes (CRM), 177
Gerenciamento estratégico
    administração estratégica moderna, 11-13
    análise das opções reais e, 425
    criação de valor e, 13-23
    influências sobre o conceito de,11
    surgimento do, 4, 9-12
    tecnologia e, 78
    vantagem competitiva e, 3-4
Globalização
    definição de, 5, 127
    dos mercados, 5-7, 127-128
    governança corporativa e, 380
    liderança estratégica e, 54
Governança corporativa
    comportamento ético e, 383-384
    concentração do controle acionário e, 366-369
    Conselhos de Administração e, 369-372
    controle financeiro e, 63
    custos da contratação de gerenciamento e, 364-366
    definição de, 359
    diversificação e, 363-364, *365*
    global, 381-382
    internacional, 379-383
    mecanismos de, 274, 359, 360, *360*, 364-365, 373-375, 383
    processo de administração estratégica e, 25, 27, 358
    relação de contratação gerencial e, *362*, 362-363, 364
    remuneração dos executivos e, 358, 372--376
    separação entre controle acionário e gerenciamento, 361-365
    táticas de defensivas dos executivos, 377, 378
Governança corporativa internacional
    governança corporativa global, 381-382
    na Alemanha, 379-380
    no Japão, 379-382
Governança. *Veja* Governança corporativa

Governo
    alianças estratégicas além-fronteiras e, 240
    barreiras à entrada e, 132
    riscos políticos e, 341
Grã-Bretanha
    estratégias internacionais e a, 317
    governança corporativa e a, 359, 379, 381
    liderança estratégica e a, 44
Grades binomiais, 443-449
Grupos comerciais, 223
Grupos minoritários nas equipes da alta administração, 49, 125
Guanxi (relacionamentos pessoais), 128

H

Heurística, 39-40
Hiperconcorrência, 7, 7-9, 187

I

Imitação
    definição de, 397
    estratégia de liderança em custos e, 164
Imitadores, 197-198
Incentivos
    para a diversificação, 271-274
    para as estratégias internacionais, 316-320
Incerteza, 81, *81*, 402, 419-420, 435, 450
Índia
    alianças estratégicas além-fronteiras e, 240
    conglomerados e, 253
    estratégias internacionais e, 316-317
    globalização e, 126-127, 128
    tamanho da população, 120
Inhwa (harmonia), 128
Iniciativas corporativas internas, 401, 403-404
Inovação
    aquisições e, 293, 300-302, 407-408
    definição de, 397
    dinâmica competitiva e, 209-209
    diversificação internacional e, 339-341
    empreendedorismo e, 396-397
    empreendedorismo estratégico e, 395, 396-401
    estratégias cooperativas e, 406-407
    fatores que incentivam a, *404*
    inovação interna, 401-406, *407*
    interna, 401-406, *407*
    licenciamento e, 334
    liderança estratégica e, 39, 43, 48, 56

pensamento estratégico e, 23, 25
pioneiros e, 196, 197
recursos intangíveis e, 84, 86, 86
Inovações incrementais, 401, 402
Inovações radicais, 401-402
Integração
afunilada, 264
aquisição e, 297-298, 302
de equipes interfuncionais, 405
estratégia global e, 326-328
estratégia transnacional e, 328
inovação e, 405
integração afunilada, 264
vertical, 12, 255, 264-265
Inteligência estratégica, 20
Inteligência relativa aos concorrentes, 139-142
Intenção estratégica, 23-24
Internet, 7, 8, 96, 117, 127, 221, 323
Invenção, 397
Irlanda, 398-399

J

Japão
concorrência internacional e, 316
estratégia global e o, 326
governança corporativa no, 379-382
harmonia do grupo e, 128
incerteza e o, 402
setor automobilístico no, 6, 136, 336-337
tendências por aposentadoria no, 117
Joint ventures, 223, 425-426
Joint ventures acionárias, 423-424
Junk bonds, 298

K

Keiretsu, 224, 228, 300, 380

L

Lei Celler – Kefauver, 272
Lei da Reforma Tributária de 1986, 272-273
Lei Sarbanes-Oxley, 19, 274, 365, 372
Leia tributárias, 272-273
Licenciamento, 333, 334-335
Liderança estratégica
critério gerencial e, 39-42, 40
definição de, 37
equipes da alta administração e, 42-49
estabelecimento de controles e, 63-64

estilo de liderança e, 38-39
gerenciamento de recursos e, 53-58
hierarquia das capacidades, 37-38, 38
implementação de estratégias, 39, 62
modelo orientado aos stakeholders e, 49, 50, *50*, 57, *58*, 62
níveis de aptidão e, 37-42
orientação estratégica e, 59-62
posicionamento econômico e, 51-53, 59
processo de administração estratégica e, 25, 50, *50*
processo de criação de estratégias e, 4
relacionamentos com os stakeholders e, 58-59
responsabilidades e ações, 49-65
riscos e, 26, 56, 101
Líder transformacional, 37
Liderança. *Veja* Liderança estratégica
Limiares de investimento, 428-429
Lógica econômica
estratégia no nível de negócios, 152-158
liderança estratégica e, 51, 53
Lucratividade
ambiente externo e, 113
ambiente setorial e, 115
crescimento lento do setor e, 135
limitar investimento em, 99
modelo de organização industrial e, 17

M

Mandato global, 328
Maximização de oportunidades, 242
Meios para o crescimento, 51-52, 152
Membros externos relacionados, nos Conselhos de Administração, 370-371, *370*
Membros internos, nos Conselhos de Administração, 370, 370, *370*
Mercado de controle corporativo, 376-377
Mercado de trabalho de executivos externo, 47, 48, *50*
Mercado de trabalho executivo interno, 47, *50*
Mercados. *Veja também* Mercados globais
administração estratégica e, 10
análises dos concorrentes e, 191-194
de ciclo lento, 203-205, *206*, 218, 220, 220, 221
de ciclo padrão, 208-209, 218, *220*, 221-222
de ciclo rápido, 196, 205-206, *208*, 218
globalização dos, 53, 127-128

modelo de organização industrial e, 23
processo de administração estratégica e, 4
rapidez para lançamento no mercado, 293
tamanho maior do mercado, 316-317
tecnologia e, 8
Mercados comuns, 192-193, 194-196
Mercados de ciclo lento
    alianças estratégicas nos, 220, *220*, 221
    definição de, 203
    dinâmica competitiva e, 203-205, *206*
    estratégias cooperativas nos, 218
Mercados de ciclo padronizado
    alianças estratégicas nos, 221, *221*, 222
    definição de, 206
    dinâmica competitiva e, 208-209
    estratégias cooperativas nos, 218
Mercados de ciclo rápido
    alianças estratégicas nos, 220, *220*, 221
    definição de, 205
    dinâmica competitiva e, 205-206, *206*
    estratégias cooperativas nos, 218
    pioneiros e, 196
Mercados globais
    ambiente geral e, 127-128
    barreiras à entrada, 292
    concorrência e, 3, 6-7, 8, 10
    diversificação internacional e, 316
    escolha da modalidade de entrada, 331--336, *332*
    estratégia integrada de liderança em custos/diferenciação, 174
Método da neutralidade do risco, 445, 446-447
Método das competências distintas, 14, 16
Microestrutura do mercado, 128
Minimização de custos, 242
Modalidade de entrada internacional
    alianças estratégicas, *333*, 334-335, 336
    aquisições, 332, 335-336, *336*
    dinâmica da, 335-336
    escolha da, 332
    exportação, 331-332
    licenciamento, 332-334
Modelo das cinco forças da concorrência, 14, *129*, 128-129, 137, 138, 161
Modelo de organização industrial (I/O)
    administracao estrategica e, 10
    ambiente externo e, 4, 13, 14, 17
    desempenho da empresa e, 105
    liderança estratégica e, 50, 50, 51, 62
    retornos acima da média e, 13-14, *16*
Modelo fundamentado em recursos
    capacidades e, 16-17, 23
    criação de valor e, 4, 14-19
    de retornos, 14-18, *16*
    liderança estratégica e, 11
Modelo I/O. *Veja* Modelo de organização industrial (I/O)
Modelo orientado aos stakeholders
    administração estratégica e, 10, 15
    comportamento ético e, 19-23, *22*
    conjuntos de stakeholders, 19, *20*
    desempenho da empresa e, 19-23, *22*
    estratégias cooperativas e, 220
    liderança estratégica e, 49, 50, *50*, 57, 62
Monitoramento, *117*, 118
Motivação, 194-196
Mulheres
    análise do segmento sociocultural e, 124-125
    como empreendedoras, 409
    equipes da alta administração e, 49, 125

N

Novas subsidiárias integralmente controladas, *333*, 335, 336

O

Opção de deferimento, 424-425
Opções
    compostas, 425
    de alteração, 425
    de compra de ações, 375
    de crescimento, 423-424, 428-429, *430*
    de Desistência, 424
    financeiras, 421
Opções reais
    avaliação das, 433-435
    definição de, 421
    determinantes do valor das, 431-433, *431*, *432*, *434*
    regras para avaliação, 439-451
    requisitos para implementação das, 434-435
    temas de aplicação, 450-451
    tipos de, 423-425, *423*
Oportunidades, 116, 154
Oportunidades empresariais, 396
Oportunismo, 24, 241, 366
Oportunismo gerencial, 366
Organização interna
    ambiente externo e, 78, *78*
    análise da, 78, *79*, 80-84, *82*

capacidades e, 86-87
competências essenciais e, 86-97
desempenho da empresa e, 97-105
processo de administração estratégica e, 25, 25
recursos e, 84-86
Organizacional, cultura. *Veja* Cultura organizacional
Orientação estratégica, 59-62
Organização matricial, 266

P

Padrões de desempenho e concorrência, 8-9
Paradigma empreendedor, 398, 402-403, 405
Paradigma global, 80
Paraquedas dourados, 377
Parceria Canadá – México, 322-324
Pensamento a longo prazo, 23-24
Pensamento estratégico
    características do, 23-25
    incentivo ao, 4, 25
    liderança estratégica e, 49, 51
    processo de administração estratégica e, 25, 25
Percepção, 191
Perspectiva determinista, 12, 13
Perspectiva de sistemas, 11, 19, 23, 24
Pioneiros, 196-199
Poder de mercado
    aquisições e, 289-291, 301
    definição de, 264
    diversificação relacionada e, 264-265
Poder
    econômico, 100
    formal, 100
    político, 100
Preço revisto, 375-376
Previsão, *117*, 118
Proatividade, 56
Processo de administração estratégica
    atividades do, 12
    definição de, 3-4
    governança corporativa e, 25, 27, 358
    liderança estratégica e, 26, 50, *50*
    método do, 25-27, *25*
    vantagem competitiva e, 3-4, *25*, 78
Produtos substitutos, ameaça dos, 133-135

Q

Qualidade
    definição de, 200
    gerenciamento da qualidade total, 81-82, 177-178
    parâmetros de qualidade para bens e serviços, *201*
    possibilidade de ataque e, 199-200

R

Recursos
    administração estratégica e, 10
    análise interna e, 80
    adquirir de, 4
    capacidades e, 86-87
    competências essenciais e, 86-87
    definição de, 15
    dependência de, 10
    diversificação e, 274
    economia dos custos de transação e, 11
    estratégias internacionais e, 320
    intangíveis, 17, 84, 86, *86*, 274
    liderança estratégica e, 50, 54-58
    modelo de organização industrial e, 13, 14
    modelo fundamentado em recursos e, 16--17, 23
    tangíveis, 17, 84-86, *85*, 274, 275
    valor estratégico dos, 86
    vantagem competitiva e, 77
Recursos diferentes, 195
    humanos, 86, *86*
    insubstituíveis, 17
    intangíveis, 17, 84, 86-87, *86*, 274
    tangíveis e, 17, 84-86, *85*, 274, 275
    valorizados, 17
Redes
    de aliança distribuídas, 238-239, *238*
    de alianças dinâmicas, 229
    de alianças estáveis, 229
    de informação, 177
    estratégia transnacional e, 329-331
    interorganizacionais, 343
Redução da esfera de ação, 304-305, 306, *307*
Redução do tamanho (downsizing), 304, 305-306, *307*
Reestruturação
    aquisições alavancadas, 305, *307*, 306-307
    aquisições e, 303-307
    consequências da, 305-307, *307*
    controle estratégico e, 65
    definição de, 303
    diversificação não relacionada e, 268-269

downsizing, 304
    redução da esfera de ação, 304-305
Regionalização, estratégia internacional
    em nível corporativo e, 321-323
Relação corporativa
    criação de valor e, 255, *255*
    relação operacional e, 265-266
Relação operacional, relação corporativa e, 265-266
    compartilhamento de atividades e, 257-259, 265
    criação de valor e, 255, *255*
Relação de contratação gerencial, governança corporativa, *362*, 362-363, 364
Remuneração dos executivos
    como mecanismo de governança, 372, 374-375
        definição de, 372
        diversificação e, 274
        eficácia da, 375-376
        governança corporativa e, 358, 372-376
Reputação
    capacidades socialmente complexas e, 92
    dos atores, na rivalidade competitiva, 201-202
    recursos intangíveis e, 84, 86, *86*
    reputação dos atores, 201-202
Respostas competitivas
    definição de, 196
    impulsionadores das, 194-196
    modelo de rivalidade competitiva e, 190-191
    possibilidade de resposta e, 200-202
Respostas táticas, 196
Retaliação esperada, 132
Retardatária, 199
Retornos. *Veja também* Retornos acima da média
    desempenho da empresa e, 100-101
    diversificação internacional e, 337-339, 343
    estratégia internacional e, 317-318
    estratégias no nível corporativo e, 250-251
    modelo de organização industrial e, 13--14, *16*
    modelo fundamentado em recursos dos retornos, 14-18, *15*
Retornos acima da média
    governança corporativa e, 27
    liderança estratégica e, 50
    lógica econômica e, 152
    modelo fundamentado em recursos dos, 14-19, *18*

    modelo de organização industrial dos, 13--14, *15*
    pioneiros e, 196
Riscos
    alianças estratégicas além-fronteiras e, 240
    aquisição e, 294, 407
    desempenho da empresa e, 273
    diversificação com neutralidade de valor e, 273-274
    diversificação com redução de valor e, 274
    econômicos, 341-342
    estratégias internacionais e, 336, 341-343
    governança corporativa e, 27, 364, *365*
    inovação e, 403, 407
    liderança estratégica e, 26, 56, 101
    modelo orientado aos stakeholders e, 22
    pioneiros e, 197
    políticos, 341, 343
    Veja também Riscos competitivos
Riscos competitivos
    da estratégia de diferenciação, 170-171
    da estratégia de liderança em custos, 164-165
    da estratégia integrada de liderança em custos/diferenciação, 178
    das estratégias cooperativas, 239-240, *240*
    das estratégias focadas, 173
    das estratégias internacionais, 341-343
Rivalidade competitiva
    ambiente setorial e, 135-137
    análise dos concorrentes e, 191-194
    características organizacionais e, 198-199
    definição de, 188-195
    dinâmica competitiva e, 188, *189*, 202
    estratégia de diferenciação e, 163
    estratégia de liderança em custos e, 161
    estratégias no nível de negócios e, 188-189
    fatores que influenciam a, 187
    grupos estratégicos e, 138-140
    modelo de, 190-191, *189*
    possibilidade de ataque e, 196-200
    possibilidade de resposta, 200-202
    processo de administração estratégica e, 25, *25*
    tecnologia da informação e, 8
Rivalidade. *Veja* Rivalidade competitiva

S

Segmentação do mercado, 156, *156*
Segmento demográfico do ambiente, geral, *115*, 120-121

Segmento econômico do ambiente geral, *115*, 122
Segmento global, do ambiente geral, *115*, 127-128
Segmento político-legal
    aquisições e, 291
    do ambiente geral, *115*, 122-123
Segmento sociocultural, do ambiente geral, *115*, 124-125
Segmento tecnológico, do ambiente geral, *115*, 125-127
Setor
    definição de, 128
    mercados no âmbito do, 190
Setor automobilístico
    ações táticas no, 196
    análise interna e, 80
    cenário competitivo do, 5-6
    estratégia transnacional e, 328
    estratégias cooperativas e o, 219
    poder de negociação dos fornecedores, 133-134
    rivalidade competitiva no, 136
    terceirização e, 97
Setor de tecnologia da informação (TI), 221
Setores relacionados e de apoio, como determinantes da vantagem nacional, 331, *331*
Similaridade de recursos, 193-194
Sinergia, 273-274, 297-298, 302, 339
Sinergia privada, 297
Sistema integrado de gestão empresarial (ERP), 177
Sistema de reconhecimento, 261
Sistemas de produção flexível, 176-178
Sondagem, *116*, 116-117
Stakeholders, 138-140
    administração estratégica e, 10, 11
    definição de, 19
    desempenho da empresa e, 98, 99-100, *101*, 103
    externos, 11, 11, 13, 19, 58-59
    gerenciam relacionamentos com os, 4, 19-20, 23, 50, 58-59, 383
    governança corporativa e, 27, 243
    internos, 59-61
    liderança estratégica e, 4
    modelo fundamentado em recursos e, 18
    modelo orientado aos stakeholders e, 19-21
    no mercado de capitais, 19, *20, 101*, 100-101
    no mercado de produtos, 19, *20, 101*, 101, 103
    organizacionais, 19, *20*, 101, *101*
    secundários, 19
stakeholders, principais, 19

Substitutos do produto, 163, 166
Suprimento externo, 339

T

Tamanho da população, 120
Tamanho do mercado e estratégias internacionais, 316-317, 336
Tamanho organizacional, 10, 199-200, 301-302
Tática persuasiva, 377
Táticas, ações, 196, 201
    de apoio, 94, 95, 96, 97, 152-153, 159
    operacionais relacionadas e, 257-259, 265
    principais, 94, 95, 96, 97, 152-153, 159
    Veja também Ações competitivas
Tecnologia
    ambiente externo e, 113
    concorrência e, 7-10
    desempenho da empresa e, 22
    empresas centrais estratégicas e, 229
    estratégia integrada de liderança em custos/diferenciação, 174
    estratégia internacional e, 318
    estratégias cooperativas e, 220
    gerenciamento estratégico e, 8, 10
    inovação e, 401-402, 408-409
    mercados de ciclo rápido e, 205, 221
    modelo fundamentado em recursos e, 17-18
    no setor automobilístico, 6
Teoria da agência, 11
Teoria da gestão, 45-46
Terceirização
    aliança estratégica sem participaçãoacionária e, 223
    competências essenciais e, 97-98
    estratégico, 228-229
    externo, 339
Terrorismo, efeito econômico do, 342
Teste de hipóteses, 24
Tolerância mútua, 232
Tomada de decisões organizacionais
    análise das opções reais e, 98, 99-100, 101
    análise interna e, 80-82, 82
    governança corporativa e, 361-362, 363, 383-384
    liderança estratégica e, 37-42, 43, 51, 58--59, 58
    modelo de organização industrial e, 13
    pensamento estratégico e, 24
    valor estratégico dos recursos e, 86
Trabalhadores em situação especial, 125

U

Unidade de negócio estratégica (UNE)
    forma e estratégia vinculada e relacionada, 261-264, *262*, 266

V

Valor, definição de, 82. *Veja também* Criação de valor
Valores
    governança corporativa e, 27
    inovação e, 405
    orientação estratégica e, 59, 61-62
Vantagem competitiva. *Veja também* Aquisições; Estratégias no nível de negócios; Rivalidade competitiva; Estratégias cooperativas; Estratégias em nível corporativo; Estratégias internacionais; Reestruturação
    competências essenciais e, 78
    cultura organizacional e, 56
    definição de, 3
    determinantes da vantagem nacional, 329-331, *331*
    fontes convencionais de, 8
    modelo de organização industrial, 14
    modelo fundamentado em recursos e, 17
    modelo orientado aos stakeholders e, 19
    processo de administração estratégica e, 3-4, 25, *25*, 78
    recursos e, 78
    vantagem competitiva sustentável, 4, 82, 82, 89-94, *91*, *94*
Vantagem competitiva sustentável. *Veja também* Vantagem competitiva
    análise interna e, 82, *82*
    critérios para, 89-94, *91*
    definição de, 3
    resultado da combinação dos critérios, 94, *94*
Vantagens de localização e estratégias internacionais, 320, *321*, 336
Volatilidade, 432-433, *434*
Volatilidade cumulativa, 433-434, *434*

W

Wa (harmonia do grupo), 128

Impressão e Acabamento
Bartira
Gráfica
(011) 4393-2911